KORN/FERRY INTERNATIONAL

powered by **LOMINGER**

KOMPETENZ

FYI

5. Ausgabe

For Your Improvement™
(Programm zur Selbstentwicklung)
German / Deutsch

Ein Leitfaden für Entwicklung und Coaching

FÜR LERNENDE, MANAGER, MENTOREN UND FEEDBACKGEBER

Michael M. Lombardo & Robert W. Eichinger

WICHTIGER HINWEIS:
© COPYRIGHT 1996–2009
LOMINGER INTERNATIONAL: EIN UNTERNEHMEN VON KORN/FERRY
ALLE RECHTE VORBEHALTEN.

Dieses Dokument oder Teile hiervon dürfen ohne eine Lizenz von Lominger Limited, Inc. weder kopiert noch in irgendeine andere Form übertragen werden. Bitte senden Sie Anfragen an:
Lominger International: Ein Unternehmen von Korn/Ferry

Tel.: + 1 952-345-3610
Fax: + 1 952-345-3601
www.kornferry.com
www.lominger.com

Leadership Architect® ist die exklusive eingetragene Marke von Lominger International: Ein Unternehmen von Korn/Ferry.

ISBN 978-1-933578-23-1

Teilenummer 82055

FYI For Your Improvement™ Drucklegungen der 5. Ausgabe:
Version 09.1a 1st—06/10
Version 09.1c 2nd—02/11

Inhaltsverzeichnis

Einführung i
Strategien zur Verbesserung iii
Struktur von *FYI For Your Improvement*™ viii

Kompetenzen

1 Handlungsorientierung. 1
2 Umgang mit Mehrdeutigkeit 9
3 Zugänglichkeit. 17
4 Verhältnis zu Führungskräften 23
5 Geschäftssinn 31
6 Karriere-Ambitionen 39
7 Kümmern um Mitarbeiter. 47
8 Umgang mit dem höheren Management 55
9 Direktives Führungsverhalten. 61
10 Mitgefühl 69
11 Selbstbeherrschung. 77
12 Konfliktmanagement. 85
13 Konfrontieren von Mitarbeitern 93
14 Kreativität. 103
15 Kundenorientierung 113
16 Treffen von fristgerechten Entscheidungen 121
17 Qualität der Entscheidungen 131
18 Delegieren 137
19 Mitarbeiter und andere weiterentwickeln. 145
20 Andere anleiten und führen 155
21 Umgang mit Verschiedenartigkeit 161
22 Ethik und Wertmaßstäbe 171
23 Fairness gegenüber Mitarbeitern 181
24 Funktionale/fachliche Fertigkeiten 187
25 Rekrutierung und Teamzusammenstellung. 191
26 Humor. 199
27 Informieren 205

INHALTSVERZEICHNIS

28 Innovationsmanagement 213
29 Integrität und Vertrauen 221
30 Intellektuelle Leistungsstärke 231
31 Zwischenmenschliches Geschick 237
32 Schnelle Auffassungsgabe 245
33 Zuhören können 253
34 Mut, zu führen 259
35 Leistung einfordern und messen 267
36 Andere motivieren 273
37 Verhandeln 281
38 Organisationsagilität 289
39 Organisieren 295
40 Umgang mit paradoxen Situationen 301
41 Geduld 309
42 Beziehung zu Kollegen 315
43 Beharrlichkeit 321
44 Offenheit 329
45 Persönliches Lernen 335
46 Perspektive 341
47 Planen 347
48 Politisches Geschick 353
49 Präsentationsfähigkeiten 361
50 Setzen von Prioritäten 371
51 Fähigkeit, Probleme zu lösen 377
52 Prozessmanagement 385
53 Ergebnisorientierung 391
54 Persönliche Entwicklung 399
55 Selbsterkenntnis 407
56 Fähigkeit andere einzuschätzen 415
57 Eigenständigkeit 423
58 Strategische Agilität 431
59 Führen durch Systeme 443
60 Effektive Teams aufbauen 449
61 Fachliches Lernen 457
62 Zeitmanagement 463
63 Workflow- und Qualitätssicherungssysteme (z. B. TQM/ISO/Six Sigma) ... 469
64 Verständnis für andere 477

65	Management von Visionen und Zielen	485
66	Gleichgewicht von Beruf und Privatleben	493
67	Schriftliche Kommunikation	501

Die Kompetenzen 68 bis 80 und 91 bis 100 fehlen. Diese Nummern sind für spätere Ergänzungen reserviert. Leistungsaspekte (nummeriert von 81 bis 90) finden sich in FYI for Performance Management™.

Karrierehemmer und -stopper

101	Unfähigkeit zur Anpassung an Veränderungen	511
102	Mangelhafte administrative Fähigkeiten	519
103	Übertriebener Ehrgeiz	525
104	Arrogant	531
105	Vertrauen enttäuschen	539
106	Blockierung des eigenen Lernens	545
107	Mangel an Selbstbeherrschung	553
108	Abwehrhaltung	561
109	Mängel bei Ethik und Werten	569
110	Unfähigkeit, ein Team aufzubauen	577
111	Unfähigkeit, Stellen effektiv zu besetzen	585
112	Unsensibilität gegenüber anderen	591
113	Defizite bei Schlüssel-Fähigkeiten	599
114	Nicht strategisch	603
115	Abhängigkeit von Fürsprechern	611
116	Abhängigkeit von einer bestimmten Stärke	619
117	Übertriebene Kontrolle	625
118	Leistungsprobleme	631
119	Politische Fehltritte	639

Die Kompetenzen 120 bis 160 fehlen. Diese Nummern sind für spätere Ergänzungen reserviert.

Globale Betrachtungsfelder

161	Globales geschäftliches Wissen	649
162	Multikultureller Einfallsreichtum	657
163	Multikulturelles Geschick	665
164	Fähigkeiten zur Aufgabenbewältigung	675
165	Positionierungskompetenzen im Unternehmen	683
166	Multikulturelle Sensibilität	691
167	Bescheidenheit	701

Anhang A: Kompetenzverbindungen
Entwicklungsmöglichkeiten A-1
Karriereziele A-4

Anhang B: Entwicklungsaufwandsmatrix
Beschreibung B-1
Ebene des einzelnen Mitwirkenden B-2
Managerebene B-3
Ebene der höheren Führungskräfte B-4

Anhang C: Erstellen eines Entwicklungsplans
Universelle Wege zur Entwicklung beliebiger Kompetenzen C-1
Beispiel eines Entwicklungsplans bei schlecht ausgeprägter Kompetenz C-6
Beispiel eines Entwicklungsplans bei übertriebener Kompetenz C-8
Beispiel eines Entwicklungsplans bei Karrierehemmern-/stoppern............ C-10
Formulare für Entwicklungspläne C-12

Index D-1

Inhaltsverzeichnis nach Faktor und Cluster

LEADERSHIP ARCHITECT® BIBLIOTHEK:

Faktor I: Strategische Fähigkeiten

CLUSTER A – KENNTNISSE DES GESCHÄFTSBEREICHES
- 5 Geschäftssinn.. 31
- 24 Funktionale/fachliche Fertigkeiten................................ 187
- 61 Fachliches Lernen... 457

CLUSTER B – TREFFEN KOMPLEXER ENTSCHEIDUNGEN
- 17 Qualität der Entscheidungen.................................... 131
- 30 Intellektuelle Leistungsstärke................................... 231
- 32 Schnelle Auffassungsgabe...................................... 245
- 51 Fähigkeit, Probleme zu lösen.................................... 377

CLUSTER C – KREATIVITÄT UND INNOVATION
- 2 Umgang mit Mehrdeutigkeit....................................... 9
- 14 Kreativität.. 103
- 28 Innovationsmanagement....................................... 213
- 46 Perspektive.. 341
- 58 Strategische Agilität... 431

Faktor II: Ausführende Fähigkeiten

CLUSTER D – ZIELORIENTIERTE ARBEITSWEISE
- 16 Treffen von fristgerechten Entscheidungen........................ 121
- 50 Setzen von Prioritäten... 371

CLUSTER E – ORGANISATIONSFÄHIGKEIT
- 39 Organisieren... 295
- 47 Planen.. 347
- 62 Zeitmanagement.. 463

CLUSTER F – ARBEIT AN ANDERE DELEGIEREN
- 18 Delegieren... 137
- 19 Mitarbeiter und andere weiterentwickeln.......................... 145
- 20 Andere anleiten und führen..................................... 155
- 27 Informieren.. 205
- 35 Leistung einfordern und messen................................. 267

CLUSTER G – MANAGEN VON ARBEITSPROZESSEN
52 Prozessmanagement 385
59 Führen durch Systeme 443
63 Workflow- und Qualitätssicherungssysteme (z. B. TQM/ISO/Six Sigma) ... 469

Faktor III: Mut
CLUSTER H – UMGANG MIT PROBLEMEN
9 Direktives Führungsverhalten 61
12 Konfliktmanagement 85
13 Konfrontieren von Mitarbeitern 93
34 Mut, zu Führen 259
57 Eigenständigkeit 423

CLUSTER I – TREFFEN VON SCHWIERIGEN PERSONALENTSCHEIDUNGEN
25 Rekrutierung und Teamzusammenstellung 191
56 Fähigkeit andere einzuschätzen 415

Faktor IV: Energie und Tatendrang
CLUSTER J – KONZENTRATION AUF DAS ENDERGEBNIS
1 Handlungsorientierung 1
43 Beharrlichkeit 321
53 Ergebnisorientierung 391

Faktor V: Positionierungskompetenzen im Unternehmen
CLUSTER K – BEWEGT SICH GESCHICKT INNERHALB DER ORGANISATION
38 Organisationsagilität 289
48 Politisches Geschick 353

CLUSTER L – KOMMUNIKATIONSFÄHIGKEITEN
49 Präsentationsfähigkeiten 361
67 Schriftliche Kommunikation 501

CLUSTER M – MANAGEN NACH OBEN
6 Karriere-Ambitionen 39
8 Umgang mit dem höheren Management 55

Faktor VI: Persönliche und soziale Kompetenzen
CLUSTER N – BEZIEHUNGSFÄHIGKEITEN
3 Zugänglichkeit 17
31 Zwischenmenschliches Geschick 237

CLUSTER O – KÜMMERN UM ANDERE
7 Kümmern um Mitarbeiter 47
10 Mitgefühl 69

CLUSTER P – UMGANG MIT VIELFÄLTIGEN BEZIEHUNGEN
- 4 Verhältnis zu Führungskräften 23
- 15 Kundenorientierung 113
- 21 Umgang mit Verschiedenartigkeit 161
- 23 Fairness gegenüber Mitarbeitern 181
- 42 Beziehung zu Kollegen 315
- 64 Verständnis für andere 477

CLUSTER Q – ANDERE INSPIRIEREN
- 36 Andere motivieren 273
- 37 Verhandeln 281
- 60 Effektive Teams aufbauen 449
- 65 Management von Visionen und Zielen 485

CLUSTER R – MIT ANSTAND UND CHARAKTER HANDELN
- 22 Ethik und Wertmaßstäbe 171
- 29 Integrität und Vertrauen 221

CLUSTER S – OFFEN UND ZUGÄNGLICH SEIN
- 11 Selbstbeherrschung 77
- 26 Humor 199
- 33 Zuhören können 253
- 41 Geduld 309
- 44 Offenheit 329

CLUSTER T – PERSÖNLICHE FLEXIBILITÄT ZEIGEN
- 40 Umgang mit paradoxen Situationen 301
- 45 Persönliches Lernen 335
- 54 Persönliche Entwicklung 399
- 55 Selbsterkenntnis 407

CLUSTER U – GLEICHGEWICHT VON BERUF UND PRIVATLEBEN
- 66 Gleichgewicht von Beruf und Privatleben 493

Faktor VII: Probleme im Umgang mit Menschen
CLUSTER V – KOMMT NICHT GUT MIT ANDEREN MENSCHEN ZURECHT
- 101 Unfähigkeit zur Anpassung an Veränderungen 511
- 106 Blockierung des eigenen Lernens 545
- 108 Abwehrhaltung 561
- 112 Unsensibilität gegenüber anderen 591

CLUSTER W – EGOZENTRISCH
103 Übertriebener Ehrgeiz 525
104 Arrogant 531
105 Vertrauen enttäuschen 539
107 Mangel an Selbstbeherrschung 553
109 Mängel bei Ethik und Werten 569
119 Politische Fehltritte 639

CLUSTER X – INSPIRIERT NICHT UND BAUT KEIN TALENT AUF
110 Unfähigkeit, ein Team aufzubauen 577
111 Unfähigkeit, Stellen effektiv zu besetzen 585
117 Übertriebene Kontrolle 625

Faktor VIII: Probleme mit Ergebnissen

CLUSTER Y – ZU ENGSTIRNIG
113 Defizite bei Schlüssel-Fähigkeiten 599
114 Nicht strategisch 603
115 Abhängigkeit von Fürsprechern 611
116 Abhängigkeit von einer bestimmten Stärke 619

CLUSTER Z – ERZIELT KEINE ERGEBNISSE
102 Mangelhafte administrative Fähigkeiten 519
118 Leistungsprobleme 631

Einführung

Für wen ist dieses Buch geschrieben?

Wir haben dieses Buch mit seinen Entwicklungstipps als Hilfestellung für alle motivierten Personen mit Entwicklungsbedürfnissen und als Leitfaden für Manager, Mentoren und Feedbackgeber geschrieben. Es ist eine vielseitige Informationsquelle, die für alle Organisationsebenen gedacht ist und sowohl berufliche als auch private Probleme zum Gegenstand hat.

Wir wissen, dass all diejenigen nicht von diesem Buch profitieren werden, die ein Entwicklungsbedürfnis oder eine Einschränkung oder eine Schwäche oder eine Entwicklungsmöglichkeit noch nicht erkannt und akzeptiert haben. Wenn Sie sich Ihr Entwicklungsbedürfnis noch nicht eingestanden haben, sich nicht sicher oder ablehnend sind, sollten Sie sich zusätzliches Feedback einholen und mit einem Berater sprechen, bevor Sie dieses Buch nutzen.

Außerdem denken wir, dass Menschen, die zwar persönliche Verantwortung für ihre Entwicklungsbedürfnisse übernehmen, denen es jedoch an Motivation, Antrieb, Ehrgeiz oder Energie fehlt, um etwas dagegen zu tun, von diesem Buch auch keine Hilfe erwarten können. Wenn Sie glauben, dass Ihr Entwicklungsbedürfnis nicht weiter bedeutsam ist, sollten Sie zunächst mit Ihrem Mentor oder einem Höhergestellten in Ihrer Organisation sprechen und fragen, weshalb die Beseitigung dieses Defizits für Ihre Entwicklung wichtig ist. Finden Sie heraus, wie sich das Entwicklungsbedürfnis bei Ihnen bemerkbar macht und welche der sich daraus ergebenden Konsequenzen für Sie inakzeptabel sind.

Dieses Buch liefert Ihnen Strategien, mit denen Sie ein Entwicklungsbedürfnis verbessern, substituieren oder umgehen können, um so effizient wie möglich arbeiten zu können. Dieses Buch enthält Tausende von Tipps, die so gut wie jedem helfen können, der bestimmte Schwächen erkannt hat und motiviert ist, etwas dagegen zu unternehmen. Wenn dies auf Sie zutrifft, lesen Sie weiter.

Was steht in diesem Buch? Wo kommt das her?

Der Inhalt dieses Buches deckt drei weite Felder ab:

- Kompetenzen
- Karrierehemmer und -stopper
- Globale Betrachtungsfelder

67 Kompetenzen: Dies sind die messbaren Eigenschaften einer Person, die zu ihrem Erfolg bei der Arbeit in Relation stehen. Bei einer Kompetenz kann es sich um eine Verhaltensfähigkeit, eine fachliche Fähigkeit, ein Merkmal (z. B. Intelligenz) oder um eine Haltung (z. B. Optimismus) handeln. Die 67 Kompetenzen sind Teil des Lominger Leadership Architect® und sind in 6 Faktoren und 21 Cluster untergliedert. Die Kompetenzen stammen aus einer inhaltlichen Analyse, die zahlreiche Quellen hat: umfangreiche und laufende Studien am Center for Creative Leadership; Langzeitstudien bei AT&T und Sears; Studien von Harry Levinson, Daniel Levinson, John Kotter, John Gabarro, Eliot Jaques, James Kouzes sowie Barry Posner, Warren Bennis und Noel Tichy und *Handbook of Leadership* – ein Kompendium empirischer Studien – von Bernard Bass.

19 Karrierehemmer und -stopper: Hierbei handelt es sich um negative Eigenschaften oder „K.o.-Kriterien", die eine Karriere scheitern lassen können. Die Karrierehemmer und -stopper stammen in erster Linie aus drei Quellen: aus der fortlaufenden Arbeit des Center for Creative Leadership, der Arbeit von Jon Bentz während seiner Zeit bei Sears sowie den Erfahrungen der Autoren aus der Entwicklungsarbeit für das Top-Management.

7 Globale Betrachtungsfelder: Hierbei handelt es sich um zusätzliche Eigenschaften, die für den Erfolg in einem globalen Umfeld erforderlich sind. Bei einer Durchsicht der internationalen Fachliteratur haben wir herausgefunden, dass die Kompetenzen für global aufgestellte Unternehmen grundsätzlich immer die gleichen sind. Es gibt jedoch einige spezielle Kompetenzprofile, die hervorgehoben werden sollten. Diese werden hier als Hilfe für all diejenigen angeboten, die in einem globalen Umfeld gezielte Unterstützung benötigen. Diese sieben Globalen Betrachtungsfelder sind aus den Forschungsaktivitäten von Morgan McCall und George Hollenbeck sowie des Center for Creative Leadership und aus der Arbeit von John Fulkerson hervorgegangen, der diese sieben Kapitel mit verfasst hat. Wenn im Laufe der Zeit weitere Forschungsergebnisse verfügbar werden, wird diese Liste wahrscheinlich Änderungen erfahren.

Aus der Forschung mit Lomingers VOICES®, einem auf den Kompetenzen sowie Karrierehemmern und -stoppern basierenden Instrument für 360°-Feedback, gehen ihre zuverlässige Messbarkeit und ihre auffällige Verzahnung mit aktueller und langfristiger beruflicher Leistung hervor. Außerdem konnten dabei zahlreiche Kompetenzen und Karrierehemmer zu Profit, Umsatzrückgängen, Boni, Aktienoptionen, der Wahrscheinlichkeit einer Beförderung und tatsächlichen Beförderungen in Relation gesetzt werden.

Was gibt es in der 5. Ausgabe Neues?

Wir sind der Linie des Buches insgesamt treu geblieben, haben jedoch neue Inhalte aufgenommen, um es für Sie einfacher zu machen, Ihre wirklich vordringlichen Entwicklungsbedürfnisse zu identifizieren und einen funktionierenden Entwicklungsplan aufzustellen:

Fragen und Aktionsdarlegungen in den einzelnen Kapiteln machen es für Sie einfacher, Ihren eigenen Aktionsplan zu erstellen. Hunderte von Abhilfetiteln wurden zu diagnostischen Fragen und Aktionsdarstellungen umformuliert, damit Sie einzelne Entwicklungsbedürfnisse leicht identifizieren und eine entsprechende Abhilfemaßnahme direkt in Ihren Entwicklungsplan übernehmen können.

Develop-in-Place-Aufgabenstellungen sind Arbeitsschritte, zu deren Erfüllung bestimmte Kompetenzen eingesetzt werden müssen. Die Forschung hat gezeigt, dass 70 % der Entwicklung bei der Arbeit entsteht, und Positionen unterscheiden sich hinsichtlich ihres Entwicklungspotenzials und der Kompetenzen voneinander, die sie ansprechen. Sie können nicht immer nur aus Entwicklungsgründen die Arbeit wechseln, doch gibt es beinahe immer eine Develop-in-Place-Aufgabenstellung, die Sie sich in Ihrer aktuellen Position aussuchen können, um Ihr Entwicklungsbedürfnis anzugehen.

Andere Ursachen zeigen, wie aus einem Zuviel oder Zuwenig bestimmter Kompetenzen Karrierehemmer und -stopper entstehen können. Legen Sie die Richtung für Ihren Entwicklungsplan mit diesen Direktverbindungen zu den Kompetenzen fest, die verbessert oder abgemildert werden müssen.

Aktualisierte Aussagen liefern Denkanstöße und Inspiration.

Aktualisierte Lektüre-Empfehlungen wurden auf Grundlage ihrer Relevanz, ihrer globalen Perspektive und ihres ROI aus Fachbeiträgen, Bestseller-Listen und Verzeichnissen renommierter Verlage ausgewählt. Wir haben Lektüren für Sie ausgewählt, die aktuell, allgemein verfügbar, gut strukturiert und voller Vorschläge und Beispiele sind. Sie haben also jede Menge Auswahl!

Kompetenzverbindungen im Anhang A verdeutlichen, wie ein Entwicklungsbedürfnis oder ein Karriereziel einige wenige Schlüsselkompetenzen beinhalten kann. Viele Lernwillige verstehen sich beispielsweise gut auf „Ergebnisorientiertheit" (53), können jedoch keine schwierigen Personalentscheidungen treffen. Dieses Bedürfnis kann durch Förderung der Kompetenzen „Konfliktmanagement" (12) und „Konfrontieren von Mitarbeitern" (13) angegangen werden, um diese Bestandteile der Kompetenz „Ergebnisorientiertheit" zu verbessern. Wenn Sie hingegen bestrebt sind, andere von der Annahme entwicklungsrelevanter Aufträge besser überzeugen zu können, muss bei Ihnen die Kompetenz „Andere motivieren" (36) ausgeprägt sein und zudem durch die Kompetenzen „Mitarbeiter und andere weiterentwickeln" (19) und „Fähigkeit andere einzuschätzen" (56) ergänzt werden.

Die *Entwicklungsaufwandsmatrix* im Anhang B zeigt anhand einer 5-Punkte-Skala, wie schwierig es für einen Durchschnittsbeschäftigten wäre, irgendeine der 67 Kompetenzen zu entwickeln. Sie zeigt auch zu jeder Kompetenz die durchschnittliche, auf die allgemeine Population bezogene Kompetenzbewertung. Diese Angaben zeigen Ihnen, wo Sie stehen, damit Sie Ihren Entwicklungsplan, Ihre Abhilfemaßnahmen und Ihren Zeitplan entsprechend anpassen können.

Der *Entwicklungsplan* im Anhang C hat ein neues Format, das es Ihnen ermöglicht, Ihren Plan auf einem einfach zu benutzenden, zweiseitigen Layout zu organisieren. Anhand von drei Beispielen werden Wege aufgezeigt, mit denen Sie die Effektivität des Plans maximieren können, wenn Sie Entwicklungsbedürfnisse der Kategorien „Schlecht ausgeprägt", „Übertrieben" oder „Karrierehemmer-/stopper" angehen möchten.

Es gibt jetzt auch einen *Index*, der diese Ausgabe so leserfreundlich wie nur möglich macht und Ihnen dabei helfen soll, bei der Bestimmung Ihrer Entwicklungsbedürfnisse und beim Erstellen Ihres Entwicklungsplans Querverweisen zwischen Kompetenzen, Karrierehemmern und -stoppern sowie globalen Betrachtungsfeldern nachzugehen.

Wie verwende ich dieses Buch?
Strategien zur Verbesserung
BESTIMMEN SIE ZUERST DAS ENTWICKLUNGSBEDÜRFNIS

Der Schlüssel zur Verwendung dieses Buchs liegt in der Identifizierung des richtigen Entwicklungsbedürfnisses. Versuchen Sie herauszufinden, welches Ihr wirkliches Entwicklungsbedürfnis ist. Nicht selten müssen Sie sich dabei für mehrere entscheiden, die zusammen Ihr eigentliches Entwicklungsbedürfnis bilden. Versuchen Sie, das wirkliche, zentrale Entwicklungsbedürfnis zu identifizieren, und nicht nur, was sich vordergründig offenbart. Wenn Sie glauben, ein Problem mit der Ergebnissuche zu haben (53), fragen Sie sich warum. Vielleicht ist das wirkliche Problem in einem Mangel an Selbstbeherrschung (11) oder in Ihrer Eigenständigkeit (57) oder in der Fähigkeit zum Delegieren (18) zu sehen. Vielleicht haben Sie Probleme mit Ergebnissen nur dann, wenn eine dieser Kompetenzen verlangt wird. Achten Sie auch auf eine möglicherweise übertriebene Kompetenz, durch die eine Schwäche entsteht. Wenn Sie Feedback bekommen, wonach Sie sich wenig um andere kümmern (7) und nicht richtig zuhören können (33), wenn andere Sie zu beraten oder Ihnen beizustehen versuchen, liegt es vielleicht daran, dass Sie zu ergebnisorientiert (53) sind.

Fünf der häufigsten Entwicklungsbedürfnisse fallen in zwei übergeordnete Kategorien – das Bedürfnis, Kompetenz zu steigern, und das Bedürfnis, Störendes zu reduzieren.

Entwicklungsstrategien zur Stärkung von Kompetenzen und globalen Betrachtungsfeldern sind sehr geradlinig. In jedem Fall können Sie das Entwicklungsbedürfnis direkt angehen oder sich zumindest damit befassen, indem Sie es umgehen. In den folgenden drei Fällen ist jeweils die Notwendigkeit einer Kompetenzstärkung gegeben:

1. Sie sind in einer besonders wichtigen Kompetenz nur durchschnittlich und müssen darin stärker werden.
2. Sie sind in einem wichtigen Bereich schwach (Schlecht ausgeprägt) und möchten darin gerne besser (Gut ausgeprägt) werden oder von negativ zu neutral kommen.
3. Sie wurden in einem wichtigen Bereich noch nicht getestet (eventuell „Schlecht ausgeprägt").

Wenn es Ihnen darauf ankommt, Störungen zu reduzieren, um nicht aus dem Tritt zu geraten, liegen die Dinge ein wenig anders. Wenn Sie Feedback erhalten, wonach Sie Unsensibilität gegenüber anderen zeigen (112), so ist dies ein schwerwiegendes Problem, und Ihr Ziel sollte es daher sein, diesen potentiellen Karrierestopper zu neutralisieren. An einem Karrierehemmer zu arbeiten, ist nicht dasselbe, wie eine Kompetenz zu stärken. Ein Karrierehemmer ist etwas viel Schwerwiegenderes und wahrscheinlich auf vielerlei Ursachen zurückzuführen – woran es Ihnen mangelt, z. B. Zwischenmenschliches Geschick (31), und was Sie übertreiben, z. B. Ergebnisorientierung (53) oder Direktives Führungsverhalten (9). Aus diesem Grund beschreiben wir unterschiedliche Abhilfemaßnahmen für die Karrierehemmer und -stopper und geben dazu auch Tipps, die Sie nicht ohne weiteres finden werden, wenn Sie z. B. einfach nur unter Zwischenmenschliches Geschick (31) nachsehen. Die beiden folgenden Entwicklungsbedürfnisse machen die Reduzierung von Störungen erforderlich:

1. Sie übertreiben eine Stärke so lange, bis Sie dadurch Probleme bekommen.
2. Sie haben einen Karrierehemmer/-stopper, der Ihnen ernsthafte Probleme verursacht und den Sie neutralisieren müssen.

WERDEN SIE DANN AKTIV

Nachdem Sie ein Entwicklungsbedürfnis identifiziert haben, fangen Sie damit an, den Entwicklungsplan im Anhang C auszufüllen. Tragen Sie die Kompetenz und die „Vorher"-Beschreibung ein, die auf Sie zutrifft (aus den Definitionen zu „Schlecht ausgeprägt" oder „Übertrieben"). Oder tragen Sie den Karrierehemmer-/stopper und die auf Sie zutreffende „Vorher"-Beschreibung aus der Problemdefinition ein. Sehen Sie sich einige Ursachen an und halten Sie diese fest, ebenso Ihre aus der Diagnosekarte gewonnenen Erkenntnisse zu den einzelnen Kapiteln. Dann sind Sie bereit, einen Aktionsplan zu erstellen. Es gibt fünf mögliche Strategien, um je nach Entwicklungsbedürfnis aktiv zu werden.

1. *Entwickeln.* Sie müssen nicht in allem gut sein. Die meisten erfolgreichen Führungspersönlichkeiten haben vier bis sechs große Stärken, in der Regel jedoch keine eklatanten Schwächen. Sich in allen 67 Kompetenzen weiter entwickeln zu wollen, ist unrealistisch. Treffen Sie Ihre Auswahl daher mit Bedacht. Wenn es Ihnen unrealistisch erscheint, direkt an einer Verbesserung zu arbeiten, weichen Sie auf indirekte Strategien wie z. B. Ersatz, Umgehung oder Ausgleichskompetenzen aus, wie nachstehend dargelegt. Wenn Sie sich auf die Entwicklung einer Kompetenz festgelegt haben, erstellen Sie anhand der folgenden Vorschläge einen Plan:

    – Wählen Sie aus den Abhilfemaßnahmen. Sehen Sie sich die einzelnen Tipps an und wählen Sie die für Sie relevanten aus. Jeder Tipp zielt auf eine bestimmte Ausprägung des in der Kompetenz fehlenden Geschicks ab. Es ist unwahrscheinlich, dass auf eine bestimmte Person alle Themen oder Tipps zutreffen. Denken Sie an die Ursachen zurück, mit denen Sie sich befasst haben, und was Sie aus der Diagnosekarte gelernt haben. In den meisten der 93 Kapitel finden sich Querverweise auf andere Kompetenzen; gehen Sie denjenigen nach, die speziell zu den von Ihnen gewählten Themen aufgeführt sind.

- Holen Sie weiteres Feedback ein. Ohne Feedback passiert nur wenig. Suchen Sie sich einen Entwicklungspartner, holen Sie formelles 360°-Feedback ein und bringen Sie in Ihrem Mitarbeiterumfeld in Erfahrung, womit Sie beginnen sollten, was Sie weiterhin tun sollten, was Sie in leicht veränderter Weise tun sollten und womit Sie aufhören sollten.
- Nutzen Sie Arbeiten oder Aufträge für Ihre Entwicklung. Nichts kann Ihre Kompetenzen so gut entwickeln wie schwere, anspruchsvolle Aufgaben – kein Feedback, keine Kurse, keine Vorbilder, sondern Aufgaben, bei denen Sie bedeutsame, verschiedenartige Kompetenzen entwickeln und anwenden. Wenn Sie sich wirklich weiter entwickeln wollen, können Sie es dabei am besten tun. Sie werden in unangenehmen Bereichen über sich hinaus wachsen müssen. Eine anspruchsvolle Arbeit oder Aufgabenstellung zwingt Sie, viel intensiver an Ihren Schwächen zu arbeiten, weil Sie den Auftrag nur erfüllen oder dabei scheitern können. Echte Entwicklung erleben Sie nicht in Übungssituationen, sondern im „Ernstfall", wenn einiges dabei auf dem Spiel steht. Nutzen Sie Ihre neue Arbeit oder Aufgabenstellung, um aus Erfahrung zu lernen – es hat sich gezeigt, dass diese Fähigkeit an das Potenzial eines Menschen gekoppelt ist.
- Entwerfen Sie einen Aktions- und einen Zeitplan. Ihr Aktionsplan sollte mindestens drei Punkte beinhalten, an denen Sie sofort zu arbeiten beginnen. Tragen Sie diese im Abschnitt „Mein Aktionsplan" in Ihren Entwicklungsplan ein.

2. *Substituieren Sie die mangelhafte Kompetenz durch etwas anderes.* Sie können eine andere Kompetenz verwenden, um die negativen Auswirkungen der mangelhaften Kompetenz zu überdecken, zu substituieren oder zu neutralisieren. Auf diesem Weg müssen Sie mit einer Stärke gegen eine Schwäche angehen. Sie könnten beispielsweise eine Stärke als Substitut verwenden, um gegen eine Schwäche bei Ihren Präsentationsfähigkeiten (49) anzugehen, indem Sie in Präsentationen Ihren (bereits gut ausgeprägten) Sinn für Humor stärker zum Tragen bringen, und statt zu präsentieren, Ihre (bereits gut ausgeprägte) Fähigkeit zum Moderieren stärker einbringen oder Ihre Hauptaussagen vorab schriftlich zusammentragen (auch das können Sie bereits gut) und diese vor dem Meeting verteilen, so dass Sie eine Diskussion führen können, anstatt einen Vortrag halten zu müssen. Wie schon gesagt: Es geht darum, die negativen Auswirkungen einer eher bescheidenen Präsentationskompetenz dadurch abzumildern, dass Sie diese durch bereits gut ausgeprägte Kompetenzen substituieren und auf diesem Wege das gleiche Endergebnis erzielen. Diese Herangehensweise ist relativ einfach, wenn Sie über die notwendigen Kompetenzen verfügen, um gegen die Schwäche angehen zu können.

3. *Umgehen Sie das Entwicklungsbedürfnis, um die Schwäche zu neutralisieren.* Entscheidend bei dieser Vorgehensweise ist die Selbsterkenntnis. Sie müssen wissen, dass Sie das Entwicklungsbedürfnis haben, und seine Wichtigkeit bejahen. Sie können jede der vier nachstehend aufgeführten Workaround-Strategien benutzen, um die mangelhafte Kompetenz zu umgehen. Ziel einer solchen Umgehung ist es, die durch das Entwicklungsbedürfnis verursachten Störeffekte zu reduzieren. Mit einem Workaround kann, muss jedoch kein Lernprozess verbunden sein; es geht dabei lediglich darum, das gesetzte Ziel zu erreichen, ohne sich mit dem persönlichen Entwicklungsbedürfnis direkt auseinander setzen zu müssen.
    - Umgehung durch andere Menschen...
    Suchen Sie sich einen internen oder externen „Komparsen", der für Sie einspringt, wenn Ihre Schwäche ins Spiel kommt. Dabei könnte es sich um einen Gleichgestellten, einen Freund, jemanden aus Ihrem Mitarbeiterstab oder um einen Berater handeln. Wenn

beispielsweise Ihre Präsentationskompetenz eher bescheiden ausgeprägt ist, holen Sie sich jemanden, der gut präsentieren und Ihr Material vortragen kann. Holen Sie sich Leute in Ihr Team, die in den Bereichen gut sind, in denen Sie es nicht sind. Delegieren Sie Aufgaben weiter, bei denen Ihre Schwächen ins Spiel kommen.

- Umgehung von Aufgaben...
Tauschen Sie Aufgaben oder teilen Sie sich welche mit einem Gleichgestellten. Sie könnten beispielsweise einem Gleichgestellten bei dessen Strategieplanung helfen und im Gegenzug von diesem Hilfe bei Ihren Präsentationen vor dem gehobenen Management bekommen. Klammern Sie die Schwäche aus. Gestalten Sie Ihre Aufgabe (zusammen mit Ihrem Chef) so um, dass Sie nicht mehr für die Aufgaben verantwortlich sind, bei denen Ihre Schwächen ins Spiel kommen. Ändern Sie Ihre Aufgabe so ab, dass Sie nicht mehr so viele Vorträge vor Fremden halten müssen. Teilen Sie diese Aufgabe einer anderen Einheit zu.

- Umgehung durch Wechsel...
Wenn Sie lieber doch nicht an Ihren Entwicklungsbedürfnissen arbeiten möchten, führen Sie eine ehrliche Bestandsaufnahme Ihrer Stärken durch und suchen Sie sich eine Organisation, eine Arbeit, eine andere Einheit oder einen anderen Karriereweg, der besser zu diesen Stärken passt. Wenn Sie in der Verkaufsförderung tätig sind und nicht besonders gut präsentieren können oder nur ungern Kaltakquise betreiben, dann suchen Sie sich eine Tätigkeit, bei der Ihnen die Interessenten serviert werden oder die Kunden zu Ihnen kommen, oder finden Sie gegebenenfalls durch Marktanalyse heraus, wo diese beiden Anforderungen deutlich seltener benötigt werden.

- Umgehung durch Selbsterkenntnis...
Bejahen Sie Ihre Schwächen und seien Sie sich selbst und anderen gegenüber ehrlich. Die Forschung hat gezeigt, dass Ihr Ansehen bei anderen steigt, wenn Sie Ihre Schwächen (innerhalb gewisser Grenzen) offen zugeben. Man wird Ihnen gegenüber also nicht ganz so kritisch sein, wenn Sie Ihre Präsentation beispielsweise so einleiten: „Wie die meisten von Ihnen wissen, bin ich kein sehr begabter Redner". Entscheiden Sie sich bewusst dafür, mit einer Schwäche zu leben. Wenn Sie sich dem Entwicklungsbedürfnis lieber nicht stellen möchten, konzentrieren Sie sich stärker auf die Dinge, die Sie gut können.

4. *Finden Sie einen Ausgleich für eine übertriebene Stärke.* Es ist natürlich gut, wenn Sie die Stärken einsetzen, auf die Sie sich bisher immer verlassen konnten. Aber nur so lange, bis sich etwas ändert – eine neue Strategie, ein neues berufliches Verantwortungsfeld, eine Neuausrichtung in der Lenkung des Unternehmens. Dann werden neue Kompetenzen verlangt, und das gegenwärtige Kompetenzprofil bedarf einer Überholung. Sie kommen also an eine Weggabelung, und welchen Weg Sie dann nehmen, macht einen großen Unterschied. Den einen Weg nehmen all jene, die offen sind, lernfreudig, neugierig, sich fortlaufend verbessern möchten. Jene erkennen, dass die neue Aufgabenstellung einen Bruch mit der Vergangenheit erfordert, eine Neuausrichtung. Sie finden heraus, welche neuen Denkweisen oder Kompetenzen jetzt gefordert sind, und entwickeln diese oder verwenden Workarounds bzw. Kompensatoren. Die Mehrzahl der Betroffenen beschreitet jedoch den anderen Weg. Wenn die Dinge nicht mehr so laufen, wie sie es gewohnt sind, und sie bis an ihre Grenzen gehen müssen, drehen sie mit den wenigen Stärken, die sie schon besitzen, voll auf. Ihr Leitsatz lautet: „Viel hilft viel, und mehr hilft deswegen noch mehr". Haben Sie Feedback erhalten, wonach Sie eine gute Eigenschaft im Übermaß einsetzen – hier einige allgemeine Strategien, mit denen Sie dieses Problem angehen können:

- Liegt es nicht auf der Hand? Halten Sie sich damit zurück. Tun Sie es seltener. Wenn jedoch Ihr Mentor zu Ihnen sagt, Sie sollen weniger clever sein, weniger ergebnisorientiert, weniger selbst machen, dann haben Sie mit diesem Ratschlag ein Problem. Warum? Weil genau das die Dinge sind, die bisher Ihren Erfolg ausgemacht haben. Das sind die Dinge, für die Sie belohnt wurden. Bei dem Gedanken, die eigenen Stärken SELTENER EINSETZEN zu dürfen, kann einem Angst und Bange werden. Im Arbeitsalltag kann es wirklich hart sein, sich mit den eigenen Stärken zurückhalten zu müssen, doch es kann funktionieren.

- Bringen Sie andere Kompetenzen ins Spiel, über die Sie verfügen, um etwaige Störeffekte zu mindern und den Schaden zu verringern, der durch den übertriebenen Gebrauch der anderen Kompetenz entsteht. Streben Sie weiterhin nach Ergebnissen, tun Sie es jedoch auf sanftere Art, indem Sie sich stärker als guter, humorvoller Zuhörer präsentieren. Die im Anschluss an die Definitionen von „Übertrieben" aufgeführten Kompensatoren mindern die negativen Auswirkungen von Stärken, die zu dominant geworden sind. Verwenden Sie so viele Kompensatoren wie nötig, um die Störeffekte auf ein noch hinnehmbares Maß zu reduzieren.

- Unter Umständen verfügen Sie gar nicht über die Kompensatoren, die Sie benötigen. In diesem Fall können Sie eine Workaround-Strategie anwenden oder die benötigten Kompensatoren entwickeln. Nutzen Sie dazu die in den Kapiteln über Kompensatoren aufgeführten Entwicklungstipps.

5. *Leben Sie damit.* Sie können mit einer Schwäche auch einfach nur leben. Wenigstens ist sie Ihnen dann bewusst, und Sie können bereitwillig zugeben, dass Ihre Kompetenz in diesem Bereich mangelhaft ist. Erkennen und nutzen Sie Ihre Stärken. In diesem Fall identifizieren Sie Ihre größten Kompetenzen oder Leistungsaspekte und nutzen Sie diese. Wenn Sie in Problemlösung und strategischem Denken besonders gut sind, bringen Sie sich häufiger in Situationen ein, in denen Sie Ihre Stärken anwenden und an ihnen feilen können. Agieren Sie bewusst in Funktionen, Arbeiten, Organisationen und Karrierewegen, in denen Ihre speziellen, schon jetzt vorhandenen Stärken gefragt sind.

Und lesen Sie schließlich auch Anhang C, „Universelle Wege zur Entwicklung beliebiger Kompetenzen". Darin werden zehn Wege aufgezeigt, mit denen Sie sich in beliebigen Bereichen weiterentwickeln können. Suchen Sie sich die Wege aus, die Ihnen am besten geeignet erscheinen. Diese universellen Ideen können Sie zur Grundlage beliebiger Entwicklungspläne machen. Sie finden dort auch drei Beispiele für Entwicklungspläne, die auf die Verbesserung einer schlecht ausgeprägten Kompetenz, einer übertriebenen Kompetenz und eines problematischen Karrierehemmers/-stoppers abzielen.

Entwicklung kann aber auch all die Dinge beinhalten, über die wir bis jetzt gesprochen haben. Wenn Sie schon genau wissen, welches Entwicklungsbedürfnis Sie haben, könnten Sie mit einem Substitutionsplan beginnen, der sofort Wirkung zeigt. Im weiteren Verlauf könnten Sie eine oder mehrere Workaround-Strategien anwenden, um Ihren Kompetenzmangel noch etwas zu überdecken. Parallel dazu können Sie die in diesem Buch gegebenen Entwicklungstipps anwenden, um den eigentlichen Aufbau der Kompetenz voranzubringen, und gleichzeitig die in Ihrem Workaround-Plan enthaltenen Personen beobachten, um aus deren Tun zu lernen. Wenn Sie danach noch weitere Entwicklung benötigen, nutzen Sie Aufgabenstellungen, spezielle Projekte, Teilzeitaufträge oder auch andere Arbeitsplätze, um Ihre Entwicklung zu vervollständigen.

Struktur von *FYI For Your Improvement*™

Wo finde ich, was ich brauche?

Kompetenz: Ihre Bezeichnung und Nummer sowie Faktoren- und Cluster-Informationen, die zeigen, wo sie sich in die Leadership Architect® Bibliothek einfügt.

Schlecht ausgeprägt: Die entsprechenden Definitionen erscheinen in Form einer Liste von Verhaltensweisen, die erkennen lassen, wie sich „Schlecht ausgeprägt" bei einer bestimmten Kompetenz äußert. Lesen Sie diese, um festzustellen, ob eine bestimmte Kompetenz bei Ihnen schlecht ausgeprägt ist. Welche Punkte aus der Aufzählung beschreiben Sie am besten? Dies ist Ihr „Vorher"-Bild.

Ersatzkompetenzen – Als Substitute werden andere Kompetenzen aufgeführt, die als Ersatz für den Kompetenzmangel in diesem Bereich dienen könnten. Eine oder mehrere dieser Substitut-Kompetenzen können – sofern sie zu Ihren Stärken gehören – die negativen Auswirkungen einer mangelhaften Kompetenz neutralisieren. Binden Sie diese in Ihren Entwicklungsplan ein, um eine mangelhafte Kompetenz anzugehen. *(Nur Kompetenzen)*

Gut ausgeprägt: Die entsprechenden Definitionen erscheinen in Form einer Liste von Verhaltensweisen, die erkennen lassen, wie sich „Gut ausgeprägt" bei einer bestimmten Kompetenz äußert. Vergleichen Sie sich selbst mit der Definition von „Gut ausgeprägt". Wozu wären Sie gerne imstande, nachdem Sie an diesem Entwicklungsbedürfnis ausgiebig genug gearbeitet haben? Dies ist Ihr „Nachher"-Bild.

Übertriebene Fähigkeit: Die entsprechenden Definitionen erscheinen in Form einer Liste von Verhaltensweisen, die erkennen lassen, wie sich der übertriebene Gebrauch einer bestimmten Kompetenz äußert. Stellen Sie anhand dieser Beispiele fest, ob Sie eine Ihrer Stärken vielleicht übertrieben einsetzen.

Ausgleichskompetenzen – Unter der Definition einer übertrieben angewandten Kompetenz finden sich auch mehrere Kompensator-Kompetenzen. Eine oder mehrere dieser Kompetenzen können – sofern sie zu Ihren Stärken gehören – die negativen Auswirkungen aus der übertriebenen Anwendung der betreffenden Kompetenz neutralisieren. Binden Sie diese in Ihren Entwicklungsplan ein, um die übertriebene Anwendung einer Kompetenz anzugehen. *(Nur Kompetenzen und globale Betrachtungsfelder)*

Mögliche Ursachen – Hier sind zahlreiche Gründe aufgeführt, weshalb dieses Entwicklungsbedürfnis bei Ihnen vorliegen könnte. Finden Sie anhand dieser Ursachen heraus, wie Ihr Entwicklungsbedürfnis genau aussieht. Überprüfen Sie die Ursachen, die auf Sie zutreffen könnten. So manches Entwicklungsvorhaben ist schon ins Trudeln geraten, weil der Plan auf das falsche Problem abzielte. Schreiben Sie sich Ihr konkretes Entwicklungsbedürfnis auf – wie es aussieht, welche Ursache es hat, bei wem und in welchen Situationen es sich bemerkbar macht. Wenn keine auf Sie zutreffenden Ursachen aufgeführt sind, fügen Sie sie zu der Liste hinzu.

Globales Betrachtungsfeld: Seine Bezeichnung und Nummer sowie mit ihm in Verbindung stehende Kompetenzentsprechungen. *(Siehe das Beispiel auf Seite 649.)*

Zitate – Lesen Sie die Zitate, um sich inspirieren zu lassen und Denkanstöße zu erhalten.

Faktoren und Cluster – Jede Kompetenz und jeder Karrierehemmer gehört einem von 8 möglichen Faktoren und einem von 26 möglichen Clustern an. Dies bedeutet, dass eine Kompetenz (oder ein Karrierehemmer) innerhalb eines bestimmten Clusters den anderen in diesem Cluster in gewisser Weise ähnlich ist. Achten Sie innerhalb des Clusters der betreffenden Kompetenz (und eventuell auch im dazugehörigen Faktor) auf zusätzliche Tipps. *(Nur Kompetenzen sowie Karrierehemmer und -stopper)*

EINFÜHRUNG

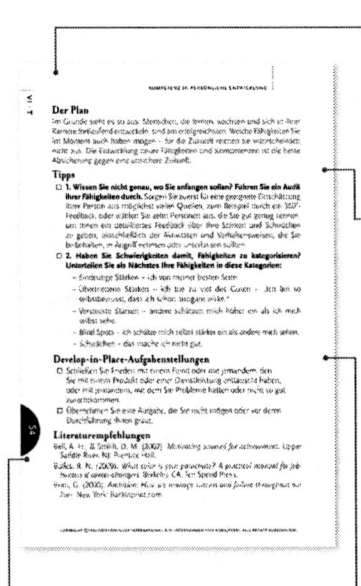

Der Plan – Der Plan zeigt das Terrain, auf dem Sie sich bewegen. Sie zeigt die allgemeinen Aspekte der Kompetenz auf, wie sie funktioniert und warum sie wichtig ist. Besonders wichtig ist es, dass Sie sich bezüglich der Kompetenz diejenigen Dinge merken, die Ihnen vor Lektüre der Diagnosekarte nicht klar waren. Diese zusätzlichen Erkenntnisse werden in Ihrem Entwicklungsplan einen Unterschied machen.

Tipps: Diese wurden aus der Kompetenzforschung entwickelt — aus welchen Erfahrungen sie entstehen, wie sie aussehen, welches ihre Bestandteile sind. Dabei handelt es sich auch um erprobte Ideen, die aus der Problemanalyse und Lösungsfindung bei der Arbeit mit Führungskräften hervorgegangen sind. Wir haben diese Tipps prägnant, machbar und handlungsorientiert gehalten. Sie finden hier zehn oder mehr Tipps, mit denen Sie direkt an einem Entwicklungsbedürfnis arbeiten können. Einige davon haben zwar langfristigen Charakter, doch die meisten beziehen sich auf Dinge, die Sie gleich heute in Angriff nehmen können. Wir wollten motivierten Leuten eine Möglichkeit geben, um sofort loslegen zu können und schnell erste Ergebnisse zu sehen. Ausgehend von unserer Forschung und Erfahrung, sind das die Tipps, die am ehesten funktionieren werden. Beziehen Sie einen oder zwei davon in Ihren Entwicklungsplan ein.

Literaturempfehlungen: Diese wurden auf Grundlage ihrer Relevanz, ihrer globalen Perspektive und ihres ROI aus Fachbeiträgen, Bestseller-Listen und Verzeichnissen renommierter Verlage ausgewählt. Wir haben Lektüre für Sie ausgewählt, die aktuell, allgemein verfügbar, gut strukturiert und voller Vorschläge und Beispiele ist. Sie haben also jede Menge Auswahl!

Develop-in-Place-Aufgabenstellungen: Hierbei handelt es sich um bestimmte Arbeitsschritte, zu deren Erfüllung bestimmte Kompetenzen eingesetzt werden müssen. Die Forschung hat gezeigt, dass 70 % der Entwicklung bei der Arbeit entsteht, und Positionen unterscheiden sich hinsichtlich ihres Entwicklungspotenzials und der Kompetenzen voneinander, die sie ansprechen. Sie können nicht immer nur aus Entwicklungsgründen die Arbeit wechseln, doch gibt es beinahe immer eine Develop-in-Place-Aufgabenstellung, die Sie sich in Ihrer aktuellen Position aussuchen können, um Ihr Entwicklungsbedürfnis anzugehen.

Hemmer und Stopper: Ihre Bezeichnung und Nummer sowie Faktoren- und Cluster-Informationen, die zeigen, wo sie sich in die Leadership Architect® Bibliothek einfügen.

Ein Problem: Hier sind bestimmte Verhaltensweisen beschrieben, um zu verdeutlichen, wie ein Karrierehemmer-/stopper aussieht, wenn er ein Problem darstellt. Lesen Sie diese, um festzustellen, ob ein Karrierehemmer-/stopper für Sie eventuell ein Problem darstellt.

Kein Problem: Hier sind bestimmte Verhaltensweisen beschrieben, um zu verdeutlichen, wie ein Karrierehemmer-/stopper aussieht, wenn er kein Problem darstellt. Lesen Sie diese, um festzustellen, ob ein Karrierehemmer-/stopper für Sie kein Problem darstellt.

Andere Ursachen – Ein Karrierehemmer kann viele Ursachen haben — worüber Sie in unzureichendem Maße verfügen (Schlecht ausgeprägt), z. B. Zwischenmenschliches Geschick (31), und was Sie zu intensiv einsetzen (Übertreiben), z. B. Ergebnisorientierung (53) oder Direktives Führungsverhalten (9). Gehen Sie die Liste durch, um festzustellen, ob irgendwelche der zu schwach ausgeprägten oder im Übermaß eingesetzten Kompetenzen auf Ihr Profil zutreffen. Verwenden Sie diese Informationen, um besser entscheiden zu können, worauf Sie sich bei Ihrem Entwicklungsplan konzentrieren sollten.

Über die Autoren

Michael M. Lombardo

Mike Lombardo hat über 30 Jahre Erfahrung in der Führungs- und Management-Forschung sowie im Coaching von höheren Führungskräften. Er ist einer der Mitbegründer von Lominger Limited, Inc., Herausgeber der Leadership Architect® Suite. Zusammen mit Bob Eichinger hat Mike 40 Produkte für die Suite verfasst, darunter *The Leadership Machine, FYI For Your Improvement*™, *Career Architect®*, *Choices Architect®* und VOICES®. Während seiner 15 Jahre beim Center for Creative Leadership war Mike Lombardo u. a. Co-Autor von *The Lessons of Experience*, einer detaillierten Untersuchung darüber, welche Erfahrungen aus der Praxis eine Wissensgrundlage bilden, auf der die für den Erfolg erforderlichen Kompetenzen erlernt werden können. Er hat auch Forschungsarbeiten zum Phänomen des „Karriereknicks" bei höheren Führungskräften mitverfasst, in denen dargelegt wird, wie persönliche Fehler und übertrieben eingesetzte Stärken dazu geführt haben, dass an sich sehr beschlagene höhere Führungskräfte auf ihrem Karriereweg in Schwierigkeiten gerieten. Er war darüber hinaus Co-Autor von Benchmarks®, einem Instrument für 360°-Feedback, und der Looking Glass® Simulation. Mike Lombardo erhielt vier nationale Auszeichnungen für seine Forschung zur Entwicklung von Management und Firmenleitung.

Robert W. Eichinger

Bob Eichinger ist stellvertretender Vorsitzender des Korn/Ferry Institutes für Korn/Ferry International. Vor der Übernahme von Lominger International durch Korn/Ferry war er Mitbegründer und CEO von Lominger Limited, Inc. und Mitverfasser der Leadership Architect® Suite mit ihren Instrumenten zur Management-, Führungskräfte- und Organisationsentwicklung. In seiner über 40-jährigen Laufbahn war er in Unternehmen wie PepsiCo und Pillsbury tätig, ebenso als Berater für Fortune 500-Unternehmen in den USA, Europa, Japan, Kanada und Australien. Dr. Eichinger doziert vornehmlich zum Thema der Führungskräfte- und Managemententwicklung und war im Aufsichtsrat der Human Resource Planning Society tätig. Er hat als Coach mit mehr als 1.000 Managern und Führungskräften zusammengearbeitet. Zu seinen Büchern zählen *The Leadership Machine* (zusammen mit Mike Lombardo geschrieben), *100 Things You Need to Know: Best People Practices for Managers & HR* (zusammen mit Mike Lombardo und Dave Ulrich geschrieben) und *FYI for Strategic Effectiveness*™ (zusammen mit Kim Ruyle und Dave Ulrich geschrieben).

FAKTOR IV: ENERGIE UND TATENDRANG
CLUSTER J: KONZENTRATION AUF DAS ENDERGEBNIS

1 Handlungsorientierung

The world can only be grasped by action, not by contemplation.
The hand is the cutting edge of the mind.
Diane Arbus – Amerikanische Fotografin

Schlecht ausgeprägt
- ☐ Reagiert langsam auf eine sich bietende Gelegenheit
- ☐ Ist zu methodisch, perfektionistisch oder risikoscheu
- ☐ Schiebt Dinge auf die lange Bank
- ☐ Setzt sich keine sehr herausfordernden Ziele
- ☐ Hat zu wenig Selbstvertrauen in die eigene Handlungsfähigkeit
- ☐ Weiß was zu tun ist, zögert es aber hinaus
- ☐ Ist nicht motiviert; ist gelangweilt oder ausgebrannt

   Wählen Sie eine bis drei der folgenden Kompetenzen als Ersatz für diese Kompetenz, wenn Sie nicht direkt an ihr arbeiten möchten.
   ERSATZKOMPETENZEN: 9,12,16,18,32,34,36,43,50,52,53,57,62

Gut ausgeprägt
- ☐ Hat Spaß daran, hart zu arbeiten
- ☐ Ist handlungsorientiert und packt Dinge, die er/sie als Herausforderung ansieht, voller Energie an
- ☐ Hat keine Angst, nur mit einem Minimum an Planung zu arbeiten
- ☐ Nutzt Gelegenheiten häufiger als andere

Übertriebene Fähigkeit
- ☐ Kann zum Workaholic werden
- ☐ Erzwingt manchmal Lösungen ohne angemessene Analyse
- ☐ Handelt nicht strategisch
- ☐ Neigt zum „Übermanagen", um Dinge durchzupauken
- ☐ Kann persönliche und familiäre Probleme haben, die auf Desinteresse und Vernachlässigung zurückzuführen sind
- ☐ Kümmert sich nicht um wichtige Pflichten und Aufgaben, die nicht herausfordernd sind
- ☐ Ignoriert sein/ihr Privatleben, ist ausgebrannt

   Wählen Sie nachstehend eine bis drei Kompetenzen als Arbeitsgegenstand aus, um einen übertriebenen Einsatz dieser Fähigkeit zu kompensieren.
   AUSGLEICHSKOMPETENZEN: 11,27,33,39,41,43,47,50,51,52,60,66

Mögliche Ursachen
- ☐ Ausgebrannt
- ☐ Hält an zu vielen Dingen fest
- ☐ Gelangweilt und nicht motiviert
- ☐ Nicht genug Begeisterungsfähigkeit für die Arbeit
- ☐ Hat kein Selbstvertrauen
- ☐ Perfektionist
- ☐ Schiebt alles auf die lange Bank
- ☐ Reagiert zu langsam auf eine sich bietende Gelegenheit
- ☐ Keine Risikobereitschaft

Leadership Architect® Faktoren und Cluster
Diese Kompetenz ist in Faktor IV „Energie und Tatendrang" zu finden. Diese Kompetenz ist in Cluster J „Konzentration auf das Endergebnis" zusammen mit den Kompetenzen 43, 53 enthalten. Sie können auch bei anderen Kompetenzen in demselben Faktor/Cluster nach passenden Tipps suchen.

Der Plan
Eine für den heutigen und künftigen Geschäftserfolg ganz wichtige Kompetenz ist die der Handlungsorientierung. Schnelles und wendiges Handeln auf dem Markt ist absolut notwendig geworden, da Personen oder Organisationen, die zögern, von denen überholt werden, die nicht zögern. Die meisten erfolgreichen Führungskräfte in leitender Position zählen Handlungsorientierung zu ihren Stärken. Zögern ergibt sich dabei vor allem aus Faktoren wie Perfektionismus, dem Aufschieben von Dingen oder der Vermeidung von Risiken. Diese tragen dazu bei, zügiges und rechtzeitiges Handeln zu behindern.

Tipps
☐ **1. Schieben Sie die Dinge auf die lange Bank? Starten Sie frühzeitig.**
Warten Sie schon immer bis zur letzten Minute? Erbringen Sie die besten Leistungen in Krisensituationen oder bei unmöglich einzuhaltenden Terminen? Warten Sie bis zum letzten Moment? Falls dies der Fall ist, werden Sie Termin- oder Leistungsvorgaben verpassen. Sie handeln vielleicht zu spät. Beginnen Sie früher. Erledigen Sie immer zehn Prozent jeder Aufgabe sofort, nachdem Sie sie erhalten haben. So können Sie besser einschätzen, wie viel Zeit Sie für den Rest aufwenden müssen. Teilen Sie sich die Aufgabe in kleinere Abschnitte ein. Setzen Sie sich das Ziel, täglich einen Teil abzuarbeiten. Denken Sie nicht an das Gesamtergebnis. Erledigen Sie einfach jeden Tag Ihr Pensum. Dies ist ein kleiner Schritt für einen Zauderer, aber ein Riesenschritt zu Ihrem

Ziel hin, handlungsorientiert zu werden. *Benötigen Sie weitere Hilfe? – Siehe Nr. 16 „Treffen von fristgerechten Entscheidungen" und Nr. 47 „Planen".*

☐ **2. Sind Sie ein Perfektionist? Zügeln Sie Ihren Appetit auf Gewissheit.** Müssen Sie hundert Prozent sicher sein? Perfektionismus ist sehr schwer aufzugeben, da ihn die meisten Menschen als positiven Charakterzug betrachten. Machen Sie sich Sorgen darüber, was andere sagen, wenn Sie etwas vermasseln? Fehlt das Tüpfelchen auf dem i? Werden Sie sich bewusst darüber, was Ihr Perfektionismus bedeuten könnte – Ansammeln von Informationen zur Stärkung Ihres Selbstvertrauens und zur Vermeidung von Kritik, genauestes Untersuchen einer Gelegenheit, bis sie verstrichen ist, oder Warten auf die perfekte Lösung. Versuchen Sie, Ihren Informationsbedarf und Ihr tagtägliches Streben nach Perfektion von Woche zu Woche zu verringern, bis Sie ein vernünftigeres Gleichgewicht zwischen dem Durchdenken einer Aufgabe und ihrer tatsächlichen Abarbeitung erreicht haben. Es könnte auch sein, dass Sie zu viel Arbeit für sich behalten, nichts delegieren und damit einen Engpass erzeugen, der die Handlungsfähigkeit der Menschen um Sie herum behindert. Eine Möglichkeit, dies abzustellen, ist, in andere Vertrauen zu setzen und sie einen Teil Ihrer Arbeit erledigen zu lassen. *Benötigen Sie weitere Hilfe? – Siehe Nr. 18 „Delegieren" und Nr. 19 „Mitarbeiter und andere weiterentwickeln".*

☐ **3. Lähmt Sie das viele Analysieren? Bringen Sie Denken und Handeln ins Gleichgewicht.** Verändern Sie Ihre alten Gewohnheiten, untersuchen Sie nicht alles bis ins letzte Detail, sondern packen Sie die Dinge einfach an. Manchmal handeln Sie nicht sofort, weil Sie noch nicht alle Informationen haben. Manche Menschen wollen eine 100-prozentige Sicherheit, bevor sie handeln. Jeder Mensch mit gesundem Menschenverstand, der alle Daten zur Verfügung hat, kann gute Entscheidungen treffen. Der eigentliche Test besteht darin festzustellen, wer am schnellsten mit einer vernünftigen Datenmenge (aber nicht mit allen Daten) agieren kann. Studien belegen, dass erfolgreiche Topmanager nur in 65 von 100 Fällen richtig entscheiden. Wenn Sie lernen, kleinere Entscheidungen schneller zu treffen, können Sie später immer noch den Kurs ändern, um eventuelle Fehlentscheidungen zu korrigieren. Sie analysieren viel zu lange, weil Sie ständig besorgt sind und sich auf die Kehrseite der Medaille konzentrieren. Schreiben Sie Ihre Bedenken auf und notieren Sie sich jeweils die Vorteile (ein Pro für jedes Kontra). Wenn Sie beide Seiten der Medaille analysiert haben, werden Sie eher bereit sein zu handeln. So gut wie jede Aktion hat sowohl Nachteile als auch Vorteile. Handeln Sie, holen Sie sich Feedback zu den Ergebnissen, bringen Sie Verbesserungen an und handeln Sie erneut.

KOMPETENZ 1: HANDLUNGSORIENTIERUNG

☐ **4. Sind Sie nicht sicher, ob Sie es versuchen können? Bauen Sie Ihr Selbstvertrauen auf.** Vielleicht handeln Sie langsam, weil Sie denken, dass Sie der Rolle nicht gewachsen sind. Wenn Sie sich zu viele Freiheiten herausnehmen, würden andere dies bald erkennen und Sie bloßstellen. Belegen Sie ein Seminar oder arbeiten Sie mit einem Tutor daran, Ihr Selbstvertrauen Stück für Stück aufzubauen. Konzentrieren Sie sich auf Ihre Stärken und überlegen Sie, wie Sie sie in nervenaufreibenden Situationen einsetzen können. Wenn Sie zum Beispiel im zwischenmenschlichen Bereich besonders kompetent sind, stellen Sie sich vor, wie Sie geschickt mit Fragen und Einwänden umgehen, die Ihre Handlungen betreffen. Die einzige Möglichkeit herauszufinden, wozu Sie fähig sind, ist zu handeln. Danach wissen Sie es.

☐ **5. Sie mögen keine Risiken? Fangen Sie klein an.** Manchmal wird erwartet, dass Sie über Ihren eigenen Schatten springen, Chancen ergreifen und mutig Initiative zeigen. So zu handeln, birgt selbstverständlich auch die Gefahr von Fehlschlägen und Fehlern in sich. Untersuchungen haben ergeben, dass erfolgreiche Manager im Verlauf ihrer Karriere mehr Fehler gemacht haben als die Kollegen, die nicht so schnell aufgestiegen sind. Nutzen Sie jeden Fehler und Misserfolg als Lernmöglichkeit. Wer nicht wagt, der nicht gewinnt. Erhöhen Sie Ihre Risikobereitschaft. Beginnen Sie mit kleineren Dingen, so dass Sie sich schneller von Rückschlägen erholen. Streben Sie nach kleinen Erfolgen. Stürzen Sie sich nicht auf eine zu große Aufgabe, nur um Ihren Mut zu beweisen. Teilen Sie sich Ihre Aufgabe in kleinere Teilaufgaben ein. Erledigen Sie den für Sie einfachsten Teil zuerst. Gehen Sie dann zu den schwierigeren Teilen über. Überprüfen Sie jede einzelne Teilaufgabe nochmals daraufhin, was gut und was nicht so gut war, und setzen Sie sich Ziele, so dass Sie in Zukunft immer etwas anders und besser machen werden. Hören Sie erst auf, wenn Sie das große Ziel erreicht haben und schnell und entschlossen handeln können. Fordern Sie sich heraus. Finden Sie heraus, wie kreativ Sie sein können, wenn Sie auf unterschiedliche Weise handeln. *Benötigen Sie weitere Hilfe? –* Siehe Nr. 2 „Umgang mit Mehrdeutigkeit", Nr. 14 „Kreativität" und Nr. 28 „Innovationsmanagement".

☐ **6. Haben Sie die Lust verloren? Stellen Sie Ihre Interessen in den Mittelpunkt.** Haben Sie keine Energie mehr? Sind Sie nicht mehr mit ganzem Herzen bei der Sache? Sind Sie nicht mehr voll engagiert? Machen Sie schon seit langer Zeit die gleichen Tätigkeiten und sind gelangweilt? Haben Sie schon alles erlebt, getan: dieselben Arbeitsabläufe, dieselben Entscheidungen, dieselben Kollegen? Um aus dieser Situation das Beste zu machen, stellen Sie eine Liste der Dinge zusammen, die Sie gern oder nicht so gern tun. Achten Sie darauf, jeden

Tag mindestens zwei Aufgaben zu erledigen, die Ihnen Spaß machen. Arbeiten Sie darauf hin, das zu delegieren oder auszutauschen, was Sie nicht mehr motiviert. Erledigen Sie die Dinge, die Ihnen am wenigsten liegen zuerst, wobei nicht die Tätigkeit selbst im Vordergrund stehen sollte, sondern das positive Gefühl danach, wenn Sie damit fertig sind. Verändern Sie Ihre Tätigkeiten am Arbeitsplatz, bis möglichst viele Ihrer eigenen Interessen reflektiert werden. Melden Sie sich freiwillig für Sonderaufgaben und Projekte, die Sie motivieren.

☐ **7. Bewegen Sie sich, aber in die falsche Richtung? Setzen Sie sich bessere Prioritäten.** Sie haben vielleicht nicht die richtigen Prioritäten. Manche Leute handeln – allerdings bei den falschen Aufgaben. Effektiv arbeitende Manager investieren ungefähr die Hälfte der Zeit in zwei oder drei Aufgaben mit Schlüsselpriorität. Woran sollten Sie die Hälfte Ihrer Zeit arbeiten? Können Sie fünf Dinge aus Ihrem Tätigkeitsfeld nennen, die weniger wichtig sind? Nein? Dann differenzieren Sie nicht genügend. Menschen, die sich keine Prioritäten gesetzt haben, sehen ihre Arbeit als eine Vielzahl von Verpflichtungen, die alle gleichzeitig erledigt werden müssen – wählen Sie sich einige der Aufgaben aus, die kritisch für den Erfolg sind, und erledigen Sie diese. Lassen Sie sich nicht von Unwichtigem ablenken. *Benötigen Sie weitere Hilfe? – Siehe Nr. 50 „Setzen von Prioritäten".*

☐ **8. Wissen Sie nicht genau, wo Sie anfangen sollen? Organisieren Sie Ihre Aufgaben.** Manche Menschen wissen einfach nicht, wie sie etwas am besten erledigen. Es gibt viele Best Practices, etablierte Vorgehensweisen, um eine Aufgabe effizient zu erledigen. Wenn Sie Ihre Arbeitsplanung für sich und andere nicht diszipliniert genug angehen, Ihre Entscheidungen manchmal zu spät treffen und deshalb auch zu spät handeln, besorgen Sie sich Literatur zu diesen beiden Themen. Nehmen Sie an einem Workshop über eine effektive und effiziente Gestaltung der Arbeitsabläufe teil. *Benötigen Sie weitere Hilfe? – Siehe Nr. 52 „Prozessmanagement" und Nr. 63 „Workflow- und Qualitätssicherungssysteme" (z. B. TQM/ISO/Six Sigma).*

☐ **9. Haben Sie Angst, andere zu involvieren? Bringen Sie Ihre Verkaufsstrategien auf Vordermann.** Handeln erfordert, dass Sie auch andere Menschen mit an Bord nehmen. Arbeiten Sie an Ihrer Kompetenz, andere zu überzeugen und an Ihrem „Verkaufsgeschick". Legen Sie die betrieblichen Gründe für Ihr Handeln offen. Überlegen Sie sich, wie Sie dafür sorgen können, dass alle Beteiligten gewinnen. Lassen Sie andere mitarbeiten, bevor Sie in Aktion treten müssen. Beteiligte lassen sich einfacher beeinflussen. Verbessern Sie Ihr Verhandlungsgeschick. Lernen Sie zu handeln und zu verhandeln. *Benötigen Sie weitere Hilfe? – Siehe Nr. 31 „Zwischenmenschliches Geschick", Nr. 37 „Verhandeln" und Nr. 39 „Organisieren".*

KOMPETENZ 1: HANDLUNGSORIENTIERUNG

☐ **10. Sind Sie nicht voll engagiert? Denken Sie über einen Wechsel nach.**
Vielleicht stecken Sie gerade nur so viel in Ihre Arbeit, wie Sie für nötig erachten. Vielleicht haben Sie sich dafür entschieden, dass Sie Ihr Verhältnis von Privat- und Arbeitsleben nach dem Modus: „Faire Arbeitsleistung nur gegen faire Bezahlung" regeln wollen. Nicht mehr und nicht weniger. Das ist eine zu respektierende Entscheidung, die nur Sie treffen können und sollten. Das Problem ist nur, dass Sie möglicherweise die Verantwortung für eine Aufgabe haben, zu der diese Einstellung nicht passt. Wäre das vorher bekannt gewesen, hätte man Ihnen diese Verantwortung nicht übertragen. Unter Umständen sollten Sie mit Ihrer Führungskraft sprechen, um sich an einen für Sie angenehmeren Arbeitsplatz, der Sie nicht so sehr beansprucht und der nicht so viel Handlungsinitiative von Ihnen erfordert, versetzen zu lassen. Vielleicht sollten Sie auch daran denken, sich abstufen zu lassen, so dass sich ein für Sie besseres Gleichgewicht zwischen Lebensqualität und Arbeitsaufwand ergibt.

Develop-in-Place-Aufgabenstellungen

☐ Managen Sie eine Gruppe in einer bedeutenden geschäftlichen Krise.

☐ Übernehmen Sie eine Aufgabe, die Sie nicht mögen oder vor deren Durchführung Ihnen graut.

☐ Übernehmen Sie ein schwieriges und nicht zu bewältigendes Projekt, an dem andere sich schon die Zähne ausgebissen haben.

☐ Lösen Sie eine Konfliktsituation zwischen zwei Personen, Geschäftseinheiten, geografischen Standorten, Funktionen usw.

☐ Organisieren Sie die erneute Einführung eines Produkts oder einer Dienstleistung, das/die bisher nicht viel Erfolg hatte.

There are risks and costs to a program of action. But they are far less than the long-range risks and costs of comfortable inaction.
John F. Kennedy – 35. Präsident der USA

Literaturempfehlungen

Allen, D. (2003). *Getting things done: The art of stress-free productivity.* New York: Penguin Group.

Allen, D. (2003). *Ready for anything: 52 Productivity principals for work and life.* New York: Penguin Group.

Bandrowski, J. F. (2000). *Corporate imagination plus: Five steps to translating innovative strategies into action.* New York: Free Press.

Block, P. (2001). *The answer to how is yes: Acting on what matters.* San Francisco: Berrett-Koehler Publishers.

Bossidy, L., & Charan, R. (with Burck, C.). (2002). *Execution: The discipline of getting things done.* New York: Crown Business.

Bryant, T. (2004). *Self-discipline in 10 days: How to go from thinking to doing.* Seattle, WA: HUB Publishing.

Burka, J. B. (2004). *Procrastination: Why you do it, what to do about it.* Cambridge, MA: Da Capo Press.

Collins, J. C. (2000). Turning goals into results: The power of catalytic mechanisms (HBR OnPoint Enhanced Edition). Boston: *Harvard Business Review.*

Collins, J. C. (2001). *Good to great: Why some companies make the leap…and others don't.* New York: HarperCollins.

Conger, J. A., Spreitzer, G. M., & Lawler, E. E., III (Eds.). (1999). *The leader's change handbook: An essential guide to setting direction and taking action.* San Francisco: Jossey-Bass.

Fiore, N. (2007). *The now habit: A strategic program for overcoming procrastination and enjoying guilt-free play.* New York: Tarcher/Putnam.

Gleeson, K. (2003). *The personal efficiency program: How to get organized to do more work in less time* (3rd ed.). Hoboken, NJ: John Wiley & Sons.

Huselid, M. A., Becker, B. E., & Beatty, R. W. (2005). *The workforce scorecard: Managing human capital to execute strategy.* Boston: Harvard Business School Press.

Kaplan, R. S., & Norton, D. P. (1996). *The balanced scorecard: Translating strategy into action.* Boston: Harvard Business School Press.

King, J. B. (2004). *Business plans to game plans: A practical system for turning strategies into action.* Hoboken, NJ: John Wiley & Sons.

Kotter, J. P., & Cohen, D. S. (2002). *The heart of change: Real-life stories of how people change their organizations.* Boston: Harvard Business School Press.

Niven, P. R. (2006). *Balanced scorecard step-by-step: Maximizing performance and maintaining results* (2nd ed.). Hoboken, NJ: John Wiley & Sons.

Pfeffer, J., & Sutton, R. I. (2000). *The knowing-doing gap: How smart companies turn knowledge into action.* Boston: Harvard Business School Press.

Torbert, W. R. (2004). *Action inquiry: The secret of timely and transforming leadership.* San Francisco: Berrett-Koehler Publishers.

KOMPETENZ 1: HANDLUNGSORIENTIERUNG

FAKTOR I: STRATEGISCHE FÄHIGKEITEN
CLUSTER C: KREATIVITÄT UND INNOVATION

2 Umgang mit Mehrdeutigkeit

Life is about not knowing, having to change, taking the moment and making the best of it, without knowing what's going to happen next. Delicious ambiguity.
Gilda Radner – US-amerikanische Komikerin und Schauspielerin, ausgezeichnet mit einem Emmy Award

Schlecht ausgeprägt
- ☐ Kommt schlecht mit Veränderungen oder Ungewissheit zurecht
- ☐ Tut sich schwer mit nicht genau definierten Problemen ohne eindeutige Lösung oder Ergebnis
- ☐ Braucht eine breitere Datenbasis als andere und zieht Strukturierung dem Ungewissen vor
- ☐ Bevorzugt sichere und festgelegte Bedingungen
- ☐ Ist wenig effektiv und produktiv bei Mehrdeutigkeit
- ☐ Schließt Dinge zu schnell ab
- ☐ Hat ein starkes Bedürfnis, alles zu Ende zu bringen
- ☐ Schätzt es, Dinge immer wieder nach demselben Muster zu erledigen

Wählen Sie eine bis drei der folgenden Kompetenzen als Ersatz für diese Kompetenz, wenn Sie nicht direkt an ihr arbeiten möchten.
ERSATZKOMPETENZEN: 1,5,12,14,16,28,30,32,36,39,40,46,47,50,51,52,53,58

Gut ausgeprägt
- ☐ Kann gut mit Veränderungen umgehen
- ☐ Kann sich neuen Gegebenheiten leicht anpassen
- ☐ Kann entscheiden und agieren, ohne ein vollständiges Bild der Situation zu haben
- ☐ Regt sich nicht auf, wenn Angelegenheiten in der Schwebe sind
- ☐ Muss eine Sache nicht abschließen, um zur nächsten übergehen zu können
- ☐ Kann gut mit Risiken und Ungewissheiten umgehen

Übertriebene Fähigkeit
- ☐ Zieht Schlüsse, ohne über ausreichendes Datenmaterial zu verfügen
- ☐ Schließt Lücken durch Hinzufügung von Dingen, die nicht vorhanden sind
- ☐ Kann andere durch zu geringe Präzisierung frustrieren
- ☐ Neigt dazu, eine methodische Problemlösung unterzubewerten
- ☐ Verwirft Präzedenzfälle und Erfahrungen aus der Vergangenheit
- ☐ Gibt Neuem Vorrang und geht auf Kosten bewährter Lösungen Risiken ein

KOMPETENZ 2: UMGANG MIT MEHRDEUTIGKEIT

- ☐ Macht Dinge manchmal komplizierter als sie sind

Wählen Sie nachstehend eine bis drei Kompetenzen als Arbeitsgegenstand aus, um einen übertriebenen Einsatz dieser Fähigkeit zu kompensieren.

AUSGLEICHSKOMPETENZEN: 5,17,24,30,35,39,40,47,50,51,52,59,61,63

Mögliche Ursachen
- ☐ Vermeidung von Kritik
- ☐ Vermeidung von Risiken
- ☐ Nicht gut organisiert
- ☐ Fühlt sich überwältigt
- ☐ Struktur und Kontrolle sind wichtig
- ☐ Perfektionist

Leadership Architect® Faktoren und Cluster

Diese Kompetenz ist in Faktor I „Strategische Fähigkeiten" zu finden. Diese Kompetenz ist in Cluster C „Kreativität und Innovation" zusammen mit den Kompetenzen 14, 28, 46, 58 enthalten. Sie können auch bei anderen Kompetenzen in demselben Faktor/Cluster nach passenden Tipps suchen.

Der Plan

Studien zufolge sind neunzig Prozent aller Probleme von mittleren und oberen Führungskräften nicht eindeutiger Natur – es ist weder klar, worin das Problem besteht, noch wie man es lösen kann. Je höher man aufsteigt, umso mehrdeutiger werden die Dinge. Die meisten Leute mit Intelligenz können genaue und gute Entscheidungen treffen, wenn Sie unbegrenzt Zeit haben und ihnen umfassendes Datenmaterial vorliegt. Die meisten könnten eine richtige Entscheidung wiederholen, wenn sie Zugang zu der Lösung hätten, mit der das Problem vorher schon Hunderte von Malen gelöst wurde. Die größte Befriedigung ist allerdings denen vorbehalten, die mehr gute als schlechte Entscheidungen treffen können, und das mit einer unvollständigen Datenbasis, weniger Zeit und wenigen oder fehlenden Bezugspunkten dazu, wie das Problem unter Umständen früher gelöst worden ist.

Tipps

☐ **1. Sind Sie entgeistert? Machen Sie kleine, nur allmählich größer werdende Schritte.** Das wesentliche Ergebnis aus einem unbefangenen Umgang mit Unsicherheiten ist die Fähigkeit, Fehler und Irrtümer zu tolerieren sowie die sich daraus ergebenden Konsequenzen und Kritik ertragen zu können. Das Arbeiten an einem ungenau definierten Problem, für das es keine Präzedenzfälle gibt, bedeutet, dass Sie auf der Basis der zu diesem Zeitpunkt bekannten Informationen eine Entscheidung ins Ungewisse hinein treffen müssen. Menschen, die diese Methode gut beherrschen, werden als „Inkrementalisten" bezeichnet. Sie treffen eine Folge kleinerer Entscheidungen, erhalten sofort ein Feedback, korrigieren daraufhin den Kurs, erhalten mehr Daten und tasten sich noch ein Stückchen weiter vorwärts, bis der größere Teil des Problems unter Kontrolle ist. Sie erwarten die richtige Lösung nicht gleich beim ersten Mal. Zahlreiche Studien zur Problemlösung verdeutlichen, dass die dem Problem zugrunde liegende Dynamik erst im zweiten oder dritten Versuch verstanden wird. Diese Menschen wissen auch: je unsicherer eine Situation, desto größer die Wahrscheinlichkeit, dass am Anfang Fehler gemacht werden. Arbeiten Sie deshalb mit zwei Vorgehensweisen. Beginnen Sie mit kleineren Dingen, so dass Sie sich schneller von Rückschlägen erholen. Zweitens: erledigen Sie kleine Aufgaben so schnell wie möglich und gewöhnen Sie sich an Kritik und Druck.

☐ **2. Sind Sie ein Perfektionist? Bringen Sie Denken und Handeln ins Gleichgewicht.** Brauchen, bevorzugen oder wollen Sie ganz einfach absolute Sicherheit? So geht es vielen. Es ist auch sehr schwierig, davon abzulassen, da Perfektionismus in der Regel als positive Eigenschaft bewertet wird. Erkennen Sie Ihren Perfektionismus als das, was er wahrscheinlich ist – das Ansammeln von immer mehr Informationen, um durch die richtige Entscheidungsfindung Kritik und Risiken zu vermeiden und Ihr Selbstvertrauen aufzubauen. Versuchen Sie, Ihren Informationsbedarf und Ihr tagtägliches Streben nach Perfektion von Woche zu Woche zu verringern, bis Sie ein vernünftigeres Gleichgewicht zwischen dem Durchdenken einer Aufgabe und ihrer tatsächlichen Abarbeitung erreicht haben. Versuchen Sie, kleinere Entscheidungen auf der Basis nur weniger oder ganz ohne Daten zu treffen. Jeder Mensch mit gesundem Menschenverstand, der alle Daten zur Verfügung hat, kann gute Entscheidungen treffen. Der eigentliche Test besteht darin festzustellen, wer am schnellsten mit einer vernünftigen Datenmenge (aber nicht mit allen Daten) agieren kann. Studien belegen, dass erfolgreiche Topmanager nur in 65 von 100 Fällen richtig entscheiden. Vertrauen Sie eher auf Ihre Intuition. Überlassen Sie Ihrem Kopf das logische Denken.

☐ **3. Stecken Sie in Ihrer Routine fest? Erweitern Sie Ihren Horizont.** Fühlen Sie sich am wohlsten, wenn Sie über alles, was um Sie herum vorgeht, Bescheid wissen und das Steuer führen? Das geht den meisten so. Nur wenige Menschen werden durch Unsicherheit und Chaos motiviert, aber viele fühlen sich herausgefordert, die Probleme anzugehen, die zuvor noch niemand gelöst hat. Es macht ihnen Spaß, sich in ein völlig neues Territorium zu begeben. Lernen Sie, wie man sich als Pionier bei der Arbeit wohler fühlt. Wagen Sie sich ins Ungewisse, lernen Sie Neues hinzu. Üben Sie das auch im Privatleben. Gehen Sie zum Beispiel in ein exotisches

Restaurant, dessen Küche Sie nicht kennen. Machen Sie Urlaub an einem Ort, ohne vorher darüber recherchiert zu haben, oder besuchen Sie Folklorefestivals von multikulturellen Gruppen, über die Sie nicht viel wissen.

☐ **4. Sind Sie nicht gut organisiert? Organisieren Sie Ihre Aufgaben.** In unsicheren Situationen müssen Sie selbst die Initiative ergreifen und Ihre Prioritäten äußerst präzise setzen. Konzentrieren Sie sich eher auf die wenigen, aber für diesen Auftrag kritischen Bereiche. Lassen Sie sich nicht von Unwichtigem ablenken. Organisieren Sie besser und arbeiten Sie disziplinierter. Es gibt viele Best Practices, etablierte Vorgehensweisen, um eine Aufgabe effizient zu erledigen. Wenn Sie Ihre Arbeitsplanung für sich und andere nicht diszipliniert genug angehen, Ihre Entscheidungen manchmal zu spät treffen und deshalb auch zu spät handeln, besorgen Sie sich Literatur zu TQM, ISO und Six Sigma. Nehmen Sie an einem Workshop über eine effektive und effiziente Gestaltung der Arbeitsabläufe teil. *Benötigen Sie weitere Hilfe? – Siehe Nr. 50 „Setzen von Prioritäten", Nr. 52 „Prozessmanagement" und Nr. 63 „Workflow- und Qualitätssicherungssysteme" (z. B. TQM/ISO/Six Sigma).*

☐ **5. Ist die Definition des Problems unscharf? Stellen Sie die richtigen Fragen, um das Problem zu definieren.** Bei Unsicherheit hilft es, ein Problem so umfassend wie möglich zu analysieren. Finden Sie die Ursache heraus. Fragen Sie immer nach dem Warum. Finden Sie heraus, wie viele Ursachen Ihnen einfallen und in wie viele Schubladen Sie diese einsortieren können. So erhöht sich die Chance auf eine bessere Lösung, denn auf diese Weise können Sie die Zusammenhänge besser erkennen. Studien zur Entscheidungsfindung machen deutlich, dass eine genaue Problemdefinition mit den richtig gestellten Fragen zu besseren Entscheidungen führt. Das Fixieren auf die eine Lösung oder auf die Informationsbeschaffung verlangsamt oft den gesamten Prozess, weil wir noch kein konzeptionelles Vorgehensmodell entwickelt haben, in das unsere Überlegungen einfließen können. Lernen Sie also, noch mehr Fragen zu stellen. In einer Studie zu Problemlösungen waren sieben Prozent der Kommentare Fragen, über die Hälfte jedoch waren Antworten.

☐ **6. Lassen Sie sich durch Komplexität entmutigen? Visualisieren Sie das Problem.** Komplexe Prozesse oder Probleme mit einem hohen Unsicherheitsfaktor sind schwierig zu verstehen. Sie stellen sich oft als ein hoffnungsloses Durcheinander dar, bis sie in ein visuelles Format gebracht werden. Eine Technik dazu ist die Anwendung von „Storyboards", einer bildlichen Darstellungsweise, in der die Komponenten eines Prozesses, einer Vision oder einer Strategie illustriert werden. Eine Variation dieser Technik besteht darin, die Vor- und Nachteile, Plus- und Minuspunkte eines Problems und Prozesses zusammenzustellen und dann in einem Flussdiagramm das aufzunehmen, was funktioniert und was nicht. Eine weitere Technik ist das Fischgrätendiagramm aus dem Total Quality Management (TQM). Mit dieser Methode werden die Problemursachen in Kategorien unterteilt. Kaufen Sie sich ein Flowchart- und/oder Projektplanungs-Softwareprogramm, mit dem Sie Probleme schnell visuell veranschaulichen können.

☐ **7. Haben Sie Angst, zu versagen? Entwickeln Sie eine philosophische Einstellung zum Thema Fehlschläge/Kritik.** Wir wissen, die meisten Innovationen, Vorschläge und Veränderungsbemühungen scheitern. Die wirklich wichtigen Dinge schafft man meistens nicht im ersten Anlauf. Um besser aus Ihren Fehlern zu lernen, organisieren Sie sich ein schnelles Feedback. Je schneller und häufiger die Feedbackzyklen, desto größer sind Ihre Lernchancen – wenn wir drei Tage lang täglich eine kleinere Aufgabe erledigen, anstatt einer großen, die über drei Tage verteilt ist, verdreifachen wir unsere Lernmöglichkeiten. Fehler und Fehlschläge sind dabei an der Tagesordnung; denn wenn Sie selbst sich nicht sicher sind, werden es andere wahrscheinlich auch nicht wissen. Diese anderen haben jedoch das Recht, Ihre Fehler zu kommentieren. Die beste Frage bei einer Konfrontation mit Fehlern ist: „Was können wir daraus lernen?" *Benötigen Sie weitere Hilfe? – Siehe Nr. 45 „Persönliches Lernen".*

☐ **8. Sind Sie gestresst? Managen Sie Ihren Stress.** Mehrdeutigkeit und Unsicherheit resultieren für manche Menschen in erhöhtem Stress. Wir verlieren unseren Rettungsanker. Wir bringen keine Höchstleistungen, wenn wir beunruhigt, frustriert oder verärgert sind oder wenn wir unseren kühlen Kopf nicht bewahren. Was bringt Ihre emotionalen Reaktionen zum Vorschein? Schreiben Sie auf, was Sie beunruhigt: Wenn Sie nicht wissen, was Sie tun sollen; wenn Sie keinen Fehler machen wollen; Angst haben vor unbekannten Konsequenzen; nicht das nötige Selbstvertrauen besitzen, um zu handeln. Wenn Sie emotional werden, vergessen Sie das, was Sie belastet, für einen Moment. Machen Sie etwas anderes und kommen Sie auf das eigentliche Problem zurück, wenn Sie sich besser unter Kontrolle haben. Lassen Sie Ihr Unterbewusstsein daran arbeiten, während Sie etwas Sichereres machen. *Benötigen Sie weitere Hilfe? – Siehe Nr. 11 „Selbstbeherrschung" und Nr. 107 „Mangel an Selbstbeherrschung".*

☐ **9. Es gibt nichts, woran Sie sich festhalten könnten? Lassen Sie los.** Wandel bedeutet, das eine Trapez mitten in der Luft loszulassen, um das andere zu fangen. Für kurze Zeit hängen Sie völlig in der Luft. Das zweite Trapez bringt Sie zu einer neuen Plattform und an eine neue Stelle. Wenn Sie sich an das erste Trapez festklammern, weil Sie Angst vor dem Fall haben, kehren Sie immer wieder zur selben Plattform zurück; eine sichere

Lösung, aber nichts Neues oder Anderes. Wandel bedeutet Loslassen. Informieren Sie sich gut über Veränderungsprozesse in der Wirtschaft/ Technologie und fragen Sie sich, was diese für Ihre Arbeit bedeuten. Stellen Sie sich ein anderes und besseres Ergebnis bildlich vor und sprechen Sie darüber. Bitten Sie um Ideen. Unterhalten Sie sich mit Menschen, die Veränderungen erfolgreich durchgeführt haben. Experimentieren Sie. Je öfter Sie das machen, desto wohler werden Sie sich dabei fühlen. Um sich besser mit Veränderungen auseinandersetzen zu können, lesen Sie *The Future of Leadership* von White, Hodgson und Crainer.

☐ **10. Möchten Sie ein Häkchen auf Ihre Checkliste setzen? Definieren Sie Fortschritt neu.** Wollen Sie zu Ende bringen, was Sie angefangen haben? Haben Sie ein starkes Bedürfnis, Ihre Aufgaben abzuschließen? Schön verpackt in Paketen? Gutes Arbeiten unter Mehrdeutigkeit und Unsicherheit heißt jedoch, dass Sie von einer nicht abgeschlossenen Aufgabe zur nächsten springen. Manche Aufgaben fallen vielleicht unter den Tisch, andere erledigen sich möglicherweise von selbst – das heißt, sie werden nie beendet. Die Erfahrung zeigt, Aufgaben werden wahrscheinlich nur zu achtzig Prozent erledigt, und Sie selbst müssen Ihre Vorgehensweise und Entscheidungen ständig anpassen. Verändern Sie darum Ihren eigenen inneren Belohnungsprozess dahingehend, dass Sie sich gut fühlen, wenn Sie Fehler entdecken und beheben. Zielen Sie mehr auf einen schrittweisen Fortschritt ab als darauf, bestimmte Projekte fertig stellen zu wollen.

Develop-in-Place-Aufgabenstellungen

☐ Schließen Sie Frieden mit einem Feind oder mit jemandem, den Sie mit einem Produkt oder einer Dienstleistung enttäuscht haben, oder mit jemandem, mit dem Sie Probleme hatten oder nicht so gut zurechtkommen.

☐ Übernehmen Sie eine Aufgabe, die Sie nicht mögen oder vor deren Durchführung Ihnen graut.

☐ Übernehmen Sie ein schwieriges und nicht zu bewältigendes Projekt, an dem andere sich schon die Zähne ausgebissen haben.

☐ Reisen Sie geschäftlich in ein Land, in dem Sie noch nie waren.

☐ Integrieren Sie verschiedene Systeme, Prozesse oder Verfahren über mehrere Abteilungen und/oder geografisch verteilte Geschäftsbereiche hinweg.

In the future, instead of striving to be right at a high cost,
it will be more appropriate to be flexible and plural at a lower cost.
If you cannot accurately predict the future, then you must flexibly
be prepared to deal with various possible futures.
Edward de Bono – Britischer Mediziner, Schriftsteller, Erfinder und Berater

Literaturempfehlungen

Anderson, D., & Ackerman Anderson, L. S. (2001). *Beyond change management: Advanced strategies for today's transformational leaders.* San Francisco: Jossey-Bass.

Black, J. S., & Gregersen, H. B. (2002). *Leading strategic change: Breaking through the brain barrier.* Upper Saddle River, NJ: Financial Times/Prentice Hall.

Bolman, L. G., & Deal, T. E. (2008). *Reframing organizations: Artistry, choice, and leadership.* San Francisco: Jossey-Bass.

Calzada, L. (2007). *180 Ways to effectively deal with change: Get over it! Get with it! Get to it!* Flower Mound, TX: Walk the Talk Company.

Chapman, R. J. (2006). *Simple tools and techniques for enterprise risk management.* West Sussex, England: John Wiley & Sons, Ltd.

Chowdhury, S. (2000). *Management 21C: Someday we'll all manage this way.* Upper Saddle River, NJ: Financial Times/Prentice Hall.

Fullan, M. (2007). *Leading in a culture of change* (Rev. ed.). San Francisco: Jossey-Bass.

Gutzman, A. D. (2002). *Unforeseen circumstances.* New York: AMACOM.

Hillson, D., & Murray-Webster, R. (2007). *Understanding and managing risk attitude.* Burlington, VT: Gower Technical Press.

Koller, G. (2005). *Risk assessment and decision making in business and industry: A practical guide* (2nd ed.). Boca Raton, FL: Chapman & Hall/CRC.

Kotter, J. P., & Cohen, D. S. (2002). *The heart of change: Real-life stories of how people change their organizations.* Boston: Harvard Business School Press.

Kotter, J. P., & Rathgeber, H. (2006). *Our iceberg is melting: Changing and succeeding under any conditions.* New York: St. Martin's Press.

Kotter, J. P., & Schlesinger, L. A. (2008). Choosing strategies for change. *Harvard Business Review, 86,* 130-139.

Pascale, R. T., Millemann, M., & Gioja, L. (2001). *Surfing the edge of chaos: The laws of nature and the new laws of business.* New York: Three Rivers Press.

Shapiro, E., & Stevenson, H. H. (2005). *Make your own luck: 12 Practical steps to taking smarter risks in business.* New York: Portfolio.

Wilkinson, D. (2006). *The ambiguity advantage: What great leaders are great at.* Hampshire, England: Palgrave Macmillan.

FAKTOR VI: PERSÖNLICHE UND SOZIALE KOMPETENZEN
CLUSTER N: BEZIEHUNGSFÄHIGKEITEN

3 Zugänglichkeit

*A true leader has to have a genuine open-door policy
so that his people are not afraid to approach him for any reason.*
Harold S. Geneen – US-amerikanischer Geschäftsmann

Schlecht ausgeprägt

- ☐ Distanziert und wenig zugänglich
- ☐ Fühlt sich bei ersten Kontaktaufnahmen unbehaglich
- ☐ Ist möglicherweise schüchtern, kühl oder wortkarg
- ☐ Offenbart nur wenig von sich, schwierig einzuschätzen
- ☐ Arbeitet nicht an zwischenmenschlichen Beziehungen, tendiert dazu, diese zu ignorieren
- ☐ Ist ein schlechter Zuhörer, wirkt uninteressiert
- ☐ Geht auf Stimmungen, die andere durchaus wahrnehmen, nicht ein
- ☐ Wirkt verkrampft
- ☐ Der Umgang mit ihm/ihr läuft nicht reibungslos

Wählen Sie eine bis drei der folgenden Kompetenzen als Ersatz für diese Kompetenz, wenn Sie nicht direkt an ihr arbeiten möchten.
ERSATZKOMPETENZEN: 4,7,10,11,15,21,23,27,31,33,36,41,42,60

Gut ausgeprägt

- ☐ Ist leicht erreichbar und ansprechbar, gesprächsbereit
- ☐ Bemüht sich um eine angenehme Atmosphäre
- ☐ Kann warmherzig, freundlich und großzügig sein
- ☐ Ist den zwischenmenschlichen Problemen anderer gegenüber aufgeschlossen und geduldig
- ☐ Baut stabile Beziehungen auf
- ☐ Ist ein guter Zuhörer
- ☐ Ist vorausschauend und beschafft informelle und unvollständige Informationen rechtzeitig genug, um handeln zu können

Übertriebene Fähigkeit

- ☐ Verschwendet zu viel Zeit damit, in Besprechungen zwischenmenschliche Beziehungen aufzubauen
- ☐ Wird als lässig oder leicht zu beeinflussen angesehen
- ☐ Legt übertriebenen Wert auf die eigene Beliebtheit
- ☐ Vermeidet notwendige negative oder unangenehme Aktionen

KOMPETENZ 3: ZUGÄNGLICHKEIT

☐ Kehrt wichtige Fragen und echte Probleme unter den Teppich

Wählen Sie nachstehend eine bis drei Kompetenzen als Arbeitsgegenstand aus, um einen übertriebenen Einsatz dieser Fähigkeit zu kompensieren.
AUSGLEICHSKOMPETENZEN: 1,5,9,12,13,16,17,20,30,34,35,37,43,50,53,57,65

Mögliche Ursachen

☐ Arrogant
☐ Unsensibel
☐ Vorschnelles Urteilen
☐ Schwächen in zwischenmenschlichen Beziehungen
☐ Hat kein Selbstvertrauen
☐ Schüchtern
☐ Zu beschäftigt
☐ Zu intensiv; kann sich nicht entspannen

Leadership Architect® Faktoren und Cluster

Diese Kompetenz ist in Faktor VI „Persönliche und soziale Kompetenzen" zu finden. Diese Kompetenz ist in Cluster N „Beziehungsfähigkeiten" zusammen mit der Kompetenz 31 enthalten. Sie können auch bei anderen Kompetenzen in demselben Faktor/Cluster nach passenden Tipps suchen.

Der Plan

Zugänglich zu sein heißt, dass sich andere in Ihrer Gegenwart so entspannt fühlen, dass sie ihre beste Leistung bringen. Es bedeutet, Beziehungen aufzubauen, zuzuhören, sich gegenseitig auszutauschen, Verständnis zu haben und trösten zu können. Zugänglichen Menschen wird mehr anvertraut. Sie bekommen Informationen früher und können andere dazu bewegen, sich mehr einzusetzen. Man mag zugängliche Menschen einfach lieber.

Tipps

☐ **1. Wissen Sie nicht genau, wo Sie anfangen sollen? Machen Sie den ersten Schritt.** Um zugänglich zu werden, müssen Sie die Initiative ergreifen. Strecken Sie die Hand zuerst aus. Stellen Sie Augenkontakt her. Achten Sie auf die Augenfarbe Ihres Gesprächspartners. Auf diese Weise stellen Sie guten Augenkontakt her. Stellen Sie die erste Frage, bieten Sie Ihre Informationen zuerst an. Sorgen Sie dafür, dass sich die andere Person oder Gruppe in den ersten drei Minuten wohl fühlt, damit das erreicht werden kann, was man von Ihnen will.

☐ **2. Urteilen Sie vorschnell? Fangen Sie an, zuzuhören.** Zugängliche Menschen können sehr gut zuhören. Sie hören zu, ohne zu unterbrechen. Sie fragen nach. Sie bilden sich nicht sofort ein Urteil. Sie hören zu, um zu verstehen. Ein Urteil kommt später. Sie wiederholen in ihren eigenen

Worten, was die andere Person gesagt hat, um ihr Verständnis zu signalisieren. Sie nicken. Sie machen sich vielleicht Notizen. Gute Zuhörer bieten nicht immer Ratschläge und Lösungen an, es sei denn, die andere Person will offensichtlich wissen, was Sie in ihrer Situation tun würden. *Benötigen Sie weitere Hilfe? – Siehe Nr. 33 „Zuhören können".*

☐ **3. Sind Sie zu verschlossen? Geben Sie mehr von sich preis.**
Zugängliche Menschen teilen Ihre Informationen mit anderen und erhalten deshalb auch mehr zurück. Vertrauen Sie sich einer anderen Person über ein geschäftliches Thema an und bitten Sie um eine Antwort. Geben Sie Informationen weiter, die anderen bei ihrer Arbeit oder bei der Erweiterung ihres Horizontes helfen können. Verraten Sie mehr über sich. Es ist für andere schwer, eine Beziehung zu einem Rätsel aufzubauen. Erzählen Sie Dinge, die Ihre Kollegen zwar nicht zur Erledigung ihrer Arbeit wissen müssen, die aber für sie von Interesse sind und ihnen das Gefühl vermitteln, dass sie geschätzt werden. *Benötigen Sie weitere Hilfe? – Siehe Nr. 44 „Offenheit".*

☐ **4. Sie machen sich nichts aus Small Talk? Schaffen Sie Verbindungen.**
Zugängliche Menschen wissen und erinnern sich an wichtige Details der Menschen, die um sie herum, für sie und mit ihnen arbeiten. Merken Sie sich drei Einzelheiten über jeden – seine Interessen, seine Kinder oder etwas Privates, über das Sie sich mit ihm zusätzlich zu Geschäftlichem austauschen können. Betrachten Sie Ihre Umgebung wie eine Welt im Kleinen. Wenn Sie Fragen stellen, dann werden Sie herausfinden, dass Sie eigentlich mit jedem etwas gemeinsam haben. Finden Sie bei jedem Kollegen, der mit ihnen arbeitet, ein Gesprächsthema, das über die geschäftlichen Belange hinausgeht. Das müssen nicht unbedingt gesellschaftliche oder soziale Themen sein, sondern es kann sich auch um Strategie, weltweite Ereignisse oder Marktveränderungen handeln. Es geht darum, eine gemeinsame Basis zu finden und eine Verbindung zu schaffen.

☐ **5. Wirken Sie desinteressiert? Achten Sie auf Ihre Gestik und Mimik.**
Zugängliche Menschen wirken offen und entspannt. Sie lächeln. Sie strahlen Ruhe aus. Sie achten auf Augenkontakt. Sie nicken, während der andere spricht. Sie haben eine offene Körperhaltung. Sie sprechen zügig und angenehm. Gewöhnen Sie sich unvorteilhafte Angewohnheiten ab, wie zum Beispiel ein zu schnelles und betontes Sprechen, die Verwendung von Kraftausdrücken oder einer überladenen Sprache oder zu sehr ins Detail zu gehen. Achten Sie auf Signale, die als Desinteresse gedeutet werden, wie zum Beispiel auf Ihre Uhr zu schauen, Papiere herumzuschieben oder Ungeduld mit einem Blick zu zeigen, der ausdrückt „Ich bin sehr beschäftigt".

KOMPETENZ 3: ZUGÄNGLICHKEIT

☐ **6. Glauben Sie, alle Antworten schon zu kennen? Stellen Sie viele Fragen.**
Viele Menschen stellen in ihrer Arbeitsumgebung zu wenige neugierige Fragen. Es gibt zu viele informative Aussagen, Schlussfolgerungen, Vorschläge und Lösungen und nicht genug „Was wäre wenn?", „Was denken Sie?", „Wie sehen Sie das?" Studien zeigen, dass Aussagen im Verhältnis zu Fragen acht zu eins stehen. Stellen Sie mehr Fragen als andere. Schlagen Sie am Anfang einer Diskussion weniger Lösungen vor. Fragen Sie so lange nach, bis Sie verstanden haben, was andere Ihnen sagen wollen.

☐ **7. Sind Sie selektiv, was Ihre Zugänglichkeit angeht? Seien Sie für alle zugänglich.** Es gibt Menschen, die für den einen zugänglich sind und für den anderen wiederum nicht. Sie sind Mitarbeitern gegenüber zugänglich, aber angespannt gegenüber dem höheren Management. Notieren Sie sich, bei welchen Personen Sie sich wohl fühlen und bei welchen nicht. Was haben die Personen, in deren Gegenwart es Ihnen gut geht, gemeinsam? Und diejenigen, bei denen Sie sich nicht wohl fühlen? Ist es Hierarchie? Stil? Geschlecht? Rasse? Hintergrund? Die Prinzipien der Zugänglichkeit sind natürlich immer die gleichen, unabhängig von der Zielgruppe. Wenn Sie mit Personen zu tun haben, bei denen Sie sich nicht wohl fühlen, sollten Sie sich genauso verhalten wie bei Personen, bei denen Sie sich wohl fühlen. Die Ergebnisse sind die gleichen.

☐ **8. Müssen Sie Ihre Schale ablegen? Überwinden Sie Ihre Scheu.**
Ist es Ihnen unangenehm, verletzlich zu erscheinen? Haben Sie Angst vor der Reaktion anderer Menschen? Sind Sie sich im Hinblick auf Ihre gesellschaftlichen Umgangsformen nicht sicher? Wollen Sie verhindern, dass man Ihre Schüchternheit erkennt – obwohl Sie innerlich zittern? Strecken Sie zuerst die Hand aus. Halten Sie Augenkontakt. Stellen Sie die erste Frage. Um das mit wenig Risiko zu üben, sprechen Sie mit fremden Leuten außerhalb Ihrer Arbeitsumgebung. Setzen Sie sich ein Ziel: Lernen Sie auf einer Party zehn neue Leute kennen; finden Sie heraus, was Sie mit ihnen gemeinsam haben. Knüpfen Sie Kontakte in Ihrer Kirchengemeinde, bei Elternabenden, mit Nachbarn, im Supermarkt, im Flugzeug, im Bus. Probieren Sie aus, ob die schlimmen Dinge, die Sie sich vorstellen, tatsächlich eintreffen, wenn Sie zuerst auf die Menschen zugehen.
Benötigen Sie weitere Hilfe? – Siehe Nr. 31 „Zwischenmenschliches Geschick".

☐ **9. Machen Sie andere nervös? Lassen Sie andere Menschen sich wohl fühlen.** Arrogante Menschen werden gewöhnlich als distanzierte und unpersönliche Einzelgänger angesehen, die die eigenen Ideen stets höher schätzen als die der anderen. Absichtlich oder unabsichtlich werten sie andere Personen und deren Beiträge ab. Das führt gewöhnlich dazu, dass sich die anderen herabgesetzt oder zurückgewiesen fühlen oder dass sie ärgerlich werden. Warum? Antworten. Lösungen. Schlussfolgerungen.

Aussagen. Vorschriften. das ist die Beziehungs- und Kommunikationsbasis arroganter Menschen. Sie hören nicht zu. Sie geben sofort ihren Kommentar ab. Scharfe Reaktionen. Wollen Sie nicht so sein? Beobachten Sie Ihr Publikum. Wissen Sie, wie jemand aussieht, der sich in Ihrer Gegenwart unwohl fühlt? Weichen sie vor Ihnen zurück? Fangen sie an zu stottern? Machen sie sich klein? Stehen sie vor der Tür und hoffen, dass sie nicht hereingebeten werden? Sie sollten wirklich äußerst hart daran arbeiten, andere genau zu beobachten. Stellen Sie innerhalb der ersten drei Minuten einer wichtigen Verhandlung, noch bevor das eigentliche Programm beginnt, sicher, dass sich die Person oder Gruppe in Ihrer Gegenwart wohl fühlt. Stellen Sie eine Frage, die nicht zum Thema gehört. Bieten Sie Getränke an. Tauschen Sie sich auf der persönlichen Ebene aus. *Benötigen Sie weitere Hilfe? – Siehe Nr. 104 „Arrogant".*

☐ **10. Fällt es Ihnen schwer, ein guter Gesprächspartner zu sein? Seien Sie auf Konflikte vorbereitet.** Wenn Sie zugänglicher werden, geraten Sie häufiger in Konfliktsituationen. Wenn jemand verärgert ist, lassen Sie ihn seinem Ärger Luft machen und sagen Sie nichts weiter, außer dass Sie wissen, dass er ärgerlich ist. Die meisten können sich nicht sehr lange über etwas aufregen, wenn sie weder Zustimmung noch Widerstand erfahren. Wenn jemand sich ständig beschwert, bitten Sie ihn/sie, die Probleme sowie mögliche Lösungen niederzuschreiben und mit Ihnen zu besprechen. Dies beruhigt den Betreffenden und führt hoffentlich dazu, dass die ständigen Beschwerden aufhören. Wenn sich jemand über eine andere Person beklagen will, fragen Sie, ob er/sie mit dieser Person gesprochen hat. Ermutigen Sie ihn/sie dazu. Wenn das nicht funktioniert, fassen Sie das, was er/sie gesagt hat, zusammen, jedoch ohne zuzustimmen oder zu widersprechen. *Benötigen Sie weitere Hilfe? – Siehe Nr. 12 „Konfliktmanagement".* Konfliktsituationen führen jedoch zu mehr Kontakten, und es ist darauf zu achten, die Gerüchteküche zu vermeiden. Managen Sie Ihre Zeit, indem Sie höflich unterbrechen und zusammenfassen oder die betreffende Person bitten, noch mehr darüber nachzudenken und später weiter zu diskutieren. Sagen Sie die Dinge, die in der Kürze der Zeit gesagt werden können. Verschieben Sie längere Konversationen auf einen späteren Termin. Zugänglichkeit bedeutet nicht, dass Sie keine Kontrolle über Ihr Zeitmanagement mehr haben.

KOMPETENZ 3: ZUGÄNGLICHKEIT

Develop-in-Place-Aufgabenstellungen
☐ Schließen Sie Frieden mit einem Feind oder mit jemandem, den Sie mit einem Produkt oder einer Dienstleistung enttäuscht haben, oder mit jemandem, mit dem Sie Probleme hatten oder nicht so gut zurechtkommen.
☐ Managen Sie das Outplacement einer Gruppe von Mitarbeitern.
☐ Managen Sie eine auf kurze Zeit angelegte Gruppe von „grünen", unerfahrenen Leuten als Coach, Lehrer, Begleiter, Mentor usw.
☐ Unterweisen Sie Kunden in der Verwendung der Produkte oder Dienstleistungen der Organisation.
☐ Gründen Sie eine Gruppe zur Unterstützung von Mitarbeiterinteressen.

Small cheer and great welcome makes a merry feast.
William Shakespeare – Englischer Dichter und Dramatiker

Literaturempfehlungen
Alessandra, T. (2002). *The 10 qualities of charismatic people: Secrets of personal magnetism.* Chicago: Nightingale-Conant Corp.

Bardwick, J. M. (2002). *Seeking the calm in the storm: Managing chaos in your business life.* Upper Saddle River, NJ: Financial Times/Prentice Hall.

Benton, D. A. (2003). *Executive charisma: Six steps to mastering the art of leadership.* New York: McGraw-Hill Trade.

DuBrin, A. (2006). *Human relations: Interpersonal job-oriented skills* (9th ed.). Upper Saddle River, NJ: Financial Times/Prentice Hall.

Elsdon, R. (2002). *Affiliation in the workplace: Value creation in the new organization.* Westport, CT: Praeger Publishers.

Fritz, S. M., Lunde, J. P., Brown, W., & Banset, E. A. (2004). *Interpersonal skills for leadership* (2nd ed.). Upper Saddle River, NJ: Prentice Hall.

Gilbert, M. (2002). *Communication miracles at work: Effective tools and tips for getting the most from your work relationships.* Berkeley, CA: Conari Press.

Goleman, D. (2007). *Social intelligence: The new science of human relationships.* New York: Bantam Books.

Goman, C. (2008). *The nonverbal advantage: Secrets and science of body language at work.* San Francisco: Berrett-Koehler Publishers.

Hayes, J. (2002). *Interpersonal skills at work.* New York: Routledge.

Klaus, P. (2007). *The hard truth about soft skills: Workplace lessons smart people wish they'd learned sooner.* New York: HarperCollins.

Lowndes, L. (2003). *How to talk to anyone: 92 Little tricks for big success in relationships.* New York: McGraw-Hill.

Maslow, A. H. (1998). *Maslow on management.* New York: John Wiley & Sons.

Oatey, H. S. (2000). *Culturally speaking: Managing rapport in talk across cultures.* New York: Continuum.

FAKTOR VI: PERSÖNLICHE UND SOZIALE KOMPETENZEN
CLUSTER P: UMGANG MIT VIELFÄLTIGEN BEZIEHUNGEN

4 Verhältnis zu Führungskräften

The person who knows 'how' will always have a job.
The person who knows 'why' will always be his boss.
Diane Ravitch – US-amerikanische Schriftstellerin

Schlecht ausgeprägt
- ☐ Hat keine gute Beziehung zu Führungskräften
- ☐ Kann in Anwesenheit seines/ihres Chefs verkrampft sein
- ☐ Ist nicht aufgeschlossen für Coaching oder Anweisungen von Managern
- ☐ Hat Probleme im Umgang mit Autorität
- ☐ Schlechte Beziehungen zum Management blockieren produktives Arbeiten

   Wählen Sie eine bis drei der folgenden Kompetenzen als Ersatz für diese Kompetenz, wenn Sie nicht direkt an ihr arbeiten möchten.
   ERSATZKOMPETENZEN: 3,11,12,15,21,27,29,33,37,41,48

Gut ausgeprägt
- ☐ Geschickt im Umgang mit Führungskräften
- ☐ Ist bereit, sich für einen guten Chef voll einzusetzen
- ☐ Ist bereit, von Führungskräften zu lernen, wenn diese gute Coaches sind und Spielräume eröffnen
- ☐ Lernt gern von Personen, die bereits Erfahrungen in seinem/ihrem Arbeitsgebiet gemacht haben
- ☐ Lässt sich leicht durch Aufgaben herausfordern und entwickeln
- ☐ Ist leicht zu coachen

Übertriebene Fähigkeit
- ☐ Ist in Bezug auf Ratschläge und Entscheidungen zu sehr von direkten und indirekten Führungskräften abhängig
- ☐ Schließt dadurch andere Feedbackquellen und Lernmöglichkeiten aus
- ☐ Nimmt sich unter Umständen die falschen Führungskräfte zum Vorbild

   Wählen Sie nachstehend eine bis drei Kompetenzen als Arbeitsgegenstand aus, um einen übertriebenen Einsatz dieser Fähigkeit zu kompensieren.
   AUSGLEICHSKOMPETENZEN: 1,17,34,38,45,51,53,54,57

Mögliche Ursachen
- ☐ Unterschiedliche Meinungen der Führungskraft und des Betroffenen über die Leistung

KOMPETENZ 4: VERHÄLTNIS ZU FÜHRUNGSKRÄFTEN

- ☐ Neid, dass der Chef eine Aufgabe erhält, die Ihrer Meinung nach Sie hätten bekommen sollen
- ☐ Ein großer Unterschied in Fähigkeiten kann dazu führen, dass andere nicht genug geschätzt/nicht respektiert werden; oder umgekehrt
- ☐ Unterschiedliche Ansichten in Bezug auf Ethik, Wertmaßstäbe und Integrität
- ☐ Unterschiede in Managementpraktiken
- ☐ Unterschiedliche Ansichten in Bezug auf Stil, Philosophie, Tempo und Motivation

Leadership Architect® Faktoren und Cluster

Diese Kompetenz ist in Faktor VI „Persönliche und soziale Kompetenzen" zu finden. Diese Kompetenz ist in Cluster P „Umgang mit vielfältigen Beziehungen" zusammen mit den Kompetenzen 15, 21, 23, 42, 64 enthalten. Sie können auch bei anderen Kompetenzen in demselben Faktor/Cluster nach passenden Tipps suchen.

Der Plan

Die meisten Menschen haben Probleme mit rund fünfzig Prozent ihrer Führungskräfte – Sie sind also nicht allein. Denken Sie bitte daran, dass Sie mit einer bestimmten Führungskraft wahrscheinlich nie zu lange zusammenarbeiten müssen; entweder nimmt sie eine andere Position an oder Sie. Das Beste wäre, erst einmal abzuwarten; denn durch Umorganisationen kann sich schon bald etwas ändern. Versuchen Sie, aus dieser Erfahrung zu lernen.

Tipps

- ☐ **1. Sie wissen nicht genau, worauf Sie sich konzentrieren sollen? Gehen Sie den schwierigeren Weg.** Gehen Sie mit einer schwierigen Beziehung so um, dass der Ärger für Sie und Ihre Organisation so kurz und so gering wie möglich ist. Konzentrieren Sie sich auf die drei Schlüsselprobleme, an denen Sie mit Ihrem Gegenüber arbeiten müssen, und tun Sie es überlegt und mit kühlem Kopf. Richten Sie Ihre Gespräche mit Ihrer Führungskraft auf diese Kernpunkte aus. Stellen Sie Erwartungen in den Mittelpunkt; fragen Sie, welche Ergebnisse auf Erfolg hindeuten. Finden Sie mehr über die Arbeit Ihrer Führungskraft heraus und was sie an Druck aushalten muss.
- ☐ **2. Zu redselig? Behalten Sie es für sich.** Wenn die Ursache der Meinungsverschiedenheit nicht auf einer Verletzung von Ethik oder Integrität basiert, dann reden Sie mit Ihren Arbeitskollegen nicht darüber. Ihre Führungskraft hat das Recht, von Ihnen Loyalität und Unterstützung in Bezug auf Arbeitsaufgaben und Performance zu erwarten. Wenn sie Ihnen einen Auftrag erteilt, den Sie als ungerecht empfinden, woher wissen Sie, dass ihr dieser Auftrag nicht unter ähnlichen Umständen

erteilt wurde? Auch wenn es nicht der Fall war, dies ist trotzdem nichts Ungewöhnliches in einem Unternehmen. Setzen Sie sich neue Prioritäten und machen Sie sich an die Arbeit. Falls Sie eine unangenehme Aufgabe erledigen müssen, wird dies kaum das letzte Mal sein. Behalten Sie Ihr Ziel im Auge. Es ist in Ordnung, mit den Kollegen über die Schwierigkeiten zu sprechen, die Sie mit der Ausführung dieses Auftrags haben, es ist jedoch nicht sinnvoll, darüber zu diskutieren, warum Sie diese Aufgabe überhaupt durchführen müssen. Alles, was Sie sagen, fällt früher oder später auf Sie zurück. Wenn es um Integrität geht, wenden Sie sich an die zuständigen Stellen. Vergessen Sie nicht, dass in einer Studie über „Whistle Blowers", also Menschen, die Missstände aufgedeckt haben, diejenigen durchweg verloren haben, die aus grandiosen und allgemeinen Gründen handelten. Personen, die sich über Themen wie Integrität, philosophische Differenzen oder die absolute Unfähigkeit einer Person beschweren, können für ihre Anklage in der Regel keine Beweise erbringen. Geben Sie also spezifische Tatsachen und Ereignisse an. Wenn sich ein Verhaltensmuster erkennen lässt, überlassen Sie Dritten die Entscheidung über alles Weitere.

☐ **3. Sie mögen den Chef nicht? Üben Sie sich in Neutralität.** Versuchen Sie bei Führungskräften die Person von ihrer Rolle zu trennen und objektiv zu sein. Normalerweise gibt es einen Grund, warum jemand zur Führungskraft ernannt wurde. Und man kann es nicht allen recht machen. Nehmen Sie ihn/sie eher in seiner/ihrer Führungsrolle wahr und nicht so sehr als Person. Sie müssen ihn/sie absolut nicht zu sich nach Hause einladen, aber Sie müssen mit dieser Person in ihrer Rolle als Ihre Führungskraft zurechtkommen. Fragen Sie sich, warum Sie eine solche Aversion haben und warum Sie nicht gern mit ihm/ihr arbeiten. Schreiben Sie alles, was Sie nicht mögen, auf die linke Seite eines Arbeitspapiers. Schreiben Sie auf die rechte Seite eine Strategie zur Behebung des Problems. Ziehen Sie folgende Strategien in Betracht: Fragen Sie, auf welche Stärken Sie eingehen können; fragen Sie, was Sie anbieten können, das Ihre Führungskraft benötigt; fragen Sie Ihre Führungskraft, was Sie tun können, um effizienter zu arbeiten; stellen Sie ein Projekt zusammen, an dem Sie gemeinsam arbeiten können, um ein Erfolgserlebnis zu haben und bitten Sie andere um Rat. Was sehen die Personen, die einen guten Eindruck von Ihrer Führungskraft haben? Haben Sie und Ihre Führungskraft gemeinsame Interessen? Notieren Sie sich alle positiven Bemerkungen und Kommentare, die Sie von ihm/ihr gehört haben. Konzentrieren Sie sich auf die Stärken. Lassen Sie sich auf keinen Fall anmerken, was Sie denken. Behalten Sie Ihre Meinung für sich, nicken Sie, stellen Sie Fragen, fassen Sie zusammen – genau wie auch bei anderen Menschen. Die sprichwörtliche Fliege an der

Wand darf nicht feststellen können, ob Sie mit Freund oder Feind reden. Sie können jederzeit weniger reden und mehr Fragen stellen.

☐ **4. Sie glauben, dass Ihr Chef an allem schuld ist? Versuchen Sie, aus dieser Situation zu lernen.** Seien Sie ehrlich: Wie weit haben Sie zu dieser angespannten Beziehung beigetragen? Was hätten Sie anders machen können, um die Situation erträglicher zu gestalten? Was werden Sie das nächste Mal tun, wenn Sie die ersten Anzeichen von derartigen Problemen erkennen? Auch wenn Ihre Führungskraft von vielen verurteilt wird, Sie selbst tragen immer die Verantwortung für Ihre Reaktion ihr gegenüber. Wenn Sie wütend werden und ihn/sie beschuldigen, lernen Sie nicht, wie Sie es anders machen können. Im Prinzip ahmen Sie das Fehlverhalten Ihrer Führungskraft sogar nach!

☐ **5. Brauchen Sie eine ganz neue Sicht der Dinge? Erbitten Sie Feedback von anderen.** Holen Sie sich Feedback über sich selbst von den Personen, denen Sie vertrauen. Was sind Ihre Stärken und Schwächen? Ihr eigener Blick auf diese Situation muss jetzt so klar wie möglich sein. Holen Sie sich von einem vertrauenswürdigen Mentor, Kollegen oder einem Experten aus dem Bereich der Personalentwicklung einen Rat über den Umgang mit anderen und über die Verbesserung einer Beziehung. Vielleicht liegt es ja auch an Ihnen. Wie gut sind Sie im Erkennen zwischenmenschlicher Signale? Wissen Sie, was in Ihrer Führungskraft vorgeht? Lieben Sie Details, und sie bevorzugt den groben Überblick? Bekämpfen Sie ihren Stil, weil er handlungsorientierter ist als Ihr eigener? Lassen Sie sich in unproduktive Debatten über Wertvorstellungen verwickeln? Verwenden Sie eine Ausdrucksweise, die Ihre Führungskraft verärgert? *Benötigen Sie weitere Hilfe? – Siehe Nr. 31 „Zwischenmenschliches Geschick".*

☐ **6. Lassen Sie sich leicht irritieren? Finden Sie Ihre Auslöser heraus.** Führen Sie Tagebuch darüber, wie Ihre Führungskraft Sie irritiert oder ärgert, um sicherzugehen, dass Sie nicht die gleichen Fehler machen, wenn Sie befördert werden. Nachdem Sie herausgefunden haben, was genau Sie verärgert, lernen Sie, mit dieser angespannten Situation besser umzugehen. Wenn Ihre Führungskraft zum Beispiel explodiert, hören Sie zu, aber reagieren Sie nicht direkt darauf. Vergessen Sie nicht: Die Person, die Kontra gibt, bekommt in der Regel den meisten Ärger. Hören Sie zu. Nicken Sie. Fragen Sie: „Was kann ich tun, um zu helfen?" oder „Sie meinen also, ich sollte ..." Wiederholen Sie seine/ihre Ansicht von Zeit zu Zeit mit Ihren eigenen Worten, um zu signalisieren, dass Sie verstanden haben. Selbst wenn Ihre Führungskraft Sie angreift, trennen Sie die Person vom Problem. Zählen Sie bis zehn, kehren Sie dann zum Problem zurück, nicht zu Ihrer Einstellung. *Benötigen Sie weitere Hilfe? – Siehe Nr. 11 „Selbstbeherrschung" und Nr. 12 „Konfliktmanagement".*

KOMPETENZ 4: VERHÄLTNIS ZU FÜHRUNGSKRÄFTEN

☐ **7. Verwirrt Sie das Verhalten Ihres Chefs? Denken Sie über die Motive Ihres Chefs nach.** Versuchen Sie, die Stärken und Schwächen Ihrer Führungskraft objektiv zu beschreiben. Auch unangenehme oder schwache Menschen haben Stärken. Bitten Sie eine Person Ihres Vertrauens um Hilfe. Versuchen Sie festzustellen, warum Ihre Führungskraft so agiert – auch wenn Sie mit ihrer Logik nicht übereinstimmen oder es anders machen würden. Wie würden Sie in der gleichen Situation handeln?

☐ **8. Hätten Sie gute Lust, Kontra zu geben? Suchen Sie nach einer gemeinsamen Basis.** Selbst wenn Sie einen schlechten Chef haben: Die Forschung hat gezeigt, dass eine direkte Konfrontation in den meisten Fällen zum Misserfolg führt. Die beste Taktik besteht darin, das Ganze als Konfliktsituation anzusehen. *Benötigen Sie weitere Hilfe? – Siehe Nr. 12 „Konfliktmanagement".* Wenn das nicht gleich gelingt, seien Sie geduldig. Durch überstürztes Handeln erscheinen Sie wahrscheinlich in einem schlechteren Licht als Ihre Führungskraft. Über sie haben sich die meisten bestimmt schon eine negative Meinung gebildet; passen Sie auf, dass Ihnen das nicht passiert. Weitere Informationen hierzu finden Sie in *Coping with Difficult Bosses* von Robert Bramson oder *How to Manage Your Boss* von Christopher Hegarty.

☐ **9. Möchten Sie die Situation verbessern? Führen Sie lösungsorientierte Gespräche mit dem Chef.** Versuchen Sie, falls angemessen oder möglich, basierend auf der Erfahrung aus den vorherigen Schritten, sich zwanglos und entspannt mit Ihrer Führungskraft zu unterhalten. Sprechen Sie ein mögliches Problem an oder nennen Sie Ihren Anteil an diesem Problem – wir haben selten hundert Prozent Recht; geben Sie ihr dann die Gelegenheit, etwas dazu zu sagen. Machen Sie es ihr leicht, indem Sie sagen „Sie würden mir einen Gefallen tun. Ich benötige Ihre Hilfe". Bieten Sie Ihrer Führungskraft etwas als Gegenleistung für die Hilfe an. Welches sind die schwächsten Fähigkeiten Ihrer Führungskraft und was können Sie tun, um die Arbeit zu erleichtern? Finden Sie diese Schwächen und helfen Sie aus. Dies ist eine gute Methode, da Beziehungen in der Regel auf Gegenseitigkeit beruhen. Sie müssen auch etwas geben, denn sonst wird Ihre Führungskraft die einseitige Hilfe bald als unangenehm empfinden. Verwenden Sie dabei die folgenden Regeln. Beschreiben Sie. Sprechen Sie in der Ich-Form („ich", nicht „Sie"). (Wenn Sie glauben, dass Ihre Führungskraft Sie blockiert, sprechen Sie das nicht direkt aus, sondern formulieren Sie es mit Worten wie „Ich brauche Hilfe bei dieser Aufgabe. Ich habe Folgendes schon ausprobiert, aber ...".) Wenn Ihre Führungskraft mit ihrer Kritik zurückhält, helfen Sie, indem Sie beschreibende Aussagen machen, anstatt Fragen zu stellen. Es ist leichter für die meisten Menschen, auf Ihre selbstkritische Beobachtung „Ich glaube, ich konzentriere mich zu sehr auf die Arbeit selbst und übersehe dabei den größeren strategischen Zusammenhang" einzugehen, als auf eine Frage, die eine direkte Stellungnahme über Ihre Fehler herausfordert. Wenn Ihr Manager nicht an Ihrer Entwicklung beteiligt ist, müssen Sie selbst einen Plan zusammenstellen und ihn bitten, die Zielsetzungen zu bestätigen. Wenn Sie für einen extrem detailorientierten „Mikromanager" arbeiten, fragen Sie genau nach, welche Ergebnisse Sie erzielen müssen, um Ihre Entwicklung erfolgreich abzuschließen (und damit er Ihnen nicht ständig über die Schulter schaut). Wenn Ihr Manager es gut meint, aber sich störend einmischt, fragen Sie, ob Sie sich in regelmäßigen Abständen bei ihm melden dürfen, da Sie versuchen wollen, selbstständiger zu arbeiten. Wenn Sie glauben, dass Ihre Führungskraft Sie behindert, suchen Sie sich Performance-Unterstützung in Ihrem Netzwerk, überlegen Sie sich fünf Möglichkeiten, mit denen Sie etwas erreichen können, und probieren Sie jede aus. *Benötigen Sie weitere Hilfe? – Siehe Nr. 43 „Beharrlichkeit".*

☐ **10. Sind Sie bereit, mit der Situation zu leben? Schließen Sie einen Vertrag mit sich selbst ab.** Setzen Sie alles daran, Ihre Führungskraft in dieser Rolle bei allen legitimen Aufgaben, die sie Ihnen gibt, zu unterstützen, indem Sie zeigen, dass Sie Ihr Bestes tun und sich nicht durch das gestörte Verhältnis zu ihr ablenken lassen. Fragen Sie sich: „Was sind zwingende Performance-Voraussetzungen für diese Aufgabe?" Machen Sie das Beste aus einer schlechten Situation. Ihre Karriere wird diese Führungskraft überdauern.

Develop-in-Place-Aufgabenstellungen

☐ Stellen Sie einen wichtigen Vorschlag zusammen und präsentieren Sie diesen dem Management.

☐ Schreiben Sie eine Rede für eine höher gestellte Person in der Organisation.

☐ Managen Sie die Interaktion zwischen Beratern und der Organisation in einer kritischen Aufgabe.

☐ Verfassen Sie einen Vorschlag für einen neuen Prozess, eine neue Richtlinie, Mission, Satzung, Dienstleistung, ein neues Produkt oder System und unterbreiten und „verkaufen" Sie diesen an das Top-Management.

☐ Planen Sie ein Meeting, eine Tagung, eine Messe, eine Veranstaltung usw. außerhalb Ihres Standorts.

If you think your teacher is tough, wait until you get a boss.
He doesn't have tenure.
Bill Gates – US-amerikanischer Unternehmer, Aufsichtsratsvorsitzender und Mitbegründer von Microsoft

Literaturempfehlungen

Addesso, P. J. (2007). *The boss from outer space and other aliens at work: A down-to-earth guide for getting along with just about anyone.* New York: AMACOM.

Badowski, R. (with Gittines, R.). (2003). *Managing up: How to forge an effective relationship with those above you.* New York: Currency.

Bing, S. (2002). *Throwing the elephant: Zen and the art of managing up.* New York: HarperBusiness.

Bossidy, L. (2007). What your leader expects of you. *Harvard Business Review, 85*(4), 58-65.

Culbert, S. A., & Ullmen, J. B. (2001). *Don't kill the bosses: Escaping the hierarchy trap.* San Francisco: Berrett-Koehler Publishers.

Dobson, M., & Dobson, D. S. (2000). *Managing up! 59 Ways to build a career-advancing relationship with your boss.* New York: AMACOM.

Dominguez, L. R. (2003). *How to shine at work.* New York: McGraw-Hill.

Forsyth, P. (2007). *Manage your boss: 8 Steps to creating the ideal working relationship.* London: Cyan Communications.

Fox, J. J. (2002). *How to become a great boss: The rules for getting and keeping the best employees.* New York: Hyperion.

Gabarro, J. J., & Kotter, J. P. (2008). *Managing your boss.* Boston: Harvard Business School Press.

Haight, M. (2008). *Who's afraid of the big, bad boss? How to survive 13 types of dysfunctional, disrespectful, dishonest little dictators.* Peoria, AZ: Worded Write.

Hoover, J. (2003). *How to work for an idiot: Survive & thrive: Without killing your boss.* Hawthorne, NJ: Career Press.

Jay, R. (2002). *How to manage your boss: Developing the perfect working relationship.* London: Financial Times Management.

Lukaszewski, J. (2008). *Why should the boss listen to you? The seven disciplines of the trusted strategic advisor.* San Francisco: Jossey-Bass.

Sharpe, D. A., & Johnson, E. (2002). *Managing conflict with your boss.* Greensboro, NC: Center for Creative Leadership.

Useem, M. (2003). *Leading up: How to lead your boss so you both win.* New York: Three Rivers Press.

Weiner, D. L., & Lefton, R. E. (2002). *Power freaks: Dealing with them in the workplace or anyplace.* Amherst, NY: Prometheus Books.

KOMPETENZ 4: VERHÄLTNIS ZU FÜHRUNGSKRÄFTEN

FAKTOR I: STRATEGISCHE FÄHIGKEITEN
CLUSTER A: KENNTNISSE DES GESCHÄFTSBEREICHES

5 Geschäftssinn

> *Management means, in the last analysis, the substitution of thought for brawn and muscle, of knowledge for folklore and superstition, and of cooperation for force.*
> Peter Drucker – Aus Österreich stammender US-amerikanischer Autor und Managementberater

Schlecht ausgeprägt
- ☐ Versteht die allgemeinen Zusammenhänge in der Wirtschaft nicht
- ☐ Weiß wenig über aktuelle oder zukünftige Richtlinien, Trends, Technologien und Informationen und wie sich diese auf ihren/seinen Geschäftsbereich und die Organisation auswirken
- ☐ Kennt die Konkurrenz nicht
- ☐ Ist sich nicht bewusst, mit welchen Strategien und mit welchem taktischen Vorgehen Erfolg im Markt erreicht werden kann
- ☐ Ein engagierter, fachlicher oder professioneller Experte
- ☐ Neigt zum kleinlichen Taktieren
- ☐ Kein Interesse an oder Erfahrung in allgemeinen Geschäftsdingen

Wählen Sie eine bis drei der folgenden Kompetenzen als Ersatz für diese Kompetenz, wenn Sie nicht direkt an ihr arbeiten möchten.
ERSATZKOMPETENZEN: 8,15,24,30,32,38,46,52,58,61,65

Gut ausgeprägt
- ☐ Weiß, wie das Geschäft abläuft
- ☐ Kennt aktuelle und mögliche zukünftige Richtlinien, Praktiken, Trends, Technologien und Informationen, die sich auf ihren/seinen Geschäftsbereich und die Organisation auswirken
- ☐ Kennt die Konkurrenz
- ☐ Ist sich bewusst, mit welchen Strategien und mit welchem taktischen Vorgehen Erfolg im Markt erzielt werden kann

Übertriebene Fähigkeit
- ☐ Macht sich zu sehr von Wissen und Fähigkeiten im Branchen- und Geschäftsbereich abhängig und vernachlässigt persönliche und soziale Kompetenzen sowie Management- und Führungsaufgaben

Wählen Sie nachstehend eine bis drei Kompetenzen als Arbeitsgegenstand aus, um einen übertriebenen Einsatz dieser Fähigkeit zu kompensieren.
AUSGLEICHSKOMPETENZEN: 14,24,30,32,45,46,54,57,58,61

Mögliche Ursachen
- ☐ Neu im Unternehmen; keine oder wenig Erfahrung
- ☐ Kein Interesse an allgemeinen Wirtschafts- und Geschäftsthemen
- ☐ Eingeschränkter Sichtweise
- ☐ Keine weiteren Kenntnisse außerhalb der fachlichen Rolle
- ☐ Eine zu starke Konzentration auf den Beruf und nicht auf das Unternehmen
- ☐ Sehr taktisches und gegenwartsbezogenes Agieren

Leadership Architect® Faktoren und Cluster
Diese Kompetenz ist in Faktor I „Strategische Fähigkeiten" zu finden. Diese Kompetenz ist in Cluster A „Kenntnisse des Geschäftsbereiches" zusammen mit den Kompetenzen 24, 61 enthalten. Sie können auch bei anderen Kompetenzen in demselben Faktor/Cluster nach passenden Tipps suchen.

Der Plan
Sie müssen Ihr Umfeld und Ihre Umgebung kennen! Nichts ist wichtiger, als zu wissen, was um Sie herum vor sich geht. Eine Aufforderung, die geschäftliche Kompetenz zu entwickeln, kann unter zwei Aspekten gesehen werden. Die erste Möglichkeit ist, Sie verstehen vom allgemeinen Geschäft nicht genug. Manche Ihrer Ideen und Vorschläge lassen sich in der Praxis nicht anwenden. Es kann aber auch bedeuten, dass das, was Sie vorschlagen, schon als nicht umsetzbar bekannt ist und Sie das nicht wissen. Zweitens ist es möglich, dass Sie keine ausreichenden Kenntnisse über dieses spezifische Unternehmen oder dieses Geschäftsfeld besitzen. Das bedeutet normalerweise, dass Sie die Ziele, Themen und Probleme der Menschen, für die Sie innerhalb der Organisation arbeiten, nicht kennen und dass Ihre Ideen und Vorschläge nicht mit den Prioritäten dieser Personen übereinstimmen. Ihre Beiträge sind begrenzt, weil Sie keine Prioritäten sehen, wie dies die anderen tun. Sie sehen nicht das größere Gesamtbild. Solange Sie sich nicht in die Lage der anderen hineinversetzen, wird man Sie nicht beachten.

Tipps
- ☐ **1. Haben Sie Informationsbedarf? Lesen Sie die richtigen Zeitungen und Zeitschriften.** Regelmäßig gelesen, können Ihnen die fünf folgenden Publikationen wahrscheinlich die generellen Trends in der Wirtschaft am besten vermitteln. *Wall Street Journal, BusinessWeek, Fortune, Barron's* und *Harvard Business Review*. Abonnieren Sie diese Zeitungen und überfliegen Sie sie regelmäßig. Versuchen Sie, in jeder Ausgabe drei Themen zu finden, die sich auf Ihre Branche beziehen, zum Beispiel Parallelen oder Trends, die Ihren Geschäftsbereich jetzt beeinflussen, neue Trends und

ihre zukünftige Auswirkung, oder allgemeine Themen, die Ihr geschäftliches Know-how vertiefen.

☐ **2. Geht Ihnen alles zu schnell? Achten Sie auf die richtigen Informationsquellen.** Es gibt inzwischen mindestens drei Kanäle im Kabelfernsehen mit Wirtschaftsnachrichten und -informationen rund um die Uhr, die Interviews mit Persönlichkeiten aus der Wirtschaft, Branchenanalysen von Wall Street-Experten und auch allgemeine Firmenreportagen senden. Sehen Sie sich ein oder zwei Programme in der Woche an, bis Sie genau wissen, wo Ihr Fokus liegen muss.

☐ **3. Brauchen Sie Zugang zu Know-how? Werden Sie Mitglied in einer nationalen Organisation.** Das „Conference Board" hat die Aufgabe, Wirtschaftsinformationen für seine Mitglieder zusammenzustellen und zu verteilen. Das „Conference Board" organisiert äußerst informative Konferenzen, in denen viele Führungspersönlichkeiten Vorträge über allgemeine Trends in der Wirtschaft beziehungsweise ihrer spezifischen Branche halten. Nehmen Sie an einem der überregionalen Meetings teil. Werden Sie Mitglied in einem Branchenverband. Ihre Branche hat einen nationalen Verband. Jede Sparte hat einen nationalen Verband. Treten Sie ihm bei und besorgen Sie sich von dort Publikationen über die Entwicklungen in Ihrer spezifischen Branche. Nehmen Sie an den überregionalen Konferenzen teil.

☐ **4. Sind Sie bereit, sich selbst fortzubilden? Lesen Sie Bücher zum Thema Wirtschaft.** Besorgen Sie sich drei Bücher über allgemeine Wirtschaftsthemen, mit dem Fokus auf Finanzen, Marketing und auf Customer Service. Nachdem Sie sie quer gelesen haben, wiederholen Sie das Ganze – bis Sie sich das nötige Wissen angeeignet haben. Belegen Sie Abendkurse in Betriebswirtschaft für Fortgeschrittene, machen Sie Ihren Abschluss als Betriebswirt an einer Fachhochschule oder Universität in Ihrer Nähe. Abonnieren Sie Soundview Executive Book Summaries (www.summary.com). Darin werden auf wenigen Seiten die zurzeit wichtigsten Bestseller zum Thema Wirtschaft besprochen.

☐ **5. Brauchen Sie ein mentales Modell? Lernen Sie die Spielregeln.** Vertiefen Sie Ihr betriebswirtschaftliches Wissen, indem Sie Ihre persönlichen Spielregeln und Erkenntnisse aufstellen und mit Ihren eigenen Worten aufschreiben. Beispiel: „Welche treibenden Kräfte bestimmen das Marketing eines Artikels oder einer Dienstleistung?" Eine leitende Führungskraft stellte 25 derartig antreibende Faktoren zusammen, überarbeitete und aktualisierte sie ständig und war so immer auf dem neuesten Stand. Verwenden Sie diese Spielregeln, um ein Wirtschafts- oder Geschäftsthema zu analysieren, das Ihnen vertraut ist – vielleicht auch ein Hobby oder eine Sportart. Suchen Sie sich ein Gebiet aus, auf dem Sie sich auskennen.

Wählen Sie dann zwei Firmen mit cleveren Strategien, eine in der gleichen Branche – die andere aus einem anderen Bereich. Sehen Sie sich genau an, was sie gemacht haben. Sprechen Sie mit Leuten, die wissen, wie die jeweiligen Firmen vorgegangen sind, und versuchen Sie daraus zu lernen. Untersuchen Sie danach zwei Firmen, die nicht erfolgreich waren, und stellen Sie fest, was diese unterlassen haben.

☐ **6. Haben Sie nur ein oberflächliches Verständnis von Ihrem Geschäft? Lernen Sie etwa über die Besonderheiten Ihres Geschäfts.** Sehen Sie sich Ihren Geschäftsbericht und verschiedene Finanzberichte genau an. Wenn Sie sich damit nicht auskennen, besorgen Sie sich Broschüren von einer großen Investmentgesellschaft, die erklären, wie man Finanzberichte liest. Fragen Sie einen Profi, worauf er achtet und warum. Verabreden Sie sich mit dem Kollegen, der für den strategischen Planungsprozess Ihrer Organisation verantwortlich ist, zum Mittagessen oder zu einem Gespräch. Lassen Sie sich von ihm den Strategieplan der Organisation erklären, insbesondere die kritischen Erfolgsfaktoren, die vorhanden sein müssen, um die Organisation auf Erfolgskurs zu halten.

☐ **7. Fühlen Sie sich abgestempelt? Erweitern Sie Ihren fachlichen Horizont.** Bieten Sie Ihre Mitarbeit in Taskforce-Gruppen an, in denen die Kollegen aus anderen Fachbereichen kommen und andere Kompetenzen haben als Sie. Arbeiten Sie mit in Total Quality Management, Process Reengineering, Six Sigma- oder ISO-Projekten, die fach- oder bereichsübergreifend angelegt sind, um so mehr über das Geschäft zu lernen. Sprechen Sie mit Kunden, liefern Sie das eigentliche Produkt bzw. die Dienstleistung und notieren Sie fünf Dinge, die Sie über die Funktionsweise des Geschäfts gelernt haben. Gründen Sie eine imaginäre Firma in einem Bereich, mit dem Sie vertraut sind. Stellen Sie einen Geschäftsplan auf, füllen Sie die nötigen Formulare aus, besorgen Sie sich Preise für die Ausrüstung und sprechen Sie mit anderen aus dieser Branche über deren Probleme.

☐ **8. Sind Sie bereit für eine neue Perspektive? Praktizieren Sie Kundennähe.** Im Dienst am Kunden lernt man sein Geschäft am besten kennen. Arrangieren Sie ein Treffen mit einem Kollegen aus dem Customer Service. Lassen Sie sich die Funktionen dieses Bereiches erklären. Wenn möglich, hören Sie bei telefonischen Kundengesprächen zu – oder besser noch, erledigen Sie einige davon selbst.

☐ **9. Befassen Sie sich nur mit Ihrem Bereich des Geschäfts? Denken Sie über die Integrationspunkte nach.** Alle Teile und Bereiche eines erfolgreichen Geschäfts sind im Einklang, alles muss einwandfrei zusammenspielen. Ein Geschäft ist ein geschlossenes System. D. h., wenn

Sie etwas in einem Bereich unternehmen, sind davon auch alle anderen Bereiche betroffen. Sunbeam beschloss, einen Discount außerhalb der Saison anzubieten, um im vierten Quartal mehr Geschäftsabschlüsse vorweisen zu können. Das war einfach. Die Kunden deckten sich mit den preisgünstigen Waren ein. Allerdings brach die Fertigung in den nächsten zwei Quartalen ein, da die Bestellungen heftig nachließen. Die Lagerkosten stiegen für Sunbeam und deren Kundschaft an, was zu Unzufriedenheit führte. Gewinnspannen verringerten sich, und Sunbeam versuchte, das Problem zu beheben. Was in einem Bereich passiert, wirkt sich immer auf alles andere aus. Denken Sie an mögliche negative Auswirkungen auf andere Aufgaben, wenn Sie Entscheidungen in Ihrem Bereich treffen? Schreiben Sie auf, welche treibenden Kräfte in Ihrem Geschäft wirken. Konzentrieren Sie sich auf einige wichtige Kräfte im Bereich Marketing, Vertrieb, Betrieb usw. Diskutieren Sie Ihre Schlussfolgerungen mit Personen aus anderen Bereichen oder mit anderen Aufgaben und finden Sie heraus, wie Ihre wichtigsten treibenden Kräfte sich auf sie auswirken. *Benötigen Sie weitere Hilfe? – Siehe Nr. 38 „Organisationsagilität".*

☐ **10. Möchten Sie gemeinsam mit den Profis spielen? Lernen Sie, innerhalb Ihres Geschäftsfeldes wie ein Experte zu denken.** Besprechen Sie Probleme mit internen Experten und externen Beratern. Fragen Sie, nach welchen Schlüsselfaktoren sie suchen, was sie für wichtig erachten und was nicht. Kategorisieren Sie diese Daten, damit Sie sich besser daran erinnern. Legen Sie fünf Schlüsselthemen oder Fragen fest, die Sie immer dann in Betracht ziehen, wenn Geschäftsprobleme auftreten. Verschwenden Sie Ihre Zeit nicht damit, nur Fakten zu erlernen; sie bringen gar nichts, wenn Sie sie nicht in entsprechende Konzepte einordnen können. Sprechen Sie dann mit den Experten über Ihre Ideen, oder aber erstellen Sie einen strategischen Geschäftsplan für Ihre Einheit und bitten sie um ihre Meinung. Es ist nicht notwendig, nur Experten aus Ihrer Organisation zu wählen; aufmerksame, externe Fachleute haben bestimmt auch interessante Einblicke.

Develop-in-Place-Aufgabenstellungen

☐ Arbeiten Sie in einem Team zur Bildung eines Joint Ventures oder einer Partnerschaft.
☐ Arbeiten Sie in einem Team mit, das sich mit einer möglichen Akquisition beschäftigt.
☐ Führen Sie ein neues Produkt, eine Dienstleistung, einen Prozess ein.
☐ Organisieren Sie die erneute Einführung eines Produkts oder einer Dienstleistung, das/die bisher nicht viel Erfolg hatte.
☐ Führen Sie eine Analyse der Produkte oder Dienstleistungen Ihres Unternehmens bzw. Ihrer Marktposition durch und legen Sie die Ergebnisse den Beteiligten dar.

Leaders are people who can discern the inevitable and act accordingly.
When people talk about business acumen, discernment is a big part of it.
It's a bit like gut instinct, but a little more developed.
Donald Trump – US-amerikanischer Geschäftsmann,
Aufsichtsratsvorsitzender und CEO des Trump-Konglomerats,
auch bekannt aus einer US-Fernsehserie

KOMPETENZ 5: GESCHÄFTSSINN

Literaturempfehlungen

Alvesson, M. (2002). *Understanding organizational culture.* Thousand Oaks, CA: Sage.

Bazerman, M. H., & Watkins, M. (2008). *Predictable surprises: The disasters you should have seen coming and how to prevent them.* Boston: Harvard Business School Press.

Capon, C. (2003). *Understanding organisational context* (2nd ed.). London: Financial Times Management.

Charan, R. (2001). *What the CEO wants you to know: How your company really works.* New York: Crown Business.

Drucker, P. (2001). *Management: Tasks, responsibilities, practices.* Woburn, MA: Butterworth-Heinemann.

Fletcher, D. S. (2001). *Understanding organizational evolution: Its impact on management and performance.* Westport, CT: Quorum Books.

Fox, J. J. (2009). *Rain: What a paperboy learned about business.* San Francisco: Jossey-Bass.

Gundling, E. (2003). *Working GlobeSmart.* Palo Alto, CA: Davies-Black Publishing.

Harvard Business School Press. (2007). *Creating a business plan.* Boston: Harvard Business School Press.

Harvard Business School Press. (2007). *Understanding finance: Expert solutions to everyday challenges.* Boston: Harvard Business School Press.

Kanter, R. M. (1997). *On the frontiers of management.* Boston: Harvard Business School Press.

Keough, D. R. (2008). *The ten commandments for business failure.* New York: Penguin Group.

Lafley, A. G., & Charan, R. (2008). *The Game-changer: How you can drive revenue and profit growth with innovation.* New York: Crown Business.

McKee, S. (2009). *When growth stalls: How it happens, why you're stuck, and what to do about it.* San Francisco: Jossey-Bass.

Nickels, W. G., McHugh, J., & McHugh, S. (2006). *Understanding business* (8th ed.). New York: McGraw-Hill.

Prahalad, C. K., & Ramaswamy, V. (2004). *The future of competition: Co-creating unique value with customers.* Boston: Harvard Business School Press.

Sahlman, W. A. (2008). *How to write a great business plan.* Boston: Harvard Business School Press.

Slywotzky, A. (2003). *The art of profitability.* New York: Warner Business Books.

Slywotzky, A., Morrison, D., & Andelman, B. (2002). *The profit zone: How strategic business design will lead you to tomorrow's profits.* New York: Three Rivers Press.

Trout, J., & Rivkin, S. (2001). *Differentiate or die*. New York: John Wiley & Sons.

Webster, W. (2004). *Accounting for managers*. New York: McGraw-Hill.

Wheeler, A. (2006). *Designing brand identity: A complete guide to creating, building, and maintaining strong brands* (2nd ed.). New York: John Wiley & Sons.

FAKTOR V: POSITIONIERUNGSKOMPETENZEN IM UNTERNEHMEN
CLUSTER M: MANAGEN NACH OBEN

6 Karriere-Ambitionen

*For me life is continuously being hungry.
The meaning of life is not simply to exist, to survive,
but to move ahead, to go up, to achieve, to conquer.*
Arnold Schwarzenegger – Aus Österreich stammender US-amerikanischer
Bodybuilder, Schauspieler, Geschäftsmann und Politiker

Schlecht ausgeprägt

- ☐ Ist unsicher über die eigenen Erwartungen an die Karriere
- ☐ Kann desinteressiert sein, die falsche Laufbahn gewählt haben oder dem falschen Unternehmen angehören
- ☐ Bringt keine Opfer, um vorwärts zu kommen
- ☐ Verfügt über zu wenig Wissen um Karrierechancen und die Planung der eigenen Karriere
- ☐ Vermarktet sich selbst schlecht; weiß nicht, wie er/sie auf sich selbst aufmerksam machen kann
- ☐ Ist zu unschlüssig, um seine/ihre Karriereerwartungen deutlich auszusprechen
- ☐ Klammert sich an festgelegte Karrierevorstellungen, geht keine Karriererisiken ein

Wählen Sie eine bis drei der folgenden Kompetenzen als Ersatz für diese Kompetenz, wenn Sie nicht direkt an ihr arbeiten möchten.
ERSATZKOMPETENZEN: 1,4,8,9,15,24,28,43,46,48,49,53,57

Gut ausgeprägt

- ☐ Weiß, was er/sie von einer Karriere erwartet und arbeitet aktiv daran
- ☐ Weiß, wie man Karriere macht
- ☐ Kann die Umstände gut für sich nutzen
- ☐ Verkauft sich selbst gut
- ☐ Wartet nicht darauf, dass andere Türen öffnen

Übertriebene Fähigkeit

- ☐ Trifft unvernünftige Karriereentscheidungen
- ☐ Wählt nur Positionen aus, die mit Leichtigkeit bewältigt werden können
- ☐ Könnte als zu ehrgeizig angesehen werden
- ☐ Widmet der eigentlichen Arbeit nicht genug Aufmerksamkeit

KOMPETENZ 6: KARRIERE-AMBITIONEN

- ☐ Hat eher Probleme im Umgang mit Ratschlägen zur Karriere
- ☐ Vertraut hinsichtlich seiner Karriere nicht auf Entscheidungen anderer

Wählen Sie nachstehend eine bis drei Kompetenzen als Arbeitsgegenstand aus, um einen übertriebenen Einsatz dieser Fähigkeit zu kompensieren.
AUSGLEICHSKOMPETENZEN: 16,17,30,32,33,42,46,48,50,51,53,55,58,63,66

Mögliche Ursachen

- ☐ Langeweile
- ☐ Kein Vertrauen in die Organisation
- ☐ Keine Bereitschaft, Opfer zu bringen
- ☐ Keine Erfahrung damit, sich selbst zu vermarkten
- ☐ Rührt nicht gern für sich selbst die Werbetrommel
- ☐ Analysiert zu lange
- ☐ Weiß nicht, wie man Karriere macht
- ☐ Bewegt sich zu sehr innerhalb seiner/ihrer Komfortzone
- ☐ Lässt die Dinge einfach auf sich zukommen
- ☐ Nur auf Beförderung fixiert
- ☐ Keine Risikobereitschaft

Leadership Architect® Faktoren und Cluster

Diese Kompetenz ist in Faktor V „Positionierungskompetenzen im Unternehmen" zu finden. Diese Kompetenz ist in Cluster M „Managen nach oben" zusammen mit der Kompetenz 8 enthalten. Sie können auch bei anderen Kompetenzen in demselben Faktor/Cluster nach passenden Tipps suchen.

Der Plan

Wenn Sie diese Seiten lesen, hat man Ihnen wahrscheinlich gesagt, dass es Ihnen an Ehrgeiz fehlt, und dass man glaubt, Sie haben mehr Potenzial, als Sie sich selbst zutrauen oder bereit sind einzusetzen. Man ist der Meinung, dass Sie Ihre Karriere nicht ernsthaft genug vorantreiben. Effektives Karrieremanagement besteht darin, herauszufinden, wie erfolgreiche Karrieren entwickelt werden; wie weit man selbst vorwärts kommen kann und möchte; zu analysieren, was im Weg steht; neue Herausforderungen anzunehmen, die Fähigkeiten und Kompetenzen vertiefen; sowie die Aufmerksamkeit von Entscheidungsträgern auf sich zu lenken.

Tipps

- ☐ **1. Wie gut sind Sie? Bilanzieren Sie Ihren Wert.** Wie gut könnten Sie sein? Verkaufen Sie sich unter Ihrem Wert? Sie sind sich selbst gegenüber vielleicht zu kritisch. Besorgen Sie sich ein seriöses, vertrauliches

KOMPETENZ 6: KARRIERE-AMBITIONEN

360°-Feedback. Schätzen Sie selbst Ihre Kompetenzen geringer ein als Ihre Kollegen? Setzen Sie sich mit einem erfahrenen Berater zusammen. Finden Sie heraus: „Wie gut könnte ich sein auf der Basis der vorhandenen Kompetenzen? Welche Stärken, die ich selbst nicht sehe, nehmen andere an mir wahr? Woran soll ich als Nächstes arbeiten, um meine Entwicklung zu fördern?" Bauen Sie Ihr Selbstvertrauen auf. Belegen Sie ein Seminar oder arbeiten Sie mit einem Tutor daran, Ihr Selbstvertrauen in einem Bereich zu stärken. Treten Sie auf, als ob Sie Selbstvertrauen und Erfolg hätten. Belohnen Sie sich, wenn Sie an sich zweifeln. Perfektionieren Sie eine Fähigkeit. Bereiten Sie sich besser als alle anderen auf Besprechungen vor. Und lernen Sie, mit Ihren Fehlern fertig zu werden. Geben Sie sie zu, informieren Sie alle, die davon betroffen sind, lernen Sie daraus und machen Sie weiter. Vergessen Sie nicht: Sie müssen nicht in allen Bereichen gut oder fehlerfrei sein, um Erfolg zu haben. *Benötigen Sie weitere Hilfe? – Siehe Nr. 55 „Selbsterkenntnis".*

☐ **2. Brauchen Sie einen Resonanzkörper? Lassen Sie sich in Ihrem Karrieremanagement von einem „Vorstand" unterstützen.** Da Sie zum jetzigen Zeitpunkt offensichtlich nicht Ihr bester Karriereberater sind, suchen Sie sich mindestens eine Person, die diese Rolle übernehmen kann. Einen Mentor. Eine Führungskraft, die Sie respektieren. Freunde in der Umgebung. Lebenspartner. Vater oder Mutter. Einen Geistlichen. Einen Unternehmensberater. Einen Kollegen. Fragen Sie Ihren „Vorstand" von Zeit zu Zeit nach seiner objektiven Einschätzung Ihrer Karriereplanung, -vorstellungen, -probleme und -chancen. Hören Sie gut zu.

☐ **3. Sind Sie Karriere-Mythen aufgesessen? Lernen Sie die Tatsachen über erfolgreiche Karrieren kennen.** Viele Menschen wissen nicht, wie man Karriere macht. Die meisten Menschen sind von dem bekannten Mythos des Vorankommens unangenehm berührt. Jeder hat schon einmal einen Film im Sinne von *How to Succeed in Business Without Really Trying,* also „Wie mache ich Karriere, ohne mich dafür anstrengen zu müssen", gesehen. Bei dieser Vorstellung kann man leicht zynisch werden und zu der Überzeugung gelangen, dass erfolgreiche Menschen politisch agieren, sich selbst oder ihre eigene Großmutter verkaufen, ihrer Führungskraft schmeicheln, Menschen in den Rücken fallen und so weiter und so fort. Die Tatsachen liegen jedoch vollkommen anders. Irgendwann führen solche Verhaltensweisen unweigerlich zu Problemen. Von bleibendem Wert im Job sind allerdings das richtige Auftreten, das Lösen von Problemen, der Besitz einiger herausragender Stärken und die Suche nach neuen Aufgaben, von denen Sie noch nicht wissen, wie sie anzugehen sind. Wichtig ist es, Problemlösungen mit Hartnäckigkeit zu betreiben, während Sie gleichzeitig nach neuen Herausforderungen suchen und sich so allmählich in die richtige Position für Ihren nächsten Karriereschritt bringen. Lesen Sie *The Lessons of Experience* von McCall, Lombardo und Morrison für die Karriere von Männern, und *Breaking the Glass Ceiling* von Morrison, White und Van Velsor für die Karriere von Frauen, in denen verdeutlicht wird, wie erfolgreiche Karrieren aufgebaut werden.

☐ **4. Machen Sie immer wieder das Gleiche? Verlassen Sie die Komfortzone Ihrer Karriere, machen Sie nicht nur das, was Ihnen leicht fällt.** Vielleicht haben Sie ja noch nicht genug Erfahrung. Suchen Sie sich eine Aufgabe, die Sie bisher noch nicht durchgeführt haben, die jedoch spannend sein könnte. Besuchen Sie ein Seminar zu einem neuen Thema. Tauschen Sie Aufgaben mit einem Kollegen. Bieten Sie Ihre Mitarbeit in fach- und bereichsübergreifenden Teams und Projekten an. Lesen Sie allgemein mehr. *Benötigen Sie weitere Hilfe? – Siehe Nr. 46 „Perspektive".*

☐ **5. Sie kommen nicht hinter die Schlüssel zum Erfolg? Finden Sie heraus, worum es geht.** Fragen Sie fünf erfolgreiche, Ihnen gut bekannte Personen aus Ihrer Organisation, was sie vorantreibt? In welchen Rollen waren sie vorher? Was sind ihre technischen Fähigkeiten? Ihre persönlichen und sozialen Kompetenzen? Benutzen Sie die Leadership Architect® Sortierkarten, um herauszufinden, welches die zehn Schlüsselkompetenzen jeder Person sind; vergleichen Sie diese Liste daraufhin mit Ihrer eigenen Selbsteinschätzung und dem erhaltenen Feedback. Fragen Sie bei der Personalabteilung nach, ob dort Erfolgsprofile der Rollen oder Positionen vorhanden sind, für die Sie sich interessieren. Stellen Sie eine Liste der Dinge zusammen, an denen Sie als nächstes arbeiten müssen. Wenn Sie sich profilieren wollen, finden Sie heraus, was an Ihrem Job für das höhere Management wichtig ist. Wenn Sie ein Buchhalter sind, zeigen Sie auf, wo zu hohe Kosten anfallen. Wenn Sie ein Chemiker sind, finden Sie eine billigere Methode, Ihre jetzige Arbeit zu verrichten. Lernen Sie die Details schätzen, die in Ihrem Bereich wichtig sind. Wenn Sie keine technischen Stärken haben, helfen Sie Kollegen oder suchen Sie nach einem Management- oder Organisationsproblem in Ihrem Bereich, das Sie lösen können.

☐ **6. Vermarkten Sie sich nicht gern selbst? Machen Sie Erfolg zum Markenzeichen Ihrer Karriere.** Sie wissen nicht, wie Sie eine Beförderung bekommen können. Sie mögen die Leute nicht, die für sich selbst die Werbetrommel rühren. Trotzdem, hier ist das Rezept. Stellen Sie einen umfassenden Leistungskatalog über Ihre eigenen Skills und Kompetenzen zusammen – bringen Sie Dinge in Bewegung, beziehungsweise in Ordnung, führen Sie Innovationen ein, planen Sie und bleiben Sie in Ihrem Budgetrahmen. Durch solche Leistungen kommen Sie voran. Alle Organisationen suchen nach Menschen, die umfassend denken

KOMPETENZ 6: KARRIERE-AMBITIONEN

können, um ihnen dann größere Herausforderungen anzubieten. Fangen Sie an, ganzheitlicher zu denken.

☐ **7. Fehlt es Ihnen an Profil? Wie man von einflussreichen Entscheidungsträgern bemerkt wird.** Führungskräfte im höheren Management sind nicht so sehr an Glanz und Glimmer interessiert, wie oft behauptet wird. Sie interessieren sich eher für Menschen, die Probleme lösen, Chancen erkennen, Krisen abwenden und ein breites Spektrum an Skills und Kompetenzen besitzen. Sie suchen nach handlungs- und leistungsorientierten Mitarbeitern. Aber dies allein reicht nicht aus. Arbeiten Sie freiwillig an Projekten, die eine enge Zusammenarbeit mit dem höheren Management erfordern. Konzentrieren Sie sich auf Aktivitäten, die das Kerngeschäft Ihres Unternehmens betreffen. Finden Sie eine potenzielle Geschäftsgelegenheit und überzeugen Sie andere davon. Arbeiten Sie mit größtem Einsatz an der Lösung eines großen Problems. Sie müssen sichtbar und hörbar sein – aber nicht nur mit Worten allein, sondern mit Taten.

☐ **8. Nicht bereit Opfer zu bringen? Machen Sie die schwierigen Schritte.** Sehr viele Menschen lassen Karrierechancen ungenutzt vorübergehen, da Ihnen ein Aufstieg gerade ungelegen kommt. Später, wenn man sie übergangen hat, bereuen sie es. Studien zeigen, dass viele erfolgreiche Manager den eigentlichen Zeitpunkt ihrer diversen Karrieresprünge damals oft als nicht günstig empfunden haben und die Beförderung ablehnen wollten. Aber wir alle haben ähnliche Probleme. Kinder im Schulalter. Ein Haus, in dem wir bleiben möchten. Eltern, die wir versorgen müssen. Die Arbeit des Ehepartners. Gesundheitliche Probleme. Eine Wohngegend, die uns gefällt. Die meisten erfolgreichen Karrieren erfordern mehrere Umzüge gerade in den Jahren, in denen es für uns am unpassendsten und schmerzhaftesten ist – wenn die Kinder im Schulalter sind, wir nicht genug Geld haben oder die Eltern unsere Hilfe brauchen. Um nachzuvollziehen, wie erfolgreiche Karrieren für Männer und Frauen aufgebaut werden, lesen Sie *The Lessons of Experience* von McCall, Lombardo und Morrison (für Männer), und *Breaking the Glass Ceiling* von Morrison, White und Van Velsor (für Frauen). Akzeptieren Sie, dass Veränderungen eine Voraussetzung zur Weiterentwicklung sind.

☐ **9. Warten Sie auf den Ruhestand Ihres Chefs, um endlich die große Beförderung zu bekommen? Nehmen Sie einen alternativen Weg.** Es ist schwer zu verstehen, aber eine Beförderung auf den Arbeitsplatz Ihrer Führungskraft ist die schlechteste Art der Beförderung, die Sie erhalten können. Dieselben Aufgaben. Dieselben Menschen. Dieselben Kunden. Dieselben Produkte und Dienstleistungen. Abwechslung ist der Schlüssel zum Karriereerfolg. Nehmen Sie laterale Jobs in anderen

Bereichen an. Vergessen Sie Ihr Ego. Arbeiten Sie auf langfristige Ziele hin. Lehnen Sie eine Beförderung in der Linie ab und fragen Sie nach einer Position auf gleicher Ebene in einem anderen Bereich.

- ☐ **10. Folgen Sie blind Ihrer Leidenschaft? Diversifizieren Sie Ihre Talente.**
Die meisten von uns begehen einen sehr menschlichen Fehler im Karrieremanagement. Wir beschäftigen uns mit dem, was wir am meisten mögen. Unsere Eltern und Berater raten uns, eine Position zu finden, die uns gefällt und uns glücklich macht, in der wir gute Leistungen erbringen. Wir sollen bei einer großen Firma anfangen, die uns gut versorgt und eine gute Pension anbietet. Diese Ratschläge mögen zwar für die Vergangenheit gut gewesen sein, aber sie passen nicht mehr in die heutige Zeit. Die Sicherheit des lebenslangen Arbeitens bei einem Arbeitgeber existiert nicht mehr. Entlassungen. Virtuelle Firmen. Chaos. Das heutige Konzept heißt Employability – Beschäftigungsfähigkeit. Dazu werden Sie viele Dinge gut können und Organisationen immer wieder wechseln müssen und sich dorthin bewegen, wo sich eine Chance für Sie bietet.

Develop-in-Place-Aufgabenstellungen

- ☐ Managen Sie das Outplacement einer Gruppe von Mitarbeitern.
- ☐ Schreiben Sie eine Rede für eine höher gestellte Person in der Organisation.
- ☐ Melden Sie sich freiwillig, einen vakanten Managementposten vorübergehend zu übernehmen.
- ☐ Führen Sie eine Studie über Führungskräfte durch, die in Ihrer Organisation versagt haben. Befragen Sie Mitarbeiter der Organisation, die mit diesen Personen gearbeitet haben oder die diese persönlich kannten. Teilen Sie die Ergebnisse dem Top-Management mit.
- ☐ Führen Sie eine Studie über erfolgreiche Führungskräfte in Ihrer Organisation durch und legen Sie die Ergebnisse dem Top-Management dar.

High expectations are the key to everything.
Sam Walton – US-amerikanischer Unternehmer,
Gründer der Firmen Wal-Mart und Sam's Club

Literaturempfehlungen

Bolles, R. N. (2009). *What color is your parachute? 2009: A practical manual for job-hunters & career-changers.* Berkeley, CA: Ten Speed Press.

Brim, G. (2000). *Ambition: How we manage success and failure throughout our lives.* New York: Backinprint.com.

Butler, T. (2007). *Getting unstuck: How dead ends become new paths.* Boston: Harvard Business School Press.

Caesar, V. (2003). *Uncommon career success.* Seal Beach, CA: PCH Publishing.

Champy, J., & Nohria, N. (2000). *The arc of ambition.* Cambridge, MA: Perseus Publishing.

Christian, K. (2004). *Your own worst enemy: Breaking the habit of adult underachievement.* New York: Regan Books.

Darling, D. (2005). *Networking for career success.* New York: McGraw-Hill.

Dominguez, L. R. (2003). *How to shine at work.* New York: McGraw-Hill.

Fels, A. (2004). *Necessary dreams: Ambition in women's changing lives.* New York: Pantheon Books.

Goldsmith, M. (2007). *What got you here won't get you there: How successful people become even more successful.* New York: Hyperion.

Ibarra, H. (2003). *Working identity: Unconventional strategies for reinventing your career.* Boston: Harvard Business School Press.

Kaplan, R. S. (2008). Managing yourself. *Harvard Business Review, 86,* 45-49.

Kummerow, J. M. (2000). *New directions in career planning and the workplace: Practical strategies for career management professionals.* Palo Alto, CA: Davies-Black Publishing.

Mahan, B. J., & Coles, R. (2002). *Forgetting ourselves on purpose: Vocation and the ethics of ambition.* San Francisco: Jossey-Bass.

McCall, M. W., Lombardo, M. M., & Morrison, A. M. (1988). *The lessons of experience.* Lexington, MA: Lexington Books.

Morrison, A. M., White, R. P., & Van Velsor, E., & The Center for Creative Leadership. (1992). *Breaking the glass ceiling: Can women reach the top of America's largest corporations?* Reading, MA: Addison-Wesley Publishing Company.

Schweich, T. A. (2003). *Staying power: 30 Secrets invincible executives use for getting to the top: And staying there.* New York: McGraw-Hill.

Wendleton, K. (2006). *Navigating your career: Develop your plan, manage your boss, get another job inside.* New York: The Five O'clock Club.

FAKTOR VI: PERSÖNLICHE UND SOZIALE KOMPETENZEN
CLUSTER O: KÜMMERN UM ANDERE

7 Kümmern um Mitarbeiter

A little Consideration, a little Thought for Others, makes all the difference.
A.A. Milne – Englischer Schriftsteller, Dramatiker und Dichter

Schlecht ausgeprägt
- ☐ Kümmert sich nicht ausreichend um die persönlichen Bedürfnisse der Mitarbeiter
- ☐ Ist zu beschäftigt, um die Mitarbeiter genauer kennen zu lernen
- ☐ Glaubt, dass Berufs und Privatleben voneinander getrennt sein müssen
- ☐ Ist arbeits- und aufgabenorientierter als die meisten
- ☐ Kann sehr verkrampft und unpersönlich im Umgang mit Mitarbeitern agieren
- ☐ Ist ein schlechter Zuhörer und nicht an den Problemen und Hoffnungen anderer Menschen interessiert

Wählen Sie eine bis drei der folgenden Kompetenzen als Ersatz für diese Kompetenz, wenn Sie nicht direkt an ihr arbeiten möchten.
ERSATZKOMPETENZEN: 3,10,11,18,19,23,27,31,33,36,39,41,60,64

Gut ausgeprägt
- ☐ Interessiert sich für die Bedürfnisse seiner/ihrer Mitarbeiter, sowohl im Arbeits- als auch im Privatleben
- ☐ Fragt nach ihren Plänen, Problemen und Wünschen
- ☐ Kennt ihre Sorgen und Fragen
- ☐ Ist bereit, sich persönliche Probleme anzuhören
- ☐ Kennt die Arbeitsbelastung und erkennt zusätzliche Anstrengungen an

Übertriebene Fähigkeit
- ☐ Tut sich schwer damit, Mitarbeitern gegenüber Stärke zu zeigen
- ☐ Lässt zu viele Entschuldigungen zu
- ☐ Fordert Mitarbeiter nicht zu überdurchschnittlichen Leistungen auf
- ☐ Mischt sich zu sehr in das Privatleben der Mitarbeiter ein
- ☐ Kann Leistung und Potenzial nicht objektiv bewerten
- ☐ Kann das Verhalten nicht anpassen, wenn seine/ihre Fürsorge auf Ablehnung stößt

Wählen Sie nachstehend eine bis drei Kompetenzen als Arbeitsgegenstand aus, um einen übertriebenen Einsatz dieser Fähigkeit zu kompensieren.
AUSGLEICHSKOMPETENZEN: 9,12,13,17,18,20,23,27,34,35,56,57,64

Mögliche Ursachen

- ☐ Überzeugt, dass Berufs- und Privatleben getrennt sein müssen
- ☐ Mehr sach- als personenorientiert
- ☐ Befürchtet, ausgenutzt zu werden
- ☐ Befürchtet, in eine Beraterrolle gedrängt zu werden
- ☐ Aktivitäten mit niedriger Priorität
- ☐ Ein schlechter Zuhörer
- ☐ Zu beschäftigt

Leadership Architect® Faktoren und Cluster

Diese Kompetenz ist in Faktor VI „Persönliche und soziale Kompetenzen" zu finden. Diese Kompetenz ist in Cluster O „Kümmern um andere" zusammen mit der Kompetenz 10 enthalten. Sie können auch bei anderen Kompetenzen in demselben Faktor/Cluster nach passenden Tipps suchen.

Der Plan

Sich um andere zu kümmern, ist auf vielen Ebenen wichtig. Grundsätzlich kann man sagen: Menschen, um die man sich kümmert, kümmern sich auch um andere. Menschen, um die man sich kümmert, arbeiten besser mit anderen zusammen oder für andere, die ihnen diese Aufmerksamkeit zeigen. Menschen, um die man sich kümmert, fühlen sich besser und es ist leichter, mit ihnen umzugehen und zu arbeiten als mit denen, die ignoriert werden. Sich um andere zu kümmern, muss keine weichherzige oder therapeutische Aufgabe sein – es ist vielmehr ein Versuch, ein vernünftiges Maß an Mitgefühl für Mitarbeiter zu entwickeln und sie so umfassend wie möglich in ihrem Leistungsvermögen und Wachstum zu unterstützen. Jemand, der sich kümmert, ist nicht immer nur freundlich und lächelt. Durch den regelmäßigen Arbeitskontakt wissen gute Führungskräfte mehr über ihre Mitarbeiter und kennen nicht nur ihre Arbeitsergebnisse. Sie wissen ein wenig über ihrer Vergangenheit und ihre jetzige Situation sowie über ihre Träume, Vorlieben und Wünsche. Gute Führungskräfte fördern den gegenseitigen Austausch. Sie erkennen Warnzeichen, bevor sich Probleme ernsthaft einstellen, und helfen sofort Hindernisse aus dem Weg zu räumen, damit andere bessere Leistungen erbringen können. Auf lange Sicht helfen sie, indem sie ihre Mitarbeiter weiterentwickeln und ihnen wichtiges Feedback für ihr weiteres Wachstum geben. Wirklich gute Führungskräfte kümmern sich, weil sie einfach nicht anders können. Aus welchen Gründen auch immer, das Einbeziehen der ganzen Persönlichkeit wird immer durch bessere Leistungen der Mitarbeiter und eine bessere Einstellung Ihnen gegenüber als Führungskraft belohnt.

Tipps

☐ **1. Ungeduldig? Seien Sie ein besserer Zuhörer.** Viele Führungskräfte hören immer nur am Rande zu. Sie sind handlungsorientiert und neigen dazu, andere mitten im Satz zu unterbrechen, anstatt ihnen zuzuhören. In ihrer Voreiligkeit vollenden sie die Sätze anderer Menschen selbst, wenn diese eine Pause machen. All diese ungeduldigen Verhaltensweisen wirken auf andere wie Gleichgültigkeit, wie eine unsensible Reaktion auf ihre Bedürfnisse und Gefühle. Der erste Schritt zum besseren Kümmern. Länger zuhören. *Benötigen Sie weitere Hilfe? – Siehe Nr. 33 „Zuhören können".*

☐ **2. Sind Sie ein Buch mit sieben Siegeln? Teilen Sie Informationen und legen Sie sie offen.** Tauschen Sie sich über ein geschäftliches Thema mit anderen aus und bitten Sie Mitarbeiter um ihren Rat. Geben Sie Informationen weiter, die anderen bei ihrer Arbeit oder bei der Erweiterung ihres Horizontes helfen können. Erzählen Sie Dinge, die Ihre Kollegen zwar nicht zur Erledigung ihrer Arbeit wissen müssen, die aber für sie von Interesse sind und ihnen das Gefühl vermitteln, dass sie geschätzt werden. Sprechen Sie auch mehr über sich. Es ist für andere schwer, eine Beziehung zu einer kühlen und reservierten Person aufzubauen. Beschreiben Sie Ihre Entscheidungsprozesse. Erklären Sie Ihre Absichten, Ihre Gründe und Ihre Gedanken, wenn Sie Ihre Entscheidungen bekannt geben. Wenn Sie zuerst Lösungen anbieten, dann rufen Sie Widerstand hervor und erwecken den Eindruck, dass Sie sich zu wenig kümmern: „Er/sie lädt nur Arbeit auf uns ab."

☐ **3. Sie glauben, es dreht sich alles nur um die Arbeit? Lernen Sie Ihr Team kennen.** Merken Sie sich drei nicht arbeitsbezogene Details über jeden Mitmenschen in Ihrem Umfeld – Interessen und Hobbys, Kinder oder ein anderes Thema, über das Sie mit ihm sprechen können. Die Welt ist klein. Wenn Sie Ihre Mitarbeiter nach persönlichen Dingen fragen, merken Sie schnell, dass Sie mit nahezu jedem etwas gemeinsam haben. Gemeinsamkeiten schaffen Bindungen.

☐ **4. Fehlt es Ihnen an Mitgefühl? Seien Sie offen und aufnahmebereit.** Versuchen Sie zuzuhören, ohne sofort zu urteilen. Deaktivieren Sie Ihren „Ich-stimme-zu – ich-stimme-nicht-zu"-Filter. Sie müssen mit dem Gesagten nicht übereinstimmen, sondern nur zuhören, um es zu verstehen. Gehen Sie davon aus, dass jemand, der Ihnen etwas erzählt, auch verstanden werden möchte; zeigen Sie Ihre Bereitschaft, indem Sie zusammenfassen können, was gesagt wurde. Bieten Sie keine Ratschläge oder Lösungen an, es sei denn, Ihr Gesprächspartner fragt danach. Sofortige Lösungsvorschläge können zwar oft sehr nützlich sein, sie sind aber sehr entmutigend, wenn es das eigentliche Ziel ist, andere dazu zu bewegen, freier mit Ihnen zu sprechen.

KOMPETENZ 7: KÜMMERN UM MITARBEITER

☐ **5. Sie können keine persönlichen Beziehungen aufbauen? Streben Sie nach Verständnis.** Beobachten Sie die Menschen, mit denen sie zusammenarbeiten. Sammeln Sie Anhaltspunkte über ihr Denken und Tun, ohne dabei zu bewerten. Was bewegt sie zu ihren Handlungen? Versuchen Sie vorherzusagen, was sie in bestimmten Situationen tun werden. Nutzen Sie dieses Verständnis, um eine Beziehungsbasis herzustellen. In welcher Situation reagieren sie besonders stark? Worum sollten Sie sich in ihren Augen besonders kümmern?

☐ **6. Sie möchten lieber die Antworten geben? Seien Sie neugieriger.** Zeigen Sie, dass Ihnen die Gedanken der anderen wichtig sind. Viele Menschen stellen nicht genügend neugierige Fragen, wenn sie bei der Arbeit sind. Dann liegt der Fokus zu sehr auf Untersuchungs- und Informationsfragen und nicht auf Fragen wie „Was wäre wenn?", „Was lernen Sie daraus?", „Was würden Sie ändern?" Studien zeigen ein Übergewicht der Erklärungen im Vergleich zu Fragen von acht zu eins, und nur wenige Fragen forderten zum tieferen Nachdenken auf.

☐ **7. Glauben Sie, dass alle gleich sind? Behandeln Sie die Menschen unvoreingenommen.** Sich um Menschen zu kümmern, heißt keine gleiche, sondern eine gerechte Behandlung. Jeder Mensch ist anders und hat andere Bedürfnisse. Jeder reagiert anders auf Sie. Jeder hat unterschiedliche Träume und Sorgen. Jeder Mensch ist einzigartig und schätzt es, wenn er dementsprechend behandelt wird. *Benötigen Sie weitere Hilfe? – Siehe Nr. 21 „Umgang mit Verschiedenartigkeit".*

☐ **8. Haben Sie Angst, sich zu involvieren? Zeigen Sie Interesse, ohne zum Therapeuten zu werden:**

– Wenn jemand mit all seinen Problemen regelmäßig zu Ihnen kommt, wählen Sie eins aus, bei dem Sie glauben helfen zu können. Fordern Sie Ihren Mitarbeiter dann auf, Beratung oder eventuell firmeninterne Unterstützung für die anderen Probleme zu suchen.

– Wenn jemand endlos redet und sich wiederholt, unterbrechen Sie und fassen zusammen. Das zeigt ihm, dass Sie zuhören und verhindert, dass Sie zu viel Zeit mit ihm verbringen.

– Wenn jemand verärgert ist, lassen Sie ihn seinem Ärger Luft machen und sagen Sie nichts weiter, außer dass Sie wissen, dass er ärgerlich ist. Die meisten Menschen können sich nicht sehr lange über etwas aufregen, wenn Sie weder Zustimmung noch Einwände hören. Hält der Ärger an, dann bieten Sie ihm an, außerhalb der Arbeitszeit mit ihm darüber zu sprechen.

- Wenn jemand sich ständig beschwert, bitten Sie ihn/sie, die Probleme sowie mögliche Lösungen niederzuschreiben und mit Ihnen zu besprechen. Dies beruhigt den Betreffenden und führt hoffentlich dazu, dass die ständigen Beschwerden aufhören.
- Wenn sich jemand über eine andere Person beklagen will, fragen Sie, ob er/sie mit dieser Person gesprochen hat. Ermutigen Sie ihn/sie dazu. Wenn das nicht funktioniert, fassen Sie das, was er/sie gesagt hat, zusammen, jedoch ohne zuzustimmen oder zu widersprechen, da dies die Diskussion unnötig verlängern würde.
- Wenn Sie Kritik üben müssen, vermeiden Sie starre Aussagen und Ratschläge wie „Sie sollten ...". Ihre Aufgabe ist es zu helfen – das Ziel sollte sein, der anderen Person zu besserem Erfolg zu verhelfen. Warten Sie auf den richtigen Zeitpunkt. Konzentrieren Sie sich darauf, der Person bei der Entwicklung zu helfen. Es kommt nicht darauf an, dass alle Ihre Empfehlungen aufgeschrieben und befolgt werden. Machen Sie sich ein Bild von den Vorteilen für die betreffende Person.
- Wenn jemand demotiviert ist, bieten Sie abwechslungsreiche und herausfordernde Arbeitsaufträge an. Fragen Sie nach, wie diese Person ein interessantes Arbeitsumfeld definiert. *Benötigen Sie weitere Hilfe?* – Siehe Nr. 19 „Mitarbeiter und andere weiterentwickeln" und Nr. 36 „Andere motivieren".

☐ **9. Äußern Sie sich auf unterschiedliche Weise? Signalisieren Sie, dass Sie sich Gedanken machen.** Achten Sie darauf, dass Sie nicht unabsichtlich den Eindruck vermitteln, andere Menschen seien Ihnen gleichgültig. Aussagen wie A: „Einzelheiten überlasse ich anderen"; B: „Ich bin nicht sehr organisiert"; C: „Ich bin ein überzeugter Macher und kümmere mich um die Einzelheiten erst danach"; können bei Ihren Mitarbeitern folgende Reaktionen hervorrufen: A: „Was ich tue, ist nicht wichtig"; B: „Ich darf mich um das Chaos kümmern"; und C: „Ich muss mich mit dem ganzen Kleinkram befassen". Bedenken Sie, wie Ihre Aussagen auf Ihre Mitarbeiter wirken könnten.

☐ **10. Benötigen Sie Beispiele dafür, wie Sie am besten für Ihre Mitarbeiter sorgen? Machen Sie eine Liste Ihrer letzten zehn Führungskräfte.** Machen Sie eine Liste Ihrer letzten zehn Führungskräfte. Kategorisieren Sie fünf Führungskräfte nach der Einschätzung: „Er hat sich sehr wenig um mich und um andere Teammitglieder gekümmert" und die anderen fünf nach „Er hat sich sehr stark um mich und um andere Teammitglieder gekümmert". Wie haben die „Wenig-Kümmerer" sich verhalten? Was haben sie getan, beziehungsweise nicht getan? aus dem Sie schließen konnten, Sie waren diesen Chefs gleichgültig? Was hat die andere Gruppe getan beziehungsweise nicht getan, so dass Sie den gegenteiligen Eindruck bekommen konnten? Vergleichen Sie Ihre Analyse mit Ihrem eigenen Verhalten als Führungskraft.

Develop-in-Place-Aufgabenstellungen

☐ Managen Sie ein Projektteam, dessen Mitglieder älter und erfahrener sind als Sie selbst.

☐ Beteiligen Sie sich an der Schließung eines Werks, einer Niederlassung, einer Produktreihe, eines Geschäfts, Programms usw.

☐ Managen Sie eine Gruppe wenig kompetenter oder wenig leistungsfähiger Menschen, indem Sie ihnen eine Aufgabe stellen, die sie alleine nicht bewältigen könnten.

☐ Managen Sie eine auf kurze Zeit angelegte Gruppe von „grünen", unerfahrenen Leuten als Coach, Lehrer, Begleiter, Mentor usw.

☐ Gründen Sie eine Gruppe zur Unterstützung von Mitarbeiterinteressen.

Kindness is in our power, even when fondness is not.
Samuel Johnson – Englischer Schriftsteller des 18. Jahrhunderts

Literaturempfehlungen

Arthur, D. (2001). *The employee recruitment and retention handbook.* New York: AMACOM.

Ash, M. K. (2008). *The Mary Kay way: Timeless principles from America's greatest woman entrepreneur.* Hoboken, NJ: John Wiley & Sons.

Birx, E. (2002). *Healing Zen: Awakening to a life of wholeness and compassion while caring for yourself and others.* New York: Viking Press.

Cashman, K. (2008). *Leadership from the inside out: Becoming a leader for life* (2nd ed.). San Francisco: Berrett-Koehler Publishers.

De Waal, A. (2002). *Quest for balance: The human element in performance management systems.* New York: John Wiley & Sons.

Dotlich, D. L., Cairo, P. C., & Rhinesmith, S. H. (2006). *Head, heart and guts: How the world's best companies develop complete leaders.* San Francisco: Jossey-Bass.

Kaye, B., & Jordan-Evans, S. (2008). *Love 'em or lose 'em: Getting good people to stay* (4th ed.). San Francisco: Berrett-Koehler Publishers.

Kouzes, J. M., & Posner, B. Z. (2003). *Encouraging the heart: A leader's guide to rewarding and recognizing others.* San Francisco: Jossey-Bass.

Kouzes, J. M., & Posner, B. Z. (2006). *Encouraging the heart workbook.* San Francisco: Jossey-Bass.

Kouzes, J. M., & Posner, B. Z. (2007). *The leadership challenge* (4th ed.). San Francisco: Jossey-Bass.

Lewin, R., & Regine, B. (2001). *Weaving complexity and business: Engaging the soul at work.* New York: Texere.

Lloyd, K. L. (2002). *Be the boss your employees deserve.* Franklin Lakes, NJ: Career Press.

Mayo, A. (2001). *The human value of the enterprise: Valuing people as assets: Monitoring, measuring, managing.* Yarmouth, ME: Nicholas Brealey.

Ventrice, C. (2003). *Make their day! Employee recognition that works.* San Francisco: Berrett-Koehler Publishers.

KOMPETENZ 7: KÜMMERN UM MITARBEITER

FAKTOR V: POSITIONIERUNGSKOMPETENZEN IM UNTERNEHMEN
CLUSTER M: MANAGEN NACH OBEN

8 Umgang mit dem höheren Management

> Leadership is a two-way street, loyalty up and loyalty down.
> Respect for one's superiors; care for one's crew.
> Grace Murray Hopper – US-amerikanische Konteradmiralin,
> Mathematikerin und Dozentin

Schlecht ausgeprägt
- ☐ Mangelndes Selbstvertrauen im Umgang mit höheren Managern
- ☐ Erscheint oft nervös und angespannt, und zeigt sich nicht von seiner besten Seite
- ☐ Verliert die Fassung oder kommt durcheinander, wenn er/sie von höheren Vorgesetzten befragt wird
- ☐ Weiß nicht, wie er/sie erfahrenere Manager beeinflussen oder beeindrucken kann
- ☐ Versteht nicht, was das obere Management erwartet
- ☐ Sagt und tut Dinge, die der Situation nicht angemessen sind

Wählen Sie eine bis drei der folgenden Kompetenzen als Ersatz für diese Kompetenz, wenn Sie nicht direkt an ihr arbeiten möchten.
ERSATZKOMPETENZEN: 3,4,5,9,12,27,33,34,37,38,48,49,57

Gut ausgeprägt
- ☐ Kann gut mit Mitgliedern des höheren Managements umgehen
- ☐ Kann sich ihnen gegenüber ohne Anspannung und Nervosität präsentieren
- ☐ Weiß, wie das Top-Management denkt und vorgeht
- ☐ Findet den besten Weg zu gemeinsamen Lösungen, indem er/sie dessen Sprache spricht und dessen Bedürfnisse berücksichtigt
- ☐ Kann Lösungsansätze entwerfen, die als angemessen und positiv angesehen werden

Übertriebene Fähigkeit
- ☐ Richtet sich zu sehr nach oben aus
- ☐ Kann als zu politisch und ehrgeizig gelten
- ☐ Verbringt zu viel Zeit mit dem höheren Management, teilt dessen Meinung unkritisch und überschätzt die Bedeutung und Nützlichkeit dieser Beziehung
- ☐ Seine/ihre Karriere ist zu sehr von Fürsprechern abhängig

KOMPETENZ 8: UMGANG MIT DEM HÖHEREN MANAGEMENT

☐ Geht manchmal zu freizügig mit vertraulichen Informationen um

Wählen Sie nachstehend eine bis drei Kompetenzen als Arbeitsgegenstand aus, um einen übertriebenen Einsatz dieser Fähigkeit zu kompensieren.
AUSGLEICHSKOMPETENZEN: 5,9,12,17,22,24,29,30,45,51,53,57

Mögliche Ursachen

☐ Mangelndes Selbstvertrauen im Umgang mit Menschen, die mehr Macht haben
☐ Angst, einen Fehler zu machen, etwas in den Sand zu setzen oder etwas Dummes zu tun
☐ Perfektionismus; die Angst, in den Augen des oberen Managements nicht perfekt zu sein
☐ Ungenügende Vorbereitung durch fehlendes Know-how, fehlende Skills oder durch schlechten Arbeitsstil
☐ Tendenz, unter Druck und Stress emotional zu reagieren

Leadership Architect® Faktoren und Cluster

Diese Kompetenz ist in Faktor V „Positionierungskompetenzen im Unternehmen" zu finden. Diese Kompetenz ist in Cluster M „Managen nach oben" zusammen mit der Kompetenz 6 enthalten. Sie können auch bei anderen Kompetenzen in demselben Faktor/Cluster nach passenden Tipps suchen.

Der Plan

Sich vor einem oder mehreren hochrangigen Managern zu präsentieren ist normalerweise schwierig; alle haben spezielle Kenntnisse. Darum sind sie in ihrer jetzigen Führungsposition; sie haben wenig Zeit; stellen schwierige Fragen, auf die sie Antworten erwarten; und kümmern sich oft nicht darum, ob sie ihre Gesprächspartner durch ihr Verhalten verletzen könnten. Viele Mitarbeiter kommen aus diesen Gesprächen oft verstört oder demotiviert heraus. Mitglieder des oberen Managements werden Sie testen, um zu sehen, aus welchem Holz Sie geschnitzt sind; sie stellen Ihnen schwierige Fragen – nur um zu sehen, ob Sie damit umgehen können; sie drängen Sie absichtlich an die Wand – nur um zu sehen, wie Sie reagieren; man wird nicht immer nett und freundlich zu Ihnen sein. Je höher diese Manager auf der Karriereleiter emporgeklettert sind, desto weniger scheinen sie darüber nachzudenken, was sie selbst dazu beitragen könnten, damit sich andere in ihrer Gegenwart wohl fühlen. Diese Manager haben auch ihre Fehler gemacht, als sie sich in der Rolle befanden, in der Sie jetzt sind. Sie mussten sich in schwierigen Situationen bewähren. Das ist ihnen nicht immer gelungen, aber sie haben aus dieser Erfahrung gelernt. Untersuchungen zufolge heißt es sogar, dass erfolgreiche

Spitzenmanager mehr Fehler auf ihrem Weg nach oben gemacht haben als diejenigen, die es nicht geschafft haben.

Tipps

☐ **1. Nervös? Bleiben Sie ruhig.** Es ist nicht ungewöhnlich, sich in der Umgebung von Mitgliedern des höheren Managements nervös, ängstlich oder unbehaglich zu fühlen. Es darf Sie nur nicht davon abhalten, Ihr Bestes zu geben. Unbehagen kann sich in physischen Reaktionen ausdrücken: Schwitzen, Zögern oder Stottern, Versprecher, Erröten, einem Grummeln im Bauch, Atembeschwerden beim Sprechen und so weiter. Sollte Ihnen das passieren, atmen Sie einen Moment tief durch, sammeln Sie sich und machen Sie da weiter, wo Sie aufgehört haben. Jeder hat eine solche Situation schon einmal erlebt. Denken Sie immer daran, dass Sie nicht mehr als Ihr Bestes geben können. Wahrscheinlich wissen Sie mehr über das Thema, als jede andere Person im Raum. Sie sind gut vorbereitet – Ängstlichkeit kann Sie davon abhalten, sich als der Experte zu beweisen, der Sie ja schließlich sind. *Benötigen Sie weitere Hilfe? – Siehe Nr. 11 „Selbstbeherrschung".*

☐ **2. Sorgen Sie sich wegen etwaiger Fehler? Worst-Case-Visualisierung.** Stellen Sie sich den schlimmsten Fall vor und schreiben Sie Ihre größten Befürchtungen auf: Welche schlimmen Dinge könnten Ihrer Meinung nach passieren? Visualisieren Sie jede dieser Situationen vor ihrem geistigen Auge: Wie können Sie erfolgreich damit umgehen? Fallen Ihnen nicht gleich die richtigen Worte ein? Füllen Sie Redepausen nicht mit „ähs". Schauen Sie auf Ihre Vorlage. Fühlen Sie sich in die Defensive gedrängt? Stellen Sie eine Frage. Geraten Sie in Zeitverzug? Kommen Sie sofort zu Ihrer Schlussfolgerung. Üben Sie die für Sie beste Lösung einer solchen Situation vor dem Spiegel oder mit einem Kollegen in der Rolle des Zuhörers.

☐ **3. Sie sind unvorbereitet? Üben, üben, üben.** Üben Sie Ihre geplante Präsentation mehrere Male, so dass Sie so natürlich wie möglich wirken; dann können Sie auch mit Fragen und unerwarteten Reaktionen besser umgehen. Nehmen Sie sich selbst auf Video auf. Haben Sie nicht länger als fünf bis zehn Minuten zu jedem Hauptpunkt gesprochen? Haben Sie einen Punkt so detailliert abgehandelt, dass Sie wie ein „sprechendes Lexikon" gewirkt haben? Haben Sie Ihre Tonlage und Lautstärke verändert oder monoton gesprochen? Können sich Ihre Zuhörer auch noch 15 Minuten nach Ende der Sitzung an Ihre Kernaussagen erinnern? *Benötigen Sie weitere Hilfe? – Siehe Nr. 49 „Präsentationsfähigkeiten".*

☐ **4. Ist Ihnen die Umgebung nicht vertraut? Sehen Sie sich die Räumlichkeiten an.** Besichtigen Sie die Räumlichkeiten vor einer

KOMPETENZ 8: UMGANG MIT DEM HÖHEREN MANAGEMENT

Präsentation vor dem höheren Management, damit Sie mit der Umgebung vertraut sind. Falls möglich, üben Sie auch dort. Schauen Sie sich den Raum auf die Sitzordnung hin an. Werden die Zuhörer Sie leicht verstehen können oder werden Sie lauter sprechen müssen? Gibt es Plätze mit eingeschränkter Sicht? Dann müssen Sie das bei Ihrem Vortrag berücksichtigen. Sind Ihre Overhead-Folien auch von ganz hinten im Raum gut lesbar? Wenn nicht, dann schreiben Sie nur wenige Punkte in großer Schrift.

☐ **5. Brauchen Sie zu viel Zeit? Seien Sie effizient.** Planen Sie Ihre Inhalte sorgfältig und mit weniger Zeit als Ihnen zur Verfügung steht. Bringen Sie mehr Material mit, als Sie benötigen und verwenden wollen. Niemandem ist jemals das Material ausgegangen – also nehmen Sie sechzig Folien mit, mit der Absicht, vierzig zu zeigen und wahrscheinlich davon nur dreißig zeigen zu können. Hier sind Folien mit Zusammenfassungen sehr nützlich. Topmanager sind sehr beschäftigt, und jeder schätzt Menschen, die weniger Zeit gebraucht haben als ursprünglich geplant. Lassen Sie sie lieber nach den Details fragen als sie mit Informationen zu überwältigen.

☐ **6. Haben Sie Schwierigkeiten bei Fragen? Seien Sie auf Fragen und Antworten vorbereitet.** Viele Menschen kommen bei der Beantwortung von Fragen in Schwierigkeiten. Antworten Sie nicht, wenn Sie nicht wirklich gut informiert sind; die meisten höheren Manager akzeptieren ein „Ich weiß es im Moment nicht, aber ich komme darauf zurück". Denken Sie im Voraus an mögliche Fragen; bitten Sie jemanden, Ihre Präsentation auf mögliche Fragestellungen hin zu überprüfen. Spielen Sie die Fragen und Antworten durch. Kritisch kann es werden, wenn der Vortragende heiklen Fragen ausweicht und bereits Gesagtes wiederholt; leitende Führungskräfte erwarten normalerweise einen logischen Aufbau der Präsentation und eine Problemanalyse und keine Wiederholung bekannter Fakten in neuer Verpackung. Die Situation wird besonders kritisch für Sie, wenn eine Führungskraft Ihre Argumente nicht akzeptiert. Falls dies passiert, fragen Sie die betreffende Person, um zu überprüfen, ob Sie missverstanden wurden, und klären Sie dann die Sachlage. Falls kein Missverständnis vorgelegen hat, lassen Sie die Unstimmigkeit auf sich beruhen. Die wenigsten Führungskräfte respektieren einen Mitarbeiter, der nicht zu seiner Sichtweise steht, wenn er herausgefordert wird. Hören Sie aufmerksam zu und beantworten Sie jeden Einwand klar und präzise innerhalb von 30 Sekunden. Wiederholen Sie nicht das gesamte Argument. Lange Antworten haben oft den gegenteiligen Effekt, weil ihre Inhalte schon bekannt sind und wahrscheinlich nur wenige Zuhörer mit dem

Fragesteller übereinstimmen. Eine zu große Gründlichkeit lässt Sie vielleicht nur defensiv erscheinen.

☐ **7. Brauchen Sie Rat? Finden Sie einen Vertrauten.** Fragen Sie ein Mitglied des Topmanagements, das Sie sehr gut kennen und dem Sie vertrauen, um Rat, was Sie tun können, um Ihre Selbstsicherheit zu stärken, um so effektiver mit ihm/ihr oder den anderen Führungskräften zu arbeiten. Sprechen Sie mit einem guten Kollegen über Ihre Unsicherheiten und bitten Sie ihn um Rat und Feedback. Finden Sie jemanden, der sich in den Situationen, die Sie als schwierig ansehen, offensichtlich wohl fühlt, und fragen Sie ihn nach seinem Rezept.

☐ **8. Sind Sie verärgert? Analysieren Sie, welche Person Sie stört.** Falls Ihnen nur bestimmte höhere Führungskräfte unangenehm sind und andere nicht, stellen Sie eine Liste über die Stile der zwei Gruppen/Personen zum Vergleich auf. Was haben beide gemeinsam? Warum stört Sie der eine Stil und der andere nicht? Wie können Sie auf die Gruppe/die Person, die Ihnen unangenehm ist, besser und effektiver reagieren? Vielleicht können Sie auch hier die Techniken einsetzen, die Sie bei der anderen für Sie positiven Gruppe anwenden. Lernen Sie, die Dinge nicht persönlich zu nehmen und das Problem unter allen Umständen auf der sachlichen Ebene zu diskutieren. *Benötigen Sie weitere Hilfe? – Siehe Nr. 12 „Konfliktmanagement".*

☐ **9. Sind Sie mit dem Publikum nicht vertraut? Lernen Sie mehr Topmanager kennen.** Suchen Sie Gelegenheiten außerhalb der Arbeitsumgebung, bei denen Sie informell mit Ihren Führungskräften sprechen können, zum Beispiel bei Empfängen, gesellschaftlichen oder sportlichen Ereignissen, Wohltätigkeitsveranstaltungen, außerhalb der Firma und so weiter. Dann wird Ihnen sicherlich bewusst, dass Führungskräfte ganz normale Menschen sind, die, da sie wahrscheinlich älter sind als Sie, verantwortungsvollere Rollen ausfüllen. Diese Erkenntnis könnte sich positiv auf die interne Zusammenarbeit auswirken.

☐ **10. Verstehen Sie Ihr Publikum nicht? Finden Sie heraus, wie Spitzenmanager denken.** Lesen Sie Biografien über fünf bekannte Persönlichkeiten: Was wird über sie gesagt, was sagen sie über Menschen wie Sie? Lesen Sie fünf Autobiografien, analysieren Sie das Selbstbild der Autoren und ihre Einstellung zu Menschen in Ihrer Position. Schreiben Sie fünf Dinge auf, die Sie anders oder besser machen.

Develop-in-Place-Aufgabenstellungen

☐ Managen Sie eine Gruppe in einer bedeutenden geschäftlichen Krise.
☐ Stellen Sie einen wichtigen Vorschlag zusammen und präsentieren Sie diesen dem Management.
☐ Schreiben Sie eine Rede für eine höher gestellte Person in der Organisation.
☐ Arbeiten Sie in einer Beratungs- oder Schattenkommission.
☐ Verfassen Sie einen Vorschlag für einen neuen Prozess, eine neue Richtlinie, Mission, Satzung, Dienstleistung, ein neues Produkt oder System und unterbreiten und „verkaufen" Sie diesen an das Top-Management.

The greatest weakness of all is the great fear of appearing weak.
Jacques Bénigne Bossuet – Französischer Bischof und Theologe

Literaturempfehlungen

Arredondo, L. (2000). *Communicating effectively.* New York: McGraw-Hill.

Bing, S. (2002). *Throwing the elephant: Zen and the art of managing up.* New York: HarperBusiness.

Chaleff, I. (2003). *The courageous follower: Standing up to and for our leaders.* San Francisco: Berrett-Koehler Publishers.

Charan, R. (2001). *What the CEO wants you to know: How your company really works.* New York: Crown Business.

Crowley, K., & Elster, K. (2006). *Working with you is killing me: Freeing yourself from emotional traps at work.* New York: Warner Business Books.

Dobson, M., & Dobson, D. S. (2000). *Managing up! 59 Ways to build a career-advancing relationship with your boss.* New York: AMACOM.

Gabarro, J. J., & Kotter, J. P. (2008). *Managing your boss.* Boston: Harvard Business School Press.

Harvard Business School Press. (2008). *Managing up.* Boston: Harvard Business School Press.

Hayes, J. (2002). *Interpersonal skills at work.* New York: Routledge.

Jay, R. (2002). *How to manage your boss: Developing the perfect working relationship.* London: Financial Times Management.

Mann, S. (2001). *Managing your boss.* Hauppauge, NY: Barron's Educational Series, Inc.

Useem, M. (2003). *Leading up: How to lead your boss so you both win.* New York: Three Rivers Press.

Weiner, D. L., & Lefton, R. E. (2002). *Power freaks: Dealing with them in the workplace or anyplace.* Amherst, NY: Prometheus Books.

FAKTOR III: MUT
CLUSTER H: UMGANG MIT PROBLEMEN

9 Direktives Führungsverhalten

A crisis is an opportunity riding the dangerous wind.
— Chinesisches Sprichwort

Schlecht ausgeprägt
- ☐ Ergreift nicht von sich aus die Führung
- ☐ Vermeidet Konflikte und Krisen; ist nicht bereit, sich in den Brennpunkt zu stellen und hat Probleme, einen festen Standpunkt zu vertreten
- ☐ Ist eher zurückhaltend und ruhig
- ☐ Sorgt sich zu sehr um das, was andere sagen und denken
- ☐ Kümmert sich zu sehr darum, beliebt und unangreifbar zu sein, um keine Kritik auf sich zu ziehen
- ☐ Ist konfliktscheu und kann Konflikte nicht austragen
- ☐ Verliert leicht die Fassung, wenn er/sie unter Druck gerät
- ☐ Hat keine Sensibilität für Situationen, die dringendes Handeln erfordern

Wählen Sie eine bis drei der folgenden Kompetenzen als Ersatz für diese Kompetenz, wenn Sie nicht direkt an ihr arbeiten möchten.
ERSATZKOMPETENZEN: 1,5,12,13,16,20,30,34,35,36,37,39,49,57,65

Gut ausgeprägt
- ☐ Nimmt Führung von sich aus wahr
- ☐ Vertritt auch unpopuläre Standpunkte, wenn nötig
- ☐ Ermutigt zu direkten und harten Diskussionen, kann sie aber auch beenden und zum nächsten Punkt übergehen
- ☐ Wird in Krisensituationen nach Orientierung und Richtung gefragt
- ☐ Setzt sich direkt mit Problemen auseinander
- ☐ Wird durch herausfordernde Aufgaben angespornt

Übertriebene Fähigkeit
- ☐ Kann nicht im Team arbeiten
- ☐ Ist der Arbeitsweise anderer gegenüber eher intolerant
- ☐ Wählt einen autoritären Führungsstil, wenn andere, eher teamorientierte Vorgehensweisen erfolgversprechender wären
- ☐ Trägt nicht zur Entwicklung anderer Führungskräfte bei

KOMPETENZ 9: DIREKTIVES FÜHRUNGSVERHALTEN

☐ Kann leicht kontroverse Reaktionen auslösen und von anderen abgelehnt werden

Wählen Sie nachstehend eine bis drei Kompetenzen als Arbeitsgegenstand aus, um einen übertriebenen Einsatz dieser Fähigkeit zu kompensieren.
AUSGLEICHSKOMPETENZEN: 3,7,10,19,31,33,36,38,41,47,52,59,60

Mögliche Ursachen
☐ Vermeidung von Krisen
☐ Kann keine gemeinsamen Ziele setzen
☐ Kann keine harte Haltung einnehmen
☐ Der Druck einer Führungsrolle ist zu groß
☐ Angst vor Kritik/Versagen
☐ Keine Überzeugungskraft
☐ Fehlende Gelassenheit in Stress-Situationen
☐ Als Führungsperson nicht glaubwürdig
☐ Schüchtern

Leadership Architect® Faktoren und Cluster
Diese Kompetenz ist in Faktor III „Mut" zu finden. Diese Kompetenz ist in Cluster H „Umgang mit Problemen" zusammen mit den Kompetenzen 12, 13, 34, 57 enthalten. Sie können auch bei anderen Kompetenzen in demselben Faktor/Cluster nach passenden Tipps suchen.

Der Plan
Andere zu führen macht Sie sichtbarer und angreifbarer. An der Spitze einer Rakete ist es bekanntlich am heißesten. Führen ist interessant und gibt Ihnen Kontrolle. Gutes Führen unter schwierigen Umständen oder in Krisensituationen basiert auf einer klaren Zielausrichtung und einer nachhaltigen Bewegung in diese Richtung. Dazu gehört, dass Sie Ihr Ziel im Auge behalten, gemeinsame Schritte vereinbaren und mit der unausweichlichen Kritik umgehen können, dass Sie Ihre Gefühle unter Kontrolle haben, dass Sie ein Vorbild sind, auch unpopuläre Standpunkte vertreten und andere Menschen dazu bringen können, an Ihr Ziel zu glauben.

Tipps
☐ **1. Stehen Sie im Brennpunkt? Begegnen Sie Kritik mit Courage.** Führen ist riskanter als Folgen. Leadership beinhaltet zwar viele Möglichkeiten zur persönlichen Profilierung, andererseits stehen Sie aber auch bei Kritik voll im Rampenlicht. Es ist bekannt, wie man mit Politikern umgeht und wie genau sie beobachtet werden. Ein Leader braucht ein gesundes Selbstwertgefühl. Fühlen Sie sich sicher? Zuerst müssen Sie sich sicher sein, dass Sie auf dem richtigen Weg sind. Können Sie vor einem kritischen und

objektiven Publikum Ihr Handeln als das Richtige verteidigen? Ein guter Führer muss oft als Blitzableiter herhalten. Können Sie Angriffe ertragen? Es gibt immer Menschen, die alles besser wissen oder die Dinge anders angehen würden. Hören Sie zu, aber bleiben Sie skeptisch. Selbst die besten Führer liegen manchmal falsch, übernehmen dann aber persönlich die Verantwortung für Fehler und machen weiter. Lassen Sie sich von Kritikern nicht davon abhalten, Führung zu übernehmen. Seien Sie nicht zu sensibel. Organisieren Sie nach dem Erreichen von Meilensteinen sofort eine Nachbesprechung. Damit zeigen Sie, dass Sie kontinuierlichen Verbesserungsvorschlägen offen gegenüber stehen, egal ob das Ergebnis bahnbrechend ausgefallen ist oder nicht.

☐ **2. Sehen Sie sich mit einem schwierigen Problem konfrontiert? Seien Sie darauf vorbereitet, unbequeme Haltungen einzunehmen, die anderen gegen den Strich gehen.** Das Vertreten eines unpopulären Standpunktes verlangt nach einem starken Selbstvertrauen, gepaart mit der Bescheidenheit, dass Sie auch falsch liegen könnten – ein Paradoxon an sich. Zur Vorbereitung auf die Leitung einer schwierigen Aufgabe machen Sie sich Ihren eigenen Standpunkt klar, bis Sie ihn sicher und in wenigen Sätzen verdeutlichen können. Erklären Sie den Vorteil fürs Geschäft. Was gewinnen die anderen? Die anderen haben kein Interesse daran, sich unwichtigen oder mehrdeutigen Zielen anzuschließen. Bitten Sie andere um Rat – grenzen Sie das Problem ein. Welche Lösungsmöglichkeiten gibt es? Suchen Sie sich eine Option heraus, stellen Sie einen Plan auf, mit dem Sie weiterarbeiten, bis er sich als falsch erweist. Sollte er sich als falsch erweisen, wiederholen Sie diesen Prozess. Wenn dies nicht hilft, finden Sie heraus, woran das liegt. Was haben Sie vermieden? Überlegen Sie sich, in welchen Situationen Sie in Schwierigkeiten gerieten, wenn Sie die Führung übernommen haben – oder wann Sie dachten, Sie würden dabei in Schwierigkeiten geraten. Betrachten Sie die problematischsten Elemente im Einzelnen: Vergessen Sie manches unter Druck? Haben Sie Probleme mit erhitzten Diskussionen, mit unpopulären Standpunkten oder wenn etwas zu schnell geht. Entwerfen Sie Strategien zur Behebung dieser Probleme.

☐ **3. Müssen Sie Gegner besiegen? Überzeugen Sie andere von Ihren Führungsqualitäten.** Es gibt sicher Menschen, die Ihre Meinung und Aktivitäten begrüßen und Sie unterstützen. Andere jedoch werden sich Ihnen in den Weg stellen oder versuchen, die Situation zu bagatellisieren. Und Dritte werden Sie sabotieren. Um Ihre Umgebung von Ihren Führungsqualitäten zu überzeugen, nennen Sie Ihr Ziel, aber legen Sie sich nicht darin fest, wie Sie es erreichen wollen. Präsentieren Sie die Ergebnisse und Ziele ohne das Wie. Akzeptieren Sie gute und schlechte Ideen positiv. Jede negative Antwort ist positiv, wenn Sie daraus lernen. Lassen Sie Fragen und andere Meinungen zu, ohne ungeduldig zu erscheinen. Geben Sie Ihren Kritikern die Möglichkeit, ihr Gesicht zu wahren; geben Sie in kleinen Dingen nach und bitten Sie von sich aus um Kritik. Unterstützen Sie die Gruppe darin zu verstehen, wie man gewinnt. Beschränken Sie sich innerhalb der Gruppe auf die Fakten und auf das Problem und vermeiden Sie persönliche Auseinandersetzungen. *Benötigen Sie weitere Hilfe? – Siehe Nr. 12 „Konfliktmanagement".*

☐ **4. Sind Sie zu emotional? Bleiben Sie ruhig.** Kontrollieren Sie Ihre Emotionen. Gefühlsausbrüche könnten in Ihrer Umgebung den Eindruck hervorrufen, Sie hätten Probleme mit kritischen Führungssituationen. Wie sehen Ihre emotionalen Reaktionen in einer solchen Situation aus? Sind Sie ungeduldig oder zeigen Sie eher Reaktionen wie zum Beispiel lauteres Sprechen oder ein Pochen mit den Fingern? Erkennen Sie diese Signale, sobald sie beginnen. Ersetzen Sie diese Reaktionen durch neutralere Verhaltensweisen. Wenn Sie dazu neigen, lautstark Ihre gegenteilige Meinung zu äußern, da Ihnen eine Ansicht unangenehm ist oder Sie überrascht, können Sie stattdessen eine Frage stellen, um Zeit zu gewinnen, oder Ihren Gesprächspartner bitten, seine Sicht der Dinge genauer zu schildern. Suchen Sie nicht nach der schnellsten, naheliegendsten Antwort. Das ist die übliche Reaktion auf Stress. Oder stellen Sie sich Fragen. Als eine Gruppe verärgerter Aktivisten vom Kanzler einer Universität während der Diplomvergabe das Mikrofon verlangte, machte er Platz und überließ es ihnen mit der Bemerkung, sie hätten fünf Minuten Zeit, ihre Meinung zu äußern. Als man ihn später danach fragte, sagte er: „Ich habe mich gefragt, was am Schlimmsten wäre? Es ist schwer, wütend zu bleiben, wenn man nicht auf Widerstand stößt. Also haben sie fünf Minuten lang gesprochen. Es schien mir ein geringer Preis um des Friedens willen. Und sie waren enorm froh, als ihre Zeit abgelaufen war." *Benötigen Sie weitere Hilfe? – Siehe Nr. 11 „Selbstbeherrschung" und Nr. 107 „Mangel an Selbstbeherrschung".*

☐ **5. Machen Sie Fehler? Entwickeln Sie eine philosophische Einstellung zum Thema Fehlschläge/Kritik.** Wir wissen, die meisten Innovationen, Vorschläge oder Veränderungsbemühungen scheitern. Die wirklich wichtigen Dinge schafft man meistens nicht im ersten Anlauf, und man hätte es immer noch besser machen können. Studien besagen, dass erfolgreiche Geschäftsführer mehr Fehler im Verlauf ihrer Karriere gemacht haben als die Menschen, für die sie anschließend Personalverantwortung hatten. Sie wurden befördert, weil sie Mut zur Führung besaßen, und nicht, weil sie immer im Recht waren. Aus anderen Studien ist bekannt, dass wirklich gute Führungskräfte nur in 65 von 100 Fällen richtig liegen. Bildlich gesprochen, setzen Sie darum Irrtümer, Fehler und Fehlschläge auf Ihr persönliches

Erfolgsmenü. Jeder muss auch manchmal Spinat essen, um sich ausgewogen zu ernähren.

☐ **6. Haben Sie es mit harten Gegnern zu tun? Praktizieren Sie die Regeln des Einzelkampfs.** Führen beinhaltet auch immer das Austragen von Konfrontationen mit einem Gegner. Sie wollen eine Sache, er will eine andere. Halten Sie sich in einer solchen Situation an die Fakten. Sie werden nicht immer gewinnen. Bleiben Sie objektiv. Hören Sie zu, bis der andere ausgeredet hat. Stellen Sie viele Fragen. Manchmal greift der andere auch ganz von selbst Ihre Sichtweise auf, wenn Sie ihn lange genug reden lassen. Hören Sie zuerst immer zu, um zu verstehen, nicht um zu urteilen. Fassen Sie dann seine Punkte zusammen, bis er Ihnen signalisiert, dass Sie ihn richtig verstanden haben. Finden Sie eine gemeinsame Basis, auch wenn sie noch so klein ist. Widerlegen Sie anschließend seine Argumente. Beginnen Sie mit dem Punkt, für den Sie das am meisten überzeugende objektive Material zur Verfügung haben. Gehen Sie dann der Reihe nach vor. Es werden immer ungelöste Punkte zurückbleiben. Dokumentieren Sie diese und geben Sie Ihrem Gegenspieler eine Kopie davon. Ziel ist es, die Liste so kurz wie möglich zu halten. Entscheiden Sie dann über Ihre Vorgehensweise. Wollen Sie die Rolle der hierarchischen Führungskraft spielen und Ihr Projekt durchziehen. Wollen Sie es lieber nach hinten schieben und zwischenzeitlich weitere Daten sammeln. Wollen Sie eine Entscheidung durch eine dritte Person auf höherer Ebene. *Benötigen Sie weitere Hilfe? – Siehe Nr. 12 „Konfliktmanagement".*

☐ **7. Haben Sie genug gehört? Ziehen Sie einen Schlussstrich.** Sind alle Bemühungen erfolglos, nehmen Sie Ihren Gegner zur Seite mit der Aufforderung: „Ich habe mir alle Ihre Einwände angehört und versucht, sie zu verstehen, aber die Karawane zieht weiter. Ziehen Sie mit oder nicht?" Wenden Sie die bewährten Methoden zur Konfliktlösung an: Bleiben Sie auf der sachlichen Ebene; werden Sie nicht persönlich; stellen Sie die Situation ein letztes Mal aus Ihrer Perspektive dar; nehmen sie die Einwände Ihres Gesprächspartners zur Kenntnis, ohne darauf einzugehen; seien Sie deutlich; dies ist nicht der richtige Zeitpunkt für Verhandlungen; geben Sie dem anderen einen Tag Bedenkzeit. Falls die Situation besonders kritisch ist, da es sich um einen Mitarbeiter handelt, müssen Sie ihn vielleicht auffordern, die Abteilung zu verlassen. *Benötigen Sie weitere Hilfe? – Siehe Nr. 13 „Konfrontieren von Mitarbeitern".* Handelt es sich um einen Kollegen auf gleicher Ebene, informieren Sie Ihre Führungskraft über den Stand der Dinge und von Ihrer Absicht, ohne die Unterstützung dieses Kollegen weiterzuarbeiten.

KOMPETENZ 9: DIREKTIVES FÜHRUNGSVERHALTEN

☐ **8. Hat man Sie auf dem falschen Fuß erwischt? Bereiten Sie sich auf Krisen vor.** Studien zeigen, dass gute Führungskräfte in einer Krisensituation von ihren Mitarbeitern sehr geschätzt werden. Sie möchten versichert sein, dass das Boot von starker Hand gesteuert wird. In einer Krisensituation wird die Zeit zum Feind. Daher müssen Sie vorbereitet sein. In einem kürzlich veröffentlichten Buch geben Mitroff und Anagnos sieben Arten von Krisen an, auf die Sie vorbereitet sein müssen: wirtschaftlich, Verlust von vertraulichen Informationen oder Computer-Aufzeichnungen, Gebäude/Anlagen, Personal (peinliche Situationen vor der Öffentlichkeit, Verbrechen, Sabotage), Ruf, psychopathische Handlungen und Naturkatastrophen. Ihr Rat: Stellen Sie sich auf alles ein, was noch nicht eingetreten ist. Stellen Sie Erkennungssignale auf, wie z. B. höhere Kosten oder Anzeichen für alle potenziellen Krisen. Sammeln Sie so viel Daten wie möglich. Entwickeln Sie ein Szenario über die Konsequenzen, die im schlimmsten Fall auftreten könnten und beauftragen Sie eine Person oder ein Team mit der Vorbereitung auf eine solche Möglichkeit. Verwenden Sie im Krisenfall die Daten, die Sie haben und bitten Sie andere um Vorschläge und Ideen. Treffen Sie dann eine Entscheidung und führen Sie die entsprechenden Maßnahmen durch. Lassen Sie sich ein sofortiges Feedback geben. Nehmen Sie nach Bedarf Änderungen vor. Und kommunizieren Sie, kommunizieren Sie, kommunizieren Sie.

☐ **9. Konnten Sie sich bisher noch nicht für eine Führungsrolle begeistern? Übernehmen Sie außerhalb des Arbeitsplatzes Führungsverantwortung.** Versuchen Sie es erst im Kleinen. Übernehmen Sie Führungsrollen und -aufgaben außerhalb Ihres Berufsumfeldes, zum Beispiel in Ihrer Kirchengemeinde, in der Schule Ihrer Kinder oder in Ihrer Nachbarschaft. Werden Sie ehrenamtlich aktiv. Leiten Sie eine Gruppe. Sammeln Sie Geld für gemeinnützige Zwecke. Gründen Sie einen Sportverein.

☐ **10. Können Sie nicht genug Aufmerksamkeit erlangen? Verstärken Sie Ihre Präsenz als Führungspersönlichkeit.** Führungspersönlichkeiten überzeugen durch ihre Präsenz und ihr Auftreten. Dazu gehören: eine kräftige Stimme, Blickkontakt, Intensität, Selbstsicherheit sowie in besonderem Maße auch ausgezeichnete Präsentationsskills. Gute Präsentationen werden geschätzt und anerkannt. Dazu können Sie Bücher lesen oder Seminare besuchen. Besonders effizient sind Workshops mit Videoaufnahmen. Gute Übungsmöglichkeiten mit geringem Risiko für Sie finden Sie zum Beispiel bei den Meetings der Toastmaster, die regelmäßig in größeren Städten stattfinden. Achten Sie auf wichtige Kleinigkeiten. Sehen Sie wie eine Führungspersönlichkeit aus? Sind Sie passend zur Gelegenheit angezogen? Wie steht es mit Ihrer Brille? Macht Ihr Büro einen guten Eindruck auf Dritte? Haben Sie eine selbstsichere Ausstrahlung? Jammern und beklagen Sie sich oder lösen Sie Probleme? Wenn ich Sie das erste Mal in einer Gruppe von zehn Leuten treffen würde, würde ich erkennen, dass Sie der Leader sind?

Develop-in-Place-Aufgabenstellungen

☐ Managen Sie eine Gruppe in einer bedeutenden geschäftlichen Krise.
☐ Stellen Sie einen wichtigen Vorschlag zusammen und präsentieren Sie diesen dem Management.
☐ Managen Sie eine Gruppe von Widerständlern mit schlechter Moral während eines unbeliebten Umstiegs oder Projekts.
☐ Weisen Sie einer Gruppe ein Projekt mit einem engen Termin zu.
☐ Managen Sie eine Gruppe von Personen, die an einem Fix-it oder Sanierungsprojekt arbeiten.

In really good companies, you have to lead. You have to come up with big ideas and express them forcefully. I have always been encouraged —or sometimes forced—to confront the very natural fear of being wrong. I was constantly pushed to find out what I really thought and then to speak up. Over time, I came to see that waiting to discover which way the wind was blowing is an excellent way to learn how to be a follower.
Roger Enrico – US-amerikanischer Wirtschaftsführer und früherer CEO von PepsiCo

Literaturempfehlungen

Argenti, P. (2002). Crisis communication: Lessons from 9/11. *Harvard Business Review 80*(12), 103-109.

Beck, J. D. W. (2001). *The leader's window: Mastering the four styles of leadership to build high-performing teams.* Palo Alto, CA: Davies-Black Publishing.

Cannon, J., & Cannon, J. (2003). *The leadership secrets of the U.S. Navy SEALS: Battle-tested strategies for creating successful organizations and inspiring extraordinary results.* New York: McGraw-Hill.

Caponigro, J. R. (2000). *The crisis counselor: A step-by-step guide to managing a business crisis.* Chicago: Contemporary Books.

Coombs, W. T. (2007). *Ongoing crisis communication: Planning, managing, and responding.* Thousand Oaks, CA: Sage.

Fink, S. (2002). *Crisis management: Planning for the inevitable.* Lincoln, NE: iUniverse, Inc.

Finkelstein, S. (2003). *Why smart executives fail: And what you can learn from their mistakes.* New York: Portfolio.

Gaines-Ross, L. (2003). *CEO capital: A guide to building CEO reputation and company success.* New York: John Wiley & Sons.

Gerstner, L. V. (2003). *Who says elephants can't dance? Leading a great enterprise through dramatic change.* New York: HarperBusiness.

Giuliani, R. W., & Kurson, K. (2002). *Leadership.* New York: Miramax.

Greenberg, J. W. (2002). September 11, 2001: A CEO's story. *Harvard Business Review 80*(10), 58-64.

Harvard Business School Press. (2004). *Crisis management: Master the skills to prevent disaster.* Boston: Harvard Business School Press.

Harvard Business School Press. (2008). *Managing crises.* Boston: Harvard Business School Press.

Kouzes, J. M., & Posner, B. Z. (2007). *The leadership challenge* (4th ed.). San Francisco: Jossey-Bass.

Krass, P. (Ed.). (1998). *The book of leadership wisdom.* New York: John Wiley & Sons.

Maginn, M. D. (2007). *Managing in times of change.* New York: McGraw-Hill.

Mitroff, I. I. (with Anagnos, G.). (2001). *Managing crises before they happen.* New York: AMACOM.

Sandys, C., & Littman, J. (2003). *We shall not fail: The inspiring leadership of Winston Churchill.* New York: Portfolio.

Ulmer, R. R., Sellnow, T. L., & Seeger, M. W. (2007). *Effective crisis communication: Moving from crisis to opportunity.* Thousand Oaks, CA: Sage.

FAKTOR VI: PERSÖNLICHE UND SOZIALE KOMPETENZEN
CLUSTER O: KÜMMERN UM ANDERE

10 Mitgefühl

Compassion is the basis of all morality.
Arthur Schopenhauer – Deutscher Philosoph

Schlecht ausgeprägt
- ☐ Ist weniger einfühlsam und fürsorglich als die meisten anderen
- ☐ Stellt keine persönlichen Fragen; geht kaum auf persönliche Fragen ein
- ☐ Nur Ergebnisse zählen; alles andere ist im Weg
- ☐ Verlangt strikte Trennung von Berufs- und Privatleben
- ☐ Erachtet Schwierigkeiten anderer als ein unangemessenes Thema bei der Arbeit
- ☐ Kann nicht gut mit Menschen umgehen, die unter Stress stehen oder in schwierigen Situationen sind
- ☐ Weiß nicht wie man Mitgefühl zeigt
- ☐ Hat weniger Verständnis für die Unzulänglichkeiten und Probleme anderer als die meisten Menschen

Wählen Sie eine bis drei der folgenden Kompetenzen als Ersatz für diese Kompetenz, wenn Sie nicht direkt an ihr arbeiten möchten.
ERSATZKOMPETENZEN: 3,7,12,21,22,27,29,33,36,41,64

Gut ausgeprägt
- ☐ Sorgt sich aufrichtig um Menschen
- ☐ Hört ihren beruflichen und privaten Problemen aufmerksam zu
- ☐ Ist stets ansprechbar und hilfsbereit
- ☐ Zeigt Mitgefühl gegenüber Menschen, die benachteiligt sind
- ☐ Nimmt echten Anteil an Freud und Leid anderer

Übertriebene Fähigkeit
- ☐ Kehrt Konflikte unter den Teppich, um Harmonie herzustellen
- ☐ Ist Simulanten gegenüber nicht hart genug und macht zu viele Zugeständnisse
- ☐ Steht Menschen zu nahe, um objektiv bleiben zu können und wird so zum Spielball
- ☐ Hat Schwierigkeiten mit Grenzfallentscheidungen über andere

Wählen Sie nachstehend eine bis drei Kompetenzen als Arbeitsgegenstand aus, um einen übertriebenen Einsatz dieser Fähigkeit zu kompensieren.
AUSGLEICHSKOMPETENZEN: 12,13,16,18,20,34,35,37,50,53,57,59,62

Mögliche Ursachen

- ☐ Befürchtet, dass die Arbeitszeit zu stark von privaten Angelegenheiten beansprucht wird
- ☐ Befürchtet, mit Meinungsverschiedenheiten nicht angemessen umgehen zu können
- ☐ Schwierigkeiten, den Wert einer guten Arbeitsumgebung zu schätzen
- ☐ Probleme im Umgang mit sehr emotionalen oder politisch brisanten Situationen
- ☐ Mitgefühl wird als ein Zeichen von Schwäche angesehen
- ☐ Schwierigkeiten, mit Menschen/Gruppen zurechtzukommen, die anders sind
- ☐ Gefühle sind etwas Unangenehmes

Leadership Architect® Faktoren und Cluster

Diese Kompetenz ist in Faktor VI „Persönliche und soziale Kompetenzen" zu finden. Diese Kompetenz ist in Cluster O „Kümmern um andere" zusammen mit der Kompetenz 7 enthalten. Sie können auch bei anderen Kompetenzen in demselben Faktor/Cluster nach passenden Tipps suchen.

Der Plan

Kümmert sich aufrichtig. Hat Einfühlungsvermögen und zeigt Mitgefühl. Empfindet Mitleid mit anderen. Hört zu. Arbeit und Privatleben sind miteinander verflochten. All dies klingt für viele Führungskräfte fremd, unbequem und unangebracht. Die meisten von ihnen können Mitgefühl und Arbeit nur schwer vereinen. Ein Arbeitsplatz kann kalt und trostlos, ein Lebensweg holprig und uneben sein – mit vielen Turbulenzen. Wahrscheinlich gibt es auch mehr Anlass zu Schmerz und Enttäuschung als zu Freude und Erfüllung. Menschen brauchen Unterstützung und Hilfe, um schwere Zeiten zu überwinden. Diese Hilfe suchen sie in der Familie, in der Religion, bei Freunden und Mentoren. Aber auch von Führungskräften und Kollegen erwarten die Betroffenen Verständnis und Mitgefühl. Wenn Sie als Führungskraft oder Kollege wenig oder kein Mitgefühl zeigen, werden Sie höchstwahrscheinlich als kalt und unnahbar angesehen; und Führungskräften, die sich nicht kümmern, laufen früher oder später die Leute davon. Aber auch wenn dies nicht der Fall ist – das heißt, Sie haben diese Kompetenz an sich – können Schwierigkeiten dadurch entstehen, dass sie mit der Situation, in der Mitgefühl angebracht ist, nicht gut umgehen können.

Tipps

☐ **1. Haben Sie Schwierigkeiten beim Umgang mit starken Emotionen? Zeigen Sie Verständnis und Mitgefühl.** Eine Hauptursache für mangelndes Mitgefühl ist, dass Sie nicht wissen, wie Sie mit starken Gefühlen umgehen sollen und daher distanziert oder desinteressiert erscheinen. Es ist Ihnen unangenehm, wenn andere ihre Gefühle deutlich zeigen und um persönliche Hilfe bitten. Stellen Sie sich einfach vor, wie Sie sich in der Situation fühlen würden und antworten Sie dementsprechend. Sagen Sie dem/der Betroffenen, wie leid es Ihnen tut, dass er/sie sich in einer solchen Situation befindet und er/sie sich damit auseinandersetzen muss. Bieten Sie mögliche Hilfeleistungen an. Einen freien Tag, ein Darlehen, andere Ressourcen. Wenn möglich, machen Sie Hoffnung auf bessere Tage. Das hilft oft am meisten.

☐ **2. Blenden Sie andere Menschen aus? Hören Sie also nur zu.** Manchmal muss sich jemand nur aussprechen. Mitgefühl bedeutet zuzuhören, ohne zu unterbrechen. Nicken Sie und halten Sie Augenkontakt, damit Ihr Gegenüber weiß, dass Sie zuhören. Macht er/sie eine Pause, fassen Sie seine/ihre Gefühle in Ihren Worten zusammen und sagen Sie ihm/ihr, wie und wo sie helfen können (zum Beispiel, wenn er/sie einige Zeit nicht im Büro sein kann, sorgen Sie dafür, dass seine/ihre Arbeit erledigt wird).

☐ **3. Haben Sie die Antwort zu schnell parat? Geben Sie Ratschläge nicht sofort und gleich.** Geben Sie keine ungebetenen Ratschläge. Zeigen Sie Ihre Unterstützung durch Ihr Zuhören und Ihre Gesten. Sie können Ihren Rat später anbieten, wenn die Situation nicht mehr so emotional geladen ist. Oft raten Manager zu schnell, noch bevor sie das Problem wirklich verstanden haben. *Benötigen Sie weitere Hilfe? – Siehe Nr. 7 „Kümmern um Mitarbeiter".*

☐ **4. Möchten Sie von Experten in Sachen „Mitgefühl" lernen? Lernen Sie von drei besonders einfühlsamen Menschen, die Sie persönlich kennen oder über die Sie etwas wissen.** Wählen Sie eine Person aus Ihrem Arbeitsumfeld aus, eine außerhalb der Arbeit und eine Persönlichkeit, die als Symbol für diese Kompetenz steht (wie zum Beispiel Mutter Teresa). Was tun sie, was Sie nicht tun? Wie zeigen sie Mitgefühl? Welche Worte verwenden sie, welche Gestik? Muss eine dieser Personen besonders schnell und häufig mit Mitgefühl reagieren, wie z. B. ein Geistlicher? Wie macht sie das? Können Sie daraus lernen, wie man Mitgefühl zeigt?

KOMPETENZ 10: MITGEFÜHL

☐ **5. Haben Sie Angst davor, zum Therapeuten zu werden? Setzen Sie Grenzen.** Ein weiterer Grund dafür, dass manche ihr Mitgefühl nicht gern zeigen, liegt darin, dass sie eine Beraterrolle bei der Arbeit für unangemessen halten. Mit Hilfe von drei Faustregeln können Sie Mitgefühl zeigen und sich trotzdem kurz fassen:

- Lassen Sie den Betroffenen seine Gedanken aussprechen und sagen Sie nur, Sie wissen, dass er ärgerlich ist. Beurteilen Sie das Gehörte nicht. Versuchen Sie nicht zu beraten.

- Fassen Sie zusammen, wenn der andere beginnt sich zu wiederholen. Daran erkennt er, dass Sie zugehört haben, es verhindert aber gleichzeitig, dass Sie zu viel Zeit investieren und sich wie ein Berater fühlen.

- Gibt es kein Aufhören, dann bitten Sie ihn, nach der Arbeitszeit mit Ihnen zu sprechen oder verweisen Sie ihn an eine andere Stelle, wie zum Beispiel den Betriebsrat.

Auf diese Weise haben Sie Mitgefühl gezeigt, zugehört und Ihre Hilfsbereitschaft bewiesen, ohne sich dabei in eine Beraterrolle begeben zu haben, in der Sie sich nicht wohl fühlen.

☐ **6. Urteilen Sie vorschnell? Zeigen Sie Mitgefühl ohne Befangenheit.** Seien Sie ehrlich mit sich selbst. Gibt es eine Gruppe oder Gruppen, die Sie nicht mögen oder in deren Gegenwart Sie sich unbehaglich fühlen? Verurteilen Sie einzelne Mitglieder dieser Gruppe, obwohl Sie nicht wirklich wissen, ob Ihr Vorurteil zutrifft? Das tun wir fast alle. Zeigen Sie Mitgefühl für das Problem von Personen in der einen Gruppe, nicht jedoch für das von Personen in einer anderen? Um diese Einstellung zu ändern:

- Versetzen Sie sich in die Lage derer, die Sie nicht verstehen. Warum würden Sie so handeln? Was versuchen sie Ihrer Meinung nach zu erreichen? Gehen Sie davon aus, dass diese Personen ihr Verhalten als vernünftig ansehen; es muss ihnen Erfolg gebracht haben, sonst würden sie es nicht beibehalten. Setzen Sie nicht Ihre persönlichen Maßstäbe an.

- Vermeiden Sie, Gruppen in Schubladen einzuordnen. Viele von uns machen eine Einteilung in freundlich/unfreundlich; gut/schlecht; so wie ich/nicht so wie ich. Tun wir so etwas, zeigen wir im Allgemeinen nicht mehr viel Einfühlungsvermögen und stellen die Motive der anderen eventuell in Frage. Analysieren Sie nach der genannten Methode, warum die Menschen zu dieser Gruppe gehören. Prüfen Sie, ob Sie genau voraussagen können, was die Gruppe in verschiedenen Situationen sagen oder tun wird. Damit vertiefen Sie Ihr Verständnis für die Gruppe, ohne mit ihr übereinzustimmen.

- Hören Sie zu. Obwohl diese Empfehlung überflüssig erscheinen mag: Viele hören nicht zu, wenn sie sich mit schwierigen oder unverständlichen Gruppen befassen müssen, oder sie lehnen deren Meinung ab, bevor sie ausgesprochen wird. Hören Sie also nur zu. Fassen Sie die Sichtweise der Gruppe in Gedanken zusammen, und versuchen Sie zu verstehen, was sich diese Gruppe aus dem, was gesagt und getan wurde, erhofft. Die wahre Herausforderung besteht darin, etwas nachvollziehen zu können, ohne davon selbst überzeugt zu sein.
- Viele, die Ihr Mitgefühl am meisten benötigen, sind nicht die angenehmsten Menschen.
- Zyniker – geben Sie ihnen Verantwortung für das, worüber sie am zynischsten sind.
- Die Hilflosen und Abhängigen – fragen Sie sich, was ihnen am meisten Macht gibt?
- Die Verärgerten und Feindseligen – ermutigen Sie sie nicht dazu, sich über alle Dinge auszulassen, über die sie sich im Einzelnen ärgern. Hierdurch werden ihre Ansichten nur verstärkt. Finden Sie stattdessen heraus, was sie am Arbeitsplatz am meisten ärgert und geben Sie ihnen etwas Neues zu tun und die nötige Autorität, sodass Sie etwas Positives bewirken können.

☐ **7. Unsensibel? Stimmen Sie sich auf die Bedürfnisse anderer ein.** Sie müssen wissen, worauf die Menschen in Bezug auf Mitgefühl empfindlich reagieren, da Sie bereits durch einen Fehler im Umgang mit anderen als unsensibel eingeschätzt werden können. Die einzige Lösung besteht darin, herauszufinden was andere erregt – wann sie z. B. lauter werden – oder auf andere Weise Bedenken zum Ausdruck bringen. Seien Sie vorsichtig, dass Sie wichtige Anliegen anderer nicht herunterspielen oder herablassend behandeln (ein Beispiel aus den USA: Die Forderung der Indianer, die indianischen Spitznamen für Sportteams nicht mehr zu verwenden).

☐ **8. Kochen die Emotionen über? Befolgen Sie die Regeln des guten Zuhörens.** Wenn jemand ganz offenkundig um fehlendes Einfühlungsvermögen in Bezug auf Themen wie ethnische/kulturelle Zugehörigkeit, Geschlecht, Rang oder Status in der Organisation besorgt ist:

- Verstehen und Zuhören ist nicht dasselbe wie Zustimmung.
- Lassen Sie sich nicht auf ein Argument ein, wenn jemand aufgebracht ist. Sie werden den Kürzeren ziehen, ganz gleich, was Sie sagen. Zeigen Sie nur, dass Sie zugehört haben, die andere Person wird es

KOMPETENZ 10: MITGEFÜHL

anerkennen. Signalisieren Sie dann, dass Sie bereit sind, das Problem auf der sachlichen, vernünftigen Ebene zu diskutieren – Ursachen, Auswirkungen, Lösungsmöglichkeiten.

☐ 9. **Verteilen Sie Ihr Mitgefühl einseitig? Hören Sie sich in einer von Mitgefühl getragenen Debatte auch die andere Seite der Geschichte an.** Fragen Sie nach dem Warum – auf welcher Basis beruht diese Haltung, woher wissen wir, was richtig oder fair ist, welche Theorie steht dahinter. Spielen Sie durch, was passieren könnte, wenn der Standpunkt der anderen Person übernommen würde, und finden Sie von den anderen heraus, was sie in Ihrer Situation machen würden. Stellen Sie viele Fragen, aber machen Sie wenige Aussagen.

☐ 10. **Fühlen Sie sich angegriffen? Falls Ihnen jemand vorwirft, nicht einfühlsam zu sein.** Dann interpretieren Sie das als Angriff auf das Problem/die Streitfrage. Ihre Reaktion auf unvernünftige Vorschläge, Angriffe oder nicht beantwortete Fragen kann so aussehen, dass Sie nur bestätigen, dass Sie zugehört haben. Normalerweise reagieren Ihrer Gegner dann so, dass sie mehr dazu sagen, oder von ihrer Position etwas abweichen, oder aber zumindest ihre eigenen Interessen offenbaren. *Benötigen Sie weitere Hilfe?* – Siehe Nr. 12 *„Konfliktmanagement"*.

Develop-in-Place-Aufgabenstellungen

☐ Managen Sie das Outplacement einer Gruppe von Mitarbeitern.
☐ Arbeiten Sie in dem Team, das bei Entlassungen, Werksschließungen, Personalabbau und Veräußerungen entscheidet, wer bleibt und wer geht.
☐ Treten Sie vor dem gehobenen Management für die Anliegen einiger tariflich bezahlter, im Bürodienst oder in der Verwaltung tätigen Mitarbeiter ein, um zur Lösung eines schwierigen Problems beizutragen.
☐ Beteiligen Sie sich an einer Selbsthilfegruppe oder Support-Gruppe.
☐ Arbeiten Sie ein Jahr oder länger für eine karitative Einrichtung.

The whole idea of compassion is based on a keen awareness of the interdependence of all these living beings, which are all part of one another, and all involved in one another.
Thomas Merton – Aus Frankreich stammender US-amerikanischer Trappistenmönch, Dichter, Bürgerrechtler und Schriftsteller

Literaturempfehlungen

Baker, W. F., & O'Malley, M. (2008). *Leading with kindness: How good people consistently get superior results.* New York: AMACOM.

Birx, E. (2002). *Healing Zen: Awakening to a life of wholeness and compassion while caring for yourself and others.* New York: Viking Press.

Boyatzis, R. E., & McKee, A. (2005). *Resonant leadership: Renewing yourself and connecting with others through mindfulness, hope, and compassion.* Boston: Harvard Business School Press.

The Dalai Lama. (2002). *An open heart: Practicing compassion in everyday life.* New York: Back Bay Books.

Goleman, D., & Boyatzis, R. (2008). Social intelligence and the biology of leadership. *Harvard Business Review, 86*(9), 74-81.

Hagen, S., & Carouba, M. (2002). *Women at ground zero: Stories of courage and compassion.* New York: Alpha Books.

Hopkins, J., & The Dalai Lama. (2002). *Cultivating compassion: A Buddhist perspective.* New York: Broadway Books.

Lewin, R., & Regine, B. (2001). *Weaving complexity and business: Engaging the soul at work.* New York: Texere.

Oliner, S. P. (2003). *Do unto others: Extraordinary acts of ordinary people.* Boulder, CO: Westview Press.

Patterson, K., Grenny, J., McMillan, R., Switzler, A., & Covey, S. R. (2002). *Crucial conversations: Tools for talking when stakes are high.* New York: McGraw-Hill.

Steinbrecher, S., & Bennett, J. B. (2003). *Heart-centered leadership: An invitation to lead from the inside out.* Memphis, TN: Black Pants.

Stone, D., Patton, B., & Heen, S. (2000). *Difficult conversations: How to discuss what matters most.* New York: Penguin Books.

Tutu, D. (2007). *Love: The words and inspiration of Mother Teresa.* Auckland, NZ: PQ Blackwell Ltd.

FAKTOR VI: PERSÖNLICHE UND SOZIALE KOMPETENZEN
CLUSTER S: OFFEN UND ZUGÄNGLICH SEIN

11 Selbstbeherrschung

*That is the happiest conversation where there is no competition,
no vanity, but a calm, quiet interchange of sentiments.*
Samuel Johnson – Englischer Schriftsteller des 18. Jahrhunderts

Schlecht ausgeprägt
- ☐ Verliert unter Druck und Stress die Fassung
- ☐ Explodiert leicht und äußert sich unangemessen
- ☐ Wird leicht von Gefühlen übermannt und wird dann emotional, defensiv oder zieht sich zurück
- ☐ Reagiert auf Kritik sensibel und defensiv
- ☐ Ist zynisch und launisch
- ☐ Verliert bei negativen Überraschungen leicht sein/ihr inneres Gleichgewicht und die Beherrschung
- ☐ Kann andere verunsichern und aus der Ruhe bringen
- ☐ Zeigt seinen/ihren Ärger, Frust und Sorgen

Wählen Sie eine bis drei der folgenden Kompetenzen als Ersatz für diese Kompetenz, wenn Sie nicht direkt an ihr arbeiten möchten.
ERSATZKOMPETENZEN: 2,3,8,12,26,33,37,41,43,44,48,57

Gut ausgeprägt
- ☐ Bleibt auch unter Druck überlegt und reagiert nicht emotional destruktiv
- ☐ Wird in schwierigen Situationen nicht defensiv oder ärgerlich
- ☐ Wird als reife Persönlichkeit angesehen
- ☐ Man kann sich darauf verlassen, dass er/sie in schwierigen Situationen die Ruhe bewahrt
- ☐ Kann mit Stress umgehen
- ☐ Kommt auch in unerwarteten Situationen nicht aus dem Gleichgewicht
- ☐ Zeigt keine Frustration angesichts von Widerstand und Hindernissen
- ☐ Tritt in Krisen als Vermittler auf

Übertriebene Fähigkeit
- ☐ Kann keine angemessenen Gefühle zeigen
- ☐ Wirkt kalt und gleichgültig
- ☐ Erscheint in Situationen, in denen andere Gefühle zeigen würden, unberührt
- ☐ Wird leicht missverstanden
- ☐ Kommt möglicherweise nicht mit Menschen zurecht, deren Handlungen und Entscheidungen mehr auf dem Gefühl als auf dem Verstand basieren

KOMPETENZ 11: SELBSTBEHERRSCHUNG

Wählen Sie nachstehend eine bis drei Kompetenzen als Arbeitsgegenstand aus, um einen übertriebenen Einsatz dieser Fähigkeit zu kompensieren.
AUSGLEICHSKOMPETENZEN: 3,10,14,26,27,31,44,60,66

Mögliche Ursachen
☐ Defensiv
☐ Wird leicht überwältigt; sehr emotional
☐ Mangel an Selbstvertrauen
☐ Perfektionist
☐ Empfindlich
☐ Zu viel zu tun
☐ Kontrollierend
☐ Kann Impulsivität schlecht kontrollieren

Leadership Architect® Faktoren und Cluster
Diese Kompetenz ist in Faktor VI „Persönliche und soziale Kompetenzen" zu finden. Diese Kompetenz ist in Cluster S „Offen und zugänglich sein" zusammen mit den Kompetenzen 26, 33, 41, 44 enthalten. Sie können auch bei anderen Kompetenzen in demselben Faktor/Cluster nach passenden Tipps suchen.

Der Plan
Zuerst etwas zum Thema Emotionen. Emotionen sind vergleichbar mit Elektrizität und Chemie. Sie helfen uns dabei, mit Notsituationen und Bedrohungen umzugehen. Emotionen setzen vorhersehbare körperliche Veränderungen in Gang. Das Herz schlägt stärker, der Blutdruck erhöht sich. Das Blut fließt schneller. Glukose wird in den Blutstrom geleitet und führt zu größerer Energie und Kraft. Die Pupillen weiten sich, um mehr Licht aufzunehmen. Die Atemfrequenz steigert sich, damit dem Körper mehr Sauerstoff zugeführt wird. Und warum das alles? Natürlich, um entweder gegen die Säbelzahntiger zu kämpfen oder vor ihnen zu fliehen. Gefühle sind dazu da, uns in dieser „Fight or Flight"-Reaktion zu unterstützen. Der Körper kann in einer solchen Krisensituation schneller und mit mehr Kraft reagieren. Der Preis? Der Körper muss mehr Energie für die Muskeln bereitstellen und, ausgelöst durch die emotionale Anstrengung, die Energiezufuhr zu Magen und Gehirn verringern (weswegen wir unter Stress Magenbeschwerden bekommen beziehungsweise oft die falschen Dinge sagen). Wir könnten zwar eine eingeklemmte Person befreien, finden jedoch bei einem angespannten Geschäftstreffen nicht die richtigen Worte. Ist die emotionale Reaktion erst einmal ausgelöst worden, nimmt sie ihren Lauf. Und folgt dem anfänglichen Auslöser keine weitere Bedrohung, dauert dieser Prozess bei den meisten Menschen 45 bis 60 Sekunden. Deswegen Großmutters Rat, erst einmal

bis zehn zu zählen, bevor man reagiert. Das Problem ist nur, dass sich die Menschen ihren Säbelzahntiger im Kopf erhalten haben. In unserer Zeit können schon Gedanken solche Gefühlsreaktionen auslösen. Ereignisse, die sicherlich keine körperliche Gefahr darstellen – zum Beispiel, sich Kritik anhören zu müssen – können solch eine Reaktion hervorrufen. Aber noch schlimmer ist, dass wir dem „Fight or Flight"-Konzept noch ein drittes „F" hinzugefügt haben: „Freeze" (erstarren). Gefühle können uns vollkommen stilllegen und sprachlos werden lassen, wobei wir uns weder für das Kämpfen (Diskutieren, Erwidern) noch die Flucht entscheiden (die Situation ruhig beenden und den Ort verlassen). Wir müssen also lernen, mit diesen Reaktionen umzugehen, um unter Druck einen kühlen Kopf zu bewahren.

Tipps

☐ **1. Wissen Sie, was Ihnen die Laune vermiest? Identifizieren Sie Ihre Auslöser.** Schreiben Sie die letzten 25 Situationen auf, in denen Sie Ihre Selbstbeherrschung verloren haben. Die meisten Menschen, die Probleme damit haben, gelassen zu bleiben, haben drei bis fünf sich wiederholende Auslöser. Kritik. Verlust der Kontrolle. Eine bestimmte Art von Mensch. Ein Feind. Überraschungen. Lebenspartner. Kinder. Geld. Autorität. Wütend auf sich selbst, weil Sie nicht nein sagen können? Versuchen Sie, neunzig Prozent der Ereignisse in drei bis fünf Kategorien einzuordnen. Wenn Sie diese Gruppierung aufgestellt haben, fragen Sie sich, warum diese ein Problem für Sie darstellen. Ist es Ihr Selbstwertgefühl? Verlust der Kontrolle? Nicht ganz ans Ziel zu kommen? Durchschaut zu werden? Zusätzliche Arbeit für Sie? Was wäre für jede Gruppierung eine besser durchdachte Antwort? Üben Sie in Gedanken und auch verbal, um zu besseren Antworten zu kommen. Versuchen Sie jeden Monat, die Anzahl der Situationen, in denen Sie Ihre Selbstbeherrschung verlieren, um zehn Prozent zu vermindern.

☐ **2. Kein Filter? Halten Sie Ihre Impulse besser unter Kontrolle.** Man sagt und tut die unpassendsten Dinge, wenn man seine Selbstbeherrschung verliert. Das Problem ist, dass wir das Erste, was uns in den Sinn kommt, bereits aussprechen oder ausführen. Untersuchungen zeigen, dass Ihre besten Optionen für das, was Sie sagen oder tun sollten, normalerweise zwischen dem zweiten und dritten Gedanken liegen. Üben Sie sich darin, Ihre erste Reaktion so lange zurückzuhalten, bis Sie an eine zweite gedacht haben. Wenn Sie dazu in der Lage sind, dann warten Sie, bis Sie zu einer dritten Alternative gekommen sind und entscheiden Sie sich erst danach. Bis dahin sollten Sie Ihre Selbstbeherrschung etwa zur Hälfte wiedergefunden haben.

KOMPETENZ 11: SELBSTBEHERRSCHUNG

☐ **3. Müssen Sie zu Ihrer Selbstbeherrschung zurück finden? Zählen Sie bis 10.** Zählen Sie bis zehn. Bei starken Emotionen sind unser Denken und Urteilsvermögen beeinträchtigt. Schaffen Sie sich Verzögerungstaktiken und üben Sie sie diese. Suchen Sie nach einem Stift in Ihrem Aktenkoffer. Holen Sie sich eine Tasse Kaffee. Stellen Sie eine Frage und hören Sie zu. Gehen Sie zum Flipchart und schreiben Sie etwas auf. Machen Sie sich Notizen. Stellen Sie sich vor, dass Sie sich in einer beruhigenden Umgebung befinden. Gehen Sie auf die Toilette. Sie brauchen etwa eine Minute, um Ihre Selbstbeherrschung wiederzugewinnen, nachdem die emotionale Reaktion ausgelöst wurde. Tun und sagen Sie in dieser ersten Minute nichts.

☐ **4. Ungeduldig? Verzögerung der Belohnung.** Sind Sie ungeduldig? Regen Sie sich auf, wenn Ihr Flugzeug Verspätung hat? Das Essen zu spät kommt? Das Auto nicht bereit steht? Ihr Ehepartner sich verspätet? Für die meisten von uns erscheint das Leben wie eine einzige große Verspätung. Wir scheinen ständig darauf zu warten, dass der andere seine Dinge erledigt, damit wir dann unsere erledigen können. Personen, die leicht ihre Selbstbeherrschung verlieren, können die Verzögerung in der Erfüllung ihrer Wünsche oft nicht akzeptieren. Sie glauben, sie haben etwas verdient und wollen es haben. Verzögert es sich, werden sie aggressiv und fordernd. Schreiben Sie die letzten 25 Situationen auf, die Sie aufgebracht haben. Ordnen Sie sie in drei bis fünf Kategorien ein. Entwickeln und üben Sie besser durchdachte Reaktionen dazu. Entspannen Sie sich. Belohnen Sie sich. Nehmen Sie es philosophisch, wenn Sie nur wenig oder sogar gar nichts ausrichten können. Denken Sie während Sie warten an Erfreuliches. Versuchen Sie zu lächeln oder finden Sie etwas worüber Sie lachen können. *Benötigen Sie weitere Hilfe? – Siehe Nr. 41 „Geduld".*

☐ **5. Defensiv? Gehen Sie konstruktiv mit Kritik um.** Häufig verliert man seine Selbstbeherrschung, weil man absichtlich oder unabsichtlich kritisiert wird. Es gibt auf dieser Welt viele „perfekte" Menschen, die nicht mit negativen Informationen über sich fertig werden können, oder mit Kritik an etwas, das sie getan oder nicht getan haben. Wir „Normalen" haben Fehler, die die meisten um uns herum kennen und uns manchmal auch nennen. Wir wissen sogar, dass wir uns manchmal mit ungerechtfertigter Kritik auseinandersetzen müssen. Ein konstruktiver Umgang mit Kritik ist eine erlernbare Kompetenz. Lernen Sie, Abwehrhaltungen und Ärger um sich herum zu bemerken. Viele Menschen mit solchen Problemen sprechen oft Verhaltensgebote aus, wie „man sollte, man müsste." *Benötigen Sie weitere Hilfe? – Siehe Nr. 108 „Abwehrhaltung".*

☐ **6. Sind Sie zu beherrschend? Lassen Sie locker.** Sind Sie eine Art Perfektionist? Muss alles immer absolut perfekt gemacht werden? Erstellen Sie Pläne und erwarten Sie, dass sie genau eingehalten werden? Achten

Sie auf eine genaue Zeiteinteilung? Eine andere Situation, in der Sie die Selbstbeherrschung verlieren können, tritt dann auf, wenn nicht alles genau nach Plan verläuft. Lockern Sie Ihre Pläne etwas. Erwarten Sie das Unerwartete. Verlängern Sie den Zeitplan. Planen Sie Verzögerungen mit ein. Entwickeln Sie Worst-Case-Szenarien. Die meiste Zeit werden Sie freudig überrascht sein und sich darum in der restlichen Zeit nicht mehr so aufregen.

☐ **7. Ist Ihnen nach Vergeltung zumute? Machen Sie nichts Persönliches daraus.** Haben Sie das Bedürfnis, die Menschen und Gruppen, die Sie in Rage bringen, zu bestrafen? Werden Sie feindselig, ärgerlich, sarkastisch oder wollen Sie sich rächen? Eine Zeit lang könnte Sie das zufrieden stellen, dann aber werden solche Verhaltensweisen ihre für Sie positive Wirkung verlieren und Sie werden auf lange Sicht gesehen verlieren. Übertragen Sie, falls jemand Sie angreift, diesen Angriff auf das Problem. Fragen Sie sich selbst, ob Sie die Gefühle nachvollziehen können – und finden Sie von den anderen heraus, was sie in Ihrer Situation machen würden. Wenn Ihr Gegner eine unflexible Position einnimmt, dann lehnen Sie diese nicht ab. Fragen Sie nach dem Warum – auf welcher Basis beruht diese Haltung, woher wissen wir, was richtig oder fair ist, welche Theorie steht dahinter. Spielen Sie durch, was passieren könnte, wenn der Standpunkt der anderen Person übernommen würde. Lassen Sie andere ihre Frustration und ihren Ärger loswerden, reagieren Sie jedoch nicht direkt.

☐ **8. Verlieren Sie die Perspektive? Seien Sie objektiv.** Wenn Sie auf einen Angriff reagieren, halten Sie sich an die Fakten und deren Auswirkungen auf Sie. Es ist in Ordnung, Schlussfolgerungen über die Auswirkung auf sich selbst zu ziehen, zum Beispiel „Ich hatte das Gefühl, man hat mich nicht rechtzeitig informiert". Es ist aber nicht in Ordnung, wenn Sie den anderen Motive unterstellen. „Sie haben mich nicht rechtzeitig informiert" bedeutet, dass der andere es mit Absicht getan hat und dass Sie die Bedeutung dieses Verhaltens kennen. Behalten Sie deshalb Interpretationen für sich; fragen Sie die anderen, was ihre Handlungen zu bedeuten haben.

☐ **9. Werden Sie unruhig und ziehen Sie dann falsche Schlussfolgerungen? Agieren Sie bewusst.** Handeln Sie schnell? Sind Ihnen Mehrdeutigkeit und Unsicherheit unangenehm? Versuchen Sie, diese zu beseitigen? Ist Ihr Motto: Erst handeln, dann verstehen? Nehmen Sie sich die Zeit, das Problem genau zu definieren. Lassen Sie die Leute ausreden. unterbrechen Sie nicht. Vollenden Sie nicht die Sätze anderer. Fragen Sie nach. Erklären Sie das Problem nochmals mit eigenen Worten, so dass jeder zufrieden ist. Fragen Sie die anderen, was sie darüber denken. Stellen Sie Lösungsvorschläge zur Diskussion. Treffen Sie dann eine Entscheidung.

KOMPETENZ 11: SELBSTBEHERRSCHUNG

- [ ] **10. Investieren Sie zu viel in die Arbeit? Bauen Sie den Stress durch körperliche Betätigung ab.** Finden Sie eine Möglichkeit, aufgestaute Gefühle abzubauen. Beginnen Sie ein aktives Hobby. Treiben Sie regelmäßig Sport. Jogging. Laufen. Hacken Sie Holz. Wenn aufbrausende Menschen versuchen, ihre Gefühle zu unterdrücken, staut sich der Druck an, und irgendwann kommt die große Explosion. Der Körper speichert Energie. Diese Energie muss sich irgendwo entladen können. Reagieren Sie Ihren Arbeitsfrust außerhalb der Arbeitsumgebung ab.
- [ ] **11. Lassen Sie zu, dass sich alles aufstaut? Beobachten Sie Ihre innere Druckanzeige.** Vielleicht ist Ihr Geduldsfaden zu lang. Sie warten und warten, bauen Druck auf, behalten Ihre Bedenken für sich und explodieren dann, wenn der Druck zu hoch wird. Schreiben Sie Ihre Bedenken auf und besprechen Sie diese mit Kollegen und Personen, denen Sie vertrauen, um nicht zu explodieren. Wenn der Druck Ihre Gedankenprozesse bei der Arbeit beeinträchtigt (sie sollten eigentlich zuhören, aber werden durch Sorgen davon abgelenkt), suchen Sie sich den richtigen Zeitpunkt für die Sorgen aus. Sagen Sie sich: „Ich schreibe mir das jetzt auf und denke auf dem Heimweg darüber nach". Gewöhnen Sie sich an, in der Gegenwart zu bleiben.

Develop-in-Place-Aufgabenstellungen

- [ ] Schließen Sie Frieden mit einem Feind oder mit jemandem, den Sie mit einem Produkt oder einer Dienstleistung enttäuscht haben, oder mit jemandem, mit dem Sie Probleme hatten oder nicht so gut zurechtkommen.
- [ ] Managen Sie eine Gruppe in einer bedeutenden geschäftlichen Krise.
- [ ] Führen Sie schwierige Verhandlungen mit einem internen oder externen Kunden.
- [ ] Managen Sie die Vergabe von umstrittenen Büroplätzen.
- [ ] Managen Sie einen unzufriedenen internen oder externen Kunden; versuchen Sie, ein Leistungs- oder Qualitätsproblem mit einem Produkt oder einer Dienstleistung zu lösen.

Every great player has learned the two Cs:
How to concentrate and how to maintain composure.
Byron Nelson – Legendärer US-amerikanischer Profi-Golfer

Literaturempfehlungen

Bradberry, T., & Greaves, J. (2005). *The emotional intelligence quick book: Everything you need to know to put your EQ to work.* New York: Fireside.

Carter, L. (2003). *The anger trap: Free yourself from the frustrations that sabotage your life.* New York: John Wiley & Sons.

Davies, W. (2001). *Overcoming anger and irritability.* New York: New York University Press.

Dinnocenzo, D. A., & Swegan, R. B. (2001). *Dot calm: The search for sanity in a wired world.* San Francisco: Berrett-Koehler Publishers.

Ellis, A. (2000). *How to control your anxiety before it controls you.* New York: Citadel Press.

Forni, P. M. (2002). *Choosing civility: The twenty-five rules of considerate conduct.* New York: St. Martin's Press.

Gibson, D., & Tulgan, B. (2002). *Managing anger in the workplace.* Amherst, MA: HRD Press.

Gonthier, G., & Morrissey, K. (2002). *Rude awakenings: Overcoming the civility crisis in the workplace.* Chicago: Dearborn Trade.

Lerner, H. (2002). *The dance of connection: How to talk to someone when you're mad, hurt, scared, frustrated, insulted, betrayed, or desperate.* New York: Quill/HarperCollins.

Lord, R. G., Klimoski, R. J., & Kanfer, R. (Eds.). (2002). *Emotions in the workplace: Understanding the structure and role of emotions in organizational behavior.* San Francisco: Jossey-Bass.

Losyk, B. (2004). *Get a grip! Overcoming stress and thriving in the workplace.* Hoboken, NJ: John Wiley & Sons.

Maravelas, A. (2005). *How to reduce workplace conflict and stress: How leaders and their employees can protect their sanity and productivity from tension and turf wars.* Franklin Lakes, NJ: Career Press.

Rogers, P., & McKay, M. (2000). *The anger control workbook.* Oakland, CA: New Harbinger Publications.

Semmelroth, C., & Smith, D. E. P. (2000). *The anger habit.* Lincoln, NE: Writer's Showcase Press.

FAKTOR III: MUT
CLUSTER H: UMGANG MIT PROBLEMEN

12 Konfliktmanagement

Conflict is inevitable, but combat is optional.
Max Lucado – US-amerikanischer Schriftsteller

Schlecht ausgeprägt
- ☐ Vermeidet Konfliktsituationen und Meinungsverschiedenheiten
- ☐ Versucht zu schlichten, um Konflikte zu umgehen
- ☐ Verliert als Reaktion auf Konflikte die Fassung, nimmt einiges persönlich
- ☐ Kann Konflikte nicht lange genug durchstehen, um eine gute Lösung zu erzielen
- ☐ Sagt zu schnell „ja" und gibt zu schnell nach
- ☐ Gerät unvorbereitet in Konflikte, sieht sie nicht voraus
- ☐ Verdrängt Konfliktsituationen eher, als sie direkt anzugehen
- ☐ Versucht, so lange zu warten, bis sich die Probleme selbst lösen
- ☐ Ist übertrieben wettbewerbsorientiert und will jede Kontroverse für sich entscheiden

Wählen Sie eine bis drei der folgenden Kompetenzen als Ersatz für diese Kompetenz, wenn Sie nicht direkt an ihr arbeiten möchten.
ERSATZKOMPETENZEN: 2,3,4,8,9,11,13,16,31,33,34,36,37,41,50,51,52,57

Gut ausgeprägt
- ☐ Tritt Konflikten entschlossen entgegen und sieht sie als Chancen
- ☐ Erfasst Situationen schnell
- ☐ Kann konzentriert zuhören
- ☐ Kann schwierige Übereinkommen aushandeln und Streitfälle gerecht beilegen
- ☐ Findet ohne viel Aufhebens eine gemeinsame Basis und Möglichkeiten zur Zusammenarbeit

Übertriebene Fähigkeit
- ☐ Erscheint zu aggressiv und selbstbewusst
- ☐ Mischt sich in die Probleme anderer ein
- ☐ Drängt auf Übereinstimmung, bevor andere dazu in der Lage sind
- ☐ Kann offene Diskussionen hemmen
- ☐ Verschwendet zu viel Zeit mit unlösbaren Problemen und eigensinnigen Menschen

Wählen Sie nachstehend eine bis drei Kompetenzen als Arbeitsgegenstand aus, um einen übertriebenen Einsatz dieser Fähigkeit zu kompensieren.
AUSGLEICHSKOMPETENZEN: 2,3,31,33,34,36,37,40,41,51,52,56,60,64

Mögliche Ursachen

- ☐ Vermeidung von Konflikten
- ☐ Kann nicht verhandeln
- ☐ Zu emotional
- ☐ Es dauert zu lange, bis bemerkt wird, was in der unmittelbaren Umgebung passiert
- ☐ Nimmt die Dinge zu persönlich
- ☐ Zu sensibel

Leadership Architect® Faktoren und Cluster

Diese Kompetenz ist in Faktor III „Mut" zu finden. Diese Kompetenz ist in Cluster H „Umgang mit Problemen" zusammen mit den Kompetenzen 9, 13, 34, 57 enthalten. Sie können auch bei anderen Kompetenzen in demselben Faktor/Cluster nach passenden Tipps suchen.

Der Plan

Einer Untersuchung zufolge verbringen Manager 18 Prozent ihrer Zeit, sich mit Konflikten direkt auseinanderzusetzen. Die meisten Organisationen sind dezentralisiert und untergliedert, was den natürlichen Konflikt von Gruppen untereinander schürt. Jedes Mal wenn Sie zwei Gruppen bilden, entstehen Konflikte. Entwicklungen in puncto Gleichbehandlung von Mann und Frau oder von Menschen unterschiedlicher Rassen und Kulturen haben wahrscheinlich mehr Konflikte mit sich gebracht. Der Wettbewerb hat sich verschärft. Das hat zur Folge, dass Geschwindigkeit und agiles Handeln wichtiger geworden sind, es führt aber auch häufiger zu Konflikten und verhindert ein entspanntes Nachdenken. Konflikte entstehen auf der Basis von Daten („Meine Zahlen sind besser als deine Zahlen"), Meinungen („Meine Meinung ist richtiger als deine") und Machtansprüchen („Das ist meins"). Auch aus der Art und Weise, wie sich Menschen positionieren und ihr Territorium verteidigen, entstehen weitere – unnötige – Konflikte. Die Auseinandersetzung mit all diesen Konflikten und Konfliktlösungsversuchen ist heute wichtiger und erfolgt häufiger als je zuvor.

Tipps

- ☐ **1. Sind Sie in einer Zwangslage gefangen, in der Sie nur gewinnen oder verlieren können? Streben Sie kooperative Beziehungen an.** Das Gegenteil von Konflikt ist Kooperation. Die Entwicklung kooperativer Beziehungen führt nachweislich zu einer wirklichen und spürbaren Verbesserung im Bereich Fairness und Gerechtigkeit. Die Gegenseite fühlt sich verstanden und respektiert und nimmt einen am Problem orientierten Standpunkt ein. Um dieses Ziel – eine echt und als authentisch empfundene Fairness –

zu erreichen, versuchen Sie nicht jede Schlacht zu gewinnen und die ganze Beute für sich zu behalten; konzentrieren Sie sich auf die gemeinsamen Themen und Interessen beider Parteien – finden Sie die Win-win-Situationen, die beide Parteien verbinden; geben Sie in Kleinigkeiten nach; vermeiden Sie am Anfang zu starre Positionen – respektieren Sie andere und deren Positionen; reduzieren Sie die verbleibenden Konflikte auf das kleinstmögliche Ausmaß.

☐ **2. Verursachen unnötiger Konflikte? Achten Sie auf eine angemessene Wortwahl.** Sprache, Worte und Terminplanung geben den Ton an und können unnötige Konflikte verursachen, die vorab geklärt werden müssen, bevor Sie etwas erreichen können. Ist Ihre Ausdrucksweise unsensibel? Sprechen Sie oft mit erhobener Stimme? Benutzen Sie Ausdrücke und Redewendungen, die andere herausfordern? Verwenden Sie herablassende Ausdrücke? Negativen Humor? Sind Sie bereits zu früh in der Diskussion dabei, Ihre Schlussfolgerungen, Lösungen, Aussagen, Auflagen oder Antworten anzubieten? Sprechen Sie zuerst über Begründungen und dann über Lösungen, denn wenn Sie Lösungen zuerst angeben, dann stellen die anderen sie oft erst einmal in Frage, anstatt das Problem zu definieren. Verwenden Sie Worte, die auf andere neutral wirken, die niemanden herausfordern und nicht Partei ergreifend klingen. Ihre Wortwahl sollte offen, vorsichtig und nicht festgelegt sein, damit andere die Chance haben, sich darauf einzustellen und ihr Gesicht zu wahren. Sprechen Sie auf der sachlichen, problembezogenen Ebene, werden Sie nicht persönlich. Vermeiden Sie direkte Schuldzuweisungen; beschreiben Sie das Problem und dessen Auswirkung.

☐ **3. Eskalieren die Spannungen? Üben Sie Aikido.** Üben Sie Aikido, die fernöstliche Kunst, die Energie Ihres Gegenübers zu absorbieren und sie dann zu nutzen, um ihn zu führen. Lassen Sie andere ihre Frustration und ihren Ärger loswerden, reagieren Sie jedoch nicht direkt. Hören Sie zu. Nicken Sie. Fragen Sie nach. Stellen Sie offene Fragen, wie zum Beispiel: „Was könnten Sie verändern, damit wir unsere Ziele leichter erreichen?" „Was kann ich tun, das am hilfreichsten für Sie wäre?" Fassen Sie die Aussagen der anderen regelmäßig zusammen, um zu zeigen, dass Sie verstanden haben. Aber reagieren Sie nicht. Lassen Sie sie so lange reden, bis sich ihr Ärger gelegt hat. Wenn Ihr Gegner eine unflexible Position einnimmt, dann lehnen Sie diese nicht ab. Fragen Sie nach dem Warum – auf welcher Basis beruht diese Haltung, woher wissen wir, was richtig oder fair ist, welche Theorie steht dahinter. Spielen Sie durch, was passieren könnte, wenn der Standpunkt der anderen Person übernommen würde. Untersuchen Sie dann das Warum, die Ursache dieser Antwort. Bleiben Sie auf der sachlichen Ebene. Übertragen Sie, falls jemand Sie angreift, diesen

Angriff auf das Problem. Auf Drohungen sollten Sie antworten, dass Sie nur auf der Basis von Verdienst und Fairness verhandeln werden. Falls Ihre Gegner unfair spielen, stellen Sie ihre Motive offen in Frage – „Ich habe den Eindruck, Sie wollen Katz und Maus mit mir spielen. Warum hören Sie nicht damit auf und geben mir genaue Informationen?" Auf unvernünftige Vorschläge, Angriffe oder keine Antwort auf eine Frage können Sie einfach mit Schweigen reagieren. Normalerweise reagieren Ihre Gegner dann so, dass sie dann mehr dazu sagen oder von ihrer Position etwas abweichen oder aber zumindest ihre wahren Interessen offenbaren. Der eigentliche Konflikt wird oft dadurch verringert, dass andere öfter ihren Ärger uneingeschränkt ausdrücken können und Sie dafür Verständnis zeigen.

☐ **4. Sind Sie zu sehr auf Unterschiede fixiert? Greifen Sie Konsenspunkte auf.**
In nahezu jeder Auseinandersetzung gibt es gemeinsame Punkte, die in der Hitze des Gefechts verloren gehen. Ist das Auftreten eines Konfliktes realisiert worden, dann sagen Sie gleich am Anfang, dass es hilfreich sein kann, wenn die vorhandenen Übereinstimmungen der Parteien protokolliert werden. Notieren Sie diese auf einem Flipchart. Schreiben Sie dann die noch offenen Punkte auf. Konzentrieren Sie sich auf gemeinsame Ziele, Prioritäten und Probleme. Versuchen Sie, die offenen Konflikte so klein wie möglich zu halten und diese zu konkretisieren. Je abstrakter ein Konflikt ist, wie zum Beispiel „Wir vertrauen Ihrer Abteilung nicht", desto unmöglicher ist es, damit umzugehen. Antworten Sie auf eine solche Aussage mit einer Frage: „Was genau beunruhigt Sie – warum vertrauen Sie uns nicht, können Sie mir ein Beispiel geben?" Normalerweise klärt sich die Situation nach einer ruhigen Diskussion dann so, dass man Ihrer Abteilung in Bezug auf eine spezielle Streitfrage und unter diesen speziellen Umständen kein Vertrauen schenkt. Das ist einfacher zu handhaben. Ermöglichen Sie es anderen, das Gesicht zu wahren, gestehen Sie kleinere Dinge zu (die nicht zum Kernproblem gehören) und versuchen Sie nicht, immer nur das Match zu gewinnen. Wenn Sie sich auf keine Lösung einigen können, einigen Sie sich auf ein Verfahren, um weiterzukommen. Sammeln Sie weitere Daten. Wenden Sie sich an eine höhere Instanz. Schalten Sie einen unbeteiligten Vermittler ein. Irgend etwas. Dies bringt die Angelegenheit ins Rollen und verhindert eine Patt-Situation.

☐ **5. Sind Sie zu emotional? Bleiben Sie ruhig.** Manchmal lassen unsere emotionalen Reaktionen andere glauben, dass wir mit Konflikten Probleme haben. Welche Reaktionen zeigen Sie in Konfliktsituationen? Zeigen Sie Ungeduld oder zeigen Sie gar körperliche Reaktionen wie Rotwerden oder trommeln Sie mit dem Kuli oder den Fingern? Erkennen Sie diese Signale so früh wie möglich und ersetzen Sie sie durch neutralere Verhaltensweisen. Die meisten emotionalen Reaktionen auf einen Konflikt kommen daher,

KOMPETENZ 12: KONFLIKTMANAGEMENT

dass das Thema persönlich genommen wird. Trennen Sie daher Persönliches vom aktuellen Problem und behandeln Sie diesen Aspekt später, falls er andauern sollte. Kommen Sie vor der Gruppe immer wieder auf die Fakten und das Problem zurück und vermeiden Sie persönliche Auseinandersetzungen. Nehmen Sie das Problem in Angriff, indem Sie sich die gemeinsamen Interessen und die zugrunde liegenden Bedenken anschauen, jedoch nicht die Personen und deren Einstellungen. Versetzen Sie sich einmal in den Standpunkt der anderen, sowohl emotional als auch inhaltlich. Fragen Sie sich selbst, ob Sie die Gefühle nachvollziehen können. und finden Sie von den anderen heraus, was sie in Ihrer Situation machen würden. Schauen Sie einmal, ob Sie die jeweilige Position der anderen Partei wiederholen und sie eine Minute lang befürworten können, um sich in die anderen hineinzuversetzen. Falls Sie emotional werden, legen Sie eine Pause ein und sammeln Sie sich. Sie reagieren unter diesen Umständen nicht ideal. Kommen Sie später auf das Problem zurück. *Benötigen Sie weitere Hilfe? – Siehe Nr. 11 „Selbstbeherrschung" und Nr. 107 „Mangel an Selbstbeherrschung".*

☐ **6. Besitzt jeder etwas, was der andere haben will? Suchen Sie nach Möglichkeiten, um zu handeln und zu tauschen.** Da Sie ja wirklich nicht jeden Konflikt für sich entscheiden können, es sei denn, Sie berufen sich auf Ihre höhere Position, müssen Sie lernen, wie man verhandelt und handelt. Was brauchen die anderen, das ich habe? Was könnte ich für sie außerhalb dieser Konfliktsituation tun, damit sie etwas aufgeben, was ich jetzt brauche? Wie können wir daraus eine Win-win-Situation schaffen? *Benötigen Sie weitere Hilfe? – Siehe Nr. 37 „Verhandeln".*

☐ **7. Bringen Sie Ihre Botschaft nicht rüber? Seien Sie in Ihren Mitteilungen klar und problemorientiert.** Befolgen Sie das Prinzip der Chancengleichheit: Erklären Sie Ihre Gedanken und bitten Sie die anderen, das Gleiche zu tun. Formulieren Sie die Position der Gegenpartei so deutlich wie sie selbst es getan hat, egal ob Sie ihr zustimmen oder nicht. Dadurch machen Sie die Gegenposition glaubwürdig. Trennen Sie Fakten von Meinungen und Annahmen. Erzeugen Sie zuerst einmal vielfältige Möglichkeiten, bevor Sie die Positionen abgrenzen. Sprechen Sie nicht länger als 30 bis 60 Sekunden. Versuchen Sie, die Gegenseite ebenso dazu zu bringen. Erwecken Sie nicht den Eindruck, dass Sie der Gegenseite einen Vortrag halten oder sie kritisieren. Erklären Sie sachlich, warum Sie Ihren Standpunkt einnehmen; veranlassen Sie auch die Gegenseite dazu. Stellen Sie viele Fragen, aber machen Sie wenige Aussagen. Um die verborgenen Interessen der anderen zu erkennen, fragen Sie, warum sie diese Position einnehmen oder warum sie etwas nicht tun möchten. Wiederholen Sie das Argument der Gegenseite so lange, bis sie zufrieden ist, bevor

Sie selbst Antworten anbieten. *Benötigen Sie weitere Hilfe? – Siehe Nr. 27 „Informieren".*

☐ **8. Haben Sie sich hoffnungslos festgefahren? Gehen Sie zur Schlichtung über.** Befinden Sie sich in einer Sackgasse, schlagen Sie vor, eine dritte, ebenso starke Partei mit einzubeziehen, um so die restlichen Konflikte zu lösen. Bitten Sie diese dritte Partei, die Interessen beider Seiten zu dokumentieren und immer neue Lösungen vorzuschlagen, bis Sie zustimmen können. Falls der Zeitfaktor wichtig ist, geben Sie diesen Prozess an eine höhere Stelle weiter. Präsentieren Sie die Darstellungen beider Seiten ruhig und sachlich und akzeptieren Sie die dann getroffene Entscheidung.

☐ **9. Lassen Sie sich leicht provozieren? Identifizieren Sie Konfliktauslöser.** Regen bestimmte Menschen, Streitfragen, Stile oder Gruppen Sie auf, so dass Sie mit dem Konflikt nicht gut umgehen? Schreiben Sie die letzten zwanzig Situationen auf, in denen Sie Schwierigkeiten mit Konflikten hatten. Was haben diese Situationen gemeinsam? Gibt es drei bis fünf gleiche Themen? Waren dieselben Personen beteiligt? Andere Personen, aber mit dem gleichen Stil? Eine bestimmte Art von Streitfragen? Wenn Sie sich über die Ursache im Klaren sind, üben Sie in Gedanken eine bessere Konfliktlösung, damit Sie den Konflikt das nächste Mal erfolgreicher handhaben können.

☐ **10. Treten Sie öfters ins Fettnäpfchen? Navigieren Sie das politische Terrain.** Organisationen sind ein komplexes Labyrinth, bestehend aus Gruppendynamik, Problemen und Rivalitäten, geschaffen von Menschen mit ausgeprägtem Selbstbewusstsein, sensitive Persönlichkeiten und grenzschützenden Machtansprüchen. Empfindlichkeiten und grenzschützenden Machtansprüchen. Firmenpolitische Fehler gibt es in zahlreichen Variationen. Der häufigste Fehler: eine ungeschickte, unpassende Bemerkung zu machen. Danach folgen Handlungen, die politisch unangebracht und der Situation nicht angemessen sind. Am schlimmsten jedoch sind politisch unakzeptable Schritte, Initiativen, Taktiken und Strategien. Als letzter Punkt sind unnötige Konflikte, Spannungen, Missverständnisse und Rivalitäten zu nennen, die auf Grund Ihres Angriffs auf eine bestimmte Person oder Gruppe entstanden sind. Arbeiten Sie daran, die Politik der Organisation zu verstehen. Wer treibt Ihre Organisation voran? Wer sitzt in den Schlüsselpositionen und kontrolliert den Fluss der Ressourcen, Informationen und Entscheidungen? Wer sind die Führer und die Helfer? Lernen Sie diese Personen besser kennen. Gehen Sie zusammen Essen. Wer sind die Menschen, die die Organisation hemmen oder ihr Widerstand entgegenbringen? Meiden oder umgehen Sie diese Personen oder schließen Sie Frieden mit ihnen. Besonders zu beachten beim Umgang mit dem oberen Management:

Die Empfindlichkeiten sind ausgeprägt und das Selbstbewusstsein ist sehr groß. Sie können in eine emotionale Falle geraten, starke Spannungen können auftreten. Es gibt viele Möglichkeiten, Aussagen zu machen oder auf eine Art und Weise zu handeln, die bei dieser Gruppe den Eindruck hervorrufen kann, Ihre Einschätzung der firmenpolitischen Umstände sei nicht richtig und verursacht darum einen Konflikt. *Benötigen Sie weitere Hilfe? – Siehe Nr. 38 „Organisationsagilität", Nr. 48 „Politisches Geschick" und Nr. 119 „Politische Fehltritte".*

Develop-in-Place-Aufgabenstellungen
☐ Schließen Sie Frieden mit einem Feind oder mit jemandem, den Sie mit einem Produkt oder einer Dienstleistung enttäuscht haben, oder mit jemandem, mit dem Sie Probleme hatten oder nicht so gut zurechtkommen.
☐ Managen Sie ein Rationalisierungsprojekt.
☐ Führen Sie eine Analyse an einem fehlgeschlagenen Projekt durch und legen Sie die Ergebnisse den Beteiligten dar.
☐ Beteiligen Sie sich an einem Gewerkschafts-Verhandlungsteam oder Beschwerde-Schlichtungsteam.
☐ Trainieren Sie eine Kinder-Sportmannschaft.

Don't be afraid of opposition.
Remember, a kite rises against, not with, the wind.
Hamilton Mabie – US-amerikanischer Essayist

Literaturempfehlungen

Blackard, K., & Gibson, J. W. (2002). *Capitalizing on conflict: Strategies and practices for turning conflict to synergy in organizations.* Palo Alto, CA: Davies-Black Publishing.

Cartwright, T. (2003). *Managing conflict with peers.* Greensboro, NC: Center for Creative Leadership.

Cloke, K., & Goldsmith, J. (2000). *Resolving conflicts at work: A complete guide for everyone on the job.* San Francisco: Jossey-Bass.

Crawley, J., & Graham, K. (2002). *Mediation for managers: Getting beyond conflict to performance.* Yarmouth, ME: Nicholas Brealey Publishing.

Dana, D. (2000). *Conflict resolution.* New York: McGraw-Hill Trade.

Deutsch, M., & Coleman, P. T. (Eds.). (2000). *The handbook of conflict resolution: Theory and practice.* San Francisco: Jossey-Bass.

Eadie, W. F., & Nelson, P. E. (Eds.). (2001). *The language of conflict and resolution.* Thousand Oaks, CA: Sage.

Furlong, G. T. (2005). *The conflict resolution toolbox: Models and maps for analyzing, diagnosing, and resolving conflict.* Mississauga, ON: John Wiley & Sons, Canada, Ltd.

Gerzon, M. (2006). *Leading through conflict: How successful leaders transform differences into opportunities.* Boston: Harvard Business School Press.

Guttman, H. M. (2003). *When goliaths clash: Managing executive conflict to build a more dynamic organization.* New York: AMACOM.

Harper, G. (2004). *The joy of conflict resolution: Transforming victims, villains, and heroes in the workplace and at home.* Gabriola Island, BC: New Society Publishers.

Harvard Business School Press. (2004). *Dealing with difficult people.* (The Results-Driven Manager Series.) Boston: Harvard Business School Press.

Kheel, T. W. (2001). *The keys to conflict resolution: Proven methods of resolving disputes voluntarily* (2nd ed.). New York: Four Walls Eight Windows.

Levine, S. (2000). *Getting to resolution: Turning conflict into collaboration.* San Francisco: Berrett-Koehler Publishers.

Masters, M. F., & Albright, R. R. (2002). *The complete guide to conflict resolution in the workplace.* New York: AMACOM.

Perlow, L. (2003). *When you say yes but mean no: How silencing conflict wrecks relationships and companies...and what you can do about it.* New York: Crown Business.

Popejoy, B., & McManigle, B. J. (2002). *Managing conflict with direct reports.* Greensboro, NC: Center for Creative Leadership.

FAKTOR III: MUT
CLUSTER H: UMGANG MIT PROBLEMEN

13 Konfrontieren von Mitarbeitern

> *Harshness to me is giving somebody false hopes and not following through.*
> *That's harsh. Telling some guy or some girl who've got zero talent*
> *that they have zero talent actually is a kindness.*
> Simon Cowell – Britischer Musik- und Filmproduzent, TV-Persönlichkeit

Schlecht ausgeprägt
- ☐ Kann Mitarbeitern nur schlecht negative Nachrichten übermitteln
- ☐ Zögert Probleme so lang hinaus oder umgeht sie, bis er/sie zum Handeln gezwungen ist
- ☐ Gibt keine klaren Standards vor oder gibt zu wenig Feedback
- ☐ Verdrängt Probleme in der Hoffnung, dass sie sich von selbst lösen
- ☐ Akzeptiert Entschuldigungen zu schnell
- ☐ Gibt Mitarbeitern zu viele Chancen
- ☐ Kann, wenn alles fehlgeschlagen ist, die letzte Konsequenz nicht ziehen
- ☐ Hat niedrige Standards oder favorisierte Mitarbeiter

Wählen Sie eine bis drei der folgenden Kompetenzen als Ersatz für diese Kompetenz, wenn Sie nicht direkt an ihr arbeiten möchten.
ERSATZKOMPETENZEN: 1,9,12,16,20,27,34,35,36,37,53,56,57

Gut ausgeprägt
- ☐ Zeigt schwierigen Mitarbeitern gegenüber zum richtigen Zeitpunkt Stärke
- ☐ Geht Probleme sofort an
- ☐ Beurteilt die Leistung seiner/ihrer Mitarbeiter regelmäßig und regt rechtzeitig Diskussionen an
- ☐ Kann auch harte Entscheidungen treffen, wenn alle anderen Maßnahmen versagt haben
- ☐ Weiß mit destruktiven Mitarbeitern umzugehen

Übertriebene Fähigkeit
- ☐ Lässt sich im Umgang mit schwierigen Mitarbeitern zu schnell zum Handeln hinreißen
- ☐ Bringt nicht genug Energie auf, um eine Problemlösung zu entwickeln
- ☐ Verlangt Fortschritte in zu kurzer Zeit

KOMPETENZ 13: KONFRONTIEREN VON MITARBEITERN

☐ Erwartet Wunder

Wählen Sie nachstehend eine bis drei Kompetenzen als Arbeitsgegenstand aus, um einen übertriebenen Einsatz dieser Fähigkeit zu kompensieren.
AUSGLEICHSKOMPETENZEN: 3,7,12,19,20,21,23,31,33,36,41,56,60,64

Mögliche Ursachen
☐ Vermeidung von direkten Konfliktsituationen
☐ Keine Überzeugungskraft gegenüber Personen in Opposition
☐ Ungenügende Weitergabe von Feedback
☐ Hemmung davor, letzte Konsequenzen zu ziehen
☐ Will sich nicht mit dem zu einer Handlung gehörigen Papierkram befassen
☐ Nicht gut im Weiterverfolgen
☐ Unrealistische Erwartungen
☐ Verdrängung von Problemen
☐ Schiebt die Dinge vor sich her oder bevorzugt bestimmte Personen
☐ Keine Bereitschaft, harte Personalentscheidungen zu treffen
☐ Keine Bereitschaft, negative Handlungen durchzuführen

Leadership Architect® Faktoren und Cluster
Diese Kompetenz ist in Faktor III „Mut" zu finden. Diese Kompetenz ist in Cluster H „Umgang mit Problemen" zusammen mit den Kompetenzen 9, 12, 34, 57 enthalten. Sie können auch bei anderen Kompetenzen in demselben Faktor/Cluster nach passenden Tipps suchen.

Der Plan
Die meisten Organisationen praktizieren heute Lean-Management. Durch den immer schnelleren Wandel und die zunehmend teamorientierte Arbeitsweise lassen sich Mitarbeiter mit Leistungsdefiziten nicht mehr so wie früher verbergen. Der Schlüssel zur Leistungssteigerung Ihrer Geschäftseinheit und wahrscheinlich auch zu Ihrer eigenen Karriere liegt in der Überwindung Ihres eigenen Zögerns, sich mit diesen Mitarbeitern auseinander zu setzen. Führungskräfte mit Kompetenz in der Mitarbeiterführung setzen sich konstruktiv, rechtzeitig und regelmäßig mit ihren Mitarbeitern zusammen. Sie weisen ihre Mitarbeiter auf Leistungslücken hin und unterstützen sie beim Aufbau ihrer Kompetenzen. Sie interessieren sich dafür, wie sich der Betroffene fühlt. Schlagen die Bemühungen jedoch fehl, wird es notwendig, die richtigen Maßnahmen zu treffen, das heißt, das Arbeitsverhältnis zwischen dem Mitarbeiter und dem Unternehmen zu lösen. Eine zügige Durchführung dieser Maßnahme auf der Basis von Takt und Mitgefühl zeigt, ob diese Führungskraft Mut besitzt oder nicht.

KOMPETENZ 13: KONFRONTIEREN VON MITARBEITERN

Tipps

☐ **1. Zögern Sie, negatives Feedback zu geben? Lassen Sie andere wissen, wo sie stehen.** Die meisten Mitarbeiter mit Performance-Problemen wissen nicht, dass sie Schwächen haben! An erster Stelle in einer Umfrage über die Aufgaben, die Führungskräfte am wenigsten mögen, steht das Vermitteln schlechter Nachrichten von Angesicht zu Angesicht. Fast alle Umfragen beweisen, dass Mitarbeiter nicht das Feedback bekommen, das sie zur Lösung ihrer Leistungsprobleme benötigen. Frauen, Minderheiten und ältere Kollegen erhalten das geringste Feedback. Die meisten Menschen, die entlassen wurden oder freiwillig selbst gekündigt haben, hatten bis zum Zeitpunkt des Ausscheidens befriedigende oder sehr gute Leistungsbeurteilungen. Es ist schwer, Überbringer schlechter Nachrichten zu sein. Emotionen und defensive Reaktionen können auftreten – mit möglichen schwerwiegenden Konsequenzen. Eventuell müssen Sie Ihre Handlungen innerhalb und außerhalb der Organisation verteidigen. Langfristig gesehen ist es allerdings grausam, einem Mitarbeiter mit unbefriedigenden oder ganz unakzeptablen Leistungen kein faires, direktes Feedback zu geben. Das ist die einzige Möglichkeit, an Defiziten zu arbeiten und eine Karriere zu planen. Zur Überwindung Ihres Zögerns konzentrieren Sie sich auf faire, gleichmäßig angewandte und kommunizierte Performance-Standards sowie auf Diskrepanzen zwischen den erwarteten und tatsächlichen Leistungen. Lesen Sie *Becoming a Manager* von Linda A. Hill, wo Fallstudien von Managern, die zum ersten Mal Performance-Standards bei ihren Mitarbeitern angewandt haben, beschrieben werden. Stellen Sie sicher, dass jeder Ihrer Mitarbeiter weiß, was Sie von ihm erwarten und wo er dabei steht.

☐ **2. Sind Ihre Mitarbeiter nicht sicher, was sie tun sollen? Schaffen Sie klare Standards und teilen Sie diese mit.** Haben Ihre Problem-Performer eventuell keine klaren Vorstellungen darüber, was von ihnen erwartet wird? Es könnte sein, dass Ihre Leistungsstandards und Ziele nicht klar genug definiert sind. Sie sind vielleicht ein Manager, der viel nach Gefühl arbeitet, womit dann einige zu kämpfen haben, weil sie nicht genau wissen, was von ihnen erwartet wird, oder ob diese Erwartungen sich nicht zwischenzeitlich geändert haben. Es kann sein, dass Sie nicht klar genug kommunizieren oder dass Sie vielleicht einfach zu beschäftigt sind. Vielleicht sprechen Sie auch nicht mit jedem. Oder Sie haben den einen oder anderen Mitarbeiter aufgegeben und sprechen deshalb nicht mehr mit ihm. Vielleicht denken Sie, dass fähige Leute wissen sollten, was zu tun ist – was aber nicht gut gehen kann, weil Sie Ihre Erwartungen nicht klar ausgedrückt haben. Ihre erste Aufgabe besteht darin, die fünf bis zehn Bereiche zu nennen, in denen die Schlüsselergebnisse liegen sollen, einschließlich der dafür notwendigen Erfolgsindikatoren. Messen Sie Ihre Mitarbeiter mit Performance-Schwächen an beiden Kriterien: an den Standards und an den Indikatoren. Geben Sie ihnen faire Tools zur eigenen Überprüfung ihres Fortschritts an die Hand. Mitarbeiter, die ihre eigenen Ziele und Performance-Standards verfolgen können, sind oft strenger mit sich selbst, als Sie es sein würden. Sie setzen für sich oft einen höheren Maßstab an als Sie. Manchmal liegt das Problem am Verhalten, z.B. wenn Menschen ihre Ausbrüche nicht kontrollieren können, das erst im Nachhinein die Leistung durch Mangel an Kooperation oder Sabotage beeinflusst. In diesem Fall ist es am besten, die Diskrepanz zwischen Verhalten und Erwartungen zu betrachten und der Person zu sagen, welche Konsequenzen Sie beobachtet haben. Wenn die Person zustimmt, reicht evtl. eine Entwicklungsförderung. Wenn die Person jedoch unangenehm überrascht ist, kann ein 360° und eine Weiterverfolgung der Lage erforderlich sein, um das Problem zu ergründen, bevor dieser Person geholfen werden kann. *Benötigen Sie weitere Hilfe? – Siehe Nr. 35 „Leistung einfordern und messen".*

☐ **3. Warten Sie ungeduldig auf Verbesserungen? Legen Sie realistische Zeitrahmen für Entwicklung fest.** Bleiben Ihre Mitarbeiter hinter den Leistungsstandards zurück? Häufig sieht man Zielvereinbarungen, in denen die Leistungsschwächen innerhalb von neunzig Tagen abgestellt sein müssen, da sonst mit unangenehmen Konsequenzen zu rechnen ist – ein Ziel, das natürlich unerreichbar ist. Gehen Sie darum strategisch vor: Verbessern Sie Ihre sozialen Kompetenzen, lernen Sie mehr über das Geschäft, seien Sie weniger arrogant. Fragen Sie sich selbst: Wie lange habe ich selbst gebraucht, um auf dem Gebiet, auf dem ich meinen Mitarbeiter jetzt kritisiere, eine gute Leistung zu erbringen. Leider zögern Führungskräfte das Überbringen schlechter Nachrichten hinaus, und daher erreichen wir die Menschen sehr spät. Oft ist es so, dass die letzten fünf Führungskräfte zwar dieselbe Schwierigkeit bei einer Person festgestellt, sie aber nicht damit konfrontiert haben. Sprechen Sie daher die Mitarbeiter sofort an, sobald klar wird, dass die Leistungsvereinbarungen nicht erreicht werden. Warten Sie nicht. Je früher Sie das Thema ansprechen, desto leichter ist es und desto mehr können Sie erreichen – für sich selbst, für Ihre Mitarbeiter und für die Organisation. Selbst unter optimalen Bedingungen brauchen die meisten Mitarbeiter mit Leistungsproblemen ein bis zwei Jahre, um sich zu verbessern. Es ist sehr unfair zu verlangen, dass sich jemand innerhalb eines genau festgelegten Zeitrahmens verbessert oder eine Leistungsvereinbarung einhält. Wenn Ihre Organisation ein Wunder innerhalb von neunzig Tagen erwartet, wehren Sie sich dagegen. mit dem Hinweis, dass in diesem Zeitraum zwar geringfügige Verbesserungen erzielt werden können, dass eine wirkliche Änderung aber nicht wie ein Quartalsbericht gehandhabt werden kann.

☐ **4. Wissen Sie nicht genau, wann oder wie Sie schlechte Nachrichten überbringen sollen? Planen Sie den „Werde-besser-oder-Du-gehst-Prozess".** Die erste Besprechung. Nachdem Sie festgestellt haben, dass einer Ihrer Mitarbeiter die Leistungsstandards einfach nicht erfüllt, vergleichen und dokumentieren Sie Ihre Beobachtungen auf der Basis der Standards und legen Sie einen Termin für das erste schwierige Gespräch fest. Die Erfahrung zeigt, dass diese ersten schwierigen Mitarbeitergespräche immer am Wochenanfang und morgens stattfinden sollten. Setzen Sie den Termin auf keinen Fall am Freitag, vor einem Feiertag oder am Tag vor dem Urlaub eines Mitarbeiters an – und genau das tun die meisten Führungskräfte. Diese Gespräche sollten auch nicht dann stattfinden, wenn die Abteilung alle Hände voll damit zu tun hat, eine große Präsentation vorzubereiten. Sagen Sie gleich am Anfang der Besprechung: „Wir" haben ein Leistungsproblem, das wir besprechen und korrigieren müssen. Fassen Sie sich kurz. Die Aufmerksamkeitsspanne in schwierigen Feedback-Situationen ist begrenzt. Verschwenden Sie keine Zeit mit einer langatmigen Einleitung. Kommen Sie sofort zum Punkt. Der Mitarbeiter weiß wahrscheinlich sowieso, dass er ein negatives Feedback zu erwarten hat, sprechen Sie das Negative deshalb gleich an. Positive Dinge, die Sie einfließen lassen, wird er höchstwahrscheinlich gar nicht hören oder sich nicht daran erinnern. Überwältigen Sie ihren Gesprächspartner nicht, selbst wenn Sie eine Menge zu sagen haben. Suchen Sie sich einige Kernthemen aus und beschränken Sie sich darauf. Halten Sie sich an Fakten und deren Auswirkung auf Sie, den Mitarbeiter und Ihre Abteilung. Sprechen Sie über spezifische Ereignisse und Situationen. Planen Sie genügend Zeit ein. Dies ist kein Prozess, den man durchhasten sollte.

☐ **5. Konzentrieren Sie sich auf das Problem und nicht auf die Lösung? Stellen Sie eine Zielvereinbarung auf.** Kritisieren Sie nicht ohne den gleichzeitigen Hinweis auf die Lösung oder eine Zielvereinbarung. Sagen Sie Ihrem Mitarbeiter, was Sie von ihm erwarten – beschreiben Sie einen Ausweg aus dieser Situation. Lassen sie ihn nicht raten und verbringen Sie nicht viel Zeit mit dem Wiederkäuen der Vergangenheit. Schlagen Sie Vorgehensweisen zur Lösung des Problems vor, die beide Seiten einhalten können. Seien Sie positiv, aber standhaft. Seien Sie konstruktiv. Seien Sie am Anfang optimistisch. Helfen Sie ihm dabei, die negativen Konsequenzen zu erkennen und einen möglichen Zeitplan festzulegen – Sie können fragen, was er denkt, und sagen, welche Konsequenzen von Ihrer Seite aus folgen. Veränderungsprozesse beginnen mit der Erkennung nicht akzeptabler Konsequenzen sowie möglicher Auswege. Drohungen

KOMPETENZ 13: KONFRONTIEREN VON MITARBEITERN

helfen nicht. *Benötigen Sie weitere Hilfe?* – Siehe Nr. 19 „Mitarbeiter und andere weiterentwickeln".

☐ **6. Lassen Sie sich von Unstimmigkeiten und Ausreden auf dem falschen Fuß erwischen? Situationskontrolle.** Behalten Sie die Diskussion unter Kontrolle. Tun Sie nicht nur so, als ob Sie zuhören – das obligatorische „Hören wir uns jetzt Ihre Seite dazu an" funktioniert nicht, wenn Sie denken, dass es keine andere Seite gibt. Derartige Diskussionen lösen nur die natürliche Abwehrreaktion des Mitarbeiters aus. Seien Sie darauf gefasst. Das ist nicht unbedingt ein Zeichen für wirkliche Meinungsverschiedenheit oder Ablehnung; es ist eine natürliche Reaktion. Sagen Sie zum Beispiel: „Ich verstehe, dass Sie anderer Ansicht sind, aber Ihre Leistung in diesen Bereich reicht einfach nicht aus. Wir müssen etwas unternehmen." Der Mitarbeiter gibt Ihnen vielleicht zehn Gründe an, warum Ihre Einschätzung nicht fair oder richtig ist. Hören Sie zu. Machen Sie deutlich, dass Sie verstehen, was er gesagt hat. Falls der andere unbeirrbar bleibt, sagen Sie „Lassen Sie uns morgen über Ihren Standpunkt weitersprechen, wenn wir beide die Möglichkeit hatten, über die Diskussion nachzudenken." Kehren Sie dann zu Ihrer Tagesordnung zurück. Sagen Sie Ihrem Mitarbeiter: „Ich werde Ihnen dabei helfen, Ihre Leistung in diesem Bereich zu verbessern." Der beste Weg ist, ihm sofort neue Aufgaben zu geben und darauf zu vertrauen, dass er es diesmal besser macht. Verhalten Sie sich so wie immer – spielen Sie nicht auf die Probleme der Vergangenheit an. Er hat bereits gehört, was Sie dazu zu sagen hatten. (Glauben Sie, dass es Ihrem Mitarbeiter an Motivation fehlt und nicht an Fähigkeiten, geben Sie ihm eine schwierigere Aufgabe. Manchmal werden einfache Aufgaben nachlässig erledigt, herausfordernde Aufträge aus dem gleichen Umfeld aber wesentlich besser.)

☐ **7. Geraten die Emotionen außer Kontrolle? Stellen Sie sich auf den Verteidigungsfall ein.** Es kann zu Gefühlsausbrüchen kommen. Diese Nachricht kann für den Mitarbeiter vollkommen überraschend sein. Obwohl das Problem schon seit Jahren besteht, kann dies tatsächlich das erste Mal sein, dass ein Manager es direkt anspricht. Nehmen Sie nicht alles zu ernst, was Ihr Gesprächspartner in dieser ersten Besprechung sagt. Seine Gefühle beeinflussen ihn stark. Bereiten Sie sich gedanklich auf Worst-Case-Szenarien vor. Überlegen Sie sich im Voraus, was die Person sagen könnte, und halten Sie Antworten parat, damit Sie nicht überrascht werden. Arbeiten Sie Ihren Standpunkt gedanklich so lange durch, bis Sie ihn in wenigen Sätzen klar und deutlich darlegen und begründen können. Bleiben Sie gelassen und benutzen Sie keine Worte, die Sie später bedauern könnten – wie z. B. die Kommunikationskiller „immer" und „nie". Falls Ihr

Gesprächspartner die Selbstbeherrschung verliert, reagieren Sie nicht darauf. Lassen Sie es zu, dass er seinem Ärger Luft macht oder sogar weint, und wenden Sie sich dann wieder dem eigentlichen Problem zu. Vergessen Sie nicht, dass die Situation sehr gefühlsbetont ist – selbst wenn Sie vollkommen Recht haben, können die Gefühle überhand nehmen. Auch wenn Sie jemandem eine kritische Beurteilung geben müssen, können Sie trotzdem Mitgefühl zeigen oder ihn später wieder aufrichten, wenn die Unterredung positiver wird. Lassen Sie ihn das Gesicht wahren; geben Sie in kleinen Punkten nach; lassen Sie ihn das Ganze erst einmal emotional verarbeiten. *Benötigen Sie weitere Hilfe? – Siehe Nr. 12 „Konfliktmanagement".*

☐ **8. Wurden Beziehungen beschädigt? Kümmern Sie sich am nächsten Tag um Feedback.** Gehen Sie am nächsten Tag zu Ihrem Mitarbeiter; verlangen Sie nicht, dass er in Ihr Büro kommt. Fragen Sie, wie er sich fühlt. Bleiben Sie bei Ihrer Einschätzung, lassen Sie ihn jedoch sprechen. Sagen Sie ihm, dass Sie helfen werden, dass Sie es als Ihre Aufgabe ansehen, Behinderungen auf dem Weg zu einer besseren Performance zu beseitigen, Informationen und Unterstützung, Struktur und Ratschläge zur Durchführung zu geben – jedoch keine Ratschläge zum Wie – sowie Ansprechpartner bei auftretenden Problemen zu sein. Bemühen Sie sich nach diesem Gespräch ganz bewusst darum, diese Beziehung in ihrer jetzigen Form aufrechtzuerhalten oder zu vertiefen. Wenn sich die Person abgeschrieben fühlt, dann kann sich dies zu einer hoffnungslosen Situation entwickeln. Setzen Sie sich Eckdaten zur Überprüfung. Verwenden Sie einen Maßstab, auf den Sie sich beide beziehen können. Verfolgen Sie den Fortschritt. Falls es sich zu einem späteren Zeitpunkt ergibt, bitten Sie die Person um Feedback zu Ihrer Performance in dieser Situation. *Benötigen Sie weitere Hilfe? – Siehe Nr. 7 „Kümmern um Mitarbeiter".*

☐ **9. Letzte Chance? Kündigen Sie die Zwei-Minuten-Warnung an.** Die letzte Chance für eine Person, die sich nicht wirklich bemüht. Eventuell müssen Sie die betreffende Person nach ein paar Monaten auf die Seite nehmen mit der Rückfrage: „Ich verstehe alle Ihre Probleme und ich habe versucht Ihnen zu helfen, aber Sie tun nicht das, was wir vereinbart haben. Wollen Sie sich verbessern oder nicht?" Werden Sie zu so einer Aktion gezwungen, dann befolgen Sie die Regeln für den Umgang mit Konflikten: Bleiben Sie auf der sachlichen Ebene; es dreht sich um das Problem und nicht um die Person. Versuchen Sie ein letztes Mal zu helfen. Nehmen Sie die Bedenken, Einwände sowie die Beschreibungen der Hindernisse des Angesprochenen zur Kenntnis, aber machen Sie keine Zugeständnisse. Seien Sie deutlich; jetzt ist nicht der richtige Zeitpunkt zu verhandeln. Geben Sie der Person einen Tag Bedenkzeit, um Ihnen dann einen glaubhaften Plan zu einer Verbesserung der Performance vorzulegen. Damit wird es zu seinem Problem. Bereiten Sie sich darauf vor, sofort zu handeln, falls der Plan unzureichend ist. Selbstverständlich sollten Sie sich vorher die nötigen Autorisierungen einholen sowie die Personalabteilung und die Rechtsabteilung um Beratung und Unterstützung bitten.

☐ **10. Wird es Zeit, dass sich die Wege trennen? Verabschieden Sie sich mit Achtung und Würde.** Nur weil ein Mitarbeiter diese Aufgabe nicht bewältigen konnte, bedeutet das nicht, dass er auch als Mensch unfähig ist, oder dass er nicht fünfzig Dinge besser machen kann als Sie. Verlagern Sie die Schwäche in einer Leistung nicht auf andere Situationen, und weisen Sie so gut Sie können auf die Stärken der Person hin. Machen Sie Vorschläge zu passenderen Arbeitseinsätzen. Zeigen Sie, was Sie tun können, um zu helfen; falls Sie dazu bereit sind, Ansprechpartner für zukünftige Referenzen zu sein, sagen Sie das. Halten Sie die Besprechung kurz. Gehen Sie später noch einmal auf die Person zu und sprechen Sie ihre Gefühle an, falls sie dazu bereit ist. Sie müssen nicht antworten, sondern nur zuhören. Verabschieden Sie die Person mit Gesten, die zeigen, dass Sie sie nicht persönlich ablehnen, sondern dass in diesem Fall die Rolle und die Person nicht zusammengepasst haben. Eine Party, eine Notiz, ein Anruf – machen Sie eine Geste, die jedoch authentisch sein muss. Selbst wenn sie Sie zurückweist – wenn Sie aufrichtig gewesen sind, haben Sie Ihren Teil getan.

Develop-in-Place-Aufgabenstellungen

☐ Managen Sie das Outplacement einer Gruppe von Mitarbeitern.
☐ Managen Sie eine Gruppe von Widerständlern mit schlechter Moral während eines unbeliebten Umstiegs oder Projekts.
☐ Weisen Sie einer Gruppe ein Projekt mit einem engen Termin zu.
☐ Managen Sie eine Gruppe von Personen, die an einem Fix-it oder Sanierungsprojekt arbeiten.
☐ Stellen Sie eine temporäre Gruppe zusammen und managen Sie diese, um eine schwierige oder zeitlich knapp bemessene Aufgabe zu bewältigen.

It isn't the people you fire who will make your life miserable;
it's the people you don't fire.
Harvey Mackay– US-amerikanischer Autor und Redner
im Bereich Business-Motivation

Literaturempfehlungen

Bernstein, A. J. (2001). *Emotional vampires: Dealing with people who drain you dry.* New York: McGraw-Hill.

Buron, R. J., & McDonald-Mann, D. (2003). *Giving feedback to subordinates* (Rev. ed.). Greensboro, NC: Center for Creative Leadership.

Crawley, J., & Graham, K. (2002). *Mediation for managers: Getting beyond conflict to performance.* Yarmouth, ME: Nicholas Brealey Publishing.

Grant, M. M. (2006). Six Sigma for people? The heart of performance management. *Human Resource Planning 29*(1), 10-11.

Grote, D. (2006). *Discipline without punishment* (2nd ed.). New York: AMACOM.

Harvard Business School Press. (2007). *Dismissing an employee.* Boston: Harvard Business School Press.

Hoover, J., & DiSilvestro, R. P. (2005). *The art of constructive confrontation: How to achieve more accountability with less conflict.* Hoboken, NJ: John Wiley & Sons.

Lang, M. D., & Taylor, A. (2000). *The making of a mediator: Developing artistry in practice.* San Francisco: Jossey-Bass.

Levin, R. A., & Rosse, J. G. (2001). *Talent flow: A strategic approach to keeping good employees, helping them grow, and letting them go.* New York: John Wiley & Sons.

Manzoni, J. (2002). A better way to deliver bad news. *Harvard Business Review 80*(9), 114-119.

McClure, L. F. (2000). *Anger and conflict in the workplace: Spot the signs, avoid the trauma.* Manassas Park, VA: Impact.

McKenna, P. J., & Maister, D. H. (2002). *First among equals: How to manage a group of professionals.* New York: Free Press.

Moss, S. E., & Sanchez, J. I. (2004). Are your employees avoiding you? Managerial strategies for closing the feedback gap. *Academy of Management Executive 18*(1), 32-44.

Patterson, K., Grenny, J., McMillan, R., & Switzler, A. (2005). *Crucial confrontations: Tools for talking about broken promises, violated expectations, and bad behavior.* New York: McGraw-Hill.

Patterson, K., Grenny, J., McMillan, R., Switzler, A., & Covey, S. R. (2002). *Crucial conversations: Tools for talking when stakes are high.* New York: McGraw-Hill/Contemporary Books.

Scott, G. G. (2004). *A survival guide for working with humans: Dealing with whiners, back-stabbers, know-it-alls, and other difficult people.* New York: AMACOM.

Scott, S. (2004). *Fierce conversations: Achieving success at work and in life, one conversation at a time* (Rev. ed.). New York: Viking Press.

Solomon, M. (2002). *Working with difficult people.* New York: Prentice Hall.

Stone, F. M. (1999). *Coaching, counseling and mentoring: How to choose and use the right technique to boost employee performance* (2nd ed.). New York: AMACOM.

Ursiny, T. (2003). *Coward's guide to conflict: Empowering solutions for those who would rather run than fight.* Naperville, IL: Sourcebook Trade.

FAKTOR I: STRATEGISCHE FÄHIGKEITEN
CLUSTER C: KREATIVITÄT UND INNOVATION

14 Kreativität

If you're going to create, create a lot. Creativity is not like playing the slot machines, where failure to win means you go home broke. With creativity, if you don't win, you're usually no worse off than if you hadn't played.
Scott Adams – US-amerikanischer Autor und Comiczeichner, Schöpfer der *Dilbert*-Comicstrips

Schlecht ausgeprägt
- ☐ Engstirnig, taktierend, vorsichtig und konservativ
- ☐ Fühlt sich mehr zur Vergangenheit hingezogen und bevorzugt das Altbewährte
- ☐ Hat einen begrenzten Horizont, der von einem engstirnigen Hintergrund herrührt
- ☐ Vermeidet Risiken und versucht nicht aufzufallen oder sich von der Masse abzuheben
- ☐ Kommt nicht mit Ideen zurecht, die außerhalb seines/ihres Gebietes entstanden sind
- ☐ Weiß nicht, wie Kreativität funktioniert
- ☐ Benutzt alte Lösungen für neue Probleme
- ☐ Bremst die kreativen Initiativen anderer

Wählen Sie eine bis drei der folgenden Kompetenzen als Ersatz für diese Kompetenz, wenn Sie nicht direkt an ihr arbeiten möchten.
ERSATZKOMPETENZEN: 1,2,5,15,16,28,30,32,33,43,46,51,57,58,61

Gut ausgeprägt
- ☐ Hat ständig neue und einzigartige Ideen
- ☐ Hat kein Problem damit, Verbindungen zwischen scheinbar unzusammenhängenden Ideen herzustellen
- ☐ Ist fähig, in Brainstorming-Situationen originelle und nachhaltige Ideen zu produzieren

Übertriebene Fähigkeit
- ☐ Favorisiert wenig produktive Ideen und verschwendet damit Zeit
- ☐ Packt zu viele Sachen gleichzeitig an
- ☐ Vollendet Aufgaben nicht, sondern gibt sich mit der Entwicklung von Ideen zufrieden
- ☐ Ist unorganisiert und kaum detailorientiert
- ☐ Ist ein Einzelgänger und kein guter Teamplayer

KOMPETENZ 14: KREATIVITÄT

- ☐ Hat Probleme mit Menschen, die weniger kreativ sind

Wählen Sie nachstehend eine bis drei Kompetenzen als Arbeitsgegenstand aus, um einen übertriebenen Einsatz dieser Fähigkeit zu kompensieren.

AUSGLEICHSKOMPETENZEN: 1,5,16,17,24,28,30,38,39,45,46,47,48,50,51,52, 53,58,59,61,64

Mögliche Ursachen

- ☐ Lebt in der Vergangenheit
- ☐ Zu vorsichtig
- ☐ Weiß nicht, worum es geht
- ☐ Begrenzter Horizont
- ☐ Engstirnig
- ☐ Eher praktisch veranlagt
- ☐ Ablehnung von Kreativität als zu realitätsfremd
- ☐ Eher zurückhaltend
- ☐ Zu fokussiert
- ☐ Als Problemlöser zu gut

Leadership Architect® Faktoren und Cluster

Diese Kompetenz ist in Faktor I „Strategische Fähigkeiten" zu finden. Diese Kompetenz ist in Cluster C „Kreativität und Innovation" zusammen mit den Kompetenzen 2, 28, 46, 58 enthalten. Sie können auch bei anderen Kompetenzen in demselben Faktor/Cluster nach passenden Tipps suchen.

Der Plan

Kreativität beinhaltet: (1) sich vollständig in ein Problem hineinzudenken; (2) auf vielen verschiedenen Ebenen nach Verbindungen und Zusammenhängen zu suchen – in der Vergangenheit, bei anderen Organisationen oder in Brainstorming-Situationen mit anderen Menschen; (3) Ideen ausreifen zu lassen; (4) den Durchbruch zu erkennen, der gewöhnlich dann kommt, wenn man abgelenkt oder entspannt ist; (5) eine oder mehrere Ideen als Pilotprojekt auszuwählen. Die meisten von uns können viel kreativer sein als wir erkennen lassen. Faktoren wie Erziehung, Ausbildung und die eingeschränkte Verantwortung vieler Tätigkeiten können sich lähmend auf die Kreativität auswirken. Viele von uns werden oder wurden dazu erzogen, beherrscht aufzutreten, uns auf einen einzigen Punkt zu konzentrieren, zu zögern, vorsichtig zu sein, konservativ zu denken, uns vor Fehlern zu fürchten und nichts zu riskieren, wodurch wir uns lächerlich machen könnten. All das lähmt die Kreativität, die schon in uns steckt. Ein Schritt zur Steigerung der Kreativität besteht darin, diese Beschränkungen aufzuheben, ein anderer darin, neue kreative Fähigkeiten hinzuzufügen. Es gibt Kreativitätstechniken, die in Studien und durch praktische

KOMPETENZ 14: KREATIVITÄT

Anwendung erfolgreich getestet wurden und durch deren Einsatz der kreative Prozess einer Person oder Gruppe verbessert wird. Kreativität ist eine geschätzte Kompetenz, da die meisten Organisationen Kreativität beziehungsweise Innovation benötigen, um ihre Produkte und Dienstleistungen zum Erfolg zu führen.

Tipps

☐ **1. Haben Sie sich festgefahren? Beseitigen Sie Ihre Beschränkungen.** Was hält Sie davon ab, kreativer zu sein? Sind Sie ein Perfektionist? Kreativität und Perfektion vertragen sich nicht. Sind Sie vorsichtig und spekulieren Sie nicht gerne? Kreativität bedeutet gerade das Gegenteil. Machen Sie sich Sorgen darüber, was andere Leute denken? Haben Sie Angst, dass Sie Ihre Idee nicht verteidigen können? Es liegt in der Natur der Kreativität, ungeklärte, unsichere Dinge anderen zur Überprüfung und Kritik zu überlassen. Haben Sie eher einen engen Blickwinkel und fühlen sich am wohlsten in Ihrer Technologie und Ihrem Beruf? Kreativ zu sein heißt überall hinzuschauen. Ist es für Sie bequemer, praktisch zu handeln und zu denken? Kreativ zu sein fängt damit an, unpraktisch zu sein. Sind Sie zu beschäftigt, um nachdenken und grübeln zu können? Kreativität verlangt Zeit. Verlassen Sie Ihre Komfortzone. Die meisten beschäftigten Menschen verlassen sich zu sehr auf Lösungen aus ihrer eigenen Vergangenheit. Sie sehen eine Übereinstimmung in den vergangenen und jetzigen Problemen, die nicht vorhanden ist. Vermeiden Sie Aussagen wie „Ich habe schon immer ..." oder „Normalerweise ...". Nehmen Sie sich grundsätzlich die Zeit, jede Situation von allen Seiten zu betrachten, und fragen Sie sich, ob sie wirklich dieselben Probleme beinhaltet, die Sie in der Vergangenheit gelöst haben? Sie müssen weder Ihre Persönlichkeit, noch die Dinge verändern, mit denen Sie sich wohl fühlen, es sei denn, Sie wollen kreativer werden. Wenn dies der Fall ist, ändern Sie Ihre Denk- und Handlungsweise; probieren Sie neue Dinge aus; befreien Sie sich von den Beschränkungen.

☐ **2. Brauchen Sie einen ganz neuen Ansatz? Wenden Sie Strategien für kreatives Denken an.** Zur Erhöhung der persönlichen Kreativität ist ein Vertiefen in das Problem nützlich. Neue Ideen bekommt man nicht auf schnelle Art und Weise; ein tiefgründiges Suchen ist erforderlich.

– Nehmen Sie sich viel Zeit dafür – untersuchen Sie intensiv, sprechen Sie mit anderen, suchen Sie nach Parallelen bei anderen Organisationen und ebenso auf Gebieten, die weit außerhalb Ihres Bereiches liegen – tauchen Sie tief in die Sache ein, sprechen Sie mit anderen, suchen Sie nach Parallelen in anderen Organisationen und in abgelegenen Bereichen, die mit Ihrem eigenen Gebiet rein gar nichts zu tun haben.

Falls Ihre Antwort ist, dass Sie nicht genügend Zeit für so etwas aufbringen können, kann damit normalerweise auch erklärt werden, warum Sie keine neuen Ideen haben.

– Denken Sie laut. Viele Menschen verstehen erst etwas, wenn Sie es aussprechen. Suchen Sie sich einen aufmerksamen Zuhörer und sprechen Sie mit ihm, um so Ihr Verständnis für ein Problem oder einen technischen Bereich zu vertiefen. Sprechen Sie mit einem Experten aus einem völlig anderen Bereich. Sprechen Sie mit dem Menschen aus ihrem Bekanntenkreis, der nie Respekt vor einer Sichtweise zeigt und alles in Frage stellt. Ihr Ziel dabei ist nicht, eine Eingebung von ihm zu erhalten, sondern sich dabei helfen zu lassen, das eigene Wissen zu erkennen – Ihre Prinzipien und Ihre Faustregeln.

– Üben Sie sich darin, Anomalien – ungewöhnliche Fakten, die nicht ganz in den Zusammenhang passen –, zu erkennen. Zum Beispiel: Der Umsatz geht zurück, wenn er eigentlich steigen sollte. Welche Strategie sollte man bei dieser ungewöhnlichen Situation anwenden? Menschen mit einer ausgeprägten Kreativität können in aller Wahrscheinlichkeit besser über die Gegensätze nachdenken, wenn sie mit einem Problem konfrontiert werden. Betrachten Sie das Problem von allen Seiten: Fragen Sie sich nach der wahrscheinlich geringsten Ursache; worin das Problem nicht liegt, was fehlt, oder was das Spiegelbild des Problems ist.

– Suchen Sie nach entfernten Parallelen. Lassen Sie sich nicht dazu verleiten, nur in gleichartigen Organisationen nachzuforschen, weil Sie denken, „nur die können es wissen". Treten Sie einen Schritt zurück und stellen Sie umfassendere Fragen, die Ihnen bei der Suche nach Lösungen helfen. Als Motorola herausfinden wollte, wie Aufträge schneller bearbeitet werden können, gingen sie nicht zu anderen Elektronikunternehmen sondern zu Domino's Pizza und Federal Express. Mehr Ideen zu diesem Thema sind im interessanten – und lustigen – Buch *Take The Road To Creativity and Get Off Your Dead End* von David Campbell enthalten.

☐ **3. Versuchen Sie, unkonventionell zu denken? Brechen Sie die Regeln und erfinden Sie neue.** Der kreative Denkprozess hält sich nicht an die offiziellen Regeln der Logik – wo Ursache und Wirkung dazu dienen, etwas zu beweisen oder zu lösen. Einige Regeln für kreatives Denken sind:

– Konzepte nicht verwenden, aber verändern; stellen Sie sich vor, es wäre etwas anderes

– Bewegen Sie sich von einem Konzept oder einer Vorgehensweise zur anderen, wie z. B. von wirtschaftlichen Aspekten zu politischen

KOMPETENZ 14: KREATIVITÄT

- Entwickeln Sie neue Ideen, ohne schon am Anfang darüber zu urteilen
- Nutzen Sie Informationen zur Umstrukturierung und entwerfen Sie neue Muster
- Springen Sie von einer Idee zu einer anderen, ohne den Sprung zu begründen
- Suchen Sie nach den unwahrscheinlichsten und merkwürdigsten Dingen
- Suchen Sie nach Parallelen, die weit entfernt vom Problem liegen, zum Beispiel: Inwiefern gleicht eine Organisation einer großen alten Eiche?
- Fragen Sie, was fehlt oder was nicht vorhanden ist
- Nutzen Sie Fehler und Misserfolge, um daraus zu lernen

☐ **4. Brauchen Sie kreative Lösungen? Verwenden Sie Standardtechniken zur Problemlösung.** Es gibt viele unterschiedliche Möglichkeiten, wie ein Problem kreativer durchdacht und gelöst werden kann.

- Stellen Sie mehr Fragen. In einer Studie zu Problemlösungen waren sieben Prozent der Kommentare Fragen, über die Hälfte jedoch waren Antworten. Wir entscheiden uns oft vorschnell für Lösungen, die sich in der Vergangenheit bewährt haben.
- Komplexe Probleme sind schwer zu visualisieren. Ihre Lösung wird entweder zu vereinfacht oder zu kompliziert angegangen, bis sie in ein visuelles Format gebracht wird. Teilen Sie das Problem in seine einzelnen Komponenten auf. Untersuchen Sie diese Bestandteile, um herauszufinden, ob eine andere Reihenfolge helfen würde, oder wie Sie aus drei Teilstücken ein Ganzes machen könnten.
- Eine andere Technik dazu ist die Anwendung von „Storyboards", einer bildlichen Darstellungsweise, wobei das Problem über seine als Bilder dargestellten Komponenten illustriert wird.
- Eine Variation dieser Technik besteht darin, eine Geschichte zu erzählen, die die Vor- und Nachteile eines Problems illustriert, und dann in einem Flussdiagramm das aufzunehmen, was funktioniert oder nicht. Eine weitere Technik ist das Fischgrätendiagramm aus dem Total Quality Management (TQM).
- Manchmal helfen auch extreme Ansatzpunkte. Das Hinzufügen jeder Kondition, jeder Worst-Case-Situation, die Sie sich vorstellen können, wird manchmal zu einer anderen Lösung führen. Wenn Sie den gegenwärtigen Stand der Angelegenheit in die Zukunft projizieren, wird sich unter Umständen zeigen, wie und wo das System zusammenbrechen wird.

– Schlafen Sie drüber. Legen Sie regelmäßig Pausen ein, egal ob Sie weiterkommen oder nicht. Das erlaubt Ihren Gedanken, sich weiter mit dem Thema zu beschäftigen. Die meisten genialen Einfälle kommen dann, wenn wir „nicht darüber nachdenken". Legen Sie die Angelegenheit zur Seite, geben Sie sie jemandem anderen, schlafen Sie darüber. Wenn Sie alle Ideen gesammelt haben, die Ihnen eingefallen sind, werfen Sie sie alle über den Haufen und warten Sie auf neue. Zwingen Sie sich dazu, das Thema zu vergessen. In *The Art of Problem Solving* von Russell Ackoff und *Lateral Thinking* oder *Serious Creativity* von Edward de Bono werden weitere Techniken vorgestellt.

☐ **5. Fehlstarts? Definieren Sie das Problem.** Sofortige und frühzeitige Schlussfolgerungen, Lösungen, und Praktiken aus der Vergangenheit sind die Feinde der Kreativität. Studien zeigen, dass die Definition eines Problems und beginnende Aktivitäten zu seiner Lösung bei den meisten Menschen fast gleichzeitig einsetzen. Je mehr Mühe Sie darauf aufwenden, das Problem zu definieren, desto einfacher werden Sie zu einer optimalen Lösung kommen. Definieren Sie also zuerst einmal: Was ist das Problem, was ist es nicht. Da es ja für jeden so einfach ist, eine Lösung zu finden, wäre es schön, wenn diese Lösung auf das richtige Problem passt. Finden Sie die Ursache heraus. Fragen Sie immer nach dem Warum, wie viele Ursachen Sie herausfinden und in wie viele Kategorien Sie sie einordnen können. So erhöht sich die Chance auf eine bessere Lösung, denn auf diese Weise können Sie die Zusammenhänge besser erkennen. Verhalten Sie sich wie ein Schachgroßmeister. Er erkennt Tausende von Mustern in Schachzügen wieder. Suchen Sie nach Datenmustern und sammeln Sie nicht einfach nur Informationen. Ordnen Sie sie in für Sie sinnvolle Kategorien ein. Stellen Sie viele Fragen. Verwenden Sie mindestens die Hälfte der Zeit, um das Problem zu definieren. Studien haben bewiesen, dass nach der Definition des Problems die kreativste Lösung meistens zwischen der zweiten oder dritten Lösungsoption liegt. Halten Sie sich deshalb zurück, wenn Sie meistens nach der ersten Lösung greifen. Disziplinieren Sie sich und nehmen Sie sich mehr Zeit, in der Sie das Problem besser definieren und ziehen Sie vor Ihrer endgültigen Entscheidung immer drei Lösungsalternativen in Betracht.

☐ **6. Möchten Sie die Kreativität der Gruppe vergrößern? Diversifizieren Sie.** Im Zweiten Weltkrieg wurde entdeckt, dass Gruppen, deren Mitglieder ganz unterschiedlicher Herkunft waren, die kreativsten Lösungen zu Problemen hervorbrachten. Es gab Gruppenmitglieder, die sich auf dem Gebiet überhaupt nicht auskannten (zum Beispiel ein Anglistik-Studienabsolvent, der an einem Problem zur Kostenrechnung arbeitete). Wenn Sie ein schwieriges Problem anpacken wollen, für das es schon mehrere erfolglose Lösungsversuche gegeben hat, setzen Sie dafür eine Gruppe ein, die so vielfältig ist wie möglich. Menschen mit unterschiedlichen Fachkenntnissen, aus anderen Ebenen und Disziplinen. Nehmen Sie Kunden und Kollegen aus anderen Organisationen mit hinzu. Denken Sie daran: Sie suchen nach neuen Lösungsansätzen und -wegen; Sie versammeln keine Spezialeinheit für Ihre Arbeit in der Erwartung, dass diese die Vorhaben durchführt oder ihre praktische Machbarkeit beurteilt. Ob Sie es glauben oder nicht: Es ist völlig unwichtig, ob die Mitglieder Ihrer Gruppe etwas von dem Problem oder der Technologie verstehen, die für die Lösung des Problems erforderlich ist. Das ist Ihre Aufgabe.

☐ **7. Sind Sie bereit für ein Brainstorming? Verleihen Sie Ihren Ideen Flügeln.** Eine direkt anwendbare Technik, die Mitglieder einer Gruppe zu mehr Kreativität befähigt, ist Brainstorming. Alle Vorschläge werden für einen gemeinsam festgelegten Zeitraum akzeptiert. Bringen Sie Ideen vor, nehmen Sie alle auf, keine Bewertung. Viele Leute haben schlechte Erfahrungen mit Brainstorming gemacht. Dumme Ideen. Nur Unpraktisches. Eine Zeitverschwendung. Das alles passiert normalerweise dann, wenn das Problem nach vertrautem Muster definiert wurde. Deshalb ist es wichtig, dass Sie das Problem zuerst umfassend definieren (siehe Tipp 5). Planen Sie dafür Stunden ein, nicht nur zwei Minuten für einen flüchtigen Anriss. Stellen Sie Ihr eigenes Denken in Frage – verallgemeinern Sie aus ein oder zwei Fällen? Woher wissen Sie, dass die offensichtlichen Ursachen auch die wirklichen Ursachen sind? Sie könnten einfach nur irgendwie zusammenhängen. Was ist Fakt und was Annahme?

☐ **8. Möchten Sie das Maximum aus einer Gruppe herausholen? Fördern Sie den Prozess.** Dazu sind die folgenden drei Methoden hilfreich:

– Brainstorming. Umreißen Sie das Problem für die Gruppe, sagen Sie, was Sie versucht und was Sie daraus gelernt haben. Schließen Sie auch Dinge mit ein, die vielleicht nur einmal passiert sind. Fordern Sie die Gruppe auf, frei zu antworten. Jede Idee ist OK, keine Kritik erlaubt. Schreiben sie alle Ideen auf einem Flipchart auf. Wenn der Gruppe die Ideen ausgegangen sind, nehmen Sie die interessantesten aus dem gesamten Paket auf. Fragen Sie die Gruppe zuerst nach den positiven, dann nach den negativen Merkmalen und schließlich nach den interessanten Aspekten der Ideen. Wenden Sie diesen Prozess so lange an, bis Sie alle Ideen, die Sie interessieren, abgedeckt haben. Fragen Sie dann die Gruppe, welche Ideen sie noch als interessant auswählen würde, um eine Plus-/Minus-/Interessant-Analyse durchzuführen. Dieser Prozess kann normalerweise in ein oder zwei Stunden abgeschlossen werden.

KOMPETENZ 14: KREATIVITÄT

- Die Nominalgruppe. Nachdem Sie die obige Problemdefinition durchgeführt haben, lassen Sie die Gruppenmitglieder so viele Ideen aufschreiben wie ihnen einfallen. Notieren Sie sie alle auf einem Flipchart, damit eine freie Diskussion entstehen kann. Die Teilnehmer können etwas hinzufügen, kombinieren oder klarstellen – „Was haben Sie sich dabei gedacht, als Sie gesagt haben ...". Kritik ist jedoch nicht erlaubt. Danach führen Sie die oben genannte Plus-/Minus-/Interessant-Analyse durch.

- Analogien. Viele kreative Lösungen entstehen analog zur Natur oder anderen Bereichen. Stellen Sie eine Liste zusammen (Elektrotechnik, Katzen, Bäume, das Meer, Biologie, Schiffsbau). Jede Liste kann nützlich sein. Setzen Sie sie ein, nachdem Sie der Gruppe das Problem in der ersten oder zweiten Option beschrieben haben. Oft können dadurch neuartige Ideen entwickelt werden, die unter keinem anderen Prozess ermöglicht worden wären.

☐ **9. Sind Sie bereit, ein Risiko einzugehen? Experimentieren Sie und lernen Sie daraus.** Egal ob die Ideen von Ihnen oder aus einem Brainstorming stammen, führen Sie die notwendigen Experimente und Prüfungen schnell durch. Untersuchungen zeigen, dass achtzig Prozent der Innovationen am falschen Ort und von den falschen Leuten eingeführt werden (Hersteller von Färbemitteln entwickelten Waschpulver, Post-it® Notes entstanden aus einem Fehler in einer Klebstoffformel, Teflon® wurde versehentlich entwickelt). Dreißig bis fünfzig Prozent der technischen Innovationen versagen in internen Firmentests. Selbst von den Innovationen, die auf den Markt kommen, sind siebzig bis neunzig Prozent erfolglos. Die Erfolgsquote liegt bei nur fünf Prozent, und die erfolgreichsten Innovatoren führen massenweise schnelle, kostengünstige Experimente durch, um ihre Erfolgsaussichten zu erhöhen. Sehen Sie sich im ZDF einige Folgen von *Abenteuer Wissen* oder andere Sendereihen an, die Antworten geben auf die Frage: „Wie haben die das bloß gemacht?" Sie können die Serie auch kaufen.

☐ **10. Sind Sie bereit, sich für eine Lösung zu entscheiden? Stellen Sie Ihre Ideen auf die Probe.** Kreativität erfordert Freiheit am Anfang, Struktur später. Nachdem Sie Ihre beste Idee für Ihre zukünftige Handlungsweise gefunden haben, setzen Sie sie Tests und Kritik aus, genau so, wie auch alle Alternativen behandelt werden. Das Testen kreativer Ideen verläuft nicht anders als jeder andere Problemlösungs-/Bewertungsprozess. Der Unterschied liegt darin, wie die Ideen ins Leben gerufen werden.

Develop-in-Place-Aufgabenstellungen

- ☐ Managen Sie einen unzufriedenen internen oder externen Kunden; versuchen Sie, ein Leistungs- oder Qualitätsproblem mit einem Produkt oder einer Dienstleistung zu lösen.
- ☐ Übernehmen Sie ein schwieriges und nicht zu bewältigendes Projekt, an dem andere sich schon die Zähne ausgebissen haben.
- ☐ Führen Sie ein neues Produkt, eine Dienstleistung, einen Prozess ein.
- ☐ Organisieren Sie die erneute Einführung eines Produkts oder einer Dienstleistung, das/die bisher nicht viel Erfolg hatte.
- ☐ Helfen Sie einer Person außerhalb Ihrer Geschäftseinheit oder Organisation beim Lösen eines Geschäftsproblems.

The creative person wants to be a know-it-all. He wants to know about all kinds of things: ancient history, nineteenth-century mathematics, current manufacturing techniques, flower arranging, and hog futures. Because he never knows when these ideas might come together to form a new idea. It may happen six minutes later or six months, or six years down the road. But he has faith that it will happen.
Carl Ally – US-amerikanischer Werbefachmann und Gründer der Agentur Ally & Gargano

Literaturempfehlungen

Axelrod, A. (2008). *Edison on innovation: 102 Lessons in creativity for business and beyond.* San Francisco: Jossey-Bass.

Berns, G. (2008). *Iconoclast: A neuroscientist reveals how to think differently.* Boston: Harvard Business School Press.

Bilton, C. (2007). *Management and creativity: From creative industries to creative management.* Malden, MA: Blackwell Publishing.

Birch, P., & Clegg, B. (2000). *Imagination engineering: The toolkit for business creativity* (2nd ed.). London: Pitman Publishing.

Ceserani, J. (2003). *Big ideas: Putting the zest into creativity and innovation at work.* London: Kogan Page.

Clegg, B., & Birch, P. (2007). *Instant creativity: Simple techniques to ignite innovation and problem solving.* London: Kogan Page.

D'Cruz, P. (2008). *Thinking creatively at work: A sourcebook.* New Delhi: Response Books.

DeGraff, J., & Lawrence, K. A. (2002). *Creativity at work: Developing the right practices to make innovation happen.* San Francisco: Jossey-Bass.

Gallagher Hateley, B. J., & Schmidt, W. H. (2001). *A peacock in the land of penguins: A fable about creativity and courage.* San Francisco: Berrett-Koehler Publishers.

Gelb, M., & Caldicott, S. M. (2007). *Innovate like Edison: The success system of America's greatest inventor.* New York: Dutton.

Goldenberg, J., & Mazursky, D. (2002). *Creativity in product innovation.* New York: Cambridge University Press.

Hesselbein, F., & Johnston, R. (Eds.). (2002). *On creativity, innovation, and renewal: A leader to leader guide.* San Francisco: Jossey-Bass.

Levesque, L. C. (2001). *Breakthrough creativity: Achieving top performance using the eight creative talents.* Mountain View, CA: Davies-Black Publishing.

Lucas, R. W. (2003). *The creative training idea book: Inspired tips and techniques for engaging and effective learning.* New York: AMACOM.

Michalko, M. (2006). *Thinkertoys: A handbook of creative-thinking techniques* (2nd ed.). Berkeley, CA: Ten Speed Press.

Nemiro, J. (2004). *Creativity in virtual teams: Key components for success.* San Francisco: Pfeiffer.

Pink, D. H. (2006). *A whole new mind: Why right-brainers will rule the future.* New York: Berkley Publishing Group.

Razeghi, A. (2008). *The riddle: Where ideas come from and how to have better ones.* San Francisco: Jossey-Bass.

Rich, J. R. (2003). *Brain storm: Tap into your creativity to generate awesome ideas and remarkable results.* Franklin Lakes, NJ: Career Press.

Saint-Exupéry, A. (2003). *The little prince* (R. Howard, Trans.). New York: Harcourt Brace. (Original work published 1943.)

Sawyer, K. (2008). *Group genius: The creative power of collaboration.* New York: Basic Books.

Von Oech, R. (2002). *Expect the unexpected or you won't find it: A creativity tool based on the ancient wisdom of Heraclitus.* San Francisco: Berrett-Koehler Publishers.

White, S. P. (with Patton Wright, G.). (2002). *New ideas about new ideas: Insights on creativity with the world's leading innovators.* Cambridge, MA: Perseus Publishing.

FAKTOR VI: PERSÖNLICHE UND SOZIALE KOMPETENZEN
CLUSTER P: UMGANG MIT VIELFÄLTIGEN BEZIEHUNGEN

15 Kundenorientierung

Right or wrong, the customer is always right.
Marshall Field – US-amerikanischer Unternehmer
und Gründer von Marshall Field and Company

Schlecht ausgeprägt
- ☐ Denkt nicht in erster Linie an den Kunden
- ☐ Glaubt zu wissen, was der Kunde wünscht
- ☐ Konzentriert sich zu sehr auf interne Vorgänge, sodass er/sie die Kundenprobleme nicht wahrnimmt
- ☐ Macht nicht den ersten Schritt – will sich nicht mit dem Kunden treffen, um ihn kennen zu lernen
- ☐ Kommt schlecht mit neuen Kontakten zurecht
- ☐ Will sich nicht mit Beschwerden, Kritik und Sonderwünschen befassen
- ☐ Hört dem Kunden nicht gut zu oder verhält sich abwehrend
- ☐ Nimmt sich nicht die Zeit für den Kundenkontakt

Wählen Sie eine bis drei der folgenden Kompetenzen als Ersatz für diese Kompetenz, wenn Sie nicht direkt an ihr arbeiten möchten.
ERSATZKOMPETENZEN: 1,3,9,16,24,27,31,32,33,36,38,43,48,51,53,63,64

Gut ausgeprägt
- ☐ Fühlt sich verpflichtet, die Erwartungen und Anforderungen interner und externer Kunden zu erfüllen
- ☐ Beschafft sich Kundeninformation aus erster Hand und nutzt sie, um Produkte und Serviceleistungen zu verbessern
- ☐ Hat stets die Kundenwünsche im Hinterkopf
- ☐ Stellt langfristige effektive Beziehungen zu Kunden her und gewinnt deren Vertrauen und Respekt

Übertriebene Fähigkeit
- ☐ Kommt Kundenwünschen zu sehr entgegen
- ☐ Läuft Gefahr, bewährte Prozesse und Zeitabläufe zu ändern, um unrealistischen Kundenwünschen nachzukommen
- ☐ Macht zu viele Ausnahmen und hat keine konsequenten Vorgehensweisen und Prozesse, aus denen andere lernen oder denen sie folgen können

KOMPETENZ 15: KUNDENORIENTIERUNG

☐ Klebt so stark an gegenwärtigen Kundenwünschen, dass Fortschritte und Innovationen ausbleiben

Wählen Sie nachstehend eine bis drei Kompetenzen als Arbeitsgegenstand aus, um einen übertriebenen Einsatz dieser Fähigkeit zu kompensieren.
AUSGLEICHSKOMPETENZEN: 5,9,12,34,35,38,50,51,52,53,57,58,59,63,65

Mögliche Ursachen

☐ Arrogant; Alleswisser; will alles selber machen
☐ Geht bei Kritik in die Defensive
☐ Einzelgänger
☐ Schlechter Zuhörer
☐ Schlechtes Zeitmanagement; zu beschäftigt
☐ Egozentrisch
☐ Schüchtern; Angst vor dem Umgang mit Fremden; Mangel an Selbstvertrauen

Leadership Architect® Faktoren und Cluster

Diese Kompetenz ist in Faktor VI „Persönliche und soziale Kompetenzen" zu finden. Diese Kompetenz ist in Cluster P „Umgang mit vielfältigen Beziehungen" zusammen mit den Kompetenzen 4, 21, 23, 42, 64 enthalten. Sie können auch bei anderen Kompetenzen in demselben Faktor/Cluster nach passenden Tipps suchen.

Der Plan

Im System der freien Marktwirtschaft ist der Kunde König. Diejenigen, die den Kunden am besten zufrieden stellen, gewinnen. Dasselbe gilt für interne Kunden. Diejenigen, die deren Wünsche am besten erfüllen, gewinnen. Gewinner sind immer kundenorientiert und reagieren rasch.

Tipps

☐ **1. Sind Sie von Ihren Kunden abgekoppelt? Pflegen Sie gute Kontakte.**
Die Erfüllung realistischer Kundenwünsche ist relativ gradlinig. Zuerst müssen Sie jedoch wissen, was Ihre Kunden wollen und erwarten. Am besten fragen Sie sie danach. Dann liefern Sie rechtzeitig und zum richtigen Verhältnis von Preis und Leistung. Finden Sie Möglichkeiten, mit einer breiten Kundenschicht in Kontakt zu bleiben, um ein ausgewogenes Spektrum der Kundenwünsche zu erhalten: Durch Besuche, Telefonumfragen, Fragebogen, Antwortkarten für die Produkte und Serviceleistungen, die Sie anbieten und so weiter. Wenn sich ein Kunde bei Ihnen meldet, vergessen Sie nicht, dass eine zu hohe Spezialisierung den Kunden manchmal irritiert. Wir alle kennen den Frust, wenn wir x-mal an eine andere Person verwiesen wurden oder, was heute noch häufiger vorkommt, nur von

KOMPETENZ 15: KUNDENORIENTIERUNG

einem Computer zum nächsten verbunden werden und dann gar keine Antwort erhalten oder an die falsche Person geraten. Überlegen Sie sich genau, wie oft sie jemanden weiterverbinden wollen. Bringen Sie den Kunden in so wenig Schritten wie möglich zur richtigen Person.

☐ **2. Defensiv? Bereiten Sie sich auf Reklamationen der Kunden vor.** Hören Sie sich die positiven und kritischen Rückmeldungen an; verteidigen Sie sich nicht; hören Sie nur zu und antworten Sie nur auf gerechtfertigte Kritik, notieren Sie sich aber den Rest. Kommunikative Kunden werden sich normalerweise eher beschweren als ein Lob aussprechen; lassen Sie sich davon nicht beeinflussen, denn Menschen äußern positive Meinungen seltener.

☐ **3. Möchten Sie den Kunden begeistern? Erkennen Sie den Bedarf Ihrer Kunden im Voraus.** Gewöhnen Sie sich regelmäßige Besuche Ihrer internen und externen Kunden an und bauen Sie einen Dialog auf; die Kunden müssen sich bei Problemen jederzeit an Sie wenden können, und Sie brauchen das offene Ohr Ihrer Kunden, wenn Sie wichtige Informationen benötigen. Nutzen Sie dieses Geben und Nehmen, um Ihren Kunden voraus zu sein; erkennen Sie ihre Bedürfnisse und den Bedarf nach Ihren Produkten und Dienstleistungen, bevor sie sie selbst wahrnehmen; überraschen Sie Ihre Kunden positiv; mit unerwarteten Produkt- oder Serviceeigenschaften; einer kurzfristigeren Auslieferung als vereinbart; einem Bestellbonus. Zeigen Sie Ihrem Kunden, dass Sie an einer langfristigen Beziehung interessiert sind. Ein erfolgreicher Vertreter sagte uns, dass er sich voll auf das Geschäft seines Kunden konzentriert und auf sonst gar nichts. Daraus ergibt sich dann alles andere.

☐ **4. Sind Sie nicht sicher, was Kunden wünschen oder erwarten? Versetzen Sie sich in die Lage des Kunden.** Was würden Sie erwarten, wenn Sie einer Ihrer Kunden wären? Welche Zeitspanne zwischen Bestellung und Lieferung würden Sie tolerieren? Welchen Preis würden Sie für die bestehende Waren- oder Servicequalität akzeptieren? Über welche drei Punkte würden Sie sich hauptsächlich beschweren? Beantworten Sie alle Kundenanfragen in einem angemessenen Zeitraum; falls Sie eine Antwort versprochen haben, geben Sie sie; sollte sich die Antwort verzögern, geben Sie dem Kunden sofort Bescheid; und wenn Sie geantwortet haben, fragen Sie nach, ob das Problem jetzt behoben ist.

☐ **5. Brauchen Sie einen Kundendienstprozess? Denken Sie aus der Kundenperspektive.** Gestalten Sie Ihre Arbeit und Ihr Zeitmanagement immer am Kunden orientiert, nicht an sich selbst. Ihre beste Leistung wird immer durch Ihre Kunden bestimmt, nicht von Ihnen. Ihre beste Leistung wird immer durch Ihre Kunden bestimmt, nicht von Ihnen. Versuchen Sie nicht, Ihre Produkte und Dienstleistungen nur aus Ihrer eigenen Perspektive

KOMPETENZ 15: KUNDENORIENTIERUNG

heraus zu gestalten und zu arrangieren; sondern lernen Sie zuerst die Sichtweise des Kunden kennen und übernehmen Sie sie dann. Wenn Sie dieses Prinzip anwenden, werden Sie immer gewinnen. Können Sie dem Kunden ein Erlebnis verkaufen, nicht nur ein Produkt oder eine Dienstleistung? Eine kleine Firma stach größere Firmen aus, indem Sie ihren Kunden bequemen Zugang zu kostenlosen fachlichen Informationen bot. Die Kunden konnten sich an interne Quellen wenden und wenige Minuten bis zu eine Stunde lang kostenlos beraten lassen.

☐ 6. **Steckt das Team im Kundendienst-Trott fest? Erzeugen Sie ein Umfeld, das zum Experimentieren und Lernen geeignet ist.** Ein Prinzip dieser Techniken ist das Streben nach kontinuierlicher Verbesserung. Seien Sie nie vollkommen zufrieden. Streben Sie immer nach der Verbesserung Ihrer Arbeitsprozesse, sodass keine fehlerhaften Produkte ausgeliefert werden und nur die Dienstleistungen erbracht werden, die der Kunde tatsächlich wünscht. Scheuen Sie sich nicht vor einem Versuch und einem eventuellen Fehler. *Benötigen Sie weitere Hilfe? – Siehe Nr. 28 „Innovationsmanagement" und Nr. 63 „Workflow- und Qualitätssicherungssysteme" (z. B. TQM/ISO/ Six Sigma).*

☐ 7. **Verträgt sich Ihr persönlicher Arbeitsstil nicht mit dem Kunden? Analysieren Sie Ihre persönlichen Arbeitsgewohnheiten.** Sind diese auf ein Maximum an Effektivität und Effizienz im Hinblick auf Ihren Kunden ausgerichtet oder eher auf Ihre eigene Bequemlichkeit? Gibt es noch Raum für kontinuierliche Verbesserungen? Wenden Sie die Methoden, die Sie gelernt haben, auch bei sich selbst an? Erinnern Sie sich daran, dass dies einer der Hauptgründe dafür ist, warum diese Bemühungen fehlschlagen.

☐ 8. **Möchten Sie wissen, warum Kunden gehen? Versetzen Sie sich in die Rolle eines unzufriedenen Kunden.** Schreiben Sie alle nicht zufrieden stellenden Ereignisse auf, die Sie als Kunde während des letzten Monats erlebt haben. Verspätungen, eine fehlerhafte Auftragsbearbeitung, nicht eingehaltene Kostenvoranschläge, unbeantwortete Telefonanrufe, kaltes Essen, schlechter Service, unaufmerksames Personal, nicht lieferbare Artikel und so weiter. Kann Ihr Kunde ein Lied davon singen? Dann sollten Sie eine Untersuchung über abgesprungene Kunden veranlassen. Finden Sie die drei Hauptursachen heraus, und überprüfen Sie, wie schnell Sie die Hälfte der Schwierigkeiten, die den Ausschlag zum Abbruch der Geschäftsbeziehung gegeben haben, eliminieren können. Untersuchen Sie, wie Sie die Fehler Ihrer Mitbewerber vermeiden und Ihr Unternehmen für den Kunden attraktiver machen können.

☐ 9. **Möchten Sie wissen, warum Kunden bleiben? Versetzen Sie sich in die Rolle eines zufriedenen Kunden.** Schreiben Sie alle positiven Dinge auf, die Ihnen als Kunde während des letzten Monats aufgefallen sind. Was hat

KOMPETENZ 15: KUNDENORIENTIERUNG

Ihnen als Kunde am besten gefallen? Ein gutes Preis-Leistungs-Verhältnis? Pünktlicher Service? Höflichkeit? Rückrufe? Erleben Ihre Kunden diese positiven Aktivitäten auch in Ihrem Geschäft? Dann bauen Sie sie fest in Ihr CRM-Programm ein. Untersuchen Sie auch die Stärken Ihrer Mitbewerber und überlegen Sie, was Sie zusätzlich tun könnten, um Ihren Kundenservice zu verbessern.

☐ **10. Suchen Sie nach Gelegenheiten, um Kundendienst in Aktion zu sehen? Spielen sie Detektiv.** Beobachten Sie Workflows und Arbeitsprozesse in Ihrem unmittelbaren Umfeld, zum Beispiel in Flughäfen, Restaurants, Hotels, Supermärkten, Ämtern, usw. Wie würden Sie diese aus der Kundenperspektive so umgestalten, dass sie noch effektiver und effizienter werden? Nach welchen Richtlinien würden Sie vorgehen? Wenden Sie diese auch auf Ihre Arbeit an.

☐ **11. Ist eine Kluft zwischen Mitarbeiter- und Kundenzufriedenheit entstanden? Stellen Sie eine Verbindung zwischen Service und Rentabilität her.** Es ist inzwischen bekannt, dass die Zufriedenheit der Mitarbeiter oft eng mit der Kundentreue und -zufriedenheit sowie der Rentabilität zusammenhängt. Ein gutes Beispiel hierfür ist die Umstrukturierung einer Fast-Food-Kette. Eine Befragung der Kunden ergab, dass es dem Kunden egal ist, wer das Essen zubereitet oder ob das Restaurant schick eingerichtet ist. Die Kunden wollten nur ein warmes, schmackhaftes und billiges Essen. Also wurden die Küchen in den einzelnen Restaurants geschlossen und das Essen wird in Lizenz oder in einer Zentralküche zubereitet, was zu einer Kosteneinsparung führte. Die Mitarbeiter arbeiten jetzt im Team und ohne Manager. Diese Teamarbeit ist eine größere Herausforderung und wirkt motivierender. Auf diese Weise konnten Sie die Kunden besser zufrieden stellen. Zufriedenere Mitarbeiter bedeuten zufriedenere Kunden. Benötigen Sie weitere Hilfe? Lesen Sie *Command Performance* (1994) von *Harvard Business Review*.

☐ **12. Konzentrieren Sie sich nicht auf die richtigen Kunden? Hegen und pflegen Sie Ihre lukrativsten Kunden.** Manche Kunden lohnen sich nicht, weil sie zu viel Service beanspruchen. Sie können von ihnen verlangen, größere Mengen zu bestellen, auf bestimmte Serviceleistungen zu verzichten oder für diese zu bezahlen. Verwenden Sie Kostenrechnung auf Aktivitätsbasis. Bei dieser Methode werden Einkaufsdaten und Kostendaten zusammen bearbeitet. Es kostet fünf- bis zwanzigmal so viel, einen neuen Kunden anzuwerben als einen bestehenden Kunden zu erhalten. Bestehende Kunden kosten mit der Zeit weniger und bringen mehr Einkünfte. Wie schaffen Sie den Sprung von 20 Prozent des Liefervolumens für einen Kunden auf 50 Prozent?

Develop-in-Place-Aufgabenstellungen

- ☐ Managen Sie einen unzufriedenen internen oder externen Kunden; versuchen Sie, ein Leistungs- oder Qualitätsproblem mit einem Produkt oder einer Dienstleistung zu lösen.
- ☐ Unterweisen Sie Kunden in der Verwendung der Produkte oder Dienstleistungen der Organisation.
- ☐ Arbeiten Sie einige Schichten im Telemarketing oder Customer Service. Bearbeiten Sie Beschwerden und Kundenanfragen.
- ☐ Besuchen Sie Malcolm Baldrige National Quality Award-Preisträger oder Gewinner des Deming Prize und berichten Sie, wie Ihre Erkenntnisse Ihrer Organisation zugute kommen könnten.
- ☐ Führen Sie entweder persönlich oder telefonisch eine Umfrage zur Kundenzufriedenheit durch und legen Sie die Ergebnisse den Beteiligten dar.

Touch your customer, and you're halfway there.
Estée Lauder – US-amerikanische Unternehmerin und Mitbegründerin von Estée Lauder Companies

Literaturempfehlungen

Barlow, J., & Moller, C. (2008). *A complaint is a gift: Recovering customer loyalty when things go wrong* (2nd ed.). San Francisco: Berrett-Koehler Publishers.

Bell, C. R., & Bell, B. R. (2003). *Magnetic service*. San Francisco: Berrett-Koehler Publishers.

Berenbaum, D., & Larkin, T. (2007). *How to talk to customers: Create a great impression every time with MAGIC.* San Francisco: John Wiley & Sons.

Blacharski, D. W. (2006). *Superior customer service: How to keep customers racing back to your business: Time-tested examples from leading companies.* Ocala, FL: Atlantic Publishing Group.

Brock, R. (2003). *Inside the minds: Profitable customer relationships: The keys to maximizing acquisition, retention, and loyalty.* Boston: Aspatore Books.

Charan, R. (2007). *What the customer wants you to know: How everybody needs to think differently about sales.* New York: Penguin Group.

Evenson, R. (2007). *Award-winning customer service: 101 Ways to guarantee great performance.* New York: AMACOM.

Griffin, J., & Lowenstein, M. W. (2001). *Customer winback*. San Francisco: Jossey-Bass.

Gulati, R., & Oldroyd, J. B. (2005). The quest for customer focus. *Harvard Business Review, 83*(4), 92-101.

Keller, E., & Berry, J. (2003). *The influentials*. New York: Free Press.

Morgan, R. (2003). *Calming upset customers: Staying effective during unpleasant situations* (3rd ed.). Mississauga, ON: Crisp Publications, Inc.

Prahalad, C. K., & Ramaswamy, V. (2004). *The future of competition: Co-creating unique value with customers.* Boston: Harvard Business School Press.

Sobel, A. (2003). *Making rain: The secrets of building lifelong client loyalty.* Hoboken, NJ: John Wiley & Sons.

Solomon, M. R. (2003). *Conquering consumerspace*. New York: AMACOM.

Solomon, R. (2003). *The art of client service*. Chicago: Dearborn Financial Publishing.

Tate, R., & Stroup, J. (2003). *The service pro: Creating better, faster, and different customer experiences.* Amherst, MA: HRD Press.

Ulrich, D., & Smallwood, N. (2007). *Leadership brand: Developing customer-focused leaders to drive performance and build lasting value.* Boston: Harvard Business School Press.

Weber, L. (2007) *Marketing to the social web: How digital customer communities build your business.* San Francisco: John Wiley and Sons.

Zaltman, G. (2003). *How customers think*. Boston: Harvard Business School Press.

Zemke, R., & Bell, C. R. (2003). *Service magic: The art of amazing your customers.* Chicago: Dearborn Financial Publishing.

FAKTOR II: AUSFÜHRENDE FÄHIGKEITEN
CLUSTER D: ZIELORIENTIERTE ARBEITSWEISE

16 Treffen von fristgerechten Entscheidungen

The most difficult thing is the decision to act, the rest is merely tenacity.
The fears are paper tigers. You can do anything you decide to do.
You can act to change and control your life;
and the procedure, the process is its own reward.
Amelia Earhart – US-amerikanische Flugpionierin und Schriftstellerin

Schlecht ausgeprägt
- ☐ Ist bei Entscheidungen und Festlegungen zu langsam
- ☐ Ist konservativ und vorsichtig
- ☐ Zögert Dinge hinaus und sucht nach möglichst vielen Informationen, um die Unsicherheiten zu verringern und Risiken zu vermeiden
- ☐ Wirkt perfektionistisch, rechthaberisch, sichert sich gegen Kritik ab
- ☐ Ist unorganisiert, und verschiebt Entscheidungen auf den spätest möglichen Zeitpunkt
- ☐ Braucht viel Zeit, um Entscheidungen zu komplexen Sachverhalten zu treffen

Wählen Sie eine bis drei der folgenden Kompetenzen als Ersatz für diese Kompetenz, wenn Sie nicht direkt an ihr arbeiten möchten.
ERSATZKOMPETENZEN: 1,2,12,27,32,37,39,40,43,47,50,51,52,53,62

Gut ausgeprägt
- ☐ Trifft Entscheidungen zum richtigen Zeitpunkt, manchmal auch mit unvollständigen Informationen und unter Termindruck und anderen Belastungen
- ☐ Kann schnell Entscheidungen treffen

Übertriebene Fähigkeit
- ☐ Zieht Schlüsse und handelt, bevor er/sie die vorliegenden Informationen gründlich analysiert hat
- ☐ Entscheidet nur um der Entscheidung willen
- ☐ Kann andere hemmen, die ihren Beitrag zur Entscheidungsfindung leisten wollen
- ☐ Kann impulsiv und ungeduldig wirken
- ☐ Ist blockiert oder hat Schwierigkeiten bei Aufgaben oder Problemen, für die Grenzfallentscheidungen zu treffen sind

☐ Trifft schnelle Entscheidungen, um Diskussionen und persönliche Unannehmlichkeiten zu vermeiden

Wählen Sie nachstehend eine bis drei Kompetenzen als Arbeitsgegenstand aus, um einen übertriebenen Einsatz dieser Fähigkeit zu kompensieren.
AUSGLEICHSKOMPETENZEN: 3,11,17,33,39,41,46,47,51,52,58,59,63,65

Mögliche Ursachen

☐ Vermeidung von Konflikten
☐ Vermeidung von Risiken
☐ Nicht gut organisiert
☐ Leicht einzuschüchtern
☐ Zu viele Informationen werden benötigt
☐ Nicht ausreichend fokussiert
☐ Perfektionist
☐ Schiebt alles auf die lange Bank
☐ Trifft Entscheidungen zu langsam
☐ Zu beschäftigt
☐ Schwierigkeiten bei der Einhaltung von Terminen

Leadership Architect® Faktoren und Cluster

Diese Kompetenz ist in Faktor II „Ausführende Fähigkeiten" zu finden. Diese Kompetenz ist in Cluster D „Zielorientierte Arbeitsweise" zusammen mit der Kompetenz 50 enthalten. Sie können auch bei anderen Kompetenzen in demselben Faktor/Cluster nach passenden Tipps suchen.

Der Plan

Handeln Sie langsam? Verpassen Sie oft Fristen? Müssen Sie sich oft beeilen, um noch alles zu schaffen? Wägen Sie immer noch Einwände ab? Scheuen Sie davor zurück, der Entscheidungsauslöser zu sein? Falls Sie nicht das Glück haben, in einer ganz stabilen Nische zu arbeiten, werden Sie mit diesem Verhalten hinter den anderen zurückbleiben. Sie werden nicht schnell genug auf Veränderungen reagieren können; sie werden nichts Neues dazulernen; und Ihre Mitstreiter werden immer frustrierter, weil Sie sie aufhalten. Die Lorbeeren werden an die Schnelleren verteilt. Laut David Ulrich, einem Top-Berater für Geschäftsstrategien, wurde in der Vergangenheit darauf Wert gelegt, Recht zu haben. Das hat sich nun geändert. Heute geht es darum, Erster zu sein. In der Vergangenheit brachten Unternehmen kein Produkt heraus, bis die Zeit reif dazu war. Man arbeitete daran, dass es in Ordnung war und einen Markt hatte. Heute bringen Unternehmen Produkte so schnell wie möglich heraus und verbessern sie später, nachdem genügend Kundenreaktionen eingegangen sind. Vielleicht assoziieren Sie eine rechtzeitige

Entscheidungsfindung mit Nachlässigkeit, doch ist das nicht der Fall. Rechtzeitig bedeutet „früher", „so bald wie möglich" oder „zu einem bestimmten Termin" – aber nicht nachlässig. Rechtzeitige, durchdachte Entscheidungen können von hoher Qualität sein. Es geht um die allmähliche Verbesserung der Qualität.

Tipps

☐ **1. Sind Sie ein Perfektionist? Lernen Sie, unvollständige Daten zu tolerieren.** Brauchen, bevorzugen oder wollen Sie ganz einfach absolute Sicherheit? Wollen Sie sicher sein, dass alle oder zumindest die meisten Ihrer Entscheidungen richtig sind? So geht es vielen. Es ist schwer, vom Perfektionismus abzulassen, da er in der Regel als positive Charaktereigenschaft angesehen wird. Viele Menschen sind stolz darauf, nie falsch zu liegen. Erkennen Sie Perfektionismus als das, was er wahrscheinlich ist – das Ansammeln von immer mehr Informationen, um das Vertrauen zu steigern, dass eine fehlerlose Entscheidung getroffen werden kann. Hierdurch werden Risiken und Kritik vermieden, die durch einen schnelleren Entscheidungsprozess hervorgerufen werden können. Jedermann mit einem Minimum an Verstand, unbegrenzt viel Zeit und allen Daten kann gute Entscheidungen treffen. Die eigentliche Herausforderung besteht darin herauszufinden, wer am schnellsten mit der höchsten Trefferquote bei unvollständigen Daten handeln kann. Studien belegen, dass auch Topmanager nur in 65 von 100 Fällen richtig liegen. Wenn Sie besser in der Zeit liegen wollen, müssen Sie Ihr Bedürfnis nach Daten und Ihren Perfektionismus in den Griff bekommen. Versuchen Sie, Ihren Informationsbedarf und Ihr tagtägliches Streben nach Perfektion von Woche zu Woche zu verringern, bis Sie ein vernünftigeres Gleichgewicht zwischen dem Durchdenken einer Aufgabe und ihrer tatsächlichen Abarbeitung erreicht haben. Versuchen Sie, kleinere Entscheidungen auf der Basis nur weniger oder ganz ohne Daten zu treffen. Vertrauen Sie eher auf Ihre Intuition. Ihre Erfahrung wird Sie nicht zu sehr in die Irre führen. Überlassen Sie Ihrem Kopf das logische Denken.

☐ **2. Schieben Sie die Dinge auf die lange Bank? Fangen Sie früh an.** Warten Sie immer bis zur letzten Minute? Haben Sie Probleme, Termine einzuhalten? Erledigen Sie alles im letzten Moment? Dann liegen Sie nicht nur außerhalb Ihrer Zeitvorgaben, auch die Qualität und Genauigkeit Ihrer Entscheidung wird unbefriedigend sein. Zaudernde Menschen verpassen Termin- und Leistungsvorgaben. Wenn Sie zaudern, treffen Sie wahrscheinlich auch keine gleichbleibend guten Entscheidungen. Beginnen Sie früher. Denken Sie eine Entscheidung immer sofort zu zehn Prozent durch, nachdem Sie den Auftrag dazu erhalten haben. So können Sie besser einschätzen, wie viel Zeit Sie für den Rest aufwenden müssen. Teilen Sie sich den Entscheidungsprozess in drei bis vier gleiche Schritte ein und planen Sie genügend Zeit, um während der Projektdurchführung daran zu arbeiten. Denken Sie an Murphys Gesetz: Man benötigt neunzig Prozent der Zeit, um neunzig Prozent eines Projektes zu erledigen, und weitere neunzig Prozent für die restlichen zehn Prozent. Rechnen Sie also immer mehr Zeit ein als voraussichtlich notwendig. Setzen Sie sich Eckdaten zur Überprüfung. Planen Sie das Sammeln und Analysieren der Daten zu einem frühen Zeitpunkt ein. Warten Sie nicht bis zum letzten Moment. Setzen Sie sich ein Zeitlimit, das eine Woche vor dem eigentlichen Termin liegt. Benötigen Sie weitere Hilfe? – Siehe Nr. 47 „Planen".

☐ **3. Sind Sie nicht gut organisiert? Organisieren Sie mit Disziplin.** Schaffen Sie Ihre Arbeit nicht in der geplanten Zeit? Vergessen Sie Termine? verlieren Entscheidungsvorlagen? Unter Zeitdruck und zunehmender Unsicherheit müssen Sie nun einmal selbst die Initiative ergreifen. Sie können nicht in einem großen Durcheinander arbeiten und gleichzeitig auch noch rechtzeitig gute Entscheidungen treffen. Sie müssen Ihre Prioritäten präziser setzen. Konzentrieren Sie sich auf die für diesen Auftrag kritischen Entscheidungen. Lassen Sie sich nicht von unwichtigen Arbeiten und Entscheidungen zu anderen Themen ablenken. Organisieren Sie besser und arbeiten Sie disziplinierter. Führen Sie ein „Entscheidungsjournal". Bietet sich eine Möglichkeit, eine Entscheidung zu treffen, schreiben Sie diese sofort mit dem Datum auf, an dem sie fällig ist. Machen Sie dann eine Rückwärtsplanung der Arbeitsschritte, die bis zu diesem Zeitpunkt erledigt sein müssen, um in einem pünktlichen Zeitrahmen zu bleiben. Wenn Sie Ihre Arbeit nicht diszipliniert genug angehen, Ihre Entscheidungen manchmal zu spät treffen und deshalb auch zu spät handeln, besorgen Sie sich Literatur zu den Themen TQM, ISO und Six Sigma. Nehmen Sie an einem Workshop über eine effektive und effiziente Gestaltung der Arbeitsabläufe teil. Benötigen Sie weitere Hilfe? – Siehe Nr. 50 „Setzen von Prioritäten", Nr. 52 „Prozessmanagement", Nr. 62 „Zeitmanagement" und Nr. 63 „Workflow- und Qualitätssicherungssysteme" (z. B. TQM/ISO/Six Sigma).

☐ **4. Sind Sie zu vorsichtig und zu konservativ? Lernen Sie aus Fehlern.** Sind Sie vom vielen Analysieren wie gelähmt? Brechen Sie aus Ihren alten Gewohnheiten aus, untersuchen Sie nicht alles zu Tode und gehen Sie nicht immer den sichersten Weg – tun Sie die Dinge einfach. Wenn Sie dazu übergehen, Entscheidungen immer frühzeitiger zu treffen, steigt natürlich auch die Gefahr von Irrtümern und Fehlentscheidungen. Es führt jedoch auch dazu, dass Sie mehr Arbeit schneller erledigen können. Entwickeln Sie eine philosophische Einstellung zum Thema

Fehlschläge/Kritik. Wir wissen, die meisten Innovationen, Vorschläge und Veränderungsbemühungen scheitern. Die wirklich wichtigen Dinge schafft man meistens nicht im ersten Anlauf. Die beste Frage bei einer Konfrontation mit Fehlern ist: „Was können wir daraus lernen?" Stellen Sie sich selbst die Frage, ob Ihr Bedürfnis nach Vorsicht wirklich mit den Anforderungen Ihres Jobs nach Schnelligkeit und Termineinhaltung zusammenpasst. *Benötigen Sie weitere Hilfe? – Siehe Nr. 45 „Persönliches Lernen".*

☐ **5. Sind Sie in Ihrer Pünktlichkeit inkonsistent? Entscheiden Sie, wann Pünktlichkeit geboten ist.** Die meisten Menschen sind pünktlich in bestimmten Bereichen (zum Beispiel Budget-Entscheidungen) und unpünktlich in anderen (zum Beispiel negatives Feedback an einen Mitarbeiter). Manchmal meiden wir bestimmte Gebiete. Stellen Sie eine Tabelle mit zwei Spalten auf. Auf die linke Seite schreiben Sie diejenigen Bereiche, in denen Sie pünktlich sind und schnelle Entscheidungen treffen. Was haben sie gemeinsam? In der rechten Spalte führen Sie die Bereiche auf, in denen Sie sich zurückhalten, zögern und zu lange warten, bis Sie sich entscheiden. Was haben diese gemeinsam? Spielt Geld eine Rolle? Menschen? Risiko? Ist das höhere Management miteinbezogen? Vermeiden Sie Einzelheiten, Strategie oder technische Bereiche, die Ihnen nicht liegen, oder über die Sie wenig wissen? Da Sie schon mindestens auf einem Gebiet rechtzeitig Entscheidungen treffen, übertragen Sie diese Verhaltensweisen und -praktiken auf die anderen Bereiche. Das Know-how dazu haben Sie also schon. Sie müssen jetzt nur Ihre Barriere bei den schwierigeren Bereichen durchbrechen (die wahrscheinlich in Ihrer Einstellung dazu liegen). Falls Sie nicht wissen wie, dann suchen Sie Unterstützung aus Ihrem Netz. Wenden Sie sich an zwei besonders erfahrene Menschen, die Sie auf diesem Gebiet kennen; engagieren Sie einen Berater, oder organisieren Sie ein einmaliges Gruppenmeeting zum Thema Problemlösung. Sie müssen kein Experte auf dem Gebiet sein, aber Sie müssen wissen, wo und wie Sie das Know-how zum Thema rechtzeitige Entscheidungsfindung bekommen.

☐ **6. Kommt Ihnen Persönliches in die Quere? Seien Sie auf schwierige Gespräche vorbereitet.** Manchmal sind wir bei der einen Person immer pünktlich, aber nicht bei der anderen. Oft hat das damit zu tun, wie diese Menschen auf Sie reagieren. Es gibt zugängliche Menschen und andere, mit denen nicht leicht umzugehen ist. Manche Menschen unterstützen Sie in jeder Hinsicht, andere werfen Ihnen Knüppel zwischen die Beine. Sie passen Ihren Stil zur Entscheidungsfindung vielleicht automatisch an die Person an, für die diese Entscheidung getroffen wird. Manchmal vermeiden wir es so lange wie möglich, uns mit jemandem zu befassen. Wir warten bis zur letzten Minute, weil wir Recht haben wollen und nicht angegriffen

KOMPETENZ 16: TREFFEN VON FRISTGERECHTEN ENTSCHEIDUNGEN

oder herabgesetzt werden möchten. Bereiten Sie in Gedanken Worst-Case-Szenarien für schwierige Menschen vor. Überlegen Sie sich im Voraus, was die Person sagen könnte und halten Sie Antworten parat, damit Sie nicht überrascht werden. Konzentrieren Sie sich in Konfliktsituationen auf zwei oder drei Kernpunkte und halten Sie sich höflich aber bestimmt daran. Versuchen Sie nicht alles vorzubringen, was Ihnen einfällt, sondern konzentrieren Sie sich auf das Wesentliche. Lassen Sie bei schwierigen Menschen vorab einen Versuchsballon los. Bevor eine Entscheidung anliegt, geben Sie einen kleinen Teil Ihrer Gedankengänge preis. Wahrscheinlich werden Sie erst einmal angegriffen und kritisiert, aber dafür können Sie Informationen sammeln, auf deren Grundlage Sie später eine bessere Entscheidung treffen können. *Benötigen Sie weitere Hilfe? – Siehe Nr. 12 „Konfliktmanagement".*

☐ **7. Sind Sie entgeistert? Teilen Sie große Entscheidungen in mundgerechte Happen auf.** Die Kompetenz der schrittweisen Entscheidungsfindung. Betrachten Sie eine große Entscheidung als eine Serie kleinerer Entscheidungen. Das wesentliche Ergebnis der pünktlichen Entscheidungsfindung liegt in der Toleranz von weiteren Fehlern und Irrtümern, sowie in der daraus folgenden Akzeptanz von Druck und Kritik. Das Arbeiten an einem ungenau definierten Problem, auf das in der Eile keine Präzedenzfälle anwendbar sind, bedeutet, dass Sie auf der Basis der zu diesem Zeitpunkt bekannten Informationen eine Entscheidung ins Ungewisse hinein treffen müssen. Menschen mit dieser Kompetenz treffen eine Folge kleinerer Entscheidungen, erhalten sofort ein Feedback, korrigieren daraufhin den Kurs, bekommen darauf weitere Daten und tasten sich noch ein Stückchen weiter vorwärts, bis der größere Teil der Entscheidung getroffen ist. Sie erwarten die richtige Lösung nicht gleich beim ersten Mal. Sie machen erst eine fundierte Annahme und nehmen dann Korrekturen vor, wenn sie Feedback erhalten. Zahlreiche Studien zur Problemlösung verdeutlichen, dass die dem Problem zugrunde liegende Dynamik erst im zweiten oder dritten Versuch verstanden wird. Arbeiten Sie deshalb mit zwei Vorgehensweisen. Erstens: beginnen Sie in kleinen Schritten, so dass Sie sich schneller von Rückschlägen erholen. Zweitens: erledigen Sie kleine Aufgaben so schnell wie möglich und gewöhnen Sie sich an Kritik und Druck.

☐ **8. Sind Sie gestresst? Stress und Konflikt unter Zeitdruck.** Manche Menschen werden durch Zeitdruck angespornt. manche gestresst. Der Zeitdruck bremst uns. Wir verlieren unseren Rettungsanker. Wir erbringen keine Höchstleistungen, wenn wir gedrängt werden. Wir werden ängstlicher, frustrierter und nervöser. Was bringt Ihre emotionalen Reaktionen zum Vorschein? Schreiben Sie auf, warum Sie unter Zeitdruck unruhig werden.

Welche Befürchtungen kommen an die Oberfläche? Wollen Sie keine Fehler machen? Haben Sie Angst vor unbekannten Konsequenzen? Haben Sie nicht genug Selbstvertrauen, um Entscheidungen zu treffen? Vergessen Sie das Problem für einen Moment, wenn Sie unter Druck stehen. Machen Sie etwas anderes und kommen Sie auf das eigentliche Problem zurück, wenn Sie sich besser unter Kontrolle haben. Lassen Sie Ihr Unterbewusstsein daran arbeiten, während Sie etwas Sichereres machen. *Benötigen Sie weitere Hilfe? – Siehe Nr. 11 „Selbstbeherrschung" und Nr. 107 „Mangel an Selbstbeherrschung".*

☐ **9. Halten Sie Informationen zurück? Informieren Sie andere rechtzeitig.** Ein anderes häufiges Verhaltensmuster ist, dass Menschen kein Problem damit haben, in Gedanken eine Entscheidung zu fällen. Das Problem liegt darin, dass die Bekanntgabe der Entscheidung so lange hinausgezögert wird, bis sie nicht mehr zeitgerecht ist. In diesem Fall liegt es nicht an Ihrer Kompetenz, eine Entscheidung zu treffen; es mangelt Ihnen vielmehr an Mut und Selbstvertrauen. Wann haben Sie die Entscheidung getroffen, die Sie erst jetzt bekannt geben? Vor zwei Wochen? Warum haben Sie gezögert? Angst vor der Reaktion? Wollten Sie sich erst emotional auf Kritik vorbereiten? Wollten Sie den sichersten Zeitpunkt für die Bekanntgabe abpassen? Menschen mit einem solchen Verhaltensmuster verändern normalerweise Ihre einmal getroffene Entscheidung nicht; sie ändern nur immer wieder den Zeitpunkt der beabsichtigten Bekanntgabe. Um dies herauszubekommen, schreiben Sie alle Entscheidungen auf, die Sie jetzt treffen würden und vergleichen Sie mit denen, die Sie tatsächlich treffen und später erst bekannt geben. Handelt es sich eher um ähnliche als um unterschiedliche Entscheidungen? Wenn sie sich ähnlich sind, dann haben Sie vielleicht dieses Problem. Da Angriffe und Kritik in jedem Fall gleich sind, liegt die einfachste Lösung darin, die Entscheidung bekannt zu geben, sobald Sie sie getroffen haben. Es ist besser, Sie bringen es hinter sich. Falls die Angriffe und Kritik nützliche Informationen beinhalten, können Sie Ihre Entscheidung auch später noch anpassen.

☐ **10. Weichen Sie bei Widerständen zu schnell zurück? Verringern Sie Ihre Zögerlichkeit, indem Sie das Pro und Kontra analysieren.** Werden Sie durch Konflikte gebremst? Wird Ihr Vertrauen in Ihre Entscheidung erschüttert? Ziehen Sie den Kopf ein? Geben Sie zu schnell nach? Versuchen Sie, es jedem recht zu machen? Dann machen Sie erst Ihre Hausaufgaben. Analysieren Sie das Problem, wägen Sie die verschiedenen Möglichkeiten gegeneinander ab, wählen Sie eine aus, entwickeln Sie eine Lösungsbasis und ziehen Sie danach andere Optionen in Betracht. Seien Sie darauf vorbereitet, Ihre Wahl zu verteidigen. Stellen Sie sich vor, was Sie gefragt werden, welchen Punkten widersprochen wird, wie diese Entscheidung andere beeinflussen wird. Hören Sie gut zu, akzeptieren Sie Kritik an Ihrer Idee positiv und revidieren Sie die Idee im Angesicht neuer Daten. Weichen Sie ansonsten nicht von ihr ab. Sind Sie ständig besorgt? Was könnte passieren? Was könnte schief gehen? Ist es regelrecht eine Zwangsvorstellung? Versuchen Sie folgende zwei Schritte. Schreiben Sie alles auf, worüber Sie sich Sorgen machen. Es ist meistens schwierig, eine ganze Seite zu füllen. Unterteilen Sie Ihre Sorgen in die jeweiligen Kategorien, in die sie fallen. Schreiben Sie jetzt für jede Sorge etwas Positives auf. Es ist vollkommen in Ordnung, sich Sorgen zu machen, aber nicht, wenn sie die positive Seite außer Acht lassen. Sie müssen für jede Entscheidung die Vor- und Nachteile in Betracht ziehen.

Develop-in-Place-Aufgabenstellungen

☐ Managen Sie eine Gruppe in einer bedeutenden geschäftlichen Krise.
☐ Arbeiten Sie in einem Krisenteam.
☐ Managen Sie die Liquidation bzw. den Verkauf von Geschäften, Produkten, Maschinen, Materialien, Möbeln, Überbeständen usw.
☐ Führen Sie ein neues Produkt, eine Dienstleistung, einen Prozess ein.
☐ Werden Sie ein Schiedsrichter in einem Sportverein oder Programm.

Be willing to make decisions.
That's the most important quality in a good leader.
Don't fall victim to what I call the ready-aim-aim-aim-aim syndrome.
You must be willing to fire.
T. Boone Pickens – US-amerikanischer Unternehmer,
Präsident des Hedgefonds BP Capital Management

Literaturempfehlungen

Bruce, A., & Langdon, K. (2001). *Essential managers: Do it now!* London: DK Publishing.

Carrison, D. (2003). *Deadline! How premier organizations win the race against time.* New York: AMACOM.

Gladwell, M. (2005). *Blink: The power of thinking without thinking.* New York: Little, Brown and Company.

Harvard Business Essentials. (2006). *Decision making: 5 Steps to better results.* Boston: Harvard Business School Press.

Jennings, J., & Haughton, L. (2001). *It's not the big that eat the small...It's the fast that eat the slow.* New York: HarperCollins.

Kopeikina, L. (2005). Stop the indecision: How to eliminate bad habits that cloud your thinking. *Business West, 22.*

Malek, W. A., Morgan, M., & Levitt, R. E. (2008). *Executing your strategy: How to break it down and get it done.* Boston: Harvard Business School Press.

Martin, C. (2005). *Tough management: The 7 winning ways to make tough decisions easier, deliver the numbers, and grow the business in good times and bad.* New York: McGraw-Hill.

McGee, K. (2004). *Heads up: How to anticipate business surprises and seize opportunities first.* Boston: Harvard Business School Press.

Rogers, P., & Blenko, M. (2006). Who has the D? How clear decision roles enhance organizational performance. *Harvard Business Review, 84,* 52-61.

Russo, J. E., & Schoemaker, P. J. H. (with Hittleman, M.). (2002). *Winning decisions: Getting it right the first time.* New York: Currency.

Shaw, P. (2008). *Making difficult decisions: How to be decisive and get the business done.* Chichester, UK: Capstone Publishing Ltd.

Tichy, N. M., & Bennis, W. G. (2007). *Judgment: How winning leaders make great calls.* New York: Penguin Group.

Useem, M. (2006). *The go point: When it's time to decide—knowing what to do and when to do it.* New York: Crown Business.

Wall, S. J. (2004). *On the fly: Executing strategy in a changing world.* New York: John Wiley & Sons.

FAKTOR I: STRATEGISCHE FÄHIGKEITEN
CLUSTER B: TREFFEN KOMPLEXER ENTSCHEIDUNGEN

17 Qualität der Entscheidungen

No sensible decision can be made any longer without taking into account not only the world as it is, but the world as it will be....
Isaac Asimov – Aus Weißrussland stammender
US-amerikanisch-jüdischer Schriftsteller und Biochemiker

Schlecht ausgeprägt

- ☐ Äußert Lösungen, Schlussfolgerungen und Aussagen vorschnell, ohne genaue Analyse
- ☐ Verlässt sich zu sehr auf sich selbst – bittet nicht um Hilfe/Unterstützung
- ☐ Entscheidungen zu treffen löst bei ihm/ihr Emotionen und Ungeduld aus
- ☐ Nutzt keine Methoden, Modelle oder Denkansätze bei der Entscheidungsfindung
- ☐ Zieht eventuell vorschnelle Schlüsse, die auf Vorurteilen, früheren Lösungen oder einer zu engen Perspektive beruhen können
- ☐ Nimmt sich nicht die Zeit, das Problem zu definieren, bevor er/sie die Entscheidung trifft
- ☐ Kommt schlecht mit Komplexität zurecht
- ☐ Wartet zu lange und beschäftigt sich eingehend mit jedem Detail, um Risiken oder Fehler zu vermeiden
- ☐ Würde sich auch dann zur großen, eleganten Lösung entschließen, wenn fünf kleine sinnvoller wären

Wählen Sie eine bis drei der folgenden Kompetenzen als Ersatz für diese Kompetenz, wenn Sie nicht direkt an ihr arbeiten möchten.
ERSATZKOMPETENZEN: 5,12,24,30,32,46,47,50,51,53,58

Gut ausgeprägt

- ☐ Trifft gute Entscheidungen (ohne den Zeitaspekt überzubewerten), die auf einer Mischung aus Analyse, Klugheit, Erfahrung und Urteilsvermögen beruhen
- ☐ Die meisten ihrer/seiner Vorschläge und Lösungen stellen sich im Laufe der Zeit als korrekt und akkurat heraus
- ☐ Wird von anderen um Rat und Lösungsvorschläge gebeten

Übertriebene Fähigkeit

- ☐ Hält sich selbst für überdurchschnittlich klug, nahezu perfekt, oder für jemanden, der keine Fehler macht
- ☐ Wird als stur, nicht verhandlungs- oder kompromissbereit eingeschätzt

KOMPETENZ 17: QUALITÄT DER ENTSCHEIDUNGEN

☐ Ist frustriert, wenn sein/ihr Ratschlag hintengewiesen wird
☐ Kommt nicht gut mit Menschen aus, die sich weniger auf Zahlen und Fakten berufen

Wählen Sie nachstehend eine bis drei Kompetenzen als Arbeitsgegenstand aus, um einen übertriebenen Einsatz dieser Fähigkeit zu kompensieren.
AUSGLEICHSKOMPETENZEN: 2,5,12,16,30,32,33,37,45,51,52,58,61,63

Mögliche Ursachen

☐ Arrogant
☐ Übermäßig emotional; vermeidet Risiko und Kontakt
☐ Keine schlüssige Denkweise
☐ Ungeduldig; wartet nicht auf die Daten
☐ Eingeschränkter Sichtweise
☐ Perfektionist; wartet zu lange auf alle Daten
☐ Vorurteile; vorgefasste Lösungsvorstellungen; nicht flexibel
☐ Will alles selbst machen; bittet nicht um Hilfe

Leadership Architect® Faktoren und Cluster

Diese Kompetenz ist in Faktor I „Strategische Fähigkeiten" zu finden. Diese Kompetenz ist in Cluster B „Treffen komplexer Entscheidungen" zusammen mit den Kompetenzen 30, 32, 51 enthalten. Sie können auch bei anderen Kompetenzen in demselben Faktor/Cluster nach passenden Tipps suchen.

Der Plan

Im täglichen Leben und in der Arbeitswelt müssen immer wieder große und kleine Entscheidungen getroffen werden, gefolgt von den entsprechenden Handlungen. Gute Entscheidungen basieren auf einer Mischung aus Daten, Analyse, Intuition, Weisheit, Erfahrung und Urteilsvermögen. Um gute Entscheidungen zu treffen, muss man die Geduld haben, die verfügbaren Informationen zu sammeln und die Klugheit, andere um ihre Meinung und Gedanken zu bitten, so dass man dann die Entscheidung entschlossen treffen kann. Niemand hat immer Recht; wichtig ist, auf lange Sicht rein prozentual gesehen weniger Fehler zu machen.

Tipps

☐ **1. Lassen Sie persönliche Vorlieben zum Zuge kommen? Werden Sie sich Ihrer Voreingenommenheiten bewusst.** Seien Sie sich selbst gegenüber offen und ehrlich in Bezug auf Einstellungen, Überzeugungen, Vorlieben, Meinungen, Vorurteile und bevorzugte Lösungen. Wir alle sind voreingenommen. Wichtig dabei ist, dass sich diese Eigenschaft nicht auf Ihre Objektivität und Gelassenheit bei der Entscheidungsfindung auswirkt. Fragen Sie sich vor einer größeren Entscheidung, ob diese Entscheidung

KOMPETENZ 17: QUALITÄT DER ENTSCHEIDUNGEN

durch eine Voreingenommenheit Ihrerseits beeinflusst wird? Haben Sie Favoriten, so dass Sie in einem Bereich schnell Entscheidungen treffen, während Sie sich in einem anderen zurückhalten? Meiden Sie bestimmte Themen, Menschen, Gruppen und Fachbereiche, da sie Ihnen nicht liegen, oder Sie sie nicht kennen? Ziehen Sie Ihre bevorzugten Lösungen oft in die Länge? Zu oft?

☐ **2. Ziehen Sie voreilige Schlussfolgerungen? Achten Sie auf häufige Denkfehler.** Machen Sie Vermutungen oder Meinungen zu Tatsachen? Sind Sie sicher, dass diese Behauptungen Fakten sind? Definieren Sie Meinungen und Annahmen als solche und präsentieren Sie sie nicht als Fakten. Setzen Sie Ursache und Wirkung in Beziehung zueinander, auch wenn Sie nicht wissen, ob sie zusammengehören? Wenn der Umsatz gering ist, wir mehr Werbung machen und der Umsatz steigt, beweist das noch lange nicht den ursächlichen Zusammenhang. Es ist einfach nur ein Bezug da. Angenommen wir wissen, dass die Beziehung zwischen Umsatz und Werbung etwa dieselbe ist wie zwischen Umsatz und Anzahl der Mitarbeiter. Wenn der Umsatz zurückgeht, würden wir wahrscheinlich nicht mehr Mitarbeiter einstellen. Stellen Sie also sicher, dass wirklich ein ursächlicher Zusammenhang besteht, bevor Sie dementsprechend handeln. Verallgemeinern Sie auf der Grundlage eines einzigen Beispiels ohne zu wissen, ob dieses einzelne Beispiel verallgemeinert?

☐ **3. Analysieren Sie genug? Definieren Sie das Problem eingehend.** Finden Sie die Ursache heraus. Fragen Sie immer nach dem Warum. Finden Sie heraus, wie viele Ursachen Ihnen einfallen und in wie viele Schubladen Sie diese einsortieren können. So erhöht sich die Chance auf eine bessere Lösung, denn auf diese Weise können Sie die Zusammenhänge besser erkennen. Suchen Sie nach Datenmustern und sammeln Sie nicht einfach nur Informationen. Ordnen Sie sie in für Sie sinnvolle Kategorien ein. Bewährt hat sich die Analyse von Mustern und Ursachen, um dann Alternativen zu finden. Viele von uns sammeln einfach nur Daten, was zwar zur Steigerung unseres Selbstvertrauens führt, jedoch nicht die Genauigkeit unserer Entscheidungen erhöht, wie zahlreiche Untersuchungen zeigen. Tauschen Sie Ihre Gedanken mit anderen aus, lernen Sie ihre Sicht auf das Problem kennen. Studien belegen, dass die Definition eines Problems und die entsprechende Handlung normalerweise zeitgleich stattfinden. Um aus einer lähmenden Analyse auszubrechen, sollten Sie erst herausfinden, was das Problem eigentlich ist. Wenn sich dann eine gute Alternative ergibt, werden Sie diese wahrscheinlich sofort erkennen.

☐ **4. Wie sieht Ihre Erfolgsgeschichte aus? Berücksichtigen Sie Ihre Vergangenheit.** Machen Sie eine objektive Analyse der Entscheidungen, die Sie in der Vergangenheit getroffen haben und wie viel Prozent davon richtig waren. Teilen Sie diese Entscheidungen in einzelne Themenbereiche oder Bereiche Ihres Lebens ein. Die meisten von uns treffen in einigen Bereichen bessere Entscheidungen als in anderen. Vielleicht muss Ihre Entscheidungskompetenz in ein oder zwei begrenzten Bereichen verbessert werden, wie zum Beispiel bei personenbezogenen oder Karriereentscheidungen, bei politischen oder technischen Entscheidungen und so weiter.

☐ **5. Sind Sie aktionsfreudig? Immer mit der Ruhe.** Das Leben besteht aus einer ausgewogenen Mischung aus Warten und Handeln. Im Management legen viele Leute viel mehr Wert auf Handeln als auf Warten. Die meisten Menschen könnten fast immer gute Entscheidungen treffen, wenn sie genügend Datenmaterial und unbegrenzt Zeit hätten, aber das Leben erlaubt uns weder das eine noch das andere. Beherrschen Sie sich, warten Sie etwas länger, als Sie es normalerweise tun, damit Sie zusätzliche Daten erhalten (wenn auch nicht alle). Verarbeiten Sie bei jeder Entscheidung ein paar Informationen mehr als vorher, bis der Prozentsatz Ihrer richtigen Entscheidungen immer akzeptabler wird. Anstatt gleich zu handeln, werden Sie sich bewusst darüber, welche Fragen zuerst beantwortet sein sollten, bevor die Vorgehensweise festgelegt wird. Eine Studie über Problemlösung hat gezeigt, dass das Verhältnis der Antworten zu den Fragen bei acht zu eins liegt. Wir entscheiden uns oft vorschnell für Lösungen, die sich in der Vergangenheit bewährt haben. Sammeln Sie deshalb Daten, damit Sie diese Fragen beantworten können und treten Sie dann in Aktion. *Benötigen Sie weitere Hilfe? – Siehe Nr. 51 „Fähigkeit, Probleme zu lösen".*

☐ **6. Sind Sie zögerlich? Finden Sie eine weitere Lösungsalternative.** Spielen Sie in Gedanken die Konsequenzen durch, damit Sie erkennen, was diese Entscheidung im wahren Leben bewirken wird. Testen Sie eine Anzahl von Entscheidungen. Die Forschung zeigt, dass die erste Entscheidungsoption, oder sogar die zweite, nicht immer die beste ist. Die qualitativ besten Entscheidungen liegen zwischen der zweiten und dritten Alternative. Sie zögern vielleicht, weil Ihnen Ihre innere Stimme sagt, dass etwas nicht stimmt.

☐ **7. Können Sie sich nicht entscheiden? Schlafen Sie drüber.** Ihr Kopf beschäftigt sich auch dann mit den Dingen, wenn Sie im Moment nicht bewusst darüber nachdenken. Nehmen Sie sich die Zeit, machen Sie etwas völlig anderes und kommen Sie erst später wieder auf die Entscheidung zurück. Schlafen Sie eine Nacht und beschäftigen Sie sich erst am Morgen wieder damit.

☐ **8. Brauchen Sie Input? Lassen Sie sich von anderen helfen.** Delegieren Sie die Entscheidung. Manchmal sind die Menschen über Ihnen, neben Ihnen oder unter Ihnen in einer besseren Position, um die Entscheidung zu treffen. Stellen Sie eine Arbeitsgruppe zusammen. Präsentieren Sie ihr das Thema und alles, was Sie darüber wissen und lassen Sie dann die

Gruppe entscheiden. Sie können auch mehrere Gruppen bilden oder eine Partnergruppe in einem anderen Fachbereich oder in der Organisation finden, die an einem ähnlichen Problem arbeitet, oder suchen Sie in der Vergangenheit – dieses Problem ist bestimmt schon einmal aufgetreten. Steigern Sie Ihre Chancen mit Hilfe von anderen.

- ☐ **9. Schwebt Ihnen ein Guru vor? Lernen Sie von anderen Entscheidungsträgern.** Wen bewundern Sie? Bill Gates? Winston Churchill? Lesen Sie Biografien und Autobiografien der Persönlichkeiten, die Sie respektieren und achten Sie darauf, wie diese Menschen ihre Lebens- und Karriereentscheidungen getroffen haben. Schreiben Sie fünf Dinge auf, die sie geleistet haben und die Sie auch tun können. Churchill hat zum Beispiel wichtige Entscheidungen immer eine Nacht überschlafen, egal um was es sich handelte. Er hat anfänglich nur Fragen gestellt und versucht, das Problem beziehungsweise das Argument zu verstehen, und er hat seine Ansichten am Anfang immer für sich behalten.

- ☐ **10. Kennen Sie jemanden, der in Entscheidungsfindung geschickt ist? Suchen Sie sich ein Vorbild.** Finden Sie jemanden in Ihrem Umfeld, der Ihrer Meinung nach Entscheidungen so trifft, wie Sie es tun sollten und fragen Sie, wie er/sie vorgeht. Gehen Sie mehrere Entscheidungsprozesse durch. Finden Sie gemeinsam mit Ihrem Vorbild heraus, welche Fragen er/sie stellt und welche Prinzipien er/sie befolgt, wie sehr er/sie sich auf Ratschläge verlässt, in der Geschichte nach Parallelen sucht, mehrere Personengruppen befragt und wie er/sie sich mit unbekannten Bereichen vertraut macht.

Develop-in-Place-Aufgabenstellungen

- ☐ Managen Sie eine Gruppe in einer bedeutenden geschäftlichen Krise.
- ☐ Stellen Sie einen wichtigen Vorschlag zusammen und präsentieren Sie diesen dem Management.
- ☐ Arbeiten Sie in einem Team zur Bildung eines Joint Ventures oder einer Partnerschaft.
- ☐ Stellen Sie ein Team aus Kräften außerhalb Ihrer Geschäftseinheit oder Organisation zusammen.
- ☐ Managen Sie den Kauf eines wichtigen Produkts, Geräts, Materials, Programms oder Systems.

When you approach a problem, strip yourself of preconceived opinions and prejudice, assemble and learn the facts of the situation, make the decision which seems to you to be the most honest, and then stick to it.
Chester Bowles – US-amerikanischer Diplomat und Politiker

Literaturempfehlungen

Bazerman, H. (2002). *Judgment in managerial decision making.* New York: John Wiley & Sons.

Brousseau, K. R., Driver, M. J., Hourihan, G., & Larsson, R. (2006). The seasoned executive's decision-making style. *Harvard Business Review, 84,* 109-121.

Buchanan, L., & O'Connell, A. (2006). A brief history of decision making. *Harvard Business Review, 84,* 32-41.

Driver, M. J., Hunsaker, P., & Brousseau, K. R. (1998). *The dynamic decision maker.* New York: Harper & Row.

Drucker, P. F., Hammond, J., Keeney, R., Raiffa, H., & Hayashi, A.M. (2001). *Harvard Business Review on decision making.* Boston: Harvard Business School Press.

Gunther, R. E., Hoch, S. J., & Kunreuther, H. C. (2001). *Wharton on making decisions.* Hoboken, NJ: John Wiley & Sons.

Guy, A. K. (2004). *Balanced scorecard diagnostics: Maximizing performance through the dynamic decision framework.* New York: John Wiley & Sons.

Hammond, J. S., III., Keeney, R. L., & Raiffa, H. (2006). *The hidden traps in decision making.* Boston: Harvard Business School Press.

Harvard Business Essentials. (2006). *Decision making: 5 Steps to better results.* Boston: Harvard Business School Press.

Harvard Business School Press. (2007). *Harvard Business Review on making smarter decisions.* Boston: Harvard Business School Press.

Henderson, D. R., & Hooper, C. L. (2006). *Making great decisions in business and life.* Chicago Park, CA: Chicago Park Press.

Kaner, S., Lind, L., Toldi, C., & Fisk, S. (2007). *Facilitator's guide to participatory decision-making.* San Francisco: Jossey-Bass.

Klein, G. (2001). *The power of intuition: How to use your gut feelings to make better decisions at work.* New York: Currency.

Patton, B. R., & Downs, T. M. (2002). *Decision-making group interaction: Achieving quality.* Boston: Allyn & Bacon.

Rosenberger, L. E., & Nash, J. (with Graham, A.). (2009). *The deciding factor: The power of analytics to make every decision a winner.* San Francisco: Jossey-Bass.

Roth, B. M., & Mullen, J. D. (2002). *Decision making: Its logic and practice.* Lanham, MD: Rowman & Littlefield.

Snowden, D. J., & Boone, M. E. (2007). A leader's framework for decision making. *Harvard Business Review, 85,* 68-76.

Tichy, N. M., & Bennis, W. G. (2007). *Judgment: How winning leaders make great calls.* New York: Penguin Group.

Tichy, N. M., & Bennis, W. G. (2007). Making judgment calls. *Harvard Business Review, 85,* 94-102.

Yates, J. F. (2003). *Decision management: How to assure better decisions in your company.* San Francisco: Jossey-Bass.

FAKTOR II: AUSFÜHRENDE FÄHIGKEITEN
CLUSTER F: ARBEIT AN ANDERE DELEGIEREN

18 Delegieren

*No man will make a great leader who wants to do it all himself
or get all the credit for doing it.*
Andrew Carnegie – Aus Schottland stammender Industrieller,
Geschäftsmann und Philanthrop

Schlecht ausgeprägt
- ☐ Glaubt nicht an Delegation
- ☐ Hat kein Vertrauen in und Respekt vor den Fähigkeiten seiner/ihrer Mitarbeiter und anderer
- ☐ Erledigt Aufgaben selbst, behält sich angenehme Aufgaben vor
- ☐ Will oder kann keine Verantwortung auf andere übertragen
- ☐ Delegiert, aber überwacht dann die Mitarbeiter und gibt Anweisungen bis ins kleinste Detail
- ☐ Gibt Aufgaben aus der Hand, nicht jedoch die Autorität
- ☐ Hat keine Vorstellung davon, wie man Arbeit durch andere erledigen lassen kann
- ☐ Verteilt Arbeitsaufgaben willkürlich, kommuniziert die übergeordneten Ziele nicht

Wählen Sie eine bis drei der folgenden Kompetenzen als Ersatz für diese Kompetenz, wenn Sie nicht direkt an ihr arbeiten möchten.
ERSATZKOMPETENZEN: 7,19,20,21,23,27,33,35,36,39,47,56,60,64

Gut ausgeprägt
- ☐ Delegiert sowohl Routineaufgaben als auch bedeutende Aufgaben und Entscheidungen klar und ohne Probleme
- ☐ Teilt Verantwortung und Verantwortlichkeit mit anderen
- ☐ Vertraut auf die Leistungsfähigkeit anderer
- ☐ Lässt Mitarbeiter und andere ihre Arbeit selbstständig erledigen

Übertriebene Fähigkeit
- ☐ Delegiert zu viel, ohne Zielvorstellungen oder Hilfestellungen zu geben
- ☐ Hat unrealistische Erwartungen an seine/ihre Mitarbeiter und andere oder strukturiert zu delegierende Aufgaben oder Entscheidungen zu sehr, wodurch Handlungsspielräume eingeschränkt werden

KOMPETENZ 18: DELEGIEREN

☐ Macht zu wenig selbst

Wählen Sie nachstehend eine bis drei Kompetenzen als Arbeitsgegenstand aus, um einen übertriebenen Einsatz dieser Fähigkeit zu kompensieren.
AUSGLEICHSKOMPETENZEN: 7,19,20,21,23,33,35,36,57,60,63,64

Mögliche Ursachen
☐ Delegiert, fasst aber nicht nach
☐ Delegiert Aufgaben an Mitarbeiter ohne weitere Unterstützung
☐ Delegiert nur Teilaufgaben
☐ Kein Interesse, Mitarbeiter zu entwickeln
☐ Gibt die meisten Aufgaben nicht aus der Hand
☐ Keine Arbeitsplanung
☐ Kein Vertrauen in andere
☐ Übermanagement von Mitarbeitern
☐ Zu beschäftigt
☐ Zu beherrschend

Leadership Architect® Faktoren und Cluster
Diese Kompetenz ist in Faktor II „Ausführende Fähigkeiten" zu finden. Diese Kompetenz ist in Cluster F „Arbeit an andere delegieren" zusammen mit den Kompetenzen 19, 20, 27, 35 enthalten. Sie können auch bei anderen Kompetenzen in demselben Faktor/Cluster nach passenden Tipps suchen.

Der Plan
Erledigen Sie bestimmte Aufgaben immer selbst? Behalten Sie die angenehmen für sich? Übergeben Sie anderen Aufgaben, ohne einen richtigen Plan dafür aufgestellt zu haben oder ohne sich später darum zu kümmern? Managen Sie alles bis ins kleinste Detail, weil Sie anderen keine Leistung zutrauen? Unter dieser Voraussetzung werden die Leistung und das Arbeitsklima in Ihrer Geschäftseinheit so lange darunter leiden, bis Sie gelernt haben, Aufgaben zu delegieren – es sei denn, Sie können die gesamte Arbeit selbst erledigen.

Tipps
☐ **1. Müssen Sie erst überzeugt werden? Lernen Sie die Vorteile des Delegierens kennen. Wie beschäftigt sind Sie?** Schaffen Sie nicht alles, was Sie schaffen möchten? Will Ihr Chef noch mehr von Ihnen? Keine Zeit zum Nachdenken? Keine Zeit für langfristige Planung und Strategie? Überstunden? Samstags ins Büro? Nehmen Sie sich Arbeit mit nach Hause? Die Familie fragt sich, ob Sie noch zu Hause wohnen? Verschieben Sie Ihren Urlaub? Falls Ihnen das bekannt vorkommt, geht es Ihnen wie der Mehrzahl der Manager. Zeit ist äußerst kostbar. Man hat immer zu wenig davon.

KOMPETENZ 18: DELEGIEREN

Eine der Hauptursachen dafür ist, dass Manager viel zu viel selbst tun. Ändern Sie das – durch ein besseres Zeitmanagement und eine bessere Organisation, durch eine bessere Festlegung der Prioritäten, durch einen besseren Workflow und eine bessere Delegation. Delegieren gibt Ihnen mehr Zeit. Delegieren motiviert. Delegieren entwickelt Mitarbeiter. Delegieren erhöht den Output. Delegation ist eine der wichtigsten Kompetenzen, die sich ein Mitarbeiter schon früh auf seinem ersten Karriereschritt in eine Führungsrolle aneignen muss. Lesen Sie *Becoming a Manager* von Linda A. Hill, um herauszufinden wie das funktionieren soll. Wir sagen, „funktionieren soll", weil viele Führungskräfte im Topmanagement immer noch nicht gelernt haben zu delegieren. Sie erledigen im Allgemeinen alles Taktische zuerst und warten mit dem Strategischen bis zum Schluss. Sie haben keine Zeit, andere zu entwickeln. Das führt dann zu der Aussage, dass sie nicht gern delegieren, denn ihre Mitarbeiter sind nicht kompetent! Kein Wunder. Man kann sein volles Potenzial nicht erreichen, bis man gelernt hat, mehr und besser zu delegieren.

☐ **2. Wie delegieren? Machen Sie Ihre Erwartungen klar.** Kommunizieren Sie, geben Sie einen zeitlichen Rahmen vor, setzen Sie Ziele und ziehen Sie sich dann zurück. Ihre Mitarbeiter müssen wissen, was Sie von ihnen erwarten. Wie soll das Endprodukt aussehen? Bis wann benötigen Sie es? Welches Budget ist vorhanden? Welche Ressourcen stehen ihnen zur Verfügung? Welche Entscheidungen können sie selbst treffen? Wollen Sie Kontrollsysteme einrichten? Wie erkennen und messen beide Parteien die Qualität der Arbeitsergebnisse? Ein Problem, das beim Delegieren besonders häufig auftritt, ist die unvollständige oder zu knappe Kommunikation am Anfang. Sie führt zur Frustration, schlechten Arbeitsergebnissen, Nacharbeit und einem Unwillen, noch einmal zu delegieren. Menschen mit schlechten Kommunikationsfähigkeiten brauchen immer mehr Zeit zum Managen aufgrund von Nacharbeit. Analysieren Sie kürzlich abgeschlossene Projekte, die gut und nicht gut gelaufen sind. Wie haben Sie delegiert? Zu viel? Nicht genug? Teilstücke, die Sie nicht wollten? Die Verantwortung für große Teile? Wurde die Arbeit gleichmäßig verteilt? Haben Sie Maßstäbe gesetzt? Haben Sie „übergemanagt" oder einfach alles anderen überlassen? Finden Sie heraus, welche Verfahrensweisen am besten für Sie funktionieren. Erstellen Sie einen Satz Richtlinien zur Delegation, wenn Sie nicht da sind. Worüber müssen Sie informiert werden? Welche Feedbackschleifen können Ihre Mitarbeiter für Kurskorrekturen verwenden? Welche Fragen sollten während des Projekts beantwortet werden? Welche Schritte sind zu befolgen? Welche Kriterien müssen eingehalten werden? Wann stehen Sie zur Verfügung, um zu helfen? Benötigen Sie weitere Hilfe? – *Siehe Nr. 27 „Informieren" und Nr. 35 „Leistung einfordern und messen".*

☐ **3. Geben Sie Details im richtigen Maße weiter? Teilen Sie das „Was" und das „Wie" mit, und überlassen Sie den anderen das „Warum".** Menschen mit einer ausgezeichneten Delegationskompetenz sind klar und eindeutig in Bezug auf das Was und Wann, jedoch flexibler in Bezug auf das Wie. Mitarbeiter sind motivierter, wenn Sie über das Wie selbst bestimmen können. Unerfahrene Delegierer bestimmen auch das Wie. Das verwandelt die Menschen dann in Arbeitsmaschinen und nicht in befähigte und dynamische Mitarbeiter. Teilen Sie Ihren Mitarbeitern das Was und Wann umfassend und deutlich mit und lassen Sie sie das Wie selbst entscheiden. Geben Sie ihnen genug Spielraum. Ermutigen Sie sie, verschiedene Methoden auszuprobieren. Von der größeren Motivation ganz abgesehen, es entwickelt sie auch weiter. Geben Sie ihnen einen größeren Überblick. Obwohl es für die Erfüllung der Aufgaben nicht nötig ist, sind die Menschen motivierter, wenn sie wissen, wie sich ihr Anteil in das große Bild einfügt. Nehmen Sie sich die Zeit und informieren Sie Ihre Mitarbeiter darüber, warum diese Aufgabe getan werden muss, in welches Gesamtkonzept sie hineingehört und wie wichtig sie für die Ziele und Belange der Abteilung ist.

☐ **4. Was delegieren? Finden Sie heraus, welche Dinge Sie am ehesten delegieren sollten.** Delegieren Sie so viel wie möglich und geben Sie den Personen auch die notwendige Autorität. Delegieren Sie mehr vollständige Aufgaben, anstatt Teilaufgaben. Die Menschen sind motivierter, wenn sie komplette Aufgaben bekommen. Delegieren Sie das, was andere tun können sowie das, was Sie selbst nicht so gut können. Delegieren Sie taktische Aufgaben und behalten Sie die strategischen. Delegieren Sie kurzfristige Aufgaben und behalten Sie die langfristigen. Eine einfache und effektive Vorgehensweise ist, Ihre Mitarbeiter zu fragen: „Bei welchen Aufgaben könnten Sie mir helfen? Bei welchen Aufgaben könnten Sie mich unterstützen, wenn ich Ihnen zeige wie? Welche Aufgaben könnten Sie selbstständig für mich erledigen? Welche Aufgaben von Ihnen könnte ich schneller und effizienter erledigen (zurückdelegieren)?" Sie werden sicherlich nicht in allem übereinstimmen. Wenn Sie jedoch bis jetzt nur schlecht delegieren, dann wird Ihnen diese Methode dazu verhelfen, sich um fünfzig Prozent zu verbessern. Delegieren Sie zwei oder drei Aufgaben in regelmäßigen Abständen und ziehen Sie sich zurück.

☐ **5. An wen delegieren? Delegieren Sie an Menschen, die erfolgreich sein können.** An diejenigen, die die Aufgabe beherrschen und an diejenigen, die fast soweit sind! Immer wieder hören wir von Managern, ihr größtes Problem sei, dass sie nichts delegieren können, da ihre Mitarbeiter nicht gut genug; und nicht in der Lage sind, die Arbeitsaufträge zu erledigen. Wir fragen dann zurück, woran das liegt? Sie antworten, sie hätten ein schwaches Team von ihrem Vorgänger übernommen. Wir fragen nach, warum sie die schwächsten Mitarbeiter nicht gehen lassen und sie durch bessere ersetzen? Ihre Antwort, sie könnten niemanden entlassen, weil die Personalabteilung und die Rechtsabteilung es nicht genehmigen würden. (Wir fragen die Personalabteilung und die Rechtsabteilung, ob das stimmt. Die Antwort ist meistens ein Nein – es sei nur wichtig, dass es auf die richtige Art geschieht.) Oder sie meinen, sie könnten es sich zurzeit nicht leisten, Arbeitsplätze unbesetzt zu lassen, weil es so viel zu tun gäbe. Wir wundern uns: Wenn ein Mitarbeiter aber überhaupt nichts leistet, was bringt das dann? Sie können und sollten keine Arbeit an Mitarbeiter delegieren, deren Leistung nicht dem Standard entspricht – es sei denn, es dient ihrer Entwicklung oder Motivation. Andererseits kommen Sie nie aus dieser Zwickmühle heraus, bis Sie die bittere Pille schlucken und die schwächsten Mitarbeiter durch bessere ersetzen. Lesen Sie dazu das Beispiel von Covey (*The Seven Habits of Highly Effective People*) über das Schärfen Ihrer Säge. Jemand trifft einen Holzfäller, der versucht, einen großen Baum mit einer Handsäge zu fällen. Er schwitzt und ist ganz außer Atem. Er kommt unheimlich langsam voran. Der andere fragt, warum es so lange dauert. Der Holzfäller sagt: Weil meine Säge stumpf ist. Der andere fragt, warum er nicht aufhört und erst die Säge schärft. Der Holzfäller sagt, er habe keine Zeit. Wenn Ihre Sägen nicht scharf genug sind, das heißt, wenn ihre Mitarbeiter ineffizient arbeiten, wechseln Sie in die Rolle des Lehrers. Welche Punkte würden Sie Ihren Mitarbeitern zuerst erklären, damit sie produktiver werden und die Aufgaben aus Ihrer Sicht betrachten? Erklären Sie Ihre Gedanken immer wieder. Ein Lehrer (oder Coach) hat die Aufgabe, seinen Mitarbeitern seinen Denk- und Handlungsprozess zu vermitteln. Wenn Sie ihnen nur Lösungen vorgeben, bleiben sie immer abhängig – im besten Falle. Eventuell müssen Sie Ihre Denkweise erst an die Oberfläche bringen. Dazu arbeiten Sie am besten an einer Aufgabe mit ihnen und erklären dabei laut, was Sie machen. Was sehen Sie als wichtig an? Woher haben Sie Ihr Wissen? Welche Fragen stellen Sie sich in Gedanken? Welche Schritte führen Sie aus? Warum ist diese Lösung besser als andere? *Benötigen Sie weitere Hilfe? – Siehe Nr. 13 „Konfrontieren von Mitarbeitern" und Nr. 25 „Rekrutierung und Teamzusammenstellung".*

☐ **6. Zeitvorgaben? Geben Sie einen realistischen Zeitrahmen vor.** Geben Sie Ihren Mitarbeitern mehr Zeit als Sie selbst brauchen würden. Ein weit verbreitetes Problem ist, dass Führungskräfte auf der Grundlage ihrer eigenen Fähigkeiten und Erfahrung delegieren und Termine festlegen. In vielen Fällen stimmt es wahrscheinlich, dass der Manager die Aufgabe schneller und besser erledigen könnte. Erinnern Sie sich daran, wie Sie gelernt haben, solche Aufgaben zu bewältigen. Wie lange haben Sie dafür gebraucht? Wie haben Sie sich dabei gefühlt, wenn jemand Ihnen ständig über die

KOMPETENZ 18: DELEGIEREN

Schulter geschaut hat? Kalkulieren Sie also immer mehr Zeit ein als Sie selbst benötigen würden. Die Person, an die Sie delegieren, soll Ihnen helfen, einen realistischen Zeitplan aufzustellen. Wenn Sie etwas delegieren, dann starten Sie das Projekt früher, als Sie es sonst tun würden. *Benötigen Sie weitere Hilfe? – Siehe Nr. 47 „Planen".*

☐ **7. Wie viel delegieren? Die Aufgabe muss zum Ausführenden passen.** Alle Ihre Mitarbeiter haben verschiedene Fähigkeiten und Kompetenzen. Manager, die gut delegieren, passen die Größe und die Komplexität der delegierten Aufgabe an die Fähigkeit des jeweiligen Mitarbeiters an. Delegieren bedeutet nicht, Arbeit zu gleichen Teilen und in Einheitsgrößen zu verteilen. Manager, die nach den Grundsätzen der Gleichstellung delegieren, sind nicht so erfolgreich wie Manager, die angemessen delegieren. Die meisten Leute nehmen lieber eine Aufgabe an, die sie herausfordert, als eine, die sie im Schlaf erledigen könnten; daher ist es durchaus sinnvoll, Mitarbeitern Aufgaben zu übertragen, für die sie noch nicht ganz das notwendige Wissen haben. Lassen Sie die Mitarbeiter an der Einschätzung der Aufgabe teilnehmen. Fragen Sie sie. Die meisten werden eine kluge Wahl treffen. *Benötigen Sie weitere Hilfe? – Siehe Nr. 56 „Fähigkeit andere einzuschätzen".*

☐ **8. Managen Sie alles bis ins Kleinste? Überwachen Sie delegierte Aufgaben, anstatt sich zwanghaft mit ihnen zu beschäftigen.** Engen Sie Ihre Leute ein? Wenn Sie jemandem ständig über die Schulter schauen, dann delegieren Sie nicht. Eine ordentlich besprochene und delegierte Aufgabe muss nicht überwacht werden. Sollten Sie dennoch kontrollieren wollen, dann geben Sie ganz klare Daten vor: jeden Montag; nach dem Grad der Fertigstellung, nachdem jeweils zehn weitere Prozent der Aufgabe abgeschlossen sind; oder nach Ergebnistyp, wie zum Beispiel einem ersten Entwurf. Seien Sie ansprechbar, aber nicht aufdringlich. Schalten Sie sich nur ein, wenn vorher abgesprochene Kriterien nicht befolgt oder Ihre Erwartungen nicht erfüllt werden. Konzentrieren Sie sich auf die Aufgabe und nicht auf die Person. Lassen Sie die anderen ihre Arbeit beenden.

☐ **9. Möchten Sie andere weiterentwickeln? Delegation zur Förderung von Entwicklung.** Menschen entwickeln sich, wenn ihnen umfassende Aufgaben zugeteilt werden, die sie wirklich fordern und die Komponenten enthalten, die ihnen noch unbekannt sind. Siebzig Prozent der Entwicklung bei erfolgreichen Managern sind das Resultat von herausfordernden Aufgaben und Projekten. Eine Behinderung, mit der Führungskräfte mit einer schwach ausgeprägten Delegationskompetenz zu kämpfen haben („meine Mitarbeiter sind nicht gut genug") kann so lange nicht gelöst werden, bis diese Mitarbeiter gut genug sind. Wenn Sie die meiste Arbeit immer wieder selbst erledigen, ist Ihre langfristige Strategie zur Mitarbeiterentwicklung sehr schlecht und Ihr Problem wird nie gelöst.

☐ **10. Warum delegieren Sie nicht? Analysieren Sie, was Sie vom Delegieren abhalten könnte.** Klammern Sie sich selbst zu sehr an Projekte? Sind Sie ein Perfektionist, der alles genau nach seiner Vorstellung erledigt haben möchte? Haben Sie unrealistische Erwartungen? Man hat Ihnen die Führungsposition gegeben, weil Sie in Ihrem Team vielleicht etwas besser können als einige oder die meisten Teammitglieder. Haben Sie Schuldgefühle, wenn Sie schwierige Aufgaben weitergeben? Machen Sie sie lieber selbst, weil Sie sich nicht wohl fühlen, wenn Sie jemandem zu viel Arbeit übertragen? Vielleicht müssen andere Überstunden machen oder sogar am Wochenende arbeiten. Die meisten Menschen genießen es, wenn sie beschäftigt und in Bewegung sind. Wenn Sie glauben, dass die Arbeitsbelastung zu groß ist, dann fragen Sie nach. *Benötigen Sie weitere Hilfe? – Siehe Nr. 36 „Andere motivieren".* Wollen Sie kein Risiko eingehen? Eine schlechte Leistung fällt auch auf Sie zurück. Schlechtes Delegieren fällt genauso auf Sie zurück. Sind Sie in Wahrheit nur ein Mitarbeiter, der Schuhe trägt, die eine Nummer zu groß sind? Wollen Sie die Aufgabe lieber selbst erledigen? Sind Ihnen andere Leute einfach im Weg? Dann sollten Sie sich überlegen, ob Managementrollen wirklich richtig für Sie sind. *Benötigen Sie weitere Hilfe? – Siehe Nr. 6 „Karriere-Ambitionen".*

Develop-in-Place-Aufgabenstellungen

☐ Managen Sie eine Gruppe wenig kompetenter oder wenig leistungsfähiger Menschen, indem Sie ihnen eine Aufgabe stellen, die sie alleine nicht bewältigen könnten.

☐ Managen Sie eine auf kurze Zeit angelegte Gruppe von „grünen", unerfahrenen Leuten als Coach, Lehrer, Begleiter, Mentor usw.

☐ Weisen Sie einer Gruppe ein Projekt mit einem engen Termin zu.

☐ Gründen Sie eine Gruppe zur Unterstützung von Mitarbeiterinteressen.

☐ Managen Sie etwas, das sich an einem anderen Standort befindet.

Delegating work works, provided the one delegating works, too.
Robert Half – US-amerikanischer Unternehmer

Literaturempfehlungen

Allen, D. (2003). *Getting things done: The art of stress-free productivity.* New York: Penguin Books.

Bossidy, L., & Charan, R. (with Burck, C.). (2002). *Execution: The discipline of getting things done.* New York: Crown Business.

Burns, R. (2001). *Making delegation happen: A simple and effective guide to implementing successful delegation.* Crows Nest, AU: Allen & Unwin.

Dittmer, R. E., & McFarland, S. (2008). *151 Quick ideas for delegating and decision making.* Franklin Lakes, NJ: Career Press.

Genett, D. M. (2004). *If you want it done right, you don't have to do it yourself! The power of effective delegation.* Sanger, CA: Quill/HarperCollins.

Ginnodo, B. (1997). *The power of empowerment.* Arlington Heights, IL: Pride Publications, Inc.

Harvard Business School Press. (2008). *Delegating work.* Boston: Harvard Business School Press.

McBee, S. (2003). *To lead is to empower: Leadership to empower your employees and yourself.* Shar McBee.

Murrell, K. L., & Meredith, M. (2000). *Empowering employees.* New York: McGraw-Hill.

Nelson, R. B. (1994). *Empowering employees through delegation.* Burr Ridge, IL: Irwin Professional Publishing.

Oncken, W., & Wass, D. L. (1999). Management time: Who's got the monkey? *Harvard Business Review, 77,* 178-186.

Truby, B., & Truby, J. (2000). *Successful delegation.* Mount Shasta, CA: Truby Achievement Center.

Tschohl, J. (2005). The importance of empowerment: If you want to keep customers, you must empower your employees. *The Canadian Manager, 28*(4), 25-26.

Ward, M. E., & Macphail-Wilcox, B. (1999). *Delegation and empowerment: Leading with and through others.* Larchmont, NY: Eye on Education.

FAKTOR II: AUSFÜHRENDE FÄHIGKEITEN
CLUSTER F: ARBEIT AN ANDERE DELEGIEREN

19 Mitarbeiter und andere weiterentwickeln

Tell me and I forget. Teach me and I remember. Involve me and I learn.
Benjamin Franklin – US-amerikanischer Naturwissenschaftler, Schriftsteller, Erfinder, Staatsmann und Diplomat

Schlecht ausgeprägt
- ☐ Entwickelt und fördert andere nicht
- ☐ Ist sehr auf Ergebnisse fixiert und taktierend; hat keine Zeit für längerfristige persönliche Entwicklungsarbeit
- ☐ Sieht längerfristige Entwicklung nicht als seine Aufgabe an
- ☐ Geht auf Nummer sicher – verteilt keine anspruchsvollen (riskanten) Arbeitsaufgaben
- ☐ Versteht unter Entwicklung den Besuch von Seminaren – weiß nicht, wie Entwicklung wirklich stattfindet
- ☐ Weiß nichts von den Ambitionen anderer, führt keine Karrierediskussionen durch und veranlasst andere nicht dazu, ihre Weiterentwicklung ernst zu nehmen
- ☐ Bevorzugt es, eher Talent aufzuspüren als Talent auszubilden
- ☐ Kooperiert nicht mit dem Entwicklungssystem in der Organisation oder unterstützt es nicht

Wählen Sie eine bis drei der folgenden Kompetenzen als Ersatz für diese Kompetenz, wenn Sie nicht direkt an ihr arbeiten möchten.
ERSATZKOMPETENZEN: 7,10,13,18,20,27,33,35,36,56,60,64

Gut ausgeprägt
- ☐ Stellt anspruchsvolle und fordernde Aufgaben
- ☐ Führt häufig Entwicklungsdiskussionen durch
- ☐ Kennt Karriereziele der Mitarbeiter
- ☐ Erstellt handfeste Entwicklungspläne und verwirklicht sie
- ☐ Bringt andere dazu, entwicklungsfördernde Schritte zu akzeptieren
- ☐ Nimmt sich der Personen an, die Unterstützung brauchen
- ☐ Kooperiert mit dem entwicklungsfördernden System der Organisation
- ☐ Baut Menschen auf

Übertriebene Fähigkeit

- ☐ Konzentriert sich auf die Entwicklung einiger Mitarbeiter, ohne auf das ganze Team Rücksicht zu nehmen
- ☐ Schafft Ungleichheiten, wenn herausfordernde Aufgaben vergeben werden
- ☐ Sieht die Entwicklungsmöglichkeiten der Mitarbeiter zu optimistisch
- ☐ Verschreibt sich dem neuesten Entwicklungstrend innerhalb der Organisation und unterstützt das neue System, auch wenn es für den Einzelnen nicht sinnvoll ist

Wählen Sie nachstehend eine bis drei Kompetenzen als Arbeitsgegenstand aus, um einen übertriebenen Einsatz dieser Fähigkeit zu kompensieren.
AUSGLEICHSKOMPETENZEN: 7,12,18,20,21,23,25,35,36,47,54,56

Mögliche Ursachen

- ☐ Glaubt nicht, dass sich Mitarbeiter wirklich entwickeln können
- ☐ Wird nicht dafür bezahlt, andere zu entwickeln
- ☐ Hat keine Zeit dafür
- ☐ Weiß nicht, wie man andere entwickelt
- ☐ Ist der Meinung, jemand anders ist dafür zuständig

Leadership Architect® Faktoren und Cluster

Diese Kompetenz ist in Faktor II „Ausführende Fähigkeiten" zu finden. Diese Kompetenz ist in Cluster F „Arbeit an andere delegieren" zusammen mit den Kompetenzen 18, 20, 27, 35 enthalten. Sie können auch bei anderen Kompetenzen in demselben Faktor/Cluster nach passenden Tipps suchen.

Der Plan

Die meisten Menschen wollen wachsen und sich weiterentwickeln. Sie streben danach, gute Arbeit zu leisten und dann belohnt zu werden – mit mehr Geld und mehr Verantwortung. Sie haben Träume und Ziele, die sie verwirklichen möchten. Die Weiterentwicklung und die Vorbereitung auf Rollen mit größerer Verantwortung besteht aus drei Facetten. Der Mitarbeiter muss ehrgeizig und gewillt sein, das zu tun, was für persönliches Wachstum und Entwicklung notwendig ist. Die Organisation muss einen ausgearbeiteten Entwicklungsprozess haben, um die Mitarbeiter, die wachsen möchten, zu unterstützen. Diese zwei Facetten sind gewöhnlich in allen Organisationen vorhanden. Die dritte ist meistens das Problem: Ohne die aktive Teilnahme der Führungskraft findet keine Entwicklung statt. Ohne ihre Zeit, ihr Interesse und ihre Bemühungen werden Mitarbeiter nicht wachsen können. Ohne ihre Unterstützung werden Mitarbeiter sich nicht selbst entwickeln können.

Mitarbeiter wachsen nicht, wenn sie es nicht selbst wollen. Mitarbeiter wachsen nicht, wenn die Organisation nicht daran interessiert ist und keine Unterstützung anbietet. Mitarbeiter wachsen nicht, wenn man dies nicht zur Priorität macht.

Tipps

☐ **1. Sind Sie zu beschäftigt? Nehmen Sie sich die Zeit.** Sie müssen Zeit investieren. Für die meisten Manager ist Zeit genau das, wovon sie am wenigsten zu vergeben haben. Damit Sie Ihre Absicht, Ihre Mitarbeiter über ihre jetzige Rolle hinaus zu entwickeln, umsetzen können, müssen Sie pro Jahr etwa acht Stunden Zeit für jede Person investieren. Wenn Sie für sieben Mitarbeiter verantwortlich sind, dann ergibt das sieben Arbeitstage aus 220, oder drei Prozent Ihrer jährlichen Arbeitszeit. Zwei der acht Stunden sind vorgesehen für eine jährlich durchzuführende gründliche Einschätzung der Stärken und Schwächen des Mitarbeiters sowie der Kompetenzen, die er braucht, um sich zu entwickeln und voranzukommen. In zwei der acht Stunden sollte eine ausführliche Karrierediskussion mit jedem Mitarbeiter stattfinden. Was ist sein Ziel? Was ist er bereit zu opfern, um dieses Ziel zu erreichen? Wie schätzt er sich selbst ein in Bezug auf seine Fähigkeiten und Kompetenzen? Zwei Stunden sind dafür gedacht, einen Drei- bis Fünfjahres-Entwicklungsplan aufzusetzen und sich mit dem Mitarbeiter darüber auszutauschen. In den letzten zwei Stunden präsentieren Sie der Organisation Ihre Ergebnisse und Empfehlungen, normalerweise in Form einer Nachfolgeplanung, und arrangieren Entwicklungsmöglichkeiten für jeden Mitarbeiter. Beginnen Sie sich in der Rolle eines Coach oder Mentor zu sehen. Es ist Ihre Aufgabe, Ihren Mitarbeitern bei der Entwicklung zu helfen.

☐ **2. Kennen Sie den Status quo? Beginnen Sie mit einer Einschätzung.** Sie können einem Mitarbeiter keine Unterstützung in seiner Entwicklung geben, wenn Sie nicht in der Lage oder nicht bereit dazu sind, ihn fair und genau einzuschätzen. Eine solide Einschätzung oder Bewertung beginnt mit einem klar definierten Profil der derzeitigen Stärken und Schwächen. Dann müssen Sie feststellen, welche Kompetenzen für ihn notwendig sind, um erfolgreich voranzukommen. Sehen Sie sich dazu die Rollenbeschreibung der nächsten ein bis zwei auf ihn passenden, zunehmend verantwortungsvolleren Rollen an. Falls keine offizielle Rollenbeschreibung existiert, wenden Sie sich an Ihre Personalabteilung oder Personalentwicklung zur Unterstützung oder fragen Sie jemanden, den Sie kennen und dem Sie vertrauen und der diese Rolle zurzeit ausübt. *Benötigen Sie weitere Hilfe? – Siehe Nr. 25 „Rekrutierung und Teamzusammenstellung" und Nr. 56 „Fähigkeit andere einzuschätzen".*

☐ **3. Haben Sie Probleme damit, Feedback zu geben? Lernen Sie die Richtlinien für die Vermittlung von effektivem Feedback.** Mitarbeiter benötigen ständiges Feedback von Ihnen und anderen zu ihrer Weiterentwicklung. Hier einige Tipps zum Thema Feedback:

- Planen Sie für die Feedbacks einen Input von vielen Personen (einschließlich von Ihnen) zu den Kompetenzen, die für den Erfolg des Mitarbeiters in seiner zukünftigen Rolle ausschlaggebend sind. Sorgen Sie dafür, dass die Mitarbeiter etwa alle zwei Jahre ein 360°-Feedback erhalten.
- Geben Sie ihnen zunehmend anspruchsvollere Aufgaben, die neu oder anders sind, damit sie sich während der Bearbeitung selbst Feedback geben können.
- Wenn Ihre Mitarbeiter selbst Mitarbeiter und Kollegen haben, können Sie ihnen auch zum Beispiel empfehlen, dass sie ihre eigenen Mitarbeiter und Kollegen um Feedback darüber bitten, was sie tun, lassen oder beibehalten sollten, um erfolgreicher zu sein.
- Seien Sie ehrlich zu Ihren Mitarbeitern und geben Sie ihnen genaues, aber ausgeglichenes Feedback. Geben Sie während des Prozesses so viel Feedback wie zeitlich möglich. Die meisten Menschen werden von prozessbegleitenden Feedbackschleifen zur Überprüfung und Einhaltung der gemeinsam festgelegten Ziele aus drei Gründen motiviert. Erstens hilft es ihnen dabei, ihre Vorgehensweise dem gesamten Prozess anzupassen, und zwar rechtzeitig, um das Ziel zu erreichen. Sie können Kurskorrekturen vornehmen. Zweitens zeigt es ihnen, dass ihre Arbeit wichtig ist und dass sie von Ihnen unterstützt werden. Drittens ist es nicht die alte Methode eines negativen und kritischen Feedbacks am Schluss, weil man jemanden „erwischt" hat. Im Fall von negativem Feedback brauchen Ihre Mitarbeiter schnelle Informationen über ihre Schwächen. *Benötigen Sie weitere Hilfe? –* Siehe Nr. 13 *„Konfrontieren von Mitarbeitern".*
- Richten Sie ein System ein, in dem die Mitarbeiter sich untereinander kontinuierliches Feedback geben.

Wenn Ihre Firma ein Mentorprogramm hat, informieren Sie sich darüber. Es ist am besten, wenn die zu Betreuenden gleich zu Beginn ihre Ziele und Entwicklungsbedürfnisse aufschreiben. Dann können die für sie geeigneten Mentoren sorgfältig ausgesucht und die Beziehung genau definiert werden. Wie oft werden sie sich treffen? Zu welchen Themen soll der Mentor Hilfestellung geben? Was sind die Verantwortlichkeiten der betreuten Person? Wenn Ihre Firma kein Mentorprogramm hat, versuchen Sie es in Ihrer Geschäftseinheit oder Berufssparte zu etablieren.

KOMPETENZ 19: MITARBEITER UND ANDERE WEITERENTWICKELN

☐ **4. Sind Sie bereit, es zu Papier zu bringen? Erstellen Sie einen Entwicklungsplan.** Sie müssen einen Entwicklungsplan aufstellen, der, wenn er eingehalten wird, wirklich funktioniert. Mindestens siebzig Prozent der Kompetenzentwicklung sind das Resultat von herausfordernden und unangenehmen Aufgaben/Aufträgen. Entwicklung bedeutet, dass Sie entweder die neue Kompetenz erfolgreich anwenden, oder bei einer Aufgabe, die Ihnen wichtig ist, versagen. Aufgaben mit Entwicklungspotenzial sind solche, die unter allen Umständen erledigt werden müssen. Weitere zwanzig Prozent kommen aus der Beobachtung und der Zusammenarbeit mit anderen, um so nützliche Verhaltensweisen zu erkennen und Feedback zu bekommen. Hier können Sie sich zum Beispiel mit einem Vorbild beschäftigen, mit einem Entwicklungspartner arbeiten, eine schriftliche Zusammenfassung der effektiven und ineffektiven Verhaltensweisen oder – noch besser – eine formale Beurteilung, wie zum Beispiel ein 360°-Feedback, machen. Ohne ein kontinuierliches Feedback schlagen selbst die besten Entwicklungspläne fehl. Ungefähr zehn Prozent der Entwicklung entsteht aus unterschiedlichen Denkstrukturen oder neuen Denkweisen. Normalerweise kommen diese aus Kursen, Büchern oder von Mentoren. Der größte Anteil entsteht aus dem Lernen aus schwierigen Aufgaben und aus dem Feedback anderer Menschen. Ein guter Plan enthält Entwicklungsmaßnahmen, die zu siebzig Prozent aus dem Arbeits- und Aufgabenumfeld kommen; zu zwanzig Prozent von Menschen, mit denen man lernt, denen man zuhört und mit denen man arbeitet; zu zehn Prozent von Kursen und aus Fachliteratur.

☐ **5. Haben Sie Schwierigkeiten mit Chancengleichheit? Richten Sie Ihre Bemühungen an den individuellen Bedürfnissen einer Person aus.** Falls einige Ihrer Mitarbeiter benachteiligt sind oder einen unüblichen Hintergrund haben, dann ist es unrealistisch zu denken, dass dieselben Entwicklungsmethoden auch bei ihnen erfolgreich sind. Forschungsergebnisse aus dem Center for Creative Leadership (lesen Sie dazu *The New Leaders* von Ann Morisson), haben ergeben, dass Menschen mit unterschiedlichen Hintergründen normalerweise zusätzliche Unterstützung benötigen (durch Mentoring; durch Informationsangebote zu Kultur, Methoden und Prozessen des Unternehmens; durch einen besseren Zugang zu formellen organisatorischen Informationen; durch intensive Unterstützung vom Topmanagement sowie durch Verantwortlichkeit/ Vollzug), damit eine vielfältige Entwicklung zur Realität und nicht nur zur Statistik wird. Sie können Mitarbeitern mit benachteiligten Lebens- oder Arbeitsbedingungen auch ein Praktikum oder eine Lehre anbieten, damit

KOMPETENZ 19: MITARBEITER UND ANDERE WEITERENTWICKELN

sie die benötigte Berufserfahrung und Ausbildung bekommen. *Benötigen Sie weitere Hilfe? – Siehe Nr. 21 „Umgang mit Verschiedenartigkeit".*

☐ **6. Möchten Sie andere weiterentwickeln? Delegation zur Förderung von Entwicklung.** Halten Sie eine Brainstorming-Session mit ihren Mitarbeitern ab, um herauszufinden, welche Aufgaben nicht erledigt werden, obwohl sie wichtig sind. Bitten Sie sie um eine Liste von Aufgaben, die für sie nicht mehr herausfordernd sind. (Sie können auch Teile Ihrer eigenen Arbeit dazu verwenden, andere zu entwickeln. Nehmen Sie drei Aufgaben, die für Ihre eigene Entwicklung nicht mehr aktuell sind, aber für die der anderen, und delegieren Sie sie.) Tauschen Sie Aufgaben und Aufträge zwischen zwei Mitarbeitern; teilen Sie jedem die Aufgabe des anderen zu. Übertragen Sie jedem Ihrer Mitarbeiter eine Aufgabe außerhalb seiner Komfortzone, die die folgenden Kriterien erfüllt: Die Aufgabe muss erledigt werden, die betreffende Person hat sie noch nie gemacht und sie liegt ihr nicht und für die Aufgabe wird eine Fähigkeit benötigt, die die betreffende Person entwickeln muss. Vergessen Sie nicht: Abwechslungsreiche Aufträge sind wichtig – immer wieder das Gleiche ist nicht entwicklungsfördernd. *Benötigen Sie weitere Hilfe? – Siehe Nr. 18 „Delegieren".*

☐ **7. Optimieren Sie den Stress? Delegieren Sie echte, anspruchsvolle Aufgaben.** Bedenken Sie, dass eine wirkliche Entwicklung nicht stressfrei ist. Entwicklung bedeutet nicht, dass alles sicher und angenehm ist; Entwicklung kommt von unterschiedlichen, stressintensiven, ja sogar kaum zu bewältigenden Aufgaben, für die wir entweder etwas Neues oder anderes lernen müssen, wenn wir nicht versagen wollen. Echte Entwicklung bedeutet echte Arbeit in einem Bereich, in dem die Person bisher so gut wie nichts getan hat. Echte Entwicklung lohnt sich, aber sie kann auch beängstigen. Machen Sie Ihre Mitarbeiter darauf aufmerksam. Nicht alle sind bereit, sich in neuen Bereichen zu entwickeln. Manche sind mit ihrem derzeitigen Aufgabenbereich zufrieden, selbst wenn dies ihre Karriereoptionen einschränkt. Machen Sie sie auf die Konsequenzen aufmerksam. Alle Organisationen brauchen jedoch auch Mitarbeiter, die Experten in ihrem derzeitigen Bereich sind und bereit sind, sich in diesem Bereich weiterzuentwickeln. Erwecken Sie nicht den Eindruck, dass reine Taktiker zu Strategen gemacht werden sollen, um geschätzt zu werden. Schaffen Sie stattdessen mehr Möglichkeiten für Mitarbeiter, sich zu profilieren und Anerkennung zu bekommen. Für die meisten von uns ist Anerkennung ein wichtiges Bedürfnis – einige Studien haben gezeigt, dass Menschen in Prestigeberufen weniger häufig ernsthaft erkranken, unabhängig von ihrem persönlichen Lebensstil. Wenn jemand z. B. den Rest seiner Karriere im Kundendienst verbringen will, müssen Sie dies ernst nehmen und dem Mitarbeiter in jeder Beziehung helfen, sich in diesem

Bereich weiterzuentwickeln: durch Coaching, Schulung und Networking mit anderen Experten.

☐ **8. Helfen Sie Ihren Mitarbeitern, indem Sie nach wiederholten Verhaltensmustern schauen? Ermutigen Sie andere, nachzudenken.** Helfen Sie Ihnen, ihre Verhaltensmuster in Situationen und bei Problemen zu finden, mit denen sie zu tun haben. Was hat funktioniert und was nicht? Was hatten alle Erfolge gemeinsam, was war bei jedem Misserfolg vorhanden, jedoch nie bei einem Erfolg? Konzentrieren Sie sich auf die Erfolge; Misserfolge sind zwar leichter zu analysieren, geben aber keinen direkten Hinweis darauf, was funktionieren würde. Das Vergleichen der Erfolge, obwohl weniger interessant, liefert mehr Informationen. Es läuft darauf hinaus, dass sie ihre Erfahrungen auf die Prinzipien oder Faustregeln reduzieren müssen, die wiederholbar sind. Fragen Sie: „Was haben Sie in Bezug auf Fähigkeiten und Verständnis dazugelernt, um bessere Führungskräfte oder Experten zu werden. Wie hat sich Ihr Wissensstand im Vergleich zum letzten Jahr verändert." Ermutigen Sie sie dazu, ihre Stärken weiter auszubauen. Entwicklung heißt, so unterschiedlich wie möglich zu lernen. *Benötigen Sie weitere Hilfe? – Siehe Nr. 32 „Schnelle Auffassungsgabe".*

☐ **9. Können Sie andere dazu bringen, eine Herausforderung anzunehmen? Verkaufen Sie Entwicklung.** Ein Teil der Entwicklung beinhaltet, andere Menschen davon zu überzeugen, dass schwierige, neue, herausfordernde und unterschiedliche Aufträge gut für ihr Weiterkommen sind. In Nachfolgestudien über erfolgreiche Top-Manager gaben neunzig Prozent an, dass sie in ihrer Vergangenheit von einer Führungskraft regelrecht dazu gezwungen wurden, eine ausgesprochen schwierige Aufgabe anzunehmen, die sie eigentlich ablehnen wollten. Es stellte sich dann heraus, dass dieser Auftrag für ihre Entwicklung am besten war. Das Merkwürdige bei langfristigen Entwicklungsmaßnahmen ist, dass sogar ehrgeizige Menschen genau die Aufträge beiseite legen, die sie zu ihrer Weiterentwicklung durchführen sollten. Sie haben nicht die nötige Weitsicht, um ihre Wichtigkeit zu erkennen. Ihre Aufgabe als Führungskraft ist es, Mitarbeiter davon zu überzeugen, ihre Komfortzone zu verlassen und die Aufgaben zu akzeptieren, die sie anfänglich als nicht sinnvoll und vielversprechend für die Entwicklung erachten.

☐ **10. Möchten Sie andere dazu bringen, sich Neuem zu öffnen? Schaffen Sie Perspektiven.** Erteilen Sie Ihren Mitarbeitern, die Ihrer Meinung nach das Potenzial für große Leistungen und verantwortungsvolle Rollen haben, Aufträge, die außerhalb Ihres Fachbereichs, Ihrer Einheit oder Ihres Geschäftsfeldes liegen. Verhelfen Sie ihnen zu einer erweiterten Perspektive. Bieten Sie ihnen Mitarbeit in bereichsübergreifenden Spezialteams an. Lassen Sie sie an Besprechungen mit Kollegen aus anderen Bereichen teilnehmen. Öffnen Sie ihnen ein Fenster zur Welt, so dass sie selbst erkennen können, was ihnen offen steht und worauf sie sich konzentrieren wollen.

Develop-in-Place-Aufgabenstellungen

☐ Managen Sie eine Gruppe von Widerständlern mit schlechter Moral während eines unbeliebten Umstiegs oder Projekts.

☐ Managen Sie eine Gruppe wenig kompetenter oder wenig leistungsfähiger Menschen, indem Sie ihnen eine Aufgabe stellen, die sie alleine nicht bewältigen könnten.

☐ Managen Sie eine auf kurze Zeit angelegte Gruppe von „grünen", unerfahrenen Leuten als Coach, Lehrer, Begleiter, Mentor usw.

☐ Managen Sie eine Gruppe von Leuten in einem rasch expandierenden oder wachsenden Vorhaben.

☐ Managen Sie eine Gruppe von Leuten, in der Sie eine absolute Koryphäe sind, die anderen Mitglieder der Gruppe jedoch nicht.

All that is valuable in human society
depends upon the opportunity for development accorded the individual.
Albert Einstein – Aus Deutschland stammender Physiker, Nobelpreisträger

Literaturempfehlungen

Ahlrichs, N. S. (2003). *Manager of choice*. Palo Alto, CA: Davies-Black Publishing.

Andersen, E. (2006). *Growing great employees*. New York: Penguin Group.

Bell, C. R. (2002). *Managers as mentors: Building partnerships for learning*. San Francisco: Berrett-Koehler Publishers.

Broad, M. L. (2005). *Beyond transfer of training: Engaging systems to improve performance*. San Francisco: Pfeiffer.

Broad, M. L., & Newstrom, J. W. (2001). *Transfer of training: Action-packed strategies to ensure high payoff from training investments*. Jackson, TN: Perseus Books Group.

Byham, W. C., Smith, A. B., & Paese, M. J. (2002). *Grow your own leaders: How to identify, develop, and retain leadership talent*. Upper Saddle River, NJ: Prentice Hall, Inc.

Cashman, K. (2008). *Leadership from the inside out: Becoming a leader for life* (2nd ed.). San Francisco: Berrett-Koehler Publishers.

Cashman, K. (with Forem, J.). (2003). *Awakening the leader within: A story of transformation*. Hoboken, NJ: John Wiley & Sons.

Charan, R. (2007). *Know-how: The 8 skills that separate people who perform from those who don't*. New York: Crown Business.

Charan, R., Drotter, S., & Noel, J. (2000). *The leadership pipeline: How to build the leadership-powered company*. San Francisco: Jossey-Bass.

DeLong, T. J., Gabarro, J. J., & Lees, R. J. (2008, January). Why mentoring matters in a hypercompetitive world. *Harvard Business Review*.

Ensher, E. A., & Murphy, S. E. (2005). *Power mentoring: How successful mentors and protégés get the most out of their relationships*. San Francisco: Jossey-Bass Inc.

Fulmer, R. M., & Conger, J. A. (2004). *Growing your company's leaders*. New York: AMACOM.

Goldsmith, M., Kaye, B., & Shelton, K. (Eds.). (2000). *Learning journeys: Top management experts share hard-earned lessons on becoming great mentors and leaders*. Mountain View, CA: Davies-Black Publishing.

Goldsmith, M., & Reiter, M. (2007). *What got you here won't get you there: How successful people become even more successful*. New York: Hyperion.

Harvard Business Essentials. (2004). *Coaching and mentoring: How to develop top talent and achieve stronger performance*. Boston: Harvard Business School Press.

Holliday, M. (2001). *Coaching, mentoring, and managing: Breakthrough strategies to solve performance problems and build winning teams*. Franklin Lakes, NJ: Career Press.

Johnson, H. (2002). *Mentoring greatness: How to build a great business*. Irvine, CA: Griffin Trade Paperback.

Lawler, E. E., III. (2008). *Talent: Making people your competitive advantage.* San Francisco: Jossey-Bass.

Lencioni, P. M. (2007). *The three signs of a miserable job: A fable for managers (and their employees).* San Francisco: Jossey-Bass.

Levin, R. A., & Rosse, J. G. (2001). *Talent flow: A strategic approach to keeping good employees, helping them grow, and letting them go.* New York: John Wiley & Sons.

Lombardo, M. M., & Eichinger, R. W. (2004). *The leadership machine.* Minneapolis, MN: Lominger International: A Korn/Ferry Company.

Manzoni, J. F., & Barsoux, J. L. (2002). *The set-up-to-fail syndrome.* Boston: Harvard Business School Press.

Raelin, J. A. (2003). *Creating leaderful organizations: How to bring out leadership in everyone.* San Francisco: Berrett-Koehler Publishers.

Ready, D. A., & Conger, J. (2007, June). Make your company a talent factory. *Harvard Business Review.*

Reck, R. R. (2001). *The X-factor: Getting extraordinary results from ordinary people.* New York: John Wiley & Sons.

Rothwell, W. J., & Kazanas, H. C. (2003). *The strategic development of talent.* Amherst, MA: HRD Press, Inc.

Spear, S. J. (2004). Learning to lead at Toyota. *Harvard Business Review, 82,* 78-86.

Zachary, L. J. (2000). *The mentor's guide: Facilitating effective learning relationships.* San Francisco: Jossey-Bass.

Zenger, J. H., & Folkman, J. (2002). *The extraordinary leader: Turning good managers into great leaders.* New York: McGraw-Hill.

FAKTOR II: AUSFÜHRENDE FÄHIGKEITEN
CLUSTER F: ARBEIT AN ANDERE DELEGIEREN

20 Andere anleiten und führen

Good management consists in showing average people how to do the work of superior people.
John D. Rockefeller – US-amerikanischer Unternehmer und Philanthrop

Schlecht ausgeprägt
- ☐ Drückt sich Mitarbeitern gegenüber unklar oder vieldeutig aus
- ☐ Setzt weder Meilensteine noch operative Ziele
- ☐ Geht nicht sehr planvoll bei der Verteilung von Arbeit vor – weist Arbeitsaufgaben einfach nur
- ☐ Redet und überredet; hört nicht oft zu
- ☐ Bevorzugt seine/ihre Favoriten und ist gegenüber anderen unnachgiebig
- ☐ Ist zu ungeduldig, um Arbeit für andere strukturieren zu können
- ☐ Kann nicht gut delegieren
- ☐ Nimmt sich nicht die Zeit, Dinge zu managen
- ☐ Hat wenig Interesse am Managen, sondert kümmert sich eher um eigene Aufgaben

Wählen Sie eine bis drei der folgenden Kompetenzen als Ersatz für diese Kompetenz, wenn Sie nicht direkt an ihr arbeiten möchten.
ERSATZKOMPETENZEN: 9,12,13,18,19,21,23,27,33,35,36,39,47,60

Gut ausgeprägt
- ☐ Kann eine klare Richtung vorgeben
- ☐ Setzt anspruchsvolle Ziele
- ☐ Teilt Arbeiten zweckmäßig ein
- ☐ Legt die Arbeit in einer gut durchdachten und organisierten Art und Weise dar
- ☐ Hält einen Dialog über Menschen und Ergebnisse aufrecht
- ☐ Spornt Menschen zu Höchstleistungen an
- ☐ Kann deutlich kommunizieren

Übertriebene Fähigkeit
- ☐ Ist zu kontrollierend
- ☐ Kann andere hemmen, indem deren Input und Ideen herabgewürdigt und Einwände ignoriert werden
- ☐ Delegiert nur Teilaufgaben und gibt keinen Gesamtüberblick
- ☐ Gibt zu viele Anweisungen und schränkt Kreativität und Initiative ein

Wählen Sie nachstehend eine bis drei Kompetenzen als Arbeitsgegenstand aus, um einen übertriebenen Einsatz dieser Fähigkeit zu kompensieren.
AUSGLEICHSKOMPETENZEN: 3,7,14,18,19,21,23,28,31,33,35,36,60,64

Mögliche Ursachen

- ☐ Ungeduld
- ☐ Stil oder Temperament ist der Situation nicht angemessen
- ☐ Unerfahrenheit; fehlende Managementskills
- ☐ Kein Interesse an Führung
- ☐ Größere Veränderung in Richtung und Zielsetzung
- ☐ Neue Teammitglieder
- ☐ Zeitmanagement – zu beschäftigt, um zu managen

Leadership Architect® Faktoren und Cluster

Diese Kompetenz ist in Faktor II „Ausführende Fähigkeiten" zu finden. Diese Kompetenz ist in Cluster F „Arbeit an andere delegieren" zusammen mit den Kompetenzen 18, 19, 27, 35 enthalten. Sie können auch bei anderen Kompetenzen in demselben Faktor/Cluster nach passenden Tipps suchen.

Der Plan

Wie man andere effektiv und effizient führt, ist im Grunde bekannt. Untersuchungen und Erfahrungsberichte haben bestätigt, dass es eine Reihe von Techniken und Praktiken gibt, bei deren Anwendung Gruppen unter einem bestimmten Manager gute Leistungen bringen. Auch sind persönlicher Stil und Temperament oft entscheidend für die Effektivität; manche sind besser geeignet als andere.

Tipps

- ☐ **1. Kennen Sie sich selbst? Bewerten Sie Ihre persönlichen Stärken und Schwächen.** Fragen Sie andere nach ihrer Meinung. Fragen Sie Ihre Mitarbeiter, was sie an Ihnen schätzen, als Mensch und als Manager, und welche Änderungen sie gerne sehen würden. Was sind Ihre Stärken und Schwächen, persönlich und als Führungskraft? Bitten Sie Ihre Personalentwicklung um eine Liste von Kompetenzen, die sich bei der Führung anderer bewährt haben. Ziel sollte Ihr eigenes Stärken- und Schwächenprofil sein. Stellen Sie einen Entwicklungsplan für die wichtigsten Teile in Ihrem Schwächenprofil auf. *Benötigen Sie weitere Hilfe? – Siehe Nr. 55 „Selbsterkenntnis".*

- ☐ **2. Welches ist Ihre Herangehensweise? Bewerten Sie Ihre Management-Praktiken.** Machen Sie eine Inventur der üblichen Managementtechniken und -praktiken. Welche wenden Sie effektiv an, welche weniger gut oder nicht oft genug. Eine Liste dieser Techniken finden Sie in der Regel in der Einleitung zu Texten über Managementpraktiken, in Kursen für Nachwuchsmanager oder bei der Personalentwicklung. Fragen Sie

KOMPETENZ 20: ANDERE ANLEITEN UND FÜHREN

Ihre Mitarbeiter nach Input, in welchen Bereichen Sie bereits gut sind und an welchen Punkten Sie arbeiten müssen. Stellen Sie einen Plan zur Entwicklung von Managementskills und -praktiken für sich auf.

☐ 3. **Können Sie gut kommunizieren? Überprüfen Sie Ihre Kommunikationsfähigkeiten.** Oft beruht schlechtes Management auf einem Mangel an Kommunikation (nicht ausführlich genug, nicht oft genug oder nur sporadisch). Wie gut können Sie andere informieren? Wie gut hören Sie zu? Wie gut erklären Sie? Melden Sie sich bei Leuten wieder? Geben Sie Feedback? *Benötigen Sie weitere Hilfe? – Siehe Nr. 27 „Informieren", Nr. 33 „Zuhören können", Nr. 49 „Präsentationsfähigkeiten" und Nr. 67 „Schriftliche Kommunikation".*

☐ 4. **Delegieren Sie genug? Statten Sie Menschen mit Macht aus.** Fehlendes Delegieren oder Empowerment sind weitere häufige Ursachen ineffizienter Kommunikation. Autorisieren Sie Ihre Mitarbeiter dazu, ihre eigene Arbeit selbstständig zu erledigen? Übertreiben oder untertreiben Sie Ihr Management? Bitten Sie Ihre Mitarbeiter von Zeit zu Zeit um eine Liste von Arbeiten, die Sie momentan selbst bearbeiten, und von denen Ihre Mitarbeiter denken, dass sie sie auch tun könnten. Delegieren Sie einige der Aufgaben auf den Listen der Mitarbeiter. *Benötigen Sie weitere Hilfe? – Siehe Nr. 18 „Delegieren".*

☐ 5. **Werden andere Leute durch Ihren Stil entmutigt oder abgeschreckt? Führen Sie eine Bestandsaufnahme Ihres Managementstils durch.** Häufige persönliche Angewohnheiten, die andere nicht mögen, sind Ungeduld, die Herabsetzung anderer, öffentliche Kritik, Bevorzugung bestimmter Personen, Vorurteile gegen bestimmte Gruppen, Desorganisation, fehlende Selbstbeherrschung. Praktizieren Sie schlechtes Zeitmanagement? Haben Sie noch genug Zeit übrig für Ihre Mitarbeiter? Treffen einige dieser Schwächen auf Sie zu? In dem Fall, versuchen Sie sich in diesem Bereich zu verbessern. *Benötigen Sie weitere Hilfe? – Siehe Nr. 11 „Selbstbeherrschung", Nr. 21 „Umgang mit Verschiedenartigkeit", Nr. 23 „Fairness gegenüber Mitarbeitern" und Nr. 41 „Geduld".*

☐ 6. **Arbeiten Sie organisiert und nach Plan? Organisieren Sie Ihre Aufgaben und sorgen Sie für Klarheit.** Können andere nachvollziehen, was Sie wollen? Erteilen Sie klare Arbeitsaufträge? Stellen Sie klare Zielsetzungen und Maßstäbe auf, die die Arbeit der anderen begleitet und unterstützt? *Benötigen Sie weitere Hilfe? – Siehe Nr. 35 „Leistung einfordern und messen" und Nr. 47 „Planen".*

☐ 7. **Teilen Sie Anerkennung mit anderen? Feiern Sie die Erfolge anderer.** Verwenden Sie öfter „wir" als „ich"? Feiern Sie Erfolge mit anderen? Wollen andere wieder mit Ihnen zusammenarbeiten? *Benötigen Sie weitere Hilfe? – Siehe Nr. 36 „Andere motivieren".*

KOMPETENZ 20: ANDERE ANLEITEN UND FÜHREN

☐ **8. Gehen Sie Probleme direkt und schnell an, oder lassen Sie sie schleifen? Gehen Sie Probleme schnell an.** Es ist für alle Teammitglieder schlecht, wenn eine Führungskraft sich nicht gleich mit Problemen befasst. *Benötigen Sie weitere Hilfe? – Siehe Nr. 13 „Konfrontieren von Mitarbeitern", Nr. 34 „Mut zu Führen" und Nr. 57 „Eigenständigkeit".*

☐ **9. Wären Sie lieber für sich alleine? Bewerten Sie Ihren Willen, andere zu managen.** Sind Sie daran interessiert, dass die Arbeit mit Hilfe anderer erledigt wird, oder wollen Sie eher alles allein machen? Vielleicht ist Management dann nicht das Richtige für Sie. Vielleicht würden Sie sich als fachlicher Experte besser fühlen. Vielleicht bauen Sie auch nicht gerne eine tiefere Beziehung zu anderen auf. *Benötigen Sie weitere Hilfe? – Siehe Nr. 7 „Kümmern um Mitarbeiter", Nr. 10 „Mitgefühl" und Nr. 23 „Fairness gegenüber Mitarbeitern".*

☐ **10. Von wem könnten Sie lernen? Lernen Sie von einem Vorbild.** Suchen Sie sich aus Ihrem Umfeld ein oder zwei Menschen aus, die von anderen als gute Manager beurteilt werden. Beobachten Sie sie aufmerksam. Was tun sie, was Sie nicht tun? Was machen Sie anders? Machen Sie eine Aufstellung Ihrer letzten zehn Führungskräfte. Erstellen Sie zwei Listen: die fünf besten und die fünf schlechtesten. Welche Eigenschaften haben die besten gemeinsam? Und die schlechtesten? Können Sie Vergleiche zu sich selbst ziehen?

Develop-in-Place-Aufgabenstellungen

☐ Stellen Sie ein multifunktionales Projektteam zusammen, um ein gemeinsames Geschäftsproblem zu bewältigen.

☐ Managen Sie eine Gruppe von Widerständlern mit schlechter Moral während eines unbeliebten Umstiegs oder Projekts.

☐ Managen Sie eine Gruppe wenig kompetenter oder wenig leistungsfähiger Menschen, indem Sie ihnen eine Aufgabe stellen, die sie alleine nicht bewältigen könnten.

☐ Weisen Sie einer Gruppe ein Projekt mit einem engen Termin zu.

☐ Managen Sie eine Gruppe von Leuten, in der Sie eine absolute Koryphäe sind, die anderen Mitglieder der Gruppe jedoch nicht.

*Look over your shoulder now and then
to be sure someone's following you.*
Henry Gilmer – Gilmers Gesetz der Politischen Führung

Literaturempfehlungen

Bacal, R. (2007). *How to manage performance.* New York: McGraw-Hill.

Broom, M. F. (2002). *The infinite organization: Celebrating the positive use of power in organizations.* Mountain View, CA: Davies-Black Publishing.

Cashman, K. (2008). *Leadership from the inside out: Becoming a leader for life* (2nd ed.). San Francisco: Berrett-Koehler Publishers.

Cashman, K. (with Forem, J.). (2003). *Awakening the leader within: A story of transformation.* Hoboken, NJ: John Wiley & Sons.

Drucker, P. F. (2008). *Management* (Rev. ed.). New York: Collins Business.

Harvard Business School Press. (2006). *Leading teams: Expert solutions to everyday challenges.* Boston: Harvard Business School Press.

Hawkins, D. R. (2002). *Power vs. force: The hidden determinants of human behavior.* Carson, CA: Hay House.

McKenna, P. J., & Maister, D. H. (2002). *First among equals: How to manage a group of professionals.* New York: Free Press.

Pearman, R. R. (2005). *Hard wired leadership.* Jaico Publishing House.

Raelin, J. A. (2003). *Creating leaderful organizations: How to bring out leadership in everyone.* San Francisco: Berrett-Koehler Publishers.

Reck, R. R. (2001). *The X-factor: Getting extraordinary results from ordinary people.* New York: John Wiley & Sons.

Streibel, B. J. (2007). *Plan and conduct effective meetings: 24 Steps to generate meaningful results.* New York: McGraw-Hill.

Zenger, J. H., & Folkman, J. (2002). *The extraordinary leader: Turning good managers into great leaders.* New York: McGraw-Hill.

FAKTOR VI: PERSÖNLICHE UND SOZIALE KOMPETENZEN
CLUSTER P: UMGANG MIT VIELFÄLTIGEN BEZIEHUNGEN

21 Umgang mit Verschiedenartigkeit

Differences challenge assumptions.
Anne Wilson Schaef – US-amerikanische Schriftstellerin und Dozentin

Schlecht ausgeprägt
- ☐ Ist nicht erfolgreich mit Gruppen, die sich zu sehr von ihm/ihr unterscheiden
- ☐ Kommt nur schlecht mit denen zurecht, die ihn/sie nicht leiden können
- ☐ Geht unpassend mit Menschen um, die sich von ihm/ihr unterscheiden
- ☐ Verteidigt seine/ihre Stellung gegenüber Außenstehenden
- ☐ Vermeidet Konflikt und Reibungen, die durch unterschiedliche Sichtweisen entstehen
- ☐ Verkennt den geschäftlichen Vorteil, der in der Vielfalt von Menschen liegt
- ☐ Behandelt alle gleich, ohne auf die Unterschiede einzugehen
- ☐ Ist sehr engstirnig und ethnozentrisch – glaubt dass seine/ihre Gruppierung die überlegene ist
- ☐ Ist in negativen und erniedrigenden Klischees verhaftet, die er/sie nicht problemlos ablegen kann

Wählen Sie eine bis drei der folgenden Kompetenzen als Ersatz für diese Kompetenz, wenn Sie nicht direkt an ihr arbeiten möchten.
ERSATZKOMPETENZEN: 7,10,18,22,23,29,33,35,40,41,46,53,56,60,64

Gut ausgeprägt
- ☐ Kommt mit Menschen unterschiedlichster Art zurecht
- ☐ Geht erfolgreich mit Menschen aller Rassen, Nationalitäten, Kulturen, jeden Alters, Geschlechts oder Handicaps um
- ☐ Wählt Mitarbeiter unabhängig von ihrer Herkunft so aus, dass Vielfalt und Verschiedenartigkeit entstehen
- ☐ Steht für Fairness und Chancengleichheit

Übertriebene Fähigkeit
- ☐ Macht den Angehörigen einer bestimmten Gruppe zu viele Zugeständnisse
- ☐ Legt nicht bei allen denselben Maßstab an
- ☐ Bevorzugt eine einzelne Gruppe
- ☐ Vernachlässigt das Leistungsniveau zugunsten von Vielfalt

Wählen Sie nachstehend eine bis drei Kompetenzen als Arbeitsgegenstand aus, um einen übertriebenen Einsatz dieser Fähigkeit zu kompensieren.
AUSGLEICHSKOMPETENZEN: 9,12,13,18,19,20,25,34,35,36,37,56,57,60,64

Mögliche Ursachen

- Fühlt sich nicht wohl mit Gruppen, die andersartig sind
- Glaubt an Vielfalt, weiß aber nicht, was getan werden muss, um sie zu erreichen
- Kann den geschäftlichen Vorteil von Verschiedenartigkeit nicht vermitteln
- Sieht nicht ein, inwiefern die Verschiedenartigkeit von Menschen hilfreich ist
- Engstirnig und stur
- Die Ansicht, Verschiedenartigkeit ist mit zweierlei Maßstäben zu messen
- Neues und Unterschiedliches wird als unangenehm empfunden

Leadership Architect® Faktoren und Cluster

Diese Kompetenz ist in Faktor VI „Persönliche und soziale Kompetenzen" zu finden. Diese Kompetenz ist in Cluster P „Umgang mit vielfältigen Beziehungen" zusammen mit den Kompetenzen 4, 15, 23, 42, 64 enthalten. Sie können auch bei anderen Kompetenzen in demselben Faktor/Cluster nach passenden Tipps suchen.

Der Plan

In der neuen globalisierten Wirtschaft ist eine große weltweite Diversität Trumpf. Sowohl die Märkte. als auch die Arbeitsreserven sind vielfältiger als je zuvor. Die größten geschäftlichen Möglichkeiten für fast alle global tätigen Firmen finden sich in Kulturen, die anders und vielschichtiger aufgebaut sind als die eigene. Die Organisationen, die mit großer Verschiedenartigkeit am besten umgehen können, werden die Gewinner sein. Um mit Verschiedenartigkeit im Großen erfolgreich umzugehen, beginnt man erst einmal damit, sich mit ihr im Kleinen, das heißt im eigenen Land, auseinanderzusetzen. Das Management von Verschiedenartigkeit basiert im Grunde auf der Erkenntnis, welche Unterschiede „einen Unterschied machen" und eine Bereicherung sind, und welche Unterschiede nicht. Haben Sie das erst einmal herausgefunden, dann unterscheidet sich die Behandlung dieses Themas nicht von anderen Themen. Allerdings wird es wohl erst zu Veränderungen kommen, nachdem Sie die Vorzüge von Verschiedenartigkeit im Großen und im Kleinen erkannt haben. Um das zu erreichen, müssen Sie lernen, andere Gruppen zu verstehen ohne über sie zu urteilen; lernen, die Menschen mehr als Individuen zu sehen und weniger als Mitglieder einer Gruppe; lernen, Ihre eigene subtile Stereotypisierung (falls vorhanden) zu erkennen. Setzen Sie sich persönlich dafür ein, dass ein Umgang mit Verschiedenartigkeit erfolgreich ist und gehen Sie auch auf die Menschen, die in der Vergangenheit nicht die gleichen Chancen hatten, differenzierter ein.

Tipps

☐ **1. Müssen Sie die große Bedeutung der Vielfalt vermitteln? Erklären Sie den Vorteil fürs Geschäft.** Es wird sich nicht viel ändern, bis Sie die geschäftlichen Vorteile, die durch eine größere Vielfalt in der Organisation entstehen, erkennen. Sind Ihre Märkte und Kunden verschiedenartiger als Ihre Mitarbeiter? Wo liegen Ihre besten neuen Wachstumsmöglichkeiten für Umsatz und Marktanteil? In Ihrem lokalen Markt? Bei Menschen, die Ihnen ähneln? Höchstwahrscheinlich nicht. Wissen Sie viel über die Menschen innerhalb und außerhalb Ihres Kulturkreises, die Ihre Produkte kaufen werden und Sie damit erfolgreich machen? Da die Bevölkerung immer multikultureller wird, sind geschäftliche Marketing- und Verkaufsverhandlungen erfolgreicher geworden, wenn Verkäufer und Käufer aus derselben Kultur kommen (zum Beispiel aus spanisch sprechenden Gruppen). Innovation durch Vielfalt. Studien haben gezeigt, dass heterogene oder verschiedenartige Gruppen innovativer sind als homogene. Sie sehen die sich ergebenden Möglichkeiten aus ihrer unterschiedlichen Perspektive. Die Mehrzahl der Arbeitnehmer in den USA wird sich bald aus Gruppen zusammensetzen, die früher als Minorität gegolten haben. Frauen und Minderheiten zusammengenommen werden die Mehrheit bilden. Firmen, die bekannt dafür sind, dass sie Vielfalt schätzen, können sich die besten und vielversprechendsten Kandidaten aussuchen. Eine breitere Talentbasis bedeutet auch eine größere Auswahlmöglichkeit. Die besseren Führungskräfte umgeben sich in der Regel mit den unterschiedlichsten Mitarbeitern. Die anderen müssen sich mit dem Rest begnügen. Sind Sie dafür bekannt, dass Sie unterschiedliche Menschen gut führen können? Möchten Sie Motivation und Produktivität steigern? Es besteht eine positive Beziehung zwischen erkennbarer Gerechtigkeit/sich anerkannt fühlen und der Leistung der Organisationen. Der Vorteil für das Geschäft liegt in größeren Perspektiven, größeren Lernmöglichkeiten, größeren Erfolgen in den verschiedenen Marktsegmenten sowie einer produktiveren Belegschaft, weil die Mitarbeiter wissen, dass Leistung gewürdigt wird. Lesen Sie „Making Differences Matter: A New Paradigm for Managing Diversity" von Thomas und Ely in *Harvard Business Review* (HBR OnPoint Enhanced Edition), 1. November 2002. Lesen Sie außerdem „Diversity, Making the Business Case" von Michael L. Wheeler in *BusinessWeek*, 9. Dezember 1996.

☐ **2. Möchten Sie das Spielfeld ebnen? Sorgen Sie für Chancengleichheit.** Wenn Sie das Prinzip der Gleichstellung oder der Chancengleichheit nicht akzeptieren, können Sie auch Ihre Kompetenzen im Management einer vielfältigen Belegschaft nicht verbessern. Gleichstellung bedeutet unterschiedliche Behandlung – nicht gleiche Behandlung. Haben Sie beim Golfspielen etwas gegen Handicaps einzuwenden? Dieses System wurde entwickelt, damit Golfspieler mit unterschiedlichen Fähigkeiten vergleichbare Chancen haben. Erheben Sie Einspruch, wenn Soldaten, die einmal aktiv im Krieg teilgenommen haben, bevorzugt werden? Dies ist ein System, das bestimmt, dass Kriegsveteranen einen Vorteil von zehn Punkten bei Einstellungstests für den amerikanischen Staatsdienst bekommen, und zwar als Ausgleich für die verlorene Zeit und als Entschädigung für die Unterbrechung in ihrer Karriereentwicklung, da sie vier Jahre Militärdienst leisten mussten. Wie steht es mit Behinderten? Haben Sie etwas dagegen, dass es Toiletten für Behinderte in Rollstühlen gibt? Parkplätze direkt vor der Tür? Rampen für Rollstühle? Busse mit Hebevorrichtungen? Das alles ist ungleich in der Behandlung, gibt jedoch den Spielern vergleichbare Chancen. Das trifft auch auf die Menschen zu, die benachteiligt aufgewachsen sind: Keinen Vater als Vorbild zu Hause gehabt; nie als Kind verreist; nie Klassen- oder Schulsprecher gewesen; nicht genug Geld besessen, um Pfadfinder zu werden; nie in einem Ferienlager gewesen; keine Gelegenheit gehabt, ein Semester im Ausland zu studieren. Menschen, die vielleicht niemanden in ihrer unmittelbaren Verwandtschaft kennen, der zwanzig Jahre lang einer geregelten Arbeit nachgegangen ist. Menschen, denen nur auf Grund ihrer Zugehörigkeit zu einer bestimmten Gruppe Chancen verweigert wurden. die aber ansonsten intelligent, ehrgeizig und lernbereit sind. Welche Kompromisse würden Sie eingehen, um diesen Menschen gleiche Chancen zu bieten? Eine ausführlichere Orientierung? Mehr Ausbildung? Etwas mehr Geduld? Mehr Verständnis? Besondere Gelegenheiten? Würden Sie eine Gruppe von Menschen aus ähnlichen Verhältnissen zusammenstellen, in der diese Probleme diskutiert werden können? Die wichtigste Erkenntnis dabei ist, dass diese Benachteiligungen nicht der Person, die vor Ihnen sitzt, anzulasten sind. Er/sie möchte sich von all dem lösen und sucht eine vergleichbare Chance wie alle anderen, um zu lernen und gute Leistungen zu erbringen. Sie können ihm/ihr diese Möglichkeit geben, wenn Sie verstehen, dass eine ungleiche Behandlung notwendig ist, um echte Gleichstellung zu erreichen. Lesen Sie dazu *The New Leaders* von Ann Morrison.

- ☐ **3. Messen Sie mit zweierlei Maß? Seien Sie bei Leistungsmaßstäben konsequent.** Eine schwierige Situation. Wird bei einem Eintritt in ein Unternehmen mit zweierlei Maß gemessen? Wahrscheinlich. Aufgrund der Benachteiligung (kulturell, wirtschaftlich, körperlich, sprachlich) ist die betreffende Person beim Firmeneintritt wahrscheinlich nicht in der Lage, die notwendigen Fähigkeiten und den richtigen Hintergrund vorzuweisen. Gibt es unterschiedliche Maßstäbe für die Behandlung? Auf jeden Fall. Sollten sie auch auf die Dauer angelegt werden? Auf keinen Fall. Auch wenn eine Person anfänglich bevorzugt behandelt wurde, um eine

Benachteiligung auszugleichen – zum Beispiel durch Teilnahme an einem Sprachtraining oder bei der Entwicklung von Problemlösungsfähigkeiten – langfristig sollten die Anforderungen und Maßstäbe für alle gleich sein. Es gilt das Prinzip, dass Gleichstellung zur Leistungsgleichheit führt. Wenn die Leistung nach einer Weile nicht den Vorgaben entspricht, muss die betreffende Person die Konsequenzen tragen, genau wie alle anderen, und wird nicht bevorzugt behandelt.

☐ **4. Denken Sie, unterschiedliche Gruppen unterscheiden sich in ihrer Leistung? Erkennen Sie, dass Menschen gruppenübergreifend die gleiche Leistung erbringen.** Welche Unterschiede sind wichtig? Gibt es geschlechtsbedingte Unterschiede in der Performance? Die Forschung widerlegt dies. Einige Studien weisen sogar auf ein besseres Abschneiden von Frauen hin, wahrscheinlich aufgrund des Pioniereffekts. Die Forschung sagt auch, dass gemischte Gruppen kreativer und innovativer arbeiten. Alter? Im Allgemeinen nicht. Einige Fähigkeiten bleiben stark, andere wiederum können langsam abnehmen (zum Beispiel die Gedächtnisleistung). Rasse? Dazu gibt es wenig in der Forschung. Bei einer gegebenen Gleichstellung sind keine Unterschiede erkennbar. Behinderungen? Einige Studien zeigen bessere Leistungen, wahrscheinlich aufgrund der besonderen Motivation. Kultur? Zu viele Variablen. Auch dazu gibt es wenig in der Forschung. Sicherlich beeinflusst der kulturelle Hintergrund die Sichtweise, aber alle Kulturen scheinen eine ausreichende Arbeitsethik zu haben und den Ehrgeiz, vernünftige Leistungsstandards einzuhalten. Umfragen über Asiaten, die in den USA leben, haben gezeigt, dass diese Gruppe andere Gruppen bei Zensuren, akademischen und wissenschaftlichen Leistungen weit übertrifft, was wahrscheinlich auch wieder auf den Pioniereffekt zurückzuführen ist.

☐ **5. Sind Sie Stereotypen verhaftet? Stellen Sie Ihre persönlichen Voreingenommenheiten in Frage.** Sie müssen Ihr eigenes subtiles Klischeeverhalten verstehen. Die Forschungsergebnisse von Helen Astin zeigen, dass sowohl Männer als auch Frauen weibliche Manager sehr extrem einschätzen (sehr gut oder sehr schlecht), während Männer eher im Normalbereich beurteilt werden. Glauben Sie, dass rothaarige Menschen launisch sind? dass Blonde mehr Spaß haben? dass übergewichtige Menschen faul? Frauen emotionaler bei der Arbeit sind? dass Männer keine Gefühle zeigen können? Finden Sie Ihre eigenen Denkmuster heraus. Besuchen Sie einen Kurs, der sich mit der Wahrnehmung anderer Menschen beschäftigt. Die meisten Klischees sind falsch. Selbst wenn es oberflächliche Unterschiede gibt, entstehen dadurch keine Unterschiede in der Leistung.

☐ **6. Fühlen Sie sich bei bestimmten Gruppen nicht wohl? Gerechter Umgang mit Menschen.** Versuchen Sie, die Menschen mehr als Individuen anstatt als Gruppenmitglieder zu sehen. Vermeiden Sie Schubladendenken. Viele von uns teilen Menschen in zwei Gruppen ein: „Könner" oder „Nicht-Könner". Wir haben die Kategorie der Guten und der Schlechten. Die Kategorie „mag ich" und „mag ich nicht". Und wenn wir die Menschen einmal in Kategorien eingeteilt haben, gehen wir in der Regel nicht so gut mit den „Schlechten" um. Oft basieren die Kategorien auf: „ist wie ich" (die Guten); oder „ist nicht wie ich" (die Schlechten). Im Laufe der Zeit, erhält die Kategorie „Könner/so wie ich" den Großteil Ihrer Aufmerksamkeit, mehr Feedback, anspruchsvollere Aufgaben, die besseren Entwicklungs- und Performancemöglichkeiten. Unglücklicherweise wird dadurch Ihr stereotypes Denken immer wieder unter Beweis gestellt. Um diesen Teufelskreis zu durchbrechen, müssen Sie Verständnis zeigen, ohne zu urteilen. Seien Sie ehrlich mit sich selbst. Gibt es eine Gruppe oder Gruppen, die Sie nicht mögen oder in deren Gegenwart Sie sich unbehaglich fühlen? Verurteilen Sie einzelne Mitglieder dieser Gruppe, obwohl Sie nicht wirklich wissen, ob Ihr Vorurteil zutrifft? Das geht uns fast allen so. Versuchen Sie, Menschen in ihrer Persönlichkeit wahrzunehmen.

☐ **7. Lassen Sie bestimmte Leute aus? Bringen Sie Prozesse für den Umgang mit Menschen ins Gleichgewicht.** Frauen und Farbige haben weniger Chancen, entwicklungsbezogenes Feedback zu bekommen. Frauen in höheren Positionen hatten nicht die schwierigen Arbeitsaufträge, die Männer im Laufe ihrer Karriere bewältigt haben. Frauen und Minderheiten bekommen weniger informelle Informationen. Manchmal nehmen Frauen und Minderheiten nicht an sozialen Veranstaltungen teil, die außerhalb der Geschäftszeiten stattfinden, die aber geschäftliche Dinge betreffen – in einer informellen und entspannten Umgebung werden wichtige geschäftliche Informationen ausgetauscht und Entscheidungen getroffen. Sehen Sie sich genau an, welche Prozesse Sie für den Umgang mit Ihren Mitarbeitern einsetzen. Gibt es unbeabsichtigte Ungleichheiten? Entwickeln Sie spezielle Programme zur Förderung der Gleichheit. Gleicher Zugang zu Informationen, herausfordernde Arbeiten, der persönliche Austausch, der Aufbau von Fähigkeiten und Kompetenzen sowie Networking – all das führt zur Gleichstellung.

☐ **8. Sind Sie in einem Teufelskreis gefangen? Widmen Sie sich den legitimen Anliegen unzufriedener Gruppen.** Der Teufelskreis. Wird eine Gruppe ungleich behandelt, formiert sie sich als Untergruppe und schlägt zurück. Das ist natürlich. Geteiltes Leid ist halbes Leid. Menschen, die nicht an der Macht sind, schließen sich oft zusammen. Sie bilden spezielle Foren, um über Probleme zu diskutieren. Sie essen vielleicht zusammen, sind gesellschaftlich zusammen und vertreten einheitlich als Gruppe eine Position oder Forderung. Das verärgert oft die anderen (die fest behaupten, sie hätten nie gegen jemanden diskriminiert), die dann wiederum ihre negative Einschätzung dieser Gruppe bestätigt sehen. Sie ordnen dann die ganze Gruppe mit allen Mitgliedern wieder in die Kategorie der Schlechten ein. Nehmen Sie diesen Prozess nicht allzu schwer, er ist menschlich und auf der ganzen Welt und in allen Schichten zu finden, wenn eine klar abgegrenzte Gruppe in den Bereich einer anderen eindringt. Perfektes Beispiel: die irischen Einwanderer, die um 1850 nach New York kamen. Helfen Sie anderen, Gruppen zu bilden, nehmen Sie an ihren Zusammenkünften teil, lernen Sie, hören Sie zu. Befassen Sie sich mit ihren legitimen Forderungen und Beschwerden. Geben Sie Unterstützung und vermitteln Sie ihnen, sich zuerst auf die Geschäfts- und Unternehmensseite des Problems zu konzentrieren und dann vorsichtiger und weniger kategorisch vorzugehen als bisher, damit die Gegenseite den Freiraum hat, sich daran zu gewöhnen, zu handeln und zu verhandeln. Finden Sie heraus, welche Ergebnisse gewünscht werden und ob Sie etwas dazu beitragen können. *Benötigen Sie weitere Hilfe? – Siehe Nr. 64 "Verständnis für andere".*

☐ **9. Sind Sie kurzsichtig? Nutzen Sie Vielfalt, um Ihre Perspektive zu erweitern.** Verschiedenartigkeit in der Sichtweise, im Hintergrund, in der Ausbildung, Kultur und Erfahrung, im Glauben und in der Einstellung sind wichtige Faktoren, die alle zu einem erstklassigen Produkt in einem globalen Markt mit großer Diversität beitragen. Testen Sie dieses Prinzip, gehen Sie Probleme mit ganz unterschiedlichen Gruppen an, bringen Sie Menschen mit einer großen Bandbreite von Meinungen zusammen und finden Sie heraus, ob Sie umfassendere, kreativere Ergebnisse erhalten. Stellen Sie ein Team auf, dessen Mitglieder so vielfältig wie möglich sind, die zwar alle die notwendigen Fähigkeiten zur Erledigung der Arbeit mitbringen, die aber ansonsten unterschiedlich sind. Verbringen Sie mehr Zeit mit Kollegen und Mitarbeitern, die anders sind als Sie. Fragen Sie jeden Einzelnen nach seiner/ihrer Sichtweise. Inwiefern führen diese unterschiedlichen Hintergründe dazu, dass Probleme auch unterschiedlich gesehen werden?

☐ **10. Schränkt Sie Ihr zu kleiner Erfahrungsschatz ein? Arbeiten Sie an Ihrer Wahrnehmung der Vielfalt:**
– Phase eins: Sprechen Sie mit Menschen in Ihrer Firma, Ihrer Nachbarschaft oder Ihrer Kirchengemeinde, die in irgendeiner Weise anders sind als Sie. Gehen Sie zusammen Essen. Zu einem Sportereignis. Tauschen Sie Ansichten aus. Beherbergen Sie einen

Austauschstudenten aus einem Land, in das Ihre Organisation möglicherweise expandieren will. Leisten Sie ehrenamtliche Arbeit mit einer Gruppe, deren Mitglieder anders sind als Sie.

– Phase zwei: Besuchen Sie Folklorefestivals in Ihrer Umgebung. Probieren Sie das Essen. Sehen Sie sich die Trachten und das Kunstgewerbe der Gruppen an. Befassen Sie sich mit der Geschichte dieser Menschen. Sprechen Sie mit den Menschen.

– Phase drei: Machen Sie Kurzurlaub in einer Großstadt und verbringen Sie Ihre Zeit in einem multikulturellen Stadtteil. Besuchen Sie beispielsweise die Chinatown in San Francisco oder in New York.

– Phase vier: Reisen Sie in ein Land, in dem Sie zu einer Minderheit gehören und in dem die meisten Menschen Ihre Sprache nicht sprechen. Halten Sie sich von Touristenzentren fern und registrieren Sie, wie Sie sich fühlen.

Develop-in-Place-Aufgabenstellungen

☐ Beteiligen Sie sich an einem Gewerkschafts-Verhandlungsteam oder Beschwerde-Schlichtungsteam.

☐ Stellen Sie kurzfristig ein Team aus verschiedenartigen Mitarbeitern zusammen, um eine schwierige Aufgabe zu erledigen.

☐ Treten Sie vor dem gehobenen Management für die Anliegen einiger tariflich bezahlter, im Bürodienst oder in der Verwaltung tätigen Mitarbeiter ein, um zur Lösung eines schwierigen Problems beizutragen.

☐ Arbeiten Sie ein Jahr oder länger für eine öffentliche Einrichtung.

☐ Arbeiten Sie ein Jahr oder länger für eine karitative Einrichtung.

It is not best that we should all think alike;
it is difference of opinion that makes horse races.
Mark Twain – US-amerikanischer Humorist, Satiriker, Dozent und Schriftsteller

Literaturempfehlungen

Barak, M. E. M. (2005). *Managing diversity: Toward a globally inclusive workplace.* Thousand Oaks, CA: Sage.

Bates-Ballard, P., & Smith, G. (2008). *Navigating diversity: An advocate's guide through the maze of race, gender, religion, and more.* Charleston, SC: BookSurge.

Bucher, R. D., & Bucher, P. L. (2003). *Diversity consciousness: Opening our minds to people, cultures, and opportunities.* New York: Prentice Hall.

Deresky, H. (2002). *Global management: Strategic and interpersonal.* Upper Saddle River, NJ: Prentice Hall.

Harvard Business School Press. (2002). *Harvard Business Review on managing diversity.* Boston: Harvard Business School Press.

Harvey, C. P., & Allard, M. J. (2008). *Understanding and managing diversity: Readings, cases, and exercises* (4th ed.). Upper Saddle River, NJ: Prentice Hall.

Hubbard, E. (2003). *The diversity scorecard: Evaluating the impact of diversity on organizational performance.* Boston: Butterworth-Heinemann.

Hubbard, E. (2004). *The manager's pocket guide to diversity management.* Amherst, MA: HRD Press.

Jacob, N. (2003). *Intercultural management.* London: Kogan Page.

Lancaster, L. C., Stillman, D., & MacKay, H. (2002). *When generations collide: Who they are. Why they clash. How to solve the generational puzzle at work.* New York: HarperCollins.

Livers, A. B., & Caver, K. A. (2003). *Leading in black and white: Working across the racial divide in corporate America.* San Francisco: Jossey-Bass.

Lustig, M. W., & Koester, J. (2005). *Intercultural competence: Interpersonal communication across cultures* (5th ed.). Boston: Allyn & Bacon.

Middleton, D. R. (2002). *The challenge of human diversity: Mirrors, bridges, and chasms.* Prospect Heights, IL: Waveland Press.

Miller, F. A., & Katz, J. H. (2002). *The inclusion breakthrough.* San Francisco: Berrett-Koehler Publishers.

Olver, K., Baugh, S., & Gurlides, D. (2006). *Leveraging diversity at work: How to hire, retain, and inspire a diverse workforce for peak performance and profit.* Country Club Hills, IL: Inside Out Press.

Ricucci, N. (2002). *Managing diversity in public sector workforces.* Boulder, CO: Westview Press.

Thiederman, S. (2008). *Making diversity work: Seven steps for defeating bias in the workplace.* New York: Kaplan Business.

Wilson, T., & Carswell, J. (2002). *Global diversity at work: Winning the war for talent.* New York: John Wiley & Sons.

FAKTOR VI: PERSÖNLICHE UND SOZIALE KOMPETENZEN
CLUSTER R: MIT ANSTAND UND CHARAKTER HANDELN

22 Ethik und Wertmaßstäbe

We do not act rightly because we have virtue or excellence,
but we rather have those because we have acted rightly.
Aristoteles (384 - 322 v. Chr.) – Griechischer Philosoph und Wissenschaftler

Schlecht ausgeprägt

- ☐ Seine/ihre Werte stimmen nicht mit denen der Organisation überein
- ☐ Er/sie ist ein ausgeprägter Individualist mit wenig Verständnis für die Werte anderer; macht sich seine/ihre Regeln selbst; Verursacht, dass andere sich nicht wohl fühlen
- ☐ Agiert unter Umständen zu gefährlich für das Unternehmen
- ☐ Denkt kaum über die eigenen Werte nach und kann die eigene Wirkung nicht einschätzen
- ☐ Verhält sich unberechenbar
- ☐ Wirkt opportunistisch
- ☐ Reden und Handeln stimmen nicht überein

Wählen Sie eine bis drei der folgenden Kompetenzen als Ersatz für diese Kompetenz, wenn Sie nicht direkt an ihr arbeiten möchten.
ERSATZKOMPETENZEN: 5,7,10,21,24,29,40,46,47,50,52,53,58,63

Gut ausgeprägt

- ☐ Vertritt sowohl in guten wie in schlechten Zeiten eine ausgeprägte Wertestruktur
- ☐ Handelt in Übereinstimmung mit diesen Werten
- ☐ Bestärkt andere in der Anwendung der richtigen Werte und kritisiert den Einsatz von nicht angemessenen Wertvorstellungen
- ☐ Steht zu dem, was er/sie sagt

Übertriebene Fähigkeit

- ☐ Kämpft auch dann für seine/ihre Anschauungen und Werte, wenn es nicht angebracht ist
- ☐ Reagiert überempfindlich, wenn die eigenen Prinzipien, Werte und Überzeugungen in Frage gestellt werden
- ☐ Kann stur und uneinsichtig gegenüber Veränderungsnotwendigkeiten oder Kompromissen sein
- ☐ Ist übermäßig kritisch denen gegenüber, die seine/ihre Wertvorstellungen nicht teilen

KOMPETENZ 22: ETHIK UND WERTMASSSTÄBE

☐ Beendet Diskussionen mit moralischen Urteilen
Wählen Sie nachstehend eine bis drei Kompetenzen als Arbeitsgegenstand aus, um einen übertriebenen Einsatz dieser Fähigkeit zu kompensieren.
AUSGLEICHSKOMPETENZEN: 10,11,12,17,21,32,33,37,41,45,46,48,55,56,58, 64,65

Mögliche Ursachen
☐ Uneinheitliche Wert- und Moralvorstellungen
☐ Wertmaßstäbe und Ethikeinstellung bewegen sich am Rande des Akzeptablen
☐ Wert- und Moralvorstellungen sind nicht mehr zeitgemäß
☐ Zu unabhängig; legt eigene Regeln fest
☐ Ethikverständnis hängt von der jeweiligen Situation ab
☐ Nur vage Vorstellungen zum Thema Werte und Ethik

Leadership Architect® Faktoren und Cluster
Diese Kompetenz ist in Faktor VI „Persönliche und soziale Kompetenzen" zu finden. Diese Kompetenz ist in Cluster R „Mit Anstand und Charakter handeln" zusammen mit der Kompetenz 29 enthalten. Sie können auch bei anderen Kompetenzen in demselben Faktor/Cluster nach passenden Tipps suchen.

Der Plan
Ihre Werte- und Ethikeinstellung drückt sich in knappen, präzisen Aussagen zu Kernthemen oder ihnen zugrunde liegenden Prinzipien aus. Sie steuert Ihr Reden und Tun. Behandeln Sie andere so, wie Sie selbst behandelt werden möchten. Obwohl kurz und oftmals simple formuliert wie „Qualität kommt immer zuerst" (Ford), „Unsere Kunden haben immer Recht" (Nordstrom) oder „Die Mitarbeiter sind unser wichtigstes Kapital", bieten uns ethische Wertvorstellungen eine Anleitung, nach der wir handeln und Entscheidungen treffen können. Die einfache Aussage „Wir sind ein Arbeitgeber, der Chancengleichheit fördert" beinhaltet beispielsweise Richtlinien zu Einstellung, Entlassung, Beförderung, Schulung, Entwicklung, Arbeitseinsatz sowie weitere betriebliche Leistungen für die Mitarbeiter. Zwar haben wir alle eine Werte- und Ethikstruktur, jedoch ist unser genauer Standpunkt dazu oftmals nicht bewusst durchdacht. Wir sind auf „Autopilot" programmiert, und das Programm setzt sich aus Ereignissen aus unserer Kindheit und den gesammelten Lebenserfahrungen zusammen. Alle Organisationen haben relativ einheitliche Ethik- und Wertvorstellungen, nach denen sie ihre Handlungen ausrichten und sie erwarten, dass sich ihre Mitarbeiter an diese Normen halten. Menschen, die Ethik und Werte beispielhaft vorleben, haben sie bewusst durchdacht, stehen dazu, setzen sie in kritischen Situationen ein, verstehen die Wertvorstellungen anderer, äußern sich zu diesen Themen, verhalten sich anderen gegenüber konsequent und einvernehmlich.

KOMPETENZ 22: ETHIK UND WERTMASSSTÄBE

Tipps

☐ **1. Haben Sie Schwierigkeiten mit Konsistenz? Koordinieren Sie Ihre Worte und Taten.** Die häufigste Beurteilung Ihrer Werte kommt von Menschen, die Sie beobachten. Falls Ihre Umgebung bisher noch keine Gelegenheit hatte, Sie in Aktion zu sehen, dann bewertet sie das, was Sie sagen. Wenn man Sie sowohl reden als auch handeln gesehen hat, wird man Ihre Taten über Ihre Worte stellen. Eine Diskrepanz zwischen Reden und Handeln stört die Menschen. Wenn Sie also das eine sagen und dann das andere tun, wird man das als inkonsequent betrachten und von Ihnen sagen, dass Sie sich nicht an das halten, was sie sagen. Stimmen Sie Ihre Handlungen und Ihre Worte aufeinander ab. Es gibt drei Arten von Inkonsequenz, und sie werden in den Tipps zwei, drei und vier angeführt.

☐ **2. Äußern Sie sich auf unterschiedliche Weise? Vermeiden Sie ein Verhalten nach dem Motto: „Folgt meinen Worten, nicht meinen Taten".** Im Normalfall besteht eine beträchtliche Kluft zwischen dem, was Sie über Ihre eigenen Werte aussagen, wie die Werte der anderen sein sollten und dem, wie Sie tatsächlich in diesen Situationen handeln. Wir haben oft mit Menschen gearbeitet, die in Schwierigkeiten geraten sind, weil sie große Reden über Ethik und Wertmaßstäbe hielten: anspruchsvoll, inspirierend, hochtrabend, leidenschaftlich, charismatisch – man konnte eine Gänsehaut bekommen –, bis sich dann herausstellte, dass diese Menschen gerade das Gegenteil davon taten. Untersuchen Sie Ihre Reden, Besprechungen oder zufälligen Gespräche daraufhin, wie sich daraus Ihre eigenen Ethik- und Wertvorstellungen sowie Ihre Vorstellungen über die ethischen Verhaltensweisen anderer Menschen ableiten lassen. Notieren Sie diese Vorstellungen auf der linken Seite eines Arbeitspapiers, zusammen mit drei bis fünf Beispielen, die zeigen, wann Sie genau innerhalb der Ethik- und Wertvorstellungen gehandelt haben. Können Sie auch aufschreiben, wann das nicht der Fall war? Falls ja, dann liegt Ihr Problem darin, dass diese Kluft existiert. Entweder Sie machen keine Aussagen mehr zu Ethik und Wertmaßstäben, für die Sie kein Vorbild sein können oder wollen, oder Sie bringen das, was Sie zum Thema Werte ausgesagt haben, mit Ihren eigenen Handlungen in Einklang.

☐ **3. Haben Sie Schwierigkeiten, die richtigen Worte zu finden? Senden Sie klare Botschaften aus.** Möglich (wenn auch selten) ist außerdem, dass es eine erkennbare Diskrepanz zwischen dem gibt, was Sie sagen und wie Sie es sagen, und dem, was Sie tatsächlich denken und tun. Wir haben schon mit vielen Leuten zusammengearbeitet, die sich in Schwierigkeiten gebracht haben, weil ihre Ausdrucksweise und Wortwahl unechte, für andere irritierende und sich am Rande des Akzeptablen bewegende Werte und ethische Vorstellungen vermittelten. Zielen Sie auf

Effekte ab? „Feuern Sie sie alle." Übertreiben Sie? „Es gibt keine guten Lieferanten." Machen Sie extreme Aussagen, um zu überzeugen? Übertreiben Sie negative Ansichten? Verwenden Sie eine billige Ausdrucksweise, nur um sich an andere anzupassen? Verwenden Sie herablassende Ausdrücke? „Alle Berater sind doch käuflich." Was wäre, wenn ich Sie noch nie in Aktion gesehen hätte? Was würde ich von Ihren Wertvorstellungen halten, wenn ich Sie reden hörte und nicht wüsste, wie Sie sich tatsächlich verhalten? Untersuchen Sie die Worte und die Sprache, die Sie in Ihren Reden, Besprechungen oder auch in einfachen Unterhaltungen zum Thema Werte und Ethik verwenden. Notieren Sie sich diese Beobachtungen. zusammen mit drei bis fünf Beispielen, die zeigen, wann Sie genau nach diesen Worten gehandelt haben. Verhalten Sie sich tatsächlich so? Denken Sie wirklich so? Wenn nicht, ist das eigentliche Problem die Diskrepanz. Verwenden Sie keine Sprache, die nicht zu Ihren wahren Gedanken, Werten und Handlungen passt.

☐ **4. Sind Sie unberechenbar? Seien Sie in allen Situationen und Gruppen gleich konsequent.** Nicht jeder hat fest verankerte Werte. Ihre Unbeständigkeit in Bezug auf Aussagen und Handlungen ist vielleicht nur von den jeweiligen Situationen abhängig. Sie ändern Ihre Einstellung je nach Laune oder aufgrund Ihres letzten Gesprächspartners beziehungsweise Ihrer letzten Erfahrung. Sie drücken vielleicht in einem Fall eine positive Einstellung Menschen gegenüber aus (die Sie führen) und eine negative Einstellung in einem anderen Fall (zum Beispiel Kollegen einer anderen Abteilung). Sie halten sich vielleicht in einer Transaktion starr an einen hohen Ehrenkodex (im Umgang mit Kunden) und gehen in einer anderen vielleicht nahe an die Grenze – bei Lieferanten. Vielleicht passen Sie Ihre Werte an die Zielgruppe an, wenn Sie sich nach oben bewegen, aber nicht, wenn Sie nach unten managen. Menschen bevorzugen Beständigkeit und Vorhersehbarkeit. Handeln Sie auf die eine Art bei den Leuten, die Sie mögen und ganz anders bei denjenigen, die Sie nicht mögen? Suchen Sie die drei bis fünf Bereiche, in denen diese Unbeständigkeit sichtbar wird. Schreiben Sie auf, wie Sie mit verschiedenen Leuten umgegangen sind, damit Sie Vergleiche ziehen können. Haben Sie in parallelen Situationen unterschiedlich gehandelt? Legen Sie bei anderen unterschiedliche Maßstäbe an als bei sich selbst? Haben Sie so viele unterschiedliche Wertvorstellungen, dass diese irgendwann kollidieren müssen? Versuchen Sie Ihr Verhalten auszugleichen, damit Sie in den verschiedenen Situationen beständiger handeln.

☐ **5. Stimmen Ihre Vorstellungen nicht? Hinterfragen Sie Ihre Einstellung zur Organisation.** Ihre niedrige Bewertung bei Ethik und Werten heißt zumindest, dass sich die moralischen und ethischen Vorstellungen, unter denen Sie arbeiten, nicht mit den allgemein anerkannten Werten der Personen in Ihrem Umfeld decken. Das ist ein häufig auftretendes Problem. Sie schließen sich einer Organisation an in dem Glauben, dass diese Ihre Werte vertritt. Wenn Sie jedoch eine Zeit lang dort gearbeitet haben, finden Sie heraus, dass das nicht stimmt. Oder die Firma ändert ihre Richtung grundlegend, wird aufgekauft oder fusioniert mit einer anderen Firma und ändert ihre Ethik und Wertmaßstäbe über Nacht, so dass Sie sich nicht mehr darin wiederfinden. Bis zu einem gewissen Grad ist das üblich. Es ist schwierig, eine perfekte Übereinstimmung zu finden. Kündigen Sie, wenn die Kluft zu groß ist. Wenn Ihnen die Kluft nur unangenehm ist, dann versuchen Sie, sie mit allen Mitteln zu bekämpfen, indem Sie die Organisation beeinflussen. Versuchen Sie nicht, die anderen durch Ihr Gefühl der Unbehaglichkeit zu belasten. Sind Sie vielleicht zu unabhängig? Sie legen Ihre eigenen Regeln fest, räumen Hindernisse aus dem Weg und halten sich für stark, handlungs- und ergebnisorientiert. Sie schaffen alles. Das Problem liegt darin, dass Sie sich oft nicht darum kümmern, ob andere Ihrer Meinung sind. Sie handeln aus Ihrem Inneren heraus. Für Sie ist wichtig, was Sie selbst denken und was Sie selbst als richtig und gerecht beurteilen. Einerseits ist das bewundernswert, andererseits aber auch nicht klug. Sie leben in einer Organisation, die beides besitzt, sowohl formelle als auch informelle Standards, Anschauungen, Ethik- und Wertvorstellungen. Sie können nicht lange überleben, wenn sie diese nicht kennen und Ihre eigenen Werte dementsprechend anpassen. Versuchen Sie das zu unterstützen, was Sie können, und lassen Sie den Rest.

☐ **6. Fehlt es Ihnen an einheitlichen Maßstäben? Vermeiden Sie doppelte Maßstäbe.** Ein anderes allgemeines Problem liegt darin, dass Sie für sich andere Maßstäbe anlegen als für andere. Oder Sie setzen einen Standard für sich und diejenigen Leute fest, die Sie mögen und einen anderen für alle anderen. Tun Sie das, was Sie auch von anderen erwarten? Bitten Sie niemanden, etwas zu tun, das Sie nicht auch selbst tun würden. Ein allgemeines Problem des höheren Managements liegt darin, dass sie die Kollegen unter sich mit schweren Personalentscheidungen und mit der Entlassung der Mitarbeiter, die den Standards nicht entsprechen, beauftragen. Dann aber geben sie ihren eigenen Mitarbeitern durchweg eine überdurchschnittliche Bewertung und einen Bonus, obwohl alle wissen, dass der eine oder der andere diese Maßstäbe nicht erfüllt. Verhalten Sie sich so? Entscheiden Sie zum Vorteil derer, die Sie mögen oder behandeln Sie bestimmte Leute bevorzugt?

☐ **7. Haben Sie unscharfe Wertvorstellungen? Verschaffen Sie sich Klarheit über Ihre Wertvorstellungen.** Sie denken wahrscheinlich nicht dauernd über Ethik und Werte nach und Ihre wahren Wertvorstellungen spiegeln

KOMPETENZ 22: ETHIK UND WERTMASSSTÄBE

sich nicht in Ihren Aussagen. Da Sie auf diesem Gebiet Probleme haben, wäre es eine gute Übung für Sie, Ihr Wertesystem schriftlich festzuhalten, damit Sie eine Vorstellung darüber bekommen und dann in der Lage sind, sich klar gegenüber anderen zu äußern. Denken Sie über Ihre früheren Handlungen nach. Wie behandeln Sie Menschen? Denken Sie an die letzten 25 Ereignisse oder Gelegenheiten. Was haben Sie getan? Waren Ihre Handlungen einheitlich? Falls ja, welche Werte haben Sie anderen gezeigt: 25 Gelegenheiten zu Offenheit und Ehrlichkeit; 25 Gelegenheiten zur Information; 25 Gelegenheiten zur Hilfe für andere; 25 Entscheidungen über die Zuweisung von Ressourcen; 25 Gelegenheiten zur Ausgabe von Geldmitteln; 25 Entscheidungen zur Einstellung und 25 Entscheidungen zur Entlassung oder zum Personalabbau; 25 Entscheidungen zur Delegation und so weiter. Welche Werte liegen Ihren Handlungen zu Grunde? Sind es auch die Werte, für die Sie bekannt sein möchten? Entsprechen sie den allgemein akzeptierten Vorstellungen Ihrer Organisation?

☐ **8. Vergangenheitsbezogen? Passen Sie sich an, wenn es sinnvoll ist.**
Das ist schwierig. Die Zeiten ändern sich. Ändern sich Wertvorstellungen? Manche sind nicht der Meinung. Vielleicht denken Sie auch so. Wie steht es mit Humor? Konnten Sie vor zehn Jahren Witze erzählen, für die Sie heute in Schwierigkeiten geraten würden? Hat sich bei Kontakten zwischen den Geschlechtern die Art und Weise des Kennenlernens und auch das Alter geändert? Was bedeutet das Thema sexuelle Belästigung für Sie? Wo liegt die Grenze zwischen schlechtem Geschmack, Scherzen, Flirten und sexueller Belästigung? Hat sich die Definition im Laufe Ihrer Karriere geändert? Halten Sie Ihre alten Wertvorstellungen für besser als die heutigen? Wann haben Sie Ihre aktuellen Wertvorstellungen entwickelt? Vor über zwanzig Jahren? Vielleicht ist es an der Zeit, Ihren persönlichen Blick auf die heutige Zeit zu überprüfen, um zu sehen, ob Sie Ihren Kurs ändern müssen. Andere könnten Ihre Ansichten als naiv oder zu stur ansehen. Notieren Sie sich fünf Bereiche in Ihrer Arbeitsumgebung, bei denen Ihre Wertvorstellungen nicht mehr stimmen – Qualitäts-/Preisverhältnis, eine weitere Zusammenarbeit mit einem Mitarbeiter oder seine Entlassung, eine gleiche oder unterschiedliche Behandlung von Menschen. Können Sie beschreiben, wie Sie sich in diesen Situationen verhalten? Worauf basieren Ihre Entscheidungen? Was gewinnt? Warum? Wenn Sie fast immer auf der gleichen Seite sind und gleich reagieren, müssen Sie Ihre Einstellung aktualisieren. Sprechen Sie mit Leuten, die anders entscheiden würden, damit Sie mehr Komplexität sehen. Urteilen Sie nicht – hören Sie zu, um zu verstehen.

KOMPETENZ 22: ETHIK UND WERTMASSSTÄBE

☐ **9. Fehlt Ihnen ein ethischer Wegweiser? Sorgen Sie für Abhilfe.** Auf der stärker negativen Seite könnte dies bedeuten, dass Sie über inakzeptable Werte und ethische Vorstellungen verfügen; was bedeutet, dass die meisten sie wohl zurückweisen würden. Vielleicht arbeiten Sie zu nah am Rand dessen, was noch akzeptabel ist, als dass andere mit Ihnen zusammenarbeiten wollen. Sie sichern sich ab, sabotieren andere, suchen Ihren eigenen Vorteil, lassen andere in ein offenes Messer laufen und schlecht dastehen. Sie sind vielleicht unaufrichtig, intrigant und zu politisch. Sie sind der Meinung, dass diese Methoden in Ordnung sind, da Sie Ergebnisse erzielen. Sie glauben wirklich, dass der Zweck die Mittel heiligt. Sie sagen den Leuten, was sie hören wollen und machen dann selbst etwas ganz anderes. Wenn einer dieser Punkte auf Sie zutrifft, bekommen Sie diese Kritik wahrscheinlich öfter zu hören. Diese Situation hat sich nicht über Nacht entwickelt. Sie müssen herausfinden, ob Ihre Karriere in diesem Unternehmen noch zu retten ist. Am besten geben Sie zu, dass Ihre Moral- und Wertvorstellungen anders sind als die Ihrer Kollegen. Fragen Sie eine Führungskraft oder einen Mentor, ob der Schaden behebbar ist. Falls diese Person das glaubt, dann wenden Sie sich an alle, die Sie vielleicht durch Ihr Verhalten befremdet haben, und warten Sie ihre Reaktion ab. Sagen Sie ihnen, was Sie in der Zukunft anders machen wollen. Fragen Sie, ob eine Beziehung wiederhergestellt werden kann. Langfristig müssen Sie sich professionell über Ihre Wertmaßstäbe und Ethik beraten lassen oder eine neue Position in einer Organisation finden, die die gleichen Wertestandards hat wie Sie.

☐ **10. Ist es an der Zeit, dass Sie sich ändern? Übernehmen Sie Wertmaßstäbe und ethische Vorstellungen überlegt und gewollt.** Vergessen Sie nicht: Ihr Verhalten ist zehnmal wichtiger als Ihre Worte. Welche Werte wollen Sie? Wie soll Ihre Ethik aussehen? Schreiben Sie sie auf die linke Seite eines Arbeitspapiers. Ich möchte als fairer Manager gelten. Schreiben Sie auf der rechten Seite auf, was jemand mit dieser Wertvorstellung tun würde und was nicht? Würde niemanden bevorzugt behandeln. Würde jedem Mitarbeiter die Gelegenheit zum Wachstum und zur Entwicklung geben. Würde sich die Ideen aller anhören. Würde in einer Mitarbeiterbesprechung um die Meinung aller bitten. Würde seine/ihre Zeit so einteilen, dass für jeden etwas übrig bleibt. Würde für alle die gleichen Maßstäbe ansetzen. Bitten Sie jemanden, dem Sie vertrauen, die Liste durchzulesen, um zu sehen, ob Sie auf dem richtigen Weg sind. Beginnen Sie dann konsequent die Dinge zu tun, die Sie auf der rechten Seite aufgeschrieben haben.

Develop-in-Place-Aufgabenstellungen

- ☐ Schließen Sie Frieden mit einem Feind oder mit jemandem, den Sie mit einem Produkt oder einer Dienstleistung enttäuscht haben, oder mit jemandem, mit dem Sie Probleme hatten oder nicht so gut zurechtkommen.
- ☐ Führen Sie schwierige Verhandlungen mit einem internen oder externen Kunden.
- ☐ Managen Sie die Vergabe von umstrittenen Büroplätzen.
- ☐ Managen Sie einen unzufriedenen internen oder externen Kunden; versuchen Sie, ein Leistungs- oder Qualitätsproblem mit einem Produkt oder einer Dienstleistung zu lösen.
- ☐ Beteiligen Sie sich an einem Gewerkschafts-Verhandlungsteam oder Beschwerde-Schlichtungsteam.

Live in such a way that you would not be ashamed
to sell your parrot to the town gossip.
Will Rogers – US-amerikanischer Cowboy, Komiker,
Zeitungskommentator und Schauspieler

Literaturempfehlungen

Badaracco, J. L., Jr. (2002). *Leading quietly*. Boston: Harvard Business School Press.

Badaracco, J. L., Jr. (2002). The discipline of building character. *Harvard Business Review, 76*, 114-124.

Badaracco, J. L., Jr. (2006). *Questions of character: Illuminating the heart of leadership through literature*. Boston: Harvard Business School Press.

Bellingham, R. (2003). *Ethical leadership: Rebuilding trust in corporations*. Amherst, MA: HRD Press.

Bennis, W. G., & Thomas, R. J. (2002). *Geeks and geezers*. Boston: Harvard Business School Press.

Boatright, J. R. (2006). *Ethics and the conduct of business* (5th ed.). Upper Saddle River, NJ: Prentice Hall.

Cloke, K., & Goldsmith, J. (2002). *The end of management and the rise of organizational democracy*. San Francisco: Jossey-Bass.

Dobrin, A. (2002). *Ethics for everyone: How to increase your moral intelligence*. New York: John Wiley & Sons.

Drucker, P. F. (2003). *The essential Drucker: The best of sixty years of Peter Drucker's essential writings on management*. New York: HarperBusiness.

Ferrell, O.C., Fraedrich, J., & Ferrell, L. (2006). *Business ethics: Ethical decision making and cases* (7th ed.). New York: Houghton Mifflin.

Gallagher, R. S. (2003). *The soul of an organization: Understanding the values that drive successful corporate cultures*. Chicago: Dearborn Financial Publishing.

Hartley, R. F. (2005). *Business ethics: Mistakes and successes*. Hoboken, NJ: John Wiley & Sons.

Heineman, B. W., Jr. (2008). *High performance with high integrity*. Boston: Harvard Business School Press.

Jennings, M. (2003). *A business tale: A story of ethics, choices, success and a very large rabbit*. New York: AMACOM.

Johnson, C. E. (2004). *Meeting the ethical challenges of leadership: Casting light or shadow* (2nd ed.). Thousand Oaks, CA: Sage.

Klein, A. (2003). *Stealing time: Steve Case, Jerry Levine, and the collapse of AOL Time Warner*. New York: Simon & Schuster.

McLean, B., & Elkind, P. (2003). *The smartest guys in the room: The amazing rise and scandalous fall of Enron*. New York: Portfolio.

Paine, L. S. (2003). *Value shift*. New York: McGraw-Hill.

Porter, M. E., & Kramer, M. R. (2006). Strategy and society: The link between competitive advantage and corporate social responsibility. *Harvard Business Review, 85*, 136-137.

Ruggiero, V. R. (2003). *Thinking critically about ethical issues.* New York: McGraw-Hill.

Seglin, J. L. (2000). *The good, the bad, and your business: Choosing right when ethical dilemmas pull you apart.* New York: John Wiley & Sons.

Spinello, R., & Tavani, H. T. (Eds.). (2001). *Readings in cyberethics* (2nd ed.). Sudbury, MA: Jones & Bartlett.

Trevino, L. K., & Nelson, K. A. (2006). *Managing business ethics: Straight talk about how to do it right* (4th ed.). Hoboken, NJ: John Wiley & Sons.

FAKTOR VI: PERSÖNLICHE UND SOZIALE KOMPETENZEN
CLUSTER P: UMGANG MIT VIELFÄLTIGEN BEZIEHUNGEN

23 Fairness gegenüber Mitarbeitern

*The way to get things done
is not to mind who gets the credit for doing them.*
Benjamin Jowett – Englischer Gelehrter, Philologe und Theologe

Schlecht ausgeprägt
- ☐ Verhält sich den Mitarbeitern gegenüber nicht gerecht
- ☐ Ist nicht offen für deren Bedürfnisse und Einwände
- ☐ Kann die Bedürfnisse anderer und deren Reaktionen auf sein/ihr Verhalten schlecht einschätzen
- ☐ Enthält den Mitarbeitern Informationen vor, obwohl sie das Recht haben, davon in Kenntnis gesetzt zu werden
- ☐ Ist widersprüchlich und bevorzugt seine/ihre Favoriten
- ☐ Bezieht Fairness nicht in seine/ihre Überlegungen ein
- ☐ Teilt Menschen nach gut und schlecht ein und behandelt sie entsprechend

Wählen Sie eine bis drei der folgenden Kompetenzen als Ersatz für diese Kompetenz, wenn Sie nicht direkt an ihr arbeiten möchten.
ERSATZKOMPETENZEN: 7,10,18,20,21,22,29,35,56,60,64

Gut ausgeprägt
- ☐ Behandelt alle Mitarbeiter gleich
- ☐ Handelt fair
- ☐ Führt offen Diskussionen durch
- ☐ Hat keine Hintergedanken
- ☐ Bevorzugt niemanden

Übertriebene Fähigkeit
- ☐ Investiert zu viel Zeit darauf, es jedem recht zu machen
- ☐ Denkt eher über die gerechte Verteilung der Arbeiten nach, statt die fähigsten Mitarbeiter einzusetzen, anzuspornen oder weiterzuentwickeln
- ☐ Sein/ihr Streben nach Fairness kann zu einer Verschleierung wirklicher Probleme und Differenzen führen

Wählen Sie nachstehend eine bis drei Kompetenzen als Arbeitsgegenstand aus, um einen übertriebenen Einsatz dieser Fähigkeit zu kompensieren.
AUSGLEICHSKOMPETENZEN: 9,12,13,18,19,20,21,25,34,35,36,37,51,52,56, 57,64

Mögliche Ursachen

- ☐ Glaubt stark an die Leistungsgesellschaft; belohnt die Gewinner
- ☐ Keine gute Menschenkenntnis
- ☐ Kein wirkliches Interesse an anderen Menschen
- ☐ Widersprüchliches Verhalten gegenüber anderen
- ☐ Bevorzugung bestimmter Menschen
- ☐ Zu beschäftigt, um alle gleich zu behandeln

Leadership Architect® Faktoren und Cluster

Diese Kompetenz ist in Faktor VI „Persönliche und soziale Kompetenzen" zu finden. Diese Kompetenz ist in Cluster P „Umgang mit vielfältigen Beziehungen" zusammen mit den Kompetenzen 4, 15, 21, 42, 64 enthalten. Sie können auch bei anderen Kompetenzen in demselben Faktor/Cluster nach passenden Tipps suchen.

Der Plan

Es scheint, Fairness ist einfach zu erzielen: alle Menschen werden einfach gleich behandelt. Eine uneinheitliche Anwendung von Fairness zeigt sich in vielen Situationen: Gehen Sie mit High Performers, Ihren leistungsfähigeren Mitarbeitern, anders um als mit anderen? Gibt es Gruppen, die Sie mehr mögen als andere? Entwickeln Sie einige Mitarbeiter weiter, andere jedoch nicht? Sind Ihre Ethik- und Wertvorstellungen unterschiedlich – je nach Mitarbeiter? Ergreifen Sie Partei? Fairness sollte idealerweise Gleichbehandlung aller bedeuten und nicht als Mittel zur tagtäglichen Einschätzung von Mitarbeitern und Kollegen angewendet werden. Fairness kann auch subtiler eingesetzt werden, und zwar für eine gleiche, faire Behandlung von Mitarbeitern. Das heißt, jeder Mensch wird seinen Bedürfnissen entsprechend behandelt. Der Umgang mit den einzelnen Personen wäre unterschiedlich, das Ergebnis jedoch dasselbe: Jeder Einzelne würde sich fair behandelt fühlen. Mitarbeiter beziehen einen großen Teil ihrer Motivation aus dem Gefühl einer fairen Behandlung heraus. Eine unfaire Behandlung verursacht sowohl Unruhe in der Beziehung zwischen Führungskraft und Mitarbeiter als auch in der Gruppe. Eine unfaire Behandlung führt zu Verlusten in Produktivität, Effizienz und Zeit, da um Gerechtigkeit gekämpft wird.

Tipps

- ☐ **1. Informieren Sie selektiv? Verteilen Sie Informationen gerecht.** Wenden Sie Fairness und Gerechtigkeit bei der Informationsverteilung an: Erklären Sie Ihre Gedanken und bitten Sie die anderen, das Gleiche zu tun. Nennen Sie bei Diskussionen über Streitfragen zuerst Ihre Gründe und erst danach Ihre Lösungen. Wenn Sie Lösungsvorschläge zuerst aufzählen, dann hört man Ihren Begründungen oft nicht zu. Manche Führungskräfte geben ihren Mitarbeitern zu viele Direktiven vor. Die Mitarbeiter andererseits haben das Gefühl, dass ihre Führungskräfte nicht an ihren Gedanken und Vorschlägen interessiert sind. Beziehen Sie Ihre Mitarbeiter ein, indem Sie nachfragen und sich ihre Gründe nennen lassen, bevor Sie sich für eine Lösung entscheiden. Verteilen Sie Informationen nicht selektiv. Verwenden Sie sie nicht, um Beziehungen mit einer oder nur wenigen Personen aufzubauen und andere auszuschließen.

☐ **2. Behandeln Sie andere ungleich? Behandeln Sie alle Gruppen gleich.** Beobachten Sie sich selbst genau um zu erkennen, ob Sie verschiedene Gruppen oder Menschen unterschiedlich behandeln. Es kommt häufig vor, dass Mitarbeiter, die weniger Leistung erbringen, einen niedrigeren Status haben oder nicht zu Ihrer Einheit gehören, mit weniger Respekt behandelt werden. Seien Sie ehrlich mit sich selbst. Gibt es eine Gruppe oder Personen, die Sie nicht mögen oder deren Gesellschaft Ihnen unangenehm ist? Haben Sie sie in die Schublade „nicht sehr respektiert" eingeordnet? Das tun wir oft. Das tun wir oft. Um das zu ändern, fragen Sie sich, warum diese Personen sich so verhalten und wie Sie selbst behandelt werden möchten, wenn Sie in ihrer Situation wären. Urteilen Sie nicht.

☐ **3. Messen Sie mit zweierlei Maß? Wenden Sie Ihre Verhaltensmaßstäbe einheitlich an.** Tolerieren Sie ein bestimmtes Verhalten bei einem High Performance-Mitarbeiter, das Sie bei anderen nicht akzeptieren würden. Gelten für alle die gleichen Regeln und Maßstäbe?

☐ **4. Behandeln Sie Gruppen ungleich? Lassen Sie persönliche Voreingenommenheit hinter sich.** Achten Sie darauf, dass Sie keine Unterschiede machen im Hinblick auf Geschlecht, Alter, Nationalität, Herkunft, Religion und so weiter. Behandeln Sie Gruppen, die Ihnen vertrauter sind oder die Sie mögen, anders als die anderen? Bekommt eine Gruppe mehr Lob oder Kritik als die andere? Das finden Sie am besten heraus, indem Sie eine oder mehrere Personen aus jeder Gruppe um Feedback bitten. *Benötigen Sie weitere Hilfe? – Siehe Nr. 21 „Umgang mit Verschiedenartigkeit".*

☐ **5. Finden manche Menschen bei Ihnen kein Gehör? Achten Sie bei Besprechungen darauf, dass Sie alle einschließen.** Achten Sie bei Besprechungen darauf, dass Sie alle einschließen und nicht die eine oder mehrere Personen deutlich mehr ansprechen und andere dafür ausschließen. Stellen Sie sicher, dass sie diesen anderen keine negativen Signale geben; ein neutraler Beobachter darf nicht erkennen, wer Ihnen sympathisch ist und wer nicht. Sorgen Sie dafür, dass auch die Schüchternen, Stillen und Reservierten zu Wort kommen, und bremsen Sie die Lauten, Selbstbewussten und Begeisterungsfähigen. Geben Sie allen eine faire Chance, gehört zu werden.

☐ **6. Sind Probleme mit der Fairness schwer an etwas Bestimmtem fest zu machen? Sorgen Sie dafür, dass Fairnesskonflikte minimal und genau definiert bleiben.** Je abstrakter sie werden, desto schwieriger sind sie zu handhaben. Bleiben Sie auf der sachlichen Ebene. Gehen Sie bei Fairnessproblemen das Problem selbst an, betrachten Sie nicht die Position, die die einzelne Person einnimmt. Übernehmen Sie versuchsweise ihre emotionalen und inhaltlichen Ansichten über Fairness. Versuchen Sie nicht, ihre Motive und Absichten zu erraten. Vermeiden Sie direkte Schuldzuweisungen; beschreiben Sie das Problem und dessen Auswirkung. Wenn Sie sich nicht auf eine Lösung einigen können, einigen Sie sich auf ein bestimmtes Vorgehen; oder stimmen Sie in einigen Punkten zu und einigen Sie sich darauf, dass andere Streitpunkte weiterhin bestehen bleiben. Dies bringt die Angelegenheit ins Rollen und verhindert eine Patt-Situation.

☐ **7. Brauchen Sie einen Maßstab für Fairness? Schaffen Sie sich Maßstäbe für Fairness.** Legen Sie objektive Standards für eine faire Behandlung fest (Bezahlung, Auswahl des Büros, freie Tage) – Kriterien, statistische Modelle, professionelle Normen, den Marktwert, Kostenmodelle. Setzen Sie solche Standards, die jede Person unabhängig anwenden kann und mit denen alle zu gleichen Ergebnissen kommen.

☐ **8. Verlieren Sie leicht die Nerven? Bewahren Sie Ihre Selbstbeherrschung.** Wenn Sie Ihre Fassung bei manchen Personen verlieren, bei anderen dagegen nicht, und wenn Ihre Fairness durch Ihre Emotionen beeinträchtigt wird, versuchen Sie folgende Übung: Zählen Sie im Stillen bis fünf, und stellen Sie dann eine klärende Frage. Damit schlagen Sie gleich drei Fliegen mit einer Klappe: Sie geben der Person eine zweite Chance, Sie haben die Gelegenheit, Ihre Fassung wiederzugewinnen und Sie verhindern, dass Sie falsche Schlussfolgerungen ziehen und vorschnell handeln.

☐ **9. Möchten Sie einen Gradmesser für Fairness etablieren? Beziehen Sie andere bei der Ausarbeitung von Maßstäben für Fairness ein.** Es gibt so viele Interpretationen über Fairness wie es Menschen gibt. Versuchen Sie, die gesamte Gruppe an Diskussionen zum Thema Fairness einzubeziehen. Fragen Sie jeden Einzelnen, wie fair er/sie ein bestimmtes Programm oder eine Behandlung findet. Lassen Sie sich von der Gruppe sagen, was fair ist, bevor Sie diese Entscheidung für sie ohne ihre Mitsprache treffen. Alle werden sich besser behandelt fühlen, wenn sie an der Festlegung der Regeln beteiligt werden.

KOMPETENZ 23: FAIRNESS GEGENÜBER MITARBEITERN

☐ **10. Verstößt ein Fairness-Streitpunkt gegen einen Ihrer grundsätzlichen Werte? Üben Sie Zurückhaltung, wenn zentrale Werte berührt werden.**
- Überarbeiten Sie Ihren Vorgehensplan, bevor Sie handeln. Bevor Sie in Problemsituationen sprechen oder handeln, fragen Sie sich, ob Sie in einer parallelen Situation das Gleiche tun würden. Ist Ihre Wertvorstellung wirklich für diese Situation geeignet?
- Entscheiden Sie, wann sich eine Konfrontation lohnt. Stellen Sie sicher, dass Sie Ihren Einfluss als Führungskraft und Ihr Wertesystem nur dann einsetzen, wenn die Situation wirklich kritisch ist.

Develop-in-Place-Aufgabenstellungen

☐ Managen Sie ein Projektteam, dessen Mitglieder älter und erfahrener sind als Sie selbst.

☐ Beteiligen Sie sich an der Schließung eines Werks, einer Niederlassung, einer Produktreihe, eines Geschäfts, Programms usw.

☐ Managen Sie eine Gruppe wenig kompetenter oder wenig leistungsfähiger Menschen, indem Sie ihnen eine Aufgabe stellen, die sie alleine nicht bewältigen könnten.

☐ Managen Sie eine Gruppe, zu der auch ehemalige Kollegen gehören, um eine Aufgabe zu erledigen.

☐ Treten Sie vor dem gehobenen Management für die Anliegen einiger tariflich bezahlter, im Bürodienst oder in der Verwaltung tätigen Mitarbeiter ein, um zur Lösung eines schwierigen Problems beizutragen.

These men ask for just the same thing—fairness, and fairness only.
This, so far as in my power, they, and all others, shall have.
Abraham Lincoln – 16. Präsident der USA

Literaturempfehlungen

Ahlrichs, N. S. (2003). *Manager of choice*. Palo Alto, CA: Davies-Black.

Benko, C., & Weisberg, A. (2007). *Mass career customization: Aligning the workplace with today's nontraditional workforce*. Boston: Harvard Business School Press.

Brockner, J. (2006). Why it's so hard to be fair. *Harvard Business Review, 84*, 122-129.

Finney, M. (2008). *The truth about getting the best from people*. Upper Saddle River, NJ: FT Press.

Genett, D. M. (2004). *If you want it done right, you don't have to do it yourself! The power of effective delegation*. Sanger, CA: Quill/HarperCollins.

Holliday, M. (2001). *Coaching, mentoring, and managing: Breakthrough strategies to solve performance problems and build winning teams*. Franklin Lakes, NJ: Career Press.

Katcher, B., & Snyder, A. (2007). *30 Reasons employees hate their managers: What your people may be thinking and what you can do about it*. New York: AMACOM.

Kim, W. C., & Mauborgne, R. (2003). Fair process: Managing in the knowledge economy. *Harvard Business Review, 81*(1), 127-136.

Lawler, E. E., III. (2008). *Talent: Making people your competitive advantage*. San Francisco: Jossey-Bass.

Manzoni, J. F., & Barsoux, J. L. (2002). *The set-up-to-fail syndrome*. Boston: Harvard Business School Press.

Maslow, A. H. (1998). *Maslow on management*. New York: John Wiley & Sons.

Mayo, A. (2001). *The human value of the enterprise: Valuing people as assets: Monitoring, measuring, managing*. Yarmouth, ME: Nicholas Brealey.

Raelin, J. A. (2003). *Creating leaderful organizations: How to bring out leadership in everyone*. San Francisco: Berrett-Koehler Publishers.

Reck, R. R. (2001). *The X-factor: Getting extraordinary results from ordinary people*. New York: John Wiley & Sons.

Weisinger, H. (2000). *Emotional intelligence at work*. San Francisco: Jossey-Bass.

Weiss, D. H. (2004). *Fair, square and legal: Safe hiring, managing and firing practices to keep you and your company out of court*. New York: AMACOM.

FAKTOR I: STRATEGISCHE FÄHIGKEITEN
CLUSTER A: KENNTNISSE DES GESCHÄFTSBEREICHES

24 Funktionale/fachliche Fertigkeiten

If you want to be successful, it's just this simple.
Know what you are doing. Love what you are doing.
And believe in what you are doing.
Will Rogers – US-amerikanischer Cowboy, Komiker,
Zeitungskommentator und Schauspieler

Schlecht ausgeprägt
☐ Hat kein hohes fachliches oder technisches Leistungsniveau
☐ Macht technische/fachliche Fehler
☐ Hat aufgrund mangelhafter Kenntnisse nur begrenzte Urteils- und Entscheidungsqualitäten
☐ Hält an überholten Fähigkeiten und Technologien fest
☐ Hat noch keine oder zu wenig Erfahrungen auf seinem/ihrem Gebiet gemacht oder zeigt kein Interesse dafür
☐ Ist zu wenig auf Details orientiert
☐ Nimmt sich zu wenig Zeit zum Lernen

Wählen Sie eine bis drei der folgenden Kompetenzen als Ersatz für diese Kompetenz, wenn Sie nicht direkt an ihr arbeiten möchten.
ERSATZKOMPETENZEN: 5, 18, 20, 30, 32, 33, 46, 50, 61

Gut ausgeprägt
☐ Verfügt über das fachliche und technische Wissen und über die Fähigkeiten, um den Job mit großem Erfolg bewältigen zu können

Übertriebene Fähigkeit
☐ Wird als zu schmalspurig eingeschätzt
☐ Überbewertet technische und fachliche Kompetenzen und Fähigkeiten auf Kosten von persönlichen, sozialen und Management-Kompetenzen
☐ Nutzt ausgefeiltes technisches Wissen und Fähigkeiten, um den Umgang mit Mehrdeutigkeit und Risiko zu umgehen

Wählen Sie nachstehend eine bis drei Kompetenzen als Arbeitsgegenstand aus, um einen übertriebenen Einsatz dieser Fähigkeit zu kompensieren.
AUSGLEICHSKOMPETENZEN: 14, 28, 30, 32, 45, 46, 51, 57, 58

Mögliche Ursachen
☐ Unerfahren; neu in diesem Bereich
☐ Nicht genug auf Details orientiert
☐ Fehlendes fachliches Interesse

KOMPETENZ 24: FUNKTIONALE/FACHLICHE FERTIGKEITEN

- ☐ Zeitmanagement; Sie sind noch nicht dazu gekommen
- ☐ Bevorzugte Anwendung überholter Technologien/Vorgehensweisen

Leadership Architect® Faktoren und Cluster

Diese Kompetenz ist in Faktor I „Strategische Fähigkeiten" zu finden. Diese Kompetenz ist in Cluster A „Kenntnisse des Geschäftsbereiches" zusammen mit den Kompetenzen 5, 61 enthalten. Sie können auch bei anderen Kompetenzen in demselben Faktor/Cluster nach passenden Tipps suchen.

Der Plan

Alle Arbeitsbereiche basieren auf einer bestimmten Technologie, oder manchmal auch auf mehreren, mit deren Anwendung sich gute Ergebnisse erzielen lassen. Fachliches Arbeiten erfordert ein höheres Maß an technischem/fachlichem Wissen als das Managen eines Fachbereiches. In den meisten fachlichen oder technischen Bereichen gibt es eine bestimmte Anzahl von Fachleuten, die die Technologie umfassend beherrschen. Das sind die Experten. Die Kenntnisse der meisten anderen Mitarbeiter sind ausreichend für die Erledigung ihrer Arbeit. Einige wenige haben unzureichende Fähigkeiten und Kenntnisse auf dem Gebiet und behindern daher die restliche Gruppe.

Tipps

- ☐ **1. Brauchen Sie Know-how zu einem bestimmten Thema? Finden Sie einen Experten.** Finden Sie den erfahrenen Fachmann in der Technologie oder im Fachbereich und fragen Sie, ob er/sie Ihnen das nötige Wissen vermitteln und Sie betreuen kann. Die meisten haben nichts dagegen, einige „Auszubildende" um sich zu haben. Machen Sie es ihm/ihr leicht, Sie zu unterrichten. Stellen Sie Fragen, wie zum Beispiel: „Wie erkennen Sie die Wichtigkeit? Worauf schauen Sie zuerst? Und danach? Welches sind die fünf Parameter, auf die Sie immer achten, oder die Sie suchen? Was lesen Sie? Wen fragen Sie um Rat?"
- ☐ **2. Möchten Sie sich vernetzen? Werden Sie Mitglied.** Für nahezu alle Fachgebiete gibt es nationale und manchmal auch regionale Berufsverbände, mit Hunderten von Menschen, die das, was Sie lernen wollen, Tag für Tag sehr gut bewältigen. Werden Sie dort Mitglied. Kaufen Sie einführende Literatur. Nehmen Sie an Workshops und an den jährlichen Versammlungen teil.
- ☐ **3. Benötigen Sie eine gute Referenz? Finden Sie „die Bibel" für Ihr Fach oder Ihre Technologie.** Es gibt für nahezu jedes Fach und jede Technologie ein Buch, das als die Informationsquelle für den Bereich gilt. Es ist das Standardwerk, in dem alle nachschlagen. Vermutlich gibt es auch eine Fachzeitschrift für Ihre Technologie oder Ihren Fachbereich. Abonnieren Sie sie für mindestens ein Jahr. Vielleicht sind auch frühere Ausgaben erhältlich.

☐ **4. Möchten Sie einen Experten fragen? Nehmen Sie Kontakt zu den Gurus auf.** Finden Sie heraus, welche Experten in Ihrem Fach oder in Ihrer Technologie führend in Ihrem Land sind. Kaufen Sie ihre Bücher, lesen Sie ihre Artikel und nehmen Sie an ihren Vorlesungen und Workshops teil.

☐ **5. Sind Sie bereit, das zu lernen, worauf es am meisten ankommt? Lernen Sie von den Fachleuten aus Ihrer Umgebung.** Fragen Sie andere in Ihrem Fach oder Ihrer Technologie, welche Fähigkeiten, welche Kenntnisse erfolgskritisch sind und wie sie sich diese angeeignet haben. Gehen Sie auch so oder ähnlich vor.

☐ **6. Sind Sie neugierig? Nehmen Sie an einem Kurs teil.** Universitäten, Fachhochschulen oder Weiterbildungsstätten in Ihrer Gegend bieten vielleicht Abend- oder Wochenendkurse auf Ihrem Gebiet an. Vielleicht organisiert auch Ihr Unternehmen firmeninterne Schulungen.

☐ **7. Welche Lehren lassen sich aus der Geschichte ziehen? Ihre früheren Erfahrungen sind nützlich.** Sie waren vielleicht einmal in einer anderen Funktion oder Technologie gut. Sollte dies nicht der Fall sein, denken Sie an die Dinge, die Sie gut können, wie zum Beispiel ein Hobby. Wie haben Sie es erlernt? *Benötigen Sie weitere Hilfe? – Siehe Nr. 32 „Schnelle Auffassungsgabe".*

☐ **8. Möchten Sie schneller werden? Finden Sie einen Trainer.** Suchen Sie sich einen Berater in Ihrer Technologie oder in Ihrem Fach, der Sie privat unterrichtet, damit Sie schneller lernen.

☐ **9. Sind Sie bereit, Ihr Denken zu organisieren? Lernen Sie wie ein Experte in Ihrer Technologie zu denken.** Besprechen Sie Probleme mit den Experten und fragen Sie, nach welchen Schlüsselfaktoren sie suchen, was er/sie als wichtig und unwichtig erachtet. Kategorisieren Sie diese Daten, damit Sie sich besser daran erinnern. Legen Sie fünf Schlüsselbereiche oder Fragen fest, die Sie immer dann in Betracht ziehen, wenn technologische Themen auftauchen. Verschwenden Sie Ihre Zeit nicht damit, Fakten zu erlernen; diese sind nur nützlich, wenn Sie sie in die entsprechenden Konzepte einordnen können.

☐ **10. Möchten Sie Gelerntes festigen? Geben Sie Ihr Wissen weiter.** Gründen Sie eine Lerngruppe und wechseln Sie sich ab mit der Präsentation neuer, unterschiedlicher oder unbekannter Aspekte Ihrer Technologie. Wenn Sie etwas vermitteln müssen, werden Sie gezwungen, es in ein Konzept zu bringen und es so besser verstehen. Die Beziehungen, die Sie in solchen Gruppen knüpfen, haben auch andere Vorteile. Eine Firma fand heraus, dass ihre Mitarbeiter in Gesprächen während der Pausen mehr lernten als aus den Handbüchern.

Develop-in-Place-Aufgabenstellungen

☐ Managen Sie ein Rationalisierungsprojekt.
☐ Untersuchen Sie überhöhte Kosten und analysieren Sie die Gründe. Legen Sie die Ergebnisse dem/den Beteiligten vor.
☐ Managen Sie eine Gruppe von Leuten, die Koryphäen auf einem Gebiet sind, in dem Sie es nicht sind.
☐ Managen Sie den Kauf eines wichtigen Produkts, Geräts, Materials, Programms oder Systems.
☐ Planen Sie einen neuen Standort (Werk, Niederlassung, Stammhaus usw.).

In modern business it is not the crook who is to be feared most,
it is the honest man who doesn't know what he is doing.
Pablo Casals – Katalanischer Cellist und Dirigent

Literaturempfehlungen

Argyris, C. (2008). *Teaching smart people how to learn.* Boston: Harvard Business School Press.

Colvin, R. (2008). *Building expertise: Cognitive methods for training and performance improvement.* San Francisco: Pfeiffer.

Committee on Developments in the Science of Learning (with additional material from the Committee on Learning Research and Educational Practice), & National Research Council. (2000). *How people learn: Brain, mind, experience, and school.* Washington, DC: National Academies Press.

Committee on Developments in the Science of Learning, National Research Council, & Donovan, M. S., Bransford, J. D., & Pellegrino, J. W., (Eds.). (2000). *How people learn: Bridging research and practice.* National Academies Press.

Ericsson, K. A., Prietula, M. J., & Cokely, E. T. (2007). The making of an expert. *Harvard Business Review, 85,* 114-121.

Lizotte, K. (2007). *The expert's edge: Become the go-to authority people turn to every time.* New York: McGraw-Hill.

Rossiter, A. P. (2008). *Professional excellence: Beyond technical competence.* New York: John Wiley & Sons.

Waitzkin, J. (2008). *The art of learning: An inner journey to optimal performance.* New York: Free Press.

FAKTOR III: MUT
CLUSTER I: TREFFEN VON SCHWIERIGEN PERSONALENTSCHEIDUNGEN

25 Rekrutierung und Teamzusammenstellung

*Hire people who are better than you are,
then leave them to get on with it.
Look for people who will aim for the remarkable,
who will not settle for the routine.*
David Ogilvy – Britisch-amerikanischer Werbeunternehmer

Schlecht ausgeprägt
- ☐ Hat eine wenig überzeugende Leistung in Bezug auf Rekrutierung neuer Teammitglieder
- ☐ Sucht nach Menschen seines/ihres Typs oder richtet den Fokus auf nur ein oder zwei charakteristische Eigenschaften
- ☐ Sucht nach Menschen, die ihm/ihr ähnlich sind
- ☐ Versucht bei der Auswahl auf der sicheren Seite zu bleiben
- ☐ Legt keinen besonderen Wert auf Vielfalt im Arbeitssystem
- ☐ Hat keine genaue Kompetenzdefinition, mangelhafte Kriterien oder entscheidet nach Gefühl
- ☐ Ist zu ungeduldig, um auf einen geeigneteren Kandidaten zu warten

Wählen Sie eine bis drei der folgenden Kompetenzen als Ersatz für diese Kompetenz, wenn Sie nicht direkt an ihr arbeiten möchten.
ERSATZKOMPETENZEN: 5,17,19,20,21,23,35,39,53,56,60,64

Gut ausgeprägt
- ☐ Hat ein Gespür für Talente
- ☐ Rekrutiert die besten Mitarbeiter, die intern oder extern zur Verfügung stehen
- ☐ Hat keine Angst davor, starke Persönlichkeiten einzustellen
- ☐ Bringt talentierte Mitarbeiter zusammen

Übertriebene Fähigkeit
- ☐ Kann leicht „Spätstarter" übersehen
- ☐ Bewertet nach oberflächlichen Kriterien
- ☐ Stellt ein Team von hervorragenden Einzelkämpfern zusammen, die jedoch die Teamfähigkeit vermissen lassen
- ☐ Bevorzugt fähige Mitarbeiter, denen aber die Basis für eine Weiterentwicklung fehlt

KOMPETENZ 25: REKRUTIERUNG UND TEAMZUSAMMENSTELLUNG

☐ Ersetzt Mitarbeiter vorschnell, statt an ihrer Entwicklung zu arbeiten

Wählen Sie nachstehend eine bis drei Kompetenzen als Arbeitsgegenstand aus, um einen übertriebenen Einsatz dieser Fähigkeit zu kompensieren.
AUSGLEICHSKOMPETENZEN: 21,30,33,41,52,56,60,64

Mögliche Ursachen

☐ Die Befürchtung, dass eigene Schwächen von einer kompetenteren Person erkannt werden
☐ Unerfahrenheit bei der Einstellung von Mitarbeitern
☐ Fehlender Mut, etwas anders zu machen
☐ Mangel an Selbstvertrauen
☐ Eine zu enge Perspektive in Bezug auf Talent
☐ Keine Geduld, kann nicht auf einen geeigneteren Kandidaten warten

Leadership Architect® Faktoren und Cluster

Diese Kompetenz ist in Faktor III „Mut" zu finden. Diese Kompetenz ist in Cluster I „Treffen von schwierigen Personalentscheidungen" zusammen mit der Kompetenz 56 enthalten. Sie können auch bei anderen Kompetenzen in demselben Faktor/Cluster nach passenden Tipps suchen.

Der Plan

Talent bewegt die Welt. Je mehr Talent Sie selbst haben und je mehr Ihr Team aufweist, umso besser. Talentierte Mitarbeiter bringen Veränderungen herbei. Die Zusammenarbeit mit talentierten Mitarbeitern motiviert und spornt an. Talentierte Mitarbeiter sind ehrgeizig, meistens freundlich; manchmal aber auch nicht. Das Führen talentierter Mitarbeiter ist manchmal eine Herausforderung, wenngleich vielleicht auch eine angenehme. Es passiert viel Gutes, wenn man von Talent umgeben ist.

Tipps

☐ **1. Widmen Sie den falschen Dingen Ihre Aufmerksamkeit? Lernen Sie, Talent zu erkennen.** Beobachten Sie Ihr Umfeld unter dem Aspekt, wer nach der Meinung anderer sehr talentiert ist und wer nicht. Haben die talentierten Menschen Gemeinsamkeiten? Achten Sie auf Fallen – selten sagt die allgemeine Intelligenz oder die Persönlichkeit etwas über ein wirkliches Talent aus. Die meisten Menschen sind intelligent genug, und viele persönliche Eigenschaften sind für ihre Leistung nicht unbedingt ausschlaggebend. Stellen Sie eine zweite Frage. Schauen Sie bei klugen, zugänglichen, fachlich kompetenten Menschen unter die Oberfläche.

☐ **2. Haben Sie Schwierigkeiten damit, das Gesuchte zu identifizieren? Schärfen Sie Ihre Interview-Fähigkeiten.** Es gibt allgemein anerkannte Methoden, um talentierte Mitarbeiter schon beim Vorstellungsgespräch zu finden. Achten Sie auf Folgendes: schnelle Lernerfolge, Begeisterung für die Art Aufgaben, die in der Position wichtig sind, sowie eine Vorliebe für neue Situationen. Lesen Sie dazu den *Interview Architect®* oder bitten Sie jemanden aus dem Bereich Rekrutierung und Personaleinsatz in Ihrer Organisation um Empfehlungen und Hinweise über das Führen guter Einstellungsgespräche. Forschungsergebnisse haben gezeigt, dass gut strukturierte Vorstellungsgespräche und Biodaten-Fragebogen (Instrument für Bewertung, Auswahl und Beratung) die besten Auswahlmethoden sind.

☐ **3. Können Sie „OK" nicht von „großartig" unterscheiden? Identifizieren Sie Talentmerkmale.** Erinnern Sie sich an die einzelnen Stationen Ihrer eigenen Karriere. Erstellen Sie zwei Listen – auf der einen notieren Sie sich die Namen der talentiertesten Kollegen, mit denen Sie zusammengearbeitet haben, und auf der anderen die Namen der eher durchschnittlichen Kollegen, die vielleicht auch relativ talentiert waren, die aber die in sie gesetzten Erwartungen nicht erfüllt haben. Haben die Personen auf den beiden Listen gemeinsame Charakteristiken? Warum sind Sie der Meinung, dass die einen talentiert waren und die anderen nicht? Was ist der Hauptunterschied zwischen den beiden Listen?

☐ **4. Haben Sie Schwierigkeiten damit, gute von schlechten Chefs zu unterscheiden? Führen Sie ein Führungskräfte-Audit durch.** Machen Sie eine Liste aller Ihrer früheren und jetzigen Führungskräfte. Trennen Sie das Drittel mit dem größten Talent von dem Drittel mit dem geringsten Talent. Haben die Führungskräfte auf der Liste der größten Talente gemeinsame Charakteristiken. Warum sind Sie der Meinung, dass die Personen auf der einen Liste talentiert sind und die anderen nicht? Was ist der Hauptunterschied zwischen den Personen auf diesen beiden Listen? Für welche Führungskräfte auf welcher Liste würden Sie wieder arbeiten wollen?

☐ **5. Sind Sie sich nicht sicher, was wichtig ist? Identifizieren Sie die Schlüssel zum Erfolg in Ihrer Organisation.** Bitten Sie einen Kollegen in Ihrer Personalentwicklung, sich mit Ihnen über Erfolgsprofile erfolgreicher und talentierter Personen in Ihrer Organisation auszutauschen.

☐ **6. Stellen Sie Leute wie Sie selbst ein? Suchen Sie nach komplementären Talenten.** Wenn Sie eine Entscheidung zur Einstellung treffen oder wenn Sie darüber entscheiden, wer an einem Problem oder einem Projekt mitarbeiten soll, tendieren Sie dann dazu, sich zu sehr zu „klonen"? Bevorzugen Sie Menschen, die genauso denken und handeln wie Sie? Welche Eigenschaften bewerten Sie zu hoch? Welche Nachteile ignorieren oder entschuldigen Sie? Das ist menschlich und viele tendieren dazu. Der Schlüssel zum Erfolg liegt in der Suche nach Ausgewogenheit,

Abwechslung und Verschiedenartigkeit. Stellen Sie Mitarbeiter zum Ausgleichen Ihrer Schwächen ein. Menschen mit dieser Kompetenz können sich problemlos mit Personen umgeben, die anders sind als sie.

☐ **7. Ist Ihr Standard zu hoch oder zu niedrig? Identifizieren und setzen Sie vernünftige Maßstäbe.** Stellen Sie den ersten halbwegs akzeptablen Bewerber ein oder warten Sie auf den perfekten Kandidaten und lassen Sie die Stellenausschreibung zu lange unbesetzt? Beide Vorgehensweisen werden Ihnen und Ihrer Organisation Schwierigkeiten verursachen. Warten Sie deshalb immer lange genug ab, damit Sie eine Auswahl haben, aber auch nicht zu lange, damit Sie keinen geeigneten Bewerber verlieren, während Sie immer noch auf den perfekten Kandidaten hoffen. Lernen Sie, vernünftige Standards anzuwenden – mit dem *Interview Architect*®.

☐ **8. Verstehen Sie nicht, welche Rolle Talent spielt? Betrachten Sie Talent strategisch.** Haben Sie langfristig geplant, welches Talent notwendig ist, um sowohl ein unmittelbares als auch ein langfristiges Ergebnis zu erzielen? Haben Sie einen Nachfolgeplan für sich selbst? Wenden Sie ein Erfolgsprofil mit den Kompetenzen an, von denen Sie wissen, dass Sie sie brauchen werden? Haben Sie jemanden eingestellt, der jetzt bereits oder in naher Zukunft die Fähigkeit hat, Ihre Position zu übernehmen? Haben Sie jemanden ausgewählt, den Sie für eine Beförderung in eine Position vorschlagen würden, die Ihrer Position entspricht, selbst wenn er/sie danach möglicherweise an Ihnen vorbeiziehen würde? Die besten Führungskräfte umgeben sich mit talentierten Mitarbeitern, und irgendwann ist einer dieser Mitarbeiter besser als die Führungskraft, die ihn/sie eingestellt und eingearbeitet hat. Das ist gut so und ein Grund zum Feiern.

☐ **9. Haben Sie Schwierigkeiten, Menschen voneinander zu unterscheiden? Fangen Sie an, Menschen zu beobachten.** Lesen Sie Bücher aus dem Bereich Persönlichkeit oder wie sich Menschen voneinander unterscheiden (zum Beispiel *Gifts Differing* von Isabel Myers) oder besuchen Sie einen Kurs zu diesem Thema. Tauschen Sie sich mit den Menschen, denen Sie vertrauen und die Ihnen ehrlich ihre Meinung sagen, in der gegenseitigen Einschätzung von Menschen aus.

☐ **10. Stellen Sie zweitklassige Akteure ein? Umgeben Sie sich mit Talent.** Manche Menschen sind in Gesellschaft talentierter Menschen verunsichert und haben eine berechtigte Angst davor, dass ihre Schwächen erkannt werden. Das stimmt und wird auch auf Sie zutreffen, da niemand alle Stärken haben kann. Es ist anzunehmen, dass jeder in Ihrer Abteilung eine bestimmte Kompetenz hat, in der er/sie stärker ist als Sie. Wichtig ist, diese natürliche Angst positiv zu nutzen – beobachten Sie die Menschen: ihre diversen Talente, ihre Art zu denken. Beobachten Sie, wie sie ihre Stärken anwenden, und nutzen Sie die gewonnenen Einsichten zu Ihrer eigenen Entwicklung.

☐ **11. Sehen Sie über Warnsignale hinweg? Lassen Sie die Hintergrundprüfungen eventuell von einer externen Firma durchführen.** Sie brauchen Experten, die wissen, wie man strafrechtliche Ermittlungen anstellt und wie sich ein Arbeitgeber vor Haftungsansprüchen schützt. Sie sind oft in der Lage, einen vorsichtigen ehemaligen Arbeitgeber dazu zu bewegen, rechtlich zulässige Informationen herauszugeben. Sie können zum Beispiel erklären, dass in den meisten Bundesstaaten der USA der Arbeitgeber vor Haftungsansprüchen geschützt ist, wenn er Empfehlungen in Treu und Glauben abgibt. Die Wahrheit ist natürlich immer die beste Verteidigung. Wenn Sie selbst die Auswahl durchführen, müssen Sie (besonders aufgrund der vielen Online-Arbeitsvermittlungen) gleich eine Vorauswahl treffen: Tun Sie dies telefonisch, bitten Sie Bewerber, eine Arbeitsprobe zur Verfügung zu stellen, nutzen Sie Ihre Website zur Beurteilung der Bewerber.

☐ **12. Ist die Fluktuation zu hoch? Führen Sie Best Practices für die Einarbeitung ein.** Mindestens die Hälfte aller neuen Mitarbeiter (USA) kündigen in den ersten sieben Monaten. Es ist enorm wichtig, ihnen den Einstieg zu erleichtern, ihnen zu sagen, wie wichtig ihre Arbeit ist, und an all die Kleinigkeiten zu denken, die den erfahrenen Mitarbeitern vertraut, neuen Mitarbeitern jedoch ein Buch mit sieben Siegeln sind. Wie können sie eingeweiht werden? Welche impliziten Erwartungen werden an sie gestellt, die sie nirgends nachlesen können? Die Hauptgründe, warum neue Mitarbeiter kündigen, sind soziale Isolation, Mangel an Informationen und deprimierende Arbeitsbedingungen.

☐ **13. Sitzen Talente bei Ihnen auf dem Schleudersitz? Versuchen Sie, mit denen zu arbeiten, die Sie bereits haben.** Bevor Sie jemanden entlassen und eine neue Person einstellen, versuchen Sie alles, um das Problem mit den bestehenden Mitarbeitern in den Griff zu bekommen? Vielleicht langweilt sich der betreffende Mitarbeiter oder muss seine Fähigkeiten weiterentwickeln. Eine Umschulung ist in der Regel billiger und weniger einschneidend als eine Entlassung, besonders für Jobs in den unteren Rängen. *Benötigen Sie weitere Hilfe? – Siehe Nr. 19 „Mitarbeiter und andere weiterentwickeln".*

Develop-in-Place-Aufgabenstellungen

☐ Managen Sie das Outplacement einer Gruppe von Mitarbeitern.
☐ Arbeiten Sie in dem Team, das bei Entlassungen, Werksschließungen, Personalabbau und Veräußerungen entscheidet, wer bleibt und wer geht.
☐ Stellen Sie ein Team aus Kräften außerhalb Ihrer Geschäftseinheit oder Organisation zusammen.
☐ Lassen Sie sich in einem Assessment Center ausbilden und arbeiten Sie als Personalentwickler.
☐ Besuchen Sie eine Universität, um neue Mitarbeiter zu rekrutieren.

I am convinced that nothing we do is more important
than hiring and developing people.
At the end of the day you bet on people,
not on strategies.
Larry Bossidy – US-amerikanischer Autor und früherer CEO von Allied Signal

Literaturempfehlungen

Adler, L. (2007). *Hire with your head: Using performance-based hiring to build great teams*. Hoboken, NJ: John Wiley & Sons.

Ashby, F. C., & Pell, A. R. (2001). *Embracing excellence*. New York: Prentice Hall.

Calvin, R. J. (2001). *Entrepreneurial management*. New York: McGraw-Hill.

Cooper, D., Robertson, I. T., & Tinline, G. (2003). *Recruitment and selection: A framework for success*. London: Thomson Learning.

Davila, L., & King, M. (2007). *Perfect phrases for perfect hiring: Hundreds of ready-to-use phrases for interviewing and hiring the best employees every time*. New York: McGraw-Hill.

Falcone, P. (2002). *The hiring and firing question and answer book*. New York: AMACOM.

Fields, M. R. A. (2001). *Indispensable employees: How to hire them, how to keep them*. Franklin Lakes, NJ: Career Press.

Hallenbeck, G. S., Jr., & Eichinger, R. W. (2006). *Interviewing right: How science can sharpen your interviewing accuracy*. Minneapolis, MN: Lominger International: A Korn/Ferry Company.

Harvard Business School Press. (2003). *Hiring and keeping the best people*. Boston: Harvard Business School Press.

Heneman, H. G., III, & Judge, T. A. (2008). *Staffing organizations* (6th ed.). New York: McGraw-Hill.

Levin, R. A., & Rosse, J. G. (2001). *Talent flow: A strategic approach to keeping good employees, helping them grow, and letting them go*. New York: John Wiley & Sons.

Menkes, J. (2005). Hiring for smarts. *Harvard Business Review 83*, 100-109.

Michaels, E., Handfield-Jones, H., & Axelrod, B. (2001). *The war for talent*. Boston: Harvard Business School Press.

Poundstone, W. (2003). *How would you move Mount Fuji? Microsoft's cult of the puzzle: How the world's smartest company selects the most creative thinkers*. Boston: Little, Brown and Co.

Sears, D. (2003). *Successful talent strategies: Achieving superior business results through market-focused staffing*. New York: AMACOM.

Smart, B. D. (2005). *Topgrading: How leading companies win: Hiring, coaching and keeping the best people* (Rev. ed.). New York: Prentice Hall.

Still, D. J. (2001). *High impact hiring: How to interview and select outstanding employees*. Dana Point, CA: Management Development Systems.

FAKTOR VI: PERSÖNLICHE UND SOZIALE KOMPETENZEN
CLUSTER S: OFFEN UND ZUGÄNGLICH SEIN

26 Humor

Laughter is the shortest distance between two people.
Victor Borge – Dänischer Komödiant und Pianist

Schlecht ausgeprägt
- ☐ Wirkt humorlos
- ☐ Kann oder will bei der Arbeit nicht humorvoll sein
- ☐ Kann keinen Witz erzählen
- ☐ Entmutigt den Humor anderer
- ☐ Glaubt, dass Humor am Arbeitsplatz nichts zu suchen hat
- ☐ Ist zu ernst und will sich nicht blamieren
- ☐ Ihm/ihr fehlt der Ansatz zur Leichtigkeit
- ☐ Setzt Humor in sarkastischer oder politisch offensiver Weise ein
- ☐ Verwendet Humor zur falschen Zeit, am falschen Ort oder in unangemessener Form

Wählen Sie eine bis drei der folgenden Kompetenzen als Ersatz für diese Kompetenz, wenn Sie nicht direkt an ihr arbeiten möchten.
ERSATZKOMPETENZEN: 3,14,31,44,49

Gut ausgeprägt
- ☐ Hat einen positiven und konstruktiven Sinn für Humor
- ☐ Kann über sich selbst und mit anderen lachen
- ☐ Kann durch seine humorvolle und ausgeglichene Art verkrampfte Situationen entspannen

Übertriebene Fähigkeit
- ☐ Stört Gruppenprozesse durch unpassenden Humor
- ☐ Versucht, durch Humor von wirklichen Problemen abzulenken
- ☐ Verpackt Kritik oder verdeckte Attacken in humorvolle Äußerungen
- ☐ Hat einen sarkastischen oder zynischen Humor
- ☐ Kann als unreif oder nicht ernsthaft erscheinen
- ☐ Sein/ihr Humor kann missverstanden werden

Wählen Sie nachstehend eine bis drei Kompetenzen als Arbeitsgegenstand aus, um einen übertriebenen Einsatz dieser Fähigkeit zu kompensieren.
AUSGLEICHSKOMPETENZEN: 7,10,11,22,31,33,41,43,48,52,55

Mögliche Ursachen
- ☐ Sie können keine Witze erzählen
- ☐ Sie halten sich nicht für komisch
- ☐ Die Einstellung, dass Humor am Arbeitsplatz nichts zu suchen hat
- ☐ Befürchtet, sich lächerlich zu machen
- ☐ Zu ernst
- ☐ Vermeidung von Risiken

Leadership Architect® Faktoren und Cluster
Diese Kompetenz ist in Faktor VI „Persönliche und soziale Kompetenzen" zu finden. Diese Kompetenz ist in Cluster S „Offen und zugänglich sein" zusammen mit den Kompetenzen 11, 33, 41, 44 enthalten. Sie können auch bei anderen Kompetenzen in demselben Faktor/Cluster nach passenden Tipps suchen.

Der Plan
Es gibt positiven und negativen Humor. Es gibt konstruktiven und destruktiven Humor. Es gibt humorvolle Leute. Es gibt Geschichten, die lustig sind, egal wer sie erzählt. Es gibt Situationen, die humorvoll sind, egal wer uns davon berichtet. Es gibt Bilder und Comics, die zum Lachen sind, egal wer sie zeigt. Humor ist ein wesentliches Element unseres Lebens und unserer Arbeit. Wird er gut eingesetzt, hat er auf Ihre Mitarbeiter eine konstruktive Wirkung. Humor kann dazu beitragen, dass man sich allgemein wohl und dazugehörig fühlt, er kann Spannungen abbauen und er kann eine negative Situation für eine Person oder das ganze Team in eine positive umwandeln.

Tipps
- ☐ **1. Brauchen Sie Entspannung durch Humor? Suchen Sie nach Humor im täglichen Leben.** Es gibt Themen, die so gut wie immer humorvoll sind. Bestimmte Elemente werden von allen verstanden. Geizkragen, schlechte Autofahrer, zerstreute Professoren – Dinge, die überall auf der Welt als menschliche Schwächen angesehen werden. Es gibt Dinge in Ihrem Leben, die komisch und lustig sind. Sind Ihre Kinder komisch, Ihre Haustiere, Ihre Hobbys? Sind Sie in letzter Zeit in eine wirklich lächerliche Situation geraten? Es gibt Dinge am Arbeitsplatz, die komisch sind. Die Berufssprache, Memos, unsinnige Regeln. Ereignisse beim Firmenpicknick oder von außerhalb der Arbeit. Sie lenken uns von unseren täglichen Problemen ab. Das Wetter, die Steuern, alle die ärgerlichen Dinge und dummen Situationen unseres Alltags. Und dann gibt es natürlich die Nachrichten. Die meisten Nachrichtenprogramme enthalten mindestens einen komischen Beitrag, und manchmal sind die Nachrichten selbst sogar lustig. Bestimmte Comics sind besonders in der Arbeitswelt beliebt. Bestimmte Witze werden

KOMPETENZ 26: HUMOR

von den meisten als lustig empfunden. Humor, der die Menschen zusammenbringt und nicht auf Kosten bestimmter Leute oder Gruppen geht, ist immer am besten. Suchen Sie nach komischen und humorvollen Situationen in Ihrem Umfeld und versuchen Sie, sich an die Einzelheiten zu erinnern. Erzählen Sie sie dann einigen guten Kollegen. An ihrer Reaktion lässt sich erkennen, ob Sie mit Ihrer Einschätzung einer humorvollen Situation richtig gelegen haben.

☐ **2. Wird Ihr Humor als beleidigend empfunden? Wahren Sie dabei den guten Geschmack.** Wir leben in einer politisch äußerst sensiblen Welt. Die Menschen sind oft abgestoßen von politischem, sexistischem oder ethnischem Humor. Obszöne, sexistische, religiöse oder ethnische Witze sind out. Witze, die sich über ganze Gruppen. (Beispiel: Frauen) oder Nationalitäten (Beispiel: Polen) lustig machen, kommen in der Regel nicht gut an. Auch Witze über Behinderte sind out. Grundsätzlich ist ein Humor, der sich über andere lustig macht, andere verletzt, herabsetzt oder beleidigt, out.

☐ **3. Wünschen Sie sich Respekt? Lachen Sie über sich selbst.** In der Regel ist es unverfänglich und wird als positiv angesehen, wenn man sich über sich selbst lustig macht. Meistens bekommt man dadurch sogar mehr Respekt. Das können lustige und peinliche Sachen sein, die Ihnen passiert sind (zum Beispiel als Ihr Gepäck auf dem Flug verloren ging und Sie Ihre Unterwäsche auf der Flughafentoilette waschen und unter dem Handtrockner trocknen mussten). Es kann Ihre kleinen Fehler und Schwächen zum Inhalt haben (zum Beispiel haben Sie sich so sehr über Ihre Steuererklärung geärgert, dass Sie versehentlich den Zündschlüssel im Auto eingeschlossen haben). Dummheiten, die Sie gemacht haben. Schnitzer, die Sie sich erlaubt haben. Auf diese Weise bringen Sie nicht nur Humor in die Situation, sondern Sie erscheinen auch menschlicher, und Sie werden anderen sympathischer. Aber keine Übertreibung: Gleichen Sie Humor auch durch die nötige Ernsthaftigkeit aus.

☐ **4. Sind Sie sarkastisch? Unterlassen Sie es, Humor zum Kaschieren von Kritik einzusetzen.** Manche Leute setzen Humor ein, um eine negative Nachricht zu übermitteln. Ihr Humor ist sarkastisch und verletzend. Es ist vollkommen unangebracht, einem Mitarbeiter in einer angespannten Konfrontation mitzuteilen „Ich hoffe, Sie haben Ihren Lebenslauf auf den neuesten Stand gebracht", anstatt es so zu formulieren: „Ihre Leistung entspricht nicht meinen Erwartungen. Sie muss sich verbessern oder wir werden uns über Ihre Zukunft in diesem Unternehmen unterhalten müssen." Es gibt eine ganz einfache Regel. Verwenden Sie keinen Humor, um einer Person oder Gruppe einen kritischen Punkt zu vermitteln.

Negativer Humor richtet mehr Schaden an als direkte Aussagen und Sie zeigen damit eigentlich Feigheit. Sagen Sie das, was Sie sagen wollen, klar und eindeutig.

☐ **5. Fühlen Sie sich in die Defensive gedrängt? Verwenden Sie Humor nicht als Schutzschild.** Manche Menschen bagatellisieren bestimmte Dinge, weil sie sie nicht gern angehen. Das ist ein sehr menschlicher Verteidigungsmechanismus. Es ist eine Sache, einen Witz zu erzählen, der nichts mit dem Thema zu tun hat, um die Spannung zu lösen. Das ist sogar eine hilfreiche Technik. Aber es ist nicht gut, direkten Humor zu verwenden, um eine Person oder ein Problem nicht ernst zu nehmen. In dem Fall ist es besser zu sagen „Das ist mir unangenehm" als durch Humor auszudrücken, dass das Problem weniger wichtig ist, als es dargestellt wird. Dies kann auch als Themawechsel oder Ablenkung vom Thema interpretiert werden.

☐ **6. Kommt Ihr Humor nicht an? Wählen Sie den richtigen Zeitpunkt für Humor.** Es gibt für alles den richtigen Zeitpunkt, und manchmal ist Humor einfach nicht angebracht. Sie lesen diese Tipps, weil Sie oder andere der Meinung sind, dass Sie mit Humor nicht so recht umgehen können. Die beste Methode für Sie ist, dem Beispiel anderer zu folgen und ihnen den Vortritt zu lassen. Machen Sie erst als Zweiter oder Dritter einen Witz, bis Sie sich im Bereich Humor wirklich zu Hause fühlen. *Benötigen Sie weitere Hilfe? – Siehe Nr. 48 „Politisches Geschick".*

☐ **7. Brauchen Sie die Meinung eines Experten? Studieren Sie die Profis.** Lesen Sie *How to Be Funny* von John Macks und *Laughing Matters* von Joel Goodman, Saratoga Springs, NY: The HUMOR Project at Sagamore Institute, 1982. Besuchen Sie drei Vorstellungen von Komikern an Ihrem Ort, um zu sehen, wie es die Profis machen. Beobachten Sie Kollegen mit Witz und Humor in Ihrer Organisation. Was tun sie, was Sie nicht tun? Kaufen Sie sich alle Bücher zu *Dilbert* und *Far Side*. Verwenden Sie aus jeder Serie zehn Beispiele, die Sie wirklich lustig finden, für Ihre Präsentationen und hängen Sie sie in Ihrem Büro auf. Beobachten Sie, wie andere darauf reagieren.

☐ **8. Brauchen Sie Hilfe mit Ihrer Technik? Lernen Sie die Grundlagen.** Es gibt gewisse grundsätzliche Techniken für Humor und Komik. Übertreibung, zum Beispiel: Bill Cosby kommt vom Augenarzt mit seiner neuen Trifokalbrille und beginnt eine Odyssee durch einen kilometerlangen Aufzug und überquert eine Straße, die ihn auf einmal beängstigt. Oder die Umkehr einer Situation ins Gegenteil – eine paranoide Frau, die glaubt, die Welt will ihr Gutes tun; oder der Seminartrainer, der die acht Schritte zu Ihrem Karriereerfolg in die acht Schritte zum Karriere-Misserfolg für Ihre Feinde verdreht. Ein Beispiel für physischen oder platten Humor: Sie schlagen mit der Hand unbeabsichtigt gegen das Mikrofon. Ein lauter

Knall ist zu hören und Sie sagen „Sorry, Mike". Fassen Sie sich kurz. Lassen Sie alle unnötigen Worte weg. Guter Humor verdichtet die wichtigsten Elemente einer Situation, genau wie gute Literatur. Wenn zum Beispiel die Tageszeit, die Farbe des Himmels oder die Stadt, in der die Geschichte passiert ist, nicht wichtig sind, lassen Sie sie weg. Behalten Sie aber die Elemente der Stimmung bei. Ist zum Beispiel die Hitze ein wichtiges Element für den Witz, beschreiben Sie, wie die Leute in Schweiß gebadet sind, Blumen verwelken, was immer für die Situation erforderlich ist. Beobachten Sie genau, was um Sie herum vor sich geht. Wenn etwas Lustiges passiert, schreiben Sie es auf, damit Sie sich später daran erinnern.

☐ **9. Sind Sie bereit, sich selbst zu demütigen? Legen Sie einige Hemmungen ab.** Spielen Sie alberne Spiele (zeichnen Sie zum Beispiel etwas mit geschlossenen Augen, spielen Sie Brettspiele, die Sie zum Lachen bringen, wie Pictionary®). Spielen Sie mit kleinen Kindern und lassen Sie sie die Führung übernehmen. Seien Sie bereit, sich außerhalb des Büros, bei Picknicks und Firmenfesten zum Narren zu machen. Ziehen Sie das Clown-Kostüm an und lassen Sie sich von Ihren Angestellten mit Wasserballons bewerfen. Lernen Sie, wie man Jumpstyle tanzt, und führen Sie ihn beim Firmenpicknick vor!

☐ **10. Können Sie die Bühne nicht mit anderen teilen? Lassen Sie andere humorvoll sein.** Manchmal blockieren oder unterdrücken Leute, die nicht sehr humorvoll (oder sogar sehr ernst) sind, den Humor anderer. Auch wenn Sie selbst nicht vorhaben, humorvoller oder lustiger zu werden, lassen Sie das zumindest bei anderen zu. Damit wird man Sie als jemanden ansehen, der jetzt im Vergleich zu früher eine höhere Toleranz gegenüber Humor entwickelt hat. Vielleicht bekommen Sie dann auch selbst Lust, sich daran zu beteiligen.

KOMPETENZ 26: HUMOR

Develop-in-Place-Aufgabenstellungen

☐ Versuchen Sie, neue Fähigkeiten in Ihrer Freizeit zum reinen Vergnügen zu erlernen und gut darin zu werden (z. B. Jonglieren, Square Dance, Zaubern).

☐ Beschäftigen Sie sich mit Humor im geschäftlichen Umfeld; lesen Sie Bücher über das Wesen des Humors; sammeln Sie Comics, die Sie in Präsentationen verwenden könnten; beobachten Sie lustige Menschen in Ihrer Umgebung; führen Sie Buch über lustige Witze und Redeweisen, die Sie gehört haben; lesen Sie berühmte Reden und studieren Sie, wie darin Humor eingesetzt wurde; besuchen Sie Comedy Clubs; bitten Sie eine witzige Person, Ihr Tutor zu werden; üben Sie Pointen und Witze zusammen mit anderen.

A well-developed sense of humor is the pole that adds balance to your steps as you walk the tightrope of life.
William A. Ward – US-amerikanischer Autor, Herausgeber, Seelsorger und Lehrer

Literaturempfehlungen

Adams, S. (2002). *Dilbert and the way of the weasel*. New York: HarperBusiness.

Bing, S. (2002). *What would Machiavelli do? The ends justify the meanness*. New York: HarperBusiness.

DeGeneres, E. (2003). *The funny thing is...* New York: Simon & Schuster.

Drennan, M., & Anderson, J. (2002). *Soar above the madness: Surviving office politics without losing your mind, your job, or your lunch*. New York: Rutledge Hill Press.

Gostick, A., & Christopher, S. (2008). *The levity effect: Why it pays to lighten up*. Hoboken, NJ: John Wiley & Sons.

Hemsath, D., & Yerkes, L. (2001). *301 Ways to have fun at work*. San Francisco: Berrett-Koehler Publishers.

Kerr, M. (2001). *You can't be serious! Putting humor to work*. Canmore, AB: Speaking of Ideas.

Macks, J. (2003). *How to be funny*. New York: Simon & Schuster.

Marlatt, A. (2002). *Economy of errors: SatireWire gives business the business*. New York: Broadway Books.

O'Rourke, P. J. (2002). *The CEO of the sofa*. New York: Grove Press.

Rizzo, S. (2005). *Becoming a humor being: The power to choose a better way*. New Delhi: Full Circle Publishing.

Schwab, P. (2005). *Leave a mark, not a stain! What every manager needs to know about using humor in the workplace*. Seattle, WA: Rollingwood Press.

Tamblyn, D. (2002). *Laugh and learn: 95 Ways to use humor for more effective teaching and training*. New York: AMACOM.

Willis, E. E., & Weaver, R. L. (2005). *How to be funny on purpose*. Toronto, ON: Cybercom.

FAKTOR II: AUSFÜHRENDE FÄHIGKEITEN
CLUSTER F: ARBEIT AN ANDERE DELEGIEREN

27 Informieren

The mind revels in conjecture.
Where information is lacking, it will gladly fill in the gaps.
James Geary – US-amerikanischer Autor und früherer
Herausgeber des *Time* Magazine Europe

Schlecht ausgeprägt
- ☐ Kommuniziert nicht konsequent
- ☐ Gibt zu wenige oder zu viele Informationen weiter
- ☐ Informiert zu spät, schlechtes Timing
- ☐ Drückt sich unklar aus oder informiert einige besser als andere
- ☐ Durchdenkt nicht, wer was bis wann wissen muss
- ☐ Achtet nicht auf die Informationsbedürfnisse anderer
- ☐ Informiert zwar, fasst aber nicht nach
- ☐ Hält Informationen zurück oder hält es nicht für wichtig, sie weiterzugeben
- ☐ Kommuniziert entweder nur schriftlich, nur mündlich oder nur per E-Mail

Wählen Sie eine bis drei der folgenden Kompetenzen als Ersatz für diese Kompetenz, wenn Sie nicht direkt an ihr arbeiten möchten.
ERSATZKOMPETENZEN: 1,3,13,18,20,31,33,34,35,44,60

Gut ausgeprägt
- ☐ Gibt alle Informationen weiter, die für die Erfüllung der Arbeitsaufgaben und für eine positive Identifikation der Mitarbeiter mit dem Team, der Gruppe oder Organisation notwendig sind
- ☐ Liefert alle für präzise Entscheidungen benötigten Informationen
- ☐ Übermittelt Informationen zeitgerecht

Übertriebene Fähigkeit
- ☐ Gibt zu viele Informationen weiter
- ☐ Überfordert andere durch Übermittlung von Informationen, die nicht verarbeitet werden können oder die sich später als falsch herausstellen

Wählen Sie nachstehend eine bis drei Kompetenzen als Arbeitsgegenstand aus, um einen übertriebenen Einsatz dieser Fähigkeit zu kompensieren.
AUSGLEICHSKOMPETENZEN: 2,8,11,12,22,29,33,38,41,47,48,50,52,64

Mögliche Ursachen
- ☐ Sie halten es nicht für notwendig
- ☐ Ungleichmäßige Weitergabe von Informationen: manche werden besser informiert als andere
- ☐ Zurückhaltung von Informationen
- ☐ Nur sporadisches Informieren
- ☐ Zu beschäftigt
- ☐ Zu spätes Informieren
- ☐ Unklare Informationen
- ☐ Die falsche Informationsmethode

Leadership Architect® Faktoren und Cluster
Diese Kompetenz ist in Faktor II „Ausführende Fähigkeiten" zu finden. Diese Kompetenz ist in Cluster F „Arbeit an andere delegieren" zusammen mit den Kompetenzen 18, 19, 20, 35 enthalten. Sie können auch bei anderen Kompetenzen in demselben Faktor/Cluster nach passenden Tipps suchen.

Der Plan
Obwohl diese Kompetenz einfach zu sein scheint: Nach unseren Untersuchungsergebnissen für den *Leadership Architect®* liegt „Informieren" in puncto Skill-Beherrschung oder Können an 52. Stelle auf einer Kompetenzaufstellung bis 67 (niedrig). Effizientes Informieren erbringt zudem einen sehr hohen „Return on Investment" oder Ertragswert. Das Projekt läuft besser. Die Mitarbeiter sind motivierter. Sind Sie zu beschäftigt? Kommunizieren Sie nur das Notwendigste? Informieren Sie nur, um Ihre eigenen Bedürfnisse zu befriedigen? Stellen Sie keine Informationspakete zusammen und durchdenken Sie auch nicht, wer was bis wann benötigt? Das kann schlimme Konsequenzen für Sie und andere haben. Vielleicht wird die Wichtigkeit von „Informieren" deshalb auch an 21. Stelle (hoch) auf der Kompetenzaufstellung bis 67 aufgeführt! Informieren ist eine einfache und wichtige Kompetenz, die viele entweder nicht gut oder nicht oft genug praktizieren.

Tipps
- ☐ **1. Sind Sie offen? Sprechen Sie Ihre Gedanken aus.** Glauben Sie, wenn Mitarbeiter gut sind, müssten sie von allein auf die Lösung kommen? Sie selbst haben nicht viele Informationen gebraucht, als Sie selbst in dieser Rolle waren. Wenn Sie mit Ihrem Wissen helfen wollen, damit andere in Ihrem Umfeld sich weiterentwickeln und lernen können, müssen Sie manchmal laut denken. Sie müssen Ihre Gedanken in allen Phasen mitteilen, von der ersten Präsentation der Sache bis zu ihrem Abschluss.

Die meisten Menschen denken automatisch. Wir denken nicht über unsere Gedanken nach. Wenn jemand verstehen muss oder verstehen möchte, wie wir zu dieser Entscheidung gekommen sind, ist es manchmal schwierig, unseren Gedankengang nachzuvollziehen. Sie müssen Ihre Gedanken Schritt für Schritt zurückverfolgen. Manchmal hilft es, wenn andere Ihnen Fragen stellen. Andere können wahrscheinlich eher herausfinden, wie Sie zu einer Antwort oder Entscheidung gekommen sind, als Sie selbst. Manchmal sollten Sie Entscheidungen dokumentieren. Um welche Sache ging es? Über welche Vor- und Nachteile haben Sie nachgedacht? Wie haben Sie verschiedene Faktoren bewertet? Diese Beispiele können Sie dann benutzen, um anderen zu zeigen, wie Sie Entscheidungen treffen. *Benötigen Sie weitere Hilfe? – Siehe Nr. 17 „Qualität der Entscheidungen".*

☐ **2. Informieren Sie nicht genug? Entwerfen Sie ein großes Bild.** Sind Sie ein Minimalist? Teilen Sie Ihren Mitarbeitern nur das mit, was sie unbedingt wissen müssen, um ihren kleinen Teil vom Ganzen zu erledigen? Es motiviert die Menschen, wenn sie den größeren Zusammenhang sehen. Sie wollen Informationen über ihr Tätigkeitsfeld haben und darüber hinaus. Wie passt der Teil, den sie erledigen, in das Gesamtbild? Woran arbeiten die anderen und warum? Viele Leute sind der Meinung, dass dieses Ausmaß an Informationen unnötig ist und zu viel Zeit kostet Damit haben sie Unrecht. Das Gefühl, etwas Wichtiges zu tun, ist der zweithöchste Antriebsfaktor in der Arbeit und führt zu größerer Motivation und Produktivität. (Versuchen Sie, auch die Informationen auszutauschen, die sich nicht nur auf die eigentliche Aufgabe beziehen.) Achten Sie darauf, welche Auswirkungen diese Informationen haben und auf wen. Planen Sie fünf Minuten zur Weitergabe von Informationen in Ihren Besprechungen ein. Fragen Sie Ihre Mitarbeiter, was sie wissen wollen und informieren Sie sie (falls es nichts Vertrauliches ist). Nehmen Sie sich jeden Monat ein Thema, über das Sie Ihren Mitarbeitern erzählen wollen.

☐ **3. Arbeiten Sie alleine? Geben Sie Informationen bereitwillig weiter.** Bleiben Sie für sich? Arbeiten Sie allein oder versuchen Sie es zumindest? Halten Sie Informationen zurück? Verteilen Sie Informationen nur nach Ihrem eigenen Gutdünken? Teilen Sie Informationen nur mit, um einen Vorteil daraus zu erzielen oder um einen Gefallen gut zu haben? Weiß Ihr Umfeld, was Sie machen und warum? Kennen Sie Einzelheiten, von denen andere profitieren würden, aber Sie nehmen sich nicht die Zeit zur Kommunikation? In den meisten Unternehmen werden Sie durch ein solches oder ähnliches Verhalten Schwierigkeiten bekommen. Organisationen sind auf den Fluss von Informationen angewiesen. Sie können allein und in Ruhe und Frieden arbeiten, solange Sie mit

Ihren Führungskräften, Kollegen und Teammitgliedern über die Dinge kommunizieren, die diese wissen müssen oder die sie gerne wüssten. Seien Sie kein Verursacher von ständigen Überraschungen.

- [ ] **4. Fehlen Ihnen die Grundlagen? Beschäftigen Sie sich mit elementaren Grundlagen der Kommunikation.** Manche Leute können einfach nicht gut informieren. Ihr Kommunikationsstil ist nicht effektiv. Die Verhaltensforschung hat herausgefunden: Sprechen Sie oft, aber kurz (15 bis 30 Sekunden); stellen Sie mehr Fragen als andere; schlagen Sie am Anfang einer Diskussion weniger Lösungen vor; greifen Sie mit ein oder zwei Sätzen die Argumente der anderen nochmals auf; resümieren Sie häufig und machen Sie immer wieder „Hier-stehen-wir-jetzt"-Aussagen; laden Sie alle ein, ihre Ansichten mitzuteilen; greifen Sie einzelne Ansichten nach Möglichkeit erst wieder auf, nachdem andere Gelegenheit hatten, sich zu äußern – es sei denn, jemand will einfach nur den Schwarzen Peter weitergeben. Vergleichen Sie diese Praktiken mit Ihren eigenen und arbeiten Sie an den Schwachpunkten.

- [ ] **5. Informieren Sie inkonsistent? Sorgen Sie für Systematik und Konsistenz.** Erstellen Sie eine detaillierte Checkliste darüber, wer welche Informationen bekommen soll. Verteilen Sie Zusammenfassungen oder Kopien über wichtige Mitteilungen. Verfassen Sie Ihre Checkliste wie folgt: führen Sie Buch über unangenehme Überraschungen, die andere Ihnen melden; fragen Sie Mitarbeiter, was diese wissen möchten, um ihre Arbeit besser erledigen zu können; und fragen Sie bei Ihrem Chef, bei Gleichgestellten und bei Kunden nach, ob Sie zu wenige, ausreichend viele oder zu viele Informationen der richtigen Art weitergeben. Es ist wichtig zu wissen, was, an wen und wann Sie Informationen verteilen, damit Sie effektiver werden.

- [ ] **6. Müssen Sie eine Stufe höher kommen? Feilen Sie an Ihrer Technik.** Legen Sie störende Angewohnheiten ab. Beispiele: Sie verwenden die gleichen Wörter zu oft, zögern beim Sprechen, benutzen Füllwörter wie „Wissen Sie" und „äh"; Sie sprechen zu schnell oder zu eindringlich, sie verwenden eine stark bewertende Ausdrucksweise oder sie berichten so viele Details, dass Ihre Zuhörer gelangweilt sind und sich wundern, was Sie eigentlich sagen wollen. Stellen Sie die Dinge zu komplex dar? Vereinfachen und betonen Sie. Variieren Sie die Lautstärke und die Länge der Sprechzeit, in der Sie die Kernaussagen hervorheben und das Interesse der Zuhörer aufrechterhalten. Veranschaulichen Sie komplexe Argumente/Prozesse auf Papier, Overhead oder Flipchart, damit man sie leicht nachvollziehen kann. Setzen Sie visuelle Hilfsmittel ein. Verwenden Sie Aktionswörter, einfache Beispiele oder visuelle Slogans, um den

Informationsaustausch zu vertiefen. *Benötigen Sie weitere Hilfe? – Siehe Nr. 49 „Präsentationsfähigkeiten" und Nr. 67 „Schriftliche Kommunikation".*

☐ **7. Informieren Sie selektiv? Informieren Sie nach oben, nach unten und zur Seite hin.** Am häufigsten wird selektiv nach oben informiert, nicht aber nach unten und lateral. In ihrem 360°-Feedback-Bericht werden die Betroffenen eine Diskrepanz zwischen den Gruppen zum Thema Informieren erkennen. Einige Gruppen bewerten Sie höher, andere niedriger. Das bedeutet, dass es nicht an der Kompetenz selbst liegt. Sie können informieren, aber Sie filtern aus. Manche informiere ich, manche aber nicht. Warum? Was gewinnen Sie dadurch bei der einen Gruppe, was verlieren Sie bei der anderen? Persönliche Gründe? Haben Sie Vorteile durch Ihre Art von Informationsaustausch? Auf Kosten der anderen? Warum meiden Sie eine Gruppe? Befürchten Sie Diskussionen?

☐ **8. Wird es Zeit, in die Trillerpfeife zu blasen? Informieren Sie umsichtig und mutig.** Eine schwierige Entscheidung. Wissen Sie etwas, was andere auch wissen sollten, das aber zu Unruhe und Ärger führt, wenn sie es herausfinden? Es erfordert Mut, die Dinge, die gesagt werden müssen, zum richtigen Zeitpunkt und an den richtigen Empfänger weiterzugeben. Jeder sieht etwas, beobachtet etwas, weiß oder hört etwas, das andere auch wissen müssen. Oft ist diese Information nicht positiv. Eine beginnende Schieflage, eine Verheimlichung. Etwas wird übertüncht oder abgeblockt. Jemand hält wichtige Informationen zurück. Kollegen oder Projekte laufen in die falsche Richtung. Informieren hat eine positive und eine negative Seite. Wenn Sie informieren, kann Ihre Organisation gewinnen, aber eine Person oder eine Gruppe kann unter Umständen verlieren. Ihre beste Option ist, die richtige Person zu finden und sie zu informieren. *Benötigen Sie weitere Hilfe? – Siehe Nr. 34 „Mut zu Führen".*

☐ **9. Sind Sie auf die Konsequenzen eingestellt? Umgang mit Druck.** Informieren ist nicht immer nett und freundlich. Oft entsteht Druck. Abwehrhaltung. Schuldzuweisungen. Angriffe und Drohungen. Oft wird ein Überbringer schlechter Nachrichten bestraft. Trennen Sie Emotion von Information. Vermeiden Sie direkte Beschuldigungen. Behandeln Sie Personalprobleme direkt aber separat und vielleicht auch in einer anderen Umgebung. Falls man Sie angreift, weil Sie der Überbringer schlechter Nachrichten sind, sagen Sie einfach gar nichts oder stellen Sie eine klärende Frage. Normalerweise reagieren Ihrer Gegner dann so, dass sie mehr dazu sagen, oder von ihrer Position etwas abweichen, oder aber zumindest ihre eigenen Interessen offenbaren. *Benötigen Sie weitere Hilfe? – Siehe Nr. 12 „Konfliktmanagement".*

☐ **10. Sind Sie in Ihrem Stil zu festgefahren? Passen Sie sich Ihrem Publikum an.** Unglücklicherweise kann nicht ein und dieselbe Informationsmethode beziehungsweise der gleiche Informationsstil bei jedem Publikum angewandt werden. Häufig müssen Sie den Tonfall, das Tempo, den Stil und manchmal sogar Ihre Botschaft verändern, um den Inhalt auf die verschiedenen Zuhörergruppen zuzuschneiden. Wenn Sie dieselbe Nachricht an jeweils andere Zuhörer oder Gruppen weitergeben, fragen Sie sich immer, wodurch sich diese Gruppen unterscheiden? Einige Unterschiede sind zum Beispiel bedingt durch die intellektuelle Ebene, ob man Ihnen freundlich oder unfreundlich gesonnen ist, ob die Zeit eine große Rolle spielt, ob die schriftliche Form bevorzugt wird oder nicht, und ob ein logisches oder emotionales Argument besser ist. Schriftlich oder mündlich? Die schriftliche Form ist normalerweise die bessere bei Extremfällen – komplexe Beschreibungen, zusammen mit den Hintergründen und fünf oder sechs progressiven Argumenten, oder – auf der anderen Seite – klare und eindeutige Tatsachen, die andere erfahren müssen. Ist eine Diskussion erforderlich oder wollen Sie auf ein Problem aufmerksam machen, ist ein Gespräch die bessere Alternative. Beobachten Sie jede Person und jedes Publikum aufmerksam und passen Sie sich dementsprechend an. *Benötigen Sie weitere Hilfe? – Siehe Nr. 15 „Kundenorientierung" und Nr. 45 „Persönliches Lernen".*

☐ **11. Übertreiben Sie es manchmal? Bombardieren Sie die Leute nicht.** Informationsüberflutung ist manchmal schlimmer als unzureichendes Informieren. Eine Studie ergab, dass der durchschnittliche Mitarbeiter im Verlauf von 3 Monaten 2,3 Millionen Wörter erhält. Unterscheiden Sie zwischen dem, was man wissen muss, und dem, was man gerne wissen möchte. Überlegen Sie, bevor Sie eine Kopie (Cc) an jemanden schicken. Wenn das Gehirn überstimuliert wird, nimmt es die Informationen einfach nicht mehr auf, um eine Überlastung zu vermeiden. In dieser Hinsicht ist zu viel schlimmer als zu wenig.

Develop-in-Place-Aufgabenstellungen

- ☐ Werden Sie zum Change-Agenten; kreieren Sie ein Symbol für Veränderungen; rufen Sie andere zur Aktion auf; setzen Sie sich für weitreichende Änderungen und deren Umsetzung ein.
- ☐ Verfassen Sie einen Vorschlag für einen neuen Prozess, eine neue Richtlinie, Mission, Satzung, Dienstleistung, ein neues Produkt oder System und unterbreiten und „verkaufen" Sie diesen an das Top-Management.
- ☐ Integrieren Sie verschiedene Systeme, Prozesse oder Verfahren über mehrere Abteilungen und/oder geografisch verteilte Geschäftsbereiche hinweg.
- ☐ Managen Sie etwas, das sich an einem anderen Standort befindet.
- ☐ Stellen Sie Sicherheitsverfahren für ein Gebäude oder ein Stockwerk zusammen.

There must be a happy medium somewhere
between being totally informed and blissfully unaware.
Doug Larson – Britischer Mittelstreckenläufer, Gewinner einer Goldmedaille bei den Olympischen Spielen 1924

Literaturempfehlungen

Allee, V. (2002). *The future of knowledge: Increasing prosperity through value networks.* Boston: Butterworth-Heinemann.

Baldoni, J. (2003). *Great communication secrets of great leaders.* New York: McGraw-Hill.

Bough, B., & Condrill, J. (2005). *101 Ways to improve your communication skills instantly.* San Antonio, TX: GoalMinds, Inc.

Bruck, B. (2003). *Taming the information tsunami.* Redmond, WA: Microsoft Press.

Davis and Company Staff, & Davis, A. (Ed.) (2005). *21 Strategies for improving employee communication.* Glen Rock, NJ: Davis & Company, Inc.

Holtz, S. (2004). *Corporate conversations: A guide to crafting effective and appropriate internal communications.* New York: AMACOM.

Keyton, J. (2002). *Communicating in groups: Building relationships for effective decision making.* New York: McGraw-Hill Higher Education.

Langford-Wood, N., & Salter, B. (2002). *Critical corporate communications: A best practice blueprint.* West Sussex, England: John Wiley & Sons, Ltd.

Matha, B., Boehm, M., & Silverman, M. (2008). *Beyond the babble: Leadership communication that drives results.* San Francisco: Jossey-Bass.

Patriotta, G. (2004). *Organizational knowledge in the making: How firms create, use, and institutionalize knowledge.* Oxford, UK: Oxford University Press.

Perlow, L. (2003). *When you say yes but mean no: How silencing conflict wrecks relationships and companies...and what you can do about it.* New York: Crown Business.

Probst, G. J. B., Raub, S., & Romhardt, K. (2000). *Managing knowledge: Building blocks for success.* New York: John Wiley & Sons.

Runion, M. (2004). *Perfect phrases for managers and supervisors: Hundreds of ready-to-use phrases for any management situation.* New York: McGraw-Hill.

Smith, L., & Mounter, P. (2008). *Effective international communication.* London: Kogan Page Limited.

Thatchenkery, T. (2004). *Appreciative sharing of knowledge: Leveraging knowledge management for strategic change.* Chagrin Falls, OH: Taos Institute.

Weeks, H. (2008). *Failure to communicate: How conversations go wrong and what you can do to right them.* Boston: Harvard Business School Press.

FAKTOR I: STRATEGISCHE FÄHIGKEITEN
CLUSTER C: KREATIVITÄT UND INNOVATION

28 Innovationsmanagement

Innovation distinguishes between a leader and a follower.
Steve Jobs – US-amerikanischer Unternehmer
und Mitbegründer von Apple und Pixar

Schlecht ausgeprägt

- ☐ Kann Kreativität nicht gut einschätzen
- ☐ Unterschätzt die Notwendigkeit für Innovationen im Markt
- ☐ Kann aus mehreren kreativen Ideen nicht die erfolgversprechendste erkennen
- ☐ Ist nicht innovativ
- ☐ Geht auf kreative Vorschläge anderer nicht ein
- ☐ Verharren bei bewährten Vorgehensweisen und Methoden
- ☐ Hat kein Verständnis für Kreativität oder Innovationsprozesse
- ☐ Beschließt Lösungen zu schnell und zieht voreilig Schlüsse
- ☐ Ist perfektionistisch in der Vermeidung von Risiken und hat Angst vor Misserfolgen und Fehlern
- ☐ Experimentiert nicht und blockiert die Innovationen anderer

    Wählen Sie eine bis drei der folgenden Kompetenzen als Ersatz für diese Kompetenz, wenn Sie nicht direkt an ihr arbeiten möchten.
    ERSATZKOMPETENZEN: 2,5,12,14,16,24,30,32,34,37,38,46,48,51,53,57,58,61, 63,65

Gut ausgeprägt

- ☐ Kann die kreativen Ideen anderer am Markt platzieren
- ☐ Kann beurteilen, welche Ideen und Vorschläge Erfolg versprechen
- ☐ Hat ein Gefühl für das Management kreativer Prozesse
- ☐ Kann Brainstorming effektiv nutzen
- ☐ Kann abschätzen, wie sich eine Idee am Markt behauptet

Übertriebene Fähigkeit

- ☐ Legt sich zu sehr auf Neues fest und verwirft Bestehendes
- ☐ Bevorzugt kreative Menschen und unterschätzt weniger kreative
- ☐ Eilt anderen im Denken und bei der Planung zu weit voraus

    Wählen Sie nachstehend eine bis drei Kompetenzen als Arbeitsgegenstand aus, um einen übertriebenen Einsatz dieser Fähigkeit zu kompensieren.
    AUSGLEICHSKOMPETENZEN: 16,17,24,27,33,47,50,52,53,59,61,64

Mögliche Ursachen
- ☐ Versteht den Markt nicht
- ☐ Versteht Kreativität nicht
- ☐ Angst, Fehler zu machen
- ☐ Macht es auf Anhieb richtig
- ☐ Perfektionist
- ☐ Fühlt sich zu wohl

Leadership Architect® Faktoren und Cluster
Diese Kompetenz ist in Faktor I „Strategische Fähigkeiten" zu finden. Diese Kompetenz ist in Cluster C „Kreativität und Innovation" zusammen mit den Kompetenzen 2, 14, 46, 58 enthalten. Sie können auch bei anderen Kompetenzen in demselben Faktor/Cluster nach passenden Tipps suchen.

Der Plan
Innovation beinhaltet drei Fähigkeiten. Erstens müssen Sie den Markt für Ihre Produkte und Dienstleistungen in- und auswendig kennen. Sie müssen wissen, was sich verkauft und warum. Was wünschen sich Ihre Kunden darüber hinaus? Welche Produktmerkmale sind für sie besonders interessant? Und was wollen die „Nichtkunden", das sie momentan nicht unter Ihren Produkten vorfinden? Zweitens müssen Sie unter einer Vielzahl kreativer Ideen für neue Produkte und Dienstleistungen die auswählen, die am Markt den größten Erfolg versprechen. Und drittens müssen Sie fähig sein, eine noch grobe Idee aufzugreifen und sie als erfolgreiches Produkt auf dem Markt zu platzieren.

Tipps
☐ **1. Haben Sie genug Kundenwissen? Lernen Sie Ihre Märkte kennen.**
Lernen Sie die gestrigen, die heutigen und vor allem die von morgen kennen. Wie haben Ihre Kunden in der Vergangenheit agiert? Welche neuen Produkte waren erfolgreich und welche nicht? Was kaufen Ihre Kunden heute? Was würden sich Ihre jetzigen Kunden noch wünschen und wie viel würden sie dafür zahlen? Was haben die „Nichtkunden" bei Ihren Produkten und Dienstleistungen vermisst? Welche Stärken haben Ihre Konkurrenten, die Ihnen fehlen? Was sind die bekannten zukünftigen Trends, die Sie auch betreffen? Eine alternde Bevölkerung? Zum Essen ausgehen? Elektroautos? Die Grünen? Welche unwahrscheinlicheren Möglichkeiten gibt es noch? Fusionen? Raumfahrt? Wenn möglich, abonnieren Sie das Magazin *THE FUTURIST* der World Future Society. Sprechen Sie mit den Strategieplanern Ihres Unternehmens über ihre langfristigen Vorhersagen.

Sprechen Sie mit Ihren wichtigsten Kunden. Welche Bedürfnisse sehen sie zukünftig auf sich zukommen? *Benötigen Sie weitere Hilfe? – Siehe Nr. 15 „Kundenorientierung" und Nr. 46 „Perspektive".*

☐ **2. Möchten Sie Kreativität fördern? Managen Sie den kreativen Prozess.** Sie benötigen kreative Ideen in ihrem Anfangsstadium, um Innovationen managen zu können. Diese kreativen Ideen müssen nicht unbedingt von Ihnen stammen, aber Sie müssen auf jeden Fall den Prozess verstehen. Der kreative Denkprozess hält sich nicht an die offiziellen Regeln der Logik – wo Ursache und Wirkung dazu dienen, etwas zu beweisen oder zu lösen. Die Regeln des kreativen Denkens bestehen nicht darin, die existierenden Konzepte anzuwenden, sondern diese zu verändern – sich von einem Konzept oder einer Betrachtungsweise zu lösen und etwas Neues zu finden. Das beinhaltet auch, den Status quo zu hinterfragen und Ideen zu generieren, ohne sie anfänglich zu beurteilen. Springen Sie von einer Idee zu einer anderen, ohne den Sprung zu begründen. Suchen Sie nach den unwahrscheinlichsten und merkwürdigsten Dingen. Der kreative Prozess erfordert Freiheit und Offenheit und eine Umgebung, die nicht urteilt. Ein kreativer Prozess lässt sich nicht einplanen. Die Festlegung eines Zieles und eines Zeitplans für kreatives Wirken blockiert höchstwahrscheinlich die Kreativität. *Benötigen Sie weitere Hilfe? – Siehe Nr. 14 „Kreativität".*

☐ **3. Haben Sie Probleme mit kreativen Typen? Managen Sie kreative Leute auf unterschiedliche Weise.** Kreative Menschen haben besondere Talente, aber diese besonderen Talente bringen auch besondere Probleme mit sich. Oft müssen Sie für Ihre kreativen Mitarbeiter eine Pufferzone schaffen und diese von den normalen Prozessen und Verfahren der Organisation fern halten. Kreative Leute benötigen Zeit zum Nachdenken und sollten dabei nicht von den Erwartungen anderer gestört werden. Sie müssen sich die Zeit dafür nehmen können, Probleme intensiv zu untersuchen, mit anderen zu diskutieren, nach Parallelen in anderen Organisationen zu suchen und ebenso in den Bereichen, die weit außerhalb ihres normalen Umfeldes liegen. Menschen mit einer ausgeprägten Kreativität können in aller Wahrscheinlichkeit besser über die Gegensätze nachdenken, wenn sie mit einem Problem konfrontiert werden. Sie betrachten das Problem von allen Seiten. Sie denken anders. Sie fragen nach dem Unwahrscheinlichen, worin das Problem nicht liegt und was fehlt oder was das Spiegelbild des Problems ist. Kreative Menschen können verspielt sein. Verspieltheit hängt eng mit der Entwicklung neuer Ideen zusammen. Alles ist erlaubt. Die meisten kreativen Menschen sind nicht detailorientiert, reichen ihre Spesenabrechnungen zu spät ein und ignorieren Fristen, weil sie sie als unbedeutend erachten im Vergleich zu dem, was sie tun. Wenn Sie kreative Menschen führen, müssen Sie ihnen Freiräume lassen.

KOMPETENZ 28: INNOVATIONSMANAGEMENT

☐ **4. Finden Sie beim Brainstorming für sich alleine keine Ideen? Beziehen Sie Kreativität aus einer Gruppe.** Oft entstehen kreative Ideen innerhalb einer Gruppe, nicht durch Einzelne. Wenn Sie an einer neuen Idee für ein Produkt oder einer Dienstleistung arbeiten, ermuntern Sie die Gruppe dazu, so viele Fragen darüber zu stellen wie möglich. Oft kommen wir zu schnell zu Lösungen. Untersuchungen zu Sitzungen über Problemlösungen zeigen, dass das Verhältnis von Lösungen zu Fragen acht zu eins ist. Wenn mehr gefragt wird, überdenken die Teilnehmer das Problem noch einmal und entwickeln somit weitere und unterschiedlichere Lösungen. Bitten Sie die Gruppe, sich ein Produkt, mit dem Sie nicht zufrieden sind, genauer anzusehen und es visuell darzustellen – mit einem Flussdiagramm oder einer Serie von Bildern. Zerlegen Sie diese Darstellung in Einzelteile und mischen Sie sie. Untersuchen Sie diese Bestandteile, um herauszufinden, ob eine andere Reihenfolge helfen würde, oder wie Sie aus drei Teilstücken ein Ganzes machen könnten. Experimentieren oder testen Sie, bis Sie ein Ergebnis haben. Lassen Sie ein grenzüberschreitendes Denken der Gruppe zu. Welche Tabus oder nicht antastbaren Praktiken gibt es in Ihrer Organisation oder Geschäftseinheit? Sollten Sie sie vielleicht abschaffen – was würde Ihre Geschäftseinheit denken, wenn Sie sich über die Regeln hinwegsetzen? Sprechen Sie darüber mit dem Menschen aus Ihrem Bekanntenkreis, der nie Respekt vor einer anerkannten Sichtweise hat. Schützen Sie die Gruppe. Es ist schwierig, sich mit etwas Neuem zu befassen, wenn Ihre Leute bedrängt werden; besonders dann, wenn Ihnen ständig jemand über die Schulter schaut und fragt, warum nichts passiert.

☐ **5. Greifen Sie nach den Sternen? Dringen Sie mit vorhandenen Ideen in Neuland vor.** In Reinform führen nur sehr wenige Innovationen zu einem Durchbruch. Sie sind vielmehr Variationen oder Nebenprodukte zu einem Thema, ausgeliehene Ideen aus anderen Bereichen oder alte Ideen in neuer Verpackung. Das Wissen um Ideen und ihre freie Entfaltung vergrößert die Möglichkeit einer bisher unversuchten Verbindung. Beispiel: ein Manager von Pizza Hut löste das Problem der Backzeit, indem er die Wärmeübertragung mit Hilfe eines Baukastens für Kinder untersuchte. Viele Innovationen entstehen versehentlich. Post-it® Notes entstanden aus einem fehlgeschlagenen Experiment mit Klebstoff. Kreative Ideen liegen vielleicht näher als Sie denken. Bevor Sie nach der einen großen Idee suchen, erweitern Sie Ihre Perspektive über die Dinge, die Sie jetzt angehen, um einen Schritt und sehen Sie, was sich daraus entwickelt.

☐ **6. Sind Sie bereit, zu entscheiden? Wählen Sie die Idee.** Kreativität erfordert Freiheit am Anfang, Struktur später. Nachdem die Gruppe ihre besten Ideen für zukünftige Handlungsweisen gefunden hat, setzen Sie diese Ideen allen logischen Tests und der Kritik aus, genauso wie auch alle anderen Alternativen behandelt werden. Das Testen kreativer Ideen verläuft nicht anders als jeder andere Problemlösungs-/Bewertungsprozess. Der Unterschied liegt darin, wie die Ideen ins Leben gerufen werden.

- [ ] **7. Sind Sie intolerant gegenüber Fehlern? Entwickeln Sie eine philosophische Einstellung zum Thema Fehlschläge/Kritik.** Wir wissen, die meisten Innovationen, neuen Produkte und Veränderungsbemühungen scheitern. Die wirklich wichtigen Dinge schafft man meistens erst nach wiederholten Anläufen, und man hätte es immer noch besser machen können. Um den Lernprozess zu verbessern, organisieren Sie sofortiges Feedback. Suchen Sie nach den Gemeinsamkeiten in allen Fehlschlägen, die bei Erfolgen nie zu finden sind. Bei Innovationen wird es immer viele Fehler und Rückschläge geben; schließlich weiß ja niemand, was zu tun ist. Die beste Methode ist zu hinterfragen, was wir daraus lernen können? Welche Ursachen gibt es dafür? Was müssen wir anders machen? Erwarten Sie nicht, auf Anhieb alles gleich richtig zu machen. Dies führt dann eher zu sicheren, nicht innovativen Lösungen. Zahlreiche Studien zur Problemlösung verdeutlichen, dass wir erst im zweiten oder dritten Versuch die beste Lösung finden.

- [ ] **8. Treten Sie mit guten Ideen auf der Stelle? Lernen Sie, Ideen durch die Organisation zu bewegen.** Nachdem eine Idee ausgewählt worden ist, müssen Sie sie auf den Markt bringen. Die Entwicklung von effizienten und effektiven Arbeitsprozessen ist eine bewährte Disziplin. Wenden Sie die Prinzipien von TQM, ISO und Six Sigma an. *Benötigen Sie weitere Hilfe?* – Siehe Nr. 63 *„Workflow- und Qualitätssicherungssysteme"* (z. B. TQM/ISO/Six Sigma). Lesen Sie Bücher zu den beiden Themen. Nehmen Sie an einem Workshop teil. Bitten Sie die Organisationsexperten in Ihrer Firma um Unterstützung oder engagieren Sie einen Berater. Entwickeln Sie eine optimale Vorgehensweise gemeinsam mit dem Team. Teams arbeiten besser, wenn sie einen Einfluss auf die Arbeitsprozesse haben.

- [ ] **9. Wirft Politik Sie aus der Bahn? Werden Sie ein geschickter Politiker.** Manchmal werden kreative Ideen erst angenommen, wenn alle von ihrem Erfolg überzeugt sind. Am Anfang des Umwandlungsprozesses von der Idee zum Produkt können die Ressourcen knapp sein. Zusätzlich müssen Sie sich mit vielen Einheiten außerhalb Ihres Teams befassen, damit Sie Ihre Arbeit abschließen können. Organisationen können ein komplexes Labyrinth mit vielen Abzweigungen, Sackgassen, Abkürzungen und Wahlmöglichkeiten sein, und in den meisten Organisationen verläuft der beste Weg, um ans Ziel zu kommen, fast nie gerade. Es gibt die formelle Organisation – dargestellt auf dem Organigramm –, die geradlinig aussieht, und es gibt die informelle Organisation, deren Wege im Zickzack verlaufen. Da Organisationen nun einmal aus Menschen bestehen, werden sie noch komplexer. Es gibt Kontrolleure, Beschleuniger, Stopper, Widerstandskämpfer, Wegweiser, gute Samariter und Beeinflussende. All diese Typen existieren im Labyrinth einer Organisation. Der Schlüssel zum Erfolg beim Manövrieren durch komplexe Organisationen liegt darin, das Ziel mit dem geringsten Zeitaufwand und so unauffällig wie möglich zu finden. *Benötigen Sie weitere Hilfe? – Siehe Nr. 38 „Organisationsagilität".*

☐ **10. Sind Sie neugierig? Beobachten Sie Innovationen außerhalb Ihres Arbeitsbereiches.** Suchen und beobachten Sie neue Produkte, die Sie kaufen und verwenden. Finden Sie heraus, welcher Prozess zur Herstellung angewendet wurde. Sehen Sie sich im ZDF *Abenteuer Wissen* oder ähnliche Sendungen an. Lesen Sie *The Soul of a New Machine* von Tracy Kidder, damit Sie erkennen können, wie Innovationen von innen entstehen. Schreiben Sie fünf Dinge aus Ihren Untersuchungen auf, die als Vorbild für Ihr eigenes Verhalten gelten können.

☐ **11. Wollen Sie das Geschäft neu erfinden? Überarbeiten Sie Ihr Geschäftsmodell.** Gary Hamel sagt, sie sollten hierzu Ihren Blick auf Änderungen und Möglichkeiten richten, andere mit einem Manifest inspirieren, eine Koalition gründen, Chancen wahrnehmen, die Zweifler überzeugen oder ausschalten, jemanden finden, der die Firmenleitung für Sie beeinflussen kann, auf kleine Erfolge abzielen (Demo-Projekte) und Ihre Innovation in laufende Projekte einfließen lassen.

Develop-in-Place-Aufgabenstellungen

☐ Managen Sie eine Gruppe von Leuten in einem rasch expandierenden oder wachsenden Vorhaben.

☐ Führen Sie ein neues Produkt, eine Dienstleistung, einen Prozess ein.

☐ Organisieren Sie die erneute Einführung eines Produkts oder einer Dienstleistung, das/die bisher nicht viel Erfolg hatte.

☐ Beantragen und arbeiten Sie mit einem Budget, um eine persönliche Idee, ein Produkt oder eine Dienstleistung zu starten und weiterzuführen.

☐ Verfolgen Sie den Werdegang eines neuen Produkts bzw. einer Dienstleistung vom Konzept über die Konstruktion, den Testmarkt, bis hin zur Markteinführung.

*There is no shortage of creativity or creative people
in either academia or industry. The shortage is of innovators.
All too often, people believe that creativity automatically leads to innovation.
It doesn't. Creative people tend to pass the responsibility
for getting down to brass tacks to others.*
Ted Levitt – US-amerikanischer Marketingwissenschaftler
und früherer Herausgeber des *Harvard Business Review*

KOMPETENZ 28: INNOVATIONSMANAGEMENT

Literaturempfehlungen

Anthony, S. D., Johnson, M. W., Sinfield, J. V., & Altman, E. J. (2008). *Innovator's guide to growth: Putting disruptive innovation to work.* Boston: Harvard Business School Press.

Berkun, S. (2007). *The myths of innovation.* Sebastopol, CA: O'Reilly Media.

Carlson, C. R., & Wilmot, W. W. (2006). *Innovation: The five disciplines for creating what customers want.* New York: Crown Business.

Chakravorti, B. (2003). *The slow pace of fast change: Bringing innovations to market in a connected world.* Boston: Harvard Business School Press.

Champy, J. (2008). *Outsmart! How to do what your competitors can't.* Upper Saddle River, NJ: FT Press.

Chesbrough, H. (2006). *Open business models: How to thrive in the new innovation landscape.* Boston: Harvard Business School Press.

Chesbrough, H., Vanhaverbeke, W., & West, J. (Eds.). (2006). *Open innovation: Researching a new paradigm.* New York: Oxford University Press.

Christensen, C. M. (2003). *The innovator's dilemma: The revolutionary book that will change the way you do business.* New York: HarperCollins.

Christensen, C. M., & Raynor, M. E. (2003). *The innovator's solution.* Boston: Harvard Business School Press.

Davila. T., Epstein, M. J., & Shelton, R. (2005). *Making innovation work: How to manage it, measure it, and profit from it.* Philadelphia: Wharton School Publishing.

Deschamp, J. P. (2008). *Innovation leaders: How senior executives stimulate, steer and sustain innovation.* West Sussex, England: John Wiley & Sons, Ltd.

Fenn, J., & Raskino, M. (2008). *Mastering the hype cycle: How to choose the right innovation at the right time.* Boston: Harvard Business School Press.

Gelb, M., & Caldicott, S. M. (2007). *Innovate like Edison: The success system of America's greatest inventor.* New York: Dutton.

Hamel, G. (2002). *Leading the revolution* (Rev. ed.). Boston: Harvard Business School Press.

Hamel, G. (2006). The why, what, and how of management innovation. *Harvard Business Review, 84,* 140.

Hansen, M. T., & Birkinshaw, J. (2008). The innovation chain. *Harvard Business Review, 85,* 121-130.

Hargadon, A. (2003). *How breakthroughs happen: The surprising truth about how companies innovate.* Boston: Harvard Business School Press.

Horibe, F. (2008). *Creating the innovation culture: Leveraging visionaries, dissenters and other useful troublemakers.* Etobicoke, ON: John Wiley & Sons Canada, Ltd.

Hurson, T. (2007). *Think better: An innovator's guide to productive thinking.* New York: McGraw-Hill.

Jamrog, J., Vickers, M., & Bear, D. (2006). Building and sustaining a culture that supports innovation. *Human Resource Planning, 29*(3), 9-19.

Kanter, R. M. (2006). Innovation: The classic traps. *Harvard Business Review, 84*(11), 72-83.

Kao, J. (2007). *Innovation nation: How America is losing its innovation edge, why it matters, and what we can do to get it back.* New York: Free Press.

Kelley, T., & Littman, J. (2005). *The ten faces of innovation: IDEO's strategies for defeating the devil's advocate and driving creativity throughout your organization.* New York: Currency Doubleday.

Kemper, S. (2003). *Code name Ginger: The story behind Segway and Dean Kamen's quest to invent a new world.* Boston: Harvard Business School Press.

O'Sullivan, D., & Dooley, L. (2008). *Applying innovation.* Thousand Oaks, CA: Sage.

Peters, T. (1997). *The circle of innovation: You can't shrink your way to greatness.* New York: Alfred A. Knopf, Inc.

Phillips, J. (2008). *Make us more innovative: Critical factors for innovation success.* Bloomington, IN: iUniverse.

Prahalad, C. K., & Krishnan, M. S. (2008). *The new age of innovation: Driving co-created value through global networks.* New York: McGraw-Hill.

Rogers, E. (2003). *Diffusion of innovations* (5th ed.). New York: Free Press.

Sawyer, K. (2008). *Group genius: The creative power of collaboration.* New York: Basic Books.

Skarzynski, P., & Gibson, R. (2008). *Innovation to the core: A blueprint for transforming the way your company innovates.* Boston: Harvard Business School Press.

Taylor, W. C., & Labarre, P. G. (2008). *Mavericks at work: Why the most original minds in business win.* New York: HarperCollins.

Tidd, J., Bessant, J., & Pavitt, K. (2005). *Managing innovation: Integrating technological, market and organizational change* (3rd ed.). West Sussex, England: John Wiley & Sons, Ltd.

FAKTOR VI: PERSÖNLICHE UND SOZIALE KOMPETENZEN
CLUSTER R: MIT ANSTAND UND CHARAKTER HANDELN

29 Integrität und Vertrauen

Trust is the lubrication that makes it possible for organizations to work.
Warren G. Bennis – US-amerikanischer Gelehrter, Unternehmensberater und Autor

Schlecht ausgeprägt
- ☐ Genießt kein breites Vertrauen
- ☐ Weicht aus oder vertritt keinen Standpunkt
- ☐ Zeigt ein wechselhaftes Verhalten im Umgang mit anderen
- ☐ Handelt anders, als er/sie spricht und gilt als inkonsequent
- ☐ Hat Probleme, die Vertraulichkeit zu wahren und plaudert aus dem Nähkästchen
- ☐ Verspricht mehr, als er/sie hält bzw. halten kann
- ☐ Lässt Ausdauer vermissen und bringt andere in Schwierigkeiten
- ☐ Versucht, eigene Fehler auf andere abzuwälzen
- ☐ Gilt als eigennützig

Wählen Sie eine bis drei der folgenden Kompetenzen als Ersatz für diese Kompetenz, wenn Sie nicht direkt an ihr arbeiten möchten.
ERSATZKOMPETENZEN: 3,22,23,27,33,34,44,57

Gut ausgeprägt
- ☐ Ihm/ihr wird Vertrauen entgegengebracht
- ☐ Gilt als direkter und ehrlicher Mensch
- ☐ kann die ungeschminkte Wahrheit in angemessener und nutzbringender Weise vermitteln
- ☐ Behält Vertrauliches für sich
- ☐ Gibt eigene Fehler zu
- ☐ „Verleugnet" sich nicht, um so persönliche Vorteile zu erhalten

Übertriebene Fähigkeit
- ☐ Ist zu direkt, was manche Menschen unverhofft trifft und sie unangenehm berührt
- ☐ Treibt Offenheit und Ehrlichkeit so weit, dass es störend wirkt
- ☐ Ist so stark auf Fakten fixiert, dass er/sie vergisst, notwendige Schlussfolgerungen zu ziehen, Meinungen zu interpretieren oder Verantwortlichkeiten festzulegen

Wählen Sie nachstehend eine bis drei Kompetenzen als Arbeitsgegenstand aus, um einen übertriebenen Einsatz dieser Fähigkeit zu kompensieren.
AUSGLEICHSKOMPETENZEN: 2,5,14,22,26,31,33,38,40,42,46,48,52,54,56,64

Mögliche Ursachen
- ☐ Vermeidung von Konflikten
- ☐ Sie lassen ihren Worten keine Taten folgen
- ☐ Sie verklausulieren; Sie halten Dinge zurück
- ☐ Übertriebener Ehrgeiz
- ☐ Kann vertrauliche Dinge nicht gut für sich behalten
- ☐ Macht zu viele Dinge gleichzeitig; kann nicht nein sagen
- ☐ Zu sehr darauf fixiert, in Verkaufsgesprächen zu überzeugen
- ☐ Wechselhaftes Verhalten
- ☐ Keine Bereitschaft, einen klaren Standpunkt zu vertreten

Leadership Architect® Faktoren und Cluster
Diese Kompetenz ist in Faktor VI „Persönliche und soziale Kompetenzen" zu finden. Diese Kompetenz ist in Cluster R „Mit Anstand und Charakter handeln" zusammen mit der Kompetenz 22 enthalten. Sie können auch bei anderen Kompetenzen in demselben Faktor/Cluster nach passenden Tipps suchen.

Der Plan
Integrität und Vertrauen sind auf fast allen Erfolgsprofilen, die wir zu Gesicht bekommen, zu finden. Beides sind absolute Voraussetzungen für eine Zugehörigkeit im Team, und ohne sie ist kaum etwas anderes von Bedeutung. Die Vorstellung, dass Menschen unsere Integrität in Frage stellen oder uns nicht richtig vertrauen, ist nur sehr schwer zu akzeptieren. Oft sind Desorganisation, inkonsequentes Verhalten und schlechte Angewohnheiten die Handlungsweisen, die uns in Schwierigkeiten bringen. Viele von uns haben die Auswirkungen unserer Handlungen einfach nicht völlig durchdacht und wir haben kaum eine Vorstellung davon, wie wir auf andere wirken. Die Ursache kann aber auch in einem allgemein nicht vorhandenen Vertrauen in Ihre Glaubwürdigkeit oder Integrität liegen; die Menschen nehmen Ihnen das, was Sie sagen, einfach nicht ab.

Tipps
- ☐ **1. Legen Sie sich nicht fest? Sagen Sie, was gesagt werden muss.** Halten Sie sich zurück und qualifizieren jede Aussage wieder? Vertreten Sie Ihre Meinung nicht? Wissen Sie nicht, wie Sie das, was gesagt werden muss, ansprechen sollen, drücken sich darum nur sehr allgemein aus und qualifizieren das Gesagte immer wieder? Zögern Sie oder sprechen Sie langsamer, wenn Sie eine für Sie schwierige Mitteilung machen müssen? Wird Ihre Stimme lauter? Stellen sich freudsche Versprecher ein? Fangen sie an zu stottern? Obwohl es nicht in Ihrer Absicht liegt, glauben die Menschen von Ihnen, dass Sie ihnen Informationen vorenthalten?

KOMPETENZ 29: INTEGRITÄT UND VERTRAUEN

Üben Sie sich darin, zwei oder drei klare Aussagen zu machen, zu deren Verteidigung Sie auch vorbereitet sind. Testen Sie diese Verhaltensweise bei den Menschen aus, denen Sie vertrauen. Halten Sie sich nur an Fakten und Probleme. Seien Sie spezifisch und machen Sie keine Schuldzuweisungen. Qualifizieren Sie nicht oder machen Sie nur unverbindliche Aussagen. Sprechen Sie die Dinge klar und eindeutig an. *Benötigen Sie weitere Hilfe? – Siehe Nr. 34 „Mut zu Führen".*

☐ **2. Wollen Sie unbedingt verkaufen? Übertreiben Sie nicht und versprechen Sie nicht zu viel.** Versprechen Sie in Ihren Verkaufsgesprächen zu viel oder versuchen Sie Ihre Kunden durch Übertreibungen zu überzeugen? Bleiben Sie nicht bei der Wahrheit? Beschönigen Sie? Der Kunde, den Sie mit unrealistischen Versprechungen gewinnen, ist auch der Kunde, den Sie für immer verlieren, wenn er entdeckt, dass Sie sie nicht einhalten. Können Sie Ihrem Kunden nichts abschlagen? Versuchen Sie so sehr zu helfen, dass Sie sich in unmögliche Situationen bringen? Befürchten Sie, dass man Sie nicht als hilfsbereit ansieht? Ihre Hilfsbereitschaft ist wertlos für Ihren Kunden, wenn Sie dann nicht liefern können. Haben Sie sich in Ihrer Lieferzeit verschätzt, erklären Sie dem Kunden das Problem; verhandeln Sie entweder über einen neuen Termin oder fragen Sie nach, ob Sie ihm eine Alternative anbieten können. Versprechen Sie nur das, was Sie dann auch liefern können. Wenn Sie sich über die Einhaltung nicht sicher sind, teilen Sie Ihrem Kunden mit, dass Sie ihn definitiv benachrichtigen werden. Versprechen Sie einen Termin oder versprechen sie ihn nicht – sagen Sie aber nicht „Ich werde es versuchen". Falls Sie den Ausgang noch nicht erkennen können, dann informieren Sie Ihren Kunden darüber und fassen Sie nach, wenn Sie Bescheid wissen. Versuchen Sie, Ihre Verkaufsstrategien auf das Wesentliche zu konzentrieren.

☐ **3. Zu redselig? Behält Vertrauliches für sich.** Manche Menschen bekommen ein Vertrauensproblem, da sie Informationen weiterleiten, die eigentlich vertraulich behandelt werden sollten. Seien Sie sich der Bedeutung von Vertraulichkeit bewusst. Einige Regeln:

- Behandeln Sie persönliche Informationen vertraulich.

- Stimmen Sie nicht allzu schnell zu, Angelegenheiten in den Bereichen Performance/Ethik/Legalität vertraulich zu behandeln. Warnen Sie gleich zu Anfang: „Bevor Sie mir etwas erzählen, muss ich Ihnen sagen, dass ich Angelegenheiten, die die Performance der Geschäftseinheit, Ethik oder rechtliche Angelegenheiten betreffen, nicht vertraulich behandeln kann".

- Fragen Sie gleich zu Anfang: „Ist das vertraulich zu behandeln?"

KOMPETENZ 29: INTEGRITÄT UND VERTRAUEN

- Falls sich jemand über die Ethik eines Mitarbeiters beklagt, lassen Sie ihn wissen, dass Sie nichts tun können, da Sie nichts Genaues wissen. Bitten Sie ihn/sie, die Person selbst anzusprechen oder Beweise zu erbringen, bevor die Diskussion fortgeführt werden kann.
- Es gibt normalerweise keine Garantie dafür, dass Angelegenheiten, die die Performance, Legalität und Ethik gefährden, vertraulich behandelt werden.
- Es gibt normalerweise keine Garantie dafür, dass Angelegenheiten, die die persönliche Sicherheit betreffen, vertraulich behandelt werden. Sogar Ärzte und Psychiater geben Meldungen über den Zustand ihrer Patienten an die Behörden weiter, obwohl sie diese Information vertraulich erhalten haben.
- Es genügen schon wenige Fehler innerhalb einer Organisation und Sie geraten in den Ruf, dass Sie vertrauliche Informationen nicht für sich behalten können.

☐ **4. Erkaufen Sie sich Vorteile? Verwerfen Sie Ihre Zielsetzung.** Denkt man von Ihnen, dass Sie Informationen weitergeben und Ihre Freundschaften zu Ihrem persönlichen Vorteil nutzen? Keine leichte Situation, wenn man als so ein Mensch bekannt ist. Der Unterschied zwischen einer solchen Verhaltensweise und den üblichen Kommunikationsgewohnheiten in einer Organisation ist sehr gering: Freunde erzählen sich gegenseitig Dinge, Vereinbarungen werden getroffen, Mitarbeiter nutzen ihr Netzwerk und tauschen Informationen aus. Das alles ist Teil des normalen Prozesses. Hier einige Faustregeln, um die Grenze nicht zu überschreiten:

- Stellen Sie sicher, dass die Informationen zu Geschäftszwecken angefordert werden, nicht aus persönlichem Interesse.
- Stellen Sie sicher, dass damit Performance oder Effizienz verbessert oder die Wertschöpfung gesteigert wird; ein eventueller Gewinn für Sie ist dann nur ein Nebenprodukt.
- Stellen Sie sicher, dass Sie diese Information auch einem Kollegen in der Organisation gegeben oder ihn/sie gefragt hätten, wenn Sie ihn/sie nicht so gut kennen.

☐ **5. Finden Sie es schwierig, Ihre Fehler zuzugeben? Übernehmen Sie Verantwortung.** Versuchen Sie, die Schuld auf andere zu schieben? Gibt es unangenehme Überraschungen, weil Sie nicht vorab warnen? Menschen, die ihre eigenen Fehler besonders gut ausgleichen, machen normalerweise Folgendes:

- Sie geben den Fehler gleich am Anfang zu und informieren jeden Betroffenen über mögliche Konsequenzen.

KOMPETENZ 29: INTEGRITÄT UND VERTRAUEN

- Falls notwendig, geben Sie den Fehler öffentlich bekannt und übernehmen Sie die Verantwortung.
- Sie zeigen, was Sie daraus gelernt haben, um so eine Wiederholung zu vermeiden.
- Sie machen weiter; bleiben nicht daran hängen. Ein Bericht von Forum Corp gibt an, dass Menschen, die Zweifel und Fehler zugeben, als kompetenter angesehen werden, ebenso wie Personen, die um negatives Feedback bitten. „Lassen Sie sich keine Schwächen anmerken" ist ein schlechter Rat. Menschen, die Bescheidenheit zeigen, gelten als vertrauenswürdig, weil sie ehrlich sind.

☐ **6. Versuchen Sie, Konflikte zu vermeiden? Gehen Sie Probleme an.** Sagen Sie nur das Notwendigste, um eine Besprechung oder Verhandlung durchzustehen? Sprechen Sie nur, um sich anzupassen und keinen Ärger zu verursachen? Sagen Sie nur Dinge, die andere hören wollen, um Unstimmigkeiten oder Streitigkeiten zu vermeiden? All diese Verhaltensweisen haben negative Folgen, wenn man herausfindet, dass Sie in einer anderen Besprechung oder zu einer anderen Person etwas Unterschiedliches gesagt haben, oder wenn man erkennt, dass Sie nicht getan haben, was Sie angekündigt haben. *Benötigen Sie weitere Hilfe? – Siehe Nr. 12 „Konfliktmanagement".*

☐ **7. Behalten Sie zu viele Informationen für sich? Geben Sie Informationen weiter, die andere benötigen.** Bleiben Sie für sich? Arbeiten Sie allein oder versuchen Sie es zumindest? Halten Sie Informationen zurück? Verteilen Sie Informationen nur nach Ihrem eigenen Gutdünken? Behalten Sie alles für sich? Weiß Ihr Umfeld, was Sie machen und warum? Obwohl es nicht in Ihrer Absicht liegt, glauben die Menschen, dass Sie ihnen Informationen vorenthalten? Glauben die anderen, dass Sie vielleicht Dinge wissen, von denen andere profitieren würden, Sie sich aber nicht die Zeit nehmen oder die Mühe machen, um darüber zu sprechen? In den meisten Unternehmen werden Sie durch ein solches oder ähnliches Verhalten Schwierigkeiten bekommen. Organisationen sind auf den Fluss von Informationen angewiesen. Sie können allein und in Ruhe und Frieden arbeiten, solange Sie mit Ihren Führungskräften, Kollegen und Teammitgliedern über die Dinge kommunizieren, die diese wissen müssen oder die sie gerne wüssten. Machen Sie sich die Mühe, von jeder Gruppe, mit der Sie Kontakt haben, herauszufinden, welche Informationen diese Gruppe haben will oder muss und versuchen Sie, diese Informationen zu beschaffen. *Benötigen Sie weitere Hilfe? – Siehe Nr. 27 „Informieren".*

☐ **8. Befinden Sie sich in einem Gewissenskonflikt? Überlegen Sie sich genau, wann und wie Sie Alarm schlagen.** „Whistle-blowing." Eine schwierige Entscheidung. Zögern Sie, eine Information weiterzugeben?

KOMPETENZ 29: INTEGRITÄT UND VERTRAUEN

Wissen Sie etwas, was andere auch wissen sollten, das aber zu Unruhe und Ärger führt, wenn sie es herausfinden? Es erfordert Mut, die Dinge, die gesagt werden müssen, offen und ehrlich zum richtigen Zeitpunkt an den richtigen Empfänger weiterzugeben. Sie müssen direkt und ehrlich sein. Jeder sieht etwas, beobachtet etwas, weiß oder hört etwas, das andere auch wissen müssen. Oft ist diese Information nicht positiv. Eine beginnende Schieflage, eine Verheimlichung. Etwas wird übertüncht oder abgeblockt. Jemand hält wichtige Informationen zurück. Kollegen oder Projekte laufen in die falsche Richtung. Informieren hat eine positive und eine negative Seite. Wenn Sie informieren, kann Ihre Organisation gewinnen, aber eine Person oder eine Gruppe kann unter Umständen verlieren. Ihre beste Option ist, die richtige Person zu finden und sie zu informieren. *Benötigen Sie weitere Hilfe? – Siehe Nr. 34 „Mut zu Führen".*

☐ **9. Halten Sie Zusagen nicht immer ein? Seien Sie konsequent.** Halten Sie Ihre grundsätzlichen Verpflichtungen ein? Rufen Sie rechtzeitig zurück? Verschicken Sie das zugesagte Material? Geben Sie die Informationen weiter, die Sie versprochen haben? Erledigen Sie Ihre Aufgaben, wenn Sie bestätigt haben, dass Sie sich darum kümmern werden? Erfüllen Sie diese Verpflichtungen nicht, kann das Ihr Beziehungsnetz zerstören. Falls Sie Ihre Versprechungen nicht immer halten, versetzen Sie sich in die Situation des Empfängers. Was muss diese Person wissen, um eine Änderung ausführen zu können? Wenn Sie vergesslich sind, schreiben Sie sich die notwendigen Einzelheiten auf. Wenn Sie eine Frist nicht einhalten können, geben Sie das bekannt und schlagen Sie einen zweiten Termin vor, den Sie sicher einhalten können. Nie genug Zeit? Haben Sie immer wieder die beste Absicht, eine bestimmte Aufgabe anzugehen, aber nie richtig Zeit dafür? Fällt Ihre Zeitplanung immer zu knapp aus, und die Erledigung der Aufgaben dauert dann doch länger als vorgesehen? Falls Sie immer in Zeitnot geraten, dann legen Sie sich jeden Tag ein spezifisches Zeitfenster fest, in dem Sie Ihren Verpflichtungen nachkommen. Es gibt etablierte Vorgehensweisen und Best Practices zum Thema Zeitmanagement. Bücher dazu sind in jeder guten Buchhandlung erhältlich. Ebenfalls gibt es ein umfassendes Seminarangebot. Auch Delegieren ist sehr hilfreich, wenn Sie Ihre Zeit effektiver nutzen wollen. *Benötigen Sie weitere Hilfe? – Siehe Nr. 62 „Zeitmanagement".*

☐ **10. Werden Sie von Vertrauensbrüchen heimgesucht? Reparieren Sie den Schaden, der durch Unglaubwürdigkeit entstanden ist.** Sie sichern sich ab, sabotieren andere, suchen Ihren eigenen Vorteil, legen andere herein und haben nicht die Absicht, Ihren Verpflichtungen nachzukommen. Sie rechtfertigen sich damit, dass die Situation schwierig ist, dass Sie nur Ihre Arbeit erledigen und dass Sie ergebnisorientiert handeln. Schließlich heiligt der Zweck die Mittel. Sie benutzen andere, um Ihre Ziele zu erreichen. Fragen Sie sich zuerst, ob Ihre Philosophie wirklich so ist und ob Sie wirklich so sein wollen. Zweitens finden Sie heraus, ob Ihre Karriere in diesem Unternehmen noch zu retten ist. Haben Sie schon zu viele Brücken hinter sich abgebrochen? Bringen Sie den Mut auf zuzugeben, dass Sie das Vertrauen anderer regelmäßig missbraucht haben und Ihren Verpflichtungen nicht nachgekommen sind. Sprechen Sie mit Ihrer Führungskraft oder Ihrem Mentor, ob Sie Ihren guten Ruf wiederherstellen können. Falls man davon überzeugt ist, dann wenden Sie sich an alle, die Sie durch Ihr Verhalten vielleicht befremdet haben und warten Sie ihre Reaktion ab. Sagen Sie ihnen, was Sie in Zukunft ändern wollen. Fragen Sie, was Sie unterlassen sollten. Fragen Sie, ob eine Beziehung wiederhergestellt werden kann. *Benötigen Sie weitere Hilfe? – Siehe Nr. 105 „Vertrauen enttäuschen".*

☐ **11. Sind Sie egozentrisch? Setzen Sie das Team an erster Stelle.** Sagen Sie „wir" statt „ich". Sagen Sie häufiger „das Team", „wir", „gemeinsam". oder „lasst uns zusammenkommen", „wir schaffen das", „wir sitzen alle im gleichen Boot" sagen. Signalisieren Sie, dass Sie ein gemeinsam denkendes und handelndes Team sind. Lassen Sie Verdienste dem ganzen Team zu Gute kommen, soweit das in Ihrer Macht steht. Versuchen Sie immer Anerkennung und Belohnungen mit anderen zu teilen. Fördern Sie die Karriere anderer genau so wie Ihre eigene? Helfen Sie anderen mit dem gleichen Engagement wie Sie an Ihrer eigenen Karriere arbeiten? Versuchen Sie, ein Mentor und Coach für talentierte Menschen zu sein, die sich weiterentwickeln müssen. Man wird Ihnen eher trauen, wenn Sie eine Beziehung als langfristig ansehen und nicht als etwas, das Sie nur ein paar Jahre lang tun müssen. *Benötigen Sie weitere Hilfe? – Siehe Nr. 19 „Mitarbeiter und andere weiterentwickeln" und Nr. 110 „Unfähigkeit, ein Team aufzubauen".*

☐ **12. Haben Sie Probleme damit, wie andere Sie wahrnehmen? Versuchen Sie die Art, wie man Sie einschätzt, zu ändern.** Schreiben Sie alle Gründe auf, warum andere Sie nicht für vertrauenswürdig halten. („Man sagt, ich ändere meine Meinung zu oft.") Schreiben Sie außerdem auf, was Sie tun bzw. nicht tun, das diesen Eindruck erweckt. („Ich ziehe vorschnelle Schlüsse"; „Ich lasse mich zu leicht beeinflussen, wenn sich Leute über etwas beschweren.") Schreiben Sie zudem auf, wer in diesen Aspekten gut ist. Was tun sie, was Sie nicht tun? Was machen Sie anders? Was übertreiben Sie, was tun Sie nicht genug, sodass Probleme entstehen? Und schließlich sollten Sie sich einige Strategien zur Behebung des Problems notieren. („Ich werde erst Fragen stellen und nicht gleich eine Antwort geben"; „Ich werde die Situation genau untersuchen und dann rechtzeitig darauf zurückkommen.")

KOMPETENZ 29: INTEGRITÄT UND VERTRAUEN

Develop-in-Place-Aufgabenstellungen
- ☐ Schließen Sie Frieden mit einem Feind oder mit jemandem, den Sie mit einem Produkt oder einer Dienstleistung enttäuscht haben, oder mit jemandem, mit dem Sie Probleme hatten oder nicht so gut zurechtkommen.
- ☐ Führen Sie schwierige Verhandlungen mit einem internen oder externen Kunden.
- ☐ Managen Sie die Vergabe von umstrittenen Büroplätzen.
- ☐ Managen Sie das Outplacement einer Gruppe von Mitarbeitern.
- ☐ Beteiligen Sie sich an einem Gewerkschafts-Verhandlungsteam oder Beschwerde-Schlichtungsteam.

I never did give anybody hell.
I just told the truth and they thought it was hell.
Harry S. Truman – 33. Präsident der USA

Literaturempfehlungen

Bennis, W., Goleman, D., & O'Toole, J. (with Ward Biederman, P.). (2008). *Transparency: How leaders create a culture of candor.* San Francisco: Jossey-Bass.

Block, P. (2001). *The answer to how is yes: Acting on what matters.* San Francisco: Berrett-Koehler Publishers.

Boverie, P. E., & Kroth, M. (2001). *Transforming work: The five keys to achieving trust, commitment & passion in the workplace.* Cambridge, MA: Perseus Publishing.

Deems, R. S., & Deems, T. A. (2003). *Leading in tough times: The manager's guide to responsibility, trust, and motivation.* Amherst, MA: HRD Press.

Galford, R. M., & Siebold Drapeau, A. (2002). *The trusted leader: Bringing out the best in your people and your company.* New York: Free Press.

Golin, A. (2004). *Trust or consequences: Build trust today or lose your market tomorrow.* New York: AMACOM.

Hanson, T., & Hanson, B. Z. (2005). *Who will do what by when? How to improve performance, accountability and trust with integrity.* Longwood, FL: Power.

Johnson, L., & Phillips, B. (2003). *Absolute honesty: Building a corporate culture that values straight talk and rewards integrity.* New York: AMACOM.

Kaptein, M., & Wempe, J. (2002). *The balanced company: A corporate integrity theory.* Oxford, UK: Oxford University Press.

Maister, D. H., Green, C. H., & Galford, R. M. (2001). *The trusted advisor.* New York: Free Press.

McKay, Q. (2004). *The bottom line on integrity.* Layton, UT: Gibbs Smith.

O'Toole, J. (1996). *Leading change.* Boston: Harvard Business School Press.

Reina, D. S., & Reina, M. L. (2006). *Trust and betrayal in the workplace.* San Francisco: Berrett-Koehler Publishers.

Remick, N. T. (2002). *West Point: Character leadership education: A book developed from the readings and writings of Thomas Jefferson.* New York: RPR.

Seglin, J. L. (2006). *The right thing: Conscience, profit and personal responsibility in today's business.* Rollinsford, NH: Spiro Press.

Showkeir, J., & Showkeir, M. (2008). *Authentic conversations: Moving from manipulation to truth and commitment.* San Francisco: Berrett-Koehler Publishers.

Simons, T. (2008). *The integrity dividend: Leading by the power of your word.* San Francisco: Jossey-Bass.

Solomon, R. C., & Flores, F. (2001). *Building trust: In business, politics, relationships, and life.* Oxford, UK: Oxford University Press.

Tracy, D., & Morin, W. J. (2001). *Truth, trust, and the bottom line.* Chicago, IL: Dearborn Trade.

FAKTOR I: STRATEGISCHE FÄHIGKEITEN
CLUSTER B: TREFFEN KOMPLEXER ENTSCHEIDUNGEN

30 Intellektuelle Leistungsstärke

*The test of a first-rate intelligence is the ability
to hold two opposed ideas in the mind at the same time,
and still retain the ability to function.*

F. Scott Fitzgerald – US-amerikanischer Autor von Romanen und Kurzgeschichten

Schlecht ausgeprägt
- ☐ Ist denkfaul oder desorganisiert
- ☐ Durchdenkt Dinge nicht gründlich
- ☐ Simplifiziert Dinge zu stark
- ☐ Gibt Gefühlen den Vorrang vor gründlicher Überlegung
- ☐ Gibt der eigenen Ungeduld den Vorrang vor gründlicher Überlegung
- ☐ Ist geistig unflexibel oder „eingerostet" und hält die eigenen Lösungswege für die einzig gangbaren
- ☐ Reagiert frustriert auf konzeptionelle Diskussionen
- ☐ Hat keine schnelle Auffassungsgabe

    Wählen Sie eine bis drei der folgenden Kompetenzen als Ersatz für diese Kompetenz, wenn Sie nicht direkt an ihr arbeiten möchten.
    ERSATZKOMPETENZEN: 1,5,14,17,24,32,33,46,51,58,61

Gut ausgeprägt
- ☐ Ist klug und intelligent
- ☐ Geht gekonnt mit Konzepten und komplexen Fragen um
- ☐ Gilt als scharfsinnig, fähig und agil

Übertriebene Fähigkeit
- ☐ Setzt seine/ihre Intelligenz dazu ein, andere zu dominieren oder einzuschüchtern
- ☐ Kann mit weniger intelligenten Menschen schlecht umgehen
- ☐ Akzeptiert nur die eigenen Lösungen
- ☐ Reagiert mit Ungeduld auf langwierige Prozesse

    Wählen Sie nachstehend eine bis drei Kompetenzen als Arbeitsgegenstand aus, um einen übertriebenen Einsatz dieser Fähigkeit zu kompensieren.
    AUSGLEICHSKOMPETENZEN: 3,4,7,10,15,18,19,26,31,33,36,41,42,44

Mögliche Ursachen
- ☐ Nicht gut organisiert
- ☐ Übermäßig emotional
- ☐ Mangel an Geduld, Ausdauer oder Selbstvertrauen
- ☐ Mangel an kognitiven Skills
- ☐ Faul
- ☐ Eine unflexible Einstellung

Leadership Architect® Faktoren und Cluster
Diese Kompetenz ist in Faktor I „Strategische Fähigkeiten" zu finden. Diese Kompetenz ist in Cluster B „Treffen komplexer Entscheidungen" zusammen mit den Kompetenzen 17, 32, 51 enthalten. Sie können auch bei anderen Kompetenzen in demselben Faktor/Cluster nach passenden Tipps suchen.

Der Plan
Der Erfolg im Leben und im Beruf hängt in hohem Maße von Wissens- und Skillerwerb sowie von ihrem Einsatz ab, um so die Probleme und Herausforderungen des Lebens zu meistern. Obwohl uns unsere Intelligenz im Prinzip bei der Geburt vorgegeben ist (es heißt, dass uns unsere volle Intelligenz von Anfang an zur Verfügung steht), gehen bekannte wissenschaftliche Autoren davon aus, dass wir nur zehn Prozent unserer Gehirnkapazität tatsächlich nutzen. Diese Zahl lässt sich wahrscheinlich nicht genau beweisen, man kann aber doch mit Sicherheit sagen, dass wir über eine zusätzliche Kapazität verfügen, die wir einsetzen könnten. Studien belegen, dass Intelligenz verloren geht, wenn man sie nicht stimuliert. Menschen, die sich mental fit halten, lassen im Laufe ihres Lebens eine stetige – wenngleich geringe – Intelligenzsteigerung erkennen.

Tipps
- ☐ **1. Sind Sie emotional? Beruhigen Sie sich.** Übermäßige Emotionen vermindern den effektiven Gebrauch des Verstandes. Das Gefühlssystem kontrolliert den Verstand, bis die Bedrohung wieder vorbei ist. Der Verstand arbeitet am besten unter entspannten Bedingungen. Wenn Sie dazu neigen, sich übermäßig aufzuregen, dann warten Sie ein bis zwei Minuten, bis Sie sich wieder unter Kontrolle haben und versuchen dann erst, das Problem zu lösen. Entscheidungen, die unter Druck getroffen werden, sind auf die Dauer meistens nicht richtig. *Benötigen Sie weitere Hilfe? – Siehe Nr. 11 „Selbstbeherrschung".*

- ☐ **2. Bewegen Sie sich zu schnell? Nehmen Sie sich Zeit zum Nachdenken.** Viele von uns sind sehr handlungsorientiert. mit einer Tendenz, das Pferd von hinten aufzuzäumen. Viele Fehler könnten vermieden werden, wenn wir uns die Zeit zum Nachdenken nehmen würden. Versuchen Sie, Ihre übliche Bedenkzeit um eine Minute zu verlängern. Gehen Sie durch Ihre geistige Checkliste, um zu überprüfen, ob Sie alle Auswirkungen des Problems oder der Herausforderung durchdacht haben. Setzen Sie sich für jede Schulung ein Ziel. Stellen Sie Fragen zum Gelesenen. Unterteilen Sie, was Sie gelernt haben. Ordnen Sie sie in für Sie sinnvolle Kategorien ein. Untersuchungen haben gezeigt, dass die erste Lösung, die Ihnen einfällt, selten die beste ist. sondern dass sie normalerweise zwischen der zweiten oder dritten Alternative liegt. Wenn Sie so ungeduldig sind, dass Sie die erste Option sofort annehmen, liegen Sie meistens falsch. *Benötigen Sie weitere Hilfe? – Siehe Nr. 41 „Geduld" und Nr. 43 „Beharrlichkeit".*

☐ **3. Ist Ihre Einstellung unflexibel? Erweitern Sie Ihren Horizont.** Die anthropologische Forschung hat oft gezeigt, dass unser Verstand von unseren Vorstellungen beherrscht und limitiert wird. Die Hopi-Indianer im Südwesten der Vereinigten Staaten haben nur ein Wort für Schnee, während die Einwohner Alaskas 24 unterschiedliche Wörter für Schnee kennen, mit denen sie 24 unterschiedliche Schneekonditionen beschreiben. Ein Hopi könnte mit seiner einzigen Definition für Schnee in Alaska nicht überleben. Unsere Erfahrungen schaffen unbeabsichtigte Grenzen für unsere Vorstellungskraft. Versuchen Sie, die Grenzen Ihrer Überzeugungen zu überschreiten. Das heißt nicht, dass Sie sie vollständig aufgeben müssen. Sie sollen sie nur ignorieren, wenn Sie über ein Problem oder eine schwierige Aufgabe nachdenken.

☐ **4. Brauchen Sie Übung? Aktivieren Sie Ihren Verstand.** Es gibt verschiedene mentale Übungen mit dem Ziel, Ihre persönliche intellektuelle Leistungsfähigkeit zu verbessern. Machen Sie sich Checklisten, damit Sie nichts vergessen. Stellen Sie sich verschiedene Szenarien vor. Fragen Sie, was noch fehlt. Wägen Sie die Vor- und Nachteile gegeneinander ab. Visualisieren Sie. Stellen Sie das Problem in einem Diagramm dar. Üben Sie sich darin, möglichst viele Muster in einer Sache zu erkennen oder sie gedanklich auf unterschiedliche Arten zu organisieren. Diese Übungen und viele andere sind in jedem Text zu Problemlösungen zu finden. *Benötigen Sie weitere Hilfe? – Siehe Nr. 51 „Fähigkeit, Probleme zu lösen" und Nr. 52 „Prozessmanagement".*

☐ **5. Sind Sie zu rechthaberisch? Trennen Sie Meinungen von Fakten.** Helfen Sie auch anderen dabei. Lesen Sie *Six Thinking Hats* von Edward de Bono, um mehr über diese Technik zu erfahren. Rechthaberische Menschen können selten klar denken und Probleme effektiv lösen.

☐ **6. Haben Sie vorgefasste Meinungen? Halten Sie inne, um die Fakten zu überdenken, bevor Sie vorschnell zu einer Lösung gelangen.** Wir alle haben das Bedürfnis, so schnell wie möglich eine Antwort auf Fragen und

Probleme zu finden. Wir alle haben vorgefasste Meinungen, favorisierte Lösungen und Vorurteile, die uns daran hindern, unsere intellektuellen Stärken effektiv für die tatsächlichen Fakten des Problems einzusetzen. Stellen Sie darum Ihren Lösungsmechanismus für die Hälfte der Zeit, die Sie zur Lösung eines Problems eingeplant haben, ab und halten Sie sich nur an die Fakten.

☐ **7. Möchten Sie wissen, wie die Dinge funktionieren? Systembezogenes Denken.** Abonnieren Sie *The Systems Thinker*®, Pegasus Communications, Inc., Waltham, MA, 1-781-398-9700. Diese Gruppe befasst sich damit, das Wie und Warum eines Systems, das sich hinter bestimmten Funktionen verbirgt, zum Vorschein zu bringen. Sie gibt monatlich eine Veröffentlichung heraus und bietet Workshops, Seminare und andere Materialien an, die Sie darin unterstützen, die Welt als eine Serie sich wiederholender Systeme oder Urformen zu sehen. Die Gruppe analysiert alltägliche Ereignisse und Prozesse und versucht festzustellen, warum sie auf diese Weise funktionieren. Sie befasst sich mit komplexen Problemen und versucht zu verdeutlichen, dass nahezu alle Problemformen innerhalb von sieben klassischen Modellen zu finden sind.

☐ **8. Wollen Sie geistig auf der Höhe bleiben? Trainieren Sie Ihren Verstand.** Fangen Sie zum Beispiel mit Kreuzworträtseln an, die Sie in Ihrer Freizeit lösen. Kaufen Sie auch anderes Material, das Ihr Gedächtnis stimuliert und üben Sie damit. Besorgen Sie sich Literatur zum Thema „Mind-Mapping" oder – noch besser – nehmen Sie an einem Workshop teil. Mind-Mapping ist eine Technik zur Organisation von Konzepten.

☐ **9. Haben Sie ein schlechtes Vorstellungsvermögen? Visualisieren Sie.** Versuchen Sie, Probleme und schwierige Aufgaben in Form von Bildern oder Flussdiagrammen darzustellen. Kaufen Sie sich ein Flowchart-Softwareprogramm, mit dem Sie PERT- und GANTT-Grafiken erstellen können. Werden Sie zu einem Experten in der Anwendung. Nutzen Sie den Output dieses Programms, um anderen die Elemente eines Problems zu veranschaulichen. Verwenden Sie die Flussdiagramme in Ihren Präsentationen, um die Problemlösung zu erklären.

☐ **10. Brauchen Sie ein Rollenmodell? Geistige Vorbilder.** Lesen Sie die Werke von großen Denkern und Philosophen wie zum Beispiel John Stuart Mill, der die grundlegende Logik der Problemlösung in Umrissen darlegte. Lesen Sie auch ihre Biografien oder Autobiografien und achten Sie dabei auf Hinweise, wie diese Menschen ihren Intellekt genutzt haben.

Develop-in-Place-Aufgabenstellungen
- ☐ Führen Sie eine Analyse an einem fehlgeschlagenen Projekt durch und legen Sie die Ergebnisse den Beteiligten dar.
- ☐ Untersuchen Sie überhöhte Kosten und analysieren Sie die Gründe. Legen Sie die Ergebnisse dem/den Beteiligten vor.
- ☐ Unterrichten Sie etwas in einem Kurs, Seminar oder Workshop, das neu für Sie ist.
- ☐ Lehren/coachen Sie jemanden auf einem Gebiet, ohne Experte darin zu sein.
- ☐ Führen Sie eine Analyse der Produkte oder Dienstleistungen Ihres Unternehmens bzw. Ihrer Marktposition durch und legen Sie die Ergebnisse den Beteiligten dar.

When you know a thing, to hold that you know it;
and when you do not know a thing, to allow that you do not know it
— this is knowledge.
Konfuzius (551 - 479 v. Chr.) – Chinesischer Philosoph

Literaturempfehlungen

Cooper, C. (1999). *Intelligence and abilities.* Wexford, Ireland: Creative, Print and Design.

Deary, I. J. (2001). *Intelligence: A very short introduction.* Oxford, UK: Oxford University Press, Inc.

Epstein, S., & Brodsky, A. (1993). *You're smarter than you think: How to develop your practical intelligence for success in living.* New York: Simon & Schuster.

Gardner, H. (1993). *Multiple intelligences: The theory in practice.* New York: Basic Books.

Gardner, H. (2004). *Changing minds: The art and science of changing our own and other people's minds.* Boston: Harvard Business School Press.

Macintosh, N.J. (2000). *IQ and human intelligence.* Oxford, UK: Oxford University Press.

Martin, R. (2007). How successful leaders think. *Harvard Business Review, 85*(6), 60-67.

Martin, R. (2007). *The opposable mind: How successful leaders win through integrative thinking.* Boston: Harvard Business School Press.

Maxwell, J. C. (2003). *Thinking for a change: 11 Ways highly successful people approach life and work.* New York: Warner Books.

Neisser, U., Boodoo, G., Bouchard, T., Boykin, A., Brody, N., & Ceci, S., (et al.). (1996). Intelligence: Knowns and unknowns. *American Psychologist, 51*(2), 77-101.

Roam, D. (2008). *The back of the napkin: Solving problems and selling ideas with pictures.* New York: Portfolio Hardcover.

Sofo, F. (2003). *Six myths of critical thinking: The 7 keys to thinking critically.* Crows Nest, Australia: Allen & Unwin Pty. Limited.

Sternberg, R. J. (2001). *Thinking styles.* Boston: Cambridge University Press.

Sternberg, R. J. (2004). *International handbook of intelligence.* Boston: Cambridge University Press.

Waitley, D. (2006). *Wordmaster: Improve your word power and improve your life!* Audio CD. LearnOutLoud.com.

Wellman, A. M. (2002). *The five faces of genius: Creative thinking styles to succeed at work.* New York: Penguin Books.

FAKTOR VI: PERSÖNLICHE UND SOZIALE KOMPETENZEN
CLUSTER N: BEZIEHUNGSFÄHIGKEITEN

31 Zwischenmenschliches Geschick

*The greatest compliment that was ever paid me
was when one asked me what I thought, and attended to my answer.*
Henry David Thoreau – US-amerikanischer Schriftsteller, Dichter und Philosoph

Schlecht ausgeprägt
- ☐ Zeigt im Umgang mit verschiedenen Menschen wenig Geschick
- ☐ Hat beim Aufbau von Beziehungen Schwierigkeiten – aufgrund mangelnder Zugänglichkeit oder weil er/sie nicht zuhören kann
- ☐ Nimmt sich zu wenig Zeit, um Beziehungen weiter zu entwickeln
- ☐ Ist gelegentlich zu hart und direkt
- ☐ Ist zu stark auf die Arbeit orientiert oder angespannt
- ☐ Drängt auf die Einhaltung von Zeitvorgaben, ist anderen gegenüber wertend oder arrogant
- ☐ Versteht andere nicht
- ☐ Reagiert panisch oder blockiert bei Konflikten, Angriffen oder Kritik
- ☐ Ist zurückhaltend oder zeigt wenig Selbstvertrauen im Umgang mit anderen

Wählen Sie eine bis drei der folgenden Kompetenzen als Ersatz für diese Kompetenz, wenn Sie nicht direkt an ihr arbeiten möchten.
ERSATZKOMPETENZEN: 1,3,7,10,12,15,21,27,33,37,39,41,42,49,60

Gut ausgeprägt
- ☐ Ist geschickt im Umgang mit anderen, ob höher-, niedriger- oder gleichgestellt, ob innerhalb oder außerhalb der Organisation
- ☐ Entwickelt ein gutes Verhältnis mit den Mitarbeitern
- ☐ Baut konstruktive und effektive Beziehungen auf
- ☐ Geht taktvoll und diplomatisch vor
- ☐ Kann auch angespannte Situationen leicht entschärfen

Übertriebene Fähigkeit
- ☐ Windet sich mit seiner/ihrer aalglatten Art aus schwierigen Situationen heraus
- ☐ Wendet zu viel Zeit für den Aufbau und die Pflege von Beziehungen auf
- ☐ Wird von manchen nicht ernst genommen
- ☐ Kann nicht glaubwürdig und zupackend führen, wenn es notwendig ist
- ☐ Hat angesichts ernster Probleme Schwierigkeiten und ist blockiert

Wählen Sie nachstehend eine bis drei Kompetenzen als Arbeitsgegenstand aus, um einen übertriebenen Einsatz dieser Fähigkeit zu kompensieren.
AUSGLEICHSKOMPETENZEN: 1,5,9,12,13,20,24,34,36,50,51,52,57,62,65

Mögliche Ursachen
- ☐ Arrogant, ungeduldig, unsensibel
- ☐ Ungeschickter Umgang mit Unstimmigkeiten und Angriffen
- ☐ Geht bei Kritik in die Defensive
- ☐ Weiß nicht, wie er/sie sich in verschiedenen zwischenmenschlichen Situationen verhalten soll
- ☐ Vorschnelles Urteil, unflexibel
- ☐ Engstirnig
- ☐ Hat kein Selbstvertrauen
- ☐ Schlechter Zuhörer
- ☐ Schlechtes Zeitmanagement; immer zu viel zu tun
- ☐ Schüchtern; Angst vor dem Umgang mit Fremden; Mangel an Selbstvertrauen
- ☐ Zu angespannt; kann sich nicht entspannen

Leadership Architect® Faktoren und Cluster
Diese Kompetenz ist in Faktor VI „Persönliche und soziale Kompetenzen" zu finden. Diese Kompetenz ist in Cluster N „Beziehungsfähigkeiten" zusammen mit der Kompetenz 3 enthalten. Sie können auch bei anderen Kompetenzen in demselben Faktor/Cluster nach passenden Tipps suchen.

Der Plan
Um mit möglichst vielen Menschen auszukommen, ist es unvermeidlich, die eigenen persönlichen Reaktionen zurückzustellen oder zu entschärfen und sich zuerst auf die des anderen zu konzentrieren. Geschickt zu sein bedeutet, sich von außen nach innen vorzuarbeiten. Zwischenmenschliches Geschick heißt, über eine Reihe von Fähigkeiten und Methoden zu verfügen und zu wissen, welche man wann und für wen einsetzt. Das Ergebnis ist ein weitaus weniger anstrengender Umgang miteinander: Sie bekommen was Sie brauchen, ohne andere Parteien unnötig zu schädigen. Der anderen Partei bleiben Sie in guter Erinnerung, so dass sie erneut mit Ihnen zusammenarbeiten möchte.

Tipps
☐ **1. Sie können sich auf den Stil anderer Menschen nicht einstellen? Seien Sie im Zwischenmenschlichen flexibel.** Vom ethischen Standpunkt einmal abgesehen (jeder ist vor dem Schöpfer gleich): jeder Mensch ist anders. Menschen haben eine Vielzahl unterschiedlicher Merkmale. Die körperlichen sind einfach auszumachen. Größe. Gewicht. Bewegungsstil. Auch manche Charakterzüge sind relativ einfach festzustellen. Gescheit; nicht gescheit. Redegewandt; nicht redegewandt. Warmherzig; kalt. Gelassen; emotional. Guter Redner; kann nicht präsentieren. Andere menschliche

Charakteristiken sind schwerer herauszufinden. Motiviert; nicht so motiviert. Hohe Werte; nicht so hohe Werte. Integrität? Entscheidungsfreudig? Fair? Um die Unterschiede erkennen zu können, betrachten Sie zuerst das Offensichtliche. Was gehen sie zuerst an? Was heben sie in ihren Gesprächen besonders hervor? Menschen konzentrieren sich auf unterschiedliche Dinge – Handlungsorientierung, Details, Konzepte, Gefühle, andere Menschen. Welchen Stil bevorzugen sie bei Interaktionen? Jeder Mensch hat einen anderen Stil – aufdringlich, hart, weich, sachbezogen und so weiter. Um ihn herauszufinden, hören Sie genau zu, welche Werte hinter den Worten stehen und registrieren Sie für sich, wo die Leidenschaften und Emotionen liegen. Zur erfolgreichen Umsetzung der Wertvorstellungen im beruflichen Leben benötigt man die Fähigkeit, Unterschiede in den Menschen zu erkennen, sie zu akzeptieren und zum Nutzen aller einzusetzen. Kompetenz im zwischenmenschlichen Bereich bedeutet, auf jeden Einzelnen so einzugehen wie er/sie es erfordert, um die gestellte Aufgabe zu erledigen. Im Prinzip reagieren die Menschen positiv auf einen unkomplizierten Umgang miteinander. Machen Sie es sich und den anderen leicht, akzeptieren Sie ihre normale Arbeitsweise, wehren Sie sich nicht gegen ihren Stil. Verteidigen Sie auch Ihren eigenen Stil nicht und lassen Sie Performance nicht durch Stil beeinträchtigen. Dann läuft normalerweise alles gut. *Benötigen Sie weitere Hilfe? – Siehe Nr. 56 „Fähigkeit andere einzuschätzen".*

☐ **2. Hindert Ihr Stil den guten Umgang miteinander? Passen Sie Ihre Herangehensweise an die Bedürfnisse anderer an.** Sind Sie arrogant? Unsensibel? Distanziert? Zu beschäftigt, um aufmerksam zu beobachten? Gehen Sie zu schnell zur Tagesordnung über? Werten Sie andere ab und verwerfen ihre Beiträge, so dass sich diese Menschen erniedrigt, zurückgewiesen und verärgert fühlen? Sind Sie bereits zu einem frühen Zeitpunkt in der Diskussion schnell dabei, Ihre Antworten, Lösungen, Schlussfolgerungen, Aussagen oder Auflagen anzubieten? Das alles sind Methoden, die auf eine ungeschickte, schlecht ausgeprägte Kompetenz schließen lassen. Sie hören nicht zu. Sie geben sofort ihren Kommentar ab. Scharfe Reaktionen. Wollen Sie nicht so sein? Beobachten Sie Ihr Publikum. Wissen Sie, wie jemand aussieht, der sich in Ihrer Gegenwart unwohl fühlt? Weichen sie vor Ihnen zurück? Fangen sie an zu stottern? Machen sie sich klein? Stehen sie vor der Tür und hoffen, dass sie nicht hereingebeten werden? Sie sollten wirklich äußerst hart daran arbeiten, andere genau zu beobachten. Passen Sie die Art und Weise, wie Sie sich einem Menschen nähern wollen, der entsprechenden Situation an. Die beste Annäherungsmethode wird immer von der Person oder Gruppe bestimmt und nie von Ihnen. Verhalten Sie sich bei jeder Annäherung so als wäre Ihr Gegenüber ein Kunde, den Sie schon immer gewinnen wollten. Wie würden Sie das geschickt anstellen? *Benötigen Sie weitere Hilfe? – Siehe Nr. 45 „Persönliches Lernen" und Nr. 112 „Unsensibilität gegenüber anderen".*

☐ **3. Haben Sie es eilig, direkt zum Thema zu kommen? Kümmern Sie sich um die ersten drei Minuten.** Die Atmosphäre in den ersten drei Minuten ist äußerst wichtig. Der Ton wird festgelegt. Erste Eindrücke entstehen. Bemühen Sie sich, offen und zugänglich zu sein und schon zu Beginn der Verhandlung Informationen zu bekommen. Setzen Sie sich zum Ziel, dass andere sich in Ihrer Gegenwart so entspannt fühlen, dass sie ihre Informationen gern weitergeben. Es bedeutet, Beziehungen aufzubauen, zuzuhören, sich gegenseitig auszutauschen, Verständnis zu haben und trösten zu können. Zugänglichen Menschen wird mehr anvertraut. Sie bekommen Informationen früher und können andere dazu bewegen, sich mehr einzusetzen. Je besser Sie andere dazu bringen können, schon früh in der Verhandlung zu sprechen, desto mehr werden Sie über ihre Ansichten erfahren und um so besser können Sie Ihren Aktionsplan anpassen. *Benötigen Sie weitere Hilfe? – Siehe Nr. 3 „Zugänglichkeit".*

☐ **4. Urteilen Sie vorschnell? Seien Sie ein besserer Zuhörer.** Menschen mit sozialer Kompetenz können das sehr gut. Sie hören zu, um zu verstehen und Informationen zu erhalten, um auf dieser Basis ihre Antworten zu formulieren. Sie hören zu, ohne zu unterbrechen. Sie fragen nach. Sie bilden sich nicht sofort ein Urteil. Ein Urteil kommt später. Sie wiederholen in ihren eigenen Worten, was die andere Person gesagt hat, um ihr Verständnis zu signalisieren. Sie nicken. Sie machen sich vielleicht Notizen. Gute Zuhörer bekommen mehr Daten. *Benötigen Sie weitere Hilfe? – Siehe Nr. 33 „Zuhören können".*

☐ **5. Sind Sie zu verschlossen? Geben Sie mehr von sich preis.** Menschen mit sozialer Kompetenz verteilen ihre Informationen und erhalten deshalb auch mehr zurück. Vertrauen Sie sich einer anderen Person über ein geschäftliches Thema an und bitten Sie um eine Antwort. Geben Sie Informationen weiter, die anderen bei ihrer Arbeit oder bei der Erweiterung ihres Horizontes helfen können. Verraten Sie mehr über sich. Erzählen Sie Dinge, die Ihre Kollegen zwar nicht zur Erledigung ihrer Arbeit wissen müssen, die aber für sie von Interesse sind und ihnen das Gefühl vermitteln, dass sie geschätzt werden. *Benötigen Sie weitere Hilfe? – Siehe Nr. 44 „Offenheit".* Zeigen Sie Ihre persönliche Seite. Merken Sie sich wichtige Einzelheiten über die Menschen, die um Sie herum, für Sie und mit Ihnen arbeiten. Merken Sie sich drei Einzelheiten über jeden – seine Interessen, seine Kinder oder etwas Privates, über das Sie sich mit ihm zusätzlich zu Geschäftlichem austauschen können. Finden Sie bei jedem Kollegen, der mit ihnen arbeitet, ein Gesprächsthema, das über die geschäftlichen Belange hinausgeht. Das müssen nicht unbedingt gesellschaftliche oder soziale Themen sein; sondern es kann sich auch um Strategie, weltweite Ereignisse oder Marktveränderungen handeln. Es geht darum, eine gemeinsame Basis zu finden und Verbindungen zu schaffen.

☐ 6. **Lassen Sie ehrliches Interesse erkennen? Achten Sie auf Ihre Gestik und Mimik.** Menschen mit zwischenmenschlichem Geschick verstehen die kritische Rolle der nicht-verbalen Kommunikation: ein offenes Erscheinungsbild und eine offene Sprache; entspannt sein, lächeln und Ruhe ausstrahlen. Sie achten auf regelmäßigen Augenkontakt. Sie nicken, während der andere spricht. Sie sprechen zügig und angenehm. Gewöhnen Sie sich unvorteilhafte Angewohnheiten ab, wie zum Beispiel ein zu schnelles und betontes Sprechen, die Verwendung von Kraftausdrücken oder überladener Sprache, oder zu sehr ins Detail zu gehen. Achten Sie auf Signale, die als Desinteresse gedeutet werden, wie zum Beispiel auf Ihre Uhr zu schauen, Papiere herumzuschieben oder Ungeduld mit einem Blick zu zeigen, der ausdrückt „Ich bin sehr beschäftigt".

☐ 7. **Selektive soziale Kompetenz? Passen Sie sich Unterschieden an.** Es gibt Menschen, die in der einen Situation zwischenmenschliches Geschick haben und in der anderen wiederum nicht. Sie haben gute soziale Kompetenzen gegenüber Mitarbeitern und Kollegen, agieren aber angespannt gegenüber dem höheren Management. Was haben die Menschen, in deren Nähe Sie sich wohl fühlen, gemeinsam? Und die, mit denen Sie nicht gut zurechtkommen? Ist es Hierarchie? Stil? Geschlecht? Rasse? Hintergrund? Die Prinzipien hinter einer sozialen Kompetenz sind natürlich immer die gleichen, unabhängig vom Zielpublikum. Wenn Sie mit Personen zu tun haben, bei denen Sie sich nicht wohl fühlen, sollten Sie sich genauso verhalten wie bei Personen, bei denen Sie sich wohl fühlen. Die Ergebnisse sind im Allgemeinen die gleichen.

☐ 8. **Sind Sie schüchtern? Machen Sie den ersten Schritt.** Mangel an Selbstvertrauen? Halten Sie sich allgemein zurück und lassen Sie andere die Führung übernehmen? Haben Sie das Gefühl, dass Sie zu verletzlich sind? Haben Sie Angst vor der Reaktion anderer Menschen? Sind Sie sich im Hinblick auf Ihre gesellschaftlichen Umgangsformen nicht sicher? Wollen Sie verhindern, dass man Ihre Schüchternheit erkennt – obwohl Sie innerlich zittern? Strecken Sie zuerst die Hand aus. Halten Sie Augenkontakt. Stellen Sie die erste Frage. Um das mit wenig Risiko zu üben, sprechen Sie mit fremden Leuten außerhalb Ihrer Arbeitsumgebung. Setzen Sie sich ein Ziel: Lernen Sie auf jeder Party zehn neue Leute kennen; finden Sie heraus, was Sie mit ihnen gemeinsam haben. Knüpfen Sie Kontakte in Ihrer Kirchengemeinde, bei Elternabenden, mit Nachbarn, im Supermarkt, im Flugzeug, im Bus. Probieren Sie aus, ob die schlimmen

Dinge, die Sie sich vorstellen, tatsächlich eintreffen, wenn Sie zuerst auf die Menschen zugehen. Ihre Umgebung wird Ihre Schüchternheit und Nervosität nur an Ihren Handlungen erkennen. Beobachten Sie, was extrovertierte Menschen tun und Sie nicht. Üben Sie diese Verhaltensweisen.

☐ **9. Haben Sie Probleme mit schwierigen Menschen? Gehen Sie mit Menschen, die Sie nicht mögen, geschickt um.** Was sehen andere, die diese Menschen mögen oder zumindest mit ihnen zurechtkommen, in ihnen? Wo liegen ihre Stärken? Haben Sie gemeinsame Interessen? Lassen Sie sich auf keinen Fall anmerken, was Sie über sie denken. Behalten Sie Ihre Meinung für sich, nicken Sie, stellen Sie Fragen, fassen Sie zusammen – genau wie auch bei anderen Menschen. Die sprichwörtliche Fliege an der Wand darf nicht feststellen können, ob Sie mit Freund oder Feind reden. Sie können jederzeit weniger reden und mehr Fragen stellen; Sie müssen sich weder entschuldigen noch kritisieren. Sogar wenn die anderen angriffslustig sind, dann sollten Sie neutral antworten, indem Sie das Problem, an dem Sie gerade arbeiten, nochmals erklären.

☐ **10. Sind Sie zur Zielscheibe geworden? Kehren Sie angespannte Transaktionen in ihr Gegenteil um.** Was ist, wenn Sie angegriffen werden? Wenn Gehässigkeiten auftreten? Wenn jemand Sie nicht gut leiden kann? Wenn alle verärgert oder gekränkt sind? Üben Sie das zwischenmenschliche Aikido, die fernöstliche Kunst, die Energie Ihres Gegenübers zu absorbieren und sie dann dazu zu nutzen, um ihn/sie zu führen. Lassen Sie andere ihre Frustration und ihren Ärger loswerden, reagieren Sie jedoch nicht direkt. Vergessen Sie nicht: Die Person, die Kontra gibt, bekommt in der Regel den meisten Ärger. Hören Sie zu. Nicken Sie. Fragen Sie nach. Stellen Sie offene Fragen, wie zum Beispiel: „Warum ist das für Sie besonders ärgerlich?" „Wie kann ich helfen?" „Sie denken also, ich sollte ..." Wiederholen Sie seine/ihre Ansicht von Zeit zu Zeit mit Ihren eigenen Worten, um zu signalisieren, dass Sie verstanden haben. Aber reagieren Sie nicht. Beurteilen Sie das Gehörte nicht. Lassen Sie ihn/sie reden, bis er/sie nichts mehr zu sagen hat. Wenn Ihr Gegner eine unflexible Position einnimmt, dann lehnen Sie diese nicht ab. Fragen Sie nach dem Warum – auf welcher Basis beruht diese Haltung, welche Theorie steht dahinter, welche Ursachen gibt es? Bleiben Sie auf der sachlichen Ebene. Übertragen Sie, falls jemand Sie angreift, diesen Angriff auf das Problem. Bleiben Sie gelassen, auch wenn die Gegenseite die Fassung verliert. Auf unvernünftige Vorschläge, Angriffe oder keine Antwort auf eine Frage können Sie einfach mit Schweigen reagieren. Normalerweise reagieren Ihre Gegner dann so, dass sie dann mehr dazu sagen oder von ihrer Position etwas abweichen oder aber zumindest ihre wahren Interessen offenbaren. Der eigentliche

Konflikt wird oft dadurch verringert, dass andere öfter ihren Ärger uneingeschränkt ausdrücken können und Sie dafür Verständnis zeigen. *Benötigen Sie weitere Hilfe? – Siehe Nr. 12 „Konfliktmanagement".*

Develop-in-Place-Aufgabenstellungen

☐ Managen Sie einen unzufriedenen internen oder externen Kunden; versuchen Sie, ein Leistungs- oder Qualitätsproblem mit einem Produkt oder einer Dienstleistung zu lösen.

☐ Managen Sie ein Projektteam, dessen Mitglieder älter und erfahrener sind als Sie selbst.

☐ Lösen Sie eine Konfliktsituation zwischen zwei Personen, Geschäftseinheiten, geografischen Standorten, Funktionen usw.

☐ Managen Sie eine Gruppe, zu der auch ehemalige Kollegen gehören, um eine Aufgabe zu erledigen.

☐ Integrieren Sie verschiedene Systeme, Prozesse oder Verfahren über mehrere Abteilungen und/oder geografisch verteilte Geschäftsbereiche hinweg.

The most important single ingredient in the formula of success is knowing how to get along with people.
Theodore Roosevelt – 26. Präsident der USA

Literaturempfehlungen

Adler, R. B., & Elmhorst, J. M. (2005). *Communicating at work: Principles and practices for business and the professions* (8th ed.). New York: McGraw-Hill.

Baker, W. E. (2000). *Networking smart.* New York: Backinprint.com.

Bradberry, T., & Greaves, J. (2005). *The emotional intelligence quick book: Everything you need to know to put your EQ to work.* New York: Fireside.

Goleman, D., McKee, A., & Boyatzis, R. E. (2002). *Primal leadership: Realizing the power of emotional intelligence.* Boston: Harvard Business School Press.

Gudykunst, W. B., & Kim, Y. Y. (2002). *Communicating with strangers: An approach to intercultural communication.* New York: McGraw-Hill.

Gundry, L., & LaMantia, L. (2001). *Breakthrough teams for breakneck times: Unlocking the genius of creative collaboration.* Chicago: Dearborn Trade.

Hargrove, R. (1999). *Mastering the art of creative collaboration.* New York: McGraw-Hill.

Klaus, P. (2007). *The hard truth about soft skills: Workplace lessons smart people wish they'd learned sooner.* New York: HarperCollins.

Mai, R., & Akerson, A. (2003). *The leader as communicator: Strategies and tactics to build loyalty, focus effort, and spark creativity.* New York: AMACOM.

Maxwell, J. C. (2004). *Relationships 101.* London: Thomas Nelson.

Silberman, M. L. (with Hansburg, F.). (2005). *PeopleSmart: Developing your interpersonal intelligence.* Hoboken, NJ: John Wiley & Sons.

Thomas, D. C., & Inkson, K. (2004). *Cultural intelligence: People skills for global business.* San Francisco: Berrett-Koehler.

Vengel, A. A. (2000). *The influence edge: How to persuade others to help you achieve your goals.* San Francisco: Berrett-Koehler Publishers.

FAKTOR I: STRATEGISCHE FÄHIGKEITEN
CLUSTER B: TREFFEN KOMPLEXER ENTSCHEIDUNGEN

32 Schnelle Auffassungsgabe

It is not necessary to change. Survival is not mandatory.
W. Edwards Deming – US-amerikanischer Professor, Autor und Berater

Schlecht ausgeprägt
- ☐ Ist beim Lernen aus neuen oder ungewöhnlichen Situationen nicht agil oder vielseitig
- ☐ Analysiert Probleme nicht gründlich auf Anhaltspunkte und Parallelen
- ☐ Schreckt davor zurück, die Möglichkeiten im Umgang mit Unbekanntem zu nutzen
- ☐ Lernt Neues nur langsam
- ☐ Hält an traditionellen und erprobten Methoden fest; fühlt sich nicht wohl im Umgang mit Mehrdeutigkeit und wählt vorschnell Lösungen
- ☐ Geht Dingen nicht auf den Grund, sondern beschränkt sich auf das Offensichtliche
- ☐ Gibt sich zu schnell mit der erstbesten Lösung zufrieden
- ☐ Gibt zu schnell auf und akzeptiert marginale Lösungen
- ☐ Bleibt an der Oberfläche, geht nicht tiefer

Wählen Sie eine bis drei der folgenden Kompetenzen als Ersatz für diese Kompetenz, wenn Sie nicht direkt an ihr arbeiten möchten.
ERSATZKOMPETENZEN: 1, 2, 5, 14, 16, 17, 24, 28, 30, 33, 43, 45, 46, 50, 51, 61

Gut ausgeprägt
- ☐ Lernt schnell angesichts neuartiger Probleme
- ☐ Ist unbeirrbar und vielseitig in seinem Lernen
- ☐ Ist offen für Veränderungen
- ☐ Analysiert Erfolge und Misserfolge auf Hinweise für Verbesserungen
- ☐ Ist experimentierfreudig und versucht alles Mögliche, um zu Lösungen zu kommen
- ☐ Genießt die Herausforderung ungewohnter Aufgaben
- ☐ Erfasst auf Anhieb das Wesentliche und die grundlegenden Strukturen

Übertriebene Fähigkeit
- ☐ Lässt andere zurück
- ☐ Frustriert andere durch sein/ihr Bedürfnis nach Veränderungen
- ☐ Tendiert dazu, Dinge zu oft zu ändern
- ☐ Seine/ihre Offenheit kann als Unentschlossenheit oder bloßes Geschwätz interpretiert werden

- ☐ Sucht nach Veränderungen um ihrer selbst willen, ohne dabei Rücksicht auf die tatsächliche Situation zu nehmen
- ☐ Zeigt Schwächen bei Routineaufgaben oder nur wenig herausfordernden Tätigkeiten

Wählen Sie nachstehend eine bis drei Kompetenzen als Arbeitsgegenstand aus, um einen übertriebenen Einsatz dieser Fähigkeit zu kompensieren.
AUSGLEICHSKOMPETENZEN: 27,33,39,41,43,47,52,59

Mögliche Ursachen

- ☐ Keine Analyse von Erfolg und Misserfolg
- ☐ Problemlösungen auf der Basis von bewährten Methoden
- ☐ Geht keine Risiken ein
- ☐ Hat kein Selbstvertrauen
- ☐ Perfektionist
- ☐ Vergangenheitsbezogen
- ☐ Zu eingeschränkt in der Suche nach Parallelen

Leadership Architect® Faktoren und Cluster

Diese Kompetenz ist in Faktor I „Strategische Fähigkeiten" zu finden. Diese Kompetenz ist in Cluster B „Treffen komplexer Entscheidungen" zusammen mit den Kompetenzen 17, 30, 51 enthalten. Sie können auch bei anderen Kompetenzen in demselben Faktor/Cluster nach passenden Tipps suchen.

Der Plan

Die meisten unter uns können die Erfahrungen und Tätigkeiten aus unserer Vergangenheit erfolgreich auf die heutige Zeit übertragen. Wir können Lösungen, die früher hilfreich waren, wieder anwenden. Wir können die Probleme gut lösen, die uns schon einmal beschäftigt haben. Weniger verbreitet ist die Kompetenz, eine Sache zum ersten Mal anzugehen, Probleme zu lösen, denen wir zuvor noch nie begegnet sind, bisher unversuchte Lösungen auszuprobieren, und Probleme in neuen Zusammenhängen und auf neue Art zu analysieren. Angesichts der heute immer schneller eintretenden Veränderungen werden schnelles Lernen und die erstmalige Anwendung neuer Lösungen zu ganz wesentlichen Voraussetzungen. Es geht darum, Risiken einzugehen, nicht nach Perfektion zu streben, die Vergangenheit über Bord zu werfen, gegen das Etablierte anzugehen und neue Wege zu beschreiten.

Tipps

- ☐ **1. Können Sie sich auf die Probleme keinen rechten Reim machen? Ergründen Sie die wahren Ursachen.** Fragen Sie immer wieder nach dem Warum, finden Sie heraus, wie viele Ursachen Ihnen einfallen und in wie viele Schubladen Sie diese einsortieren können. So erhöht sich die

Chance auf eine bessere Lösung, denn auf diese Weise können Sie die Zusammenhänge besser erkennen. Ein Schachgroßmeister erkennt Tausende von möglichen Mustern in Schachzügen wieder. Suchen Sie nach Datenmustern und sammeln Sie nicht einfach nur Informationen. Ordnen Sie sie in für Sie sinnvolle Kategorien ein. Lesen Sie *The Future of Leadership* von White, Hodgson und Crainer, um neue und schwierige Lernanforderungen besser zu verstehen.

☐ **2. Wo anfangen? Lokalisieren Sie den Kern des Problems.** Was sind seine Hauptfaktoren und wichtigsten Elemente? Experten lösen Probleme normalerweise, indem sie die dem Problem zugrunde liegenden Prinzipien herausfinden und sich dann von dort aus vorantasten. Die weniger Erfahrenen konzentrieren sich nur auf erwünschte Ergebnisse oder Lösungen und arbeiten entweder rückwärts oder beachten nur das Offensichtliche. Was ist das grundlegende Prinzip in Ihrem Problem? Haben Sie das erkannt, suchen Sie nach Parallelen aus der Vergangenheit – Ihrer eigenen, der des Unternehmens und aus der Geschichte. Ein häufiger Fehler besteht darin, nur in gleichartigen Organisationen zu suchen, da ja „nur sie es wissen können". Treten Sie einen Schritt zurück und stellen Sie umfassendere Fragen, die Ihnen bei der Suche nach Lösungen helfen. Als Motorola herausfinden wollte, wie Aufträge schneller bearbeitet werden können, gingen sie nicht zu anderen Elektronikunternehmen, sondern zu Domino's Pizza und Federal Express.

☐ **3. Wie genau soll man generalisieren? Suchen Sie nach wiederkehrenden Mustern.** Suchen Sie nach Mustern bei Erfolgen und Misserfolgen: in Ihrem persönlichen Leben, in Organisationen oder weltweit. Was hatten alle Erfolge gemeinsam, was war bei jedem Misserfolg vorhanden, jedoch nie bei einem Erfolg? Konzentrieren Sie sich auf die Erfolge; Misserfolge sind zwar leichter zu analysieren, geben aber keinen direkten Hinweis darauf, was funktionieren würde. Das Vergleichen der Erfolge, obwohl nicht sehr spannend, liefert mehr Informationen über die zugrunde liegenden Prinzipien. Es läuft darauf hinaus, dass Sie Ihre Erfahrungen auf die Prinzipien oder Regeln reduzieren müssen, die Ihrer Ansicht nach wiederholbar sind. Wenn Sie dem nächsten neuen Problem gegenüberstehen, sind diese allgemeinen zugrunde liegenden Prinzipien wieder anwendbar.

☐ **4. Möchten Sie Ihren Lernprozess beschleunigen? Probieren Sie verschiedene Lösungen aus und lernen Sie aus den Ergebnisse.** Erwarten Sie nicht, auf Anhieb alles gleich richtig zu machen. Eine solche Vorgehensweise führt eher zu sicheren und veralteten Lösungen. Zahlreiche Studien verdeutlichen, dass wir die dem Problem zugrunde liegende Dynamik wirklich erst im zweiten oder dritten Versuch verstehen. Um Ihre

Lernerfolge zu optimieren, verkürzen Sie den Zeitraum, in dem Sie handeln und organisieren kurzfristig aktualisierte Feedbackschleifen. Je häufiger die Feedbackzyklen, desto größer sind Ihre Lernchancen. Wenn wir drei Tage täglich eine kleinere Aufgabe erledigen, anstatt einer großen, die über drei Tage verteilt ist, verdreifachen wir unsere Lernmöglichkeiten. Lassen Sie sich auf Experimente ein.

☐ **5. Benötigen Sie Hilfe? Fragen Sie die Experten.** Finden Sie einen oder mehrere Experten in Ihrem fachlichen und technischen Bereich oder Ihrem Geschäftsfeld. Wie denken sie, wie lösen sie ein bisher nicht aufgetretenes Problem. Fragen Sie, nach welchen kritischen Prinzipien/Antriebskräften/Faktoren sie suchen. Wie denken sie, wie lösen sie ein bisher nicht aufgetretenes Problem? Fragen Sie, was die wichtigsten Kompetenzen sind, nach denen sie suchen, wenn sie die Mitarbeiter aus diesem Bereich evaluieren; was die Kernfragen sind, die sie zu einem Problem stellen; und welche Methode sie Ihnen vorschlagen würden, um auf diesem Gebiet schnell zu lernen.

☐ **6. Sie müssen einen neuen Ansatz finden? Kehren Sie Ihre Herangehensweise um.** Menschen, die bei einem Problem an das Gegenteil denken, sind in der Regel erfolgreicher. Drehen Sie das Problem um. Fragen Sie sich nach der wahrscheinlich geringsten Ursache; worin das Problem nicht liegt, was fehlt, oder was das Spiegelbild des Problems ist.

☐ **7. Möchten Sie von anderen lernen? Stellen Sie ein Team zusammen.** Gruppen mit einem äußerst unterschiedlichen und vielfältigen Hintergrund finden die innovativsten Problemlösungen. Suchen Sie sich andere Menschen mit diesen Hintergründen zur Problemanalyse und zur Klärung Ihrer eigenen Gedankengänge. Stellen Sie während der Zusammenarbeit so viele Fragen zum Thema, wie Sie nur können. Arrangieren Sie einen Wettbewerb mit einer anderen Gruppe oder einem Einzelnen mit der Bitte, genau am gleichen Problem zu arbeiten wie Sie. Setzen Sie einen bestimmten Zeitraum an, führen Sie danach eine Fallanalyse durch, in der Sie die besten Praktiken und Prozesse definieren. Suchen Sie sich eine Gruppe oder einen Einzelnen, der ganz ähnlichen Problemen gegenübersteht und führen Sie einen Dialog zu bestimmten Themen.

☐ **8. Erkennen Sie die Parallelen nicht? Verwenden Sie ungewöhnliche Taktiken.** Worin besteht eine direkte Analogie zwischen Ihrer momentanen Aufgabe und einem natürlichen Ereignis? Fragen Sie sich, welche Parallelen zu Ihrem Problem auch in der Natur vorkommen. Als starke Wellen und Gezeitenbewegungen das Delta Works-Dammprojekt in den Niederlanden fast scheitern ließen, nutzten die Niederländer die Gewalt der Nordsee, um die Pfosten in den Boden zu treiben und konnten so die Bedrohung der südlichen Niederlande durch verheerende Überschwemmungen bannen.

Üben Sie sich darin, Anomalien – ungewöhnliche Fakten, die nicht ganz in den Zusammenhang passen –, zu erkennen. Zum Beispiel: Der Umsatz geht zurück, wenn er eigentlich steigen sollte. Welche Strategie sollte man bei dieser ungewöhnlichen Situation anwenden?

☐ **9. Machen Sie Fehler? Machen Sie kurze Experimente und Versuche.** Untersuchungen zeigen, dass achtzig Prozent der Innovationen am falschen Ort und von den falschen Leuten eingeführt werden – Hersteller von Färbemitteln entwickelten Waschpulver; Post-it® Notes entstanden aus einem Fehler in einer Klebstoffformel. Dreißig bis fünfzig Prozent aller technischen Innovationen versagen bei betriebsinternen Tests. Selbst von den Innovationen, die auf den Markt kommen, sind siebzig bis neunzig Prozent erfolglos. Die Erfolgsquote liegt bei nur fünf Prozent, und die erfolgreichsten Innovatoren führen massenweise schnelle, kostengünstige Experimente durch, um ihre Erfolgsaussichten zu erhöhen.

☐ **10. Sind Sie zu sehr auf eine Lösung fixiert? Nehmen Sie sich Zeit, um Fragen zu stellen und das Problem zu definieren.** Wir denken viel zu oft zuerst und nur an Lösungen. Untersuchungen zu Sitzungen über Problemlösungen zeigen, dass das Verhältnis von Lösungen zu Fragen acht zu eins ist. Die meisten Diskussionen zu einem Problem beginnen sofort mit der Auflistung möglicher Lösungen. Die frühen Lösungsvorschläge sind höchstwahrscheinlich nicht die besten. Nehmen Sie sich fünfzig Prozent der Zeit dafür, um Fragen zu stellen und das Problem zu definieren. Reservieren Sie die restlichen fünfzig Prozent für Lösungen. Wenn mehr Fragen gestellt werden, denken Sie über das Problem nochmals nach und entwickeln Sie weitere und unterschiedlichere Lösungen.

Develop-in-Place-Aufgabenstellungen

☐ Unterrichten Sie etwas in einem Kurs, Seminar oder Workshop, das neu für Sie ist.
☐ Arbeiten Sie an einem Projekt, das mit Reisen und dem Studium einer internationalen Angelegenheit, Akquisition oder Kooperation verbunden ist, und berichten Sie anschließend dem Management.
☐ Arbeiten Sie kurzzeitig in anderen Geschäftseinheiten, Funktionen oder geografischen Regionen, die Sie noch nicht kennen.
☐ Setzen Sie Benchmarks für innovative Vorgehensweisen, Prozesse, Produkte oder Dienstleistungen Ihrer Mitbewerber, Zulieferer oder Kunden und legen Sie anderen einen Bericht mit Empfehlungen für Änderungen vor.
☐ Managen Sie ein Projektteam mit Mitgliedern aus mehreren Ländern.

*Only by being open to change will you have a true opportunity
to get the most from your talent.*
Nolan Ryan – US-amerikanischer Baseballspieler (Pitcher)

Literaturempfehlungen

Chesbrough, H. (2006). *Open business models: How to thrive in the new innovation landscape.* Boston: Harvard Business School Press.

Chesbrough, H., Vanhaverbeke, W., & West, J. (Eds.). (2006). *Open innovation: Researching a new paradigm.* New York: Oxford University Press.

DuFour, R., DuFour, R., Eaker, R., & Many, T. (2006). *Learning by doing: A handbook for professional learning communities at work.* Bloomington, IN: Solution Tree.

Eichinger, R. W., & Lombardo, M. M. (2004). Learning agility as a prime indicator of potential. *Human Resource Planning, 27*(4), 12-15.

Hartley, D. (2000). *On-demand learning: Training in the new millennium.* Amherst, MA: HRD Press.

Honold, L. (2001). *Developing employees who love to learn: Tools, strategies, and programs for promoting learning at work.* Palo Alto, CA: Davies-Black Publishing.

Klein, G. A. (2002). *Intuition at work: Why developing your gut instincts will make you better at what you do.* New York: Doubleday.

Linsky, M., & Heifetz, R. A. (2002). *Leadership on the line: Staying alive through the dangers of leading.* Boston: Harvard Business School Press.

Manz, C. C. (2002). *The power of failure: 27 Ways to turn life's setbacks into success.* San Francisco: Berrett-Koehler Publishers.

McCall, M. W., Lombardo, M. M., & Morrison, A. M. (1988). *The lessons of experience.* Lexington, MA: Lexington Books.

Merriam, S. B., Caffarella, R. S., & Baumgartner, L. M. (2006). *Learning in adulthood: A comprehensive guide.* San Francisco: Jossey-Bass.

Mitroff, I. I. (2005). *Why some companies emerge stronger and better from a crisis: 7 Essential lessons for surviving disaster.* New York: AMACOM.

Sutton, R. I. (2007). *Weird ideas that work.* New York: Free Press.

Thomas, R. J. (2008). *Crucibles of leadership: How to learn from experience to become a great leader.* Boston: Harvard Business School Press.

Van der Heijden, K., Bardfield, R., Burt, G., Cairns, G., & Wright, G. (2002). *The sixth sense: Accelerating organisational learning with scenarios.* West Sussex, UK: John Wiley & Sons, Ltd.

Von Oech, R. (2002). *Expect the unexpected or you won't find it: A creativity tool based on the ancient wisdom of Heraclitus.* San Francisco: Berrett-Koehler Publishers.

Waitzkin, J. (2008). *The art of learning: An inner journey to optimal performance.* New York: Free Press.

Wall, S. J. (2004). *On the fly: Executing strategy in a changing world.* New York: John Wiley & Sons.

Wick, C. (1996). *The learning edge.* New York: McGraw-Hill.

Wick, C., Pollock, R., Jefferson, A., & Flanagan, R. (2006). *The six disciplines of breakthrough learning: How to turn training and development into business results.* San Francisco: Pfeiffer.

Yeung, A., Ulrich, D., Nason, S. W., & Von Glinow, M. A. (1999). *Organizational learning capability: Generating and generalizing ideas with impact.* New York: Oxford University Press.

FAKTOR VI: PERSÖNLICHE UND SOZIALE KOMPETENZEN
CLUSTER S: OFFEN UND ZUGÄNGLICH SEIN

33 Zuhören können

> *I remind myself every morning: Nothing I say this day will teach me anything.*
> *So if I'm going to learn, I must do it by listening.*
> Larry King – US-amerikanischer Fernseh- und Radiomoderator

Schlecht ausgeprägt

- ☐ Hört nicht gut zu
- ☐ Schneidet anderen das Wort ab und beendet Sätze selbst, wenn seine/ihre Gesprächspartner stocken
- ☐ Unterbricht, um Erklärungen, Lösungen oder Entscheidungen mitzuteilen
- ☐ Zieht aus der Interaktion mit anderen keinen großen Gewinn
- ☐ Wirkt abwesend oder zu beschäftigt damit, seine/ihre eigene Antwort vorzubereiten
- ☐ Begreift das Wesentliche oft nicht
- ☐ Wirkt arrogant, ungeduldig oder desinteressiert
- ☐ Hört nur bestimmten Gruppen/Menschen zu
- ☐ Gibt die Meinungen anderer ungenau wieder

Wählen Sie eine bis drei der folgenden Kompetenzen als Ersatz für diese Kompetenz, wenn Sie nicht direkt an ihr arbeiten möchten.
ERSATZKOMPETENZEN: 3,7,11,12,18,21,23,31,36,41,44,60

Gut ausgeprägt

- ☐ Hört aufmerksam und aktiv zu
- ☐ Ist geduldig genug, andere ausreden zu lassen
- ☐ Greift die Meinungen anderer auf und kann diese präzise wiedergeben, auch wenn sie nicht seinen/ihren eigenen entsprechen

Übertriebene Fähigkeit

- ☐ Verwendet zu viel Zeit auf das Zuhören
- ☐ Geht Handlungsnotwendigkeiten aus dem Weg
- ☐ Seine/ihre Bereitschaft zuzuhören kann leicht mit Zustimmung verwechselt werden

Wählen Sie nachstehend eine bis drei Kompetenzen als Arbeitsgegenstand aus, um einen übertriebenen Einsatz dieser Fähigkeit zu kompensieren.
AUSGLEICHSKOMPETENZEN: 1,9,12,13,16,17,27,34,37,38,50,57

Mögliche Ursachen
- ☐ Arrogant
- ☐ Defensiv
- ☐ Es ist Ihnen egal
- ☐ Sie haben keine Wertschätzung für andere
- ☐ Ungeduld
- ☐ Unsensibel
- ☐ Selektives Zuhören
- ☐ Zu beschäftigt

Leadership Architect® Faktoren und Cluster
Diese Kompetenz ist in Faktor VI „Persönliche und soziale Kompetenzen" zu finden. Diese Kompetenz ist in Cluster S „Offen und zugänglich sein" zusammen mit den Kompetenzen 11, 26, 41, 44 enthalten. Sie können auch bei anderen Kompetenzen in demselben Faktor/Cluster nach passenden Tipps suchen.

Der Plan
Zuhören heißt verstehen, was andere gesagt und gemeint haben. Diese anderen sind zufrieden und positiv, wenn sie ihre Meinung ausdrücken konnten. Die meisten Menschen kennen die Techniken des guten Zuhörens: andere nicht unterbrechen; zusammenfassen können; auf unterschwellige Bedeutungen achten; die Sichtweisen anderer akzeptieren. Das Problem ist, dass wir nur dann gut zuhören, wenn wir es wollen oder müssen. Die meisten von uns müssen lernen, dann zuzuhören, wenn wir es nicht wollen. Denken Sie daran: Zuhören bedeutet nicht, dass Sie dem Gesagten zustimmen oder sogar Ihren Gesprächspartner an sich akzeptieren müssen. Zuhören heißt nur zuhören – nicht mehr und nicht weniger.

Tipps
- ☐ **1. Müssen Sie analysieren, weshalb Sie ein schlechter Zuhörer sind? Identifizieren Sie die Grundursache:**
    - Erstens: Sie wissen nicht, wie man zuhört. Das ist am unwahrscheinlichsten.
    - Zweitens: Sie wissen, wie man zuhört, aber Sie hören nicht jedem zu. Das ist wahrscheinlicher.
    - Drittens: Sie hören manchen Menschen aufmerksam zu, anderen mit halbem Ohr und einer dritten Gruppe überhaupt nicht. Das ist am wahrscheinlichsten. Um das herauszufinden, fragen Sie sich: Höre ich überhaupt jemandem zu? Meiner Führungskraft? Den Vorstandsmitgliedern? Meiner Mutter? Meinen Kindern? Einem

Geistlichen? Polizisten? Meinem besten Freund? Meinem Mentor? Meinem Lebenspartner? Kollegen außerhalb der Arbeit? Hat sich jemand einmal bedankt, dass ich zugehört habe oder mich als guten Zuhörer gelobt? Wenn Sie eine dieser Fragen bejahen, dann sind Sie ein selektiver Zuhörer. Sie wissen, wie man zuhört – aber sie tun es nicht immer.

- ☐ 2. **Werden Sie als desinteressierter Weghörer wahrgenommen? Konzentrieren Sie sich auf die Grundregeln des Zuhörens.** Erinnern Sie sich als Erstes an die Grundregeln. Ihr Mund ist geschlossen, denn wenn er offen ist, schließen sich Ihre Ohren automatisch. Sie machen Augenkontakt. Sie machen sich Notizen. Sie runzeln die Stirn nicht, werden nicht ungeduldig. Woher wissen Ihre Gesprächspartner, dass Sie verstanden haben? Indem Sie das Gesagte in Ihren eigen Worten zur Zufriedenheit der anderen wiedergeben. Woher wissen Ihre Gesprächspartner, dass Sie verstanden haben? Das müssen Sie ihnen sagen. Hoffentlich sind Sie taktvoll, wenn Sie Teile davon ablehnen. Geben Sie Ihre Gründe an.

- ☐ 3. **Fallen Sie anderen ins Wort? Seien Sie geduldig.** Unterbrechen Sie nicht. Schlagen Sie keine Wörter vor, wenn Ihr Gesprächspartner stockt oder eine Pause macht. Vollenden Sie die Sätze der anderen nicht. Unterbinden Sie zusätzliche Information nicht mit Bemerkungen wie „Oh ja, das weiß ich", „Ja, ich weiß, worauf Sie hinauswollen", „Ja, das habe ich schon einmal gehört". Falls Sie nur begrenzte Zeit zur Verfügung haben, sagen Sie „Darf ich versuchen zusammenzufassen, worauf Sie hinauswollen ..." oder „Können wir vielleicht zusammenfassen, um uns beiden Zeit zu sparen?" Nicht zu vergessen, viele Menschen reagieren entmutigt, wenn in Verhandlungen gleich am Anfang Antworten, Lösungen, Schlussfolgerungen, Aussagen und Vorschriften vorgegeben werden. Sie machen dadurch deutlich, dass Sie sich bereits entschieden haben. Erst zuhören, dann lösen.

- ☐ 4. **Haben Sie Probleme damit, dass Gehörte zu verstehen? Stellen Sie mehr Fragen.** Gute Zuhörer stellen viele Fragen, um gut zu verstehen. Sondierende Fragen. Klärende Fragen. Bestätigende Fragen: „Meinen Sie das?" Stellen Sie anfangs eine Frage mehr als üblich und fügen Sie weitere hinzu, bis Ihre Gesprächspartner ihren Eindruck signalisieren, Sie hören wirklich zu.

- ☐ 5. **Blenden Sie manche Menschen aus? Vermeiden Sie selektives Zuhören.** Wem hören Sie zu? Wem hören Sie nicht zu? Welche Faktoren sind für diesen Unterschied ausschlaggebend? Hierarchie? Alter? Kompetenz? Intelligenz? Menschen wie Sie oder anders als Sie? Geschlecht? Karriereausrichtung (zuhören nach oben, aber nicht nach unten)? Umgebung? Situation? Ihre Bedürfnisse? Verfügbare Zeit? Rasse? Menschen, die ich

KOMPETENZ 33: ZUHÖREN KÖNNEN

brauche oder nicht brauche? Menschen, die etwas anzubieten haben oder die mir nichts geben können? Üben Sie ganz bewusst, den Personen zuzuhören, bei denen Sie es sonst nicht tun. Achten Sie besonders auf den Inhalt und trennen Sie Sachliches von Persönlichem. Versuchen Sie, bei jedem etwas Gutes aufzuspüren.

☐ **6. Benötigen Sie mehr Struktur? Managen Sie den Gesprächsfluss.** Wenn Sie bei manchen Menschen keine Zeit zum Zuhören haben, dann schlüpfen Sie in die Rolle eines Lehrers. Helfen Sie ihnen bei der Optimierung ihres Kommunikationsstils. Unterbrechen Sie und fassen zusammen. Bitten Sie sie, sich das nächste Mal kürzer zu fassen. und mehr/weniger Datenmaterial mitzubringen. Unterstützen Sie sie darin, das Gespräch in Bezug auf Kategorien und Strukturen so zu steuern, dass ein endloses Reden vermieden wird. Gute Zuhörer signalisieren den „langatmig Redenden" nicht, dass sie nicht zuhören oder desinteressiert sind. Zeigen Sie nie, in welche Kategorie Sie jemanden eingestuft haben. Bleiben Sie neutral, nicken Sie, fragen Sie, seien Sie hilfsbereit.

☐ **7. Haben Sie es mit unangenehmen Informationen zu tun? Hören Sie weiterhin zu, auch wenn das Gesagte negativ wird.** Was geschieht, wenn Sie kritisiert oder persönlich angegriffen werden? Was passiert, wenn die andere Person Unrecht hat? Die Regeln bleiben die Gleichen. Sie müssen daran arbeiten, ruhig zu bleiben, wenn Sie ein negatives Feedback erhalten. Schalten Sie um. Wenn Sie Feedback erhalten, ist es Ihre einzige Aufgabe, ganz genau zu verstehen, was die Person Ihnen mitteilen will. Zu diesem Zeitpunkt müssen Sie noch nichts ablehnen oder akzeptieren. Das kommt später. Üben Sie das verbale Aikido, die fernöstliche Kunst, die Energie Ihres Gegenübers zu absorbieren und sie dann dazu zu nutzen, ihn zu führen. Lassen Sie die andere Seite Luft ablassen, reagieren Sie jedoch nicht direkt. Hören Sie zu und nicken Sie. Fragen Sie nach, aber schlagen Sie nicht verbal zurück. Beurteilen Sie das Gehörte nicht. Lassen Sie ihn/sie reden, bis er/sie nichts mehr zu sagen hat. Trennen Sie die Person vom Feedback. *Benötigen Sie weitere Hilfe? – In Tipp 4, Nr. 108 „Abwehrhaltung"* finden Sie Informationen, wie man auf negative, unbegründete Angriffe reagieren kann. *Benötigen Sie weitere Hilfe? – Siehe Nr. 12 „Konfliktmanagement".*

☐ **8. Senden Sie die falschen Signale aus? Achten Sie auf Ihre Gestik und Mimik.** Die meisten Menschen, die tatsächlich nicht zuhören, signalisieren das anderen. durch die eine oder andere Geste, wie zum Beispiel durch Stirnrunzeln, ein ausdrucksloses Starren, Körperbewegungen, das Pochen mit den Fingern oder einem Stift, Unterbrechungen, durch einen ungeduldigen Gesichtsausdruck, der ausdrückt, dass Sie beschäftigt sind.

Die meisten in Ihrer Umgebung kennen diese Zeichen. Kennen Sie sie auch? Fragen Sie einen Vertrauten, was Sie gerade dann tun, wenn man von Ihnen denkt, Sie hören nicht zu. Versuchen Sie, sich diese demotivierende Gestik abgewöhnen.

- **9. Urteilen Sie, anstatt zuzuhören? Hören Sie Menschen zu, die Ihnen unsympathisch sind.** Was sehen andere, die diese Menschen mögen oder zumindest mit ihnen zurechtkommen, in ihnen? Wo liegen ihre Stärken? Haben Sie gemeinsame Interessen? Reden Sie weniger und fragen Sie mehr, um Ihrem Gegenüber eine zweite Chance zu geben. Beurteilen Sie ihre Motive und Absichten nicht – das können Sie später tun.
- **10. Müssen Sie die Leitung übernehmen? Moderieren Sie Gespräche mit Menschen ...**
    - Die nicht gut organisiert sind. Unterbrechen Sie, fassen Sie zusammen und bleiben Sie in der Diskussion beim Thema. Normalerweise ist das Unterbrechen keine gute Taktik, hier ist es jedoch notwendig.
    - Die sich nur unterhalten wollen. Stellen Sie Fragen, damit Ihr Gegenüber sich auf das Wesentliche konzentriert; gehen Sie nicht auf Bemerkungen ein, die nichts mit dem Thema zu tun haben.
    - Die ein Problem loswerden wollen. Gehen Sie davon aus, dass jemand, der Ihnen etwas erzählt, auch verstanden werden möchte. Zeigen Sie Ihre Bereitschaft, indem Sie zusammenfassen können, was gesagt wurde. Geben Sie keine Ratschläge.
    - Die sich ständig beklagen. Bitten Sie diese Gesprächspartner darum, Probleme und Lösungen aufzuschreiben, die Sie dann gemeinsam besprechen. Dies beruhigt den Betreffenden und führt hoffentlich dazu, dass die ständigen Klagen aufhören.
    - Die sich ständig über andere beschweren wollen. Fragen Sie nach, ob sie schon persönlich mit dem Betroffenen gesprochen haben. Ermutigen Sie sie dazu. Wenn das nicht funktioniert, fassen Sie das, was er/sie gesagt hat, zusammen, jedoch ohne zuzustimmen oder zu widersprechen.

Develop-in-Place-Aufgabenstellungen

- ☐ Setzen Sie Benchmarks für innovative Vorgehensweisen, Prozesse, Produkte oder Dienstleistungen Ihrer Mitbewerber, Zulieferer oder Kunden und legen Sie anderen einen Bericht mit Empfehlungen für Änderungen vor.
- ☐ Arbeiten Sie einige Schichten im Telemarketing oder Customer Service. Bearbeiten Sie Beschwerden und Kundenanfragen.
- ☐ Führen Sie entweder persönlich oder telefonisch eine Umfrage zur Kundenzufriedenheit durch und legen Sie die Ergebnisse den Beteiligten dar.
- ☐ Besuchen Sie ein Seminar über Selbstbewusstsein/Beurteilung, bei dem Sie auch Feedback erhalten.
- ☐ Suchen Sie sich einen Experten und verbringen Sie einige Zeit mit ihm, um etwas völlig Neues zu erlernen.

No man has ever listened himself out of a job.
Calvin Coolidge – 30. Präsident der USA

Literaturempfehlungen

Arredondo, L. (2000). *Communicating effectively.* New York: McGraw-Hill.

Barker, L., & Watson, K. (2001). *Listen up: At home, at work, in relationships: How to harness the power of effective listening.* Irvine, CA: Griffin Trade.

Donoghue, P. J., & Siegel, M. E. (2005). *Are you really listening? Keys to successful communication.* Notre Dame, IN: Sorin Books.

Harris, R. M. (2006). *The listening leader: Powerful new strategies for becoming an influential communicator.* Westport, CT: Praeger.

Hoppe, M. H. (2007). *Active listening: Improve your ability to listen and lead.* Greensboro, NC: Center for Creative Leadership.

Hybels, S., & Weaver, R. L. (2008). *Communicating effectively* (9th ed.). New York: McGraw-Hill.

Leeds, D. (2000). *Smart questions: The essential strategy for successful managers.* New York: Berkley Trade.

Loehr, J., & Schwartz, T. (2003). *The power of full engagement: Managing energy, not time, is the key to high performance and personal renewal.* New York: Free Press.

Lumsden, G., & Lumsden, D. L. (2003). *Communicating in groups and teams: Sharing leadership* (4th ed.). New York: Wadsworth Publishing Company.

Nichols, M. P. (2009). *The lost art of listening* (2nd ed.). New York: The Guilford Press.

Steil, L. K., & Bommelje, R. K. (2004). *Listening leaders: The ten golden rules to listen, lead, and succeed.* Edina, MN: Beaver's Pond Press.

FAKTOR III: MUT
CLUSTER H: UMGANG MIT PROBLEMEN

34 Mut zu Führen

Courage is resistance to fear, mastery of fear, not absence of fear.
Mark Twain – US-amerikanischer Humorist, Satiriker, Dozent und Schriftsteller

Schlecht ausgeprägt
- ☐ Nimmt anderen gegenüber keine klaren Standpunkte ein
- ☐ Hält sich in schwierigen Feedback-Situationen zurück
- ☐ Kann oder will harte Situationen nicht vertreten
- ☐ Weiß über bestimmte Dinge oder Situationen Bescheid, gibt es aber nicht weiter
- ☐ Geht Probleme nicht an
- ☐ Wird durch einflussreiche Persönlichkeiten eingeschüchtert
- ☐ Ist eher defensiv und überlässt anderen die Führung
- ☐ Vermeidet Konflikte und Kontroversen
- ☐ Fürchtet sich davor, falsch zu liegen, in eine Gewinner-/Verlierer-Situation zu geraten oder harte Personalentscheidungen treffen zu müssen

Wählen Sie eine bis drei der folgenden Kompetenzen als Ersatz für diese Kompetenz, wenn Sie nicht direkt an ihr arbeiten möchten.
ERSATZKOMPETENZEN: 1,4,8,9,12,13,27,37,38,43,48,57

Gut ausgeprägt
- ☐ Sagt offen, was ausgesprochen werden muss
- ☐ Vermittelt anderen unmittelbares, direktes, vollständiges und positiv korrigierendes Feedback
- ☐ Lässt andere wissen, wo sie stehen
- ☐ Tritt menschlichen Problemen bei jedermann und in jeder Situation mutig, schnell und direkt entgegen (betrifft nicht die eigenen Mitarbeiter)
- ☐ Schreckt auch vor harten, gleichwohl notwendigen, Handlungen nicht zurück

Übertriebene Fähigkeit
- ☐ Ist zu kritisch
- ☐ Ist zu direkt und hart, wenn es darum geht, Schwierigkeiten anzusprechen und Feedback zu geben
- ☐ Gibt zu viel negatives und zu wenig positives Feedback
- ☐ Überbetont negative Aspekte

KOMPETENZ 34: MUT ZU FÜHREN

☐ Kämpft an zu vielen Fronten gleichzeitig
Wählen Sie nachstehend eine bis drei Kompetenzen als Arbeitsgegenstand aus, um einen übertriebenen Einsatz dieser Fähigkeit zu kompensieren.
AUSGLEICHSKOMPETENZEN: 3,7,10,11,12,19,23,26,31,33,36,41,56,60,64

Mögliche Ursachen
☐ Vermeidung von Konflikten
☐ Kann Druck und Konfrontation nicht ertragen
☐ Befürchtung, im Unrecht zu sein
☐ Angst, zu verlieren
☐ Wird emotional
☐ Kümmert sich lieber um eigene Angelegenheiten

Leadership Architect® Faktoren und Cluster
Diese Kompetenz ist in Faktor III „Mut" zu finden. Diese Kompetenz ist in Cluster H „Umgang mit Problemen" zusammen mit den Kompetenzen 9, 12, 13, 57 enthalten. Sie können auch bei anderen Kompetenzen in demselben Faktor/Cluster nach passenden Tipps suchen.

Der Plan
Mut beim Management bedeutet, die Dinge, die gesagt werden müssen, anzusprechen – zur richtigen Zeit, bei der richtigen Person und auf die richtige Art. Jeder sieht Dinge, beobachtet Dinge, weiß oder hört von Dingen, die andere wissen müssen. Und oft sind sie nicht positiv. Etwas ist falsch gelaufen. Etwas wird übertüncht oder abgeblockt. Etwas wird nicht richtig gemacht. Schlechte Arbeitsergebnisse. Jemand hält etwas zurück. Jemand geht in die falsche Richtung. Manche Menschen sprechen diese Situationen an und handeln sich unter Umständen Druck ein. Sie besitzen den Mut zum Führen. Manche Menschen behalten die Dinge für sich. Sie besitzen diesen Mut nicht.

Tipps
☐ **1. Haben Sie ein Gerücht vernommen? Überprüfung.** Wenn man negative Informationen über eine andere Person oder ihre Einheit, über einen Prozess oder Fehler weitergibt, dann sollten diese auch stimmen. Gehen Sie vorsichtig mit Gerüchten und Klatsch um. Es ist besser, die Daten selbst gesehen zu haben. Vergleichen Sie die Daten mit anderen Quellen, vorausgesetzt, niemand wird gefährdet. Durchdenken Sie alles ganz genau, denn Ihre Interpretation könnte falsch sein. Setzen Sie sich mit dieser Möglichkeit auseinander. Hinterfragen Sie Ihre Einstellung und die Hintergründe dazu in Gedanken immer wieder, bis Sie sie in wenigen

Sätzen präzise ausdrücken können. Wenn Sie das Gefühl haben – oder besser noch, die Sicherheit –, dass Sie richtig liegen, leiten Sie weitere Schritte ein.

☐ **2. Sprechen Sie mit den falschen Leuten? Geben Sie Informationen an die richtigen Leute weiter.** Als Grundregel gilt, die Nachricht geht an den Empfänger, der damit am meisten anfangen kann. Beschränken Sie die Weitergabe auf nur eine oder möglichst wenige Personen. Überlegen Sie sich, ob Sie mit dem/der Betroffenen selbst sprechen und ihm/ihr die Gelegenheit geben, das Problem zu beheben, ohne dass ein größerer Schaden entsteht. Wenn das nicht möglich ist, wenden Sie sich an die nächsthöhere Führungsebene. Geben Sie keine indirekten Nachrichten durch „Boten" weiter.

☐ **3. Kommen Sie nicht richtig auf den Punkt? Sagen Sie es direkt.** Fassen Sie sich kurz. Die Aufmerksamkeitsspanne in schwierigen Feedback-Situationen ist begrenzt. Verschwenden Sie keine Zeit mit einer langatmigen Einleitung, besonders wenn es sich um negatives Feedback handelt. Wenn der Empfänger wahrscheinlich schon weiß, dass er negatives Feedback zu erwarten hat, sprechen Sie es am besten gleich an. Positive Mitteilungen wird er höchstwahrscheinlich gar nicht hören. Überwältigen Sie die Person oder die Gruppe nicht, selbst wenn Sie eine Menge zu sagen haben. Gehen Sie von den spezifischen zu den allgemeinen Punkten. Halten Sie sich an die Tatsachen. Beschönigen Sie Ihren Standpunkt nicht. Seien Sie nicht zu dramatisch und emotional. Tun Sie es nicht mit der Absicht, jemandem zu schaden oder Rache zu üben, oder aus Wut. Wenn Ihre Gefühle auch eine Rolle spielen, warten Sie, bis Sie sie beschreiben können, aber nicht mehr zeigen müssen. Mut zu Führen beinhaltet das Streben nach einem besseren Ergebnis, nicht die Zerstörung anderer. Bleiben Sie ruhig und gelassen. Falls andere nicht so gelassen sind, reagieren Sie nicht darauf. Konzentrieren Sie sich auf Ihre Mitteilung. *Benötigen Sie weitere Hilfe? – Siehe Nr. 31 „Zwischenmenschliches Geschick".*

☐ **4. Stellen Sie das Negative in den Mittelpunkt? Bieten Sie eine Lösung an, wenn möglich.** Niemand mag Kritiker, jeder schätzt Problemlöser. Zeigen Sie den Menschen Wege zur Optimierung; laden Sie nicht nur ab, um gleich wieder zu gehen. Sprechen Sie an, was Sie für besser halten – beschreiben Sie einen Ausweg aus dieser Situation. Helfen Sie den anderen dabei, die Konsequenzen zu erkennen – Sie können sie fragen, was sie von der Sache denken, und Sie können ihnen Ihre Konsequenzen mitteilen, wenn Sie persönlich involviert sind („Ich würde nur ungern nochmals mit Ihnen an der Sache X zusammenarbeiten").

KOMPETENZ 34: MUT ZU FÜHREN

☐ **5. Verstimmen Sie andere? Zeigen Sie bei aller Härte auch Rücksicht.** Denken Sie immer an das Pathos der Situation – selbst wenn Sie absolut im Recht sind, kann es sehr emotional zugehen. Auch wenn Sie jemandem eine sehr schlechte Beurteilung geben müssen, können Sie trotzdem Mitgefühl zeigen oder ihn später wieder aufrichten, wenn die Unterredung positiver wird. Bereiten Sie sich gedanklich auf Worst-Case-Szenarien vor. Überlegen Sie sich im Voraus, was die Person sagen könnte und halten Sie Antworten parat, damit Sie nicht überrascht werden. *Benötigen Sie weitere Hilfe? – Siehe Nr. 12 „Konfliktmanagement".*

☐ **6. Haben Sie jemanden auf dem falschen Fuß erwischt? Wählen Sie Ort und Zeit richtig.** Organisationen sind ein komplexes Labyrinth, bestehend aus Gruppendynamik, Problemen und Rivalitäten, geschaffen von Menschen mit ausgeprägtem Selbstbewusstsein, sensitive Persönlichkeiten und grenzschützenden Machtansprüchen. Schlimmer noch: Organisationen bestehen aus Menschen – und das macht sie noch komplizierter. Politisches Geschick bedeutet auch, in diesem Labyrinth negative Mitteilungen mit einem Minimum an Komplikationen und einem Maximum an Effekt weiterzuleiten. Gehen Sie mutig aber vorsichtig vor. Überbringen Sie Botschaften persönlich. Geben Sie der Person einen Hinweis, worüber Sie sprechen wollen. „Ich mache mir Sorgen über die Art und Weise, wie X behandelt wird, und ich würde gerne mit ihnen darüber reden." Nehmen Sie Rücksicht auf politische Überlegungen, aber lassen Sie sich nicht dadurch hindern. Wählen Sie den richtigen Zeitpunkt und einen entspannten Rahmen mit viel Zeit, also nicht im Fahrstuhl. Wenn möglich, lassen Sie die Person den Zeitpunkt und den Rahmen wählen. *Benötigen Sie weitere Hilfe? – Siehe Nr. 38 „Organisationsagilität" und Nr. 48 „Politisches Geschick".*

☐ **7. Phlegmatisch? Stürzen Sie sich ins Kampfgetümmel.** Das geht Sie nichts an? Halten Sie sich in Situationen zurück, in denen Mut zu Führen gefragt ist? Warum? Was hindert Sie daran? Neigen Sie dazu, bei hohen Anforderungen aufzugeben, haben Sie Angst vor einer Bloßstellung, mögen Sie keine Konflikte, andere Gründe? Denken Sie nach – was sind die Konsequenzen, wenn Sie eine Botschaft überbringen, die Sie für richtig halten und die der Organisation nützt, die aber einer Person kurzzeitig Unannehmlichkeiten bereiten wird. Was passiert, wenn es sich herausstellt, dass Sie falsch liegen? Nutzen Sie Fehlinterpretationen als Lernchance. Was wäre, wenn Sie die Zielperson oder in der Zielgruppe wären? Auch wenn es Sie empfindlich treffen könnte, würden Sie es zu schätzen wissen, wenn Sie jemand rechtzeitig auf das Problem aufmerksam gemacht hätte, damit Sie es mit minimalem Schaden beheben könnten? Was würden Sie von einer Person halten, wenn Sie später erfahren, dass diese Person darüber Bescheid wusste, Ihnen aber nichts gesagt hat, und Sie viel Zeit und politisches Geschick aufwenden mussten, um den Schaden zu beheben? Folgen Sie Ihrer Überzeugung. Halten Sie sich an etablierte Prozesse. Übernehmen Sie Verantwortung – ob Sie gewinnen oder verlieren. Auf Dauer wird man von Ihnen eine höhere Meinung haben. *Benötigen Sie weitere Hilfe? – Siehe Nr. 12 „Konfliktmanagement" und Nr. 57 „Eigenständigkeit".*

☐ **8. Persönliche Gründe? Konzentrieren Sie sich auf das Verhalten, nicht die Person.** Wenn Sie persönlich betroffen sind und jemandem mitteilen, dass er/sie Ihre Erwartungen nicht erfüllt hat, halten Sie sich an die Tatsachen und Konsequenzen für Sie. Trennen Sie die Sache von den Menschen. Es ist in Ordnung, sich über das Verhalten einer Person zu ärgern, weniger über die Person selbst – außer, wenn es ein wiederholter Verstoß ist. Meistens wird er/sie nicht beim ersten Mal auf Ihre Mitteilung eingehen. „Ich bin nicht damit einverstanden, wie Sie meine Position in der Mitarbeiterversammlung dargestellt haben." Viele Menschen sind defensiv. Gehen Sie bei der Überbringung einer Nachricht nicht zum Äußersten. Sagen Sie so viel, dass Sie sicher sein können, dass er/sie Sie verstanden hat. Geben Sie ihm/ihr Zeit, die Nachricht aufzunehmen. Erwarten Sie keine sofortige Akzeptanz oder einen Handkuss. Vermitteln Sie die Botschaft einfach, klar und bestimmt. Keine Drohungen. *Benötigen Sie weitere Hilfe? – Siehe Nr. 11 „Selbstbeherrschung".*

☐ **9. Finden Sie kein Gehör? Werden Sie deutlicher, wenn es sein muss.** Manchmal verlangt der Ernst der Lage nach drastischeren Maßnahmen. Vergessen Sie nicht, dass Sie diese Angelegenheit zum Vorteil der gesamten Organisation angehen und dass ein persönlicher Gewinn oder eine persönliche Rache nicht auf dem Spielplan stehen. Seien Sie darauf vorbereitet durchzuhalten, auch wenn Sie eine Konfrontation mit einem Kollegen oder sogar einer Führungskraft erwarten müssen. Wird Ihre Information am Anfang abgelehnt, vertuscht, verneint, versteckt oder beschönigt und Sie sind immer noch von ihrer Richtigkeit überzeugt, dann wenden Sie sich so lange an Führungskräfte in höheren Positionen, bis die Botschaft angekommen ist oder aber bis die für die Person oder Situation verantwortliche Führungskraft der übernächsten Hierarchieebene Sie auffordert aufzuhören. Wenn Sie einen Mentor haben, bitten Sie um Rat. Eine Warnung: Die Ergebnisse einer Studie über „Whistle Blowers", also Menschen, die Missstände aufgedeckt haben, zeigen, dass diejenigen, die allgemeine und umfassende Gründe angaben, durchweg erfolglos waren, da sie ihre Botschaft mit grandiosen Werten wie zum Beispiel Integrität verbanden. Die Erfolgreichen hielten sich durchweg an spezifische Punkte – Probleme und Konsequenzen. Sie vermieden jegliche Verallgemeinerung.

☐ **10. Sagt man Ihnen eine negative Einstellung nach? Bringen Sie Gleichgewicht in Ihre Botschaft.** Bringen Sie sich nicht in den Ruf des Scharfrichters oder des offiziellen Organisationskritikers. Versuchen Sie, im Laufe der Zeit genauso viel positive wie negative Informationen zu übermitteln. Bleiben Sie den Verlierern auf der Spur – wenn Sie mit diesen Leuten noch einmal zusammenarbeiten müssen, werden Sie später aktiv, um Ihren guten Willen zu zeigen. Gratulieren Sie ihnen zu einem Erfolg, tauschen Sie sich aus, helfen Sie ihnen dabei, ein Ergebnis zu erzielen. Sie müssen die Waage im Gleichgewicht halten. Entscheiden Sie, wann sich eine Konfrontation lohnt. Haben Sie erst einmal den Ruf einer Kassandra oder eines Don Quixote, wird alles, was Sie sagen, ignoriert und Sie werden auf einen wachsenden Widerstand stoßen, auch wenn Sie deutlich Recht haben.

Develop-in-Place-Aufgabenstellungen

☐ Managen Sie eine Gruppe in einer bedeutenden geschäftlichen Krise.
☐ Managen Sie ein Rationalisierungsprojekt.
☐ Beteiligen Sie sich an der Schließung eines Werks, einer Niederlassung, einer Produktreihe, eines Geschäfts, Programms usw.
☐ Führen Sie eine Analyse an einem fehlgeschlagenen Projekt durch und legen Sie die Ergebnisse den Beteiligten dar.
☐ Beteiligen Sie sich an einem Team, das sich an einen Reorganisationsplan halten muss, in dem mehr Leute als Stellen zur Verfügung stehen.

Courage is rightly esteemed the first of human qualities . . .
because it is the quality which guarantees all others.
Winston Churchill – früherer britischer Premierminister, Redner,
Historiker, Nobelpreisträger und Künstler

Literaturempfehlungen

Ackerman, L. D. (2000). *Identity is destiny.* San Francisco: Berrett-Koehler Publishers.

Bennis, W. G., & Nanus, B. (2007). *Leaders: Strategies for taking charge* (2nd ed.). New York: HarperBusiness.

Bossidy, L. A. (2002). The job no CEO should delegate (HBR OnPoint Enhanced Edition). Boston: *Harvard Business Review.*

Caponigro, J. R. (2000). *The crisis counselor: A step-by-step guide to managing a business crisis.* Chicago: Contemporary Books.

Chaleff, I. (2003). *The courageous follower: Standing up to and for our leaders.* San Francisco: Berrett-Koehler Publishers.

Collins, J. (2001). Level 5 leadership: The triumph of humility and fierce resolve (HBR OnPoint Enhanced Edition). Boston: *Harvard Business Review.*

Diffenderffer, B. (2005). *The Samurai leader: Winning business battles with the wisdom, honor and courage of the Samurai code.* Naperville, IL: Sourcebooks, Inc.

Dilenschneider, R. L. (2005). *A time for heroes: Business leaders, politicians, and other notables explore the nature of heroism.* Santa Monica, CA: Phoenix Books.

Downs, A. (2000). *The fearless executive: Finding the courage to trust your talents and be the leader you are meant to be.* New York: AMACOM.

George, B., & Sims, P. (2007). *True north: Discover your authentic leadership.* San Francisco: Jossey-Bass.

Goleman, D., McKee, A., & Boyatzis, R. E. (2002). *Primal leadership: Realizing the power of emotional intelligence.* Boston: Harvard Business School Press.

Klein, M., & Napier, R. (2003). *The courage to act: 5 Factors of courage to transform business.* Mountain View, CA: Davies-Black Publishing.

Kouzes, J. M., & Posner, B. Z. (2007). *The leadership challenge* (4th ed.). San Francisco: Jossey-Bass.

Lee, G., & Elliott-Lee, D. (2006). *Courage: The backbone of leadership.* San Francisco: Jossey-Bass.

Linsky, M., & Heifetz, R. A. (2002). *Leadership on the line: Staying alive through the dangers of leading.* Boston: Harvard Business School Press.

Reardon, K. K. (2007). Courage as a skill. *Harvard Business Review 85*(1), 58-64.

Thornton, P. B. (2002). *Be the leader, make the difference.* Irvine, CA: Griffin Trade Paperback.

Treasurer, B. (2008). *Courage goes to work: How to build backbones, boost performance, and get results.* San Francisco: Berrett-Koehler.

FAKTOR II: AUSFÜHRENDE FÄHIGKEITEN
CLUSTER F: ARBEIT AN ANDERE DELEGIEREN

35 Leistung einfordern und messen

*The man who complains about the way the ball bounces
is likely to be the one who dropped it.*
Lou Holtz – US-amerikanischer Fernsehkommentator
und früherer NCAA- und NFL-Coach

Schlecht ausgeprägt
- ☐ Benutzt keine Ziele, um sich selbst oder andere zu managen
- ☐ Geht bei der Aufgabenverteilung und der Leistungsmessung nicht planmäßig genug vor
- ☐ Kennt die Verantwortlichen nicht genau
- ☐ Ist desorganisiert, verteilt Aufgaben nach Gutdünken und setzt keine Ziele oder Prioritäten
- ☐ Hat ein schlechtes Zeitmanagement
- ☐ Gibt kein Feedback zum Fortschritt der Arbeiten
- ☐ Stellt keine Benchmarks oder Maßstäbe auf, an denen man sich messen könnte

Wählen Sie eine bis drei der folgenden Kompetenzen als Ersatz für diese Kompetenz, wenn Sie nicht direkt an ihr arbeiten möchten.
ERSATZKOMPETENZEN: 5,9,12,13,18,20,24,27,39,47,52,53,63

Gut ausgeprägt
- ☐ Legt klare Verantwortlichkeiten für Aufgaben und Entscheidungen fest
- ☐ Gibt klare Ziele und Maßnahmen vor
- ☐ Verfolgt Abläufe, Fortschritte und Ergebnisse
- ☐ Baut Feedbackschleifen in die Arbeitsprozesse ein

Übertriebene Fähigkeit
- ☐ Kontrolliert zu sehr
- ☐ Schaut anderen zu oft über die Schulter
- ☐ Schreibt zu viel vor und überträgt zu wenig Verantwortung

Wählen Sie nachstehend eine bis drei Kompetenzen als Arbeitsgegenstand aus, um einen übertriebenen Einsatz dieser Fähigkeit zu kompensieren.
AUSGLEICHSKOMPETENZEN: 3,14,18,19,26,33,36,44,57,60,63,64,65

Mögliche Ursachen
- [ ] Vermeidung eines Konflikts, der mit anspruchsvollen Zielen verbunden ist
- [ ] Schlecht organisiert; keine strukturierte Planung der Arbeit und Aufgaben
- [ ] Unerfahren
- [ ] Nicht zielorientiert; keine persönlichen Zielsetzungen
- [ ] Zeitmanagement; kommt nicht dazu, die Aufgabe anzupacken

Leadership Architect® Faktoren und Cluster
Diese Kompetenz ist in Faktor II „Ausführende Fähigkeiten" zu finden. Diese Kompetenz ist in Cluster F „Arbeit an andere delegieren" zusammen mit den Kompetenzen 18, 19, 20, 27 enthalten. Sie können auch bei anderen Kompetenzen in demselben Faktor/Cluster nach passenden Tipps suchen.

Der Plan
Die meisten Leute wollen Ziele. Sie möchten sich an einem Standard messen. Sie möchten sehen, wer am schnellsten rennen kann, wer die meisten Punkte erzielt, am höchsten springen und am besten arbeiten kann. Sie möchten von den Menschen beurteilt werden, die sie respektieren und die auf sie im Leben und bei der Arbeit Einfluss haben. Sie möchten, dass Ziele realistisch und dennoch anspruchsvoll sind – Ziele, von denen man am Anfang nicht weiß, ob sie erreichbar sind. Ziele gehen mit Fairness einher, sind eine neutrale Methode, um die Leistung einer Person mit der einer anderen zu messen. Sie möchten, dass Ziele realistisch und dennoch anspruchsvoll sind; Ziele, von denen man am Anfang nicht weiß, ob sie erreichbar sind.

Tipps

- [ ] **1. Was ist das Ziel? Setzen Sie klare Ziele.** Bevor Sie ein Projekt, eine Arbeit und eine Aufgabe übertragen, sollten Sie Ziele festlegen. Diese Ziele unterstützen dabei, die Zeit und den Aufwand Ihrer Mitarbeiter konzentriert einzusetzen, und gewährleisten dadurch eine effektivere und effizientere Leistung. Die meisten Menschen wollen keine Zeit verschwenden, sondern gute Leistungen erbringen. Machen Sie sich mit MBO – Managing by Objectives – vertraut. Lesen Sie Fachliteratur dazu. Selbst wenn Sie nicht an einer umfassenden Anwendung interessiert sein sollten, können Sie hier die Methoden und Prinzipien zur Zielsetzung immer wieder nachlesen. Besuchen Sie einen Kurs zum Thema Zielsetzung.

- [ ] **2. Woran erkennen Sie Erfolg? Richten Sie den Blick auf Maßstäbe.** Wie können Sie feststellen, ob das Ziel erreicht wurde? Wenn die Aufgaben, die ich anderen übertragen habe, korrekt erledigt wurden, welche Ergebnisse würden wir dann alle als Erfolgsmaßstab akzeptieren? Es ist für die meisten

Gruppen leicht, Erfolgsmaßstäbe zu präsentieren, die sich von den formellen Maßstäben unterscheiden und ihnen wichtiger sind. Ermutigen Sie sie dazu.

☐ **3. Sind Sie auf Input aus? Beteiligen Sie Ihre Mitarbeiter an der Zielsetzung.** Menschen sind motivierter, wenn sie Zielsetzungen und -messungen mitbestimmen dürfen. Die meisten werden keine niedrig gesteckten Ziele vorschlagen, sondern Ziele, die höchstwahrscheinlich sogar herausfordernder sind als Ihre.

☐ **4. Haben Sie Schwierigkeiten mit Chancengleichheit? Passen Sie die Ziele der Person ein.** Jeder Mensch ist anders. Sie müssen die Ziele an jeden einzelnen Mitarbeiter, den Sie führen, anpassen. Jeder reagiert anders auf Ziele. Manche wollen herausgefordert werden; manche leisten mehr, wenn sie sicher sind, ihr Ziel noch vor einem gesetzten Termin zu erreichen. Was bevorzugen Sie? Haben Sie jemals mit jemandem zusammengearbeitet, der auf Ziele völlig anders reagiert hat als Sie? Was war der Unterschied? Versuchen Sie, die Ziele auf die Stärken jedes Einzelnen zuzuschneiden. Behandeln Sie die Menschen nicht gleich, wenn es darum geht, Ziele und entsprechende Vorgehensweisen zu bestimmen. Wenn Sie jeden aktiv am Prozess teilnehmen lassen, ist ein Teil dieser Anpassung schon erledigt.

☐ **5. Haben Sie genug Klarheit? Setzen Sie glasklare Erwartungen.** Sie müssen Ihre Ziele klar und deutlich aufzeigen, wie sie gemessen werden und was die Belohnungen bzw. die Konsequenzen für diejenigen sein werden, die das Ziel überschreiten, die es erreichen oder die es nicht erreichen. Kommunizieren Sie das mündlich und schriftlich, wenn möglich.

☐ **6. Verfolgen Sie den Fortschritt hinreichend genau? Helfen Sie anderen, den Fortschritt zu visualisieren.** Erstellen Sie einen Prozess, mit dem Sie den Fortschritt im Vergleich zum endgültigen Ziel überwachen. Menschen mögen Vergleichsmöglichkeiten. Menschen mögen Maßstäbe. Sie wollen ihren Fortschritt messen können – wie mit einem Thermometer.

☐ **7. Haben Sie Probleme damit, Feedback zu geben? Lernen Sie die Richtlinien für die Vermittlung von effektivem Feedback.** Geben Sie während des Prozesses so viel Feedback wie zeitlich möglich. Die meisten Menschen werden von prozessbegleitenden Feedbackschleifen zur Überprüfung und Einhaltung der gemeinsam festgelegten Ziele aus drei Gründen motiviert.

- Erstens hilft es ihnen dabei, ihre Vorgehensweise dem gesamten Prozess anzupassen, und zwar rechtzeitig, um das Ziel zu erreichen; Sie können Kurskorrekturen vornehmen.

KOMPETENZ 35: LEISTUNG EINFORDERN UND MESSEN

- Zweitens zeigt es ihnen, dass ihre Arbeit wichtig ist und dass sie von Ihnen unterstützt werden.
- Drittens ist es nicht die alte Methode eines negativen und kritischen Feedbacks am Schluss, weil man jemanden „erwischt" hat.

☐ **8. Sind Sie bereit, Ihre Ziele anzupassen? Seien Sie flexibel.** Die Umstände ändern sich ständig. Seien Sie darauf vorbereitet, Ziele auf halbem Weg zu ändern, wenn Sie ungünstige Informationen erhalten. Überlegen Sie sich, was schief gehen kann, und wappnen Sie sich. *Benötigen Sie weitere Hilfe? – Siehe Nr. 47 „Planen".*

☐ **9. Sind Sie konsequent? Führen Sie die angekündigten positiven und negativen Konsequenzen auch durch.** Feiern Sie mit denen, die ihre Ziele übertroffen haben, gratulieren Sie denen, die sie erreicht haben. Setzen Sie sich aber auch zur Ursachenerforschung mit denen zusammen, die ihr Ziel verfehlt haben. Achten Sie auf die Einhaltung der angekündigten Belohnungen und Konsequenzen. Tun Sie das nicht, wird niemand mehr auf Ihre nächste Zielvereinbarung und die Konsequenzen achten.

☐ **10. Nehmen Sie Ihr Schicksal in die eigene Hand? Setzen Sie sich selbst Ziele in Ihrer Arbeit und für Ihre Karriere.** Arbeiten Sie daran, sich selbst zu messen. Bitten Sie um die Unterstützung Ihrer Führungskraft bei der Festlegung von Zielen und um kontinuierliches Feedback. Auf diese Weise können Sie die Wirkung eines erreichten Zieles bei Ihren Mitarbeitern besser einschätzen.

☐ **11. Wünschen Sie sich Effizienz? Halten Sie andere fokussiert.** Multitasking, d. h., mehrere Aufgaben auf einmal zu erledigen, ist Zeitverschwendung. Forschungsergebnisse zeigen, dass die meiste Zeit vergeudet wird, wenn Mitarbeiter gleichzeitig an mehreren Projekten arbeiten und ständig zwischen drei oder mehr Projekten hin und her pendeln müssen. Sie müssen sich jedes Mal neu orientieren, umschalten, hin und her laufen und ihr Material suchen. Studien belegen, was uns der gesunde Menschenverstand sagt. Multitasking ist nicht in allen Fällen angebracht. Nur wenigen Menschen gelingt es erfolgreich. Die meisten arbeiten besser nur an einem Projekt nach dem anderen.

☐ **12. Überwachen Sie Produktivität? Berechnen Sie nicht nur Ergebnisse, sondern auch Aktivitäten.** Wenn Sie zum Beispiel neue Geräte angeschafft haben, prüfen Sie Folgendes. Wie viele Personen werden gebraucht, um das Gerät zu betreiben? Wie viel Zeit kostet das? Wie sieht es mit Reparaturen aus? Wie lange dauern diese? Mit der aktivitätsbasierten Kostenrechnung wird berechnet, wie viel es kostet, eine Aufgabe zu erledigen bzw. nicht zu erledigen. Bewerten Sie die Arbeit im Hinblick auf die benötigte Zeit, um grundlegende und weniger wichtige Aufgaben

(d. h. Aufgaben, die sich aufgrund des Zeitaufwands nicht lohnen) zu bestimmen. Anhand dieser Methode war eine Gruppe von Krankenpfleger/innen in der Lage, ihre Produktivität zu verdoppeln.

☐ **13. Können Sie mit den Ressourcen haushalten? Bringen Sie Zeit, Kosten und Ressourcen ins Gleichgewicht.** Manchmal kann es jedoch auch gut sein, wenn die Kosten das Budget übersteigen. Eine McKinsey Studie zeigte, dass eine verspätete Produktion je 10 Prozent der zu erwartenden Lebensdauer des Produkts zu einem Rentabilitätsverlust von 30 Prozent führen kann. Die gleiche Studie ergab, dass dagegen bei Projekten, die 50 Prozent über dem Budget lagen, aber deren Produkte pünktlich hergestellt wurden, der Rentabilitätsverlust nur 3 Prozent betrug. Da die Lebensdauer der meisten Produkte immer kürzer wird, sollten Sie keinen Rentabilitätsverlust riskieren, indem Sie sich strikt an Kostenvorgaben halten. Wenn Sie die Daten zur Lebensdauer und zum erwarteten Umsatz des Produkts haben, können Sie die beste Strategie festlegen.

Develop-in-Place-Aufgabenstellungen

☐ Managen Sie ein Rationalisierungsprojekt.
☐ Untersuchen Sie überhöhte Kosten und analysieren Sie die Gründe. Legen Sie die Ergebnisse dem/den Beteiligten vor.
☐ Managen Sie eine Gruppe wenig kompetenter oder wenig leistungsfähiger Menschen, indem Sie ihnen eine Aufgabe stellen, die sie alleine nicht bewältigen könnten.
☐ Stellen Sie kurzfristig ein Team aus verschiedenartigen Mitarbeitern zusammen, um eine schwierige Aufgabe zu erledigen.
☐ Managen Sie eine Gruppe von Leuten in einem rasch expandierenden oder wachsenden Vorhaben.

Drive thy business or it will drive thee.
Benjamin Franklin – US-amerikanischer Naturwissenschaftler,
Schriftsteller, Erfinder, Staatsmann und Diplomat

Literaturempfehlungen

Becker, B. E., Huselid, M. A., & Ulrich, D. (2001). *The HR scorecard: Linking people, strategy, and performance*. Boston: Harvard Business School Press.

Boudreau, J. W., & Ramstad, P. M. (2006). Talentship and HR measurement and analysis: From ROI to strategic organizational change. *Human Resource Planning, 29*(1), 25-33.

Cohen, D. J., & Graham, R. J. (2001). *The project manager's MBA: How to translate project decisions into business success*. New York: Jossey-Bass.

Eichinger, R. W., Ruyle, K. E., & Lombardo, M. M. (2007). *FYI for performance management™: Universal dimensions for success*. Minneapolis, MN: Lominger International: A Korn/Ferry Company.

Fitz-enz, J. (2000). *The ROI of human capital: Measuring the economic value of employee performance*. New York: AMACOM.

Fitz-enz, J. (2002). *How to measure human resources management* (3rd ed.). New York: McGraw-Hill.

Friedlob, G. T., Schleifer, L. L. F., & Plewa, F. J. (2002). *Essentials of corporate performance measurement*. New York: John Wiley & Sons.

Gerson, R. F., & Gerson, R. G. (2006). *Positive performance improvement: A new paradigm for optimizing your workforce*. Thousand Oaks, CA: Davies-Black Publishing.

Gupta, P., & Wiggenhorn, A. W. (2006). *Six Sigma business scorecard: Creating a comprehensive corporate performance measurement system* (2nd ed.). New York: McGraw-Hill.

Kirkpatrick, D. L., & Kirkpatrick, J. D. (2005). *Transferring learning to behavior: Using the four levels to improve performance*. San Francisco: Berrett-Koehler Publishers.

Luecke, R., & Hall, B. J. (2006). *Performance management: Measure and improve the effectiveness of your employees*. Boston: Harvard Business School Press.

Napier, R., & McDaniel, R. (2006). *Measuring what matters: Simplified tools for aligning teams and their stakeholders*. Thousand Oaks, CA: Davies-Black Publishing.

Niven, P. R. (2002). *Balanced scorecard step-by-step: Maximizing performance and maintaining results* (2nd ed.). Hoboken, NJ: John Wiley & Sons.

Rampersad, H. K. (2003). *Total performance scorecard: Redefining management to achieve performance with integrity*. Boston: Butterworth-Heinemann.

Schiemann, W. A. (2006). People equity: A new paradigm for measuring and managing human capital. *Human Resource Planning, 29*(1), 34-44.

Sullivan, J. (2003). *HR metrics the world-class way*. Peterborough, NH: Kennedy Information, Inc.

Wade, D., & Recardo, R. (2001). *Corporate performance management: How to build a better organization through measurement-driven, strategic alignment*. Boston: Butterworth-Heinemann.

Weiss, D. S., & Finn, R. (2005). HR metrics that count: Aligning human capital management to business results. *Human Resource Planning, 28*(1), 49-60.

FAKTOR VI: PERSÖNLICHE UND SOZIALE KOMPETENZEN
CLUSTER Q: ANDERE INSPIRIEREN

36 Andere motivieren

People often say that motivation doesn't last.
Well, neither does bathing...that's why we recommend it daily.
Zig Ziglar – US-amerikanischer Autor, Verkäufer und Redner im Bereich Motivation

Schlecht ausgeprägt

- ☐ Weiß nicht, wie Mitarbeiter motiviert werden können
- ☐ Bringt Mitarbeiter nicht dazu, ihr Bestes zu geben
- ☐ Nutzt Empowerment nicht und zählt nicht zu den Personen, mit denen oder für die man gerne arbeitet
- ☐ Schert alle über einen Kamm; hat nur simple Motivationsmethoden oder engagiert sich nicht so sehr wie andere; treibt andere nur zur Fertigstellung der Arbeit an
- ☐ Hat Probleme im Umgang mit Menschen, die ihm/ihr nicht ähnlich sind
- ☐ Versteht andere nicht, geht nicht auf ihre Bedürfnisse und Stimmungen ein
- ☐ Hat Vorurteile und unterteilt Menschen anhand stereotyper Kategorien
- ☐ Demotiviert andere bewusst oder unbewusst

Wählen Sie eine bis drei der folgenden Kompetenzen als Ersatz für diese Kompetenz, wenn Sie nicht direkt an ihr arbeiten möchten.
ERSATZKOMPETENZEN: 1,7,12,13,16,18,19,20,21,27,31,33,37,39,47,49,53,60,65

Gut ausgeprägt

- ☐ Schafft ein Klima, in dem alle ihr Bestes geben wollen
- ☐ Kann viele Mitarbeiter, Team- oder Projektmitglieder motivieren
- ☐ Findet für jeden Ansatzpunkte, die ihn/sie zu Höchstleistungen veranlassen
- ☐ Bringt Aufgaben und Entscheidungskompetenzen auf die Mitarbeiterebenen herunter
- ☐ Nutzt Empowerment
- ☐ Ermutigt jeden zu Beiträgen und nennt die Urheber beim Namen
- ☐ Gibt jedem/jeder Einzelnen das Gefühl, eine wichtige Tätigkeit auszuüben
- ☐ Ist jemand, für den und mit dem man gerne arbeitet

Übertriebene Fähigkeit

- ☐ Hat Probleme bei der Schaffung eines Teamgeistes, da er/sie zu stark auf das Individuum konzentriert ist
- ☐ Kann sich, aufgrund dieser Orientierung auf Einzelne, den Vorwurf ungleicher Behandlung zuziehen
- ☐ Nimmt keine harten Standpunkte ein, wenn die Situation danach verlangt

KOMPETENZ 36: ANDERE MOTIVIEREN

- ☐ Wartet zu lange, um Input von anderen einzuholen
- ☐ Vergibt nur ungern Aufgaben mit hohem Termindruck

Wählen Sie nachstehend eine bis drei Kompetenzen als Arbeitsgegenstand aus, um einen übertriebenen Einsatz dieser Fähigkeit zu kompensieren.
AUSGLEICHSKOMPETENZEN: 9,12,13,18,19,20,34,35,37,50,52,56,57,60

Mögliche Ursachen

- ☐ Nur ein Stil oder eine Methode, die bei jeder Situation eingesetzt wird
- ☐ Die Überzeugung, jeder ist von Natur aus motiviert
- ☐ Die Überzeugung, Motivation ist unnötig oder unwichtig
- ☐ Schwierigkeiten, mit Menschen zu reden, die anders sind
- ☐ Vorurteile gegenüber anderen
- ☐ Behandelt lieber alle gleich
- ☐ Vereinfachte Ansichten über Motivation

Leadership Architect® Faktoren und Cluster

Diese Kompetenz ist in Faktor VI „Persönliche und soziale Kompetenzen" zu finden. Diese Kompetenz ist in Cluster Q „Andere inspirieren" zusammen mit den Kompetenzen 37, 60, 65 enthalten. Sie können auch bei anderen Kompetenzen in demselben Faktor/Cluster nach passenden Tipps suchen.

Der Plan

Großartiges kann erreicht werden, wenn Mitarbeiter motiviert sind. Erinnern Sie sich an drei herausragende Leistungen, auf die Sie stolz sind, und fragen Sie sich dann, wie motiviert Sie dabei waren. Das gleiche gilt auch für andere: Wenn Sie wissen, was andere motiviert, verbessern sich sowohl die Leistungen der anderen als auch Ihre eigenen. Manche Führungskräfte glauben, dass ihre Mitarbeiter automatisch motiviert sind, dass Motivation eine Eigenschaft ist, die standardmäßig dazugehört. Manche Führungskräfte sind überzeugt davon, dass jeder Mitarbeiter für den Job und die Organisation so motiviert sein sollte wie sie selbst es sind. Das ist selten der Fall. Tatsache ist, jeder Mensch ist anders. Jeder Einzelne hat einen persönlichen Auslöser, der motivierend ist und bleibt. Motivationsexperten sind davon überzeugt, dass Motivation in der Verantwortung einer Führungskraft liegt; dass jeder Mensch einmalig ist und dass der Ansatzpunkt für jeden individuell verschieden ist.

Tipps

☐ **1. Verwirrt es Sie auf Dauer, andere zu motivieren? Lesen Sie sich in das Thema ein.** Befolgen Sie die Grundregeln zur Inspiration anderer, aufgeführt in Standardwerken wie *People Skills* von Robert Bolton oder *Thriving on Chaos* von Tom Peters. Sagen Sie den Kollegen, dass ihre Arbeit wichtig ist. Danken Sie ihnen. Bieten und bitten Sie um Unterstützung. Ermöglichen

Sie selbstständiges Arbeiten. Geben Sie ihnen eine Vielzahl von unterschiedlichen Aufträgen. „Überraschen" Sie sie mit bereichernden, herausfordernden Aufgaben. Zeigen Sie Interesse an ihrer Karriere. Sehen Sie Fehler als Lernprozess an. Feiern Sie Erfolge, bieten Sie klar akzeptierte Messlatten für den Erfolg an usw. Oft wird etwas richtig gemacht, aber es fehlt die Anerkennung. Wenn man sehr beschäftigt ist, fällt es einem oft schwer, Leistungen anzuerkennen und zu feiern bzw. gelegentlich Kritik zu üben. Vergessen Sie nicht, das gewünschte Verhalten zu belohnen. Als Faustregel gilt das Verhältnis 1 negative Bemerkung zu 4 positiven.

☐ **2. Setzen Sie auf die falschen Motivatoren? Erkennen Sie Motivationsfaktoren und wenden Sie Ihr Wissen an.** Nach einer Studie von Rewick und Lawler sind die Hauptmotivationspunkte im Arbeitsumfeld: (1) Berufliche Herausforderung; (2) Schaffung von etwas Lohnenswertem; (3) Neues hinzu lernen; (4) Persönliche Entwicklung; (5) Autonomie. Bezahlung (Rang 12), Kollegialität (Rang 14), Lob (Rang 15) und Beförderungschancen (Rang 17) sind nicht unwichtig, aber relativ unbedeutend im Vergleich zu anderen Motivatoren. Bieten Sie Herausforderungen an, zeigen Sie auf, warum sich die Aufgabe lohnt, erstellen Sie die Basis für einen gemeinsamen Teamgeist, schaffen Sie Entwicklungschancen und Lernmöglichkeiten, sichern Sie Selbstständigkeit, und die meisten Mitarbeiter werden darauf mit Höchstleistungen reagieren.

☐ **3. Haben Sie Schwierigkeiten damit, effektive Ziele zu setzen? Verwenden Sie anspruchsvolle Ziele zur Motivierung.** Die meisten Menschen werden von einer vernünftigen Zielsetzung angespornt. Sie möchten sich an einem Standard messen. Sie möchten sehen, wer am schnellsten rennen, die meisten Punkte erreichen und am besten arbeiten kann. Sie wollen realistische aber auch herausfordernde Ziele erreichen. Die Menschen arbeiten am härtesten, wenn ihre Erfolgsaussichten zwischen fünfzig Prozent und zwei Dritteln liegen und sie den Weg dorthin kontrollieren können. Sie sind aber noch motivierter, wenn sie an der Zielsetzung aktiv mitarbeiten. Bieten Sie solche Herausforderungen an, die etwas außerhalb der Reichweite der Mitarbeiter liegen, sowie Aufgaben, die ganz neu für sie sind, zum Beispiel ihre erste Verhandlung, ihre erste eigene Präsentation, usw. *Benötigen Sie weitere Hilfe? – Siehe Nr. 35 „Leistung einfordern und messen".*

☐ **4. Haben Sie Schwierigkeiten mit schweigsamen Menschen? Lernen Sie, die Motivationssignale anderer zu erkennen.** Was gehen sie zuerst an? Was heben sie in ihren Gesprächen besonders hervor? Wo zeigen sie Gefühle? Welche Werte sind für sie wichtig?

- Der erste Arbeitsschritt. Geht der Mitarbeiter zuerst zu anderen, zieht er sich zurück und liest nach, beklagt er sich, diskutiert er über seine Gefühle oder handelt er? All das sind grundlegende Ausrichtungen der Menschen, die verraten, was für sie wichtig ist. Nutzen Sie diese zur Motivation.
- Gesprächsinhalte. Der Mitarbeiter konzentriert sich in seinem Gespräch vielleicht auf Details, Konzepte, Gefühle oder auf andere Menschen. Auch dies kann Ihnen verdeutlichen, wie Sie an diese Person appellieren können, indem Sie ihren Gesprächsfokus übernehmen. Obwohl sich die meisten von uns dem Gesprächspartner ganz selbstverständlich anpassen – wir reden über Details mit detailorientierten Menschen –, ist es sehr wahrscheinlich, dass Sie in problematischen Beziehungen keine gemeinsame Gesprächsgrundlage haben. Es ist zum Beispiel möglich, dass der andere über Details redet und Sie über Menschen.
- Gefühle. Sie müssen wissen, worauf die Menschen empfindlich reagieren, da Sie bereits durch einen Fehler als unsensibel im Umgang mit anderen eingeschätzt werden können. Die einzige Lösung besteht darin, herauszufinden was andere erregt – wann sie z. B. lauter werden – oder auf andere Weise Bedenken zum Ausdruck bringen.
- Werte. Übertragen Sie diese Technik auch auf die Wertvorstellungen Ihrer Mitarbeiter. Reden diese in ihrem Arbeitsumfeld über Geld, Anerkennung, Integrität oder Effizienz?

Durch die Anwendung dieser antreibenden Faktoren ist es einfach, an die Mitarbeiter zu appellieren und jeden zu erreichen. Haben Sie das erst einmal verinnerlicht, wenden Sie die Motivationsregeln an, die in diesem Abschnitt angesprochen wurden.

☐ **5. Urteilen Sie vorschnell? Urteilen Sie nicht.** Wenn Sie jemanden erreichen wollen, dürfen Sie nicht über ihn/sie urteilen. Um zu motivieren, müssen Sie nur Verständnis aufbringen und keine Zustimmung signalisieren. Die Tatsache, dass Sie selbst nicht auf diese Art und Weise motiviert würden, ist irrelevant.

☐ **6. Reden Sie an anderen vorbei? Sprechen Sie ihre Sprache.** Sie zeigen dadurch Respekt für ihre Denkweise und erleichtern es Ihrem Mitarbeiter, mit Ihnen zu kommunizieren und Ihnen die notwendigen Informationen zu geben, damit Sie wiederum motivieren können.

☐ **7. Sind Sie von anderen isoliert? Zeigen Sie ihm/ihr Ihre Welt.** Erläutern Sie ihm/ihr Ihre Konzeptkategorien. Um mit Ihnen zusammenzuarbeiten, muss er/sie auch Ihre Denkweise und Beweggründe kennen. Vermitteln Sie ihm/ihr Ihre Perspektive – durch die Fragen, die Sie stellen, die Faktoren,

KOMPETENZ 36: ANDERE MOTIVIEREN

die Sie interessieren. Wenn Sie Ihre Denkweise nicht erklären können, weiß er/sie nicht, wie er/sie effektiv mit Ihnen umgehen soll. Es ist einfacher, einem Führer zu folgen, wenn man ihn versteht.

- [ ] **8. Geht es immer nur ums Geschäftliche? Lernen Sie andere auf einer persönlichen Ebene kennen.** Merken Sie sich drei nicht arbeitsbezogene Details über jeden Mitmenschen in Ihrem Umfeld – Interessen und Hobbys, Kinder oder ein anderes Thema, über das Sie mit ihm sprechen können. Die Welt ist klein. Wenn Sie Ihren Mitarbeiter nach persönlichen Dingen fragen, merken Sie schnell, dass Sie mit nahezu jedem etwas gemeinsam haben. Gemeinsamkeiten schaffen Bindungen und geben Ihnen die Möglichkeit, individuell zu motivieren.

- [ ] **9. Gehen Sie den schwierigen Fällen aus dem Weg? Helfen Sie einem negativen Mitarbeiter, Motivation zu entwickeln.** Wenn jemand in einer bestimmten Situation eine übertriebene Sensibilität zeigt, reagiert er/sie meistens positiv auf ein gezieltes Hilfsangebot. Zieht Ihr Mitarbeiter sich in seine Gruppe zurück, unterstützen Sie ihn/sie bei der Einbindung in die Allgemeinheit. Ist er/sie demotiviert, suchen Sie sowohl nach privaten als auch nach beruflichen Ursachen. Dieser Mitarbeiter könnte zum Beispiel positiv auf eine neue Herausforderung reagieren. Ist er noch unerfahren, erklären Sie ihm die Prozesse.

- [ ] **10. Sind Sie zu direktiv? Binden Sie die Leute stärker in ihre Arbeit ein.** Delegieren und ermächtigen Sie so viel und umfassend wie möglich. Beteiligen Sie ihn/sie an der Festlegung von Zielen und an der Definition von Arbeitsprozessen, durch die sie erreicht werden. Bitten Sie ihn/sie um Input bei anstehenden Entscheidungen. Beteiligen Sie ihn/sie an der Einschätzung der Arbeitsergebnisse in der Geschäftseinheit. Teilen Sie Erfolge. Analysieren Sie Misserfolge gemeinsam. Nutzen Sie sein/ihr gesamtes Kompetenz- und Methodenspektrum.

- [ ] **11. Kommen Sie nicht so recht dahinter, was die Leute antreibt? Finden Sie die Beweggründe Ihrer Mitarbeiter heraus.** Untersuchen Sie, mit welchen konkreten Konsequenzen gerechnet wird. In einem Unternehmen wurden jährlich Gegenstände im Wert von 1 Million Dollar gestohlen, sowohl zum Schaden der Firma als auch anderer Mitarbeiter. Die Firma beauftragte einen bekannten Psychologen (Gary Latham), das Problem zu untersuchen. Latham stellte einige Fragen zu den Vor- und Nachteilen von Ehrlichkeit bzw. Diebstahl. Die Firmenleitung wollte selbstverständlich erst versteckte Kameras installieren und Detektive anstellen. Sie änderte allerdings ihre Meinung, als Latham sagte, dass die Diebe genau diese Lösung selbst vorgeschlagen hatten! Sie wollten die Kameras stehlen, um den Nervenkitzel des Diebstahls zu erhöhen. (Sie verkauften oder verwendeten das Diebesgut so gut wie nie.) Außerdem rechneten nur wenige mit ernsthaften Strafen, falls man sie erwischte (dies lag am Schutz durch die Gewerkschaft). Sie stahlen einfach, weil es möglich war. Indem sie nach den Beweggründen fragte anstatt Vermutungen anzustellen, kam die Firma daher zu einer besseren Lösung: Sie stellte eine Art Bibliothek zusammen, aus der die Mitarbeiter alle Gegenstände, die vorher gestohlen worden waren, ausleihen konnten. Außerdem legten Sie einen Amnestietag fest, an dem das Diebesgut zurückgegeben werden konnte. Das Ergebnis? Fast alle gestohlenen Waren wurden zurückgegeben, und die Diebstähle hörten im Laufe der nächsten drei Jahre fast vollständig auf.

In diesem Beispiel geht es nicht darum, wie man Diebstahl verhindert. In vielen Unternehmen wäre ein solches Bibliotheksystem ein Katastrophe. Es geht vielmehr darum, die Beweggründe des Verhaltens zu erfragen:

- Informationen müssen absolut vertraulich behandelt werden. Oft werden Außenstehende eingesetzt, um die Informationen zu sammeln.
- Sie müssen herausfinden, was die positiven und negativen Konsequenzen für die betreffende Person sind. In diesem Fall geht es darum, was die Vor- und Nachteile der Ehrlichkeit bzw. Unehrlichkeit sind.
- Wenn Sie einmal verstehen, mit welchen Konsequenzen gerechnet wird, verstehen Sie auch das Verhalten.
- Durch Ändern der Konsequenzen werden Sie das Verhalten ändern.
- Diese Technik wurde angewandt, um herauszufinden, warum Kunden zur Konkurrenz wechselten und wie man Kunden zurückgewinnen kann. Sie wurde auch eingesetzt, um Widerstand gegen Änderungen zu überwinden. Die Logik ist dieselbe. Mit welchen Vor- und Nachteilen kann gerechnet werden, wenn man Änderungen annimmt oder Widerstand leistet? Welche Vor- und Nachteile entstehen, wenn ein Kunde bei uns bleibt bzw. zur Konkurrenz übergeht?

KOMPETENZ 36: ANDERE MOTIVIEREN

Develop-in-Place-Aufgabenstellungen
- ☐ Managen Sie eine auf kurze Zeit angelegte Gruppe von „grünen", unerfahrenen Leuten als Coach, Lehrer, Begleiter, Mentor usw.
- ☐ Managen Sie eine Gruppe von Leuten, die älter und/oder erfahrener sind als Sie selbst, um eine Aufgabe zu erledigen.
- ☐ Werden Sie zum Change-Agenten; kreieren Sie ein Symbol für Veränderungen; rufen Sie andere zur Aktion auf; setzen Sie sich für weitreichende Änderungen und deren Umsetzung ein.
- ☐ Gründen Sie eine Gruppe zur Unterstützung von Mitarbeiterinteressen.
- ☐ Integrieren Sie verschiedene Systeme, Prozesse oder Verfahren über mehrere Abteilungen und/oder geografisch verteilte Geschäftsbereiche hinweg.

In motivating people, you've got to engage their minds and their hearts.
I motivate people, I hope, by example—and perhaps by excitement,
by having productive ideas to make others feel involved.
Rupert Murdoch – Australisch-US-amerikanischer Medienmogul, weltweit operierend

Literaturempfehlungen

Adair, J. (2003). *The inspirational leader.* London: Kogan Page.

Carlaw, M., Carlaw, P., Deming, V. K., & Friedmann, K. (2002). *Managing and motivating contact center employees: Tools and techniques for inspiring outstanding performance from your frontline staff.* New York: McGraw-Hill.

Charan, R. (2007). *Know-how: The 8 skills that separate people who perform from those who don't.* New York: Crown Business.

Cloke, K., & Goldsmith, J. (2003). *The art of waking people up: Cultivating awareness and authenticity at work.* San Francisco: Jossey-Bass.

Crainer, S. (2001). *Motivating the new generation: Modern motivation techniques.* New York: BrownHerron Publishing.

Deems, R. S., & Deems, T. A. (2003). *Leading in tough times: The manager's guide to responsibility, trust, and motivation.* Amherst, MA: HRD Press.

Deeprose, D. (2006). *How to recognize and reward employees: 150 Ways to inspire peak performance* (2nd ed.). New York: AMACOM.

Glanz, B. A. (2002). *Handle with CARE: Motivating and retaining employees.* New York: McGraw-Hill Trade.

Gostick, A., & Elton, C. (2007). *The carrot principle: How the best managers use recognition to engage their employees, retain talent, and drive performance.* New York: Free Press.

Grensing-Pophal, L. (2003). *Motivating today's employees.* Bellingham, WA: Self-Counsel Press.

Hiam, A. (2003). *Motivational management: Inspiring your people for maximum performance.* New York: AMACOM.

Karp, H. (2002). *Bridging the boomer-Xer gap: Creating authentic teams for high performance at work.* Palo Alto, CA: Davies-Black Publishing.

Kouzes, J. M., & Posner, B. Z. (2003). *Encouraging the heart: A leader's guide to rewarding and recognizing others.* San Francisco: Jossey-Bass.

Manville, B., & Kerr, S. (2003). *Harvard Business Review on motivating people.* Boston: Harvard Business School Press.

Manz, C. C., & Sims, H. P., Jr. (2001). *The new superleadership: Leading others to lead themselves.* San Francisco: Berrett-Koehler Publishers.

McKenna, P. J., & Maister, D. H. (2002). *First among equals: How to manage a group of professionals.* New York: Free Press.

Podmoroff, D. (2005). *365 Ways to motivate and reward your employees every day: With little or no money.* Ocala, FL: Atlantic Publishing Group.

Scott, W. J., Miller, T., III, & Scott, M. W. (2001). *Motivating others: Bringing out the best in people.* Bloomington, IN: 1stBooks Library.

FAKTOR VI: PERSÖNLICHE UND SOZIALE KOMPETENZEN
CLUSTER Q: ANDERE INSPIRIEREN

37 Verhandeln

Start out with an ideal and end up with a deal.
Karl Albrecht – Deutscher Unternehmer

Schlecht ausgeprägt

- ☐ Kommt nicht zu guten Verhandlungsergebnissen und erreicht nicht allzu viel
- ☐ Verwendet ineffektive – zu harte oder zu weiche – Verhandlungstaktiken; will immer gewinnen oder gibt zu viel nach, um einen Abschluss zu erreichen
- ☐ Hat Probleme im Umgang mit Konflikten, Angriffen, Kontroversen oder nicht verhandelbaren Punkten
- ☐ Hält sich zurück und nimmt keinen klaren Standpunkt ein
- ☐ Schlechter Zuhörer
- ☐ Versucht nicht, Übereinstimmung zu erzielen
- ☐ Wird schnell laut und gefährdet Beziehungen
- ☐ Weiß sich nicht diplomatisch, direkt und höflich zu geben

Wählen Sie eine bis drei der folgenden Kompetenzen als Ersatz für diese Kompetenz, wenn Sie nicht direkt an ihr arbeiten möchten.
ERSATZKOMPETENZEN: 2,9,11,12,16,27,30,32,33,36,38,48,50,51,52,56,57,64

Gut ausgeprägt

- ☐ Beweist in schwierigen Situationen großes Verhandlungsgeschick, sowohl im Umgang mit internen als auch externen Gruppen
- ☐ Kann Differenzen ohne großes Aufheben beilegen
- ☐ Erreicht Zugeständnisse, ohne Beziehungen zu gefährden
- ☐ Kann direkt und kraftvoll, aber auch diplomatisch auftreten
- ☐ Gewinnt schnell das Vertrauen der Verhandlungspartner
- ☐ Hat ein gutes Gefühl für das richtige Timing

Übertriebene Fähigkeit

- ☐ Zerstört unbedacht Beziehungen
- ☐ Nimmt keine Rücksicht auf die Gefühle anderer
- ☐ Will unbedingt gewinnen
- ☐ Hält an einer Position zu lange fest
- ☐ Passt sich zu sehr an oder zögert den Abbruch von Verhandlungen zu lange hinaus
- ☐ Versucht, immer einen Konsens herbeizuführen

KOMPETENZ 37: VERHANDELN

- [ ] Braucht zu lange, um Entscheidungen zu treffen.

Wählen Sie nachstehend eine bis drei Kompetenzen als Arbeitsgegenstand aus, um einen übertriebenen Einsatz dieser Fähigkeit zu kompensieren.

AUSGLEICHSKOMPETENZEN: 2,12,16,17,30,38,41,48,50,51,52,53,56,57,63

Mögliche Ursachen

- [ ] Kann Druck und Konfrontation nicht ertragen
- [ ] Zu hartes/zu weiches Auftreten
- [ ] Zu schnelles und zu frühes Nachgeben
- [ ] Will immer gewinnen
- [ ] Schwierigkeiten mit dem Abschluss von Win-win-Vereinbarungen
- [ ] Probleme mit argumentativen Verhandlungspartnern
- [ ] Nervosität bei Verhandlungen
- [ ] Nicht geschickt im Handeln und Verhandeln
- [ ] Schwach ausgeprägte soziale Kompetenzen
- [ ] Zu ernsthaft und intensiv

Leadership Architect® Faktoren und Cluster

Diese Kompetenz ist in Faktor VI „Persönliche und soziale Kompetenzen" zu finden. Diese Kompetenz ist in Cluster Q „Andere inspirieren" zusammen mit den Kompetenzen 36, 60, 65 enthalten. Sie können auch bei anderen Kompetenzen in demselben Faktor/Cluster nach passenden Tipps suchen.

Der Plan

Ziel einer Verhandlung ist es, die größtmöglichen Ergebnisse mit einem möglichst geringen Aufwand zu erzielen, dabei aber die andere Seite unbeschadet und mit einem positiven Gefühl aus der Verhandlung herausgehen zu lassen – so, dass Ihr Verhandlungspartner erneut mit Ihnen verhandeln möchte. Im Idealfall gibt es ein Win-win-Ergebnis. Beide Seiten haben genau das erreicht, was sie wollten. Das passiert jedoch sehr selten. Wahrscheinlicher ist, dass beide Seiten genug erreicht haben, um mit dem Verhandlungsprozess zufrieden zu sein. Das sind die „Teils-teils"-Ergebnisse. Es gibt „Win-lose"-Verhandlungen, bei denen die eine Seite zahlreiche Zugeständnisse aushandelt und die andere mit nichts oder sehr wenig zurückbleibt. Das passiert gewöhnlich nur bei einmaligen Verhandlungen – oder beim Autokauf. Verlierer sind unzufrieden und unglücklich. Gute Verhandlungsführer mit einer ausgeprägten Win-win-Kompetenz konzentrieren sich auf das Ziel, auf die offenen Streitpunkte und auf die zugrunde liegenden Interessen beider Seiten. Gewöhnlich wenden sie allgemein akzeptierte Prinzipien der Ethik und Fairness an. Mit persönlichen Problemen befassen sie sich separat, falls notwendig. Sie schalten persönliche Angriffe aus und vermeiden vorzeitig festgelegte Positionen.

KOMPETENZ 37: VERHANDELN

Tipps

☐ **1. Wollen Sie voller Ungeduld gleich zur Sache kommen? Stellen Sie eine Beziehung her und setzen Sie Grenzen.** Beginnen Sie langsam, bis Sie den Standpunkt der anderen Seite kennen. Achten Sie auf die Positionierung. Sie und Ihr Team auf der einen Seite und die Verhandlungspartner auf der gegenüberliegenden Seite ergeben eine Wettbewerbssituation. Versuchen Sie, die Teammitglieder beider Seiten zu mischen. Sind Sie der Gastgeber, beginnen Sie mit Small Talk, der nichts mit dem Verhandlungsthema zu tun hat. Geben Sie jedem Teilnehmer Zeit, sich einzugewöhnen und sich wohl zu fühlen. Zu Beginn der eigentlichen Verhandlung fragen Sie nach, ob es sinnvoll wäre, wenn beide Seiten ihre Ziele schildern, Ausgangspositionen und eventuelle Grenzen aufzeigen würden – wie zum Beispiel: „Wir sind nicht zusammengekommen, um über Kosten zu verhandeln." Beginnen Sie freiwillig. Geben sie zuerst die Gründe an und zuletzt die Positionen, denn wenn Sie zuerst Ziele und Positionen anbieten, dann hören die Leute Ihren Begründungen oft nicht zu. *Benötigen Sie weitere Hilfe? – Siehe Nr. 3 „Zugänglichkeit" und Nr. 31 „Zwischenmenschliches Geschick".*

☐ **2. Haben Sie Schwierigkeiten damit, den richtigen Einstieg zu finden? Vermeiden Sie früh festgelegte Positionen.** Es ist wie in der Physik. Auf eine Aktion folgt eine Reaktion. Harte Äußerungen. Extrem formulierte Positionen. Schuldzuweisungen. Absolute Aussagen. Andeutungen. Unnötiges Aufbegehren. Auf diese Reaktionen wird in gleicher Weise reagiert; sie verschwenden unnötig Zeit, rufen Unwillen hervor und verhindern Win-win- oder Teils-teils-Ergebnisse. Solche Positionen sind nur in einmaligen Verhandlungen hilfreich, wo kein Kompromiss möglich ist – und selbst da sind sie nicht empfehlenswert. Achten Sie auch darauf, sich nicht zu sehr auf ein Bedürfnis oder eine Vorgehensweise festzulegen. Suchen Sie nach Informationen, die dem widersprechen, was Sie bevorzugen. Sie sollten in der Lage sein, Ihre Position und Ihre Wünsche anzupassen. Wenn Sie dazu nicht imstande sind, dann ist Ihr Ego im Weg. Wenn Sie darauf beharren, bis Sie das Gewünschte bekommen, werden Sie entweder zu viel bezahlen oder in der Verhandlung schlecht abschneiden. Verhandeln Sie nicht nur einen einzelnen Punkt; fügen Sie, wenn möglich, weitere hinzu. Dies ist eine weitere Situation, die zu Starrheit führt.

☐ **3. Sind Sie zu sehr auf Dissensbereiche fixiert? Bringen Sie die Verhandlung auf eine reduzierte Ebene.** Halten Sie Verhandlungen so kurz wie möglich. Selbst gegensätzliche Positionen am Anfang haben Gemeinsamkeiten. Erklären Sie, dass Sie zunächst sehen möchten, ob es Punkte gibt, auf die sich beide Seiten vorläufig einigen könnten. Schreiben Sie diese auf eine Tafel oder ein Flipchart. Fragen Sie dann, ob vorläufige

Vereinbarungen abgeschlossen werden können. „Ich kann Ihnen X anbieten, wenn Sie mir dafür y geben." Dokumentieren Sie mögliche Vereinbarungen und die noch ausstehenden Voraussetzungen dafür. Listen Sie anschließend für jede Seite die weit auseinander liegenden Punkte auf, an denen die Verhandlungen scheitern können. Nehmen Sie sich jeden dieser Punkte einzeln vor und lassen Sie die jeweilige Partei genauestens erklären, welche Zugeständnisse sie fordert, so dass für diese Problempunkte nicht zu viel Zeit verloren geht. Überprüfen Sie, ob Sie einige dieser Punkte nicht von der Liste streichen können. Halten Sie bereit, was Sie Ihrerseits aufgeben können. Bereiten Sie Zugeständnisse und zugkräftige Gegenangebote vor und bringen Sie diese wenn notwendig in den Verhandlungsprozesses hinein. (Es wäre besser, im Vorfeld herauszufinden, mit welchen Punkten die andere Seite zufrieden wäre.) Machen Sie dazu einen Vorschlag: „Wenn ich in Punkt X nachgeben würde, könnte ich dafür Punkt y bekommen?" Damit generieren Sie eine größere Auswahl an Möglichkeiten.

☐ **4. Machen Sie falsche Annahmen? Stellen Sie Fragen, um die einzelnen Positionen besser zu verstehen.** Für Win-win- und Teils-teils-Verhandlungen, in denen beide Parteien ihre Forderungen ganz oder nur teilweise erfüllt bekommen, gilt: Je mehr Hintergrundinformationen Sie über die andere Partei haben, desto effektiver werden Sie verhandeln können. Was können Sie vor der Verhandlung über das herausfinden, was die anderen wissen? Was werden die anderen tun, wenn sie keine Übereinstimmung mit Ihnen erzielen können? Stellen Sie während der Verhandlung mehr Fragen, machen Sie weniger Aussagen. Fragen Sie nach: „Was haben Sie damit gemeint?" Fragen Sie nach dem Grund: „Warum haben Sie das gesagt?" Fragen Sie nach dem Motiv: „Wie sind Sie zu dieser Einstellung gekommen?" Erklären Sie sachlich, warum Sie Ihren Standpunkt einnehmen; veranlassen Sie auch die Gegenseite dazu. Wenn Ihr Gegner eine unflexible Position einnimmt, dann lehnen Sie diese nicht ab. Fragen Sie nach dem Warum: Auf welcher Basis beruht diese Haltung, woher wissen wir, was richtig oder fair ist, welche Theorie steht dahinter? Spielen Sie durch, was passieren könnte, wenn der Standpunkt der anderen Person übernommen würde. Bringen Sie alles an, was Sie haben. Verhandeln Sie nicht über Annahmen, sondern über Tatsachen.

☐ **5. Lassen Sie sich durch angespannte Verhandlungen auf dem falschen Fuß erwischen? Stellen Sie sich auf Druck ein.** Verhandlungen sind nicht immer nett und freundlich. Oft entstehen Druck, Aufbegehren, Abwehrhaltung, Schuldzuweisungen, Angriffe, Anspielungen und Drohungen. Trennen Sie die Menschen von dem Druck, den sie ausüben, trennen Sie den Menschen von seiner Rolle in der Verhandlung. Behandeln Sie persönliche Probleme direkt aber separat und vielleicht auch nebenher

KOMPETENZ 37: VERHANDELN

in den Pausen. Seien Sie offen, sprechen Sie mit dem größten Kritiker zuerst. Vermeiden Sie direkte Beschuldigungen; beschreiben Sie stattdessen die entstandene schwierige Situation und mögliche Lösungen. Auf unvernünftige Vorschläge, Angriffe oder keine Antwort auf eine Frage können Sie einfach mit Schweigen reagieren. Normalerweise reagieren Ihrer Gegner dann so, dass sie mehr dazu sagen, oder von ihrer Position etwas abweichen, oder aber zumindest ihre eigenen Interessen offenbaren. Falls Ihre Gegner unfair spielen, stellen Sie ihre Motive offen in Frage: „Ich habe den Eindruck, Sie wollen Katz und Maus mit mir spielen. Warum hören Sie nicht damit auf und geben mir genaue Informationen?" Auf Drohungen sollten Sie antworten, dass Sie nur auf der Basis von Verdienst und Fairness verhandeln werden. Schlagen Sie objektive Maßstäbe vor oder bringen Sie Ihre Ideen über faire Diskussionsparameter ein. Macht jemand ein lächerliches Angebot, nehmen Sie es ernst. Bitten Sie um eine Erklärung und beobachten Sie sein/ihr Verhalten. Oder verallgemeinern Sie die Forderung. Man bietet 25 Prozent weniger an. Fragen Sie: „Sie meinen also, das dies weniger wert ist als das, was wir verlangen?" Wenn er/sie bis zum äußersten Risiko geht (x Dollar oder gar nichts), behandeln Sie die Aussage wie ein Ziel oder einen Wunsch oder fahren Sie ohne Kommentar mit Ihren Ausführungen fort. Wird Ihr Gegenüber laut, sprechen Sie leiser oder gehen Sie näher an die Person heran. Hüten Sie sich vor Punkten, die in letzter Minute hinzugefügt werden. Dies kann im Anschluss an die Verhandlung passieren oder wenn der endgültige Vertrag vorgelegt wird. Sie sind zwar versucht, das Ganze einfach zum Abschluss zu bringen, aber die Gegenseite hat genauso viel zu verlieren wie Sie. Sagen Sie: „OK, ich war sowieso nicht zufrieden mit der Vereinbarung. Lassen Sie uns alles nochmals von vorn verhandeln." Halten Sie das Androhen negativer Konsequenzen solange zurück, bis Sie damit die maximale Wirkung erzielen können. *Benötigen Sie weitere Hilfe? – Siehe Nr. 12 „Konfliktmanagement".* Lesen Sie außerdem *Getting to Yes* von Fisher und Ury und *Secrets of Power Negotiating for Salespeople* von Roger Dawson.

☐ **6. Können andere in Ihnen lesen wie in einem offenen Buch? Bleiben Sie ruhig.** Übertriebene Gefühlsausbrüche können bei Ihrer Umgebung den Eindruck hervorrufen, Sie seien schwach und hätten Probleme mit kritischen Situationen. Welche emotionalen Reaktionen zeigen Sie bei Verhandlungen? Sind sie ungeduldig, unterbrechen oder verneinen Sie? Zeigen Sie eher Reaktionen in Ihrer Gestik wie eine nervöse Unruhe oder Pochen mit den Fingern? Erkennen und kontrollieren Sie diese Signale, sobald sie auftreten. Oder fragen Sie Ihren Gesprächspartner nach seiner Sicht der Dinge. Lassen Sie andere ihre Frustration und ihren Ärger loswerden, reagieren Sie jedoch nicht direkt. Kommen Sie vor der Gruppe immer wieder auf die Fakten und auf das Problem zurück und vermeiden Sie persönliche Auseinandersetzungen. *Benötigen Sie weitere Hilfe? – Siehe Nr. 11 „Selbstbeherrschung".*

☐ **7. Wollen Sie sich immer in allen Punkten durchsetzen? Machen Sie kleine Zugeständnisse.** Finden Sie Wege, die Situation der anderen Seite nicht zu gefährden. Welche erreichten Ziele kann sie ihrer Führungskraft anschließend berichten? Ermöglichen Sie es anderen, das Gesicht zu wahren, billigen Sie kleinere Dinge zu; und versuchen Sie nicht jedes Mal das Match zu gewinnen. Im Allgemeinen sollten Sie Ihre größeren Zugeständnisse jedoch erst zum Schluss machen. Wenn Sie gleich am Anfang damit aufwarten, könnten Sie einen ungünstigen Präzedenzfall schaffen.

☐ **8. Stecken Sie in einer Sackgasse fest? Suchen Sie nach einer gemeinsamen Basis.** Wenn Sie nicht in allen Punkten übereinstimmen, dokumentieren Sie die Dinge, bei denen Ihnen das gelungen ist und stellen Sie dann die noch offenen Problempunkte zusammen. Wenn möglich, treffen Sie zumindest eine gemeinsame Vereinbarung über die Prozessgestaltung – einen festen Zeitrahmen und bestimmte Folgeschritte. Das bringt die Angelegenheit ins Rollen und verhindert Patt-Situationen. *Benötigen Sie weitere Hilfe? – Siehe Nr. 52 „Prozessmanagement".*

☐ **9. Sind Sie so weit gegangen, wie Sie es alleine konnten? Bringen Sie eine Schlichtung ins Gespräch, wenn nötig.** Befinden Sie sich in einer echten Sackgasse, schlagen Sie vor, eine dritte, ebenso starke und für beide Seiten akzeptable Partei mit einzubeziehen, um die restlichen Konflikte zu lösen. Bitten Sie diese dritte Partei, die Interessen beider Seiten aufzuschreiben und Kompromissvorschläge zu machen, bis Sie zustimmen können. Nähern Sie sich einer Lösung immer weiter an, bis beide Parteien nichts mehr verbessern können. Falls der Zeitfaktor wichtig ist, geben Sie diesen Prozess an eine höhere Ebene weiter. Präsentieren Sie die Darstellungen beider Seiten ruhig und sachlich und akzeptieren Sie die dann getroffene Entscheidung.

☐ **10. Haben Sie das Gefühl, in der Falle zu sitzen? Dann sollten Sie wissen, wann es Zeit wird, abzubrechen.** Die besten Verhandlungspartner haben ein gutes Selbstwertgefühl und einen klaren Fokus und können den Verhandlungstisch ohne Schwierigkeiten verlassen, wenn es notwendig ist. Erwägen Sie eine solche Möglichkeit rechtzeitig. Könnten Sie sich einen temporären oder permanenten Verhandlungsabbruch leisten? Unter welchen Bedingungen würden Sie zurückkommen? Haben Sie die Zeit?

Könnten Sie das, was Sie brauchen, auch auf eine andere Art bekommen? Ihr Selbstvertrauen wird aufgebaut, wenn Sie die Kraft haben, bewusst nein zu sagen und die Verhandlung zu verlassen. *Benötigen Sie weitere Hilfe? – Siehe Nr. 57 „Eigenständigkeit".*

☐ **11. Sie können die Verhandlung nicht zum Abschluss bringen? Kommen Sie zu einer vorläufigen Einigung, falls nötig.** Sie können aber auch vorschlagen, weiterhin nach einer besseren Lösung zu suchen, während die erreichte Vereinbarung solange gilt, bis eine bessere gefunden wird. Manchmal können Sie Zeit- gegen Preisangebote austauschen oder einen Punkt hinzufügen, um die Vereinbarung noch besser zu gestalten.

Develop-in-Place-Aufgabenstellungen

☐ Führen Sie schwierige Verhandlungen mit einem internen oder externen Kunden.

☐ Beteiligen Sie sich an einem Gewerkschafts-Verhandlungsteam oder Beschwerde-Schlichtungsteam.

☐ Managen Sie die Liquidation bzw. den Verkauf von Geschäften, Produkten, Maschinen, Materialien, Möbeln, Überbeständen usw.

☐ Managen Sie die Interaktion zwischen Beratern und der Organisation in einer kritischen Aufgabe.

☐ Beteiligen Sie sich an den Verhandlungen zu einem Vertrag oder Übereinkommen mit internationaler Reichweite.

Allowing your opponent in a transaction to walk away with his dignity, his humor, and his hearing intact, and a pretty good deal in his pocket, is the right way to do business.
John Rutledge – US-amerikanischer Bankier

Literaturempfehlungen

Babcock, L., & Laschever, S. (2003). *Women don't ask: Negotiation and the gender divide*. Princeton, NJ: Princeton University Press.

Brett, J. M. (2007). *Negotiating globally: How to negotiate deals, resolve disputes, and make decisions across cultural boundaries* (2nd ed.). San Francisco: Jossey-Bass.

Dawson, R. (2001). *Secrets of power negotiating for salespeople: Inside secrets from a master negotiator*. Franklin Lakes, NJ: Career Press.

Fisher, R., Patton, B., & Ury, W. (1991). *Getting to yes: Negotiating agreement without giving in* (2nd ed.). New York: Penguin Books.

Fisher, R., & Shapiro, D. (2005). *Beyond reason: Using emotions as you negotiate*. New York: Penguin Group.

Gardner, H. (2004). *Changing minds: The art and science of changing our own and other people's minds*. Boston: Harvard Business School Press.

Harvard Business Essentials. (2003). *Negotiation*. Boston: Harvard Business School Press.

Levine, S. (2002). *The book of agreement: 10 Essential elements for getting the results you want*. San Francisco: Berrett-Koehler Publishers.

Macenka, M. J. (2001). *Inside the minds: Leading deal makers: Top venture capitalists and lawyers share their knowledge on negotiations, leveraging your position and the art of deal making*. Boston: Aspatore Books.

Miller, L. E., & Miller, J. (2002). *A woman's guide to successful negotiating: How to convince, collaborate, and create your way to agreement*. New York: McGraw-Hill.

Oliver, D. (2003). *How to negotiate effectively*. London: Kogan Page.

Patterson, K., Grenny, J., McMillan, R., Switzler, A., & Covey, S. R. (2002). *Crucial conversations: Tools for talking when stakes are high*. New York: McGraw-Hill.

Salacuse, J. (2003). *The global negotiator: Making, managing, and mending deals around the world in the twenty-first century*. New York: Palgrave Macmillan.

Shell, G. R. (2006). *Bargaining for advantage: Negotiation strategies for reasonable people* (2nd ed.). New York: Penguin Books.

Ury, W. (2007). *The power of a positive no: Save the deal save the relationship—and still say no*. New York: Bantam Books.

Watkins, M. (2002). *Breakthrough business negotiation*. San Francisco: Jossey-Bass.

FAKTOR V: POSITIONIERUNGSKOMPETENZEN IM UNTERNEHMEN
CLUSTER K: BEWEGT SICH GESCHICKT INNERHALB DER ORGANISATION

38 Organisationsagilität

*More business decisions occur over lunch and dinner
than at any other time, yet no MBA courses are given on the subject.*
Peter Drucker – Aus Österreich stammender US-amerikanischer Autor
und Managementberater

Schlecht ausgeprägt
☐ Kann Dinge außerhalb seines/ihres Bereiches in der Organisation nicht voranbringen
☐ Mangel an zwischenmenschlichen Fähigkeiten, um Dinge über die Grenzen hinweg zu regeln
☐ Verhandelt innerhalb der Firma nicht gut
☐ Ist zu schüchtern und nicht energisch genug, um durch Organisationen zu manövrieren
☐ Lehnt die Komplexität von Firmen ab
☐ Mangel an Erfahrung, oder sie/er weiß einfach nicht, an wen sie/er sich wenden soll
☐ Zu ungeduldig zum Lernen
☐ Weiß entweder nicht oder kümmert sich nicht darum, wo die Ursprünge liegen und wie Dinge innerhalb der Firma erledigt werden

Wählen Sie eine bis drei der folgenden Kompetenzen als Ersatz für diese Kompetenz, wenn Sie nicht direkt an ihr arbeiten möchten.
ERSATZKOMPETENZEN: 5,8,32,39,48,52,59,64

Gut ausgeprägt
☐ Weiß, wie die Firma funktioniert
☐ Weiß, wie man durch offizielle Kanäle und durch das informelle Netzwerk die Dinge geregelt bekommt
☐ Versteht den Ursprung und die Gründe hinter Firmenpolitik, Firmenpraktiken und Firmenvorgehensweisen
☐ Versteht Firmenkulturen

Übertriebene Fähigkeit
☐ Verwendet zu viel Zeit darauf, durch taktische Manöver Vorteile zu erlangen
☐ Verschwendet Zeit und Energie mit substanzarmen Angelegenheiten

KOMPETENZ 38: ORGANISATIONSAGILITÄT

☐ Gilt als zu politisch

Wählen Sie nachstehend eine bis drei Kompetenzen als Arbeitsgegenstand aus, um einen übertriebenen Einsatz dieser Fähigkeit zu kompensieren.
AUSGLEICHSKOMPETENZEN: 4,5,8,12,17,22,27,29,51,52,53,57,63

Mögliche Ursachen
☐ Kein Erkennen der Details in Gesamtsystemen
☐ Ungeduld
☐ Unerfahren
☐ Schwach ausgeprägte soziale Kompetenzen
☐ Widerstand gegen Komplexität
☐ Wenig Verhandlungsgeschick

Leadership Architect® Faktoren und Cluster
Diese Kompetenz ist in Faktor V „Positionierungskompetenzen im Unternehmen" zu finden. Diese Kompetenz ist in Cluster K „Bewegt sich geschickt innerhalb der Organisation" zusammen mit der Kompetenz 48 enthalten. Sie können auch bei anderen Kompetenzen in demselben Faktor/ Cluster nach passenden Tipps suchen.

Der Plan
Organisationen können ein komplexes Labyrinth mit vielen Abzweigungen, Sackgassen, Abkürzungen und Wahlmöglichkeiten sein, und in den meisten Organisationen verläuft der beste Weg, um ans Ziel zu kommen, fast nie gerade. Es gibt die formelle Organisation – dargestellt auf dem Organigramm –, die geradlinig aussieht, und es gibt die informelle Organisation, deren Wege im Zickzack verlaufen. Da Organisationen nun einmal aus Menschen bestehen, werden sie noch komplexer. Es gibt Kontrolleure, Beschleuniger, Stopper, Widerstandskämpfer, Wegweiser, gute Samariter und Beeinflussende. All diese Typen existieren im Labyrinth einer Organisation. Der Schlüssel zum Erfolg beim Manövrieren durch komplexe Organisationen liegt darin, das Ziel mit dem geringsten Zeitaufwand und dem wenigsten Aufsehen zu finden. Dies gelingt am besten, wenn man die Komplexität von Organisationen akzeptiert, anstatt sie zu bekämpfen, und wenn man dementsprechend denkt und plant.

Tipps
☐ **1. Sie wissen nicht genau, warum Sie Schwierigkeiten haben? Machen Sie eine Selbsteinschätzung.** Versuchen Sie, so ehrlich wie möglich einzuschätzen, warum Sie es nicht schaffen, die Dinge in der Organisation reibungslos und effektiv voranzubringen. Bitten Sie mindestens einen Kollegen aus jeder Gruppe, mit der Sie arbeiten, um Feedback. *Benötigen Sie weitere Hilfe? – Siehe Nr. 55 „Selbsterkenntnis".*

KOMPETENZ 38: ORGANISATIONSAGILITÄT

☐ **2. Die alten Herangehensweisen funktionieren nicht mehr? Verändern Sie Ihre Arbeits- und Vorgehensweise.** So, wie Sie die Dinge jetzt angehen, funktioniert es offensichtlich nicht. Ändern Sie das, versuchen Sie etwas völlig Neues. Probieren Sie Dinge aus, die Sie üblicherweise nicht tun. Schauen Sie anderen, die effektiver sind als Sie, ihre Vorgehensweise ab. Führen Sie Buch darüber, was funktioniert hat und was nicht.

☐ **3. Bekommen Sie kaum Reaktionen von anderen? Versuchen Sie, einen positiven Eindruck zu hinterlassen.** Der persönliche Stil kann behindern. Menschen hinterlassen unterschiedliche Eindrücke. Mit einem positiven persönlichen Eindruck kann über die Organisation mehr erreicht werden als mit einem negativen Eindruck. Zuhören können wird positiv aufgenommen. *Benötigen Sie weitere Hilfe? – Siehe Nr. 3 „Zugänglichkeit", Nr. 31 „Zwischenmenschliches Geschick", Nr. 33 „Zuhören können", Nr. 37 „Verhandeln", Nr. 39 „Organisieren" und Nr. 42 „Beziehung zu Kollegen".*

☐ **4. Nehmen Sie mehr als Sie geben? Das Prinzip der Gerechtigkeit.** Funktionierende Beziehungen sind auf einem Sinn für Gerechtigkeit aufgebaut und berücksichtigen die Auswirkungen auf andere. Verlangen Sie nicht nur; sondern finden Sie eine gemeinsame Basis, auf der Sie anderen auch helfen können, anstatt immer nur um Hilfe zu bitten. Welche Probleme muss die Gruppe, die Sie angesprochen haben, gerade lösen, welche Informationen werden gebraucht? Wissen Sie wirklich, wie sie das Problem sehen? Ist es überhaupt eins für sie? Welche Auswirkung hat das, woran Sie gerade arbeiten, auf die Gruppe? Ist die Auswirkung negativ und sie reagiert dementsprechend, können Sie dann etwas austauschen, die Gemeinsamkeiten ansprechen, einen Weg finden, der die Arbeitsbelastung reduziert oder andere Auswirkungen minimiert? Zum Beispiel durch Ihr Angebot von zusätzlichen Mitarbeitern? *Benötigen Sie weitere Hilfe?– Siehe Nr. 42 „Beziehung zu Kollegen".*

☐ **5. Kommen Ihnen andere nicht entgegen? Denken Sie über die nach, die Ihnen helfen sollen.** Manchmal bereitet das Einschätzen der Mitarbeiter Probleme. Wer ist wirklich zur Mithilfe bereit? Wer weigert sich? Was wollen sie wirklich erreichen? Welchen Preis werden sie für die Unterstützung verlangen? *Benötigen Sie weitere Hilfe? – Siehe Nr. 56 „Fähigkeit andere einzuschätzen" und Nr. 64 „Verständnis für andere".*

☐ **6. Sind Sie frustriert? Denken Sie über das Wesen der Organisation nach.** Manchmal liegt das Problem in der Unterschätzung der Komplexität von Organisationen. Viele Leute wollen die Dinge immer einfacher sehen als sie wirklich sind. Manchen Organisationen mag es zwar an Komplexität fehlen, aber das sind Ausnahmen. *Benötigen Sie weitere Hilfe? – Siehe Nr. 48 „Politisches Geschick" und Nr. 59 „Führen durch Systeme".*

KOMPETENZ 38: ORGANISATIONSAGILITÄT

☐ **7. Gehen Sie sprunghaft zu Werke? Arbeiten Sie an Ihrer Fokussierung.**
Manchmal liegt das Problem an mangelhaftem Organisiertsein. Das Erlernen, wie Organisationen funktionieren, erfordert einige Disziplin. Man muss hinter das Offensichtliche schauen, um zu sehen, was sich im Hintergrund versteckt. *Benötigen Sie weitere Hilfe? – Siehe Nr. 47 „Planen".*

☐ **8. Haben Sie sich im Labyrinth verirrt? Schwimmen Sie mit dem Strom.**
Viele Menschen kennen zwar die notwendigen Prozess-Schritte, um eine Aufgabe zu bewältigen, sind jedoch zu ungeduldig, sie einzuhalten. Das Manövrieren durch ein Labyrinth erfordert von Zeit zu Zeit eine Pause, damit die Dinge ihren Lauf nehmen können. Das kann bedeuten, dass Sie warten müssen, bis jemand in einer Schlüsselposition Zeit für Ihre Bedürfnisse hat. *Benötigen Sie weitere Hilfe? – Siehe Nr. 41 „Geduld".* Ein weiteres Problem liegt darin, die einzelnen Pfade, Kurven, Sackgassen und Abzweigungen zu erkennen. *Benötigen Sie weitere Hilfe? – Siehe Nr. 32 „Schnelle Auffassungsgabe", Nr. 48 „Politisches Geschick" und Nr. 51 „Fähigkeit, Probleme zu lösen".*

☐ **9. Verlieren Sie die Fassung, wenn Ihre Bemühungen scheitern oder zurückgewiesen werden? Erwarten Sie das Unerwartete.** Wenn Sie dazu tendieren, Ihre Ruhe zu verlieren oder frustriert zu werden, dann verinnerlichen Sie eine passende Antwort, bevor Sie sie benötigen. Was ist das Schlimmste, das passieren könnte, und was tun Sie dann? Sie können eine Pause machen, bis zehn zählen oder eine Gegenfrage stellen, warum etwas nicht getan werden kann. Sie können Informationen aufnehmen und Gegenschritte entwickeln. Fazit: Reagieren Sie nicht, lernen Sie. *Benötigen Sie weitere Hilfe? – Siehe Nr. 11 „Selbstbeherrschung".*

☐ **10. Sie wissen nicht, wer Ihre Organisation vorantreibt? Identifizieren Sie die wichtigen Akteure und ihre Funktionen.** Wie bringen diese Menschen ihre Dinge durch? Auf wen verlassen sie sich, wenn sie etwas durch dieses Labyrinth schleusen wollen? Wie stehen Sie im Vergleich zu diesen Personen? Wer sitzt in den Schlüsselpositionen und kontrolliert den Fluss der Ressourcen, Informationen und Entscheidungen? Wer sind die Führer und die Helfer? Lernen Sie diese Personen besser kennen. Wer sind die Menschen, die die Organisation hemmen oder ihr Widerstand entgegenbringen? Meiden Sie sie, arbeiten Sie um sie herum.

Develop-in-Place-Aufgabenstellungen

- ☐ Beteiligen Sie sich an einem Team, das sich an einen Reorganisationsplan halten muss, in dem mehr Leute als Stellen zur Verfügung stehen.
- ☐ Führen Sie ein neues Produkt, eine Dienstleistung, einen Prozess ein.
- ☐ Werden Sie zum Change-Agenten; kreieren Sie ein Symbol für Veränderungen; rufen Sie andere zur Aktion auf; setzen Sie sich für weitreichende Änderungen und deren Umsetzung ein.
- ☐ Planen Sie einen neuen Standort (Werk, Niederlassung, Stammhaus usw.).
- ☐ Integrieren Sie verschiedene Systeme, Prozesse oder Verfahren über mehrere Abteilungen und/oder geografisch verteilte Geschäftsbereiche hinweg.

Every company has two organizational structures: The formal one is written on the charts; the other is the everyday relationship of the men and women in the organization.
Harold S. Geneen – US-amerikanischer Geschäftsmann

Literaturempfehlungen;

Anklam, P. (2007). *Net work: A practical guide to creating and sustaining networks at work and in the world.* Burlington, MA: Butterworth-Heinemann.

Ashkenas, R. N., Ulrich, D., Jick, T., & Kerr, S. (2002). *The boundaryless organization: Breaking the chains of organization structure* (Rev. ed.). San Francisco: Jossey-Bass.

Brache, A. P. (2002). *How organizations work: Taking a holistic approach to enterprise health.* Hoboken, NJ: John Wiley & Sons.

Cross, R. L., Parker, A., & Cross, R. (2004). *The hidden power of social networks: Understanding how work really gets done in organizations.* Boston: Harvard Business School Press.

Dominguez, L. R. (2003). *How to shine at work.* New York: McGraw-Hill.

Gobillot, E. (2007). *The connected leader: Creating agile organisations for people, performance, and profit.* London: Kogan Page.

Hall, K. (2007). *Speed lead: Faster, simpler ways to manage people, projects, and teams in complex companies.* London: Nicholas Brealey Publishing.

Honold, L., & Silverman, R. J. (2002). *Organizational DNA.* Palo Alto, CA: Davies-Black Publishing.

Marshak, R. J., & Schein, E. (2006). *Covert processes at work: Managing the five hidden dimensions of organizational change.* San Francisco: Berrett-Koehler Publishers.

Sathe, V. (2003). *Corporate entrepreneurship: Top managers and new business creation.* Boston: Cambridge University Press.

Segil, L., Goldsmith, M., & Belasco, J. (Eds.). (2003). *Partnering: The new face of leadership.* New York: AMACOM.

Wenger, E., McDermott, R., & Snyder, W. M. (2002). *Cultivating communities of practice: A guide to managing knowledge.* Boston: Harvard Business School Press.

FAKTOR II: AUSFÜHRENDE FÄHIGKEITEN
CLUSTER E: ORGANISATIONSFÄHIGKEIT

39 Organisieren

*Organizing is what you do before you do something,
so that when you do it, it is not all mixed up.*
A.A. Milne – Englischer Schriftsteller, Dramatiker und Dichter

Schlecht ausgeprägt
- ☐ Führt Ressourcen nicht effektiv zusammen
- ☐ Weiß Menschen, Material, Budget, nicht zu organisieren
- ☐ Kann nur schlecht delegieren, planen und motivieren
- ☐ Seine/ihre Leistung nimmt mit zunehmender Zahl gleichzeitiger Aktivitäten ab
- ☐ Verlässt sich zu stark auf sich selbst
- ☐ Kommt kurz vor dem Abschluss einer Aufgabe ins Schleudern und muss dann viele Stunden dafür opfern
- ☐ Kann das Zusammenspiel verschiedener Aktivitäten nicht vorhersehen oder erkennen

Wählen Sie eine bis drei der folgenden Kompetenzen als Ersatz für diese Kompetenz, wenn Sie nicht direkt an ihr arbeiten möchten.
ERSATZKOMPETENZEN: 9,18,20,25,36,47,52,60,62

Gut ausgeprägt
- ☐ Kann Ressourcen (Menschen, Budget, Material, Unterstützung) erfolgreich einsetzen
- ☐ Kann vielfältige Aktivitäten zielgerichtet zusammenführen
- ☐ Nutzt Ressourcen effektiv und effizient
- ☐ Organisiert bis ins Detail, bringt die Dinge zur Umsetzung

Übertriebene Fähigkeit
- ☐ Toleriert das übliche, alltägliche Chaos nicht
- ☐ Will zu häufig Dinge nach seinen/ihren Vorstellungen verwirklichen
- ☐ Ist nicht offen für Vorschläge und Beiträge anderer
- ☐ Büßt seine/ihre Effektivität ein, wenn Dinge anders verlaufen als geplant

Wählen Sie nachstehend eine bis drei Kompetenzen als Arbeitsgegenstand aus, um einen übertriebenen Einsatz dieser Fähigkeit zu kompensieren.
AUSGLEICHSKOMPETENZEN: 2,11,12,26,32,33,36,40,46,52,60

KOMPETENZ 39: ORGANISIEREN

Mögliche Ursachen
- ☐ Sie delegieren nicht
- ☐ Unerfahren
- ☐ Die Zusammenarbeit mit ihm/ihr ist nicht motivierend
- ☐ Nicht ideenreich
- ☐ Kann nicht gut verhandeln
- ☐ Schlechter Planer
- ☐ Zu egozentrisch

Leadership Architect® Faktoren und Cluster
Diese Kompetenz ist in Faktor II „Ausführende Fähigkeiten" zu finden. Diese Kompetenz ist in Cluster E „Organisationsfähigkeit" zusammen mit den Kompetenzen 47, 62 enthalten. Sie können auch bei anderen Kompetenzen in demselben Faktor/Cluster nach passenden Tipps suchen.

Der Plan
Es ist einfacher, Ergebnisse zu erzielen, wenn alle am selben Strang ziehen. Es ist einfacher, Leistungen zu erbringen, wenn alle benötigten Hilfsmittel und Ressourcen zur Verfügung stehen. Es ist einfacher, ein Projekt durchzuziehen, wenn jedes Ihrer Teammitglieder Sie unterstützt und zu Ihnen hält. Es macht Spaß, auf die Mithilfe anderer zählen zu können, auch wenn Ihnen diese Menschen nicht direkt unterstellt sind. Die Kompetenz der Organisation ist ein ganz wesentlicher Pluspunkt – es sei denn, Sie ziehen es vor, dass die Bewältigung von Aufgaben schwierig sein soll und keinen Spaß machen darf.

Tipps
- ☐ **1. Haben Sie ein Ziel? Setzen Sie Ziele und Maßstäbe.** Nichts hält die Projekte so gut im Zeitplan und im Budgetrahmen wie ein Ziel und ein Maßstab. Setzen Sie sich Ziele für das gesamte Projekt und alle untergeordneten Aufgaben. Setzen Sie sich und anderen Maßstäbe, so dass Sie Ihren Fortschritt im Vergleich zu den Zielen messen können. *Benötigen Sie weitere Hilfe? – Siehe Nr. 35 „Leistung einfordern und messen".*
- ☐ **2. Haben Sie einen Plan? Arbeitsvorbereitung.** Die meisten effizienten Prozesse beginnen mit einem Plan. Welches Ergebnis muss ich erreichen? Wie ist der Zeitrahmen gesteckt? Welche Ressourcen brauche ich? Wer verfügt über diese Ressourcen – Personal, Budget, Werkzeuge, Materialien, Unterstützung? Was habe ich zu bieten? Wie kann ich für die von mir benötigten Ressourcen bezahlen? Wer gewinnt noch, wenn ich gewinne? Wer könnte verlieren? Bereiten Sie die Arbeit von A bis Z vor. Manche Menschen werden als desorganisiert eingeschätzt, weil sie die

Arbeitsschritte oder -prozesse nicht schriftlich festlegen und deshalb etwas auslassen. Bitten Sie andere um Rückmeldung über den Ablauf und um Überprüfung auf Vollständigkeit.

- ☐ **3. Müssen Sie mit knappen Ressourcen auskommen? Verhandeln Sie um Ressourcen.** Womit kann ich handeln? Was kann ich kaufen? Was kann ich ausleihen? Was muss ich austauschen? Was brauche ich, das ich weder bezahlen noch austauschen kann?
- ☐ **4. Haben Sie Ihre Ziele bekannt gemacht? Sorgen Sie für Unterstützung.** Besprechen Sie Ihre Mission und Ihre Ziele mit den Mitarbeitern und Kollegen, die Sie später zur Unterstützung heranziehen möchten. Holen Sie sich ihren Input, wenn möglich. Menschen, die gefragt werden, neigen eher zur Unterstützung als diejenigen, die nicht gefragt werden. Finden Sie heraus, wie die Menschen, die Sie unterstützen, mit Ihnen zusammen gewinnen können.
- ☐ **5. Stehen große Projekte an? Delegieren Sie.** Die Erledigung von langen, komplexen oder vielschichtigen Projekten beinhaltet die Ausführung vieler einzelner Projektschritte, die zum Gesamtergebnis hinführen. Ein ganz klares Resultat aus der Forschung ist, dass Empowerment die Menschen dazu motiviert, länger und härter zu arbeiten. Menschen haben gerne die Kontrolle über ihre Arbeit, bestimmen ihre Prozesse lieber selbst, wollen selbstständig entscheiden können. Delegieren Sie so viel wie möglich an andere, verbunden mit der notwendigen Autorität. Ein weiteres eindeutiges Untersuchungsergebnis besagt, dass man dem schwächsten Glied in der Kette große Aufmerksamkeit schenken muss. Dazu gehören normalerweise Gruppen oder Einzelpersonen, mit denen Sie den wenigsten Kontakt oder über die Sie die geringste Kontrolle haben, zum Beispiel Mitarbeiter an einem entfernten Einsatzort, Berater oder Zulieferer. Verdoppeln Sie Ihre Kontakte mit diesen potenziellen Schwachstellen.
- ☐ **6. Ist alles sehr komplex? Das Managen mehrerer Aufgaben gleichzeitig.** Man muss versuchen, komplexe Ergebnisse durch das gleichzeitige Management von parallel laufenden oder sehr verschiedenartigen Aufgaben zu erzielen. Dazu ist ein Rahmenplan sehr hilfreich – ebenso die Delegation eines Teils Ihrer Arbeit. *Benötigen Sie weitere Hilfe?* – Siehe Nr. 47 „Planen".
- ☐ **7. Sind Ihre Ressourcen begrenzt? Effizientes Managen.** Behalten Sie das Budget im Auge. Planen Sie Ihre Ausgaben vorsichtig. Halten Sie Reserven für das Unvorhergesehene bereit. Erstellen Sie sich einen Zeitplan, damit Sie Ihre laufenden Kosten verfolgen können.

☐ **8. Sind Sie nervös? Ruhig und gelassen managen.** Viele Menschen werden nervös, wenn zu viele Dinge auf einmal anstehen. Ein Plan hilft. Delegieren hilft. Ziele und Maßstäbe helfen. Frustration hilft selten. *Benötigen Sie weitere Hilfe? – Siehe Nr. 11 „Selbstbeherrschung".*

☐ **9. Haben Sie einen Erfolg zu verbuchen? Feiern Sie ihn.** Verteilen Sie Erfolge und Belohnungen regelmäßig. Das macht es leichter für Sie, zur Quelle zurückzukehren, wenn Sie das nächste Mal Ressourcen benötigen.

☐ **10. Brauchen Sie ein Modell? Suchen Sie sich Hilfe.** Finden Sie jemanden in Ihrer Umgebung, der Menschen und Dinge gut organisieren kann. Beobachten Sie, wie er/sie handelt. Wie vergleichen Sie das mit Ihren typischen Verhaltensweisen?

Develop-in-Place-Aufgabenstellungen

☐ Arbeiten Sie in dem Team, das bei Entlassungen, Werksschließungen, Personalabbau und Veräußerungen entscheidet, wer bleibt und wer geht.

☐ Planen Sie ein Meeting, eine Tagung, eine Messe, eine Veranstaltung usw. außerhalb Ihres Standorts.

☐ Managen Sie den Kauf eines wichtigen Produkts, Geräts, Materials, Programms oder Systems.

☐ Planen Sie einen neuen Standort (Werk, Niederlassung, Stammhaus usw.).

☐ Managen Sie einen VIP-Besuch (eines Mitglieds des Top-Managements, Regierungsmitglieds, externen Kunden, ausländischen Besuchers usw.).

Don't agonize. Organize.
Florynce Kennedy – US-amerikanische Rechtsanwältin, Aktivistin, Bürgerrechtlerin und Feministin

Literaturempfehlungen

Allen, D. (2003). *Getting things done: The art of stress-free productivity.* New York: Penguin Books.

Byfield, M. (2003). *It's hard to make a difference when you can't find your keys: The seven-step path to becoming truly organized.* New York: Viking Press.

Cramer, K. D. (2002). *When faster harder smarter is not enough: Six steps for achieving what you want in a rapid-fire world.* New York: McGraw-Hill.

Crouch, C. (2005). *Getting organized: Improving focus, organization and productivity.* Memphis, TN: Dawson Publishing.

Davenport, L. (2001). *Order from chaos: A six-step plan for organizing yourself, your office, and your life.* New York: Three Rivers Press.

Hedrick, L. H. (2002). *Get organized in the digital age.* New York: New American Library Trade.

Hemphill, B. (2006). *Taming the office tiger.* Washington, DC: Kiplinger Books.

Herman, S. (Ed.). (2002). *Rewiring organizations for the networked economy: Organizing, managing, and leading in the information age.* San Francisco: Jossey-Bass/Pfeiffer.

Koch, R. (1998). *The 80/20 principle: The secret of achieving more with less.* New York: Currency/Doubleday.

Mann, S. (2006). *I hate filing: Everything you need to get organized for success and sanity at home, on the run, and in the office.* Deerfield Beach, FL: Health Communications, Inc.

Nelson, M. (2002). *Clutter-proof your business: Turn your mess into success.* Franklin Lakes, NJ: Career Press.

Sköldberg, K. (2002). *The poetic logic of administration: Styles and changes of style in the art of organizing.* London: Routledge.

Smallin, D. (2002). *Organizing plain and simple: A ready reference guide with hundreds of solutions to your everyday clutter challenges.* Pownal, VT: Storey Books.

Wheatley, M. J., & Kellner-Rogers, M. (1998). *A simpler way.* San Francisco: Berrett-Koehler Publishers.

Winston, S. (2001). *The organized executive: The classic program for productivity: New ways to manage time, people, and the digital office.* New York: Warner Business.

Winston, S. (2004). *Organized for success: Top executives and CEOs reveal the organizing principles that helped them reach the top.* New York: Crown Business.

KOMPETENZ 39: ORGANISIEREN

FAKTOR VI: PERSÖNLICHE UND SOZIALE KOMPETENZEN
CLUSTER T: PERSÖNLICHE FLEXIBILITÄT ZEIGEN

40 Umgang mit paradoxen Situationen

The art of life is a constant readjustment to our surroundings.
Kakuzo Okakura – Japanischer Autor und Kunstkritiker

Schlecht ausgeprägt
- ☐ Nicht sehr flexibel
- ☐ Kann nicht schnell umschalten
- ☐ Kennt nur eine Rolle (auch wenn er diese sehr gut beherrscht)
- ☐ Glaubt an persönliche Konsequenz und die Verfolgung einiger weniger Prinzipien
- ☐ Versucht, alles nach einem Strickmuster zu erledigen
- ☐ Wählt keinen ausgewogenen Ansatz
- ☐ Gilt als Person, die rigoros und in übertriebener Weise ihren Weg verfolgt
- ☐ Verlässt sich zu sehr auf eigene Stärken
- ☐ Hat Probleme damit, sein/ihr Verhalten an die wechselnden Anforderungen eines Meetings oder einer Situation anzupassen

Wählen Sie eine bis drei der folgenden Kompetenzen als Ersatz für diese Kompetenz, wenn Sie nicht direkt an ihr arbeiten möchten.
ERSATZKOMPETENZEN: 2,11,12,16,32,45,57

Gut ausgeprägt
- ☐ Kann auch in scheinbar widersprüchlicher Weise handeln
- ☐ Ist angesichts hoher Anforderungen sehr flexibel und anpassungsfähig
- ☐ Kann vermeintliche Gegensätze kombinieren wie etwa hart und mitfühlend sein, eigene Interessen einfordern, ohne anderen zu schaden oder feste, aber auch flexible Standards setzen
- ☐ Kann sein Verhalten unterschiedlichsten Situationen anpassen
- ☐ Wirkt trotz widerstreitender Anforderungen einer Situation ausgeglichen

Übertriebene Fähigkeit
- ☐ Kann für doppelzüngig oder oberflächlich gehalten werden
- ☐ Geht zu leicht von einem Stil oder Modus zum nächsten über
- ☐ Schätzt verlangte Fähigkeiten falsch ein
- ☐ Verwirrt Menschen, die ihn/sie in unterschiedlichen Situationen beobachten

☐ Wird leicht falsch interpretiert

Wählen Sie nachstehend eine bis drei Kompetenzen als Arbeitsgegenstand aus, um einen übertriebenen Einsatz dieser Fähigkeit zu kompensieren.
AUSGLEICHSKOMPETENZEN: 5,9,12,17,29,30,34,37,38,47,50,51,52,53,58

Mögliche Ursachen

☐ Gibt auf oder blockiert bei schnell wechselnden Situationen
☐ Keine gute Menschenkenntnis
☐ Fehleinschätzung von Situationen
☐ Nicht sehr flexibel
☐ Verfolgt rigoros den eigenen Weg
☐ Rigide Werte und Überzeugungen
☐ Eine dominierende Persönlichkeit
☐ Übertreibung

Leadership Architect® Faktoren und Cluster

Diese Kompetenz ist in Faktor VI „Persönliche und soziale Kompetenzen" zu finden. Diese Kompetenz ist in Cluster T „Persönliche Flexibilität zeigen" zusammen mit den Kompetenzen 45, 54, 55 enthalten. Sie können auch bei anderen Kompetenzen in demselben Faktor/Cluster nach passenden Tipps suchen.

Der Plan

Der Umgang mit paradoxen Situationen erfordert Flexibilität in Einstellung und Verhalten – von der Diskussion eines Plans über Kundenbeschwerden bis hin zu Verwaltungsfehlern – das Verhalten muss ständig an neue Gegebenheiten angepasst werden. Menschen mit einer solchen Kompetenz zeigen Flexibilität im Umgang mit Situationen und Menschen – sie können führen und auch andere führen lassen, wissen, wie man freundlich, aber bestimmt auftritt, und bleiben in Krisensituationen anpassungsfähig. Sie sind in der Lage, in einer Situation oder bei einem Wechsel von einer Aufgabe zur nächsten auf scheinbar widersprüchliche Art und Weise zu denken und zu handeln. Sie sind flexibel und reagieren auf momentane Anforderungen. Das erfordert ein bestimmtes Maß an Flexibilität in Methodik, Ton und Stil – die alle dann an die Anforderungen der Situation angepasst werden.

Tipps

☐ **1. Unterlassen Sie es, die Gangart zu wechseln? Lernen Sie, von einer Situation zur anderen unbekümmert umzuschalten.** In einem Lied heißt es „I want to be me". Aber nicht viele von uns können sich diesen Luxus leisten. Jede Situation, mit der wir umgehen müssen, ist anders. Um in diesen verschiedenen Situationen und auch mit unterschiedlichen

KOMPETENZ 40: UMGANG MIT PARADOXEN SITUATIONEN

Menschen effektiv arbeiten zu können, müssen wir unser Handeln immer wieder anpassen. Es kann sein, dass wir um neun Uhr führen, um zehn Uhr folgen, um elf Uhr passiv sind und um zwölf Uhr dominieren. Das gehört zu einem ganz normalen Arbeitstag. Respekt gegenüber der Führungskraft, Kritik gegenüber den Kollegen, Fürsorge gegenüber den Mitarbeitern und Ansprechbarkeit gegenüber Ihren Kunden. Aber: Keine Tricks. Richten Sie Ihr Fähnchen nicht nach dem Wind. Kein Machiavellismus. Stellen Sie sich lediglich flexibel auf die Anforderungen jeder Situation ein. Arbeiten Sie zuerst an der Einschätzung der Situation und der Menschen. Beobachten Sie eine Woche lang Ihre Anpassungsfähigkeit bei der Arbeit und zu Hause. Welche Umstellungen sind für Sie am schwierigsten? Am einfachsten? Warum? Üben Sie dieses flexible Verhalten im Privatleben. Gehen Sie zum Beispiel sofort nach einer öffentlichen Versammlung ins Schwimmbad und spielen Sie Wasserball mit Ihren Kindern. Auf dem Weg von der einen zur anderen Aktivität richten Sie Ihre Gedanken für ein bis zwei Sekunden auf das Umschalten selbst und auf die Verfassung, in der Sie sich befinden müssen, um es gut zu bewältigen.

☐ **2. Haben Sie Schwierigkeiten damit, Ihr Gleichgewicht zu finden? Kombinieren Sie scheinbar gegensätzliche Verhaltensweisen.** Bestimmtheit gepaart mit Mitgefühl ist das beste Beispiel. Übermitteln Sie eine schlechte Nachricht, zum Beispiel Entlassungen, aber tun Sie es mit Mitgefühl. Während Sie versuchen, drei wesentliche konzeptionelle Erkenntnisse aus den Daten zu entnehmen, betrachten Sie gleichzeitig die einzelnen Faktoren. Nehmen Sie einen harten Standpunkt ein, aber hören Sie anderen zu und lassen Sie ihnen Spielraum. Bleiben Sie bei Ihrer Überzeugung in einem strittigen Punkt, aber führen Sie loyal einen Organisationsplan durch, der Ihrer Sichtweise widerspricht. Locker, aber standhaft. Flexibel in einigen Bereichen des Budgets, strikt in anderen. Viele Situationen in der heutigen komplexen Welt fordern unterschiedliche Reaktionen und Verhaltensweisen. Nicht jedem ist es angenehm, zwei sich widersprechende Dinge auf einmal zu erledigen. Viele sind stolz darauf, immer sie selbst zu sein, mit festen Überzeugungen. Paradoxes Verhalten widerspricht dem nicht unbedingt. Es bedeutet nur, dass Sie innerhalb Ihrer normalen Bandbreite von Verhaltensweisen und Stil zwei Ihrer Extreme auf einmal verwenden: In der ersten Hälfte der Besprechung sind Sie so ruhig und in der zweiten so laut wie nur möglich.

☐ **3. Haben Sie zu viel des Guten? Halten Sie sich mit übertriebenen Fähigkeiten zurück.** Viele von uns übertreiben in einigen unserer Stärken. Wir drängen zu sehr nach Resultaten. Wir analysieren Daten zu lange. Wir versuchen, zu nett zu sein. Bei diesen übertriebenen

KOMPETENZ 40: UMGANG MIT PARADOXEN SITUATIONEN

Verhaltensweisen fällt es uns schwer, das Gegenteil zu tun. Finden Sie durch Feedback heraus, was Sie übertreiben, entweder mit einem 360°-Feedbackinstrument oder durch Befragung Ihrer engsten Kollegen. Finden Sie heraus, für wie anpassungsfähig man Sie hält, wenn Sie unter Druck stehen und wie gut Sie mit der zeitlichen Aufteilung eines typischen Arbeitstages umgehen. Versuchen Sie Ihre Übertreibungen auszugleichen. Ersetzen Sie Ihr Verhalten nicht – sondern fügen Sie etwas hinzu:

- Wenn Sie unter Druck schroff werden, holen Sie dreimal tief Luft und werden Sie bewusst ruhiger oder zeigen Sie etwas Humor.
- Wenn Sie leicht zu frustrieren sind, lernen Sie Strategien zum Innehalten. Stellen Sie sich vor, dass Sie sich in einer ruhigeren Umgebung befinden, stellen Sie eine Frage oder fragen Sie sich selbst: „Wie soll ich in diesem Augenblick handeln?"
- Wenn Sie zu hart sind, fragen Sie sich, wie Sie selbst in dieser Situation behandelt werden möchten. Hören Sie auf und fragen Sie, wie es der anderen Person geht oder wie sie reagiert.
- Wenn Sie übermanagen, arbeiten Sie daran, Maßstäbe und Ergebnisse festzulegen und zu delegieren; lassen Sie dann Ihr Team den Prozess bestimmen.
- Wenn Sie unter zu großer Detaillierung leiden, machen Sie eine Pause, laufen Sie um das Gebäude und denken Sie darüber nach, wie Sie sich jetzt gerne verhalten würden und was am wichtigsten ist. Kommen Sie dann zurück und erledigen Sie die Aufgabe Stück für Stück.
- Wenn Sie zu unflexibel werden, setzen Sie sich das Ziel, die Sichtweise anderer Menschen so gut zu verstehen, dass Sie sie genau wiedergeben können.
- Wenn Sie regelmäßig entweder zu aktiv oder zu passiv sind, fragen Sie sich, was im Moment wirkungsvoller wäre.
- Wenn Sie andere zu sehr dominieren, sagen Sie ihnen, was Ihrer Meinung nach zu tun ist. Fragen Sie sie dann, was sie selbst tun würden.

☐ **4. Verkaufen Sie die Vision eines anderen? Scheuen Sie sich nicht, den Worten eines anderen Ihre eigenen Taten folgen zu lassen.** Ein häufiges Paradox ist, wenn man ein Programm oder eine Idee eines anderen unterstützen muss, auch wenn man nicht überzeugt davon ist oder dem nicht zustimmt. Sie müssen Mitglied der loyalen Opposition sein. Die meiste Zeit vermitteln Sie wahrscheinlich die Zukunftsvision eines anderen. Die obere Geschäftsleitung und ein Managementberater haben die Zielsetzung, Vision und Strategie in einer Klausurtagung festgelegt.

Sie haben Ihren Input geben können, oder auch nicht. Sie haben vielleicht sogar Ihre Zweifel. Bieten Sie Ihrer Zuhörerschaft keine konditionalen Aussagen an. Lassen Sie es andere nicht wissen, dass Sie nicht ganz überzeugt sind. Ihre Rolle ist es, diese Vision und Ziele zu managen, nicht Ihre persönlichen. *Benötigen Sie weitere Hilfe?* – Siehe Nr. 22 *„Ethik und Wertmaßstäbe"*. Wenn Sie starke entgegengesetzte Ansichten haben, fordern Sie das nächste Mal ein Mitspracherecht.

☐ **5. Stecken Sie in der falschen Gangart fest? Gehen Sie Übergänge offensiv an.** Welche Übergänge oder Gegensätzlichkeiten fallen Ihnen am schwersten? Schreiben Sie die fünf schwierigsten auf. Wo fällt es Ihnen am schwersten, hin und her zu schalten? Verwenden Sie diese Erkenntnis, um eine Liste von Gegensätzlichkeiten (schwierigen Übergängen), die Ihnen begegnen, zu erstellen. Beispiele:

– Konfrontation mit Menschen versus Zugänglichkeit und Akzeptanz.

– Führen versus Folgen.

– Nach der Entlassung eines Mitarbeiters zu einem normalen Mitarbeitermeeting gehen.

Schreiben Sie auf, wie Sie sich in jeder dieser Situationen fühlen und welches Verhalten Sie vielleicht in Schwierigkeiten bringt. Vielleicht können Sie zum Beispiel nach einer Konfrontation nicht gut umschalten oder Sie haben Probleme, wieder die Führung zu übernehmen, nachdem Sie einen ganzen Tag passiv in einer Besprechung gewesen sind. Machen Sie einen Plan, wie Sie jede dieser schwierigen Übergänge angehen wollen.

☐ **6. Müssen Sie Ihre Komfortzone verlassen? Streben Sie eine größere Vielfalt am Arbeitsplatz an.** Gehen Sie ein Risiko ein; gehen Sie dann auf Nummer sicher. Stellen Sie sich Aufgaben, die Sie dazu zwingen, die Gangart zu wechseln. Beispiel: Werden Sie Sprecher für Ihre Organisation, wenn schwierige Fragen erwartet werden, schließen Sie Frieden mit einem Feind oder managen Sie Menschen, die neu in einer Aufgabe sind. Wenn diese Aufgaben bereits ein Teil Ihres Jobs sind, benutzen Sie sie dazu, um sich selbst zu beobachten, und probieren Sie neue Verhaltensweisen aus.

☐ **7. Brauchen Sie ein Vorbild oder einen Mentor? Beobachten Sie Experten für Übergänge.** Sprechen Sie mit flexiblen Menschen, wie zum Beispiel Managern in Restrukturierungsrollen (Abbau und Aufbau von Unternehmensteilen, Personalabbau und Unterstützung der Entlassenen bei der Suche nach Arbeit, Motivation der Bleibenden) oder mit sehr guten Eltern. Fragen Sie einen Schauspieler oder eine Schauspielerin, wie er/sie vollkommen unterschiedliche Rollen direkt nacheinander spielen kann.

KOMPETENZ 40: UMGANG MIT PARADOXEN SITUATIONEN

Sprechen Sie mit Menschen, die erst kürzlich in Ihre Organisation gekommen sind und in Unternehmen waren, die völlig anders sind als das Ihre. Sprechen Sie mit einem Therapeuten, der jede Stunde ein anderes Problem oder Trauma zu hören bekommt. Können Sie für sich Leitsätze für reibungslose Übergänge aufstellen.

☐ **8. Wird es Ihnen in der Expertenrolle zu gemütlich? Versuchen Sie, Novize zu werden.** Erklären Sie sich bereit, anderen etwas zu vermitteln, mit dem Sie sich selbst nicht auskennen, zum Beispiel das nächste Mal, wenn ein neues Verfahren, eine neue Richtlinie oder Technologie eingeführt wird. Auf diese Weise wechseln Sie von der Rolle des erfahrenen Experten in die Rolle des Anfängers.

☐ **9. Reagieren Sie zu heftig? Kontrollieren Sie Ihre unmittelbaren Reaktionen auf Veränderungen.** Viele von uns reagieren auf die Fragmentierung und Gegensätzlichkeiten in unserer Arbeit, als ob sie eine Bedrohung wären und nicht einfach ein ganz normaler Teil des Lebens. Manchmal werden unsere Emotionen und Ängste von dem Prozess des Umschaltens von aktiv zu passiv oder von sanft zu hart ausgelöst. Diese anfängliche Angstreaktion dauert 45 bis 60 Sekunden an. Wir müssen uns etwas mehr Zeit nehmen, um zu vermeiden, dass wir etwas Unangemessenes sagen oder tun. Untersuchungen haben gezeigt, dass Ihre besten Optionen für das, was Sie sagen oder tun sollten, zwischen dem zweiten und dritten Gedanken liegen. Üben Sie sich darin, Ihre erste Reaktion so lange zurückzuhalten, bis Sie an eine zweite oder dritte gedacht haben. Managen Sie den Prozess Ihres Umschaltens, seien Sie nicht sein Gefangener. *Benötigen Sie weitere Hilfe? – Siehe Nr. 11 „Selbstbeherrschung".*

☐ **10. Suchen Sie nach Optionen? Üben Sie in Gedanken die verschiedenen Möglichkeiten der Verhandlungsführung.** Stellen Sie sich vor, gegensätzlich zu verhandeln, aber das gleiche Ergebnis zu erreichen – wann Sie hart sein müssen, wann Sie die anderen entscheiden lassen, wann Sie von einem Verhandlungspunkt abkommen müssen, da er noch nicht entschieden werden kann. Nach welchen Anhaltspunkten würden Sie suchen, um eine passende Methode auszuwählen? Versuchen Sie, das gleiche Ergebnis bei zwei verschiedenen Gruppen und mit unterschiedlichen Methoden zu erreichen. Haben sie beide funktioniert?

Develop-in-Place-Aufgabenstellungen
- ☐ Übernehmen Sie ein schwieriges und nicht zu bewältigendes Projekt, an dem andere sich schon die Zähne ausgebissen haben.
- ☐ Untersuchen Sie überhöhte Kosten und analysieren Sie die Gründe. Legen Sie die Ergebnisse dem/den Beteiligten vor.
- ☐ Beteiligen Sie sich an einem Team, das sich an einen Reorganisationsplan halten muss, in dem mehr Leute als Stellen zur Verfügung stehen.
- ☐ Managen Sie eine Gruppe von Widerständlern mit schlechter Moral während eines unbeliebten Umstiegs oder Projekts.
- ☐ Managen Sie eine Gruppe von Personen, die an einem Fix-it oder Sanierungsprojekt arbeiten.

The executive exists to make sensible exceptions to general rules.
Elting E. Morison – US-amerikanischer Professor und Technikhistoriker

Literaturempfehlungen

Bellman, G. M. (2001). *Getting things done when you are not in charge.* San Francisco: Berrett-Koehler Publishers.

Fullan, M. (2007). *Leading in a culture of change* (Rev. ed.). San Francisco: Jossey-Bass.

Gilley, J. W., Quatro, S. A., Hoekstra, E., Whittle, D. D., & Maycunich, A. (2001). *The manager as change agent: A practical guide to developing high-performance people and organizations.* Cambridge, MA: Perseus Publishing.

Greenleaf, R. K., Spears, L. C., & Covey, S. R. (2002). *Servant leadership: A journey into the nature of legitimate power and greatness (25th Anniversary ed.).* Mahwah, NJ: Paulist Press.

Gurvis, J., & Calarco, A. (2007). *Adaptability: Responding effectively to change.* Greensboro, NC: Center for Creative Leadership.

Handy, C. (2003). *The elephant and the flea.* Boston: Harvard Business School Press.

Robinson, G., & Rose, M. (2004). *A leadership paradox: Influencing others by defining yourself.* Bloomington, IN: AuthorHouse.

Schwartz, B. (2004). *The paradox of choice: Why more is less.* Hopewell, NJ: Ecco Press.

Stone, D. A. (2001). *Policy paradox: The art of political decision making.* New York: W.W. Norton & Company.

Vandergriff, D. (2006). *Raising the bar: Creating and nurturing adaptability to deal with the changing face of war.* Washington DC: The Center for Defense Information.

Warren, R. A. (2002). *The achievement paradox: Test your personality and choose your behavior for success at work.* Novato, CA: New World Library.

FAKTOR VI: PERSÖNLICHE UND SOZIALE KOMPETENZEN
CLUSTER S: OFFEN UND ZUGÄNGLICH SEIN

41 Geduld

The key to everything is patience. You get the chicken by hatching the egg, not by smashing it.
Arnold H. Glasgow – US-amerikanischer Humorist und Schriftsteller

Schlecht ausgeprägt
- ☐ Handelt voreilig
- ☐ Duldet Langsamkeit oder Schwerfälligkeit anderer nicht
- ☐ Gilt als egozentrisch und erwartet von anderen, dass sie sich seinem/ihrem Tempo und Vorgehen anpassen
- ☐ Nimmt sich keine Zeit, um zuzuhören oder Dinge zu durchdenken
- ☐ Hat das Bedürfnis, alles zu beschleunigen
- ☐ Stört Zusammenkünfte mit seinem/ihrem Wunsch, sie früher zu beenden
- ☐ Unterbricht andere häufig und vollendet angefangene Sätze
- ☐ Schafft sich eigene Ablaufpläne; wartet nicht auf andere
- ☐ Kann auf andere arrogant, desinteressiert oder wie ein Besserwisser wirken
- ☐ Ist handlungsorientiert und sträubt sich gegen die Komplexität von Prozessen oder Problemen
- ☐ Zieht vorschnell Schlüsse, statt Beziehungen zu durchdenken

Wählen Sie eine bis drei der folgenden Kompetenzen als Ersatz für diese Kompetenz, wenn Sie nicht direkt an ihr arbeiten möchten.
ERSATZKOMPETENZEN: 3,11,33,38,48,52

Gut ausgeprägt
- ☐ Zeigt Menschen und Prozessen gegenüber Toleranz
- ☐ Hört zu und prüft Sachverhalte, bevor er/sie handelt
- ☐ Versucht, Menschen und Fakten zu verstehen, um dann erst zu urteilen und handeln
- ☐ Wartet auf andere, bevor er/sie handelt
- ☐ Ist sensibel für knappe Terminvorgaben und adäquates Tempo
- ☐ Bleibt bei bewährten Vorgehensweisen

Übertriebene Fähigkeit
- ☐ Wartet zu lange, bis sie/er handelt
- ☐ Versucht, es jedem recht zu machen
- ☐ Andere können aufmerksames Zuhören mit Akzeptanz ihrer Position verwechseln
- ☐ Verliert angesichts sehr knapper und schwieriger Entscheidungen zu viel Zeit

KOMPETENZ 41: GEDULD

- ☐ Lässt Dinge zu lange brodeln, ohne zu handeln

Wählen Sie nachstehend eine bis drei Kompetenzen als Arbeitsgegenstand aus, um einen übertriebenen Einsatz dieser Fähigkeit zu kompensieren.
AUSGLEICHSKOMPETENZEN: 1,2,9,12,13,16,34,40,53,57

Mögliche Ursachen

- ☐ Unrealistische Maßstäbe
- ☐ Versteht andere nicht gut
- ☐ Zu handlungsorientiert
- ☐ Sehr intelligent
- ☐ Mangel an Selbstbeherrschung
- ☐ Ein schlechter Zuhörer
- ☐ Ein schlechter Taktiker/nicht gut organisiert
- ☐ Arrogant

Leadership Architect® Faktoren und Cluster

Diese Kompetenz ist in Faktor VI „Persönliche und soziale Kompetenzen" zu finden. Diese Kompetenz ist in Cluster S „Offen und zugänglich sein" zusammen mit den Kompetenzen 11, 26, 33, 44 enthalten. Sie können auch bei anderen Kompetenzen in demselben Faktor/Cluster nach passenden Tipps suchen.

Der Plan

Viele Leute sind stolz darauf, ungeduldig zu sein und betrachten Ungeduld als Symbol eines hohen Standards und einer Ergebnisorientierung. Das kann auch manchmal zutreffen – vor allem, wenn es einfach kein Ergebnis gibt oder die Messlatte zu tief angelegt wird. In vielen Situationen jedoch dient Ungeduld als Deckmantel für verborgene Probleme und hat ernste, langfristige Konsequenzen. Ungeduld führt zum Übermanagement und dazu, dass keine Mitarbeiterentwicklung stattfindet, dass die Geschäftseinheit mit den Ergebnissen des Ungeduldigen torpediert wird, dass zu stark überwacht wird und dass Mitarbeiter der ungeduldigen Person wegen ihrer fehlenden Toleranz aus dem Wege gehen.

Tipps

- ☐ **1. Haben Sie Schwierigkeiten damit, zuzuhören? Seien Sie höflich.**
Ungeduldige Menschen unterbrechen andere häufig und vollenden deren Sätze, wenn diese eine Pause machen. Sie fordern andere auf sich zu beeilen, die nächsten Dias wegzulassen und zum letzten zu kommen und drängen sie, ihren Vortrag zu beenden und auf den Punkt zu kommen. Eine solche Verhaltensweise schüchtert andere ein, irritiert, demotiviert und frustriert sie. Das Ergebnis ist eine lückenhafte Kommunikation, Beziehungsschäden, ein Gefühl von Ungerechtigkeit und die Herabsetzung

anderer. Und das alles nur für ein paar Minuten Ihrer kostbaren Zeit. Verlängern Sie jeden Monat Ihre durchschnittliche Toleranzgrenze bis zu Ihrer nächsten Unterbrechung um fünf Sekunden, bis Sie dieses Verhalten weitgehend abgelegt haben. Gewöhnen Sie sich daran, Pausen zu machen, um Ihren Gesprächspartnern eine zweite Chance zu geben. Menschen geraten häufig ins Stottern, wenn Sie mit ungeduldigen Leuten reden, da sie sich mit ihrer Rede beeilen um weiterzukommen, bevor sie das nächste Mal unterbrochen werden.

☐ **2. Senden Sie die falschen Signale aus? Achten Sie auf die nonverbalen Signale.** Ungeduldige Menschen signalisieren ihre Ungeduld natürlich durch ihren Kommunikationsstil und durch ihre Handlungen, aber auch nonverbal, zum Beispiel durch Stirnrunzeln, Zappeln, Pochen mit den Fingern oder dem Bleistift und wütende Blicke. Was tun Sie? Fragen Sie Ihre Vertrauten nach den fünf häufigsten Signalen Ihrer Ungeduld. Arbeiten Sie daran, diese Angewohnheiten abzulegen.

☐ **3. Verlieren Sie die Selbstbeherrschung? Bleiben Sie ruhig.** Ungeduldige Menschen wollen alles sofort. Sie können nicht warten. Manchmal wächst ihre Ungeduld so stark, dass sie die Fassung verlieren. Wenn die Dinge nicht so schnell gehen, wie sie sich das vorstellen, wird eine emotionale Reaktion ausgelöst. *Benötigen Sie weitere Hilfe? – Siehe Nr. 11 „Selbstbeherrschung" und Nr. 107 „Mangel an Selbstbeherrschung".*

☐ **4. Wissen Sie, wer Sie aus der Fassung bringt? Identifizieren Sie die Person, die Ihre Ungeduld auslöst.** Manche Menschen rufen Ihre Ungeduld schneller und stärker hervor als andere. Welche Menschen sind das? Was haben sie an sich, dass Sie ungeduldiger macht? Ihr Tempo? Ihre Sprache? Denkprozesse? Ihr Akzent? Vielleicht mögen Sie die Leute nicht, weil sie endlos reden, jammern und sich beschweren oder weil sie immer wieder Themen zur Sprache bringen, die Sie schon längst ad acta gelegt haben. Entwickeln Sie einige Beruhigungstaktiken, bevor Sie Menschen treffen, die Ihre Ungeduld auslösen. Arbeiten Sie daran, ihren Standpunkt zu verstehen, ohne ihn zu bewerten – das können Sie später immer noch tun. Richten Sie die Aufmerksamkeit Ihrer Gesprächspartner in allen Fällen auf die zu diskutierenden Streitpunkte und Probleme, bringen Sie sie auf den Punkt zurück, unterbrechen Sie, um zusammenzufassen und nennen Sie Ihren Standpunkt. Bereiten Sie sie taktvoll darauf vor, das Gespräch beim nächsten Mal effizienter zu führen.

☐ **5. Sind Sie arrogant? Halten Sie die Arroganz in Schach.** Viele Menschen mit einer überragenden Stärke oder vielen Erfolgen bekommen wenig Feedback, überfahren andere und machen so lange so weiter, bis ihre Karriere gefährdet ist. Wenn Sie arrogant sind, wenn Sie die Beiträge anderer abwerten, dann sollten Sie doppelt so hart daran arbeiten, sich in andere hineinzuversetzen und ihnen zuzuhören. Sie müssen nicht übereinstimmen, sondern nur zuhören, um zu verstehen, bevor Sie reagieren. Sie müssen Ihre „Was ich will/meine"-Haltung ablegen und sich fragen „Was meinen die anderen, wie reagieren sie?"

☐ **6. Lässt man Sie immer wieder mal aus? Arbeiten Sie an Ihrer Offenheit und Zugänglichkeit.** Ungeduldige Zuhörer bekommen nicht soviel Informationen wie geduldige. Sie werden häufiger von Ereignissen überrascht, die andere schon vorhergesehen haben. Menschen reden nicht gern mit ungeduldigen Gesprächspartnern. Es ist ihnen zu unangenehm. Sie geben ihre Ahnungen, unausgegorenen Überlegungen, Unsicherheiten und möglichen Optionen nicht an ungeduldige Mitmenschen weiter. Das bedeutet für Sie, dass Sie nicht in die Informationsschleife einbezogen werden und Ihnen wichtige Informationen fehlen, die Sie brauchen, um effektiv zu arbeiten. Kritisieren Sie informelle Kommunikationswege und -methoden nicht, nehmen Sie sie einfach an. Zeigen Sie, dass Sie verstanden haben. Stellen Sie ein oder zwei situationsbedingte Fragen. und verfolgen Sie die Sache später.

☐ **7. Handeln Sie vorschnell? Zügeln Sie Ihre Ungeduld.** Ungeduldige Menschen stellen in einem Prozess zu früh ihre Antworten, Schlussfolgerungen und Lösungen bereit. Zu diesem Zeitpunkt haben die anderen Beteiligten das Problem noch nicht einmal verstanden. Bieten Sie Ihre Lösungen zu schnell an, erzeugt das Abhängigkeit und Irritationen bei Ihren Mitarbeitern. Wenn Sie ihnen Ihre Gedankengänge und Schlussfolgerungen nicht erklären, werden sie sie nie nachvollziehen können und daraus lernen. Nehmen Sie sich die Zeit, das Problem genau zu definieren – geben Sie nicht gleich ungeduldig eine Lösung vor. Machen Sie ein Brainstorming: Welche Fragen müssen zur Lösung des Problems beantwortet werden Geben Sie Ihren Mitarbeitern die Aufgabe, einen Tag nachzudenken und Lösungen zu entwickeln. Übernehmen Sie die Rolle des Lehrers, anstatt anderen Ihre Lösungen zu diktieren. Beobachten Sie sich selbst. Führen Sie Protokoll darüber, was Ihr Verhalten ausgelöst hat und welche Konsequenzen Sie beobachtet haben. Lernen Sie, Ihre Auslöser zu erkennen und zu kontrollieren, bevor Sie ihretwegen in Schwierigkeiten geraten. *Benötigen Sie weitere Hilfe? – Siehe Nr. 11 „Selbstbeherrschung".*

☐ **8. Haken Sie zu häufig nach? Gehen Sie systematisch vor.** Ungeduldige Leute haken oft nach. Wie läuft es. Schon erledigt? Wann wird es fertig sein? Lassen Sie mich sehen, was Sie bis jetzt getan haben. Das unterbricht etablierte Prozesse und verschwendet Zeit. Wenn Sie eine Aufgabe oder ein Projekt übertragen, dann legen Sie die verschiedenen Terminvorgaben gemeinsam fest. Sie können den Projektfortschritt auch prozentual nach Grad der Fertigstellung bestimmen. „Melden Sie sich bei mir, wenn Sie etwa 25 Prozent erledigt haben, damit wir noch Korrekturen machen können und bei 75 Prozent, damit wir Endkorrekturen durchführen können". Geben Sie Ihren Mitarbeitern die Möglichkeit, den Prozess selbst festzulegen. Kontrollieren Sie nur zu den vereinbarten Terminen oder nach dem Grad der Fertigstellung. *Benötigen Sie weitere Hilfe? – Siehe Nr. 18 „Delegieren".*

☐ **9. Verlassen Sie sich zu sehr auf sich selbst? Lassen Sie andere mit Lösungen zu Ihnen kommen.** Achten Sie mehr auf die Lösungen anderer. Akzeptieren Sie Diskussionen, Uneinigkeit und schlechte Nachrichten, und bitten Sie die Menschen um einen zweiten und dritten Lösungsvorschlag. Eine nützliche Methode ist die Zuteilung von Themen und Fragen an Ihre Mitarbeiter, bevor Sie darüber nachgedacht haben. Bitten Sie Ihre Mitarbeiter zwei Wochen vor dem Termin Ihrer Entscheidung, das Problem zu untersuchen und Ihnen zwei Tage vor der Fälligkeit Bericht zu erstatten. Auf diese Weise hatten Sie wirklich noch keine Gelegenheit, selbst Lösungen zu erarbeiten. Das motiviert Ihre Mitarbeiter und lässt Sie weniger ungeduldig erscheinen.

☐ **10. Hindert Sie Ihre mangelnde Geduld daran, andere zu entwickeln? Lesen Sie Kompetenz 19 „Mitarbeiter und andere weiterentwickeln".** Finden Sie heraus, wie Mitarbeiter sich wirklich entwickeln. Ihre Ungeduld macht es unwahrscheinlich, dass Sie eine gut ausgeprägte Kompetenz auf diesem Gebiet entwickeln werden, da Entwicklung innerhalb eines kurzen Zeitrahmens und bei starker Überwachung nicht möglich ist. Wie Sie dort erkennen werden: Herausfordernde Aufgaben, ständiges Feedback und Ermutigung zum Lernen sind die Schlüsselfaktoren dazu. Ungeduldige Führungskräfte entwickeln ihre Mitarbeiter selten weiter.

Develop-in-Place-Aufgabenstellungen

☐ Schließen Sie Frieden mit einem Feind oder mit jemandem, den Sie mit einem Produkt oder einer Dienstleistung enttäuscht haben, oder mit jemandem, mit dem Sie Probleme hatten oder nicht so gut zurechtkommen.

☐ Managen Sie die Vergabe von umstrittenen Büroplätzen.

☐ Übernehmen Sie eine Aufgabe, die Sie nicht mögen oder vor deren Durchführung Ihnen graut.

☐ Managen Sie eine Gruppe wenig kompetenter oder wenig leistungsfähiger Menschen, indem Sie ihnen eine Aufgabe stellen, die sie alleine nicht bewältigen könnten.

☐ Bringen Sie einem Kind etwas Neues bei (z. B. Lesen, Bedienung eines Computers, Sport).

Good ideas are not adopted automatically.
They must be driven into practice with courageous patience.
Hyman Rickover – Viersterne-Admiral der US-Marine

Literaturempfehlungen

Bradberry, T., & Greaves, J. (2005). *The emotional intelligence quick book: Everything you need to know to put your EQ to work.* New York: Fireside.

Easwaran, E. (2006). *Take your time: How to find patience, peace, and meaning.* Tomales, CA: Nilgiri Press.

Gandhi, M., & Fischer, L. (Eds.). (2002). *The essential Gandhi: An anthology of his writings on his life, work, and ideas.* New York: Vintage Press.

Gonthier, G., & Morrissey, K. (2002). *Rude awakenings: Overcoming the civility crisis in the workplace.* Chicago: Dearborn Trade.

Losyk, B. (2004). *Get a grip! Overcoming stress and thriving in the workplace.* Hoboken, NJ: John Wiley & Sons.

Mehrotra, R. (2005). *The essential Dalai Lama: His important teachings.* New York: Penguin Group.

Plato. (H. Tarrant, Ed.). (2003). *The last days of Socrates* (H. Tredennick, Trans.). New York: Penguin Books.

Ryan, M. J. (2003). *The power of patience: How to slow the rush and enjoy more happiness, success, and peace of mind every day.* New York: Broadway Press.

Sellers, P., Harrington, A., & Wheat, A. (2001). Patient but not passive. *Fortune, 144,* 188-193.

Tutu, D. (2007). *Love: The words and inspiration of Mother Teresa.* Auckland, NZ: PQ Blackwell Ltd.

FAKTOR VI: PERSÖNLICHE UND SOZIALE KOMPETENZEN
CLUSTER P: UMGANG MIT VIELFÄLTIGEN BEZIEHUNGEN

42 Beziehung zu Kollegen

The path to greatness is along with others.
Baltasar Gracián – Spanischer Jesuitenprediger und Professor für Theologie

Schlecht ausgeprägt

- ☐ Baut keine Beziehungen über (Abteilungs-) Grenzen hinweg auf
- ☐ Trifft keine fairen Vereinbarungen und versteht die Erwartungen und Bedürfnisse der Kollegen nicht
- ☐ Ist nicht offen für Verhandlungen
- ☐ Ist ein Einzelgänger, der nicht als Team-Player gilt und nicht das allgemeine Wohl im Auge hat
- ☐ Enthält den anderen Mitgliedern des Teams Ressourcen vor
- ☐ Respektiert deren Funktion und Disziplinen nicht und lässt dies auch erkennen
- ☐ Ist nur auf den eigenen Vorteil bedacht und hält Informationen zurück
- ☐ Hat wegen fehlender Bereitschaft, sich für seine/ihre Gruppe einzusetzen, eine negative Wirkung auf die Gruppe
- ☐ Wird in Konflikten mit Kollegen laut oder agiert unkooperativ

Wählen Sie eine bis drei der folgenden Kompetenzen als Ersatz für diese Kompetenz, wenn Sie nicht direkt an ihr arbeiten möchten.
ERSATZKOMPETENZEN: 3,9,12,21,23,27,33,36,37,39,52,60,64

Gut ausgeprägt

- ☐ Findet schnell Gemeinsamkeiten und löst Probleme zum Nutzen aller
- ☐ Kann eigene Interessen vertreten, aber dennoch fair gegenüber anderen Gruppen sein
- ☐ Kann Probleme mit Kollegen ohne großes Aufheben lösen
- ☐ Gilt als Team-Player und kooperativ
- ☐ Gewinnt schnell das Vertrauen und die Unterstützung der Kollegen
- ☐ Stärkt die Zusammenarbeit
- ☐ Ist offen im Umgang mit Kollegen

Übertriebene Fähigkeit

- ☐ Setzt sich mit zu vielen Kollegen in Verbindung und will es jedem recht machen
- ☐ Ist zu sehr um Ausgleich bemüht
- ☐ Investiert auf Kosten anderer zu viel in die Beziehungen zu Kollegen
- ☐ Tut sich schwer mit Beziehungen, die nicht von Gleichheit geprägt sind
- ☐ Gibt vertrauliche Informationen weiter, nur um Beziehungen zu festigen

KOMPETENZ 42: BEZIEHUNG ZU KOLLEGEN

☐ Gerät wegen einer zu großen Offenheit im Umgang mit Kollegen in Schwierigkeit

Wählen Sie nachstehend eine bis drei Kompetenzen als Arbeitsgegenstand aus, um einen übertriebenen Einsatz dieser Fähigkeit zu kompensieren.

AUSGLEICHSKOMPETENZEN: 4,8,9,12,16,23,29,34,37,43,50,53,57

Mögliche Ursachen

☐ Schlechte Erfahrungen mit Kollegen
☐ Konkurriert mit Kollegen
☐ Fehlender Respekt vor anderen Gruppen
☐ Ein unpersönlicher Stil
☐ Kein Team-Player
☐ Vorenthaltung von Informationen
☐ Mangelnde Kollegialität
☐ Mangelnde Kommunikationsfähigkeit
☐ Schlechtes Zeitmanagement
☐ Besitzergreifend

Leadership Architect® Faktoren und Cluster

Diese Kompetenz ist in Faktor VI „Persönliche und soziale Kompetenzen" zu finden. Diese Kompetenz ist in Cluster P „Umgang mit vielfältigen Beziehungen" zusammen mit den Kompetenzen 4, 15, 21, 23, 64 enthalten. Sie können auch bei anderen Kompetenzen in demselben Faktor/Cluster nach passenden Tipps suchen.

Der Plan

Der Aufbau von effektiven lateralen oder bereichsübergreifenden Beziehungen unter Kollegen ist ein sehr schwieriges Unterfangen in Organisationen. Zwischen den Geschäftseinheiten, Bereichen, Funktionen und Standorten herrscht eine deutliche Mentalität des „Das ist nicht hier erfunden worden" vor. Zwischen Gruppen gibt es einen natürlichen Wettbewerb. Entlohnungs- und Bonussysteme bringen die Gruppen oft untereinander in Konkurrenz. Bekommt eine Gruppe mehr, erhält die andere weniger. Teams wollen sich gegenseitig übertrumpfen, und viele firmenpolitische Probleme beginnen als gruppenterritoriale Dispute. Viele Mitarbeiter erhalten in ihrem 360°-Feedback die schlechtesten Rückmeldungen von ihren Kollegen, weil man sie als unkooperativ einschätzt. Oft resultieren diese Probleme daraus, dass man mit Kollegen keine gemeinsame Basis entwickelt hat, dass man weder in der Lage ist, ihre Wünsche und Bedürfnisse zu erkennen, noch die Grundlagen einer kollegialen Arbeitsbeziehung richtig zu verstehen. Funktionieren die Beziehungen auf der gleichen Ebene, ist der Gewinn für die Organisation

KOMPETENZ 42: BEZIEHUNG ZU KOLLEGEN

sehr hoch. Zeit und Ressourcen werden effizienter genutzt, Ideen und Talent einfacher ausgetauscht. Funktionieren die Beziehungen nicht, werden Ressourcen vergeudet und die Effizienz der Organisation leidet.

Tipps

☐ **1. Fehlt es Ihnen in Ihrer Position an Macht? Nehmen Sie Einfluss.** Kollegen haben in der Regel keine Macht übereinander. Das bedeutet, dass Sie Ihre Kompetenz, auf andere Einfluss zu nehmen, Ihr Verständnis und Ihr Verhandlungsgeschick einsetzen müssen. Verlangen Sie nicht nur; sondern finden Sie eine gemeinsame Basis, auf der auch Sie Hilfe bieten können. Was benötigen die Kollegen, die Sie ansprechen? Wissen Sie wirklich, wie sie das Problem sehen? Ist es überhaupt eins für sie? Welche Auswirkung hat das, woran Sie gerade arbeiten, auf die Gruppe? Ist die Auswirkung negativ, können Sie etwas austauschen, die Gemeinsamkeiten ansprechen oder einen Weg finden, der die Arbeitsbelastung reduziert (zum Beispiel durch Ihr Angebot von zusätzlichen Mitarbeitern zur Unterstützung)? Sehen Sie Beziehungen zu Kollegen unter dem Aspekt des Gebens und Nehmens.

☐ **2. Hinterlassen Sie den falschen Eindruck? Achten Sie darauf, wie Ihr persönlicher Stil wahrgenommen wird.** Sehr häufig kann ein negativer persönlicher Stil eine gute kollegiale Beziehung behindern. Menschen hinterlassen unterschiedliche Eindrücke. Diejenigen, die einen positiven Eindruck hinterlassen, erreichen bei ihren Kollegen mehr als diejenigen, die als kalt, unsensibel oder unpersönlich wahrgenommen wurden. *Benötigen Sie weitere Hilfe? – Siehe Nr. 3 „Zugänglichkeit", Nr. 31 „Zwischenmenschliches Geschick" und Nr. 33 „Zuhören können".*

☐ **3. Verwirrt Sie das Verhalten Ihrer Kollegen? Bewerten Sie Ihre Mitarbeiter.** Verstehen Sie die Kollegen, mit denen Sie zusammenarbeiten müssen, richtig? Wer ist wirklich zur Mithilfe bereit? Wer weigert sich? Was wollten sie wirklich erreichen? Welchen Preis werden sie für die Unterstützung verlangen? *Benötigen Sie weitere Hilfe? – Siehe Nr. 56 „Fähigkeit andere einzuschätzen" und Nr. 64 „Verständnis für andere".*

☐ **4. Sind Sie von der Komplexität der Organisation entgeistert? Kann sich erfolgreich durch das Dickicht im Unternehmen lavieren.** Wie können Sie die Dinge auf der gleichen Ebene voranbringen? Wer treibt Ihre Organisation voran? Wie bringen diese Menschen ihre Dinge durch? Auf wen verlassen sie sich, wenn sie etwas durch dieses Labyrinth schleusen wollen? Wer sitzt in den Schlüsselpositionen und kontrolliert den Fluss der Ressourcen, Informationen und Entscheidungen? Wer sind die Führer und die Helfer? Lernen Sie diese Personen besser kennen. Wer sind die Menschen, die die Organisation hemmen oder ihr Widerstand entgegenbringen? Meiden Sie sie, arbeiten Sie um sie herum. *Benötigen Sie weitere Hilfe? – Siehe Nr. 38 „Organisationsagilität" und Nr. 39 „Organisieren".*

☐ **5. Agieren Sie im Umgang mit Ihren Kollegen einseitig? Seien Sie kooperativer.** Wenn Ihre Kollegen Sie als übertrieben ehrgeizig ansehen, werden sie Sie aus der Informationsschleife herausnehmen und vielleicht sogar Ihre bereichsübergreifenden Bemühungen sabotieren. Zeigen Sie Ihre Kooperationsbereitschaft, indem Sie immer Ihre eigene Denkweise erklären und Ihre Partner bitten, das Gleiche zu tun. Erzeugen Sie zuerst einmal vielfältige Möglichkeiten, bevor Sie die Positionen abgrenzen. Nehmen Sie sich die Zeit, damit die Kollegen sich an die Situation gewöhnen können. Konzentrieren Sie sich auf gemeinsame Ziele, Prioritäten und Probleme. Fordern Sie zu Kritik an Ihren Ideen auf.

☐ **6. Kommt Ihnen die eigene Agenda in die Quere? Versuchen Sie, die offenen Konflikte so gering wie möglich zu halten und diese zu konkretisieren.** Bleiben Sie auf der sachlichen Ebene. Werden Sie nicht persönlich. Vermitteln Sie den Kollegen nicht den Eindruck, Sie wollten sie dominieren oder ihnen irgend etwas aufoktroyieren. Testen Sie doch einmal ihre Meinungen aus, ohne Zustimmung oder Ablehnung zu signalisieren. Können Sie ihren Standpunkt nachvollziehen? Wenn Ihre Kollegen Dampf ablassen, reagieren Sie nicht darauf. Kommen Sie auf das Problem und die Fakten zurück. Vermeiden Sie persönliche Auseinandersetzungen. Ermöglichen Sie es anderen, das Gesicht zu wahren; billigen Sie kleinere Dinge zu und versuchen Sie nicht jedes Mal das Match zu gewinnen. Wenn ein Kollege eine unflexible Position einnimmt, dann lehnen Sie diese nicht ab. Fragen Sie nach dem Warum – auf welchen Prinzipien beruht diese Haltung, woher wissen wir, was richtig oder fair ist, und welche Theorie steht dahinter? Spielen Sie durch, was passieren könnte, wenn der Standpunkt der anderen Person übernommen würde.

☐ **7. Müssen Sie sich mit anderen messen? Kennen Sie den Unterschied zwischen gesundem und ungesundem Wettbewerb.** Trennen Sie die berufliche Zusammenarbeit mit Kollegen von persönlichen Beziehungen, Wettbewerben, Wetteifern um Anreize, Besserwisserei, einer „Nicht hier erfunden"-Einstellung sowie Stolz und Ego. Eine gute, langjährige Zusammenarbeit mit Kollegen hilft jedem, ist sinnvoll für die Organisation und ermöglicht es dem Unternehmen, höhere Ziele zu erreichen. Der Austausch von Informationen und Ressourcen mit Kollegen ist gewöhnlich die Ressource, die am wenigsten in einer Organisation genutzt wird.

KOMPETENZ 42: BEZIEHUNG ZU KOLLEGEN

☐ **8. Verhält sich ein Kollege unfair? Vermeiden Sie es, anderen davon zu erzählen, wenn sich ein Kollege unfair verhält.** Das erweist sich oft als Bumerang und fällt wieder auf Sie zurück. Sprechen Sie den Kollegen direkt, freundlich und vertraulich an. Beschreiben Sie die ungerechte Situation; weisen Sie auf die Auswirkungen auf Sie hin. Keine Schuldzuweisungen. Geben Sie dem Kollegen die Möglichkeit einer Erklärung; fragen Sie nach; lassen Sie ihn/sie das Gesicht einigermaßen wahren und versuchen Sie, die Angelegenheit zu bereinigen. Auch wenn Sie die Version nicht vollständig akzeptieren: Es ist besser, das Problem zu bereinigen, als die Auseinandersetzung zu gewinnen.

☐ **9. Fehlt es Ihnen bei Konflikten mit Kollegen an Selbsterkenntnis? Beobachten Sie sich in schwierigen Situationen mit Kollegen selbst.** Worum kümmern Sie sich zuerst? Wie oft beziehen Sie eine Position, anstatt eine Gefälligkeitsgeste zu machen? Welcher Anteil Ihrer Bemerkungen befasst sich mit Beziehungen, statt den Streitpunkt anzusprechen? Bereiten Sie in Gedanken Worst-Case-Szenarien für schwierige Menschen vor. Überlegen Sie sich im Voraus, was die Person sagen könnte und halten Sie Antworten parat, damit Sie nicht überrascht werden. *Benötigen Sie weitere Hilfe? – Siehe Nr. 12 „Konfliktmanagement".*

☐ **10. Sind Sie zu sehr auf Sieg erpicht? Stellen Sie sicher, dass Gewinn und Verlust ausgeglichen sind.** Achten Sie darauf, dass Sie nicht zu häufig gewinnen. Wie ergeht es den Verlierern, wenn Sie immer gewinnen? Wollen Sie sie herabsetzen oder wollen Sie, dass sie gern wieder mit Ihnen zusammenarbeiten? Die beste Voraussetzung dafür ist, eine Ausgewogenheit zwischen Gewinn und Verlust anzustreben. Stellen Sie sicher, dass Sie in der Organisation als jemand gelten, der immer zur Unterstützung und Kooperation bereit ist, und man wird Sie ebenso behandeln.

Develop-in-Place-Aufgabenstellungen
☐ Managen Sie ein Rationalisierungsprojekt.
☐ Managen Sie die Vergabe von umstrittenen Büroplätzen.
☐ Lösen Sie eine Konfliktsituation zwischen zwei Personen, Geschäftseinheiten, geografischen Standorten, Funktionen usw.
☐ Arbeiten Sie in einem kommunalen Verband.
☐ Beteiligen Sie sich an einer Selbsthilfegruppe oder Support-Gruppe.

I'm not the smartest fellow in the world, but I can sure pick smart colleagues.
Franklin D. Roosevelt – 32. Präsident der USA

Literaturempfehlungen

Baker, W. E. (2000). *Networking smart*. New York: Backinprint.com.

Cartwright, T. (2003). *Managing conflict with peers*. Greensboro, NC: Center for Creative Leadership.

Cava, R. (2004). *Dealing with difficult people: How to deal with nasty customers, demanding bosses and annoying co-workers*. Toronto, ON: Firefly Books.

Chapman, E. N., & Wingfield, B. (2003). *Winning at human relations: How to keep from sabotaging yourself*. Mississauga, ON: Crisp Publications, Inc.

Crowley, K., & Elster, K. (2006). *Working with you is killing me: Freeing yourself from emotional traps at work*. New York: Warner Business Books.

Ferrazzi, K., & Raz, T. (2005). *Never eat alone: And other secrets to success, one relationship at a time*. New York: Doubleday.

Fritz, J. M. H., & Omdahl, B. L. (2006). *Problematic relationships in the workplace*. New York: Peter Lang Publishing, Inc.

Giovagnoli, M., & Carter-Miller, J. (2000). *Networlding: Building relationships and opportunities for success*. San Francisco: Jossey-Bass.

Juchnowski, J. A. (2004). *Know yourself, co-workers and your organization: Get focused on: Personality, careers and managing people*. Lincoln, NE: iUniverse Star.

Kottler, J. (2003). *Beyond blame: How to resolve conflicts with friends, lovers, and co-workers*. New York: MJF Books.

McKenna, P. J., & Maister, D. H. (2002). *First among equals: How to manage a group of professionals*. New York: Free Press.

Pascarella, P., & Frohman, M. (2000). *The collaborative leader: Mastering priorities*. San Francisco: Berrett-Koehler Publishers.

Patterson, K., Grenny, J., McMillan, R., Switzler, A., & Covey, S. R. (2002). *Crucial conversations: Tools for talking when stakes are high*. New York: McGraw-Hill.

Tamm, J. W., & Luyet, R. J. (2004). *Radical collaboration: Five essential skills to overcome defensiveness and build successful relationships*. New York: HarperCollins.

FAKTOR IV: ENERGIE UND TATENDRANG
CLUSTER J: KONZENTRATION AUF DAS ENDERGEBNIS

43 Beharrlichkeit

> *History has demonstrated that the most notable winners usually encountered heartbreaking obstacles before they triumphed. They won because they refused to become discouraged by their defeats.*
> B.C. Forbes – Aus Schottland stammender Finanzjournalist und Gründer des Magazins *Forbes*

Schlecht ausgeprägt
- ☐ Gibt zu schnell auf oder schenkt weniger problematischen Bereichen seine/ihre Aufmerksamkeit
- ☐ Drängt nicht genug auf die Erledigung von Aufgaben
- ☐ Wendet bei wiederholten Misserfolgen immer noch die gleichen Strategien an
- ☐ Nimmt Ablehnung zu persönlich
- ☐ Lässt angesichts von Konflikten, Widerspruch oder Angriffen in seinen/ihren Forderungen nach
- ☐ Gibt, um der Sache willen, zu schnell nach
- ☐ Gibt sich bei Kompromissen mit weniger als dem ursprünglichen Ziel zufrieden
- ☐ Will die Führung nicht übernehmen und sich nicht exponieren

Wählen Sie eine bis drei der folgenden Kompetenzen als Ersatz für diese Kompetenz, wenn Sie nicht direkt an ihr arbeiten möchten.
ERSATZKOMPETENZEN: 1,9,12,16,34,39,53

Gut ausgeprägt
- ☐ Verfolgt alle Aufgaben mit Energie, Elan und dem Bedürfnis nach Vollendung
- ☐ Gibt selten vor dem Erreichen eines Ziels auf, auch angesichts von Widerständen oder Rückschlägen

Übertriebene Fähigkeit
- ☐ Bleibt gegen alle Vernunft beharrlich, auch angesichts überwältigender Schwierigkeiten oder der offenkundigen Notwendigkeit, das Gegenteil zu tun
- ☐ Gilt als stur und unnachgiebig
- ☐ Setzt keine angemessenen Prioritäten
- ☐ Tut sich schwer, den Kurs zu wechseln
- ☐ Verwechselt persönliche Pflichten mit wirklichen Handlungsnotwendigkeiten

Wählen Sie nachstehend eine bis drei Kompetenzen als Arbeitsgegenstand aus, um einen übertriebenen Einsatz dieser Fähigkeit zu kompensieren.
AUSGLEICHSKOMPETENZEN: 2,14,26,33,41,45,46,50,51,54,60

Mögliche Ursachen
- ☐ Unzureichende Bemühungen
- ☐ Zu schnelles Aufgeben
- ☐ Ungeduld
- ☐ Keine Lust mehr
- ☐ Nur kurze Konzentrationsfähigkeit
- ☐ Nimmt die Dinge zu persönlich
- ☐ Kann Zurückweisungen nicht ertragen
- ☐ Zu schnelles Zurückweichen bei Widerständen
- ☐ Übernimmt keine Verantwortung

Leadership Architect® Faktoren und Cluster
Diese Kompetenz ist in Faktor IV „Energie und Tatendrang" zu finden. Diese Kompetenz ist in Cluster J „Konzentration auf das Endergebnis" zusammen mit den Kompetenzen 1, 53 enthalten. Sie können auch bei anderen Kompetenzen in demselben Faktor/Cluster nach passenden Tipps suchen.

Der Plan
Die Notwendigkeit, beharrlich durchzuhalten, ergibt sich daraus, dass Sie beim ersten Mal nicht effektiv genug waren, dass das, was Sie erreichen wollten, auf Widerstand gestoßen ist, oder dass Ihre Kunden oder Zuhörer aus den verschiedensten Gründen nicht bereit waren, Ihnen entgegenzukommen Beharrlichkeit bedeutet, Ihren Kurs unbeirrt weiter zu verfolgen, ganz besonders, wenn Hindernisse auftreten. Nicht aufzugeben, sondern es sooft wie nötig anzugehen und dabei viele Möglichkeiten und Wege zu nutzen, um ans Ziel zu kommen. Gelingt das Menschen mit Durchhaltevermögen nicht beim ersten Versuch, probieren sie andere Wege. Warum hat nicht jeder dieses Durchhaltevermögen? Vielleicht aus Angst, abgewiesen zu werden. Beharrliche Menschen nehmen Zurückweisungen nicht persönlich, auch wenn es so gemeint war. Vielleicht haben Sie Probleme, sich anderen entgegenzustellen. Menschen mit Durchhaltevermögen tun dies ganz selbstverständlich, um etwas Lohnenswertes zu erreichen. Vielleicht sind Sie selbst von Ihrem Vorhaben nicht völlig überzeugt. Vielleicht kann Ihre Methode verbessert werden. Menschen mit Durchhaltevermögen schaffen es im Großen und Ganzen, Dinge umzusetzen.

Tipps
- ☐ **1. Geben Sie nach ein oder zwei Versuchen auf? Ändern Sie das, versuchen Sie etwas völlig Neues.** Wenn Sie Schwierigkeiten damit haben, es ein zweites oder drittes Mal zu versuchen, dann sollten Sie Ihre Vorgehensweise ändern. Manchmal können wir unsere alten Gewohnheiten

KOMPETENZ 43: BEHARRLICHKEIT

einfach nicht ablegen, selbst wenn sie offensichtlich nicht mehr funktionieren. Machen Sie nächstes Mal etwas anderes. Wenn Sie jemanden, mit dem Sie Schwierigkeiten haben, in seinem Büro besucht haben, dann laden Sie ihn/sie das nächste Mal in Ihr Büro ein. Planen Sie für die Erreichung Ihres Ziels verschiedene Wege und Möglichkeiten ein. Um zum Beispiel eine Entscheidung durchzuboxen, könnten Sie sich zuerst mit der relevanten Interessengruppe treffen, zu einem einflussreichen Vertreter dieser Interessengruppe gehen, das Problem analysieren und einer Gruppe vortragen, ein Problemlösungs-Meeting einberufen oder einen externen Experten hinzuziehen. Seien Sie darauf vorbereitet, sie alle anzuwenden, wenn Hindernisse auftauchen.

☐ **2. Bringt man Ihnen Widerstand entgegen? Sehen Sie negative Reaktionen aus der richtigen Perspektive.** Sie bleiben nicht beharrlich, weil Sie lieber einen Konflikt vermeiden wollen? Zögern Sie, wenn Sie Widerstand und ablehnenden Reaktionen gegenüberstehen? Werden Sie durch Konflikte gebremst? Wird Ihr Vertrauen in Ihre Entscheidung erschüttert? Ziehen Sie den Kopf ein? Geben Sie zu schnell nach? Versuchen Sie, es jedem recht zu machen? Trifft Ihre Initiative auf Widerstand, fokussieren Sie Ihre Aufmerksamkeit auf das Problem und die Ziele. Nehmen Sie nichts persönlich. Werden Sie angegriffen, konzentrieren Sie sich auf das, was Sie erreichen wollten und akzeptieren Sie Kritik und die Ideen der anderen positiv. Hören Sie zu. Korrigieren Sie, wenn es angemessen ist. Bleiben Sie bei Ihrem Standpunkt. Stoßen Sie weiter vor. Widerstand ist natürlich. Manchmal ist er berechtigt; meistens liegt er einfach in der menschlichen Natur. Die Menschen leisten so lange Widerstand, bis sie verstehen, worum es geht. Sie verteidigen nur ihr Territorium. *Benötigen Sie weitere Hilfe? – Siehe Nr. 12 „Konfliktmanagement".*

☐ **3. Schieben Sie die Dinge auf die lange Bank? Fangen Sie jetzt an.** Beschäftigen Sie sich nicht eher wieder mit einer Aufgabe, bis Sie durch Termindruck dazu gezwungen werden? Sind Sie weniger motiviert, wenn Ihr erster Versuch gescheitert ist oder auf Widerstand stößt? Melden Sie sich nicht wieder bei Leuten, obwohl Sie es versprochen haben? Die Qualität Ihrer Arbeit ist eventuell nicht immer gleichbleibend. Ein Teil Ihrer Arbeitsergebnisse ist nicht zufrieden stellend, weil Sie sich nur ein- bis zweimal an dieser Aufgabe versucht haben, bevor das Projekt fällig wurde. Beginnen Sie früher. Lassen Sie weniger Zeit zwischen Ihren Versuchen verstreichen. Erledigen Sie immer zehn Prozent jeder Aufgabe sofort, wenn es offensichtlich wird, dass sie benötigt wird. So können Sie besser einschätzen, wie lange Sie für den Rest aufwenden müssen. Planen Sie also immer mehr Zeit ein als voraussichtlich erforderlich. *Benötigen Sie weitere Hilfe? – Siehe Nr. 47 „Planen".*

KOMPETENZ 43: BEHARRLICHKEIT

☐ **4. Nehmen Sie Widerstand persönlich? Bleiben Sie fokussiert und nehmen Sie Zurückweisung gelassen entgegen.** Wenn Sie dazu neigen, Ablehnung, Unaufmerksamkeit oder gar keine Reaktion persönlich zu nehmen, denken Sie darüber nach, warum diese Dinge nicht persönlich gemeint sein können. Entwickeln Sie eine gelassene Haltung in Bezug auf Ablehnung und Misserfolg. Wir wissen, die meisten Innovationen und Vorschläge schlagen fehl, die meisten Versuche, Menschen und die Organisation zu ändern, scheitern. Die wirklich wichtigen Dinge schafft man meistens nicht im ersten Anlauf, und man hätte es immer noch besser machen können. Vergessen Sie nicht, Widerstand ist normal, nicht unnormal. Sogar ein Widerstand, der persönlicher Natur erscheint und klingt, muss es nicht sein. Erinnern Sie sich immer wieder an Ihr Ziel. Konzentrieren Sie sich auf den eigentlichen Vorteil fürs Geschäft. Wie können alle Beteiligten gewinnen? Lassen Sie sich nicht von persönlichen Bedenken entmutigen. Bleiben Sie objektiv. Hören Sie zu. Halten Sie den Druck aus. Suchen Sie qualifiziertes Feedback und reagieren Sie entsprechend. Kehren Sie immer wieder zu den Tatsachen und zu Ihrer Planung zurück. Je wahrscheinlicher Ihr Erfolg wird, desto mehr wird sich auch der Druck Ihrer Gegner steigern. Investieren Sie noch mehr Zeit und Aufwand in Ihre Aufgabe, hören Sie zu, beantworten Sie alle Fragen und Einwände – konzentrieren Sie sich auf die Sache, nicht auf sich selbst. Erwarten Sie nicht, dass jeder über Ihre Erfolge jubelt. Es wird auch Neider geben. *Benötigen Sie weitere Hilfe? – Siehe Nr. 12 „Konfliktmanagement".*

☐ **5. Haben Sie Probleme, schwierige Positionen zu beziehen? Bereiten Sie Ihre Argumentation vor und präsentieren Sie sie mit Stärke.** Sie müssen unter Umständen einen neuen Versuch machen, weil Sie beim ersten Mal nicht überzeugend genug waren. Informieren Sie sich eingehend. Seien Sie vorbereitet. Lassen Sie Ihren zweiten Anlauf nicht wie einen Versuch erscheinen. Verwenden sie eine definitivere, direktere Sprache. Seien Sie nicht unklar oder vorsichtig. Machen Sie keine Vorschläge ohne einen soliden Business Case als Basis sowie eine klare Darstellung der Vorteile, die sich daraus für alle ergeben. Bereiten Sie sich auf schwierige Fragen, Angriffe und gegensätzliche Ansichten vor und denken Sie an eine angemessene Reaktion im Voraus. Planen Sie so, als ob Sie nur diesen einen Versuch hätten. Passen Sie Ihren Stil, Ihren Ton, Ihr Sprechtempo und Ihre Lautstärke Ihrer Überzeugung an, dass Sie Recht haben und dass Sie diese Angelegenheit erledigen müssen. Führen Sie mit Kraft und Überzeugung.

☐ **6. Versuchen Sie, zu viel zu erledigen? Kämpfen Sie für die richtige Sache.** Vielleicht treiben Sie alles voran und werden müde und sind frustriert über Ihre geringe Trefferquote. Manche Menschen sind zu beharrlich.

KOMPETENZ 43: BEHARRLICHKEIT

Manche beharren auf den falschen Dingen. Sind Sie sicher, dass diese Sache kritisch ist? Was ist erfolgskritisch, was wäre wünschenswert, was ist momentan nicht wichtig? Passen Sie auf, dass Ihre Prioritäten stimmen. *Benötigen Sie weitere Hilfe? – Siehe Nr. 50 „Setzen von Prioritäten".*

☐ **7. Sind Sie nicht gut organisiert? Arbeiten Sie an Ihrer Fokussierung.** Schaffen Sie Ihre Arbeit nicht in der geplanten Zeit? Vergessen Sie Termine? verlieren Entscheidungsvorlagen? Vergessen Sie, jemandem die versprochenen Informationen zu liefern? Verlieren Sie das Interesse, wenn die Dinge nicht direkt vor Ihnen liegen? Springen Sie von Aufgabe zu Aufgabe, bis Sie eine finden, die sich erledigen lässt? Konzentrationsprobleme? Sie können nicht in einem großen Durcheinander arbeiten und gleichzeitig beharrlich und ausdauernd sein. Beharrlichkeit erfordert Fokus und eine kontinuierliche Anstrengung. Organisieren Sie besser und arbeiten Sie disziplinierter. Protokollieren Sie Ihren Fortschritt. Führen Sie eine To-do-Liste mit den zehn wichtigsten Dingen, die erledigt werden müssen. Beschäftigen Sie sich länger mit Ihren Aufgaben als Sie es bisher getan haben.

☐ **8. Geraten Sie nach jeder Biegung in eine Sackgasse? Lernen Sie, sich im Labyrinth zurecht zu finden.** Organisationen können ein komplexes Labyrinth mit vielen Abzweigungen und Sackgassen sein. Schlimmer: Egos. Aufpasser. Widerstandskämpfer. Der beste Weg, um ans Ziel zu kommen, verläuft fast nie gerade und direkt. Die formelle Organisation funktioniert nicht immer. Meistens findet das Wichtigste hinter den Kulissen statt. Um Ihre Beharrlichkeit richtig einzusetzen, müssen Sie wissen, wie Sie sich im Labyrinth am besten zurecht finden. Üben Sie sich bei prozessgetriebenen Vorgängen in Geduld. Manche Dinge brauchen Zeit. Die Menschen müssen zu einem Wechsel bereit sein. Vielleicht ist es am besten, sich indirekt über eine dritte Person an jemanden zu wenden. Vielleicht müssen Sie Ihr Timing verbessern. Wann ist der beste Zeitpunkt, jemanden wegen einer Entscheidung oder einer Aktion anzusprechen? Lernen Sie die informelle Organisation kennen. Identifizieren Sie die wichtigsten Leute, besonders diejenigen in Schlüsselfunktionen und diejenigen, die die Fäden in der Hand haben. Fragen Sie andere nach der besten Methode, etwas in dieser Organisation zu erreichen. Beobachten Sie andere. Welchen Weg verfolgen sie? *Benötigen Sie weitere Hilfe? – Siehe Nr. 38 „Organisationsagilität" und Nr. 52 „Prozessmanagement".*

☐ **9. Haben Sie Schwierigkeiten, zur Ziellinie zu gelangen? Nehmen Sie sich vor, die letzten 20 Prozent fertig zu stellen.** Es stimmt zwar, dass Sie manchmal mit zwanzig Prozent Zeitaufwand achtzig Prozent Ihres angestrebten Ziels erreichen – leider benötigt man dann aber noch einmal achtzig Prozent der Zeit für die letzten zwanzig Prozent. Das dicke Ende kommt also noch. In unserer schnelllebigen Zeit ist es manchmal schwierig, nicht aufzugeben und noch ans Ziel zu kommen, wenn das Rennen schon vorbei ist. Nicht jede Aufgabe muss vollständig abgeschlossen werden. Bei mancher wären achtzig Prozent ausreichend. Die Menschen, für die alles bis zum letzten i-Tüpfelchen stimmen muss, brauchen Ausdauer und Beharrlichkeit. Der Teufel steckt im Detail. Wenn Sie in diese Situation geraten, stellen Sie eine Checkliste mit den zwanzig Prozent zusammen, die noch erledigt werden müssen. Nehmen Sie sich vor, jeden Tag einen Teil abzuarbeiten. Streichen Sie die erledigten Dinge aus und feiern Sie jedes Mal, wenn Sie etwas von der Liste nehmen können. So motivieren Sie sich und zwingen sich zu einer größeren Aufmerksamkeit. Versuchen Sie, den letzten Teil an einen Mitarbeiter zu delegieren, der die zwanzig Prozent als neue Herausforderung betrachtet. Ziehen Sie einen Berater hinzu. Tauschen Sie Ihren Anteil mit den zwanzig Prozent eines Kollegen, so dass Sie beide eine neue Aufgabe haben.

☐ 10. **Ausgebrannt? Entdecken Sie neu, worum es wirklich geht.** Haben Sie die Lust verloren? Haben Sie keine Energie mehr? Sind Sie nicht mehr mit ganzem Herzen bei der Sache? Sind Sie nicht mehr voll engagiert? Vielleicht sind Sie nicht mehr beharrlich, weil es Sie im tiefsten Inneren nicht mehr interessiert – Ihre Arbeit oder die Firma macht Ihnen keine Freude mehr; Sie sind es leid, immer wieder gegen eine bestimmte Person oder Gruppe anzugehen. Hinterfragen Sie Ihre Ziele neu. Finden sie Ihre Begeisterungsfähigkeit wieder. Bereiten Sie sich auf eine andere Rolle oder Aufgabe vor. Um das Beste aus Ihrem derzeitigen Job zu machen, stellen Sie eine Liste der Dinge zusammen, die Sie gern oder nicht so gern tun. Achten Sie darauf, jeden Tag mehr von den Aufgaben zu erledigen, die Ihnen Spaß machen. Arbeiten Sie darauf hin, das zu delegieren oder auszutauschen, was Sie nicht mehr motiviert. Erledigen Sie die Dinge, die Sie am wenigsten mögen, zuerst, damit Sie nicht mehr daran denken müssen. Konzentrieren Sie sich nicht auf die Aufgabe selbst, sondern auf das positive Gefühl danach, etwas erreicht zu haben, wenn Sie fertig sind. Verändern Sie Ihre Tätigkeiten am Arbeitsplatz, bis möglichst viele Ihrer eigenen Interessen reflektiert werden. Melden Sie sich freiwillig für Sonderaufgaben und Projekte, die Sie motivieren. *Benötigen Sie weitere Hilfe? – Siehe Nr. 6 „Karriere-Ambitionen".*

Develop-in-Place-Aufgabenstellungen

- ☐ Übernehmen Sie eine Aufgabe, die Sie nicht mögen oder vor deren Durchführung Ihnen graut.
- ☐ Übernehmen Sie ein schwieriges und nicht zu bewältigendes Projekt, an dem andere sich schon die Zähne ausgebissen haben.
- ☐ Lösen Sie eine Konfliktsituation zwischen zwei Personen, Geschäftseinheiten, geografischen Standorten, Funktionen usw.
- ☐ Arbeiten Sie in einem Krisenteam.
- ☐ Werden Sie zum Change-Agenten; kreieren Sie ein Symbol für Veränderungen; rufen Sie andere zur Aktion auf; setzen Sie sich für weitreichende Änderungen und deren Umsetzung ein.

It's not that I'm so smart,
it's just that I stay with problems longer.
Albert Einstein – Aus Deutschland stammender Physiker, Nobelpreisträger

Literaturempfehlungen

Bossidy, L., & Charan, R. (with Burck, C.). (2002). *Execution: The discipline of getting things done.* New York: Crown Business.

Dumas, A. (2008). *Count of Monte Cristo* [sound recording]. Tantor Media (Audio CD).

Dumas, A. (2003). *Count of Monte Cristo.* New York: Penguin Classics. (Original work published 1844.)

Keller, H. (2000). *The story of my life* [unabridged sound recording]. Ashland, OR: Blackstone Audiobooks.

Keller, H. (2004). *The story of my life.* New York: Modern Library. (Original work published 1903.)

Klein, M. (2003). *The change makers: From Carnegie to Gates: How the great entrepreneurs transformed ideas into industries.* New York: Times Books.

Loehr, J., & Schwartz, T. (2003). *The power of full engagement: Managing energy, not time, is the key to high performance and personal renewal.* New York: Free Press.

Morrell, M., & Capparell, S. (2001). *Shackleton's way: Leadership lessons from the great Antarctic explorer.* New York: Viking Press.

Paris, D., Richards, M., & White, H. (2007). *High point of persistence: The Miriam Richards story.* Morrisville, NC: Lulu.com.

Schatzkin, P. (2004). *The boy who invented television: A story of inspiration, persistence, and quiet passion.* Terre Haute, IN: Tanglewood Books.

Thomas, R. J. (2008). *Crucibles of leadership: How to learn from experience to become a great leader.* Boston: Harvard Business School Press.

Troyat, H. (1987). *Peter the Great.* New York: Dutton.

FAKTOR VI: PERSÖNLICHE UND SOZIALE KOMPETENZEN
CLUSTER S: OFFEN UND ZUGÄNGLICH SEIN

44 Offenheit

A man cannot utter two or three sentences, without disclosing to intelligent ears precisely where he stands in life and thought.
Ralph Waldo Emerson – US-amerikanischer Essayist, Philosoph und Dichter

Schlecht ausgeprägt
- ☐ Ist ein verschlossener Mensch, der seine persönlichen Angelegenheiten nicht mit anderen diskutiert
- ☐ Gibt nur wenigen etwas von sich preis; ist schwer einzuschätzen
- ☐ Sieht keinen Nutzen darin, seine/ihre Ansichten und Schwächen anderen mitzuteilen
- ☐ Versucht, Arbeit und Privatleben streng zu trennen
- ☐ Fürchtet sich vor den Folgen persönlicher Offenheit
- ☐ Ist zurückhaltend
- ☐ Fragt nicht nach Persönlichem
- ☐ Weiß nicht, was hilfreich sein kann und mit anderen geteilt werden sollte oder warum es anderen wichtig ist
- ☐ Glaubt, etwas zurückhalten zu müssen
- ☐ Ist defensiv und nicht bereit, viel von sich preiszugeben

Wählen Sie eine bis drei der folgenden Kompetenzen als Ersatz für diese Kompetenz, wenn Sie nicht direkt an ihr arbeiten möchten.
ERSATZKOMPETENZEN: 26,27,29,33,41,45,54,55

Gut ausgeprägt
- ☐ Teilt anderen seine/ihre Ansichten über eigene Stärken, Schwächen und Grenzen mit
- ☐ Gibt Fehler und Versäumnisse offen zu
- ☐ Ist persönlichen Überzeugungen und Gefühlen gegenüber offen
- ☐ Zeigt sich denen gegenüber leicht zugänglich, die mit ihm/ihr interagieren

Übertriebene Fähigkeit
- ☐ Verärgert manche durch übertriebene Direktheit
- ☐ Wird durch seine/ihre Offenheit anfällig für Kritik
- ☐ Offenheit und Direktheit können zu einem Verlust an Vertrauen führen
- ☐ Ein solch offener Stil kann unglaubwürdig erscheinen

Wählen Sie nachstehend eine bis drei Kompetenzen als Arbeitsgegenstand aus, um einen übertriebenen Einsatz dieser Fähigkeit zu kompensieren.
AUSGLEICHSKOMPETENZEN: 15,22,27,29,45,48,55,56,64

Mögliche Ursachen

- ☐ Glaubt an Trennung zwischen Arbeit und Privatleben
- ☐ Kein Gespür dafür, welche persönlichen Dinge erzählt werden können
- ☐ Versteht nicht, warum Persönliches offenbart werden soll
- ☐ Mangel an Selbstvertrauen; die anderen werden schon sehen, wie ich wirklich bin
- ☐ Perfektionist; will keine Schwächen zeigen
- ☐ Durch die negativen Erfahrungen anderer verunsichert
- ☐ Schüchtern, gibt nicht gern Persönliches preis

Leadership Architect® Faktoren und Cluster

Diese Kompetenz ist in Faktor VI „Persönliche und soziale Kompetenzen" zu finden. Diese Kompetenz ist in Cluster S „Offen und zugänglich sein" zusammen mit den Kompetenzen 11, 26, 33, 41 enthalten. Sie können auch bei anderen Kompetenzen in demselben Faktor/Cluster nach passenden Tipps suchen.

Der Plan

Persönliche Beziehungen leben vom Geben und Nehmen. Wärme wird gewöhnlich mit Wärme erwidert, Offenheit mit Offenheit und Kühle mit Kühle. Sie erhalten zurück, was Sie ausstrahlen. Persönliche Offenheit ist eine wesentliche Voraussetzung für alle Aspekte einer langfristigen Arbeitsbeziehung (wie Führen von anderen oder Arbeiten im Team). Viele Manager glauben, dass sie das Richtige tun, wenn sie zu ihren Mitarbeitern eine angemessene Distanz halten. Ihre Interpretation von „angemessen" ist jedoch übertrieben – zu reserviert, zu distanziert. Eine harmonische Balance aus Geschäfts- und persönlicher Beziehung funktioniert gewöhnlich am besten. Auf lange Sicht gesehen, haben Menschen zu kühlem Verhalten keinen Bezug. Sind Sie offen, können andere Sie besser verstehen und einschätzen. Wenn Sie offen auftreten, werden die meisten anderen es auch tun. Die Beziehungsbasis wird verbreitert und man arbeitet besser zusammen. Fast alle Arbeitsbeziehungen können durch ein angemessenes Maß an persönlicher Offenheit verbessert werden.

Tipps

- ☐ **1. Sind Sie nicht sicher, was Sie offenlegen sollen? Legen Sie Informationen selektiv offen.** Die Themen, über die man gern etwas erfährt, sind zum Beispiel: die Gründe für Ihre Ansichten und Ihr Verhalten; Ihre Selbsteinschätzung; Ihr Hintergrundwissen über (nicht vertrauliche) Dinge, die im Unternehmen passieren; schöne und auch peinliche Erlebnisse aus Ihrer Vergangenheit; Ihre Bemerkungen und Kommentare über das, was

KOMPETENZ 44: OFFENHEIT

um Sie herum geschieht, ohne dabei zu negativ über andere zu sprechen; und Ihre Interessen außerhalb der Arbeit. Über diese Dinge sollten Sie offener sprechen als Sie es momentan tun.

☐ **2. Sie wissen nicht genau, womit Sie anfangen sollen? Fangen Sie mit Informationen an, die kein großes Risiko bergen.** Beginnen Sie mit drei Dingen, über die Sie mit fast jedem reden können, ohne dabei eine unangemessene, zu persönliche Offenheit zu riskieren. Urlaub, Hobbies, Geschäftsinteressen, Ihre Meinung zu bestimmten Fragen im Geschäft, Kinder und so weiter. Entscheiden Sie sich über die Themen und lassen Sie sie bewusst in Ihre Unterhaltung mit Gesprächspartnern einfließen, mit denen Sie bisher nur eine geschäftliche Beziehung hatten. Achten Sie auf die Reaktion. Sind die anderen auch zum ersten Mal mitteilsam gewesen? Normalerweise ja. Das ist der Punkt. Je mehr Sie innerhalb gewisser Grenzen übereinander wissen, desto besser wird auch die Geschäftsbeziehung.

☐ **3. Müssen Sie einen Draht zu Ihren Mitarbeitern finden? Finden Sie drei persönliche Einzelheiten über jeden heraus.** Finden Sie etwas über ihre Interessen, ihre Kinder oder andere persönliche Themen heraus, über die Sie mit ihnen plaudern können (außer dem Wetter oder den Bundesliga-Ergebnissen vom Wochenende).

☐ **4. Brauchen Sie ein Vorbild oder einen Mentor? Beobachten Sie Menschen, die wesentlich offener sind als Sie und die das sehr gut machen.** Was genau teilen sie anderen mit? Welche Art von persönlichen Information tauschen sie aus? Wie teilen sie sich mit? In welchem Umfeld? Beobachten Sie dann jemanden, der weniger offen ist als Sie. Mit welchem der beiden Kollegen arbeiten Sie besser zusammen?

☐ **5. Sind Sie bereit, es auszuprobieren? Üben Sie sich in Offenheit mit Fremden im Flugzeug oder bei gesellschaftlichen Zusammenkünften.** Ihr Ziel ist es, Dinge über sich mitzuteilen, die Sie in einer Arbeitsumgebung normalerweise für sich behalten würden. Schauen Sie dann, wie viele Details Sie über die andere Person erfahren und wie weit Sie gehen können, ohne die andere Person zu irritieren. Wenn er/sie mehr von sich berichtet, tun Sie das auch. Fragen Sie sich danach, wie Sie es empfunden haben. Wie haben diese zusätzliche Informationen über ihren Gesprächspartner die temporäre Beziehung beeinflusst? Da Sie mehr persönliche Details kennen, wäre eine Zusammenarbeit mit dieser Person leichter für Sie?

☐ **6. Sind Sie bereit, etwas mehr in die Tiefe zu gehen? Gewöhnen Sie sich an den Gedanken, persönliche Stärken und Schwächen preiszugeben.** Eine weitergehende, tiefe Offenheit beinhaltet, dass Sie darüber sprechen, wie Sie sich selbst einschätzen. also Ihre persönlichen Stärken, Schwächen, Grenzen und Überzeugungen offenbaren. Die meisten fühlen sich wohler mit Menschen, die relativ offen sind. Das Lustige an einer Offenlegung Ihrer persönlichen Stärken und Schwächen ist, dass die meisten Menschen um Sie herum schon wissen, was Sie mitteilen wollen! Wenn Sie zum Beispiel sagen „Ordnung ist nicht unbedingt meine Stärke", werden die meisten um Sie herum lächeln und nicken, weil sie Ihre Unordnung ertragen müssen. Aber allein durch eine kurze Erwähnung Ihres Problems oder Ihrer festen Überzeugungen werden sich die Personen um Sie herum schon wohler fühlen. Es beweist ihnen, dass sie nicht allein sind, dass es Probleme und Ängste gibt, die Sie mit ihnen gemeinsam haben.

☐ **7. Geben Sie Fehler nur zögerlich zu? Geben Sie Ihre Fehler zu.** Lernen Sie, Ihre Fehler offen und mit weniger Unbehagen zuzugeben. Das macht uns menschlicher und wir gewöhnen uns daran, aus unseren unvermeidlichen Schwächen zu lernen. Menschen, die ihre eigenen Fehler besonders gut ausgleichen, machen normalerweise Folgendes:

- Sie sprechen über Fehler sachlich und so schnell wie möglich.
- Sie geben den Fehler zu und informieren jeden Betroffenen über die Konsequenzen.
- Sie geben den Fehler öffentlich zu, wenn es notwendig ist.
- Sie zeigen, was Sie daraus gelernt haben, um so eine Wiederholung zu vermeiden.
- Sie machen weiter; bleiben nicht daran hängen.

☐ **8. Werden Sie als überheblich und einseitig angesehen? Geben Sie die Gründe für Ihre Werte preis.** Wenn Sie Ihre Überzeugungen oder Werte offenbaren, erklären Sie immer, warum Sie daran glauben – geben Sie Gründe an, anstatt sie einfach nur auszusprechen. Eine einfache Aussage schneidet Diskussionen ab und lässt Sie unbeweglich und naiv erscheinen. Gewagte Aussagen sind absolut und deshalb einengend. Die Bemerkung, dass Sie „nie einen Freund einstellen", kann nicht mehr zurückgenommen werden und wird auf Ablehnung stoßen. Durch eine Erklärung, z. B. „Ich musste einmal jemanden entlassen", und Beschreibung der Situation, Ihrer Gründe, Ihrer Hilfsangebote und Ihrer Erfahrungen daraus, schaffen Sie eine Verständnisbasis für Ihre Überzeugung. Wenn Sie zuerst Ihre Meinung bekannt geben, kann das zu intensiv sein („Stellen Sie nie einen Freund ein"). Beginnen Sie stattdessen mit einer gemäßigten Aussage wie „Daher habe ich mich gefragt, ob es überhaupt eine gute Idee ist, einen Freund einzustellen." Das ist eine gute Darstellung Ihrer persönlichen Ansichten. Sie lädt zur Diskussion ein und kann sogar zu einigen Fragen und Einsichten führen: Unter welchen Bedingungen sollte man einen Freund einstellen und unter welchen nicht.

KOMPETENZ 44: OFFENHEIT

- ☐ **9. Wird es allmählich holprig? Finden Sie heraus, was Sie guten Gewissens preisgeben können.** Versuchen Sie, Ihre Offenheit mit der Bereitschaft Ihres Zuhörers, sich darauf einzulassen, in Einklang zu bringen. Beginnen Sie mit einer einfachen und kurzen Mitteilung. Wie hat die andere Person reagiert? Wenn er/sie nicht ebenfalls offen geantwortet hat, ist vielleicht das Umfeld oder die Situation unpassend. Akzeptiert er/sie Ihre Offenheit und trägt ebenfalls dazu bei, dann sind Sie wieder an der Reihe. Überprüfen Sie immer, ob Ihre Zuhörer mehr hören möchten.
- ☐ **10. Benötigen Sie Grenzen? Setzen Sie der Offenlegung Grenzen.** Vermeiden Sie eine zu große Offenheit, sie ist wahrscheinlich schlimmer als ein Mangel an Offenheit. Setzen Sie Grenzen. Politik und Religion sind im Allgemeinen riskant; obszöner Humor sowie erniedrigende Bemerkungen über kulturelle oder ethnische Gruppen oder das andere Geschlecht sind nicht empfehlenswert und können zu einem Rechtsstreit führen. Es gibt außerdem Leute, denen gegenüber man offen sein kann und solche, bei denen man vorsichtig sein muss, da sie nichts für sich behalten können. Seien Sie vorsichtig, jemandem eine Beraterrolle zuzusprechen oder zu viel über einen Streitpunkt zu sagen. Am Anfang dieses Lernprozesses ist es am besten, wenn Sie sich an anderen orientieren und etwa genauso viel Offenheit zu zeigen wie sie.

Develop-in-Place-Aufgabenstellungen

- ☐ Schließen Sie Frieden mit einem Feind oder mit jemandem, den Sie mit einem Produkt oder einer Dienstleistung enttäuscht haben, oder mit jemandem, mit dem Sie Probleme hatten oder nicht so gut zurechtkommen.
- ☐ Beteiligen Sie sich an einer Selbsthilfegruppe oder Support-Gruppe.
- ☐ Versuchen Sie, neue Fähigkeiten in Ihrer Freizeit zum reinen Vergnügen zu erlernen und gut darin zu werden (z. B. Jonglieren, Square Dance, Zaubern).
- ☐ Besuchen Sie ein Seminar über Selbstbewusstsein/Beurteilung, bei dem Sie auch Feedback erhalten.
- ☐ Beteiligen Sie sich an einem Kurs oder einer Veranstaltung mit einem Anspruchsniveau, das Sie persönlich über Ihre Grenzen hinaus und aus Ihrer Komfortzone drängen wird (z. B. Outward Bound, Intensiv-Sprachkurse, Sensibilitätstraining, öffentliche Vorträge).

You cannot collaborate with another person toward some common end unless you know him. How can you know him, and he you, unless you have engaged in enough mutual disclosure of self to be able to anticipate how he will react and what part he will play?
Sidney Jourard – Aus Kanada stammender humanistischer Psychologe und Autor

Literaturempfehlungen

Asacker, T., & Orloff, E. (2001). *The four sides of sandbox wisdom: Building relationships in an age of chaos, complexity and change.* Manchester, NH: Eastside Publishing.

Barron, L. A. (2006). *Openness works! Create personal, professional and financial growth in any organization.* Austin, TX: Hopeworks Publishing.

Giovagnoli, M., & Carter-Miller, J. (2000). *Networlding: Building relationships and opportunities for success.* San Francisco: Jossey-Bass.

Guber, P. (2007). The four truths of the storyteller. *Harvard Business Review, 85,* 52-59.

Gudykunst, W. B., & Kim, Y. Y. (2002). *Communicating with strangers: An approach to intercultural communication.* New York: McGraw-Hill.

Lencioni, P. M. (2002). *The five dysfunctions of a team: A leadership fable.* San Francisco: Jossey-Bass.

Lynn, A. B. (2007). *Quick emotional intelligence activities for busy managers: 50 Team exercises that get results in just 15 minutes.* New York: AMACOM.

Simmons, A. (2006). *The story factor.* Cambridge, MA: Perseus Publishing.

Stone, D., Patton, B., & Heen, S. (2000). *Difficult conversations: How to discuss what matters most.* New York: Penguin Books.

Tamm, J. W., & Luyet, R. J. (2004). *Radical collaboration: Five essential skills to overcome defensiveness and build successful relationships.* New York: HarperCollins.

FAKTOR VI: PERSÖNLICHE UND SOZIALE KOMPETENZEN
CLUSTER T: PERSÖNLICHE FLEXIBILITÄT ZEIGEN

45 Persönliches Lernen

I present myself to you in a form suitable to the relationship
I wish to achieve with you.
Luigi Pirandello – Italienischer Schriftsteller, Nobelpreisträger

Schlecht ausgeprägt
- ☐ Passt sich seiner/ihrer Umgebung oder der Situation nicht an
- ☐ Glaubt, sich selbst treu zu bleiben, wäre das Wichtigste
- ☐ Hält sich auf andere einzustellen für ein Zeichen von Schwäche
- ☐ Ist jemand, der nicht mehrere Dinge gleichzeitig angeht oder nur auf eigenes Verhalten achtet, ohne die Reaktionen oder Bedürfnisse anderer mit einzubeziehen
- ☐ Sieht keine Notwendigkeit für persönliche Veränderungen
- ☐ Sucht kein persönliches Feedback oder nimmt es nicht wahr
- ☐ Beobachtet oder studiert andere nicht und hat kein Verständnis für die Reaktionen auf eigenes Verhalten
- ☐ Ist arrogant und abweisend

Wählen Sie eine bis drei der folgenden Kompetenzen als Ersatz für diese Kompetenz, wenn Sie nicht direkt an ihr arbeiten möchten.
ERSATZKOMPETENZEN: 6,32,33,44,54,55

Gut ausgeprägt
- ☐ Erkennt schnell die Notwendigkeit für Verhaltensänderung im persönlichen, zwischenmenschlichen und Management-Bereich
- ☐ Achtet darauf, wie andere auf seine/ihre Versuche, Einfluss zu gewinnen und Leistung zu erbringen, reagieren und passt sich dem an
- ☐ Sucht Feedback
- ☐ Ist sensibel gegenüber persönlichen Erwartungen und Anforderungen an ihn/sie und stellt sich schnell darauf ein

Übertriebene Fähigkeit
- ☐ Kann als zu wankelmütig eingeschätzt werden
- ☐ Passt sich Situationen leicht an und hinterlässt den Eindruck von Unbeständigkeit
- ☐ Zieht Veränderungen irrtümlicherweise dem Bewährten vor

- ☐ Verwirrt andere durch seine/ihre Experimentierfreude und Anpassungsfähigkeit

Wählen Sie nachstehend eine bis drei Kompetenzen als Arbeitsgegenstand aus, um einen übertriebenen Einsatz dieser Fähigkeit zu kompensieren.
AUSGLEICHSKOMPETENZEN: 5,16,17,39,46,47,50,51,52,53,58,59,62,65

Mögliche Ursachen
- ☐ Arrogant/defensiv
- ☐ Kann sich nur auf eine Sache auf einmal konzentrieren
- ☐ Hat keine Vorbilder
- ☐ Hat keine gute Beobachtungsgabe
- ☐ Sich selbst treu zu bleiben ist das Wichtigste
- ☐ Hält Konsequenz für eine Tugend
- ☐ Ist der Meinung, dass andere sich anpassen sollten

Leadership Architect® Faktoren und Cluster
Diese Kompetenz ist in Faktor VI „Persönliche und soziale Kompetenzen" zu finden. Diese Kompetenz ist in Cluster T „Persönliche Flexibilität zeigen" zusammen mit den Kompetenzen 40, 54, 55 enthalten. Sie können auch bei anderen Kompetenzen in demselben Faktor/Cluster nach passenden Tipps suchen.

Der Plan
Wir alle sind zu unterschiedlichen Verhaltensweisen fähig. Selbst eine schüchterne Person kann manchmal Mut und Durchsetzungsstärke zeigen. Ein lauter Mensch kann leise sein. Ein intelligenter Mensch kann sich dumm verhalten. Ein handlungsorientierter Mensch kann nachdenken. Woher wissen Sie, welche Ihrer vielen Verhaltensweisen in einer bestimmten Situation angebracht ist? Durch Beobachtung und Feedback. Haben Sie jemals Leute beobachtet, die immer zu wissen scheinen, wann und in welche Richtung sie ihr Verhalten anpassen müssen? Genau zu dem Zeitpunkt, wenn sich eine Situation zu verschlimmern droht, ändern sie ihre Taktik. Solche Menschen sind scharfsinnige Beobachter der Reaktionen anderer auf ihre eigenen Aktionen. Aus ihrer Vielzahl von Verhaltensweisen wählen sie genau die der Situation angemessene aus. Sie sind sehr kunden- und publikumsorientiert. Sie liefern, was der Kunde wünscht. Diese Kompetenz ist vor allem für die Führung, Entwicklung und Motivation von Mitarbeitern wichtig, sowie in spannungsgeladenen Situationen wie Verhandlungen und firmenpolitischen Disputen.

Tipps

☐ **1. Sind Sie ratlos? Beobachten Sie andere und hören Sie ihnen zu.** Sie müssen die Reaktionen der Menschen auf das, was Sie gerade tun, beobachten, um ihr Verhalten einschätzen zu können. Langweilen sie sich? Ändern Sie das Tempo. Können sie Ihnen nicht folgen? Sagen Sie es noch einmal auf eine andere Art. Sind sie verärgert? Unterbrechen Sie und fragen Sie nach der Ursache. Sind sie zu ruhig? Beziehen Sie sie aktiv in das Geschehen ein. Sind sie unruhig, kritzeln auf ihren Unterlagen oder schauen aus dem Fenster? Unter Umständen interessiert sie nicht, was Sie gerade tun. Kommen Sie zum Ende Ihrer Präsentation oder Aufgabe, schließen Sie sie ab und verabschieden Sie sich. Überprüfen Sie Ihre Vorgehensweise regelmäßig anhand der Reaktionen Ihres Publikums und, falls notwendig, ändern Sie sie. *Benötigen Sie weitere Hilfe? – Siehe Nr. 33 „Zuhören können".*

☐ **2. Können Sie Ihre Wirkung nicht richtig einschätzen? Lassen Sie sich Feedback geben.** Bitten Sie Ihr Umfeld um direktes Feedback über das, was Sie tun, während Sie es tun und sofort danach. Menschen geben nicht gern Feedback, insbesondere, wenn es negativ ist oder korrektive Maßnahmen beinhaltet. Gewöhnlich müssen Sie Feedback anfordern. Wenn Personen in ihrer Kritik zögern, helfen Sie Ihnen, indem Sie sich erst selbst einschätzen, anstatt gleich Fragen zu stellen. Es ist leichter für die meisten Menschen, auf Ihre selbstkritische Beobachtung „Ich glaube, ich habe in der Besprechung zu lange über das eine Thema geredet. Was meinen Sie?" einzugehen als eine solche Frage freiwillig zu beantworten. *Benötigen Sie weitere Hilfe? – Siehe Nr. 55 „Selbsterkenntnis".*

☐ **3. Brauchen Sie ein Vorbild oder einen Mentor? Beobachten Sie drei Personen, die in angespannten Situationen sehr gut agieren und Geschick bei zwischenmenschlichen Verhandlungen und in Übergangsphasen zeigen.** Notieren Sie sich, was diese Leute bei auftretenden Problemen sagen oder tun. Wie drücken sie sich aus? Wie überwachen sie, was gerade passiert? Stellen sie Fragen oder machen sie Aussagen? Drücken sie sich hart, moderat oder behutsam aus? Wie lange reden sie im Vergleich zu anderen? Vergleichen Sie Ihre Beobachtungen mit Ihrem eigenen Verhalten in gleichen Situationen. Welche Unterschiede sehen Sie? Bitten Sie diese Personen um ihre Erklärung, warum sie so agiert haben und insbesondere, warum sie ihre Taktik zwischendurch geändert haben.

☐ **4. Sehen Sie alles nur aus Ihrer Perspektive? Eignen Sie sich die Sichtweise eines anderen an.** Menschen mit dieser Kompetenz arbeiten aus einer externen Perspektive heraus nach innen (der Kunde, das Publikum, die Person, die Situation), nicht umgekehrt („Was will ich in dieser Situation tun; was würde mich glücklich machen, wie würde ich mich gut fühlen?"). Üben Sie sich darin, nicht „von intern nach extern" zu denken, wenn Sie mit anderen zusammen sind. Was sind die Anforderungen dieser Situation? Wie lernt diese Person oder dieses Publikum am besten? Welche Vorgehensweise, welchen Stil soll ich am besten einsetzen? Wie kann ich meine Ziele am besten erreichen? Wie kann ich mein Vorgehen und meine Taktik so ändern, dass Sie am effektivsten sind? Wenn Sie nur einen Trick vorzuführen haben, können Sie auch nur einmal in einer Show auftreten. Und wenn das Publikum Ihren Trick nicht mag, dann bekommen Sie auch keinen Applaus.

☐ **5. Vermissen Sie Signale? Achten Sie besonders auf Mimik und Gestik.** Häufig auftretende Warnsignale sind eine Veränderung der Körperhaltung (insbesondere Wegdrehen), verschränkte Arme, Starren sowie der eindeutige Blick auf die Armbanduhr, Kritzeln auf einem Schreibblock, Pochen mit den Fingern oder dem Bleistift, aus dem Fenster schauen, missbilligende Blicke und Stirnrunzeln. Tritt dies auf, machen Sie eine Pause. Stellen Sie eine Frage. Erkundigen Sie sich nach der Meinung der anderen Teilnehmer. Prüfen Sie die aktuelle Situation. Einige Menschen verwenden die gleiche Körpersprache, um zu signalisieren, dass sie fertig sind oder sie das Geschehen nicht interessiert. Lernen Sie diese Signale zu deuten. Stellen Sie je einen Alternativplan für die fünf Personen auf, mit denen Sie eng zusammen arbeiten. Wenn Michael anfängt zu starren, werde ich ... Wenn Sabine zum dritten Mal unterbricht, werde ich ...

☐ **6. Können Sie andere nicht gut einschätzen? Experimentieren Sie mit neuen Techniken.** Viele kompetente Lerner verwenden zahlreiche unterschiedliche Techniken und Methoden. Sie begründen ihre Aussagen und nennen ihre Lösungen erst am Schluss. Sie stellen viele Fragen, fassen sich kurz und fassen zusammen. Einen Widerspruch drücken sie als Frage aus („Das sehe ich nicht so. Was sagen Sie dazu?"). Ihre Absicht ist es, so viel Informationen wie möglich über die Reaktionen von anderen zu sammeln wie sie nur können. Sie speichern diese Botschaften, sodass sie ihr Verhalten ändern können, wenn nötig.

☐ **7. Verstehen Sie Ihr Publikum nicht? Vertiefen Sie Ihre Beobachtungsgabe.** Beobachten Sie mehr als bisher. Versuchen Sie vorauszusagen, was die Menschen sagen oder tun werden. Finden Sie eventuelle Verhaltensmuster heraus. Was machen sie immer wieder? Wenn Sie dieses Muster klarer erkennen, können Sie sich besser auf ihre Reaktionen einstellen. *Benötigen Sie weitere Hilfe? – Siehe Nr. 56 „Fähigkeit andere einzuschätzen".*

☐ **8. Ist Ihr Repertoire begrenzt? Erweitern Sie Ihr eigenes Verhaltensmuster.** Versuchen Sie, sich selbst herauszufordern. Machen Sie Dinge, die nicht charakteristisch für Sie sind. Gehen Sie an Ihre Grenzen und darüber hinaus. Wenn Sie die Anzahl Ihrer persönlichen Verhaltensweisen erweitern, können Sie eine größere Anzahl von unterschiedlichen Situationen effektiver gestalten. *Benötigen Sie weitere Hilfe? – Siehe Nr. 54 „Persönliche Entwicklung".*

☐ **9. Glauben Sie, dass Ihre Ideen die besten sind? Halten Sie die Arroganz in Schach.** Viele Menschen mit überragenden Stärken oder vielen Erfolgen bekommen wenig Feedback und machen so lange so weiter, bis ihre Karriere gefährdet ist. Wenn Sie arrogant sind, wenn Sie die Beiträge anderer abwerten, dann sollten Sie doppelt so hart daran arbeiten, andere zu beobachten, sich in sie hineinzuversetzen und sie zu fragen. Sie müssen Ihre „Was ich will/was ich meine"-Haltung ablegen und sich fragen „Was wollen die anderen, wie reagieren sie?" Schreiben Sie Ihre Beobachtungen unbedingt auf, da Sie in Ihrem normalen Alltag kaum auf die Auswirkungen Ihres Verhaltens auf andere achten werden. *Benötigen Sie weitere Hilfe? – Siehe Nr. 104 „Arrogant".*

☐ **10. Weisen Sie zurück, was immer Sie hören? Vermeiden Sie Abwehrhaltungen.** Wenn Sie defensiv sind, bietet Ihnen Ihr Umfeld keine Informationen an, mit deren Hilfe Sie Ihren Kurs korrigieren können. Wenn Sie defensiv sind, wird Sie das Feedback nicht erreichen. Sie werden daran arbeiten müssen, sich vor Besprechungen in einen ruhigen Zustand zu versetzen, gedanklich durchzugehen, wie Sie auf schwierige Situationen reagieren wollen, und entsprechende Taktiken zu entwickeln, die verhindern, dass Sie sich blockieren. Sinnvolle Taktiken sind zum Beispiel bis zehn zu zählen, sich selbst zu befehlen, ganz langsam und in Zeitlupe zu denken (oder sich vorzustellen, wie Sie es tun) oder eine hitzige Diskussion mit Standardfragen wie „Was denken Sie? Können Sie mir noch mehr darüber sagen?" abzuschwächen. *Benötigen Sie weitere Hilfe? – Siehe Nr. 108 „Abwehrhaltung".*

Develop-in-Place-Aufgabenstellungen

☐ Reisen Sie geschäftlich in ein Land, in dem Sie noch nie waren.
☐ Beteiligen Sie sich an einer Selbsthilfegruppe oder Support-Gruppe.
☐ Versuchen Sie, neue Fähigkeiten in Ihrer Freizeit zum reinen Vergnügen zu erlernen und gut darin zu werden (z. B. Jonglieren, Square Dance, Zaubern).
☐ Beteiligen Sie sich an einem Kurs oder einer Veranstaltung mit einem Anspruchsniveau, das Sie persönlich über Ihre Grenzen hinaus und aus Ihrer Komfortzone drängen wird (z. B. Outward Bound, Intensiv-Sprachkurse, Sensibilitätstraining, öffentliche Vorträge).
☐ Arbeiten Sie mit einem Tutor oder Mentor an einer zu entwickelnden Fähigkeit oder lassen Sie sich in einem Interview darüber belehren.

> *The weather-cock on the church spire, though made of iron,*
> *would soon be broken by the storm-wind*
> *if it did not understand the noble art of turning to every wind.*
> Heinrich Heine – Deutscher Dichter

Literaturempfehlungen

Bardwick, J. M. (2002). *Seeking the calm in the storm: Managing chaos in your business life*. Upper Saddle River, NJ: Financial Times/Prentice Hall.

Caro, M. (2003). *Caro's book of poker tells*. New York: Cardoza Publishing.

Fulmer, R. M., & Conger, J. A. (2004). *Growing your company's leaders*. New York: AMACOM.

Glickman, R. (2002). *Optimal thinking: How to be your best self*. Hoboken, NJ: John Wiley & Sons.

Kouzes, J. M. (2003). *Credibility: How leaders gain and lose it, why people demand it*. San Francisco: Jossey-Bass.

Lombardo, M. M., & Eichinger., R. W. (2004). *The leadership machine*. Minneapolis, MN: Lominger International: A Korn/Ferry Company.

Marquardt, M. J. (2005). *Leading with questions: How leaders find the right solutions by knowing what to ask*. San Francisco: Jossey-Bass.

Niven, D. (2006). *The 100 simple secrets of successful people: What scientists have learned and how you can use it* (2nd ed.). New York: HarperBusiness.

Pearman, R. R., Lombardo, M. M., & Eichinger, R. W. (2005). *You: Being more effective in your MBTI type*. Minneapolis, MN: Lominger International: A Korn/Ferry Company.

Vandergriff, D. (2006). *Raising the bar: Creating and nurturing adaptability to deal with the changing face of war*. Washington DC: The Center for Defense Information.

Wainright, G. R. (2003). *Teach yourself body language*. New York: McGraw-Hill.

FAKTOR I: STRATEGISCHE FÄHIGKEITEN
CLUSTER C: KREATIVITÄT UND INNOVATION

46 Perspektive

The eye sees only what the mind is prepared to comprehend.
Henri-Louis Bergson – Französischer Philosoph

Schlecht ausgeprägt
- ☐ Ist engstirnig und beschränkt
- ☐ Hat einen eingeschränkten Blick auf Angelegenheiten und Herausforderungen
- ☐ Sieht Probleme und Möglichkeiten nur aus einer oder wenigen Perspektiven
- ☐ Hat keine weitreichenden Interessen, ist nicht sehr belesen
- ☐ Verfügt über einen begrenzten Hintergrund
- ☐ Kann nicht gut mit „Was wäre wenn?"-Szenarien umgehen
- ☐ Zeigt kein Interesse für zukünftige Möglichkeiten oder die Auswirkung wichtiger Ereignisse auf die Organisation
- ☐ Wäre kein guter Stratege oder Visionär
- ☐ Lebt im Hier und Heute und wird oft durch unerwartete Veränderungen überrascht
- ☐ Beherrscht nur eine Funktion, eine Profession, einen technischen Bereich oder eine Fähigkeit

Wählen Sie eine bis drei der folgenden Kompetenzen als Ersatz für diese Kompetenz, wenn Sie nicht direkt an ihr arbeiten möchten.
ERSATZKOMPETENZEN: 2,5,15,21,28,32,38,48,58,61

Gut ausgeprägt
- ☐ Versucht, einen möglichst umfassenden Überblick über ein Thema/eine Aufgabe zu bekommen
- ☐ Hat weitgefächerte persönliche Interessen, Geschäftsinteressen und Ziele
- ☐ Entwickelt leicht Zukunftsszenarien
- ☐ Kann global denken
- ☐ Kann die vielfältigen Aspekte und Folgen von Problemen abwägen und sie auf die Zukunft projizieren

Übertriebene Fähigkeit
- ☐ Hat Schwierigkeiten, sich auf das Hier und Heute zu konzentrieren
- ☐ Eilt anderen gedanklich zu weit voraus, wenn er/sie über die Perspektiven einer Frage spekuliert
- ☐ Setzt keine praktischen Prioritäten

- ☐ Greift zu weit vor und strebt nach Idealvorstellungen
- ☐ Sieht Verbindungen, wo keine sind

Wählen Sie nachstehend eine bis drei Kompetenzen als Arbeitsgegenstand aus, um einen übertriebenen Einsatz dieser Fähigkeit zu kompensieren.
AUSGLEICHSKOMPETENZEN: 5,16,17,24,35,38,47,50,51,52,53,58,59,63,65

Mögliche Ursachen
- ☐ Vermeidung von Risiken
- ☐ Benachteiligt durch den persönlichen Hintergrund
- ☐ Keine breitgefächerten Interessen
- ☐ Eine eingeengte Erziehung
- ☐ Eine eingeschränkte Erfahrungsgrundlage
- ☐ Taktisch orientiert
- ☐ Fühlt sich zu wohl
- ☐ Zukunftsängste

Leadership Architect® Faktoren und Cluster
Diese Kompetenz ist in Faktor I „Strategische Fähigkeiten" zu finden. Diese Kompetenz ist in Cluster C „Kreativität und Innovation" zusammen mit den Kompetenzen 2, 14, 28, 58 enthalten. Sie können auch bei anderen Kompetenzen in demselben Faktor/Cluster nach passenden Tipps suchen.

Der Plan
Ideen, Perspektiven und Strategien sind nicht das Ergebnis reiner Intelligenz oder Kreativität. Sie sind die Früchte eines umfassend entwickelten Geistes mit seiner breitgefächerten Palette gespeicherter und nicht situationsgebundener Erfahrungen, Situationen und Interessen. Die Menschen mit der breitesten Palette gewinnen gewöhnlich, da sie sich auf ein größeres Reservoir an Ressourcen beziehen können und öfter Gelegenheit haben, ungewöhnliche Verbindungen mit neuen Ideen, Kulturen, Ereignissen herzustellen. In der 35-jährigen Sears-Studie zur Effektivität war eine breite Interessenpalette eines der besten Voraussagekriterien für den Erfolg.

Tipps
- ☐ **1. Sind Sie bereit, Ihr Denken zu erweitern? Lesen Sie etwas zu dem Thema.**
Lesen Sie *Management Challenges for the 21st Century* von Peter Drucker, eins der *Megatrends* Bücher von John Naisbitt, *The Popcorn Report* von Faith Popcorn, oder *THE FUTURIST*, das Journal der World Future Society. Drucker spricht Themen an wie: Was bedeutet es, dass die Geburtenrate in den Industrieländern zurückgeht? Es wird erwartet, dass im Jahr 2030 die Hälfte der Bevölkerung Japans 65 und älter ist. Dasselbe trifft im Prinzip auch auf die anderen Industrieländer zu. Wird das Rentenalter

erhöht werden? Werden wir Arbeitskräfte mehr wie Freiwillige behandeln, da sie großen Unternehmen den Rücken kehren? Wir werden einen Rückgang in Freizeitausgaben sehen, da die Menschen weniger freie Tage und Urlaub bekommen. Ausbildungs- und Gesundheitswesen werden erweitert. Wie steht es mit Einwanderung? Selbst nach den Terroranschlägen werden wir wahrscheinlich Arbeitskräfte importieren müssen. Die Durchschnittskarriere einer Arbeitskraft wird wesentlich länger sein als die Lebensdauer ihrer Arbeitgeber – die meisten Firmen bestehen nur etwa 30 Jahre. Zweite und dritte „Karrieren" werden zum Standard. Know-how wird in der Fertigung immer wichtiger. Outsourcing wird mehr angewendet, da Wissen immer spezialisierter, teurer und schwieriger zu erhalten ist. Bedeutet dies, dass wir immer mehr Outsourcing und Bündnisse sehen werden? Welches sind die kommenden Trends und wie wirken sie sich in der Zukunft auf Ihre Organisation aus?

- ☐ **2. Wiederholt sich die Geschichte? Lernen Sie aus der Vergangenheit.** Beschäftigen Sie sich mit einigen der bekannten Erfindungen der Vergangenheit, wie zum Beispiel dem Auto (eine ausgezeichnete Quelle ist *The Machine That Changed the World* von James Womack und seinen Kollegen vom MIT). Hier erfahren Sie, wie die Vergangenheit dazu dient, um in die Zukunft hinein zu projizieren. Lesen Sie, wie voneinander unabhängige Erfindungen zu einer größeren zusammengesetzt wurden. Im ZDF gibt es eine Serie namens *Abenteuer Wissen*. Sehen Sie sich einige Sendungen an. Kaufen Sie sich die Serie. Wie könnten Sie die Vergangenheit Ihrer Firma – von 1960 bis 1970; von 1970 bis 1980 usw. – dazu nutzen, um die Zukunft vorauszusagen?

- ☐ **3. Sehen Sie die Vernetzung? Beobachten Sie, was in der realen Welt passiert, und wie diese Geschehnisse mit Ihrer Organisation verbunden sind.** Lesen Sie *Wall Street Journal* und *BusinessWeek* und notieren Sie drei bis fünf interessante Fakten, die eine Parallele zu Ihrer Firma aufweisen oder eine Auswirkung auf sie haben. Lernen Sie, externe Faktoren mit internen zu verbinden.

- ☐ **4. Brauchen Sie einen ganz neuen Ansatz? Fragen Sie mal einen Laien.** Während des Zweiten Weltkriegs entdeckte das Militär, dass die kreativsten Gruppen mit Mitgliedern besetzt waren, die kaum etwas oder gar nichts gemeinsam hatten und nur wenig über das Thema wussten. Ihre lockere Vorgehensweise bot erfrischendere Lösungen. Sie waren nicht an ihre Vergangenheit gefesselt. Übertragen Sie eine aktuelle Aufgabe mit hohem Schwierigkeitsgrad einer Gruppe mit möglichst großer Diversität (vielleicht zusammengesetzt aus einem Historiker, einem Studenten, einem Theologen, einem Verkäufer, einem Klempner usw.) und sehen Sie, welche Einblicke diese Gruppe gewinnen kann. Finden Sie Probleme außerhalb Ihres Bereichs und sehen Sie, welchen Beitrag Sie leisten können.

KOMPETENZ 46: PERSPEKTIVE

- [ ] **5. Sind Sie neugierig? Strecken Sie einfach mal die Fühler aus.** Beschäftigen Sie sich mit drei voneinander unabhängigen Dingen, die Sie bisher nicht sonderlich beachtet haben und die Sie untersuchen oder kennen lernen möchten – die Oper, Liebesromane, technische Journale außerhalb Ihres Fachbereichs, MTV, eine Fremdsprache, ein Seminar über Zauberkünste, Archäologie. Verbindungen können sich aus dem Nichts entwickeln – Ihrem Gehirn ist es egal, wie es neue Perspektiven erhält. Denken Sie darüber nach, wie die Dinge miteinander verbunden sind.
- [ ] **6. Brauchen Sie eine internationale Perspektive? Lesen Sie intensiv.** Lesen Sie internationale Publikationen wie *The Economist, International Herald Tribune, Commentary*; Autobiografien von Persönlichkeiten wie Kissinger; suchen Sie sich ein Land aus und lernen Sie so viel wie möglich darüber; lesen Sie ein Buch über den Fall der Sowjetunion oder lesen Sie Journale mit einer umfassenden Berichterstattung, wie *The Atlantic Monthly*, um einen möglichst weitreichenden Einblick in das Thema zu gewinnen. In allen sind gemeinsame Prinzipien zu finden. Sie müssen aufgeschlossener werden, um diese Prinzipien ausfindig zu machen und auf Ihre heutigen Aktivitäten zu übertragen.
- [ ] **7. Haben Sie Urlaub? Lassen Sie sich auf Abenteuer ein.** Reisen Sie in Gebiete, in denen Sie nie zuvor waren. Machen Sie niemals zweimal Urlaub am gleichen Ort. Essen Sie in verschiedenen Themen-Restaurants. Besuchen Sie Veranstaltungen oder nehmen Sie an Meetings von Gruppen teil, mit denen Sie vorher nie richtig Kontakt hatten. Gehen Sie auf multikulturelle Feste und lernen Sie mehr über die einzelnen Kulturen. Besuchen Sie Sportveranstaltungen, die Sie nie zuvor besucht haben. Unternehmen Sie jede Woche mit Ihrer Familie ein Abenteuer, das Ihre Perspektive erweitert.
- [ ] **8. Sind Sie bereit, über die Grenzen Ihres Arbeitsplatzes hinaus zu blicken? Finden Sie etwas, das Sie noch nie zuvor gemacht haben, das jedoch Ihre Perspektive außerhalb des Arbeitsbereichs erweitern würde.** Werden Sie Mitglied in einer gemeinnützigen Gruppe, übernehmen Sie eine ehrenamtliche Aufgabe, reisen Sie in ein Land, das abseits vom Touristenstrom liegt, verbringen Sie ein paar Tage mit einer Gruppe von Zehnjährigen.
- [ ] **9. Sind Sie bereit für neue Erfahrungen? Erledigen Sie in Ihrer Arbeit drei Ihnen völlig neue Aufgaben.** Wenn Sie nicht viel über Kunden wissen, arbeiten Sie im Verkauf oder kümmern Sie sich um Kundenreklamationen; wenn Sie nicht wissen, was die technische Abteilung macht, finden Sie es heraus. Tauschen Sie eine Aufgabe mit einem anderen Mitarbeiter.

Suchen Sie den breitest möglichen Kontakt innerhalb der Firma. Gehen Sie mit anderen Mitarbeitern zum Mittagessen und tauschen Sie sich über Ihre Aufgabenbereiche aus.

- ☐ **10. Brauchen Sie eine Entwicklungserfahrung? Werden Sie in einer Task Force aktiv.** Taskforces/Projekte sind eine ausgezeichnete Entwicklungsmöglichkeit. Wichtige, multifunktionelle Projekte mit bedeutenden, ernst zu nehmenden Auswirkungen (keine Studiengruppe) werden von erfolgreichen Spitzenmanagern als Erfahrung mit dem höchsten Entwicklungspotenzial angeführt. Diese Projekte machen das Erlernen anderer Funktionen, das Kennenlernen anderer Geschäftsfelder oder Nationalitäten notwendig und ermöglichen, dass Sie innerhalb kürzester Zeit die Sichtweise der Menschen und die Bedeutung ihres Bereiches oder ihrer Position verstehen lernen. Auf diese Weise verlassen Sie die Perspektive Ihrer eigenen Erfahrungen und beginnen, Verbindungen zu einer breiteren Welt zu sehen – wie internationaler Handel funktioniert, oder (in Ihrer eigenen Umgebung) wie die Teile Ihrer Firma zusammenpassen. Erweitern Sie Ihre Perspektive.

Develop-in-Place-Aufgabenstellungen

- ☐ Arbeiten Sie an einem Projekt, das mit Reisen und dem Studium einer internationalen Angelegenheit, Akquisition oder Kooperation verbunden ist, und berichten Sie anschließend dem Management.
- ☐ Arbeiten Sie kurzzeitig in anderen Geschäftseinheiten, Funktionen oder geografischen Regionen, die Sie noch nicht kennen.
- ☐ Managen Sie ein Projektteam mit Mitgliedern aus mehreren Ländern.
- ☐ Beteiligen Sie sich an den Verhandlungen zu einem Vertrag oder Übereinkommen mit internationaler Reichweite.
- ☐ Arbeiten Sie mindestens ein Jahr lang ehrenamtlich für eine externe Organisation.

The manager has a short-range view;
the leader has a long-range perspective.
Warren G. Bennis – US-amerikanischer Wissenschaftler,
Berater Organisationsentwicklung und Autor

Literaturempfehlungen

Bernstein, R.B. (2005). *Thomas Jefferson*. New York: Oxford University Press, Inc.

Chernow, R. (2004). *Titan: The life of John D. Rockefeller*. London: Vintage.

Collins, J. C. (2001). *Good to great: Why some companies make the leap...and others don't*. New York: HarperCollins.

De Kluyber, C. A., & Pearce, J. A. (2008). *Strategy: A view from the top*. Upper Saddle River, NJ: Prentice Hall.

Drucker, P. F. (2001). *Management challenges for the 21st century*. New York: HarperBusiness.

Drucker, P. F. (2008). *Classic Drucker: From the pages of Harvard Business Review*. Boston: Harvard Business School Press.

Duck, J. D. (2001). *The change monster*. New York: Crown Business.

Dudik, E. M. (2000). *Strategic renaissance: New thinking and innovative tools to create great corporate strategies using insights from history and science*. New York: AMACOM.

Durant, W., & Durant, A. (1968). *The lessons of history*. New York: Simon & Schuster.

Gladwell, M. (2002). *The tipping point: How little things can make a big difference*. New York: Back Bay Books.

Heleniak, R. J., Hyde, S. C., & Robison, W. B. (1999). *A broad perspective: Readings in western civilization from the ancient world to the present*. Sugarland, TX: American Heritage Custom Publishing.

Isaacson, W. (2004). *Benjamin Franklin: An American life*. New York: Simon & Schuster.

Kennedy, P. M. (1987). *The rise and fall of the great powers: Economic change and military conflict from 1500 to 2000*. New York: Random House.

Koch, R. (2001). *The natural laws of business: How to harness the power of evolution, physics, and economics to achieve business success*. New York: Doubleday.

Levinson, M. (2008). *The box: How the shipping container made the world smaller and the world economy bigger*. Princeton, NJ: Princeton University Press.

Nicholl, C. (2005). *Leonardo da Vinci: Flights of the mind*. New York: Penguin Group.

Nixon, R. M. (1982). *Leaders*. New York: Warner Books.

Ogilvy, J. A. (2002). *Creating better futures: Scenario planning as a tool for a better tomorrow*. New York: Oxford University Press, Inc.

Pinker, S. (2008). *The stuff of thought: Language as a window into human nature*. New York: Penguin Group.

Rabb, T. K. (2000). *Renaissance lives: Portraits of an age*. New York: Basic Books.

Smith, J. E. (2008). *FDR*. New York: Random House Trade Paperbacks.

Womack, J. P., & Jones, D. T. (2003). *Lean thinking: Banish waste and create wealth in your corporation*. New York: Free Press.

FAKTOR II: AUSFÜHRENDE FÄHIGKEITEN
CLUSTER E: ORGANISATIONSFÄHIGKEIT

47 Planen

You can't overestimate the need to plan and prepare.
In most of the mistakes I've made, there has been
this common theme of inadequate planning beforehand.
You really can't over-prepare in business!
Chris Corrigan – Australischer Geschäftsmann

Schlecht ausgeprägt

- ☐ Plant nur wenig
- ☐ Peilt über den Daumen und versucht, Dinge in letzter Minute zu erledigen
- ☐ Nutzt keine planmäßigen Methoden bei der Zielsetzung und Arbeitsgestaltung
- ☐ Kommt mit Strukturiertheit und Prozessplanung schlecht zurecht
- ☐ Schätzt Planung gering und wird von anderen als nachlässig oder zu einfach gestrickt wahrgenommen
- ☐ Ist zu ungeduldig, um Ziele aufzustellen, Schwierigkeiten abzuschätzen, die Vollendung einer Aufgabe zu planen, Zeitpläne zu entwickeln und Hürden zu überwinden
- ☐ Verwirrt andere in der Zusammenarbeit
- ☐ Wirkt auf andere demotivierend

Wählen Sie eine bis drei der folgenden Kompetenzen als Ersatz für diese Kompetenz, wenn Sie nicht direkt an ihr arbeiten möchten.
ERSATZKOMPETENZEN: 18,20,24,35,39,51,52,62

Gut ausgeprägt

- ☐ Ermittelt präzise Dauer und Schwierigkeitsgrad von Aufgaben und Projekten
- ☐ Setzt Ziele
- ☐ Unterteilt Aufgaben in Projektschritte
- ☐ Entwickelt Zeitpläne und weist Aufgaben gezielt den Mitarbeitern zu
- ☐ Antizipiert und beseitigt Probleme und Hindernisse
- ☐ Beurteilt Leistungen nach dem Grad der Zielerreichung
- ☐ Wertet Ergebnisse aus

Übertriebene Fähigkeit

- ☐ Verlässt sich zu sehr auf Regeln, Vorschriften, Prozeduren und Strukturen
- ☐ Übersieht leicht die menschlichen Aspekte der Arbeit

KOMPETENZ 47: PLANEN

☐ Ist unflexibel und hat Probleme mit schnellen Veränderungen

Wählen Sie nachstehend eine bis drei Kompetenzen als Arbeitsgegenstand aus, um einen übertriebenen Einsatz dieser Fähigkeit zu kompensieren.

AUSGLEICHSKOMPETENZEN: 2,3,10,14,15,26,31,32,33,40,46,57,60,64

Mögliche Ursachen

☐ Arrogant; „Brauche ich nicht"-Einstellung
☐ Ungeduld
☐ Kein Gefühl für Strukturen und Prozesse
☐ Wunsch nach Simplizität
☐ Zeitmanagement; kommt nicht dazu

Leadership Architect® Faktoren und Cluster

Diese Kompetenz ist in Faktor II „Ausführende Fähigkeiten" zu finden. Diese Kompetenz ist in Cluster E „Organisationsfähigkeit" zusammen mit den Kompetenzen 39, 62 enthalten. Sie können auch bei anderen Kompetenzen in demselben Faktor/Cluster nach passenden Tipps suchen.

Der Plan

Nichts beschleunigt die Dinge mehr als ein guter Plan. Er hilft den Menschen, die unter diesem Plan arbeiten müssen. Ressourcen werden besser genutzt. Aufgaben werden schneller bewältigt. Er dient als ein Frühwarnsystem für möglicherweise auftretende Probleme. Ein Plan ist ein Führungstool, das überall auf positive Resonanz stößt. Ein guter Plan lässt uns mehr Zeit, andere Dinge zu tun – immer mit dem Wissen, dass die Dinge „nach Plan" ablaufen.

Tipps

☐ **1. Sind Ihre Pläne unvollkommen? Arbeitsvorbereitung.** Die meisten erfolgreichen Projekte beginnen mit einem guten Plan. Welches Ergebnis muss ich erreichen? Wie sehen die Ziele aus? Wie ist der Zeitrahmen gesteckt? Welche Ressourcen brauche ich? Welche dieser Ressourcen kontrolliere ich selbst? Wer verfügt über die restlichen Ressourcen – Personal, Budget, Werkzeuge, Materialien, Unterstützung? Bereiten Sie die Arbeit von A bis Z vor. Manche Menschen wirken inkompetent, weil sie die einzelnen Arbeitsabläufe nicht schriftlich festlegen und deshalb etwas vergessen. Bitten Sie andere um Rückmeldung über den Ablauf und um Überprüfung auf Vollständigkeit. *Benötigen Sie weitere Hilfe? – Siehe Nr. 52 „Prozessmanagement" und Nr. 63 „Workflow- und Qualitätssicherungssysteme" (z. B. TQM/ISO/Six Sigma).*

☐ **2. Sind Sie bereit, anzufangen? Erstellen Sie den Plan.** Kaufen Sie sich ein Flowchart- und/oder Projektplanungs-Softwareprogramm, mit dem Sie

PERT- und GANTT-Grafiken erstellen können. Werden Sie zu einem Experten in der Anwendung. Nutzen Sie den Programm-Output, um mit anderen über den Plan zu kommunizieren. Verwenden Sie Flussdiagramme für Ihre Präsentationen.

☐ **3. Sind Sie bereit, den Fortschritt zu dokumentieren? Setzen Sie Ziele und Maßstäbe.** Nichts hält Projekte so gut im Zeit- und im Budgetplan wie ein Ziel, ein Plan oder eine bestimmte Messlatte. Setzen Sie sich Ziele für das gesamte Projekt und alle untergeordneten Aufgaben. Planen Sie dafür. Setzen Sie sich und anderen Maßstäbe, so dass Sie Ihren Fortschritt im Vergleich zu den Zielen messen können. *Benötigen Sie weitere Hilfe? – Siehe Nr. 35 „Leistung einfordern und messen".*

☐ **4. Nimmt die Komplexität überhand? Multitasking: das gleichzeitige Managen mehrerer Pläne oder von Teilaufgaben großer Pläne.** Das ist der Versuch, komplexe Pläne durch das gleichzeitige Management von parallel laufenden Teilprojekten oder vielfältigen Aufgaben umzusetzen. Dazu ist ein Rahmenplan sehr hilfreich. Eine gute Planung reduziert das Risiko, dass Sie die Kontrolle über die Prozesse verlieren, weil Sie zu viele Dinge gleichzeitig tun müssen.

☐ **5. Sind Ihre Ressourcen begrenzt? Effizientes Managen.** Planen Sie das Budget und managen Sie entsprechend. Planen Sie Ihre Ausgaben sorgfältig. Halten Sie Reserven für das Unvorhergesehene bereit. Erstellen Sie sich einen Zeitplan, anhand dessen Sie laufende Kosten im Vergleich zu Ihrem Plan messen können.

☐ **6. Haben Sie Probleme beim Verteilen der Arbeit? Stimmen Sie Mitarbeiter und Aufgaben aufeinander ab.** Jeder Mensch ist anders. Sie haben unterschiedliche Stärken und verschiedene Wissens- und Erfahrungsebenen. Betrachten Sie nicht alle unter dem Aspekt der Gleichheit, sondern erkennen Sie ihre Unterschiedlichkeit an. Genau betrachtet bedeutet Gleichbehandlung, dass Sie den Menschen die Aufgaben übertragen, die zu ihren Fähigkeiten passen. *Benötigen Sie weitere Hilfe? – Siehe Nr. 56 „Fähigkeit andere einzuschätzen".*

☐ **7. Haben Sie Worst-Case-Szenarien identifiziert? Stellen Sie sich den laufenden Plan bildlich vor.** Was könnte schief gehen? Stellen Sie sich entsprechende Szenarien. in verschiedenen Alternativen vor. Ordnen Sie potenzielle Probleme nach Ihrer Wahrscheinlichkeit ein, von der höchsten zur niedrigsten Wahrscheinlichkeit. Überlegen Sie sich, wie Sie vorgehen würden, wenn die Dinge mit der höchsten Wahrscheinlichkeit eintreten würden. Erstellen Sie für jede dieser Situationen einen Ersatzplan. Richten Sie Ihre Aufmerksamkeit auf die schwächsten Glieder der Kette, normalerweise Gruppen oder Einzelpersonen, mit denen Sie den wenigsten Kontakt oder über die Sie die geringste Kontrolle haben (zum Beispiel

KOMPETENZ 47: PLANEN

Mitarbeiter an einem entfernten Einsatzort, Berater oder Zulieferer). Verdoppeln Sie Ihre Kontakte mit diesen potenziellen Schwachstellen. *Benötigen Sie weitere Hilfe? – Siehe Nr. 51 „Fähigkeit, Probleme zu lösen".*

☐ **8. Sind Sie nicht sicher, wie Sie den Fortschritt überwachen sollen? Erstellen Sie einen Prozess, um den Fortschritt im Hinblick auf die Planung zu überwachen.** Woher würden Sie wissen, ob die Planung noch im vorgesehenen Zeitrahmen ist? Könnten Sie jederzeit die Zeit bis zum Projektabschluss oder den entsprechenden Prozentsatz der Fertigstellung abschätzen? Informieren Sie die an der Implementierung des Plans beteiligten Personen regelmäßig über den Fortschritt.

☐ **9. Sind Sie sich Ihrer selbst bewusst? Finden Sie Rollenmodelle und erbitten Sie Feedback.** Finden Sie jemanden in Ihrer Umgebung mit einer stärkeren Planungskompetenz als Ihre und lernen Sie daraus. Wie kann man seinen Planungsprozess mit Ihrem vergleichen? Versuchen Sie, die Vorgehensweise Ihres Kollegen stärker für sich einzusetzen. Fragen Sie Kollegen, die Ihrer Planung folgen mussten, nach ihrem Feedback. Was hat ihnen gefallen? Was fanden sie schwierig?

☐ **10. Brauchen Sie Input? Holen Sie andere zur Hilfe.** Besprechen Sie Ihre Ideen über das Projekt mit anderen, am besten mit denen, die Sie später zur Unterstützung heranziehen möchten. Holen Sie sich ihren Input zur Planung. Delegieren Sie die Erstellung der Planung an die Teammitglieder, die eine stärkere Planungskompetenz haben als Sie. Sie geben die Ziele und die erforderlichen Inhalte vor und lassen die anderen den genauen Plan ausarbeiten. *Benötigen Sie weitere Hilfe? – Siehe Nr. 18 „Delegieren" und Nr. 33 „Zuhören können".*

Develop-in-Place-Aufgabenstellungen

☐ Planen Sie ein Meeting, eine Tagung, eine Messe, eine Veranstaltung usw. außerhalb Ihres Standorts.

☐ Managen Sie den Kauf eines wichtigen Produkts, Geräts, Materials, Programms oder Systems.

☐ Managen Sie einen VIP-Besuch (eines Mitglieds des Top-Managements, Regierungsmitglieds, externen Kunden, ausländischen Besuchers usw.).

☐ Integrieren Sie verschiedene Systeme, Prozesse oder Verfahren über mehrere Abteilungen und/oder geografisch verteilte Geschäftsbereiche hinweg.

☐ Führen Sie einen neuen Prozess oder ein neues System ein (Computersystem, neue Richtlinien, neue Prozesse, neue Verfahren usw.).

Luck is what happens when preparation meets opportunity.
Seneca (4 v. Chr. - 65 n. Chr.) – Römischer Philosoph, Staatsmann, Dramatiker und Humorist

KOMPETENZ 47: PLANEN

Literaturempfehlungen

Angus, R. B., Gundersen, N. A., & Cullinane, T. P. (2002). *Planning, performing, and controlling projects.* Upper Saddle River, NJ: Prentice Hall.

Axson, D. A. J. (2003). *Best practices in planning and management reporting.* New York: John Wiley & Sons.

Bacon, T. R., & Pugh, D. G. (2003). *Winning behavior: What the smartest, most successful companies do differently.* New York: AMACOM.

Collins, J. C. (2001). *Good to great: Why some companies make the leap...and others don't.* New York: HarperCollins.

Devlin, E. S. (2007). *Crisis management planning and execution.* Boca Raton, FL: Auerbach Publications.

Hamel, G. (2002). *Leading the revolution* (Rev. ed.). Boston: Harvard Business School Press.

Harpst, G. (2008). *Six Disciplines® execution revolution: Solving the one business problem that makes solving all other problems easier.* Findlay, OH: Six Disciplines Publishing.

Jackson, P. Z., & McKergow, M. (2002). *The solutions focus.* Yarmouth, ME: Nicholas Brealey Publishing.

Kerzner, H. (2005). *Project management: A systems approach to planning, scheduling, and controlling* (9th ed.). Hoboken, NJ: John Wiley & Sons.

Lewis, J. P. (2005). *Project planning, scheduling and control.* Columbus, OH: McGraw-Hill.

Lewis, J. P. (2006). *Fundamentals of project management* (3rd ed.). New York: AMACOM.

Manas, J. (2006). *Napoleon on project management: Timeless lessons in planning, execution, and leadership.* Nashville, TN: Thomas Nelson.

Mitroff, I. I. (with Anagnos, G.). (2001). *Managing crises before they happen.* New York: AMACOM.

Perrin, R. (2008). *Real world project management: Beyond conventional wisdom, best practices and project methodologies.* Hoboken, NJ: John Wiley & Sons.

Tomczyk, C. A. (2005). *Project manager's spotlight on planning.* San Francisco: Jossey-Bass.

Vega, G. (2001). *A passion for planning: Financials, operations, marketing, management, and ethics.* Lanham, MD: University Press of America.

FAKTOR V: POSITIONIERUNGSKOMPETENZEN IM UNTERNEHMEN
CLUSTER K: BEWEGT SICH GESCHICKT INNERHALB DER ORGANISATION

48 Politisches Geschick

*Just because you do not take an interest in politics
doesn't mean politics won't take an interest in you.*
Perikles (495 - 429 v. Chr.) – Griechischer Staatsmann, Redner,
General (Stratege) von Athen

Schlecht ausgeprägt
- ☐ Kann in politischen Angelegenheiten nicht ruhig und lautlos vorgehen
- ☐ Sagt und tut Dinge, die zu politischen Problemen führen
- ☐ Kann nicht mit dem Dünkel „nicht hier erfunden" und dem Verteidigen des politischen Machtbereiches umgehen
- ☐ Lehnt Politik ab und sieht sich als unpolitisch, was andere für Naivität halten können
- ☐ Wirkt im Umgang mit dem höheren Management wenig überzeugend
- ☐ Zeigt sich ungeduldig gegenüber politischen Prozessen und begeht Verfahrensfehler
- ☐ Ist zu direkt und bedenkt nicht seine/ihre Wirkung auf andere
- ☐ Schätzt die Folgen seiner/ihrer Handlungen nicht gut ab

Wählen Sie eine bis drei der folgenden Kompetenzen als Ersatz für diese Kompetenz, wenn Sie nicht direkt an ihr arbeiten möchten.
ERSATZKOMPETENZEN: 3,4,8,12,21,22,31,32,33,36,37,38,42,52,56,64

Gut ausgeprägt
- ☐ Bewegt sich effektiv und unauffällig durch komplexe politische Situationen
- ☐ Weiß, wie Menschen und Organisationen arbeiten
- ☐ Sieht Fallstricke voraus und koordiniert seinen/ihren Ansatz entsprechend
- ☐ Betrachtet Unternehmenspolitik als notwendigen Teil des Lebens in Organisationen und passt sich dieser Realität an
- ☐ Findet sich auch im schwierigsten Labyrinth zurecht

Übertriebene Fähigkeit
- ☐ Gilt als übertrieben politisch
- ☐ Gilt als nicht vertrauenswürdig
- ☐ Redet anderen nach dem Mund, statt die eigene Überzeugung zu äußern
- ☐ Stellt die eigenen Kenntnisse übertrieben dar

KOMPETENZ 48: POLITISCHES GESCHICK

☐ Gilt als manipulierend und intrigant

Wählen Sie nachstehend eine bis drei Kompetenzen als Arbeitsgegenstand aus, um einen übertriebenen Einsatz dieser Fähigkeit zu kompensieren.

AUSGLEICHSKOMPETENZEN: 4,8,12,17,22,27,29,30,34,38,44,51,53,57,63

Mögliche Ursachen

☐ Schätzt andere Menschen und ihre Interessen nicht richtig ein
☐ Übermäßig direkt und offen
☐ Missinterpretation dessen, was politisches Geschick ist
☐ Keine Geduld mit etablierten Prozessen
☐ Schwach ausgeprägte soziale Kompetenzen
☐ Kann nicht gut verhandeln
☐ Ablehnung, bei politischen Dingen „mitzuspielen"
☐ Wird als Advokat/Verfechter angesehen
☐ Sehr handlungsorientiert
☐ Sehr ego-/ethnozentrisch

Leadership Architect® Faktoren und Cluster

Diese Kompetenz ist in Faktor V „Positionierungskompetenzen im Unternehmen" zu finden. Diese Kompetenz ist in Cluster K „Bewegt sich geschickt innerhalb der Organisation" zusammen mit der Kompetenz 38 enthalten. Sie können auch bei anderen Kompetenzen in demselben Faktor/Cluster nach passenden Tipps suchen.

Der Plan

Organisationen sind ein komplexes Labyrinth bestehend aus Egos, Bündnissen, Problemen und Rivalitäten, geschaffen von Menschen mit ausgeprägtem Selbstbewusstsein und grenzschützenden Machtansprüchen. Jeder baut sich sein Reich auf und verteidigt es gegenüber Angriffen und Einflüssen von außen. In Organisationen gibt es viele Fallen und Sackgassen – und mehr Wege, die in die Irre statt ans Ziel führen. Menschen, die unternehmenspolitisch geschickt und gewandt sind, akzeptieren diese Gegebenheiten als notwendigen Teil des Lebens in Unternehmen und gehen entsprechend damit um. Allerdings darf das nicht mit „politischem Agitieren" verwechselt werden – einem höflichen Ausdruck dafür, dass man einer Person nicht trauen kann oder dass es jemandem an Substanz mangelt. Unternehmenspolitisch geschickt zu sein heißt, die Dinge so unauffällig wie möglich zum größtmöglichen Nutzen aller durch das firmenpolitische Labyrinth zu manövrieren.

KOMPETENZ 48: POLITISCHES GESCHICK

Tipps

☐ **1. Vertraut man Ihnen nicht? Wie werden Sie in Nr. 22 „Ethik und Wertmaßstäbe" und Nr. 29 „Integrität und Vertrauen" eingeschätzt?** Wenn Sie hoch eingestuft sind, lesen Sie diesen Tipp nicht. Wenn eine der beiden Kompetenzen mit durchschnittlich oder darunter beurteilt wird, werden Sie unter Umständen als nicht hilfsbereit angesehen. Man traut Ihren Bemühungen, Einfluss zu nehmen, nicht. Werden Sie als Einzelgänger angesehen? Sie nehmen vielleicht den kürzeren Weg, um besser dazustehen. Sie improvisieren, um sich gut zu präsentieren, während der Kern Ihres Ergebnisses den Test nicht bestehen würde. Vielleicht beschuldigen Sie andere, Fehler gemacht zu haben, für die Sie verantwortlich sind. Man hat den Eindruck von Ihnen, dass Sie versuchen, eng eingegrenzte oder persönliche Interessen durchzusetzen. Sie erfinden Ausreden um sich zu schützen. Sie versuchen, Ihre Rivalen in ein schlechtes Licht zu rücken, um selbst besser zu erscheinen. Sie sichern sich ab, wenn Sie mit einer schwierigen Frage konfrontiert werden. Sie kümmern sich nur wenig oder gar nicht um andere. Wenn diese Dinge ganz oder teilweise auf Sie zutreffen, wird man Ihnen mit der Zeit auf die Schliche kommen. Ein übertriebenes politisches Geschick kann also wie ein Schuss sein, der nach hinten losgeht. Andere werden Ihnen weniger vertrauen. Bevor Sie Ihr unternehmenspolitisches Geschick ausbauen, arbeiten Sie erst einmal an sich selbst. *Benötigen Sie weitere Hilfe? – Siehe Nr. 22 „Ethik und Wertmaßstäbe" und Nr. 29 „Integrität und Vertrauen".*

☐ **2. Stecken Sie mit einer vorhersehbaren Herangehensweise fest? Passen Sie sich der Situation und dem Publikum an.** Politisch begabte Menschen arbeiten aus einem externen Blickwinkel heraus (Publikum, Person, Gruppe) nach innen. Sie identifizieren den Bedarf oder die Anforderungen der relevanten Situation und betroffenen Person und suchen aus ihren breitgefächerten Fähigkeiten, ihrem Gesprächs- und Verhaltensstil die beste Methode aus, um die Angelegenheit zu regeln. Üben Sie sich darin, nicht „von intern nach extern" zu denken, wenn Sie mit anderen zusammen sind. *Benötigen Sie weitere Hilfe? – Siehe Nr. 15 „Kundenorientierung".*

☐ **3. Kommen Präsentationen nicht an? Fühlen Sie beim leitenden Management vor.** Es gibt besondere Fälle, in denen Sie mit dem höheren Management zu tun haben. Menschen, die das am besten beherrschen, gehen so vor, dass sie die Mitglieder der Geschäftsführung einzeln vor der Präsentation oder dem Antrag informieren. Sie wenden sich häufig vorab an den strengsten Kritiker, um ihre Ideen auszufeilen und die schwierigste Situation zuerst hinter sich zu bringen. Die Anwendung einer soliden politischen Taktik im Umgang mit leitenden Managern wird oft durch die situationsbedingte Unsicherheit der Mitarbeiter kompliziert. Eine politisch vernünftige Vorgehensweise erfordert einen kühlen und klaren Kopf. *Benötigen Sie weitere Hilfe? – Siehe Nr. 8 „Umgang mit dem höheren Management".*

☐ **4. Hat man Sie ausmanövriert? Lernen Sie, die politische Landschaft zu beurteilen.** Organisationen sind politisch komplex. geschaffen von Menschen mit ausgeprägtem Selbstbewusstsein und grenzschützenden Machtansprüchen. Es gibt viele Fallen und Sackgassen – und mehr Wege, die in die Irre statt ans Ziel führen. Menschen mit politischem Geschick kennen die Organisation. Sie wissen, wie man Dinge durchbringt. Sie wissen, auf wen sie sich verlassen können, um die Sache zu beschleunigen, und wer in den Schlüsselpositionen sitzt und den Fluss der Ressourcen, Informationen und Entscheidungen kontrolliert. *Benötigen Sie weitere Hilfe? – Siehe Nr. 38 „Organisationsagilität".*

☐ **5. Richtiges Publikum, falsche Botschaft? Ergründen Sie, was Einzelne und Gruppen charakteristisch macht.** Eine politische Sensitivität beinhaltet auch die Sensitivität gegenüber den Menschen. Sie müssen die Fähigkeit besitzen, das Verhalten der Menschen zu interpretieren. Sie müssen voraussehen können, wie sie auf Sie persönlich und auf Ihre Erwartungen reagieren. Jeder Mensch ist einzigartig – das macht das Leben so wundervoll, aber auch so komplex. Jeder Mensch braucht besondere Beachtung und Behandlung. Wenn Sie fähig sind vorauszusehen, was der Einzelne oder die Gruppe tun wird, können Sie aus Ihren unterschiedlichen Methoden, Fähigkeiten und Verhaltensweisen das Passende auswählen, um das angestrebte Ziel zu erreichen. *Benötigen Sie weitere Hilfe? – Siehe Nr. 36 „Andere motivieren" und Nr. 56 „Fähigkeit andere einzuschätzen".*

☐ **6. Vermissen Sie Signale? Achten Sie auf Körpersprache.** Um in der Hitze des Gefechts politisch geschickt vorzugehen (wie zum Beispiel in einem Meeting), müssen Sie lernen, die Mimik und Gestik der Teilnehmer zu deuten. Häufig auftretende Warnsignale sind eine Veränderung der Körperhaltung (insbesondere Wegdrehen), verschränkte Arme, Starren sowie der eindeutige Blick auf die Armbanduhr, Kritzeln auf einem Schreibblock, Pochen mit den Fingern oder dem Bleistift, aus dem Fenster schauen, missbilligende Blicke und Stirnrunzeln. Tritt dies auf, machen Sie eine Pause. Stellen Sie eine Frage. Erkundigen Sie sich nach der Meinung der anderen Teilnehmer. Prüfen Sie die aktuelle Situation.

☐ **7. Laden Sie zu Opposition ein? Vermeiden Sie die Extreme.** Überzeugte Verfechter engstirniger Ansichten sind gewöhnlich in Organisationen politisch nicht erfolgreich. Seien Sie zunächst zurückhaltend. Schaffen Sie für die anderen Raum zum Manövrieren. Stellen Sie zunächst die geschäftlichen oder organisatorischen Fakten dar. Machen Sie sich auf

Gegenargumente gefasst, wie zum Beispiel dass Ihr Anliegen weniger wichtig ist als das der anderen Seite. Extreme Aussagen aus dem Stegreif verursachen oft politische Unruhe.

☐ 8. **Selektives politisches Geschick? Betrachten Sie opponierende Gruppen objektiv.** Gibt es eine Gruppe oder Gruppen, mit denen sie politisch gesehen mehr Schwierigkeiten haben als mit anderen? Liegt es daran, dass Sie sie nicht mögen oder sich bei ihnen unwohl fühlen? Um besser mit Problemgruppen umgehen zu können, versetzen Sie sich in ihre Lage. Schalten Sie Ihre „Ich mag – ich mag nicht; ich stimme zu – ich stimme nicht zu"-Reaktion ab. Fragen Sie sich, warum Sie sich so verhalten? Was versuchen sie Ihrer Meinung nach zu erreichen? Stellen Sie eine auf Gegenseitigkeit beruhende Beziehung her, denn Beziehungen dauern nur an, wenn von beiden Seiten gegeben wird. Finden Sie heraus, was die anderen wollen und sagen Sie, was Sie wollen. Handeln und verhandeln Sie.

☐ 9. **Lassen Sie sich auf Schuldzuweisungen ein? Sorgen Sie dafür, dass politische Konflikte minimal und konkret bleiben.** Je abstrakter sie werden, desto schwieriger sind sie zu handhaben. Bleiben Sie auf der sachlichen Ebene. Betrachten Sie die Art des Problems und nicht die Person, die es vorbringt. Vermeiden Sie direkte Schuldzuweisungen; beschreiben Sie das Problem und dessen Auswirkung. Wenn Sie sich nicht auf eine Lösung einigen können, einigen Sie sich auf eine Vorgehensweise, oder stimmen Sie in einigen Punkten zu und listen alle verbleibenden Themen auf. Dies bringt die Dinge in Bewegung und bricht das politische Patt.

☐ 10. **Haben Sie keinen Plan B? Seien Sie flexibel.** Halten Sie stets einen Vorgehensplan bereit, aber auch einen Ersatzplan. Stellen Sie sich auf sofortige Änderungen ein. Erwarten Sie das Unerwartete. Menschen, die politisch begabt sind, sind persönlich flexibel. Sie kümmern sich mehr um die Erreichung ihres Ziels, als dem wahren „Ich" treu zu bleiben. *Benötigen Sie weitere Hilfe? – Siehe Nr. 32 „Schnelle Auffassungsgabe" und Nr. 45 „Persönliches Lernen".*

Develop-in-Place-Aufgabenstellungen

☐ Stellen Sie einen wichtigen Vorschlag zusammen und präsentieren Sie diesen dem Management.

☐ Führen Sie eine Analyse an einem fehlgeschlagenen Projekt durch und legen Sie die Ergebnisse den Beteiligten dar.

☐ Managen Sie die Interaktion zwischen Beratern und der Organisation in einer kritischen Aufgabe.

☐ Werden Sie zum Change-Agenten; kreieren Sie ein Symbol für Veränderungen; rufen Sie andere zur Aktion auf; setzen Sie sich für weitreichende Änderungen und deren Umsetzung ein.

☐ Verfassen Sie einen Vorschlag für einen neuen Prozess, eine neue Richtlinie, Mission, Satzung, Dienstleistung, ein neues Produkt oder System und unterbreiten und „verkaufen" Sie diesen an das Top-Management.

The political tradition of ancient thought, filtered in Italy by Machiavelli, says one thing clearly: every prince needs allies, and the bigger the responsibility, the more allies he needs.

Silvio Berlusconi – Italienischer Ministerpräsident, Unternehmer, Immobilien- und Versicherungstycoon, Inhaber von Banken und Medienunternehmen, Besitzer eines Fußballclubs und Liederkomponist

Literaturempfehlungen

Ashkenas, R. N., Ulrich, D., Jick, T., & Kerr, S. (2002). *The boundaryless organization: Breaking the chains of organization structure* (Rev. ed.). San Francisco: Jossey-Bass.

Brandon, R., & Seldman, M. (2004). *Survival of the savvy: High-integrity political tactics for career and company success.* New York: Free Press.

Dobson, M. S., & Dobson, D. S. (2001). *Enlightened office politics: Understanding, coping with and winning the game: Without losing your soul.* New York: AMACOM.

Ferris, G. R., & Davidson, S. L., & Perrewé, P. L. (2005). *Political skill at work: Impact on work effectiveness.* Mountain View, CA: Davies-Black Publishing.

Finkelstein, S. (2003). *Why smart executives fail: And what you can learn from their mistakes.* New York: Portfolio.

Hawley, C. (2008). *100+ Tactics for office politics* (2nd ed.). New York: Barrons Educational Series.

Kissinger, H. (1994). *Diplomacy.* New York: Simon & Schuster.

Korten, D. C. (2001). *When corporations rule the world* (2nd ed.). San Francisco: Berrett-Koehler Publishers.

Linsky, M., & Heifetz, R. A. (2002). *Leadership on the line: Staying alive through the dangers of leading.* Boston: Harvard Business School Press.

Machiavelli, N. (2007). *The prince* (P. Constantine, Trans.). New York: Random House. (Original work published 1515.)

McIntyre, M. G. (2005). *Secrets to winning at office politics: How to achieve your goals and increase your influence at work.* New York: St. Martin's Press.

Puder-York, M. (2005). *The office survival guide.* New York: McGraw-Hill.

Ranker, G., Gautrey, C., & Phipps, M. (2008). *Political dilemmas at work: How to maintain your integrity and further your career.* Hoboken, NJ: John Wiley & Sons.

Reardon, K. K. (2002). *The secret handshake: Mastering the politics of the business inner circle.* New York: Doubleday.

Silberman, M. L. (with Hansburg, F.). (2005). *Peoplesmart: Developing your interpersonal intelligence.* Hoboken, NJ: John Wiley & Sons.

Walton, M. S. (2003). *Generating buy-in: Mastering the language of leadership.* New York: AMACOM.

FAKTOR V: POSITIONIERUNGSKOMPETENZEN IM UNTERNEHMEN
CLUSTER L: KOMMUNIKATIONSFÄHIGKEITEN

49 Präsentationsfähigkeiten

It usually takes me more than three weeks to prepare a good impromptu speech.
Mark Twain – US-amerikanischer Humorist, Satiriker, Dozent und Schriftsteller

Schlecht ausgeprägt

- ☐ Kann in verschiedenen Situationen nicht gut präsentieren
- ☐ Ist zurückhaltend
- ☐ Ist schlecht organisiert und bringt seine/ihre Präsentationen zu wenig auf den Punkt
- ☐ Hat einen langweiligen oder unangenehmen Präsentationsstil
- ☐ Beachtet das Publikum nicht
- ☐ Hat problematische Eigenarten oder Angewohnheiten
- ☐ Ist auf schwierige Rückfragen nicht vorbereitet oder kann mit ihnen nicht umgehen
- ☐ Präsentiert immer auf die gleiche Weise, ohne sich auf sein/ihr Publikum einzustellen
- ☐ Verliert in hitzigen Debatten die Ruhe
- ☐ Ist während der Präsentation nervös oder sogar ängstlich

Wählen Sie eine bis drei der folgenden Kompetenzen als Ersatz für diese Kompetenz, wenn Sie nicht direkt an ihr arbeiten möchten.
ERSATZKOMPETENZEN: 3,8,9,12,24,26,31,36,65,67

Gut ausgeprägt

- ☐ Agiert effektiv in einer Vielzahl von Präsentationssituationen: ob im Zwiegespräch, in kleinen oder großen Gruppen oder im Umgang mit Kollegen, Mitarbeitern und Führungskräften
- ☐ Zeigt sich innerhalb wie außerhalb der Organisation geschickt im Umgang mit reinen Fakten, aber auch mit kritischen und kontroversen Themen
- ☐ Fordert Aufmerksamkeit und lenkt Gruppenprozesse während der Präsentation
- ☐ Kann die Taktik während der Präsentation ändern, wenn etwas schief läuft

Übertriebene Fähigkeit

- ☐ Versucht durch Stil und Präsentationsgeschick fehlende Fakten und Substanz zu verdecken
- ☐ Ist in der Lage, sich aus Situationen herauszuwinden, in denen er/sie zu wenig vorbereitet ist

KOMPETENZ 49: PRÄSENTATIONSFÄHIGKEITEN

☐ Verkauft Dinge, die nicht zum Verkauf stehen

Wählen Sie nachstehend eine bis drei Kompetenzen als Arbeitsgegenstand aus, um einen übertriebenen Einsatz dieser Fähigkeit zu kompensieren.

AUSGLEICHSKOMPETENZEN: 5,17,22,24,30,32,33,46,51,53,57,58,61,63,65

Mögliche Ursachen

☐ Kann Druck und Konfrontation nicht ertragen
☐ Nicht gut organisiert
☐ Vermeidung offener Konflikte
☐ Langweiliger Präsentator
☐ Wird nervös und emotional
☐ Ängstlichkeit, vor größeren Gruppen zu reden
☐ Schüchtern
☐ Lässt sich durch Präsentationstechnologie einschüchtern
☐ Wird durch Fragen verunsichert

Leadership Architect® Faktoren und Cluster

Diese Kompetenz ist in Faktor V „Positionierungskompetenzen im Unternehmen" zu finden. Diese Kompetenz ist in Cluster L „Kommunikationsfähigkeiten" zusammen mit der Kompetenz 67 enthalten. Sie können auch bei anderen Kompetenzen in demselben Faktor/Cluster nach passenden Tipps suchen.

Der Plan

Es gibt Präsentationen – und präsentables Präsentieren. Gute Präsentationen erfüllen ihren Zweck. Präsentabel zu sein, heißt, als guter Präsentator angesehen zu werden – mit genügend Bühnenpräsenz und Publikumssensibilität eine gute Präsentation zu halten.

Tipps

☐ **1. Sie sind unvorbereitet? Legen Sie eine Checkliste an.** Was ist Ihr Ziel, Ihre Kernaussage? Wo liegt Ihr Punkt? An welche fünf Details soll sich Ihr Publikum erinnern? Was würde der ideale Präsentationsteilnehmer sagen, wenn er 15 Minuten nach Ihrem Vortrag befragt würde? Wie setzt sich Ihre Zielgruppe zusammen? Was ist ihm bereits bekannt? Welche fünf Techniken werden Sie anwenden, um die Aufmerksamkeit des Publikums aufrechtzuerhalten? Welche Präsentationstechnik würde am besten funktionieren? Welche Fragen wird das Publikum haben? Wie sind die Umstände? Wie viel Zeit steht Ihnen zur Verfügung (immer einige Minuten weniger präsentieren, niemals länger)? *Benötigen Sie weitere Hilfe? – Siehe Nr. 47 „Planen".*

☐ **2. Kommen Sie nicht auf den Punkt? Vorbereitung der Rede.** Stellen Sie Ihre Botschaft oder Ihr Vorhaben in einem einzigen Satz dar. Mit anderen Worten: fangen Sie mit dem Schluss an. Skizzieren Sie anschließend die drei bis fünf Teile Ihrer Argumentation, um Ihre These zu unterstützen. Wenn Sie hier mehr beschreiben, wird Ihnen das Publikum nicht folgen. Manchmal hilft es, die Hauptkonzepte auf Karteikarten zu schreiben und diese richtig anzuordnen. Ein bekannter Geistlicher sagte einmal: „Nach zwanzig Minuten werden keine Seelen mehr gerettet." Viele Reden müssen länger sein, können jedoch trotzdem in Abschnitte mit klaren Schlussfolgerungen und einer passenden Überleitung zum nächsten Thema unterteilt werden. Welche Einführung erweckt die Aufmerksamkeit des Publikums und fesselt es genug, Ihre Botschaft aufzunehmen? Eine Geschichte, eine Tatsache, ein Vergleich, ein Zitat, ein Foto, ein Comic? So wählte zum Beispiel eine Rednerin den folgenden Vergleich, um eine Reihe von Forschungsergebnissen über Karriereerfolge vorzustellen: „Wie kommt es, dass eineiige Zwillinge in der gleichen Firma in gleichen Eingangspositionen eingestellt wurden und dass 20 Jahre später einer der Zwillinge erfolgreich ist und der andere nicht?" Sie nahm dann während der Präsentation immer wieder Bezug auf diese Zwillinge, indem sie ihre unterschiedliche Entwicklung in der Firma aufzeigte. Vermeiden Sie, dem Publikum Ihr gesamtes Wissen in Ihrem Vortrag mitzuteilen. Was sind Ihre Prioritäten und wie wollen Sie sie darstellen? Manche Punkte lassen sich besser mit einem Beispiel belegen, manche durch die Logik des Arguments, andere durch Tatsachen oder Geschichten. Variieren Sie die Darstellung Ihrer Argumentation, um so mehr Menschen anzusprechen. Verwenden Sie Gedächtnisstützen. Gruppieren Sie jeweils drei Punkte zusammen; wiederholen Sie Schlüsselwörter und -phrasen („Ich habe einen Traum"); unter- bzw. übertreiben Sie; verwenden Sie Antithesen („Frage nicht, was dein Land für dich tun kann, sondern frage, was du für dein Land tun kannst."). Viele Präsentatoren sind unangenehm überrascht, wenn sie erfahren, dass Schreiben und Vortragen unterschiedlich sind. Eine gekonnt geschriebene Rede klingt überzeugend, wenn sie vorgetragen wird, nicht abgelesen. Verlieben Sie sich nicht in Ihren Text, bis Sie ihn aufgenommen und angehört haben. Rhythmus und Tempo sind beim Schreiben anders als beim Sprechen. Beim Schreiben wird die Atmung nicht berücksichtigt. Wenn Ihr Computer mit einem Sprachsynthesizer ausgestattet ist, lassen Sie ihn Ihren Vortrag sprechen. Oder lassen Sie sich Ihre Rede von einer anderen Person vorlesen. Halten Sie niemals einen Vortrag, den Sie sich vorher nicht angehört haben. Abonnieren Sie das Magazin *Presentations* (siehe www.presentations.com).

KOMPETENZ 49: PRÄSENTATIONSFÄHIGKEITEN

- [ ] **3. Springt der Funke nicht über? Schätzen Sie Ihr Publikum richtig ein.**
Leider kommt die gleiche Rede oft unterschiedlich beim Publikum an. Häufig müssen Sie den Tonfall, das Tempo, den Stil und manchmal sogar Ihre Botschaft verändern, um den Inhalt auf die verschiedenen Zuhörergruppen zuzuschneiden. Wenn Sie die gleiche Rede vor mehreren Gruppen halten (oder die gleiche Nachricht übermitteln), fragen Sie sich stets, wodurch sich Ihre Zuhörer unterscheiden? Unterschiede beim Publikum können auf Faktoren basieren, wie Anspruch/Intelligenz, freundlich vs. unfreundlich gestimmt, das Zeitgefühl, in wie weit sich das Publikum am Vortrag beteiligen möchte, ob es erwartet unterhalten zu werden und ob logische oder emotionale Argumente besser ankommen. Stellen Sie sich entsprechend darauf ein. *Benötigen Sie weitere Hilfe?* – Siehe Nr. 15 „Kundenorientierung".

- [ ] **4. Präsentieren Sie holprig? Proben Sie.** Wenn Sie gerade dabei sind, Ihre Präsentationsskills aufzubauen, sind Proben sehr hilfreich. Am besten ist es, dort zu proben, wo die eigentliche Präsentation stattfindet. Üben Sie vor einer Videokamera, vor jemand anderem, der Ihnen Rückmeldungen geben kann, mit einer Audiokassette, oder wenn es gar nicht anders geht, allein vor dem Spiegel. Konzentrieren Sie sich auf die Zeit, die Sie für jeden Kernpunkt gebraucht haben – gewöhnlich fünf bis zehn Minuten. Sind Sie bei Ihrem längsten Punkt zu sehr ins Detail gegangen? Wechseln Sie Lautstärke und Ton ab – durch Monotonie wird das Publikum schläfrig. Setzen Sie Ihre Hände und Ihren Körper ein. Ändern Sie Ihren Gesichtsausdruck – wenn die Worte und die Musik nicht zueinander passen, kauft das Publikum Ihnen Ihre Aussagen nicht ab. Machen Sie Sprechpausen – um Ihren Punkt noch mehr zu betonen. Vermeiden Sie eine zu häufige Wiederholung einzelner Wörter. Wenn Sie den Faden verlieren, machen Sie eine Pause – Lückenfüller wie „Ähs" und „Sie wissen schon" lenken ab und verärgern manche Zuhörer. Wenn Ihnen im Moment gar nichts einfällt, machen Sie eine Pause und wiederholen Sie dann Ihre letzte Aussage mit anderen Worten. Während Sie auf diese Weise Zeit gewinnen, suchen Sie nach etwas, was Sie an diese Aussage anschließen können. Sprechen Sie nicht zu nachdrücklich und verwenden Sie nicht zu viele bedeutungsschwere Worte, die manche Zuhörer reizen könnten. Der beste Vortrag ist ein völlig natürlich wirkender Vortrag. Er ist wahrscheinlich auch am meisten geübt worden. Wenn Sie Ihre Präsentation frei und routiniert geben können, haben Sie auch die Möglichkeit, das Publikum zu beobachten und Ihre Rede entsprechend anzupassen.

- [ ] **5. Fällt Ihnen keine Antwort ein? Seien Sie auf Fragen vorbereitet.**
Die meisten fürchten sich vor Fragen aus dem Publikum. Es gibt unendliche Arten von Fragen. Gute und schlechte Fragen. Heftige und gelassene Fragen.

KOMPETENZ 49: PRÄSENTATIONSFÄHIGKEITEN

Fragen mit guter oder böser Absicht. Es gibt Fragen, die zu einem unpassenden Zeitpunkt gestellt werden und andere, die gut passen. Fragen, die wir besonders befürchten, sind schlecht, heftig, aus böser Absicht und zu einem ungünstigen Zeitpunkt gestellt. Grundsätzlich sind Fragen immer gut, da sie etwas über das Publikum und den Erfolg Ihrer Präsentation aussagen. Bei manchen Präsentationen werden Fragen erst am Ende gestellt. Bei anderen gibt es eine offene Gesprächsrunde. Denken Sie über die zehn Fragen nach, die am wahrscheinlichsten gestellt werden. Üben Sie, wie Sie sie beantworten würden. Manche Fragen kommen wie aus heiterem Himmel. Einige Regeln: Wenn Ihr Vortrag die Antwort auf eine Frage schon enthält, sagen Sie „Danke für diese ausgezeichnete Einleitung in den nächsten Abschnitt meiner Rede. Wenn Sie einen Moment Geduld haben, werde ich diese Frage in ein oder zwei Minuten beantworten." Wenn möglich, lassen Sie sich in Ihrem Redefluss nicht unterbrechen. Üben Sie Antworten mit einer Länge von zehn bis dreißig Sekunden ein. Fragen Sie den Fragesteller anschließend, ob ihre/seine Frage hiermit beantwortet wurde. Viele unerfahrene Präsentatoren verbringen zu viel Zeit mit der Beantwortung von Fragen. Stellen Sie sicher, dass Sie die Frage verstanden haben. Häufig beantworten Redner die falsche Frage. Stellen Sie vor der Beantwortung eine klärende Frage: „Was meinen Sie, wie das Produkt sich auf einem Auslands- oder Inlandsmarkt machen würde?" Geben Sie pro Frage höchstens zwei Antworten. Beim dritten Mal sagen Sie: „Es tut mir aufrichtig leid; anscheinend kann ich Ihre Frage nicht zufrieden stellend beantworten. Kommen Sie doch nach dem Vortrag einfach auf mich zu und wir können dann weiterdiskutieren." Wenn jemand nicht aufgibt, sagen Sie „Wir haben anscheinend total unterschiedliche Erfahrungen gesammelt. Es ist offensichtlich, dass wir uns nicht einigen können, also belassen wir es dabei. Vielen Dank für die Diskussion." In seltenen Fällen kann das Publikum mit einbezogen werden. „Ich hänge hier fest; weiß jemand im Publikum die Antwort?" Hat die Frage Konfliktpotenzial, zum Beispiel: „Warum werden Frauen in Firmen so benachteiligt?", ziehen Sie die Kernthemen aus der Frage heraus und antworten Sie „Hier sind drei Dinge, die Sie dagegen tun können." Eine Faustregel: Beantworten Sie diese Art von Fragen nie direkt, da sie negativ sind. Vermeiden Sie auch klassifizierende Antworten – Frauen, Männer, Buchhalter – diese neigen dazu, das Publikum in gegnerische Lager aufzuteilen. Übernehmen Sie die Einstellung, dass Fragen Ihre Freunde sind. Sie benötigen lediglich fünf Techniken, um mit ihnen umzugehen. Dazu gehört auch das gefürchtete Eingeständnis: „Das weiß ich leider nicht, aber ich werde es herausfinden und mich dann mit Ihnen in Verbindung setzen." Zuletzt wäre zu beachten, dass Frage- und

Antwortzeiten nicht ausufern. Nehmen Sie sich am Ende eine Minute und betonen Sie Ihre Hauptpunkte erneut oder zeigen Sie eine Overhead-Folie, die diese noch einmal aufzeigt.

☐ **6. Haben Sie Angst? Besiegen Sie das Lampenfieber.** Nervös? Aufgeregt? Nicht gut geschlafen? Magenprobleme? Alles normal. Es gibt keinen Menschen im Publikum, der diesen Zustand nicht durchgemacht hat, bevor er zum kompetenten Präsentator wurde. Vom Sterben einmal abgesehen, das Sprechen vor großen Teilnehmergruppen ist das Ereignis, vor dem Erwachsene sich am meisten fürchten. All die Dinge, von denen Sie befürchten dass sie passieren könnten, werden nicht eintreten. Sie werden nicht in Ohnmacht fallen. Sie werden nicht stecken bleiben und am Weiterreden behindert sein. Sie werden nicht unverständlich stammeln. Sie werden nicht mitten im Vortrag auf die Toilette müssen. Vielleicht kommen Sie außer Atem. Machen Sie eine Pause und atmen sie durch. Vielleicht wird Ihr Mund trocken. Trinken Sie etwas. Vielleicht vergessen Sie, was Sie sagen wollten. Schauen Sie auf Ihre Vorlage. Vielleicht stolpern Sie über ein Wort. Pausieren Sie und wiederholen Sie das Wort. Vielleicht läuft Ihnen ein Schweißtropfen über die Nase. Wischen Sie ihn ab. Vielleicht zittern Sie. Halten Sie sich am Podium fest. Schauen Sie drei Zuhörer im Publikum an, die freundlich lächeln und zugänglich sind. Vermeiden Sie den Blickkontakt mit missbilligenden oder kopfschüttelnden Zuhörern.

☐ **7. Verlieren Sie die Aufmerksamkeit Ihres Publikums? Inszenieren Sie die Präsentation mit den richtigen Techniken.** Diavorträge sind nett, zwängen Sie allerdings in eine vorgegebene Sequenz, die Sie vielleicht aufgrund von Publikumsreaktionen mitten im Vortrag abändern möchten. Overhead-Folien sind gut, zwingen Sie allerdings dazu, beim Projektor stehen zu bleiben. Einige Faustregeln. Dias und Overhead-Folien dürfen höchstens zehn Zeilen enthalten. Wenn möglich, verwenden Sie weniger Zeilen und große Schrift. Dias dürfen nicht mehr als dreißig Sekunden angezeigt werden. Lesen Sie Ihre Folien nicht vor. Bringen Sie nicht alles auf eine Folie. Benutzen Sie einfach Gliederungszeichen und Code- oder Schlüsselworte. Es gibt nichts Langweiligeres als jemanden, der eine Folie genau abliest. Wenn möglich, händigen Sie den Teilnehmern im Publikum eine schriftliche Vorlage des Vortrags aus. Geben Sie das Handout immer vor dem Vortrag aus, nie danach. Eine Ausnahme hierzu sind detaillierte Handouts. Wenn Sie zu detailliert sind, wird Ihr Publikum sie lesen, anstatt Ihnen zuzuhören. Wenn Sie detaillierte Blätter austeilen wollen, machen Sie zwei: eine Kurzübersicht für den Anfang des Vortrags und die detaillierte Version, die Sie am Ende austeilen. Verwenden Sie keine Folie, die nicht im Handout enthalten ist, es sei denn, es ist ein Comic oder ein Witz oder eine eigentumsgeschützte Information (informieren Sie das Publikum, bevor Sie sie zeigen). Bewegen Sie sich. Stellen Sie sich erst links hin, später rechts. Bleiben Sie mit einer spezifischen Person im Publikum in wiederholtem Blickkontakt. Lächeln Sie. Versuchen Sie, entspannt zu wirken, auch wenn Sie es nicht sind. Stellen Sie sich nicht ans Podium und halten Sie sich nicht daran fest, es sei denn, Sie zittern und benötigen eine Stütze. Legen Sie hier und da eine kurze Redepause ein. Ein wenig Stille kann nicht schaden. Befinden sich mehr als 25 Personen im Raum oder ist die Akustik schlecht, wiederholen Sie jede Frage, bevor Sie sie beantworten. Sagen Sie nie: „Zum Schluss ...", „Zusammenfassend ..." oder „Nun zum Ende" oder „Ich bin fast fertig", es sein denn, Sie haben wirklich nur noch höchstens sechzig Sekunden vorzutragen. Schalten Sie den Projektor zwischen den Folien nicht aus (abgesehen davon, dass es irritierend ist, kann die Glühbirne durchbrennen). Sehen Sie nicht auf Ihre Uhr. Suchen Sie sich eine Wanduhr oder legen Sie Ihre Armbanduhr auf dem Podium ab. Andernfalls vereinbaren Sie mit einem Freund ein Signal, wenn noch fünf Minuten verbleiben. Drehen Sie sich während Ihres Vortrags nicht mit dem Rücken zum Publikum. Wenn Sie auf die Leinwand blicken müssen, um sich an etwas zu erinnern, hören Sie kurz auf zu sprechen und fahren Sie fort, nachdem Sie das Dia gelesen haben. Bedanken Sie sich beim Publikum für seine Aufmerksamkeit und Fragen, falls es welche gegeben hat.

☐ **8. Geht Ihnen die Zeit aus? Üben Sie es, Ihre Zeit effektiv einzuteilen.** Niemandem ist jemals das Material ausgegangen. Jeder plant mehr für den Vortrag als die Zeit zulässt. Planen Sie stets weniger. Wenn Sie das nervös macht, bringen Sie ein oder zwei zusätzliche Folien mit. Überziehen Sie nicht. Jeder mag den Sprecher, der entweder pünktlich oder sogar ein wenig früher fertig ist. Gewöhnlich ist es nicht empfehlenswert, die Ihnen vorgegebene Zeit zu überschreiten, insbesondere, wenn nach Ihnen noch weitere Redner kommen oder wenn Sie der Letzte sind und Leute festhalten, die nicht dort sein möchten. Sie müssen Ihren Vortrag nicht beenden. Es wird weitere Gelegenheiten geben. Wenn Sie merken, dass Sie Ihre Zeit überschritten haben, kommen Sie direkt zum Schluss. Rasen Sie nicht durch den Rest Ihrer Folien. Oder fragen Sie das Publikum, was es bevorzugen würde. Sagen Sie „Es ist offensichtlich, dass ich diesen Vortrag nicht zu Ende bringen kann. Was möchten Sie in der verbleibenden Zeit hören?"

☐ **9. Haben Sie es mit einem schwierigen Publikum zu tun? Gehen Sie mit notorischen Störern ruhig um.** Es gibt böse Menschen, die Sie oder jeden, der einen Vortrag hält, blamieren möchten. Wenn Sie derart unterbrochen werden, schaffen Sie sich eine Pause, indem Sie den Zwischenrufer auffordern, weiterzusprechen. Wenn der oder die Zwischenrufer/in Daten oder Ansichten von sich gibt, die Sie aufgreifen können, finden Sie eine Antwort, mit der Sie beide übereinstimmen, fassen Sie die Argumente der Person zusammen und geben Sie dann eine Antwort oder bestätigen Sie die Meinungsverschiedenheit einfach. Im Allgemeinen werden Sie solche Personen nicht überzeugen können, außer man hat Sie ehrlich missverstanden. Ist dies der Fall, fassen Sie zusammen und fragen Sie dann, worin die Meinungsverschiedenheit besteht. Falls es auf die Situation passt, bitten Sie andere Personen um eine Antwort auf den Angriff, wenn Sie es auf eine neutrale und problemlösende Weise ermöglichen können. „Jetzt hänge ich fest – hat jemand eine Antwort hierauf?" Verbringen Sie nicht zu viel Zeit damit, auf einen Zwischenrufer zu antworten. Die Regel von dreißig Sekunden oder zwei Versuchen gilt auch hier. Wenn Sie Ihre Antwort zu ausführlich formulieren, kann dies andere Personen im Publikum verärgern, die ebenfalls Fragen haben oder nicht mit dem Zwischenrufer übereinstimmen. Gibt die Person nicht auf, sollten Sie ihr mitteilen, dass nur begrenzte Zeit zur Verfügung steht und Sie noch weitere Fragen beantworten müssen, und dass Sie die Diskussion später fortsetzen können. Benimmt sich die Person weiterhin rüpelhaft, können Sie ihre Beleidigungen ignorieren und andere Fragen annehmen.

☐ **10. Kommen Sie nicht richtig an? Machen Sie sich selbst präsentabel.**
Schließlich sind Sie die Hauptperson. Alle Augen sind auf Sie gerichtet. Welchen Eindruck bekommt das Publikum von Ihnen? Wie sehen Sie aus, wie bewegen Sie sich, wie gut sind Sie organisiert, wie gut sind Sie vorbereitet, wie gut handhaben Sie die Präsentationsanlage. Diese Dinge haben nichts mit Ihrem Vortragsstoff zu tun, aber Sie vermitteln einen Eindruck von Ihrer Persönlichkeit. Teil einer Präsentation ist die Selbstvermarktung des Redners. Er muss das Publikum dazu bringen, ihm zuzuhören. Achten Sie auf Ihre Kleidung. Passen Sie sich dem Publikum an. Erscheinen Sie nicht in lässiger Kleidung zu einer formellen Veranstaltung, tragen Sie aber auch keinen Anzug bei einer informellen Zusammenkunft. Was nehmen Sie mit auf das Podium? Eine Präsentation in einem Ordner oder lose Blätter? Eine alte, ausgefranste Aktentasche? Wenn ich Sie nicht kenne und Ihren Vortrag noch nicht gehört habe, haben Sie mir einen Eindruck von sich vermittelt? Ist er so, wie Sie ihn sich wünschen? Wenn Sie erst damit beginnen, Ihre Präsentationsskills auszubauen, werden Sie Mitglied bei Ihrem örtlichen Toastmasters Club, wo Sie die Grundlagen in einer risikoarmen Umgebung erlernen können. Belegen Sie einen Präsentationskurs, der mit Videos arbeitet.

Develop-in-Place-Aufgabenstellungen

- ☐ Unterweisen Sie Kunden in der Verwendung der Produkte oder Dienstleistungen der Organisation.
- ☐ Stellen Sie die Strategie Ihrer Geschäftseinheit Personen vor, die Ihr Geschäft nicht gut kennen.
- ☐ Werden Sie zum Change-Agenten; kreieren Sie ein Symbol für Veränderungen; rufen Sie andere zur Aktion auf; setzen Sie sich für weitreichende Änderungen und deren Umsetzung ein.
- ☐ Verfassen Sie einen Vorschlag für einen neuen Prozess, eine neue Richtlinie, Mission, Satzung, Dienstleistung, ein neues Produkt oder System und unterbreiten und „verkaufen" Sie diesen an das Top-Management.
- ☐ Vertreten Sie die Organisation auf einer Messe, einer Tagung, einer Ausstellung usw.

It is not so much the content of what one says
as the way in which one says it.
However important the thing you say,
what's the good of it if not heard or, being heard, not felt.
Sylvia Ashton-Warner – Neuseeländische Schriftstellerin, Dichterin und Dozentin

Literaturempfehlungen

Baldoni, J. (2003). *Great communication secrets of great leaders.* New York: McGraw-Hill.

Bates, S. (2005). *Speak like a CEO: Secrets for commanding attention and getting results.* New York: McGraw-Hill.

Booher, D. (2002). *Speak with confidence: Powerful presentations that inform, inspire, and persuade.* New York: McGraw-Hill.

Carnegie, D. (1962). *The quick and easy way to effective speaking.* New York: Association Press.

Davidson, J. (2002). *The complete guide to public speaking.* Hoboken, NJ: John Wiley & Sons.

Detz, J. (2002). *How to write and give a speech: A practical guide for executives, PR people, the military, fund-raisers, politicians, educators, and anyone who has to make every word count.* New York: St. Martin's Press.

Gallo, C. (2003). *10 Simple secrets of the world's greatest business communicators.* Naperville, IL: Sourcebooks, Inc.

Harvard Business School Press. (2004). *Presentations that persuade and motivate.* Boston: Harvard Business School Press.

Holliday, M. (1999). *Secrets of power presentations* (2nd ed.). Franklin Lakes, NJ: Career Press.

Humes, J. C. (2002). *Speak like Churchill, stand like Lincoln: 21 Powerful secrets of history's greatest speakers.* New York: Prima Publishing.

Hybels, S., & Weaver, R. L. (2008). *Communicating effectively* (9th ed.). New York: McGraw-Hill.

Koegel, T. J. (2007). *The exceptional presenter: A proven formula to OPEN UP! and own the room.* Austin, TX: Greenleaf Book Group Press.

Leeds, D. (2003). *Powerspeak: Engage, inspire, and stimulate your audience.* Franklin Lakes, NJ: Career Press.

Maxey, C., & O'Connor, K. E. (2006). *Present like a pro: The field guide to mastering the art of business, professional, and public speaking.* New York: St. Martin's Press.

Morgan, N. (2003). *Working the room: How to move people to action through audience-centered speaking.* Boston: Harvard Business School Press.

Pearce, T. (2003). *Leading out loud.* San Francisco: Jossey-Bass.

Uchida, T. (2005). Impression of speaker's personality and the naturalistic qualities of speech: Speech rate and pause duration. *Japanese Journal of Educational Psychology, 53*(1), 1-13.

Weissman, J. (2006). *Presenting to win: The art of telling your story.* New York: Prentice Hall.

Williams, R. G. (2002). *Voice power.* New York: AMACOM.

FAKTOR II: AUSFÜHRENDE FÄHIGKEITEN
CLUSTER D: ZIELORIENTIERTE ARBEITSWEISE

50 Setzen von Prioritäten

*I have to constantly juggle being a writer with being a wife and mother.
It's a matter of putting two different things first, simultaneously.*
Madeleine L'Engle – US-amerikanische Schriftstellerin

Schlecht ausgeprägt
- ☐ Hat kein Gefühl dafür, ob etwas wirklich wichtig ist oder ob es ihm/ihr gerade gelegen kommt
- ☐ Kann nicht immer unterscheiden, ob etwas für ihn/sie selbst oder für andere wichtig ist
- ☐ Hält alles für gleich wichtig, überfordert andere mit zielloser Geschäftigkeit
- ☐ Muss immer irgend etwas tun, ganz schnell überall ein bisschen
- ☐ Kann nicht mit Zeit umgehen
- ☐ Kann nicht nein sagen, will alles tun
- ☐ Hat Schwierigkeiten, Strategien zur Beseitigung von Hindernissen zu entwickeln

Wählen Sie eine bis drei der folgenden Kompetenzen als Ersatz für diese Kompetenz, wenn Sie nicht direkt an ihr arbeiten möchten.
ERSATZKOMPETENZEN: 16,17,24,33,39,40,47,51,52

Gut ausgeprägt
- ☐ Nutzt seine/ihre Zeit und die der anderen für das Wesentliche
- ☐ Konzentriert sich schnell auf Kernprobleme und lässt Nebensächlichkeiten links liegen
- ☐ Erfasst schnell, was das Erreichen eines Ziels unterstützt oder verhindern kann
- ☐ Beseitigt Hindernisse
- ☐ Konzentriert sich auf Wesentliches

Übertriebene Fähigkeit
- ☐ Lässt nebensächliche Probleme zu einer kritischen Größe anwachsen
- ☐ Übergeht die Prioritäten anderer zu leicht
- ☐ Hat durch zu starke Vereinfachung einen negativen Effekt auf die Bearbeitung komplexer Probleme
- ☐ Verwechselt einfach mit simpel

KOMPETENZ 50: SETZEN VON PRIORITÄTEN

☐ Zu dominant beim Setzen von Teamprioritäten

Wählen Sie nachstehend eine bis drei Kompetenzen als Arbeitsgegenstand aus, um einen übertriebenen Einsatz dieser Fähigkeit zu kompensieren.
AUSGLEICHSKOMPETENZEN: 2,3,12,15,17,27,30,33,38,46,52,63,65

Mögliche Ursachen

☐ Aktionssüchtig; ständig in Bewegung
☐ Schwierigkeiten, „nein" zu sagen
☐ Egozentrisch; überschätzt die eigenen Fähigkeiten
☐ Perfektionist; will immer alles selbst machen
☐ Konzentrationsprobleme; will von allem ein bisschen was machen
☐ Zeitmanagement; zu beschäftigt, um Prioritäten zu setzen
☐ Probleme bei der Auswahl

Leadership Architect® Faktoren und Cluster

Diese Kompetenz ist in Faktor II „Ausführende Fähigkeiten" zu finden. Diese Kompetenz ist in Cluster D „Zielorientierte Arbeitsweise" zusammen mit der Kompetenz 16 enthalten. Sie können auch bei anderen Kompetenzen in demselben Faktor/Cluster nach passenden Tipps suchen.

Der Plan

Es gibt so viel zu tun; und so wenig Zeit dafür. Begrenzte Ressourcen; unbegrenzte Bedürfnisse. Leute, die man sehen, Orte, die man besuchen und Dinge, die man tun will. Keine Zeit, Guten Tag und Auf Wiedersehen zu sagen. „Ich bin spät dran, hab' eine ganz wichtige Besprechung." Kommt Ihnen das bekannt vor? So ist das Leben. Jeder hat mehr zu tun als er schaffen kann. Organisationen haben mehr Chancen als Ressourcen, um sie zu realisieren. Je höher Sie in der Organisation aufsteigen, umso mehr müssen Sie in immer weniger Zeit schaffen. Niemand kann alles machen. Sie müssen Prioritäten setzen, um erfolgreich durchzukommen.

Tipps

☐ **1. Haben Sie das Ziel aus den Augen verloren? Seien Sie sich über Ihre Ziele im Klaren.** Was müssen Sie genauer gesehen erreichen? Nutzen Sie die Jahres- und Strategieplanung, um zu erkennen, welche erfolgskritischen Aufgaben durchzuführen sind. *Benötigen Sie weitere Hilfe? – Siehe Nr. 47 „Planen" und Nr. 58 „Strategische Agilität".*

☐ **2. Benötigen Sie Klarheit darüber, was erfolgsentscheidend ist? Listen Sie Ihre Ziele nach Prioritäten auf.** Auf der Grundlage Ihrer Ziele trennen Sie voneinander, was unbedingt getan werden muss, was wichtig ist, was nützlich wäre, wenn noch genügend Zeit zur Verfügung steht, und was für das Ziel, das wir erreichen wollen, nur von untergeordneter

KOMPETENZ 50: SETZEN VON PRIORITÄTEN

Bedeutung ist. Wenn Sie mit verschiedenen Möglichkeiten oder vielen zu erledigenden Dingen konfrontiert werden, dann ziehen Sie immer diese Reihenfolge zu Rate und erledigen Sie das Wichtigste zuerst.

☐ **3. Zu viel Plackerei? Hüten Sie sich vor zu vielen Aktivitäten.** John Kotter kam in *The General Managers* zu dem Schluss, dass effektive Manager ungefähr die Hälfte ihrer Zeit damit verbringen, an ein oder zwei Aufgaben mit höchster Priorität zu arbeiten – wobei sie diese Prioritäten selbst bestimmten und sich nicht durch die Unternehmens- oder Organisationsplanung festlegen ließen. Sie unternahmen jedoch keinerlei Versuche, an kleinen aber zusammenhängenden Themen zu arbeiten, die aber in ihrer Summe eine Menge Arbeit ergaben. Vorzugsweise kehrten sie immer wieder zu den wenigen Aufgaben zurück, die ihnen auf lange Sicht einen größeren Gewinn versprachen, als dass sie sich und andere an 97 scheinbar dringenden und zusammenhängenden, kleineren Aktivitäten aufrieben.

☐ **4. Haben Sie eine Sichtweise? Nehmen Sie die Hilfe von anderen an.** Wenn Sie mehrere anstehende interessante Aufgaben vor sich haben, zeigen Sie sie Ihren Kollegen, um ihre Meinungen einzuholen. Sie müssen nicht tun, was sie sagen, jedoch ist es immer besser, andere Perspektiven als nur die eigenen in Betracht zu ziehen. *Benötigen Sie weitere Hilfe? – Siehe Nr. 33 „Zuhören können".*

☐ **5. Wird es Zeit, anzufangen? Werden Sie aktiv.** Oft ist das Setzen von und Arbeiten mit Prioritäten keine denkintensive Aufgabe. Sie haben wahrscheinlich nicht viel Zeit zum Nachdenken. Die meisten Entscheidungen im Leben müssen umgehend getroffen werden, ohne dass alle Daten zur Verfügung stehen. Unter diesem Druck hat niemand immer Recht. Perfektionisten haben hiermit ein Problem. Warten Sie so lange Sie können und geben Sie Ihr Bestes. *Benötigen Sie weitere Hilfe? – Siehe Nr. 16 „Treffen von fristgerechten Entscheidungen" und Nr. 32 „Schnelle Auffassungsgabe".*

☐ **6. Sind Sie auf Ihre Vorlieben fixiert? Gehen Sie nicht immer nur ihren Lieblingsbeschäftigungen nach.** Achten Sie darauf, dass Sie nicht nur von dem, was Sie mögen und nicht mögen, geleitet werden. Diese Weise, Prioritäten zu wählen, ist wahrscheinlich auf die Dauer nicht erfolgreich. Verwenden Sie Daten, Intuition und sogar Gefühle, jedoch nicht ausschließlich Gefühle.

☐ **7. Ist es an der Zeit, dass Sie sich entscheiden? Wägen Sie Ihre Möglichkeiten ab.** Wenn Sie hängen bleiben, schreiben Sie die Vor- und Nachteile jeder Option auf. Überprüfen Sie die jeweils langfristigen und kurzfristigen Auswirkungen. Gibt es Unterschiede bei den Kosten? Ist die eine Ressource effizienter als die andere? Ist eine erfolgversprechender als die anderen? Denken Sie an das Zusammenspiel von kurz- und langfristigen

Zielen. Manchmal hat das, was Sie heute entscheiden, erst später negative Folgen für Sie oder die Organisation. Wenn Sie entweder eine kurzfristige oder eine langfristige Entscheidung treffen, halten Sie einen Moment inne und fragen Sie sich, welche Auswirkung die eine auf die andere hat. Passen Sie sie wenn nötig an. *Benötigen Sie weitere Hilfe? – Siehe Nr. 65 „Management von Visionen und Zielen".*

☐ **8. Keine Zeit? Entwickeln Sie Ihr Zeitgefühl.** Wenn Sie sich am Anfang die Zeit für das Planen und Setzen von Prioritäten nehmen, steht Ihnen später mehr Zeit zur Verfügung als wenn Sie sich in die Dinge hineinstürzen und hoffen, dass Sie alles rechtzeitig erledigt bekommen. Die meisten Menschen, denen die Zeit davongelaufen ist, bemängeln, dass Sie keine Zeit zur Planung ihrer Zeit hatten. Im Sinne von Stephen Coveys *Seven Habits of Highly Effective People* geht es auch hier wieder um das Schärfen der Säge. *Benötigen Sie weitere Hilfe? – Siehe Nr. 62 „Zeitmanagement".*

☐ **9. Gehen Sie einer Sache aus dem Weg? Schieben Sie die Dinge nicht auf die lange Bank.** Trifft man heute keine Entscheidungen, muss man morgen um so mehr treffen. Das Vermeiden von Entscheidungen macht das Leben nur noch komplizierter. Sie verpassen darüber hinaus auch Chancen. Das heißt, Sie können jetzt den Preis zahlen oder morgen einen noch größeren. *Benötigen Sie weitere Hilfe? – Siehe Nr. 12 „Konfliktmanagement".*

☐ **10. Sind Sie ein Zeitverschwender? Gehen Sie sensibel mit der Zeit anderer Menschen um.** Generell ist es so: Je höher die Hierarchieebene ist, auf der Sie oder Ihr Gesprächspartner sich befinden, desto weniger Zeit werden Sie beide haben. Gehen Sie mit der Zeit anderer Menschen effizient um. Beanspruchen Sie so wenig von ihrer Zeit wie möglich. Gehen Sie an die Sache heran und ziehen Sie sie durch. Bieten Sie Ihrem Gegenüber die Möglichkeit an, neue Wege für eine Diskussion zu beschreiten oder weiterzumachen; sollte dieses Angebot aber nicht genutzt werden, verabschieden Sie sich und gehen Sie Ihren eigenen Weg.

Develop-in-Place-Aufgabenstellungen
- ☐ Managen Sie ein Rationalisierungsprojekt.
- ☐ Arbeiten Sie in einem Krisenteam.
- ☐ Weisen Sie einer Gruppe ein Projekt mit einem engen Termin zu.
- ☐ Managen Sie die Interaktion zwischen Beratern und der Organisation in einer kritischen Aufgabe.
- ☐ Managen Sie die Renovierung eines Büros, Stockwerks, Gebäudes, Konferenzraums, Lagergebäudes usw.

Decide what you want, decide what you are willing to exchange for it.
Establish your priorities and go to work.
H. L. Hunt – US-amerikanischer Erdölmagnat

Literaturempfehlungen

Birkinshaw, J., Bouquet, C., & Ambos, T. C. (2007). Managing executive attention in the global company. *MIT Sloan Management Review, 48*(4), 39-45.

Block, P. (2001). *The answer to how is yes: Acting on what matters.* San Francisco: Berrett-Koehler Publishers.

Bossidy, L., & Charan, R. (2004). *Confronting reality: Doing what matters to get things right.* New York: Crown Publishing Group.

Bossidy, L., & Charan, R. (with Burck, C.). (2002). *Execution: The discipline of getting things done.* New York: Crown Business.

Calhoon, J., & Bruce, J. (2005). *Prioritize! A system for leading your business and life on purpose.* Sevierville, TN: Insight Publishing.

Drucker, P. F. (2006). *The effective executive* (Rev. ed.). New York: HarperBusiness.

Goldratt, E. M., & Cox, J. (2004). *The goal: A process of ongoing improvement* (3rd ed.). Great Barrington, MA: North River Press.

Hammer, M. (2001). *The agenda: What every business must do to dominate the decade.* New York: Crown Business.

Hoover, J. (2007). *Time management: Set priorities to get the right things done.* New York: HarperCollins Business.

Le Blanc, R. (2008). *Achieving objectives made easy! Practical goal setting tools and proven time management techniques.* Maarheeze, NL: Cranendonck Coaching.

Stalk, G., Jr., & Hout, T. M. (2003). *Competing against time: How time-based competition is reshaping global markets.* New York: Free Press.

Tracy, B. (2007). *Time power: A proven system for getting more done in less time than you ever thought possible.* New York: AMACOM.

FAKTOR I: STRATEGISCHE FÄHIGKEITEN
CLUSTER B: TREFFEN KOMPLEXER ENTSCHEIDUNGEN

51 Fähigkeit, Probleme zu lösen

Problems are only opportunities in work clothes.
Henry J. Kaiser – US-amerikanischer Industrieller und Bauunternehmer

Schlecht ausgeprägt
- Geht Probleme nicht diszipliniert an; hängt zu sehr an Vergangenem und Dingen, die sich bereits bewährt haben
- Muss häufig auf Probleme zurückkommen und sie ein zweites Mal bearbeiten
- Zäumt das Pferd von hinten auf
- Wird zu schnell ungeduldig und zieht voreilig Schlüsse
- Hält nicht inne, um das Problem zu definieren und zu analysieren; sieht nicht hinter die Dinge
- Hat einen vorgefassten Satz von Werkzeugen, aus denen er/sie unfertige Lösungen entwickelt
- Erkennt die Komplexität von Aufgaben nicht und zwängt sie in eine ihm/ihr passende Form
- Kann nur selten eine zweite, bessere Lösung präsentieren, scharfsinnige Fragen stellen oder versteckte Muster erkennen

Wählen Sie eine bis drei der folgenden Kompetenzen als Ersatz für diese Kompetenz, wenn Sie nicht direkt an ihr arbeiten möchten.
ERSATZKOMPETENZEN: 5,14,17,24,30,32,33,46,50,52,58

Gut ausgeprägt
- Nutzt rigoros Logik und Methodik, um schwierige Probleme effektiv zu lösen
- Sondiert alle erfolgversprechenden Quellen auf Antworten
- Sieht latente Probleme
- Kann ausgezeichnet analysieren
- Gibt sich nicht mit Offensichtlichem und mit der erstbeste Antwort zufrieden.

Übertriebene Fähigkeit
- Tendiert dazu, durch übertriebene Analyse Prozesse zu blockieren
- Wartet zu lange, um Entschlüsse zu fassen
- Setzt keine Prioritäten bei der Analyse
- Hält sich zu lange mit Details auf und verliert so den Gesamtüberblick
- Macht Dinge übermäßig komplex

KOMPETENZ 51: FÄHIGKEIT PROBLEME ZU LÖSEN

☐ Versucht, einen Großteil der Analyse allein zu erledigen

Wählen Sie nachstehend eine bis drei Kompetenzen als Arbeitsgegenstand aus, um einen übertriebenen Einsatz dieser Fähigkeit zu kompensieren.

AUSGLEICHSKOMPETENZEN: 1,16,18,20,35,36,50,52,55,60

Mögliche Ursachen
☐ Nicht gut organisiert
☐ Wird emotional
☐ Ungeduld
☐ Zieht voreilige Schlüsse
☐ Perfektionist, benötigt zu viele Daten
☐ Verlässt sich zu sehr auf Lösungen aus der Vergangenheit

Leadership Architect® Faktoren und Cluster

Diese Kompetenz ist in Faktor I „Strategische Fähigkeiten" zu finden. Diese Kompetenz ist in Cluster B „Treffen komplexer Entscheidungen" zusammen mit den Kompetenzen 17, 30, 32 enthalten. Sie können auch bei anderen Kompetenzen in demselben Faktor/Cluster nach passenden Tipps suchen.

Der Plan

Die meisten Menschen sind intelligent genug, um Probleme effektiv zu lösen. Die meisten wissen, wie man das tut. Doch bei der richtigen Umsetzung hapert es. Das Problem wird nicht definiert, und man zieht vorschnelle Rückschlüsse. Das andere Extrem ist eine übertriebene, langwierige Problemanalyse, ohne etwas auszuprobieren. Manchmal verlässt man sich zu sehr auf die eigenen Fähigkeiten, wenn mehrere Personen zusammen normalerweise eine größere Chance zur Lösung des Problems hätten.

Tipps

☐ **1. Wo anfangen? Definieren Sie das Problem.** Sofortige und frühzeitige Schlussfolgerungen, Lösungen, Aussagen, Vorschläge oder Praktiken aus der Vergangenheit sind die Feinde einer guten Problemlösung. Studien zeigen, dass die Definition eines Problems und beginnende Aktivitäten zu seiner Lösung bei den meisten Menschen fast gleichzeitig einsetzen. Je mehr Mühe Sie dafür aufwenden, das Problem zu definieren, desto schneller werden Sie eine gute Lösung finden. Definieren Sie also zuerst einmal: Was ist das Problem, was ist es nicht. Da es ja für jeden so einfach ist, eine Lösung zu finden, wäre es schön, wenn diese Lösungen auch auf das richtige Problem passen. Finden Sie die Ursache heraus. Fragen Sie immer nach dem Warum, wie viele Ursachen Sie herausfinden und in wie viele Kategorien Sie sie einordnen können. So erhöht sich die Chance auf eine bessere Lösung, denn auf diese Weise können Sie die Zusammenhänge

KOMPETENZ 51: FÄHIGKEIT PROBLEME ZU LÖSEN

besser erkennen. Verhalten Sie sich wie ein Schachgroßmeister. Er erkennt Tausende von Mustern in Schachzügen wieder. Suchen Sie nach Datenmustern und sammeln Sie nicht einfach nur Informationen. Ordnen Sie sie in für Sie sinnvolle Kategorien ein. Stellen Sie viele Fragen. Verwenden Sie mindestens die Hälfte der Zeit, um das Problem zu definieren.

☐ **2. Sind Sie ergebnisorientiert? Haben Sie Geduld.** Ergebnisorientierte, hektische und ungeduldige Menschen sind das größte Hindernis für eine vernünftige Problemlösung. Sie nehmen sich nicht die Zeit für die Problemdefinition und tendieren dazu, die erste annähernd zutreffende Lösung, die sich ergibt, zu wählen. Untersuchungen haben gezeigt, dass die beste Lösung durchschnittlich zwischen der zweiten oder dritten Option erzeugt wird. Ungeduldige Menschen warten nicht so lange. Disziplinieren Sie sich und nehmen Sie sich mehr Zeit, in der Sie das Problem besser definieren und ziehen Sie vor Ihrer endgültigen Entscheidung immer drei Lösungsalternativen in Betracht.

☐ **3. Haben Sie sich bereits entschieden? Gehen Sie Voreingenommenheiten aus dem Weg.** Manche Menschen haben bereits eine Lösung, während sie noch nach dem Problem suchen. Sie haben Lieblingslösungen. Sie sind voreingenommen. Sie haben universelle Lösungen für die meisten Situationen. Sie bilden sich im Voraus ein Urteil über das Problem, ohne die besonderen Nuancen dieses speziellen Problems zu bedenken. Führen Sie zuerst eine offene und ehrliche Analyse durch. Interpretieren Sie Vermutungen oder Meinungen als Fakten? Sind Sie sicher, dass diese Behauptungen Fakten sind? Ziehen Sie generell Rückschlüsse aus einem einzigen Beispiel? Eine Ihrer Lösungen mag tatsächlich passen, aber prüfen Sie erst, ob Sie das Problem richtig erkannt haben. *Benötigen Sie weitere Hilfe? – Lesen Sie Six Thinking Hats von Edward de Bono.*

☐ **4. Verwenden Sie immer die gleiche Lösung? Verlassen Sie Ihre Komfortzone.** Die meisten beschäftigten Menschen verlassen sich zu sehr auf Lösungen aus ihrer eigenen Vergangenheit. Sie sehen eine Übereinstimmung in den vergangenen und jetzigen Problemen, die nicht vorhanden ist. Vermeiden Sie Aussagen wie „Ich habe schon immer ..." oder „Normalerweise ...". Machen Sie eine Pause, schauen Sie hinter die Dinge; fragen Sie sich, ob dieses Problem wirklich genau so ist wie Sie es früher schon einmal erlebt haben?

☐ **5. Verlassen Sie sich zu sehr auf sich selbst? Bitten Sie andere um ihren Input.** Viele versuchen, zu viel selbst zu machen. Sie delegieren nicht, hören nicht zu und bitten andere nicht um Input. Selbst wenn Sie glauben, dass Sie die Lösung haben, fragen Sie andere um ihre Meinung, nur um sicherzugehen. Kontaktieren Sie Ihr Netzwerk. Sprechen Sie mit einer Person, der Sie ein gutes Urteilsvermögen zutrauen, nicht nur über Ideen, sondern auch, um Ihr Problemverständnis zu vertiefen. Sie können es auch formeller angehen. Arrangieren Sie einen Wettbewerb zwischen zwei Teams, die beide als Ihre Berater fungieren. Setzen Sie ein Treffen an und geben Sie den Teams zwei Stunden Zeit, um über eine Lösung des Problems abzustimmen, die zumindest ausprobiert werden soll. Finden Sie eine ähnlich zusammengesetzte Gruppe aus einem anderen Fachbereich oder in einer anderen Organisation, die mit dem gleichen oder einem ähnlichen Problem zu kämpfen hat, und experimentieren Sie zusammen.

- [ ] **6. Sind Sie ein Perfektionist? Bringen Sie Perfektion und Handeln ins Gleichgewicht.** Brauchen, bevorzugen oder wollen Sie ganz einfach absolute Sicherheit? Möchten Sie warten, bis alle Informationen verfügbar sind. So geht es vielen. Vermeiden Sie den lähmenden Effekt des übertriebenen Analysierens. Bewährt hat sich die Analyse von Mustern und Ursachen, um dann Alternativen zu finden. Viele von uns sammeln einfach nur Daten, was zwar zur Steigerung unseres Selbstvertrauens führt, jedoch nicht die Genauigkeit unserer Entscheidungen erhöht, wie zahlreiche Untersuchungen zeigen. Es ist schwer, vom Perfektionismus abzulassen, da er in der Regel als positive Charaktereigenschaft angesehen wird. Werden Sie sich bewusst darüber, was Ihr Perfektionismus bedeuten könnte – das Ansammeln von immer mehr Informationen, um durch die richtige Entscheidungsfindung Kritik und Risiken zu vermeiden und Ihr Selbstvertrauen aufzubauen. Versuchen Sie, Ihren Informationsbedarf und Ihr tagtägliches Streben nach Perfektion von Woche zu Woche zu verringern, bis Sie ein vernünftigeres Gleichgewicht zwischen dem Durchdenken einer Aufgabe und ihrer tatsächlichen Abarbeitung erreicht haben.

- [ ] **7. Sind Sie entgeistert? Schlüsseln Sie das Problem auf.** Die beste Lösung größerer Probleme besteht manchmal darin, sie in eine Reihe von kleineren Problemen aufzuteilen. Menschen, die diese Methode gut beherrschen, werden als „Inkrementalisten" bezeichnet. Sie treffen eine Folge kleinerer Entscheidungen, erhalten sofort ein Feedback, korrigieren daraufhin den Kurs, erhalten mehr Daten und tasten sich noch ein Stückchen weiter vorwärts, bis der größere Teil des Problems unter Kontrolle ist. Sie erwarten die richtige Lösung nicht gleich beim ersten Mal. Lernen Sie, das Problem zu unterteilen und lösen Sie es dann Schritt für Schritt.

- [ ] **8. Brauchen Sie einen neuen Ansatz? Erlernen Sie weitere Problemlösungstechniken.** Es gibt viele unterschiedliche Möglichkeiten, wie ein Problem durchdacht und gelöst werden kann.

KOMPETENZ 51: FÄHIGKEIT PROBLEME ZU LÖSEN

- Stellen Sie mehr Fragen. In einer Studie zu Problemlösungen waren sieben Prozent der Kommentare Fragen, über die Hälfte jedoch waren Antworten. Wir entscheiden uns oft vorschnell für Lösungen, die sich in der Vergangenheit bewährt haben.
- Um neue Ideen zu bekommen, gehen Sie nicht oberflächlich über die Einzelheiten des Problems hinweg sondern hinterfragen Sie. Gehen Sie das Problem in Ihrem Job an, das Ihnen den größten Verdruss bereitet – planen Sie dafür zwanzig Prozent Ihrer Zeit ein – analysieren Sie es genau, besprechen Sie es mit anderen, suchen Sie nach Parallelen in anderen Organisationen und auf Gebieten, die weit außerhalb Ihres Bereiches liegen.
- Komplexe Probleme sind schwer zu visualisieren. Ihre Lösung wird entweder zu vereinfacht oder zu kompliziert angegangen, bis sie in ein visuelles Format gebracht wird. Teilen Sie das Problem in seine einzelnen Bestandteile auf. Untersuchen Sie diese Bestandteile, um herauszufinden, ob eine andere Reihenfolge helfen würde, oder wie Sie aus drei Teilstücken ein Ganzes machen könnten.
- Eine andere Technik dazu ist die Anwendung von „Storyboards", einer bildlichen Darstellungsweise, wobei das Problem über seine als Bilder dargestellten Komponenten illustriert wird.
- Eine Variation dieser Technik besteht darin, eine Geschichte zu erzählen, die die Vor- und Nachteile eines Problems illustriert, und dann in einem Flussdiagramm das aufzunehmen, was funktioniert oder nicht. Eine weitere Technik ist das Fischgrätendiagramm aus dem Total Quality Management (TQM).
- Manchmal helfen auch extreme Ansatzpunkte. Das Hinzufügen jeder Kondition, jeder Worst-Case-Situation, die Sie sich vorstellen können, wird manchmal zu einer anderen Lösung führen. Wenn Sie den gegenwärtigen Stand der Angelegenheit in die Zukunft projizieren, wird sich unter Umständen zeigen, wie und wo das System zusammenbrechen wird.
- Vermeiden Sie selbst oder andere es, die schwierigen Punkte in Angriff zu nehmen? In fast jeder Gruppe gibt es so heikle Themen, die nicht erwähnt, geschweige denn diskutiert werden können. Eine Technik, die zum ersten Mal von Chris Argyris vorgestellt wurde, kann diese Themen an die Oberfläche bringen. Jeder nimmt sich drei Karteikarten und schreibt auf jede ein Tabuthema. (Ohne Namen; die Annahme ist, dass die Position eine Auswirkung auf das Verhalten hat, und selbst wenn die Teilnehmer glauben, dass das Problem persönlich ist, werden Sie darum gebeten, es aus der Sicht der Gruppe oder des

Systems zu sehen.) Die Karten werden dann gemischt und jeder erhält drei andere zurück. Die Karten werden vorgelesen, in eine Reihenfolge gebracht und die Themen werden zur Diskussion gestellt. Weitere Techniken werden in *The Art of Problem Solving* von Russell Ackoff und *Lateral Thinking* von Edward de Bono vorgestellt.

- ☐ **9. Risiken vermeiden? Gehen Sie kalkulierte Risiken ein.** Entwickeln Sie eine philosophische Einstellung zu Fehlern und Misserfolgen bei Problemlösungen. Wir wissen: die meisten Innovationen, Vorschläge und Veränderungsbemühungen scheitern, und die ersten Lösungsversuche für komplexe Problemstellungen funktionieren nicht. Das beste Verfahren nach einem erfolglosen Lösungsversuch ist zu fragen „Was können wir daraus lernen?" und anschließend einfach fortzufahren. Je mehr Versuche und Feedback, desto besser die Chancen für die beste Lösung. *Benötigen Sie weitere Hilfe? – Siehe Nr. 2 „Umgang mit Mehrdeutigkeit".*
- ☐ **10. Sind Sie nicht gut organisiert? Organisieren Sie Ihre Aufgaben.** Zur Problemlösung gehören eine rigorose Logik und disziplinierte Methoden. Sie beinhaltet weiterhin das Durchgehen von Checklisten, ein intensives Nachforschen und das Anzapfen aller fruchtbaren Quellen, um Antworten zu finden. Wenn Sie nicht gut organisiert sind, müssen Sie sich strenge Prioritäten setzen. Konzentrieren Sie sich eher auf die wenigen, aber für diesen Auftrag kritischen Bereiche. Lassen Sie sich nicht von Unwichtigem ablenken. *Benötigen Sie weitere Hilfe? – Siehe Nr. 47 „Planen" und Nr. 50 „Setzen von Prioritäten".*

Develop-in-Place-Aufgabenstellungen

- ☐ Managen Sie eine Gruppe in einer bedeutenden geschäftlichen Krise.
- ☐ Führen Sie schwierige Verhandlungen mit einem internen oder externen Kunden.
- ☐ Übernehmen Sie ein schwieriges und nicht zu bewältigendes Projekt, an dem andere sich schon die Zähne ausgebissen haben.
- ☐ Stellen Sie kurzfristig ein Team aus verschiedenartigen Mitarbeitern zusammen, um eine schwierige Aufgabe zu erledigen.
- ☐ Organisieren Sie die erneute Einführung eines Produkts oder einer Dienstleistung, das/die bisher nicht viel Erfolg hatte.

Problems are to the mind what exercise is to the muscles,
they toughen and make strong.
Norman Vincent Peale – US-amerikanischer Pfarrer und Autor

Literaturempfehlungen

Ben, D. (2002). *Advantage play: The manager's guide to creative problem solving.* Toronto: Key Porter Books.

Couzins, M., & Beagrie, S. (2003). How to...be an effective problem solver. *Personnel Today.* Retrieved July 16, 2008, from www.personneltoday.com/goto/20616.

Davidson, J. E., & Sternberg, R. J. (Eds.). (2003). *The psychology of problem solving.* New York: Cambridge University Press.

Dotlich, D. L., Cairo, P. C., & Rhinesmith, S. H. (2009). *Complexity and uncertainty: How to lead in turbulent times.* San Francisco: Jossey-Bass.

Haines, S. G. (2006). *The top 10 everyday tools for daily problem solving: Strategic thinking handbook #1.* San Diego: Systems Thinking Press.

Hoenig, C. W. (2000). *The problem-solving journey: Your guide for making decisions and getting results.* Cambridge, MA: Perseus Publishing.

Kourdi, J. (2007). *Think on your feet: 10 Steps to better decision making and problem solving at work.* London: Cyan Communications.

Nalebuff, B. J., & Ayers, I. (2003). *Why not? How to use everyday ingenuity to solve problems big and small.* Boston: Harvard Business School Press.

Robson, M. (2002). *Problem-solving in groups.* Hampshire, UK: Gower Publishing Limited.

Rosenhead, J., & Mingers, J. (2001). *Rational analysis for a problematic world: Problem structuring methods for complexity, uncertainty and conflict.* West Sussex, England: John Wiley & Sons, Ltd.

Straus, D. (2002). *How to make collaboration work: Powerful ways to build consensus, solve problems, and make decisions.* San Francisco: Berrett-Koehler Publishers.

Vaughn, R. H. (2007). *Decision making and problem solving in management.* Brunswick, OH: Crown Custom Publishing.

White, S. P. (with Patton Wright, G.). (2002). *New ideas about new ideas: Insights on creativity with the world's leading innovators.* Cambridge, MA: Perseus Publishing.

FAKTOR II: AUSFÜHRENDE FÄHIGKEITEN
CLUSTER G: MANAGEN VON ARBEITSPROZESSEN

52 Prozessmanagement

The essential question is not, 'How busy are you?' but 'What are you busy at?'
Oprah Winfrey – US-amerikanische Fernsehmoderatorin,
Medienunternehmerin und Philanthropin

Schlecht ausgeprägt

- ☐ Ist nicht besonders gut darin, effektive und effiziente Wege hin zum Ziel herauszufinden
- ☐ Arbeitet in einer desorganisierten Weise
- ☐ Nutzt Möglichkeiten für Synergien und zur Effizienzsteigerung nicht
- ☐ Kann sich effiziente Prozesse nicht vorstellen
- ☐ Verteilt Aufgaben überstürzt und planlos
- ☐ Arbeitet nicht an der Vereinfachung von Prozessen
- ☐ Benötigt für eine Aufgabe mehr Ressourcen als andere
- ☐ Lässt eine Orientierung auf Details vermissen
- ☐ Antizipiert mögliche Probleme nicht, denkt nicht systematisch

Wählen Sie eine bis drei der folgenden Kompetenzen als Ersatz für diese Kompetenz, wenn Sie nicht direkt an ihr arbeiten möchten.
ERSATZKOMPETENZEN: 17,18,20,24,30,32,33,35,39,47,50,51,59,63

Gut ausgeprägt

- ☐ Kann gut notwendige Prozesse ausarbeiten
- ☐ Weiß, wie Mitarbeiter und Aktivitäten organisiert werden müssen
- ☐ Versteht es, Aufgaben auszuteilen oder zu kombinieren, um effiziente Arbeitsabläufe sicherzustellen
- ☐ Weiß, was zu messen ist und wie
- ☐ Erkennt Möglichkeiten für Synergie und Integration eher als andere
- ☐ Kann komplexe Abläufe vereinfachen
- ☐ Holt aus weniger Ressourcen mehr heraus

Übertriebene Fähigkeit

- ☐ Versucht, stets zu verbessern und zu verfeinern wobei nichts lange beim Alten bleibt
- ☐ Hat Schwierigkeiten, seine/ihre Vision von Prozessen zu vermitteln
- ☐ Bringt Dinge nicht zu Ende
- ☐ Ist stets unzufrieden, weil er/sie zu hohe Standards und Erwartungen an sich und andere stellt
- ☐ Versucht, zu viele Dinge gleichzeitig zusammenzuführen

KOMPETENZ 52: PROZESSMANAGEMENT

☐ Schätzt die Fähigkeit anderer, Änderungen zu verarbeiten, falsch ein

Wählen Sie nachstehend eine bis drei Kompetenzen als Arbeitsgegenstand aus, um einen übertriebenen Einsatz dieser Fähigkeit zu kompensieren.

AUSGLEICHSKOMPETENZEN: 3,14,15,19,27,33,36,41,46,47,50,56,57,58,60,63

Mögliche Ursachen

☐ Die Dinge werden nicht ohne weiteres durchschaut
☐ Keine systematische Sichtweise
☐ Ungeduld
☐ Unerfahren
☐ Nicht an Details interessiert
☐ Weist die neuen Lehren von Menschen und Organisationen zurück

Leadership Architect® Faktoren und Cluster

Diese Kompetenz ist in Faktor II „Ausführende Fähigkeiten" zu finden. Diese Kompetenz ist in Cluster G „Managen von Arbeitsprozessen" zusammen mit den Kompetenzen 59, 63 enthalten. Sie können auch bei anderen Kompetenzen in demselben Faktor/Cluster nach passenden Tipps suchen.

Der Plan

Die meisten Dinge passieren in einem ordentlichen Rahmen. Vom Chaos vielleicht einmal abgesehen, folgen alle Dinge absehbaren Regeln – was kommt zuerst, was kommt danach. Es gibt vorhersehbare „Aktion-Reaktion"-Regeln. Es gibt den besten Weg, Dinge zu bewältigen – „Bester Weg" bedeutet größte Wahrscheinlichkeit für den Erfolg, die wenigsten Ressourcen, die niedrigsten Kosten und den geringsten Aufwand. Für den Lebens- und Arbeitsbereich existieren beste Methoden oder anerkannte Prozessregeln. In der physischen Welt erzeugen die Gesetze der Physik und Chemie bei richtiger Anwendung fast immer bekannte Ergebnisse; H2O wird immer Wasser bleiben. Wenn es um Menschen und Organisationen geht, sind die Regeln etwas unbestimmter, doch auch hier weiß man schon vieles. Diejenigen, die die Prozessregeln kennen und einhalten, gewinnen fast immer und erreichen ihr Ziel.

Tipps

☐ **1. Interessiert es Sie, wie die Dinge funktionieren? Lesen Sie darüber.** Wenn möglich, abonnieren Sie *The Systems Thinker®*, Pegasus Communications, Inc., Waltham, MA, 1-781-398-9700. Diese Gruppe befasst sich damit, das Wie und Warum eines Systems, das sich hinter bestimmten Funktionen verbirgt, zum Vorschein zu bringen. Sie gibt monatlich eine Veröffentlichung heraus und bietet Workshops, Seminare und andere Materialien an, die Sie darin unterstützen, die Welt

KOMPETENZ 52: PROZESSMANAGEMENT

als eine Serie sich wiederholender Systeme oder Urformen zu sehen. Die Gruppe analysiert alltägliche Ereignisse und Prozesse und versucht festzustellen, warum sie auf diese Weise funktionieren.

☐ **2. Müssen Sie erst Ihren Weg durch die Organisation finden? Beschäftigen Sie sich damit, wie Organisationen funktionieren.** Organisationen können ein komplexes Labyrinth mit vielen Abzweigungen, Sackgassen, Abkürzungen und Wahlmöglichkeiten sein, und in den meisten Organisationen verläuft der beste Weg, um ans Ziel zu kommen, fast nie gerade. Es gibt die formelle Organisation – dargestellt auf dem Organigramm –, die geradlinig aussieht, und es gibt die informelle Organisation, deren Wege im Zickzack verlaufen. Da Organisationen nun einmal aus Menschen bestehen, werden sie noch komplexer. Es gibt Kontrolleure, Beschleuniger, Stopper, Widerstandskämpfer, Wegweiser, gute Samariter und Beeinflussende. All diese Typen existieren im Labyrinth einer Organisation. Der Schlüssel zu einem erfolgreichen Manövrieren durch komplexe Organisationen liegt darin, den Weg möglichst schnell und geräuschlos durch das Labyrinth zu finden. Dies gelingt am besten, wenn man die Komplexität von Organisationen akzeptiert, anstatt sie zu bekämpfen, und wenn man dementsprechend denkt und plant. *Benötigen Sie weitere Hilfe? – Siehe Nr. 38 „Organisationsagilität".*

☐ **3. Haben Sie einen Plan? Prozessplanung.** Die meisten effizienten Prozesse beginnen mit einem Plan. Welches Ergebnis muss ich erreichen? Wie ist der Zeitrahmen gesteckt? Welche Ressourcen brauche ich? Wer verfügt über diese Ressourcen – Personal, Budget, Werkzeuge, Materialien, Unterstützung? Was habe ich zu bieten? Wie kann ich für die von mir benötigten Ressourcen bezahlen? Wer gewinnt noch, wenn ich gewinne? Wer könnte verlieren? Kaufen Sie sich ein Flowchart-Softwareprogramm, mit dem Sie PERT- und GANTT-Grafiken erstellen können. Werden Sie zu einem Experten in der Anwendung. Nutzen Sie den Programm-Output, um mit anderen über den Plan zu kommunizieren. Verwenden Sie Flussdiagramme für Ihre Präsentationen. Nichts beschleunigt einen Prozess besser als ein guter Plan. Er hilft den Menschen, die unter diesem Plan arbeiten müssen. Ressourcen werden besser genutzt. Aufgaben werden schneller bewältigt. Er dient als ein Frühwarnsystem für möglicherweise auftretende Probleme. Bereiten Sie die Arbeit von A bis Z vor. Manche Menschen werden als inkompetent eingeschätzt, weil sie die Arbeitsschritte oder -prozesse nicht schriftlich festlegen und deshalb etwas auslassen. Bitten Sie andere um Rückmeldung über den Ablauf und um Überprüfung auf Vollständigkeit. *Benötigen Sie weitere Hilfe? – Siehe Nr. 47 „Planen" und Nr. 63 „Workflow- und Qualitätssicherungssysteme" (z. B. TQM/ISO/Six Sigma).*

☐ **4. Ungeduldig? Halten Sie sich an einen Prozess, Schritt für Schritt.** Manche Menschen kennen die Schritte und den zur Erreichung des Ziels nötigen Prozess, aber sie sind zu ungeduldig, dem Prozess zu folgen. Das Verfolgen eines Prozesses zur Zielerreichung verlangt von Zeit zu Zeit nach einer Pause, damit die Dinge ihren Lauf nehmen können. Das kann bedeuten, dass Sie warten müssen, bis jemand in einer Schlüsselposition Zeit für Ihre Bedürfnisse hat. Geordnete Prozessabläufe nehmen viel Zeit in Anspruch. *Benötigen Sie weitere Hilfe? – Siehe Nr. 41 „Geduld".*

☐ **5. Benötigen Sie Hilfe? Sorgen Sie für Unterstützung.** Besprechen Sie Ihre Ideen über Ihren Prozess mit denen, die Sie später zur Unterstützung heranziehen möchten. Holen Sie sich ihren Input, wenn möglich. Menschen, die gefragt werden, neigen eher zur Unterstützung als diejenigen, die nicht gefragt werden. Finden Sie heraus, wie die Menschen, die Ihren Prozess unterstützen, mit Ihnen zusammen gewinnen können. Es ist einfacher, Ergebnisse zu erzielen, wenn alle am selben Strang ziehen. Es ist einfacher, Leistungen zu erbringen, wenn alle benötigten Hilfsmittel und Ressourcen zur Verfügung stehen. Es ist einfacher, ein Projekt durchzuziehen, wenn jedes Ihrer Teammitglieder Sie unterstützt und zu Ihnen hält. *Benötigen Sie weitere Hilfe? – Siehe Nr. 36 „Andere motivieren" und Nr. 60 „Effektive Teams aufbauen".*

☐ **6. Was ist das Ziel? Setzen Sie Ziele und Maßstäbe.** Nichts hält Prozesse so gut im Zeitplan und im Budgetrahmen wie ein Ziel und eine Messlatte. Setzen Sie sich Ziele für das gesamte Projekt und alle untergeordneten Aufgaben. Setzen Sie sich und anderen Maßstäbe, so dass Sie Ihren Fortschritt im Vergleich zu den Zielen messen können. *Benötigen Sie weitere Hilfe? – Siehe Nr. 35 „Leistung einfordern und messen".*

☐ **7. Haben Sie Schwierigkeiten mit Chancengleichheit? Suchen Sie sich für Arbeiten die richtigen Personen aus.** Sie müssen die Aufgaben den richtigen Personen zuordnen, um eine einwandfreie Durchführung der Prozesse zu gewährleisten. Jeder Mensch ist anders. Sie haben unterschiedliche Stärken und verschiedene Wissens- und Erfahrungsebenen. Betrachten Sie nicht alle unter dem Aspekt der Gleichheit, sondern erkennen Sie ihre Unterschiedlichkeit an. Genau betrachtet bedeutet Gleichbehandlung, dass Sie den Menschen die Aufgaben übertragen, die zu ihren Fähigkeiten passen. *Benötigen Sie weitere Hilfe? – Siehe Nr. 56 „Fähigkeit andere einzuschätzen".*

☐ **8. Haben Sie an das Worst-Case-Szenario gedacht? Stellen Sie sich den Prozess im fortgeschrittenen Stadium vor.** Was könnte schief gehen? Stellen Sie sich entsprechende Szenarien in verschiedenen Alternativen vor. Ordnen Sie potenzielle Probleme nach ihrer Wahrscheinlichkeit ein, von der höchsten zur niedrigsten Wahrscheinlichkeit. Überlegen Sie sich, wie Sie vorgehen würden, wenn die Dinge mit der höchsten Wahrscheinlichkeit eintreten würden. Erstellen Sie für jede dieser Situationen einen Ersatzplan. Richten Sie Ihre Aufmerksamkeit auf die schwächsten Glieder der Kette, normalerweise Gruppen oder Einzelpersonen, mit denen Sie den wenigsten Kontakt oder über die Sie die geringste Kontrolle haben (zum Beispiel Mitarbeiter an einem entfernten Einsatzort, Berater oder Zulieferer). Verdoppeln Sie Ihre Kontakte mit diesen potenziellen Schwachstellen. *Benötigen Sie weitere Hilfe? – Siehe Nr. 51 „Fähigkeit, Probleme zu lösen".*

☐ **9. Wie verfolgen Sie den Fortschritt? Stellen Sie einen Plan auf, um den Fortschritt im Hinblick auf den Prozess zu überwachen.** Wie würden Sie erkennen, ob die Prozessabläufe noch im vorgesehenen Zeitrahmen sind? Könnten Sie jederzeit die Zeit bis zum Projektabschluss oder den entsprechenden Prozentsatz der Fertigstellung abschätzen? Informieren Sie die an der Prozessumsetzung beteiligten Personen regelmäßig über den Fortschritt.

☐ **10. Kennen Sie jemanden, der darin gut ist? Finden Sie einen Mentor.** Finden Sie jemanden in Ihrer Umgebung, der diese Fähigkeit aufzuweisen scheint. Beobachten Sie, was er/sie tut, das Sie nicht tun. Fragen Sie nach, wie er/sie vorgeht, um für sich herauszufinden, wie Dinge funktionieren.

Develop-in-Place-Aufgabenstellungen

☐ Managen Sie ein Rationalisierungsprojekt.
☐ Arbeiten Sie in dem Team, das bei Entlassungen, Werksschließungen, Personalabbau und Veräußerungen entscheidet, wer bleibt und wer geht.
☐ Verfolgen Sie den Werdegang eines neuen Produkts bzw. einer Dienstleistung vom Konzept über die Konstruktion, den Testmarkt, bis hin zur Markteinführung.
☐ Integrieren Sie verschiedene Systeme, Prozesse oder Verfahren über mehrere Abteilungen und/oder geografisch verteilte Geschäftsbereiche hinweg.
☐ Führen Sie einen neuen Prozess oder ein neues System ein (Computersystem, neue Richtlinien, neue Prozesse, neue Verfahren usw.).

I just wrap my arms around the whole backfield and peel 'em one by one until I get to the ball carrier. Him I keep.
Big Daddy Lipscomb – US-amerikanischer Footballspieler,
„Defensive Lineman" (Verteidiger)

Literaturempfehlungen

Brown, T. (2008). Design thinking. *Harvard Business Review, 68*(6), 84-92.

Champy, J. A. (2002). *X-engineering the corporation: Reinventing your business in the digital age.* New York: Warner Books.

Gharajedaghi, J. (2006). *Systems thinking: Managing chaos and complexity: A platform for designing business architecture.* London: Butterworth-Heinemann.

Hammer, M., & Champy, J. A. (2003). *Reengineering the corporation: A manifesto for business revolution.* New York: HarperBusiness.

Jeston, J., & Nelis, J. (2008). *Business process management: Practical guidelines to successful implementations.* Oxford: Butterworth-Heinemann.

Juran, J. M. (2003). *Juran on leadership for quality.* New York: Free Press.

Lawler, E. E., III, Mohrman, S. A., & Benson, G. (2001). *Organizing for high performance: Employee involvement, TQM, reengineering, and knowledge management in the Fortune 1000: The CEO report.* San Francisco: Jossey-Bass.

Stewart, T. A. (2001). *The wealth of knowledge: Intellectual capital and the twenty-first century organization.* New York: Doubleday.

Strachan, D. (2008). *Process design: Making it work: A practical guide to what to do when and how for facilitators, consultants, managers and coaches.* San Francisco: Jossey-Bass.

Tan, A. (2007). *Business process reengineering in Asia: A practical approach.* Upper Saddle River, NJ: Prentice Hall.

FAKTOR IV: ENERGIE UND TATENDRANG
CLUSTER J: KONZENTRATION AUF DAS ENDERGEBNIS

53 Ergebnisorientierung

A business like an automobile, has to be driven, in order to get results.
B.C. Forbes – Aus Schottland stammender Finanzjournalist und Gründer des Magazins *Forbes*

Schlecht ausgeprägt
- ☐ Liefert keine dauerhaft guten Ergebnisse
- ☐ Vollendet Aufgaben nicht zeitgerecht
- ☐ Verschwendet Zeit und Ressourcen auf Unwesentliches
- ☐ Begegnet immer den gleichen Schwierigkeiten – seien es die eigene Desorganisation, falsch gesetzte Prioritäten, Zeitrahmen oder die Überwindung von Widerständen
- ☐ Ist nicht mutig genug oder zu wenig engagiert, um Dinge durchzuziehen
- ☐ Verzögert alles
- ☐ Bringt nicht den maximalen Einsatz, um Aufgaben zu vollenden
- ☐ Tut nur das Allernötigste

Wählen Sie eine bis drei der folgenden Kompetenzen als Ersatz für diese Kompetenz, wenn Sie nicht direkt an ihr arbeiten möchten.
ERSATZKOMPETENZEN: 1,5,9,16,18,20,24,28,35,36,39,43,50,52,60,63

Gut ausgeprägt
- ☐ Übertrifft die gesteckten Ziele
- ☐ Bringt ständig Höchstleistungen
- ☐ Ist ausgesprochen ergebnisorientiert
- ☐ Drängt sich und andere ständig zu Ergebnissen

Übertriebene Fähigkeit
- ☐ Ist fixiert auf Ergebnisse, ohne genügend Rücksicht auf die Anliegen anderer, des Teams, auf knappe Zeitvorgaben oder Normen und Werte zu nehmen
- ☐ Verursacht mit seinem/ihrem Drang zu Resultaten eine hohe Mitarbeiterfluktuation
- ☐ Kann keinen Teamgeist aufbauen
- ☐ Feiert und teilt seine Erfolge nicht mit anderen
- ☐ Ist sehr egozentrisch

Wählen Sie nachstehend eine bis drei Kompetenzen als Arbeitsgegenstand aus, um einen übertriebenen Einsatz dieser Fähigkeit zu kompensieren.
AUSGLEICHSKOMPETENZEN: 3,7,19,22,23,29,31,33,36,41,46,60,64

KOMPETENZ 53: ERGEBNISORIENTIERUNG

Mögliche Ursachen
☐ Ausgebrannt
☐ Nicht gut organisiert
☐ Unerfahren
☐ Neue Aufgabe
☐ Nicht mutig oder erfindungsreich genug
☐ Nicht voll engagiert
☐ Nicht ausreichend fokussiert
☐ Perfektionist
☐ Schiebt alles auf die lange Bank

Leadership Architect® Faktoren und Cluster
Diese Kompetenz ist in Faktor IV „Energie und Tatendrang" zu finden. Diese Kompetenz ist in Cluster J „Konzentration auf das Endergebnis" zusammen mit den Kompetenzen 1, 43 enthalten. Sie können auch bei anderen Kompetenzen in demselben Faktor/Cluster nach passenden Tipps suchen.

Der Plan
Ergebnisse werden dadurch erzielt, dass man beständig Ziele und Aufgaben erfüllt, die man sich selbst setzt, beziehungsweise die von anderen vorgegeben werden. Dazu muss man sich selbst und andere dazu bewegen, immer höher gesteckte Ziele zu erreichen, indem man die Augen auf das Ziel gerichtet hält und so spricht und handelt, dass die Organisation entscheidende Vorteile dadurch bekommt.

Tipps

☐ **1. Fällt es Ihnen schwer, Prioritäten zu setzen? Stellen Sie die wenigen wichtigen in den Mittelpunkt.** Was ist für den Auftrag von kritischer Bedeutung? Was sind die drei bis fünf Dinge, die am dringendsten erledigt werden müssen, damit Sie Ihre Ziele erreichen? Effektive Leistungserbringer investieren typischerweise ungefähr die Hälfte ihrer Zeit in einige wenige Dinge mit höchster Priorität. Lassen Sie sich nicht von Belanglosigkeiten und von Dingen ablenken, die Sie gerne machen, die aber nicht den Kern des Problems betreffen. *Benötigen Sie weitere Hilfe? – Siehe Nr. 50 „Setzen von Prioritäten".*

☐ **2. Fühlen Sie sich nicht voll engagiert? Setzen Sie Ziele für sich und andere.** Die meisten Menschen arbeiten besser, wenn sie die zu erreichenden Ziele vor Augen haben und einem akzeptierten Standard folgen, mit dem die Ergebnisse gemessen werden. Die meisten Menschen schätzen herausfordernde Ziele. Sie identifizieren sich mit ihnen noch stärker, wenn sie ihre Festlegung mitbestimmen konnten.

KOMPETENZ 53: ERGEBNISORIENTIERUNG

Legen Sie Meilensteine fest, um den Fortschritt zu messen. Geben Sie sich und den anderen so viel Feedback wie möglich. *Benötigen Sie weitere Hilfe? – Siehe Nr. 35 „Leistung einfordern und messen".*

☐ **3. Sie sind sich nicht sicher, wie die Dinge anzupacken sind? Erlernen Sie die effektivsten Vorgehensweisen.** Einigen Menschen sind die besten Methoden zur Erzielung von Ergebnissen nicht bekannt. Es gibt eine ganze Menge von Best Practices, etablierten Vorgehensweisen, um Ergebnisse zu erzielen – TQM, ISO und Six Sigma. Wenn Sie Ihre Arbeitsplanung für sich und andere nicht diszipliniert genug angehen, Ihre Entscheidungen manchmal zu spät treffen und deshalb auch zu spät handeln, besorgen Sie sich Literatur zu den beiden Themen. Nehmen Sie an einem Workshop über eine effektive und effiziente Gestaltung der Arbeitsabläufe teil. Bitten Sie die für Workflow- und Qualitätssicherungssysteme in Ihrem Unternehmen zuständigen Personen um Hilfe. *Benötigen Sie weitere Hilfe? – Siehe Nr. 52 „Prozessmanagement" und Nr. 63 „Workflow- und Qualitätssicherungssysteme" (z. B. TQM/ISO/Six Sigma).*

☐ **4. Haben Sie Schwierigkeiten mit dem Organisieren? Sammeln und managen Sie wichtige Ressourcen.** Haben Sie immer zu wenig Ressourcen? Ist alles immer ganz knapp bemessen? Ergebnisse zu erzielen, bedeutet, sich Ressourcen zu beschaffen und diese einzusetzen. Menschen. Geld. Material. Unterstützung. Zeit. Häufig geht es darum, Ressourcen zu bekommen, über die Sie keine Kontrolle haben. Sie müssen um sie bitten, sie ausleihen, aber hoffentlich nicht anderen wegnehmen. Das bedeutet, dass Sie verhandeln, tauschen, schmeicheln und beeinflussen müssen. Wie sieht der Business Case aus, für den Sie die Ressourcen benötigen? Was müssen Sie tauschen? Wie können Sie ein Win-win-Ergebnis für alle Beteiligten erzielen? *Benötigen Sie weitere Hilfe? – Siehe Nr. 37 „Verhandeln" und Nr. 39 „Organisieren".*

☐ **5. Haben Sie Schwierigkeiten damit, Arbeit an andere zu delegieren? Konzentrieren Sie sich auf die entsprechenden Grundregeln.** Manche Menschen können nicht gut führen. Sie selbst erzielen zwar gute Ergebnisse, sind jedoch weniger effektiv, wenn die Ergebnisse vom Team kommen sollen. Fällt es Ihnen schwer, Ihr Team dazu zu motivieren, die benötigten Resultate zu erzielen? Sie haben zwar die Ressourcen und die Menschen, aber die Dinge laufen trotzdem nicht gut. Vielleicht übernehmen Sie selbst zu viel Arbeit. Sie delegieren nicht beziehungsweise ermächtigen Ihr Team nicht. Sie kommunizieren nicht gut. Sie motivieren nicht gut. Sie planen nicht gut. Sie setzen Ihre Prioritäten und Ziele nicht gut. Für Führungskräfte, die kämpfen müssen oder zum ersten Mal in dieser Funktion sind, gibt es anerkannte, dokumentierte Methoden und Praktiken für erfolgreiches Managen. Teilen Sie Anerkennung mit anderen?

Zeigen Sie anderen ganz deutlich, warum ihre Arbeit wichtig ist? Ist diese Arbeit herausfordernd? Inspirieren Sie Ihre Mitarbeiter oder teilen Sie einfach nur Arbeit aus? Lesen Sie *Becoming a Manager* von Linda A. Hill. Belegen Sie einen Managementkurs. *Benötigen Sie weitere Hilfe? – Siehe Nr. 18 „Delegieren", Nr. 20 „Andere anleiten und führen", Nr. 36 „Andere motivieren" und Nr. 60 „Effektive Teams aufbauen".*

☐ **6. Finden Sie es anstrengend, über Grenzen und Reviere hinweg zu arbeiten? Bedienen Sie sich gemeinsamer Ziele und Interessen.** Fällt es Ihnen schwer, Ihre Ziele zu erreichen, wenn Sie sich außerhalb Ihrer Einheit bewegen müssen? Das bedeutet, dass Sie Ihre Kompetenz, auf andere Einfluss zu nehmen, Ihr Verständnis und Ihr Verhandlungsgeschick einsetzen müssen. Fragen Sie nicht nur nach den Dingen, die Sie benötigen – finden Sie eine gemeinsame Basis, auf der Sie Hilfe anbieten können. Was benötigen die Kollegen, die Sie ansprechen? Sind Ihre Ergebnisse für sie wichtig? Welchen Einfluss hat das, woran Sie gerade arbeiten, auf ihre Ergebnisse? Ist die Auswirkung negativ, können Sie etwas austauschen, die Gemeinsamkeiten ansprechen oder einen Weg finden, der die Arbeitsbelastung reduziert (zum Beispiel durch Ihr Angebot von zusätzlichen Mitarbeitern zur Unterstützung)? Sehen Sie Beziehungen zu Kollegen unter dem Aspekt des Gebens und Nehmens. Zeigen Sie Ihre Kooperationsbereitschaft, indem Sie immer Ihre eigene Denkweise erklären und Ihre Partner bitten, das Gleiche zu tun. Erzeugen Sie zuerst einmal vielfältige Möglichkeiten, bevor Sie die Positionen abgrenzen. Nehmen Sie sich die Zeit, damit die Kollegen sich an die Situation gewöhnen können. Konzentrieren Sie sich auf gemeinsame Ziele, Prioritäten und Probleme. Fordern Sie zu Kritik an Ihren Ideen auf. *Benötigen Sie weitere Hilfe? – Siehe Nr. 42 „Beziehung zu Kollegen".*

☐ **7. Sind Sie nicht mutig genug? Lernen Sie, kalkulierte Risiken einzugehen.** Wollen Sie kein Risiko eingehen? Manchmal ist es erforderlich, über den eigenen Schatten zu springen, Chancen wahrzunehmen und mutig neue Initiativen auszuprobieren, wenn Sie Resultate erzielen wollen. Ein derartiges Handeln birgt selbstverständlich auch die Gefahr von weiteren Misserfolgen oder Fehlern in sich, aber auch die Chance auf ein besseres Ergebnis. Nutzen Sie jeden Fehler und Misserfolg als Lernmöglichkeit. Wer nicht wagt, der nicht gewinnt. Erhöhen Sie Ihre Risikobereitschaft. Beginnen Sie mit kleineren Dingen, so dass Sie sich schneller von Rückschlägen erholen. Finden Sie heraus, wie kreativ und innovativ Sie sein können. Arbeiten Sie so, dass Sie zufrieden mit dem Ergebnis sind; es gibt immer Menschen, die alles besser wissen oder die Dinge anders angehen würden. Hören Sie zu, aber bleiben Sie skeptisch. Führen Sie sofort nach der Vollendung der Aufgabe eine Nachbesprechung durch.

Damit zeigen Sie, dass Sie kontinuierlichen Verbesserungsvorschlägen offen gegenüber stehen, egal ob das Ergebnis bahnbrechend ausgefallen ist oder nicht. *Benötigen Sie weitere Hilfe? – Siehe Nr. 2 „Umgang mit Mehrdeutigkeit", Nr. 14 „Kreativität", Nr. 28 „Innovationsmanagement" und Nr. 57 „Eigenständigkeit".*

☐ **8. Schieben Sie die Dinge auf die lange Bank? Fangen Sie jetzt an.** Warten Sie schon immer bis zur letzten Minute? Erbringen Sie die besten Leistungen in Krisensituationen oder bei unmöglich einzuhaltenden Terminen? Warten Sie bis zum letzten Moment? Falls dies der Fall ist, werden Sie Termin- oder Leistungsvorgaben verpassen. So können Sie keine gleichbleibend guten Ergebnisse erzielen. Ein Teil Ihrer Arbeitsqualität ist nicht zufrieden stellend, weil Sie nicht genügend Zeit investiert haben. Sie mussten sich mit einer „2" zufrieden geben, hätten aber eine „1" bekommen können, wenn Sie nur einen einzigen Tag mehr zum Arbeiten gehabt hätten. Beginnen Sie früher. Erledigen Sie immer zehn Prozent jeder Aufgabe sofort, nachdem Sie sie erhalten haben. So können Sie besser einschätzen, wie viel Zeit Sie für den Rest aufwenden müssen. Teilen Sie sich die Aufgaben und Arbeitsanweisungen in drei Teile auf und arbeiten Sie einen Zeitplan aus, so dass Sie die Aufgabe innerhalb der Terminvorgabe abarbeiten können. Rechnen Sie also immer mehr Zeit ein als voraussichtlich notwendig. *Benötigen Sie weitere Hilfe? – Siehe Nr. 47 „Planen" und Nr. 62 „Zeitmanagement".*

☐ **9. Fehlt es Ihnen an Hartnäckigkeit? Variieren Sie Ihre Herangehensweise.** Geben Sie bei schwierigen oder sich wiederholenden Aufgaben leicht auf? Finden Sie es schwierig, ein zweites oder drittes Mal von vorn zu beginnen? Verlieren Sie Ihre Motivation, wenn Sie auf Hindernisse stoßen? Haben Sie Probleme damit, sich noch einmal so richtig anzustrengen, um das Ganze zum Abschluss zu bringen? Reicht Ihre Konzentrationsfähigkeit nicht aus? Setzen Sie sich kurzfristige Termine für kleinere Arbeitsschritte. teilen Sie sich die Aufgabe ein, um so Ihren Fortschritt deutlicher erkennen zu können. Verändern Sie Ihre Vorgehensweise. Verwenden Sie nächstes Mal einen anderen Prozess. Halten Sie fünf Alternativen bereit, um dasselbe Ergebnis zu erhalten. Seien Sie darauf vorbereitet, sie alle anzuwenden, wenn Hindernisse auftauchen. Tauschen Sie Ihre Aufgabe mit einem Kollegen, der das gleiche Problem hat. Arbeiten Sie an seiner Aufgabe. *Benötigen Sie weitere Hilfe? – Siehe Nr. 43 „Beharrlichkeit".*

☐ **10. Stehen Sie kontinuierlich unter Druck? Lernen Sie, mit Stress und Belastung umzugehen.** Es ist purer Stress, Tag um Tag, von Quartal zu Quartal, von Jahr zu Jahr Ergebnisse zu produzieren. Manche Menschen reagieren auf moderaten Stress mit einem Energieschub. Sie arbeiten dann tatsächlich besser. Andere werden durch Stress geschwächt. Ihre

Produktivität lässt in dem Maße nach, in dem der Stress zunimmt. Stehen Sie kurz vor dem Burn-out? Es gibt bekannte Methoden für den Umgang mit Stress und Druck. Stress und Druck existieren eigentlich nur in Ihrem Kopf und nicht in der Außenwelt. Manche Menschen werden von den gleichen Ereignissen gestresst, die bei anderen stimulierend wirken – zum Beispiel der Verlust eines wichtigen Kunden. Der eine weint und der andere lacht über das gleiche Ereignis – zum Beispiel, wenn jemand auf einer Bananenschale ausrutscht. Stress wird nicht durch ein Ereignis selbst ausgelöst, sondern dadurch, wie Sie das Ereignis sehen. Um effektiver mit Stress umzugehen, ist es erforderlich, dass Sie die Art und Weise, wie Sie Ihre Arbeit betrachten und die Dinge, die Sie als Stressauslöser interpretieren, neu überdenken. Gab es einmal eine Zeit in Ihrem Leben, als Spinnen und Schlangen für Sie lebensgefährlich und Stress auslösend waren. Sind sie es noch? Sprechen Sie mit Ihrer Führungskraft oder Ihrem Mentor darüber, Unterstützung zu bekommen, wenn Sie Gefahr laufen, am Stress zu zerbrechen. Vielleicht ist diese Arbeit nichts für Sie. Denken Sie darüber nach, eine Position mit weniger Stress zu übernehmen. *Benötigen Sie weitere Hilfe? – Siehe Nr. 6 „Karriere-Ambitionen" und Nr. 11 „Selbstbeherrschung".*

Develop-in-Place-Aufgabenstellungen

☐ Arbeiten Sie in einem Krisenteam.
☐ Führen Sie ein neues Produkt, eine Dienstleistung, einen Prozess ein.
☐ Organisieren Sie die erneute Einführung eines Produkts oder einer Dienstleistung, das/die bisher nicht viel Erfolg hatte.
☐ Managen Sie den Kauf eines wichtigen Produkts, Geräts, Materials, Programms oder Systems.
☐ Führen Sie einen neuen Prozess oder ein neues System ein (Computersystem, neue Richtlinien, neue Prozesse, neue Verfahren usw.).

Excellence is the gradual result of always striving to do better.
Pat Riley – US-amerikanischer Chefcoach der National Basketball Association

KOMPETENZ 53: ERGEBNISORIENTIERUNG

Literaturempfehlungen

Aziza, B., & Fitts, J. (2008). *Drive business performance: Enabling a culture of intelligent execution.* Hoboken, NJ: John Wiley & Sons.

Baldoni, J. (2006). *How great leaders get great results.* New York: McGraw-Hill.

Bossidy, L., & Charan, R. (with Burck, C.). (2002). *Execution: The discipline of getting things done.* New York: Crown Business.

Carrison, D. (2003). *Deadline! How premier organizations win the race against time.* New York: AMACOM.

Collins, J. C. (2000). Turning goals into results: The power of catalytic mechanisms (HBR OnPoint Enhanced Edition). Boston: *Harvard Business Review*.

Drucker, P. F. (1993). *Managing for results.* New York: HarperCollins.

Goleman, D. (2001). Leadership that gets results (HBR OnPoint Enhanced Edition). Boston: *Harvard Business Review*.

Lefton, R. E., & Loeb, J. T. (2004). *Why can't we get anything done around here? The smart manager's guide to executing the work that delivers results.* New York: McGraw-Hill.

Locke, E. A., & Latham, G. P. (2002). Building a practically useful theory of goal setting and task motivation: A 35-year odyssey. *American Psychologist, 57,* 705-717.

Longenecker, C. O., & Simonetti, J. L. (2001). *Getting results: Five absolutes for high performance.* Hoboken, NJ: John Wiley & Sons.

Malhotra, D., Ku, G., & Murnighan, J. K. (2008). When winning is everything. *Harvard Business Review, 86*(5).

Stern, J. M., & Shiely, J. S. (2003). *The EVA challenge.* Hoboken, NJ: John Wiley & Sons.

Studer, Q. (2008). *Results that last: Hardwiring behaviors that will take your company to the top.* Hoboken, NJ: John Wiley & Sons.

Ulrich, D., & Smallwood, N. (2007). *Leadership brand: Developing customer-focused leaders to drive performance and build lasting value.* Boston: Harvard Business School Press.

Zook, C., & Allen, J. (2001). *Profit from the core: Growth strategy in an era of turbulence.* Boston: Harvard Business School Press.

54 Persönliche Entwicklung

FAKTOR VI: PERSÖNLICHE UND SOZIALE KOMPETENZEN
CLUSTER T: PERSÖNLICHE FLEXIBILITÄT ZEIGEN

Leadership and learning are indispensable to each other.
John F. Kennedy – 35. Präsident der USA

Schlecht ausgeprägt
- ☐ Bringt sich nicht voll ein, um sich zu verbessern oder zu verändern
- ☐ Zieht keine Lehren aus konstruktivem Feedback
- ☐ Weiß nicht, wie oder in welchem Bereich er/sie an sich arbeiten soll
- ☐ Weiß, woran er/sie persönlich arbeiten muss, handelt aber nicht entsprechend
- ☐ Passt sich unterschiedlichen Zuhörern oder Situationen nicht an
- ☐ Ist immun gegen negatives Feedback, wird arrogant oder verhält sich defensiv
- ☐ Fürchtet eigenes Versagen und gibt Fehler nicht zu
- ☐ Ist nicht davon überzeugt, dass Menschen sich ändern können und arbeitet auch nicht daran
- ☐ Denkt, dass seine/ihre gegenwärtigen Fähigkeiten auch für die Zukunft ausreichen
- ☐ Glaubt an die Möglichkeiten der eigenen Entwicklung, hat aber nie Zeit dafür

Wählen Sie eine bis drei der folgenden Kompetenzen als Ersatz für diese Kompetenz, wenn Sie nicht direkt an ihr arbeiten möchten.
ERSATZKOMPETENZEN: 1,6,19,32,33,44,45,55,61

Gut ausgeprägt
- ☐ Arbeitet ständig an der eigenen Weiterentwicklung
- ☐ Weiß, dass unterschiedliche Situationen und Ebenen unterschiedliche Fähigkeiten und Vorgehensweisen erfordern
- ☐ Arbeitet daran, seine/ihre Stärken zur Entfaltung zu bringen
- ☐ Arbeitet an der Kompensation seiner/ihrer Schwächen und Grenzen

Übertriebene Fähigkeit
- ☐ Versucht zu sehr, sich ohne Hilfe anderer zu entwickeln
- ☐ Geht zu introspektiv vor
- ☐ Verwirrt andere durch ständige Entwicklungs- und Veränderungsanstrengungen
- ☐ Ist zu egozentrisch
- ☐ Ist anfällig für Selbstentwicklungstheorien, die gerade in Mode sind

KOMPETENZ 54: PERSÖNLICHE ENTWICKLUNG

☐ Verwendet zu viel Zeit auf die eigene Entwicklung und zu wenig zum Handeln

Wählen Sie nachstehend eine bis drei Kompetenzen als Arbeitsgegenstand aus, um einen übertriebenen Einsatz dieser Fähigkeit zu kompensieren.

AUSGLEICHSKOMPETENZEN: 1,24,43,46,50,51,53,55,57,63

Mögliche Ursachen

☐ Arrogant; hat keine Schwächen
☐ Abwehrhaltung
☐ Wüsste nicht, was ich entwickeln sollte
☐ Weiß nicht, was ich tun soll
☐ Brauche keine Entwicklung; ich kann es mit dem schaffen, was ich habe
☐ Glaube nicht daran, dass sich Menschen wirklich verändern
☐ Angst vor Versagen oder vor dem Zugeben von Unzulänglichkeiten
☐ Zu beschäftigt mit dem operativen Teil der Arbeit

Leadership Architect® Faktoren und Cluster

Diese Kompetenz ist in Faktor VI „Persönliche und soziale Kompetenzen" zu finden. Diese Kompetenz ist in Cluster T „Persönliche Flexibilität zeigen" zusammen mit den Kompetenzen 40, 45, 55 enthalten. Sie können auch bei anderen Kompetenzen in demselben Faktor/Cluster nach passenden Tipps suchen.

Der Plan

Im Grunde sieht es so aus: Menschen, die lernen, wachsen und sich in ihrer Karriere fortlaufend entwickeln, sind am erfolgreichsten. Welche Fähigkeiten Sie im Moment auch haben mögen – für die Zukunft reichen sie wahrscheinlich nicht aus. Die Entwicklung neuer Fähigkeiten und Kompetenzen ist die beste Absicherung gegen eine unsichere Zukunft. Manche von uns gestehen sich ihre Begrenzungen nicht ein; reden sich heraus, machen den Chef oder die Organisation verantwortlich. Andere wiederum sind defensiv und wehren sich gegen jedes korrigierende Feedback. Manche sind einfach nicht gewillt, ihre Probleme anzugehen. Oder man will die schnelle Lösung nach der Devise: „Für Entwicklung haben wir keine Zeit". Wieder andere wissen einfach nicht, was sie tun sollen.

Tipps

☐ **1. Wissen Sie nicht genau, wo Sie anfangen sollen? Führen Sie ein Audit ihrer Fähigkeiten durch.** Sorgen Sie zuerst für eine geeignete Einschätzung Ihrer Person aus möglichst vielen Quellen, zum Beispiel durch ein 360°-Feedback, oder wählen Sie zehn Personen aus, die Sie gut genug kennen, um Ihnen ein detailliertes Feedback über Ihre Stärken und Schwächen zu geben, einschließlich der Aktivitäten und Verhaltensweisen, die Sie beibehalten, in Angriff nehmen oder unterlassen sollten. Sie wollen doch schließlich keine Zeit mit der Entwicklung von Dingen verschwenden, von denen sich am Ende herausstellt, dass niemand sie braucht.

☐ **2. Haben Sie Schwierigkeiten damit, Fähigkeiten zu kategorisieren? Unterteilen Sie als Nächstes Ihre Fähigkeiten in diese Kategorien:**
  – Eindeutige Stärken – ich von meiner besten Seite.
  – Übertriebene Stärken – ich tue zu viel des Guten – „Ich bin so selbstbewusst, dass ich schon arrogant wirke."
  – Versteckte Stärken – andere schätzen mich höher ein als ich mich selbst sehe.
  – Blind Spots – ich schätze mich selbst stärker ein als andere mich sehen.
  – Schwächen – das mache ich nicht gut.
  – Ungetestete Bereiche – ich hatte noch nie etwas mit der Ausarbeitung einer Strategie zu tun.
  – Weiss nicht – ich brauche mehr Feedback.

☐ **3. Haben Sie Schwierigkeiten damit, sich für den produktivsten Weg zu entscheiden? Identifizieren und entwickeln Sie, was wichtig ist.** Finden Sie heraus, was für Ihre jetzige und die nächsten ein oder zwei Positionen, die Sie anstreben, wichtig ist. Überprüfen Sie, ob es dafür Erfolgsprofile gibt. Vergleichen Sie die Höchstanforderungen mit Ihrer Einschätzung. Sollte es keine Anforderungsprofile geben, bitten Sie die Personalabteilung um Hilfe oder fragen Sie eine Person, die sich momentan in dieser Position befindet, welche Kompetenzen sie braucht und nutzt, um erfolgreich zu sein.

☐ **4. Setzen Sie Ihre Talente nicht ein? Nutzen Sie Ihre Stärken.** Eine kürzlich weltweit durchgeführte Gallup-Umfrage ergab, dass nur 20 Prozent aller Arbeitnehmer der Meinung waren, dass ihre Stärken täglich genutzt wurden. Stärken sind Ihre beste Aussicht auf Erfolg. Welche Methoden beherrschen Sie? Was lernen Sie schnell? Welche Arbeiten erledigen Sie mit einem Höchstmaß an Zufriedenheit? Sind Sie kreativ? Mit welchen drei Ideen können Sie heute anfangen? Wo können Sie Ihre Stärken einsetzen, um anderen zu helfen, die Ihnen dann ihrerseits wieder helfen werden? Können Sie Ihre Stärken in Ihrem derzeitigen Job nicht nutzen? Wie wäre es, wenn Sie ein Projekt oder einen Spezialauftrag übernehmen bzw. eine Aufgabe mit jemandem tauschen? Behalten Sie Ihre eindeutigen Stärken bei, die Sie für die Zukunft brauchen, indem Sie sie in neuen Aufgaben und Situationen einsetzen und testen. (Sie haben ein ausgeprägtes Talent, Konflikte zu lösen – bringen Sie Ihre Stärke in ein Team ein, das sich aus ganz unterschiedlichen Mitgliedern zusammensetzt und ein Problem zu lösen hat, in dem viele sich überschneidende Funktionen berücksichtigt werden müssen. Gleichzeitig lernen Sie mehr über diese anderen Funktionen.) Unterstützen Sie andere mit Ihren Stärken und bitten Sie Ihre Kollegen um eine ähnliche Hilfe.

- ☐ **5. Setzen Sie Ihre Stärken im Übermaß ein? Gleichen Sie Ihre übertriebenen Stärken in wichtigen Bereichen aus.** Wenn Sie kreativ sind, hilft es Ihnen nicht, sich davon zu überzeugen, dass Sie hier weniger tun sollten – es ist die Hauptursache für Ihren bisherigen Erfolg. Besser wäre es, diesen Bereich in Ruhe zu lassen und sich auf die unbeabsichtigten Konsequenzen zu konzentrieren. (Man glaubt von Ihnen, dass Sie nicht ausreichend detailorientiert oder organisiert sind.) Neutralisieren Sie die Nachteile Ihrer übertriebenen Stärken: Das Ziel ist nicht, gut darin zu sein, sondern sicherzustellen, dass sie Ihnen nicht schaden. *FYI* zeigt die Kompetenzen auf, an denen Sie arbeiten müssen, um Ihre übertriebenen Stärken auszugleichen.

- ☐ **6. Fehlt es Ihnen an wichtigen Kompetenzen? Arbeiten Sie sich Kompetenz in schwächeren Bereichen.** *Benötigen Sie weitere Hilfe?* – Siehe Nr. 19 „Mitarbeiter und andere weiterentwickeln", um an Ihren Schwächen zu arbeiten. Schwächen geht man am besten durch einen Entwicklungsplan an. Er besteht aus vier Schwerpunkten: Herausfordernde Aufgaben, bei denen Sie entweder die relevanten Fähigkeiten erlernen oder aber in der Aufgabe versagen (gewöhnlich siebzig Prozent einer wirklichen Entwicklung); laufendes Feedback, das Ihnen Rückmeldung über Ihre Fortschritte oder Misserfolge gibt (gewöhnlich zwanzig Prozent der Entwicklungsmaßnahme); der Aufbau von Kompetenzgrundlagen in Form von Kursen zum besseren Verständnis (gewöhnlich zehn Prozent); und Methoden zur Festigung des Erlernten, damit Sie es beim nächsten Mal erneut anwenden können.

- ☐ **7. Sind Ihre Aussichten auf Verbesserung begrenzt? Kompensieren Sie Schwächen durch vorhandene Fähigkeiten.** Wir alle haben Schwächen und unsere Konzentration darauf ist unproduktiv. Wenn Sie sich wiederholt erfolglos im Verkauf, bei Detailaufgaben oder in öffentlichen Vorträgen versucht haben, finden Sie andere, die diese Kompetenzen haben, wechseln Sie Ihren Aufgabenbereich oder restrukturieren Sie ihn. Manchmal lassen sich indirekte Methoden zur Kompensierung finden. Lincoln hielt sein Temperament unter Kontrolle, indem er böse Briefe verfasste, sich die Hauptpunkte herausschrieb und dann die Briefe zerriss. Wenn er sich beruhigt hatte, nahm er sich die Hauptpunkte noch einmal vor.

KOMPETENZ 54: PERSÖNLICHE ENTWICKLUNG

☐ **8. Sie haben etwas noch nie versucht? Konzentrieren Sie sich auf ungetestete Bereiche.** Minimieren Sie Schwächen, aber befassen Sie sich auch mit unerprobten Bereichen. Wir haben bei unseren Forschungsarbeiten herausgefunden, dass eine Person, die einen Beitrag leistet, wie ein Manager wirkt – und ein Manager seinerseits oft wie ein leitender Angestellter wirkt. Fast niemand arbeitet im Laufe der Zeit besonders an Weiterentwicklung. Nur wenigen Managern gelingt es, andere zu entwickeln und nur wenige leitende Angestellte können eine Vision und einen Zweck managen. Aber hatten sie je eine echte Chance der Weiterentwicklung in diesen Bereichen? Es ist daher entscheidend, die wichtigsten Leistungsanforderungen für eine Rolle zu bestimmen und auf einer Vorstufe daran zu arbeiten, bevor sie notwendig werden. Befassen Sie sich mit kleineren Aufgaben aus Ihren ungetesteten Bereichen – erstellen Sie einen Strategieplan für Ihre Einheit und geben Sie ihn im Kollegenkreis weiter; verhandeln Sie über die Anschaffung neuer Büromöbel. Schreiben Sie sich auf, was Sie gut gemacht haben und was nicht. Versuchen Sie sich nun an einer größeren Aufgabe und notieren Sie sich wieder, bei welchen Aktivitäten Sie erfolgreich agiert haben und wo nicht. Zu diesem Zeitpunkt sollten Sie vielleicht ein Buch zu Ihrem neuen Thema lesen oder ein Seminar in diesem Bereich besuchen. Vergrößern Sie die Aufgaben und Risiken Schritt für Schritt, bis Ihre Kenntnisse sich auf der erforderlichen Ebene befinden.

☐ **9. Sie sind sich eines Bedürfnisses nicht bewusst? Minimieren Sie die Blind Spots.** Seien Sie vorsichtig mit Ihren Blind Spots, da Sie ja von sich glauben, dass Sie in diesem Bereich viel besser sind als andere. Gehen Sie nicht eher an herausfordernde Aufgaben heran, die diese Fähigkeit erfordern, bis Sie Ihr eigenes Verhalten klar verstanden sowie ein eindeutiges Vorbild identifiziert haben und ein Plan besteht, mit dem Sie nicht in Schwierigkeiten geraten können. Sammeln Sie weitere Daten. Bitten Sie einen Vertrauten, Sie zu beobachten und Ihnen entsprechendes Feedback zu geben. Beobachten Sie drei Personen mit dieser Kompetenz und vergleichen Sie Ihr Handeln mit dem Ihrer Kollegen. Hören Sie erst auf, wenn Sie den „Blind Spot" eliminiert haben.

☐ **10. Brauchen Sie Unterstützung? Zeigen Sie, dass Sie Ihre Weiterentwicklung sehr ernst nehmen.** Nennen Sie Ihre Entwicklungsbereiche, und bitten Sie um Unterstützung. Studien belegen, dass Menschen eher zur Hilfe und Unterstützung bereit sind und auch im Zweifelsfall die Schwächen ihrer Mitmenschen akzeptieren, wenn diese ihre Unzulänglichkeiten zugeben und versuchen, daran etwas zu ändern. Man weiß, dass das viel Mut erfordert. *Benötigen Sie weitere Hilfe? – Siehe Nr. 44 „Offenheit".*

Develop-in-Place-Aufgabenstellungen

- ☐ Schließen Sie Frieden mit einem Feind oder mit jemandem, den Sie mit einem Produkt oder einer Dienstleistung enttäuscht haben, oder mit jemandem, mit dem Sie Probleme hatten oder nicht so gut zurechtkommen.
- ☐ Übernehmen Sie eine Aufgabe, die Sie nicht mögen oder vor deren Durchführung Ihnen graut.
- ☐ Lehren/coachen Sie jemanden auf einem Gebiet, ohne Experte darin zu sein.
- ☐ Versuchen Sie, neue Fähigkeiten in Ihrer Freizeit zum reinen Vergnügen zu erlernen und gut darin zu werden (z. B. Jonglieren, Square Dance, Zaubern).
- ☐ Beteiligen Sie sich an einem Kurs oder einer Veranstaltung mit einem Anspruchsniveau, das Sie persönlich über Ihre Grenzen hinaus und aus Ihrer Komfortzone drängen wird (z. B. Outward Bound, Intensiv-Sprachkurse, Sensibilitätstraining, öffentliche Vorträge).

If I am through learning, I am through.
John Wooden – US-amerikanischer Basketballcoach, Mitglied der „Hall of Fame"

KOMPETENZ 54: PERSÖNLICHE ENTWICKLUNG

Literaturempfehlungen

Bell, A. H., & Smith, D. M. (2002). *Motivating yourself for achievement.* Upper Saddle River, NJ: Prentice Hall.

Bolles, R. N. (2009). *What color is your parachute? A practical manual for job-hunters & career-changers.* Berkeley, CA: Ten Speed Press.

Brim, G. (2000). *Ambition: How we manage success and failure throughout our lives.* New York: Backinprint.com.

Camarota, A. G. (2004). *Finding the leader in you: A practical guide to expanding your leadership skills.* Milwaukee, WI: American Society for Quality.

Cashman, K. (2008). *Leadership from the inside out: Becoming a leader for life* (2nd ed.). San Francisco: Berrett-Koehler Publishers.

Cashman, K. (with Forem, J.). (2003). *Awakening the leader within: A story of transformation.* Hoboken, NJ: John Wiley & Sons.

Christian, K. (2004). *Your own worst enemy: Breaking the habit of adult underachievement.* New York: Regan Books.

Edmondson, A. C. (2008). The competitive imperative of learning. *Harvard Business Review, 86*(7/8), 60-67.

Glickman, R. (2002). *Optimal thinking: How to be your best self.* Hoboken, NJ: John Wiley & Sons.

Lombardo, M. M., & Eichinger, R. W. (2004). *The leadership machine.* Minneapolis, MN: Lominger International: A Korn/Ferry Company.

Maslow, A. H., & Stephens, D. C. (Ed.). (2000). *The Maslow business reader.* Hoboken, NJ: John Wiley & Sons.

McCall, M. W., Lombardo, M. M., & Morrison, A. M. (1988). *The lessons of experience.* Lexington, MA: Lexington Books.

Morrison, A. M., White, R. P., Van Velsor, E., & The Center for Creative Leadership. (1992). *Breaking the glass ceiling: Can women reach the top of America's largest corporations?* Reading, MA: Addison-Wesley.

Niven, D. (2006). *The 100 simple secrets of successful people: What scientists have learned and how you can use it* (2nd ed.). New York: HarperBusiness.

Pedler, M., Burgoyne, J., & Boydell, T. (2007). *A manager's guide to self-development.* Berkshire, England: McGraw-Hill.

Rimanoczy, I., & Turner, E. (2008). *Action Reflection Learning™: Solving real business problems by connecting learning with earning.* Mountain View, CA: Davies-Black.

FAKTOR VI: PERSÖNLICHE UND SOZIALE KOMPETENZEN
CLUSTER T: PERSÖNLICHE FLEXIBILITÄT ZEIGEN

55 Selbsterkenntnis

Know thyself.
Sokrates (469 - 399 v. Chr.) – Griechischer Philosoph

Schlecht ausgeprägt
- ☐ Kennt die eigenen Stärken, Schwächen und Grenzen nicht sehr gut
- ☐ Sucht nicht nach Feedback, nimmt es in einer arroganten oder defensiven Weise hin
- ☐ Achtet nicht auf Feedback und zieht keine Schlüsse daraus
- ☐ Über- oder unterschätzt die eigene Leistung
- ☐ Stürmt in die falsche Richtung oder aber bewegt sich nicht, wenn es angebracht wäre
- ☐ Kennt die eigene Wirkung nicht und lässt sich von ihr überraschen
- ☐ Weiß um die eigenen Fehler, die er/sie jedoch für sich behält
- ☐ Vermeidet Diskussionen über sich selbst
- ☐ Glaubt alles schon zu wissen
- ☐ Findet immer eine Entschuldigung, einen Schuldigen; lernt nicht aus Fehlern
- ☐ Zieht nur wenig Nutzen aus Übungen zur Selbsterkenntnis oder Leistungsdiskussionen
- ☐ Reagiert überrascht über negative persönliche Daten

Wählen Sie eine bis drei der folgenden Kompetenzen als Ersatz für diese Kompetenz, wenn Sie nicht direkt an ihr arbeiten möchten.
ERSATZKOMPETENZEN: 6,19,32,33,44,45,54,56,64

Gut ausgeprägt
- ☐ Kennt die eigenen Stärken, Schwächen, Möglichkeiten und Grenzen
- ☐ Sucht Feedback
- ☐ Lernt aus Fehlern
- ☐ Ist offen für Kritik
- ☐ Reagiert nicht defensiv
- ☐ Ist bereit, über Versäumnisse zu sprechen
- ☐ Ist zuversichtlich hinsichtlich ausgewogener Leistungsvergleiche und Karriereentscheidungen

Übertriebene Fähigkeit
- ☐ Ist zu selbstkritisch, öffnet sich zu weit
- ☐ Nutzt Erfahrungen nicht für die eigene Entwicklung und nicht zum Handeln
- ☐ Verwendet zu viel Zeit für die Selbsterkenntnis

- ☐ Ist sehr vom Feedback anderer abhängig
- ☐ Bemüht sich zu sehr um Feedback

Wählen Sie nachstehend eine bis drei Kompetenzen als Arbeitsgegenstand aus, um einen übertriebenen Einsatz dieser Fähigkeit zu kompensieren.
AUSGLEICHSKOMPETENZEN: 1,4,11,22,27,29,33,42,44,46,48,52,54,64

Mögliche Ursachen
- ☐ Arrogant
- ☐ Diskrepanz zwischen Selbstbild (positiv) und Fremdbild (kritisch)
- ☐ Defensiv
- ☐ Erhält kein Feedback
- ☐ Weiß nicht, wie man Feedback bekommt
- ☐ Der einzige perfekte Mensch auf dem Planeten
- ☐ Zu viel Erfolg

Leadership Architect® Faktoren und Cluster

Diese Kompetenz ist in Faktor VI „Persönliche und soziale Kompetenzen" zu finden. Diese Kompetenz ist in Cluster T „Persönliche Flexibilität zeigen" zusammen mit den Kompetenzen 40, 45, 54 enthalten. Sie können auch bei anderen Kompetenzen in demselben Faktor/Cluster nach passenden Tipps suchen.

Der Plan

Selbsterkenntnis steht in deutlicher Beziehung zu Erfolg in Leben und Arbeit. In einer Studie wurde als bestes Vorhersagekriterium für eine hohe Leistungsbeurteilung die Fähigkeit angegeben, sich so sehen zu können, wie man von anderen gesehen wird. Das beste Vorhersagekriterium für eine schlechte Leistungsbeurteilung war eine Überschätzung der eigenen Fähigkeiten. Um sich im Leben und in der Arbeitswelt bestmöglich zu platzieren, hilft es sehr zu wissen, worin man gut, durchschnittlich oder schlecht ist, was man noch nicht ausgetestet hat und wo man seine Fähigkeiten übertrieben einsetzt. Bekannte Schwächen bereiten uns weniger Probleme als unbekannte, unsere Blind Spots. Sie können eine bekannte Schwäche umgehen und anderweitig kompensieren. Ein Blind Spot ist jedoch ein echtes Dilemma. Durch ihn können Sie ernste Leistungs- oder Karriereprobleme bekommen, weil Sie nicht wissen (oder nicht zugeben wollen), dass Sie auf einem bestimmten Gebiet nicht stark sind. Sie begeben sich in Bereiche, in denen Sie lieber vorsichtig und bescheiden auftreten sollten, sind aber statt dessen großspurig und selbstbewusst. Die Katastrophe folgt auf dem Fuße. Für Ihre Lebens- und Karriereziele ist es wichtig, keine Blind Spots zu haben.

KOMPETENZ 55: SELBSTERKENNTNIS

Tipps

☐ **1. Sind Sie sich nicht sicher, wie andere Sie sehen? Feedback erhalten.**
Menschen geben nicht gern Feedback, insbesondere, wenn es negativ ist oder korrektive Maßnahmen beinhaltet. Gewöhnlich müssen Sie es anfordern. Ein negatives Feedback steigert sowohl die Genauigkeit unserer eigenen Erkenntnisse, als auch die Beurteilung unserer Effektivität insgesamt durch Dritte. Eine Person, die mehr über ihre Schwächen wissen möchte, muss ziemlich gut sein. Sie werden mehr respektiert, wenn Sie mehr Feedback anfordern und akzeptieren. Wenn Personen in ihrer Kritik zögern, helfen Sie Ihnen, indem Sie sich erst selbst einschätzen, anstatt gleich Fragen zu stellen. Es ist leichter für die meisten Menschen, auf Ihre selbstkritische Beobachtung „Ich glaube, ich konzentriere mich zu sehr auf die Arbeit selbst und übersehe dabei den größeren strategischen Zusammenhang. Was meinen Sie?" einzugehen als eine solche Frage freiwillig zu beantworten.

☐ **2. Möchten Sie die ganze Wahrheit hören? Setzen Sie auf Vertraulichkeit.**
Vertrauliches Feedback. Eine persönliche Unterredung, ein vertrauliches 360°-Feedback enthält genauere, kritischere Informationen als eine regelmäßige, jährliche Standardbeurteilung oder -einschätzung. Lassen Sie sich durch ein Standardfeedback nicht einschläfern. Für die meisten von uns sind die enthaltenen Ergebnisse zu positiv. Wenn der Feedbackgeber weiß, dass die Ergebnisse für Dritte zugänglich sind, gehen die Bewertungsquoten hoch und die Genauigkeit lässt nach.

☐ **3. Möchten Sie zu einer differenzierteren Sicht von sich selbst kommen? Erbitten Sie Feedback von mehr als einer Quelle.** Unterschiedliche Feedbackgeber sind wahrscheinlich besser und genauer über die Inhalte der verschiedenen Kompetenzen informiert. Führungskräfte zum Beispiel können über die folgenden Bereiche tiefer gehendes Feedback geben: Strategieverständnis, Überzeugungsqualitäten, Umgang mit dem höheren Management, Problemdarstellungen, Lösungen, logisches Denken, Teamaufbau, Einschätzung von und Konfrontation mit Mitarbeitern. Kunden im Allgemeinen können Aussagen machen zu Themen wie Zugänglichkeit, zuhören können, Qualitätsorientierung, Problemlösungsfähigkeiten, Verständnis für Kundenbedürfnisse und Überzeugungskraft. Die Kollegen wissen, wie gut Sie in diesen Bereichen sind: überzeugen, verkaufen, verhandeln, zuhören können, um eine gemeinsame Basis zu finden, die Interessen der Organisation vertreten, Versprechen einhalten, und wie gut Sie in gleichberechtigten Beziehungen geben und nehmen können. Ihre Mitarbeiter sind gut in der Beurteilung Ihrer folgenden Kompetenzen: das tägliche Führungsverhalten, Management, Teamaufbau, Delegations- und Konfrontationsfähigkeit,

Zugänglichkeit und Zeitmanagement. Wenn Sie ein Feedback erhalten, fragen Sie sich, ob der Feedbackgeber überhaupt in der Lage ist, in diesem Bereich etwas über Sie auszusagen. Vielleicht sind Sie der Einzige, der die Wahrheit über sich noch nicht kennt. Die verschiedenen Quellen sind sich wahrscheinlich eher einig über Ihre Person als dass Sie selbst mit einer dieser Quellen übereinstimmen würden. Auch wenn Ihre eigene Meinung wichtig ist, akzeptieren Sie sie nicht eher als richtig, bis sie von mehreren Personen, die es wissen sollten, bestätigt wird.

☐ **4. Möchten Sie ein möglichst klares Bild bekommen? Wenn Sie Mitwirkende für Ihr Feedback bestimmen, gleichgültig ob 360° oder ein anderes, sprechen Sie diejenigen an, die Sie am besten kennen, um so ein wahrheitsgetreues Ergebnis zu erhalten.** Versuchen Sie nicht, die Gruppe nur aus solchen Teilnehmern zusammenzusetzen, mit denen Sie am besten beziehungsweise am wenigsten zurechtkommen. Sowohl Freunde als auch Kritiker neigen dazu, ähnliche Kompetenzen als Stärken und Schwächen zu sehen. Freunde werden eine bessere Bewertung abgeben als Kritiker, ihre Einschätzung der höchsten und niedrigsten Kompetenzen wird jedoch gewöhnlich gleich sein.

☐ **5. Sind Sie nicht sicher, was Sie mit Ihren Feedback-Ergebnisse anfangen sollen? Konzentrieren Sie sich bei der Analyse Ihres Feedbacks auf Ihre höchsten und niedrigsten Kompetenzergebnisse jeder Gruppe.** Machen Sie sich nicht so große Sorgen darum, ob Ihre Bewertung im absoluten Sinn hoch oder niedrig ausgefallen ist. Bei der Entwicklung sollten Sie sich nur auf sich selbst konzentrieren und nicht auf andere achten. Ihr Ziel ist einfach, sich selbst besser zu kennen. Beantworten Sie hierzu die folgenden Fragen: Warum bin ich so wie ich bin? Wie haben sich meine Stärken zu Stärken entwickelt? Welche Erfahrungen haben mich geprägt? Habe ich Stärken, die in Schwächen umkippen – „Ich bin intelligent, gebe jedoch anderen das Gefühl, dass sie es nicht sind"; „Ich bin kreativ, aber nicht gut organisiert"? Wenn Sie eindeutige Schwächen haben, wo liegt die Ursache? Oft werden Sie herausfinden, dass Sie eine Sache nicht mögen, weil Sie die Hintergründe nicht kennen und nicht wissen, wie man sie effizient angeht. Denken Sie darüber nach, in welchen schwierigen Situationen Ihre Stärken und Schwächen zum Vorschein kommen. *Benötigen Sie weitere Hilfe? – Siehe Nr. 54 „Persönliche Entwicklung".*

☐ **6. Erhalten Sie Feedback in unregelmäßigen Abständen? Arbeiten Sie daran, laufendes Feedback zu erhalten; warten Sie nicht auf jährliche Beurteilungen.** Es gibt drei Methoden, ständiges Feedback von hoher Qualität zu bekommen:

- Schauen Sie sich die Bereiche an, um die Sie sich Gedanken machen, und bitten Sie Ihre Kollegen um eine anonyme und schriftliche Antwort. Führen Sie die Themen oder Kompetenzen auf, für die Sie Feedback benötigen, und fragen Sie nach, was Sie beibehalten, womit Sie neu anfangen und was Sie aufgeben sollten, um sich zu verbessern.
- Arbeiten Sie mit einem Entwicklungspartner zusammen, der weiß, woran Sie arbeiten und der Ihnen unmittelbar Feedback gibt, wenn Sie Neues ausprobieren.
- Bitten Sie Teilnehmer, die Sie in einer Situation oder bei einem Ereignis beobachtet haben, danach um ein möglichst schnelles Feedback für das relevante Thema.

☐ **7. Klammern Sie bestimmtes Feedback aus? Betrachten Sie alle drei Arten von Feedback:**

- Dinge über Sie, die sowohl andere als auch Sie als richtig erkennen.
- Dinge über Sie, die sowohl andere als auch Sie als richtig erkennen – Ihre Stärken, die Sie nicht genügend nutzen, und Ihre Schwächen, die Sie leugnen oder nicht erkennen (Blind Spots).
- Dinge über Sie, die andere zu sehen glauben, mit denen Sie nicht übereinstimmen und die wahrscheinlich auch nicht richtig sind. Die Eindrücke, die andere von Ihnen haben, sind für diese Menschen Tatsachen, auch wenn sie unter Umständen nicht wahr sind. Nur bei falschen Beobachtungen, die wirklich von Bedeutung sind, sollten Sie versuchen, durch Taten (nicht durch Worte) aufzuzeigen, dass dieser Eindruck falsch ist.

☐ **8. Versuchen Sie, Feedback in Eigenregie zu interpretieren? Lassen Sie sich helfen.** Egal, wie Sie Ihr Feedback erhalten, bitten Sie um Hilfe bei der Interpretation. Die meisten 360°-Instrumente können nur von einem zertifizierten Feedback-Vermittler präsentiert werden; aber selbst wenn Sie Ihr Feedback in einer anderen Form erhalten, sprechen Sie mit mehreren Personen darüber. Das sollten sowohl Personen aus jedem wichtigen Arbeitsbereich sein als auch Personen, die Sie außerhalb der Arbeit am besten kennen. Fragen Sie nicht nach allgemeinen Eindrücken. Suchen Sie einige Themen aus Ihrem Feedback heraus, erklären Sie, worin Ihrer Meinung nach das Problem liegt, bitten Sie um Rückmeldung und auch um Vorschläge, wie Sie die Dinge in Zukunft besser machen können.

☐ **9. Sind Sie arrogant? Eignen Sie sich etwas Demut an.** Arroganz ist ein großes Hindernis auf dem Weg zur Selbsterkenntnis. Viele Menschen mit überragenden Stärken oder vielen Erfolgen bekommen wenig Feedback und machen so lange so weiter, bis ihre Karriere gefährdet ist. Wenn Sie als arrogant eingeschätzt werden, sollten Sie wiederholt um Feedback bitten, und wenn Sie es dann erhalten, könnte es Ihren Zorn hervorrufen. Es liegt schon fast in der Natur der Dinge, dass sich arrogante Menschen in den Augen anderer selbst zu hoch einschätzen. Personen, die Sie für arrogant halten, schätzen Sie deshalb vielleicht auch niedriger ein als neutrale Beobachter. Wenn Sie andere abwerten, werden sie diese Beleidigung zurückgeben.

☐ **10. Defensiv? Legen Sie Ihre Rüstung ab.** Eine Abwehrhaltung ist ein weiteres großes Hindernis auf dem Weg zur Selbsterkenntnis. Hier gewinnen die Menschen den Eindruck, dass Sie nicht belastbar sind, dass Sie sich gegen etwas verteidigen, dass Sie es auf andere oder den Job schieben. Defensive Menschen erhalten weniger Feedback, wodurch Sie sich in Ihrer Illusion, perfekt zu sein, bestätigt sehen. Um diesen Teufelskreis zu durchbrechen, werden Sie die Regeln des guten Zuhörens befolgen müssen. *Benötigen Sie weitere Hilfe? – Siehe Nr. 33 „Zuhören können".* Sie werden auch Beispiele des beschriebenen Verhaltens geben müssen, um den Eindruck anderer zu bestätigen. Es mag zwar unfair klingen, doch sollten Sie Feedback fürs Erste stets als zutreffend hinnehmen, auch wenn Sie genau wissen, dass es das nicht ist. Auf die wirklich wichtigen Punkte können Sie später noch einmal zurückkommen und sie beheben. *Benötigen Sie weitere Hilfe? – Siehe Nr. 108 „Abwehrhaltung".*

Develop-in-Place-Aufgabenstellungen

☐ Schließen Sie Frieden mit einem Feind oder mit jemandem, den Sie mit einem Produkt oder einer Dienstleistung enttäuscht haben, oder mit jemandem, mit dem Sie Probleme hatten oder nicht so gut zurechtkommen.

☐ Übernehmen Sie eine Aufgabe, die Sie nicht mögen oder vor deren Durchführung Ihnen graut.

☐ Managen Sie eine Gruppe von Leuten, die Koryphäen auf einem Gebiet sind, in dem Sie es nicht sind.

☐ Beteiligen Sie sich an einer Selbsthilfegruppe oder Support-Gruppe.

☐ Besuchen Sie ein Seminar über Selbstbewusstsein/Beurteilung, bei dem Sie auch Feedback erhalten.

The unexamined life is not worth living.
Sokrates (469 - 399 v. Chr.) – Griechischer Philosoph

Literaturempfehlungen

Barth, F. D. (1997). *Daydreaming: Unlock the creative power of your mind.* New York: Viking Press.

Bennis, W. G. (2003). *On becoming a leader.* Cambridge, MA: Perseus Publishing.

Bennis, W. G., & Thomas, R. J. (2002). *Geeks and geezers.* Boston: Harvard Business School Press.

Branden, N. (1999). *The art of living consciously: The power of awareness to transform everyday life.* New York: Simon & Schuster.

Butler, G., & Hope, T. (2007). *Managing your mind.* New York: Oxford University Press.

Camarota, A. G. (2004). *Finding the leader in you: A practical guide to expanding your leadership skills.* Milwaukee, WI: American Society for Quality.

Cashman, K. (2008). *Leadership from the inside out: Becoming a leader for life* (2nd ed.). San Francisco: Berrett-Koehler Publishers.

Goldsmith, M., & Reiter, M. (2007). *What got you here won't get you there: How successful people become even more successful.* New York: Hyperion.

Leider, R. J., & Shapiro, D. A. (2001). *Whistle while you work: Heeding your life's calling.* San Francisco: Berrett-Koehler Publishers.

Lombardo, M. M., & Eichinger, R. W. (2004). *The leadership machine.* Minneapolis, MN: Lominger International: A Korn/Ferry Company.

Pearman, R. R., Lombardo, M. M., & Eichinger, R. W. (2005). *You: Being more effective in your MBTI type.* Minneapolis, MN: Lominger International: A Korn/Ferry Company.

Sheehan, J. K. (2007). *A leader becomes a leader: Inspiration stories of leadership for a new generation.* Belmont, MA: True Gifts.

FAKTOR III: MUT
CLUSTER I: TREFFEN VON SCHWIERIGEN PERSONALENTSCHEIDUNGEN

56 Fähigkeit andere einzuschätzen

> *Look at the means which a man employs, consider his motives,
> observe his pleasures. A man simply cannot conceal himself!*
> Konfuzius (551 - 479 v. Chr.) – Chinesischer Philosoph

Schlecht ausgeprägt
- ☐ Ist in der Einschätzung anderer unpräzise
- ☐ Wägt die Stärken und Schwächen anderer nicht sorgfältig ab
- ☐ Lässt Vorurteile und Stereotypen in seine/ihre Beurteilungen einfließen
- ☐ Simplifiziert zu sehr
- ☐ Bildet sich vorschnell und ohne ausreichende Daten ein Urteil
- ☐ Ändert seine/ihre anfängliche Meinung nicht
- ☐ Seine/ihre Annahmen über das Verhalten anderer in bestimmten Situationen erweisen sich als falsch
- ☐ Hört anderen so schlecht zu oder schenkt ihnen so wenig Beachtung, dass er/sie diese nicht einzuschätzen vermag

Wählen Sie eine bis drei der folgenden Kompetenzen als Ersatz für diese Kompetenz, wenn Sie nicht direkt an ihr arbeiten möchten.
ERSATZKOMPETENZEN: 7,21,23,25,32,33,35,46,51,55,64

Gut ausgeprägt
- ☐ Kann Talent gut einschätzen
- ☐ Kann nach genauer Betrachtung die Stärken und Grenzen von Menschen innerhalb sowie außerhalb des Unternehmens deutlich machen
- ☐ Sieht präzise voraus, wie sich Menschen in bestimmten Situationen verhalten werden

Übertriebene Fähigkeit
- ☐ Verhält sich anderen gegenüber überkritisch
- ☐ Ist nicht bereit, einmal gefasste Urteile über andere zu revidieren
- ☐ Nimmt neue Erkenntnisse nicht wahr
- ☐ Verschätzt sich bei steigerungsfähigen, ruhigen oder weniger ausdrucksstarken Menschen

Wählen Sie nachstehend eine bis drei Kompetenzen als Arbeitsgegenstand aus, um einen übertriebenen Einsatz dieser Fähigkeit zu kompensieren.
AUSGLEICHSKOMPETENZEN: 19,21,31,33,38,41,46,48,60,64

Mögliche Ursachen
- ☐ Anti-elitäre Einstellung; der Wunsch nach Gleichberechtigung/Gleichheit aller
- ☐ Vermeidung strenger Urteilskriterien
- ☐ Ungeduld
- ☐ Unerfahren
- ☐ Akzeptiert nur das moralische Argument der Gleichheit; alle Menschen sind gleich
- ☐ Schlechter Zuhörer/Beobachter
- ☐ Ablehnung der Vorstellung, der Mensch sei wissenschaftlich zu ergründen
- ☐ Zeitmanagement; hat keine Zeit, Menschen zu studieren

Leadership Architect® Faktoren und Cluster
Diese Kompetenz ist in Faktor III „Mut" zu finden. Diese Kompetenz ist in Cluster I „Treffen von schwierigen Personalentscheidungen" zusammen mit der Kompetenz 25 enthalten. Sie können auch bei anderen Kompetenzen in demselben Faktor/Cluster nach passenden Tipps suchen.

Der Plan
Vom ethischen Standpunkt einmal abgesehen (jeder ist vor dem Schöpfer gleich): jeder Mensch ist anders. Menschen haben eine Vielzahl unterschiedlicher Merkmale. Die körperlichen sind einfach auszumachen. Größe. Gewicht. Bewegungsstil. Stärken. Auch manche Charakterzüge sind relativ einfach festzustellen. Gescheit; nicht gescheit. Redegewandt; nicht redegewandt. Warmherzig; kalt. Gelassen; emotional. Guter Redner; kann nicht präsentieren. Andere menschliche Eigenschaften sind schwerer herauszufinden. Motiviert; nicht so motiviert. Hohe Werte; nicht so hohe Werte. Integrität? Entscheidungsfreudig? Fair? Zur erfolgreichen Umsetzung von Plänen und Zielen im Berufsleben benötigt man die Fähigkeit, Unterschiede in Menschen zu erkennen, sie zu akzeptieren und sie zum Nutzen aller einzusetzen.

Tipps
- ☐ **1. Kommen Ihnen Voreingenommenheiten in die Quere? Lesen Sie drei Abhandlungen über die Unterschiede in den Menschen.** Besorgen Sie sich in Ihrer Universitätsbuchhandlung eine Einführung in die Persönlichkeitstheorie. Empfehlenswert ist zum Beispiel *Gifts Differing* von Isabel Myers, ein Buch über den Hintergrund des Myers-Briggs Typen-Indikators. (Fragen Sie Ihre Schulungsabteilung oder Organisations-/Personalentwicklung nach diesem Konzept.) Das Buch beschreibt 16 verschiedene Persönlichkeitstypen, erklärt die Hintergründe dazu und die Bedeutung dieser Unterschiede in der Arbeitswelt. Lesen Sie *Competence at Work* von Spencer und Spencer, eine Zusammenfassung der

Ergebnisse einer vierzig Jahre andauernden Studie über die unterschiedlichen Charakteristiken, die Menschen haben müssen, um beruflich erfolgreich zu sein. Achten Sie auf Ihre persönliche Voreingenommenheit – neigen Sie dazu, Ebenbilder von sich selbst zu bevorzugen? Mögen Sie Menschen lieber, die so denken und handeln wie Sie? Welche Eigenschaften bewerten Sie zu hoch? Welche Nachteile ignorieren oder entschuldigen Sie? Menschen mit einer gut ausgeprägten Menschenkenntnis können die Kompetenzen der Menschen, die sich von ihnen unterscheiden, sehen, beschreiben und schätzen.

☐ **2. Fehlt es Ihnen an internen Vergleichsproben zur Beurteilung anderer? Bedienen Sie sich Ihrer Selbsterkenntnis.** Das Verständnis für andere beginnt mit dem eigenen Selbstverständnis (siehe Sokrates!). Lernen Sie so viel wie möglich über sich selbst. Melden Sie sich freiwillig für ein 360°-Feedback. Bitten Sie andere um Unterstützung, damit Sie ein sehr umfassendes Bild von sich selbst bekommen. So offen und so ehrlich wie es Ihnen möglich ist, zeigen Sie Ihre Stärken und Schwächen auf, aus der Sicht der anderen und aus Ihrer eigenen Perspektive. Wenn Ihre eigene Einschätzung abgeschlossen ist, können Sie Ihr Kompetenzniveau als Benchmark für das Verständnis der Kompetenzen anderer verwenden. Sind sie kompetenter, ungefähr gleich oder weniger kompetent als Sie? Wie wirken sich diese Unterschiede auf das Verhalten oder die Effektivität aus? (Wie wirkt sich zum Beispiel schlechtes Zuhören aus? Inwiefern beeinflusst es Ergebnisse? Wie ist es mit ausgezeichnetem Zuhören?) Achten Sie auch auf persönliche Unsicherheiten. Manchmal bewerten wir Menschen nicht gut, die anders sind als wir selbst, weil wir nicht zugeben möchten, dass sie in manchen Dingen so viel besser sind als wir selbst. Es stimmt – da niemand alle möglichen Stärken haben kann, ist es wahrscheinlich, dass jeder um Sie herum auf einem Gebiet besser ist als Sie. Wichtig ist, diese natürliche Angst positiv zu nutzen. Beobachten Sie die Menschen: ihre diversen Talente, ihre Art zu denken. Beobachten Sie, wie sie ihre Stärken anwenden, und nutzen Sie die gewonnenen Einsichten zu Ihrer eigenen Entwicklung.

☐ **3. Sind Sie von den Handlungen anderer überrascht? Beobachten und analysieren Sie Ihre Mitmenschen.** Versuchen Sie zuerst, ihre Stärken und Schwächen, ihre Vorlieben und Überzeugungen zu umreißen. Achten Sie auf Fallen – selten verraten allgemeine Intelligenz oder Persönlichkeit etwas über ein wirkliches Talent. Die meisten Menschen sind intelligent genug, und viele Persönlichkeitsmerkmale sind für eine Leistung nicht so wichtig. Stellen Sie eine zweite Frage. Schauen Sie bei klugen, zugänglichen, fachlich kompetenten Menschen unter die Oberfläche, um die Details zu beschreiben. Versuchen Sie dann vorherzusagen, was sie unter speziellen Umständen tun würden. Wie viel Prozent Ihrer Vorhersagen treffen ins Schwarze? Bemühen Sie sich, die Richtigkeit Ihrer Vorhersagen nach und nach zu erhöhen.

☐ **4. Sind Sie sich nicht sicher, welche Unterschiede wichtig sind? Identifizieren Sie differenzierende Kompetenzen.** Versuchen Sie für jeden Job, jede Rolle, Aufgabe oder jeden Auftrag ein Profil der erfolgskritischen Faktoren zu erstellen. Welche Fähigkeiten, welches Wissen und welche Kompetenzen sind unerlässlich für das Ziel und das Ergebnis? Sie machen den Unterschied aus zwischen einer überdurchschnittlichen und einer durchschnittlichen Performance. Schließen Sie keine Kompetenzen ein, die zwar wichtig sind, die die meisten Mitarbeiter jedoch für ihren Arbeitsbereich bereits aufweisen müssten. (So ist zum Beispiel Integrität ein Muss. Wenn Menschen aber diese Eigenschaft bereits besitzen, kann sie keinen Erfolg voraussagen. Zeitmanagement und Planung sind ähnlich wichtig. Allerdings haben die meisten Menschen den Besitz dieser Kompetenzen bereits bewiesen, als sie eingestellt wurden. Sie würden selten einen Unterschied zwischen einer überdurchschnittlichen und durchschnittlichen individuellen Leistung demonstrieren.) Kümmern Sie sich um die wenigen erfolgskritischen, nicht die vielen wichtigen Kompetenzen. Welche Kompetenzen machen keinen Unterschied?

☐ **5. Haben sich Ihre Mitarbeiter von der Arbeit entfremdet? Ordnen Sie die richtigen Aufgaben auch den richtigen Personen zu.** Menschen sind verschieden; Aufgaben sind verschieden. Menschen haben unterschiedliche Stärken und unterschiedliche Wissens- und Erfahrungsebenen. Betrachten Sie nicht alle unter dem Aspekt der Gleichheit, sondern erkennen Sie ihre Unterschiedlichkeit an. Genau genommen bedeutet Gleichbehandlung, dass Sie den Menschen die Aufgaben übertragen, die zu ihren Fähigkeiten passen. Schauen Sie sich das Erfolgsprofil jeder Aufgabe an und vergleichen Sie es mit den Fähigkeiten jeder einzelnen Person. Verteilen Sie die Aufgaben auf der Basis der besten Übereinstimmung.

☐ **6. Haben Sie Schwierigkeiten damit, schlechte Nachrichten zu überbringen? Erkennen Sie Ihre Verantwortung, notfalls auch unangenehme Mitteilungen machen zu müssen.** Alle Menschen haben positive und negative Eigenschaften. Vielen fällt es am schwersten, sich öffentlich zu negativen Seiten zu äußern. Die meisten geben nicht gern negatives Feedback. Negative Kommentare über andere haben ernsthafte Konsequenzen. Ihre negative Einschätzung kann verursachen, dass andere bei einer Beförderung übersehen oder sogar entlassen werden. Ihre Personalverantwortung oder Ihre Managementrolle mit einer

KOMPETENZ 56: FÄHIGKEIT ANDERE EINZUSCHÄTZEN

entsprechend höheren Entlohnung beinhaltet auch, dass Sie solche Dinge abwägen müssen. Das gehört zu den Anforderungen an eine Führungskraft.

☐ **7. Müssen Sie Ihre Beobachtungen mit denen anderer genauer koordinieren? Bieten Sie Ihre Mitarbeit in einem Assessment-Team an.** Sie werden darin geschult, andere zu beobachten und einzuschätzen, während diese sich mit diversen Aufgaben und Aufträgen beschäftigen. Als Teil des Prozesses vergleichen Sie Ihre Notizen und Beurteilungen mit denen anderer Teammitglieder. So lernen Sie, Ihr eigenes Urteilsvermögen zu festigen.

☐ **8. Sie wissen nicht genau, ob Sie andere richtig einschätzen? Finden Sie zwei oder drei Menschen in Ihrer Umgebung, mit denen Sie sich in Ihrer Einschätzung anderer Menschen vertrauensvoll austauschen können.** In welchen Bereichen urteilen Sie anders? Was haben Sie übersehen? Welche Verhaltensbereiche beurteilen Sie häufig falsch? Wenden Sie Ihre Erkenntnisse bei der Beurteilung anderer an.

☐ **9. Entgehen Ihnen offenkundige Eigenschaften? Lesen Sie ein Buch oder belegen Sie ein Seminar – lernen Sie, wie man andere interviewt.** Dieses Training schärft Ihre Beobachtungsgabe und macht Sie zu einem aufmerksameren Zuhörer, der die Stärken und Schwächen in anderen besser erkennt.

☐ **10. Legen Sie sich in der Beurteilung anderer vorschnell fest? Vermeiden Sie verfrühte oder rigide Beurteilungen.** Sie bemühen sich vielleicht aufrichtig, eine Person einzuschätzen und eine vernünftige Bewertung zu formulieren. Sie kann jedoch falsch sein. Seien Sie gewillt, sich zusätzliche Daten anzusehen. Seien Sie flexibel und bereit, Ihre Meinung zu ändern, wenn sich die Informationen ändern.

Develop-in-Place-Aufgabenstellungen

☐ Arbeiten Sie in dem Team, das bei Entlassungen, Werksschließungen, Personalabbau und Veräußerungen entscheidet, wer bleibt und wer geht.

☐ Stellen Sie ein Team aus Kräften außerhalb Ihrer Geschäftseinheit oder Organisation zusammen.

☐ Lassen Sie sich in einem Assessment Center ausbilden und arbeiten Sie als Personalentwickler.

☐ Besuchen Sie eine Universität, um neue Mitarbeiter zu rekrutieren.

☐ Stellen Sie ein Erfolgs- und Misserfolgsprofil für eine Geschäftseinheit oder die gesamte Organisation zusammen und legen Sie es den Entscheidungsträgern zur Genehmigung vor.

When you hire people that are smarter than you are,
you prove you are smarter than they are.
R.H. Grant – US-amerikanischer Geschäftsmann
und früherer Präsident und Vorstandsvorsitzender
der Reynolds and Reynolds Company

Literaturempfehlungen

Brinkman, R., & Kirschner, R. (2002). *Dealing with people you can't stand* (Rev. ed.). New York: McGraw-Hill.

Dimitrius, J., & Mazzarella, M. C. (2008). *Reading people: How to understand people and predict their behavior: Anytime, anyplace.* New York: Ballantine Books.

Fulmer, R. M., & Conger, J. A. (2004). *Growing your company's leaders.* New York: AMACOM.

Goman, C. K. (2008). *The nonverbal advantage: Secrets and science of body language at work.* San Francisco: Berrett-Koehler Publishers.

Greenhalgh, L. (2001). *Managing strategic relationships: The key to business success.* New York: Free Press.

Harvard Business School Press. (2003). *Hiring and keeping the best people.* Boston: Harvard Business School Press.

Lawrence, P. R., & Nohria, N. (2002). *Driven: How human nature shapes our choices.* San Francisco: Jossey-Bass.

Myers, I. B. (with Myers, P. B.). (1995). *Gifts differing: Understanding personality type.* Mountain View, CA: Davies-Black Publishing.

Navarro, J., & Karlins, M. (2008). *What every BODY is saying: An ex-FBI agent's guide to speed-reading people.* New York: Harper-Collins Publishers.

Pearman, R. R., & Albritton, S. (1997). *I'm not crazy, I'm just not you: The real meaning of the sixteen personality types.* Palo Alto, CA: Davies-Black Publishing.

Smart, B. D. (2005). *Topgrading: How leading companies win: Hiring, coaching and keeping the best people* (Rev. ed.). New York: Prentice Hall.

Wilson Learning Library. (2004). *The social styles handbook: Find your comfort zone and make people feel comfortable with you.* Herentals, Belgium: Nova Vista Publishing.

FAKTOR III: MUT
CLUSTER H: UMGANG MIT PROBLEMEN

57 Eigenständigkeit

*Never, for the sake of peace and quiet,
deny your own experience or convictions.*
Dag Hammarskjöld – Schwedischer Diplomat und früherer UN-Generalsekretär

Schlecht ausgeprägt
- Fühlt sich nicht wohl damit, allein zu arbeiten
- Hält sich lieber im Hintergrund
- Zieht es vor, einer von vielen oder Mitglied eines Teams zu sein
- Exponiert sich nicht mit unpopulären Standpunkten
- Bringt keine kontroversen Angelegenheiten zur Sprache
- Vermeidet und scheut Debatten und Konflikte
- Zeigt keine Leidenschaft und wirkt ausgebrannt

    Wählen Sie eine bis drei der folgenden Kompetenzen als Ersatz für diese Kompetenz, wenn Sie nicht direkt an ihr arbeiten möchten.
    ERSATZKOMPETENZEN: 1,8,9,12,13,22,27,31,34,38,43,48,53

Gut ausgeprägt
- Meldet sich zu Wort und ist verlässlich
- Schreckt nicht davor zurück, selbst Verantwortung zu übernehmen
- In schwierigen Zeiten kann man sich auf ihn/sie verlassen
- Ist bereit, Probleme oder Aufgaben in die Hand zu nehmen
- Kann gut allein schwierige Aufgaben meistern

Übertriebene Fähigkeit
- Ist ein Einzelgänger und kann schlecht im Team arbeiten oder ein Team aufbauen
- Bringt anderen nicht genügend Vertrauen entgegen
- Gilt als zu egozentrisch
- Vergeudetet im Lauf der Zeit zu viel Energie

    Wählen Sie nachstehend eine bis drei Kompetenzen als Arbeitsgegenstand aus, um einen übertriebenen Einsatz dieser Fähigkeit zu kompensieren.
    AUSGLEICHSKOMPETENZEN: 3,4,7,15,19,27,33,36,42,60,64

Mögliche Ursachen
- ☐ Kann Druck und Konfrontation nicht ertragen
- ☐ Steht nicht gerne im Vordergrund
- ☐ Arbeitet nicht gern allein
- ☐ Eine entspannte Arbeits- oder Lebenseinstellung
- ☐ Nicht dafür bekannt, sich überzeugt mit einer Sache oder einem Thema zu identifizieren
- ☐ Fehlendes Hintergrundwissen, um Stellungen zu beziehen
- ☐ Hat kein Selbstvertrauen
- ☐ Konfliktvermeidung

Leadership Architect® Faktoren und Cluster
Diese Kompetenz ist in Faktor III „Mut" zu finden. Diese Kompetenz ist in Cluster H „Umgang mit Problemen" zusammen mit den Kompetenzen 9, 12, 13, 34 enthalten. Sie können auch bei anderen Kompetenzen in demselben Faktor/Cluster nach passenden Tipps suchen.

Der Plan
Selbstständig zu sein heißt, kein Problem mit dem Konflikt zu haben, dem Sieger automatisch ausgesetzt sind. Es bedeutet, schwierige und einsame Positionen einzunehmen, als Einzelner Dinge anzusprechen und die Kritik einzustecken, die damit einhergeht. Es erfordert ein starkes Selbstwertgefühl und viel Selbstbewusstsein. Andere zu führen bedeutet oftmals, selbstständig und unabhängig zu handeln und damit allein zu stehen.

Tipps
- ☐ **1. Fühlen Sie sich nicht wohl, wenn Sie sich in einer exponierten Situation befinden? Begegnen Sie Kritik mit Courage.** Führen ist riskanter als Folgen. Während es zwar viele Möglichkeiten zur persönlichen Profilierung in einer Führungsrolle gibt, stehen Sie in Vertretung Ihrer Standpunkte voll im Rampenlicht. Es ist bekannt, wie man mit Politikern umgeht und wie genau sie beobachtet werden. Menschen, die selbstständig handeln wollen, brauchen ein gesundes Selbstwertgefühl. Fühlen Sie sich sicher? Können Sie vor einem kritischen und objektiven Publikum Ihr Handeln als das Richtige verteidigen? Zuerst müssen Sie sich sicher sein, dass Sie auf dem richtigen Weg sind. Ein guter Führer muss oft als Blitzableiter herhalten. Können Sie Angriffe ertragen? Es gibt immer Menschen, die alles besser wissen oder die Dinge anders angehen würden. Selbst die besten Führer liegen manchmal falsch, übernehmen dann aber persönlich die Verantwortung für Fehler und machen weiter. Lassen Sie sich durch Kritik nicht von Ihrem selbstständigen Handeln abhalten. Seien Sie nicht

zu sensibel. Wenn Sie wissen, dass Sie Recht haben, ist eine selbstständige, unabhängige Position die damit zusammenhängenden Schwierigkeiten wert. Sollten Sie dennoch im Unrecht sein, geben Sie es zu und machen Sie weiter.

☐ **2. Sehen Sie sich mit einer schwierigen Angelegenheit konfrontiert? Seien Sie darauf vorbereitet, unbequeme Haltungen zu vertreten, die anderen gegen den Strich gehen.** Das Vertreten eines unpopulären Standpunktes verlangt nach einem starken Selbstvertrauen, gepaart mit der Bescheidenheit, dass Sie auch falsch liegen könnten – ein Paradoxon an sich. Zur Vorbereitung auf die Leitung einer schwierigen Aufgabe machen Sie sich Ihren eigenen Standpunkt klar, bis Sie ihn sicher und in wenigen Sätzen verdeutlichen können. Erklären Sie den Vorteil fürs Geschäft. Was gewinnen die anderen? Bitten Sie andere um Rat. Grenzen Sie das Problem ein. Welche Lösungsmöglichkeiten gibt es? Suchen Sie sich eine Option heraus, stellen Sie einen Plan auf, mit dem Sie weiterarbeiten, bis er sich als falsch erweist. Ziehen Sie gegenteilige Ansichten in Betracht. Entwickeln Sie überzeugende Argumente gegen Ihren eigenen Standpunkt und bereiten Sie entsprechende Antworten darauf vor. Machen Sie sich auf Widerstände gefasst.

☐ **3. Müssen Sie sich gegen Widersacher behaupten? Vertreten Sie Ihren Standpunkt überzeugend.** Während manche Menschen Ihre Meinung und Aktivitäten begrüßen und Sie unterstützen, werden andere sich Ihnen in den Weg stellen oder sogar versuchen, Sie oder die Situation zu bagatellisieren. Und Dritte werden Sie sabotieren. Um Ihren Standpunkt überzeugend zu vermitteln, behalten Sie Ihr Ziel fest im Auge, aber legen Sie sich nicht auf einen bestimmten Weg fest, wie Sie es erreichen können. Schaffen Sie für die anderen Raum zum Manövrieren. Präsentieren Sie die Ergebnisse und Ziele ohne das Wie. Akzeptieren Sie gute und schlechte Ideen positiv. Jede negative Antwort ist positiv, wenn Sie daraus lernen. Akzeptieren Sie Kritik an Ihren Handlungen. Auch wenn Sie Ihren Weg allein gehen, brauchen Sie Ratschläge und Unterstützung von anderen, um ans Ziel zu gelangen. Vermeiden Sie persönliche Auseinandersetzungen. *Benötigen Sie weitere Hilfe? – Siehe Nr. 12 „Konfliktmanagement".*

☐ **4. Sind Sie zu emotional? Bleiben Sie ruhig.** Kontrollieren Sie Ihre Emotionen. Übertriebene Gefühlsausbrüche könnten bei Ihrer Umgebung den Eindruck hervorrufen, Sie hätten Probleme, in kritischen Situationen Ihren Standpunkt zu vertreten. Welche emotionalen Reaktionen zeigen Sie in einer solchen Situation? Sind Anzeichen wie Nervosität, das Lauter werden oder Schwanken Ihrer Stimme oder Unruhe bemerkbar? Erkennen und kontrollieren Sie diese Signale, sobald sie beginnen. Stellen

KOMPETENZ 57: EIGENSTÄNDIGKEIT

Sie eine Frage, um Zeit zu gewinnen. Machen Sie eine Pause. Oder fragen Sie Ihren Gesprächspartner nach seiner Sicht der Dinge. *Benötigen Sie weitere Hilfe? – Siehe Nr. 11 „Selbstbeherrschung" und Nr. 107 „Mangel an Selbstbeherrschung".*

☐ **5. Haben Sie Angst zu scheitern? Entwickeln Sie eine gelassenere Haltung, wenn Sie einmal im Unrecht sind oder sogar verlieren.** Wir wissen, die meisten Innovationen, Vorschläge oder Veränderungsbemühungen scheitern. Studien besagen, dass erfolgreiche Geschäftsführer mehr Fehler im Verlauf ihrer Karriere gemacht haben als die Menschen, für die sie anschließend Personalverantwortung hatten. Sie wurden befördert, weil sie den Mut zur Selbstständigkeit hatten und nicht, weil sie immer im Recht waren. Aus anderen Studien ist bekannt, dass wirklich gute Führungskräfte nur in 65 von 100 Fällen richtig liegen. Bildlich gesprochen, setzen Sie darum Irrtümer, Fehler und Fehlschläge auf Ihr persönliches Erfolgsmenü. Jeder muss auch manchmal Spinat essen, um sich ausgewogen zu ernähren. Lassen Sie sich von der Möglichkeit eines Misserfolges nicht von Ihrer Selbstständigkeit abhalten, wenn Sie diese für richtig erachten.

☐ **6. Sind Sie in einen harten Kampf verwickelt? Praktizieren Sie die Regeln des Einzelkampfs.** Selbstständiges Handeln beinhaltet gewöhnlich auch das Austragen direkter persönlicher Konfrontationen. Sie glauben an etwas, Ihr Gegner will etwas anderes. Wenn diese Situation eintritt, beschränken Sie sich auf die vorliegenden Fakten. Sie werden nicht immer gewinnen. Bleiben Sie objektiv. Erklären Sie den Vorteil fürs Geschäft. Hören Sie zu, bis der andere ausgeredet hat. Stellen Sie viele Klärungsfragen. Manchmal übernimmt er Ihre Ansicht, wenn man ihn lange genug reden lässt. Hören Sie zuerst immer zu, um zu verstehen, nicht um zu urteilen. Fassen Sie dann Ihre Punkte immer wieder zusammen, bis man Ihnen signalisiert, dass Sie richtig verstanden haben. Finden Sie eine gemeinsame Basis, auch wenn Sie noch so klein ist. Widerlegen Sie dann die einzelnen Argumente. Beginnen Sie mit dem Punkt, für den Sie die am meisten überzeugenden objektiven Informationen aufführen können. Gehen Sie der Reihe nach vor. Es werden immer ungelöste Punkte zurückbleiben. Erkennen Sie diese an. Ziel ist es, die Liste so kurz wie möglich zu halten. Entscheiden Sie dann, ob Sie auf Ihrem Standpunkt beharren, ihn ändern oder sich zurückziehen wollen. *Benötigen Sie weitere Hilfe? – Siehe Nr. 12 „Konfliktmanagement".*

☐ **7. Haben Sie Angst vor Fragen, die Ihnen unangenehm sind oder die Sie nicht beantworten können? Beherrschen Sie die Regeln des richtigen Antworten.** Denken Sie über die zehn Fragen nach, die am wahrscheinlichsten gestellt werden. Üben Sie, wie Sie sie beantworten würden. Einige Regeln. Üben Sie Antworten mit einer Länge von zehn bis

KOMPETENZ 57: EIGENSTÄNDIGKEIT

dreißig Sekunden ein. Fragen Sie den Fragesteller anschließend, ob seine/ihre Frage hiermit beantwortet wurde. Viele verwenden zu viel Zeit mit der Beantwortung von Fragen. Stellen Sie sicher, dass Sie die Frage verstanden haben. Viele beantworten die falsche Frage. Stellen Sie eine klärende Frage, wenn Sie sich nicht sicher sind („Was meinen Sie, wie das Produkt sich auf einem Auslands- oder Inlandsmarkt machen würde?"). Wenn jemand nicht aufgibt, sagen Sie „Wir haben anscheinend total unterschiedliche Erfahrungen gesammelt. Es ist offensichtlich, dass wir uns nicht einigen können, also belassen wir es dabei. Vielen Dank für die Diskussion." Hat die Frage Konfliktpotenzial, zum Beispiel: „Warum werden Frauen in dieser Firma so benachteiligt?", ziehen Sie die Schwerpunkte aus der Frage heraus und antworten Sie „Hier sind drei Dinge, die Sie dagegen tun können." Eine Faustregel: Beantworten Sie diese Art von Fragen nie direkt, da sie negativ sind. Vermeiden Sie auch klassifizierende Antworten (Frauen, Männer, Buchhalter). Übernehmen Sie die Einstellung, dass Fragen Ihre Freunde sind, da sie Möglichkeiten zur Problemlösung bieten und Schwierigkeiten, denen Sie gegenüberstehen, zusammenfassen. Sie benötigen lediglich fünf Techniken, um mit ihnen umzugehen. Dazu gehört auch das gefürchtete Eingeständnis: „Das weiß ich leider nicht, aber ich werde es herausfinden und mich dann mit Ihnen in Verbindung setzen."

☐ **8. Sie mögen keine Risiken? Erweitern Sie Ihre Komfortzone.**
Ein selbstständiges Agieren beinhaltet auch, über den eigenen Schatten zu springen, Chancen wahrzunehmen und mutige, neue Initiativen zu ergreifen. So zu handeln, birgt selbstverständlich auch die Gefahr von Fehlschlägen und Fehlern in sich. Nutzen Sie jeden Fehler und Misserfolg als Lernmöglichkeit. Wer nicht wagt, der nicht gewinnt. Erhöhen Sie Ihre Risikobereitschaft. Beginnen Sie mit kleineren Dingen, so dass Sie sich schneller von Rückschlägen erholen. Streben Sie nach kleinen Erfolgen. Probieren Sie Dinge aus. Stürzen Sie sich nicht auf eine riesige Aufgabe, nur um Ihren Mut zu beweisen. Teilen Sie sich Ihre Aufgabe in kleinere Teilaufgaben ein. Erledigen Sie den für Sie einfachsten Teil zuerst. Gehen Sie dann zu den schwierigeren Teilen über. Überprüfen Sie jede einzelne Teilaufgabe nochmals daraufhin, was gut und was nicht so gut war, und setzen Sie sich Ziele, so dass Sie in Zukunft immer etwas anders und besser machen werden. Fordern Sie sich heraus. Sehen Sie, wie einfallsreich Sie sein können, wenn Sie eine Anzahl verschiedener Ansätze ausprobieren. *Benötigen Sie weitere Hilfe? – Siehe Nr. 2 „Umgang mit Mehrdeutigkeit", Nr. 14 „Kreativität" und Nr. 28 „Innovationsmanagement".*

☐ **9. Tauchen Sie in der Masse unter? Entdecken Sie Ihre Leidenschaft.**
Vielleicht gibt es nichts, für das Sie sich derart einsetzen möchten,

um selbstständig und allein dazustehen. Sie bleiben im Hintergrund oder innerhalb Ihrer Gruppe. Das ist in Ordnung, führt aber höchstwahrscheinlich weder zu einer Anerkennung noch zu einer Beförderung. Führungspersönlichkeiten führen und nehmen schwierige Positionen ein. Sehen Sie sich um – wo liegt Ihre Leidenschaft? Wofür können Sie sich begeistern oder was muss unbedingt in Angriff genommen werden? Identifizieren Sie dies. Ernennen Sie sich selbst zum Verfechter dafür. Geben Sie anderen Einheiten/Gruppen versuchsweise Ideen vor, um festzustellen, ob Ihre Meinung dazu gut ankommt oder ein allgemeines Problem löst. Finden Sie einen experimentierfreudigen Kollegen, der sich Ihnen anschließt. Bringen Sie auch einen Experten oder jemanden mit politischem Einfluss mit hinein, um Ihre Ideen durchzusetzen. Generieren Sie bei jeder Gelegenheit mit anderen zusammen eine neue Idee.

☐ **10. Fürchten Sie sich vor den Konsequenzen? Übernehmen Sie die persönliche Verantwortung.** Selbstständigkeit bedeutet auch, dass Sie die Konsequenzen allein tragen müssen, sowohl positiv als auch negativ. Sie werden nicht immer Recht haben, deshalb müssen Sie sowohl bei Kritik als auch bei Lob schnell reagieren können. Sagen Sie einfach: „Ja, Sie haben Recht. Mein Standpunkt war falsch und es tut mir leid." Machen Sie es sich zur Gewohnheit, sofort nach der Erreichung wichtiger Meilensteine Nachbesprechungen anzusetzen – egal, ob Sie Ihr Ziel erreicht haben oder nicht. Damit zeigen Sie anderen, dass Sie an Verbesserungen und hervorragenden Ergebnissen interessiert sind, egal ob diese bahnbrechend sind oder nicht. Lassen Sie sich von Misserfolgen nicht entmutigen, aufzustehen, in die Bresche zu springen und Stellung zu beziehen.

Develop-in-Place-Aufgabenstellungen

☐ Führen Sie eine Analyse an einem fehlgeschlagenen Projekt durch und legen Sie die Ergebnisse den Beteiligten dar.

☐ Werden Sie zum Change-Agenten; kreieren Sie ein Symbol für Veränderungen; rufen Sie andere zur Aktion auf; setzen Sie sich für weitreichende Änderungen und deren Umsetzung ein.

☐ Verfassen Sie einen Vorschlag für einen neuen Prozess, eine neue Richtlinie, Mission, Satzung, Dienstleistung, ein neues Produkt oder System und unterbreiten und „verkaufen" Sie diesen an das Top-Management.

☐ Werden Sie ein Schiedsrichter in einem Sportverein oder Programm.

☐ Trainieren Sie eine Kinder-Sportmannschaft.

Even if I have to stand alone, I will not be afraid to stand alone.
I'm going to fight for you. I'm going to fight for what's right.
I'm going to fight to hold people accountable.
Barbara Boxer – US-amerikanische Senatorin

Literaturempfehlungen

Bennis, W. G., & Nanus, B. (2007). *Leaders: Strategies for taking charge* (2nd ed.). New York: HarperBusiness.

Chaleff, I. (2003). *The courageous follower: Standing up to and for our leaders.* San Francisco: Berrett-Koehler Publishers.

Cloud, H. (2006). *Integrity: The courage to meet the demands of reality.* New York: HarperCollins.

Cooper, C. (2008). *Extraordinary circumstances: The journey of a corporate whistleblower.* Hoboken, NJ: John Wiley & Sons.

Kolditz, T. A. (2007). *In extremis leadership: Leading as if your life depended on it.* Hoboken, NJ: John Wiley & Sons.

Kouzes, J. M., & Posner, B. Z. (2007). *The leadership challenge* (4th ed.). San Francisco: Jossey-Bass.

Lee, G., & Elliott-Lee, D. (2006). *Courage: The backbone of leadership.* San Francisco: Jossey-Bass.

Linsky, M., & Heifetz, R. A. (2002). *Leadership on the line: Staying alive through the dangers of leading.* Boston: Harvard Business School Press.

Maney, K. (2003). *The maverick and his machine: Thomas Watson, Sr. and the making of IBM.* Hoboken, NJ: John Wiley & Sons.

McPherson, J. M. (2009). *Abraham Lincoln: A presidential life.* New York: Oxford University Press.

Swartz, M., & Watkins, S. (2003). *Power failure: The inside story of the collapse of Enron.* New York: Doubleday.

Thornton, P. B. (2002). *Be the leader, make the difference.* Irvine, CA: Griffin Trade Paperback.

FAKTOR I: STRATEGISCHE FÄHIGKEITEN
CLUSTER C: KREATIVITÄT UND INNOVATION

58 Strategische Agilität

*All men can see these tactics whereby I conquer,
but what none can see is the strategy out of which victory is evolved.*
Sun Tzu (ca. 500 v. Chr.) – Chinesischer General und Militärstratege

Schlecht ausgeprägt
- ☐ Denkt nicht strategisch
- ☐ Kann keine überzeugende strategische Planung entwerfen
- ☐ Ist zufrieden mit der Taktik im Hier und Jetzt
- ☐ Hat eine zu eingeschränkte Perspektive, um vielfältige Elemente zu einer kohärenten strategischen Sichtweise zu verbinden
- ☐ Nicht in der Lage, Zukunftsvisionen zu entwickeln
- ☐ Bezweifelt den Sinn von Strategien, hält sie für unrealistisch
- ☐ Hat zu wenig Erfahrung und weiß zu wenig über wichtige Ereignisse
- ☐ Vereinfacht zu stark oder agiert sehr taktisch
- ☐ Lässt das für die Entwicklung einer strategischen Sichtweise notwendige disziplinierte Durchdenken vermissen

Wählen Sie eine bis drei der folgenden Kompetenzen als Ersatz für diese Kompetenz, wenn Sie nicht direkt an ihr arbeiten möchten.
ERSATZKOMPETENZEN: 2,5,14,17,24,28,30,32,46,47,50,61,65

Gut ausgeprägt
- ☐ Sieht weit voraus
- ☐ Kann zukünftige Trends und Auswirkungen präzise antizipieren
- ☐ Verfügt über umfassende Kenntnisse und Perspektiven
- ☐ Ist zukunftsorientiert
- ☐ Kann präzise und glaubwürdige Visionen künftiger Möglichkeiten und Wahrscheinlichkeiten entwerfen
- ☐ Kann konkurrenzfähige und bahnbrechende Strategien und Pläne entwickeln

Übertriebene Fähigkeit
- ☐ Gilt als zu theoretisch
- ☐ Ist alltäglichen Details gegenüber zu ungeduldig
- ☐ Macht Pläne unnötig kompliziert
- ☐ Tut sich schwer, mit weniger komplexen oder eher planvoll vorgehenden Menschen zu kommunizieren

Wählen Sie nachstehend eine bis drei Kompetenzen als Arbeitsgegenstand aus, um einen übertriebenen Einsatz dieser Fähigkeit zu kompensieren.
AUSGLEICHSKOMPETENZEN: 5,16,17,24,27,35,38,39,46,47,50,52,53,59,61,63

KOMPETENZ 58: STRATEGISCHE AGILITÄT

Mögliche Ursachen
- ☐ Mag keine Komplexität
- ☐ Hält die Zukunft nicht für vorhersehbar
- ☐ Unerfahren
- ☐ Spekuliert nicht gern
- ☐ Mangel an Perspektive
- ☐ Geringe Risikobereitschaft; mag keine Ungewissheit
- ☐ Eintöniger Hintergrund
- ☐ Neu in diesem Bereich
- ☐ Zu sehr mit den heutigen Aufgaben beschäftigt
- ☐ Zu locker/entspannt
- ☐ Zu engstirnig
- ☐ Sehr taktisch

Leadership Architect® Faktoren und Cluster
Diese Kompetenz ist in Faktor I „Strategische Fähigkeiten" zu finden. Diese Kompetenz ist in Cluster C „Kreativität und Innovation" zusammen mit den Kompetenzen 2, 14, 28, 46 enthalten. Sie können auch bei anderen Kompetenzen in demselben Faktor/Cluster nach passenden Tipps suchen.

Der Plan
Es gibt viel mehr Leute, die einen Berg besteigen können, als solche, die genau vorhersagen können, welcher Berg am besten dazu geeignet wäre. Es gibt mehr Produzenten von kurzfristig guten Ergebnissen als visionäre Strategen. Beide haben ihren Wert, aber es gibt nicht genug Strategen. Es ist eher wahrscheinlich, dass Ihr Unternehmen strategisch ausmanövriert wird als taktisch. Die meisten Unternehmen sind in dem, was sie heute tun, recht erfolgreich. Es geht aber um die zukünftige Ausrichtung – dort liegt ihre Schwäche. Eine strategische Vorgehensweise gehört zum Aufgabenbereich jeder Führungskraft. Je höher Ihre Verantwortlichkeiten liegen, umso kritischer ist diese Voraussetzung.

Tipps
☐ **1. Probleme beim Präsentieren? Die Sprache der Strategie.** In seltenen Fällen haben wir strategisch denkende Menschen gefunden, die nicht als solche identifiziert wurden, weil sie entweder aus Unkenntnis, Abwehr oder aus freiem Entschluss die zurzeit aktuelle strategische Terminologie nicht verwendet haben. Strategie ist ein wachsender und sich ständig verändernder Bereich. Es gibt Gurus (gegenwärtig wahrscheinlich Michael Porter, Ram Charan, C.K. Prahalad, Gary Hamel, Fred Wiersema und Vijay

Govindarajan), die ungefähr 75 neue Begriffe oder Konzepte definiert haben – Wertedisziplinen, Strategieabsicht oder -ziel, Kernkompetenzen, Werte-Migration, Marktherrschaft, Co-Evolution, Strategiehorizont –, um strategisches Denken zu beschreiben. Wenn Sie diese Begriffe nicht verwenden, erkennt man nicht, dass Sie strategisch sind. Diese Begriffe sind auch in den Büchern dieser Gurus zu finden, im *Harvard Business Review* und in *Strategy and Leadership*, einer Publikation des Strategic Leadership Forum. Es stimmt, die meisten dieser Begriffe sind komplexere Bezeichnungen für Dinge, die zuvor mit kleineren Worten benannt wurden. Nichtsdestotrotz, wenn Sie strategischer angesehen werden möchten, müssen Sie sich strategischer ausdrücken. Jede Disziplin hat ihr Lexikon. Um dazuzugehören, müssen Sie den Code beherrschen.

☐ **2. Lehnen Sie Strategie ab? Erkennen Sie den Wert strategischer Planung.** Es gibt Menschen, die Strategieformulierungen als Unsinn abtun. Sie haben noch nie einen Fünf-Jahres-Strategieplan wie geplant ablaufen sehen. Diese Leute glauben wirklich, dass es eine Zeitverschwendung ist, Strategiepläne zu erstellen und zu präsentieren. Sie glauben, das Ziel ist unerreichbar. Viel heiße Luft. Obwohl es stimmt, dass die meisten Strategiepläne nicht wie geplant realisiert werden, heißt das nicht, dass sie umsonst waren. Strategiepläne führen zu Wahlmöglichkeiten bei Ressourcen und bei der Umsetzung. Sie führen zu verschiedenen Personaleinsatzszenarien und Finanzplänen. Ohne ein gewisses Maß an strategischer Planung wären sie ein Schuss ins Blaue. Das Ende der meisten zahlungsunfähigen Unternehmen war das Resultat strategischer Fehlentscheidungen, nicht taktischer Misserfolge. Sie waren immer noch dabei, veraltete Produkte von hoher Qualität herzustellen, als sie untergingen. Sie wählten die falsche Richtung oder zu viele Richtungen. Heute liegt das Problem gewöhnlich nicht in der Unfähigkeit, ein Qualitätsprodukt oder eine entsprechende Dienstleistung zu produzieren.

☐ **3. Sind Sie nicht neugierig? Seien Sie neugierig und fantasievoll.** Viele Manager sind so mit ihren Alltagsproblemen beschäftigt, dass sie auf die Zukunft nicht neugierig sind. Die langfristige Zukunft interessiert sie nicht. Vielleicht sind sie überhaupt nicht mehr im Unternehmen, wenn der strategische Plan ausgeführt wird. Und wenn man im Heute nicht arbeitet, gibt es das Morgen sowieso nicht. Für gute Visionäre und Strategen sind Neugier und Vorstellungskraft unerlässlich. Alle „Was wäre, wenn …"-Szenarien müssen durchgespielt werden Wie wirkt sich die wachsende Kluft zwischen Arm und Reich aus? Der Zusammenbruch der Preisbindung für den Einzelhandel? Die wachsende Bedeutung von Markennamen? Was wäre, wenn sich herausstellt, dass es Leben auf anderen Planeten gäbe und

KOMPETENZ 58: STRATEGISCHE AGILITÄT

wir die erste Nachricht erhielten? Was würde sich ändern? Werden die Außerirdischen unsere Produkte benötigen? Was wäre, wenn der größere Anteil der Weltbevölkerung über 65 Jahre alt wäre? Wie wirkt sich Terrorismus aus? Was wäre, wenn wir Krebs heilen könnten? Herzerkrankungen? AIDS? Übergewicht? Was wäre, wenn die Regierung einen Aspekt Ihres Geschäftsfelds als gesetzwidrig erklären oder streng regulieren würde? Zugegeben, niemand weiß eine Antwort auf diese Fragen, aber gute Strategen kennen zumindest die Fragen. Arbeiten Sie an der Entwicklung breiterer Interessen außerhalb Ihres Geschäfts. Abonnieren Sie verschiedene Zeitschriften. Schauen Sie sich neue Fernsehsendungen an. Treffen Sie andere Menschen. Werden Sie Mitglied bei einer neuen Organisation. Schauen Sie hinter die Dinge. Denken Sie an morgen. Diskutieren Sie mit anderen darüber, was die Zukunft vielleicht bringen wird.

☐ **4. Ist Ihre Sichtweise eingeschränkt? Erweitern Sie Ihre Perspektive.** Manche sind nur auf das konzentriert, was sie gerade machen und sind dort sehr erfolgreich. Sie haben sich auf eine eng angelegte aber zufrieden stellende Karriere vorbereitet. Dann sagt ihnen jemand, dass sich ihr Job verändert, und sie müssen ab sofort strategisch sein. Strategisch zu denken und zu handeln, erfordert einen weiten Blickwinkel. Zusätzlich zu der Tatsache, dass Sie Ihr Gebiet beherrschen müssen, erfordert es, dass Sie auch über viele andere Dinge etwas wissen müssen. Sie müssen das Geschäft kennen. *Benötigen Sie weitere Hilfe? – Siehe Nr. 5 „Geschäftssinn"*. Sie müssen die Märkte verstehen. *Benötigen Sie weitere Hilfe? – Siehe Nr. 15 „Kundenorientierung"*. Sie müssen wissen, was in der Welt vor sich geht. *Benötigen Sie weitere Hilfe? – Siehe Nr. 46 „Perspektive"*. Sie müssen diese Erkenntnisse miteinander verbinden und dann sehen, was das für Ihre Organisation bedeutet. *Benötigen Sie weitere Hilfe? – Siehe Nr. 32 „Schnelle Auffassungsgabe"* und *Nr. 51 „Fähigkeit, Probleme zu lösen"*.

☐ **5. Sind Sie zu beschäftigt? Delegieren Sie alles Taktische und verschaffen Sie sich Zeit für Strategie.** Strategie ist immer der letzte Punkt auf der Liste. Die Lösung der vielen unmittelbaren Probleme hat höchste Priorität. Sie müssen sich Zeit für Strategie einplanen. Durch eine gute Strategie gewinnt man zukünftige Zeit, weil sie Wahlmöglichkeiten aufzeigt und unnötige Aufwände reduziert, aber man braucht jetzt Zeit für ihre Planung und Ausführung. Der Schlüssel liegt wieder in der Delegation. Geben Sie so viel vom taktischen Tagesgeschäft ab, wie Sie nur können. Fragen Sie Ihre Mitarbeiter, was sie ihrer Einschätzung nach tun könnten, um Ihnen mehr Zeit für strategische Überlegungen zu verschaffen. *Benötigen Sie weitere Hilfe? – Siehe Nr. 18 „Delegieren"*. Auch besseres Zeitmanagement hilft. Markieren Sie für das gesamte Jahr eine Stunde pro Woche in Ihrem

KOMPETENZ 58: STRATEGISCHE AGILITÄT

Kalender, in der Sie Artikel zum Thema Strategie durcharbeiten und darüber nachdenken. Warten Sie nicht bis zu der Woche, wenn der Strategieplan fällig wird. *Benötigen Sie weitere Hilfe? – Siehe Nr. 62 „Zeitmanagement".* Machen Sie sich Listen von Ideen, die Sie von anderen, aus Magazinen oder anderen Quellen erhalten haben. Denken Sie darüber nach, inwieweit diese Ihr Unternehmen oder Ihre Funktion beeinflussen.

☐ 6. **Vermeiden Sie Unklarheit? Begrüßen Sie das Ungewisse.** Strategieplanung ist neben Mitarbeiterführung so ziemlich der unsicherste Bereich für Führungskräfte. Es ist eine Spekulation auf der Basis fast unbekannter Faktoren. Sie erfordert Projektionen in nebulöse Bereiche hinein und Vermutungen über das Unbekannte. Viele konfliktscheue Menschen und Perfektionisten machen nicht gern öffentliche Aussagen, die sie nicht mit Tatsachen belegen können. Die meisten Strategien können angezweifelt und hinterfragt werden. Strategiedebatten lassen sich nicht eindeutig gewinnen, denn hier stehen sich zwei subjektive Meinungen gegenüber. Manchmal gewinnt derjenige, der am längsten und am lautesten diskutieren kann. Werden Sie Mitglied bei der World Future Society für ein Jahr und lesen Sie ihre Publikation *THE FUTURIST*. *Benötigen Sie weitere Hilfe? – Siehe Nr. 2 „Umgang mit Mehrdeutigkeit" und Nr. 12 „Konfliktmanagement".*

☐ 7. **Mögen Sie es einfach? Begrüßen Sie die Komplexität.** Strategie klingt im Endeffekt einfach. Fünf klare Aussagen über unsere Ausrichtung, mit ein paar Maßnahmen und Entscheidungen für jede Aussage. Nur der Weg dorthin ist nicht einfach. Gute Strategen neigen zur Komplexität. Sie gehen ins Extreme, bevor sie auf das Wesentliche zurückkommen. Menschen, die vereinfachen, schließen diesen Prozess zu früh ab. Sie sind ungeduldig und wollen ihn schnell zu Ende bringen. Sie sind sehr ergebnisorientiert und möchten zu den fünf wesentlichen Aussagen kommen, ohne den Strategieprozess bis zum Ende einzuhalten. Seien Sie toleranter gegenüber einer lang ausgedehnten Suche und gehen Sie in die Debatte, bevor Sie zum Abschluss kommen.

☐ 8. **Sie wissen nicht, wie man strategisch handelt? Werden Sie ein Strategieschüler.** Das einfachste Problem ist ein Mensch, der strategisch denken und handeln möchte und lernwillig ist. Strategie ist ein relativ bekanntes Feld. Lesen Sie die Gurus (Michael Porter, Ram Charan, C.K. Prahalad, Gary Hamel, Fred Wiersema und Vijay Govindarajan). Lesen Sie *Harvard Business Review* und *Sloan Review* regelmäßig. Lesen Sie die drei bis fünf strategischen Fallstudien in jeder Ausgabe von *BusinessWeek*. Nehmen Sie an einem dreitägigen Strategieseminar teil, das von einem dieser Gurus angeboten wird. Bitten Sie einen Experten aus dem Strategieteam Ihrer Firma um Hilfe zu diesem Thema. Schauen Sie sich

Programme im Kabelfernsehen an, in denen Geschäftsführer und Vorstandsmitglieder über ihre Unternehmen sprechen. Bieten Sie an, eine Taskforce-Gruppe in einem Strategieprojekt zu unterstützen. Werden Sie Mitglied im Strategic Leadership Forum für ein Jahr, lesen Sie die Veröffentlichung *Strategy and Leadership* und nehmen Sie an einer nationalen Konferenz teil. Besuchen Sie die Jahreskonferenz des „Conference Board" zum Thema Strategie, in der die verschiedenen Geschäftsführer ihre Unternehmen präsentieren. Lesen Sie jährlich zehn Jahresberichte von Unternehmen anderer Branchen und vertiefen Sie sich in ihre Strategien.

☐ **9. Sie können nicht strategisch denken? Praktisches strategisches Denken.** Strategie entsteht aus einer Verknüpfung verschiedener Variablen und einem darauf aufbauenden wahrscheinlichen Szenarium. Stellen Sie sich Strategie als die Suche nach und die Anwendung von relevanten Parallelen vor. Strategieplanung beinhaltet den gleichzeitigen Einsatz der Variablen, um zu sehen, wie sie zusammenspielen. Diese Projektionen stehen im Zusammenhang mit sich verändernden Märkten, internationalen Ereignissen, Geldbewegungen und Interventionen durch den Staat. Damit verbunden sind große Unsicherheiten, die Übernahme von Risiken und das Wissen um Zusammenhänge. Wie viele Gründe gibt es dafür, dass der Umsatz sinkt? Steigt? Wie sind Marketing und Vertrieb verbunden? Wenn der Dollar in Asien billiger ist, was bedeutet das für unser Produkt in Japan? Wenn die Weltbevölkerung altert und mehr Geld hat, wie verändert sich das Kaufverhalten? Nicht jedermann mag diese nicht greifbare Reflexion und nicht jeder hat die Fähigkeit dazu. *Benötigen Sie weitere Hilfe? – Siehe Nr. 32 „Schnelle Auffassungsgabe", Nr. 46 „Perspektive" und Nr. 51 „Fähigkeit, Probleme zu lösen".*

☐ **10. Sie möchten nicht strategisch sein? Holen Sie sich Hilfe.** Manche möchten sich einfach nicht mit den Geheimnissen strategischen Denkens und Handelns auseinandersetzen. Aber sie mögen ihre Arbeit und möchten als strategisch verantwortungsbewusst angesehen werden. Holen Sie sich einmal im Jahr einen Strategieberater, der sich mit Ihnen zusammensetzt und Ihnen bei der Ausarbeitung Ihres Strategieplans hilft. Accenture. The Boston Consulting Group. McKinsey. Booz Allen Hamilton. Strategos. Und viele andere. Oder delegieren Sie die Strategieplanung an eine oder mehrere Personen in Ihrer Abteilung, die eher strategisch begabt sind. Oder bitten Sie die strategische Planungsgruppe um Hilfe. Sie müssen nicht alles können, um ein guter Manager zu sein. Mögen Sie Ihre jetzige Umgebung? Manche sind zufrieden in ihrer vertrauten

KOMPETENZ 58: STRATEGISCHE AGILITÄT

Nische. Sie haben kein Interesse an Strategie. Sie möchten einfach ihre Aufgaben erledigen und dabei in Ruhe gelassen werden. Sie wollen gute Arbeit in ihrem Fachbereich leisten und sie möchten so weit aufsteigen wie sie können. Das ist in Ordnung. Das ist OK so. Informieren Sie Ihr Unternehmen dementsprechend und nehmen Sie keine Aufgaben mit großen strategischen Anforderungen an.

☐ **11. Sind Sie bereit, es zu testen? Beweisen Sie, dass Ihre Strategie machbar ist.** Hüten Sie sich vor Geschäftsliteratur mit Ratschlägen und Fallbeispielen. Viele suchen in solchen Büchern nach Tipps für erfolgreiche Strategien, aber die Beispiele sind lediglich dazu gedacht, die Theorie des Autors zu belegen. Beispiele sind kein Beweis. Evan Dudik meint hierzu: „Wenn Sie belegen wollen, dass Ihre Geschäftsstrategie die richtige ist, stellen Sie die Frage so, als ob Sie das Gegenteil beweisen wollen." Verwenden Sie eine „Wenn-dann-Aussage": Wenn wir X Euro für die Produktentwicklung ausgeben, bringen wir das Produkt vor der Konkurrrenz auf den Markt und unterbieten ihren Preis um 5 Prozent. Dies führt zu einem verbesserten Cashflow von Y und einer Lagerbestandsreduzierung von Z. Dann muss das Unternehmen diese Hypothesen testen. Hierzu werden Mitarbeiter beauftragt, Fakten zu sammeln, die die Theorien bestätigen bzw. widerlegen. Dudik sagt, es ist am besten, zwei Teams für diese Aufgabe zusammenzustellen – ein Team von Befürwortern und ein Team von Gegnern.

☐ **12. Verfügen Sie über das nötige Talent? Lassen Sie die richtigen Leute an der richtigen Strategie arbeiten.** Das Konzept eines anhaltenden Wettbewerbsvorteils ist heute genauso veraltet wie analoge Elektronikgeräte. Viele Experten sagen, Sie können unter den besten Bedingungen mit einem Wettbewerbsvorteil von maximal 2 bis 3 Monaten rechnen. Es bleibt nur eine Möglichkeit: ständig neue Gelegenheiten zu schaffen, viele „Wenn-dann-Hypothesen" aufzustellen und zu experimentieren. Wenn etwas funktioniert, wissen Sie warum. Dann können Sie variieren, um es zu verbessern. Variationen sind jedoch nur dann möglich, wenn Sie bereits Mitarbeiter geschult haben, die sich sofort mit diesem Bereich befassen und einen Vorteil nutzen können. Ein langsames Daraufhinarbeiten funktioniert nicht. Sie müssen eine Taskforce bereitstellen, die eine Sache sofort in Angriff nehmen kann.

☐ **13. Brauchen Sie einen glaubwürdigen strategischen Aktivisten? Übernehmen Sie die strategische Führung.** Suchen Sie sich eine bestimmte Kompetenz oder treibende Kraft aus. Die neueste Forschungsarbeit von James Collins ergab, dass dies das Erfolgsgeheimnis von zuvor mittelmäßigen Firmen war, die mit der Zeit zum Erfolg gelangten. Erstellen Sie einen strategischen Plan für Ihre Geschäftseinheit, der auf einer herausragenden Kompetenz aufbaut. Fügen Sie Prozessdurchbrüche und Produktverbesserungen hinzu. Rechtfertigen Sie Ihre Schlussfolgerungen mit Fakten, die diese belegen. Lassen Sie den Plan von Personen prüfen, denen Sie vertrauen. Bilden Sie ein Konsortium mit drei weiteren Personen oder Firmen. Jede(r) von Ihnen vertritt einen wichtigen Strategiepunkt und einen durch Daten und Begründungen unterstützten Plan. Vereinbaren Sie, dass Sie Ihre Denkweise alle drei Monate in der Gruppe überprüfen und das Gelernte aufschreiben. Analysieren Sie drei geschäftliche/organisatorische Erfolgsstories in Ihrem Bereich und drei Misserfolge. Was hatten sie alle gemeinsam? Wie würden diese Prinzipien auf Ihre Situation passen? Was hatten die Misserfolge gemeinsam, das in den Erfolgen nicht vorhanden war?

☐ **14. Sind Sie auf Kurs? Koppeln Sie Ihre Arbeit an die Strategie.** Zufolge der Ansätze von Kaplan und Norton, siehe „Balanced Scorecard" und „Strategie-Mapping", sollte sich jeder täglich mit Strategie befassen. Wenn Sie nicht demonstrieren können, wie eine Aufgabe zur Strategie passt, warum haben Sie sie dann? Alle Teams sollten in der Lage sein anzugeben, wie sich das auf ihre tägliche Arbeit auswirkt. Gary Hamel und C.K. Prahalad kamen in ihrer Strategieforschung zu dem Schluss, dass die meisten Erfolgsrezepte von außerhalb der Firma kommen. Man muss aktiv nach dem Erfolgsrezept suchen, und es sollte von so vielen Personen wie möglich angewendet werden. Was sie als „Demokratisierung der Strategie" bezeichnen ist in allen Positionen nötig: Denken Sie unkonventionell. Versuchen Sie nicht, alles Wissen zu kategorisieren. Und nehmen Sie sich die nötige Vorbereitungszeit, um Pläne und Visionen zur Umsetzung von etwas Neuem oder anderem zu erstellen.

☐ **15. Sind Sie sich wegen der Zeithorizonte im Unklaren? Richten Sie den Blick auf langfristige Strategie.** Als Sunbeam kurzfristig Einnahmen brauchte, um Wall Street zu beeindrucken, gab Dunlap den Händlern Anreize, um mehr Inventar als normalerweise zu führen. Es funktionierte kurzfristig: es wurden eine Menge Waren zu Discountpreisen vertrieben, und das Jahresergebnis sah gut aus. Die Kehrseite der Medaille war zu viel Inventar. Motorola entschied sich, das kleinste Analogtelefon der Welt zu entwickeln, als ihre Konkurrenz bereits an digitalen Telefonen arbeitete. Sie kamen zu spät auf den Markt, und Ericsson und Nokia errangen die Marktanteile. In unserer schnelllebigen, durch das Geschäftsquartal dominierten Welt, kämpfen wir immer wieder mit der Versuchung heute etwas zu tun, das morgen zu unbeabsichtigten Konsequenzen führt. Stellen Sie sich also selbst einige Fragen. Passt dies in Ihre Langzeitstrategie? Was könnte die Konkurrenz tun, um dies für uns zum Scheitern zu bringen?

Ist es auf die Dauer haltbar? Wie könnte sich dieser heute geschickte Zug in der Zukunft als schlecht erweisen?

Develop-in-Place-Aufgabenstellungen

☐ Arbeiten Sie in einem Team zur Bildung eines Joint Ventures oder einer Partnerschaft.
☐ Arbeiten Sie in einem Team mit, das sich mit einer möglichen Akquisition beschäftigt.
☐ Führen Sie ein neues Produkt, eine Dienstleistung, einen Prozess ein.
☐ Verfassen Sie einen Vorschlag für einen neuen Prozess, eine neue Richtlinie, Mission, Satzung, Dienstleistung, ein neues Produkt oder System und unterbreiten und „verkaufen" Sie diesen an das Top-Management.
☐ Studieren Sie den Verlauf einer ähnlichen Situation und ziehen Sie Parallelen zu einem aktuellen geschäftlichen Anliegen oder Problem. Präsentieren Sie Ihre Erkenntnisse anderen zur Kommentierung.

What do you want to achieve or avoid?
The answers to this question are objectives.
How will you go about achieving your desired results?
The answer to this you can call strategy.
William E. Rothschild – US-amerikanischer Geschäftsmann und Autor

KOMPETENZ 58: STRATEGISCHE AGILITÄT

Literaturempfehlungen

Apgar, D. (2008). *Relevance: Hitting your goals by knowing what matters.* San Francisco: Jossey-Bass.

Breene, R. T. S., Nunes, P. F., & Shill, W. E. (2007, October). The chief strategy officer. *Harvard Business Review.*

Charan, R., & Tichy, N. M. (1998). *Every business is a growth business: How your company can prosper year after year.* New York: Times Business.

Collins, J. C. (2001). *Good to great: Why some companies make the leap...and others don't.* New York: HarperCollins.

Courtney, H. (2001). *20/20 Foresight: Crafting strategy in an uncertain world.* Boston: Harvard Business School Press.

Dranove, D., & Marciano, S. (2005). *Kellogg on strategy: Concepts, tools, and frameworks for practitioners.* Hoboken, NJ: John Wiley & Sons.

Drucker, P. F. (2001). *Management challenges for the 21st century.* New York: HarperBusiness.

Eigenhuis, A., & Van Dijk, R. (2007). *High performance business strategy: Inspiring success through effective human resource management.* Philadelphia: Kogan Page, Ltd.

Freedman, M. (with Tregoe, B. B.). (2003). *The art and discipline of strategic leadership.* New York: McGraw-Hill.

Gavetti, G., Levinthal, D. A., & Rivkin, J. W. (2005). Strategy making in novel and complex worlds: The power of analogy. *Strategic Management Journal, 26,* 691-712.

Ghemawat, P. (2007). *Redefining global strategy: Crossing borders in a world where differences still matter.* Boston: Harvard Business School Press.

Grant, R. M. (2002). *Contemporary strategy analysis: Concepts, techniques, applications* (4th ed.). Malden, MA: Blackwell Publishers Inc.

Hamel, G. (2002). *Leading the revolution* (Rev. ed.). Boston: Harvard Business School Press.

Hamel, G., & Prahalad, C. K. (1996). *Competing for the future.* Boston: Harvard Business School Press.

Hatch, M. J., & Schultz, M. (2008). *Taking brand initiative: How companies can align strategy, culture, and identity through corporate branding.* San Francisco: Jossey-Bass.

Hoffman, A. J., & Woody, J. G. (2008). *Climate change: What's your business strategy? (Memo to the CEO).* Boston: Harvard Business School Press.

Kaplan, R. S., & Norton, D. P. (2007). Using the balanced scorecard as a strategic management system (HBR OnPoint Enhanced Edition). *Harvard Business Review.*

Kim, W. C., & Mauborgne, R. (2005). *Blue ocean strategy: How to create uncontested market space and make competition irrelevant.* Boston: Harvard Business School Press.

Krames, J. A. (2003). *What the best CEOs know: 7 Exceptional leaders and their lessons for transforming any business.* New York: McGraw-Hill.

Montgomery, C. A. (2008). Putting leadership back into strategy. *Harvard Business Review, 86,* 124.

Morgan, M., Levitt, R. E., & Malek, W. A. (2008). *Executing your strategy: How to break it down and get it done.* Boston: Harvard Business School Press.

Pietersen, W. (2002). *Reinventing strategy: Using strategic learning to create and sustain breakthrough performance.* New York: John Wiley & Sons.

Porter, M. E. (1996). What is strategy? *Harvard Business Review, 74,* 61-78.

Porter, M. E. (1998). *Competitive strategy: Techniques for analyzing industries and competitors.* New York: Free Press.

Porter, M. E. (2008, January). The five competitive forces that shape strategy. *Harvard Business Review.*

Prahalad, C. K., & Ramaswamy, V. (2004). *The future of competition: Co-creating unique value with customers.* Boston: Harvard Business School Press.

Stalk, G. (2008). *Five future strategies you need right now (Memo to the CEO).* Boston: Harvard Business School Press.

Stern, C. W., & Deimler, M. S. (Eds.). (2006). *The Boston Consulting Group on strategies: Classic concepts and new perspectives.* Hoboken, NJ: John Wiley & Sons.

Sull, D. (2003). *Revival of the fittest: Why good companies go bad and how great managers remake them.* Boston: Harvard Business School Press.

Welborn, R., & Kasten, V. (2003). *The Jericho principle: How companies use strategic collaboration to find new sources of value.* New York: John Wiley & Sons.

FAKTOR II: AUSFÜHRENDE FÄHIGKEITEN
CLUSTER G: MANAGEN VON ARBEITSPROZESSEN

59 Führen durch Systeme

> *It's easy to cry 'bug' when the truth is that you've got a complex system and sometimes it takes a while to get all the components to co-exist peacefully.*
> Doug Vargas – Chefredakteur CNET

Schlecht ausgeprägt
- ☐ Bevorzugt zupackendes Management
- ☐ Verlässt sich auf persönliche Interventionen
- ☐ Muss physisch anwesend sein, damit die Dinge laufen
- ☐ Denkt und handelt nicht im Rahmen von Richtlinien, Gewohnheiten und Systemen
- ☐ Delegiert nur wenig
- ☐ Glaubt nicht an die Leistungsfähigkeit anderer
- ☐ Stellt keine Regeln oder Prozeduren auf, an denen sich andere während seiner/ihrer Abwesenheit orientieren können
- ☐ Ist sehr kontrollierend und ein „Mikromanager"
- ☐ Kann sich nicht deutlich genug ausdrücken, weswegen andere ständig Rücksprache mit ihm/ihr halten müssen

Wählen Sie eine bis drei der folgenden Kompetenzen als Ersatz für diese Kompetenz, wenn Sie nicht direkt an ihr arbeiten möchten.
ERSATZKOMPETENZEN: 18, 20, 27, 35, 39, 47, 52, 63

Gut ausgeprägt
- ☐ Kann Prozesse, Methoden oder Vorgehensweisen entwerfen, die sich aus der Distanz steuern lassen
- ☐ Kann die Dinge laufen lassen, ohne selbst einzugreifen
- ☐ Kann Aufgaben von anderen erledigen lassen, ohne selbst anwesend sein zu müssen
- ☐ Kann Menschen und Ergebnisse aus der Ferne beeinflussen

Übertriebene Fähigkeit
- ☐ Ist zu schwer erreichbar und mit Details nicht vertraut
- ☐ Gewöhnt sich zu leicht an selbststeuernde Systeme
- ☐ Wird von negativen Ereignissen überrascht

KOMPETENZ 59: FÜHREN DURCH SYSTEME

☐ Geht bei der Änderung bestehender Systeme zu langsam vor

Wählen Sie nachstehend eine bis drei Kompetenzen als Arbeitsgegenstand aus, um einen übertriebenen Einsatz dieser Fähigkeit zu kompensieren.
AUSGLEICHSKOMPETENZEN: 3,10,12,14,15,21,23,31,33,36,44,60,64

Mögliche Ursachen

☐ Kann nicht gut delegieren
☐ Denkt nicht systembezogen
☐ Unerfahren
☐ Schlechter Vermittler von Informationen
☐ Schlechtes Zeitmanagement

Leadership Architect® Faktoren und Cluster

Diese Kompetenz ist in Faktor II „Ausführende Fähigkeiten" zu finden. Diese Kompetenz ist in Cluster G „Managen von Arbeitsprozessen" zusammen mit den Kompetenzen 52, 63 enthalten. Sie können auch bei anderen Kompetenzen in demselben Faktor/Cluster nach passenden Tipps suchen.

Der Plan

Die Qualität des Einflusses auf Mitarbeiter und ihre Arbeit lässt bei den meisten Managern nach, je weiter sie sich von der Basis entfernen. Viele Nachwuchsführungskräfte beginnen als Team-, Projekt- oder Abteilungsleiter und sitzen mit ihren Mitarbeitern auf dem gleichen Stockwerk. Mit jeder Beförderung wird die Distanz zwischen Ihnen und Ihren Mitarbeitern sowie den von Ihnen betreuten Aufgaben größer. Ihre Mitarbeiter befinden sich nun eventuell in einem anderen Teil des Gebäudes, an verschiedenen Standorten im Inland oder sogar in verschiedenen Ländern der Welt. Der Erfolg für gutes systemorientiertes Management liegt darin, dass die Qualität in der Führung Ihrer Mitarbeiter und im Management Ihrer Aufgaben auch dann erhalten bleibt, wenn Sie persönlich gar nicht mehr anwesend sind. Ein effektives „Remote Management" wird erreicht durch Visionen, Ziele, klare Prozesse und Praktiken, eine offene Kommunikation und Richtlinien zur Entscheidungsfindung aus der Distanz.

Tipps

☐ **1. Interessiert es Sie, wie die Dinge funktionieren? Lesen Sie etwas darüber.** Wenn möglich, abonnieren Sie *The Systems Thinker*®, Pegasus Communications, Inc., Waltham, MA, 1-781-398-9700. Diese Gruppe befasst sich damit, das Wie und Warum eines Systems, das sich hinter bestimmten Funktionen verbirgt, zum Vorschein zu bringen. Sie gibt monatlich eine Veröffentlichung heraus und bietet Workshops, Seminare und andere Materialien an, die Sie darin unterstützen, die Welt als eine Serie sich wiederholender Systeme oder Urformen zu sehen. Die Gruppe analysiert alltägliche Ereignisse und Prozesse und versucht herauszufinden, warum sie auf diese Weise funktionieren. Das Material wird Ihnen dabei behilflich sein, Dinge systembezogen zu betrachten.

☐ **2. Haben Sie ein schlechtes Vorstellungsvermögen? Erstellen Sie Flussdiagramme.** Versuchen Sie, sich Dinge in Form von Flussdiagrammen vorzustellen. Kaufen Sie sich ein Flowchart- und/oder Projektplanungs-Softwareprogramm, mit dem Sie PERT- und GANTT-Grafiken erstellen können. Werden Sie zu einem Experten in der Anwendung. Nutzen Sie den Output dieses Programms, um mit anderen über die von Ihnen verwalteten Systeme zu kommunizieren. Verwenden Sie Flussdiagramme für Ihre Präsentationen.

☐ **3. Müssen Sie erst Ihren Weg durch die Organisation finden? Beschäftigen Sie sich damit, wie Organisationen funktionieren.** Organisationen können ein komplexes Labyrinth mit vielen Abzweigungen, Sackgassen, Abkürzungen und Wahlmöglichkeiten sein, und in den meisten Organisationen verläuft der beste Weg, um ans Ziel zu kommen, fast nie gerade. Es gibt die formelle Organisation – dargestellt auf dem Organigramm –, die geradlinig aussieht, und es gibt die informelle Organisation, deren Wege im Zickzack verlaufen. Da Organisationen nun einmal aus Menschen bestehen, werden sie noch komplexer als Systeme. Es gibt Kontrolleure, Beschleuniger, Stopper, Widerstandskämpfer, Wegweiser, gute Samariter und Beeinflussende. *Benötigen Sie weitere Hilfe? – Siehe Nr. 38 „Organisationsagilität".*

☐ **4. Wissen Sie, was am besten funktioniert? Lernen Sie, wie man einen rationellen und effektiven Workflow entwirft.** Diese Technologie kann in Nr. 35 „Leistung einfordern und messen", Nr. 47 „Planen", Nr. 52 „Prozessmanagement" und Nr. 63 „Workflow- und Qualitätssicherungssysteme (z. B. TQM/ISO/Six Sigma)" nachgelesen werden.

☐ **5. Müssen Sie die Vision anderen vermitteln? Optimieren Sie die Kommunikation.** Die Kommunikation der Vision als Basis einer gemeinsamen Philosophie und Ausrichtung ist einer der wichtigsten Voraussetzungen für Management aus der Distanz. *Benötigen Sie weitere Hilfe? – Siehe Nr. 65 „Management von Visionen und Zielen".* Die Festlegung von Zielen und Maßnahmen zur besseren Steuerung der Entscheidungen und Arbeitsprozesse in Ihrer Abwesenheit ist ein weiterer Aspekt. *Benötigen Sie weitere Hilfe? – Siehe Nr. 35 „Leistung einfordern und messen".* Der letzte Punkt beinhaltet die Fähigkeit, die zur Durchführung der Arbeit notwendigen Ressourcen zu organisieren. *Benötigen Sie weitere Hilfe? – Siehe Nr. 39 „Organisieren".*

KOMPETENZ 59: FÜHREN DURCH SYSTEME

☐ **6. Möchten Sie andere aus der Distanz heraus entwickeln? Delegieren Sie.** Management aus der Distanz ist der wahre Test für Ihre Kompetenz im Bereich Delegation und Empowerment. Es ist unmöglich, dass Sie alles selbst machen. Erfolgreiche Manager berichten, dass sie in hohem Maße daran beteiligt sind, Parameter festzulegen, Ausnahmesituationen zu spezifizieren, in denen sie benachrichtigt werden wollen sowie über erwartete Ergebnisse auf dem Laufenden gehalten zu werden. Sie geben detailliert an, was ihre Mitwirkung erfordert und was nicht. Wenn jemand sie um eine Entscheidung bittet, erwidern sie oft: „Was denken Sie? Welche Auswirkungen hat es auf Sie (den Kunden, usw.) wenn wir so vorgehen?" Entscheiden Sie nicht sofort. Wenn Sie diesen Prozess nicht einhalten, werden Ihre Mitarbeiter damit beginnen, Entscheidungen stets nach oben zu delegieren, und Sie werden zu einem Manager, der zwar weit entfernt arbeitet, jedoch stets vor Ort eingebunden wird. Unterstützen Sie Ihre Mitarbeiter darin, die Dinge zu durchdenken, dem Plan zu folgen, und zeigen Sie Ihr Vertrauen in ihre Kompetenzen. Delegation erfordert, dass sie Ihre Erwartungen genau kommunizieren und Ihre Entscheidungs- und Handlungsautorität an Dritte übertragen. *Benötigen Sie weitere Hilfe? – Siehe Nr. 18 „Delegieren".*

☐ **7. Brauchen Sie Klarheit? schreiben Sie ihn auf.** Effektives Management aus der Distanz macht es unerlässlich, dass Pläne, Richtlinien, Praktiken und Prozesse schriftlich festgehalten werden. Eine verbale Kommunikation reicht selten aus. Sie müssen deutlich und kurz gefasst schreiben. Sie müssen unter Umständen sogar manche Anweisungen und Richtlinien in unterschiedlichen Versionen verfassen, um diese für einen entfernten Standort anzupassen. Lassen Sie Ihre Aufzeichnungen vor der Verteilung noch einmal auf Klarheit und Zieldefinition überprüfen. *Benötigen Sie weitere Hilfe? – Siehe Nr. 67 „Schriftliche Kommunikation".*

☐ **8. Brauchen Sie Input? Binden Sie andere mit ein.** Eine weitere Methode zur effektiven Führung aus der Distanz ist das Einbeziehen der Beteiligten in den Aufbau des Systems. Sie brauchen Unterstützung. Besprechen Sie Ihre Mission und Ihre Ziele mit den Mitarbeitern und Kollegen, die Sie später zur Unterstützung heranziehen möchten. Holen Sie sich ihren Input. Menschen, die gefragt werden, neigen eher zur Unterstützung als diejenigen, die nicht gefragt werden. Beteiligen Sie die Menschen, die mit dem System arbeiten müssen, an seinem Aufbau. *Benötigen Sie weitere Hilfe? – Siehe Nr. 18 „Delegieren" und Nr. 38 „Organisationsagilität".*

☐ **9. Müssen Sie sich darüber klar werden, was funktioniert? Analysieren Sie die von Ihnen angewandte Technik für Management aus der Distanz.** Wie hören Sie sich am Telefon an? Werden Sie so aufgenommen, wie Sie beabsichtigt haben? Welchen Stil haben Ihre E-Mails und wie reagiert man darauf? Bitten Sie Vertraute um Feedback. Wie hören sich Ihre Vorträge an, wenn Sie entfernte Einheiten besuchen? Passen Sie Ihre Nachricht an die örtlichen Gegebenheiten an? Mit wem verbringen Sie Ihre Zeit am jeweiligen Standort? Welche Botschaft wird dadurch übermittelt? Treffen Sie sich nur mit der oberen Geschäftsleitung oder finden Sie auch Zeit für andere? Wie klingen Ihre Memos, wie sehen sie aus? Vermitteln sie auch Ihre beabsichtigte Botschaft?

- ☐ **10. Sind Ihre Prozesse schmerzhaft? Vereinfachen Sie die Prozesse.** Ist dieser Prozess konstruktiv oder beruht er auf Schuldzuweisungen und korrektiven Maßnahmen? Wie sind Sie für entfernte Standorte erreichbar? Gut oder schlecht – was würden Ihre Mitarbeiter sagen?

Develop-in-Place-Aufgabenstellungen

- ☐ Managen Sie eine Gruppe von Leuten in einem rasch expandierenden oder wachsenden Vorhaben.
- ☐ Planen Sie ein Meeting, eine Tagung, eine Messe, eine Veranstaltung usw. außerhalb Ihres Standorts.
- ☐ Integrieren Sie verschiedene Systeme, Prozesse oder Verfahren über mehrere Abteilungen und/oder geografisch verteilte Geschäftsbereiche hinweg.
- ☐ Führen Sie einen neuen Prozess oder ein neues System ein (Computersystem, neue Richtlinien, neue Prozesse, neue Verfahren usw.).
- ☐ Managen Sie etwas, das sich an einem anderen Standort befindet.

Chaos was the law of nature; Order was the dream of man.
Henry Adams – US-amerikanischer Historiker

Literaturempfehlungen

Bellingham, R. (2001). *The manager's pocket guide to virtual teams.* Amherst, MA: HRD Press.

Dennis, A. (2002). *Networking in the Internet age.* New York: John Wiley & Sons.

Dinnocenzo, D. A. (2006). *How to lead from a distance: Building bridges in the virtual workplace.* Flower Mound, TX: Walk the Talk Company.

Duarte, D. L., & Snyder, N. T. (2006). *Mastering virtual teams: Strategies, tools, and techniques that succeed* (3rd ed.). San Francisco: Jossey-Bass.

Fisher, K., & Fisher, M. (2001). *The distance manager: A hands-on guide to managing off-site employees and virtual teams.* New York: McGraw-Hill.

Fleming, J. H., & Asplund, J. (2007). *Human sigma: Managing the employee-customer encounter.* New York: Gallup Press.

Garton, C., & Wegryn, K. (2006). *Managing without walls: Maximize success with virtual, global, and cross-cultural teams.* Lewisville, TX: MC Press.

Gharajedaghi, J. (2006). *Systems thinking: Managing chaos and complexity: A platform for designing business architecture.* London: Butterworth-Heinemann.

Hildreth, P. M. (2004). *Going virtual: Distributed communities of practice.* Hershey, PA: Idea Group Publishing.

Hinds, P., & Kiesler, S. (2002). *Distributed work.* Boston: MIT Press.

Huotari, M., & Iivonen, M. (2004). *Trust in knowledge management and systems in organizations.* Hershey, PA: Idea Group Publishing.

LeBow, R., & Spitzer, R. (2002). *Accountability: Freedom and responsibility without control.* San Francisco: Berrett-Koehler Publishers.

Oshry, B. (2007). *Seeing systems: Unlocking the mysteries of organizational life.* San Francisco: Berrett-Koehler Publishers.

Van Ness, G., & Van Ness, K. (2003). *Being there without going there: Managing teams across time zones, locations and corporate boundaries.* Boston: Aspatore Books.

Whitman, M. E., & Woszczynski, A. B. (2004). *The handbook of information systems research.* Hershey, PA: Idea Group Publishing.

FAKTOR VI: PERSÖNLICHE UND SOZIALE KOMPETENZEN
CLUSTER Q: ANDERE INSPIRIEREN

60 Effektive Teams aufbauen

Talent wins games, but teamwork and intelligence win championships.
Michael Jordan – US-amerikanischer Basketballspieler

Schlecht ausgeprägt
- ☐ Handelt nicht in Übereinstimmung mit dem Team-Ansatz
- ☐ Sein/ihr Management beruht auf Vier-Augen-Gesprächen
- ☐ Schafft keinen Kanon gemeinsamer Überzeugungen oder Herausforderungen
- ☐ Lobt und zeichnet Einzelne aus, nicht das Team
- ☐ Führt kaum Team-Meetings durch
- ☐ Schafft keine Synergie im Team; weist jedem ein eigenes Projekt zu
- ☐ Handelt nicht so, dass ein Teamgeist oder Energie entsteht
- ☐ Ist nicht fähig oder interessiert daran, ein Team aufzubauen
- ☐ Ist sehr auf Aktion und Kontrolle orientiert und traut Teams keine Leistungsfähigkeit zu

Wählen Sie eine bis drei der folgenden Kompetenzen als Ersatz für diese Kompetenz, wenn Sie nicht direkt an ihr arbeiten möchten.
ERSATZKOMPETENZEN: 3,7,18,36,37,39,42,52,63,64,65

Gut ausgeprägt
- ☐ Integriert Einzelne in das Team, wenn notwendig
- ☐ Erzeugt Teamgeist
- ☐ Teilt Erfolge mit anderen
- ☐ Fördert den offenen Dialog
- ☐ Überträgt den Mitarbeitern Verantwortung für ihre Arbeiten und lässt sie Aufgaben vollenden
- ☐ Definiert Erfolg als Erfolg des ganzen Teams
- ☐ Schafft ein Zugehörigkeitsgefühl im Team

Übertriebene Fähigkeit
- ☐ Behandelt andere nicht als einzigartige Individuen
- ☐ Weil er/sie alles zur Debatte stellt, verzögern sich Prozesse
- ☐ Geht zu weit in seinem/ihrem Bemühen, andere nicht zu verletzen und keine harten Entscheidungen zu treffen
- ☐ Fördert keine individuellen Führungspersönlichkeiten

- ☐ Ist in Krisenzeiten nicht in der Lage, das Heft in die Hand zu nehmen

Wählen Sie nachstehend eine bis drei Kompetenzen als Arbeitsgegenstand aus, um einen übertriebenen Einsatz dieser Fähigkeit zu kompensieren.
AUSGLEICHSKOMPETENZEN: 9,12,13,18,19,20,21,34,36,56,57,64

Mögliche Ursachen

- ☐ Ein Einzelgänger; sieht sich nur in seiner Rolle als Mitarbeiter
- ☐ Kann keine gemeinsamen Ziele setzen
- ☐ Kontrollorientierter Manager
- ☐ Glaubt nicht an Teams und unterstützt diese nicht
- ☐ Übermäßig handlungsorientiert
- ☐ Anreize basieren auf individueller Leistung
- ☐ Kein motivierender Mensch
- ☐ Kein versierter Prozessmanager
- ☐ Schlechtes Zeitmanagement
- ☐ Die Teamidee wird abgelehnt
- ☐ Behandelt alle Menschen gleich

Leadership Architect® Faktoren und Cluster

Diese Kompetenz ist in Faktor VI „Persönliche und soziale Kompetenzen" zu finden. Diese Kompetenz ist in Cluster Q „Andere inspirieren" zusammen mit den Kompetenzen 36, 37, 65 enthalten. Sie können auch bei anderen Kompetenzen in demselben Faktor/Cluster nach passenden Tipps suchen.

Der Plan

Jedem würde es Spaß machen, dem „Dream-Team" anzugehören. Das ist eine Gruppe von Experten, von denen jeder Einzelne ein anderes Spezialgebiet beherrscht. Durch den Synergieeffekt können sie zusammen größere Leistungen erbringen als jeder Einzelne für sich allein. Die meisten Organisationen reden heute zwar von Teams, belohnen jedoch vor allem die persönliche Leistung. Auch werden Leute eingestellt und befördert, die oftmals der Idee, die eigene Leistung an die Leistung anderer zu knüpfen, ablehnend gegenüberstehen. Obwohl manche sie nicht mögen, sind Teams dennoch der beste Weg, integrierte Aufgaben zu bewältigen, wie zum Beispiel den Aufbau von Systemen, die Produktion komplexer Produkte oder fortlaufend zu koordinierende Leistungen. Sie sind ein nützliches Instrument für die Umsetzung von Plänen, denn sie können dazu beitragen, Grenzen zu überwinden. Der Schlüssel zum erfolgreichen Teamaufbau liegt darin, Rollen, Jobs, Aufgaben, Belohnungen und Ziele gemeinsam mit dem Team, und nicht mit Einzelpersonen zu erarbeiten.

Tipps

☐ **1. Ist das Team über seine Ausrichtung verwirrt? Schaffen Sie eine Basis für gemeinsame Überzeugungen und Herausforderungen.** Ein gemeinsamer Schub gibt einem Traumteam die nötige Energie. Wie auch bei Lichtlasern bringt eine gebündelte Ausrichtung zusätzliche Konzentration, Energie und Effizienz. Am besten involvieren Sie jedes Teammitglied bei der Erarbeitung der gemeinsamen Vision. Setzen Sie Ziele und Maßstäbe, denn die meisten Menschen wollen sich messen lassen. Sie möchten Meilensteine sehen, die ihren Fortschritt anzeigen. Die meisten Menschen leisten mehr, wenn sie herausfordernde Ziele erreichen können. Auch hier ist es wieder ein Pluspunkt, wenn Sie das Team an der Festsetzung der Ziele teilhaben lassen. *Benötigen Sie weitere Hilfe? – Siehe Nr. 35 „Leistung einfordern und messen".*

☐ **2. Brauchen Sie eine klare Vorgehensweise? Stellen Sie einen Spielplan auf.** Sobald die Mission, die Ergebnisse und die Ziele festgelegt sind, kann ein Plan erstellt werden. Ein Plan ist erforderlich, um effizient mit Ressourcen umzugehen, um doppelte Arbeit zu vermeiden und um die vollständige Abarbeitung der einzelnen Aufgaben zu gewährleisten. *Benötigen Sie weitere Hilfe? – Siehe Nr. 47 „Planen".*

☐ **3. Möchten Sie die Erfolgschancen des Teams verbessern? Inspirieren Sie das Team.** Befolgen Sie die Grundregeln zur Inspiration von Teammitgliedern, die in Standardwerken wie *People Skills* von Robert Bolton oder *Thriving on Chaos* von Tom Peters aufgeführt sind. Sagen Sie den Kollegen, dass ihre Arbeit wichtig ist, danken Sie ihnen, bieten und bitten Sie um Unterstützung, ermöglichen Sie selbstständiges Arbeiten, geben Sie ihnen eine Vielzahl von unterschiedlichen Aufträgen, „überraschen" Sie sie mit bereichernden, herausfordernden Aufgaben, zeigen Sie Interesse an ihrer Arbeit, sehen Sie Fehler als Lernprozess an, feiern Sie Erfolge, bieten Sie klar akzeptierte Messlatten für den Erfolg an. Jedes Teammitglied ist anders, daher sehen gute Teammanager jede Person individuell und behandeln alle mit der gleichen Fairness. *Benötigen Sie weitere Hilfe? – Siehe Nr. 23 „Fairness gegenüber Mitarbeitern" und Nr. 36 „Andere motivieren".*

☐ **4. Steckt das Team im Trott fest? Schaffen Sie ein Klima, das geprägt ist von Innovation und Experimenten.** Wenn ein Prozess zu restriktiv spezifiziert ist, sinken Motivation und Kreativität. Verfahren sollten so offen wie möglich bleiben. Studien zeigen, dass Menschen härter und effektiver arbeiten, wenn Sie fühlen, dass Sie eine Wahl und ein Mitspracherecht haben. Fördern Sie schnelle und kurze Experimente. Viele dieser Experimente werden fehlschlagen. Kommunizieren Sie daher eine Einstellung, dass Fehler und Misserfolge Möglichkeiten zum Lernen sind. *Benötigen Sie weitere Hilfe? – Siehe Nr. 28 „Innovationsmanagement".*

☐ **5. Erreichen Sie die Mitglieder des Teams nicht mehr? Arbeiten Sie daran, Menschen zu verstehen, ohne über sie zu urteilen.** Sie müssen nicht zustimmen, Sie müssen nur verstehen. Um ein Team aufzubauen, schaffen Sie den Mitgliedern eine Lernumgebung, investieren Sie in ihre Ausbildung, ermöglichen Sie Kundenbesuche und geben Sie ihnen die Zeit zum Durchdenken von Problemen. Lassen Sie das Team an Ihren Gedanken und Überlegungen teilhaben und heben Sie das überragende Ziel jeder Maßnahme hervor. Ihr Team soll einmal sagen können: „Wir haben es geschafft." *Benötigen Sie weitere Hilfe? – Siehe Nr. 27 „Informieren".*

☐ **6. Gibt es zu viel Individualismus? Verschieben Sie den Fokus von „ich" zu „wir".** Der Widerstand gegen die Teamidee ist am einfachsten zu überwinden, wenn Sie sich auf gemeinsame Ziele, Prioritäten und Probleme konzentrieren. Überzeugen Sie jeden Einzelnen von den Vorteilen der Teamzugehörigkeit und einer Zusammenarbeit im Team. Hören Sie sich die Bedenken der Menschen geduldig an und nehmen Sie Rücksicht auf ihre Gefühle. Erweitern Sie aber auch ihren Blickwinkel dafür, warum das Team gebraucht wird. Begrüßen Sie jeden Vorschlag zur Erreichung des Ergebnisses und zeigen Sie Geduld mit den Unverbesserlichen. Zwingen Sie sich nicht auf. *Benötigen Sie weitere Hilfe? – Siehe Nr. 13 „Konfrontieren von Mitarbeitern".*

☐ **7. Alles nur Arbeit und kein Vergnügen? Schaffen Sie eine Atmosphäre von Freude und Spaß für das Team.** Obwohl einige – vielleicht auch Sie – sich dagegen wehren mögen: Partys, Grillfeste, die Verleihung von witzigen Preisen, Picknicks und Ausflüge erhöhen das Gefühl der Gruppenzusammengehörigkeit. Das Einbeziehen der ganzen Persönlichkeit führt zu besseren Teams. Seien Sie humorvoll und fördern Sie Humor in anderen. Lernen Sie, Erfolge zu feiern.

☐ **8. Können manche Team-Mitglieder ihre Fähigkeiten nicht voll einbringen? Bedienen Sie sich der Vielfalt des im Team vorhandenen Talents.** Dream-Teams bestehen gewöhnlich aus Menschen mit unterschiedlichen, sich ergänzenden Talenten. Traumteams besitzen zwar das gesamte Spektrum der zur Erfüllung der Aufgabe benötigten Talente, aber kein einziges Mitglied hat dieses Talent allein. Hochleistungsteams lernen, die Stärken jedes Mitglieds zu nutzen und die Schwächen nicht unnötig herauszuheben. Mitglieder von Hochleistungsteams sind gegenseitig offener in der Selbsteinschätzung ihrer Stärken und Schwächen. Eine Schwäche an sich wird nicht als schlecht angesehen. Das Team passt sich an und macht weiter. Erfolgreiche Teams spezialisieren sich, decken sich gegenseitig ab und verlangen nur manchmal, dass alle Teammitglieder das Gleiche tun.

☐ **9. Sind Sie nicht sicher, wie Sie Funktionen im Team zuweisen sollen? Erlauben Sie eine natürliche Entwicklung der Rollen innerhalb des Teams.** Studien zeigen, dass sich Leute in erfolgreichen Teams auf acht Rollen verteilen. *Benötigen Sie weitere Hilfe? – Siehe Nr. 64 „Verständnis für andere".* Gewöhnlich muss jede dieser acht Rollen von einem Teammitglied übernommen werden, damit das gesamte Team effektiv arbeitet. Ein Mitglied kann mehr als eine Rolle ausfüllen.

☐ **10. Arbeitet das Team nicht mit voller Leistung? Lernen Sie, effektiv und effizient zu operieren.** Lesen Sie *Overcoming Organizational Defenses* von Chris Argyris. Die Hälfte des Buches handelt von häufig auftretenden Problemen, die Teams hindern, Spitzenleistungen zu erbringen. Die andere Hälfte bietet Strategien und Methoden an, wie diese negativen Verhaltensweisen eines Teams beseitigt werden können.

☐ **11. Brauchen Sie die Sichtweise eines Außenstehenden? Stellen Sie einen Coach für das Team ein.** Ein Coach steht außerhalb des Teams und kann Ihnen daher objektiv bei der Lösung von Problemen helfen und Feedback geben, um Ihnen zu helfen, Versuche, die ein Team demotivieren können, zu vermeiden. Der Teamcoach kann entweder zur Personalabteilung gehören oder auch ein externer Berater sein, der auf Team-Coaching spezialisiert ist.

☐ **12. Machen Sie sich nur zögerlich für Ihr Team stark? Setzen Sie sich für Ihr Team ein.** Gute Teamleiter helfen ihrem Team, indem sie Hindernisse aus dem Weg räumen. Das heißt, Sie müssen eventuell Ihre Machtposition nutzen, um die nötige Unterstützung von der Firma zu bekommen, Ressourcen zu organisieren usw.

☐ **13. Haben Sie Schwierigkeiten damit, ein virtuelles Team aufzubauen oder zu leiten? Halten Sie virtuelle Teams motiviert.** Virtuelle Teams sind heutzutage so gut wie unvermeidlich. Nutzen Sie Ihren gesunden Menschenverstand, um die Kommunikation aufrechtzuerhalten. Planen Sie häufige Konferenzgespräche ein. Geben Sie regelmäßige Zeiten an, in denen Sie für Teamwork und Kommunikation zur Verfügung stehen (eventuell müssen Sie Kompromisse schließen, wenn Ihr Team verschiedene Zeitzonen umfasst). Nutzen Sie verschiedene Technologien (Videokonferenzen, Groupware usw.). Und wenn Ihr virtuelles Team weltweit verteilt ist, respektieren Sie kulturelle Unterschiede.

Develop-in-Place-Aufgabenstellungen

- ☐ Managen Sie ein Projektteam, dessen Mitglieder älter und erfahrener sind als Sie selbst.
- ☐ Managen Sie eine Gruppe von Widerständlern mit schlechter Moral während eines unbeliebten Umstiegs oder Projekts.
- ☐ Stellen Sie kurzfristig ein Team aus verschiedenartigen Mitarbeitern zusammen, um eine schwierige Aufgabe zu erledigen.
- ☐ Managen Sie eine Gruppe, zu der auch ehemalige Kollegen gehören, um eine Aufgabe zu erledigen.
- ☐ Gründen Sie eine Gruppe zur Unterstützung von Mitarbeiterinteressen.

No one can whistle a symphony. It takes an orchestra to play it.
Halford E. Luccock – Professor für Homiletik an der Yale Divinity School

Literaturempfehlungen

Ancona, D., & Bresman, H. (2007). *X-teams: How to build teams that lead, innovate, and succeed.* Boston: Harvard Business School Press.

Capretta Raymond, C., Eichinger, R. W., & Lombardo, M. M. (2004). *FYI for teams.* Minneapolis, MN: Lominger International: A Korn/Ferry Company.

Dyer, W., Dyer, W. G., Jr., & Dyer, J. H. (2007). *Team building: Proven strategies for improving team performance* (4th ed.). San Francisco: Jossey-Bass.

Guttman, H. M. (2008). *Great business teams: Cracking the code for standout performance.* Hoboken, NJ: John Wiley & Sons.

Hackman, J. R. (2002). *Leading teams: Setting the stage for great performances.* Boston: Harvard Business School Press.

Halverson, C. B., & Tirmizi, S. A. (Eds.). (2008). *Effective multicultural teams: Theory and practice* (Series: Advances in group decision and negotiation, Vol. 3.). New York: Springer.

Harvard Business School Press. (2004). *Creating teams with an edge.* Boston: Harvard Business School Press.

Harvard Business School Press. (2004). *Harvard Business Review on teams that succeed.* Boston: Harvard Business School Press.

Karp, H. (2002). *Bridging the boomer-Xer gap: Creating authentic teams for high performance at work.* Mountain View, CA: Davies-Black.

Katzenbach, J. R., Garvin, D. A., & Wenger, E. C. (2004). *Harvard Business Review on teams that succeed.* Boston: Harvard Business School Press.

Katzenbach, J. R., & Smith, D. K. (2003). *The wisdom of teams: Creating the high-performance organization.* New York: HarperBusiness.

Leigh, A., & Maynard, M. (2002). *Leading your team: How to involve and inspire teams.* Yarmouth, ME: Nicholas Brealey.

Lencioni, P. M. (2002). *The five dysfunctions of a team: A leadership fable.* San Francisco: Jossey-Bass.

Marquardt, M. (2001). *Global teams: How top multinationals span boundaries and cultures with high-speed teamwork.* Mountain View, CA: Davies-Black.

Nemiro, J., Beyerlein, M., Bradley, L., & Beyerlein, S. (2008). *The handbook of high performance virtual teams: A toolkit for collaborating across boundaries.* San Francisco: Jossey-Bass.

Parker, G. M. (2002). *Cross-functional teams: Working with allies, enemies, and other strangers.* San Francisco: Jossey-Bass.

Runde, C. E., & Flanagan, T. A. (2008). *Building conflict competent teams.* San Francisco: Jossey-Bass.

Schwarz, R. (2002). *The skilled facilitator.* San Francisco: Jossey-Bass.

Van Ness, G., & Van Ness, K. (2003). *Being there without going there: Managing teams across time zones, locations and corporate boundaries.* Boston: Aspatore Books.

Wysocki, R. K. (2001). *Building effective project teams.* New York: John Wiley & Sons.

FAKTOR I: STRATEGISCHE FÄHIGKEITEN
CLUSTER A: KENNTNISSE DES GESCHÄFTSBEREICHES

61 Fachliches Lernen

*Science and technology multiply around us. To an increasing extent
they dictate the languages in which we speak and think.
Either we use those languages, or we remain mute.*
J.G. Ballard – Britischer Romanautor und Verfasser von Kurzgeschichten

Schlecht ausgeprägt
☐ Erwirbt neue technische Kenntnisse nicht sehr schnell
☐ Gehört zu den Letzten, die neue Technologien akzeptieren wie zum Beispiel Internet-Technologie
☐ Hält an überholten Technologien/Vorgehensweisen fest und verweigert sich dem Neuen
☐ Lässt sich durch neue Technologien/Vorgehensweisen verunsichern
☐ Hat keine Erfahrung mit oder keine Beziehung zu neuen Technologien
☐ Ist nicht an Fachwissen oder Bereichen mit vielen Details interessiert
☐ Lehnt es ab oder weiß nicht, wie man sich an andere wendet, um durch sie neue Technologien zu erlernen

Wählen Sie eine bis drei der folgenden Kompetenzen als Ersatz für diese Kompetenz, wenn Sie nicht direkt an ihr arbeiten möchten.
ERSATZKOMPETENZEN: 5,14,24,28,30,32,46,51,58

Gut ausgeprägt
☐ Schnelle Auffassungsgabe technischer Zusammenhänge
☐ Kann sich neues Fähigkeiten und Wissen problemlos aneignen
☐ Ist gut darin, Branchen-, Unternehmens-, Produkt- oder fachliche Kenntnisse zu erwerben – wie zum Beispiel Internet-Technologie
☐ Nimmt erfolgreich an fachlichen Fortbildungskursen und Seminaren teil

Übertriebene Fähigkeit
☐ Lernt, aber handelt nicht nach dem Gelernten
☐ Übertreibt das Lernen auf Kosten der praktischen Umsetzung
☐ Gilt als zu akademisch
☐ Kommt schlecht mit Menschen zurecht, die über keine so schnelle Auffassungsgabe verfügen

Wählen Sie nachstehend eine bis drei Kompetenzen als Arbeitsgegenstand aus, um einen übertriebenen Einsatz dieser Fähigkeit zu kompensieren.
AUSGLEICHSKOMPETENZEN: 1,3,5,15,26,33,36,41,45,46,53,54,57

Mögliche Ursachen
- ☐ Unerfahren; neu in diesem Bereich
- ☐ Angst vor Computern
- ☐ Kein oder wenig Interesse an Technik oder Technologie
- ☐ Zeitmanagement; Sie sind noch nicht dazu gekommen
- ☐ Bevorzugte Anwendung überholter Technologien/Vorgehensweisen

Leadership Architect® Faktoren und Cluster
Diese Kompetenz ist in Faktor I „Strategische Fähigkeiten" zu finden. Diese Kompetenz ist in Cluster A „Kenntnisse des Geschäftsbereiches" zusammen mit den Kompetenzen 5, 24 enthalten. Sie können auch bei anderen Kompetenzen in demselben Faktor/Cluster nach passenden Tipps suchen.

Der Plan
Alle Bereiche der Arbeit hängen heute von neuen, hochmodernen Technologien ab, auf denen gute Leistung beruht. Die Geschwindigkeit, mit der sich diese neuen Technologien durchsetzen, scheint sich mit wachsendem Internetzugang zu erhöhen. Computer, Drucker, Handys und Videokameras scheinen alle nur ein bis zwei Jahre genutzt zu werden, bevor man sie durch neuere Produkte mit neuen Funktionen und Technologien ersetzt. In einer Welt, die sich immer schneller dreht und in der der Wettbewerb immer mehr zunimmt, wird es immer wichtiger, mit diesen neuen Technologien mitzuhalten.

Tipps
- ☐ **1. Brauchen Sie jemanden, der Ihnen hilft? Finden Sie einen Tutor.** Finden Sie den professionellen Experten in der Technologie, die Sie sich aneignen müssen und fragen Sie, ob er/sie Ihnen ein paar Tipps und Empfehlungen geben und Sie ein wenig betreuen kann. Die meisten Fachleute haben nichts dagegen, einige „Auszubildende" um sich zu haben. Sie lassen sich gern um Hilfe bitten.
- ☐ **2. Möchten Sie von Experten auf Ihrem Gebiet lernen? Treten Sie Berufsverbänden bei.** Für fast alle Technologien gibt es nationale und manchmal regionale professionelle Verbände mit Hunderten von Menschen, die Tag für Tag erfolgreich mit der Technologie arbeiten, die Sie erlernen wollen. Werden Sie dort Mitglied. Kaufen Sie sich Literatur über moderne Technologien. Besuchen Sie Workshops, die neue Technologien vorstellen, und auch die jährlichen Versammlungen. Nehmen Sie an Seminaren teil, in denen neue Technologien vermittelt werden.
- ☐ **3. Benötigen Sie eine gute Referenz? Finden Sie „die Technologiebibel" für Ihren Bereich.** Es gibt für nahezu jede Technologie ein Buch, das als „Bibel" bezeichnet wird. Es ist das Standardwerk, in dem alle nachschlagen.

KOMPETENZ 61: FACHLICHES LERNEN

Vermutlich gibt es auch eine Fachzeitschrift für jede neue Technologie. Abonnieren Sie sie für mindestens ein Jahr. Vielleicht sind auch frühere Ausgaben erhältlich.

- ☐ **4. Benötigen Sie Lenkung? Folgen Sie dem größten Experten.** Finden Sie Experten in Ihrer Technologie. Kaufen Sie ihre Bücher, lesen Sie ihre Artikel und besuchen Sie ihre Vorlesungen und Workshops.
- ☐ **5. Sind Sie neugierig? Belegen Sie ein Seminar.** Universitäten, Fachhochschulen oder andere Weiterbildungsstätten bieten vielleicht Abend-oder Wochenendkurse für Ihren neuen Technologiebereich an. Vielleicht organisiert auch Ihr Unternehmen firmeninterne Schulungen in dieser Technologie.
- ☐ **6. Möchten Sie schneller werden? Stellen Sie einen Berater ein.** Schließen Sie einen Vertrag mit einem Berater für diese Technologie ab, der Sie privat unterrichtet, damit Sie schneller lernen.
- ☐ **7. Können Sie es nicht abwarten? Experimentieren Sie.** Testen Sie neue Technologien bereits zu einem frühen Zeitpunkt. Warten Sie nicht ab, bis Sie sich beeilen müssen, um aufzuholen. Immer wenn sich eine neue Technologie entwickelt, bieten Sie sich freiwillig an, sie zu erlernen und sie als Erster auszuprobieren. Damit gewinnen Sie einen Vorsprung, gleichzeitig können Sie sich in Ihrer Rolle als Erster auch erlauben, ein wenig zu stolpern.
- ☐ **8. Sind Sie bereit, zu forschen? Machen Sie einen Technologie-Einkaufsbummel.** Kaufen Sie sich einen Computer für zu Hause, ein Handy, eine Digitalkamera. Gehen Sie ins Internet. Kaufen Sie einen Personal Digital Assistent. Besuchen Sie relevante Messen. Finden Sie heraus, was im Kommen ist und schlagen Sie eine Neuerung als erster am Arbeitsplatz vor.
- ☐ **9. Sind Sie ein Early Adopter? Führen Sie neue Technologien am Arbeitsplatz ein.** Üben Sie, indem Sie sich eine Technologie aussuchen, die mit Ihrer Arbeit zu tun hat und werden Sie so ganz unauffällig zum Experten in diesem Bereich. Stellen Sie die Technologie in der Firma und bei Ihren Kollegen vor. Machen Sie es für die anderen interessant, sich damit zu beschäftigen und übernehmen Sie die Technologie in das Unternehmen. Bilden Sie eine Studiengruppe und wechseln Sie sich bei der Vorstellung von neuen, unterschiedlichen oder gerade entstehenden Technologien ab. Wenn Sie etwas vermitteln müssen, werden Sie gezwungen, es in ein Konzept zu bringen und es so besser verstehen.
- ☐ **10. Sind Sie bereit, Ihr Denken zu organisieren? Lernen Sie wie Technologieexperten denken.** Besprechen Sie Probleme mit den Experten und fragen Sie, nach welchen Schlüsselfaktoren sie suchen, was er/sie als wichtig und unwichtig erachtet. Kategorisieren Sie die Daten,

damit Sie sich besser daran erinnern. Legen Sie fünf Schlüsselbereiche oder Fragen fest, die Sie immer dann in Betracht ziehen, wenn technologische Themen auftauchen. Verschwenden Sie Ihre Zeit nicht damit, Fakten zu erlernen; diese sind nur nützlich, wenn Sie sie in die entsprechenden Konzepte einordnen können.

☐ **11. Haben Sie etwas Zeit übrig? Nehmen Sie sich Zeit, um ohne ein bestimmtes Ziel im Internet zu surfen.** Suchen Sie nach etwas Neuem innerhalb und außerhalb Ihres Spezialgebiets. Wenn Sie etwas von Interesse finden, sehen Sie, wie es mit anderen Dingen zusammenhängt. Informieren Sie sich eingehend über einen Bereich, der nicht direkt mit Ihrer derzeitigen Arbeit zu tun hat.

Develop-in-Place-Aufgabenstellungen

☐ Managen Sie ein Rationalisierungsprojekt.
☐ Stellen Sie ein multifunktionales Projektteam zusammen, um ein gemeinsames Geschäftsproblem zu bewältigen.
☐ Managen Sie den Kauf eines wichtigen Produkts, Geräts, Materials, Programms oder Systems.
☐ Planen Sie einen neuen Standort (Werk, Niederlassung, Stammhaus usw.).
☐ Führen Sie eine präventive Analyse an einem Produkt oder einer Dienstleistung durch, um Probleme zu vermeiden, und legen Sie die Ergebnisse den Beteiligten dar.

Tame your technology...or it will become your master.
Lee J. Colan – US-amerikanischer Schriftsteller, Managementberater und Redner

Literaturempfehlungen

Beekman, G., & Beekman, B. (2008). *Tomorrow's technology and you* (10th ed.). Upper Saddle River, NJ: Prentice Hall.

Bennis, W. G., & Thomas, R. J. (2002). *Geeks and geezers*. Boston: Harvard Business School Press.

Burgelman, R. A., Christensen, C. M., & Wheelwright, S. C. (2008). *Strategic management of technology and innovation*. New York: McGraw-Hill/Irwin.

Davila, T., Epstein, M. J., & Shelton, R. (2005). *Making innovation work: How to manage it, measure it, and profit from it*. Philadelphia: Wharton School Publishing.

Glen, P. (2003). *Leading geeks: How to manage the people who deliver technology*. San Francisco: Jossey-Bass.

Holtsnider, B., & Jaffe, B. D. (2007). *IT manager's handbook: Getting your new job done*. Oxford, UK: Elsevier.

Li, C., & Bernoff, J. (2008). *Groundswell: Winning in a world transformed by social technologies*. Boston: Harvard Business School Press.

Pfleging, B., & Zetlin, M. (2006). *The geek gap: Why business and technology professionals don't understand each other and why they need each other to survive*. New York: Prometheus Books.

Reich, B., & Solomon, D. (2007). *Media rules! Mastering today's technology to connect with and keep your audience*. Hoboken, NJ: John Wiley & Sons.

Roam, D. (2008). *The back of the napkin: Solving problems and selling ideas with pictures*. New York: Portfolio Hardcover.

Scoble, R., & Israel, S. (2006). *Naked conversations: How blogs are changing the way businesses talk with customers*. Hoboken, NJ: John Wiley & Sons.

Stewart, T. A. (1997). *Intellectual capital: The new wealth of organizations*. New York: Doubleday.

Teten, D., & Allen, S. (2005). *The virtual handshake: Opening doors and closing deals online*. New York: AMACOM.

Tobin, D. R. (1996). *Transformational learning: Renewing your company through knowledge and skills*. New York: John Wiley & Sons.

62 Zeitmanagement

Time is the most valuable thing a man can spend.
Theophrastos – Wie zitiert von Diogenes Laertios (372 - 287 v. Chr.);
Griechischer Botaniker, Humorist und Naturforscher

Schlecht ausgeprägt
- ☐ Ist desorganisiert und verschwendet Zeit und Ressourcen
- ☐ Springt mit wenig Sinn und Verstand von Aktivität zu Aktivität
- ☐ Setzt keine Prioritäten
- ☐ Kann nicht nein sagen
- ☐ Kann sich immer nur einer Sache konzentriert widmen
- ☐ Lässt sich leicht ablenken
- ☐ Ist fast nur für aktuelle Themen empfänglich
- ☐ Hat keine Zeitplanung oder nutzt sie nicht
- ☐ Kann Interaktionen nicht mit der gebotenen Freundlichkeit abbrechen
- ☐ Hat kein Zeitgefühl
- ☐ Geht gekonnt mit wichtigen Prioritäten und Angelegenheiten um, versagt jedoch bei weniger wichtigen

Wählen Sie eine bis drei der folgenden Kompetenzen als Ersatz für diese Kompetenz, wenn Sie nicht direkt an ihr arbeiten möchten.
ERSATZKOMPETENZEN: 17,39,47,50,52,63,66

Gut ausgeprägt
- ☐ Nutzt seine/ihre Zeit effektiv und effizient
- ☐ Hält Zeit für eine wertvolle Ressource
- ☐ Konzentriert seine/ihre Anstrengungen auf wichtigere Prioritäten
- ☐ Erledigt in kürzerer Zeit mehr als andere
- ☐ Widmet sich einer breiten Palette an Aktivitäten

Übertriebene Fähigkeit
- ☐ Ist ungeduldig gegenüber Zeitplänen und dem Tempo anderer
- ☐ Nimmt sich keine Zeit für die schönen Dinge des Lebens
- ☐ Gibt anderen nicht die Zeit, sich an ihn/sie zu gewöhnen

Wählen Sie nachstehend eine bis drei Kompetenzen als Arbeitsgegenstand aus, um einen übertriebenen Einsatz dieser Fähigkeit zu kompensieren.
AUSGLEICHSKOMPETENZEN: 2,3,7,12,14,17,26,27,31,33,36,41,46,51,60

Mögliche Ursachen
- ☐ Kann nicht nein sagen
- ☐ Nicht gut organisiert
- ☐ Nimmt sich nicht die Zeit zur Planung der Zeit
- ☐ Ungeduld
- ☐ Kein Planer
- ☐ Nicht zeitbewusst; kein gutes Zeitgefühl
- ☐ Weiß nicht, wann die Zeit gekommen ist, Auf Wiedersehen zu sagen
- ☐ Kann nicht delegieren
- ☐ Schiebt alles auf die lange Bank

Leadership Architect® Faktoren und Cluster
Diese Kompetenz ist in Faktor II „Ausführende Fähigkeiten" zu finden. Diese Kompetenz ist in Cluster E „Organisationsfähigkeit" zusammen mit den Kompetenzen 39, 47 enthalten. Sie können auch bei anderen Kompetenzen in demselben Faktor/Cluster nach passenden Tipps suchen.

Der Plan
Wer hat schon genug Zeit? Es gibt so viel zu tun – und so wenig Zeit dafür. Begrenzte Ressourcen; unbegrenzte Bedürfnisse. Leute, die man sehen, Orte, die man besuchen und Dinge, die man tun will. Keine Zeit, Guten Tag und Auf Wiedersehen zu sagen. „Ich bin spät dran, hab' eine ganz wichtige Besprechung." Kommt Ihnen das bekannt vor? So ist das Leben und so ist die Arbeit. Jeder hat mehr zu tun als er schaffen kann. Je höher Sie in der Organisation aufsteigen, umso mehr müssen Sie in immer weniger Zeit schaffen. Niemand kann alles machen. Sie müssen Prioritäten setzen und sich Ihre Zeit gut einteilen, um in dieser schnellen Zeit zu überleben und erfolgreich zu sein.

Tipps
- ☐ **1. Was ist das Ziel? Setzen Sie Ziele.** Nichts managt Zeit besser als ein Ziel, ein Plan und eine Maßnahme. Setzen Sie Ziele für sich selbst. Sie sind wichtig zur Erstellung von Prioritäten. Wenn Sie keine Ziele haben, können Sie keine Prioritäten setzen. Auf der Grundlage dieser Ziele trennen Sie voneinander, was erfolgskritisch ist, was wichtig ist, was nützlich wäre, wenn noch genügend Zeit zur Verfügung steht, und was für das Ziel, das wir erreichen wollen, nur von untergeordneter Bedeutung ist. Wenn Sie mit verschiedenen Möglichkeiten oder vielen zu erledigenden Dingen konfrontiert werden, dann ziehen Sie immer diese Reihenfolge zu Rate. *Benötigen Sie weitere Hilfe? – Siehe Nr. 35 „Leistung einfordern und messen" und Nr. 50 „Setzen von Prioritäten".*

KOMPETENZ 62: ZEITMANAGEMENT

☐ **2. Wie sieht der Plan aus? Planen Sie Ihre Aufgaben und Ihre Arbeit entlang einer Zeitachse.** Die meisten erfolgreichen Zeitmanager beginnen mit einem guten Plan. Welches Ergebnis muss ich erreichen? Wie sehen die Ziele aus? Was ist für das Ziel von kritischer Bedeutung und was ist eher unwichtig? Wie ist der Zeitrahmen gesteckt? Wie bleibe ich innerhalb dieses Rahmens? Kaufen Sie sich ein Flowchart-Softwareprogramm, mit dem Sie PERT- und GANTT-Grafiken erstellen können. Werden Sie zu einem Experten in der Anwendung. Nutzen Sie den Output dieses Programms, um Ihre Zeit zu planen. Oder schreiben Sie Ihren Arbeitsplan auf. Bei manchen sieht es so aus, als hätten sie keine Fähigkeiten im Zeitmanagement, weil sie sich die einzelnen Arbeitsschritte nicht aufschreiben und deshalb Dinge vergessen. Bitten Sie andere um Rückmeldung über den Ablauf und um Überprüfung auf Vollständigkeit.

☐ **3. Ist Ihnen Ihre Zeit wertvoll? Managen Sie Ihre Zeit effizient.** Planen Sie Ihre Zeit und managen Sie entsprechend. Entwickeln Sie Ihr Zeitgefühl. Bewerten Sie Ihre Zeit. Finden Sie Ihren Stundensatz heraus, indem Sie Ihren Bruttolohn einschließlich der Gemeinkosten und Zusatzleistungen zusammenrechnen. Verbinden Sie Ihre Zeit mit einem Geldwert. Fragen Sie sich dann, ob diese Sache wirklich 56 € Ihrer Zeit wert ist? Sehen Sie sich die vergangenen 90 Tage in Ihrem Terminkalender an und stellen Sie fest, welches Ihre drei größten Zeitdiebe sind. Reduzieren Sie diese um die Hälfte, indem Sie verschiedene Aktivitäten zusammenfassen und effiziente Kommunikationsmittel für Routineangelegenheiten benutzen, wie zum Beispiel E-Mail und Voice-Mail. Machen Sie sich eine Liste der Dinge, die Sie telefonisch besprechen wollen; setzen Sie sich Termine; planen Sie die schwierigsten Projekte für die Tageszeit ein, an der Sie am meisten Energie haben: Wenn Sie morgens am besten arbeiten, verschwenden Sie diese Zeit nicht auf zweit- und drittrangige Aufgaben.

☐ **4. Sind Sie bereit, die Anfangsinvestition zu tätigen? Schaffen Sie mehr Zeit für sich.** Wenn Sie sich am Anfang die Zeit für das Planen und Setzen von Prioritäten nehmen, steht Ihnen später mehr Zeit zur Verfügung, als wenn Sie sich gleich in die Dinge hineinstürzen und hoffen, dass Sie alles rechtzeitig erledigt bekommen. Die meisten Menschen, denen die Zeit davongelaufen ist, bemängeln, dass sie keine Zeit zur Planung ihrer Zeit hatten. Im Sinne von Stephen Coveys *Seven Habits of Highly Effective People* geht es auch hier wieder um das Schärfen der Säge. *Benötigen Sie weitere Hilfe – Siehe Nr. 102 „Mangelhafte administrative Fähigkeiten".*

☐ **5. Können Sie es delegieren? Geben Sie so viel zeitintensive Arbeiten weg wie sie können.** Das kann mit ein wenig Planung und der Delegation von Aufgaben, die Sie nicht selbst machen müssen, erreicht werden. Geben Sie möglichst viel Arbeit an andere ab. Damit erreichen Sie eine Win-win-

Situation, denn Menschen freuen sich über Delegation und Empowerment. Sie gewinnen; die anderen gewinnen. *Benötigen Sie weitere Hilfe? – Siehe Nr. 18 „Delegieren".*

☐ **6. Wer ist darin gut? Finden Sie jemanden in Ihrer Umgebung, der Zeitmanagement besser beherrscht als Sie.** Passen Sie auf, was er/sie macht und vergleichen Sie es mit dem, was Sie gewöhnlich tun. Versuchen Sie diese Dinge stärker bei sich einzusetzen. Fragen Sie Kollegen, die sich negativ über Ihr schlechtes Zeitmanagement geäußert haben, um Feedback. Was fanden sie schwierig?

☐ **7. Sind Sie auf Ihre Vorlieben fixiert? Achten Sie darauf, dass Sie nicht nur von dem, was Sie mögen und nicht mögen, geleitet werden.** Diese Art von Zeitnutzung ist wahrscheinlich langfristig nicht erfolgreich. Verwenden Sie Daten, Intuition und sogar Gefühle, um Ihre Zeit einzuteilen, jedoch nicht ausschließlich Gefühle.

☐ **8. Sind Sie ein Zeitverschwender? Gehen Sie sensibel mit der Zeit anderer Menschen um.** Generell ist es so: Je höher die Hierarchieebene ist, auf der Sie oder Ihr Gesprächspartner sich befinden, desto weniger Zeit werden Sie beide haben. Gehen Sie mit der Zeit anderer Menschen effizient um. Beanspruchen Sie so wenig von ihrer Zeit wie möglich. Gehen Sie an die Sache heran und ziehen Sie sie durch. Bieten Sie Ihrem Gegenüber die Möglichkeit an, neue Wege für eine Diskussion zu beschreiten oder weiterzumachen; sollte dieses Angebot aber nicht genutzt werden, verabschieden Sie sich und gehen Sie Ihren eigenen Weg.

☐ **9. Sie können nicht nein sagen? Üben Sie es, nein zu sagen.** Andere werden Sie immer wieder bitten, mehr Aufgaben zu übernehmen, als Sie bewältigen können. Eine wichtige Fähigkeit zur Zeiteinsparung ist die Fähigkeit, konstruktiv „nein" sagen zu können. Eine Technik, die Sie anwenden können, ist nachzufragen, welche der Aufgaben, die Ihnen übertragen wurden, gestrichen oder verschoben werden kann, um dafür den neuesten Auftrag anzunehmen. Auf diese Weise sagen Sie gleichzeitig ja und nein und lassen dem Auftraggeber die Wahl.

☐ **10. Ziehen sich Gespräche in die Länge? Halten Sie es kurz.** Eine weitere typische Zeitverschwendung sind unzureichende Fähigkeiten, Verhandlungen abzuschließen. Manche schlechten Zeitmanager können Transaktionen nicht beenden. Entweder sprechen sie weiter und erzählen mehr als notwendig oder sie können die andere Partei nicht dazu bringen, das Gespräch abzubrechen. Wenn es Zeit wird aufzuhören, sagen Sie einfach „Ich muss jetzt an meine nächste Aufgabe, wir können später noch einmal darüber reden."

Develop-in-Place-Aufgabenstellungen

☐ Arbeiten Sie in einem Krisenteam.
☐ Managen Sie eine Gruppe von Widerständlern mit schlechter Moral während eines unbeliebten Umstiegs oder Projekts.
☐ Managen Sie eine Gruppe von Personen, die an einem Fix-it oder Sanierungsprojekt arbeiten.
☐ Planen Sie ein Meeting, eine Tagung, eine Messe, eine Veranstaltung usw. außerhalb Ihres Standorts.
☐ Planen Sie einen neuen Standort (Werk, Niederlassung, Stammhaus usw.).

Time flies. It's up to you to be the navigator.
Robert Orben – US-amerikanischer Magier und Komödienautor

Literaturempfehlungen

Carrison, D. (2003). *Deadline! How premier organizations win the race against time.* New York: AMACOM.

Dodd, P., & Sundheim, D. (2005). *The 25 best time management tools and techniques: How to get more done without driving yourself crazy.* Windham, NH: Peak Performance Press.

Duncan, P. (2002). *Put time management to work: Get organized, streamline processes, use the right technology.* Atlanta: PSC Press.

Emmett, R. (2000). *The procrastinator's handbook: Mastering the art of doing it now.* New York: Walker & Company.

Forster, M. (2008). *Do it tomorrow and other secrets of time management.* London: Hodder & Stoughton.

Gleeson, K. (2003). *The personal efficiency program: How to get organized to do more work in less time* (3rd ed.). Hoboken, NJ: John Wiley & Sons.

Harvard Business School Press. (2006). *Managing time: Expert solutions to everyday challenges.* Boston: Harvard Business School Press.

Hutchings, P. J. (2002). *Managing workplace chaos: Solutions for handling information, paper, time, and stress.* New York: AMACOM.

Lencioni, P. M. (2004). *Death by meeting: A leadership fable...about solving the most painful problem in business.* San Francisco: Jossey-Bass.

MacKenzie, A. (2002). *The time trap: The classic book on time management* (3rd ed.). New York: AMACOM.

Mancini, M. (2007). *Time management: 24 Techniques to make each minute count at work.* Columbus, OH: McGraw-Hill.

Morgenstern, J. (2004). *Time management from the inside out: The foolproof system for taking control of your schedule—and your life* (2nd ed.). New York: Henry Holt.

Panella, V. (2002). *The 26-hour day: How to gain at least two hours a day with time control.* Franklin Lakes, NJ: Career Press.

Parker, G. M., & Hoffman, R. (2006). *Meeting excellence: 33 Tools to lead meetings that get results.* San Francisco: Jossey-Bass.

Pickering, P., & Clark, J. (2001). *How to make the most of your workday.* Franklin Lakes, NJ: Career Press.

Schwartz, T., & McCarthy, C. (2007). Manage your energy, not your time. *Harvard Business Review, 85*(10), 63-73.

Tracy, B. (2001). *Eat that frog! 21 Great ways to stop procrastinating and get more done in less time.* San Francisco: Berrett-Koehler Publishers.

Tracy, B. (2007). *Time power: A proven system for getting more done in less time than you ever thought possible.* New York: AMACOM.

Walsh, R. (2008). *Time management: Proven techniques for making every minute count.* Cincinnati, OH: Adams Media.

FAKTOR II: AUSFÜHRENDE FÄHIGKEITEN
CLUSTER G: MANAGEN VON ARBEITSPROZESSEN

63 Workflow- und Qualitätssicherungssysteme
(z. B. TQM/ISO/SIX SIGMA)

We are what we repeatedly do. Excellence, then, is not an act, but a habit.
Aristoteles (384 - 322 v. Chr.) – Griechischer Philosoph und Wissenschaftler

Schlecht ausgeprägt
- ☐ Denkt nicht ganzheitlich über die Auswirkungen von Arbeitsprozessen nach
- ☐ Hält sich nicht an Gemeinsamkeiten in Prozessen und bemüht sich auch nicht, diese zu fördern
- ☐ Schafft keine effektiven und effizienten Arbeitsprozesse
- ☐ Ist in seinem/ihrem Management und seiner/ihrer Arbeit nicht auf die Kunden orientiert
- ☐ Verpflichtet sich nicht zur kontinuierlichen Verbesserung der Arbeitsprozesse
- ☐ Zieht keinen Nutzen aus der Technologie zur Verbesserung von Arbeitsprozessen
- ☐ Kennt wichtige Werkzeuge und Techniken zur Verbesserung der Arbeitsprozesse nicht
- ☐ Hängt am Alten und Gewohnten, statt sich einen Gesamtüberblick über das Ganze zu verschaffen
- ☐ Ist nicht bereit, das Alte zugunsten des Neuen, Verbesserten über Bord zu werfen
- ☐ Achtet nicht auf Verbesserungsvorschläge von Mitarbeitern
- ☐ Ermächtigt andere nicht dazu, ihre Arbeitsprozesse selbst zu gestalten
- ☐ Schafft kein Arbeitsumfeld, in dem die gesamte Einheit lernt, wie Kundenwünsche besser erfüllt werden können

Wählen Sie eine bis drei der folgenden Kompetenzen als Ersatz für diese Kompetenz, wenn Sie nicht direkt an ihr arbeiten möchten.
ERSATZKOMPETENZEN: 5,15,16,20,28,32,33,35,39,47,52,53,65

Gut ausgeprägt
- ☐ Ist darum bemüht, organisations- oder firmenweite gemeinsame Systeme zur Entwicklung und Bewertung von Arbeitsprozessen zu erstellen
- ☐ Versucht, Widersprüche in den Prozessen der Organisation zu reduzieren
- ☐ Stellt Produkte und Dienstleistungen höchster Qualität bereit, die den Bedürfnissen und Anforderungen interner wie externer Kunden entsprechen

KOMPETENZ 63: WORKFLOW- UND QUALITÄTSSICHERUNGSSYSTEME

- ☐ Ist der kontinuierlichen Verbesserung durch Empowerment und „Management by Data" verpflichtet
- ☐ Nutzt Technologie, um Qualität zu fördern
- ☐ Ist bereit, Reengineering-Prozesse von Null ausgehend zu starten
- ☐ Ist offen für Vorschläge und Experimente
- ☐ Schafft ein Lernumfeld, die äußerst effiziente und effektive Arbeitsprozesse ermöglicht

Übertriebene Fähigkeit

- ☐ Läuft Gefahr, zum Arbeitsprozess- oder Qualitätsverbesserungs-Fanatiker zu werden und alles andere auszuschließen
- ☐ Führt marginale Veränderungen ein, die eher schaden als nutzen
- ☐ Liefert keine Ergebnisse, da er/sie sich zu sehr auf Prozesse oder Regeln konzentriert
- ☐ Weist andere Strategien und Skeptiker zurück

Wählen Sie nachstehend eine bis drei Kompetenzen als Arbeitsgegenstand aus, um einen übertriebenen Einsatz dieser Fähigkeit zu kompensieren.
AUSGLEICHSKOMPETENZEN: 2,32,33,40,46,57,58

Mögliche Ursachen

- ☐ Sie delegieren nicht
- ☐ Hört nicht zu
- ☐ Unerfahren
- ☐ Geht keine Risiken ein
- ☐ Nicht kundenorientiert
- ☐ Plant und organisiert nicht
- ☐ Nicht ergebnisorientiert
- ☐ Hält am Bewährten fest

Leadership Architect® Faktoren und Cluster

Diese Kompetenz ist in Faktor II „Ausführende Fähigkeiten" zu finden. Diese Kompetenz ist in Cluster G „Managen von Arbeitsprozessen" zusammen mit den Kompetenzen 52, 59 enthalten. Sie können auch bei anderen Kompetenzen in demselben Faktor/Cluster nach passenden Tipps suchen.

Der Plan

Es gibt eine bewährte und anerkannte Technologie zur Erstellung von Produkten und Dienstleistungen, die gleich auf Anhieb fehlerfrei sind und Kundenanforderungen erfüllen oder gar übertreffen. Zahllose Organisationen haben diese Best Practices implementiert und sind dadurch am Markt erfolgreicher geworden. Für jede erfolgreiche Implementierung waren drei weitere nicht erfolgreich. Der wichtigste Grund für das Versagen lag an einem mangelnden Verständnis des Managements für diese Technologie und ihre Förderung, vor allem aber an ihrer fehlenden Anpassung an die neuen Praktiken. Den Worten folgten also keine Taten. Es gibt keinen besseren Weg für den persönlichen als auch den Unternehmenserfolg als TQM, ISO und Six Sigma zu erlernen und anzuwenden.

Tipps

☐ **1. Möchten Sie sich einen Überblick verschaffen? Machen Sie sich mit den Grundlagen vertraut.** Dazu gibt es viele verfügbare Quellen. Deming, Juran, Crosby, Hammer, Champy und viele andere haben diese Methoden beschrieben. Sie können zahllose Konferenzen und Workshops besuchen. Am besten prüfen Sie die unterschiedlichen Sichtweisen auf ihre Anwendbarkeit für Sie und entwickeln dann eine, die ganz speziell auf Ihre Situation abgestimmt ist.

☐ **2. Möchten Sie die Erwartungen übertreffen? Seien Sie kundenorientiert.** Im System der freien Marktwirtschaft ist der Kunde König und die Partner des Kunden, die seine Zufriedenheit gewährleisten, gewinnen am meisten. Das gleiche trifft natürlich auch auf interne Kunden zu. Gewinner sind immer kundenorientiert und aufgeschlossen gegenüber den Kundenerwartungen. Die Erfüllung realistischer Kundenwünsche ist relativ gradlinig. Zuerst müssen Sie jedoch wissen, was Ihre Kunden wollen und erwarten; am besten fragen Sie sie danach. Dann liefern Sie rechtzeitig und zu einem akzeptablen Preis-Leistungs-Verhältnis. Gewöhnen Sie sich regelmäßige Besuche Ihrer internen und externen Kunden an und bauen Sie einen Dialog auf. Die Kunden müssen sich bei Problemen jederzeit an Sie wenden können, und Sie brauchen das offene Ohr Ihrer Kunden, wenn Sie wichtige Informationen benötigen. Gehen Sie auch auf Ihre Kunden zu; erkennen Sie ihre Bedürfnisse und den Bedarf nach Ihren Produkten und Dienstleistungen, bevor sie sie selbst wahrnehmen; überraschen Sie Ihre Kunden positiv – mit unerwarteten Produkt- oder Serviceeigenschaften; einer kurzfristigeren Auslieferung als vereinbart, einem Bestellbonus. *Benötigen Sie weitere Hilfe? – Siehe Nr. 15 „Kundenorientierung".*

☐ **3. Sind Sie ausreichend kundenorientiert? Denken Sie bei der Gestaltung Ihrer Arbeit und Ihres Zeitmanagements immer zuerst an den Kunden.** Ihre beste Leistung wird immer durch Ihre Kunden bestimmt, nicht von Ihnen. Versuchen Sie nicht, Ihre Produkte und Dienstleistungen nur aus Ihrer eigenen Perspektive heraus zu gestalten und zu arrangieren, sondern lernen Sie zuerst die Sichtweise des Kunden kennen und übernehmen Sie sie dann. Wenn Sie dieses Prinzip anwenden, werden Sie immer gewinnen. Um was müssten Sie sich kümmern, damit Ihre Kunden Sie nicht mit Rückfragen anrufen? Wenn Sie und Ihr Kunde für die gleiche Firma arbeiten würden, was würden Sie anders machen?

☐ **4. Sind Sie bereit, Ihre Mitarbeiter mit Macht auszustatten? Delegieren Sie an andere und ermächtigen Sie sie dazu, mit Ihnen optimale Prozessabläufe zu gestalten.** Erzeugen Sie Produkte und Dienstleistungen so, dass kein Ausschuss entsteht und die Bedürfnisse Ihrer Kunden genau getroffen werden. Dies ist ein bekannter, sehr gut dokumentierter Prozess, der allen zugänglich ist, die ihn einführen wollen. *Benötigen Sie weitere Hilfe? – Siehe Nr. 35 „Leistung einfordern und messen" und Nr. 52 „Prozessmanagement".*

☐ **5. Brauchen Sie Ideen und Vorschläge? Seien Sie offen und flexibel.** Die Erfüllung von Kundenanforderungen auf der Basis einer optimalen Gestaltung der Arbeitsprozesse erfordert eine Mitarbeit vieler Menschen. Niemand kann alles allein machen. Sie müssen einen Prozess aufsetzen, um die Vorschläge und Hinweise Ihrer Kunden und Mitarbeiter anzuregen und zu sammeln. Sie müssen den Dialog aufbauen und fördern. Eine Idee, die nicht gehört wurde, ist unwiederbringlich verloren. Es gibt äußerst viele analysierte und dokumentierte Beispiele, wo eine optimierte Gestaltung der Arbeitsprozesse, vorgeschlagen oder durchgeführt von Mitarbeitern, zu großen Gewinnen für die Organisation geführt hat.

☐ **6. Haben Sie Angst zu scheitern? Erzeugen Sie ein Umfeld, das zum Experimentieren und Lernen geeignet ist.** Ein Prinzip dieser Techniken ist das Streben nach kontinuierlicher Verbesserung. Seien Sie nie vollkommen zufrieden. Streben Sie immer nach der Verbesserung Ihrer Arbeitsprozesse, so dass keine fehlerhaften Produkte ausgeliefert werden und genau die Dienstleistungen erbracht werden, die der Kunde tatsächlich wünscht. Scheuen Sie sich nicht vor einem Versuch und einem eventuellen Fehler. *Benötigen Sie weitere Hilfe? – Siehe Nr. 28 „Innovationsmanagement".*

☐ **7. Sind Sie sich Ihrer selbst bewusst? Analysieren Sie Ihre persönlichen Arbeitsgewohnheiten.** Sind diese auf eine maximale Effektivität und Effizienz ausgerichtet? Gibt es noch Raum für kontinuierliche Verbesserungen? Wenden Sie die Methoden, die Sie gelernt haben, auch bei sich selbst an? Erinnern Sie sich daran, dass dies einer der Hauptgründe dafür ist, warum diese Bemühungen fehlschlagen.

☐ **8. Verstehen Sie, was den Kunden verärgert? Versetzen Sie sich in die Rolle eines unzufriedenen Kunden.** Schreiben Sie alle nicht zufrieden stellenden Ereignisse auf, die Sie als Kunde während des letzten Monats erlebt haben. Verspätungen, eine fehlerhafte Auftragsbearbeitung, nicht eingehaltene Kostenvoranschläge, unbeantwortete Telefonanrufe, kaltes Essen, schlechter Service, unaufmerksames Personal, nicht lieferbare

Artikel und so weiter. Passiert das auch bei Ihren Kunden? Dann sollten Sie eine Untersuchung über abgesprungene Kunden veranlassen. Finden Sie die drei Hauptursachen heraus, und überprüfen Sie, wie schnell Sie die Hälfte der Schwierigkeiten, die den Ausschlag zum Abbruch der Geschäftsbeziehung gegeben haben, eliminieren können. Untersuchen Sie, wie sie die Fehler Ihrer Mitbewerber vermeiden und Ihr Unternehmen für den Kunden attraktiver machen können. *Benötigen Sie weitere Hilfe? – Siehe Nr. 15 „Kundenorientierung".*

☐ **9. Verstehen Sie, was den Kunden erfreut? Versetzen Sie sich in die Rolle eines zufriedenen Kunden.** Schreiben Sie alle positiven Dinge auf, die Ihnen als Kunde während des letzten Monats aufgefallen sind. Was hat Ihnen als Kunde am besten gefallen? Ein gutes Preis-Leistungs-Verhältnis? Pünktlicher Service? Höflichkeit? Rückrufe? Erleben Ihre Kunden diese positiven Aktivitäten auch in Ihrem Geschäft? Dann bauen Sie sie fest in Ihr CRM-Programm ein. Untersuchen Sie auch die Stärken Ihrer Mitbewerber und überlegen Sie, was Sie zusätzlich tun könnten, um Ihren Kundenservice zu verbessern. *Benötigen Sie weitere Hilfe? – Siehe Nr. 15 „Kundenorientierung".*

☐ **10. Kennen Sie die Best Practices? Beschäftigen Sie sich mit Workflows in anderen Branchen.** Beobachten Sie Workflows und Arbeitsprozesse in Ihrem unmittelbaren Umfeld, zum Beispiel in Flughäfen, Restaurants, Hotels, Supermärkten, Ämtern, usw. Wie würden Sie diese aus der Kundenperspektive so umgestalten, dass sie noch effektiver und effizienter werden? Nach welchen Richtlinien würden Sie vorgehen? Wenden Sie diese auch auf Ihre Arbeit an. Verwenden Sie Work-Out, ein von General Electric zuerst angewendetes Verfahren zur Eliminierung unnötiger Arbeitsschritte. Normalerweise dauert das Work-Out-Seminar drei Tage, und die Führungskräfte nehmen nur am letzten Tag teil. In den ersten zwei Tagen werden Pläne zur Reduzierung und Eliminierung von Arbeitsschritten aufgestellt; am dritten Tag werden diese Pläne diskutiert und akzeptiert.

☐ 11. Was sagt ein Experte zu diesem Thema? Oren Harari rät, auf Folgendes zu achten:

- Man sollte sich auf die Verfahren anstatt die Ergebnisse konzentrieren.
- Das Streben nach fehlerfreier Ware ist nur ein kleiner Teil des Programms. Es geht vielmehr um Produkte und Dienstleistungen, die der Kunde wünscht.
- Bürokratie, die sich immer wieder einschleicht.
- Verantwortung für Qualität, die an Experten delegiert wird, anstatt an die Personen, die am Produkt arbeiten. Dies führt zu einer Unterbewertung des Inputs der Mitarbeiter sowie zu Beschwerden von den Kunden.
- Versuchen Sie nicht, TQM in die konventionelle Struktur zu pressen. Zur Qualitätsverbesserung gehört die Vereinfachung und Reduzierung der Zeit, die Manager und Mitarbeiter investieren müssen, und die Eliminierung von „Funktionssilos". Funktionsübergreifende Teams mit den nötigen Befugnissen sind die Lösung.
- Behandeln Sie Ihre Lieferanten mit Respekt. Behandeln Sie Ihre Lieferanten mit Respekt.
- Verwenden Sie TQM nicht als Ersatz für Innovation. Innovation erfordert, dass Sie Risiken eingehen, Fehler machen und Produkte auf den Markt bringen, die noch nicht ganz ausgereift sind – wie manche Softwarehersteller.

Develop-in-Place-Aufgabenstellungen
- ☐ Managen Sie ein Rationalisierungsprojekt.
- ☐ Stellen Sie ein multifunktionales Projektteam zusammen, um ein gemeinsames Geschäftsproblem zu bewältigen.
- ☐ Setzen Sie Benchmarks für innovative Vorgehensweisen, Prozesse, Produkte oder Dienstleistungen Ihrer Mitbewerber, Zulieferer oder Kunden und legen Sie anderen einen Bericht mit Empfehlungen für Änderungen vor.
- ☐ Arbeiten Sie in einem Team zur Vereinfachung von Arbeitsabläufen durch Reduzierung von Verfahrensschritten und Kosten.
- ☐ Führen Sie eine präventive Analyse an einem Produkt oder einer Dienstleistung durch, um Probleme zu vermeiden, und legen Sie die Ergebnisse den Beteiligten dar.

> *Quality in a product or service is not what the supplier puts in.*
> *It is what the customer gets out and is willing to pay for.*
> *A product is not quality because it is hard to make*
> *and costs a lot of money, as manufacturers typically believe.*
> *This is incompetence. Customers pay only for what is of use to them*
> *and gives them value. Nothing else constitutes quality.*
> Peter Drucker – Aus Österreich stammender US-amerikanischer Autor und Managementberater

Literaturempfehlungen

Bhote, K. (2002). *The ultimate Six Sigma: Beyond quality experience to total business excellence.* New York: AMACOM.

Brussee, W. (2004). *Statistics for Six Sigma made easy.* New York: McGraw-Hill.

Champy, J. A. (2002). *X-engineering the corporation: Reinventing your business in the digital age.* New York: Warner Books.

Chowdhury, S. (2003). *The power of design for Six Sigma.* Chicago: Dearborn Financial Publishing.

Dale, B. G., Van Der Wiele, T., & Van Iwaarden, J. (2007). *Managing quality* (5th ed.). Hoboken, NJ: John Wiley & Sons.

Eckes, G. (2001). *The Six Sigma revolution: How General Electric and others turned process into profits.* New York: John Wiley and Sons.

Eckes, G. (2003). *Six Sigma for everyone.* New York: John Wiley & Sons.

El-Haik, B., & Al-Aomar, R. (2006). *Simulation-based lean Six Sigma and design for Six Sigma.* Hoboken, NJ: John Wiley & Sons.

George, M. L. (2003). *Lean Six Sigma for service: How to use lean speed and Six Sigma quality to improve services and transactions.* New York: McGraw-Hill.

George, M. L., Maxey, J., Rowlands, D. T., & Price, M. (2005). *The lean Six Sigma pocket toolbook: A quick reference guide to 100 tools for improving quality and speed.* New York: McGraw-Hill.

Gitlow, H. S., & Levine, D. M. (2005). *Six Sigma for green belts and champions: Foundations, DMAIC, tools, cases, and certification.* Upper Saddle River, NJ: Pearson Education, Inc.

Goldratt, E. M., & Cox, J. (2004). *The goal: A process of ongoing improvement* (3rd ed.). Great Barrington, MA: North River Press.

Gourdin, K. (2006). *Global logistics management: A competitive advantage for the 21st century* (2nd ed.). Hoboken, NJ: John Wiley & Sons.

Greasley, A. (2007). *Operations management.* London: Sage Publications, Ltd.

Hammer, M., & Champy, J. A. (2003). *Reengineering the corporation: A manifesto for business revolution.* New York: HarperCollins.

Hodgetts, R. M. (1998). *Measures of quality and high performance.* New York: AMACOM.

Imai, M. (1997). *Gemba kaizen.* New York: McGraw-Hill.

Jugulum, R., & Samuel, P. (2008). *Design for lean Six Sigma: A holistic approach to design and innovation.* Hoboken, NJ: John Wiley & Sons.

Liker, J. (2004). *The Toyota way.* New York: McGraw-Hill.

Pyzdek, T. (2003). *The Six Sigma handbook: The complete guide for green belts, black belts, and managers at all levels.* New York: McGraw-Hill.

Watson, G. H. (2007). *Strategic benchmarking reloaded with Six Sigma: Improving your company's performance using global best practice.* Hoboken, NJ: John Wiley & Sons.

FAKTOR VI: PERSÖNLICHE UND SOZIALE KOMPETENZEN
CLUSTER P: UMGANG MIT VIELFÄLTIGEN BEZIEHUNGEN

64 Verständnis für andere

Shallow understanding from people of good will is more frustrating than absolute misunderstanding from people of ill will.
Martin Luther King, Jr. – Baptistenpfarrer, Aktivist und Führer der US-amerikanischen Bürgerrechtsbewegung

Schlecht ausgeprägt
- ☐ Hat kein Verständnis für Gruppen und deren Dynamik
- ☐ Versteht die Funktionsweise oder den Zweck von Gruppen nicht
- ☐ Kann Gruppenverhalten nicht voraussehen
- ☐ Nimmt Gruppen mit Stereotypen oder Vorurteilen wahr
- ☐ Versteht Gruppen nur, wenn sie ähnliche Absichten oder Charakteristiken wie er/sie selbst aufweisen
- ☐ Sieht Menschen nur als Individuen
- ☐ Versteht nicht den Zusammenhang zwischen Gruppenmitgliedschaft oder den Ansichten, dem Verhalten Einzelner
- ☐ Zieht es vor, auf einer „unter-vier-Augen"-Basis zu arbeiten; kann Gruppen nicht ansprechen oder motivieren
- ☐ Ist ein Einzelgänger, schließt sich freiwillig keiner Gruppe an

Wählen Sie eine bis drei der folgenden Kompetenzen als Ersatz für diese Kompetenz, wenn Sie nicht direkt an ihr arbeiten möchten.
ERSATZKOMPETENZEN: 8,15,21,23,32,33,36,38,39,42,46,51,56

Gut ausgeprägt
- ☐ Versteht die Beweggründe von Gruppen
- ☐ Nimmt die Positionen, Absichten und Bedürfnisse der Gruppe wahr; weiß, was andere schätzen und wie sie motiviert werden können
- ☐ Kann abschätzen, wie sich eine Gruppe in einer bestimmten Situation verhält

Übertriebene Fähigkeit
- ☐ Verwendet zu viel Zeit darauf, mögliche oder tatsächliche Handlungen von Gruppen zu analysieren oder zu verstehen
- ☐ Schließt aus seiner/ihrer Einschätzung der Gruppe auf Einzelne
- ☐ Unterschätzt die Vielfalt der Meinungen
- ☐ Überträgt die Probleme, die er/sie mit einer ganzen Gruppe hat, auf einzelne Angehörige

KOMPETENZ 64: VERSTÄNDNIS FÜR ANDERE

☐ Verwendet zu viel Energie darauf, die Aktionen der Gruppe zu verstehen und zu analysieren

Wählen Sie nachstehend eine bis drei Kompetenzen als Arbeitsgegenstand aus, um einen übertriebenen Einsatz dieser Fähigkeit zu kompensieren.
AUSGLEICHSKOMPETENZEN: 1,2,12,13,16,17,21,34,37,40,50,52,53,57,59

Mögliche Ursachen

☐ Einzelgänger; schließt sich Gruppen nicht an; kennt keine Gruppenarbeit
☐ Tut Gruppen als unwichtig ab
☐ Erkennt Gruppen nicht an
☐ Möchte nicht, dass sich Gruppen bilden
☐ Versteht nicht, wie Gruppen funktionieren
☐ Hat Vorurteile gegen andere Gruppen
☐ Hat Probleme beim Umgang mit anderen Funktionen/Berufsgruppen
☐ Stereotypisiert Gruppen

Leadership Architect® Faktoren und Cluster

Diese Kompetenz ist in Faktor VI „Persönliche und soziale Kompetenzen" zu finden. Diese Kompetenz ist in Cluster P „Umgang mit vielfältigen Beziehungen" zusammen mit den Kompetenzen 4, 15, 21, 23, 42 enthalten. Sie können auch bei anderen Kompetenzen in demselben Faktor/Cluster nach passenden Tipps suchen.

Der Plan

Wenn Sie wissen, welcher Gruppe oder welchen Gruppen eine Person angehört, können Sie ihre Überzeugungen, Beweggründe und Absichten in bestimmten Situationen besser einschätzen. Die meisten Mitglieder einer Gruppe haben ähnliche Überzeugungen, Weltanschauungen, Gewohnheiten und Praktiken. Sie sind sich deshalb so ähnlich, weil Gruppen durch Menschen mit ähnlicher Gesinnung gebildet werden, denen sich dann Gleichgesinnte anschließen, die wiederum durch die bereits integrierten Mitglieder in die Normen und Standards dieser Gruppe eingeführt werden.

Tipps

☐ **1. Brauchen Sie ein besseres Verständnis von Gruppierungen Freiwilliger? Befassen Sie sich mit ehrenamtlichen Gruppierungen oder Bürgerinitiativen.** Eine Mitgliedschaft bei Selbsthilfe- oder Interessengruppen erfolgt normalerweise aus den folgenden drei Gründen: die Gruppe erfüllt gesellschaftliche beziehungsweise soziale Bedürfnisse; sie gibt ein Gefühl der Zugehörigkeit, bietet emotionale Unterstützung und dient der Selbstverwirklichung. Sie hilft Menschen dabei, ihre Ziele zu erreichen, indem Sie sich in einer Gruppe austauschen und sich gegenseitig unterstützen. Gruppen sind stärker als Einzelpersonen und sind etwas Natürliches für uns Menschen. Ein Leben als Einzelgänger ist es nicht. Die freiwillige Zugehörigkeit zu einer Gruppe, einem Verein, einer Initiative ist äußerst wichtig, da wir dadurch unsere Werte weitgehend definieren. Mitglieder solcher Gruppen kommen und gehen je nach der Lage ihrer Bedürfnisse und Interessen. Finden Sie heraus, zu welchen Gruppen die Menschen gehören, für die Sie Personalverantwortung haben. Diese Information hilft vielleicht bei einer besseren Zusammenarbeit und Optimierung ihrer Leistungen.

☐ **2. Möchten Sie wissen, warum sich informelle Gruppen bilden? Studieren Sie den Ablauf von Gruppenbildungen innerhalb und außerhalb der Organisation.** Freiwillige Gruppen bilden sich gewöhnlich aufgrund von gemeinsamen Interessen, Herausforderungen, Bedrohungen oder Zielen, mit denen Einzelpersonen nicht allein zurechtkommen. Gewerkschaften wurden als Reaktion auf tyrannisierendes Management gegründet. Bürgerrechtsgruppen waren eine Reaktion auf fehlende Gleichberechtigung. Die AMA (American Medical Association) wurde gegründet, um Normen für die Ärzteschaft festzulegen und diese vor Scharlatanen und Quacksalbern zu schützen. In Ihrer Firma könnte sich eine Minderheit zu einer Gruppe unter dem Eindruck zusammenschließen, sie würde auf Grund eines doppelten Standards bei Karrierechancen benachteiligt. Intern sollten Sie besonders darauf achten, welche Gruppen und Cliquen sich freiwillig bilden. Suchen Sie nach den Beweggründen, indem Sie Schritt für Schritt zurückgehen. Welchen Gruppen gehören Sie an? Warum sind Sie Mitglied geworden?

☐ **3. Betrachten Sie einzelne Gruppenmitglieder stereotyp? Stecken Sie andere nicht automatisch in irgendwelche Schubladen.** Manche Gruppen werden unfreiwillig in eine Kategorie gezwängt. Es gibt Gruppen auf der Basis von Geschlecht und Rasse. Es gibt Gruppen auf der Basis der geographischen Herkunft. Es gibt zum Beispiel Mensa, bestehend nur aus Mitgliedern mit einem hohen IQ. Es gibt einen Klub für kahlköpfige Menschen. Jeder Einzelne kann sich entscheiden, ob er oder sie Mitglied in einer Gruppe werden und an den Aktivitäten teilnehmen möchte oder nicht. Viele Menschen neigen jedoch dazu, andere in Kategorien einzuordnen, egal, ob die betroffene Person das will oder nicht. Während manche Aspekte Ihnen vielleicht dabei helfen mögen, die Menschen besser zu deuten, ist es wichtig, sie nicht zu kategorisieren. Finden Sie zuerst heraus, ob sie sich mit den Interessen und Praktiken ihrer Gruppe identifizieren, bevor Sie beginnen, sie einzuschätzen.

☐ **4. Sie denken, alle Gruppen wären gleich? Informieren Sie sich über die Unterschiede zwischen Interessengruppen und funktionellen/ beruflichen Gruppierungen.** Andere Gruppen in Firmen sind keine Interessengruppen; sie sind nominell oder fachlich/professionell definiert. Sie werden gegründet, um die Grenzen zwischen einer Gruppe (Buchhalter) und einer anderen (Marketing-Spezialisten) zu definieren und aufrechtzuerhalten. Formelle Gruppen haben Eintrittsvoraussetzungen und Mitgliedschaftskriterien. Sie unterstützen die Entwicklung spezieller Fähigkeiten und verhelfen den einzelnen Mitgliedern zum Erfolg. Sie schützen die Gruppe vor Angriffen von außen und gehören einer relevanten Lobby an. Eine Mitgliedschaft in diesen Gruppen wird durch Ihren Job, die Organisationsgrundlage Ihres Unternehmens und Ihren Beruf definiert. Wenn sich Ihr Job ändert, wenn Sie von Division A zu Division B umziehen, wechseln Sie Ihre nominellen Gruppen, sobald Sie die Grenze übertreten.

☐ **5. Suchen Sie nach den Grundursachen für Gruppenverhalten? Werden Sie zum Kulturanthropologen.** Wenn Sie eine Gruppe einschätzen, fragen Sie sich, was ihre Mitglieder in Rage versetzt? Woran glauben sie? Was versuchen sie, gemeinsam zu erreichen? Was bringt sie zum Lachen? Welche Sitten und Bräuche haben sie? Welche Praktiken und Verhaltensmuster? Mögen sie es nicht, wenn Sie zu nah bei ihnen stehen? Wenn Sie direkt zum Thema kommen? Möchten sie mit dem Vornamen angesprochen werden oder ziehen sie die formelle Anrede vor? Wenn Ihnen ein Manager aus Japan seine Visitenkarte anbietet, wissen Sie, was Sie tun müssen? Warum sind seine Karten in zwei Sprachen gedruckt und die Karten von US-Geschäftsleuten nicht? Wissen Sie, welche Witze man unbekümmert erzählen kann? Wie denkt man über Sie und Ihre Gruppe beziehungsweise Ihre Gruppen? Positiv? Neutral? Negativ? Kennen Sie die historischen Hintergründe Ihrer eigenen und der anderen Gruppe? Handelt es sich hier um einen ersten Kontakt oder um eine lange Geschichte? Stolpern Sie nicht unbedacht in eine Gruppe hinein; nichts wird Sie schneller zerstören als Ignoranz gegenüber der Gruppe und ihren Normen oder wenn Sie keine Ahnung haben, wie Ihre eigene Gruppe gesehen wird. Fragen Sie die Leute, die oft mit dieser Gruppe zu tun haben, nach ihren Erfahrungen. Ist die Gruppe für Sie und Ihr Unternehmen wichtig, lesen Sie über sie nach. *Benötigen Sie weitere Hilfe? – Siehe Nr. 21 „Umgang mit Verschiedenartigkeit".*

☐ **6. Fühlen Sie sich in Gegenwart mancher Gruppen unbehaglich? Seien Sie ehrlich mit sich selbst.** Gibt es eine Gruppe oder Gruppen, die Sie nicht mögen oder in deren Gegenwart Sie sich unbehaglich fühlen? Urteilen Sie über einzelne Mitglieder dieser Gruppe, obwohl Sie nicht wirklich wissen, ob Ihr Eindruck und Ihre Stereotypisierung zutreffen?

Die meisten von uns tun dies. Vermeiden Sie es, Gruppen in gut und schlecht aufzuteilen. Viele von uns kategorisieren Gruppen als freundlich oder unfreundlich. Sobald wir das tun, sprechen wir gewöhnlich nicht mehr so häufig mit den sehr unfreundlichen und zweifeln wahrscheinlich auch ihre Motive an. Stecken Sie nicht jeden Menschen in eine Schublade. Eine Person kann viele Gründe haben, einer Gruppe anzugehören und trotzdem nicht in ihr Klischee passen. So sind zum Beispiel nicht alle Buchhalter detailorientierte und introvertierte Menschen. Zum besseren Verständnis versetzen Sie sich in die Lage der anderen. Warum würden Sie so handeln? Was versuchen sie Ihrer Meinung nach zu erreichen? Gehen Sie davon aus, dass diese Personen ihr Verhalten als vernünftig ansehen; es muss ihnen Erfolg gebracht haben, sonst würden sie es nicht beibehalten. Beschreiben Sie Verhalten und Motive so neutral Sie können. Hören Sie zu und beobachten Sie, um zu verstehen, nicht um zu urteilen. Wenn Sie mit einer für Sie schwierigen Gruppe Kontakt aufnehmen, seien Sie vorsichtig und zeigen Sie sich von Ihrer besten Seite.

☐ **7. Sind Sie sich nicht sicher, wer was in einer Gruppe tut? Identifizieren Sie die Rollen innerhalb von Gruppen.** Alle Gruppen machen gemeinsame Erfahrungen und erleben Situationen zusammen in der Gruppe. Gruppen bestehen nicht aus einer undifferenzierbaren Masse. Viele Fehler beim Umgang mit ihnen entstehen aus der Unfähigkeit, die Gruppe als Zusammensetzung von unterschiedlichen Rollen zu betrachten. Eine allgemein anerkannte Typologie von acht Rollen pro Gruppe wurde von Belbin erarbeitet. Befassen Sie sich mit dieser Typologie, denn jede Rolle zeigt Ihnen, an wen Sie sich in welcher Situation wenden müssen:

- *Führer.* Bestimmt, wie die Energie der Gruppe eingesetzt wird; konzentriert sich auf Priorität und Ausrichtung. Ansprechpartner bei schwierigen Situationen.
- *Prozessmanager.* Konzentriert sich auf Prozesse, die zur Erreichung der Teamziele erforderlich sind.
- *Innovator.* Treibt das Neue voran, stellt das Alte in Frage.
- *Bewertender.* Der Analytiker; untersucht Probleme für die Gruppe.
- *Vollender.* Konzentriert sich auf Termine, Verpflichtungen und Dringlichkeiten.
- *Arbeitsorganisator.* Verwandelt Pläne in Verfahren und Sequenzen.
- *Intern Verhandelnder.* Pflegt Beziehungen, baut Teamgeist auf.
- *Extern Verhandelnder.* Sucht extern nach Ressourcen, Ideen und Kontakten zum Abschluss von Verträgen.

Darüber hinaus gibt es noch Kontrolleure, die den Eintritt schützen und überblicken, Clowns, die für Stressabbau sorgen, Synergie-Kundige, die maximieren, Vollstrecker, die sicherstellen, dass alle ihre Aufgabe erfüllen und so weiter. Das heißt, Sie müssen zusätzlich zu ihrer Gruppenzugehörigkeit auch noch die Rolle der Person in dieser Gruppe kennen. Normalerweise besetzt eine Person eine Rolle. Kontaktieren Sie die Person, die über Ihr Anliegen am besten informiert ist, oder fragen Sie nach dem Ansprechpartner, es sei denn, die Gruppe ist sehr klein oder hierarchisch strukturiert. Nutzen Sie die Kraft der Gruppe. Sie werden eine Gruppe nicht motivieren können, wenn Sie um etwas bitten, das den Beweggründen und Überzeugungen dieser Gruppe absolut entgegensteht. Der beste Ansatz ist, die Person in der richtigen Rolle anzusprechen, und sie zu bitten, den Einfluss und die Macht dieser Rolle für Sie zu nutzen. Welche Rolle(n) spielen Sie gewöhnlich?

☐ **8. Möchten Sie mit Gruppen effektiv umgehen können? Arbeiten Sie mit Gruppen in einer Art und Weise zusammen, die diese anspricht.**
Eine effektive Zusammenarbeit mit Gruppen kann nur auf Gegenseitigkeit aufgebaut werden. Beziehungen dauern nur an, wenn von beiden Seiten gegeben wird. Finden Sie heraus, was die anderen wollen und sagen Sie, was Sie wollen. Handeln und verhandeln Sie. Wenn nur eine Gruppe gewöhnlich Vorteile hat, wird die andere Gruppe oft unkooperativ und trotzig. Finden Sie ihre Konzeptkategorien heraus. Langjährige erfolgreiche Führungskräfte sprechen oft von ihren ersten fachlich übergreifenden Erfahrungen. Die am weitesten verbreitete Maßnahme einer Führungskraft aus dem Marketingbereich, die sich zum ersten Mal mit Finanzen beschäftigen musste, war, den Kollegen zu zeigen, mit welcher Aufgabe sie gerade beschäftigt war und zu fragen, wie sie diese Aufgabe analysieren würden. Welche Fragen würden sie stellen? Was sind die Kennzahlen und warum? Welche vier oder fünf Schlüsselfaktoren würden besonders betrachtet? Sprechen Sie ihre Sprache, denn damit erleichtern Sie die Kommunikation und zeigen Respekt. Erläutern Sie ihnen Ihre Konzeptkategorien. Um mit Ihnen zusammenzuarbeiten, müssen die anderen auch Ihre Sichtweise und Beweggründe kennen. Wie oben im Tipp beschrieben, vermitteln Sie ihnen Ihre Perspektive – durch die Fragen, die Sie stellen, die Faktoren, die Sie interessieren. Wenn Sie Ihre Gedankengänge nicht erklären können, wissen andere nicht, wie sie mit Ihnen effektiv umgehen können.

☐ **9. Können Sie es kaum abwarten, Ihr Urteil bekannt zu geben? Vermeiden Sie eine vorschnelle Darlegung der Lösungen und extreme Standpunkte.**
Während die Antwort Ihnen vielleicht offensichtlich erscheint und für

jemanden aus Ihrem Bereich eindeutig Sinn ergibt, bedeutet sie Leuten in anderen Funktionen entweder gar nichts oder wirkt negativ. Legen Sie Ihre Gedankengänge dar, erklären Sie die Alternativen und lassen Sie diese als eventuelle Lösungsmöglichkeiten im Raum stehen. Bitten Sie die anderen Beteiligten anschließend, ihre Lösungsvorschläge hinzuzufügen. Wenn Sie mit Lösungen herausplatzen, provozieren Sie Ihre Zuhörer, ebenso zu reagieren. So werden Sie sie nie kennen und verstehen lernen.

- ☐ **10. Wirken sich Konflikte zwischen Gruppen störend aus? Gruppen zur Zusammenarbeit bringen.** Wesentlich ist es, eine gemeinsame Basis zu finden, eventuelle Behinderungen zu minimieren und die wertschöpfenden Unterschiede zur Bildung einer Allianz zu nutzen. Sogar Gruppen, die scheinbar Welten voneinander entfernt sind, haben Gemeinsamkeiten. Erklären Sie, dass Sie zunächst sehen möchten, ob es Punkte gibt, auf die sich beide Seiten vorläufig einigen könnten. Schreiben Sie diese auf eine Tafel oder ein Flipchart. Listen Sie dann die weit auseinander liegenden Punkte und die ernsten Differenzen auf. Betrachten Sie jeden Unterschied entweder als Wertschöpfung (wir können etwas, das Sie nicht können) oder als Behinderung (Sie können etwas, das wir nicht so gut können). Nehmen Sie die wertschöpfenden Unterschiede und stellen Sie einen Plan vor, der die Hindernisse minimiert. Entwickeln Sie auf Basis der Gemeinsamkeiten und wertschöpfenden Unterschiede eine gemeinsame Philosophie und Ausrichtung zur effektiveren Zusammenarbeit der Gruppen. *Benötigen Sie weitere Hilfe? – Siehe Nr. 12 „Konfliktmanagement".*

Develop-in-Place-Aufgabenstellungen

- ☐ Führen Sie schwierige Verhandlungen mit einem internen oder externen Kunden.
- ☐ Arbeiten Sie in einem Team zur Bildung eines Joint Ventures oder einer Partnerschaft.
- ☐ Gründen Sie eine Gruppe zur Unterstützung von Mitarbeiterinteressen.
- ☐ Reisen Sie geschäftlich in ein Land, in dem Sie noch nie waren.
- ☐ Führen Sie eine Studie über Führungskräfte durch, die in Ihrer Organisation versagt haben. Befragen Sie Mitarbeiter der Organisation, die mit diesen Personen gearbeitet haben oder die diese persönlich kannten. Teilen Sie die Ergebnisse dem Top-Management mit.

When you learn something from people, or from a culture,
you accept it as a gift,
and it is your lifelong commitment
to preserve it and build on it.
Yo-Yo Ma – Aus Frankreich stammender chinesisch-amerikanischer Cellist und Gewinner verschiedener Grammy Awards

Literaturempfehlungen

Ashkenas, R. N., Ulrich, D., Jick, T., & Kerr, S. (2002). *The boundaryless organization: Breaking the chains of organization structure* (Rev. ed.). San Francisco: Jossey-Bass.

Belbin, R. M. (2004). *Management teams* (2nd ed.). Boston: Butterworth-Heinemann.

Beyerlein, M. M., Freedman, S., McGee, C., & Moran, L. (2002). *Beyond teams: Building the collaborative organization.* San Francisco: Jossey-Bass.

Cohen, D., & Prusak, L. (2001). *In good company: How social capital makes organizations work.* Boston: Harvard Business School Press.

Deresky, H. (2002). *Global management: Strategic and interpersonal.* Upper Saddle River, NJ: Prentice Hall.

Greenhalgh, L. (2001). *Managing strategic relationships: The key to business success.* New York: Free Press.

Lancaster, L. C., Stillman, D., & MacKay, H. (2002). *When generations collide: Who they are. Why they clash. How to solve the generational puzzle at work.* New York: HarperCollins.

Lawrence, P. R., & Nohria, N. (2002). *Driven: How human nature shapes our choices.* San Francisco: Jossey-Bass.

Lee, Y. T., Jussim, L. J., & McCauley, C. R. (Eds.). (1995). *Stereotype accuracy: Toward appreciating group differences.* Washington, DC: American Psychological Association.

Lewis, R. D. (2006). *When cultures collide: Leading across cultures* (3rd ed.). Boston: Nicholas Brealey.

Maginn, M. (2004). *Making teams work: 24 Lessons for working together successfully.* New York: McGraw-Hill.

Maister, D. H. (2001). *Practice what you preach: What managers must do to create a high-achievement culture.* New York: Free Press.

Middleton, D. R. (2002). *The challenge of human diversity: Mirrors, bridges, and chasms.* Prospect Heights, IL: Waveland Press.

Miller, F. A., & Katz, J. H. (2002). *The inclusion breakthrough.* San Francisco: Berrett-Koehler Publishers.

Tomalin, B., & Nicks, M. (2007). *The world's business cultures and how to unlock them: Special chapters on China, USA, Germany, UK, Russia, India, Brazil, France, Italy, and Japan.* London: Thorogood.

Underwood, C. (2007). *The generational imperative: Understanding generational differences in the workplace, marketplace, and living room.* Charleston, SC: BookSurge.

65 Management von Visionen und Zielen

Good business leaders create a vision, articulate the vision, passionately own the vision, and relentlessly drive it to completion.
Thomas Hardy – Englischer Schriftsteller

Schlecht ausgeprägt
- ☐ Kann eine Vision nicht kommunizieren oder „verkaufen"
- ☐ Kann nicht gut präsentieren
- ☐ Formt keine markanten Sätze oder überzeugenden Schlagworte
- ☐ Spekuliert nicht gern über unsichere Aspekte der Zukunft
- ☐ Ist zu leidenschaftslos oder zu wenig charismatisch, um andere zu begeistern und anzuspornen
- ☐ Kann Dinge nicht genug vereinfachen, um anderen komplexe Strategien verständlich zu machen
- ☐ Versteht den Prozess der Veränderung nicht
- ☐ Handelt nicht als ob er/sie voll hinter einer Vision stünde
- ☐ Fühlt sich im Hier und Jetzt besser

Wählen Sie eine bis drei der folgenden Kompetenzen als Ersatz für diese Kompetenz, wenn Sie nicht direkt an ihr arbeiten möchten.
ERSATZKOMPETENZEN: 5, 9, 15, 24, 28, 36, 46, 49, 59, 60, 63

Gut ausgeprägt
- ☐ Vermittelt eine überzeugende und inspirierende Vision oder ein Gefühl für Kernfragen
- ☐ Spricht vorausblickend
- ☐ Spricht über Möglichkeiten
- ☐ Ist optimistisch
- ☐ Schafft Etappen und nutzt Symbole, um Unterstützung für die Vision zu bekommen
- ☐ Lässt jeden an der Vision teilhaben
- ☐ Kann ganze Abteilungen oder Organisationen inspirieren und motivieren

Übertriebene Fähigkeit
- ☐ Ist anderen zu weit voraus
- ☐ Zeigt sich ungeduldig denen gegenüber, die seine/ihre Vision nicht verstehen oder teilen

KOMPETENZ 65: MANAGEMENT VON VISIONEN UND ZIELEN

- ☐ Lässt eine angemessene Detailorientierung vermissen und kümmert sich zu wenig um Routinetätigkeiten
- ☐ Zeigt zu wenig Ausdauer bei alltäglichen Aufgaben

Wählen Sie nachstehend eine bis drei Kompetenzen als Arbeitsgegenstand aus, um einen übertriebenen Einsatz dieser Fähigkeit zu kompensieren.
AUSGLEICHSKOMPETENZEN: 3,5,24,27,33,35,41,52,64,67

HINWEIS: Diese Kompetenz befasst sich mit der Kommunikation und Anwendung einer bestehenden Vision; zum Schaffen einer Vision, siehe Nr. 58 „Strategische Agilität".

Mögliche Ursachen

- ☐ Kann keine einfachen Botschaften vermitteln
- ☐ Kann nicht mit Konflikten umgehen
- ☐ Versteht Veränderungsprozesse nicht
- ☐ den Worten folgen keine Taten
- ☐ Nicht voll engagiert
- ☐ Kann nicht präsentieren
- ☐ Hält zu lange Reden

Leadership Architect® Faktoren und Cluster

Diese Kompetenz ist in Faktor VI „Persönliche und soziale Kompetenzen" zu finden. Diese Kompetenz ist in Cluster Q „Andere inspirieren" zusammen mit den Kompetenzen 36, 37, 60 enthalten. Sie können auch bei anderen Kompetenzen in demselben Faktor/Cluster nach passenden Tipps suchen.

Der Plan

Viele Untersuchungen haben gezeigt, dass Organisationen mit soliden, inspirierenden Missionen und Visionen größeren Erfolg im Markt haben. Realisierbare Missionen und Visionen motivieren Menschen und leiten sie bei ihrer Zeiteinteilung und bei Entscheidungen. So wichtig eine Vision, eine Mission und eine Strategie auch sein mögen – ihre Kommunikation und Pflege sind noch wichtiger.

Tipps

- ☐ **1. Herrscht Unklarheit darüber, was erfolgsentscheidend ist? Feilen Sie an Ihrer Botschaft.** C.K. Prahalad, einer der führenden Strategieberater, meint, dass die Aussage zur Mission dann erfolgreich ist, wenn sie den Zuhörern in weniger als drei Minuten überzeugend erklärt wurde. Wirklich gute Aussagen über die Mission sind einfach und prägnant und wecken die Vorstellungskraft der Menschen. Eine klare Missionsaussage steuert das Zeitmanagement des Mitarbeiters. Sie signalisiert die erfolgskritischen Aspekte eines Projekts und sagt aus, was in der Organisation belohnt wird und was nicht. Kreieren Sie ein einfaches, und prägnantes Symbol, Bild oder Schlagwort, um Ihre Botschaft zum Leben zu erwecken. Fords „Qualität steht an erster Stelle" erscheint klar und eindeutig. Nordstroms „Der Kunde hat immer Recht" erklärt den Mitarbeitern, wie sie ihre Aufgaben betrachten und angehen sollten. Auch wenn die tatsächliche Dokumentation der Mission und Visionen länger ist – die Botschaft muss eindringlich gestaltet werden, damit sie wesentliche Inhalte nachdrücklich vermittelt. *Benötigen Sie weitere Hilfe? – Siehe Nr. 27 „Informieren".*

☐ **2. Ist Einzelnen nicht ganz klar, wie sie sich einfügen sollen? Schaffen Sie ein gemeinsames Gedankengebäude.** Eine glaubwürdige Kommunikation der Mission und der Vision ist wie eine Landkarte für jeden Einzelnen in der Organisation. Sie zeigt die großen und spannenden Themen und Ereignisse, an denen jeder teilhaben kann. Schaffen Sie eine gemeinsame Basis. Stellen Sie sich vor, welches Ergebnis die Veränderung nach ihrer Einführung bewirkt hätte, und beschreiben Sie das Ergebnis dann immer wieder – so wird es in Zukunft sein. Zeigen Sie den Menschen, wie ihr individueller Beitrag Teil des Ganzen ist, indem sie einfache und eindeutige Vergleichsmaßstäbe kreieren, wie Säulen- oder Liniendiagramme. Fassen Sie sich kurz. Die anderen haben kein Interesse daran, sich unwichtigen oder mehrdeutigen Zielen anzuschließen. Missionen und Visionen beziehen sich auf die Ausrichtung, nicht den Weg dahin. Behalten Sie die Belohnung im Auge.

☐ **3. Sehen Sie sich mit Herausforderungen im Change Management konfrontiert? Werden Sie zum Change Leader.** Die meisten bedeutsamen Aussagen zu Visionen und Missionen beinhalten gleichzeitig eine Änderung der vertrauten Verhältnisse aus der Vergangenheit. Sie sind ein Aufruf dazu, die bisherige Sicht auf das Unternehmen und seine Ziele hinter sich zu lassen. Sie machen es notwendig, dass die Menschen jetzt anders denken, sprechen und handeln. Darum werden nach der ersten Begeisterung auch Besorgnis und die Angst vor dem Unbekannten zum Vorschein kommen. Alle Change Management-Prozesse sind wichtige Mittel zur Verbreitung einer Mission. Bereiten Sie sich auf Schwierigkeiten vor und planen Sie ein, dass zwanzig bis vierzig Prozent der Zeit mit der Korrektur von kleineren und größeren Fehlern und mit Ursachenforschung verbracht werden. Betrachten Sie jeden Fehler als eine Lernmöglichkeit – dokumentieren Sie die Schwierigkeiten und lernen Sie daraus. Ohne den Eindruck zu erwecken, dass Sie sich absichern würden, präsentieren Sie auch Misserfolge als Teil eines laufenden Veränderungsprozesses, dessen Ergebnisse mit der Zeit optimiert werden. Der Veränderungsprozess muss so offen wie möglich bleiben. Untersuchungen zeigen, dass Menschen härter und effektiver arbeiten, wenn Sie das Gefühl haben, sie können mitbestimmen, wie sie Herausforderungen angehen und Ziele erreichen.

Laden Sie zur Debatte dieser Themen ein, fördern Sie Experimente und sprechen Sie mit Kollegen, die Veränderungen erfolgreich durchgeführt haben. *Benötigen Sie weitere Hilfe? – Siehe Nr. 28 „Innovationsmanagement".*

☐ **4. Äußern Sie sich auf unterschiedliche Weise? Lassen Sie Ihren Worten Taten folgen.** Oft achten Mitarbeiter eher auf das, was Sie tun als auf das, was Sie sagen. Der wichtigste Grund dafür, dass Veränderungsversuche fehlschlagen, ist der, dass sich der Botschafter selbst nicht so verhält wie die neue Vision und Mission es verlangen. Reden ist gut Handeln ist besser. Wenn Sie glaubwürdig erscheinen möchten, stellen Sie sicher, dass Sie die neue Denk- und Verhaltensweise in Ihr Repertoire aufnehmen. Andernfalls wird sie sich in ein Nichts auflösen, sobald Ihre Worte verklungen sind. *Benötigen Sie weitere Hilfe? – Siehe Nr. 22 „Ethik und Wertmaßstäbe".*

☐ **5. Ist Ihre Botschaft nicht überzeugend? Passen Sie die Botschaft dem Publikum an.** Lernen Sie, sich an Ihr Publikum anzupassen. Leider ist es so, dass der gleiche Vortrag über die Vision und Mission bei den unterschiedlichen Zuhörern oft unterschiedlich ankommt. Häufig müssen Sie den Tonfall, das Tempo, den Stil und manchmal sogar Ihre Botschaft verändern, um den Inhalt auf die verschiedenen Zuhörergruppen zuzuschneiden. Wenn Sie Ihren Vortrag über die Mission – oder die Botschaft – vor mehreren Gruppen halten, fragen Sie sich stets, wo und wie sich Ihre Zuhörer unterscheiden. Gewerkschaftler? Manager? Individuelle Mitarbeiter? Skeptiker, die sich noch von der letzten erfolglosen Zielsetzung erholen müssen? Ein neu zusammengesetztes Team auf Grund eines Mergers? Stellen Sie sich entsprechend darauf ein. *Benötigen Sie weitere Hilfe? – Siehe Nr. 15 „Kundenorientierung".*

☐ **6. Brauchen Sie Leute, die als Verfechter des Plans agieren? Vermitteln Sie eine inspirierende Botschaft.** Ziele und Visionen sollen motivieren. Keine Drohungen. Sagen Sie nicht, dass dies unsere letzte Chance ist. Schieben Sie die Schuld nicht auf die Vergangenheit. Visionen sind optimistisch, inspirierend, entwickeln Möglichkeiten, sprechen von überragender Marktpositionierung. Schaffen Sie ein positives „Wir können das"-Bild. Sie müssen ein wenig übertreiben und zaubern, wie auf einer Bühne. Sie müssen erreichen, dass Ihr Publikum sieht, was Sie sehen. Wichtig ist, dass man gut präsentiert *(Benötigen Sie weitere Hilfe? – Siehe Nr. 49 „Präsentationsfähigkeiten")* und motiviert *(Benötigen Sie weitere Hilfe? – Siehe Nr. 36 „Andere motivieren").* Proben Sie stets vor dem Auftreten in der Öffentlichkeit, z. B. vor einer Testgruppe. Betrachten Sie sich auf Video. Würden Sie sich verstehen und motiviert fühlen?

KOMPETENZ 65: MANAGEMENT VON VISIONEN UND ZIELEN

☐ **7. Treffen Sie auf unerwarteten Widerstand? Seien Sie auf Störer und Gegner vorbereitet.** Es gibt immer Menschen, die sich nicht überzeugen lassen, die alles besser wissen, die noch nie erlebt haben, dass ein Ziel erreicht wurde oder sich eine Vision erfüllt hat. Entweder behalten sie ihre Meinungen für sich oder Sie greifen Sie in der Öffentlichkeit an. Bevor Sie das Ziel und die Vision bekannt geben, denken Sie an die zehn kritischen Fragen, die gestellt werden können. „Was ist denn mit der ganz neuen Vision vom letzten Jahr, die wir bereits ad acta gelegt haben? Ich glaube nicht, dass das funktioniert. Unsere Kunden werden das nie akzeptieren." Bereiten Sie sich auf die Kritikpunkte vor, die am wahrscheinlichsten genannt werden. Spielen Sie in Gedanken durch, wie Sie bestimmte Fragen beantworten wollen. Hören Sie geduldig zu, wenn Leute ihre Bedenken äußern. Nehmen Sie Rücksicht auf ihre Gefühle, aber betonen Sie auch, warum die Veränderung notwendig ist. Konfrontieren Sie die Position Ihrer Kritiker, nicht die Menschen selbst. Seien Sie geduldig mit den Zweiflern, werden Sie nicht zu direkt. Denken Sie daran, dass es während der Entstehung der Vision Zeiten gegeben hat, in denen Sie auch nicht überzeugt waren. Nehmen Sie Alternativ-Vorschläge entgegen, die zum gleichen Ergebnis führen. Bedanken Sie sich am Ende bei allen für ihre Zeit und ihren Beitrag und kündigen Sie an, dass nun mit der Umsetzung begonnen wird. Es ist selten erforderlich, eine Person zur Seite zu nehmen und zu sagen „Ich verstehe Ihre Bedenken und habe versucht, sie zu entkräften, aber es geht jetzt weiter. Ziehen Sie mit oder nicht?" *Benötigen Sie weitere Hilfe? – Siehe Nr. 12 „Konfliktmanagement".*

☐ **8. Möchten Sie das Geschäft unter Dach und Fach bringen? Denken Sie wie ein Verkäufer.** Das Managen von Visionen und Zielen ähnelt dem Verkauf. Sie haben ein Produkt, von dem Sie glauben, dass man es kaufen wird, wenn man es kennen würde. Jeder Ihrer Kunden ist anders. Auf welche Eigenschaften und Vorteile würden sie Wert legen? Was würden sie an Zeit und Engagement aufbringen? Bei welchen Punkten werden sie wahrscheinlich Einspruch erheben? Wie antworten Sie darauf? Wie wollen Sie um den Auftrag bitten?

☐ **9. Sind Sie zu stark auf kurzfristige Prioritäten fixiert? Werden Sie zukunftsorientiert.** Es liegt in der Natur von Zielen und Visionen, dass sie eine Aussage über die Zukunft sind. Ein guter Manager von Visionen und Zielen sieht in die Zukunft. Die Zukunft, die uns alle betrifft. Die Zukunft der Branche und die Zukunft des Marktes. Die Zukunft des Unternehmens. Zukunftsvisionen basieren auf einer Serie von sachkundigen „Was wäre, wenn"-Fragen. Was wäre, wenn es Leben auf anderen Planeten gäbe? Werden die Außerirdischen unsere Produkte benötigen? Was wäre, wenn Fusion möglich wäre? Wird die billigere Energie eine Auswirkung haben?

KOMPETENZ 65: MANAGEMENT VON VISIONEN UND ZIELEN

Wenn mehr als die Hälfte des Vermögens in den USA in den Händen der Babyboomer, der geburtenstarken Jahrgänge, läge, würde das etwas an unserer Vorgehensweise ändern? Wird die Grüne Bewegung uns Vorteile bringen? Um ein guter Zukunftsplaner zu werden, müssen Sie viel lesen, ganz besonders Material außerhalb Ihrer eigenen Branche. Lesen Sie THE FUTURIST, ein Magazin der World Future Society. Sehen Sie sich im ZDF Abenteuer Wissen oder ähnliche Sendungen an. Versuchen Sie einmal pro Jahr an einer Konferenz teilzunehmen, in der Futurologen uns ihren Ausblick auf die Zukunft vermitteln. *Benötigen Sie weitere Hilfe? – Siehe Nr. 46 „Perspektive".*

☐ **10. Sind Sie über Visionen und Ziele irritiert? Machen Sie sich die Botschaft zu eigen.** Die meiste Zeit vermitteln Sie wahrscheinlich die Zukunftsvision eines anderen. Die obere Geschäftsleitung und ein Managementberater haben die Zielsetzung, Vision und Strategie in einer Klausurtagung festgelegt. Sie haben Ihren Input geben können, oder auch nicht. Sie haben vielleicht sogar Ihre Zweifel. Ihre Rolle ist es, diese Vision und Ziele zu managen, nicht Ihre persönlichen. Bieten Sie Ihren Zuhörern keine unsicheren Aussagen an: „Ich habe selbst meine Bedenken." Lassen Sie es andere nicht wissen, dass Sie nicht ganz überzeugt sind. Ihre Aufgabe besteht in der Vermittlung und dem Management der Botschaft. Es ist in Ordnung, Ihre Probleme in Bezug auf Veränderungen im Allgemeinen zuzugeben. Es ist nicht in Ordnung, sie für die jetzige Veränderung zuzugeben. Wenn Sie bessere Ideen haben, versuchen Sie diese an die Personen in Ihrer Organisation weiterzuleiten, die sich mit dem Thema Zielsetzung befassen. *Benötigen Sie weitere Hilfe? – Siehe Nr. 22 „Ethik und Wertmaßstäbe".*

Develop-in-Place-Aufgabenstellungen
☐ Stellen Sie ein multifunktionales Projektteam zusammen, um ein gemeinsames Geschäftsproblem zu bewältigen.
☐ Managen Sie eine auf kurze Zeit angelegte Gruppe von „grünen", unerfahrenen Leuten als Coach, Lehrer, Begleiter, Mentor usw.
☐ Führen Sie ein neues Produkt, eine Dienstleistung, einen Prozess ein.
☐ Werden Sie zum Change-Agenten; kreieren Sie ein Symbol für Veränderungen; rufen Sie andere zur Aktion auf; setzen Sie sich für weitreichende Änderungen und deren Umsetzung ein.
☐ Arbeiten Sie an einem Projekt, das mit Reisen und dem Studium einer internationalen Angelegenheit, Akquisition oder Kooperation verbunden ist, und berichten Sie anschließend dem Management.

People buy into the leader before they buy into the vision.
John C. Maxwell – US-amerikanischer Fachmann für Führungsfragen, Redner und Autor

Literaturempfehlungen

Adair, J. (2003). *The inspirational leader.* London: Kogan Page.

Angelica, E. (2001). *The Fieldstone Alliance guide to crafting effective mission and vision statements.* St. Paul, MN: Amherst H. Wilder Foundation.

Bacon, T. R., & Pugh, D. G. (2003). *Winning behavior: What the smartest, most successful companies do differently.* New York: AMACOM.

Black, J. S., & Gregersen, H. B. (2002). *Leading strategic change: Breaking through the brain barrier.* Upper Saddle River, NJ: Financial Times/Prentice Hall.

Bossidy, L., & Charan, R. (with Burck, C.). (2002). *Execution: The discipline of getting things done.* New York: Crown Business.

Center for Creative Leadership, Cartwright, T., & Baldwin, D. (2007). *Communicating your vision.* Hoboken, NJ: Pfeiffer.

Collins, J. C., & Porras, J. I. (2002). *Built to last.* New York: HarperBusiness.

Davidson, H. (2004). *The committed enterprise: How to make vision and values work* (2nd ed.). Boston: Butterworth-Heinemann.

Futurist Magazine. http://www.wfs.org.

Hamel, G. (2002). *Leading the revolution.* Boston: Harvard Business School Press.

Heath, C., & Heath, D. (2007). *Made to stick: Why some ideas survive and others die.* New York: Random House.

Kotter, J. (2008). *A sense of urgency.* Boston: Harvard Business School Press.

Kotter, J. P., & Cohen, D. S. (2002). *The heart of change: Real-life stories of how people change their organizations.* Boston: Harvard Business School Press.

Lasley, M. (2004). *Courageous visions: How to unleash passionate energy in your life and your organization.* Burlington, PA: Discovery Press.

Mortensen, K., & Allen, R. (2004). *Maximum influence: The 12 universal laws of power persuasion.* New York: AMACOM.

Reed, P. J. (2001). *Extraordinary leadership: Creating strategies for change.* London: Kogan Page.

Tellis, G. J., & Golder, P. N. (2001). *Will and vision.* New York: McGraw-Hill.

Thornton, P. B. (2002). *Be the leader, make the difference.* Irvine, CA: Griffin Trade Paperback.

Welch, J., & Byrne, J. A. (2002). *Jack: Straight from the gut.* New York: Warner Books.

FAKTOR VI: PERSÖNLICHE UND SOZIALE KOMPETENZEN
CLUSTER U: GLEICHGEWICHT VON BERUF UND PRIVATLEBEN

66 Gleichgewicht von Beruf und Privatleben

Knowing when not to work hard is as important as knowing when to.
Harvey Mackay – US-amerikanischer Autor und Redner im Bereich Business-Motivation

Schlecht ausgeprägt
- ☐ Findet kein Gleichgewicht zwischen Beruf und Privatleben
- ☐ Übertreibt das eine auf Kosten des anderen
- ☐ Ist ein Workaholic
- ☐ Langweilt sich ohne seine/ihre Arbeit und kann sich nicht entspannen
- ☐ Kann sich seine/ihre Zeit schlecht einteilen und nur schlecht Prioritäten setzen; reagiert nur
- ☐ Kann nicht einen Bereich des Lebens vollkommen ignorieren und sich voll und ganz auf den anderen konzentrieren
- ☐ Kann mehrere verschiedene Prioritäten nicht gleichzeitig handhaben
- ☐ Überträgt die Probleme von einem Lebensbereich in den anderen
- ☐ Kann offensichtlich nur jeweils entweder das eine oder das andere bewältigen

Wählen Sie eine bis drei der folgenden Kompetenzen als Ersatz für diese Kompetenz, wenn Sie nicht direkt an ihr arbeiten möchten.
ERSATZKOMPETENZEN: 1,39,45,47,50,54,55,62

Gut ausgeprägt
- ☐ Findet ein ausgewogenes Verhältnis zwischen Berufs- und Privatleben
- ☐ Ist nicht einseitig
- ☐ Kann beides miteinander vereinbaren
- ☐ Erreicht in beiden Bereichen seine/ihre Ziele

Übertriebene Fähigkeit
- ☐ Ist zu unflexibel, wenn Berufs- oder Privatleben dramatische Veränderungen fordern
- ☐ Ist nicht gewillt, das eine zu Ungunsten des anderen anzupassen
- ☐ Akzeptiert, um des Gleichgewichts willen, auch kurzzeitige Nachteile
- ☐ Versucht, anderen seine/ihre Vorstellungen von Gleichgewicht aufzuzwingen

Wählen Sie nachstehend eine bis drei Kompetenzen als Arbeitsgegenstand aus, um einen übertriebenen Einsatz dieser Fähigkeit zu kompensieren.
AUSGLEICHSKOMPETENZEN: 2,6,11,12,17,22,23,32,40,45,46,50,54,55

Mögliche Ursachen
- ☐ Ständig besorgt und beunruhigt
- ☐ Kann sich nicht entspannen
- ☐ Freizeit ist nicht interessant
- ☐ Übertriebener Ehrgeiz
- ☐ Schlechte Prioritätssetzung
- ☐ Zeitmanagement
- ☐ Zu intensiv
- ☐ Workaholic

Leadership Architect® Faktoren und Cluster
Diese Kompetenz ist in Faktor VI „Persönliche und soziale Kompetenzen" zu finden. Diese Kompetenz ist in Cluster U „Gleichgewicht von Beruf und Privatleben" enthalten. Sie können auch bei anderen Kompetenzen in demselben Faktor/Cluster nach passenden Tipps suchen.

Der Plan
Untersuchungen zum Thema "Wohlfühlen" zeigen, dass die Menschen, die sich am besten auf eine gegebene Situation einstellen können, diejenigen sind, die am meisten beschäftigt sind – sowohl am Arbeitsplatz als auch privat. Ausgeglichenheit wird nicht nur von denen erreicht, die nicht sehr beschäftigt sind und darum Zeit haben. Der Zeitraum außerhalb der Arbeitszeit verursacht meistens Probleme. Durch Stellenabbau, die Angst, selbst bald entlassen zu werden und 60-Stunden-Wochen sind viele Menschen einfach zu erschöpft, um mehr zu tun, als sich für den nächsten Arbeitstag zu erholen. Gefühle wie Frustration und Einseitigkeit rühren oft daher, dass das Thema der Ausgewogenheit im Leben nie angesprochen wird. Auf Personen mit doppelter Verantwortung lastet ein besonderer Druck – sie haben Vollzeitjobs und sind zusätzlich noch voll in Familie und Haushalt eingespannt.

Tipps
- ☐ **1. Versprechen Sie zu viel? Setzen Sie nicht alles auf eine Karte.** Gestalten Sie Ihre Freizeit interessanter. Dies war eins der Hauptergebnisse einer AT&T-Stress-Studie, an der vielbeschäftigte Frauen und Männer mit hohem Potenzial beteiligt waren. Es erscheint zwar nicht nachvollziehbar, aber die Personen, die ihr Leben am besten meisterten, zwangen sich, die Aktivitäten in ihrer Freizeit genauso zu planen wie die in ihrer Arbeit. Tut man das nicht, nimmt die Arbeit immer mehr Raum ein und verdrängt alles andere. Menschen mit doppelter Verantwortung (Elternrolle, Hausfrau/-mann mit einem Ganztagsjob) müssen ihre Managementstärken und -fähigkeiten zu Hause stärker einsetzen. Was macht Ihr Arbeitsleben erfolgreich?

Bündeln Sie ähnliche Aktivitäten, delegieren Sie an Ihre Kinder, bilden Sie Fahrgemeinschaften mit Kollegen und Nachbarn zu Fußballspielen, Pfadfindertreffen und so weiter. Zahlen Sie für Dienstleistungen, die nicht unbedingt von Ihnen ausgeführt werden müssen. Organisieren und managen Sie effizient. Erstellen Sie einen Zeitplan. Setzen Sie Ziele und entwerfen Sie Pläne. Verwenden Sie die Skills, die Sie für Ihre Arbeit einsetzen, auch zu Hause.

☐ **2. Sie sind sich nicht sicher, wie Sie Gleichgewicht definieren sollen? Finden Sie heraus, was für Sie funktioniert.** Gleichgewicht hat nichts mit 50/50 oder der Uhrzeit zu tun. Es hat damit zu tun, wie wir unsere Zeit nutzen. Das heißt nicht, dass Sie für jede Stunde Arbeit eine Stunde Freizeit haben müssen. sondern herauszufinden, was für Sie persönlich ein gutes Gleichgewicht darstellt. Sind es ein paar Stunden pro Woche, in denen Sie von Arbeitssorgen unbelastet sind? Sind es vier Pausen pro Tag? Ist es Zeit allein vor dem Schlafengehen? Mehr mit Ihren Kindern zu spielen? Eine richtige Unterhaltung mit Ihrem Partner am Tag (nicht nur ein „Hast du an die Reinigung gedacht?")? Eine politische, kirchliche oder sportliche Betätigung, für die Sie sich engagieren? Setzen Sie sich dafür Termine, beziehen Sie sie in Ihr Leben ein. Verhandeln Sie mit Ihrem Partner; nehmen Sie Ihr Leben nicht einfach so hin, wie es ist. Definieren Sie, was Gleichgewicht für Sie bedeutet und beteiligen Sie Ihren Partner, Freund oder Ihre Familie an diesem Prozess.

☐ **3. Sind Sie überlastet? Konzentrieren Sie sich auf die Gegenwart.** Es gibt Zeit und es gibt fokussierte Zeit. Sehr beschäftigte Menschen mit wenig Zeit lernen, wie man im Hier und Jetzt lebt, ohne die Belastungen, Sorgen und Termine mitzubringen. Wenn Sie auch nur eine Stunde zum Lesen oder Spielen mit Ihren Kindern, zum Squash oder zum Nähen zur Verfügung haben – seien Sie ganz bei der Sache. Genießen Sie es. In diesen 60 Minuten können Sie ohnehin keine Probleme lösen. Bringen Sie Ihren Kopf dahin, wo Sie sind. Konzentrieren Sie sich auf den Augenblick.

☐ **4. Lassen Sie Ihre Stärken brachliegen? Setzen Sie sich auch außerhalb Ihrer Arbeit Termine, Dringlichkeitsstufen und Strukturierung.** Eine hilfreiche Taktik ist es, die Stärken aus Ihrer Arbeit auch in Ihrer Freizeit zu nutzen. Wenn Sie organisiert sind, organisieren Sie etwas. Wenn Sie gute soziale Kompetenzen haben, bilden Sie eine Gruppe. Wenn Sie ehrgeizig sind, planen Sie regelmäßige Spiele. So vernünftig dies auch klingen mag, AT&T fand heraus, dass Menschen mit einer schlechten Freizeitgestaltung ihre Stärken aus ihrem Arbeitsbereich privat nicht einsetzten. Sie hatten sie einfach vergessen.

KOMPETENZ 66: GLEICHGEWICHT VON BERUF UND PRIVATLEBEN

☐ **5. Sie können nicht nein sagen? Erkennen Sie, dass Sie nicht alles alleine tun können.** Was sind Ihre NEINs? Wenn Sie keine haben, sind Sie wahrscheinlich in beiden Bereichen Ihres Lebens frustriert. Ein Teil des Erwachsenwerdens ist es, schöne und lustige, wahrscheinlich wertvolle, Aktivitäten hinter sich zu lassen. Woran hängen Sie noch? Was können Sie auf der Arbeit nicht ablehnen, obwohl es wirklich keine Priorität hat? In welchen Situationen machen Sie sich zum Prügelknaben? Wenn Ihr Nein die Kollegen zunächst verärgert, ist das der Preis, den Sie zahlen müssen. Das lässt sich aber gewöhnlich entschärfen, wenn Sie Ihre Beweggründe und Absichten erklären. Die meisten Menschen nehmen es nicht persönlich, wenn Sie ihnen sagen, dass Sie Ihr Kind abholen oder seine Fußballmannschaft trainieren, oder wenn Sie bei diesem Projekt nicht aushelfen können, weil es in Ihrem Bereich noch ein weiteres mit besonders hoher Priorität gibt. Geben Sie gute Gründe an, die die Aktivität, die Sie aufgeben, nicht bagatellisieren. Sie war nicht unbedeutend; aber etwas anderes war wichtiger.

☐ **6. Sind Sie gelangweilt? Gestalten Sie Ihr Leben außerhalb der Arbeit anregender.** Viele von uns möchten so wenig Stress wie möglich außerhalb des Berufs, und die Suche nach Bequemlichkeit endet in Langeweile. Welchen drei wirklich spannenden Dinge könnten Sie und/oder Ihre Familie unternehmen? Die Arbeit wird immer aufregend oder zumindest mit Aktivitäten vollgestopft sein. Um diese übermäßige Stimulation auszugleichen, finden Sie etwas, das Sie mit Leidenschaft außerhalb Ihres Berufes angehen können.

☐ **7. Können Sie von der Arbeit nicht abschalten? Wenn Sie sich nach der Arbeit nicht entspannen können, planen Sie Zwischenstopps oder Grenzen ein.** Eine faszinierende Eigenschaft des menschlichen Gehirns ist seine Anpassung an Veränderungen; signalisieren Sie ihm, dass die Arbeit vorbei ist – lassen Sie im Auto Musik laufen, spielen Sie mit Ihren Kindern, gehen Sie spazieren, schwimmen Sie zwanzig Minuten – gönnen Sie sich klare und regelmäßige Pausen. Versuchen Sie, Ihre Energie dort zu fokussieren, wo Sie sich befinden. Machen Sie sich in Ihrer Arbeitszeit Gedanken um die Arbeit und nicht um Ihr Privatleben. Wenn Sie vors Haus fahren, machen Sie sich Gedanken um Ihr Privatleben und lassen Sie alles andere im Büro. Setzen Sie sich jede Woche ein Zeitfenster für Ihre Finanzen und Ihre anderen Sorgen. Versuchen Sie, sich dann auf Ihre „Sorgenzeit" zu konzentrieren, wenn es auch effektiv ist.

☐ **8. Können Sie nicht loslassen? Unterteilen Sie.** Wenn Ihr Problem tiefer sitzt – Sie haben bereits 3 Tage Urlaub und können sich immer noch nicht entspannen –, schreiben Sie auf, was Sie belastet. Meistens handelt es sich um ungelöste Probleme. Schreiben Sie alles auf, was Ihnen in den

Kopf kommt. Achten Sie nicht so sehr auf vollständige Sätze – bringen Sie es einfach aufs Papier. Sie werden gewöhnlich feststellen, dass es schwierig ist, eine Seite zu füllen, und dass es nur drei Eintragungen gibt – Arbeitsprobleme, Probleme mit Mitmenschen und eine Aufgabenliste. Schreiben Sie alle Ideen auf, die Ihnen bei diesen Themen helfen könnten. Hierdurch lösen sich Ihre Ängste häufig auf, denn sie sind nur die Erinnerung an ungelöste Probleme. Da wir alle Gewohnheitstiere sind, melden sich diese Ängste jedoch wieder. Dann müssen Sie sich sagen (so albern das auch erscheinen mag) „Ich habe alles getan, was ich konnte." Oder „Richtig, ich erinnere mich, das mache ich später." Offensichtlich funktioniert dieses Prinzip auch, wenn wir nicht im Urlaub sind.

☐ **9. Leben Sie wirklich, um zu arbeiten? Wenn Sie Ihre Arbeit lieben und ein glücklicher, jedoch unausgeglichener Workaholic sind, versuchen Sie es mit Tipp 4.** Wenn das nicht funktioniert, stellen Sie sich vor, wie Sie in zwanzig Jahren sein werden. Suchen Sie sich drei Personen, die Ihnen ähnlich, jedoch zwanzig Jahre älter sind. Sind sie glücklich? Wie sieht ihr Privatleben aus? Gibt es Probleme mit Stress oder Depressionen? Wenn Sie das nicht stört, schützen Sie sich durch Nr. 7. Wenn Sie nicht bald etwas tun, um sich zu regenerieren, wird Ihre Effektivität mit der Zeit nachlassen oder Sie fühlen sich bald ausgebrannt.

☐ **10. Sind Sie nicht sicher, was Sie tun sollen? Sprechen Sie mit Personen, die an Ihrem Wohlergehen interessiert sind.** Sprechen Sie mit Personen, die an Ihrem Wohlergehen interessiert sind, die Sie so akzeptieren, wie Sie sind und mit denen Sie offen sein können. Was wünschen sich diese Leute für Sie? Fragen Sie sie, in welche Richtung sie Ihr Gleichgewicht von Beruf und Privatleben verändern würden.

Develop-in-Place-Aufgabenstellungen

☐ Managen Sie das Outplacement einer Gruppe von Mitarbeitern.
☐ Beantragen und arbeiten Sie mit einem Budget, um eine persönliche Idee, ein Produkt oder eine Dienstleistung zu starten und weiterzuführen.
☐ Beteiligen Sie sich an einer Selbsthilfegruppe oder Support-Gruppe.
☐ Arbeiten Sie ein Jahr oder länger für eine öffentliche Einrichtung.
☐ Besuchen Sie ein Seminar über Selbstbewusstsein/Beurteilung, bei dem Sie auch Feedback erhalten.

If A is a success in life, then A equals x plus y plus z.
Work is x; y is play; and z is keeping your mouth shut.
Albert Einstein – Aus Deutschland stammender Physiker, Nobelpreisträger

Literaturempfehlungen

Alboher, M. (2007). *One person/multiple careers: A new model for work/life success.* Boston: Business Plus.

Cohen, D., & Prusak, L. (2001). *In good company: How social capital makes organizations work.* Boston: Harvard Business School Press.

Deering, A., Dilts, R., & Russell, J. (2002). *Alpha leadership: Tools for business leaders who want more from life.* West Sussex, England: John Wiley & Sons.

Ferriss, T. (2007). *The 4-hour workweek: Escape 9–5, live anywhere, and join the new rich.* New York: Crown Publishing Group.

Germer, F. (2001). *Hard won wisdom: More than 50 extraordinary women mentor you to find self-awareness, perspective, and balance.* New York: Perigee.

Glanz, B. (2003). *Balancing acts.* Chicago: Dearborn Trade.

Gordon, G. E. (2001). *Turn it off: How to unplug from the anytime-anywhere office without disconnecting your career.* New York: Three Rivers Press.

Hakim, C. (2000). *Work-lifestyle choices in the 21st century: Preference theory.* Oxford, UK: Oxford University Press.

Harvard Business School Press. (2000). *Harvard Business Review on work and life balance.* Boston: Harvard Business School Press.

Jackson, M. (2002). *What's happening to home: Balancing work, life and refuge in the information age.* Notre Dame, IN: Sorin Books.

Johnson, T., & Spizman, R. F. (2008). *Will work from home: Earn the cash—without the commute.* New York: Berkley Publishing Group.

Lewis, S., & Cooper, C. L. (2005). *Work-life integration: Case studies of organizational change.* West Sussex, England: John Wiley & Sons.

Mainiero, L. A., & Sullivan, S. E. (2006). *The opt-out revolt: Why people are leaving companies to create kaleidoscope careers.* Mountain View, CA: Davies-Black.

Matthews, J., & Dennis, J. (2003). *Lessons from the edge: Survival skills for starting and growing a company.* New York: Oxford University Press.

Merrill, A. R., & Merrill, R. R. (2003). *Life matters: Creating a dynamic balance of work, family, time and money.* New York: McGraw-Hill.

Sawi, B. (2000). *Coming up for air: How to build a balanced life in a workaholic world.* New York: Hyperion.

St. James, E. (2001). *Simplify your work life: Ways to change the way you work so you have more time to live.* New York: Hyperion.

Williams, J. (2000). *Unbending gender: Why family and work conflict and what to do about it.* Oxford, UK: Oxford University Press.

FAKTOR V: POSITIONIERUNGSKOMPETENZEN IM UNTERNEHMEN
CLUSTER L: KOMMUNIKATIONSFÄHIGKEITEN

67 Schriftliche Kommunikation

Writing is a lot easier if you have something to say.
Sholem Asch – Aus Polen stammender US-amerikanischer jiddischer Schriftsteller

Schlecht ausgeprägt
- ☐ Kann nur ungenügend schriftlich kommunizieren
- ☐ Hat Probleme damit, auf den Punkt zu kommen
- ☐ Ist zu weitschweifig, zu kurz angebunden oder hat grammatikalische Schwächen
- ☐ Kann logische Argumentationen nur schlecht ausführen
- ☐ Passt sich unterschiedlichen Auditorien nicht an; hat einen simplen Schreibstil

Wählen Sie eine bis drei der folgenden Kompetenzen als Ersatz für diese Kompetenz, wenn Sie nicht direkt an ihr arbeiten möchten.
ERSATZKOMPETENZEN: 5,15,27,37,47,49,51,65

Gut ausgeprägt
- ☐ Kann sich klar und knapp in einer Vielzahl von Kommunikationssituationen und -stilen ausdrücken
- ☐ Kann Nachrichten so vermitteln, dass der gewünschte Effekt eintritt

Übertriebene Fähigkeit
- ☐ Verwendet zu viel Zeit darauf, Dokumente zu verfassen
- ☐ Strebt zu oft nach Perfektion, wo weniger ausreichen würde
- ☐ Beurteilt die Aufzeichnungen anderer übermäßig kritisch

Wählen Sie nachstehend eine bis drei Kompetenzen als Arbeitsgegenstand aus, um einen übertriebenen Einsatz dieser Fähigkeit zu kompensieren.
AUSGLEICHSKOMPETENZEN: 1,2,3,12,15,17,27,32,38,44,46,48,50,51,53,57,62

Mögliche Ursachen
- ☐ Uninteressanter Schreibstil
- ☐ Zu beschäftigt
- ☐ Zu weitschweifig; zu lang
- ☐ Die Kernaussage ist nicht zu erkennen
- ☐ Nicht gut organisiert
- ☐ Grammatik- und Anwendungsprobleme
- ☐ Hat beim Schreiben die Zielgruppe nicht vor Augen

KOMPETENZ 67: SCHRIFTLICHE KOMMUNIKATION

Leadership Architect® Faktoren und Cluster

Diese Kompetenz ist in Faktor V „Positionierungskompetenzen im Unternehmen" zu finden. Diese Kompetenz ist in Cluster L „Kommunikationsfähigkeiten" zusammen mit der Kompetenz 49 enthalten. Sie können auch bei anderen Kompetenzen in demselben Faktor/Cluster nach passenden Tipps suchen.

Der Plan

Sie sind, was Sie schreiben. Eine gute schriftliche Kommunikation präsentiert dem Leser wirkungsvoll und effektiv die Punkte und Botschaften, die Sie ihm übermitteln wollen. Nicht mehr und. nicht weniger. Sie respektiert die Zeit und Intelligenz des Lesers. Lernen Sie so zu schreiben als ob Sie nur drei Minuten Zeit hätten, einer Gruppe, auf deren Meinung Sie großen Wert legen, ein Argument zu präsentieren. Sie werden an einem Kontrollpunkt von der Grenzpolizei gestoppt und gefragt, warum Sie dort sind. Was würden Sie tun? Sie würden wahrscheinlich in ihrer Sprache antworten, mit möglichst wenig Worten klarmachen, was Sie wollen, würden bestimmt auftreten und Kernpunkte wiederholen, die zu Ihrem Vorteil sind. Denken Sie darüber nach, was Sie nicht tun würden. Sie würden nicht schwafeln, nicht erwarten, dass man Ihre Gründe errät oder würden keine vagen Worte oder einen Sprachstil verwenden, der die Kontrolleure verdutzt. Gute schriftliche Kommunikation bezweckt das gleiche. Verwenden Sie für Ihre schriftliche Mitteilung so wenig Papier wie möglich.

Tipps

☐ **1. Fehlt es Ihnen an Konzentration oder Klarheit? Schreiben Sie zunächst einen Entwurf.** Zu häufig wird ohne Vorplanung geschrieben. Gehen Sie eine Checkliste durch. Was ist Ihr Ziel, Ihre Kernaussage? Was sind Ihre Schwerpunkte? Skizzieren Sie Ihre Hauptpunkte in logischer Folge zur Bekräftigung Ihrer Kernaussage. Welche fünf Details sollen die Leser verstehen und in Erinnerung behalten? Lassen Sie alle Sätze weg, die nichts mit dem Ziel und den Schwerpunkten zu tun haben. Was würde der typische Leser sagen, wenn er 15 Minuten nach dem Lesen Ihres Schriftstücks befragt würde? Wie setzt sich Ihre Zielgruppe zusammen? Was wissen diese Personen bereits, so dass Sie den Teil nicht wiederholen müssen? Wie viel Hintergrundinformationen müssen Sie geben? Welche Fragen stellen sich den Lesern nach dem Lesen Ihres Schriftstücks? Haben Sie Antworten darauf? Wie sind die Umstände für die Leser? Wie viel Zeit haben sie zum Lesen? Wie umfangreich kann Ihre Nachricht sein? Führen Sie einen Test an einem kürzlich geschriebenen Artikel durch. Gibt es eine

These? Hat jeder Absatz einen Themensatz – einen Gegenstand? Wenn Sie einen Satz pro Paragraph schreiben, sind diese Sätze in einer logischen Reihenfolge? Benötigen Sie weitere Hilfe? – Siehe Nr. 47 „Planen".

☐ **2. Verlieren Sie die Aufmerksamkeit des Lesers? Halten Sie sich an Ihren Plan.** Folgen Sie Ihrem Entwurf. Stellen Sie Ihre Kernaussage oder Ihr Ziel in einer Einleitung von ein bis zwei Sätzen am Anfang des Dokuments vor. Jeder Leser muss sofort wissen, warum er/sie diesen Artikel liest. Skizzieren Sie anschließend die drei bis fünf Teile Ihrer Argumentation, um Ihre These zu unterstützen. Wenn Sie hier mehr beschreiben, werden Ihnen die Leser nicht folgen. Was in Ihrer Einführung erweckt das Interesse des Lesers für Ihre Kernaussage? Eine Geschichte, eine Tatsache, ein Vergleich, ein Zitat, ein Foto, ein Comic? Welche fünf Techniken wollen Sie anwenden, um seine Aufmerksamkeit zu erwecken und aufrechtzuerhalten? Welcher Stil würde sich am besten eignen? Was sind Ihre Prioritäten und wie wollen Sie sie darstellen? Manche Punkte lassen sich besser mit einem Beispiel belegen, manche durch die Logik des Arguments, andere durch Tatsachen oder Geschichten. Variieren Sie die Darstellung Ihrer Argumentation, um so mehr Menschen anzusprechen.

☐ **3. Springt der Funke nicht über? Schreiben Sie für ein bestimmtes Zielpublikum.** Leider kommt das gleiche Dokument bei verschiedenen Leserschaften unterschiedlich an. Häufig müssen Sie die Länge, den Grundton, den Schreibstil und manchmal sogar Ihre Nachricht anpassen, um unterschiedliche Zielgruppen zu erreichen. Wenn Sie eine einzige Nachricht für mehrere Zielgruppen verfassen, fragen Sie sich immer, wodurch sich Ihre Leser unterscheiden? Stellen Sie sich entsprechend darauf ein. Schreiben Sie an eine leitende Führungskraft? Verwenden Sie eine Zusammenfassung für die Geschäftsleitung. Eine Seite. Folgen Sie Ihrem Entwurf. Teilen Sie dem Empfänger am Ende mit, welche Entscheidungen zu treffen sind. Wenn die Führungskraft Interesse zeigt, folgen Sie mit einem längeren Dokument nach. Gehören Ihre Leser zu einem Team, für das Sie Verantwortung tragen? Dann nennen Sie die notwendigen Ressourcen, um ihre Aktivitäten zu unterstützen? Die Teammitglieder brauchen von Ihnen wahrscheinlich Einzelheiten zur Koordination ihrer Zeitpläne. Sind Ihre Empfänger im Rechtsbereich angesiedelt? Dann benötigen sie Informationen über die Gründe, die Vorgeschichte, Parallelen auf dem Markt, legale Schlupflöcher. Schreiben Sie an Mitarbeiter? Diese wiederum müssen Einzelheiten zur Umsetzung kennen, um die von Ihnen beschriebenen Ziele und Ergebnisse zu verstehen. Eigentlich müssen Sie das gesamte Dokument schreiben und es anschließend auf die unterschiedlichen Zielgruppen zuschneiden. Versuchen Sie nicht, ein Dokument für alle zu verfassen. *Benötigen Sie weitere Hilfe? – Siehe Nr. 15 „Kundenorientierung".*

☐ **4. Zu viele Informationen? Überfluten Sie den Leser nicht mit Details, die er nicht braucht oder nicht nutzen kann.** Verwenden Sie nur dann Details, wenn diese wichtig zum Verständnis Ihres Arguments/Ihrer These sind. Welche fünf Fakten unterstreichen Ihre Aussage? Sogar bei der Verfassung eines längeren Berichts müssen diese fünf Punkte in einem oder zwei Paragraphen herausgestellt werden und sich nicht erst im Laufe des gesamten Textes herauskristallisieren. Beim Durchlesen vergessen die Leser die Einzelheiten der einzelnen Problempunkte, da Probleme gewöhnlich mehr als eine Ursache haben und Leser abgelenkt werden. Nur wenige Menschen lesen gern einen Almanach. Wenn Ihre Argumentation viele Daten enthält, verwenden Sie hier nur die relevanten Details und listen den Rest im Anhang auf.

☐ **5. Zu hohe Informationsdichte? Verwenden Sie Überschriften und Unterpunkte für den Leser, genau wie eine Zeitung.** Umfasst das Dokument mehr als zwei oder drei Seiten, teilen Sie es durch Überschriften auf, wie zum Beispiel „Das Einkaufsproblem", „Warum bricht das Einkaufssystem zusammen?", „Optionen des Einkaufs", „Zu beantwortende Fragen" und so weiter.

☐ **6. Sind Sie schwer zu verstehen? Verlieren Sie Ihre Leser nicht durch eine ungünstige Wortwahl.** Vermeiden Sie Übertreibungen wie „sehr, großartig, aufregend" und mehr. Viele Adjektive und Adverbien fügen dem Inhalt nichts hinzu, bringen den Lesefluss ins Stocken oder wirken übertreibend. Argumente überzeugen durch Logik und Fakten, nicht durch Füllwörter. Vermeiden Sie eine Aneinanderreihung von abstrakten Begriffen – gewöhnlich Substantiven – wie zum Beispiel „optimale Mitarbeiter-Schnittstelle". Ersetzen Sie diese mit gebräuchlicheren Begriffen. Der obige verwirrende Begriff bedeutet in der Normalsprache nur „die beste Art für Menschen, miteinander zu sprechen." Da alle Textverarbeitungssysteme mit einem Thesaurus ausgestattet sind, können Sie im Notfall auf diesen zurückgreifen. Verwenden Sie die Rechtschreibprüfung zur Vermeidung von Schreibfehlern und häufig falsch verwendeten Wörtern. Eine fehlerhafte Grammatik ist schwieriger zu erkennen. Am einfachsten ist es, diese durch eine andere Person prüfen zu lassen. Eine weitere Empfehlung für eine langfristigere Strategie ist der Kauf eines einfachen Standardwerkes über Stil und Grammatik der deutschen Sprache, einer Anleitung für die Vermeidung der am häufigsten auftretenden Probleme in der deutschen Grammatik.

☐ **7. Können Sie keine Aufmerksamkeit erlangen? Verwenden Sie Aktion und visuelle Präsentation.** Schreiben Sie interessant und spannend. Verwenden Sie möglichst oft Worte, die Bilder hervorrufen. Lebendige, visuelle Argumentationen bleiben am besten in Erinnerung. (Können Sie den Leser dazu bringen, dass er das Einkaufsproblem vor sich sieht? „Die Kisten waren bis zur Decke gestapelt und blockierten zwei Gänge.") Wechseln Sie die Länge und Art der Sätze ab. Zu viele Autoren machen den Fehler, Bandwurmsätze durch eine Aneinanderreihung von Füllwörtern zu schaffen, wie z. B.: „Der schnelle, braune Fuchs sprang über den Rücken des faulen Hundes". Die Verwendung von Substantiven statt Verben ist langweilig. Schreiben Sie „X organisierte" und nicht „die Organisation wurde durch X erreicht ..." Verwenden Sie aktive anstatt passive Formulierungen. Vermeiden Sie „ist" und „sind", doppelte Negationen wie „nicht schlecht" oder verhüllte Beleidigungen wie „nicht sehr gut". Drücken Sie sich mit aktiven Wörtern aus: Wenn ein Satz mehrere Kommata oder mehrere Nebensätze hat, ist er zu lang. Sagen Sie den Satz laut vor. Könnten Sie die Hälfte wegfallen lassen? Lange, gewundene Sätze kommen gewöhnlich daher, dass das Subjekt in das Objekt des Satzes verwandelt wurde. Im Satz „Arbeitnehmer werden durch X, Y und Z inspiriert" sind die Arbeitnehmer passive Empfänger von X, Y und Z, die die Aussagekraft des Satzes einnehmen. Entscheiden Sie, was Arbeitnehmer inspiriert und schreiben Sie dies an den Satzanfang. Versuchen Sie sich mit ein wenig Drama. Im Gegenteil zum obigen Punkt müssen Sie etwas, das Sie betonen möchten, an das Ende des Satzes stellen: „Zusammenfassend hat die Durchführung von X zu einer Gewinnsteigerung von 14 Prozent geführt" bringt die Idee besser herüber als „Der Gewinn wurde um 14 Prozent erhöht, indem ..."

☐ **8. Formulieren Sie redundant? Verwenden Sie weniger Wiederholungen.** Wenn Ihr Schriftstück viele Wiederholungen enthält, ist gewöhnlich die zweite oder dritte Aussage die beste. Oft schreiben wir etwas, entscheiden, dass es einer Erklärung bedarf und fügen einen oder zwei weitere Sätze hinzu, um den ersten zu erläutern. Beim nochmaligen Durchlesen, stellen wir das dann fest und streichen die hinzugefügten Sätze aus, was das Problem noch verschlimmert. Prüfen Sie zuerst die hinzugefügten Sätze und entscheiden Sie, ob diese besser sind. Ist dies nicht der Fall, verbinden Sie die Sätze zu einem.

☐ **9. Haben Sie Schwierigkeiten, das Gedachte in Worte zu fassen? Schreiben Sie so, wie Sie sprechen.** Die meisten Menschen, die nicht gut schreiben, sprechen besser. Nutzen Sie diese Tatsache zu Ihrem Vorteil. Besprechen Sie Ihre Argumentation mit einem Freund, lesen Sie sie laut vor, verwenden Sie ein Aufnahmegerät oder kaufen Sie sich eines der neuen Texterkennungs-Softwareprogramme. Reduzieren Sie Ihre Argumentation dann auf das logische von Schriftstücken verlangte Format.

☐ **10. Versteht man Sie besser, wenn Sie es sagen? Schreiben Sie nicht immer, wie Sie sprechen.** Seien Sie vorsichtig mit cleveren und humorigen Bemerkungen. Was persönlich lustig sein kann, erscheint auf Papier oft zynisch. Achten Sie auf extrem formulierte Aussagen. Wenn Sie sprechen, können Sie diese mit einer weichen Stimme ausgleichen, schriftlich wirken diese Worte hart und kompromisslos. Seien Sie vorsichtig mit dem Einsatz von Fachsprache und anderen pompösen Worten, die die Leser langweilen oder verwirren. Man kann sie vielleicht in einer Rede einsetzen, weil Sie die Reaktionen sehen und gerunzelte Augenbrauen wieder besänftigen können. Wenn Sie schreiben, sehen Sie Ihr Publikum nicht. Und schreiben Sie unter gar keinen Umständen, wenn Sie verärgert sind. Sollten Sie es dennoch tun, legen Sie Ihr Schriftstück über Nacht zur Seite. Lesen Sie es am folgenden Tag, ziehen Sie die wichtigen Punkte heraus, schreiben Sie es neu und werfen Sie das Original weg. Das hat Lincoln auch so gemacht und er war ziemlich erfolgreich damit.

Develop-in-Place-Aufgabenstellungen

☐ Schreiben Sie eine Rede für eine höher gestellte Person in der Organisation.
☐ Arbeiten Sie in einem Team zur Beantragung größerer öffentlicher oder Stiftungs-Zuschüsse oder Finanzierung für eine Aktivität.
☐ Verfassen Sie einen Vorschlag für einen neuen Prozess, eine neue Richtlinie, Mission, Satzung, Dienstleistung, ein neues Produkt oder System und unterbreiten und „verkaufen" Sie diesen an das Top-Management.
☐ Verfassen Sie eine Missionsaussage, eine Richtlinie, Satzung oder Zielbeschreibung und lassen Sie sich dazu Feedback von anderen geben.
☐ Schreiben Sie Pressemitteilungen für Ihre Organisation.

*Do but take care to express yourself in a plain, easy manner,
in well-chosen, significant and decent terms, and to give a harmonious
and pleasing turn to your periods: study to explain your thoughts,
and set them in the truest light, labouring as much as possible,
not to leave them dark nor intricate, but clear and intelligible.*
Miguel de Cervantes – Spanischer Dramatiker, Dichter und Schriftsteller

Literaturempfehlungen

Abell, A. (2003). *Business grammar, style & usage: The most used desk reference for articulate and polished business writing and speaking by executives worldwide.* Boston, MA: Aspatore, Inc.

Alred, G. J., Brusaw, C. T., & Oliu, W. E. (2006). *The business writer's handbook* (8th ed.). New York: St. Martin's Press.

Appleman, J. E. (2008). *10 Steps to successful business writing.* Alexandria, VA: ASTD Press.

Bailey, E. P., Jr. (2007). *Writing and speaking at work* (4th ed.). Upper Saddle River, NJ: Prentice Hall.

Baldoni, J. (2003). *Great communication secrets of great leaders.* New York: McGraw-Hill.

Bond, A. (2005). *300+ Successful business letters for all occasions* (2nd ed.). Hauppauge, NY: Barron's Educational Series.

Booher, D. (2001). *E writing: 21st Century tools for effective communication.* New York: Pocket Books.

Bovée, C. L., & Thill, J. V. (2007). *Business communication today* (9th ed.). Upper Saddle River, NJ: Prentice Hall.

Cunningham, H., & Greene, B. (2002). *The business style handbook: An A-to-Z guide for writing on the job with tips from communications experts at the Fortune 500.* Chicago: McGraw-Hill.

Davis, K. (2005). *The McGraw-Hill 36-hour course in business writing and communication.* New York: McGraw-Hill.

Dumaine, D. (2004). *Write to the top: Writing for corporate success.* New York: Random House Trade Paperbacks.

Ellison, P. T., & Barry, R. E. (2006). *Business English for the 21st century* (4th ed.). Upper Saddle River, NJ: Prentice Hall.

Harvard Business School Press. (2003). *Business communication.* Boston: Harvard Business School Press.

Iacone, S. J. (2003). *Write to the point: How to communicate in business with style and purpose.* Franklin Lakes, NJ: Career Press.

Lindsell-Roberts, S. (2004). *Strategic business letters and e-mail.* Boston: Houghton Mifflin Company.

Meyer, V., Sebranek, P., & Van Rys, J. (2004). *Write for business.* Burlington, WI: UpWrite Press.

O'Quinn, K. (2006). *Perfect phrases for business letters.* New York: McGraw-Hill.

Picardi, R. P. (2001). *Skills of workplace communication: A handbook for T & D specialists and their organizations.* Westport, CT: Quorum Books.

Ryan, K. (2003). *Write up the corporate ladder: Successful writers reveal the techniques that help you write with ease and get ahead.* New York: AMACOM.

Die 19 Karrierehemmer und -stopper

*Die Kompetenzen 68-80 und 91-100 bestehen noch nicht.
Diese Nummern sind für zukünftige Ergänzungen reserviert.*

*Leistungsaspekte (nummeriert von 81 bis 90)
finden Sie in* FYI for Performance Management.™

FAKTOR VII: PROBLEME IM UMGANG MIT MENSCHEN
CLUSTER V: KOMMT NICHT GUT MIT ANDEREN MENSCHEN ZURECHT

101 Unfähigkeit zur Anpassung an Veränderungen

The world hates change, yet it is the only thing that has brought progress.
Charles F. Kettering – Amerikanischer Erfinder

Ein Problem
- ☐ Hat Schwierigkeiten, mit neuen oder unterschiedlichen Vorgesetzten, Strategien, Plänen und Programmen, Kulturen, Philosophien und technischen Entwicklungen zu arbeiten oder sich ihnen anzupassen
- ☐ Drückt seine Ablehnung gegenüber Mission, Werten, Strategien und Taktiken des Top-Managements unangemessen und zu lautstark aus
- ☐ Kommt mit Menschen, mit denen er/sie nicht übereinstimmt, nur schlecht zurecht

Kein Problem
- ☐ Kommt gut mit Änderungen zurecht
- ☐ Greift Veränderungen zunächst konstruktiv an, zieht dann aber erforderlichenfalls mit
- ☐ Kann auch Dinge unterstützen, mit denen er/sie nicht voll übereinstimmt
- ☐ Gestaltet gekonnt Übergänge zu Neuem und Verändertem
- ☐ Hat eine gute Beziehung zu Führungskräften
- ☐ Kann mit schwierigen Führungskräften vernünftig umgehen
- ☐ Bleibt in Konflikten unparteiisch
- ☐ Ist offen für die Ansichten anderer

Mögliche Ursachen
- ☐ Arrogant
- ☐ Keine Akzeptanz gegensätzlicher Ansichten
- ☐ Defensiv
- ☐ Hofft, Veränderungen nicht akzeptieren zu müssen
- ☐ Selbstverliebt in eigene Ideen
- ☐ Wenig Risikobereitschaft
- ☐ Beschränkter Horizont und wenig Interessen
- ☐ Nicht offen für neue Vorgehensweisen
- ☐ Nicht strategisch
- ☐ Perfektionist
- ☐ Schwach ausgeprägte soziale Kompetenzen

- ☐ Zieht das Altbewährte vor
- ☐ Probleme mit Autoritätspersonen
- ☐ Probleme mit Vielfalt am Arbeitsplatz
- ☐ Strenge Wertvorstellungen
- ☐ Zu beschäftigt, um sich zu verändern
- ☐ Fühlt sich zu wohl
- ☐ Sehr clever und erfolgreich

Andere Ursachen

FEHLENDES GESCHICK BEI: 2,4,8,11,16,21,32,33,40,45,46,48,55,56,58,61,64
ÜBERMASS: 9,16,22,29,32,35,39,47,52

Leadership Architect® Faktoren und Cluster

Diese Kompetenz ist in Faktor VII „Probleme im Umgang mit Menschen" (S1) zu finden. Diese Kompetenz ist in Cluster V „Kommt nicht gut mit anderen Menschen zurecht" zusammen mit den Kompetenzen 106, 108, 112 enthalten. Sie können auch bei anderen Kompetenzen in demselben Faktor/Cluster nach passenden Tipps suchen.

Der Plan

Dies ist einer der häufigsten Gründe, wenn nicht der häufigste, weshalb Mitarbeiter mit viel versprechendem Potenzial Probleme bekommen. Obwohl Ihre Leistung im Moment stark ist, sagt man Ihnen nach, dass Sie inflexibel sind oder mit Meinungsverschiedenheiten nicht umgehen können. Vielleicht fühlen Sie sich in Ihrer Komfortzone zu wohl und wollen keine Veränderungen. Vielleicht gibt es bestimmte Autoritätspersonen, mit denen Sie nur schlecht umgehen können. Sie sind nicht auf dem neuesten Informations- und Wissensstand.

Tipps

☐ **1. Defensiv? Bitten Sie um Feedback und Input.** Abwehr und Arroganz blockieren eine Anpassung an Veränderungen in großem Ausmaß. Defensive und arrogante Menschen bekommen weniger Feedback. Sie hören nicht zu. Sie unterbrechen. Sie sehen Veränderungen als persönlichen Angriff und als Verurteilung ihrer aktuellen Denkweise und Praktiken. Man arbeitet nicht gern mit oder in der unmittelbaren Umgebung von defensiven und arroganten Menschen. Defensive und arrogante Menschen befinden sich gewöhnlich nicht im Informationsverteiler, daher hören sie erst zu spät von Veränderungen, was ihre defensive Reaktion wiederum erhöht. Obwohl das nicht unbedingt wahr sein muss, werden

KARRIEREHEMMER UND -STOPPER
101: UNFÄHIGKEIT ZUR ANPASSUNG AN VERÄNDERUNGEN

Abwehrhaltungen und Arroganz oft als Widerstand gegen neue Maßnahmen und somit gegen Veränderungen interpretiert. *Benötigen Sie weitere Hilfe? – Siehe Nr. 104 „Arrogant" und Nr. 108 „Abwehrhaltung".*

☐ **2. Widersetzen Sie sich neuen Ideen? Probieren Sie etwas Neues aus und geben Sie diesem Neuen eine Chance.** Man sagt von Ihnen, dass Sie in der Vergangenheit leben. Aus unerklärlichen Gründen sind Sie gegen alles Neue oder Andersartige. Sie sind der Letzte, der sich einer neuen Initiative anschließt. Man muss Ihnen erst alles beweisen; ehe Sie sich entscheiden, ob Sie mitziehen oder nicht. Untersuchungen bei einem größeren Outplacement-Unternehmen zeigen, dass bei Restrukturierungsmaßnahmen die Mitarbeiter am wahrscheinlichsten entlassen wurden, die, obwohl sie gute technische und individuelle Fähigkeiten besaßen, nur wenig dazu bereit waren, Neues zu lernen oder sich an Veränderungen anzupassen. Man kann heutzutage nicht überleben, wenn man seine Einstellung und seine Fähigkeiten nicht ständig aktualisiert. Für Menschen, die in der Vergangenheit leben, ist nicht mehr viel Platz. In Ihren täglichen Interaktionen erscheint Ihr Verhalten eventuell blockierend oder nicht aufgeschlossen für neue oder andere Ansichten. Ihre erste Aufgabe liegt darin, Ihre Bewertungs-/Ablehnungsmechanismen zu deaktivieren und besser zuzuhören. *Benötigen Sie weitere Hilfe? – Siehe Nr. 33 „Zuhören können".* Stellen Sie mehr Fragen – „Wie kommen Sie zu dem Ergebnis, dass Veränderungen notwendig sind? Sind Ihnen Veränderungen lieber als das, was wir jetzt machen?" Wenn Sie nicht zustimmen, geben Sie zuerst Ihre Gründe an. Bitten Sie anschließend um Kritik an Ihren Ideen. Bringen Sie die unterschiedlichen Meinungen zurück auf das ursprüngliche Problem oder die Strategie, auf die die Veränderung hinzielt – „Was wollen wir lösen? Welche Ursachen gibt es dafür? Welche Fragen sollten gestellt und beantwortet werden? Welche objektiven Maßstäbe können wir anlegen, um Erfolg zu messen?"

☐ **3. Sie glauben, alles zu wissen? Hören Sie in Ruhe zu, stellen Sie Fragen und ziehen Sie andere Sichtweisen in Betracht.** Antworten. Lösungen. Schlussfolgerungen. Aussagen und Vorschriften. Das ist das Verhaltensmuster von Verweigerern und Ablehnern. Sie geben sofort ihren Kommentar ab. Scharfe Reaktionen. Dies kann Sie in Schwierigkeiten bringen. Sie ziehen voreilige Rückschlüsse, lehnen kategorisch ab, was andere über den Veränderungsbedarf sagen und benutzen eine provozierende Sprache und einen scharfen Ton. Den Menschen erscheinen Sie dann als verschlossen und streitsüchtig. Schlimmer noch, sie könnten sogar glauben, dass Sie sie für dumm oder schlecht informiert halten, weil sie Veränderungen vorgeschlagen haben. Verwenden Sie einen vorsichtigeren Sprachstil – „Ein weiterer Faktor ist...", „Ich sehe das etwas anders...", „Ich glaube, das Problem liegt eher daran..." Menschen reagieren im Allgemeinen gut auf qualifizierende Bemerkungen; anschließend können Sie dann Ihre Ansichten direkt darlegen. Geben Sie anderen die Gelegenheit, ohne Unterbrechung ausreden zu können. Wenn man Sie als intolerant oder unzugänglich sieht, werden sich die Menschen, in ihrer Hast, mit Ihnen zu reden oder Ihnen das Argument in Kurzform zu unterbreiten, oft versprechen, weil sie annehmen, dass Sie sowieso nicht zuhören. Stellen Sie eine Frage, lassen Sie andere Meinungen zu, wiederholen Sie die Argumentation der anderen Seite nochmals und lassen Sie sie grundsätzlich ihr Gesicht wahren. Machen Sie immer eine Pause von 15 Sekunden, bevor Sie etwas sagen, und stellen Sie jedes Mal noch zwei weitere klärende Fragen, um zu signalisieren, dass Sie zuhören und den Veränderungswunsch verstehen wollen. *Benötigen Sie weitere Hilfe? – Siehe Nr. 33 „Zuhören können" und Nr. 41 „Geduld".*

☐ **4. Sind Sie zu unflexibel? Formulieren Sie Ihre Werte vorurteilsfrei.**
Andere denken vielleicht, dass Ihre Werte unveränderlich sind und dass Sie die Ihrer Mitmenschen nicht akzeptieren oder sogar nicht bemerken wollen. *Siehe Nr. 22 „Ethik und Wertmaßstäbe" (übertrieben).* Unnachgiebige Haltungen entstehen oft aus den Erfahrungen der Kindheit oder Jugend. Sie müssen herausfinden, warum Sie an diesen Werten festhalten, und kritisch hinterfragen, ob diese in diesem Fall angebracht sind. Glaubensbekundungen sind wie Urteile – Wahre Werte halten einer Überprüfung stand. Sie können darlegen, warum Sie an diesen Werten festhalten, wie sie in verschiedenen Situationen einsetzbar sind und was passiert, wenn diese Werte mit anderen in Konflikt geraten. Es kann sein, dass Sie Ihre Überzeugungen auf starre Gebote reduziert haben.

☐ **5. Ihr Widerstand ist selektiv? Bewerten Sie Ideen, nicht Menschen.**
Sind Sie mit manchen Menschen leichter einer Meinung als mit anderen? Sie kategorisieren wahrscheinlich Menschen als „akzeptiert" und „nicht akzeptiert" und signalisieren der nicht akzeptierten Gruppe oder den einzelnen Personen ganz klar, dass Sie anderer Meinung sind. Sie haben Kategorien für „gute" und „schlechte" Gruppen – Geschlecht, Rasse, Alter, Herkunft. Lernen Sie zu verstehen, ohne zuzustimmen oder zu verurteilen. Hören Sie zu, machen Sie sich Notizen, fragen Sie nach und präsentieren Sie die Argumentation der anderen genauso gut wie sie selbst. Suchen Sie einen Punkt in ihren Argumenten, mit dem Sie übereinstimmen. Präsentieren Sie Ihre Argumente problembezogen – warum Sie glauben, dass diese Vorgehensweise am besten geeignet ist, ein von beiden Seiten anerkanntes Problem anzugehen. Ein aufmerksamer Beobachter darf Ihre Einstellung zu den Mitarbeitern oder ihren Argumenten zu diesem Zeitpunkt nicht erkennen. Suchen Sie sich einen fairen Beobachter und

bitten Sie um Feedback. War ich fair? Habe ich alle gleich behandelt? Waren meine Einwände gegen vorgegebene Standards gerichtet und nicht gegen Personen?

☐ **6. Zu bequem geworden? Finden Sie neue Lösungen.** Vielleicht bleiben Sie zu gern in Ihrer Komfortzone, machen nur das, was Ihnen liegt. Sie verlassen sich auf erprobte und bewährte Lösungen. Sie nutzen nur das, was Sie bereits kennen und vorher schon einmal gesehen oder gemacht haben – und darum sträuben Sie sich natürlich gegen alles, das Sie noch nicht kennen oder verstehen. Wenn Sie einem neuen Thema, Problem oder einer neuen Herausforderung gegenüberstehen, finden Sie zuerst heraus, was die Ursachen sind. Suchen Sie nicht zuerst nach Lösungen und Schlussfolgerungen aus Ihrer Vergangenheit. Fragen Sie immer nach dem Warum, wie viele Ursachen Sie herausfinden und in wie viele Kategorien Sie sie einordnen können. So erhöht sich die Chance auf eine bessere Lösung, denn auf diese Weise können Sie die Zusammenhänge besser erkennen. Suchen Sie nach Datenmustern und sammeln Sie nicht einfach nur Informationen. *Benötigen Sie weitere Hilfe?* – Siehe Nr. 51 *„Fähigkeit, Probleme zu lösen".*

☐ **7. Brauchen Sie eine ganz neue Sicht der Dinge? Setzen sie auf Neulinge, um sich neue, wertvolle Sichtweisen zu verschaffen.** Sie sind vielleicht hochintelligent und haben starke Kompetenzen in Ihrem Bereich. Sie arbeiten vielleicht mit Leuten zusammen, die nicht so gut informiert oder so gebildet sind wie Sie. Sie sind vielleicht in einer Position, in der Sie anderen sagen können, was zu tun ist. Wenn weniger erfahrene Mitarbeiter Veränderungen vorschlagen, lehnen Sie diese Vorschläge eventuell sofort ab. Das müssen Sie aber nicht in herablassender oder beleidigender Weise tun. Kreativitätsstudien zeigen, dass Menschen, die sich in einem Bereich nicht gut auskennen, sehr ungewöhnliche und wertvolle Vorschläge machen können, da sie in ihrem Wissen nicht blockiert sind. Bitten Sie einen Experten, Sie zum Thema Umgang mit Ideen zu unterstützen – besprechen Sie Ihre Einstellung zu Veränderungen mit ihm/ihr; nennen Sie nicht nur Ihre Lösungen. Teilen Sie ihm/ihr mit, worin Ihrer Meinung nach das Problem besteht, welche Fragen zu stellen und zu beantworten sind, wie Sie Lösungen finden würden und welche Lösungen wahrscheinlich funktionieren würden. Hören Sie sich an, was er/sie dazu zu sagen hat.

☐ **8. Fehlt Ihnen die richtige Perspektive? Erweitern Sie Ihren Horizont.** Sehen *Sie sich zuerst Nr. 5 „Geschäftssinn", Nr. 46 „Perspektive" und Nr. 58 „Strategische Agilität"* an. Führen Sie anschließend eine unabhängige Untersuchung der Themen durch, zu denen Meinungsverschiedenheiten bestehen und entwickeln Sie Ihre eigene Perspektive. Die Höflichkeit gebietet, dass Sie weitere Lösungsvorschläge so analysieren, als ob sie ebenfalls zutreffend wären.

☐ **9. Sind Sie bereit, eine neue Erfahrung zu machen? Passen Sie sich früh an eine Veränderung an.** Finden Sie etwas Neues, was relevant ist für Ihre Aufgaben – Technologie, Software, Werkzeug, System, Prozesse oder Skills. Werden Sie zum heimlichen Experten. Lesen Sie die Bücher dazu. Lassen Sie sich zertifizieren. Besuchen Sie ein Unternehmen, das diese neue Anwendung bereits einsetzt. Überraschen Sie danach alle, indem Sie als Erste/r in Ihrer Umgebung eine Änderung vorschlagen. Überzeugen Sie andere. Führen Sie Schulungen durch. Integrieren Sie das Neue in Ihre Arbeit.

☐ **10. Sind Sie bereit, Offenheit zu bekunden? Beheben Sie die Grundursache.** Was immer aus dem Bereich Mögliche Ursachen auf Sie zutreffen mag – Sie müssen an Nr. 3 *„Zugänglichkeit"* und Nr. 31 *„Zwischenmenschliches Geschick"* arbeiten. Erst wenn Sie wiederholt signalisieren, dass Sie ein offenes Ohr für andere haben, Interesse an ihrer Meinung zeigen, Dinge teilen, die Sie nicht teilen müssen, Ihre Mitmenschen dazu auffordern, mit Ihnen zu reden, und ihnen zuhören, wird diese Mühe belohnt. Sie müssen beharrlich dabei bleiben, Ablehnung hinnehmen und sich wahrscheinlich ein paar ärgerliche und beleidigende Bemerkungen anhören, um die Situation wieder ins Gleichgewicht zu bringen. Üben Sie gedanklich, damit Sie keine unangenehmen Überraschungen erleben. Es wäre eine ungewöhnliche Gruppe, die auf Ihre Annäherungsversuche eingeht, ohne Sie ein wenig hinzuhalten. Schließlich hat man in der Vergangenheit schlechte Erfahrung mit Ihnen gemacht.

Develop-in-Place-Aufgabenstellungen

☐ Schließen Sie Frieden mit einem Feind oder mit jemandem, den Sie mit einem Produkt oder einer Dienstleistung enttäuscht haben, oder mit jemandem, mit dem Sie Probleme hatten oder nicht so gut zurechtkommen.

☐ Führen Sie schwierige Verhandlungen mit einem internen oder externen Kunden.

☐ Managen Sie eine Gruppe von Widerständlern mit schlechter Moral während eines unbeliebten Umstiegs oder Projekts.

☐ Arbeiten Sie an einem Projekt, das mit Reisen und dem Studium einer internationalen Angelegenheit, Akquisition oder Kooperation verbunden ist, und berichten Sie anschließend dem Management.

☐ Reisen Sie geschäftlich in ein Land, in dem Sie noch nie waren.

> *It is not our differences that divide us. It is our inability*
> *to recognize, accept, and celebrate those differences.*
> Audre Lorde – Amerikanischer Dichter, Lehrer und Aktivist

Literaturempfehlungen

Badowski, R. (with Gittines, R.). (2003). *Managing up: How to forge an effective relationship with those above you.* New York: Currency.

Beyerlein, M. M., Freedman, S., McGee, C., & Moran, L. (2002). *Beyond teams: Building the collaborative organization.* San Francisco: Jossey-Bass.

Calzada, L. (2007). *180 Ways to effectively deal with change: Get over it! Get with it! Get to it!* Flower Mound, TX: Walk the Talk Company.

Cartwright, T. (2003). *Managing conflict with peers.* Greensboro, NC: Center for Creative Leadership.

Cloke, K., & Goldsmith, J. (2000). *Resolving conflicts at work: A complete guide for everyone on the job.* San Francisco: Jossey-Bass.

Cloke, K., & Goldsmith, J. (2005). *Resolving conflicts at work: Eight strategies for everyone on the job* (Rev. ed.). San Francisco: Jossey-Bass.

Forsyth, P. (2007). *Manage your boss: 8 Steps to creating the ideal working relationship.* London: Cyan Communications.

Fullan, M. (2004). *Leading in a culture of change: Personal action guide and workbook.* San Francisco: Jossey-Bass.

Gerzon, M. (2006). *Leading through conflict: How successful leaders transform differences into opportunities.* Boston: Harvard Business School Press.

Goldsmith, M., & Reiter, M. (2007). *What got you here won't get you there: How successful people become even more successful.* New York: Hyperion.

Harvard Business School Press. (2007). *Managing stress* (Pocket Mentor). Boston: Harvard Business School Press.

Harvey, C. P., & Allard, M. J. (2008). *Understanding and managing diversity: Readings, cases, and exercises* (4th ed.). Upper Saddle River, NJ: Prentice Hall.

Kantor, S., Kram, K. E., & Sala, F. (2008). Change factor: Making the case for executive adaptability. *Leadership in Action, 27*(6), 8-12.

Lukaszewski, J. (2008). *Why should the boss listen to you? The seven disciplines of the trusted strategic advisor.* San Francisco: Jossey-Bass.

Moran, R. T., Harris, P. R., & Moran, S. V. (2007). *Managing cultural differences: Global leadership strategies for the 21st century* (7th ed.). Burlington, MA: Butterworth-Heinemann.

Pascale, R. T., Millemann, M., & Gioja, L. (2001). *Surfing the edge of chaos: The laws of nature and the new laws of business.* New York: Three Rivers Press.

Popejoy, B., & McManigle, B. J. (2002). *Managing conflict with direct reports.* Greensboro, NC: Center for Creative Leadership.

Salkowitz, R. (2008). *Generation blend: Managing across the technology age gap.* Hoboken, NJ: John Wiley & Sons.

Scott, S. (2004). *Fierce conversations: Achieving success at work and in life, one conversation at a time* (Rev. ed.). New York: Viking Press.

Sharpe, D. A., & Johnson, E. (2002). *Managing conflict with your boss*. Greensboro, NC: Center for Creative Leadership.

Sindell, M., & Sindell, T. (2006). *Sink or swim: New job. New boss. 12 Weeks to get it right.* Avon, MA: Adams Media.

Waitzkin, J. (2008). *The art of learning: An inner journey to optimal performance.* New York: Free Press.

Wall, S. J. (2004). *On the fly: Executing strategy in a changing world.* New York: John Wiley & Sons.

Wilkinson, D. (2006). *The ambiguity advantage: What great leaders are great at.* Hampshire, England: Palgrave Macmillan.

FAKTOR VIII: PROBLEME MIT ERGEBNISSEN
CLUSTER Z: ERZIELT KEINE ERGEBNISSE

102 Mangelhafte administrative Fähigkeiten

The triumph over anything is a matter of organization.
Kurt Vonnegut – Amerikanischer Romanautor und Essayist

Ein Problem
- ☐ Ist zu wenig auf Details orientiert
- ☐ Lässt Dinge unter den Tisch fallen
- ☐ Verspricht zu viel und hält zu wenig
- ☐ Übersieht wichtige Details
- ☐ Vergisst undokumentierte Vereinbarungen
- ☐ Versucht krampfhaft, in letzter Minute Dinge zu erledigen
- ☐ Fährt fort, ohne eine Aufgabe beendet zu haben

Kein Problem
- ☐ Ist gut organisiert und zeigt Liebe zum Detail orientiert
- ☐ Ist zuverlässig und behält die Arbeitsabläufe im Auge; hält Versprechungen ein
- ☐ Setzt seine/ihre administrativen Fähigkeiten gekonnt ein; lässt Vorgänge nicht aus dem Ruder laufen
- ☐ Setzt eindeutige Prioritäten
- ☐ Nutzt seine/ihre Zeit effizient
- ☐ Sagt nein, wenn etwas nicht geht
- ☐ Hält Zeitvorgaben meistens ein

Mögliche Ursachen
- ☐ Kann nicht nein sagen; wird dadurch überlastet
- ☐ Ungeduldig
- ☐ Mangelndes Verständnis für vorgegebene Arbeitsabläufe
- ☐ Sprunghaft in seinen/ihren Gedanken
- ☐ Schlechtes Zeitgefühl
- ☐ Schiebt alles auf die lange Bank
- ☐ Zu beschäftigt, um sich zu organisieren

Andere Ursachen
FEHLENDES GESCHICK BEI: 12,13,16,18,20,23,24,27,34,35,36,39,41,47,50,52,59,62,67
ÜBERMASS: 1,9,14,24,28,46,58,65

Leadership Architect® Faktoren und Cluster

Diese Kompetenz ist in Faktor VIII „Probleme mit Ergebnissen" (S2) zu finden. Diese Kompetenz ist in Cluster Z „Erzielt keine Ergebnisse" zusammen mit der Kompetenz 118 enthalten. Sie können auch bei anderen Kompetenzen in demselben Faktor/Cluster nach passenden Tipps suchen.

Der Plan

Die Menschen unterscheiden sich gewaltig in ihrer persönlichen Organisation. Auf der einen Seite ist der Perfektionist, der alles fein säuberlich ordnet, auf der anderen der zerstreute Professor, der nie weiß, wo etwas ist und nie rechtzeitig zu Terminen erscheint. Tatsächlich geht es hier um zwei Punkte. Punkt eins ist die eigene Desorganisation. Sie führt dazu, dass man zu viel zu tun hat, zu spät abliefert, dass man länger arbeiten muss, um Zeit aufzuholen, dass man wichtige Dokumente verlegt, Verabredungen vergisst, dass man Aufgaben nicht vollständig abschließt und sie später nachgearbeitet werden müssen, und mehr. Das Ergebnis ist persönliche Ineffizienz und die ineffektive Nutzung persönlicher Zeit und Ressourcen. Punkt zwei ist um ein Vielfaches schlimmer. Da geht es um die störende Auswirkung Ihrer persönlichen Desorganisation auf Prozesse, mit denen andere arbeiten. Sind Ihre Berichte überfällig, werden andere aufgehalten. Kommen Sie zu spät, müssen andere warten. Ist das Formular nicht vollständig ausgefüllt, muss sich ein anderer die Zeit nehmen, es korrigieren zu lassen. Viele Leute gehen unorganisiert und unordentlich durchs Leben, sind aber dennoch glücklich. Der Schlüssel liegt in den Auswirkungen auf die Personen in Ihrem Umfeld.

Tipps

☐ **1. Sie wissen nicht genau, womit Sie anfangen sollen? Stellen Sie eine Liste der Dinge zusammen, an denen Sie arbeiten müssen.** Berücksichtigen Sie alle Personen in der Organisation, mit denen Sie auf verschiedenen Ebenen zusammenarbeiten und erstellen Sie eine Liste Ihrer administrativen Fehler, die diesen Menschen die meisten Schwierigkeiten bereiten. Es ist unerlässlich, dass Sie die Betroffenen bei der Erstellung um Hilfe bitten. Auf diese Weise erhalten Sie eine gebündelte Auflistung der Dinge, die Sie zuerst beheben müssen. Vielleicht genügt es, wenn Sie die ersten zehn Punkte der Liste beheben und Ihre anderen Gewohnheiten unverändert bleiben können.

☐ **2. Überbucht? Üben Sie sich in gutem Zeitmanagement.** Persönliches Zeitmanagement ist eine bewährte Methode. Es gibt eine Reihe von Büchern zu diesem Thema und eine Menge guter persönlicher Zeitmanagementseminare, an denen Sie teilnehmen können. Es gibt auch Produkte zur persönlichen Organisation zu kaufen. Viele Kurse bieten

Schulungen in der Anwendung persönlicher Organisationsbücher und Software an mit dem Ziel einer besseren persönlichen Organisation. *Benötigen Sie weitere Hilfe? – Siehe Nr. 62 „Zeitmanagement".*

- ☐ **3. Sind Sie nicht gut organisiert? Organisieren Sie Ihre Aufgaben.** Legen Sie die zu erledigenden Dinge auf zwei Stapel – Aufgaben, die mich allein betreffen und Aufgaben, die ich für andere erledigen muss oder die andere betreffen. Bearbeiten Sie den zweiten Stapel zuerst. Teilen Sie den anderen Stapel auf in Aufgaben, mit höchster, hoher und niedriger Priorität. Erledigen Sie die Dinge in dieser Reihenfolge.

- ☐ **4. Benötigen Sie weitere Hilfe? Stellen Sie Mitarbeiter mit Organisationstalent ein.** Wenn Sie durch eine/n Assistenten/in oder eine/n Sekretär/in unterstützt werden, achten Sie darauf, dass diese Person die Fähigkeit hat, sowohl Sie als auch sich selbst zu organisieren. Suchen Sie sich jemanden, der offen ist, sich Ihnen gegenüber behaupten und Ihnen dabei helfen kann, erfolgreich zu sein.

- ☐ **5. Ist Ihre Arbeitsumgebung unordentlich? Dämmen Sie das Durcheinander ein.** Machen Sie Ihre persönliche Desorganisation anderen gegenüber weniger sichtbar. Besorgen Sie sich einen Schreibtisch, dessen Fächer und Schubladen Sie schließen können, wenn Besucher kommen. Wenn Sie Stapel lieben, besorgen Sie sich Regale mit Fächern, die Sie beschriften, damit Sie Ihre Stapel wegräumen können. Besorgen Sie sich einen L-förmigen Schreibtisch, nutzen Sie einen Teil für Ihre Stapel und den anderen nur für das Projekt, an dem Sie momentan arbeiten. Stellen Sie den Tisch mit den Stapeln hinter sich an die Wand. Stellen Sie sich einen Besuchertisch, auf dem nie etwas liegt, nebst ein paar Stühlen in Ihr Büro. Rahmen Sie den folgenden Spruch ein und hängen Sie ihn an die Wand, damit andere erkennen, dass Sie wissen, wie desorganisiert Sie sind: „Wenn ein unordentlicher Schreibtisch ein Zeichen für Unordnung im Kopf ist, was bedeutet dann ein leerer Schreibtisch?"

- ☐ **6. Stellen sich Ihnen persönliche Vorlieben in den Weg? Stellen Sie Prioritäten in den Mittelpunkt.** Arbeiten Sie nicht immer nur nach Gefühl. Organisieren Sie Ihre Arbeit nicht nach Vorlieben und verschieben Sie unangenehme Aufgaben nicht. Das ist ein Grund, warum Leute Organisationsprobleme bekommen. Setzen Sie sich Prioritäten nach Dringlichkeitsstufen. *Benötigen Sie weitere Hilfe? – Siehe Nr. 50 „Setzen von Prioritäten".*

- ☐ **7. Es gelingt Ihnen nicht, Ihre Zusagen einzuhalten? Lassen Sie sich von anderen dabei helfen, Prioritäten zu setzen.** Fragen Sie Ihre internen und externen Kunden, in welcher Reihenfolge sie Ihre Arbeitsergebnisse benötigen. Wenn sich eine Verzögerung abzeichnet, schicken Sie eine

E-Mail, ein Memo oder eine Karte, oder rufen Sie den Kunden an und teilen Sie ihm mit, wann er mit der Erledigung rechnen kann. Das können Sie nur einmal machen.

☐ **8. Schwierigkeiten bei der Einhaltung von Terminen? Setzen Sie sich Ihren eigenen Termin.** Setzen Sie sich selbst Vorabtermine, die zeitlich vor den tatsächlichen Fälligkeitsterminen liegen. Delegieren Sie Dinge, die Sie nicht problemlos erledigen können. *Benötigen Sie weitere Hilfe? – Siehe Nr. 18 „Delegieren".*

☐ **9. Es ist Ihnen egal? Prüfen Sie Ihre Einstellung gegenüber administrativen Aufgaben.** Manche Menschen ignorieren dieses Bedürfnis und betrachten es als weniger wichtig; „administrativ" klingt irgendwie trivial. Das Problem ist: Was sagt das sonst noch über Sie aus? Höchstwahrscheinlich zeigt es Leuten, wo Sie übertreiben. Sie sind aktionssüchtig und hinterlassen eine Serie von Problemen; Sie sind kreativ und tanzen auf zu vielen Hochzeiten; oder Sie sind ein Stratege oder ein Visionär, zeigen Desinteresse an Details und lassen andere damit spüren, dass ihre Aufgaben nicht sehr wichtig sind. Man wird das mit Recht als arrogant sehen. Um die Ursache zu finden, schauen Sie auf Ihre Stärken und lernen Sie, weniger zu kritisieren, indem Sie diesen Bereich weiterentwickeln.

☐ **10. Sind Sie unzuverlässig? Bauen Sie Vertrauen auf.** Das Fazit für diesen Entwicklungsbedarf ist, dass man schlecht organisierten Menschen nicht vertraut – ganz besonders dann, wenn Sie zeigen, dass es Ihnen relativ egal ist. Es vermittelt den Eindruck, dass man nicht auf Sie zählen kann, dass Ihre Handlungen für andere eine Katastrophe bedeuten können. Wenn Sie für Ihre administrativen Aufgaben konsequent Verantwortung übernehmen, wird dieses Problem behoben.

Develop-in-Place-Aufgabenstellungen

☐ Managen Sie ein Rationalisierungsprojekt.
☐ Beteiligen Sie sich an der Schließung eines Werks, einer Niederlassung, einer Produktreihe, eines Geschäfts, Programms usw.
☐ Planen Sie ein Meeting, eine Tagung, eine Messe, eine Veranstaltung usw. außerhalb Ihres Standorts.
☐ Managen Sie den Kauf eines wichtigen Produkts, Geräts, Materials, Programms oder Systems.
☐ Arbeiten Sie in einem Team zur Vereinfachung von Arbeitsabläufen durch Reduzierung von Verfahrensschritten und Kosten.

It is vain to do with more what can be done with less.
William of Occam – Englischer Franziskanermönch und Scholastiker

Literaturempfehlungen

Allen, D. (2003). *Getting things done: The art of stress-free productivity.* New York: Penguin Books.

Bossidy, L., & Charan, R. (with Burck, C.). (2002). *Execution: The discipline of getting things done.* New York: Crown Business.

Byfield, M. (2003). *It's hard to make a difference when you can't find your keys: The seven-step path to becoming truly organized.* New York: Viking Press.

Charan, R. (2007). *Know-how: The 8 skills that separate people who perform from those who don't.* New York: Crown Business.

Cramer, K. D. (2002). *When faster harder smarter is not enough: Six steps for achieving what you want in a rapid-fire world.* New York: McGraw-Hill.

Crouch, C. (2005). *Getting organized: Improving focus, organization, and productivity.* Memphis, TN: Dawson Publishing.

Cunningham, M. J. (2006). *Finish what you start: 10 Surefire ways to deliver your projects on time and on budget.* Chicago: Kaplan Business.

Dittmer, R. E., & McFarland, S. (2008). *151 Quick ideas for delegating and decision making.* Franklin Lakes, NJ: Career Press.

Dodd, P., & Sundheim, D. (2005). *The 25 best time management tools and techniques: How to get more done without driving yourself crazy.* Windham, NH: Peak Performance Press.

Dotlich, D. L., Cairo, P. C., & Rhinesmith, S. H. (2006). *Head, heart, and guts: How the world's best companies develop complete leaders.* San Francisco: Jossey-Bass.

Drucker, P. F. (2006). *The effective executive* (Rev. ed.). New York: HarperBusiness.

Emmett, R. (2000). *The procrastinator's handbook: Mastering the art of doing it now.* New York: Walker & Company.

Herman, S. (Ed.). (2002). *Rewiring organizations for the networked economy: Organizing, managing, and leading in the information age.* San Francisco: Jossey-Bass/Pfeiffer.

Hoover, J. (2007). *Time management: Set priorities to get the right things done.* New York: HarperCollins Business.

Hutchings, P. J. (2002). *Managing workplace chaos: Solutions for handling information, paper, time, and stress.* New York: AMACOM.

Kaplan, R. S., & Norton, D. P. (2008). *Execution premium: Linking strategy to operations for competitive advantage.* Boston: Harvard Business School Press.

Limoncelli, T. A. (2005). *Time management for system administrators.* Sebastopol, CA: O'Reilly Media.

Whipp, R., Adam, B., & Sabelis, I. (Eds.). (2002). *Making time: Time and management in modern organizations.* Oxford, UK: Oxford University Press.

Winston, S. (2001). *The organized executive: The classic program for productivity: New ways to manage time, people, and the digital office.* New York: Warner Business.

FAKTOR VII: PROBLEME IM UMGANG MIT MENSCHEN
CLUSTER W: EGOZENTRISCH

103 Übertriebener Ehrgeiz

*It is better to deserve honours and not have them
than to have them and not to deserve them.*
Mark Twain – Amerikanischer Humorist, Satiriker, Lektor und Autor

Ein Problem
- ☐ Ist zu sehr auf sich und die eigene Karriere fixiert, manchmal auch auf Kosten anderer
- ☐ Ist bereit, für eine Beförderung berechnend zu agieren und andere auf dem Weg nach oben beiseite zu schieben
- ☐ Richtet sein/ihr Management nach oben aus, um sich so gegenüber dem Top-Management in eine günstige Position zu bringen

Kein Problem
- ☐ Nimmt Karrierestufen mit großen Schritten
- ☐ Konzentriert sich auf gute Leistungen
- ☐ Lässt die Ergebnisse für sich sprechen
- ☐ Hilft anderen voranzukommen
- ☐ Teilt die Anerkennung für Erfolge mit anderen
- ☐ Bleibt angesichts seiner/ihrer Erfolge bescheiden

Mögliche Ursachen
- ☐ Einzelgänger
- ☐ Übermäßig aggressiv
- ☐ Politisch nicht geschickt
- ☐ Hat Probleme, Vertrauen aufzubauen
- ☐ Unrealistische Selbsteinschätzung

Andere Ursachen
FEHLENDES GESCHICK BEI: 19,22,29,42,60,66
ÜBERMASS: 1,4,6,8,21,27,38,42,43,48,53,54,57,66

Leadership Architect® Faktoren und Cluster
Diese Kompetenz ist in Faktor VII „Probleme im Umgang mit Menschen" (S1) zu finden. Diese Kompetenz ist in Cluster W „Egozentrisch" zusammen mit den Kompetenzen 104, 105, 107, 109, 119 enthalten. Sie können auch bei anderen Kompetenzen in demselben Faktor/Cluster nach passenden Tipps suchen.

Der Plan

Die meisten Menschen um uns herum sind ehrgeizig. Ehrgeiz ist etwas Gutes. Er motiviert Menschen zu besseren Leistungen und zur Erweiterung ihrer Kenntnisse. Übermäßig ehrgeizig zu sein heißt, dass Sie die Sache übertreiben. Sie vermarkten sich zu aktiv. Sie haben kein politisches Gespür dafür, mit wem Sie Kontakt aufnehmen sollten, um Ihre Karriere voranzutreiben. Im Extremfall wundert man sich, ob Ihnen an Ihrer derzeitigen Aufgabe überhaupt etwas liegt, da Sie immer nur davon sprechen, voranzukommen. Man fragt sich, ob Sie sich auf Kosten anderer profilieren. Man fragt sich, ob Sie sich auf Fotos bewusst so positionieren, dass Sie Ihren Rivalen hinter sich verdecken. Man fragt sich, ob Sie die üblichen, anerkannten Karriereschritte einhalten. Man fragt sich, ob Ihnen an anderen tatsächlich etwas liegt oder ob Sie Menschen lediglich für Ihre eigenen Zwecke benutzen. Man ist unterschiedlicher Meinung über Ihre Leistungen insgesamt, aber alle sind sich einig, dass Sie zu viel Zeit und Aufwand darauf verwenden, sich selbst darzustellen.

Tipps

☐ **1. Sie haben den Ehrgeiz, voran zu kommen? Stellen Sie Leistung in den Mittelpunkt.** Die Sahne schwimmt oben. Bauen Sie eine bessere Mausefalle und die Welt rennt Ihnen die Tür ein. Vielleicht nicht – aber eine gute solide Leistung wird immer beachtet. Menschen, die Karriere machen, haben zwei wichtige Eigenschaften: Sie leisten konsequent gute Arbeit und sie vermarkten sich selbst genug, um aufzufallen. Die Forschungsergebnisse sprechen eine klare Sprache: Erfolgreiche Menschen gelten in erster Linie als hartnäckige Problemlöser, ganz gleich in welcher Position sie sind. Sie interessieren sich viel mehr für die Gegenwart als für die Zukunft. Sie fallen weit mehr durch ihre Leistung auf als ihre Worte. Stellen Sie daher sicher, dass Ihre jetzigen Leistungen hervorragend sind, bevor Sie über eine neue Aufgabe nachfragen oder sich über eine nicht erfolgte Beförderung beschweren. Lassen Sie nicht den Eindruck entstehen, dass so gut wie jeder diese Leistung hätte erbringen können. Vergewissern Sie sich, dass Sie wirklich überragende Ergebnisse erzielt haben, bevor Sie etwas sagen – nichts wird Sie mehr verletzen als wenn Manager denken, Sie könnten nicht zwischen gewöhnlicher und beispielhafter Leistung unterscheiden.

☐ **2. Betreiben Sie zu viel Eigenwerbung? Betreiben Sie Eigenwerbung selektiv.** Überlegen Sie sich genau, worum Sie kämpfen. Selbstvermarktung muss mit großer politischer Umsicht erfolgen. Übertreiben Sie es nicht. Während man eine moderate Selbstdarstellung im Allgemeinen positiv betrachtet, wird die übertriebene oder aufdringliche Profilierung schnell negativ kommentiert. Wer sind richtige und wichtige Ansprechpartner?

Nähern Sie sich diesen Kontaktpersonen ein- oder zweimal vorsichtig und angemessen. Teilen Sie Ihre Ambitionen nicht mit Kollegen, die in Ihrer Zukunft keine Rolle spielen. Und reden Sie niemals schlecht über Mitbewerber bei einer Beförderung. Dies würde weit mehr über Sie aussagen als über die anderen Kandidaten. *Benötigen Sie weitere Hilfe? – Siehe Nr. 38 „Organisationsagilität" und Nr. 48 „Politisches Geschick".*

☐ **3. Nehmen Sie zu oft den kürzeren Weg? Verantwortung übernehmen.** Wie wurden oder würden Sie auf Nr. 22 „Ethik und Wertmaßstäbe" und Nr. 29 „Integrität und Vertrauen" eingeschätzt? Hoch? Dann lesen Sie nicht weiter. Wenn Sie durchschnittlich beurteilt werden, sieht man Sie unter Umständen nicht als hilfsbereit an. Wie viel Zeit verbringen Sie damit, andere bei der Problemlösung zu unterstützen anstatt die eigenen Ziele zu verfolgen? Werden Sie als Einzelgänger angesehen? Helfen Sie Ihren Kollegen, Ihren Mitarbeitern sich zu entwickeln; arbeiten Sie ganz offensichtlich am Aufbau eines Teams? Wenn Sie niedrig eingeschätzt werden, kann das sein, weil Sie vielleicht den kürzeren Weg nehmen, um besser dazustehen. Vielleicht beschuldigen Sie andere, Fehler gemacht zu haben, für die Sie verantwortlich sind. Sie erfinden Ausreden um sich zu schützen. Sie versuchen, Ihre Rivalen in ein schlechtes Licht zu rücken, um selbst besser zu erscheinen. Sie sichern sich ab, wenn Sie mit einer schwierigen Frage konfrontiert werden. Sie improvisieren, um sich gut zu präsentieren, während der Kern Ihres Ergebnisses den Test nicht bestehen würde. Sie sind vielleicht nicht gut organisiert und Ihre Handlungen verursachen anderen Probleme. Sie kümmern sich nur wenig oder gar nicht um andere. Wenn diese Dinge ganz oder teilweise auf Sie zutreffen, wird man Ihnen mit der Zeit auf die Schliche kommen und Sie werden für die Zukunft nicht das erreichen, wofür Sie sich jetzt positionieren. Unterlassen Sie diese negativen Verhaltensweisen.

☐ **4. Sie wissen nicht genau, was Sie verkaufen? Bitten Sie um Feedback und eine Realitätskontrolle.** Kümmern Sie sich um echtes Feedback. Melden Sie sich freiwillig für ein 360°-Feedback. Fragen Sie Menschen, denen Sie vertrauen. Sprechen Sie mit einer Vertrauensperson in der Personalabteilung. Stellen Sie sicher, dass Sie wirklich die Stärken besitzen, die Sie Ihrer Meinung nach haben. Stehen Sie zu Ihren Schwächen. Im Allgemeinen überschätzen Menschen mit übertriebenem Ehrgeiz ihren Wert für das Unternehmen. Untersuchungen zeigen, dass das ein ausschlaggebender Grund für schlechte Leistungsbeurteilungen ist. Stürzen Sie sich also nicht in eine Verhandlung in der Annahme, dass Sie ein ausgezeichneter Verhandlungsführer sind, es sei denn, Sie sind sich absolut sicher. *Benötigen Sie weitere Hilfe? – Siehe Nr. 55 „Selbsterkenntnis".*

- [ ] **5. Brauchen Sie Beratung? Finden Sie einen Mentor.** Wenn Sie noch keinen Mentor oder Vertrauten auf einer höheren Ebene des Unternehmens haben, bemühen Sie sich darum. Ein Mentor kann Ihnen unmittelbares Feedback und wertvolle Ratschläge für Ihre Zukunft im Unternehmen geben.

- [ ] **6. Brauchen Sie eine Perspektive? Lesen Sie und denken Sie nach.** Die beiden besten Bücher zu diesem Thema sind *Career Mastery* von Harry Levinson und *What Color is your Parachute?* von Richard Bolles. Lesen Sie sie mehrmals, bis dieses Problem gelöst ist.

- [ ] **7. Sind Sie darauf fixiert, nach oben zu managen? Arbeiten Sie an Beziehungen zu Kollegen.** Menschen mit übertriebenem Ehrgeiz managen im Allgemeinen mehr nach oben als nach unten und lateral. Dadurch fühlen sich andere zweitrangig. Selbst wenn Sie eine solche Einstellung haben, so dürfen Sie diese Seite auf keinen Fall zeigen. Nehmen Sie sich unbedingt Zeit für andere. Versuchen Sie auf keinen Fall, sich vorzudrängen oder zu imponieren. Vergewissern Sie sich, dass Sie nicht immer derjenige sind, der den Chef vom Flughafen abholt und die Werksführung macht. Achten Sie darauf, dass Sie nicht immer am gleichen Tisch sitzen wie der Chef.

- [ ] **8. Sind Sie bereit, Hilfe zu leisten? Setzen Sie sich auch für die Karrieren anderer ein.** Fördern Sie die Karriere anderer genau so wie Ihre eigene? Unterstützen Sie Ihre Kollegen bei der Lösung ihrer Probleme oder ist es immer nur umgekehrt? Ihr Ehrgeiz wird weit mehr toleriert, wenn Sie Ihre Bereitschaft, die Karrierepläne Ihrer Kollegen ebenfalls zu unterstützen, hinreichend demonstriert haben. *Benötigen Sie weitere Hilfe? – Siehe Nr. 19 „Mitarbeiter und andere weiterentwickeln".*

- [ ] **9. Lauern Sie auf Chancen, sich vor dem Topmanagement präsentieren zu können? Teilen Sie sich das Rampenlicht mit anderen.** Manchmal ist das ein Zeichen für übertriebenen Ehrgeiz. Lassen Sie auch andere präsentieren. Versuchen Sie, auf der Basis des Erfolgs Ihrer Mitarbeiter Format bei der oberen Geschäftsleitung zu gewinnen. Meistens kommen Sie dadurch genauso schnell voran als wenn Sie alles allein machen. Das Top-Management wird schnell auf Förderer leistungsstarker Mitarbeiter aufmerksam. *Benötigen Sie weitere Hilfe? – Siehe Nr. 18 „Delegieren".*

- [ ] **10. Hören Sie nicht zu? Wägen Sie ab zwischen Zuhören und Sprechen.** Wie viel Zeit verbringen Sie damit, über sich selbst zu sprechen und sich zu profilieren? Im Vergleich dazu, wie lange hören Sie zu, wenn man Ihnen mitteilt, woran Sie arbeiten müssen, um weiterzukommen? Das Verhältnis sollte mindestens 75 Prozent (Zuhören) zu 25 Prozent (Selbstprofilierung) sein. Ist das nicht der Fall, arbeiten Sie daran.

Develop-in-Place-Aufgabenstellungen
☐ Lehren/coachen Sie jemanden auf einem Gebiet, ohne Experte darin zu sein.
☐ Arbeiten Sie ein Jahr oder länger für eine öffentliche Einrichtung.
☐ Arbeiten Sie mindestens ein Jahr lang ehrenamtlich für eine externe Organisation.
☐ Führen Sie eine Studie über Führungskräfte durch, die in Ihrer Organisation versagt haben. Befragen Sie Mitarbeiter der Organisation, die mit diesen Personen gearbeitet haben oder die diese persönlich kannten. Teilen Sie die Ergebnisse dem Top-Management mit.
☐ Besuchen Sie ein Seminar über Selbstbewusstsein/Beurteilung, bei dem Sie auch Feedback erhalten.

> *It is a good idea to be ambitious, to have goals, to want to be good at what you do, but it is a terrible mistake to let drive and ambition get in the way of treating people with kindness and decency. The point is not that they will then be nice to you. It is that you will feel better about yourself.*
> Robert Merton Solow – Amerikanischer Ökonom

Literaturempfehlungen

Bennis, W., Goleman, D., & O'Toole, J. (with Ward Biederman, P.). (2008). *Transparency: How leaders create a culture of candor.* San Francisco: Jossey-Bass.

Bolles, R. N. (2009). *What color is your parachute? A practical manual for job-hunters & career-changers.* Berkeley, CA: Ten Speed Press.

Brandon, R., & Seldman, M. (2004). *Survival of the savvy: High integrity political tactics for career and company success.* New York: Free Press.

Buchanan, D. A., & Badham, R. J. (2008). *Power, politics, and organizational change: Winning the turf game.* Thousand Oaks, CA: Sage.

Champy, J., & Nohria, N. (2000). *The arc of ambition.* Cambridge, MA: Perseus Publishing.

Chapman, E. N., & Wingfield, B. (2003). *Winning at human relations: How to keep from sabotaging yourself.* Mississauga, ON: Crisp Publications, Inc.

Christian, K. (2004). *Your own worst enemy: Breaking the habit of adult underachievement.* New York: Regan Books.

Deering, A., Dilts, R., & Russell, J. (2002). *Alpha leadership: Tools for business leaders who want more from life.* Hoboken, NJ: John Wiley & Sons.

Donald, R. (2006). *Successful career management: Strategies beyond technical preparation.* Bloomington, IN: AuthorHouse.

Faulkner, R. (2008). *The case for greatness: Honorable ambition and its critics.* New Haven, CT: Yale University Press.

Fels, A. (2004). *Necessary dreams: Ambition in women's changing lives.* New York: Pantheon Books.

Ferrazzi, K., & Raz, T. (2005) *Never eat alone: And other secrets to success, one relationship at a time.* New York: Doubleday.

Goldsmith, M. (2007). *What got you here won't get you there: How successful people become even more successful.* New York: Hyperion.

Goleman, D. (2001). Leadership that gets results. *Harvard Business Review, 78*(2), 78-90.

Heineman, B. W., Jr. (2008). *High performance with high integrity.* Boston: Harvard Business School Press.

Kaplan, B., & Kaiser, R. (2006). *The versatile leader: Make the most of your strengths—without overdoing it.* San Francisco: Pfeiffer.

Lombardo, M. M., & Eichinger, R. W. (1989). *Preventing derailment: What to do before it's too late.* Minneapolis, MN: Lominger International: A Korn/Ferry Company.

Mahan, B. J., & Coles, R. (2002). *Forgetting ourselves on purpose: Vocation and the ethics of ambition.* San Francisco: Jossey-Bass.

McCall, M. W., Lombardo, M. M., & Morrison, A. M. (1988). *The lessons of experience.* Lexington, MA: Lexington Books.

Morrison, A. M., White, R. P., Van Velsor, E., & The Center for Creative Leadership. (1992). *Breaking the glass ceiling: Can women reach the top of America's largest corporations?* Reading, MA: Addison-Wesley.

Pfeffer, J. (1994). *Managing with power: Politics and influence in organizations.* Boston: Harvard Business School Press.

Sawi, B. (2000). *Coming up for air: How to build a balanced life in a workaholic world.* New York: Hyperion.

Schweich, T. A. (2003). *Staying power: 30 Secrets invincible executives use for getting to the top: And staying there.* New York: McGraw-Hill.

Scott, G. G. (2006). *A survival guide for working with bad bosses: Dealing with bullies, idiots, back-stabbers, and other managers from hell.* New York: AMACOM.

Shepard, G. (2005). *How to manage problem employees: A step-by-step guide for turning difficult employees into high performers.* Hoboken, NJ: John Wiley & Sons.

FAKTOR VII: PROBLEME IM UMGANG MIT MENSCHEN
CLUSTER W: EGOZENTRISCH

104 Arrogant

It's much easier to be critical than to be correct.
Benjamin Disraeli – Britischer Konservativer, Staatsmann,
Literat und ehemaliger Premierminister

Ein Problem
☐ Glaubt immer, alleine die einzig richtige Antwort zu haben
☐ Wertet den Input anderer ab oder verwirft ihn
☐ Kalt und unnahbar und vermittelt anderen ein Gefühl von Unterlegenheit
☐ Lässt andere nur zu seinen/ihren eigenen Bedingungen an sich heran
☐ Hält Distanz zu anderen

Kein Problem
☐ Hört zu und geht auf andere ein
☐ Ist zugänglich und herzlich
☐ Interessiert sich für die Ansichten anderer, auch wenn sie den eigenen entgegenstehen
☐ Bezieht andere ein und baut sie auf
☐ Erkennt die Meinung anderer an
☐ Behandelt andere partnerschaftlich
☐ Teilt Anerkennung mit anderen
☐ Versucht nur selten, seine/ihre Autorität auszuspielen oder andere zu etwas zu zwingen
☐ Hat enge Beziehungen zu einigen wenigen Menschen und interagiert mit vielen

Mögliche Ursachen
☐ Scheint Menschen nicht sehr zu mögen
☐ Mangel an Feedback
☐ Selbstverliebt in eigene Ideen
☐ Gibt nur sehr wenig von sich preis
☐ Unsicher im Umgang mit anderen
☐ Schwach ausgeprägte soziale Kompetenzen
☐ Keine gute Menschenkenntnis
☐ Sehr clever und erfolgreich

Andere Ursachen
FEHLENDES GESCHICK BEI: 3,4,7,10,12,21,26,31,32,33,36,41,42,44,54,55,60
ÜBERMASS: 5,9,11,13,14,20,26,29,30,45,59,61,65

Leadership Architect® Faktoren und Cluster
Diese Kompetenz ist in Faktor VII „Probleme im Umgang mit Menschen" (S1) zu finden. Diese Kompetenz ist in Cluster W „Egozentrisch" zusammen mit den Kompetenzen 103, 105, 107, 109, 119 enthalten. Sie können auch bei anderen Kompetenzen in demselben Faktor/Cluster nach passenden Tipps suchen.

Der Plan
Arrogante Menschen werden gewöhnlich als distanzierte Einzelgänger angesehen, die eigene Ideen stets überbewerten. Man kann Arroganz beschreiben als die Abwertung anderer und ihrer Beiträge. Das führt gewöhnlich dazu, dass sich Ihre Mitmenschen herabgesetzt und zurückgewiesen fühlen, oder dass sie ärgerlich werden. Arroganz ist aus zweierlei Gründen schwer abzulegen: Es ist schwierig, Feedback über das eigentliche Problem zu erhalten, weil man zögert, arroganten Menschen überhaupt Feedback zukommen zu lassen. Auch ist Arroganz schwer zu bekämpfen, weil arrogante Menschen nicht zuhören oder die Reaktionen anderer falsch interpretieren. Trotz allem erfüllt sich der vielleicht nicht ganz beabsichtigte Wunsch arroganter Menschen: Sie leben distanziert und isoliert.

Tipps
☐ **1. Fehlt es Ihnen an Selbsterkenntnis? Bitten Sie um Feedback.** Arroganz ist ein großes Hindernis zur Selbsterkenntnis. *Benötigen Sie weitere Hilfe? – Siehe Nr. 55 „Selbsterkenntnis".* Die Forschung zeigt, dass erfolgreiche Menschen ihre Stärken und Schwächen kennen. Viele Menschen mit einer überragenden Stärke oder vielen Erfolgen bekommen weniger Feedback und machen so lange weiter, bis ihre Karriere gefährdet ist. Wenn Sie als arrogant gelten, sollten Sie ein formales und betreutes 360°-Feedback organisieren, bei dem die Feedback-Geber anonym bleiben dürfen. Die Auswertung wird Ihnen helfen, ein besseres Verständnis Ihres Verhaltens zu bekommen. Es ist unwahrscheinlich, dass Sie verwertbare Daten direkt von Mitarbeitern erhalten würden, da diese annehmen, Sie hören ihnen auch hier nicht zu, da es schon immer schwierig gewesen ist, in irgendeiner Weise auf Sie Einfluss zu nehmen. Arrogante Menschen überschätzen sich gewöhnlich. Ihre Bewertungen durch Ihre Mitmenschen sind eventuell niedriger als sie sein sollten, da diese meinen, so handeln zu müssen, um Ihren Trotz zu durchdringen. Wenn sie glauben, dass Sie andere abwerten, werden sie sich revanchieren.

☐ **2. Tun Sie so, als wären Sie perfekt? Arbeiten Sie an Ihrer Zugänglichkeit.**
Es gibt zwei Möglichkeiten: Die erste, Sie sind wirklich talentiert und fast perfekt und die Leute tun sich schwer damit, dass Sie fast immer Recht haben. Die zweite, vielleicht sind Sie nicht perfekt, sondern benehmen sich nur so. Wenn Sie tatsächlich außerordentlich intelligent, erfolgreich und gebildet sind und meistens Recht haben, müssen Sie damit aufhören, Ihren Kollegen wegen Ihrer besonderen Talente ein schlechtes Gefühl zu geben. Wenn Sie nicht perfekt sind, sollten Sie sich auch nicht so verhalten. Bemühen Sie sich in jedem Fall um mehr Offenheit und Zugänglichkeit, damit andere leichter mit Ihnen umgehen können.

☐ **3. Senden Sie die falschen Signale aus? Achten Sie auf Ihre Gestik und Mimik.** Arrogante Menschen wirken, sprechen und benehmen sich arrogant. Wenn Sie an Ihrer Arroganz arbeiten wollen, müssen Sie um Rückmeldungen zu Ihrer Gestik und Mimik bitten. Alle arroganten Menschen haben eine Körpersprache, die von neutralen Parteien als arrogant beurteilt werden kann. Stirnrunzeln. Bestimmte Gesichtsausdrücke. Körperbewegungen, insbesondere Abwenden. Ungeduldiges Finger- oder Bleistiftklopfen. Falsches Lächeln. Verkniffene Lippen. Wegschauen. Finden Sie von einer Vertrauensperson heraus, was Sie tun und versuchen Sie, sich diese Körpersprache abzugewöhnen.

☐ **4. Sie glauben, alles zu wissen? Nehmen Sie sich Zeit, um zuzuhören und Fragen zu stellen.** Antworten. Lösungen. Schlussfolgerungen. Aussagen und Vorschriften. Das ist die Beziehungs- und Kommunikationsbasis arroganter Menschen. Sie geben sofort ihren Kommentar ab. Scharfe Reaktionen. Dies kann Sie in Schwierigkeiten bringen. Sie ziehen voreilig Rückschlüsse, lehnen kategorisch ab, was andere sagen, benutzen eine provozierende Sprache und einen scharfen Ton. Den Menschen erscheinen Sie dann als verschlossen und streitsüchtig. Noch schlimmer: Die anderen könnten glauben, dass Sie sie für dumm oder falsch informiert halten. Geben Sie anderen die Gelegenheit, ohne Unterbrechung ausreden zu können. Wenn man Sie als intolerant oder unzugänglich sieht, werden sich die Menschen, in ihrer Hast, mit Ihnen zu reden oder Ihnen das Argument in Kurzform zu unterbreiten, oft versprechen, weil sie annehmen, dass Sie sowieso nicht zuhören. Stellen Sie eine Frage, lassen Sie andere Meinungen zu, wiederholen Sie die Argumentation der anderen Seite nochmals und lassen Sie sie grundsätzlich ihr Gesicht wahren. Machen Sie immer eine Pause von 15 Sekunden, bevor Sie etwas sagen, und stellen Sie noch zwei weitere klärende Fragen, um zu signalisieren, dass Sie zuhören und verstehen wollen. *Benötigen Sie weitere Hilfe? – Siehe Nr. 33 „Zuhören können" und Nr. 41 „Geduld".*

☐ **5. Werden sie unzugänglich? Beobachten Sie Ihr Publikum.** Wissen Sie, wie Menschen aussehen, die mit Ihrer Arroganz nicht zurechtkommen? Weichen sie vor Ihnen zurück? Schauen sie missbilligend? Werden sie rot? Fangen sie an zu stottern? Verschließen sie sich? Machen sie sich klein? Stehen sie vor der Tür und hoffen, dass sie nicht hereingebeten werden? Sie sollten wirklich äußerst hart daran arbeiten, andere genau zu beobachten. Besonders während der ersten drei Minuten einer wichtigen Verhandlung, bevor das eigentliche Programm beginnt, sollten Sie daran arbeiten, dass die Person oder Gruppe sich in ihrer Gegenwart wohl fühlt. Stellen Sie eine Frage, die nicht zum Thema gehört. Bieten Sie Getränke an. Erzählen Sie ihnen etwas Interessantes vom letzten Wochenende.

☐ **6. Haben Sie Angst, sich zu öffnen? Werden Sie persönlich.** Arrogante Menschen bleiben auf Distanz und teilen nicht viel Persönliches mit. Sie glauben vielleicht, dass Privates und Berufliches nicht gemischt werden sollten. Sie glauben vielleicht, dass es klug ist, Abstand zu den Kollegen zu wahren, mit denen Sie zusammenarbeiten. Da andere nur sehr schwierig Zugang zu einer arroganten Person finden, ist Ihr Ruf eventuell das Ergebnis von nur kurzen, unbefriedigenden Interaktionen. Es gibt Themen, über die andere gern mehr von Ihnen erfahren würden, wie zum Beispiel: Die Beweggründe für Ihre Ansichten und Ihr Verhalten; Ihre Selbsteinschätzung; Ihr Hintergrundwissen über (nicht vertrauliche) Dinge, die im Unternehmen passieren; schöne wie auch peinliche Erlebnisse aus Ihrer Vergangenheit; Ihre Bemerkungen und Kommentare über das, was um Sie herum geschieht – ohne dabei negativ über andere zu sprechen; und Ihre Interessen außerhalb der Arbeit. Über diese Dinge sollten Sie offener sprechen als Sie es momentan tun. *Benötigen Sie weitere Hilfe? – Siehe Nr. 44 „Offenheit".*

☐ **7. Sind Sie zu kritisch? Bewerten Sie das Problem, nicht die Person.** Sie kategorisieren wahrscheinlich Menschen als „gut", also akzeptiert und als „schlecht", also nicht akzeptiert. Sie signalisieren der nicht akzeptierten Gruppe oder den einzelnen Personen ganz klar, dass Sie anderer Meinung sind. Lernen Sie zu verstehen, ohne zuzustimmen oder zu verurteilen. Hören Sie zu, machen Sie sich Notizen, fragen Sie nach und präsentieren Sie die Argumentation der anderen genauso gut wie sie selbst, obwohl Sie nicht der gleichen Meinung sind. Suchen Sie einen Punkt in ihren Argumenten, mit dem Sie übereinstimmen. Präsentieren Sie Ihre Argumente problembezogen – warum Sie glauben, dass diese Vorgehensweise am besten geeignet ist, ein von beiden Seiten anerkanntes Problem anzugehen.

☐ **8. Sind Sie zu direktiv? Seien Sie ein Lehrer, kein Regisseur.** Sie sind vielleicht hochintelligent und haben starke Kompetenzen in Ihrem Bereich.

Sie arbeiten vielleicht mit Leuten zusammen, die nicht so gut informiert oder so gebildet sind wie Sie. Sie sind vielleicht in einer Position, in der Sie anderen sagen können, was zu tun ist. Das müssen Sie aber nicht in herablassender oder beleidigender Weise tun. Wechseln Sie in die Rolle eines Lehrers oder Gurus – teilen Sie Ihren Mitarbeitern mit, worin Ihrer Meinung nach das Problem besteht, nennen Sie nicht nur Ihre Lösungen. Sprechen Sie mit ihnen darüber, welche Fragen zu stellen und zu beantworten sind, wie Sie Lösungen finden würden und welche Lösungen wahrscheinlich funktionieren würden. Arbeiten Sie daran, Ihr Wissen und Ihre Fertigkeiten weiterzugeben.

☐ **9. Brauchen Sie Bestätigung? Suchen Sie nach Bestätigung, indem Sie andere aufbauen.** Möchten Sie wirklich den meisten Menschen, mit denen Sie zusammenarbeiten, das Gefühl vermitteln, sie seien dumm, minderwertig und nicht intelligent? Die meisten wollen das zwar nicht, aber genau das tun Sie. Arrogante Menschen suchen Feedback, das aussagt, dass sie überlegen, intelligent und gebildet sind. Allerdings suchen sie sich ihre Bestätigung an der falschen Stelle. Wenn Sie Anerkennung für Ihre hervorragenden Leistungen suchen, bringen Sie bessere Leistungen. Unterstützen Sie andere darin, mehr zu leisten. Produzieren Sie greifbare Ergebnisse. Wenn Ihre Ergebnisse nicht an Ihr Selbstbild heranreichen, helfen Ihnen Ihre Worte und Ihr arrogantes Verhalten sicherlich auch nicht. Versuchen Sie nicht, sich auf Kosten von Mitarbeitern zu profilieren. Nehmen Sie sich drei Kollegen zum Vorbild, die Sie für ausgezeichnet und talentiert halten, die jedoch nicht arrogant sind. Was machen sie und was nicht? Vergleichen Sie ihr Verhalten mit Ihrem eigenen.

☐ **10. Sind Sie bereit, es in Ordnung zu bringen? Zeigen Sie Ihr Engagement, indem Sie offen zu anderen sind.** Was immer aus dem Bereich Mögliche Ursachen auf Sie zutreffen mag – Sie müssen an *Nr. 3 „Zugänglichkeit"* und *Nr. 31 „Zwischenmenschliches Geschick"* arbeiten. Erst wenn Sie wiederholt signalisieren, dass Sie ein offenes Ohr für andere haben, Interesse an ihrer Meinung zeigen, Dinge teilen, die Sie nicht teilen müssen, Ihre Mitmenschen dazu auffordern, mit Ihnen zu reden, und ihnen zuhören, wird diese Mühe belohnt. Sie müssen beharrlich dabei bleiben, Ablehnung hinnehmen und sich wahrscheinlich ein paar ärgerliche und beleidigende Bemerkungen anhören, um die Situation wieder ins Gleichgewicht zu bringen. Üben Sie gedanklich, damit Sie keine unangenehmen Überraschungen erleben. Es wäre eine ungewöhnliche Gruppe, die auf Ihre Annäherungsversuche eingeht, ohne Sie ein wenig hinzuhalten. Schließlich hat man in der Vergangenheit schlechte Erfahrung mit Ihnen gemacht.

Develop-in-Place-Aufgabenstellungen

☐ Schließen Sie Frieden mit einem Feind oder mit jemandem, den Sie mit einem Produkt oder einer Dienstleistung enttäuscht haben, oder mit jemandem, mit dem Sie Probleme hatten oder nicht so gut zurechtkommen.

☐ Managen Sie das Outplacement einer Gruppe von Mitarbeitern.

☐ Übernehmen Sie eine Aufgabe, die Sie nicht mögen oder vor deren Durchführung Ihnen graut.

☐ Managen Sie eine Gruppe von Leuten, die älter und/oder erfahrener sind als Sie selbst, um eine Aufgabe zu erledigen.

☐ Versuchen Sie, neue Fähigkeiten in Ihrer Freizeit zum reinen Vergnügen zu erlernen und gut darin zu werden (z. B. Jonglieren, Square Dance, Zaubern).

> *The challenge of leadership is to be strong, but not rude;*
> *be kind, but not weak; be bold, but not bully;*
> *be thoughtful, but not lazy; be humble, but not timid;*
> *be proud, but not arrogant; have humor, but without folly.*
> Jim Rohn – Amerikanischer Redner und Autor

Literaturempfehlungen

Barker, L., & Watson, K. (2001). *Listen up: At home, at work, in relationships: How to harness the power of effective listening.* Irvine, CA: Griffin Trade.

Barron, L. A. (2006). *Openness works! Create personal, professional and financial growth in any organization.* Austin, TX: Hopeworks Publishing.

The Dalai Lama. (2002). *An open heart: Practicing compassion in everyday life.* New York: Back Bay Books.

Donoghue, P. J., & Siegel, M. E. (2005). *Are you really listening? Keys to successful communication.* Notre Dame, IN: Sorin Books.

Dotlich, D. L., & Cairo, P. C. (2003). *Why CEOs fail: The 11 behaviors that can derail your climb to the top and how to manage them.* San Francisco: Jossey-Bass.

Fritz, J. M. H., & Omdahl, B. L. (2006). *Problematic relationships in the workplace.* New York: Peter Lang Publishing, Inc.

Goldsmith, M., & Reiter, M. (2007). *What got you here won't get you there: How successful people become even more successful.* New York: Hyperion.

Goleman, D. (2007). *Social intelligence: The new science of human relationships.* New York: Bantam Books.

Goman, C. (2008). *The nonverbal advantage: Secrets and science of body language at work.* San Francisco: Berrett-Koehler Publishers.

Gonthier, G., & Morrissey, K. (2002). *Rude awakenings: Overcoming the civility crisis in the workplace.* Chicago: Dearborn Trade.

Gostick, A., & Christopher, S. (2008). *The levity effect: Why it pays to lighten up.* Hoboken, NJ: John Wiley & Sons.

Haight, M. (2005). *Who's afraid of the big bad boss? 13 Types and how to survive them.* West Conshohocken, PA: Infinity Publishing.

Kaplan, B., & Kaiser, R. (2006). *The versatile leader: Make the most of your strengths—without overdoing it.* San Francisco: Pfeiffer.

Lieberman, D. J. (2002). *Make peace with anyone: Breakthrough strategies to quickly end any conflict, feud, or estrangement.* New York: St. Martin's Press.

Lubit, R. H. (2003). *Coping with toxic managers, subordinates...and other difficult people: Using emotional intelligence to survive and prosper.* Upper Saddle River, NJ: Financial Times Prentice Hall.

Maxwell, J. C. (2006). *The difference maker: Making your attitude your greatest asset.* Nashville, TN: Thomas Nelson.

Maxwell, J. C. (2008). *Leadership gold: Lessons I've learned from a lifetime of leading.* Nashville, TN: Thomas Nelson.

Perlow, L. (2003). *When you say yes but mean no: How silencing conflict wrecks relationships and companies...and what you can do about it.* New York: Crown Business.

Showkeir, J., & Showkeir, M. (2008). *Authentic conversations: Moving from manipulation to truth and commitment.* San Francisco: Berrett-Koehler Publishers.

Tamm, J. W., & Luyet, R. J. (2004). *Radical collaboration: Five essential skills to overcome defensiveness and build successful relationships.* New York: HarperCollins.

Waitzkin, J. (2008). *The art of learning: An inner journey to optimal performance.* New York: Free Press.

Waldroop, J., & Butler, T. (2000). *Maximum success: Changing the 12 behavior patterns that keep you from getting ahead.* New York: Doubleday.

FAKTOR VII: PROBLEME IM UMGANG MIT MENSCHEN
CLUSTER W: EGOZENTRISCH

105 Vertrauen enttäuschen

The glue that holds all relationships together—including the relationship between the leader and the led is trust, and trust is based on integrity.
Brian Tracy – Amerikanischer TV-Moderator

Ein Problem
- ☐ Sagt das eine, aber meint oder tut etwas anderes
- ☐ Ist gelegentlich inkonsequent und unberechenbar
- ☐ Fährt fort, ohne eine Aufgabe beendet zu haben

Kein Problem
- ☐ Hält Zusagen immer ein
- ☐ Behält Vertrauliches für sich
- ☐ Den Worten folgen Taten
- ☐ Handelt so wie er/sie spricht
- ☐ Beendet, was er/sie angefangen hat
- ☐ Ist ausdauernd und berechenbar
- ☐ Fasst nach, wenn Probleme auftreten können

Mögliche Ursachen
- ☐ Vermeidung von Konflikten
- ☐ Unaufrichtig
- ☐ Nicht gut organisiert/unberechenbar
- ☐ Vergesslich
- ☐ Nicht kundenorientiert
- ☐ Politisch nicht geschickt
- ☐ Schlechtes Zeitmanagement
- ☐ Macht zu viele Dinge gleichzeitig; kann nicht nein sagen
- ☐ Zu sehr darauf fixiert, in Verkaufsgesprächen zu überzeugen
- ☐ Übertriebener Ehrgeiz

Andere Ursachen
FEHLENDES GESCHICK BEI: 10,11,12,13,22,23,29,34,57
ÜBERMASS: 6,8,21,27,31,38,48

Leadership Architect® Faktoren und Cluster

Diese Kompetenz ist in Faktor VII „Probleme im Umgang mit Menschen" (S1) zu finden. Diese Kompetenz ist in Cluster W „Egozentrisch" zusammen mit den Kompetenzen 103, 104, 107, 109, 119 enthalten. Sie können auch bei anderen Kompetenzen in demselben Faktor/Cluster nach passenden Tipps suchen.

Der Plan

Das Vertrauen darauf, dass man seine Verpflichtungen wie versprochen erfüllt, ist die Ausgangsbasis guter persönlicher und geschäftlicher Verbindungen. Eine Nichteinhaltung schadet Beziehungen oder führt sogar zu ihrem Abbruch, zum Verlust von Kunden, zu nicht abgeschlossenen Projekten, Nacharbeit, Zeitverschwendung, Konflikten. Ein Vertrauensmissbrauch hat keinerlei positive Auswirkungen.

Tipps

☐ **1. Unzuverlässig? Seien Sie konsequent.** Rufen Sie rechtzeitig zurück? Verschicken Sie das zugesagte Material? Geben Sie Informationen weiter, die Sie versprochen haben? Erledigen Sie Ihre Aufgaben, wenn Sie bestätigt haben, dass Sie sich darum kümmern werden? Erfüllen Sie diese Verpflichtungen nicht, kann das Ihr Beziehungsnetz zerstören. Wenn Sie vergesslich sind, schreiben Sie sich die notwendigen Einzelheiten auf. Falls Sie immer in Zeitnot geraten, dann legen Sie sich jeden Tag ein spezifisches Zeitfenster fest, in dem Sie Ihren Verpflichtungen nachkommen. Falls Sie eine Frist nicht einhalten können, geben Sie das bekannt und schlagen Sie einen zweiten Termin vor, den Sie sicher einhalten können.

☐ **2. Bürden Sie sich zu viel auf? Lernen Sie, nein zu sagen.** Zu viele Versprechungen ziehen eine Menge Probleme nach sich. Wer zu viel übernimmt, tut das normalerweise, weil er/sie es jedem Recht machen oder Konflikte vermeiden will, die durch ein Nein entstehen. Versprechen Sie nur Dinge, die Sie auch tatsächlich schaffen können. Legen Sie sich auf einen bestimmten Abgabetermin fest, schreiben Sie ihn auf. Lernen Sie, freundlich „nein" zu sagen und Dinge an Mitarbeiter abzugeben, die Zeit dafür haben: „Nein, leider nicht, aber ich bin sicher, dass Susanne Herrmann Ihnen damit helfen kann." Oder: „Ja, aber es wird länger dauern, als Sie vielleicht warten wollen." Geben Sie dem Anfragenden die Möglichkeit, seine Bitte zurückzunehmen. Lernen Sie, zu sagen: „Ja, aber welches Ihrer Projekte soll dann nach hinten verschoben werden?" *Benötigen Sie weitere Hilfe? – Siehe Nr. 50 „Setzen von Prioritäten".*

☐ **3. Sind Sie unrealistisch? Übertreiben Sie nicht und versprechen Sie nicht zu viel.** Wollen Sie unbedingt verkaufen? Versprechen Sie in Ihren Verkaufsgesprächen zu viel oder versuchen Sie Ihre Kunden durch Übertreibungen zu überzeugen? Der Kunde, den Sie mit unrealistischen Versprechungen gewinnen, ist auch der Kunde, den Sie für immer verlieren, wenn er entdeckt, dass Sie sie nicht einhalten.

☐ **4. Versuchen Sie, andere zu sehr zu beeindrucken? Messen Sie sich an Ihren Ergebnissen.** Es kommt häufig vor, dass Menschen zu viel versprechen, um andere zu beeindrucken. Allerdings, wenn sie das wiederholt tun, werden sie langfristig verlieren, da andere lernen werden, ihre Versprechungen zu ignorieren und sich nur auf Ergebnisse zu konzentrieren.

☐ **5. Versuchen Sie, Konflikte zu vermeiden? Sagen Sie, was Sie zu tun gedenken, und tun Sie, was Sie sagen.** Sagen Sie bei Besprechungen und Verhandlungen Dinge zu, um durchzukommen, haben aber nicht die Absicht, diese Versprechungen einzuhalten? Sprechen Sie nur, um sich anzupassen und keinen Ärger zu verursachen? Sagen Sie nur Dinge, die andere hören wollen, um Unstimmigkeiten oder Streitigkeiten zu vermeiden? All diese Verhaltensweisen haben negative Folgen, wenn man herausfindet, dass Sie in einer anderen Besprechung oder zu einer anderen Person etwas Unterschiedliches gesagt haben; oder wenn man erkennt, dass Sie nicht getan haben, was Sie angekündigt haben.

☐ **6. Sagen Sie absichtlich Dinge, um sich Vorteile zu schaffen? Verwerfen Sie Ihre Zielsetzung.** Wissen Sie schon im Voraus, dass Ihre Behauptungen nicht wahr sind und dass Sie in Wirklichkeit gar nicht so denken? Sagen Sie Dinge, die Sie nicht meinen, um sich Vorteile zu schaffen, eine Beziehung zu festigen oder Ressourcen zu bekommen? Leiten Sie Ihren eigenen Zeitplan früher weiter als den Ihrer Mitarbeiter oder der Organisation? Diese Handlungen werden sie mit der Zeit einholen und Ihre Karriere behindern. *Benötigen Sie weitere Hilfe? – Siehe Nr. 22 „Ethik und Wertmaßstäbe" und Nr. 29 „Integrität und Vertrauen".*

☐ **7. Sind Sie unberechenbar? Seien Sie einheitlich.** Viele Menschen sind inkonsequent – zumindest in manchen Dingen. Viele gehen an einigen Tagen oder Wochen konsequent zu Werke, an anderen nicht. Sie erfüllen ihre Verpflichtungen nach oben, aber nicht nach unten. Sie tun etwas für Menschen, die sie mögen, aber nicht für solche, die sie nicht mögen. Obwohl dieses Verhalten in der Natur des Menschen liegt, ist diese Strategie zum Scheitern verurteilt. Wenn Sie einmal etwas konsequent durchgeführt haben – eine Sache, für einen Tag, für eine bestimmte Person –, sollten Sie eigentlich öfter dazu in der Lage sein. *Benötigen Sie weitere Hilfe? – Siehe Nr. 43 „Beharrlichkeit".*

☐ **8. Lassen Sie Dinge liegen? Bringen Sie Angefangenes zu Ende.** Sehr handlungsorientiert? Ungeduldig? Zu viele Dinge zur gleichen Zeit? Das Interesse vergeht, wenn es zu lange dauert? Das Resultat ist eine nicht erfüllte Verpflichtung. Versuchen Sie, Selbstdisziplin zu üben und angefangene Dinge zu erledigen. Beginnen Sie die nächste Aufgabe erst, wenn die letzte abgeschlossen ist. Delegieren Sie den Abschluss an jemanden, dem Sie vertrauen. Überprüfen Sie den Status später. Wenn Sie nicht die Absicht haben, die Arbeit zu erledigen, informieren Sie die Betroffenen darüber und begründen Sie Ihre Entscheidung.

☐ **9. Nie genug Zeit? Managen Sie Ihre Zeit.** Haben Sie immer wieder die beste Absicht, eine bestimmte Aufgabe anzugehen, aber nie richtig Zeit dafür? Fällt Ihre Zeitplanung immer zu knapp aus, und die Erledigung der Aufgaben dauert dann doch länger als vorgesehen? Es gibt etablierte Vorgehensweisen und Best Practices zum Thema Zeitmanagement. Bücher dazu sind in jeder guten Buchhandlung erhältlich. Ebenfalls gibt es ein umfassendes Seminarangebot. Auch Delegieren ist sehr hilfreich, wenn Sie Ihre Zeit effektiver nutzen wollen. *Benötigen Sie weitere Hilfe? – Siehe Nr. 62 „Zeitmanagement".*

☐ **10. Sind Sie nicht vertrauenswürdig? Denken Sie über Ihre Weltanschauung nach.** Vielleicht sind Sie wirklich nicht sehr vertrauenswürdig. Sie sichern sich ab, sabotieren andere, suchen Ihren eigenen Vorteil, legen andere herein und haben nicht die Absicht, Ihren Verpflichtungen nachzukommen. Sie rechtfertigen sich damit, dass die Situation schwierig ist, dass Sie nur Ihre Arbeit erledigen und dass Sie ergebnisorientiert handeln. Schließlich heiligt der Zweck die Mittel. Sie benutzen andere, um Ihre Ziele zu erreichen. Fragen Sie sich zuerst, ob Ihre Weltanschauung wirklich richtig ist und ob Sie wirklich so sein wollen. Zweitens finden Sie heraus, ob Ihre Karriere in diesem Unternehmen noch zu retten ist. Haben Sie schon zu viele Brücken hinter sich abgebrochen? Bringen Sie den Mut auf zuzugeben, dass Sie das Vertrauen anderer regelmäßig missbraucht haben und Ihren Verpflichtungen nicht nachgekommen sind. Sprechen Sie mit Ihrer Führungskraft oder Ihrem Mentor, ob Sie Ihren guten Ruf wiederherstellen können. Falls man davon überzeugt ist, dann wenden Sie sich an alle, die Sie durch Ihr Verhalten vielleicht befremdet haben und warten Sie ihre Reaktion ab. Sagen Sie ihnen, was Sie in Zukunft ändern wollen. Fragen Sie, was Sie unterlassen sollten. Fragen Sie, ob eine Beziehung wiederhergestellt werden kann.

Develop-in-Place-Aufgabenstellungen

☐ Schließen Sie Frieden mit einem Feind oder mit jemandem, den Sie mit einem Produkt oder einer Dienstleistung enttäuscht haben, oder mit jemandem, mit dem Sie Probleme hatten oder nicht so gut zurechtkommen.

☐ Managen Sie eine Gruppe in einer bedeutenden geschäftlichen Krise.

☐ Führen Sie schwierige Verhandlungen mit einem internen oder externen Kunden.

☐ Managen Sie die Vergabe von umstrittenen Büroplätzen.

☐ Managen Sie einen unzufriedenen internen oder externen Kunden; versuchen Sie, ein Leistungs- oder Qualitätsproblem mit einem Produkt oder einer Dienstleistung zu lösen.

To be persuasive, we must be believable;
to be believable, we must be credible;
to be credible, we must be truthful.
Edward R. Murrow – Amerikanischer Journalist

Literaturempfehlungen

Bellingham, R. (2003). *Ethical leadership: Rebuilding trust in corporations.* Amherst, MA: HRD Press.

Branham, L. (2005). *The 7 hidden reasons employees leave: How to recognize the subtle signs and act before it's too late.* New York: AMACOM.

Bunker, K. A., & Wakefield, M. (2005). *Leading with authenticity in times of transition.* Greensboro, NC: Center for Creative Leadership.

Cooper, C. (2008). *Extraordinary circumstances: The journey of a corporate whistleblower.* Hoboken, NJ: John Wiley & Sons.

Covey, S. M. R. (with Merrill, R. R.). (2006). *The speed of trust: The one thing that changes everything.* New York: Free Press.

Csorba, L. T. (2004). *Trust: The one thing that makes or breaks a leader.* Nashville, TN: Thomas Nelson.

Deems, R. S., & Deems, T. A. (2003). *Leading in tough times: The manager's guide to responsibility, trust, and motivation.* Amherst, MA: HRD Press.

Forni, P.M. (2002). *Choosing civility: The twenty-five rules of considerate conduct.* New York: St. Martin's Press.

Geisler, N. L., & Douglass, R. (2007). *Integrity at work: Finding your ethical compass in a post-Enron world.* Grand Rapids, MI: Baker Books.

Golin, A. (2004). *Trust or consequences: Build trust today or lose your market tomorrow.* New York: AMACOM.

Hanson, T., & Hanson, B. Z. (2005). *Who will do what by when? How to improve performance, accountability and trust with integrity.* Sydney, Australia: Power.

Johnson, L., & Phillips, B. (2003). *Absolute honesty: Building a corporate culture that values straight talk and rewards integrity.* New York: AMACOM.

Kaptein, M., & Wempe, J. (2002). *The balanced company: A corporate integrity theory.* Oxford, UK: Oxford University Press.

Kouzes, J. M., & Posner, B. Z. (2003). *The five practices of exemplary leadership.* San Francisco: John Wiley & Sons.

Lee, G., & Elliott-Lee, D. (2006). *Courage: The backbone of leadership.* San Francisco: Jossey-Bass.

Mishra, A. K., & Mishra, K. E. (2008). *Trust is everything: Become the leader others will follow.* Durham, NC: Aneil K. Mishra and Karen E. Mishra.

Patterson, K., Grenny, J., McMillan, R., & Switzler, A. (2004). *Crucial confrontations: Tools for talking about broken promises, violated expectations, and bad behavior.* New York: McGraw-Hill.

Perlow, L. (2003). *When you say yes but mean no: How silencing conflict wrecks relationships and companies...and what you can do about it.* New York: Crown Business.

Seglin, J. L. (2006). *The right thing: Conscience, profit, and personal responsibility in today's business.* Rollinsford, NH: Spiro Press.

Solomon, R. C., & Flores, F. (2001). *Building trust: In business, politics, relationships, and life.* Oxford, UK: Oxford University Press.

Stroh, L. K. (2007). *Trust rules: How to tell the good guys from the bad guys in work and life.* Westport, CT: Praeger.

Telford, D., & Gostick, A. (2005). *Integrity works: Strategies for becoming a trusted, respected, and admired leader.* Layton, UT: Gibbs Smith.

FAKTOR VII: PROBLEME IM UMGANG MIT MENSCHEN
CLUSTER V: KOMMT NICHT GUT MIT ANDEREN MENSCHEN ZURECHT

106 Blockierung des eigenen Lernens

*The only person who is educated
is the one who has learned how to learn—and change.*
Carl Rogers – Amerikanischer Psychologe

Ein Problem

- ☐ Verschließt sich neuen persönlichen, zwischenmenschlichen, Management- oder Leadership-Fähigkeiten und neuen Ansätzen und Taktiken
- ☐ Versucht, sich nicht verändern zu müssen, selbst wenn er/sie vor neuen oder veränderten Herausforderungen steht
- ☐ Hat nur wenige Interessen und einen beschränkten Horizont
- ☐ Nutzt nur wenige Lerntechniken
- ☐ Sucht nicht nach Input
- ☐ Ist nicht neugierig
- ☐ Strebt nicht nach Erkenntnissen über sich selbst

Kein Problem

- ☐ Ist wissbegierig, interessiert an Neuem und Besserem
- ☐ Hat weitgefächerte Interessen und Perspektiven
- ☐ Sucht und beachtet Feedback
- ☐ Nimmt sich Kritik zu Herzen
- ☐ Versucht, sich ständig weiterzuentwickeln
- ☐ Achtet genau auf die Reaktionen anderer und passt sein/ihr Verhalten entsprechend an
- ☐ Versteht das Verhalten von Einzelnen oder Gruppen
- ☐ Nimmt die subtilen Verbesserungshinweise anderer wahr
- ☐ Ist empfänglich für verschiedene Herausforderungen und Veränderungen

Mögliche Ursachen

- ☐ Hofft, ohne Veränderungen voranzukommen
- ☐ Wenig Risikobereitschaft
- ☐ Blockiert Veränderungen für andere
- ☐ Beschränkter Horizont und wenig Interessen
- ☐ Nicht offen für neue Vorgehensweisen
- ☐ Perfektionist
- ☐ Zieht das Altbewährte vor

- ☐ Geringes Interesse an Lernen und Weiterentwicklung
- ☐ Zu beschäftigt, um Neues zu lernen
- ☐ Fühlt sich zu wohl

Andere Ursachen
FEHLENDES GESCHICK BEI: 2,11,32,33,41,44,45,46,47,51,54,55,58,61,64
ÜBERMASS: 9,11,22,24,29,30,39,44,47,53,57,62

Leadership Architect® Faktoren und Cluster
Diese Kompetenz ist in Faktor VII „Probleme im Umgang mit Menschen" (S1) zu finden. Diese Kompetenz ist in Cluster V „Kommt nicht gut mit anderen Menschen zurecht" zusammen mit den Kompetenzen 101, 108, 112 enthalten. Sie können auch bei anderen Kompetenzen in demselben Faktor/Cluster nach passenden Tipps suchen.

Der Plan
Man sagt von Ihnen, dass Sie in der Vergangenheit leben. Aus unerklärlichen Gründen sträuben Sie sich, neue persönliche und leistungsbezogene Verhaltensweisen zu erlernen. Sie sind der Letzte, der sich einer neuen Initiative anschließt. Man muss Ihnen erst alles beweisen, ehe Sie sich entscheiden, ob Sie mitziehen oder nicht. Untersuchungen bei einem größeren Outplacement-Unternehmen haben gezeigt, dass bei Restrukturierungsmaßnahmen die Mitarbeiter am ehesten entlassen wurden, die zwar gute technische und individuelle Fähigkeiten besaßen, die jedoch nur wenig dazu bereit waren, sich neues Wissen anzueignen oder ihre Fähigkeiten an veränderte Bedingungen anzupassen. Man kann heutzutage nicht überleben, wenn man seine Einstellung und seine Fähigkeiten nicht ständig aktualisiert. Für Menschen, die in der Vergangenheit leben, ist nicht mehr viel Platz.

Tipps
- ☐ **1. Brauchen Sie eine definierte Herangehensweise? Arbeiten Sie von außen nach innen.** Leute, die dies beherrschen, arbeiten von außen (der Kunde, das Publikum, die Person, die Situation) nach innen, nicht umgekehrt („Was will ich in dieser Situation tun? Was würde mich glücklich und zufrieden machen?"). Üben Sie sich darin, nicht „von intern nach extern" zu denken, wenn Sie mit anderen zusammen sind. Was sind die Anforderungen dieser Situation? Wie lernt diese Person oder dieses Publikum am besten? Welche Vorgehensweisen, welchen Stil, welche Fertigkeit oder welches Wissen soll ich hier am besten einsetzen? Wie kann ich meine Ziele am besten erreichen? Wie kann ich mein Vorgehen und meine Taktik so ändern, dass Sie am effektivsten sind? Wenn Sie nur einen Trick vorzuführen haben, können Sie auch nur

einmal in einer Show auftreten. Und wenn das Publikum Ihren Trick nicht mag, dann bekommen Sie auch keinen Applaus und können keine Zugabe geben. *Benötigen Sie weitere Hilfe? – Siehe Nr. 15 „Kundenorientierung".*

☐ **2. Sind Sie in Ihrer Komfortzone gefangen? Finden Sie neue Lösungen.** Vielleicht bleiben Sie zu gern in Ihrer Komfortzone, machen nur das, was Ihnen liegt. Sie verlassen sich auf erprobte und bewährte Lösungen. Sie nutzen nur das, was Sie bereits kennen und vorher schon einmal gesehen oder gemacht haben. Finden Sie daher zuerst die Ursachen heraus, wenn Sie einem neuen Thema, Problem oder einer neuen Herausforderung gegenüberstehen. Suchen Sie nicht zuerst nach der Lösung und nach Schlussfolgerungen. Fragen Sie immer nach dem Warum, wie viele Ursachen Sie herausfinden und in wie viele Kategorien Sie sie einordnen können. So erhöht sich die Chance auf eine bessere Lösung, denn auf diese Weise können Sie die Zusammenhänge besser erkennen. Suchen Sie nach typischen Datenmustern, sammeln Sie nicht nur Informationen oder handeln Sie nicht einfach in der Annahme, Sie wissen, was zu tun ist. Andere sagen Ihnen, dass dies häufig nicht der Fall ist. *Benötigen Sie weitere Hilfe? – Siehe Nr. 51 „Fähigkeit, Probleme zu lösen".*

☐ **3. Kommen Sie bei anderen nicht richtig an? Passen Sie sich an Ihr Publikum an.** Wenn Sie sich anpassen möchten, müssen Sie die Reaktionen anderer auf Ihr Verhalten aufmerksam beobachten. Sie müssen erkennen, wie die Menschen auf das, was Sie gerade tun und sagen, reagieren, um ihr Verhalten einzuschätzen. Langweilen sie sich? Ändern Sie das Tempo. Können sie Ihnen nicht folgen? Sagen Sie es noch einmal auf eine andere Art. Sind sie verärgert? Unterbrechen Sie und fragen Sie nach der Ursache. Sind sie zu ruhig? Beziehen Sie sie aktiv in das Geschehen ein. Sind sie unruhig, kritzeln auf ihren Unterlagen oder schauen aus dem Fenster? Unter Umständen interessiert sie nicht, was Sie gerade tun. Kommen Sie zum Ende Ihrer Präsentation oder Aufgabe, schließen Sie sie ab und verabschieden Sie sich. Überprüfen Sie Ihre Vorgehensweise regelmäßig anhand der Reaktionen Ihres Publikums und, falls notwendig, ändern Sie sie. *Benötigen Sie weitere Hilfe? – Siehe Nr. 33 „Zuhören können" und Nr. 45 „Persönliches Lernen".*

☐ **4. Sind Sie nicht für Lernen offen? Versuchen Sie immer wieder, von anderen zu lernen.** Was immer die Ursachen sein mögen, die Leute sehen Sie so, als wollten Sie nicht lernen. Erst wenn Sie wiederholt signalisieren, dass Sie ein offenes Ohr für andere haben, Interesse an ihrer Meinung zeigen, Dinge teilen, die Sie nicht teilen müssen, Ihre Mitmenschen dazu auffordern, mit Ihnen zu reden, und ihnen zuhören, wird diese Mühe belohnt. Sie müssen beharrlich dabei bleiben, Ablehnung hinnehmen und sich wahrscheinlich ein paar ärgerliche und beleidigende Bemerkungen anhören, um die Situation wieder ins Gleichgewicht zu bringen. Üben Sie gedanklich, damit Sie keine unangenehmen Überraschungen erleben. Es wäre eine ungewöhnliche Gruppe, die auf Ihre Annäherungsversuche eingeht, ohne Sie ein wenig hinzuhalten. Schließlich waren Sie bis jetzt verschlossen und distanziert. *Benötigen Sie weitere Hilfe? – Siehe Nr. 3 „Zugänglichkeit" und Nr. 31 „Zwischenmenschliches Geschick".*

☐ **5. Brauchen Sie eine neue Trickkiste? Wenden Sie andere Methoden im Umgang mit Mitarbeitern an.** Viele kompetente Lerner verwenden zahlreiche wirksame Techniken und Methoden: Sie begründen, was sie sagen und nennen Lösungen oder Schlussfolgerungen erst am Ende. Sie stellen mehr Fragen als sie Aussagen machen, sie halten sich kurz und fassen häufig zusammen. Wenn sie widersprechen, drücken sie es als Gegenfrage aus: „Das sehe ich nicht so, was meinen Sie?" Ihre Absicht ist es, so viel Informationen wie möglich über die Reaktionen von anderen zu sammeln wie sie nur können. Sie speichern diese Botschaften, sodass sie ihr Verhalten ändern können, wenn nötig.

☐ **6. Hängen Sie im Trott fest? Erweitern Sie Ihre Verhaltensmuster.** Fordern Sie sich heraus. Machen Sie Dinge, die nicht charakteristisch für Sie sind. Gehen Sie an Ihre Grenzen und darüber hinaus. Wenn Sie die Anzahl Ihrer persönlichen Verhaltensweisen erweitern, können Sie eine größere Anzahl von unterschiedlichen Situationen effektiver gestalten. *Benötigen Sie weitere Hilfe? – Siehe Nr. 54 „Persönliche Entwicklung".*

☐ **7. Sind Sie bereit, etwas Neues auszuprobieren? Passen Sie sich früh an neue Situationen an.** Finden Sie etwas Neues, was relevant ist für Ihre Aufgaben – Technologie, Software, Werkzeug, System, Prozesse oder Skills. Werden Sie zum heimlichen Experten. Lesen Sie die Bücher dazu. Lassen Sie sich zertifizieren. Besuchen Sie ein Unternehmen, das diese neue Anwendung bereits einsetzt. Überraschen Sie danach alle, indem Sie die neue Anwendung als Erste/r in Ihrer Umgebung einführen. Überzeugen Sie andere. Führen Sie Schulungen durch. Integrieren Sie das Neue in Ihre Arbeit.

☐ **8. Sie wissen nicht, womit Sie anfangen sollen? Suchen und erledigen Sie in Ihrer Arbeit drei Aufgaben, die Sie nie zuvor ausgeführt haben.** Wenn Sie nicht viel über Kunden wissen, arbeiten Sie in einem Laden oder bearbeiten Sie Kundenreklamationen; wenn Sie nicht wissen, was die technische Abteilung macht, finden Sie es heraus. Tauschen Sie eine Aufgabe mit einem anderen Mitarbeiter. Treffen Sie sich mit Ihren Kollegen aus anderen Bereichen und sprechen Sie über Ihre Arbeitsbereiche und Vorgehensweisen.

☐ **9. Brauchen Sie eine breitere Sicht der Dinge? Bieten Sie Ihre Mitarbeit für Taskforces an.** Taskforces/Projekte sind eine ausgezeichnete Möglichkeit, Neues in einer risikoarmen Umgebung zu erlernen. Taskforces sind die Entwicklungsmöglichkeiten, die von erfolgreichen Spitzenmanagern am häufigsten angeführt werden. Diese Projekte machen das Erlernen anderer Funktionen, das Kennenlernen anderer Geschäftsfelder oder Nationalitäten notwendig und ermöglichen, dass Sie innerhalb kürzester Zeit die Sichtweise der Menschen und die Bedeutung ihres Bereiches oder ihrer Position verstehen lernen. Auf diese Weise verlassen Sie die Perspektive Ihrer eigenen Erfahrungen und beginnen, Verbindungen zu einer breiteren Welt zu sehen – wie internationaler Handel funktioniert, oder (in Ihrer eigenen Umgebung) wie die Teile Ihrer Firma zusammenpassen.

☐ **10. Müssen Sie sich auch im Privatleben weiter entwickeln? Erweitern Sie Ihren Horizont.** Essen Sie immer in den gleichen Restaurants? Machen Sie an den gleichen Orten Urlaub? Immer das gleiche Ritual während der Feiertage? Kaufen Sie immer wieder die gleiche Automarke? Haben Sie den gleichen Versicherungsagenten wie Ihr Vater? Erweitern Sie Ihren Horizont. Lassen Sie sich und Ihre Familie auf Abenteuer ein. Reisen Sie in Gebiete, in denen Sie nie zuvor waren. Machen Sie niemals zweimal Urlaub am gleichen Ort. Essen Sie in verschiedenen Themen-Restaurants. Besuchen Sie Veranstaltungen oder nehmen Sie an Meetings von Gruppen teil, mit denen Sie vorher nie richtig Kontakt hatten. Gehen Sie auf multikulturelle Feste und lernen Sie mehr über die einzelnen Kulturen. Besuchen Sie Sportveranstaltungen, die Sie nie zuvor besucht haben. Unternehmen Sie jede Woche mit Ihrer Familie ein Abenteuer, das zum persönlichen Lernen anregt. Finden Sie heraus, durch wie viele unterschiedliche Perspektiven Sie Ihr Wissen erweitern können.

Develop-in-Place-Aufgabenstellungen

☐ Schließen Sie Frieden mit einem Feind oder mit jemandem, den Sie mit einem Produkt oder einer Dienstleistung enttäuscht haben, oder mit jemandem, mit dem Sie Probleme hatten oder nicht so gut zurechtkommen.

☐ Besuchen Sie ein Seminar über Selbstbewusstsein/Beurteilung, bei dem Sie auch Feedback erhalten.

☐ Suchen Sie sich einen Experten und verbringen Sie einige Zeit mit ihm, um etwas völlig Neues zu erlernen.

☐ Arbeiten Sie mit einem Tutor oder Mentor an einer zu entwickelnden Fähigkeit oder lassen Sie sich in einem Interview darüber belehren.

☐ Beobachten Sie eine von Ihnen respektierte Person, die eine Fähigkeit hat, die Sie benötigen.

No matter how one may think himself accomplished,
when he sets out to learn a new language, science,
or the bicycle, he has entered a new realm
as truly as if he were a child newly born into the world.

Frances Willard – Amerikanischer Erzieher und Vorkämpfer für das Wahlrecht der Frau

Literaturempfehlungen

Bell, A. H., & Smith, D. M. (2002). *Motivating yourself for achievement.* Upper Saddle River, NJ: Prentice Hall.

Bennis, W. G., & Thomas, R. J. (2007). *Leading for a lifetime: How defining moments shape leaders of today and tomorrow.* Boston, MA: Harvard Business School Press.

Blakeley, K. (2007). *Leadership blind spots and what to do about them.* Chichester, England: John Wiley & Sons.

Cashman, K. (2008). *Leadership from the inside out: Becoming a leader for life* (2nd ed.). San Francisco: Berrett-Koehler Publishers.

Christian, K. (2004). *Your own worst enemy: Breaking the habit of adult underachievement.* New York: Regan Books.

Eichinger, R. W., & Lombardo, M. M. (2004). Learning agility as a prime indicator of potential. *Human Resource Planning, 27*(4), 12-15.

Eichinger, R. W., Lombardo, M. M., & Stiber, A. (2005). *Broadband talent management: Paths to improvement.* Minneapolis, MN: Lominger International: A Korn/Ferry Company.

Fulmer, R. M., & Conger, J. A. (2004). *Growing your company's leaders.* New York: AMACOM.

Gardner, H. (2006). *Five minds for the future.* Boston, MA: Harvard Business School Press.

Kotter, J., & Rathgeber, H. (2006). *Our iceberg is melting: Changing and succeeding under any conditions.* New York: St. Martin's Press.

Kourdi, J. (2007). *Think on your feet: 10 Steps to better decision making and problem solving at work.* London: Cyan Communications.

Lee, R. J., & King, S. N. (2000). *Discovering the leader in you: A guide to realizing your personal leadership potential.* San Francisco: Jossey-Bass.

Lucas, B. (2001). *Power up your mind: Learn faster, work smarter.* Yarmouth, ME: Nicholas Brealey Publishing.

Malone, A. J. (2003). *Managing your greatest assets: An effective and practical guide to "real life" people management.* Victoria, Canada: Trafford.

McCall, M. W., Lombardo, M. M., & Morrison, A. M. (1988). *The lessons of experience.* Lexington, MA: Lexington Books.

Merriam, S. B., Caffarella, R. S., & Baumgartner, L. M. (2006). *Learning in adulthood: A comprehensive guide.* San Francisco: Jossey-Bass.

Rimanoczy, I., & Turner, E. (2008). *Action Reflection Learning™: Solving real business problems by connecting learning with earning.* Mountain View, CA: Davies-Black Publishing.

Thomas, R. J. (2008). *Crucibles of leadership: How to learn from experience to become a great leader.* Boston, MA: Harvard Business School Press.

Waitzkin, J. (2008). *The art of learning: An inner journey to optimal performance.* New York: Free Press.

Wick, C., Pollock, R., Jefferson, A., & Flanagan, R. (2006). *The six disciplines of breakthrough learning: How to turn training and development into business results.* San Francisco: Pfeiffer.

Wilkinson, D. (2006). *The ambiguity advantage: What great leaders are great at.* Hampshire, England: Palgrave Macmillan.

FAKTOR VII: PROBLEME IM UMGANG MIT MENSCHEN
CLUSTER W: EGOZENTRISCH

107 Mangel an Selbstbeherrschung

*Forego your anger for a moment
and save yourself a hundred days of trouble.*
– Chinesisches Sprichwort

Ein Problem
- ☐ Kann mit Druck und Stress nur schlecht umgehen
- ☐ Wird emotional, subjektiv und unberechenbar, wenn die Dinge nicht wie geplant verlaufen
- ☐ Verhält sich bei zunehmendem Stress anderen gegenüber feindselig und sarkastisch oder zieht sich zurück
- ☐ Trifft unter Druck übereilte oder schlechte Entscheidungen
- ☐ In schwierigen Situationen lässt seine/ihre Leistungsfähigkeit nach

Kein Problem
- ☐ Bleibt unter Druck und Stress ruhig
- ☐ Nimmt Konflikte problemlos hin
- ☐ Kann Kritik und Sarkasmus akzeptieren, ohne die Kontrolle über sich zu verlieren
- ☐ Bleibt auch unter Druck beständig
- ☐ Bleibt bei der Sache
- ☐ Wird nicht ungeduldig, wenn die Dinge anders laufen als erwartet
- ☐ Versucht, seine/ihre Anstrengungen bei Schwierigkeiten zu intensivieren
- ☐ Rechnet mit Überraschungen
- ☐ Hilft anderen, im Sturm die Ruhe zu bewahren

Mögliche Ursachen
- ☐ Defensiv
- ☐ Leicht überwältigt
- ☐ Befindet sich in einer schwierigen Situation, kein Herauskommen
- ☐ Mangel an Selbstvertrauen
- ☐ Übermäßig schwierige Umstände
- ☐ Überempfindlich
- ☐ Perfektionist
- ☐ Zu viel zu tun
- ☐ Kontrollierend
- ☐ Kann Impulsivität schlecht kontrollieren

Andere Ursachen
FEHLENDES GESCHICK BEI: 2,11,12,13,16,30,33,34,40,41,43,48,51,58,66
ÜBERMASS: 11,52,59,66

Leadership Architect® Faktoren und Cluster
Diese Kompetenz ist in Faktor VII „Probleme im Umgang mit Menschen" (S1) zu finden. Diese Kompetenz ist in Cluster W „Egozentrisch" zusammen mit den Kompetenzen 103, 104, 105, 109, 119 enthalten. Sie können auch bei anderen Kompetenzen in demselben Faktor/Cluster nach passenden Tipps suchen.

Der Plan
Das Leben ist wie ein reißender Strom. Es gibt eine Menge Dinge, die nicht nach Plan verlaufen und Ärger erzeugen. Man muss auf vieles Acht geben. Unangenehme Leute. Unmögliche Situationen. Traurige, katastrophale Ereignisse. Konflikte und Spannungen. Es gibt Wettbewerbe und Prüfungen, die man gewinnen beziehungsweise bestehen muss. Manchmal verliert man und das schmerzt. All das ist leider normal. Verliert man jedoch die Geduld und ärgert sich übermäßig, schadet das dem Karriereerfolg. Unter Stress und Druck normal agieren zu können, ist eine der erfolgskritischen Voraussetzungen für die meisten Leadership-Positionen. Man kann die Fähigkeit, Impulse zu kontrollieren und Belohnungen zurückzustellen, erlernen beziehungsweise optimieren.

Tipps
☐ **1. Verlieren Sie leicht die Nerven? Lernen Sie, mit Emotionen umzugehen.**
Emotionen sind vergleichbar mit Elektrizität und Chemie. Sie helfen uns dabei, mit Notsituationen und Bedrohungen umzugehen. Emotionen setzen vorhersehbare körperliche Veränderungen in Gang. Das Herz schlägt stärker, der Blutdruck erhöht sich. Das Blut fließt schneller. Glukose wird in den Blutstrom geleitet und führt zu größerer Energie und Kraft. Die Pupillen weiten sich, um mehr Licht aufzunehmen. Die Atemfrequenz steigert sich, damit dem Körper mehr Sauerstoff zugeführt wird. Und warum das alles? Natürlich, um entweder gegen die Säbelzahntiger zu kämpfen oder vor ihnen zu fliehen. Gefühle sind dazu da, uns in dieser „Fight or Flight"-Reaktion zu unterstützen. Der Körper kann in solch einer Krisensituation schneller und mit mehr Kraft reagieren. Der Preis? Der Körper muss mehr Energie für die Muskeln bereitstellen und, ausgelöst durch die emotionale Anstrengung, die Energiezufuhr zu Magen und Gehirn verringern (weswegen wir unter Stress Magenbeschwerden bekommen beziehungsweise oft die falschen Dinge sagen). Wir könnten zwar eine eingeklemmte Person retten, finden jedoch bei einem angespannten Geschäftstreffen nicht die richtigen Worte. Ist die emotionale

Reaktion erst einmal ausgelöst worden, nimmt sie ihren Lauf. Und folgt dem anfänglichen Auslöser keine weitere Bedrohung, dauert dieser Prozess bei den meisten Menschen 45 bis 60 Sekunden. Deswegen Großmutters Rat, erst einmal bis zehn zu zählen, bevor man reagiert. Das Problem ist nur, dass sich die Menschen ihren Säbelzahntiger im Kopf erhalten haben. In unserer Zeit können schon Gedanken solche Gefühlsreaktionen auslösen. Ereignisse, die sicherlich keine körperliche Gefahr darstellen – zum Beispiel, sich Kritik anhören zu müssen – können solch eine Reaktion hervorrufen. Aber noch schlimmer ist, dass wir dem „Fight or Flight"-Konzept noch ein drittes „F" hinzugefügt haben: „Freeze" (erstarren). Gefühle können uns vollkommen stilllegen und sprachlos werden lassen, wobei wir uns weder für das Kämpfen (Diskutieren, Erwidern) noch die Flucht entscheiden (die Situation ruhig beenden und den Ort verlassen).

☐ **2. Wissen Sie, was Ihnen die Laune vermiest? Identifizieren Sie Ihre Auslöser.** Schreiben Sie auf einer Karteikarte oder einem Post-it® Block die letzten 25 Situationen auf, in denen Sie die Fassung verloren haben. Die meisten Menschen, die Probleme damit haben, gelassen zu bleiben, haben drei bis fünf sich wiederholende Auslöser. Kritik. Verlust der Kontrolle. Eine bestimmte Art von Mensch. Ein Feind. Überraschungen. Lebenspartner. Kinder. Geld. Autorität. Versuchen Sie, neunzig Prozent der Ereignisse in drei bis fünf Kategorien einzuordnen. Wenn Sie diese Gruppierung aufgestellt haben, fragen Sie sich, warum diese ein Problem für Sie darstellen. Ist es Ihr Selbstwertgefühl? Verlust der Kontrolle? Nicht ganz ans Ziel zu kommen? Durchschaut zu werden? Zusätzliche Arbeit für Sie? Was wäre für jede Gruppierung eine besser durchdachte Antwort? Üben Sie in Gedanken und auch verbal, um zu besseren Antworten zu kommen. Versuchen Sie jeden Monat, die Anzahl der Situationen, in denen Sie Ihre Selbstbeherrschung verlieren, um zehn Prozent zu vermindern.

☐ **3. Kein Filter? Halten Sie Ihre Impulse besser unter Kontrolle.** Man sagt und tut dumme und unpassende Dinge, wenn man seine Fassung verliert. Das Problem ist, dass die Menschen das Erste, was ihnen in den Sinn kommt, bereits aussprechen oder ausführen. Sie tun das erstbeste, was ihnen in den Sinn kommt. Untersuchungen zeigen, dass Ihre besten Optionen für das, was Sie sagen oder tun sollten, normalerweise zwischen dem zweiten und dritten Gedanken liegen. Üben Sie sich darin, Ihre erste Reaktion so lange zurückzuhalten, bis Sie an eine zweite gedacht haben. Wenn Sie dazu in der Lage sind, dann warten Sie, bis Sie zu einer dritten Alternative gekommen sind und entscheiden Sie sich erst danach. Bis dahin sollten Sie Ihre Selbstbeherrschung etwa zur Hälfte wiedergefunden haben.

☐ **4. Müssen Sie zu Ihrer Selbstbeherrschung zurück finden? Zählen Sie bis 10.** Bei starken Emotionen sind unser Denken und Urteilsvermögen beeinträchtigt. Schaffen Sie sich Verzögerungstaktiken und üben Sie sie diese. Suchen Sie nach einem Stift in Ihrem Aktenkoffer. Holen Sie sich eine Tasse Kaffee. Stellen Sie eine Frage und hören Sie zu. Gehen Sie zum Flipchart und schreiben Sie etwas auf. Machen Sie sich Notizen. Denken Sie an etwas, das Sie mögen. Stellen Sie sich vor, dass Sie sich in einer beruhigenden Umgebung befinden. Gehen Sie auf die Toilette. Sie brauchen etwa eine Minute, um Ihre Selbstbeherrschung wiederzugewinnen, nachdem die emotionale Reaktion ausgelöst wurde. Tun und sagen Sie in dieser ersten Minute nichts. *Benötigen Sie weitere Hilfe?* – Siehe Nr. 11 *„Selbstbeherrschung"*.

☐ **5. Ungeduldig? Verzögerung der Belohnung.** Sind Sie ungeduldig? Regen Sie sich auf, wenn Ihr Flugzeug Verspätung hat? Das Essen zu spät kommt? Das Auto nicht bereit steht? Ihr Ehepartner sich verspätet? Für die meisten von uns erscheint das Leben wie eine einzige große Verspätung. Wir scheinen ständig darauf zu warten, dass der andere seine Dinge erledigt, damit wir dann unsere erledigen können. Personen, die leicht ihre Selbstbeherrschung verlieren, können oft keine Verzögerungen in der Erfüllung ihrer Wünsche akzeptieren. Sie glauben, sie haben etwas verdient und wollen es haben. Verzögert es sich, werden sie aggressiv und fordernd. und emotional. Die Stimme wird lauter. Damit verstärkt sich auch die Kritik der Gegenseite. Schreiben Sie die letzten 25 Situationen auf, die Sie aufgebracht haben. Ordnen Sie sie in drei bis fünf Kategorien ein. Entwickeln und üben Sie besser durchdachte Reaktionen dazu. Entspannen Sie sich. Belohnen Sie sich. Nehmen Sie es philosophisch, wenn Sie nur wenig oder sogar gar nichts ausrichten können. Denken Sie während Sie warten an Erfreuliches. *Benötigen Sie weitere Hilfe?* – Siehe Nr. 41 *„Geduld"*.

☐ **6. Defensiv? Gehen Sie konstruktiv mit Kritik um.** Häufig verliert man seine Selbstbeherrschung, weil man absichtlich oder unabsichtlich kritisiert wird. Es gibt auf dieser Welt viele „perfekte" Menschen, die nicht mit negativen Informationen über sich fertig werden können, oder mit Kritik an etwas, das sie getan oder nicht getan haben. Sie sind vielleicht einer dieser perfekten Menschen. Wir „Normalen" haben Fehler, die die meisten um uns herum kennen und uns manchmal auch nennen. Wir wissen sogar, dass wir uns manchmal mit ungerechtfertigter Kritik auseinandersetzen müssen. Ein konstruktiver Umgang mit Kritik ist eine erlernbare Kompetenz. *Benötigen Sie weitere Hilfe?* – Siehe Nr. 108 *„Abwehrhaltung"*.

☐ **7. Sind Sie zu beherrschend? Lassen Sie locker.** Sind Sie eine Art Perfektionist? Muss alles immer absolut perfekt gemacht werden? Erstellen Sie Pläne und erwarten Sie, dass sie genau eingehalten werden? Achten Sie auf eine genaue Zeiteinteilung? Eine andere Situation, in der Sie die Selbstbeherrschung verlieren können, tritt dann auf, wenn nicht alles genau nach Plan verläuft. Lockern Sie Ihre Pläne etwas. Erwarten Sie das Unerwartete. Verlängern Sie den Zeitplan. Planen Sie Verzögerungen mit ein. Entwickeln Sie Worst-Case-Szenarien. Die meiste Zeit werden Sie freudig überrascht sein und sich darum in der restlichen Zeit nicht mehr so aufregen.

☐ **8. Ist Ihnen nach Vergeltung zumute? Machen Sie nichts Persönliches daraus.** Haben Sie das Bedürfnis, die Menschen und Gruppen, die Sie in Rage bringen, zu bestrafen? Werden Sie feindselig, ärgerlich, sarkastisch oder wollen Sie sich rächen? Eine Zeit lang könnte Sie das zufrieden stellen, aber dann werden solche Verhaltensweisen ihre für Sie positive Wirkung verlieren und Sie werden auf lange Sicht gesehen verlieren. Übertragen Sie, falls jemand Sie angreift, diesen Angriff auf das Problem. Fragen Sie sich selbst, ob Sie die Gefühle nachvollziehen können – und finden Sie von den anderen heraus, was sie in Ihrer Situation machen würden. Wenn Ihr Gegner eine unflexible Position einnimmt, dann lehnen Sie diese nicht ab. Fragen Sie nach dem Warum – Auf welchen Prinzipien beruht diese Haltung, woher wissen wir, was richtig oder fair ist und welche Theorie steht dahinter? Spielen Sie durch, was passieren könnte, wenn der Standpunkt der anderen Person übernommen würde. Lassen Sie andere ihre Frustration und ihren Ärger loswerden, reagieren Sie jedoch nicht direkt. Wenn Sie auf einen Angriff reagieren, halten Sie sich an die Fakten und deren Auswirkungen auf Sie. Es ist in Ordnung, Schlussfolgerungen über die Auswirkung auf sich selbst zu ziehen, zum Beispiel „Ich hatte das Gefühl, man hat mich nicht rechtzeitig informiert"; – „Ich hatte das Gefühl, man hat mich nicht rechtzeitig informiert"; Es ist aber nicht in Ordnung, wenn Sie den anderen Motive unterstellen – „Sie haben mich nicht rechtzeitig informiert" bedeutet, dass der andere es mit Absicht getan hat und dass Sie die Bedeutung dieses Verhaltens kennen. Behalten Sie deshalb Interpretationen für sich; fragen Sie die anderen, was ihre Handlungen zu bedeuten haben.

☐ **9. Werden Sie unruhig und ziehen Sie dann falsche Schlussfolgerungen? Agieren Sie bewusst.** Handeln Sie schnell? Sind Ihnen Mehrdeutigkeit und Unsicherheit unangenehm? Versuchen Sie, diese zu beseitigen? Ist Ihr Motto: Erst handeln, dann verstehen? Nehmen Sie sich die Zeit, das Problem genau zu definieren. Lassen Sie die Leute ausreden, unterbrechen Sie nicht. Vollenden Sie nicht die Sätze anderer. Fragen Sie nach.

Erklären Sie das Problem nochmals mit eigenen Worten, so dass jeder zufrieden ist. Fragen Sie die anderen, was sie darüber denken. Stellen Sie Lösungsvorschläge zur Diskussion. Treffen Sie dann eine Entscheidung.

- ☐ **10. Investieren Sie zu viel in die Arbeit? Bauen Sie den Stress durch körperliche Betätigung ab.** Finden Sie eine Möglichkeit, aufgestaute Gefühle abzubauen. Beginnen Sie ein aktives Hobby. Treiben Sie regelmäßig Sport. Jogging. Laufen. Hacken Sie Holz. Wenn aufbrausende Menschen versuchen, ihre Gefühle zu unterdrücken, staut sich der Druck an, und irgendwann kommt die große Explosion. Der Körper speichert Energie. Diese Energie muss sich irgendwo entladen können. Reagieren Sie Ihren Arbeitsfrust außerhalb der Arbeitsumgebung ab.

Develop-in-Place-Aufgabenstellungen

- ☐ Schließen Sie Frieden mit einem Feind oder mit jemandem, den Sie mit einem Produkt oder einer Dienstleistung enttäuscht haben, oder mit jemandem, mit dem Sie Probleme hatten oder nicht so gut zurechtkommen.
- ☐ Managen Sie eine Gruppe in einer bedeutenden geschäftlichen Krise.
- ☐ Führen Sie schwierige Verhandlungen mit einem internen oder externen Kunden.
- ☐ Managen Sie die Vergabe von umstrittenen Büroplätzen.
- ☐ Übernehmen Sie eine Aufgabe, die Sie nicht mögen oder vor deren Durchführung Ihnen graut.

Genuine good taste consists in saying much in few words,
in choosing among our thoughts, in having order and arrangement
in what we say, and in speaking with composure.
François Fénelon – Französischer-katholischer Theologe, Dichter und Autor

Literaturempfehlungen

Berry, D. M., & Berry, T. J. (2008). *A peace of my mind: A therapist's guide to handling anger and other difficult emotions.* Manitowoc, WI: Blue Water.

Brantley, J., Millstine, W., & Matik, W. O. (2005). *Five good minutes: 100 Morning practices to help you stay calm and focused all day long.* Oakland, CA: New Harbinger.

Calzada, L. (2007). *180 Ways to effectively deal with change: Get over it! Get with it! Get to it!* Flower Mound, TX: Walk the Talk Company.

Carter, L. (2003). *The anger trap: Free yourself from the frustrations that sabotage your life.* New York: John Wiley & Sons.

Carter, L. (2007). *Getting the best of your anger: Before it gets the best of you.* Grand Rapids, MI: Fleming H. Revell.

Cloke, K., & Goldsmith, J. (2005). *Resolving conflicts at work: Eight strategies for everyone on the job* (Rev. ed.). San Francisco: Jossey-Bass.

Dotlich, D. L., & Cairo, P. C. (2003). *Why CEOs fail: The 11 behaviors that can derail your climb to the top and how to manage them.* San Francisco: Jossey-Bass.

Eifert, G. H., McKay, M., & Forsyth, J. P. (2006). *Act on life, not on anger: The new acceptance and commitment therapy guide to problem anger.* Oakland, CA: New Harbinger.

Ellis, A. (2000). *How to control your anxiety before it controls you.* New York: Citadel Press.

Forsyth, J. P., & Eifert, G. H. (2007). *The mindfulness and acceptance workbook for anxiety: A guide to breaking free from anxiety, phobias, and worry using acceptance and commitment therapy.* Oakland, CA: New Harbinger.

Freedman, M. (with Tregoe, B. B.). (2003). *The art and discipline of strategic leadership.* New York: McGraw-Hill.

Gibson, D., & Tulgan, B. (2002). *Managing anger in the workplace.* Amherst, MA: HRD Press.

Gonthier, G., & Morrissey, K. (2002). *Rude awakenings: Overcoming the civility crisis in the workplace.* Chicago: Dearborn Trade.

Greenleaf, R. K., Spears, L. C., & Covey, S. R. (2002). *Servant leadership: A journey into the nature of legitimate power and greatness* (25th Anniversary ed.). Mahwah, NJ: Paulist Press.

Harris, R. M. (2006). *The listening leader: Powerful new strategies for becoming an influential communicator.* Westport, CT: Praeger.

Hershatter, A. (2007). *Business at the speed of molasses: How patience produces profits.* New York: Crown Business.

Krames, J. A. (2003). *What the best CEOs know: 7 Exceptional leaders and their lessons for transforming any business.* New York: McGraw-Hill.

Lerner, H. (2002). *The dance of connection: How to talk to someone when you're mad, hurt, scared, frustrated, insulted, betrayed, or desperate.* New York: Quill/HarperCollins.

Lord, R. G., Klimoski, R. J., & Kanfer, R. (Eds.). (2002). *Emotions in the workplace: Understanding the structure and role of emotions in organizational behavior.* San Francisco: Jossey-Bass.

Newman, J. (2007). *How to stay cool, calm, and collected when the pressure's on: A stress control plan for business people.* New York: AMACOM.

Straus, D. (2002). *How to make collaboration work: Powerful ways to build consensus, solve problems, and make decisions.* San Francisco: Berrett-Koehler Publishers.

108 Abwehrhaltung

FAKTOR VII: PROBLEME IM UMGANG MIT MENSCHEN
CLUSTER V: KOMMT NICHT GUT MIT ANDEREN MENSCHEN ZURECHT

*I've learned I can make a mistake and the whole world doesn't end.
I had to learn to allow myself to make a mistake
without becoming defensive and unforgiving.*
Lisa Kudrow – Amerikanische Schauspielerin

Ein Problem
- ☐ Ist nicht offen für Kritik
- ☐ Bestreitet Fehler und Schwächen
- ☐ Versucht, Fehler wegzurationalisieren
- ☐ Echauffiert sich über den Überbringer schlechter Nachrichten
- ☐ Gibt anderen die Schuld für eigene Probleme
- ☐ Registriert negatives Feedback nicht
- ☐ Tauscht sich mit anderen nicht über persönliche Grenzen aus
- ☐ Zieht zu wenig Nutzen aus Feedback-Sitzungen und Workshops

Kein Problem
- ☐ Sieht Kritik als Chance zum Lernen
- ☐ Hört sich negatives Feedback aufmerksam an
- ☐ Zieht seine/ihre Lehren aus Feedback
- ☐ Gibt Mängel und Fehler unumwunden zu
- ☐ Übernimmt die Verantwortung, wenn die Dinge nicht laufen wie geplant
- ☐ Zieht Nutzen aus Workshops und Entwicklungsplänen
- ☐ Dankt anderen für ihr Feedback

Mögliche Ursachen
- ☐ Schuldzuweisungen an andere
- ☐ Kann andere nicht einschätzen
- ☐ Angriffslustig
- ☐ Gibt Fehler nicht zu
- ☐ Bittet nicht um Feedback
- ☐ Tauscht sich nicht aus
- ☐ Nicht zugänglich
- ☐ Perfektionist
- ☐ Unbeweglich
- ☐ Verschließt sich gegenüber Kritik

Andere Ursachen
FEHLENDES GESCHICK BEI: 3,11,12,29,33,40,44,45,46,54,55,57,64
ÜBERMASS: 5,6,10,14,21,22,24,30,39,47,52,53,62

Leadership Architect® Faktoren und Cluster
Diese Kompetenz ist in Faktor VII „Probleme im Umgang mit Menschen" (S1) zu finden. Diese Kompetenz ist in Cluster V „Kommt nicht gut mit anderen Menschen zurecht" zusammen mit den Kompetenzen 101, 106, 112 enthalten. Sie können auch bei anderen Kompetenzen in demselben Faktor/Cluster nach passenden Tipps suchen.

Der Plan
Selbsterkenntnis ist ein wesentlicher Schlüssel zum Erfolg. Defensives Verhalten verhindert Erfolg. Die Menschen werden Ihnen immer weniger Feedback geben. Dadurch wird Ihr Selbstbild zunehmend ungenauer. Ihre „Blind Spots" – Dinge, die andere an Ihnen erkennen und die Sie entweder leugnen oder deren Sie sich nicht bewusst sind – multiplizieren sich, und irgendwann gefährdet das Ihre Karriere. Eine Gegensteuerung ist möglich, wenn Sie anderen signalisieren, dass Sie offen sind für Feedback – sei es richtig oder falsch, berechtigt oder nicht – und dass Sie alle Rückmeldungen als Rat und Empfehlung betrachten. Auf einige können Sie mit Entwicklungsmaßnahmen reagieren, einige werden ignoriert und andere werden Sie widerlegen. Allerdings können Sie diese drei konstruktiven Schritte nicht vornehmen, solange Sie das Feedback nicht tatsächlich angenommen beziehungsweise verinnerlicht haben.

Tipps
☐ **1. Brauchen Sie ehrliches Feedback? Feedback erhalten.** Eine Abwehrhaltung ist ein großes Hindernis für genaue und umfassende Selbsterkenntnis. *Benötigen Sie weitere Hilfe? – Siehe Nr. 55 „Selbsterkenntnis".* In den Augen ihrer Umwelt überschätzen sich defensive Menschen. Wenn man von Ihnen annimmt, Sie würden Ihre Schwächen bestreiten oder verleugnen, werden Ihre Mitmenschen Sie unter Umständen angreifen, wenn sie endlich Gelegenheit bekommen, Ihnen Feedback zu geben. Es ist unvermeidlich, dass man Sie schlechter einschätzt als gerechtfertigt, weil man glaubt, die Botschaft muss lauter als üblich sein, damit sie Ihre Abwehr durchdringt. Ihre beste Chance, als defensiver Mensch ehrliches Feedback zu bekommen, ist ein organisiertes 360°-Feedback einzufordern, bei dem die Feedback-Geber anonym bleiben, oder einen Mitarbeiter Ihrer Personalentwicklung zu bitten, Eindrücke über Sie einzuholen und diese mit Ihnen zusammen zu interpretieren. Wenn Sie direkt nach Feedback fragen, ist es unwahrscheinlich, dass Sie die Wahrheit zu hören bekommen, da Ihre Vergangenheit zeigt, dass Sie

sich bei negativer Rückmeldung defensiv verhalten. Niemand gibt einer negativen Person gern Kritik und Feedback, selbst wenn diese wahrheitsgetreu und hilfreich ist. Es ist zu unangenehm.

☐ **2. Sträuben Sie sich leicht? Managen Sie Ihre Abwehrreaktion.** Lernen Sie, negatives Feedback ruhig entgegenzunehmen. Schalten Sie um. Wenn Sie Feedback erhalten, ist es Ihre einzige Aufgabe, ganz genau zu verstehen, was die Personen Ihnen mitteilen wollen. Zu diesem Zeitpunkt müssen Sie noch nichts ablehnen oder akzeptieren. Das kommt später. Üben Sie vorher in Gedanken, wie Sie in Ruhe reagieren werden, wenn schwierige Feedback-Situationen auftauchen. Entwickeln Sie Methoden und Taktiken, mit denen Sie Ihre üblichen emotionalen Reaktionen stoppen oder verzögern können. Bewährt hat es sich zum Beispiel, wenn man langsam vorgeht, sich Notizen macht, klärende Fragen stellt und nach konkreten Beispielen fragt. Danken Sie Ihren Feedbackgebern für die Rückmeldung. Sie wissen, dass es nicht leicht für sie war.

☐ **3. Können Sie kein Feedback ertragen? Hören Sie sich Feedback an, ohne sich über seine Qualität Gedanken zu machen.** Denken Sie daran, Ihre Mitmenschen sind der Meinung, dass Sie kein Feedback vertragen können, dass Sie von sich glauben, perfekt zu sein, dass Sie alle Vorschläge abwehren und das Gegenteil anbringen, und dass Sie wahrscheinlich dem Überbringer des schlechten Feedbacks Schuldzuweisungen machen. Sie erwarten, dass die Interaktion für beide Parteien unangenehm sein wird. Um diesen Teufelskreis zu durchbrechen, werden Sie die Regeln des guten Zuhörens befolgen müssen. *Benötigen Sie weitere Hilfe? – Siehe Nr. 33 „Zuhören können".* Es mag zwar unfair klingen, doch sollten Sie Feedback fürs Erste stets als zutreffend hinnehmen, auch wenn Sie genau wissen, dass es das nicht ist. Am Anfang müssen Sie anderen dabei behilflich sein, ihre Ängste vor Ihrer Abwehrhaltung zu überwinden. Auf die wirklich wichtigen Punkte können Sie später noch einmal zurückkommen und sie beheben.

☐ **4. Können Sie sich darauf keinen Reim machen? Denken Sie über das Feedback nach und analysieren Sie es.** Wenn Sie das Feedback durchgeführt und verstanden haben, schreiben Sie alle Kritikpunkte auf Karteikarten oder Post-it® Notes. Machen Sie zwei Stapel. Diese Kritik ist wahrscheinlich gerechtfertigt und diese wahrscheinlich nicht. Bitten Sie eine vertraute Person, die Sie gut kennt, um Hilfe, damit Sie sich nicht selbst täuschen. Im Fall der wirklich gerechtfertigten Kritik geben Sie den Feedback-Gebern zu verstehen, dass Sie ihre Rückmeldung verstanden haben, dass sie richtig ist, und dass Sie sich um eine Entwicklung bemühen werden. Teilen Sie dann den Stapel der nicht gerechtfertigten Kritik auf in wichtig und unwichtig/wenig/trivial. Werfen Sie den unwichtigen

Stapel weg. Die wahrscheinlich nicht gerechtfertigten aber wichtigen Punkte werden wiederum in zwei Stapel sortiert, und zwar unter dem Gesichtspunkt „karriereschädlich" oder nicht – wenn die Mitarbeiter tatsächlich diesen Eindruck von mir haben, ist meine Karriere in Gefahr. Werfen Sie den Stapel „nicht karriereschädlich" weg. Gehen Sie den verbleibenden Stapel mit Ihrer Führungskraft und/oder Ihrem Mentor durch, um die allgemeine Meinung über Sie zu überprüfen. Es bleiben zwei Stapel: diejenigen, an die Sie glauben – obwohl sie nicht zutreffend sind – und diejenigen, an die Sie nicht glauben. Werfen Sie den Stapel „glaube ich nicht" weg. Nehmen Sie den verbleibenden Stapel und planen Sie eine Strategie, mit der Sie die Menschen in Ihrer Umgebung durch Taten, nicht durch Worte, überzeugen können, dass diese Kritikpunkte nicht der Wahrheit entsprechen.

- **5. Sind Sie mutig genug, es zuzugeben? Zeigen Sie, dass Sie Ihre Weiterentwicklung sehr ernst nehmen.** Nennen Sie Ihre Entwicklungsbereiche und bitten Sie um Unterstützung. Eine der besten Methoden zur Vermeidung von Kritik ist die, Schwächen selbst anzusprechen und Einzelheiten von anderen ergänzen zu lassen. Studien belegen, dass Menschen eher zur Hilfe und Unterstützung bereit sind und auch im Zweifelsfall die Schwächen ihrer Mitmenschen akzeptieren, wenn diese ihre Unzulänglichkeiten zugeben und versuchen, daran etwas zu ändern. Man weiß, dass das viel Mut erfordert. *Benötigen Sie weitere Hilfe? – Siehe Nr. 44 „Offenheit".*

- **6. Widersetzen Sie sich neuen Ideen? Stellen Sie das Problem in den Mittelpunkt und bitten Sie um Kritik zu Ihren Ideen.** Eine logische Folge persönlicher Abwehrhaltung ist der Widerstand gegen neue oder andere Dinge. In Ihren täglichen Beziehungen mit anderen erscheint Ihr Verhalten eventuell blockierend oder nicht aufgeschlossen für neue oder andere Ansichten. Ihre erste Aufgabe liegt darin, Ihre Bewertungs-/Ablehnungsmechanismen zu deaktivieren und besser zuzuhören. *Benötigen Sie weitere Hilfe? – Siehe Nr. 33 „Zuhören können".* Stellen Sie mehr Fragen – „Wie sind Sie dahin gekommen?" „Welche Alternative bevorzugen Sie, oder bleiben wir beim Alten?" Wenn Sie nicht zustimmen, geben Sie zuerst Ihre Gründe an. Bitten Sie anschließend um Kritik an Ihren Ideen. Bringen Sie die unterschiedlichen Meinungen zurück auf das ursprüngliche Problem oder die Strategie – „Was wollen wir lösen? Welche Ursachen gibt es dafür? Welche Fragen sollten beantwortet werden? Welche objektiven Maßstäbe können wir anlegen, um Erfolg zu messen?" Bringen Sie die Diskussion über die unterschiedlichen Ansichten wieder zurück auf die Entscheidungskriterien. *Benötigen Sie weitere Hilfe? – Siehe Nr. 12 „Konfliktmanagement".* Entwickeln Sie einen offeneren Stil. Arbeiten

Sie an *Nr. 3 „Zugänglichkeit"* und *Nr. 31 „Zwischenmenschliches Geschick"*. Erst wenn Sie wiederholt signalisieren, dass Sie ein offenes Ohr für andere haben, Interesse an ihrer Meinung zeigen, persönliche Dinge mitteilen, die Sie nicht mitteilen müssen, Ihre Mitmenschen dazu ermuntern, mit Ihnen zu reden, und ihnen zuhören, wird diese Mühe belohnt. Sie müssen beharrlich dabei bleiben, Ablehnung hinnehmen und sich wahrscheinlich ein paar ärgerliche und beleidigende Bemerkungen anhören, um die Situation wieder ins Gleichgewicht zu bringen. Üben Sie gedanklich, damit Sie keine unangenehmen Überraschungen erleben. Da andere glauben, auf ihre Kritik eine defensive Reaktion zu bekommen, müssen Sie das Gespräch beginnen.

☐ **7. Haben Sie Blind Spots? Machen Sie aus Blind Spots bekannte Schwächen.** Die Sache, die uns in die größten Karriereschwierigkeiten bringt, ist ein wichtiger Blind Spot. Blind Spots sind Schwächen, die wir wirklich haben, jedoch nicht erkennen oder aber abstreiten. Das bedeutet, wir erbringen eine Leistung, von deren Qualität wir überzeugt sind, obwohl das gar nicht stimmt. Es ist besser, eine bekannte und zugegebene Schwäche zu haben. Hier wissen wir, dass wir nicht gut sind, also bemühen wir uns stärker, bitten um Hilfe, delegieren diese Arbeit, suchen uns einen Berater, einen Tutor, lesen ein Buch oder umgehen sie. Ihre neue lebenslängliche Aufgabe besteht darin, keine Blind Spots mehr zu haben. Wandeln Sie alle Ihre Blind Spots in bekannte Schwächen um und danach die Schwächen in Stärken. Machen Sie es sich zur Aufgabe herauszufinden, wie man Sie einschätzt. *Benötigen Sie weitere Hilfe? – Siehe Nr. 55 „Selbsterkenntnis"*.

☐ **8. Haben Sie Angst, sich zu öffnen? Legen Sie mehr offen.** Defensive Menschen sind oft schüchtern und nicht sehr freigiebig mit persönlichen Informationen, besonders in Bezug auf mögliche Schwächen und Fehler. *Benötigen Sie weitere Hilfe? – Siehe Nr. 44 „Offenheit"*. Die Themen, über die man gern etwas von Ihnen erfährt, sind zum Beispiel: Die Gründe für Ihr Verhalten, Ihre Entscheidungen, Ihre Selbsteinschätzung, Ihr Hintergrundwissen über (nicht vertrauliche) Dinge, die im Unternehmen passieren, schöne und auch peinliche Erlebnisse aus Ihrer Vergangenheit, Ihre Bemerkungen und Kommentare über das, was um Sie herum geschieht, ohne dabei zu negativ über andere zu sprechen, oder Ihre Interessen außerhalb der Arbeit. Über diese Dinge sollten Sie offener sprechen als Sie es momentan tun. Wenn Sie die Selbsteinschätzung Ihrer möglichen Schwächen und Defizite offenlegen, müssen Sie nicht mehr so oft eine Abwehrhaltung einnehmen. Diese „Eisbrecher" bahnen den Weg zu Beziehungen, bei denen Sie mehr Feedback erwarten können.

☐ **9. Neigen Sie zu reflexartigen Reaktionen? Vermeiden Sie scharfe und spontane Reaktionen.** Diese bringen Sie höchstwahrscheinlich in Schwierigkeiten. Sie ziehen voreilige Rückschlüsse, lehnen die Meinung anderer kategorisch ab, verwenden eine aggressive oder provozierende Sprache, streiten ab und weisen Schuld zu, ohne zu überlegen. Den Menschen erscheinen Sie dann als verschlossen und streitsüchtig. Noch schlimmer: Die anderen könnten glauben, dass Sie sie für dumm oder falsch informiert halten. Wenn man Sie als intolerant oder verschlossen oder vorschnell urteilend sieht, werden die Menschen, in ihrer Hast, mit Ihnen zu sprechen oder Ihnen das Argument in Kurzform zu unterbreiten, sich oft versprechen, weil sie vermuten, dass Sie sowieso nicht zuhören. Der Schlüssel ist stets, zunächst eine klärende Frage zu stellen, um mehr Informationen zu bekommen und sich dann auf eine gemessenere und ruhigere Antwort vorzubereiten.

☐ **10. Senden Sie die falschen Signale aus? Achten Sie auf Ihre Gestik und Mimik.** Die meisten defensiven Menschen haben eine bestimmte Gestik oder Mimik, die anderen signalisiert, dass sie nicht akzeptieren, was diese Person sagt. Das kann zum Beispiel sein: Ein Stirnrunzeln, ein leerer Blick, Erröten, Körperbewegungen, Finger- oder Bleistiftklopfen, Fingerzeigen. Die meisten Mitmenschen um Sie herum kennen diese Zeichen. Kennen Sie sie auch? Fragen Sie eine Vertrauensperson, was Sie tun. Arbeiten Sie daran, sich dieses unangenehme Verhalten abzugewöhnen.

Develop-in-Place-Aufgabenstellungen

☐ Schließen Sie Frieden mit einem Feind oder mit jemandem, den Sie mit einem Produkt oder einer Dienstleistung enttäuscht haben, oder mit jemandem, mit dem Sie Probleme hatten oder nicht so gut zurechtkommen.

☐ Managen Sie einen unzufriedenen internen oder externen Kunden; versuchen Sie, ein Leistungs- oder Qualitätsproblem mit einem Produkt oder einer Dienstleistung zu lösen.

☐ Managen Sie eine Gruppe von Leuten, die Koryphäen auf einem Gebiet sind, in dem Sie es nicht sind.

☐ Versuchen Sie, neue Fähigkeiten in Ihrer Freizeit zum reinen Vergnügen zu erlernen und gut darin zu werden (z. B. Jonglieren, Square Dance, Zaubern).

☐ Besuchen Sie ein Seminar über Selbstbewusstsein/Beurteilung, bei dem Sie auch Feedback erhalten.

KARRIEREHEMMER UND -STOPPER
108: ABWEHRHALTUNG

*When you become defensive, blame others, and do not accept
and surrender to the moment, your life meets resistance.
Any time you encounter resistance, recognize that
if you force the situation, the resistance will only increase.
You don't want to stand rigid like a tall oak
that cracks and collapses in the storm. Instead, you want
to be flexible, like a reed that bends with the storm and survives.*
Deepak Chopra – Indischer Arzt und Autor

Literaturempfehlungen

Berry, D. M., & Berry, T. J. (2008). *A peace of my mind: A therapist's guide to handling anger and other difficult emotions.* Manitowoc, WI: Blue Water.

Blakeley, K. (2007). *Leadership blind spots and what to do about them.* Chichester, England: John Wiley & Sons.

Brantley, J., Millstine, W., & Matik, W. O. (2005). *Five good minutes: 100 Morning practices to help you stay calm and focused all day long.* Oakland, CA: New Harbinger.

Buron, R. J., & McDonald-Mann, D. (2003). *Giving feedback to subordinates* (Rev. ed.). Greensboro, NC: Center for Creative Leadership.

Calzada, L. (2007). *180 Ways to effectively deal with change: Get over it! Get with it! Get to it!* Flower Mound, TX: Walk the Talk Company.

Cox, D., & Hoover, J. (2002). *Leadership when the heat's on.* New York: McGraw-Hill.

Donoghue, P. J., & Siegel, M. E. (2005). *Are you really listening? Keys to successful communication.* Notre Dame, IN: Sorin Books.

Dotlich, D. L., & Cairo, P. C. (2003). *Why CEOs fail: The 11 behaviors that can derail your climb to the top and how to manage them.* San Francisco: Jossey-Bass.

Folkman, J. R. (2006). *The power of feedback: 35 Principles for turning feedback from others into personal and professional change.* Hoboken, NJ: John Wiley & Sons.

Garner, R. (2006). *Criticism management: How to more effectively give, receive, and seek criticism in our lives.* The Woodlands, TX: Prescient Press.

Goman, C. (2008). *The nonverbal advantage: Secrets and science of body language at work.* San Francisco: Berrett-Koehler Publishers.

Hershorn, M. (2002). *:60 Second anger management: Quick tips to handle explosive feelings.* New Jersey: New Horizon Press.

Lerner, H. (2002). *The dance of connection: How to talk to someone when you're mad, hurt, scared, frustrated, insulted, betrayed, or desperate.* New York: HarperCollins.

Levine, S. (2000). *Getting to resolution: Turning conflict into collaboration.* San Francisco: Berrett-Koehler Publishers.

Lord, R. G., Klimoski, R. J., & Kanfer, R. (Eds.). (2002). *Emotions in the workplace: Understanding the structure and role of emotions in organizational behavior.* San Francisco: Jossey-Bass.

Nichols, M. P. (2009). *The lost art of listening* (2nd ed.). New York: The Guilford Press.

Patterson, K., Grenny, J., McMillan, R., Switzler, A., & Covey, S. R. (2002). *Crucial conversations: Tools for talking when stakes are high.* New York: McGraw-Hill.

Pearman, R. R., Lombardo, M. M., & Eichinger, R. W. (2005). *You: Being more effective in your MBTI type.* Minneapolis, MN: Lominger International: A Korn/Ferry Company.

Scott, S. (2004). *Fierce conversations: Achieving success at work and in life, one conversation at a time* (Rev. ed.). New York: Viking Press.

Tamm, J. W., & Luyet, R. J. (2004). *Radical collaboration: Five essential skills to overcome defensiveness and build successful relationships.* New York: HarperCollins.

Weisinger, H. (2000). *The power of positive criticism.* New York: AMACOM.

FAKTOR VII: PROBLEME IM UMGANG MIT MENSCHEN
CLUSTER W: EGOZENTRISCH

109 Mängel bei Ethik und Werten

*Ethics, too, is nothing but reverence for life.
This is what gives me the fundamental principle of morality,
namely, that good consists in maintaining, promoting, and enhancing life,
and that destroying, injuring, and limiting life are evil.*
Albert Schweitzer – Elsässischer Theologe, Arzt und Philosoph

Ein Problem
- ☐ Lässt die notwendige Sensibilität für die in der Organisation vorherrschenden Werte/Ethik vermissen
- ☐ Operiert zu nahe am Rande festgelegter Spielräume
- ☐ Strapaziert die Grenzen der Toleranz
- ☐ Handelt nicht in Übereinstimmung mit den Normen

Kein Problem
- ☐ Seine/ihre Wertmaßstäbe und Ethik sind im Großen und Ganzen an denen der Organisation ausgerichtet
- ☐ Operiert innerhalb allgemein anerkannter Grenzen
- ☐ Wird hinsichtlich Standards und Normen um Rat gefragt
- ☐ Bleibt auch in den Krisen fest, die seine/ihre Ethik auf eine harte Probe stellen
- ☐ Kann eigene Werte und die anderer artikulieren
- ☐ Hilft anderen, schwierige Entscheidungen bzgl. Werten/ethischen Fragen zu treffen
- ☐ Vermittelt ein konsistentes Wertesystem

Mögliche Ursachen
- ☐ Inkonsequent
- ☐ Arbeitet zu nahe am Rand festgelegter Spielräume
- ☐ Übertriebener Ehrgeiz
- ☐ Übertrieben unabhängig
- ☐ Zu pragmatisch
- ☐ Setzt eigene Verhaltensregeln fest
- ☐ Ethikverständnis hängt von der jeweiligen Situation ab

Andere Ursachen
FEHLENDES GESCHICK BEI: 7,10,11,21,22,29,40,48,57
ÜBERMASS: 6,16,21,27,37,38,49,52,53,66

Leadership Architect® Faktoren und Cluster

Diese Kompetenz ist in Faktor VII „Probleme im Umgang mit Menschen" (S1) zu finden. Diese Kompetenz ist in Cluster W „Egozentrisch" zusammen mit den Kompetenzen 103, 104, 105, 107, 119 enthalten. Sie können auch bei anderen Kompetenzen in demselben Faktor/Cluster nach passenden Tipps suchen.

Der Plan

Als jemand gesehen zu werden, der fragwürdige ethische Vorstellungen hat, ist tödlich. Zumindest bedeutet es, dass die Werte und ethischen Vorstellungen, unter denen Sie agieren, sich nicht mit den allgemein akzeptierten Werten der Personen in Ihrem Umfeld decken. Noch negativer betrachtet könnte es heißen, dass Sie inakzeptable Werte und ethische Vorstellungen vertreten; was bedeutet, dass die meisten sie wohl zurückweisen würden. Vielleicht legen Sie sich nicht fest oder arbeiten zu dicht am Rand festgelegter Spielräume, dass man nicht mit Ihnen zusammenarbeiten will. Die meisten unter uns haben unsere Wert- beziehungsweise ethischen Vorstellungen nicht sehr gut durchdacht. Wir sind von Kindheit auf und durch unsere Erfahrungen auf „Autopilot" programmiert. Man leitet Ihre Werte und ethischen Vorstellungen von dem ab, was Sie sagen und – noch wichtiger – was Sie tun. Wenn Sie das Thema nicht umgehend angehen, kann Ihre Karriere in diesem Unternehmen ernsthaft gefährdet sein.

Tipps

☐ **1. Sind Sie sich der wirklichen Probleme nicht sicher? Diagnostizieren Sie das Problem.** Stellen Sie sicher, dass Sie Ihr Problem genau kennen. Es gibt viele Interpretationsmöglichkeiten. Lassen Sie sich in einem 360°-Feedback, das von einem Vertreter der Personalentwicklung oder einem externen Berater durchgeführt wird, Klarheit darüber geben, wo genau Ihre Schwierigkeit in diesem Bereich liegt. Ein kleineres Problem wäre es, wenn Sie ganz einfach stur und unbeweglich sind, sich an den Wertmaßstäben der Vergangenheit festklammern, mit der neuen Zeit nicht mitkommen, allzu pragmatisch sind, nicht als hilfsbereit angesehen werden, Ihre eigenen Prioritäten über alle anderen stellen, Lieblingsmitarbeiter haben oder zögern, Ihre Meinung zu äußern. Das Problem ist ernster, wenn Sie vorgegebene Prozesse nicht einhalten, um gut dazustehen, Ihre eigenen Regeln aufstellen, Ihre Verantwortung auf andere abschieben und sie dann beschuldigen, Ihre Rivalen sabotieren, die Wahrheit vorenthalten oder sich nicht um Ihre Umgebung kümmern. *Benötigen Sie weitere Hilfe? – Siehe Nr. 55 „Selbsterkenntnis".*

☐ **2. Sind Sie bereit, es zuzugeben? Sorgen Sie für Abhilfe.** Worst Case – der schlimmstmögliche Fall – Ihre Ethik ist tatsächlich sehr fragwürdig. Sie sichern sich ab, sabotieren andere, suchen Ihren eigenen Vorteil, lassen andere in ein offenes Messer laufen und schlecht dastehen. Sie sind vielleicht unaufrichtig, intrigant und zu politisch. Sie glauben, dass diese Methoden in Ordnung sind, da Sie die Ergebnisse rechtzeitig erzielen. Sie glauben wirklich, dass der Zweck die Mittel heiligt. Wenn einer dieser Punkte auf Sie zutrifft, bekommen Sie diese Kritik wahrscheinlich öfter zu spüren. Diese Situation hat sich nicht über Nacht entwickelt. Sie müssen herausfinden, ob Ihre Karriere in diesem Unternehmen noch zu retten ist. Am besten geben Sie zu, dass Ihre Moral- und Wertvorstellungen anders sind als die Ihrer Kollegen. Fragen Sie eine Führungskraft oder einen Mentor, ob der Schaden behebbar ist. Falls diese Person das glaubt, dann wenden Sie sich an alle, die Sie vielleicht durch Ihr Verhalten befremdet haben, und warten Sie ihre Reaktion ab. Sagen Sie ihnen, was Sie in der Zukunft anders machen wollen. Fragen Sie, ob eine Beziehung wiederhergestellt werden kann. Langfristig müssen Sie sich professionell über Werte und Ethik beraten lassen.

☐ **3. Sind Sie unberechenbar? Seien Sie in allen Situationen und Gruppen gleich konsequent.** Sie sind vielleicht nur unbeständig in Ihren Werten und Handlungen. Sie ändern Ihre Einstellung je nach Laune oder aufgrund Ihres letzten Gesprächspartners beziehungsweise Ihrer letzten Erfahrung. Das kann andere verwirren oder ärgern. Sie drücken vielleicht in einem Fall eine positive Einstellung Menschen gegenüber aus (die Sie führen) und eine negative Einstellung in einem anderen Fall (zum Beispiel Kollegen einer anderen Abteilung). Sie halten sich vielleicht in einer Transaktion starr an einen hohen Ehrenkodex (im Umgang mit Kunden) und gehen in einer anderen vielleicht nahe an die Grenze – bei Lieferanten. Vielleicht passen Sie Ihre Werte an die Zielgruppe an, wenn Sie sich nach oben bewegen, aber nicht, wenn Sie nach unten managen. Vielleicht haben Sie Lieblingsmitarbeiter. Menschen bevorzugen Beständigkeit und Vorhersehbarkeit. Suchen Sie die drei bis fünf Bereiche, in denen diese Unbeständigkeit sichtbar wird. Schreiben Sie auf, wie Sie mit verschiedenen Leuten umgegangen sind, damit Sie Vergleiche ziehen können. Haben Sie in parallelen Situationen unterschiedlich gehandelt? Legen Sie bei anderen unterschiedliche Maßstäbe an als bei sich selbst? Haben Sie so viele unterschiedliche Wertevorstellungen, dass diese irgendwann kollidieren müssen? Offenbaren Sie so wenig von Ihren Werten, dass Ihre Umgebung sie erraten muss? Versuchen Sie Ihr Verhalten auszugleichen, damit Sie in den verschiedenen Situationen beständiger handeln.

☐ **4. Äußern Sie sich auf unterschiedliche Weise? Vermeiden Sie ein Verhalten nach dem Motto: „Folgt meinen Worten, nicht meinen Taten".** Eine andere Möglichkeit ist, dass eine beträchtliche Kluft besteht zwischen dem, was Sie über Ihre Ethik und Werte aussagen, wie die Werte der anderen sein sollten und dem, wie Sie tatsächlich in diesen Situationen handeln. Wir haben oft mit Menschen gearbeitet, die in Schwierigkeiten geraten sind, weil sie große Reden über Ethik und Werte hielten: anspruchsvoll, leidenschaftlich, charismatisch – man konnte eine Gänsehaut bekommen, – bis sich dann herausstellte, dass diese Menschen gerade das Gegenteil davon taten. Untersuchen Sie das, was Sie in Ihren Reden, Besprechungen oder auch in einfachen Unterhaltungen zum Thema Wertmaßstäbe und Ethik aussagen. Notieren Sie sich diese Beobachtungen, zusammen mit drei bis fünf Beispielen, die zeigen, wann Sie genau innerhalb der Ethik- und Wertvorstellungen gehandelt haben. Können Sie auch aufschreiben, wann das nicht der Fall war? Falls ja, dann liegt Ihr Problem darin, dass diese Kluft existiert. Entweder Sie machen keine Aussagen mehr zu Ethik und Wertmaßstäben, für die Sie kein Vorbild sein können oder wollen, oder Sie bringen das, was Sie zum Thema Werte ausgesagt haben, mit Ihren eigenen Handlungen in Einklang.

☐ **5. Haben Sie Schwierigkeiten, die richtigen Worte zu finden? Senden Sie klare Botschaften aus.** Eine andere Möglichkeit ist, dass ein beträchtlicher Unterschied besteht zwischen dem, was Sie sagen, wie Sie es sagen und dem, was Sie tatsächlich denken und tun. Wir haben oft mit Menschen gearbeitet, die Probleme bekommen haben, weil sie eine Ausdrucksweise zur Beschreibung ihrer Werte verwendet haben, die am Rand des Akzeptablen liegt und die nicht stimmt. Zielen Sie auf Effekte ab? Übertreiben Sie? Machen Sie extreme Aussagen, um zu überzeugen? Übertreiben Sie negative Ansichten? Verwenden Sie eine billige Ausdrucksweise, nur um sich an andere anzupassen? Verwenden Sie herablassende Ausdrücke? Was würden andere von Ihren Wertvorstellungen halten, wenn man Sie reden hörte und nicht wüsste, wie Sie sich tatsächlich verhalten? Untersuchen Sie die Worte und die Sprache, die Sie in Ihren Reden, Besprechungen oder auch in einfachen Unterhaltungen zum Thema Werte und Ethik verwenden. Notieren Sie sich diese Beobachtungen, zusammen mit drei bis fünf Beispielen, die zeigen, wann Sie genau nach diesen Worten gehandelt haben. Verhalten Sie sich tatsächlich so? Denken Sie wirklich so? Wenn nicht, ist das eigentliche Problem die Diskrepanz. Verwenden Sie keine Sprache, die nicht zu Ihren wahren Gedanken und Werten passt.

☐ **6. Haben Sie unscharfe Wertvorstellungen? Verschaffen Sie sich Klarheit über Ihre Wertvorstellungen.** Sie denken wahrscheinlich nicht dauernd über Werte nach, und Ihre wahren Wertvorstellungen spiegeln sich nicht in Ihren Aussagen. Um einen Wert bewusst verinnerlicht zu haben, müssen Sie Folgendes können: ihn in einem Satz definieren, fünf Beispiele für seine Auswirkung geben, sowohl für die Situation als auch in der Konsequenz; seinen Gegensatz kennen – was bedeutet Unehrlichkeit, zum Beispiel – und letztendlich wissen, wie Sie nach diesem Wert leben. Da Sie auf diesem Gebiet Probleme haben, wäre es eine gute Übung für Sie, Ihr Wertesystem auf Papier festzuhalten, damit Sie in der Lage dazu sind, sich klar gegenüber anderen zu äußern. Wenn Sie offensichtliche Auswirkungen auf Ihre Werte ignorieren, meint Ihre Umgebung vielleicht, dass Ihnen das egal ist.

☐ **7. Haben Sie Schwierigkeiten mit Grenzfallentscheidungen? Bringen Sie Schärfe und Klarheit in die Grauzonen.** Manchmal geraten Leute in Schwierigkeiten, weil sie den zugrunde liegenden Konflikt zwischen den einzelnen Werten nicht verstehen. Nur wenige haben Probleme, eine eindeutige Kollision in den Werten zu erkennen. Gefährlich sind die Situationen, in denen uns aufgrund von schlecht durchdachten Prozessen die größten Schwierigkeiten entstehen. Sie sollten in der Lage sein, die Vor- und Nachteile bestimmter Werte abzuschätzen. Sie sollten Menschen dabei helfen können, abzuwägen, unter welchen Umständen Sie einen Vertrauensbruch begehen müssen oder wann die Loyalität zum Unternehmen wichtiger ist als die Loyalität zu einer Einzelperson. Mit welchen Kollisionen innerhalb des Wertesystems müssen Sie sich auseinandersetzen? In einer solchen Situation müssen Sie beide Seiten des Problems durchdiskutieren können. Die Nichterklärung von Einkünften in der Steuererklärung oder die Abrechnung nicht genehmigter Spesen: Ist es das Gleiche oder nicht? Einen schwachen Mitarbeiter behalten oder ihn entlassen? Qualitätsminderung oder Preiserhöhung? Entlassung wegen Drogenmissbrauchs und das Ausschenken von Alkohol bei Firmenfestlichkeiten? *Benötigen Sie weitere Hilfe? – Siehe Nr. 12 „Konfliktmanagement".*

☐ **8. Zu unabhängig? Erkennen Sie, dass Sie nicht in einem Vakuum agieren.** Sie legen Ihre eigenen Regeln fest, räumen Hindernisse aus dem Weg und halten sich für stark, handlungs- und ergebnisorientiert. Sie schaffen alles. Das Problem ist, dass Sie Ihre Kollegen und Mitarbeiter in Schwierigkeiten bringen; sie wissen nicht, welche Ihrer Handlungen ihnen in ihrer eigenen Abteilung oder bei den Kunden Kopfschmerzen bereiten wird. Sie machen sich nicht oft Gedanken darüber, ob andere Sie mögen oder nicht. Sie operieren von innen nach außen. Für Sie ist wichtig, was Sie selbst denken und was Sie selbst als richtig und gerecht beurteilen. Einerseits ist das bewundernswert, andererseits aber auch nicht klug. Sie leben in einer Organisation, die beides besitzt, sowohl formelle als auch informelle Standards, Anschauungen, Ethik- und Wertvorstellungen. Sie können nicht lange überleben, wenn sie diese nicht kennen und Ihre eigenen Werte dementsprechend anpassen. Um das herauszufinden, konzentrieren Sie sich auf Ihre Wirkung auf andere und auf ihre Sichtweise. Das mag anfänglich schwierig sein, da Sie Ihre Energie darauf verwenden müssen, Ihre Handlungsweisen zu rechtfertigen.

☐ **9. Fühlen Sie sich durch Ihre eigene Sichtweise eingeengt? Blicken Sie über den Tellerrand der Fakten hinaus, um die Werte anderer zu erkennen.**
Sie sind vielleicht eine Person, die auf der Basis von Tatsachen handelt. Da Tatsachen für Sie ausschlaggebend sind, sind Sie vielleicht überrascht, dass andere Menschen die Sache anders sehen können. Der Grund dieser anderen Sichtweise liegt darin, dass im Arbeitsalltag eine höhere Werteordnung mitwirkt. Menschen stellen übergeordnete Vergleiche in Bezug auf Themen, Fairness und Gemeinsamkeiten. Sie fragen sich zum Beispiel: Wer gewinnt und verliert hier, wer wird bevorzugt, wer versucht Vorteile zu erringen? Da Sie selbst ein Mensch sind, der im „Hier und Heute" lebt, handeln Sie in den Augen Ihrer Umgebung in verschiedenen Situationen nicht gleichbleibend. Sie müssen die Perspektive wechseln und darüber nachdenken, was die anderen hören werden, nicht, was Sie sagen möchten. Gehen Sie unter die Oberfläche. Erklären Sie, warum Sie etwas sagen. Fragen Sie die anderen, was sie darüber denken.

☐ **10. Vergangenheitsbezogen? Passen Sie sich an, wenn es sinnvoll ist.**
Das ist schwierig. Die Zeiten ändern sich. Ändern sich Wertvorstellungen? Manche sind nicht der Meinung. Vielleicht denken Sie auch so. Wie steht es mit Humor? Konnten Sie vor zehn Jahren Witze erzählen, für die Sie heute in Schwierigkeiten geraten würden? Hat sich bei Kontakten zwischen den Geschlechtern die Art und Weise des Kennenlernens und auch das Alter geändert? Haben die Nachrichten im Radio und Fernsehen rund um die Uhr unsere Weltanschauung verändert? Gibt es immer noch Arbeit für ein ganzes Leben? Wie lange dauert eine Universitätsausbildung heute im Vergleich zu einer vor zwanzig Jahren? Werte sitzen ziemlich tief. Sie lassen sich nicht leicht ändern. Wann haben Sie Ihre aktuellen Wertvorstellungen entwickelt? Vor über zwanzig Jahren? Vielleicht ist es an der Zeit, sie im Hinblick auf die heutige Zeit zu überprüfen, um zu entscheiden, ob Sie sie anpassen müssen.

Develop-in-Place-Aufgabenstellungen

☐ Schließen Sie Frieden mit einem Feind oder mit jemandem, den Sie mit einem Produkt oder einer Dienstleistung enttäuscht haben, oder mit jemandem, mit dem Sie Probleme hatten oder nicht so gut zurechtkommen.
☐ Managen Sie eine Gruppe in einer bedeutenden geschäftlichen Krise.
☐ Führen Sie schwierige Verhandlungen mit einem internen oder externen Kunden.
☐ Managen Sie die Vergabe von umstrittenen Büroplätzen.
☐ Managen Sie einen unzufriedenen internen oder externen Kunden; versuchen Sie, ein Leistungs- oder Qualitätsproblem mit einem Produkt oder einer Dienstleistung zu lösen.

The most exhausting thing in life is being insincere.
Anne Morrow Lindbergh – Amerikanischer Flieger und Autor

Literaturempfehlungen

Bellingham, R. (2003). *Ethical leadership: Rebuilding trust in corporations.* Amherst, MA: HRD Press.

Bennis, W., Goleman, D., & O'Toole, J. (with Ward Biederman, P.). (2008). *Transparency: How leaders create a culture of candor.* San Francisco: Jossey-Bass.

Boatright, J. R. (2006). *Ethics and the conduct of business* (5th ed.). Upper Saddle River, NJ: Prentice Hall.

Brown, M. T. (2005). *Corporate integrity: Rethinking organizational ethics and leadership.* New York: Cambridge University Press.

Buckner, M. L. (2007). *The ABCs of ethics: A resource for leaders, managers, and professionals.* Lincoln, NE: iUniverse.

Ciulla, J. B. (Ed.). (2004). *Ethics, the heart of leadership* (2nd ed.). Westport, CT: Praeger.

Cooper, C. (2008). *Extraordinary circumstances: The journey of a corporate whistleblower.* Hoboken, NJ: John Wiley & Sons.

Dobrin, A. (2002). *Ethics for everyone: How to increase your moral intelligence.* New York: John Wiley & Sons.

Ferrell, O. C., Fraedrich, J., & Ferrell, L. (2006). *Business ethics: Ethical decision making and cases* (7th ed.). Boston: Houghton Mifflin.

Heineman, B. W., Jr. (2008). *High performance with high integrity.* Boston: Harvard Business School Press.

Johnson, C. E. (2005). *Meeting the ethical challenges of leadership: Casting light or shadow* (2nd ed.). Thousand Oaks, CA: Sage.

Klann, G. (2007). *Building character: Strengthening the heart of good leadership.* San Francisco: Jossey-Bass.

Knapp, J. C. (Ed.). (2007). *Leaders on ethics: Real-world perspectives on today's business challenges.* Westport, CT: Praeger.

Lubit, R. H. (2003). *Coping with toxic managers, subordinates...and other difficult people: Using emotional intelligence to survive and prosper.* Upper Saddle River, NJ: Financial Times Prentice Hall.

McLean, B., & Elkind, P. (2003). *The smartest guys in the room: The amazing rise and scandalous fall of Enron.* New York: Portfolio.

Porter, M. E., & Kramer, M. R. (2006). Strategy and society: The link between competitive advantage and corporate social responsibility. *Harvard Business Review, 85,* 136-137.

Ruggiero, V. R. (2003). *Thinking critically about ethical issues.* New York: McGraw-Hill.

Seglin, J. L. (2000). *The good, the bad, and your business: Choosing right when ethical dilemmas pull you apart.* New York: John Wiley & Sons.

Showkeir, J., & Showkeir, M. (2008). *Authentic conversations: Moving from manipulation to truth and commitment.* San Francisco: Berrett-Koehler Publishers.

Spinello, R., & Tavani, H. T. (Eds.). (2004). *Readings in cyberethics* (2nd ed.). Sudbury, MA: Jones & Bartlett.

Terris, D. (2005). *Ethics at work: Creating virtue at an American corporation.* Waltham, MA: Brandeis University Press.

FAKTOR VII: PROBLEME IM UMGANG MIT MENSCHEN
CLUSTER X: INSPIRIERT NICHT UND BAUT KEIN TALENT AUF

110 Unfähigkeit, ein Team aufzubauen

Build for your team a feeling of oneness, of dependence on one another, and of strength to be derived by unity.
Vince Lombardi – Amerikanischer Football-Trainer

Ein Problem
- ☐ Schätzt den Wert von Teams gering
- ☐ Schweißt die Gruppe nicht zusammen, um eine Aufgabe zu meistern
- ☐ Delegiert nur untergeordnete Teilaufgaben
- ☐ Geht Probleme innerhalb des Teams nicht an
- ☐ Teilt die Anerkennung für Erfolge nicht mit anderen
- ☐ Feiert Erfolge nicht
- ☐ Baut keinen Teamgeist auf
- ☐ Nimmt das Team nicht als Gruppe, sondern nur als eine Anzahl von Individuen wahr

Kein Problem
- ☐ Arbeitet in Richtung Team
- ☐ Benutzt eher Worte wie „wir", „uns" oder „das Team" als „ich"
- ☐ Motiviert und begeistert das gesamte Team
- ☐ Beteiligt andere an Meetings und Prozessen
- ☐ Teilt die Anerkennung für Erfolge mit dem Team
- ☐ Führt neue Mitglieder in das Team ein, die das Team stärken
- ☐ Sorgt dafür, dass die Teamleistung nicht leidet, wenn eine Schlüsselperson ausscheidet
- ☐ Vertraut auf die Leistungsfähigkeit des Teams

Mögliche Ursachen
- ☐ Kann keine gemeinsamen Ziele setzen
- ☐ Kann in Konflikten zwischen Mitarbeitern nicht vermitteln
- ☐ Glaubt nicht an Teams
- ☐ Hat keine Zeit dafür
- ☐ Will sich nicht mit dem Konflikt befassen
- ☐ Fühlt sich unter vier Augen wohler
- ☐ Die Teamidee wird abgelehnt
- ☐ Zeitmanagement; zu beschäftigt
- ☐ Zu ernsthaft

Andere Ursachen
FEHLENDES GESCHICK BEI: 3,7,9,10,11,13,16,19,20,21,23,27,31,33,34,35, 36,39,41,44,47,52,55,57,58,59,60,63,64
ÜBERMASS: 9,12,14,16,20,21,26,30,33,35,39,47,52,53,57,59,65

Leadership Architect® Faktoren und Cluster
Diese Kompetenz ist in Faktor VII „Probleme im Umgang mit Menschen" (S1) zu finden. Diese Kompetenz ist in Cluster X „Inspiriert nicht und baut kein Talent auf" zusammen mit den Kompetenzen 111, 117 enthalten. Sie können auch bei anderen Kompetenzen in demselben Faktor/Cluster nach passenden Tipps suchen.

Der Plan
Es wird mehr über Teams gesprochen als es gut funktionierende Teams gibt. Die meisten Führungskräfte entwickeln sich aus einer individuellen, sehr erfolgsorientierten Mitarbeiterrolle heraus. Darum werden sie auch befördert. Sie haben sich von den anderen Teammitgliedern unterschieden. Sie sind nicht in Teams groß geworden. Sie schulden Teams nur einen Bruchteil ihres Erfolgs. Tatsächlich können Ihnen die meisten Manager Geschichten davon erzählen, wie ein bestimmtes Team in der Vergangenheit sie davon abgehalten hat, die Dinge voranzutreiben. Trotz allem ist die Arbeit in Teams – obwohl ungewöhnlich und unangenehm für viele – die beste Methode, bestimmte Aufgaben zu bewältigen, wie zum Beispiel den Aufbau von Systemen, die Grenzen überwinden können, die Produktion komplexer Produkte oder die Koordination fortlaufender Aufwände. Es ist eine lohnende Erfahrung, Teil eines gut funktionierenden, leistungsstarken Teams zu sein. Gut organisierte Teams können durch die Synergie ihrer Zusammenarbeit größere Leistungen erbringen als jeder Einzelne für sich allein. Die meisten Mitarbeiter würden sich für einen Chef entscheiden, der in der Lage ist, ein effektives und effizientes Team aufzubauen.

Tipps
☐ **1. Bevorzugen Sie einen individualistischen Ansatz? Erkennen Sie den Wert eines Teams.** Wenn Sie nicht an Teams glauben, sind Sie wahrscheinlich ein starker individueller Mitarbeiter, der sich mit dem Durcheinander und auch manchmal mit der Einhaltung von langwierigen Vorgaben und Teamprozessen nicht anfreunden kann. Sie sind sehr ergebnisorientiert und glauben ernsthaft, dass die beste Erfolgsmethode in der Führung von immer nur einem Mitarbeiter zum gegebenen Zeitpunkt liegt. Um eine andere Perspektive zu bekommen, setzen Sie sich mit drei ausgezeichneten Teambuildern zusammen und lassen Sie sich in ihre Vorgehensweise einweihen. Was empfinden sie als positiv,

wenn sie Teams aufbauen? Welche Vorteile ziehen sie aus der Anwendung einer Teamstruktur? Lesen Sie *The Wisdom of Teams* von Katzenbach und Smith. Wenn Sie den Wert von Teams nicht erkennen, wird Ihnen keiner der folgenden Hinweise eine Hilfe sein.

☐ **2. Keine Zeit? Verschaffen Sie sich die Zeit und ernten Sie die Vorteile.** Sie haben keine Zeit und Teamaufbau ist zeitintensiv. Das ist wahr und nicht wahr. Während es länger dauert, ein Team aufzubauen als eine Person zu managen, bringt ein gut funktionierendes Teams bessere Ergebnisse. Es schafft die Grundlage für eine nachhaltige Leistung, es maximiert gemeinsame Stärken, deckt individuelle Schwächen ab und gibt der Führungskraft sogar noch mehr Zeit, weil die Teammitglieder sich gegenseitig unterstützen. Viele Manager haben eine falsche Vorstellung, wenn sie denken, ein Teamaufbau dauert zu lange. Dabei verbringen sie wesentlich mehr Zeit mit der Führung einzelner Mitarbeiter. *Benötigen Sie weitere Hilfe? – Siehe Nr. 62 „Zeitmanagement".*

☐ **3. Kein umgänglicher Mensch? Stellen Sie grundlegende Fähigkeiten im Umgang mit Menschen in den Mittelpunkt.** Viele Manager gehen besser mit Dingen, Ideen und Projekten um als mit Menschen. Sie sind unter Umständen sehr ehrgeizig, nur auf Ergebnisse fokussiert und haben nicht viel Zeit zur Entwicklung ihrer sozialen Kompetenzen. Dazu braucht man nicht viel. Kommunikation gehört dazu. Mitarbeiter sind motivierter und leisten bessere Arbeit, wenn sie informiert werden. Sie möchten mehr erfahren als nur den kleinen Teil, der sie betrifft. *Benötigen Sie weitere Hilfe? – Siehe Nr. 27 „Informieren".* Zuhören können gehört dazu. Nichts motiviert mehr als ein Chef, der zuhört, der nicht unterbricht, der nicht die Sätze oder die Gedanken seiner Mitarbeiter vollendet. Erhöhen Sie die Zeit, in der Sie bei Verhandlungen oder anderen Transaktionen zuhören, um jeweils dreißig Sekunden. *Benötigen Sie weitere Hilfe? – Siehe Nr. 33 „Zuhören können".* Mitgefühl gehört dazu. Sich zu kümmern und Mitgefühl zu zeigen heißt nachzufragen. Wenn sich jemand um mich kümmert, fragt er/sie nach mir, nach dem, was ich denke und fühle. Stellen Sie eine Frage pro Gespräch mehr als jetzt. *Benötigen Sie weitere Hilfe? – Siehe Nr. 7 „Kümmern um Mitarbeiter".*

☐ **4. Möchten Sie die Team-Leistung optimieren? Studieren Sie die Eigenschaften leistungsfähiger Teams.** High Performance Teams haben vier gemeinsame Charakteristiken: (1) Sie haben gemeinsame Überzeugungen und eine gemeinsame Vision. Jeder kennt die Ziele und Maßstäbe. *Benötigen Sie weitere Hilfe? – Siehe Nr. 35 „Leistung einfordern und messen".* (2) Sie vertrauen sich gegenseitig. Sie wissen, dass Sie die Verantwortung übernehmen, wenn Probleme auftauchen, dass Sie mithelfen, sogar wenn es schwierig für Sie sein sollte. Sie wissen, dass Sie ehrlich mit ihnen sind, dass Sie Probleme direkt zu ihnen bringen werden und nicht hinter ihrem Rücken vorgehen. *Benötigen Sie weitere Hilfe? – Siehe Nr. 29 „Integrität und Vertrauen".* (3) Sie haben zusammen das erforderliche Talent, um das Projekt zu meistern. Während ein Mitglied nicht alles allein kann, kann das Team zusammen jede Aufgabe abdecken. *Benötigen Sie weitere Hilfe? – Siehe Nr. 25 „Rekrutierung und Teamzusammenstellung".* (4) Sie wissen, wie sie effektiv und effizient arbeiten können, haben gute Teameigenschaften, führen effektive Besprechungen. Sie kommunizieren effizient und finden Wege zur Lösung interner Konflikte. *Benötigen Sie weitere Hilfe? – Siehe Nr. 52 „Prozessmanagement" und Nr. 63 „Workflow- und Qualitätssicherungssysteme"* (z. B. TQM/ISO/Six Sigma).

- **5. Möchten Sie die Erfolgschancen des Teams verbessern? Motivieren Sie das Team.** Befolgen Sie die Grundregeln zur Inspiration anderer, aufgeführt in Standardwerken wie *People Skills* von Robert Bolton oder *Thriving on Chaos* von Tom Peters. Sagen Sie den Kollegen, dass ihre Arbeit wichtig ist, danken Sie ihnen, bieten und bitten Sie um Unterstützung, ermöglichen Sie selbstständiges Arbeiten, geben Sie ihnen eine Vielzahl von unterschiedlichen Aufträgen, „überraschen" Sie sie mit bereichernden, herausfordernden Aufgaben, zeigen Sie Interesse an ihrer Karriere, sehen Sie Fehler als Lernprozess an, feiern Sie Erfolge, bieten Sie klar akzeptierte Messlatten für den Erfolg an. Versuchen Sie, jeden Einzelnen am Aufbau des Teams zu beteiligen, damit alle Interesse an seinem Erfolg haben. *Benötigen Sie weitere Hilfe? – Siehe Nr. 36 „Andere motivieren".*

- **6. Sind Sie nicht sicher, wie Sie Funktionen im Team zuweisen sollen? Erlauben Sie eine natürliche Entwicklung der Rollen innerhalb des Teams.** Beziehungen festigen. Obwohl einige – vielleicht auch Sie – sich dagegen wehren mögen: Parties, Grillfeste, die Verleihung von witzigen Preisen, Picknicks und Ausflüge erhöhen das Gefühl der Gruppenzusammengehörigkeit. Erlauben Sie eine natürliche Entwicklung der Rollen innerhalb des Teams, anstatt sie durch Arbeitsbeschreibungen zu definieren. Manche Studien zeigen, dass sich Mitarbeiter automatisch auf acht Rollen verteilen – *(Siehe Nr. 64 „Verständnis für andere")*, und dass die Teams, in denen alle das Gleiche tun, nicht erfolgreich sind. Erfolgreiche Teams spezialisieren sich, decken sich gegenseitig ab und verlangen nur manchmal, dass alle Teammitglieder das Gleiche tun.

- **7. Setzen Sie auf die falschen Motivatoren? Erkennen Sie Motivationsfaktoren und wenden Sie Ihr Wissen an.** Nach einer Studie von Rewick und Lawler sind die Hauptmotivationspunkte im Arbeitsumfeld: (1) Berufliche Herausforderung; (2) Schaffung von etwas Lohnenswertem; (3) Neues hinzu lernen; (4) Persönliche Entwicklung;

(5) Autonomie. Bezahlung (Rang 12), Kollegialität (Rang 14), Lob (Rang 15) und Beförderungschancen (Rang 17) sind nicht unwichtig, aber relativ unbedeutend im Vergleich zu den 5 wichtigsten Motivatoren. Bieten Sie Herausforderungen an, zeigen Sie auf, warum sich die Aufgabe lohnt, schaffen Sie Entwicklungschancen und Lernmöglichkeiten, sichern Sie Selbstständigkeit, und die meisten Mitarbeiter werden darauf mit Höchstleistungen reagieren.

☐ 8. **Möchten Sie gerne das Geheimnis des Teamaufbaus kennen? Delegieren Sie und übertragen Sie anderen Verantwortung.** Ein Mittel zum Aufbau eines guten Teams ist die Verteilung von herausfordernden Aufgaben an die Mitglieder mit den notwendigen Ressourcen dazu, nebst der Autorität, relevante Entscheidungen selbstständig zu treffen. Delegieren erhöht die Motivation, gibt Ihnen Zeit, sich um andere Dinge zu kümmern, und erhöht die Produktivität. Zunächst ist Delegieren etwas beängstigend. Beim ersten Mal sind Ihre Mitarbeiter wahrscheinlich noch nicht so gut wie Sie, aber durch Anleitung und Unterstützung werden sie lernen, die Aufgabe genauso gut wie Sie oder vielleicht sogar noch besser zu bewältigen. *Benötigen Sie weitere Hilfe? – Siehe Nr. 18 „Delegieren".*

☐ 9. **Sind Sie auf den Einzelnen fixiert? Bedienen Sie sich der Kraft der Worte und Belohnungen.** Sagen Sie „wir" statt „ich". Sagen Sie häufiger „das Team", „wir", „gemeinsam" oder „lasst uns", „machen wir's gemeinsam", „wir schaffen das", „wir sitzen alle im gleichen Boot". Signalisieren Sie, dass Sie ein gemeinsam denkendes und handelndes Team sind. Reden Sie von Teams, belohnen aber Einzelpersonen? Belohnen Sie das Team so weit wie möglich. Legen Sie einen Bonus zurück und teilen ihn gleichmäßig unter den Teammitgliedern auf. Setzen Sie Ziele und planen Sie Belohnungen für das Team als Einheit.

☐ 10. **Steckt das Team im Trott fest? Schaffen Sie ein Klima, das geprägt ist von Innovation und Experimenten.** Schreiben Sie nicht vor, wie jeder einzelne Verfahrensschritt laufen muss. Verfahren sollten so offen wie möglich bleiben. Studien zeigen, dass Menschen härter und effektiver arbeiten, wenn Sie fühlen, dass Sie eine Wahl und ein Mitspracherecht haben. Fördern Sie schnelle Experimente. Viele dieser Innovationen und Experimente werden fehlschlagen. Kommunizieren Sie daher, dass Fehler und Misserfolge Möglichkeiten zum Lernen sind.

☐ 11. **Brauchen Sie die Sichtweise eines Außenstehenden? Stellen Sie einen Coach für das Team ein.** Ein Coach steht außerhalb des Teams und kann Ihnen daher objektiv bei der Lösung von Problemen helfen und Feedback geben, um Ihnen zu helfen, Versuche, die ein Team demotivieren können, zu vermeiden. Der Teamcoach kann entweder zur Personalabteilung gehören oder auch ein externer Berater sein, der auf Team-Coaching spezialisiert ist.

- ☐ **12. Alles nur Arbeit und kein Vergnügen? Schaffen Sie eine Atmosphäre von Freude und Spaß für das Team.** In *The Wisdom of Teams* berichten Jon R. Katzenbach und Douglas K. Smith, dass leistungsfähige Teams in der Regel mehrere Eigenschaften gemeinsam haben. Eine davon war, dass sie Spaß bei der Arbeit haben. Wenn die Teammitglieder wirklich engagiert sind, sich gegenseitig helfen und hohe Leistungen erzielen wollen, ergibt sich der Spaß bei der Sache oft von allein. Wenn Ihr Team keinen Spaß zu haben scheint, suchen Sie nach den Ursachen. Bemühen sich die Teammitglieder wirklich, die Ziele des Teams zu erreichen? Versuchen die Teammitglieder, sich gegenseitig zu unterstützen? Probleme in diesen Bereichen zu beheben kann dazu führen, dass Ihrem Team die Arbeit mehr Spaß macht.

- ☐ **13. Sind Sie bereit, die Führung zu übernehmen? Geben Sie den Standard vor, indem Sie modellieren.** Ihr vorbildhaftes Verhalten wird das Verhalten und die Leistungen anderer zur Nachahmung anregen. Sie haben die Möglichkeit, den Standard für das Team zu setzen. Viele Menschen entwickeln nicht gerne neue Verhaltensweisen, wenn sie dafür nicht belohnt werden bzw. diese Verhaltensweisen nicht bei Höhergestellten sehen. Wenn Verhaltensänderungen notwendig sind, um die Leistungen des Teams zu verbessern, müssen Sie als Erste/r damit anfangen.

- ☐ **14. Ist Ihr Team am Abrutschen? Studieren Sie die Eigenschaften schwacher Teams.** Es wurde eine Vielzahl an Untersuchungen angestellt, um herauszufinden, warum Teams versagen. Ihr Team ist wahrscheinlich nicht allein. Lesen Sie *Why Teams Don't Work* und sehen Sie, ob Ihr Team einen der häufigen Fehler begeht. Erstellen Sie eine Strategie, die das Team wieder auf den richtigen Kurs bringt.

Develop-in-Place-Aufgabenstellungen

☐ Managen Sie ein Projektteam, dessen Mitglieder älter und erfahrener sind als Sie selbst.
☐ Managen Sie eine Gruppe von Widerständlern mit schlechter Moral während eines unbeliebten Umstiegs oder Projekts.
☐ Managen Sie eine Gruppe wenig kompetenter oder wenig leistungsfähiger Menschen, indem Sie ihnen eine Aufgabe stellen, die sie alleine nicht bewältigen könnten.
☐ Stellen Sie kurzfristig ein Team aus verschiedenartigen Mitarbeitern zusammen, um eine schwierige Aufgabe zu erledigen.
☐ Managen Sie eine Gruppe, zu der auch ehemalige Kollegen gehören, um eine Aufgabe zu erledigen.

The leaders who work most effectively, it seems to me, never say 'I.'
And that's not because they have trained themselves not to say 'I.'
They don't think 'I.' They think 'we'; they think 'team.'
They understand their job to be to make the team function.
They accept responsibility and don't sidestep it, but 'we' gets the credit.
This is what creates trust, what enables you to get the task done.
Peter Drucker – In Österreich geborener amerikanischer Autor und Management-Berater

Literaturempfehlungen

Barner, R. W. (2000). *Team troubleshooter.* Palo Alto, CA: Davies-Black.

Capretta Raymond, C., Eichinger, R. W., & Lombardo, M. M. (2004). *FYI for teams.* Minneapolis, MN: Lominger International: A Korn/Ferry Company.

Duarte, D. L., & Snyder, N. T. (2006). *Mastering virtual teams: Strategies, tools, and techniques that succeed* (3rd ed.). San Francisco: Jossey-Bass.

Dyer, W. G., Dyer, W. G., Jr., & Dyer, J. H. (2007). *Team building: Proven strategies for improving team performance* (4th ed.). San Francisco: Jossey-Bass.

Gibson, C. B., & Cohen, S. G. (Eds.). (2003). *Virtual teams that work: Creating conditions for virtual team effectiveness.* San Francisco: Jossey-Bass.

Guttman, H. M. (2008). *Great business teams: Cracking the code for standout performance.* Hoboken, NJ: John Wiley & Sons.

Hackman, J. R. (2002). *Leading teams: Setting the stage for great performances.* Boston: Harvard Business School Press.

Halverson, C. B., & Tirmizi, S. A. (Eds.). (2008). *Effective multicultural teams: Theory and practice* (Series: Advances in group decision and negotiation, Vol. 3.). New York: Springer.

Holliday, M. (2001). *Coaching, mentoring, and managing: Breakthrough strategies to solve performance problems and build winning teams.* Franklin Lakes, NJ: Career Press.

Jones, S. D., & Schilling, D. J. (2000). *Measuring team performance: A step-by-step, customizable approach for managers, facilitators, and team leaders.* San Francisco: Jossey-Bass.

Katzenbach, J. R., & Smith, D. K. (2003). *The wisdom of teams: Creating the high-performance organization.* New York: HarperBusiness.

Klann, G. (2004). *Building your team's morale, pride, and spirit.* Greensboro, NC: Center for Creative Leadership.

Leigh, A., & Maynard, M. (2002). *Leading your team: How to involve and inspire teams.* Yarmouth, ME: Nicholas Brealey.

Lencioni, P. (2005). *Overcoming the five dysfunctions of a team: A field guide for leaders, managers, and facilitators.* San Francisco: Jossey-Bass.

Parker, G. M. (2002). *Cross-functional teams: Working with allies, enemies, and other strangers.* San Francisco: Jossey-Bass.

Parker, G. M. (2008). *Team players and teamwork: New strategies for the competitive enterprise* (2nd ed.). San Francisco: Jossey-Bass.

Robbins, H., & Finley, M. (2000). *The new why teams don't work: What goes wrong and how to make it right.* San Francisco: Berrett-Koehler Publishers.

Straus, D. (2002). *How to make collaboration work: Powerful ways to build consensus, solve problems, and make decisions.* San Francisco: Berrett-Koehler Publishers.

Thompson, L. L. (2004). *Making the team: A guide for managers* (2nd ed.). Upper Saddle River, NJ: Pearson.

Van Ness, G., & Van Ness, K. (2003). *Being there without going there: Managing teams across time zones, locations, and corporate boundaries.* Boston: Aspatore Books.

FAKTOR VII: PROBLEME IM UMGANG MIT MENSCHEN
CLUSTER X: INSPIRIERT NICHT UND BAUT KEIN TALENT AUF

111 Unfähigkeit, Stellen effektiv zu besetzen

> *The toughest decisions in organizations are people decisions—hiring, firing, promotion, etc. These are the decisions that receive the least attention and the hardest to 'unmake.'*
> Peter Drucker – In Österreich geborener amerikanischer Autor und Management-Berater

Ein Problem
- ☐ Zeigt keine glückliche Hand bei der Auswahl oder bei der Einstellung fähiger Mitarbeiter, weder von innerhalb noch von außerhalb der Organisation
- ☐ Verwendet unangemessene Kriterien und Standards
- ☐ Wählt Mitarbeiter aus einem zu kleinen Kreis oder solche, die ihm/ihr ähnlich sind, aus
- ☐ Kann Menschen nicht gut beurteilen
- ☐ Liegt bei der Einschätzung künftigen Verhaltens oder der Karrierechancen anderer meist falsch

Kein Problem
- ☐ Kann Menschen gut einschätzen
- ☐ Besetzt Positionen nach Vielfalt und Ausgewogenheit der Fähigkeiten
- ☐ Kann Menschen in ihrem Charakter beschreiben
- ☐ Nutzt vielfältige Kriterien bei der Besetzung von Positionen
- ☐ Hat objektiv mehr Erfolg bei der Bewerberauswahl als andere
- ☐ Nimmt sich die Zeit für die Auswahl der geeigneten Person

Mögliche Ursachen
- ☐ Ungeduldig
- ☐ Eingeschränkte Sichtweise
- ☐ Nicht strategisch
- ☐ Schlechte Menschenkenntnis
- ☐ Nicht fokussiert
- ☐ Nicht gewillt, harte Mitarbeiterentscheidungen zu treffen

Andere Ursachen
FEHLENDES GESCHICK BEI: 3,7,12,13,17,21,25,31,32,33,34,41,55,56,64
ÜBERMASS: 2,16,22,25,55,56,60,64

Leadership Architect® Faktoren und Cluster

Diese Kompetenz ist in Faktor VII „Probleme im Umgang mit Menschen" (S1) zu finden. Diese Kompetenz ist in Cluster X „Inspiriert nicht und baut kein Talent auf" zusammen mit den Kompetenzen 110, 117 enthalten. Sie können auch bei anderen Kompetenzen in demselben Faktor/Cluster nach passenden Tipps suchen.

Der Plan

Es gibt nichts Besseres als ein talentiertes Team, in dem alle an einem Strang ziehen und großartige Ergebnisse liefern. Alles andere ist ineffizient und ineffektiv. Zum Aufbau eines talentierten Teams muss man die Mitarbeiter einstellen, die sowohl nach kurz- als auch langfristigen Planungen einsetzbar sind und die die nötige Vielfalt an Kompetenzen und Talenten mitbringen, um die Aufgaben von heute zu bewältigen, aber auch noch Reserven für die Zukunft übrig haben. Diese Vielfalt ist notwendig, da niemand ein Fähigkeiten- und Kompetenzprofil hat, das alle Anforderungen abdeckt.

Tipps

☐ **1. Brauchen Sie einen Prozess? Wenden Sie einen etablierten und bewährten Prozess an, um die Fähigkeiten anderer einzuschätzen.** Sie haben die beste Absicht, gute Mitarbeiter einzustellen, werden jedoch immer wieder negativ überrascht, wenn die Neuen an Bord kommen. Sie müssen ein Modell oder mehrere entwickeln, die Sie in Bezug auf Menschenkenntnis und Einschätzung einsetzen. Es gibt eine Reihe von akzeptablen Modellen. *Benötigen Sie weitere Hilfe? – Siehe Nr. 56 „Fähigkeit andere einzuschätzen" und Nr. 64 „Verständnis für andere".* Verwenden Sie die Leadership Architect® Kompetenzsortierkarten, um zu lernen, wie man Kompetenzen einsetzt.

☐ **2. Handeln Sie aus dem Bauch heraus? Wenden Sie erprobte Interview-Techniken an.** Sie können einfach keine klare Einschätzung auf der Basis von Einstellungsgesprächen und Referenzprüfungen abgeben. Das Führen effektiver Einstellungsgespräche ist gut dokumentiert. Lesen Sie ein Methodikbuch und besuchen Sie ein Seminar zu Gesprächspraktiken – am besten einen Kurs, der Videoaufnahmen und Feedback einsetzt. Ziehen Sie auch andere Kollegen zum Bewerbergespräch hinzu, verwenden Sie dabei Standardtabellen zur Kompetenzbewertung und fragen Sie die anderen um ihre Einschätzung.

☐ **3. Sind Sie nicht sicher, wonach Sie suchen? Definieren Sie die Fähigkeiten, die für den Erfolg erforderlich sind.** Sie haben kein Gefühl dafür, welche Skills und Kompetenzen benötigt werden. Bitten Sie jemanden aus der Personalabteilung um Unterstützung. Fragen Sie Führungskräfte ähnlicher

Einheiten, worauf sie achten. Setzen Sie Benchmarks mit Experten aus anderen Firmen, um herauszufinden, worauf diese achten. *Benötigen Sie weitere Hilfe? – Siehe Nr. 25 „Rekrutierung und Teamzusammenstellung".*

- [ ] **4. Sind die kurzsichtig? Stellen Sie sicher, dass ihr Erfolgsprofil langfristig angelegt ist.** Ihre Einstellungsentscheidungen sind zwar kurzfristig richtig, langfristig jedoch weniger effektiv. Das bedeutet gewöhnlich, dass Sie ein Erfolgsprofil anwenden, das langfristig gesehen zu eng ist. *Benötigen Sie weitere Hilfe? – Siehe Nr. 46 „Perspektive" und Nr. 58 „Strategische Agilität".* Es könnte auch sein, dass Ihre Firma nur für die Fähigkeiten zahlt, die aktuell benötigt werden und Sie darum Schwierigkeiten haben, die besten Kandidaten für das Unternehmen zu interessieren. Versuchen Sie in diesem Fall Leute einzustellen, die die aktuell geforderten Fähigkeiten besitzen und die bereit sind, neue zu erlernen. *Benötigen Sie weitere Hilfe? – Siehe Nr. 32 „Schnelle Auffassungsgabe".* Fragen Sie in Ihren Einstellungsgesprächen „Was haben Sie gelernt?" und „Wie haben Sie dieses Wissen angewendet?", um den jetzigen „Macher", aber auch den zukünftigen „Lerner" herauszuprofilieren.

- [ ] **5. Handeln Sie zu zögerlich? Widmen Sie sich Personalproblemen umgehend.** Sie haben das Team geerbt und manche der Teammitglieder entsprechen dem Standard nicht, aber Sie wollen nicht die nötigen Konsequenzen ziehen. Wenn Sie diese Mitarbeiter nicht gehen lassen, bedeutet das mehr Arbeit für Sie und den Rest des Teams. Je früher Sie Mitarbeiterprobleme ansprechen, desto besser geht es allen, sogar den betreffenden Mitarbeitern. *Benötigen Sie weitere Hilfe? – Siehe Nr. 13 „Konfrontieren von Mitarbeitern" und Nr. 16 „Treffen von fristgerechten Entscheidungen".*

- [ ] **6. Ungeduldig? Halten Sie sich eine Auswahl von Kandidaten offen.** Sie sind ungeduldig und möchten die freie Position in Ihrem Team besetzen. Sie neigen dazu, den ersten geeigneten oder fast geeigneten Bewerber einzustellen. Ein solches Handeln bedeutet, dass Sie Kompromisse schließen und wahrscheinlich den besten Kandidaten nie kennen lernen. Versuchen Sie immer, so lange auf mehrere Kandidaten zu warten, bis Sie eine echte Wahl haben. *Benötigen Sie weitere Hilfe? – Siehe Nr. 41 „Geduld".*

- [ ] **7. Brauchen Sie Vielfalt? Vermeiden Sie es, Klone einzustellen.** Sie stellen zu sehr nach Ihrem eigenen Bild ein. Sie ziehen es vor, mit Leuten zu arbeiten, die so denken und handeln wie Sie, daher wird das Team nur mit einigen Fähigkeiten und Kompetenzen aus wenigen Bereichen aufgebaut. Sie umgeben sich vielleicht mit Freunden, früheren Kollegen oder Ihren Lieblingsmitarbeitern. Wenn Sie Ihre Fähigkeiten und Kompetenzen, Ihre Einstellung, Ihren Hintergrund oder Ihre Zielsetzung „klonen", werden

Sie und Ihr Team nie die für eine Höchstleistung erforderliche Vielfalt entwickeln. *Benötigen Sie weitere Hilfe? – Siehe Nr. 25 „Rekrutierung und Teamzusammenstellung".*

☐ **8. Sind Sie bereit, etwas über die Best Practices zu erfahren? Studieren Sie leistungsfähige Teams.** Sehen Sie sich Teams in Ihrem Umfeld an, von denen Sie glauben, dass sie Spitzenleistungen erbringen. Welche Talente und Kompetenzen befinden sich dort? Welches Rekrutierungsmodell oder -profil wird eingesetzt? Sind sich die Teammitglieder eher ähnlich oder sind sie verschieden? Haben sie den gleichen professionellen Hintergrund oder kommen sie aus unterschiedlichen Gebieten? Wie rekrutieren diese Teammanager? Fragen Sie nach, wie sie bei der Besetzung ihrer freien Stellen vorgehen.

☐ **9. Reicht Ihnen die Herausforderung nicht? Gehen Sie mit sich selbst und mit Ihrem Team über die eigenen Grenzen hinaus.** Sie machen sich nicht genügend Gedanken über eine Stärkung des Teams. Dann können Sie auch gleich die wichtigen Dinge selbst erledigen und das Team allein mit dem Rest kämpfen lassen. Das ist eine sehr kurzsichtige Strategie, die Ihnen weitere Schwierigkeiten verursachen wird. Eine gute Faustregel ist, dass Ihr Team zwanzig Prozent seiner Zeit damit verbringen sollte, Aufgaben außerhalb der eigenen und vielleicht auch Ihrer Komfortzone zu bearbeiten. Eine effektive Weiterentwicklung basiert auf herausfordernden Aufgaben. *Benötigen Sie weitere Hilfe? – Siehe Nr. 18 „Delegieren", Nr. 19 „Mitarbeiter und andere weiterentwickeln", Nr. 50 „Setzen von Prioritäten" und Nr. 62 „Zeitmanagement".*

☐ **10. Finden Sie es schwer, nein zu sagen? Halten Sie sich an die Kriterien, die Sie für Bewerber aufgestellt haben.** Sie nehmen den Weg des geringsten Widerstandes und zögern, gegen den Strom zu schwimmen und interne Kandidaten abzulehnen. Sie können zu Ihren Führungskräften nicht „nein" sagen. Das wird leichter, wenn Sie ein Anforderungsprofil für die Position festgelegt haben, mit Kriterien die Sie objektiv ansprechen können. Sie können Ihren Standpunkt wesentlich einfacher vertreten mit Ihrer Einschätzung: „Dieser Kandidat hat auf diesem Gebiet ausgeprägte Kompetenzen, in diesen Bereichen jedoch weniger; wir brauchen aber eine Person, die diese Bereiche ebenso abdeckt." Diskussionen über sachliche Kriterien führen von Diskussionen über Einzelpersonen weg und dahin, was zur Erledigung des Jobs erforderlich ist. Bleiben Sie bei Ihrem Standpunkt. Listen Sie auf, wonach Sie suchen und halten Sie sich in aller Ruhe daran. Bitten Sie um Input zu Kriterien, nicht zu Personen. *Benötigen Sie weitere Hilfe? – Siehe Nr. 34 „Mut, zu Führen" und Nr. 57 „Eigenständigkeit".*

Develop-in-Place-Aufgabenstellungen

- ☐ Arbeiten Sie in dem Team, das bei Entlassungen, Werksschließungen, Personalabbau und Veräußerungen entscheidet, wer bleibt und wer geht.
- ☐ Stellen Sie ein Team aus Kräften außerhalb Ihrer Geschäftseinheit oder Organisation zusammen.
- ☐ Lassen Sie sich in einem Assessment Center ausbilden und arbeiten Sie als Personalentwickler.
- ☐ Besuchen Sie eine Universität, um neue Mitarbeiter zu rekrutieren.
- ☐ Stellen Sie ein Erfolgs- und Misserfolgsprofil für eine Geschäftseinheit oder die gesamte Organisation zusammen und legen Sie es den Entscheidungsträgern zur Genehmigung vor.

Get the right people on the bus, get the wrong people off the bus, and put the right people in the right seats in the bus.
Jim Collins – Amerikanischer Unternehmensberater und Autor

Literaturempfehlungen

Adler, L. (2007). *Hire with your head: Using performance-based hiring to build great teams.* Hoboken, NJ: John Wiley & Sons.

Charan, R., Lorsch, J. W., Khurana, R., Sorcher, M., Brant, J., Bennis, W., & O'Toole, J. (2005). Hire the right CEO (HBR OnPoint Collection). Boston: *Harvard Business Review.*

Dimitrius, J., & Mazzarella, M. C. (2008). *Reading people: How to understand people and predict their behavior: Anytime, anyplace.* New York: Ballantine Books.

Fields, M. R. A. (2001). *Indispensable employees: How to hire them, how to keep them.* Franklin Lakes, NJ: Career Press.

Guion, R. M., & Highhouse, S. (2006). *Essentials of personnel assessment and selection.* Mahwah, NJ: Lawrence Erlbaum Associates.

Hallenbeck, G. S., Jr., & Eichinger, R. W. (2006). *Interviewing right: How science can sharpen your interviewing accuracy.* Minneapolis, MN: Lominger International: A Korn/Ferry Company.

Harvard Business Essentials. (2002). *Hiring and keeping the best people.* Boston: Harvard Business School Press.

Harvey, M., Novicevic, M. M., & Garrison, G. (2004). Challenges to staffing global virtual teams. *Human Resource Management, 14,* 275-294.

Levin, R. A., & Rosse, J. G. (2001). *Talent flow: A strategic approach to keeping good employees, helping them grow, and letting them go.* New York: John Wiley & Sons.

Michaels, E., Handfield-Jones, H., & Axelrod, B. (2001). *The war for talent.* Boston: Harvard Business School Press.

Rosenberger, L. E., & Nash, J. (with Graham, A.). (2009). *The deciding factor: The power of analytics to make every decision a winner.* San Francisco: Jossey-Bass.

Sears, D. (2003). *Successful talent strategies: Achieving superior business results through market-focused staffing.* New York: AMACOM.

Smart, B. D. (2005). *Topgrading: How leading companies win: Hiring, coaching and keeping the best people* (Rev. ed.). New York: Prentice Hall.

Still, D. J. (2001). *High impact hiring: How to interview and select outstanding employees.* Dana Point, CA: Management Development Systems.

Wylie, K. (2005). *Hiring the right candidate: Forms, FAQs, and resources for every employer.* Port Orchard, WA: Windstorm Creative.

FAKTOR VII: PROBLEME IM UMGANG MIT MENSCHEN
CLUSTER V: KOMMT NICHT GUT MIT ANDEREN MENSCHEN ZURECHT

112 Unsensibilität gegenüber anderen

Too often we underestimate the power of a touch, a smile, a kind word, a listening ear, an honest compliment, or the smallest act of caring, all of which have the potential to turn a life around.
Leo F. Buscaglia – Amerikanischer Professor und Autor

Ein Problem
☐ Hat eine einschüchternde Art
☐ Gibt anderen ein schlechtes Gefühl
☐ Kümmert sich nicht um seine/ihre Wirkung auf andere
☐ Hält sich nicht an die Regeln für zwischenmenschliche Beziehungen
☐ Beachtet die Bedürfnisse anderer nicht
☐ Fragt nicht nach und hört nicht zu

Kein Problem
☐ Verfolgt einen ruhigen, zugänglichen Stil
☐ Zeigt Mitgefühl und Fürsorge
☐ Weiß, wann andere sich verletzt fühlen
☐ Kann die Sorgen und Bedürfnisse anderer schnell erkennen
☐ Hört zu
☐ Lässt andere ihre Anliegen vortragen, ohne zu unterbrechen
☐ Ist hilfsbereit
☐ Fragt andere nach ihren Gefühlen und Gedanken
☐ Ist sich seiner/ihrer Wirkung auf andere bewusst

Mögliche Ursachen
☐ Nutzt andere aus
☐ Zu handlungsorientiert
☐ Aggressiv, ergebnisorientiert
☐ Verliert unter Druck die Beherrschung
☐ Gleichgültigkeit
☐ Keine Ahnung von den Konsequenzen
☐ Überfährt andere
☐ Unrealistische Maßstäbe
☐ Sehr erfolgreich

Andere Ursachen
FEHLENDES GESCHICK BEI: 3,4,7,10,15,21,23,27,31,33,36,41,42,48,60,64
ÜBERMASS: 5,9,12,13,20,26,27,34,39,47,52,62

Leadership Architect® Faktoren und Cluster

Diese Kompetenz ist in Faktor VII „Probleme im Umgang mit Menschen" (S1) zu finden. Diese Kompetenz ist in Cluster V „Kommt nicht gut mit anderen Menschen zurecht" zusammen mit den Kompetenzen 101, 106, 108 enthalten. Sie können auch bei anderen Kompetenzen in demselben Faktor/Cluster nach passenden Tipps suchen.

Der Plan

Diese Einschätzung war vielleicht ein Schock für Sie, da keiner von uns gern als unsensibel angesehen werden möchte. Wahrscheinlich sehen Sie sich selbst als offen und direkt. Als ergebnisorientiert und sachlich. Geschäftsorientiert. Fast immer im Recht. Streng mit Faulenzern. Anspruchsvoller Leader. Konzentriert und mit Ihrer Zeit geizend. Wie auch immer Ihr Selbstbild sein mag – andere fühlen sich von Ihnen nicht geschätzt und ignoriert. Man findet, dass die Zusammenarbeit mit Ihnen keinen Spaß macht. Dieses Verhalten können Sie sich nur so lange leisten wie Ihre Ergebnisse hervorragend ausfallen. Wenn Sie auch nur einmal stolpern, holt man zum Gegenschlag aus.

Tipps

☐ **1. Werden Sie als unsensibel wahrgenommen? Finden Sie heraus, warum man Sie für unsensibel hält.** Unsensibilität ist ein sehr allgemeiner Ausdruck. Die Autoren haben 29 Gründe dafür gefunden, warum man diesen Eindruck von anderen haben kann. Bevor Sie auf diese Bewertung reagieren und auf jeden Fall, bevor Sie mit Gegenmaßnahmen beginnen, investieren Sie in ein 360°-Feedback oder bitten Sie einen Spezialisten aus der Personalentwicklung, Ihre Kollegen ausführlich zu befragen, warum Sie als unsensibel betrachtet werden. Oder Sie können mit einem Mentor oder einem anderen Vertrauten sprechen, von dem Sie wissen, dass Sie eine ehrliche Rückmeldung bekommen. Eine direkte Rückmeldung von Ihren Mitarbeitern ist sehr unwahrscheinlich, und selbst wenn sie sich dazu überwinden ist anzunehmen, dass diese Informationen zu allgemein oder zu situationsbezogen sind, um aussagekräftig zu sein. Von allen Entwicklungsbedürfnissen ist dieses wahrscheinlich am schwierigsten zu definieren. Beschaffen Sie sich ein umfassendes, detailliertes Bild von sich selbst. *Benötigen Sie weitere Hilfe? – Siehe Nr. 55 „Selbsterkenntnis".* Die gute Nachricht ist, dass die meisten Leute nur aufgrund einiger weniger Unsensibilitäts-Aspekte so negativ beurteilt werden. Es passiert häufig, dass manche Sie als unsensibel betrachten und andere nicht. Dies erleichtert es Ihnen, etwas dagegen zu tun. Nur wenige sind tatsächlich auf 29 Arten unsensibel!

☐ **2. Neigen Sie zu reflexartigen Reaktionen? Bewahren Sie Ihre Selbstbeherrschung.** Es kann sein, dass Ihnen der Kragen platzt und dass Sie in Stresssituationen ganz besonders herrschsüchtig sind oder noch mehr Druck ausüben. Vermeiden Sie scharfe und spontane Reaktionen. Diese sind wahrscheinlich Auslöser Ihrer Schwierigkeiten. Sie ziehen voreilig Rückschlüsse, lehnen die Meinungen anderer kategorisch ab und benutzen eine provozierende Sprache oder Ähnliches. Ihre Mitarbeiter sehen Sie dann als verschlossen oder kampfbereit an, während Sie als vernünftig betrachtet werden möchten. Noch schlimmer: Die anderen könnten glauben, dass Sie sie für dumm oder falsch informiert halten. Geben Sie den Menschen eine zweite Chance. Wenn man Sie als intolerant oder verschlossen sieht, werden die Menschen in ihrer Hast, mit Ihnen zu sprechen oder Ihnen das Argument in Kurzform zu unterbreiten, sich oft versprechen, weil sie vermuten, dass Sie sowieso nicht zuhören. Stellen Sie eine Frage, lassen Sie gegenteilige Meinungen zu, wiederholen Sie das Argument Ihrer Gesprächspartner und lassen Sie sie grundsätzlich ihr Gesicht wahren. *Benötigen Sie weitere Hilfe? – Siehe Nr. 11 „Selbstbeherrschung".*

☐ **3. Gelingt es Ihnen nicht, Inhalte in angemessener Weise zu präsentieren? Seien Sie Ihrem Publikum gegenüber empfindsam.** In jeder Situation gibt es mehrere Methoden, Nachrichten zu übermitteln und Aufgaben zu erledigen. Sie könnten die direkte Methode verwenden – Offenheit und sofortige Beurteilung. Sie könnten die Nachricht durch einen Mittelsmann überbringen lassen. Sie könnten bis zur nächsten Besprechung warten. Manche dieser Taktiken sind effektiver und akzeptabler als andere. Manche Leute geraten in Schwierigkeiten, weil sie sich in allen Situationen gleich verhalten. Sie nehmen sich nicht die Zeit, ihre Methoden an das jeweilige Ereignis und die Person anzupassen, um ihr Ergebnis zu erreichen. Menschen, die als einfühlsam betrachtet werden, arbeiten von außen – Publikum, Person, Gruppe, Firma – nach innen. Sie entscheiden, was zu der jeweiligen Situation am besten passt und wählen danach Tempo, Stil, Ton, Zeitpunkt und Methode. Es sind die einseitig handelnden Personen, die wegen ihrer fehlenden Sensibilität in Schwierigkeiten geraten, weil sie ihre Aussagen und Handlungen nicht an das Publikum anpassen. *Benötigen Sie weitere Hilfe? – Siehe Nr. 15 „Kundenorientierung", Nr. 36 „Andere motivieren" und Nr. 45 „Persönliches Lernen".*

☐ **4. Sind Sie stur? Öffnen Sie sich für unterschiedliche Sichtweisen.** Sie sind entweder stur, steif und lehnen neue oder andere Ansichten ab oder geben diesen Anschein. Sie müssen lernen, Ihren Beurteilungs-/Abweisungsmechanismus abzuschalten und zuzuhören. Ihre erste Aufgabe besteht darin zu verstehen, Ihre nächste, der anderen Person zu vermitteln, dass Sie verstehen, indem Sie ihre Idee wiederholen oder neu formulieren.

Stellen Sie weitere Fragen – „Wie sind Sie darauf gekommen?" „Welche Alternative bevorzugen Sie, oder bleiben wir beim Alten?" Wenn Sie nicht zustimmen, geben Sie zuerst Ihre Gründe an. Bitten Sie anschließend um Kritik. Bringen Sie die unterschiedlichen Meinungen zurück auf das ursprüngliche Problem oder die Strategie – „Was wollen wir lösen? Welche Ursachen gibt es dafür? Welche Fragen sollten beantwortet werden? Welche objektiven Maßstäbe können wir anlegen, um Erfolg zu messen?" *Benötigen Sie weitere Hilfe? – Siehe Nr. 12 „Konfliktmanagement" und Nr. 33 „Zuhören können".*

☐ **5. Können Sie keine Beziehungen aufbauen? Werden Sie persönlich.** Oft ist Unsensibilität darauf zurückzuführen, dass Sie nicht genügend Zeit einplanen, damit andere sich an Sie gewöhnen können. Viele unsensible Menschen sind sehr aktions- und ergebnisorientiert und werden von ihrem Zeitplan angetrieben. Sie haben keine Zeit zum Aufbau von Beziehungen. Ein Drittel der Menschen, die mit Ihnen zusammenarbeiten, bevorzugen den gleichen Stil wie Sie. „Nur die Tatsachen, bitte. Fangen wir gleich damit an." Zwei Drittel benötigen mehr Zeit zum Aufwärmen, bevor sie zur eigentlichen Arbeit übergehen. Gewöhnlich sind hier drei Minuten ausreichend. Wichtig ist, dass Sie die Diskussion nicht mit einem geschäftlichen Thema eröffnen. Wie war Ihr letztes Wochenende? Wie geht es den Kindern? Welche Universität hat Ihre Tochter sich ausgesucht? Haben Sie sich die Olympiade angesehen? Wie sind Sie mit Ihrem neuen Auto zufrieden? Lassen Sie Ihre Mitarbeiter sprechen und geben Sie ihnen die Zeit, sich aufzuwärmen. *Benötigen Sie weitere Hilfe? – Siehe Nr. 3 „Zugänglichkeit".*

☐ **6. Ziehen Sie voreilige Schlussfolgerungen? Versuchen Sie erst zu verstehen, und suchen Sie dann erst nach einer Lösung.** Sie werden vielleicht als jemand gesehen, der zu schnellen Rückschlüssen und Lösungen neigt, bevor andere die Möglichkeit hatten, Ihnen ihr Problem vollständig zu beschreiben. Nehmen Sie sich die Zeit, das Problem genau zu definieren. Lassen Sie die Leute ausreden, unterbrechen Sie nicht. Vollenden Sie nicht die Sätze anderer. Fragen Sie nach. Erklären Sie das Problem nochmals mit eigenen Worten, so dass jeder zufrieden ist. Treffen Sie dann eine Entscheidung.

☐ **7. Probleme beim Umgang mit anderen? Öffnen Sie sich für andere Menschen.** Sie müssen den ersten Schritt machen – egal, wie schüchtern Sie sind. Erst wenn Sie wiederholt signalisiert haben, dass Sie ein offenes Ohr für Ihre Mitmenschen haben, wenn Sie mit Augenkontakt zuhören, wenn Sie Interesse an ihrer Meinung zeigen und sie ausreden lassen, wenn Sie Dinge erzählen, die Sie nicht erzählen müssen und sich über persönliche Themen mit ihnen austauschen, wenn Sie andere zum

Erzählen auffordern – Fragen stellen und dann auch zuhören – wird diese Mühe belohnt und Sie werden als sensibler betrachtet. Sie müssen beharrlich dabei bleiben und Ablehnung und peinliche Situationen ertragen, bevor Sie Fortschritte erzielen. *Benötigen Sie weitere Hilfe? – Siehe Nr. 3 „Zugänglichkeit" und Nr. 31 „Zwischenmenschliches Geschick".*

☐ **8. Sind Sie zu direktiv? Seien Sie ein Lehrer, kein Regisseur.** Sie sind vielleicht hochintelligent und haben starke Kompetenzen in Ihrem Bereich. Sie arbeiten vielleicht mit Leuten zusammen, die nicht so gut informiert oder so gebildet sind wie Sie. Sie sind vielleicht in einer Position, in der Sie im Wesentlichen diktieren, was zu tun ist, weil die anderen es nicht können. Wechseln Sie in diesem Fall in die Rolle des Lehrers – teilen Sie Ihren Mitarbeitern mit, was Sie von der Sache halten; stellen Sie nicht einfach nur Lösungsvorschläge in den Raum. Teilen Sie ihnen mit, worin Ihrer Meinung nach das Problem besteht, welche Fragen gestellt werden müssen, wie Sie Lösungen finden würden und welche Lösungen wahrscheinlich funktionieren würden. Und am wichtigsten – fordern Sie zum Nachdenken auf. Wenn Sie der Experte sind und Ihre Mitarbeiter nicht, helfen Sie Ihnen durch eine Beschreibung Ihres eigenen Denkprozesses. Seien Sie offen gegenüber der Tatsache, dass nicht informierte Menschen bei Studien über kreative Problemlösung gewöhnlich die innovativsten Lösungen zu bieten haben. Wenn sie sich einmal in das Problem vertieft haben, bringen sie eine neue Perspektive ins Spiel. Verwenden Sie diese Stärke. *Benötigen Sie weitere Hilfe? – Siehe Nr. 18 „Delegieren".*

☐ **9. Gelingt es Ihnen nicht, die Wichtigkeit von Sensibilität zu erkennen? Finden Sie heraus, warum sie bedeutsam ist.** So manche Führungskräfte mit ehrgeizigen Zielen glauben einfach nicht, dass der Eindruck, den andere von ihnen haben, wichtig ist. Sie sind überzeugt davon, dass die wichtigste Aufgabe darin besteht, Ergebnisse innerhalb der vorgegebenen Zeit und des Budgets zu erzielen. Sie sind sich sicher, gute Mitarbeiter können es verkraften und diejenigen mit übergroßer Sensibilität schaffen es sowieso nicht, und da lohnt sich der Zeitaufwand nicht. Studien haben ergeben, dass die meisten Führungskräfte im höheren Management nicht versagen, weil sie ihr Ziel nicht rechtzeitig erreichen. Sie versagen, weil sie auf dem Weg dorthin andere verletzen oder beleidigen. Denken Sie an die letzten zehn Personen, die gezwungen wurden, Ihr Unternehmen zu verlassen. Warum wurden sie entlassen oder gebeten zu gehen? Was waren die wahren Gründe? Wahrscheinlich lag das Problem in ihren Beziehungen zu anderen. Es ist absolut notwendig, dass Sie Ihre Prioritäten neu durchdenken.

☐ **10. Ihre guten Absichten reichen nicht aus? Verschaffen Sie sich Zeit für andere.** Oft ist Unsensibilität das Ergebnis einer unbeabsichtigten Vernachlässigung. Gewöhnlich trifft es die direkten Mitarbeiter am stärksten. Sie managen Ihre eigene Führungskraft zuerst. Ihre Kunden als Zweites. Angelegenheiten und Probleme als Drittes. Ihre Kollegen als Nächstes. Und Ihre Mitarbeiter zuletzt. Allerdings ist es jetzt Freitag, 16:50 Uhr. Sensibilität braucht Zeit. Da Unsensibilität zu Streit, Unproduktivität, einem demotivierten Team, wiederholter Kommunikation und einer Wiederaufnahme von Problemfällen führt, würde Ihnen eine Erhöhung Ihrer Sensibilität eigentlich mehr Zeit bringen. Sprechen Sie jede Woche fünf zusätzliche Minuten mit jedem direkten Mitarbeiter – in einer einfachen Unterhaltung, über persönliche Dinge. Keine Tagesordnung. Nichts Geschäftliches. Seien Sie einfach für sie da.

Develop-in-Place-Aufgabenstellungen

☐ Schließen Sie Frieden mit einem Feind oder mit jemandem, den Sie mit einem Produkt oder einer Dienstleistung enttäuscht haben, oder mit jemandem, mit dem Sie Probleme hatten oder nicht so gut zurechtkommen.

☐ Führen Sie schwierige Verhandlungen mit einem internen oder externen Kunden.

☐ Managen Sie das Outplacement einer Gruppe von Mitarbeitern.

☐ Managen Sie ein Projektteam, dessen Mitglieder älter und erfahrener sind als Sie selbst.

☐ Lösen Sie eine Konfliktsituation zwischen zwei Personen, Geschäftseinheiten, geografischen Standorten, Funktionen usw.

All cruel people describe themselves as paragons of frankness!
Tennessee Williams – Amerikanischer Dramatiker

Literaturempfehlungen

Barlow, J., & Moller, C. (2008). *A complaint is a gift: Recovering customer loyalty when things go wrong* (2nd ed.). San Francisco: Berrett-Koehler Publishers.

Beyerlein, M. M., Freedman, S., McGee, C., & Moran, L. (2002). *Beyond teams: Building the collaborative organization.* San Francisco: Jossey-Bass.

Boyatzis, R. E., & McKee, A. (2005). *Resonant leadership: Renewing yourself and connecting with others through mindfulness, hope, and compassion.* Boston: Harvard Business School Press.

Bradberry, T., & Greaves, J. (2005). *The emotional intelligence quick book: Everything you need to know to put your EQ to work.* New York: Fireside.

Donoghue, P. J., & Siegel, M. E. (2005). *Are you really listening? Key to successful communication.* Notre Dame, IN: Sorin Books.

Dotlich, D. L., & Cairo, P. C. (2003). *Why CEOs fail: The 11 behaviors that can derail your climb to the top and how to manage them.* San Francisco: Jossey-Bass.

Fineman, S. (2003). *Understanding emotion at work.* London: Sage.

Frazier, T., & Frazier, D. (2006). *Boss: 21 Simple rules to make your business grow and keep your people happy.* Abilene, TX: McWhiney Foundation Press.

Goleman, D. (2007). *Social intelligence: The new science of human relationships.* New York: Bantam Books.

Hoppe, M. H. (2007) *Active listening: Improve your ability to listen and lead.* Greensboro, NC: Center for Creative Leadership.

Kaye, B., & Jordan-Evans, S. (2008). *Love 'em or lose 'em: Getting good people to stay* (4th ed.). San Francisco: Berrett-Koehler Publishers.

Kouzes, J. M., & Posner, B. Z. (2003). *Encouraging the heart: A leader's guide to rewarding and recognizing others.* San Francisco: Jossey-Bass.

Mayo, A. (2001). *The human value of the enterprise: Valuing people as assets: Monitoring, measuring, managing.* Yarmouth, ME: Nicholas Brealey.

Moran, R. T., Harris, P. R., & Moran, S. V. (2007). *Managing cultural differences: Global leadership strategies for the 21st century* (7th ed.). Burlington, MA: Butterworth-Heinemann.

Morgan, R. (2003). *Calming upset customers: Staying effective during unpleasant situations* (3rd ed.). Mississauga, ON: Crisp Publications, Inc.

Pellicer, L. O. (2008). *Caring enough to lead: How reflective practice leads to moral leadership* (3rd ed.). Thousand Oaks, CA: Corwin Press.

Zenger, J. H., & Folkman, J. (2002). *The extraordinary leader: Turning good managers into great leaders.* New York: McGraw-Hill.

FAKTOR VIII: PROBLEME MIT ERGEBNISSEN
CLUSTER Y: ZU ENGSTIRNIG

113 Defizite bei Schlüssel-Fähigkeiten

> *Today, many companies are reporting that their number one constraint on growth is the inability to hire workers with the necessary skills.*
> Bill Clinton – 42. Präsident der Vereinigten Staaten

Ein Problem
- ☐ Ihm/ihr fehlen eine oder mehrere Schlüssel-Talente oder -Fähigkeiten, die für die effektive Bewältigung der Arbeitsaufgaben notwendig sind

Kein Problem
- ☐ Ist fähig hinsichtlich der meisten oder sogar aller relevanten Arbeitsbereiche
- ☐ Findet heraus, welche Fähigkeiten für eine gute Leistung eingesetzt werden müssen
- ☐ Arbeitet daran, seine/ihre Stärken zu verbessern oder auszuweiten
- ☐ Ist offen für verschiedene Lerntechniken, Trainingsangebote und Tutoren, um so das Leistungsniveau zu erhöhen

Mögliche Ursachen
- ☐ Countdown zur Rente
- ☐ Unerfahren
- ☐ Mangel an technischen/funktionellen Fertigkeiten
- ☐ Eingeschränkte Sichtweise
- ☐ Neuer Mitarbeiter oder neu in diesem Bereich
- ☐ Nicht an Weiterentwicklung interessiert

Andere Ursachen
FEHLENDES GESCHICK BEI: 32,44,45,54,55,61
ÜBERMASS: NICHTS ZUTREFFENDES

Leadership Architect® Faktoren und Cluster
Diese Kompetenz ist in Faktor VIII „Probleme mit Ergebnissen" (S2) zu finden. Diese Kompetenz ist in Cluster Y „Zu engstirnig" zusammen mit den Kompetenzen 114, 115, 116 enthalten. Sie können auch bei anderen Kompetenzen in demselben Faktor/Cluster nach passenden Tipps suchen.

Der Plan
Neue und andere Jobs, Rollen, geographische Standorte, Geschäftseinheiten und Organisationen erfordern neue und andere Fähigkeiten und Kompetenzen. Oft passiert es, dass wir bei einem Wechsel ohne die jeweilige Fähigkeit dastehen,

die wir zur Erbringung einer guten Leistung benötigen. Viele disziplinieren sich und eignen sich neue Fähigkeiten und Kompetenzen an, während andere abwarten und versuchen durchzukommen, ohne dazuzulernen. In den meisten Fällen kann man nicht warten. Wer zu lange wartet, wird als jemand bewertet, dem Schlüsselqualifikationen fehlen.

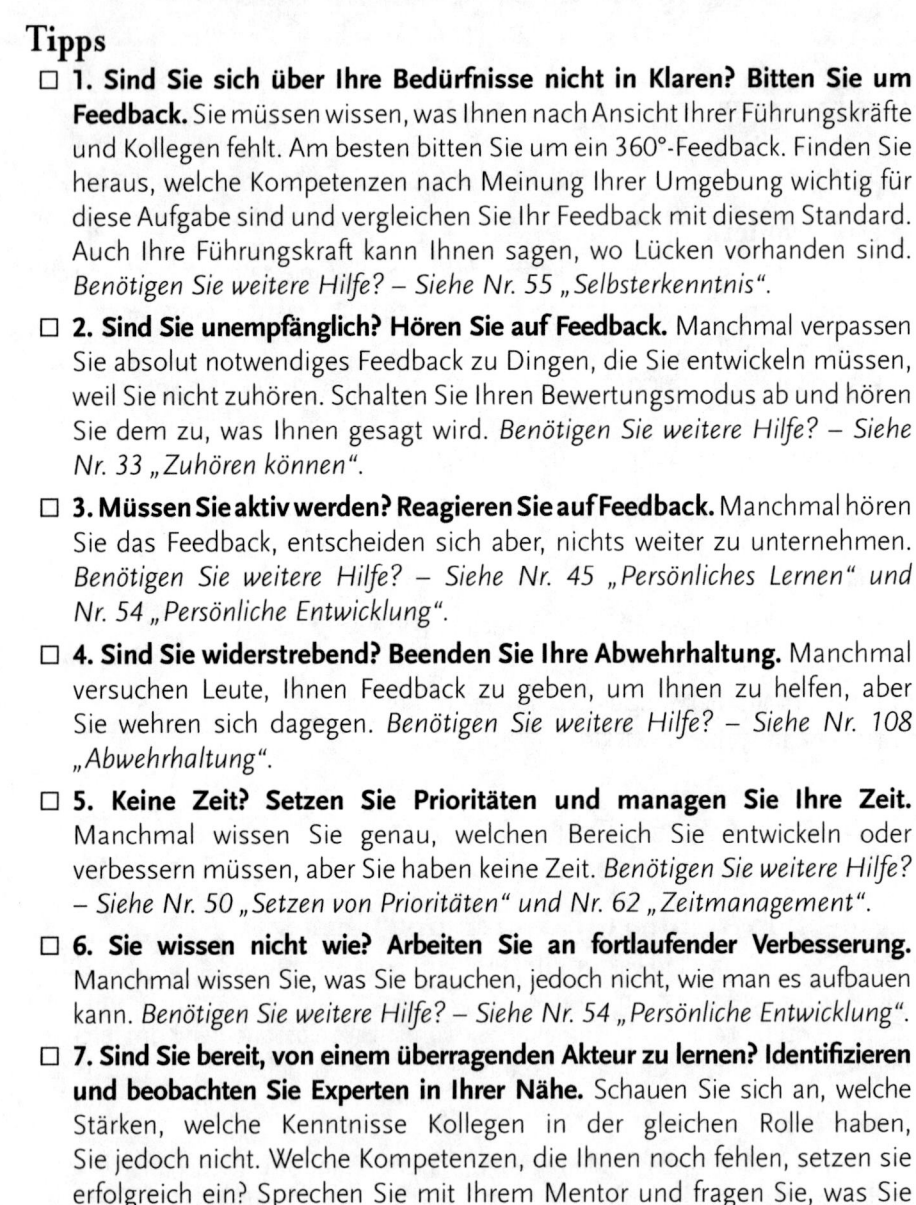

Tipps

☐ 1. **Sind Sie sich über Ihre Bedürfnisse nicht in Klaren? Bitten Sie um Feedback.** Sie müssen wissen, was Ihnen nach Ansicht Ihrer Führungskräfte und Kollegen fehlt. Am besten bitten Sie um ein 360°-Feedback. Finden Sie heraus, welche Kompetenzen nach Meinung Ihrer Umgebung wichtig für diese Aufgabe sind und vergleichen Sie Ihr Feedback mit diesem Standard. Auch Ihre Führungskraft kann Ihnen sagen, wo Lücken vorhanden sind. *Benötigen Sie weitere Hilfe? – Siehe Nr. 55 „Selbsterkenntnis".*

☐ 2. **Sind Sie unempfänglich? Hören Sie auf Feedback.** Manchmal verpassen Sie absolut notwendiges Feedback zu Dingen, die Sie entwickeln müssen, weil Sie nicht zuhören. Schalten Sie Ihren Bewertungsmodus ab und hören Sie dem zu, was Ihnen gesagt wird. *Benötigen Sie weitere Hilfe? – Siehe Nr. 33 „Zuhören können".*

☐ 3. **Müssen Sie aktiv werden? Reagieren Sie auf Feedback.** Manchmal hören Sie das Feedback, entscheiden sich aber, nichts weiter zu unternehmen. *Benötigen Sie weitere Hilfe? – Siehe Nr. 45 „Persönliches Lernen" und Nr. 54 „Persönliche Entwicklung".*

☐ 4. **Sind Sie widerstrebend? Beenden Sie Ihre Abwehrhaltung.** Manchmal versuchen Leute, Ihnen Feedback zu geben, um Ihnen zu helfen, aber Sie wehren sich dagegen. *Benötigen Sie weitere Hilfe? – Siehe Nr. 108 „Abwehrhaltung".*

☐ 5. **Keine Zeit? Setzen Sie Prioritäten und managen Sie Ihre Zeit.** Manchmal wissen Sie genau, welchen Bereich Sie entwickeln oder verbessern müssen, aber Sie haben keine Zeit. *Benötigen Sie weitere Hilfe? – Siehe Nr. 50 „Setzen von Prioritäten" und Nr. 62 „Zeitmanagement".*

☐ 6. **Sie wissen nicht wie? Arbeiten Sie an fortlaufender Verbesserung.** Manchmal wissen Sie, was Sie brauchen, jedoch nicht, wie man es aufbauen kann. *Benötigen Sie weitere Hilfe? – Siehe Nr. 54 „Persönliche Entwicklung".*

☐ 7. **Sind Sie bereit, von einem überragenden Akteur zu lernen? Identifizieren und beobachten Sie Experten in Ihrer Nähe.** Schauen Sie sich an, welche Stärken, welche Kenntnisse Kollegen in der gleichen Rolle haben, Sie jedoch nicht. Welche Kompetenzen, die Ihnen noch fehlen, setzen sie erfolgreich ein? Sprechen Sie mit Ihrem Mentor und fragen Sie, was Sie aufbauen müssen.

☐ **8. Sind Sie neugierig? Gehen Sie eine Lernverpflichtung ein.** Lernen Sie, wie man zum Lerner wird. *Benötigen Sie weitere Hilfe? – Siehe Nr. 32 „Schnelle Auffassungsgabe" und Nr. 45 „Persönliches Lernen".*

☐ **9. Benötigen Sie funktionelles Fachwissen? Identifizieren Sie die erforderlichen funktionellen Fähigkeiten.** Manchmal fehlt fachliches Wissen. *Benötigen Sie weitere Hilfe? – Siehe Nr. 24 „Funktionale/fachliche Fertigkeiten".*

☐ **10. Benötigen Sie neue fachlichen Fähigkeiten? Identifizieren Sie die benötigten fachlichen Fähigkeiten.** Manchmal fehlen technische Skills. *Benötigen Sie weitere Hilfe? – Siehe Nr. 24 „Funktionale/fachliche Fertigkeiten" und Nr. 61 „Fachliches Lernen".*

Develop-in-Place-Aufgabenstellungen

☐ Übernehmen Sie eine Aufgabe, die Sie nicht mögen oder vor deren Durchführung Ihnen graut.

☐ Suchen Sie sich einen Experten und verbringen Sie einige Zeit mit ihm, um etwas völlig Neues zu erlernen.

☐ Arbeiten Sie mit einem Tutor oder Mentor an einer zu entwickelnden Fähigkeit oder lassen Sie sich in einem Interview darüber belehren.

☐ Studieren Sie einen Aspekt Ihrer Arbeit oder einen neuen technischen Bereich, in dem Sie bisher nicht ausgebildet wurden, um darin effektiver zu werden.

☐ Beobachten Sie eine von Ihnen respektierte Person, die eine Fähigkeit hat, die Sie benötigen.

Public education is the key civil rights issue of the 21st century.
Our nation's knowledge-based economy demands that we
provide young people from all backgrounds and circumstances with the
education and skills necessary to become knowledge workers.
If we don't, we run the risk of creating an even larger gap between
the middle class and the poor. This gap threatens our democracy,
our society and the economic future of America.
Eli Broad – Amerikanischer Geschäftsmann und
ehemaliger CEO von SunAmerica

Literaturempfehlungen

Argyris, C. (2008). *Teaching smart people how to learn.* Boston: Harvard Business School Press.

Bell, A. H., & Smith, D. M. (2002). *Motivating yourself for achievement.* Upper Saddle River, NJ: Prentice Hall.

Bunker, K. A., Kram, K. E., & Ting, S. (2002). The young and the clueless. *Harvard Business Review, 80*(12), 80-89.

Colvin, R. (2008). *Building expertise: Cognitive methods for training and performance improvement.* San Francisco: Pfeiffer.

Eichinger, R. W., Lombardo, M. M., & Capretta Raymond, C. (2004). *FYI for talent management™: The talent development handbook.* Minneapolis, MN: Lominger International: A Korn/Ferry Company.

Finkelstein, S. (2003). *Why smart executives fail: And what you can learn from their mistakes.* New York: Portfolio.

Furnham, A. (2005). *The incompetent manager: The causes, consequences, and cures of management failure.* London: John Wiley & Sons.

Goldsmith, M., & Reiter, M. (2007). *What got you here won't get you there: How successful people become even more successful.* New York: Hyperion.

Lizotte, K. (2007). *The expert's edge: Become the go-to authority people turn to every time.* New York: McGraw-Hill.

Lombardo, M. M., & Eichinger, R. W. (2004). *The leadership machine.* Minneapolis, MN: Lominger International: A Korn/Ferry Company.

Rossiter, A. P. (2008). *Professional excellence: Beyond technical competence.* New York: John Wiley & Sons.

Waitzkin, J. (2008). *The art of learning: An inner journey to optimal performance.* New York: Free Press.

Wick, C., Pollock, R., Jefferson, A., & Flanagan, R. (2006). *The six disciplines of breakthrough learning: How to turn training and development into business results.* San Francisco: Pfeiffer.

Woller, L., & Woller, J. (2008). *The skill: The most critical tool needed to increase your potential, performance, and promotability.* Victoria, Canada: Trafford Publishing.

FAKTOR VIII: PROBLEME MIT ERGEBNISSEN
CLUSTER Y: ZU ENGSTIRNIG

114 Nicht strategisch

So companies have to be very schizophrenic.
On one hand, they have to maintain continuity of strategy.
But they also have to be good at continuously improving.
Michael Porter – Amerikanischer Autor und Harvard-Professor

Ein Problem
- ☐ Kann keine effektiven Strategien entwickeln
- ☐ Hat Probleme im Umgang mit Aufgaben, die nach strategischem Denken verlangen
- ☐ Verstrickt sich zu sehr in Taktik und Details
- ☐ Zieht Taktik der Strategie und das Einfache dem Komplexen vor
- ☐ Ist kein Visionär
- ☐ Hat keine umfassende Perspektive

Kein Problem
- ☐ Kann sich mit Spezialisten über Strategien austauschen
- ☐ Ist von der Komplexität der Zukunft fasziniert und fühlt sich von ihr herausgefordert
- ☐ Spielt gerne verschiedene „Was wäre wenn"-Szenarien durch
- ☐ Hat eine umfassende Perspektive
- ☐ Berät andere in strategischen Fragen
- ☐ Jongliert mit Ideen
- ☐ Lässt sich auch auf wilde Spekulationen über die Zukunft ein
- ☐ Vereint viele unverbundene Informationsstränge zu einer überzeugenden Vision
- ☐ Kann Dingen einen Sinn geben
- ☐ Schafft unverwechselbare Erfolgsstrategien

Mögliche Ursachen
- ☐ Mag keine Komplexität
- ☐ Hält die Zukunft nicht für vorhersehbar
- ☐ Unerfahren
- ☐ Mangel an Perspektive
- ☐ Eintöniger Hintergrund
- ☐ Nicht risikofreundlich; mag keine Ungewissheit
- ☐ Neu in diesem Bereich

- ☐ Zu sehr mit den heutigen Aufgaben beschäftigt
- ☐ Zu engstirnig
- ☐ Sehr taktisch

Andere Ursachen
FEHLENDES GESCHICK BEI: 2,5,14,21,28,30,32,40,41,46,50,51,58,61,65
ÜBERMASS: 1,52,53,59

Leadership Architect® Faktoren und Cluster
Diese Kompetenz ist in Faktor VIII „Probleme mit Ergebnissen" (S2) zu finden. Diese Kompetenz ist in Cluster Y „Zu engstirnig" zusammen mit den Kompetenzen 113, 115, 116 enthalten. Sie können auch bei anderen Kompetenzen in demselben Faktor/Cluster nach passenden Tipps suchen.

Der Plan
Es gibt viel mehr Leute, die einen Berg besteigen können, als solche, die genau vorhersagen können, welcher Berg am besten dazu geeignet wäre. Es gibt mehr Produzenten von kurzfristig guten Ergebnissen als visionäre Strategen. Beide haben ihren Wert, aber es gibt nicht genug Strategen. Es ist eher wahrscheinlich, dass Ihr Unternehmen strategisch ausmanövriert wird als taktisch. Die meisten Unternehmen sind in dem, was sie heute tun, recht erfolgreich. Es geht aber um die zukünftige Ausrichtung – dort liegt ihre Schwäche. Eine strategische Vorgehensweise gehört zum Aufgabenbereich jeder Führungskraft. Je höher Ihre Verantwortlichkeiten liegen, umso kritischer ist diese Voraussetzung.

Tipps

☐ **1. Probleme beim Präsentieren? Die Sprache der Strategie.** In seltenen Fällen haben wir strategisch denkende Menschen gefunden, die allerdings nicht als solche identifiziert wurden, weil sie entweder aus Unkenntnis, Abwehr oder aus freiem Entschluss die zur Zeit aktuelle strategische Terminologie nicht verwendet haben. Strategie ist ein wachsender Bereich. Es gibt Gurus (gegenwärtig wahrscheinlich Michael Porter, Ram Charan, C.K. Prahalad, Gary Hamel, Fred Wiersema und Vijay Govindarajan), die ungefähr 75 neue Begriffe oder Konzepte definiert haben – Wertedisziplinen, Strategieabsicht oder -ziel, Kernkompetenzen, Werte-Migration, Marktherrschaft, Co-Evolution, Strategiehorizont –, um strategisches Denken zu beschreiben. Wenn Sie diese Begriffe nicht verwenden, erkennt man nicht, dass Sie strategisch sind. Diese Sprache ist in den Büchern dieser Gurus und im Harvard Business Review zu finden. Es stimmt, die meisten dieser Begriffe sind komplexere Bezeichnungen für Dinge, die zuvor mit kleineren Worten benannt wurden. Wenn Sie als strategisch angesehen werden möchten, müssen Sie sich strategischer äußern. Jede Disziplin hat ihr Lexikon. Um dazuzugehören, müssen Sie den Code beherrschen.

☐ **2. Lehnen Sie Strategie ab? Erkennen Sie den Wert strategischer Planung.** Es gibt Menschen, die Strategieformulierungen als Unsinn abtun. Sie haben noch nie einen Fünf-Jahres-Strategieplan wie geplant ablaufen sehen. Diese Leute glauben wirklich, dass es eine Zeitverschwendung ist, Strategiepläne zu erstellen und zu präsentieren. Sie glauben, das Ziel ist unerreichbar. Viel heiße Luft. Obwohl es stimmt, dass die meisten Strategiepläne nicht wie geplant realisiert werden, heißt das nicht, dass sie umsonst waren. Strategiepläne führen zu Wahlmöglichkeiten bei Ressourcen und bei der Umsetzung. Sie führen zu verschiedenen Personaleinsatzszenarien und Finanzplänen. Ohne ein gewisses Maß an strategischer Planung wären sie ein Schuss ins Blaue. Das Ende der meisten zahlungsunfähigen Unternehmen war das Resultat strategischer Fehlentscheidungen. Sie wählten die falsche Richtung oder zu viele Richtungen. Heute liegt das Problem gewöhnlich nicht in der Unfähigkeit, ein Qualitätsprodukt oder eine entsprechende Dienstleistung zu produzieren.

☐ **3. Sind Sie nicht neugierig? Seien Sie neugierig und fantasievoll.** Viele Manager sind so mit den Problemen ihres Alltags beschäftigt, dass sie nicht mehr auf das Morgen neugierig sind. Die Zukunft ist ihnen egal. Und wenn man im Heute nicht arbeitet, gibt es das Morgen sowieso nicht. Für gute Visionäre und Strategen sind Neugier und Vorstellungskraft unerlässlich. Alle „Was wäre, wenn ..."-Szenarien müssen durchgespielt werden. Was wäre, wenn sich herausstellt, dass es Leben auf anderen Planeten gäbe und wir die erste Nachricht erhielten? Was würde sich ändern? Was wäre, wenn der größere Anteil der Weltbevölkerung über 65 Jahre alt wäre? Was wäre, wenn wir Krebs heilen könnten? Herzerkrankungen? Übergewicht? Was wäre, wenn die Regierung einen Aspekt Ihres Geschäftsfelds als gesetzwidrig erklären oder streng regulieren würde? Zugegeben, niemand weiß eine Antwort auf diese Fragen, aber gute Strategen kennen zumindest die Fragen. Arbeiten Sie an der Entwicklung vielschichtiger Interessen außerhalb Ihres Geschäfts. Abonnieren Sie verschiedene Zeitschriften, schauen Sie sich neue Fernsehsendungen an, lernen Sie neue Leute kennen und werden Sie Mitglied in einer neuen Organisation. Schauen Sie hinter die Dinge.

☐ **4. Ist Ihre Sichtweise eingeschränkt? Erweitern Sie Ihre Perspektive.** Manche sind nur auf das konzentriert, was sie gerade machen und sind dort sehr erfolgreich. Sie haben sich auf eine eng angelegte aber zufrieden stellende Karriere vorbereitet. Dann sagt ihnen jemand, dass sich ihr Job verändert, und sie müssen ab sofort strategisch sein. Strategisch zu denken und zu handeln, erfordert einen weiten Blickwinkel. Zusätzlich zu der Tatsache, dass Sie Ihr Gebiet beherrschen müssen, erfordert es, dass Sie auch über viele andere Dinge etwas wissen müssen. Sie müssen das Geschäft kennen. *Benötigen Sie weitere Hilfe? – Siehe Nr. 5 „Geschäftssinn".* Sie müssen die Märkte verstehen. *Benötigen Sie weitere Hilfe? – Siehe Nr. 15 „Kundenorientierung".* Sie müssen wissen, was in der Welt vor sich geht. *Benötigen Sie weitere Hilfe? – Siehe Nr. 46 „Perspektive".* Sie müssen diese Erkenntnisse miteinander verbinden und dann sehen, was das für Ihre Organisation bedeutet. *Benötigen Sie weitere Hilfe? – Siehe Nr. 32 „Schnelle Auffassungsgabe" und Nr. 51 „Fähigkeit, Probleme zu lösen".* Und dann müssen Sie eine Strategie entwickeln. *Benötigen Sie weitere Hilfe? – Siehe Nr. 58 „Strategische Agilität".*

☐ **5. Sind Sie zu beschäftigt? Delegieren Sie alles Taktische und verschaffen Sie sich Zeit für Strategie.** Strategie ist immer der letzte Punkt auf der Liste. Die Lösung der vielen unmittelbaren Probleme hat höchste Priorität. Sie müssen sich Zeit für Strategie einplanen. Durch eine gute Strategie gewinnt man zukünftige Zeit, weil sie Wahlmöglichkeiten aufzeigt und unnötige Aufwände reduziert, aber man braucht jetzt Zeit für ihre Planung und Ausführung. Der Schlüssel liegt wieder in der Delegation. Geben Sie so viel vom taktischen Tagesgeschäft ab, wie Sie nur können. Befragen Sie die anderen, welchen Beitrag sie leisten könnten, so dass Sie selbst mehr Zeit zum Nachdenken über Strategie haben. *Benötigen Sie weitere Hilfe? – Siehe Nr. 18 „Delegieren".* Auch besseres Zeitmanagement hilft. Markieren Sie für das gesamte Jahr eine Stunde pro Woche in Ihrem Kalender, in der Sie Artikel zum Thema Strategie durcharbeiten und darüber nachdenken. Warten Sie nicht bis zu der Woche, wenn der Strategieplan fällig ist. *Benötigen Sie weitere Hilfe? – Siehe Nr. 62 „Zeitmanagement".* Machen Sie sich Listen von Ideen, die Sie von anderen, aus Magazinen oder anderen Quellen erhalten haben. Denken Sie darüber nach, inwieweit diese Ihr Unternehmen oder Ihre Funktion beeinflussen.

☐ **6. Vermeiden Sie Unklarheit? Begrüßen Sie das Ungewisse.** Strategische Planung ist so ziemlich der unsicherste Bereich für Führungskräfte. Es ist eine Spekulation auf der Basis fast unbekannter Faktoren. Sie erfordert Projektionen in nebulöse Bereiche hinein und Vermutungen über das Unbekannte. Viele konfliktscheue Menschen machen nicht gern Aussagen in der Öffentlichkeit, die sie nicht mit Tatsachen belegen können. Die meisten Strategien können angezweifelt werden. Strategiedebatten lassen sich nicht eindeutig gewinnen, denn hier stehen sich zwei subjektive Meinungen gegenüber. *Benötigen Sie weitere Hilfe? – Siehe Nr. 2 „Umgang mit Mehrdeutigkeit".*

☐ **7. Mögen Sie es einfach? Begrüßen Sie Komplexität.** Strategie klingt im Endeffekt einfach – Fünf klare Aussagen über unsere Ausrichtung, mit ein paar Maßnahmen und Entscheidungen für jede Aussage. Nur der Weg dorthin ist nicht einfach. Gute Strategen neigen zur Komplexität. Sie gehen ins Extreme, bevor sie auf das Wesentliche zurückkommen. Menschen, die vereinfachen, schließen diesen Prozess zu früh ab. Sie sind ungeduldig und wollen ihn schnell zu Ende bringen. Sie sind sehr ergebnisorientiert und möchten zu den fünf wesentlichen Aussagen kommen, ohne den Strategieprozess bis zum Ende einzuhalten. Seien Sie toleranter gegenüber einer lang ausgedehnten Suche und gehen Sie in die Debatte, bevor Sie zum Abschluss kommen.

☐ **8. Sie wissen nicht, wie man strategisch handelt? Werden Sie ein Strategieschüler.** Das einfachste Problem ist ein Mensch, der strategisch denken und handeln möchte und lernwillig ist. Strategie ist ein relativ bekanntes Feld. Lesen Sie die Gurus – Michael Porter, Ram Charan, C.K. Prahalad, Gary Hamel, Fred Wiersema und Vijay Govindarajan. Lesen Sie den *Harvard Business Review* regelmäßig. Lesen Sie die drei bis fünf strategischen Fallstudien in jeder Ausgabe von *BusinessWeek*. Nehmen Sie an einem dreitägigen Strategieseminar teil, das hoffentlich von einem dieser Gurus angeboten wird. Bitten Sie einen Experten aus dem Strategieteam Ihrer Firma um Hilfe zu diesem Thema. Schauen Sie sich Programme im Kabelfernsehen an, in denen Geschäftsführer und Vorstandsmitglieder über ihre Unternehmen sprechen. Bieten Sie an, eine Taskforce-Gruppe in einem Strategieprojekt zu unterstützen.

☐ **9. Sie können nicht strategisch denken? Praktisches strategisches Denken.** Strategie entsteht aus einer Verknüpfung verschiedener Variablen und einem darauf aufbauenden wahrscheinlichen Szenarium. Strategieplanung beinhaltet den gleichzeitigen Einsatz der Variablen, um zu sehen, wie sie zusammenspielen. Diese Projektionen stehen im Zusammenhang mit sich verändernden Märkten, internationalen Ereignissen, Geldbewegungen und Interventionen durch den Staat. Damit verbunden sind große Unsicherheiten, die Übernahme von Risiken und das Wissen um Zusammenhänge. Wie viele Gründe gibt es dafür, dass der Umsatz sinkt? Steigt? Wie sind Marketing und Vertrieb verbunden? Wenn der Dollar in Asien billiger ist, was bedeutet das für unser Produkt in Japan? Wenn die Weltbevölkerung altert und mehr Geld hat, wie verändert sich das Kaufverhalten? Nicht jedermann mag diese nicht greifbare Reflexion und nicht jeder hat die Fähigkeit dazu. *Benötigen Sie weitere Hilfe? –* Siehe Nr. 32 „Schnelle Auffassungsgabe", Nr. 46 „Perspektive" und Nr. 51 „Fähigkeit, Probleme zu lösen".

☐ **10. Sie möchten nicht strategisch sein? Holen Sie sich Hilfe.** Manche möchten sich einfach nicht mit den Geheimnissen strategischen Denkens und Handelns auseinandersetzen. Aber sie mögen ihre Arbeit und möchten als strategisch verantwortungsbewusst angesehen werden. Holen Sie sich einmal im Jahr einen Strategieberater, der sich mit Ihnen zusammensetzt und Ihnen bei der Ausarbeitung Ihres Strategieplans hilft. Accenture. The Boston Consulting Group. McKinsey. Booz Allen Hamilton und viele andere. Oder delegieren Sie die Strategieplanung an eine oder mehrere Personen in Ihrer Abteilung, die eher strategisch begabt sind, oder bitten Sie die strategische Planungsgruppe um Hilfe. Sie müssen nicht alles können, um ein guter Manager zu sein. Mögen Sie Ihre jetzige Umgebung? Manche sind zufrieden in ihrer vertrauten Nische. Sie haben kein Interesse an Strategie. Sie möchten einfach ihre Aufgaben erledigen und dabei in Ruhe gelassen werden. Sie wollen gute Arbeit in ihrem Fachbereich leisten und sie möchten so weit aufsteigen wie sie können. Das ist in Ordnung. Das ist OK so. Informieren Sie Ihr Unternehmen dementsprechend und nehmen Sie keine Aufgaben mit großen strategischen Anforderungen an.

Develop-in-Place-Aufgabenstellungen

☐ Arbeiten Sie in einem Team zur Bildung eines Joint Ventures oder einer Partnerschaft.

☐ Arbeiten Sie an einem Projekt, das mit Reisen und dem Studium einer internationalen Angelegenheit, Akquisition oder Kooperation verbunden ist, und berichten Sie anschließend dem Management.

☐ Studieren Sie neue Trends, Produkte, Dienstleistungen, Techniken oder Prozesse. Fassen Sie die Ergebnisse zusammen und versuchen Sie, diese anderen vorzuführen und zu verkaufen.

☐ Führen Sie eine Analyse der Produkte oder Dienstleistungen Ihres Unternehmens bzw. Ihrer Marktposition durch und legen Sie die Ergebnisse den Beteiligten dar.

☐ Führen Sie eine Machbarkeitsstudie über eine wichtige Projektmöglichkeit durch und legen Sie den Entscheidungsträgern Empfehlungen vor.

Do not repeat the tactics which have gained you one victory,
but let your methods be regulated by the infinite variety of circumstances.
Sun Tzu (ca. 500 v.u.Z.) – Chinesischer Militärstratege

Literaturempfehlungen

Apgar, D. (2008). *Relevance: Hitting your goals by knowing what matters.* San Francisco: Jossey-Bass.

Barney, J., & Hesterly, W. S. (2007). *Strategic management and competitive advantage: Concepts and cases* (2nd ed.). Upper Saddle River, NJ: Prentice Hall.

Camillus, J. C. (2008). Strategy as a wicked problem. *Harvard Business Review, 86*(5), 98-107.

Charan, R. (2005). *Boards that deliver: Advancing corporate governance from compliance to competitive advantage.* San Francisco: John Wiley & Sons.

Collins, J. C. (2001). *Good to great: Why some companies make the leap...and others don't.* New York: HarperCollins.

Eichinger, R. W., Ruyle, K. E., & Ulrich, D. O. (2007). *FYI for strategic effectiveness™: Aligning people and operational practices to strategy.* Minneapolis, MN: Lominger International: A Korn/Ferry Company.

Freedman, M. (with Tregoe, B. B.). (2003). *The art and discipline of strategic leadership.* New York: McGraw-Hill.

Ghemawat, P. (2007). *Redefining global strategy: Crossing borders in a world where differences still matter.* Boston: Harvard Business School Press.

Hughes, R. L., & Beatty, K. M. (2005). *Becoming a strategic leader: Your role in your organization's enduring success.* San Francisco: John Wiley & Sons.

Hunger, J. D., & Wheelen, T. (2006). *Essentials of strategic management* (4th ed.). Upper Saddle River, NJ: Prentice Hall.

Kaplan, R. S., & Norton, D. P. (2000). *The strategy-focused organization: How balanced scorecard companies thrive in the new business environment.* Boston: Harvard Business School Press.

Krames, J. A. (2003). *What the best CEOs know: 7 Exceptional leaders and their lessons for transforming any business.* New York: McGraw-Hill.

Nolan, T. N., Goodstein, L. D., & Goodstein, J. (2008). *Applied strategic planning: An introduction* (2nd ed.). San Francisco: Pfeiffer.

Ohmae, K. (1982). *The mind of the strategist.* New York: McGraw-Hill.

Pearce, J. A., & Robbins, D. K. (2008). Strategic transformation as the essential last step in the process of business turnaround. *Business Horizons, 51,* 121-130.

Pietersen, W. (2002). *Reinventing strategy: Using strategic learning to create and sustain breakthrough performance.* New York: John Wiley & Sons.

Porter, M. E. (1998). *Competitive strategy: Techniques for analyzing industries and competitors.* New York: Free Press.

Prahalad, C. K., & Ramaswamy, V. (2004). *The future of competition: Co-creating unique value with customers.* Boston: Harvard Business School Press.

Stalk, G. (2008). *Five future strategies you need right now (Memo to the CEO).* Boston: Harvard Business School Press.

Thompson, A. A., Jr., Strickland, A. J., III., & Gamble, J. E. (2007). *Crafting and executing strategy* (16th ed.). New York: McGraw-Hill.

Welborn, R., & Kasten, V. (2003). *The Jericho principle: How companies use strategic collaboration to find new sources of value.* New York: John Wiley & Sons.

FAKTOR VIII: PROBLEME MIT ERGEBNISSEN
CLUSTER Y: ZU ENGSTIRNIG

115 Abhängigkeit von Fürsprechern

*There is no dependence that can be sure
but a dependence upon one's self.*
John Gay – Englischer Dichter und Dramatiker

Ein Problem
- ☐ Bindet sich zu lange an Führungskräfte, Favoriten, Mentoren und Fürsprecher
- ☐ Gilt nicht als unabhängig
- ☐ Wird für nicht fähig erachtet, eine schwierige Aufgabe oder Situation ohne Hilfe zu meistern
- ☐ Kommt mit der Organisation nicht mehr zurecht, wenn sein/ihr Fürsprecher das Interesse verliert, in der Organisation erfolglos ist oder diese verlässt

Kein Problem
- ☐ Hat vieles allein erreicht
- ☐ Hat viele Fürsprecher und Favoriten
- ☐ Niemand stellt seine/ihre Fähigkeit in Frage, Aufgaben selbstständig durchzuführen
- ☐ Ist ein unabhängiger, einfallsreicher Mensch
- ☐ Braucht keine Fürsprecher, um Dinge zu bewegen
- ☐ Hat auf vielen Gebieten Erfahrungen gesammelt; ist nicht auf bestimmte Führungskräfte fixiert
- ☐ Hat das Ausscheiden eines oder mehrerer Fürsprecher aus der Organisation gut überstanden

Mögliche Ursachen
- ☐ Abhängig
- ☐ Erzielt die Ergebnisse nicht allein
- ☐ Ist träge geworden
- ☐ Begrenzte Erfahrungsgrundlage
- ☐ Nicht stark/widerstandsfähig
- ☐ Übermäßige Loyalität

Andere Ursachen
FEHLENDES GESCHICK BEI: 6,42,53,57
ÜBERMASS: 4,6,8,48

Leadership Architect® Faktoren und Cluster
Diese Kompetenz ist in Faktor VIII „Probleme mit Ergebnissen" (S2) zu finden. Diese Kompetenz ist in Cluster Y „Zu engstirnig" zusammen mit den Kompetenzen 113, 114, 116 enthalten. Sie können auch bei anderen Kompetenzen in demselben Faktor/Cluster nach passenden Tipps suchen.

Der Plan
Studien über erfolgreiche Managementkarrieren haben ergeben, dass die erfolgreichsten Männer gewöhnlich nicht nur einen einzigen Langzeit-Mentor oder Fürsprecher hatten. Sie tendierten eher zu unterschiedlichen Fürsprechern, je nach dem Stadium ihrer Karriere. Aufgrund ihrer Pionierrollen hatten Frauen hingegen häufiger nur einen ständigen Mentor. Sie brauchten einen bestimmten Helfer, um in den „Club" aufgenommen zu werden. Es gibt gute und schlechte Nachrichten. Einen Fürsprecher/Mentor zu haben, ist eine großartige Methode, um in die wichtigsten Bereiche einer Organisation hineinzukommen, um an aktuelle Informationen zu gelangen oder sich Vorteile wie Beförderungen, Wahl der Aufgaben, Einladungen zu Veranstaltungen, und mehr zu sichern. Doch ein starker Fürsprecher kann Ihre Karriere langfristig auch drastisch gefährden. Man wird sich im Unternehmen fragen, ob Sie es auch allein schaffen würden. Können Sie ohne Fürsprecher ihren Mann oder ihre Frau stehen und dennoch Erfolg haben? Wie viele Ihrer Erfolge sind auf Glück zurückzuführen? Was würde mit Ihnen passieren, wenn Ihr Fürsprecher/Mentor Sie verlassen oder in Ungnade fallen würde?

Tipps
☐ **1. Hängen Sie im Trott fest? Finden Sie heraus, wie lang zu lang ist.**
Die Abhängigkeit von einem Fürsprecher/Mentor beginnt ganz unauffällig. Zwei Menschen sind sich sympathisch. Sie respektieren sich gegenseitig. Eine Bindung entsteht. Einer führt den anderen in neue Bereiche oder neue Aufgaben ein. Der andere arbeitet intensiv an guten Ergebnissen, um dem Fürsprecher/Mentor gerecht zu werden. Der Fürsprecher/Mentor wird befördert. Er nimmt Sie mit. Sie verzichten auf andere Möglichkeiten, um bei dieser positiven und unterstützenden Führungskraft zu bleiben. Der Fürsprecher/Mentor schlägt Sie nicht für andere Aufgaben vor, weil er Ihre Kompetenzen zu schätzen weiß. Und es ist ja auch so einfach, miteinander zu arbeiten. Sie befinden sich beide in Ihrer Komfortzone und fühlen sich wohl. Wie lang ist zu lang? Wenn andere anfangen zu bezweifeln, dass Sie auch allein arbeiten können. Wenn Ihr Fürsprecher/Mentor Karrieremöglichkeiten für Sie ablehnt. Wenn Ihr Fürsprecher/Mentor Sie wegen seiner eigenen Bequemlichkeit bei sich behält. Wenn Sie nichts Neues mehr lernen. Wenn Sie sich nicht mehr anstrengen müssen, ihm

zu gefallen. Dann wird es Zeit sich abzunabeln. Melden Sie sich freiwillig für einen Transfer. Bitten Sie Ihren Fürsprecher/Mentor um Unterstützung Ihrer Bewerbung für eine andere Aufgabe. Fragen Sie bei der Personalabteilung nach, wie Sie sich für eine neue Ausschreibung vermarkten können.

☐ **2. Können Sie Ihre Position nicht wechseln? Spreizen Sie Ihre Flügel.** Bieten Sie Ihre Mitarbeit für Taskforces/Projekte an, in die Ihr Fürsprecher/Mentor nicht involviert ist. Wichtige, multifunktionelle Projekte mit bedeutenden, ernst zu nehmenden Auswirkungen werden von erfolgreichen Spitzenmanagern als Erfahrung mit dem höchsten Entwicklungspotenzial angeführt. Diese Projekte machen das Erlernen anderer Funktionen, das Kennenlernen anderer Geschäftsfelder oder Nationalitäten notwendig. Auf diese Weise verlassen Sie die Perspektive Ihrer eigenen Erfahrungen und beginnen, größere weltweite Zusammenhänge zu sehen – wie internationaler Handel funktioniert oder wie die Bereiche Ihrer Organisation zusammenpassen – wie internationaler Handel funktioniert, oder wie die Teile Ihrer Firma zusammenpassen. Ihre Leistung wird dann auch als Ihre eigene und als Teil des Projekts anerkannt und nicht in Verbindung mit Ihrem Fürsprecher/Mentor gesehen. *Benötigen Sie weitere Hilfe? – Siehe Nr. 46 „Perspektive".*

☐ **3. Sind Sie bereit, zu forschen? Probieren Sie etwas Neues aus.** Bringen Sie Aufgaben in Ihren Job hinein, die völlig neu sind. Erweitern Sie Ihre Erfahrungsbasis. Es gibt in Ihrer Einheit Aufgaben, die begonnen oder optimiert werden müssen, Probleme, mit denen man sich auseinander setzen muss und so weiter. Suchen Sie sich drei Aufgaben aus, mit denen Sie noch nie zu tun hatten, und melden Sie sich für diese freiwillig. Wenn Sie nicht viel über Kunden wissen, arbeiten Sie in einem Laden oder bearbeiten Sie Kundenreklamationen; wenn Sie nicht wissen, was die technische Abteilung macht, finden Sie es heraus; tauschen Sie mit anderen die Aufgaben; schreiben Sie für Ihre Geschäftseinheit einen Strategieplan. *Benötigen Sie weitere Hilfe? – Siehe Nr. 54 „Persönliche Entwicklung".*

☐ **4. Brauchen Sie Vielfältigkeit? Finden Sie weitere Vorbilder.** Sie haben Gutes von Ihrem Fürsprecher/Mentor gelernt, aber es wird Zeit, Neues dazuzulernen. Wählen Sie eine Person im Unternehmen, die sich in manchen Aspekten von Ihrem Fürsprecher/Mentor unterscheidet. Beobachten Sie ihr Arbeitsumfeld und ihre Vorgehensweise. Sie ist genauso erfolgreich wie Ihr Fürsprecher/Mentor, erreicht dies jedoch auf eine andere Art. Bitten Sie sie wenn möglich um ein Meeting oder einen Termin zum Mittagessen, um über ihre Erfolge und Erfahrungen zu sprechen. Finden Sie heraus, ob sie Interesse daran hat, Ihnen bestimmte Kenntnisse zu vermitteln und vorübergehend Ihr Coach zu werden. Lernen Sie andere potenzielle Fürsprecher mit überragenden Stärken in der Arbeit und auch in Ihrer Freizeit kennen. Seien Sie dabei so vielseitig wie möglich.

☐ **5. Sind Sie bereit, mehr Verantwortung zu übernehmen? Arbeiten Sie unabhängiger.** Welche Dinge, die Ihr Fürsprecher/Mentor für Sie tut, betrachten Sie als selbstverständlich? Wo ist er Ihnen behilflich? Bei endgültigen Entscheidungen? Fangen Sie damit an, Ihre eigenen Entscheidungen zu treffen. Bei Einladungen zu besonderen Veranstaltungen? Besorgen Sie sich Ihre Einladungen selbst. Bei interessanten Informationen? Holen Sie sich diese von anderen Quellen. Bei der Vorbereitung wichtiger Präsentationen? Bereiten Sie selbst ein paar vor. Deckt er Ihre Fehler? Beheben Sie diese selbst. Gibt er Ihnen Feedback von anderen weiter? Sprechen Sie mit den Feedback-Gebern direkt. Machen Sie sich Gedanken über die Dinge, bei denen Sie sich auf Ihren Fürsprecher/Mentor verlassen und versuchen Sie, mehr Unabhängigkeit zu gewinnen.

☐ **6. Werden Sie als Stellvertreter für Ihren Vorsitzenden angesehen? Vermeiden Sie einen übermäßigen Bezug auf Ihren Fürsprecher/Mentor.** Ein Problem tritt bei einer langen Zusammenarbeit mit einer Führungskraft oder einem Fürsprecher immer wieder auf: Sie gewöhnen sich eventuell an, in seiner Abwesenheit oder unter seinem Namen zu handeln. Sie übernehmen unter Umständen seine Autorität. Sie fangen vielleicht auch damit an, zu sagen „Herr Schmitt" hätte das gern so, oder „Herr Schmitt" wäre damit einverstanden oder nicht, auch wenn das gar nicht unbedingt wahr ist. Ihre Mitarbeiter geben Ihnen immer öfter Informationen, weil sie wissen, Sie werden sie nach oben weiterleiten. Sie führen Ihnen ihre Anliegen vor und fragen Sie, wie Herr Schmitt darauf reagieren würde. Man will vielleicht von Ihnen wissen, wie Herr Schmitt wirklich ist, weil man Schwierigkeiten mit ihm hat. All diese Dinge sind natürliche Konsequenzen aus Ihrer besonderen Beziehung zu Herrn Schmitt. Diese können sich jedoch mit der Zeit als schädlich für Ihren Karriereweg erweisen. Verwenden Sie nicht den Namen von Herrn Schmitt, sondern Ihren eigenen.

☐ **7. Müssen Sie mehr Courage entwickeln? Gehen Sie mehr Risiken ein.** Wenn Sie Schwierigkeiten damit haben, allein dazustehen, weil Sie sich übermäßig auf einen Fürsprecher/Mentor verlassen haben, erhöhen Sie Ihre persönlichen Risiken. Suchen Sie sich eine Position oder ein Projekt, das ein wenig Mut erfordert und wo Sie wissen, dass es Kritiker geben wird. Bereiten Sie sich auf schwierige Fragen, Angriffe und gegensätzliche Ansichten vor und denken Sie an eine angemessene Reaktion im Voraus. Aber ohne Ihren Fürsprecher/Mentor. Sprechen Sie mit sich selbst. Bauen Sie sich auf, indem Sie sich auf Ihre Stärken konzentrieren.

Benötigen Sie weitere Hilfe? – Siehe Nr. 34 „*Mut, zu Führen*" und Nr. 57 „*Eigenständigkeit*".

☐ **8. Müssen Sie mit einer bestimmten Angewohnheit Schluss machen? Probieren Sie neue Herangehensweisen aus.** Stecken Sie fest in der Sichtweise Ihres Fürsprechers/Mentors? Gehen Sie die Dinge fast immer auf gleiche Weise an? Dann ändern Sie Ihre Vorgehensweise. Verwenden Sie nächstes Mal einen anderen Prozess. Wenn Sie jemanden, mit dem Sie Schwierigkeiten haben, in seinem Büro besucht haben, dann laden Sie ihn/sie das nächste Mal in Ihr Büro ein. Vergleichen Sie die Situationen und entscheiden Sie, welche effektiver war. Entwickeln Sie drei verschiedene Möglichkeiten, um dasselbe Ergebnis zu erzielen. Um zum Beispiel eine Entscheidung durchzusetzen, könnten Sie sich zuerst mit der relevanten Interessengruppe treffen, zu einem einflussreichen Vertreter dieser Interessengruppe gehen, das Problem analysieren und einer Gruppe vortragen, ein Problemlösungs-Meeting einberufen oder einen externen Berater engagieren. Seien Sie darauf vorbereitet, sie alle anzuwenden, wenn Hindernisse auftauchen.

☐ **9. Brauchen Sie einen Fürsprecher? Sobald Sie mit von der Partie sind, verschaffen Sie sich Ihre Unabhängigkeit.** Das Dilemma funktioniert so: Wenn Sie anders oder neu sind, diese Aufgabe zum ersten Mal machen oder einer Minderheit angehören, benötigen Sie einen Mentor, eine Führungsperson oder einen Fürsprecher, um Ihren Fuß in die Tür zu bekommen. Das ist die einzige Methode, mit der Sie die Informationen bekommen können, die Sie für Ihre Erfolge benötigen. Es ist die einzige Möglichkeit, zu wichtigen Besprechungen eingeladen zu werden. Es ist auch die einzige Methode (außer ausgezeichneten Leistungen), mit der Sie bei Beförderungen berücksichtigt werden. Der Trick liegt darin, diese besondere Beziehung lang genug zu nutzen, bis man Kontakte geknüpft hat und sich wohl fühlt, jedoch nicht so lang, um sich die Frage stellen zu müssen, ob man es auch allein geschafft hätte. Dies heißt gewöhnlich, sich abzunabeln, bevor man bereit dazu ist. Bevor Sie sich zu wohl fühlen. Bevor der Mentor Ihnen alles vermittelt hat, was Sie wissen müssen. Bevor Sie als übermäßig abhängig von einem Fürsprecher eingeschätzt werden. Fangen Sie früh damit an, mehrere Vorbilder und mehrere Fürsprecher zu finden. Stellen Sie sicher, dass mindestens fünf Schlüsselpersonen wissen, wer Sie sind und was Sie können.

☐ **10. Sind Sie bereit, Abschied zu nehmen? Erkennen Sie, wann es Zeit wird, sich fortzubewegen.** Eine Situation, die man bedenken muss, ist die, was zu tun ist, wenn Ihr Fürsprecher/Mentor in Schwierigkeiten gerät, versagt oder das Unternehmen verlässt. Oft bittet diese Person Sie, ihm in das nächste Unternehmen nachzufolgen. Überlegen Sie sich das gründlich. Es gibt häufig Fälle, bei denen ganze Gruppen von Leuten einem Geschäftsführer von einem Unternehmen zum nächsten folgen. Sie werden ein Außenseiter sein. Ihre Karriere wird eng mit der Person verbunden sein, der Sie folgen. Das Gleiche wird Ihnen in der nächsten Firma passieren, nur noch schneller. Wenn er/sie nicht mehr erfolgreich ist, jedoch im Unternehmen bleibt, unterstützen Sie ihn/sie, aber halten Sie sich heraus. Es ist nicht Ihr Problem. Verteidigen Sie Ihren Fürsprecher/Mentor nicht bei jeder Gelegenheit. Sie bekommen dadurch auch einen schlechten Ruf. Die andere Situation tritt auf, wenn Sie sich entschließen, intern zu wechseln. Fürsprecher/Mentoren lassen sich häufig nicht einfach davon überzeugen, dass Sie Ihren eigenen Weg gehen müssen, um echten Erfolg zu erzielen. Sie glauben oder sagen vielleicht, Sie bis zur Spitze beratend begleiten zu können. Es ist nicht notwendig, dass Sie wechseln. Es ist nicht notwendig, für jemanden anderen zu arbeiten. Denken Sie daran, dass diese Art von wundervoller Beziehung Vorteile für beide Seiten beinhaltet. Die andere Seite bekommt von Ihnen ebenfalls, was sie braucht. Sie lehnen Ihren Fürsprecher/Mentor nicht ab und entwerten ihn in keiner Weise, wenn Sie sich von ihm lösen. Im Gegenteil, Sie sollten den gemeinsamen Erfolg feiern. Sie sind nun bereit, Ihren Weg allein zu gehen. Seien Sie dankbar. Stellen Sie ein Licht ins Fenster. Und wenden Sie sich neuen Aufgaben zu.

Develop-in-Place-Aufgabenstellungen

- ☐ Schließen Sie Frieden mit einem Feind oder mit jemandem, den Sie mit einem Produkt oder einer Dienstleistung enttäuscht haben, oder mit jemandem, mit dem Sie Probleme hatten oder nicht so gut zurechtkommen.
- ☐ Führen Sie ein neues Produkt, eine Dienstleistung, einen Prozess ein.
- ☐ Werden Sie zum Change-Agenten; kreieren Sie ein Symbol für Veränderungen; rufen Sie andere zur Aktion auf; setzen Sie sich für weitreichende Änderungen und deren Umsetzung ein.
- ☐ Werden Sie ein Schiedsrichter in einem Sportverein oder Programm.
- ☐ Planen Sie ein Meeting, eine Tagung, eine Messe, eine Veranstaltung usw. außerhalb Ihres Standorts.

A simple and independent mind does not toil at the bidding of any prince.
Henry David Thoreau – Amerikanischer Autor, Dichter und Philosoph

Literaturempfehlungen

Badowski, R. (with Gittines, R.). (2003). *Managing up: How to forge an effective relationship with those above you.* New York: Currency.

Baker, W. E. (2000). *Networking smart.* New York: Backinprint.com.

Bell, C. R. (2002). *Managers as mentors: Building partnerships for learning.* San Francisco: Berrett-Koehler Publishers.

Butler, T. (2007). *Getting unstuck: How dead ends become new paths.* Boston: Harvard Business School Press.

Chaleff, I. (2003). *The courageous follower: Standing up to and for our leaders.* San Francisco: Berrett-Koehler Publishers.

Champy, J., & Nohria, N. (2000). *The arc of ambition.* Cambridge, MA: Perseus Publishing.

Darling, D. (2005). *Networking for career success.* New York: McGraw-Hill.

Ensher, E. A., & Murphy, S. E. (2005). *Power mentoring: How successful mentors and protégés get the most out of their relationships.* San Francisco: Jossey-Bass.

Ferrazzi, K., & Raz, T. (2005). *Never eat alone: And other secrets to success, one relationship at a time.* New York: Doubleday.

Gardner, H. (2006). *Five minds for the future.* Boston, MA: Harvard Business School Press.

Ibarra, H. (2003). *Working identity: Unconventional strategies for reinventing your career.* Boston: Harvard Business School Press.

Kouzes, J. M., & Posner, B. Z. (2007). *The leadership challenge* (4th ed.). San Francisco: Jossey-Bass.

Warrell, M. (2007). *Find your courage! Unleash your full potential and live the life you really want.* Austin, TX: Synergy Books.

Wendleton, K. (2006). *Navigating your career: Develop your plan, manage your boss, get another job inside.* New York: The Five O'clock Club.

Zigarmi, D., Blanchard, K., O'Connor, M., & Edeburn, C. (2005). *The leader within: Learning enough about yourself to lead others.* Upper Saddle River, NJ: Prentice Hall.

FAKTOR VIII: PROBLEME MIT ERGEBNISSEN
CLUSTER Y: ZU ENGSTIRNIG

116 Abhängigkeit von einer bestimmten Stärke

CONNOISSEUR, n. A specialist who knows everything about something and nothing about anything else.
Ambrose Bierce – Amerikanischer Journalist und Autor von Kurzgeschichten

Ein Problem
☐ Seine/ihre Leistung oder Karriereaussichten hängen zu sehr von einer bestimmten Stärke ab
☐ Nutzt immer die gleiche Kernfähigkeit, Arbeitsweise oder Technologie als Hebel für die eigene Entwicklung
☐ Handelt so, als ob er/sie mit einer Stärke auskommen könnte

Kein Problem
☐ Hat einen weitgefächerten und vielfältigen Hintergrund
☐ Hat auf vielen Gebieten und in verschiedenen Geschäftsbereichen Erfahrungen gesammelt
☐ Setzt bei der Bearbeitung von Aufgaben eine Vielzahl verschiedener Fähigkeiten ein
☐ Ist vielseitig einsetzbar
☐ Hat in verschiedenen Geschäftsbereichen gearbeitet
☐ Versucht, sein/ihr Wissen ständig zu vergrößern
☐ Arbeitet daran, die Palette seiner/ihrer Fähigkeiten zu vergrößern

Mögliche Ursachen
☐ Countdown zur Rente
☐ Unerfahren
☐ Faul
☐ Lebt im Glanz der Vergangenheit
☐ Eingeschränkte Sichtweise
☐ Nicht an Erweiterung und Selbstentwicklung interessiert
☐ Fühlt sich zu wohl

Andere Ursachen
FEHLENDES GESCHICK BEI: 46
ÜBERMASS: 14,26,30,31,48,61

Leadership Architect® Faktoren und Cluster

Diese Kompetenz ist in Faktor VIII „Probleme mit Ergebnissen" (S2) zu finden. Diese Kompetenz ist in Cluster Y „Zu engstirnig" zusammen mit den Kompetenzen 113, 114, 115 enthalten. Sie können auch bei anderen Kompetenzen in demselben Faktor/Cluster nach passenden Tipps suchen.

Der Plan

Wir alle suchen ein bestimmtes Maß an Bequemlichkeit. Wir bauen Nester. Wir gehen dorthin, wo man sich sicher und wohl fühlt. Die meisten Menschen gehen nicht gern Risiken ein. Den meisten ist es sehr unangenehm, ein fremdes Territorium zu betreten. Aus diesen Gründen entscheiden sich viele von uns für den sicheren Karriereweg (so glauben wir zumindest), auf dem man etwas Solides erlernt und es dann richtig anwendet. Am Anfang unserer Karriere wird das durch gute Bezahlung und Beförderungen anerkannt. Wir überholen Kollegen, deren Fähigkeiten nicht so fundiert sind wie die unseren. Wir reizen diese eine Fähigkeit, Technologie, Branche, Funktion oder das eine Talent (zum Beispiel im Verkauf) voll aus. Das Problem ist jedoch, dass dies nur bis zu einem bestimmten Grad funktioniert. Alles verändert sich. Eine der Anforderungen für höhere Führungspositionen und für Erfüllung in der Karriere ist Breite und Vielfalt. Hält Ihr Erfolg lange genug an, leiten Sie oder arbeiten eng mit neuen Funktionen und Geschäften zusammen. Eine einzige Fähigkeit zu haben, ist nie genug.

Tipps

☐ **1. Brauchen Sie eine Veränderung? Planen Sie Ihren nächsten Auftrag.** Denken Sie gründlich darüber nach, wann der nächste Transfer in einen neuen Aufgabenbereich ansteht. Bitten Sie dieses Mal Ihren Chef, Ihre Abteilung oder Ihre Firma eindringlich, Ihnen etwas anderes anzubieten. Es könnte ein anderer Standort, die gleiche Aufgabe in einer anderen Geschäftseinheit, die gleiche Aufgabe in anderen Projekten oder eine ganz andere Position sein. Manchmal, wenn Sie etwas einfach zu lange gemacht haben, müssen Sie sich vielleicht lateral oder kurzzeitig nach unten verändern, um auf ein anderes Gleis zu gelangen.

☐ **2. Möchten Sie Alternativen sehen? Erweitern Sie Ihre Perspektive.** Bieten Sie Ihre Leistung freiwillig für Taskforce- und Studiengruppen außerhalb Ihres eigenen Bereiches an.

☐ **3. Sind Sie bereit, von anderen zu lernen? Lernen Sie von anderen Funktionen.** Nehmen Sie an Veranstaltungen außerhalb des Unternehmens sowie an Besprechungen anderer Gruppen und Einheiten teil.

- ☐ **4. Ist Ihre Lektüre zu einseitig? Erweitern Sie die Auswahl Ihrer Lektüre.** Zusätzlich zu der Literatur, die Sie im Rahmen Ihres jetzigen Spezialgebiets lesen, sollten Sie ein breiteres Spektrum von Fachzeitschriften und Magazinen hinzufügen.
- ☐ **5. Sind Sie neugierig? Belegen Sie ein Seminar.** Nehmen Sie einfach zum Spaß an einem Seminar oder Workshop außerhalb Ihres Fachbereichs teil.
- ☐ **6. Brauchen Sie Urlaub? Erkunden Sie neue Ziele.** Urlauben Sie auf vielseitigere Art als Sie es jetzt tun. Verlassen Sie Ihre Komfortzone und entdecken Sie neue Umgebungen. Wenn Sie es einrichten können, reisen Sie ins Ausland.
- ☐ **7. Sind Sie bereit, zu lehren, um zu lernen? Organisieren Sie einen Austausch von Wissen.** Suchen Sie sich jemanden, der genauso spezialisiert ist wie Sie und der auch vielseitiger werden möchte. Bringen Sie sich gegenseitig Ihre Spezialbereiche näher. Gründen Sie eine kleine Gruppe; vereinbaren Sie, dass jeder in der Gruppe einmal pro Monat ein neues technologisches oder betriebswirtschaftliches Thema präsentiert. Die Weitergabe von neuem Wissen ist eine der besten Möglichkeiten, selbst etwas zu lernen.
- ☐ **8. Haben Sie das Zeug dafür? Beobachten Sie höhergestellte Direktoren.** Schauen Sie sich einige Ihrer Kollegen in Ihrem Bereich an, die Positionen auf einer höheren Ebene als Sie einnehmen. Sind sie so spezialisiert wie Sie? Wenn ja, haben sie darum Schwierigkeiten mit ihren neuen Rollen? Lesen Sie *Career Mastery* von Harry Levinson. *Benötigen Sie weitere Hilfe? –* Siehe Nr. 6 „Karriere-Ambitionen" und Nr. 54 „Persönliche Entwicklung".
- ☐ **9. Möchten Sie etwas über die Praxis erfahren? Interviewen Sie einen Experten.** Suchen Sie sich Experten aus den Wissensbereichen, die Sie erlernen müssen. Finden Sie heraus, wie sie ihre Themen sehen. Bringen Sie im Gegenzug etwas hinein und fragen Sie sie nach ihrer Vorgehensweise. Auf welche fünf Kernpunkte achten sie?
- ☐ **10. Möchten Sie etwas über Alternativen erfahren? Interviewen Sie einen Generalisten.** Fragen Sie drei Personen mit vielseitigen Fähigkeiten, wie sie sich diese angeeignet haben. Welche Berufserfahrungen haben sie? Was lesen sie? Was sehen Sie sich im Fernsehen an? Von wem lernen sie am liebsten?

Develop-in-Place-Aufgabenstellungen

- ☐ Managen Sie eine Gruppe in einer bedeutenden geschäftlichen Krise.
- ☐ Suchen Sie sich einen Experten und verbringen Sie einige Zeit mit ihm, um etwas völlig Neues zu erlernen.
- ☐ Arbeiten Sie mit einem Tutor oder Mentor an einer zu entwickelnden Fähigkeit oder lassen Sie sich in einem Interview darüber belehren.
- ☐ Studieren Sie einen Aspekt Ihrer Arbeit oder einen neuen technischen Bereich, in dem Sie bisher nicht ausgebildet wurden, um darin effektiver zu werden.
- ☐ Melden Sie sich freiwillig, um mit einer von Ihnen respektierten Person für ihr spezielles Projekt zu arbeiten und die benötigte Fähigkeit zu entwickeln.

Anyone who keeps learning stays young.
The greatest thing in life is to keep your mind young.
Moshe Arens – Israelischer Politiker

Literaturempfehlungen

Cashman, K. (2008). *Leadership from the inside out: Becoming a leader for life* (2nd ed.). San Francisco: Berrett-Koehler Publishers.

Champy, J., & Nohria, N. (2000). *The arc of ambition.* Cambridge, MA: Perseus Publishing.

Charan, R., Drotter, S., & Noel, J. (2000). *The leadership pipeline: How to build the leadership-powered company.* San Francisco: Jossey-Bass.

DuFour, R., DuFour, R., Eaker, R., & Many, T. (2006). *Learning by doing: A handbook for professional learning communities at work.* Bloomington, IN: Solution Tree.

Friedman, T. L. (2006). *The world is flat 3.0: A brief history of the twenty-first century* (Updated ed.). New York: Farrar, Straus and Giroux.

Goldsmith, M., & Reiter, M. (2007). *What got you here won't get you there: How successful people become even more successful.* New York: Hyperion.

Kaplan, B., & Kaiser, R. (2006). *The versatile leader: Make the most of your strengths—without overdoing it.* San Francisco: Pfeiffer.

Lombardo, M. M., & Eichinger, R. W. (2004). *The leadership machine.* Minneapolis, MN: Lominger International: A Korn/Ferry Company.

McCall, M. W., Lombardo, M. M., & Morrison, A. M. (1988). *The lessons of experience.* Lexington, MA: Lexington Books.

Morrison, A. M., White, R. P., Van Velsor, E., & The Center for Creative Leadership. (1992). *Breaking the glass ceiling: Can women reach the top of America's largest corporations?* Reading, MA: Addison-Wesley.

Rothwell, W. J., Jackson, R. D., Knight, S. C., & Lindholm, J. E. (2005). *Career planning and succession management: Developing your organization's talent—for today and tomorrow.* Westport, CT: Praeger.

Waitzkin, J. (2008). *The art of learning: An inner journey to optimal performance.* New York: Free Press.

FAKTOR VII: PROBLEME IM UMGANG MIT MENSCHEN
CLUSTER X: INSPIRIERT NICHT UND BAUT KEIN TALENT AUF

117 Übertriebene Kontrolle

*If you allow staff to own a project, you must trust in their capacity
and avoid micromanagement… Be there to provide support
when needed, but don't force yourself into the picture.*
Barbara Moses – Kanadischer Unternehmensberater, Autor und Redner

Ein Problem
- ☐ Kontrolliert zu stark und mischt sich zu häufig ein
- ☐ Überträgt zu wenig Verantwortung auf andere
- ☐ Versucht nicht, andere zu Höchstleistungen zu motivieren
- ☐ Entwickelt die Mitarbeiter nicht
- ☐ Erledigt zu viel der Arbeit selbst
- ☐ Kann nicht gut delegieren

Kein Problem
- ☐ Delegiert und überträgt anderen Verantwortung
- ☐ Lässt andere vereinbarte Tätigkeiten zu Ende bringen
- ☐ Schaltet sich nur bei Problemen ein
- ☐ Weist anderen so viel Verantwortung zu, dass sie eigene Entscheidungen treffen können
- ☐ Ermutigt andere, zur Planung der Arbeit beizutragen
- ☐ Arbeitet daran, nicht alles selbst tun zu müssen
- ☐ Hilft normalerweise nur dann, wenn er/sie darum gebeten wird oder es unumgänglich ist

Mögliche Ursachen
- ☐ Hat kein gutes Team um sich
- ☐ Übermäßig handlungsorientiert
- ☐ Ungeduldig
- ☐ Nicht gewillt, anderen zu vertrauen
- ☐ Kennt Arbeitsinhalte zu gut
- ☐ Perfektionist
- ☐ Kontrollorientiert

Andere Ursachen
FEHLENDES GESCHICK BEI: 2,7,18,19,20,33,40,41,50,60,63
ÜBERMASS: 1,5,9,13,14,16,20,24,34,36,38,47,51,53,57,61,62,65

Leadership Architect® Faktoren und Cluster

Diese Kompetenz ist in Faktor VII „Probleme im Umgang mit Menschen" (S1) zu finden. Diese Kompetenz ist in Cluster X „Inspiriert nicht und baut kein Talent auf" zusammen mit den Kompetenzen 110, 111 enthalten. Sie können auch bei anderen Kompetenzen in demselben Faktor/Cluster nach passenden Tipps suchen.

Der Plan

Die meisten Menschen verlassen sich lieber auf sich selbst, wenn es um die Erledigung wichtiger Dinge geht. Es kommt wahrscheinlich seltener vor, dass man ohne zu zögern delegiert und andere ermächtigt. „Übermanagement" bedeutet übertriebene Kontrolle – Sie trauen Ihren Mitarbeitern nicht zu, Prozesse und Zeitvorgaben bei der Abarbeitung ihrer Aufgaben einzuhalten. Vielleicht befürchten Sie, dass sie nur ungenügend qualifiziert oder nicht motiviert sind. Beides fällt natürlich in Ihren Verantwortungsbereich. Das Dilemma ist: Je mehr Zeit Sie für wiederholtes Kontrollieren aufbringen, umso weniger Zeit haben Sie für Ihre eigentlichen Aufgaben, und umso weniger werden sich Ihre Mitarbeiter entwickeln.

Tipps

☐ **1. Müssen Sie die Messlatte höher setzen? Arbeiten Sie am Kompetenzgrad Ihres Teams.** Wenn Sie übermäßig kontrollieren, weil Sie nicht glauben, dass Ihre Mitarbeiter gut genug sind, um die vorliegenden Arbeiten auszuführen, lesen Sie *Nr. 25 „Rekrutierung und Teamzusammenstellung"* und *Nr. 56 „Fähigkeit andere einzuschätzen"*. Hier finden Sie Tipps zur Optimierung Ihrer Mitarbeiterauswahl. Lesen Sie *Nr. 13 „Konfrontieren von Mitarbeitern"*, um Empfehlungen für schwierige Entscheidungen und ihre nachfolgende Durchführung zu erhalten, und *Nr. 19 „Mitarbeiter und andere weiterentwickeln"* zur Hilfe bei der Optimierung der Fähigkeiten und Kompetenzen Ihres Teams. Manager von schwachen Teams müssen übermäßig kontrollieren, um zu überleben.

☐ **2. Schlechter Vermittler von Informationen? Verbessern Sie Ihre Informationsfähigkeiten.** Sie managen übertrieben, weil Sie zu beschäftigt damit sind, Ihren Mitarbeitern die anstehenden Aufgaben zu kommunizieren. Am liebsten würden Sie alles selbst machen oder aber Sie delegieren und überwachen anschließend jeden einzeln Arbeitsschritt. In diesen Fällen lesen Sie *Nr. 18 „Delegieren"*, *Nr. 27 „Informieren"* und *Nr. 62 „Zeitmanagement"*. Menschen, die nicht genug kommunizieren, brauchen immer mehr Zeit zum Managen.

☐ **3. Brauchen Sie Hilfestellung? Lassen Sie sich von Ihrem Team helfen.** Senden Sie regelmäßig ein Memo herum, in dem Sie jede Person fragen, ob sie irgendetwas, was momentan von Ihnen ausgeführt oder übertrieben überwacht wird, gern selbst übernehmen würde. Übertragen Sie jeder Person eine oder zwei passende Aufgaben zur selbstständigen Erledigung. Stellen Sie sicher, dass die direkte Kommunikation ausreichend ist, um sie bei der Erreichung ihrer Ziele zu unterstützen. Erläutern Sie Ihre Vorgaben – wie das Ergebnis aussehen soll und die wichtigsten Teilaufgaben dafür, und überlassen Sie Ihren Mitarbeitern die Entscheidung der Vorgehensweise.

- [ ] **4. Ungeduldig? Verständigen Sie sich auf einen Zeitplan für Fortschrittskontrollen.** Wenn Sie ungeduldig sind und bemerken, dass Sie zu oft nachprüfen, erstellen Sie zusammen mit Ihren Mitarbeitern einen Zeitplan für die zu prüfenden Teilergebnisse und den Fortschritt. Überlassen Sie ihnen die Festlegung der besten Termine. Denken Sie zurück und fragen Sie sich, welche früheren Chefs Sie am meisten motiviert haben. Höchstwahrscheinlich haben sie Ihnen damals viel Freiraum gegeben und Sie dazu ermutigt, neue Dinge auszuprobieren, waren gute Zuhörer und haben Sie zu Ihren Erfolgen beglückwünscht. Tun Sie das auch mit Ihren Mitarbeitern. *Benötigen Sie weitere Hilfe? – Siehe Nr. 41 „Geduld".*

- [ ] **5. Greifen Sie nach den Sternen? Setzen Sie sich gemeinsam mit Ihrem Team realistische und erreichbare Ziele.** Klammern Sie sich selbst zu sehr an Projekte? Sind Sie ein Perfektionist, der alles genau nach seiner Vorstellung erledigt haben möchte? Haben Sie unrealistische Erwartungen? Man hat Ihnen die Führungsposition gegeben, weil Sie in Ihrem Team vielleicht etwas besser können als einige oder die meisten Teammitglieder. Setzen Sie Ihre Ziele realistisch und auf eine motivierende Art und Weise. *Benötigen Sie weitere Hilfe? – Siehe Nr. 35 „Leistung einfordern und messen".*

- [ ] **6. Delegieren Sie ohne Ermächtigung? Delegieren Sie die Aufgabe und die Autorität.** Eine Delegation der Aufgaben an die Mitarbeiter ohne die Autorität, Entscheidungen zu Prozessen oder Know-how zu treffen, ist nicht motivierend. Menschen wachsen und entwickeln sich weiter, wenn sie Entscheidungen treffen können und allein für den Erfolg oder Misserfolg verantwortlich sind. *Benötigen Sie weitere Hilfe? – Siehe Nr. 18 „Delegieren".*

- [ ] **7. Haben Sie eine Fähigkeit, die Sie weitergeben können? Stehen Sie anderen als Coach und Mentor zur Verfügung.** Fragen Sie sich, warum dies für Sie eine Stärke ist. Welche Punkte würden Sie zuerst als Schlüsselfaktoren vermitteln, um anderen eine Wissensgrundlage zu geben? Achten Sie genau auf die Reaktionen anderer, während Sie lehren und coachen. Welche Dinge bringen Ihnen als Coach etwas und welche nicht? Erzählen Sie Dinge, die Ihre Kollegen zwar nicht zur Erledigung ihrer Arbeit wissen müssen, die aber für sie von Interesse sind und ihnen das Gefühl vermitteln, dass sie geschätzt werden.

☐ **8. Haben Sie Schuldgefühle, weil Sie zu viel delegieren? Prüfen Sie die Arbeitslast.** Machen Sie sie lieber selbst, weil Sie sich nicht wohl fühlen, wenn Sie jemandem zu viel Arbeit übertragen? Vielleicht müssen andere Überstunden machen oder sogar am Wochenende arbeiten. Die meisten Menschen genießen es, wenn sie beschäftigt und in Bewegung sind. Wenn Sie glauben, dass die Arbeitsbelastung zu groß ist, dann fragen Sie nach. Benötigen Sie weitere Hilfe? – Siehe Nr. 36 „Andere motivieren".

☐ **9. Laufen die täglichen Prozesse besser, wenn Sie anwesend sind oder wenn Sie auf Geschäftsreise, in einer Besprechung oder in Urlaub sind? Rücken Sie davon ab, Orientierungshilfen immer nur von einem Tag auf den nächsten zu geben.** Es sollte keinen Unterschied machen. Sie sollten so informiert und delegiert haben, dass die Arbeit ohne weitere Anleitung Ihrerseits ausgeführt werden kann. Benötigen Sie weitere Hilfe? – Siehe Nr. 59 „Führen durch Systeme". Es kann auch sein, dass Sie ein Manager „unter vier Augen" sind. Sie richten Ihre Aufmerksamkeit auf einzelne Aufgaben und Personen, eine nach der anderen. Durch diese Art von Management können sich weder ein Teamgefühl noch gemeinsame Überzeugungen entwickeln. In Ihrer Abwesenheit sind keine etablierten Prozesse und Vorgehensweisen zu befolgen, und die Teammitglieder können sich gegenseitig nicht helfen. Benötigen Sie weitere Hilfe? – Siehe Nr. 60 „Effektive Teams aufbauen".

☐ **10. Teilen Sie Ihr Wissen nicht mit anderen? Agieren Sie stärker als Lehrer.** Lesen Sie das Folgende nur, wenn Sie in den oben angeführten Tipps und Referenzkompetenzen zwischen OK und hoch eingeschätzt wurden. Manchmal „übermanagen" auch gute Manager. Sind Sie so gut und wissen Sie so viel, dass Sie andere überwältigen und von sich abhängig machen? Sind Sie arrogant geworden? Haben Sie es aufgegeben, Ihr Wissen und Ihre Fähigkeiten an Ihre Mitarbeiter weiterzugeben? Hier müssen Sie in die Rolle eines Lehrers wechseln und ganz besonders auf Nr. 18 „Delegieren" und Nr. 19 „Mitarbeiter und andere weiterentwickeln" achten.

Develop-in-Place-Aufgabenstellungen

☐ Managen Sie ein Projektteam, dessen Mitglieder älter und erfahrener sind als Sie selbst.
☐ Managen Sie eine Gruppe, zu der auch ehemalige Kollegen gehören, um eine Aufgabe zu erledigen.
☐ Managen Sie eine Gruppe von Leuten, die Koryphäen auf einem Gebiet sind, in dem Sie es nicht sind.
☐ Gründen Sie eine Gruppe zur Unterstützung von Mitarbeiterinteressen.
☐ Managen Sie etwas, das sich an einem anderen Standort befindet.

> *A good manager is best when people barely know that he exists.*
> *Not so good when people obey and acclaim him.*
> *Worse when they despise him.*
>
> Lao Tzu (ca. 600 v.u.Z.) – Chinesischer Philosoph

Literaturempfehlungen

Bacal, R. (2007). *How to manage performance: 24 Lessons for improving performance.* New York: McGraw-Hill.

Belker, L. B. (2005). *The first-time manager* (5th ed.). New York: AMACOM.

Bielaszka-DuVernay, C. (2007). Essentials: Micromanage at your peril. *Harvard Management Update, 12*(2), 3.

Bossidy, L., & Charan, R. (with Burck, C.). (2002). *Execution: The discipline of getting things done.* New York: Crown Business.

Branham, L. (2005). *The 7 hidden reasons employees leave: How to recognize the subtle signs and act before it's too late.* New York: AMACOM.

Daniels, A. C. (2000). *Bringing out the best in people: How to apply the astonishing power of positive reinforcement.* New York: McGraw-Hill.

Dyer, W., Dyer, W. G., Jr., & Dyer, J. H. (2007). *Team building: Proven strategies for improving team performance* (4th ed.). San Francisco: Jossey-Bass.

Genett, D. M. (2004). *If you want it done right, you don't have to do it yourself! The power of effective delegation.* Sanger, CA: Quill/HarperCollins.

Harvard Business School Press. (2008). *Delegating work.* Boston: Harvard Business School Press.

Johnson, H. T., & Bröms, A. (2000). *Profit beyond measure: Extraordinary results through attention to work and people.* New York: Free Press.

Kaye, B., & Jordan-Evans, S. (2008). *Love 'em or lose 'em: Getting good people to stay* (4th ed.). San Francisco: Berrett-Koehler Publishers.

Logan, D., & King, J. (2001). *The coaching revolution: How visionary managers are using coaching to empower people and unlock their full potential.* Avon, MA: Adams Media Corporation.

Manville, B., & Kerr, S. (2003). *Harvard Business Review on motivating people.* Boston: Harvard Business School Press.

Manzoni, J., & Barsoux, J. (2002). *The set-up-to-fail syndrome: How good managers cause great people to fail.* Boston: Harvard Business School Press.

Selden, B. (2008). *What to do when you become the boss: How new managers become successful managers.* Parker, CO: Outskirt Press.

Swindall, C. (2007). *Engaged leadership: Building a culture to overcome employee disengagement.* Hoboken, NJ: John Wiley & Sons.

FACTOR VIII: PROBLEME MIT ERGEBNISSEN
CLUSTER Z: ERZIELT KEINE ERGEBNISSE

118 Leistungsprobleme

Do not waste a minute, not a second in trying to demonstrate to others the merits of your performance. If your work does not vindicate itself, you cannot vindicate it.
Thomas W. Higginson – Amerikanischer Minister, Autor, Soldat und Abolitionist

Ein Problem
☐ Hat Schwierigkeiten, konsequent Ziele zu erreichen
☐ Ist nicht in der Lage, in einer Vielzahl von Situationen gute Ergebnisse zu erzielen

Kein Problem
☐ Produziert durchgängig gute Ergebnisse
☐ Erreicht alle Ziele
☐ Kann gut planen und Prioritäten setzen
☐ Ist gut organisiert und hält Zeitvorgaben ein
☐ Kann in einer Vielzahl von Situationen gute Ergebnisse liefern

Mögliche Ursachen
☐ Liefert keine beständigen Ergebnisse ab
☐ Unerfahren
☐ Neue Aufgabe
☐ Nicht mutig oder erfindungsreich
☐ Schiebt alles auf die lange Bank
☐ Wird erst in letzter Sekunde aktiv

Andere Ursachen
FEHLENDES GESCHICK BEI: 1,2,5,9,13,15,16,17,20,21,24,34,35,36,39,43,47,50, 52,53,54,58,59,61,62,63,65
ÜBERMASS: 14,24,35,46,53,58,66

Leadership Architect® Faktoren und Cluster
Diese Kompetenz ist in Faktor VIII „Probleme mit Ergebnissen" (S2) zu finden. Diese Kompetenz ist in Cluster Z „Erzielt keine Ergebnisse" zusammen mit der Kompetenz 102 enthalten. Sie können auch bei anderen Kompetenzen in demselben Faktor/Cluster nach passenden Tipps suchen.

Der Plan

Leistungsprobleme können von einer Vielzahl von Gründen herrühren, und Sie müssen erst die Ursache finden, bevor Sie etwas dagegen tun. Das Problem könnte situationsbedingt sein, mit den Menschen in Ihrer Umgebung zusammenhängen oder selbst verursacht sein. Etwas hindert Sie daran, die erwartete Leistung in der erwarteten Zeit zu bringen. Und andere denken, dass Sie nicht genug tun, um Ergebnisse zu erzielen.

Tipps

☐ **1. Fällt es Ihnen schwer, Prioritäten zu setzen? Vergeben Sie Prioritäten für die drei bis fünf wichtigsten Dinge.** Sie haben vielleicht nicht die richtigen Prioritäten. Manche Leute erzielen Ergebnisse – jedoch in den für sie falschen Aufgabenbereichen. Effektiv arbeitende Manager investieren ungefähr die Hälfte der Zeit in zwei oder drei Aufgaben mit Schlüsselpriorität. Woran sollten Sie die Hälfte Ihrer Zeit arbeiten? Können Sie fünf Dinge aus Ihrem Tätigkeitsbereich nennen, die weniger wichtig sind? Nein? Dann differenzieren Sie nicht genügend. Oder, selbst wenn Sie die Prioritäten kennen, kennt Ihr Team sie nicht. Sie kommunizieren, dass alles wichtig ist und gestern fällig war. Sie betrachten ihre Aufgaben als 97 Dinge, die sofort erledigt werden müssen. Um diese Einstellung zu ändern: fragen Sie sich, was geschehen würde, wenn Ihr Team heute nur vier oder fünf Dinge erledigen würde? Welche müssten es sein? Fragen Sie nach, mit welchen drei Aufgaben sie die meiste Zeit verbringen und welche es wären, wenn die Prozesse optimiert würden? Finden Sie heraus, welche zehn bis zwanzig Prozent der Aktivitäten am zeitaufwendigsten sind und eliminieren Sie sie oder restrukturieren Sie ihre Prozesse und Richtlinien. *Benötigen Sie weitere Hilfe? – Siehe Nr. 50 „Setzen von Prioritäten".*

☐ **2. Schieben Sie die Dinge auf die lange Bank? Starten Sie frühzeitig.** Warten Sie schon immer bis zur letzten Minute? Erbringen Sie die besten Leistungen in Krisensituationen oder bei unmöglich einzuhaltenden Terminen? Warten Sie bis zum letzten Moment? Falls dies der Fall ist, werden Sie Termin- oder Leistungsvorgaben verpassen. So können Sie keine gleichbleibend guten Ergebnisse erzielen. Ein Teil Ihrer Arbeitsqualität ist nicht zufrieden stellend, weil Sie nicht genügend Zeit investiert haben. Sie mussten sich mit der Note „Gut" zufrieden geben, hätten aber die Note „Sehr gut" bekommen können, wenn Sie nur einen einzigen Tag mehr zum Arbeiten gehabt hätten. Beginnen Sie früher. Erledigen Sie immer zehn Prozent jeder Aufgabe sofort, nachdem Sie sie erhalten haben. So können Sie besser einschätzen, wie viel Zeit Sie für den Rest aufwenden müssen. Teilen Sie sich die Aufgaben und Arbeitsanweisungen in drei oder vier

Teile auf und arbeiten Sie einen Zeitplan aus, so dass Sie die Aufgabe innerhalb der Terminvorgabe erledigen können. Denken Sie an Murphys Gesetz: Man benötigt neunzig Prozent der Zeit, um neunzig Prozent eines Projektes zu erledigen, und weitere neunzig Prozent für die restlichen zehn Prozent. Rechnen Sie also immer mehr Zeit ein als voraussichtlich notwendig. *Benötigen Sie weitere Hilfe? – Siehe Nr. 47 „Planen".*

☐ **3. Sie sind sich nicht sicher, wie die Dinge anzupacken sind? Erlernen Sie die effektivsten Vorgehensweisen.** Manche Menschen wissen einfach nicht, wie sie etwas am besten erledigen. Es gibt viele Best Practices, etablierte Vorgehensweisen, um eine Aufgabe effizient zu erledigen – TQM/ISO/Six Sigma. Wenn Sie Ihre Arbeitsplanung für sich und andere nicht diszipliniert genug angehen, besorgen Sie sich Literatur zu diesen beiden Themen. Nehmen Sie an einem Workshop über eine effektive und effiziente Gestaltung der Arbeitsabläufe teil. *Benötigen Sie weitere Hilfe? – Siehe Nr. 52 „Prozessmanagement" und Nr. 63 „Workflow- und Qualitätssicherungssysteme" (z. B. TQM/ISO/Six Sigma).*

☐ **4. Haben Sie Schwierigkeiten mit dem Organisieren? Sammeln und managen Sie wichtige Ressourcen.** Haben Sie immer zu wenig Ressourcen? Ist alles immer ganz knapp bemessen? Ergebnisse zu erzielen, bedeutet, sich Ressourcen zu beschaffen und diese einzusetzen. Menschen. Geld. Material. Unterstützung. Zeit. Häufig geht es darum, Ressourcen zu bekommen, über die Sie keine Kontrolle haben. Sie müssen um sie bitten, sie ausleihen, aber hoffentlich nicht auf unfaire Art ertricksen. Das bedeutet, dass Sie verhandeln, tauschen, schmeicheln und beeinflussen müssen. Wie sieht der Business Case aus, für den Sie die Ressourcen benötigen? Womit kann ich handeln? Wie können Sie ein Win-win-Ergebnis für alle Beteiligten erzielen? *Benötigen Sie weitere Hilfe? – Siehe Nr. 37 „Verhandeln" und Nr. 38 „Organisationsagilität".*

☐ **5. Machen Sie zu viel auf eigene Faust? Lassen Sie mehr Arbeit durch andere erledigen.** Manche Menschen können nicht gut führen. Fällt es Ihnen schwer, Ihr Team dazu zu motivieren, die benötigten Resultate zu erzielen? Sie haben zwar die Ressourcen und die Menschen, aber die Dinge laufen trotzdem nicht gut. Sie übernehmen zu viele Aufgaben selbst. Sie delegieren nicht beziehungsweise ermächtigen Ihr Team nicht. Sie kommunizieren nicht gut. Sie motivieren nicht gut. Sie planen nicht gut. Sie setzen Ihre Prioritäten und Ziele nicht gut. Für Führungskräfte, die kämpfen müssen, gibt es anerkannte, dokumentierte Methoden und Praktiken für erfolgreiches Managen. Teilen Sie Anerkennung mit anderen? Zeigen Sie anderen ganz deutlich, warum ihre Arbeit wichtig ist? Ist diese Arbeit herausfordernd? Inspirieren Sie Ihre Mitarbeiter oder teilen Sie einfach nur Arbeit aus? Lesen Sie zwei Bücher zum Thema Führen. Belegen

KARRIEREHEMMER UND -STOPPER
118: LEISTUNGSPROBLEME

Sie einen Managementkurs. Lassen Sie sich ein 360°-Feedback zu Ihren aktuellen Leadership-Kompetenzen geben. Legen Sie fest, an welchen Schwächen Sie arbeiten wollen. *Benötigen Sie weitere Hilfe? – Siehe Nr. 18 „Delegieren", Nr. 20 „Andere anleiten und führen", Nr. 36 „Andere motivieren" und Nr. 60 „Effektive Teams aufbauen".*

☐ **6. Neue Aufgabe? Lernen Sie über Ihr Geschäft.** Manchmal können Sie keine Ergebnisse erzielen, weil Sie sich ständig von einem Job zum nächsten bewegen und nie Zeit finden, sich umfassend mit dem Geschäft der Einheit vertraut zu machen. Wie steht es mit allgemeinen betriebswirtschaftlichen Grundthemen, die sich über alle Jobs erstrecken? Verstehen Sie, wie Unternehmen geführt werden? Kennen Sie die Auslöser bestimmter Trends und Ergebnisse in Unternehmen? Wissen Sie, was im Markt vor sich geht? Wissen Sie, wie die Trends der Zukunft aussehen könnten? Wenn Sie sich bei einer dieser Fragen unsicher sind, lesen Sie regelmäßig *BusinessWeek*. Schauen Sie in den *Harvard Business Review*. Abonnieren Sie *Wall Street Journal*. Sehen Sie sich wöchentlich ein oder zwei Sendungen auf dem Business-Kanal im Kabelfernsehen an. *Benötigen Sie weitere Hilfe? – Siehe Nr. 5 „Geschäftssinn".* Niemals ganz auf dem neuesten Stand, wenn es um Fachkenntnisse geht? Arbeiten Sie an Ihrer Fähigkeit, schneller zu lernen. Lassen Sie sich von Anfang an von erfahrenen „alten Hasen" in der Technologie unterstützen. Stellen Sie einen Berater ein. Delegieren Sie mehr. *Benötigen Sie weitere Hilfe? – Siehe Nr. 24 „Funktionale/fachliche Fertigkeiten", Nr. 32 „Schnelle Auffassungsgabe" und Nr. 61 „Fachliches Lernen".*

☐ **7. Sind Sie nicht mutig genug? Gehen Sie einige kalkulierte Risiken ein.** Wollen Sie kein Risiko eingehen? Manchmal ist es erforderlich, über den eigenen Schatten zu springen, Chancen wahrzunehmen und mutig neue Initiativen auszuprobieren, wenn Sie Resultate erzielen wollen. So zu handeln, birgt selbstverständlich auch die Gefahr von Fehlschlägen und Fehlern in sich. Nutzen Sie jeden Fehler und Misserfolg als Lernmöglichkeit. Wer nicht wagt, der nicht gewinnt. Erhöhen Sie Ihre Risikobereitschaft. Fangen Sie klein an, so dass Sie sich schneller nach Rückschlägen erholen. Gehen Sie es positiv an. Fordern Sie sich heraus. Finden Sie heraus, wie kreativ und innovativ Sie sein können. *Benötigen Sie weitere Hilfe? – Siehe Nr. 2 „Umgang mit Mehrdeutigkeit", Nr. 14 „Kreativität" und Nr. 28 „Innovationsmanagement".*

☐ **8. Hängen Sie an alten Gewohnheiten und sind bequem geworden? Krempeln Sie die Dinge um.** Sie sind ein Gewohnheitstier. Sie gehen die Dinge immer unter Verwendung der gleichen Prozesse an. Sie sind nicht sehr flexibel. Genau wie Sie immer denselben Stil benutzen, zieht es Sie immer wieder zu denselben Aufgaben. Sie sind ausgelaugt. Verändern Sie

Ihre Arbeits- und Vorgehensweise. Zwingen Sie sich im Privatleben dazu, einmal einen anderen Gang einzulegen. Gehen Sie zum Beispiel sofort nach einer öffentlichen Versammlung ins Schwimmbad und spielen Sie Wasserball mit Ihren Kindern. Gestalten Sie Ihren Arbeitsplatz so vielseitig wie möglich. Gehen Sie ein Risiko ein, gehen Sie auf Nummer Sicher. Stellen Sie sich Aufgaben, die Sie dazu zwingen, anders vorzugehen und neue Perspektiven zu finden: Werden Sie zum Beispiel Sprecher für Ihre Organisation, wenn schwierige Fragen erwartet werden, schließen Sie Frieden mit einem Feind oder betreuen Sie Mitarbeiter mit neuen Aufgaben. Wenn diese Aufgaben bereits ein Teil Ihres Jobs sind, benutzen Sie sie, um sich selbst zu beobachten, und üben Sie neue Verhaltensmuster ein. Verändern Sie Ihre Vorgehensweise. Verwenden Sie nächstes Mal einen anderen Prozess. Halten Sie fünf Alternativen bereit, um dasselbe Ergebnis zu erhalten. Um zum Beispiel eine Entscheidung durchzusetzen, könnten Sie sich zuerst mit der relevanten Interessengruppe treffen, zu einem einflussreichen Vertreter dieser Interessengruppe gehen, das Problem analysieren und einer Gruppe vortragen, ein Problemlösungs-Meeting einberufen oder einen externen Berater engagieren. Seien Sie darauf vorbereitet, sie alle anzuwenden, wenn Hindernisse auftauchen. So, wie Sie die Dinge immer angegangen sind, scheinen Sie nicht mehr zu funktionieren. Für die Vergangenheit war das in Ordnung, aber jetzt ist es Zeit für eine Veränderung. *Benötigen Sie weitere Hilfe? – Siehe Nr. 45 „Persönliches Lernen".*

☐ **9. Arbeiten Sie grenz- und bereichsübergreifend? Finden Sie mit Außenstehenden eine gemeinsame Basis.** Sie haben Schwierigkeiten, Ihre Ziele zu erreichen, wenn Sie sich außerhalb Ihrer Einheit bewegen. Das bedeutet, dass Sie Ihre Kompetenz, auf andere Einfluss zu nehmen, Ihr Verständnis und Ihr Verhandlungsgeschick einsetzen müssen. Verlangen Sie nicht nur, sondern finden Sie eine gemeinsame Basis, auf der Sie anderen auch helfen können, anstatt immer nur um Hilfe zu bitten. Was benötigen die Kollegen, die Sie ansprechen? Wissen Sie wirklich, wie sie das Problem sehen? Ist es überhaupt eins für sie? Welche Auswirkung hat das, woran Sie gerade arbeiten, auf die Gruppe? Ist die Auswirkung negativ, können Sie etwas austauschen, die Gemeinsamkeiten ansprechen oder einen Weg finden, der die Arbeitsbelastung reduziert (zum Beispiel durch Ihr Angebot von zusätzlichen Mitarbeitern zur Unterstützung)? Sehen Sie Beziehungen zu Kollegen unter dem Aspekt des Gebens und Nehmens. Zeigen Sie Ihre Kooperationsbereitschaft, indem Sie immer Ihre eigene Denkweise erklären und Ihre Partner bitten, das Gleiche zu tun. Erzeugen Sie zuerst einmal vielfältige Möglichkeiten, bevor Sie die Positionen abgrenzen. Nehmen Sie sich die Zeit, damit die Kollegen sich an die Situation gewöhnen können. Konzentrieren Sie sich auf gemeinsame Ziele, Prioritäten und Probleme. Fordern Sie zu Kritik an Ihren Ideen auf. *Benötigen Sie weitere Hilfe? – Siehe Nr. 42 „Beziehung zu Kollegen".*

- ☐ **10. Stehen Sie kontinuierlich unter Druck? Lernen Sie, mit Stress und Belastung umzugehen.** Es ist purer Stress, Tag um Tag, von Quartal zu Quartal, von Jahr zu Jahr Ergebnisse zu produzieren. Sie sind nie gut genug. Der Druck steigt ständig. Ziele werden höher gesteckt. Neue Wege und Methoden müssen gelernt werden. Jede Menge Stress. Manche Menschen reagieren auf moderaten Stress mit einem Energieschub. Sie arbeiten dann tatsächlich besser. Andere werden durch Stress geschwächt. Ihre Produktivität lässt in dem Maße nach, in dem der Stress zunimmt. Es gibt bekannte Methoden für den Umgang mit Stress und Druck. Stress und Druck existieren eigentlich nur in Ihrem Kopf und nicht in der Außenwelt. Manche Menschen werden von den gleichen Ereignissen gestresst, die bei anderen stimulierend wirken – zum Beispiel der Verlust eines wichtigen Kunden. Der eine weint und der andere lacht über das gleiche Ereignis – zum Beispiel wenn jemand auf einer Bananenschale ausrutscht. Stress wird nicht durch ein Ereignis selbst ausgelöst, sondern dadurch, wie Sie das Ereignis sehen. Um effektiver mit Stress umzugehen, ist es erforderlich, dass Sie die Art und Weise, wie Sie Ihre Arbeit betrachten und die Dinge, die Sie als Stressauslöser interpretieren, neu überdenken. Gab es einmal eine Zeit in Ihrem Leben, als Spinnen und Schlangen für Sie lebensgefährlich und Stress auslösend waren. Sind sie es noch? *Benötigen Sie weitere Hilfe? – Siehe Nr. 11 „Selbstbeherrschung" und Nr. 107 „Mangel an Selbstbeherrschung".*

Develop-in-Place-Aufgabenstellungen
- ☐ Managen Sie eine Gruppe in einer bedeutenden geschäftlichen Krise.
- ☐ Managen Sie ein Rationalisierungsprojekt.
- ☐ Übernehmen Sie ein schwieriges und nicht zu bewältigendes Projekt, an dem andere sich schon die Zähne ausgebissen haben.
- ☐ Planen und starten Sie etwas Einfaches (Sekretariatsgruppe, Sportprogramm, System für Verbesserungsvorschläge, andere Programme usw.).
- ☐ Planen Sie ein Meeting, eine Tagung, eine Messe, eine Veranstaltung usw. außerhalb Ihres Standorts.

KARRIEREHEMMER UND -STOPPER
118: LEISTUNGSPROBLEME

*Wanting to be better in performance is like wanting
to be happy—it is very difficult to get there directly.
It is much wiser, first, to focus on the building blocks,
and in the case of performance,
the building blocks are commitment, resilience,
and ruthless disregard for distractions.*
Laura Teresa Marquez – Amerikanischer Autor

Literaturempfehlungen

Allen, D. (2003). *Ready for anything: 52 Productivity principals for work and life.* New York: Penguin Group.

Baldoni, J. (2006). *How great leaders get great results.* New York: McGraw-Hill.

Bereaux, E. (2007). *The complete guide to project management for new managers and management assistants: How to get things done in less time.* Ocala, FL: Atlantic Publishing.

Bossidy, L., & Charan, R. (with Burck, C.). (2002). *Execution: The discipline of getting things done.* New York: Crown Business.

Carrison, D. (2003). *Deadline! How premier organizations win the race against time.* New York: AMACOM, 2003.

Charan, R. (2007). *Know-how: The 8 skills that separate people who perform from those who don't.* New York: Crown Business.

Collins, J. C. (2000). Turning goals into results: The power of catalytic mechanisms (HBR OnPoint Enhanced Edition). Boston: *Harvard Business Review.*

Daniels, A. C., & Daniels, J. E. (2004). *Performance management: Changing behavior that drives organizational effectiveness* (4th ed.). Tucker, GA: Performance Management Publications.

Eichinger, R. W., Ruyle, K. E., & Lombardo, M. M. (2007). *FYI for performance management™: Universal dimensions for success.* Minneapolis, MN: Lominger International: A Korn/Ferry Company.

Lefton, R. E., & Loeb, J. T. (2004). *Why can't we get anything done around here? The smart manager's guide to executing the work that delivers results.* New York: McGraw-Hill.

Linsky, M., & Heifetz, R. A. (2002). *Leadership on the line: Staying alive through the dangers of leading.* Boston: Harvard Business School Press.

Luecke, R., & Hall, B. J. (2006). *Performance management: Measure and improve the effectiveness of your employees.* Boston: Harvard Business School Press.

Shepard, G. (2005). *How to manage problem employees: A step-by-step guide for turning difficult employees into high performers.* Hoboken, NJ: John Wiley & Sons.

Ulrich, D., & Smallwood, N. (2007). *Leadership brand: Developing customer-focused leaders to drive performance and build lasting value.* Boston: Harvard Business School Press.

Ulrich, D., Zenger, J., & Smallwood, N. (1999). *Results-based leadership.* Boston: Harvard Business School Press.

FAKTOR VII: PROBLEME IM UMGANG MIT MENSCHEN
CLUSTER W: EGOZENTRISCH

119 Politische Fehltritte

Politics is how interests and influence play out in an institution.
Benjamin Franklin – Amerikanischer Wissenschaftler, Autor, Erfinder, Staatsmann und Diplomat

Ein Problem
☐ Kommt mit komplexen politischen Situationen und Umgebungen schlecht zurecht
☐ Lässt die Empfindsamkeit für politische Angelegenheiten Einzelner oder der Organisation vermissen
☐ Erkennt nicht die Anforderungen politisch beeinflusster Prozesse
☐ Sagt und tut das Falsche
☐ Gibt heikle Informationen und Meinungen an die falschen Leute weiter

Kein Problem
☐ Agiert taktisch geschickt und unauffällig
☐ Hat eine gute Einfühlungsgabe für Einzelne sowie Gruppen und weiß, wie sie beeinflusst werden
☐ Meistert schwierige Situationen, ohne Probleme zu bekommen
☐ Behält Vertrauliches für sich
☐ Stimmt sein Vorgehen bei Widerständen entsprechend ab
☐ Nutzt viele Wege, um Dinge vorwärts zu bringen
☐ Passt sich an die Realitäten der politischen Situation an
☐ Gibt anderen Rat zu politischen Angelegenheiten
☐ Sagt und tut normalerweise das Richtige

Mögliche Ursachen
☐ Konkurriert mit Kollegen
☐ Schätzt andere Menschen und ihre Interessen nicht richtig ein
☐ Zu große Offenheit, um so Vorteile zu erzielen
☐ Weitergabe von falschen/vertraulichen Informationen
☐ Missinterpretation dessen, was politisches Geschick ist
☐ Keine Geduld mit etablierten Prozessen
☐ Schlechte Kontrolle über impulsives Verhalten
☐ Schwach ausgeprägte soziale Kompetenzen
☐ Kann nicht gut verhandeln
☐ Gilt als unflexibler Befürworter

Andere Ursachen
FEHLENDES GESCHICK BEI: 2,3,4,8,11,21,22,29,31,32,33,41,42,45,48,52,55,56, 58,60,64

ÜBERMASS: 6,22,27,38,44,49,52,67

Leadership Architect® Faktoren und Cluster
Diese Kompetenz ist in Faktor VII „Umgang mit Menschen" (S1) zu finden. Diese Kompetenz ist in Cluster W „Egozentrisch" zusammen mit den Kompetenzen 103, 104, 105, 107, 109 enthalten. Sie können auch bei anderen Kompetenzen in demselben Faktor/Cluster nach passenden Tipps suchen.

Der Plan
Organisationen sind ein komplexes Labyrinth, bestehend aus Bündnissen, Problemen und Rivalitäten, geschaffen von Menschen mit ausgeprägtem Selbstbewusstsein, Empfindlichkeiten und grenzschützenden Machtansprüchen. Menschen mit unternehmenspolitischem Geschick akzeptieren das als eine menschliche Eigenschaft und gehen damit entsprechend um. Sie wägen die Auswirkungen dessen, was Sie gegenüber anderen sagen und tun, vorher ab. Allerdings darf das nicht mit „politischem Agitieren" verwechselt werden – einem höflichen Ausdruck dafür, dass man einer Person nicht trauen kann oder dass es jemandem an Substanz mangelt. Unternehmenspolitisch geschickt zu sein heißt, die Dinge so unauffällig wie möglich durch das firmenpolitische Labyrinth zu manövrieren. Firmenpolitische Fehler gibt es in zahlreichen Variationen. Der häufigste Fehler ist, etwas zu sagen, was nicht gesagt werden sollte. Das passiert aus zwei Gründen: Obwohl Sie wussten, dass es falsch war, mussten Sie Ihren Kommentar abgeben – oder aber Sie waren sich dessen nicht bewusst und sind dann erstaunt über die entsprechende Reaktion. Nach diesem Fehler folgen Handlungen, die politisch unangebracht und der Situation nicht angemessen sind. Am schlimmsten jedoch sind politisch unakzeptable Schritte, Initiativen, Taktiken und Strategien. Sie haben versucht, in der Organisation etwas umzusetzen und den falschen Weg gewählt. Als letzter Punkt sind unnötige Konflikte, Spannungen, Missverständnisse und Rivalitäten zu nennen, die auf Grund Ihres Angriffs auf eine bestimmte Person oder Gruppe entstanden sind.

Tipps
☐ **1. Können Sie sich nicht zurückhalten? Arbeiten Sie daran, Ihre Impulse unter Kontrolle zu bringen.** Viele Menschen geraten in politische Schwierigkeiten, weil sie Probleme damit haben, sich zurückzuhalten. Sie waren sich durchaus bewusst, dass das, was sie im Begriff waren zu sagen, Aufruhr verursachen würde, aber sie konnten ihre Impulsivität einfach nicht kontrollieren. Sie sagen nahezu alles, was ihnen in den Kopf kommt.

Es ist sogar möglich, dass andere im Raum oder in der Besprechung dasselbe gedacht haben; der Unterschied liegt darin, dass sie es für sich behielten. Wenn Sie alles aussprechen, bevor es politisch gefiltert wurde, werden viele der Dinge, die Sie sagen, zu Streit führen und von anderen als ungeschicktes politisches Handeln angesehen. Eine Regel dazu ist, andere zuerst sprechen zu lassen und diesen zu folgen, bevor Sie drauflosreden. *Benötigen Sie weitere Hilfe? – Siehe Nr. 11 „Selbstbeherrschung" und Nr. 41 „Geduld".*

☐ **2. Wird Ihr Humor als beleidigend empfunden? Wahren Sie dabei den guten Geschmack.** Viele geraten durch ihren Humor in politische Schwierigkeiten. Im letzten Jahrzehnt hat sich vieles drastisch verändert. Humor, der in Unternehmen vor 10 Jahren noch als positiv galt, ist heutzutage politisch unakzeptabel. Die heutigen Regeln sind recht einfach. Jeder Humor, der andere verletzt, erniedrigt oder sich über ihre Schwierigkeiten lustig macht, ist „out". Humor, der kritisch oder sarkastisch wirkt, ist nicht akzeptabel. Kein obszöner oder gewagter Humor. Kein ethnischer Humor. Kein geschlechtsbezogener Humor. Kein religiöser Humor. Kein Humor über Behinderungen. Kein Humor über Menschen in anderen Ländern. Was bleibt übrig? Sie können „saubere" Witze erzählen, sich selbst auf den Arm nehmen, lustige Geschichten erzählen und mit anderen mitlachen. *Benötigen Sie weitere Hilfe? – Siehe Nr. 26 „Humor".*

☐ **3. Möchten Sie Politik vermeiden? Prüfen Sie Ihre Einstellung gegenüber Politik.** Viele verwechseln die Begriffe „politisches Geschick" und „politisches Handeln". Wenn jemand Sie dafür kritisiert, dass Sie nicht politisch handeln, könnten Sie das als Politik im negativen Sinne interpretieren. Schlechtes politisches Handeln bedeutet, dass Ihre Motive nicht vertrauenswürdig sind. Schlechtes politisches Handeln bedeutet, dass Sie eine Sache sagen und eine andere meinen, dass Sie unaufrichtig und intrigant sind. Politisches Geschick auf der anderen Seite bedeutet, Dinge zu sagen und zu tun, die den Überzeugungen der meisten Menschen in Ihrem Umfeld im Hinblick auf ein angemessenes und kluges Verhalten entsprechen. Das sind Standards, mit denen die meisten Ihrer Mitarbeiter übereinstimmen würden. Politisches Geschick bedeutet, dass Sie mit anderen umgehen können und sich ohne Verursachung von Aufruhr und negativen Reaktionen anderer im Labyrinth bewegen können.

☐ **4. Stecken Sie mit einer vorhersehbaren Herangehensweise fest? Passen Sie sich der Situation und dem Publikum an.** In jeder Kultur oder Firma gibt es mehrere Methoden, Ergebnisse zu erzielen. Sie können direkt angreifen. Sie könnten sich erst einen Verbündeten suchen. Sie könnten eine besser geeignete Vertretung vorschicken. Manche dieser Taktiken sind effektiver und akzeptabler als andere. Manche Leute geraten in

Schwierigkeiten, weil sie sich in allen Situationen gleich verhalten. Sie überprüfen nicht, welches die effektivste Methode für die jeweilige Situation ist. Menschen, die als politisch geschickt betrachtet werden, arbeiten von außen – Publikum, Person, Gruppe, Firma – nach innen. Sie wählen ihr Tempo, ihren Stil, ihren Ton und ihre Methode, nachdem sie analysiert haben, was in der jeweiligen Situation am besten funktionieren würde. Wir haben alle diverse Verhaltensmöglichkeiten, die wir nach Bedarf einsetzen können, wenn wir das wollen. Es sind die eingleisigen Personen, die in politische Schwierigkeiten geraten, weil sie ihre Aussagen oder Handlungen nicht an die Zielgruppe anpassen. *Benötigen Sie weitere Hilfe? – Siehe Nr. 15 „Kundenorientierung" und Nr. 45 „Persönliches Lernen".*

☐ **5. Sind Sie zu ehrlich? Entscheiden Sie, ob Offenheit angemessen ist.** Offenheit kann in einer Besprechung um neun Uhr morgens erfolgskritisch für das Projekt, in einer Besprechung um zehn Uhr dagegen unakzeptabel sein. Viele Leute geraten in politische Schwierigkeiten, weil sie entweder zu offen sind und damit andere verletzen und Streit auslösen, oder weil sie nicht offen genug sind und damit den Anschein erwecken, als hätten sie etwas Wichtiges zu verbergen. Viele sagen oft: „Ich sage einfach, was ich denke. Es war schon immer meine Überzeugung, genau das zu sagen, was ich denke. Die Konsequenzen sind mir egal. Wenn es ihnen nicht gefällt, hätten sie mich nicht danach fragen müssen sollen." Während dies in Bezug auf Integrität Punkte sammeln mag, würde es den Test für politisches Geschick nicht bestehen. Jede Situation muss auf eine angemessene Offenheit untersucht werden. Sind die richtigen Leute anwesend? Ist dies ein guter Zeitpunkt für Offenheit? Sollte ich jemand anderen beginnen lassen, bevor ich loslege? Hat es der Redner, der um Offenheit gebeten hat, auch wirklich so gemeint? *Benötigen Sie weitere Hilfe? – Siehe Nr. 56 „Fähigkeit andere einzuschätzen" und Nr. 64 „Verständnis für andere".*

☐ **6. Kennen Sie die wichtigen Akteure nicht? Navigieren Sie durch die Politik der Organisation.** Wer treibt Ihre Organisation voran? Wer sitzt in den Schlüsselpositionen und kontrolliert den Fluss der Ressourcen, Informationen und Entscheidungen? Wer sind die Führer und die Helfer? Lernen Sie diese Personen besser kennen. Gehen Sie zusammen Essen. Wer sind die Menschen, die die Organisation hemmen oder ihr Widerstand entgegenbringen? Meiden oder umgehen Sie diese Personen oder schließen Sie Frieden mit ihnen. Jedes Labyrinth hat einen Weg nach draußen, eine Lösung. Politisches Geschick bedeutet, den kürzesten Weg im Firmenlabyrinth zu finden. *Benötigen Sie weitere Hilfe? – Siehe Nr. 38 „Organisationsagilität".*

☐ **7. Geben Sie zu viel preis? Stellen Sie sicher, dass Ihre Kommentare relevant und angemessen sind.** Geben Sie zu viel bekannt, um eine Beziehung zu stärken, etwas zu bekommen, das Sie brauchen, um sich als wichtiger Insider zu fühlen, oder weil Sie einfach nicht weit genug denken? Beobachten Sie sich selbst sorgfältig und stellen Sie sich diese Fragen: „Warum sage ich das offen? Hilft es bei diesem Problem weiter? Müssen die Mitarbeiter das wirklich wissen? Erscheint dadurch jemand anderes in einem schlechten Licht, ist es offensichtlich, woher ich die Informationen habe? Nenne ich Namen? Habe ich Tatsachen als Tatsachen und Meinungen als Meinungen dargestellt? Wird dies als Nörgeln, Klatschen oder als Herabsetzung anderer Personen oder Gruppen aufgefasst? Im schlimmsten Fall: Wie könnte diese Person diese Informationen nutzen, um sie zu meinem Nachteil auszulegen?" Eine Faustregel: Sie können so offen sein wie Sie wollen, solange Ihre Bemerkungen bestimmte Probleme/Projekte ansprechen und Sie nicht gegen Vertraulichkeiten verstoßen und Sie der Person, an die Sie die Informationen weitergeben, vertrauen können.

☐ **8. Sprechen Sie über Menschen? Verkneifen Sie sich Tratsch.** Eine Menge politischer Unruhe stammt aus der Verbreitung privater Ansichten in den falschen Momenten und bei den falschen Leuten. Wie man in den Wald hineinruft, so schallt es heraus. In geschlossenen Organisationen erfahren die Menschen ganz schnell, was über sie gesagt wurde. Wenn Sie in dieser Hinsicht Schwierigkeiten haben, ist die einfachste Regel die, niemals negative Informationen über eine andere Person zu verbreiten, außer, es handelt sich um einen offiziellen Beurteilungsprozess innerhalb der Firma.

☐ **9. Haben Sie mit Führungskräften zu tun? Lassen Sie beim Umgang mit dem Topmanagement besondere Sorgfalt walten.** Besonders zu beachten beim Umgang mit dem oberen Management: Die Empfindlichkeiten sind ausgeprägt und das Selbstbewusstsein ist sehr groß. Sie können in eine emotionale Falle geraten, starke Spannungen können auftreten. Es gibt viele Möglichkeiten, Aussagen zu machen oder auf eine Art und Weise zu handeln, die bei dieser Gruppe den Eindruck hervorrufen kann, Ihre Einschätzung der firmenpolitischen Umstände sei nicht richtig. Es gibt im Allgemeinen keine zweite Chance, einen ersten guten Eindruck zu machen. *Benötigen Sie weitere Hilfe? – Siehe Nr. 8 „Umgang mit dem höheren Management".*

☐ **10. Vertreten Sie Ihren Standpunkt rigoros? Mäßigen Sie sich in Ihrer Befürwortung und denken Sie nur an den Geschäftsvorgang.** Auffallende Fürsprecher fahren gewöhnlich in Firmen nicht gut, da ihre Perspektiven als steif und engstirnig betrachtet werden. Legen Sie zunächst die geschäftlichen oder organisatorischen Tatsachen dar, damit man Sie nicht so einschätzt. Seien Sie zurückhaltender als Sie eigentlich sind, um anderen die Gelegenheit zu bieten, sich aufzuwärmen und handeln und verhandeln zu können. Menschen, die damit Schwierigkeiten haben, äußern ihre Meinungen so extrem, dass andere sich so ärgern, dass sie ihr Gesicht nicht wahren können, selbst, wenn sie mit mehr als der Hälfte Ihrer Ansichten übereinstimmen. *Benötigen Sie weitere Hilfe? – Siehe Nr. 37 „Verhandeln".*

Develop-in-Place-Aufgabenstellungen
☐ Managen Sie eine Gruppe in einer bedeutenden geschäftlichen Krise.
☐ Managen Sie die Vergabe von umstrittenen Büroplätzen.
☐ Stellen Sie einen wichtigen Vorschlag zusammen und präsentieren Sie diesen dem Management.
☐ Managen Sie die Interaktion zwischen Beratern und der Organisation in einer kritischen Aufgabe.
☐ Integrieren Sie verschiedene Systeme, Prozesse oder Verfahren über mehrere Abteilungen und/oder geografisch verteilte Geschäftsbereiche hinweg.

Important changes that are shaping the nature of work in today's complex organizations demand that we become more sophisticated with respect to issues of leadership, power, and influence.
John P. Kotter – Amerikanischer Professor und Autor

Literaturempfehlungen

Ashkenas, R. N., Ulrich, D., Jick, T., & Kerr, S. (2002). *The boundaryless organization: Breaking the chains of organization structure* (Rev. ed.). San Francisco: Jossey-Bass.

Bradberry, T., & Greaves, J. (2005). *The emotional intelligence quick book: Everything you need to know to put your EQ to work.* New York: Fireside.

Brandon, R., & Seldman, M. (2004) *Survival of the savvy: High-integrity political tactics for career and company success.* New York: Free Press.

Buchanan, D. A. (2008). You stab my back, I'll stab yours: Management experience and perceptions of organizational political behavior. *British Journal of Management, 19,* 49-65.

Buchanan, D. A., & Badham, R. J. (2008). *Power, politics, and organizational change: Winning the turf game.* London: Sage.

Cashman, K. (2008). *Leadership from the inside out: Becoming a leader for life* (2nd ed.). San Francisco: Berrett-Koehler Publishers.

Cohen, D., & Prusak, L. (2001). *In good company: How social capital makes organizations work.* Boston: Harvard Business School Press.

de Janasz, S. C., Dowd, K. O., & Schneider, B. Z. (2008). *Interpersonal skills in organizations* (3rd ed.). New York: McGraw-Hill.

Dimitrius, J., & Mazzarella, M. C. (2008). *Reading people: How to understand people and predict their behavior: Anytime, anyplace.* New York: Ballantine Books.

Douglas, C., & Ammeter, A. P. (2004). An examination of leader political skill and its effect on ratings of leader effectiveness. *Leadership Quarterly, 15,* 537-551.

Fritz, S. M., Lunde, J. P., Brown, W., & Banset, E. A. (2004). *Interpersonal skills for leadership* (2nd ed.). Upper Saddle River, NJ: Prentice Hall.

Harvard Business School Press. (2008). *Managing up.* Boston: Harvard Business School Press.

Hawley, C. F. (2008). *100+ Tactics for office politics* (2nd ed.). New York: Barrons Educational Series.

Kissinger, H. (1994). *Diplomacy.* New York: Simon & Schuster.

Klaus, P. (2007). *The hard truth about soft skills: Workplace lessons smart people wish they'd learned sooner.* New York: HarperCollins.

Lerner, H. (2002). *The dance of connection: How to talk to someone when you're mad, hurt, scared, frustrated, insulted, betrayed, or desperate.* New York: HarperCollins.

Linsky, M., & Heifetz, R. A. (2002). *Leadership on the line: Staying alive through the dangers of leading.* Boston: Harvard Business School Press.

McIntyre, M. G. (2005). *Secrets to winning at office politics: How to achieve your goals and increase your influence at work.* New York: St. Martin's Press.

Parekh, B. (1989). *Gandhi's political philosophy.* Notre Dame, IN: University of Notre Dame Press.

Pfeffer, J. (1994). *Managing with power: Politics and influence in organizations.* Boston: Harvard Business School Press.

Ranker, G., Gautrey, C., & Phipps, M. (2008). *Political dilemmas at work: How to maintain your integrity and further your career.* Hoboken, NJ: John Wiley & Sons.

Reardon, K. K. (2001). *The secret handshake: Mastering the politics of the business inner circle.* New York: Currency/Doubleday.

Walton, M. S. (2003). *Generating buy-in: Mastering the language of leadership.* New York: AMACOM.

Globale Betrachtungsfelder

Viele Kunden und Anwender dieses Entwicklungsleitfadens arbeiten auf internationaler Ebene. Manche führen Personal und leiten Unternehmen außerhalb ihres Heimatlands, in dem sie jedoch weiterhin wohnen. Einige wohnen und betreiben Geschäfte im Ausland. Andere sind in verschiedenen Ländern und Regionen häufig auf Reisen. Viele haben uns gefragt, ob es einige bestimmte Kompetenzen gibt, die für die Arbeit auf internationaler Ebene zutreffen. Im Allgemeinen ist unsere Antwort (nach Konsultation der internationalen Literatur), dass zumindest für Firmen, die international geschäftlich tätig sind, die Kompetenzen im Prinzip dieselben sind, wie für Firmen, die nur in einem Land oder im Inland arbeiten. Die meisten wichtigen Kompetenzmodelle werden weltweit angewendet. Kompetenzen sind Kompetenzen. Die Fähigkeit zum Zuhören wird überall auf der Welt benötigt.

Andererseits kann die Art, wie Kompetenzen angewendet, beschrieben oder betont werden, von Kultur zu Kultur verschieden sein. Was zum Beispiel in Japan oder Indien als handlungsorientiert gilt, würde in den USA oder China eventuell nicht so beschrieben. Nach der Lektüre internationaler Literatur zum Thema Management sind wir zu dem Schluss gekommen, dass sieben Bereiche besondere Aufmerksamkeit erfordern. Diese sieben Bereiche basieren auf einschlägiger Forschung und der Erfahrung der Autoren. Diese Liste wird sich im Laufe der Zeit höchstwahrscheinlich ändern, wenn mehr Forschungsergebnisse zur Verfügung stehen. Wir erwarten außerdem, dass künftige Forschungsarbeiten eine bessere kulturelle Anpassung Leadership Architect® Kompetenzen ermöglichen werden.

Es ist bemerkenswert, dass die internationale Forschung unsere Ergebnisse, die überwiegend aus Nordamerika und Europa stammen, widerspiegelt. Wenn Sie sich einmal die besonderen Betrachtungsfelder ansehen, die durch internationale Studien identifiziert werden, ähneln diese doch sehr der Leadership Architect® Bibliothek. Die sieben wichtigen internationalen Kompetenzen sind ungefähr parallel zu und verankert in den Faktoren in der Leadership Architect® Bibliothek. Es sind also ungefähr dieselben Konzepte, nur in einem internationalen Zusammenhang. Es folgen die acht Faktoren aus der Leadership Architect® Bibliothek und ihre internationalen Entsprechungen.

FAKTOR	GLOBALE ENTSPRECHUNG
Faktor I: Strategische Fähigkeiten	161. Globales geschäftliches Wissen
Faktor II: Ausführende Fähigkeiten	162. Multikultureller Einfallsreichtum*
Faktor III: Mut	163. Multikulturelles Geschick
Faktor IV: Energie und Tatendrang	164. Fähigkeiten zur Aufgabenbewältigung
Faktor V: Positionierungskompetenzen im Unternehmen	165. Positionierungskompetenzen im Unternehmen
Faktor VI: Persönliche und soziale Kompetenzen	166. Multikulturelle Sensibilität
Faktor VII: Probleme im Umgang mit Menschen	167. Bescheidenheit
Faktor VIII: Probleme mit Ergebnissen	162. Multikultureller Einfallsreichtum*

Zweimal aufgeführt – einmal als positiv und einmal als negativ

Die Kompetenzen 120 bis 160 fehlen.
Diese Nummern sind für zukünftige Ergänzungen reserviert.

GLOBALE BETRACHTUNGSFELDER

161 Globales geschäftliches Wissen

Einige Entsprechungen zu Leadership Architect®:
2, 5, 28, 32, 46, 51, 58, 64

*The knowledge of the world is only to be acquired in the world,
and not in a closet.*
Philip Dormer Stanhope – Britischer Staatsmann und Literat

Schlecht ausgeprägt
- ☐ Versteht Geschäfte auf globaler Ebene nicht
- ☐ Sieht das Geschäftliche nur auf Basis von Erfahrungen in einem einzigen Land
- ☐ Ist darauf versteift, alles nur nach einem Strickmuster zu erledigen
- ☐ Ist nicht bereit, neue Arbeitsweisen zu erlernen
- ☐ Hat eine enge Sichtweise
- ☐ Ist nicht bereit, neue Wege zur Lösung von Problemen zu akzeptieren

Gut ausgeprägt
- ☐ Versteht Geschäfte auf globaler Ebene
- ☐ Weiß, was in vielen Ländern durchführbar ist
- ☐ Versteht was von Land zu Land verschieden ist
- ☐ Versteht die Unterschiede zwischen Kunden in verschiedenen Ländern
- ☐ Weiß, wie Kapital international fließt und sich auswirkt
- ☐ Versteht, dass Geschäfte auf globaler Ebene anderen Gesetzen und Regelungen unterliegen
- ☐ Ist flexibel im Lernen
- ☐ Versteht, dass verschiedene Standorte verschiedene Methoden erfordern

Übertriebene Fähigkeit
- ☐ Kompliziert die Dinge unnötig
- ☐ Denkt zu lange über Herausforderungen und Gelegenheiten nach
- ☐ Hat keine Geduld mit Menschen, die nicht so viel wissen
- ☐ Kann sich auf keine Vorgehensweise festlegen
- ☐ Erwägt zu viele Optionen
- ☐ Hat es schwer, ein Vorgehen nach Prioritäten zu ordnen

☐ Ändert seinen/ihren strategischen und taktischen Kurs zu schnell
Wählen Sie nachstehend eine bis drei Kompetenzen als Arbeitsgegenstand aus, um einen übertriebenen Einsatz dieser Fähigkeit zu kompensieren.
AUSGLEICHSKOMPETENZEN: 3,31,33,41,50,51

Mögliche Ursachen
☐ Nicht neugierig
☐ Zu sehr darauf bedacht, eine Antwort zu bekommen
☐ Sehr ethnozentrisch
☐ Sehr begrenzter Hintergrund
☐ Kann nicht gut mit Mehrdeutigkeit umgehen
☐ Kann andere Arbeitsweisen nur schwer akzeptieren
☐ Zu starr bei der Auswahl einer Vorgehensweise; weicht nicht davon ab

Der Plan
Die Welt ist gleichzeitig groß und klein. In mancher Hinsicht ist Geschäft einfach Geschäft. Jemand hat Produkte oder Dienstleistungen zu verkaufen, die ein anderer braucht oder verwenden möchte. Ein Kunde kauft ein Produkt bzw. eine Dienstleistung. Wenn genug Kunden kaufen, rentiert sich das Geschäft. Andererseits können Regeln, Richtlinien, Gesetze, Gepflogenheiten und bevorzugte Verfahrensweisen von Land zu Land sehr unterschiedlich sein. Um Erfolg zu haben, müssen Sie genau wissen, was in anderen Ländern anders gemacht wird. Flexibilität in Bezug auf unterschiedliche Regelungen ist eine Grundvoraussetzung für die Abwicklung von Geschäften in anderen Ländern. Erfolgreiche internationale Geschäftsleute verstehen die Komplexität des Geschäfts auf globaler Ebene und können diese für andere so vereinfachen, dass eine erfolgreiche Durchführung von Strategien, Taktiken und Geschäftsplänen möglich wird.

Tipps
☐ **1. Haben Sie Informationsbedarf? Lesen Sie die richtigen Zeitungen und Zeitschriften.** Die fünf folgenden Publikationen können Ihnen wahrscheinlich die generellen Trends in der Wirtschaft sowie wichtige Themen zu internationalen Geschäften am besten vermitteln. *Wall Street Journal, BusinessWeek, Fortune, Barron's* und *Harvard Business Review*. Abonnieren Sie diese Zeitungen und überfliegen Sie sie regelmäßig. Achten Sie dabei besonders auf globales geschäftliches Wissen und internationale Konzepte. Versuchen Sie mindestens drei internationale Themen pro Ausgabe zu finden. Andere Publikationen sind noch mehr auf internationale Themen spezialisiert. Lesen Sie internationale Publikationen wie *The Economist, International Herald Tribune* oder *Commentary*. Sehen Sie sich Autobiografien von Persönlichkeiten wie

Henry Kissinger an; suchen Sie sich ein Land aus und studieren sie es. Suchen Sie sich ein Land aus und lernen Sie so viel wie möglich darüber. Lesen Sie ein Buch über den Fall der Sowjetunion oder lesen Sie Journale mit einer umfassenden Berichterstattung, wie *The Atlantic Monthly*, um einen möglichst weitreichenden Einblick in internationale Themen wie Handel und Währungsfragen zu gewinnen. In allen sind gemeinsame Prinzipien zu finden. Sie müssen aufgeschlossener werden, um diese Prinzipien ausfindig zu machen und auf Ihre heutigen Aktivitäten zu übertragen. Besorgen Sie sich örtliche Zeitungen (wenn möglich in Ihrer Muttersprache) und sehen Sie, über welche Themen diese berichten und was wichtig ist. Vergleichen Sie eine Zeitung aus den USA mit der Zeitung eines anderen Landes und deren unterschiedliche Perspektiven zu wichtigen Themen.

☐ **2. Sind Sie bereit, mehr zu lernen? Studieren und verstehen Sie globale Trends.** Lesen Sie *Management Challenges for the 21st Century* von Peter Drucker, eins der *Megatrends* Bücher von John Naisbitt, *The Popcorn Report* von Faith Popcorn, oder THE FUTURIST, das Journal der „World Future Society". Drucker spricht Themen an wie: Was bedeutet es, dass die Geburtenrate in den Industrieländern zurückgeht? Es wird erwartet, dass im Jahr 2030 die Hälfte der Bevölkerung Japans 65 und älter ist. Dasselbe trifft im Prinzip auch auf die anderen Industrieländer zu. Wird das Rentenalter erhöht werden? Werden wir Arbeitskräfte mehr wie Freiwillige behandeln, da sie großen Unternehmen den Rücken kehren? Wir werden einen Rückgang in Freizeitausgaben sehen, da die Menschen weniger freie Tage und Urlaub bekommen. Ausbildungs- und Gesundheitswesen werden erweitert. Wie steht es mit Einwanderung? Immer mehr Schwellenländer holen sich ihre Arbeitskräfte im Ausland. Die Durchschnittskarriere einer Arbeitskraft wird wesentlich länger sein als die Lebensdauer ihrer Arbeitgeber – die meisten Firmen bestehen nur etwa 30 Jahre. Zweite und dritte „Karrieren" werden zum Standard. Know-how wird in der Fertigung immer wichtiger. Outsourcing von Personal wird um 30 Prozent mehr angewendet, da Wissen immer spezialisierter, teurer und schwieriger zu erhalten ist. Bedeutet dies, dass wir immer mehr Outsourcing und Bündnisse sehen werden? Informieren Sie sich über globale Trends.

☐ **3. Hinken Sie hinterher? Halten Sie sich auf dem Laufenden in Bezug auf internationale Geschäfte und aktuelle Ereignisse.** Es gibt inzwischen viele in- und ausländische sowie globale Kanäle im Kabelfernsehen mit Wirtschaftsnachrichten und -informationen rund um die Uhr, die Interviews mit Persönlichkeiten aus der Wirtschaft, Branchenanalysen von Wall Street-Experten und auch allgemeine Reportagen über bestimmte

Firmen senden. Sehen Sie sich ein oder zwei Programme in der Woche an, bis Sie genau wissen, wo Ihr Fokus liegen muss. Wenn Sie schon wissen, in welche Länder Sie reisen bzw. wo Sie arbeiten werden, sehen Sie sich Sendungen aus diesen Ländern an. Abonnieren Sie einen Internetservice, der Sie auf Ereignisse in Ländern, Branchen oder Firmen aufmerksam macht, an denen Sie interessiert sind.

☐ **4. Sind Sie bereit, von anderen zu lernen? Werden Sie Mitglied in einer internationalen Organisation.** Der Wirtschaftsverband hat die Aufgabe, Wirtschaftsinformationen für seine Mitglieder zusammenzustellen und zu verteilen, einschließlich globaler Themen. Diese Verbände organisieren äußerst informative Konferenzen mit globalen Themen, in denen viele Führungspersönlichkeiten Vorträge über allgemeine Trends in der Wirtschaft beziehungsweise ihrer spezifischen Branche halten. Informieren Sie sich bei Universitäten mit internationalen Studiengängen (z. B. Thunderbird, INSEAD, IMEDE, The London Business School), mit welchen Organisationen oder Kontaktpersonen diese zusammenarbeiten, die für Sie hilfreich sein könnten.

☐ **5. Brauchen Sie ein besseres Verständnis aufkeimender Trends? Lesen Sie Bücher zum globalen Handel.** Besorgen Sie sich drei Bücher über globale Wirtschaftsthemen – mit dem Fokus auf Finanzen, Kultur und auf Kundenverhalten. Nachdem Sie sie quer gelesen haben, wiederholen Sie das Ganze – bis Sie sich das nötige globale geschäftliche Wissen angeeignet haben. Lesen Sie über neue globale Trends, wie z. B. in Thomas Friedmans Buch *The Lexus and the Olive Tree*. Suchen Sie in der Bestsellerliste der *New York Times* nach Titeln mit internationalen Themen. Sehen Sie sich von Harvard Business School Press veröffentlichte Bücher über internationale/globale Wirtschaft an. Suchen Sie bei www.amazon.com oder www.amazon.de.

☐ **6. Fehlt das Verständnis für Geschäfte auf globaler Ebene? Lernen Sie die Spielregeln in der globalen Wirtschaft.** Vertiefen Sie Ihr internationales betriebswirtschaftliches Wissen, indem Sie Ihre persönlichen Spielregeln und Erkenntnisse aufstellen und mit Ihren eigenen Worten aufschreiben. Beispiel: „Welche treibenden Kräfte bestimmen das Marketing in verschiedenen Ländern und Kulturen?" Eine höhere Führungskraft stellte 25 derartig antreibende Faktoren zusammen, überarbeitete und aktualisierte sie ständig und war so immer auf dem neuesten Stand. Analysieren Sie eine Firma, über die Sie etwas Bescheid wissen, anhand dieser Spielregeln. Wählen Sie sodann zwei Firmen mit cleveren Strategien, eine in der gleichen Branche, die andere aus einem anderen Bereich. Sehen Sie sich genau an, was sie gemacht haben. Sprechen Sie mit Leuten, die wissen, was die jeweiligen Firmen gemacht haben und versuchen Sie daraus zu lernen. Suchen Sie sich eine bestimmte Geschäftsfunktion wie zum Beispiel Wechselkurssicherung oder Logistik und lernen Sie, wie diese auf internationaler Ebene funktioniert oder sich auf das Land auswirkt, an dem Sie interessiert sind.

- ☐ **7. Ist Ihre Sichtweise eingeschränkt? Erweitern Sie Ihren globalen Horizont.** Bieten Sie Ihre Mitarbeit in Taskforce-Gruppen an, in denen die Kollegen aus anderen Ländern kommen als Sie. Sprechen Sie mit Kunden im Ausland. Liefern Sie ein Produkt oder eine Dienstleistung. Schreiben Sie auf, was Sie über die globale Wirtschaft gelernt haben. Treffen Sie sich mit ausländischen Kollegen zum Mittagessen. Melden Sie sich freiwillig für ein Projekt, das sich mit Themen außerhalb Ihres Heimatlands befasst. Planen Sie einen Urlaub in einem Teil der Welt, den Sie noch nicht gesehen haben. Halten Sie einen Gastvortrag an einer Universität mit Studenten aus vielen verschiedenen Ländern und fragen Sie die Studenten nach ihrer Meinung zu wichtigen Themen.

- ☐ **8. Sind Sie vom Kunden abgekoppelt? Praktizieren Sie globale Kundennähe.** Im Dienst am Kunden lernt man sein Geschäft am besten kennen. Arrangieren Sie ein Treffen mit einem Kollegen aus dem Customer Service. Lassen Sie sich die Funktionen dieses Bereiches erklären. Wenn möglich, hören Sie bei telefonischen Kundengesprächen zu – oder besser noch, erledigen Sie einige davon selbst. Fragen Sie die Kunden ausführlich, was sie als Vor- und Nachteile der Produkte bzw. Dienstleistungen Ihrer Firma empfinden. Lassen Sie sich den Markt im Ausland von einem wichtigen Mitglied Ihrer Marketingabteilung zeigen. Sehen Sie sich an, was Ihre Mitbewerber tun – was machen sie ähnlich, anders, wie sind ihre Preise. Versuchen Sie unbedingt zu verstehen, wie sich Produktvorlieben von Kultur zu Kultur unterscheiden.

- ☐ **9. Sind Sie neugierig? Nehmen Sie an einem Kurs teil.** Nehmen Sie an einem Workshop oder Seminar zu einem Thema, das Sie interessiert, an der Thunderbird University in Arizona, der London School of Economics oder INSEAD in Frankreich teil. An diesen Kursen nehmen Menschen aus aller Welt teil, und die Dozenten sind internationale Experten zu globalen Themen. Achten Sie besonders auf die Teilnehmer aus den Ländern, die für Sie interessant sind. Verbringen Sie so viel Zeit wie möglich mit ihnen. Beteiligen Sie sich aktiv an Arbeitsgruppen und Arbeitskreisen. Hören Sie zu. Stellen Sie Fragen.

- ☐ **10. Möchten Sie endlich den Durchblick bekommen? Erarbeiten Sie Ihre eigene Fallstudie.** Suchen Sie sich eine globale Firma oder einen Mitbewerber von Interesse und lesen Sie alles, was Sie nur über diese Firma aus den Nachrichten, Wirtschaftsnachrichten usw. finden können. Machen Sie sich ein Bild von dem, was diese Firma gut und weniger gut gemacht hat und wo sie verwundbar sein könnte. Vergleichen Sie sie mit Ihrer Firma. Sehen Sie sich spezielle Funktionsbereiche wie Marketing an und erarbeiten Sie eine Fallstudie hierzu. Fragen Sie sich, was Sie anders machen würden als Ihre Mitbewerber. Machen Sie eine Fallstudie vom Standpunkt der Konkurrenz aus und versuchen Sie so, die Schwachstellen Ihrer Firma zu finden.

Develop-in-Place-Aufgabenstellungen

- ☐ Arbeiten Sie an einem Projekt, das mit Reisen und dem Studium einer internationalen Angelegenheit, Akquisition oder Kooperation verbunden ist, und berichten Sie anschließend dem Management.
- ☐ Managen Sie ein Projektteam mit Mitgliedern aus mehreren Ländern.
- ☐ Stellen Sie ein multinationales Projektteam zusammen oder arbeiten Sie in einem solchen mit, um ein gemeinsames internationales Geschäftsproblem zu bewältigen.
- ☐ Stellen Sie einen wichtigen Vorschlag zusammen und präsentieren Sie diesen dem Management im internationalen Sektor Ihres Geschäfts.
- ☐ Arbeiten Sie im Wechsel mit anderen kurzzeitig in anderen Ländern, die Ihnen bisher fremd waren.

I find that because of modern technological evolution
and our global economy, and as a result of the great increase
in population, our world has greatly changed. It has become much smaller.
However, our perceptions have not evolved at the same pace.
We continue to cling to old national demarcations
and the old feelings of 'us' and 'them.'
The Dalai Lama – Spiritueller Führer des tibetischen Volkes
und Nobelpreisträger

Literaturempfehlungen

Bartlett, C. A., & Ghoshal, S. (2002). *Managing across borders: The transnational solution* (2nd ed.). Boston: Harvard Business School Press.

Cavusgil, T., Knight, G., & Riesenberger, J. (2007). *International business: Strategy, management, and the new realities.* Upper Saddle River, NJ: Prentice Hall.

Cohen, E. (2007). *Leadership without borders: Successful strategies from world-class leaders.* Singapore: John Wiley & Sons.

Deresky, H. (2006). *International management: Managing across borders and cultures* (5th ed.). Upper Saddle River, NJ: Prentice Hall.

Friedman, T. L. (2000). *The Lexus and the olive tree: Understanding globalization.* Landover Hills, MD: Anchor Books.

Hill, C. W. L. (2004). *Global business today* (3rd ed.). New York: McGraw-Hill/Irwin.

Issenberg, S. (2007). *The sushi economy: Globalization and the making of a modern delicacy.* New York: Penguin Group.

McCall, M. W., Jr., & Hollenbeck, G. P. (2001). *Developing global executives: The lessons of international experience.* Boston: Harvard Business School Press.

Meredith, R. (2007). *The elephant and the dragon: The rise of India and China and what it means for all of us.* New York: W. W. Norton & Company.

Rakocy, B., Reuss, A., & Sturr, C. (Eds.). (2007). *Real world globalization: A reader in business, economics, and politics* (9th ed.). Boston, MA: Dollars & Sense: Economic Affairs Bureau.

Travis, T. (2007). *Doing business anywhere: The essential guide to going global.* Hoboken, NJ: John Wiley & Sons.

Trompenaars, F., & Hampden-Turner, C. (2002). *21 Leaders for the 21st century: How innovative leaders manage in the digital age.* New York: McGraw-Hill.

Wild, J. J., & Wild, K. L. (2007). *International business: The challenges of globalization* (4th ed.). Upper Saddle River, NJ: Prentice Hall.

Williamson, P. J., & Zeng, M. (2007). *Dragons at your door: How Chinese cost innovation is disrupting global competition.* Boston: Harvard Business School Press.

GLOBALE BETRACHTUNGSFELDER

162 Multikultureller Einfallsreichtum

Einige Entsprechungen zu Leadership Architect®:
2, 20, 21, 27, 32, 39, 50, 52, 53, 59

GFA

> *The greatest achievement of the human spirit is to*
> *live up to one's opportunities and make the most of one's resources.*
> Marquis de Vauvenargues – Französischer Moralist, Essayist und Autor

Schlecht ausgeprägt

- ☐ Kennt nur eine einzige Arbeitsweise
- ☐ Zu unflexibel
- ☐ Kann sich nicht schnell genug anpassen
- ☐ Kommt nicht gut mit Übergangsphasen zurecht
- ☐ Kann nicht gut verhandeln
- ☐ Kann sich nicht lange auf Ergebnisse konzentrieren
- ☐ Versucht, anderen eine einzige Arbeitsweise aufzuzwingen
- ☐ Braucht sehr lange, um Beziehungen aufzubauen
- ☐ Kommt nur schwer mit Menschen zurecht, die andere Arbeitsweisen anwenden

Gut ausgeprägt

- ☐ Erledigt die Dinge auch unter unterschiedlichen Bedingungen in verschiedenen Ländern
- ☐ Kommt auch zurecht, wenn er/sie nicht absolut alles hat, was er/sie benötigt
- ☐ Findet seltene Ressourcen, an die andere nicht herankommen
- ☐ Kann gut verhandeln
- ☐ Kann auch unter mehrdeutigen, unbestimmten Bedingungen effektiv arbeiten
- ☐ Versucht, die Landessprache zu lernen
- ☐ Kann sich ausrechnen, was wichtig ist
- ☐ Hört auf die Manager vor Ort und setzt deren Ratschläge um
- ☐ Kann schnell Beziehungen aufbauen
- ☐ Kann mit fast allen Menschen gut umgehen
- ☐ Nutzt Fähigkeiten der Ortsansässigen, um Dinge erledigt zu bekommen

Übertriebene Fähigkeit
- ☐ Kürzt Verfahren ab, ohne Rücksicht auf Konsequenzen
- ☐ Versucht komplexe Standards aufzuerlegen
- ☐ Delegiert zu viele Details
- ☐ Nimmt es nicht so genau mit Standards
- ☐ Vermeidet es, andere intensiv zu führen
- ☐ Ist zu kreativ und macht die Mitarbeiter verrückt, da er zu viele Optionen vorschlägt
- ☐ Vermeidet Messungen und das Anlegen von Maßstäben
- ☐ Plant und organisiert auf übermäßige Weise

Wählen Sie nachstehend eine bis drei Kompetenzen als Arbeitsgegenstand aus, um einen übertriebenen Einsatz dieser Fähigkeit zu kompensieren.
AUSGLEICHSKOMPETENZEN: 3,17,31,33,41,46,48,50,52

Mögliche Ursachen
- ☐ Sehr starke Werte, Überzeugungen und bevorzugte Vorgehensweisen
- ☐ Keine Geduld mit etablierten Prozessen
- ☐ Kann nicht gut delegieren
- ☐ Traut Menschen nicht, die anders sind
- ☐ Mangel an Selbstvertrauen
- ☐ Mangel an Flexibilität
- ☐ Hört nicht auf andere
- ☐ Versucht den Methoden des Ursprungslands lokale Vorgehensweisen aufzuzwingen

Der Plan
Etwas in einer neuen Umgebung erledigt zu bekommen ist immer eine Herausforderung. Im internationalen Rahmen stellt es oft eine große Herausforderung dar. Das Telefon funktioniert nicht. Mittwochs wird nicht geliefert. Ihre Lieferanten haben nicht das, was Sie brauchen. Firmensupport ist fast 13.000 km entfernt und befindet sich in einer anderen Zeitzone. Das Land, in dem Sie sich befinden, hat einen Feiertag, der es unmöglich macht, bestimmte Anforderungen des Stammhauses zu erfüllen. Behörden lassen sich mit der Beantwortung Ihrer Anfragen ewig Zeit. Die Einheimischen verstehen einfach nicht, was sie anders machen sollen, obwohl Sie es ihnen schon mehrmals erklärt haben. In solchen schwierigen Situationen müssen Sie einfallsreich sein und sich kämpferisch einsetzen können. Einen Weg zu finden ist am wichtigsten – manchmal ist irgendein Weg besser als keiner. Sie müssen unbedingt bereit sein, sich an die lokalen Geschäftsbedingungen anzupassen, aber gleichzeitig dürfen Sie die benötigten Ergebnisse nicht

aus den Augen verlieren. Vergessen Sie nicht: Es gibt fast immer mehrere Wege, etwas erledigt zu bekommen. Konzentrieren Sie sich auf Innovation und Kreativität. Das wahre Maß der Globalisierung ist das Ausmaß, in dem Ideen außerhalb des Stamm-Marktes entwickelt und dann nachträglich an das Stammland angepasst werden.

Tipps

☐ **1. Brauchen Sie Lenkung? Klären Sie Ihre Zielsetzungen.** Was müssen Sie genauer gesehen erreichen? Nutzen Sie die Jahres- und Strategieplanung, um zu erkennen, welche erfolgskritischen Aufgaben durchzuführen sind. *Benötigen Sie weitere Hilfe? – Siehe Nr. 58 „Strategische Agilität" und Nr. 47 „Planen".* Auf der Grundlage dieser Ziele trennen Sie voneinander, was erfolgskritisch ist, was wichtig ist, was nützlich wäre, wenn noch genügend Zeit zur Verfügung steht, und was für das Ziel, das wir erreichen wollen, nur von untergeordneter Bedeutung ist. Wenn Sie mit verschiedenen Möglichkeiten oder vielen zu erledigenden Dingen konfrontiert werden, dann ziehen Sie immer diese Reihenfolge zu Rate und erledigen Sie das Wichtigste zuerst. Denken Sie möglichst nicht laut. In manchen Kulturen wird jeder Gedanke von den Mitarbeitern sofort als Anweisung verstanden. Geben Sie Ihren Mitarbeitern das richtige Maß an Führung – nicht zu viel und nicht zu wenig.

☐ **2. Sie wissen nicht genau, wie Sie anfangen sollen? Bereiten Sie die Arbeit sorgfältig vor.** Die meisten effizienten Prozesse beginnen mit einem Plan. Welches Ergebnis muss ich erreichen? Wie ist der Zeitrahmen gesteckt? Welche Ressourcen brauche ich? Wer verfügt über diese Ressourcen – Personal, Budget, Werkzeuge, Materialien, Unterstützung? Was habe ich zu bieten? Wie kann ich für die von mir benötigten Ressourcen bezahlen? Wer gewinnt noch, wenn ich gewinne? Wer könnte verlieren? Bereiten Sie die Arbeit von A bis Z vor. Manche Menschen werden als desorganisiert eingeschätzt, weil sie die Arbeitsschritte oder -prozesse nicht schriftlich festlegen und deshalb etwas auslassen. Bitten Sie andere um Rückmeldung über den Ablauf und um Überprüfung auf Vollständigkeit. Unterteilen Sie die Arbeit so, dass die Mitarbeiter vor Ort sie ausführen können. Achten Sie darauf, dass Sie keine Aufgaben zuweisen, die die Fähigkeiten der Mitarbeiter vor Ort übersteigen.

☐ **3. Haben Sie ständig mit knappen Mitteln zu kämpfen? Verhandeln Sie um Ressourcen.** Ressourcen sind oft knapp im internationalen Geschäft. Ist alles immer ganz knapp bemessen? Ergebnisse zu erzielen, bedeutet, sich Ressourcen zu beschaffen und diese einzusetzen. Menschen. Geld. Material. Unterstützung. Zeit. Häufig geht es darum, Ressourcen zu bekommen, über die Sie keine Kontrolle haben. Sie müssen eventuell darum bitten, sie ausleihen, aber innerhalb der Grenzen akzeptablen Verhaltens. Das bedeutet, dass Sie verhandeln, tauschen, schmeicheln und beeinflussen müssen. Was müssen Sie tauschen? Wie können Sie ein Win-win-Ergebnis für alle Beteiligten erzielen? Womit kann ich handeln? Was kann ich kaufen? Was kann ich ausleihen? Was muss ich austauschen? Was brauche ich, das ich weder bezahlen noch austauschen kann? Um in vielen internationalen Umgebungen Erfolg zu haben, müssen Sie kreativ und erfindungsreich sein. Oft sind die nötigen Werkzeuge und Informationen nicht so leicht zu finden wie in Ihrem Ursprungsland. Normalerweise sind Sie weit vom Firmensitz und der Unterstützung Ihres Werks entfernt und auf sich selbst gestellt. Sie müssen zurechtkommen. Sie müssen lernen zu handeln und verhandeln. Gibt es das, was ich brauche, hier irgendwo? Was brauche ich, das die anderen haben? Was könnte ich für sie tun, damit sie etwas aufgeben, was ich jetzt brauche? Wie können wir daraus eine Win-win-Situation schaffen? Lernen Sie, was akzeptabel und ethisch in der jeweiligen Kultur ist. Machen Sie sich mit dem US-Gesetz zur Vermeidung korrupter Geschäftspraktiken im Ausland (Foreign Corrupt Practices Act) vertraut und wie es sich auf Ihre Arbeit auswirken bzw. diese beschränken kann. Wenn Sie sich in einer fragwürdigen Situation befinden, lassen Sie sich rechtlich von anderen beraten, die in ähnlichen Situationen gearbeitet haben. Beziehungen sind hilfreich. Wen kennen Sie, der vielleicht helfen kann? Was können Sie als Gegenleistung anbieten? Könnte ein Kollege in einem angrenzenden Land helfen? Könnte jemand von einer Firma, die nicht zur Konkurrenz gehört, helfen? *Benötigen Sie weitere Hilfe? – Siehe Nr. 37 „Verhandeln" und Nr. 39 „Organisieren".*

☐ **4. Sehen Sie sich mit Komplexität konfrontiert? Multitasking: das Managen mehrerer Aufgaben gleichzeitig.** Etwas auf internationaler Ebene erledigt zu bekommen, ist fast immer schwieriger. Man muss versuchen, komplexe Ergebnisse durch das gleichzeitige Management von parallel laufenden oder sehr verschiedenartigen Aufgaben zu erzielen. Dazu ist ein Rahmenplan sehr hilfreich – ebenso die Delegation eines Teils Ihrer Arbeit. *Benötigen Sie weitere Hilfe? – Siehe Nr. 47 „Planen" und Nr. 39 „Organisieren".* Lassen Sie sich von anderen im Ausland lebenden oder sozialen Ansprechpartnern im lokalen Wirtschaftsbereich beraten. Finden Sie heraus, wie Regierung und Aufsichtsbehörden Ihre Pläne fördern bzw. behindern können. Versuchen Sie vorwegzunehmen, was schief laufen kann, und bereiten Sie Ausweichpläne vor. Arbeiten Sie auf mehreren Ebenen, zum Beispiel mit Aufsichtsbeamten, dem Zoll und firmenfremden Distributoren, um Ihr Produkt auf den Markt zu bringen.

☐ **5. Sind Sie bereit, sich eines Teams zu bedienen? Lassen Sie mehr Arbeit durch andere erledigen.** Internationaler Einfallsreichtum erfordert in der Regel, dass man mit anderen arbeitet und ihnen vertraut. Manche Menschen können nicht gut führen. Sie selbst erzielen zwar gute Ergebnisse, sind jedoch weniger effektiv, wenn die Ergebnisse vom Team kommen sollen. Dies wirkt sich noch stärker aus in einer Kultur, die Sie nicht voll und ganz verstehen. Fällt es Ihnen schwer, andere dazu zu motivieren, die benötigten Resultate zu erzielen? Vielleicht übernehmen Sie selbst zu viel Arbeit. Sie delegieren nicht beziehungsweise ermächtigen Ihr Team nicht. Sie kommunizieren nicht gut. Sie motivieren nicht gut. Sie planen nicht gut. Sie setzen Ihre Prioritäten und Ziele nicht gut. Wenn Ihnen das Delegieren schwer fällt, gibt es anerkannte, dokumentierte Methoden und Praktiken für erfolgreiches Delegieren. Teilen Sie Anerkennung mit anderen? Zeigen Sie anderen ganz deutlich, warum ihre Arbeit wichtig ist? Ist diese Arbeit herausfordernd? Inspirieren Sie Ihre Mitarbeiter oder teilen Sie einfach nur Arbeit aus? Gruppen mit einem äußerst unterschiedlichen und vielfältigen Hintergrund finden die innovativsten Problemlösungen. Suchen Sie sich andere Menschen mit diesen Hintergründen zur Problemanalyse und zur Klärung Ihrer eigenen Gedankengänge. Stellen Sie während der Zusammenarbeit so viele Fragen zum Thema, wie Sie nur können. Finden Sie Personen, die im gleichen Land wie Sie mit ganz ähnlichen Problemen wie Sie konfrontiert waren, und treten Sie in Dialoge ein, um mehr über bestimmte Themen von allgemeinem Interesse zu erfahren.

☐ **6. Arbeiten Sie über Grenzen hinweg? Arbeiten Sie zum wechselseitigen Vorteil kooperativ.** Lernen Sie, über Landes- und andere Grenzen hinweg zu arbeiten. Fällt es Ihnen schwer, Ihre Ziele zu erreichen, wenn Sie sich außerhalb Ihrer Einheit bewegen müssen? Das bedeutet, dass Sie Ihre Kompetenz, auf andere Einfluss zu nehmen, Ihr Verständnis und Ihr Verhandlungsgeschick einsetzen müssen. Verlangen Sie nicht nur, sondern finden Sie eine gemeinsame Basis, auf der auch Sie Hilfe bieten können. Was benötigen die Kollegen, die Sie ansprechen? Sind Ihre Ergebnisse für sie wichtig? Welchen Einfluss hat das, woran Sie gerade arbeiten, auf ihre Ergebnisse? Ist die Auswirkung negativ, können Sie etwas austauschen, die Gemeinsamkeiten ansprechen oder einen Weg finden, der die Arbeitsbelastung reduziert (zum Beispiel durch Ihr Angebot von zusätzlichen Mitarbeitern zur Unterstützung)? Sehen Sie Beziehungen zu Kollegen unter dem Aspekt des Gebens und Nehmens. Zeigen Sie Ihre Kooperationsbereitschaft, indem Sie immer Ihre eigene Denkweise erklären und Ihre Partner bitten, das Gleiche zu tun. Erzeugen Sie zuerst einmal vielfältige Möglichkeiten, bevor Sie die Positionen abgrenzen. Nehmen

Sie sich Zeit, geben Sie anderen die Gelegenheit, sich an die Situation zu gewöhnen. Konzentrieren Sie sich auf gemeinsame Ziele, Prioritäten und Probleme. Fordern Sie zu Kritik an Ihren Ideen auf. *Benötigen Sie weitere Hilfe? – Siehe Nr. 42 „Beziehung zu Kollegen".*

☐ **7. Möchten Sie den Lernprozess beschleunigen? Experimentieren Sie, holen Sie Feedback ein und machen Sie Fortschritte.** Erwarten Sie nicht, auf Anhieb alles gleich richtig zu machen. Bei den meisten internationalen Aufgabenstellungen ist kein klarer Weg vorgegeben, und Sie müssen sozusagen die Brücke bauen, während Sie den Fluss überqueren. Zahlreiche Studien verdeutlichen, dass wir die dem Problem zugrunde liegende Dynamik wirklich erst im zweiten oder dritten Versuch verstehen. Um den Lernprozess zu verbessern, organisieren Sie schnelle Feedbackschleifen. Je häufiger die Feedbackzyklen, desto größer sind Ihre Lernchancen. Wenn wir drei Tage täglich eine kleinere Aufgabe erledigen, anstatt einer großen, die über drei Tage verteilt ist, verdreifachen wir unsere Lernmöglichkeiten. Lassen Sie sich auf Experimente ein. Bewegung und stetiger Fortschritt sind wichtiger als Perfektion, besonders in Schwellenmärkten.

☐ **8. Haben Sie Schwierigkeiten mit Kommunikation? Kommunizieren Sie mehr als sonst und führen Sie Gespräche.** Es ist äußerst schwierig, in einer fremden Kultur ein gemeinsames Verständnis für die Betriebspläne aufzubauen. Es muss ständig kommuniziert und besprochen werden, was zu erledigen ist. In einer internationalen Umgebung müssen Sie unbedingt darauf achten, dass die einheimischen Mitarbeiter Sie auch richtig verstehen. In manchen Kulturen bedeutet „ja" nicht unbedingt ja. Fragen Sie immer mehrere Personen und vergleichen Sie die Antworten von verschiedenen Quellen. Stellen Sie viele Fragen. Seien Sie so konsequent wie möglich. Wenn andere Sie als inkonsequent betrachten, könnten sie auf widersinnige Weise handeln. Achten Sie darauf, was andere sagen und auf was sie nicht reagieren. Fordern Sie Ihre Mitarbeiter ständig dazu auf, Ihre Meinung zu äußern. Seien Sie geduldig, wenn sich ein Gespräch nicht sofort entwickelt, und ermutigen Sie weiterhin dazu.

☐ **9. Haben Sie es mit Hierarchien zu tun? Lernen Sie die Rolle und die Grenzen Ihrer Autorität bzw. Macht in einer bestimmten Kultur kennen.** Hören Sie auf kleine Mitteilungen oder Vorschläge von Ihren einheimischen Mitarbeitern. In manchen Kulturen ist es unvorstellbar, einen Manager zu beleidigen, und Ihre Mitarbeiter trauen sich möglicherweise nicht, sich zu äußern oder eine Konfrontation mit Ihnen zu riskieren. Lesen und verstehen Sie die Prinzipien, auf denen Autorität in der jeweiligen Kultur basiert. Manche Kulturen sind eher kollektiv- oder beziehungsorientiert. Wenn Sie in einer solchen Kultur einfach Befehle geben, werden Sie keine positiven

Ergebnisse, sondern eher passiven Widerstand ernten. Andere Kulturen dagegen sind so hierarchieorientiert, dass die Menschen fast alles tun, was ein Manager vorschlägt. Machen Sie sich mit Ihrer Zielgruppe vertraut. Finden Sie heraus, wie Ihre Mitarbeiter auf Ihren Stil reagieren, mit dem Sie Ihre Ziele verfolgen und passen Sie Ihre Vorgehensweise entsprechend an. In fremden Kulturen reicht Ihre natürliche Vorgehensweise eventuell nicht aus. Benötigen Sie weitere Hilfe. *Benötigen Sie weitere Hilfe? – Siehe Nr. 45 „Persönliches Lernen".*

☐ **10. Stellen Sie Vermutungen über das Machbare an? Passen Sie Ihren Führungsstil an.** Untersuchen Sie Ihre Managementprinzipien und -praktiken eingehend auf ihre Anwendbarkeit. Sehen Sie sich die Praktiken, die Sie normalerweise zu Hause anwenden, genau an. Wenn Sie zum Beispiel Delegieren für wichtig halten und ein wichtiges Verfahren oder ein Projekt an ungeschulte Mitarbeiter delegieren, kann dies zur Katastrophe führen. Gehen Sie nicht davon aus, dass die Führungsprinzipien, die Sie gelernt haben, sich auf ein fremdes Land übertragen und direkt anwenden lassen. Suchen Sie sich einen einheimischen Berater, dem Sie vertrauen und der Ihnen sagen kann, wie die Einheimischen Ihre Führungsqualitäten einschätzen und was sie von einer Führungskraft erwarten. Gleichzeitig lernen immer mehr Führungskräfte und Manager in globalen Wirtschaftskursen, wie die Unterschiede in Prinzipien und Praktiken sich auf die Ergebnisse auswirken. Fragen Sie jüngere Mitarbeiter, wie sie die Situation einschätzen.

Develop-in-Place-Aufgabenstellungen

☐ Stellen Sie ein multinationales Projektteam zusammen oder arbeiten Sie in einem solchen mit, um ein gemeinsames internationales Geschäftsproblem zu bewältigen.

☐ Stellen Sie ein Team mit Leuten von unterschiedlicher nationaler Herkunft zusammen, um eine schwierige Aufgabe zu bewältigen.

☐ Managen Sie eine Gruppe von Leuten in einem rasch expandierenden oder wachsenden Markt in einem anderen Land.

☐ Integrieren Sie verschiedene Systeme, Prozesse oder Verfahren über mehrere Abteilungen und/oder geografisch verteilte internationale Geschäftsbereiche hinweg.

☐ Führen Sie ein neues Produkt, eine Dienstleistung oder einen Prozess in einem anderen Land oder landesübergreifend ein.

It isn't always about adding resources,
it's about ensuring your resources are appropriately allocated.
Cathy Allen – Amerikanischer Politikberater

Literaturempfehlungen

Adekola, A., & Sergi, B. S. (2007). *Global business management: A cross-cultural perspective.* Hampshire, UK: Ashgate.

Bartlett, C. A., & Ghoshal, S. (2002). *Managing across borders: The transnational solution* (2nd ed.). Boston: Harvard Business School Press.

Brett, J. M. (2007). *Negotiating globally: How to negotiate deals, resolve disputes, and make decisions across cultural boundaries* (2nd ed.). San Francisco: John Wiley & Sons.

Cavusgil, T., Knight, G., & Riesenberger, J. (2007). *International business: Strategy, management, and the new realities.* Upper Saddle River, NJ: Prentice Hall.

Cox, T., Jr. (2001). *Creating the multicultural organization: A strategy for capturing the power of diversity.* San Francisco: Jossey-Bass.

Dalton, M., Ernst, C., Deal, J., & Leslie, J. (2002). *Success for the new global manager: How to work across distances, countries, and cultures.* San Francisco: Jossey-Bass.

Deresky, H. (2006). *International management: Managing across borders and cultures* (5th ed.). Upper Saddle River, NJ: Prentice Hall.

Fulkerson, J. R., & Tucker, M. F. (1999). Diversity: Lessons from global human resource practices. In A. I. Kraut & A. K. Korman (Eds.), *Evolving practices in human resources management* (pp. 249–274). San Francisco: Jossey-Bass.

House, R. J., Hanges, P. J., Javidan, M., Dorfman, P., & Gupta, V. (Eds.). (2004). *Culture, leadership, and organizations: The GLOBE study of 62 societies.* Thousand Oaks, CA: Sage.

Konopaske, R., & Ivancevich, J. M. (2004). *Global management and organizational behavior: Text, readings, cases, and exercises.* New York: McGraw-Hill/Irwin.

Law, W. K. (Ed.). (2007). *Information resources management: Global challenges.* Hershey, PA: Idea Group.

Losey, M., Meisinger, S., & Ulrich, D. (Eds.). (2005). *The future of human resource management: 64 Thought leaders explore the critical HR issues of today and tomorrow.* Hoboken, NJ: John Wiley & Sons.

Taggart, J. H., Berry, M., & McDermott, M. (Eds.). (2001). *Multinationals in a new era: International strategy and management.* Hampshire, UK: Academy of International Business.

Walker, D., Walker, T., & Schmitz, J. (2003). *Doing business internationally: The guide to cross-cultural success* (2nd ed.). New York: McGraw-Hill.

Wild, J. J., & Wild, K. L. (2007). *International business: The challenges of globalization* (4th ed.). Upper Saddle River, NJ: Prentice Hall

GLOBALE BETRACHTUNGSFELDER

163 Multikulturelles Geschick

Einige Entsprechungen zu Leadership Architect®:
12,13,25,34,56,57

> *People can only live fully by helping others to live.*
> *When you give life to friends you truly live.*
> *Cultures can only realize their further richness by honoring other traditions.*
> *And only by respecting natural life can humanity continue to exist.*
> Daisaku Ikeda – Japanischer Friedensaktivist und Buddhistenführer

Schlecht ausgeprägt

- ☐ Es fällt ihm/ihr schwer, sich mit schwierigen Situationen zu befassen
- ☐ Versteht die lokale Kultur nicht
- ☐ Überlässt anderen den Umgang mit Konflikten
- ☐ Will in schwierigen Situationen die Führung nicht übernehmen
- ☐ Setzt sich nicht mit Leistungsproblemen auseinander
- ☐ Kann sich nicht an die lokalen Gegebenheiten anpassen
- ☐ Braucht Unterstützung und Zustimmung, bevor er/sie handelt
- ☐ Trifft die falschen Entscheidungen beim Einstellen von Personal
- ☐ Traut sich nicht, jemanden zu entlassen, weil er/sie kulturell nicht unsensibel sein möchte
- ☐ Bei kulturellen Konflikten setzt er/sie sich nicht für die Geschäftsinteressen ein

Gut ausgeprägt

- ☐ Weiß, wie er mit der lokalen Kultur umgehen muss
- ☐ Hat keine Angst, sich auf eine Vorgehensweise festzulegen, um die Dinge ins Rollen zu bringen
- ☐ Hat den Mut, nach seinen/ihren Überzeugungen zu handeln
- ☐ Versteht, wenn Flexibilität gefragt ist
- ☐ Lässt ungelöste Angelegenheiten nicht im Sande verlaufen
- ☐ Spricht mit den Ortsansässigen darüber, wie man die Dinge am besten erledigt bekommt
- ☐ Ist bereit, etwas anzufangen und im Laufe der Durchführung Änderungen vorzunehmen
- ☐ Zögert nicht, etwas zu tun, was noch nie zuvor gemacht wurde
- ☐ Setzt sich beim Stammhaus für eine lokal angeregte Initiative ein

Übertriebene Fähigkeit

- ☐ Verwendet kulturelle Unterschiede als Ausrede für unterlassene Handlungen
- ☐ Verlässt sich zu sehr auf die ortsansässigen Mitarbeiter oder die örtlichen Gepflogenheiten
- ☐ Diskutiert die Auswirkungen kultureller Unterschiede auf jede einzelne Handlung
- ☐ Passt sich an die lokale Kultur an und verliert die Perspektive
- ☐ Lässt Probleme schleifen
- ☐ Wirkt unentschlossen
- ☐ Verwendet mangelnde Vertrautheit mit der Kultur als Ausrede dafür, dass er/sie jemanden nicht einstellt

Wählen Sie nachstehend eine bis drei Kompetenzen als Arbeitsgegenstand aus, um einen übertriebenen Einsatz dieser Fähigkeit zu kompensieren.
AUSGLEICHSKOMPETENZEN: 1,8,9,20,36,39,57

Mögliche Ursachen

- ☐ Mangel an Selbstvertrauen
- ☐ Denkt zu viel über kulturelle Thematik nach
- ☐ Traut sich in kulturell zweideutigen Situationen nicht zu handeln
- ☐ Muss die Nuancen einer Kultur verstehen, bevor er/sie handeln kann
- ☐ Hat Angst, kulturelle Normen zu verletzen
- ☐ Versteht die lokale Kultur nicht
- ☐ Kann nicht mit Konflikten umgehen

Der Plan

Wenn Sie in einer fremden Kultur arbeiten, herrscht immer eine gewisse Unsicherheit. Kulturelle Unterschiede können als Ausrede für unterlassene Handlungen verwendet werden. Geschäft ist jedoch Geschäft, und Produkte bzw. Dienstleistungen sind auch in einem anderen Land immer noch die gleichen. Menschen finden immer wieder Ausreden für unterlassene Handlungen, und Sie müssen standhaft bleiben und darauf bestehen, dass die Arbeit erledigt wird. Oft sind neue Geschäftspraktiken erforderlich, um voranzukommen. Sie brauchen dafür sowohl Mut als auch die Überzeugung, dass im Fall von Widerstand Fortschritt nur dann möglich sein wird, wenn Sie gezogene Grenzen ausdehnen. Wenn Leistungsprobleme oder unangenehme Themen nicht bereinigt werden, entstehen später fast immer viel größere Probleme. International erfolgreiche Geschäftsleute lernen die Kompetenzen anderer in jeder Kultur zu erkennen und verwenden mangelnde Vertrautheit mit der Kultur nicht als Ausrede für das Unterlassen von Handlungen.

Tipps

☐ **1. Steht ein Konflikt an? Kooperieren Sie.** Das Gegenteil von Konflikt ist Kooperation. Die Entwicklung kooperativer Beziehungen führt nachweislich zu einer wirklichen und spürbaren Verbesserung im Bereich Fairness und Gerechtigkeit. Die Gegenseite fühlt sich verstanden und respektiert und nimmt einen am Problem orientierten Standpunkt ein. Um dieses Ziel – eine echt und als authentisch empfundene Fairness – zu erreichen, versuchen Sie nicht, jede Schlacht zu gewinnen und die ganze Beute für sich zu behalten; konzentrieren Sie sich auf die gemeinsamen Themen und Interessen beider Parteien – finden Sie die Win-win-Situationen, die beide Parteien verbinden; geben Sie in Kleinigkeiten nach; vermeiden Sie verhärtete Fronten von Anfang an – zeigen Sie Respekt für andere und deren Positionen; reduzieren Sie die verbleibenden Konflikte auf das kleinstmögliche Ausmaß. Wenn Sie in einem internationalen Umfeld etwas erledigt bekommen wollen, müssen Sie den Standpunkt anderer verstehen und warum sie so denken. Jede Kooperation fängt mit gegenseitigem Verständnis an. Der Rest besteht aus gemeinsamer Problemlösung in Verbindung mit Flexibilität über Fragen des genauen Vorgehens. Jede Kooperation fängt mit gegenseitigem Verständnis an. Der Rest besteht aus gemeinsamer Problemlösung in Verbindung mit Flexibilität über Fragen des genauen Vorgehens.

☐ **2. Haben Sie mit Ungewissheit zu tun? Konzentrieren Sie sich auf das Endergebnis und seien Sie flexibel in Bezug auf die Methoden.** Bei einem internationalen Einsatz werden Sie mit Unsicherheit in Bezug auf die richtige Vorgehensweise rechnen müssen. In den meisten Fällen ergibt sich eine Lösung von selbst, solange Sie das Endergebnis nicht aus den Augen verlieren. So braucht ein Produktauslieferungssystem nicht unbedingt Hand-Computer und ein fehlerfreies Produktnachlieferungssystem. Produkte können per Fahrrad, zu Fuß, mit einem Kanu oder einem Handkarren genauso gut ausgeliefert werden wie per LKW. Letzten Endes muss das Produkt geliefert werden. Lassen Sie Ihre Kreativität nicht durch Ihre Erfahrung einschränken und nutzen Sie die örtlichen Gegebenheiten zum Lösen Ihrer Aufgaben. Finden Sie heraus, was eine andere Kultur zu bieten hat, und nutzen Sie es.

☐ **3. Kommt es durch den Kommunikationsstil zu Problemen? Vermeiden Sie es, unnötige Konflikte zu erzeugen.** Sprache, Worte und Timing können Ihrer Aussage einen positiven oder negativen Ton verleihen. Sie können durch eine falsche oder kulturell unangebrachte Verfahrensweise unnötige Konflikte verursachen. Ist Ihre Ausdrucksweise in einer anderen Kultur unsensibel? Sprechen Sie mit erhobener Stimme, wenn Sie frustriert sind?

Benutzen Sie Ausdrücke und Redewendungen, die andere unnötig herausfordern? Verwenden Sie Ausdrücke, die in einer anderen Kultur als erniedrigend gelten? Verwenden Sie Humor, der in dem Land bzw. der Kultur unangebracht ist? Sind Sie bereits zu früh in der Diskussion dabei, Ihre Schlussfolgerungen, Lösungen, Aussagen, Auflagen oder Antworten anzubieten? Sprechen Sie zuerst über Begründungen und dann über Lösungen, denn wenn Sie Lösungen zuerst angeben, dann stellen die anderen sie oft erst einmal in Frage, anstatt das Problem zu definieren. Verwenden Sie Worte, die kulturell sensibel und neutral sind, die niemanden herausfordern und nicht Partei ergreifend oder kulturell arrogant klingen. Ihre Wortwahl sollte offen, vorsichtig und nicht festgelegt sein, damit andere die Chance haben, sich darauf einzustellen und ihr Gesicht zu wahren. Sprechen Sie auf der sachlichen, problembezogenen Ebene, werden Sie nicht persönlich. Vermeiden Sie direkte Schuldzuweisungen; beschreiben Sie das Problem und dessen Auswirkung. Verursachen Sie keine unbeabsichtigten Konflikte durch unangemessene oder unsensible Sprache oder Gesten. Gehen Sie vorsichtig vor, solange Sie noch nicht mit der Kultur vertraut sind. Kritisieren Sie die Praktiken anderer Kulturen nicht, solange Sie die Implikationen Ihrer Bemerkungen nicht voll und ganz kennen.

☐ **4. Sind Sie auf der Suche nach einer gemeinsamen Basis? Verringern Sie das Ausmaß des Konflikts.** In nahezu jeder Auseinandersetzung gibt es gemeinsame Punkte, die in der Hitze des Gefechts verloren gehen. Ist das Auftreten eines Konfliktes realisiert worden, dann sagen Sie gleich am Anfang, dass es hilfreich sein kann, wenn die vorhandenen Übereinstimmungen der Parteien protokolliert werden. Konzentrieren Sie sich auf gemeinsame Ziele, Prioritäten und Probleme. Versuchen Sie, die offenen Konflikte so gering wie möglich zu halten und diese zu konkretisieren. Je abstrakter ein Konflikt ist, wie zum Beispiel „Wir vertrauen Ihrer Abteilung nicht", desto unmöglicher ist es, damit umzugehen. Antworten Sie auf eine solche Aussage mit einer Frage: „Was genau beunruhigt Sie – warum vertrauen Sie uns nicht, können Sie mir ein Beispiel geben?" Normalerweise kristallisieren sich nach einer ruhigen Diskussion die wirklichen Bedenken, die wesentlich einfacher auszuräumen sind. Ermöglichen Sie es anderen, das Gesicht zu wahren, gestehen Sie kleinere Dinge zu (die nicht zum Kernproblem gehören) und versuchen Sie nicht, immer nur das Match zu gewinnen. Wenn Sie sich auf keine Lösung einigen können, einigen Sie sich auf ein Verfahren, um weiterzukommen. Sammeln Sie weitere Daten. Wenden Sie sich an eine höhere Instanz. Schalten Sie einen unbeteiligten

Vermittler ein. Bemühen Sie sich, als vernünftig angesehen zu werden, und sorgen Sie dafür, dass jeder sich auf das Endergebnis konzentriert. Bleiben Sie positiv und optimistisch.

- [ ] **5. Sind Sie auf sich selbst gestellt? Verhandeln und handeln Sie, um Ihre Ziele zu erreichen.** Um in vielen internationalen Umgebungen Erfolg zu haben, müssen Sie kreativ und erfindungsreich sein. Oft sind die nötigen Werkzeuge und Informationen nicht so leicht zu finden wie in Ihrem Ursprungsland. Normalerweise sind Sie weit vom Firmensitz und der Unterstützung Ihres Werks sowie Kollegen entfernt. Oft sind Sie auf sich selbst gestellt. Sie müssen zurechtkommen. Sie müssen lernen zu handeln und zu verhandeln. Gibt es das, was ich brauche, hier irgendwo? Was brauche ich, das die anderen haben? Was könnte ich für sie tun, damit sie etwas aufgeben, was ich jetzt brauche? Wie können wir daraus eine Win-win-Situation schaffen? Beziehungen sind hilfreich. Wen kennen Sie, der Ihnen helfen würde? Was können Sie als Gegenleistung anbieten? Könnte ein Kollege in einem angrenzenden Land helfen? Könnte jemand von einer Firma, die nicht zur Konkurrenz gehört, helfen? *Benötigen Sie weitere Hilfe? – Siehe Nr. 37 „Verhandeln".*

- [ ] **6. Sind Sie bereit, die Führung zu übernehmen? Stehen Sie auf und gehen Sie ein Risiko ein.** Lernen Sie, mit exponierten Situationen zurechtzukommen. In einer diffizilen internationalen Umgebung ist es wesentlich riskanter, die Führung zu übernehmen und Dinge ins Rollen zu bringen als einfach Standardverfahren oder die in Ihrem Land üblichen Verfahren anzuwenden. Während es zwar viele Möglichkeiten zur persönlichen Profilierung in einer Führungsrolle gibt, stehen Sie in Vertretung Ihrer Standpunkte voll im Rampenlicht. Es ist bekannt, wie man mit Politikern umgeht und wie genau sie beobachtet werden. Menschen, die selbstständig handeln wollen, brauchen ein gesundes Selbstwertgefühl. Fühlen Sie sich sicher? Können Sie vor einem kritischen und objektiven Publikum Ihr Handeln als das Richtige verteidigen? Sie müssen von Ihrem Standpunkt überzeugt und sicher sein, dass Sie auf dem richtigen Weg sind. Sie müssen auch als Blitzableiter herhalten. Können Sie Angriffe ertragen? Es gibt immer Menschen, die alles besser wissen oder die Dinge anders angehen würden. Selbst die besten Führer liegen manchmal falsch, übernehmen dann aber persönlich die Verantwortung für Fehler und machen weiter. Lassen Sie sich durch Kritik nicht von Ihrem selbstständigen Handeln abhalten. Seien Sie nicht zu sensibel. Wenn Sie wissen, dass Sie Recht haben, ist eine selbstständige, unabhängige Position die damit zusammenhängenden Schwierigkeiten wert. Sollten Sie dennoch im Unrecht sein, geben Sie es zu und machen Sie weiter. In einer internationalen Umgebung sind Sie eher allein und auf sich selbst gestellt. Internationale Manager und leitende Angestellte müssen mehr selbstständige Entscheidungen treffen. Oft sind Kritiker entweder nicht mit der Situation vor Ort vertraut oder waren nie in der gleichen Situation wie Sie. Selbst ein schlechter Plan oder eine ungeschickte Vorgehensweise ist oft besser als wenn Sie gar nichts unternehmen. Wenn Sie etwas tun, was nicht funktioniert, können Sie Ihre Vorgehensweise immer noch ändern und weitermachen. Wenigstens wissen Sie jetzt, was nicht funktioniert. Das Vertreten eines unpopulären Standpunktes verlangt nach einem starken Selbstvertrauen, gepaart mit der Bescheidenheit, dass Sie auch falsch liegen könnten – ein Paradoxon an sich. Zur Vorbereitung auf die Leitung einer schwierigen Aufgabe machen Sie sich Ihren eigenen Standpunkt klar, bis Sie ihn sicher und in wenigen Sätzen verdeutlichen können. Erklären Sie den Vorteil fürs Geschäft. Was gewinnen die anderen? Bitten Sie andere um Rat. Grenzen Sie das Problem ein. Welche Lösungsmöglichkeiten gibt es? Suchen Sie sich eine Option heraus, stellen Sie einen Plan auf, mit dem Sie weiterarbeiten, bis er sich als falsch erweist. Ziehen Sie gegenteilige Ansichten in Betracht. Entwickeln Sie überzeugende Argumente gegen Ihren eigenen Standpunkt und bereiten Sie entsprechende Antworten darauf vor. Machen Sie sich auf Widerstände gefasst.

☐ **7. Sind Sie bereit, ein Risiko einzugehen? Lernen Sie aus Fehlern.**
Gewöhnen Sie sich an die mit internationalen Geschäften verbundenen Risiken. Erfolgreiche internationale Führungskräfte müssen oft selbstständig agieren, über den eigenen Schatten springen, Chancen wahrnehmen und mutige, neue Initiativen ergreifen. So zu handeln, birgt selbstverständlich auch die Gefahr von Fehlschlägen und Fehlern in sich. Nutzen Sie jeden Fehler und Misserfolg als Lernmöglichkeit. Wer nicht wagt, der nicht gewinnt. Erhöhen Sie Ihre Risikobereitschaft. Beginnen Sie mit kleineren Dingen, so dass Sie sich schneller von Rückschlägen erholen. Streben Sie nach kleinen Erfolgen. Probieren Sie Dinge aus. Stürzen Sie sich nicht auf eine riesige Aufgabe, nur um Ihren Mut zu beweisen. Teilen Sie sich Ihre Aufgabe in kleinere Teilaufgaben ein. Erledigen Sie den für Sie einfachsten Teil zuerst. Gehen Sie dann zu den schwierigeren Teilen über. Sehen Sie sich bei jedem Teil an, was Sie gut und weniger gut gemacht haben. Setzen Sie sich das Ziel, jedes Mal etwas anders und besser zu machen. Fordern Sie sich heraus. Sehen Sie, wie einfallsreich Sie sein können, wenn Sie eine Anzahl verschiedener Ansätze ausprobieren. *Benötigen Sie weitere Hilfe? – Siehe Nr. 14 „Kreativität", Nr. 28 „Innovationsmanagement" und Nr. 2 „Umgang mit Mehrdeutigkeit".*

☐ **8. Brauchen Sie Rat? Lassen Sie sich von anderen beraten.** Um in fremden Kulturen erfolgreich zu sein, brauchen Sie den Rat und die Unterstützung anderer. Nehmen Sie sich die Zeit, um gute Arbeitsbeziehungen mit Personen aufzubauen, die Ihnen helfen können. Finden Sie Menschen, die das nötige Wissen und die Erfahrung haben, die Sie brauchen. Suchen Sie sich Menschen, die Erfahrung mit Land und Leuten haben. Testen Sie vorher, was Sie sagen und tun wollen. Lassen Sie sich von einem Einheimischen, dem Sie vertrauen, aufschreiben, was Sie tun und sagen sollten, um das gewünschte Ergebnis zu erzielen. Bitten Sie Geschäftsführer anderer Unternehmen, die nicht zur Konkurrenz gehören, um Rat. Sprechen Sie mit Ihrem Vorgänger. *Benötigen Sie weitere Hilfe? – Siehe Nr. 36 „Andere motivieren".*

☐ **9. Befinden Sie sich in einer schwierigen Situation? Beobachten Sie die Einheimischen und handeln Sie wie diese.** Die meisten Kulturen haben ihre eigene Art, mit schwierigen Situationen umzugehen. In manchen Ländern ist eine direkte Konfrontation vollkommen unakzeptabel, während sie in anderen sogar erwartet wird. In manchen Kulturen werden schlechte Nachrichten immer von einer Mittelsperson überbracht. Es ist wichtig, die lokalen Vorgehensweisen zu kennen und zu verstehen und sich darüber im Klaren zu sein, dass Einzelpersonen in schwierigen Situationen in Einklang mit den Verhaltensnormen der jeweiligen Kultur handeln. Beobachten und lernen Sie. Die Faustregel ist: gehen Sie immer mit Vorsicht vor, solange Sie das Verhalten der Einheimischen und den kulturellen Kontext noch nicht voll und ganz verstehen.

☐ **10. Bekommen Sie keine Ergebnisse zustande? Vertrauen Sie Ihrem Urteilsvermögen, handeln Sie und lernen Sie aktiv.** Mangelhafte Leistung bleibt mangelhafte Leistung. Wenn Sie Ihre Arbeit nicht erledigt bekommen, schrecken Sie nicht davor zurück zu handeln, weil Sie befürchten kulturelle Normen zu verletzen. Lernen Sie ständig und experimentieren Sie mit unterschiedlichen Vorgehensweisen. In den meisten Kulturen sind die Einheimischen Fremden gegenüber toleranter, da Fremde nicht wissen können, „wie wir das hier machen" – es sei denn, Sie begehen einen größeren Fauxpas. Am schlimmsten ist es, wenn Sie etwas einfach schleifen lassen. Wenn Sie sich nicht sicher sind, wie Sie etwas am besten handhaben, fragen Sie einen Einheimischen um Rat. Vertrauen Sie auf Ihre bisherige Erfahrung und bauen Sie darauf auf.

Develop-in-Place-Aufgabenstellungen

- ☐ Stellen Sie ein multinationales Projektteam zusammen oder arbeiten Sie in einem solchen mit, um ein gemeinsames internationales Geschäftsproblem zu bewältigen.
- ☐ Stellen Sie ein Team mit Leuten von unterschiedlicher nationaler Herkunft zusammen, um eine schwierige Aufgabe zu bewältigen.
- ☐ Lösen Sie eine Konfliktsituation zwischen zwei Personen, Geschäftseinheiten, geografischen Standorten, Funktionen usw. in zwei verschiedenen Ländern.
- ☐ Beteiligen Sie sich an einem nationalen Team aus Ihrem Heimatland, das sich an einen Reorganisationsplan halten muss, in dem mehr Leute als Stellen zur Verfügung stehen.
- ☐ Führen Sie außerhalb Ihres Heimatlandes eine Gruppe durch eine bedeutsame internationale Geschäftskrise.

International business has always existed in some form.
But because of advances in technology and travel, we can
do business with India as well as Indiana. In fact, it might even be
cheaper to do business with India than Indiana. And that's true whether
you're a large multinational corporation, or a mom-and-pop business.
There are new cross-cultural markets you can expand into.
You've got to know how to work well with other cultures.
Dean Foster – Amerikanischer Autor

Literaturempfehlungen

Aziza, B., & Fitts, J. (2008). *Drive business performance: Enabling a culture of intelligent execution*. Hoboken, NJ: John Wiley & Sons.

Bartlett, C. A., & Ghoshal, S. (2002). *Managing across borders: The transnational solution* (2nd ed.). Boston: Harvard Business School Press.

Brett, J. M. (2007). *Negotiating globally: How to negotiate deals, resolve disputes, and make decisions across cultural boundaries* (2nd ed.). San Francisco: John Wiley & Sons.

Cohen, E. (2007). *Leadership without borders: Successful strategies from world-class leaders*. Singapore: John Wiley & Sons.

Dalton, M., Ernst, C., Deal, J., & Leslie, J. (2002). *Success for the new global manager: How to work across distances, countries, and cultures*. San Francisco: Jossey-Bass.

Halverson, C. B., & Tirmizi, S. A. (Eds.). (2008). *Effective multicultural teams: Theory and practice* (Series: Advances in group decision and negotiation, Vol. 3.). New York: Springer.

House, R. J., Hanges, P. J., Javidan, M., Dorfman, P., & Gupta, V. (Eds.). (2004). *Culture, leadership, and organizations: The GLOBE study of 62 societies*. Thousand Oaks, CA: Sage.

Konopaske, R., & Ivancevich, J. M. (2004). *Global management and organizational behavior: Text, readings, cases, and exercises*. New York: McGraw-Hill/Irwin.

Lewis, R. D. (2006). *When cultures collide: Leading across cultures* (3rd ed.). Boston: Nicholas Brealey International.

Moodian, M. A. (2008). *Contemporary leadership and intercultural competence: Exploring the cross-cultural dynamics within organizations*. Thousand Oaks, CA: Sage.

Smith, P. B., Peterson, M. F., & Thomas, D. C. (2008). *The handbook of cross-cultural management research*. Thousand Oaks, CA: Sage.

Warner, M., & Witzel, M. (2004). *Managing in virtual organizations*. London: Thomson Learning.

GLOBALE BETRACHTUNGSFELDER

164 Fähigkeiten zur Aufgabenbewältigung

Einige Entsprechungen zu Leadership Architect®:
1,2,11,12,43,50,52,53,55,62

The very greatest things—great thoughts, discoveries, inventions— have usually been nurtured in hardship, often pondered over in sorrow, and at length established with difficulty.
Samuel Smiles – Schottischer Autor und Reformer

Schlecht ausgeprägt
- ☐ Findet Reisen ermüdend
- ☐ Kommt mit den Anforderungen internationaler Reisen nicht gut zurecht
- ☐ Braucht lange, um sich an neue internationale Standorte anzupassen
- ☐ Kommt durcheinander, wenn er/sie ständig reisen und sich an neue Lebensbedingungen anpassen muss
- ☐ Ist schlecht organisiert
- ☐ Kann Zeit nicht gut einteilen
- ☐ Nicht einfallsreich genug, um für persönliche Unterbringung und Bequemlichkeit zu verhandeln
- ☐ Phlegmatisch auf Reisen
- ☐ Verpasst unterwegs ständig seine Anschlussverbindungen

Gut ausgeprägt
- ☐ Kann sich schnell an neue internationale Standorte und Bedingungen anpassen
- ☐ Ist gerne auf Reisen
- ☐ Bleibt unter schwierigen Lebensbedingungen gesund und munter
- ☐ Erreicht auch mit knappen Ressourcen schnell den neusten Stand
- ☐ Kann seine Arbeit selbst unter den schwierigsten Bedingungen erledigen
- ☐ Gut organisiert
- ☐ Kann Zeit gut einteilen
- ☐ Kann gut verhandeln und sich auf Reisen geschickt durchschlagen
- ☐ Wird durch Herausforderungen motiviert
- ☐ Interessiert sich für das Unbekannte
- ☐ Kann sich im Flugzeug ausruhen und schlafen
- ☐ Hat immer eine positive Einstellung

Übertriebene Fähigkeit

- ☐ Passt sich zu schnell an die lokale Kultur an
- ☐ Macht auf andere den Eindruck, dass er/sie zu stark versucht, sich anzupassen
- ☐ Erwartet, dass andere die gleiche Ausdauer haben wie er/sie
- ☐ Hört nicht zu
- ☐ Weiß nicht, wann ein Kampf verloren ist
- ☐ Handelt zu schnell, ohne alle Fakten zu berücksichtigen

Wählen Sie nachstehend eine bis drei Kompetenzen als Arbeitsgegenstand aus, um einen übertriebenen Einsatz dieser Fähigkeit zu kompensieren.
AUSGLEICHSKOMPETENZEN: 41,48

Mögliche Ursachen

- ☐ Ist in keiner guten körperlichen Kondition
- ☐ Kann Zeit nicht gut einteilen
- ☐ Setzt keine Prioritäten
- ☐ Kann sich in neuen und ungewohnten Situationen nicht entspannen
- ☐ Sehr starke persönliche Überzeugungen und Werte
- ☐ Kann nicht gut mit Ungewissheit umgehen
- ☐ Kann nicht gut umschalten
- ☐ Nicht gut organisiert
- ☐ Braucht lange, um neue Arbeitsweisen auszudenken
- ☐ Braucht eine Routine, um sich wohl zu fühlen

Der Plan

Der Auslandseinsatz kann sehr anstrengend sein. Lange Flüge. Schlechte Unterbringung. Schnelle Umstellungen. Andere Regeln und Verhaltensstandards. Stress durch Zeitzonenverschiebung. Flugverspätungen und Reiseschwierigkeiten. Sprachprobleme. Sie müssen selbst unter extremer physischer und psychischer Belastung effektiv arbeiten können. Wer international reist, hat oft einen Nachteil gegenüber Kollegen vor Ort, die ausgeruht sind und in ihrem eigenen Bett schlafen können. Der Auslandseinsatz ist für die meisten Menschen sowohl interessant und herausfordernd als auch anstrengend. Um im Ausland erfolgreich zu sein, müssen Sie unbedingt ausgeglichen und geistig frisch bleiben. Ständig auf alle Ereignisse und Umstände im Ausland reagieren zu müssen kann sehr anstrengend sein. Sie müssen lernen, sich zu entspannen und sich dem Strom anzupassen, um geistig, emotional und körperlich funktionsfähig zu bleiben und erfolgreich Geschäfte führen zu können.

Tipps

☐ **1. Fühlen Sie sich unsicher? Finden Sie heraus, was Sie zu erwarten haben.** Informieren Sie sich über Länder, die Sie besuchen werden. Finden Sie heraus, wie es mit Wohnverhältnissen, Trinkgeldern, Restaurants, Gesetzen, Bekleidung, Verhaltensregeln im jeweiligen Land aussieht. Sprechen Sie mit anderen, die in dem Land waren. Werden Geschäfte genau wie im eigenen Land geführt? Sind die Dinge formaler? Sind die Vorlaufzeiten sehr lang oder werden Dinge schnell und unkompliziert abgewickelt? Wird von Ihnen eine starke Beteiligung an sozialen Interaktionen erwartet oder überhaupt keine? Wird von Ihnen erwartet, dass Sie von Ihrer Familie erzählen oder wäre dies ein Fauxpas? Bereiten Sie sich vor.

☐ **2. Kämpfen Sie gegen Müdigkeit an? Finden Sie heraus, wie Sie genug Schlaf bekommen.** Informieren Sie sich darüber, wie Sie sich am besten an andere Zeitzonen anpassen. Fragen Sie Ihren Arzt nach wirksamen, aber sicheren Medikamenten, falls nötig. Nur wenige können sich auf internationalen Reisen ausruhen. Stellen Sie sich so schnell wie möglich auf die Ortszeit um. Stellen Sie Ihre interne Uhr sowie Ihre Schlaf- und Essenszeiten so gut wie möglich auf den jeweiligen Standort ein. Eine Faustregel für viele internationale Reisende: Versuchen Sie zu sitzen, statt zu stehen; sich zurückzulehnen, statt gerade zu sitzen; sich hinzulegen, statt sich zurückzulehnen; und legen Sie sich nicht nur hin, sondern versuchen Sie auch zu schlafen. Sparen Sie Ihre Energie für wichtige Aufgaben.

☐ **3. Brauchen Sie mehr Energie? Bleiben Sie in Form.** Internationale Reisen erfordern mehr Durchhaltevermögen. Wer in guter Kondition ist, hat es in der Regel leichter. Versuchen Sie auch auf Reisen einen Teil Ihrer Fitness-Routine aufrechtzuerhalten. Es ist nicht einfach, sich zu konzentrieren, wenn Sie müde sind. Suchen Sie sich ein Buch mit Tipps für internationale Reisen. Entwickeln Sie eine Routine, die für Sie funktioniert. Versuchen Sie, auch auf Reisen körperlich aktiv zu bleiben. Körperliche Bewegung nach einem langen Flug kann Ihre Batterien aufladen und Ihnen neue Energie verleihen.

☐ **4. Haben Sie Bedenken wegen Ihrer Ernährung? Essen Sie gut.** Die Küchen verschiedener Länder haben ihre Vor- und Nachteile. Schmackhaftes Essen, hervorragende Küche – aber für Sie ungewohnt. Die Esszeiten sind anders. Die Dauer der Mahlzeiten ist anders. Sie sind versucht, alles auszuprobieren. Seien Sie sensibel gegenüber den Erwartungen Ihrer Gastgeber, aber achten Sie auch auf Ihr Wohlbefinden. Wenn Sie eine Region zum ersten Mal besuchen, probieren Sie die Küche vor der Reise aus. Lernen Sie, was dort gegessen wird und wie ein typisches Menü aussieht.

Heutzutage finden Sie in den größeren Städten Restaurants aus aller Welt. Lernen Sie ca. 20 Wörter in der Landessprache für Huhn, Fisch, Rind, Gemüse und Suppen. Halten Sie sich an Ihre Essgewohnheiten.

☐ **5. Haben Sie es mit schwierigen Flugzeiten zu tun? Lernen Sie die Richtlinien für gutes Reisen.** Oft sind die Flüge lang. Es ist absolut notwendig, dass Sie sich die Flugzeit gut einteilen. Wann und wie schlafen Sie am besten? Mit welcher Klasse sollten Sie fliegen? Was essen? Wann essen? Sollten Sie alkoholische Getränke zu sich nehmen? Wissen Sie, wie sich im Flugzeug körperlich betätigen können? Es gibt verschiedene Bücher und Ratgeber über gesundes Reisen. Besorgen Sie sich zwei davon in Ihrem Buchladen und stellen Sie ein Programm für sich selbst auf.

☐ **6. Sind Sie für die Veränderung bereit? Planen Sie voraus, um nicht unnötig in Bedrängnis zu kommen.** Schon Unterschiede bedeuten für viele Unannehmlichkeiten. Jeder internationale Standort birgt neue Herausforderungen. Machen Sie sich im Voraus mit den jeweiligen Vorgängen vertraut. Sprechen Sie mit anderen, die in dem Land waren. Ganz wichtig ist, dass Sie wissen, was im Flughafen sicher ist und was nicht. Können Sie Ihre Koffer Fremden anvertrauen? Sind alle Taxis legitim? Welche Währung müssen Sie mitnehmen? Ist es günstiger, Geld schon zu Hause zu wechseln oder sollten Sie warten, bis Sie am Ziel ankommen? Wie können Sie ein Zimmer reservieren, wenn Sie um 8.00 Uhr morgens landen? (Oft müssen Sie das Zimmer schon für den Vorabend reservieren und bezahlen, wenn Sie nicht stundenlang in der Lobby sitzen und auf ein Zimmer warten wollen.) Der Zoll. Was dürfen Sie einführen? Was müssen Sie verzollen? Gibt es bestimmte „Codewörter", die Sie verwenden bzw. vermeiden sollten. Einwanderungsbehörde. Haben Sie die nötigen Papiere? Mit anderen Worten: bereiten Sie sich so gut wie möglich vor.

☐ **7. Haben Sie über Worst-Case-Szenarien nachgedacht? Stellen Sie Notfallpläne zusammen.** Stellen Sie sich auf das Unerwartete ein. Was wäre, wenn Sie Ihre Reisedokumente oder Papiere verlieren würden? Was ist, wenn Sie Ihr Bargeld verlieren? Was ist, wenn Sie krank werden? Was passiert, wenn Ihre Reisepläne durcheinandergebracht werden? Wie können Sie aktuelle Informationen bekommen? Planen Sie voraus. Informieren Sie sich, wie Sie mit der nächsten Botschaft Kontakt aufnehmen können. Was kann man dort für Sie tun? Fragen Sie Ihren Arzt nach Plänen für medizinische Notfälle. Fragen Sie Ihre Bank, wie Sie Geld bekommen können. Finden Sie heraus, wie Sie sich im Notfall mit den ansässigen Mitarbeitern in Verbindung setzen können.

☐ **8. Sind Sie gestresst? Lassen Sie die kleinen Dinge los.** Lernen Sie, wann Sie sich entspannen können und wann Sie reagieren müssen. In einer neuen und ungewohnten Umgebung kann man schnell überreagieren. Wenn Sie mehr internationale Erfahrung sammeln, fällt es Ihnen mit der Zeit leichter zu beurteilen, worauf Sie reagieren müssen und was Sie ignorieren oder delegieren können. Es ist wichtig eine zeitliche Vorgehensweise und eine langfristige Perspektive gegenüber Problemen zu entwickeln, mit denen Sie sich wahrscheinlich auseinandersetzen müssen. Konzentrieren Sie sich auf das, was für den geschäftlichen Erfolg wirklich wichtig ist und lernen Sie, weniger wichtige Dinge zu ignorieren. Behalten Sie Ihren Sinn für Humor und haben Sie keine Angst, über sich selbst zu lachen.

☐ **9. Sind Ihnen alle Erwartungen klar? Haken Sie bei der Geschäftszentrale nach.** Lernen Sie, wie Sie die Kommunikation mit Ihrem Stammhaus aufrechterhalten und deren Erwartungen erfüllen können. Internationale Manager stehen sehr oft unter Stress, weil sie nicht sicher sind, was ihr Stammhaus erwartet und wie Sie die Kommunikation effektiv und offen gestalten können. Andererseits kommt der Stress auch oft daher, dass das Stammhaus kein Verständnis für die Umstände und Arbeitsbedingungen vor Ort hat. Daher ist es absolut notwendig, dass Sie wesentlich mehr kommunizieren als sonst, um jegliche Unklarheiten bzgl. der Reaktion des Stammhauses auf bestimmte Initiativen aus dem Weg zu räumen. Wenn Sie sich nicht sicher sind, wie Ihre Führungskraft oder das Stammhaus auf eine bestimmte Initiative reagieren wird, sprechen Sie mit ihnen darüber, sooft Sie können.

☐ **10. Ist Ihre Sichtweise eingeschränkt? Entwickeln Sie eine vorurteilsfreie Einstellung zu Dingen, die anders sind.** Eines der besten Werkzeuge für erfolgreiche internationale Manager ist es, Ereignisse und Umstände einfach als verschieden von dem, was in ihrem Ursprungsland als erwartet oder normal gilt, anzusehen und Ereignisse nicht zu vergleichen und als gut oder schlecht einzustufen. Indem Sie eine Bewertung vermeiden und etwas einfach als anders akzeptieren, können Sie sich ein objektiveres und ausgeglicheneres Bild von Ereignissen machen. Mit dieser Einstellung können Sie alles etwas gelassener angehen. Ein internationaler Manager sagt, dass auf jeder Reise im Durchschnitt drei unangenehme Probleme auftreten. Wenn es weniger sind, war es eine sehr gute Reise. Sind es mehr, dann war es einfach eine Abweichung vom Durchschnitt. Akzeptieren Sie Unterschiede und lernen Sie, warum etwas so ist, bevor Sie es zu ändern versuchen.

Develop-in-Place-Aufgabenstellungen

- ☐ Führen Sie außerhalb Ihres Heimatlandes eine Gruppe durch eine bedeutsame internationale Geschäftskrise.
- ☐ Arbeiten Sie in einem Projektteam an einem internationalen Thema mit, das Reisen in verschiedene Länder oder an bestimmte Orte mit sich bringt, die Sie noch nicht kennen.
- ☐ Beteiligen Sie sich an der Schließung eines Werks, einer Niederlassung, einer Produktreihe, eines Geschäfts, Programms usw. in einem anderen Land.
- ☐ Managen Sie eine Gruppe von Widerständlern mit schlechter Moral während eines unbeliebten Umstiegs oder Projekts mit globalen Auswirkungen oder Verflechtungen.
- ☐ Übernehmen sie ein schwieriges und nicht zu bewältigendes internationales Projekt, an dem andere sich schon die Zähne ausgebissen haben.

*The gentle reader will never, never know
what a consummate ass he can become, until he goes abroad.*
Mark Twain – Amerikanischer Humorist, Satiriker, Lektor und Autor

Literaturempfehlungen

Black, J. S., Gregersen, H. B., Mendenhall, M. E., & Stroh, L. K. (1999). *Globalizing people through international assignments*. New York: Addison-Wesley Longman.

Dalton, M., Ernst, C., Deal, J., & Leslie, J. (2002). *Success for the new global manager: How to work across distances, countries, and cultures*. San Francisco: Jossey-Bass.

Hess, M. B., & Linderman, P. (2002). *The expert expatriate: Your guide to successful relocation abroad: Moving, living, and thriving*. Yarmouth, ME: Intercultural Press.

Lewis, R. D. (2006). *When cultures collide: Leading across cultures* (3rd ed.). Boston: Nicholas Brealey International.

McCall, M. W., Jr., & Hollenbeck, G. P. (2001). *Developing global executives: The lessons of international experience*. Boston: Harvard Business School Press.

Moodian, M. A. (2008). *Contemporary leadership and intercultural competence: Exploring the cross-cultural dynamics within organizations*. Thousand Oaks, CA: Sage.

Moran, R. T., Harris, P. R., & Moran, S. V. (2007). *Managing cultural differences: Global leadership strategies for the 21st century* (7th ed.). Burlington, MA: Butterworth-Heinemann.

Reuvid, J. (2006). *Working abroad: The complete guide to overseas employment* (27th ed.). London: Kogan Page.

Stroh, L. K., Black, J. S., Mendenhall, M. E., & Gregersen, H. B. (2004). *International assignments: An integration of strategy, research, and practice*. Mahwah, NJ: Lawrence Erlbaum Associates.

Walker, D., Walker, T., & Schmitz, J. (2003). *Doing business internationally: The guide to cross-cultural success* (2nd ed.). New York: McGraw-Hill.

Wennersten, J. R. (2007). *Leaving America: The new expatriate generation*. Westport, CT: Praeger Publishers.

Wilson, M. S., & Dalton, M. A. (1998). *International success: Selecting, developing, and supporting expatriate managers*. Greensboro, NC: Center for Creative Leadership.

GLOBALE BETRACHTUNGSFELDER

165 Positionierungskompetenzen im Unternehmen

Einige Entsprechungen zu Leadership Architect®:
3,8,31,33,38,39,48,49,59,61,65,67

> *The single biggest problem in communication
> is the illusion that it has taken place.*
> George Bernard Shaw – Irischer Essayist, Bühnenautor und Literaturkritiker

Schlecht ausgeprägt
- ☐ Informiert die Hauptniederlassung nicht über wichtige Vorgänge
- ☐ Glaubt, alles besser zu wissen
- ☐ Ignoriert Anfragen und Vorschläge vom Management
- ☐ Teilt wichtige Informationen nicht rechtzeitig mit
- ☐ Bittet in schwierigen Situationen nicht um Hilfe
- ☐ Nimmt sich nicht die Zeit, der Hauptniederlassung landesspezifische Probleme zu erklären

Gut ausgeprägt
- ☐ Hat politisches Geschick
- ☐ Kann dem Personal vor Ort von der Hauptniederlassung ausgehende Maßnahmen erklären
- ☐ Erklärt dem Personal vor Ort die Perspektiven der Hauptniederlassung und umgekehrt
- ☐ Weiß, wann es Zeit ist, einen Kampf abzubrechen
- ☐ Kann hervorragend kommunizieren
- ☐ Kann das informelle Netz effektiv nutzen
- ☐ Lässt sich keine Gelegenheit entgehen, eine Position zu erklären oder zu verkaufen

Übertriebene Fähigkeit
- ☐ Geht immer wieder zum Stammhaus zurück
- ☐ Verbringt so viel Zeit mit Kommunizieren, dass dabei Zeit verloren geht, bevor gehandelt wird
- ☐ Verbringt viel zu viel Zeit mit Präsentationen
- ☐ Gilt als ein Mensch, der sich bei den Vorgesetzten einschmeicheln will
- ☐ Kommunikation wirkt oft als sei sie nur Handeln im eigenen Interesse

☐ Fragt immer nach, wie etwas in der Hauptniederlassung/vor Ort aufgenommen wird

Wählen Sie nachstehend eine bis drei Kompetenzen als Arbeitsgegenstand aus, um einen übertriebenen Einsatz dieser Fähigkeit zu kompensieren.
AUSGLEICHSKOMPETENZEN: 47,50,53,57,62

Mögliche Ursachen

☐ Misst der Zustimmung vom Stammhaus zu viel Bedeutung zu
☐ Hat zu wenig Selbstvertrauen
☐ Hat Angst, Fehler zu machen
☐ Ist zu detailorientiert
☐ Braucht sehr viel Unterstützung, bevor er/sie handelt
☐ Vermeidet Konfrontationen

Der Plan

Die große Entfernung zum Stammhaus kann ein Gefühl der Einsamkeit erzeugen und eine Herausforderung sein. Einerseits kann es sein, dass Ihr Stammhaus, ohne direkte Kenntnis der Kultur oder des lokalen Geschäftsklimas, eine sehr eingeschränkte Vorstellung davon hat, wie Geschäfte in einem anderen Land geführt werden sollten. Hier liegt die Herausforderung in guter Kommunikation und darin, Ihre Vorgesetzten so gut wie möglich von Ihren Plänen zu überzeugen. Andererseits bringen Geschäfte im Ausland von Natur aus ein gewisses Risiko mit sich. Es kommt der Punkt, wo Sie von sich aus handeln müssen, ohne das Stammhaus zu konsultieren – wie zum Beispiel ein Brand in einem Werk um die Mittagszeit, wenn es im Stammhaus mitten in der Nacht ist. Sie müssen einerseits das Stammhaus ausreichend informieren, aber andererseits die Initiative ergreifen, auch wenn Ihre Aktionen dem Stammhaus wesentlich riskanter vorkommen als sie vor Ort erscheinen. Erfolgreiche internationale Manager erhalten die Kommunikation aufrecht und respektieren gleichzeitig die Meinung anderer. Ein fähiger internationaler Manager ist immer bereit, nach guten Ideen zu suchen und sich gute Ideen anzuhören, egal woher sie kommen. Erfolgreiche Manager im Ausland nehmen die Hilfe des Stammhauses in Anspruch, wenn dies angemessen ist.

Tipps

☐ **1. Sind Sie für Kommunikation gerüstet? Machen Sie sich Technologie zunutze, um über Zeitzonen hinweg zu kommunizieren.** Über verschiedene Länder und Zeitzonen hinweg in Kontakt zu bleiben ist nicht einfach. Sowohl mit E-Mail als auch Videokonferenzen gibt es gewisse Vor- und Nachteile. Kurzbesuche, die wenig Zeit für persönliche Gespräche bieten, sind nicht ideal für gewinnbringende Konversationen. Sprachunterschiede stellen eine weitere Herausforderung dar. Und es ist immer schwer, mit anderen zu kommunizieren, wenn Sie nicht wach und ausgeruht sind. Die Einstellung gegenüber einer Sache darzustellen erfordert Disziplin und gute Zeiteinteilung. Die meisten Manager können schriftlich nicht so gut kommunizieren wie von Angesicht zu Angesicht, besonders wenn es um komplizierte Themen geht (*siehe Nr. 67 „Schriftliche Kommunikation"*). Lernen Sie, die verfügbare Technologie voll auszunutzen. Lassen Sie sich von einem Experten helfen. Üben Sie. Bitten Sie um Feedback. Stellen Sie sich auf den Empfänger Ihrer Mitteilungen ein. Besprechen Sie mit den Empfängern, was sie brauchen und wann. Wenn Sie Zweifel haben, haken Sie nach. Die Kommunikation mit dem Stammhaus ist immer etwas knifflig.

☐ **2. Informieren Sie hinreichend? Schärfen Sie Ihre Kommunikationsfähigkeiten.** Sind Sie ein Minimalist, wenn es um Kommunkation geht? Teilen Sie anderen nur das mit, was sie Ihrer Ansicht nach wissen müssen? Es motiviert die Menschen, wenn sie den größeren Zusammenhang sehen. Woran arbeiten die anderen und warum? Viele Leute sind der Meinung, dass einfaches Informieren unnötig ist und zu viel Zeit kostet. Damit haben sie Unrecht. Das Gefühl, etwas Wichtiges zu tun, ist der zweithöchste Antriebsfaktor in der Arbeit und führt zu größerer Motivation und Produktivität. Versuchen Sie, mehr Informationen auszutauschen, die Ihres Erachtens nicht unbedingt mitgeteilt werden müssen. Achten Sie darauf, welche Auswirkungen diese Informationen haben und auf wen. Fragen Sie Ihre Mitarbeiter, was sie wissen wollen und informieren Sie sie (falls es nichts Vertrauliches ist). Behandeln Sie Ihre Mitarbeiter mit demselben Respekt wie Ihre Kunden.

☐ **3. Sind Sie gerne für sich alleine? Halten Sie die Verbindung zu den Menschen in Ihrer Umgebung.** Seien Sie kein Einzelgänger. Bleiben Sie für sich? Arbeiten Sie allein oder versuchen Sie es zumindest? Halten Sie Informationen zurück? Verteilen Sie Informationen nur nach Ihrem eigenen Gutdünken? Teilen Sie Informationen nur mit, um einen Vorteil daraus zu erzielen oder um einen Gefallen gut zu haben? Weiß Ihr Umfeld, was Sie machen und warum? Kennen Sie Einzelheiten, von denen andere profitieren würden, aber Sie nehmen sich nicht die Zeit zur Kommunikation? In den meisten Unternehmen werden Sie durch ein solches oder ähnliches Verhalten Schwierigkeiten bekommen. Organisationen sind auf den Fluss von Informationen angewiesen. Sie können allein und in Ruhe und Frieden arbeiten, solange Sie über die Dinge mit Ihren Führungskräften, Kollegen und Teammitgliedern kommunizieren. Seien Sie kein Verursacher von ständigen Überraschungen.

☐ **4. Informieren Sie ineffektiv? Optimieren Sie Ihren Kommunikationsstil.** Gehen Sie mit Informationen nicht zu knauserig um. Manche Leute können einfach nicht ausreichend informieren. Ihr Kommunikationsstil ist nicht effektiv. Die Verhaltensforschung hat herausgefunden: dass die besten Kommunikationsexperten oft, aber nur kurz sprechen (15 bis 30 Sekunden); stellen Sie mehr Fragen als andere; schlagen Sie am Anfang einer Diskussion weniger Lösungen vor; greifen Sie mit ein oder zwei Sätzen die Argumente der anderen nochmals auf; häufig zusammenfassen und häufiger klären, an welchem Punkt der Diskussion man sich befindet; laden Sie allein, ihre Ansichten mitzuteilen; greifen Sie einzelne Ansichten nach Möglichkeit erst wieder auf, nachdem andere Gelegenheit hatten, sich zu äußern – es sei denn, jemand will einfach nur den Schwarzen Peter weitergeben. Vergleichen Sie diese Praktiken mit Ihren eigenen und arbeiten Sie an den Schwachpunkten.

☐ **5. Informieren Sie inkonsistent? Informieren Sie die richtigen Leute über die richtigen Dinge.** Führen Sie eine Informations-Checkliste, aus der hervorgeht, welche Informationen an wen gehen sollten; geben Sie Zusammenfassungen oder Kopien wichtiger Mitteilungen weiter. Verfassen Sie Ihre Checkliste wie folgt: Vermerken Sie Unerfreuliches, über das Sie unterrichtet wurden; fragen Sie Mitarbeiter, was diese wissen möchten, um ihre Arbeit besser erledigen zu können; überprüfen Sie zusammen mit Führungskräften, Kollegen und Kunden, ob Sie zu wenig, ausreichend oder zu viele der richtigen Informationen weitergeben; und fragen Sie das Stammhaus nach deren Kommunikationsanforderungen. Es ist wichtig zu wissen, was, an wen und wann Sie Informationen verteilen, damit Sie effektiver werden. Manche Manager legen sich eine Liste mit wichtigen Themen neben das Telefon und leiten Informationen bei jeder Gelegenheit weiter.

☐ **6. Informieren Sie selektiv? Informieren Sie offener.** Teilen Sie alle Details mit, informieren Sie so umfassend wie möglich. Selektives Informieren ist nicht gut. Am häufigsten wird selektiv nach oben informiert, nicht aber nach unten und lateral. Achten Sie darauf, dass Sie Ihre Kommunikationen an alle Beteiligten schicken. Lassen Sie sich nicht dazu verleiten, manche zu informieren und andere nicht. Warum? Was gewinnen Sie dadurch bei der einen Gruppe oder Person, was verlieren Sie bei der anderen? Persönliche Gründe? Haben Sie Vorteile durch Ihre Art von Informationsaustausch? Auf Kosten der anderen? Warum meiden Sie eine Gruppe? Befürchten Sie Diskussionen?

☐ **7. Brauchen Sie Rat? Lernen Sie mehr Topmanager kennen.** Versuchen Sie, sich mit Höhergestellten in informeller Umgebung wie bei Empfängen, Sport-, Wohltätigkeits- oder anderen Veranstaltungen, außerhalb des

Werksgeländes usw. zu unterhalten. Finden Sie heraus, was sie meinen. Fragen Sie, welche Art von Informationen sie mögen und brauchen. Finden Sie heraus, auf welche Art sie am liebsten Informationen empfangen. Stellen Sie sich auf die einzelnen Empfänger ein. Stellen Sie Fragen und bitten Sie um Rat. Fragen Sie sie, wie sie sich in bestimmten Situationen verhalten.

- ☐ **8. Stecken Sie im Labyrinth der Organisation fest? Beobachten Sie, wie die Organisation funktioniert.** Organisationen können ein komplexes System mit vielen verschiedenen Vorgehensweisen sein. Oft gibt es auch viele Abzweigungen, Sackgassen und bessere bzw. weniger gute Wege, etwas erledigt zu bekommen, und in den meisten Organisationen verläuft der beste Weg, um ans Ziel zu kommen, fast nie gerade. Es gibt die formelle Organisation – dargestellt auf dem Organigramm –, die geradlinig aussieht, und es gibt die informelle Organisation, deren Wege im Zickzack verlaufen. Da Organisationen nun einmal aus Menschen bestehen, werden sie noch komplexer als Systeme. Es gibt Kontrolleure, Beschleuniger, Stopper, Widerstandskämpfer, Wegweiser, gute Samariter und Beeinflussende. *Benötigen Sie weitere Hilfe? – Siehe Nr. 38 „Organisationsagilität".*

- ☐ **9. Werden Sie unzugänglich? Halten Sie sich über Trends in der Unternehmenszentrale auf dem laufenden.** Wenn Sie engen Kontakt zum Stammhaus halten, finden Sie eher heraus, was vor sich geht und was die neuesten und interessantesten Aktionspläne sind. Erfolgreiche Manager erhalten die Kommunikation in beide Richtungen aufrecht und sind immer über die neuesten Entscheidungen und Pläne informiert. Halten Sie regelmäßigen Kontakt zu Ihren Kollegen im Stammhaus und bitten Sie sie, Ihnen Neues oder Änderungen mitzuteilen. Bitten Sie darum, in Verteilerlisten für wichtige Informationen aufgenommen zu werden, und stellen Sie sicher, dass auch wichtige E-Mails an Sie weitergeleitet werden. Wenn Sie das Stammhaus oder regionale Standorte besuchen, nehmen Sie sich ausreichend Zeit für Ihre Kollegen, die andere Funktionen bekleiden.

- ☐ **10. Sind Sie bereit, transparent zu sein? Sprechen Sie offen über Ihre Vorstellungen und Pläne.** Einer der sichersten Wege, Probleme zu vermeiden und die Informationskanäle offen zu halten, ist so viele Personen wie möglich über Ihre Vorstellungen und Pläne zu informieren. Dabei dürfen Sie natürlich keine vertraulichen Informationen preisgeben, aber wenn Sie eine gewisse Transparenz etablieren, haben Sie bessere Chancen, wichtige Informationen rechtzeitig zu bekommen. Wenn Sie offen sind, werden Ihnen auch andere eher vertrauen als jemandem, der Informationen zurückhält. Bieten Sie immer mehr an als man von Ihnen verlangt, und fragen Sie, ob es den anderen Recht ist, dass Sie mehr als das Erforderliche mitteilen. Bemühen Sie sich, als offene Führungskraft betrachtet zu werden, die um Hilfe bittet und immer offen gegenüber Verbesserungsvorschlägen ist.

Develop-in-Place-Aufgabenstellungen

☐ Planen Sie ein Meeting, eine Tagung, eine Messe, eine Veranstaltung usw. außerhalb Ihres Standorts.

☐ Stellen Sie ein multinationales Projektteam zusammen oder arbeiten Sie in einem solchen mit, um ein gemeinsames internationales Geschäftsproblem zu bewältigen.

☐ Stellen Sie einen wichtigen Vorschlag zusammen und präsentieren Sie diesen dem Management im internationalen Sektor Ihres Geschäfts.

☐ Starten Sie ein bestehendes Produkt oder eine Dienstleistung neu, die in einem anderen Land oder landesübergreifend nicht besonders gut läuft.

☐ Integrieren Sie verschiedene Systeme, Prozesse oder Verfahren über mehrere Abteilungen und/oder geografisch verteilte internationale Geschäftsbereiche hinweg.

The one who figures on victory at headquarters before even doing battle is the one who has the most strategic factors on his side.
Sun Tzu (ca. 500 v.u.Z.) – Chinesischer Militärstratege

Literaturempfehlungen

Bartlett, C. A., & Ghoshal, S. (2002). *Managing across borders: The transnational solution* (2nd ed.). Boston: Harvard Business School Press.

Brett, J. M. (2007). *Negotiating globally: How to negotiate deals, resolve disputes, and make decisions across cultural boundaries* (2nd ed.). San Francisco: John Wiley & Sons.

Cavusgil, T., Knight, G., & Riesenberger, J. (2007). *International business: Strategy, management, and the new realities.* Upper Saddle River, NJ: Prentice Hall.

Cullen, J. B., & Parboteeah, K. P. (2008). *Multinational management: A strategic approach* (4th ed.). Mason, OH: Thomson/South-Western.

Dalton, M., Ernst, C., Deal, J., & Leslie, J. (2002). *Success for the new global manager: How to work across distances, countries, and cultures.* San Francisco: Jossey-Bass.

Deal, J. J., & Prince, D. W. (2003). *Developing cultural adaptability: How to work across differences.* Greensboro, NC: Center for Creative Leadership.

Fisher, K., & Fisher, M. (2001). *The distance manager: A hands-on guide to managing off-site employees and virtual teams.* New York: McGraw-Hill.

Konopaske, R., & Ivancevich, J. M. (2004). *Global management and organizational behavior: Text, readings, cases, and exercises.* New York: McGraw-Hill/Irwin.

Morgan, G., Kristensen, P. H., & Whitley, R. (Eds.). (2001). *The multinational firm: Organizing across institutional and national divides.* New York: Oxford University Press.

Schmidt, W. V., Conaway, R. N., Easton, S. S., & Wardrope, W. J. (2007). *Communicating globally: Intercultural communication and international business.* Thousand Oaks, CA: Sage.

Stahl, G. K., & Björkman, I. (2006). *Handbook of research in international human resource management.* Cheltenham, UK: Edward Elgar.

Steger, U., Amann, W., & Maznevski, M. (Eds.). (2007). *Managing complexity in global organizations.* West Sussex, England: John Wiley & Sons.

Walker, D., Walker, T., & Schmitz, J. (2003). *Doing business internationally: The guide to cross-cultural success* (2nd ed.). New York: McGraw-Hill.

GLOBALE BETRACHTUNGSFELDER

166 Multikulturelle Sensibilität

Einige Entsprechungen zu Leadership Architect®:
3,21,29,31,33,40,41,45,54,55,56,60,64,65

We learned to know each other and know our differences.
This is the way to build the culture of peace.
Valentino Castellani – Italienischer Professor, Autor und Politiker

Schlecht ausgeprägt
☐ Beurteilt Unterschiede von seinem/ihrem persönlichen Standpunkt aus
☐ Kommt mit Unterschieden nicht gut zurecht
☐ Nimmt Unterschiede nicht ernst
☐ Bemüht sich nicht, Unterschiede zu verstehen
☐ Lehnt Einladungen zur Teilnahme an lokalen Veranstaltungen ab
☐ Bewertet Unterschiede als gut oder schlecht, anstatt sie einfach nur als unterschiedlich anzusehen
☐ Ist unflexibel
☐ Mangel an persönlicher Flexibilität

Gut ausgeprägt
☐ Hat Verständnis und Einfühlungsvermögen für die Unterschiede zwischen Menschen und Kulturen
☐ Nimmt bei Unterschieden keine Wertungen vor
☐ Respektiert Unterschiede
☐ Arbeitet, ohne viel Unruhe zu erzeugen
☐ Versucht, die Landessprache zu lernen
☐ Beteiligt sich erwartungsgemäß an örtlichen Bräuchen und Zeremonien
☐ Versteht die Nuancen der lokalen Kultur
☐ Respektiert unterschiedliche Wertmaßstäbe
☐ Kann mit Verschiedenartigkeit gut umgehen

Übertriebene Fähigkeit
☐ Trifft keine Entscheidungen bei fehlender Übereinstimmung, auch wenn dies angebracht wäre
☐ Wartet zu lange, bevor er/sie Maßnahmen in Bezug auf kulturelle Unterschiede oder kulturellen Widerstand ergreift
☐ Passt sich an die lokale Kultur an
☐ Nimmt zu viel Rücksicht auf die lokale Kultur, wenn dringend geschäftliche Entscheidungen getroffen werden müssen

- ☐ Ergreift nicht die erforderlichen Maßnahmen, weil er/sie befürchtet, jemanden zu beleidigen
- ☐ Verliert Zeit, weil er/sie zu lange über die kulturellen Auswirkungen eines Vorgangs nachdenkt

Wählen Sie nachstehend eine bis drei Kompetenzen als Arbeitsgegenstand aus, um einen übertriebenen Einsatz dieser Fähigkeit zu kompensieren.
AUSGLEICHSKOMPETENZEN: 1,9,12,17,39,40,50,51,53,57,62

Mögliche Ursachen

- ☐ Sehr starke Überzeugungen und Werte
- ☐ Sehr wertend
- ☐ Begrenzter Hintergrund
- ☐ Ethnozentrisch
- ☐ Schüchtern und still
- ☐ Nicht flexibel im Lernen
- ☐ Neuen Ideen gegenüber nicht aufgeschlossen

Der Plan

Alles kann auf verschiedene Arten erledigt werden. In anderen Ländern ist vieles anders: Religion, Kultur, Geschichte, Philosophie, Überzeugungen, politische Grundlagen, Wirtschaftssysteme. Zwar haben alle Menschen, Länder und Kulturen gewisse Gemeinsamkeiten, die Unterschiede sind jedoch am wichtigsten. Es passiert immer wieder, dass kulturelle Unterschiede negativ bewertet werden. Die Essgewohnheiten sind von Kultur zu Kultur sehr unterschiedlich. In einigen Ländern ist es gesetzwidrig, Konkurrenzprodukte in der Werbung zu erwähnen. In manchen Ländern arbeiten Frauen in der Firmenleitung, in anderen dürfen Frauen überhaupt nicht arbeiten. In manchen Ländern ist Alkohol überall erhältlich, in anderen ist er verboten. In manchen Kulturen wird Politik offen und frei diskutiert, während Sie in anderen für negative Bemerkungen über die Regierung verhaftet werden können. Um im Ausland erfolgreich zu sein, müssen Sie diese Unterschiede akzeptieren und damit arbeiten. Damit steht oder fällt Ihr Erfolg. International erfolgreiche Führungskräfte können Unterschiede akzeptieren und im Rahmen der von einer bestimmten Kultur etablierten Verhaltensregeln arbeiten.

Tipps

☐ **1. Sind Sie neugierig? Stellen Sie die richtigen Fragen.** Stellen Sie zuerst sich selbst die richtigen Fragen. McCall und Hollenbeck schlagen in *Developing Global Executives* folgende Fragen vor:
- Wie eng bzw. weltlich ist die Kultur?
- Wie offen bzw. verschlossen, vorsichtig oder subtil ist die Kommunikation?
- Wie verhält man sich, um anderen Respekt zu erweisen?
- Wie gewinnt man das Vertrauen anderer?
- Sind Geschäftsbeziehungen eher persönlich oder formell?
- Was sind die wichtigsten Motivatoren in dieser Kultur?
- Wird schnell oder langsam gehandelt?
- Was sind die vorherrschenden Denkweisen?
- Wie ist die Einstellung gegenüber einer guten Leistung?
- Wie sollte eine Führungskraft erwartungsgemäß handeln?
- Wie sehen die Beziehungen zu Kunden aus?
- Was können Sie aus der Geschichte dieser Kultur lernen, besonders in Bezug auf ihre Einstellung gegenüber anderen Kulturen?
- Wie ist der Allgemeinzustand der Kultur (Wirtschaft, Politik, Sozialwesen)?

☐ **2. Tun Sie kulturelle Besonderheiten leichtfertig ab? Erkennen Sie kulturelle Unterschiede,** denn kulturelle Unterschiede sind eine Realität und haben oft einen großen Einfluss auf unsere Vorgehensweisen. Erkennen und akzeptieren Sie, dass Führungs- und Managementpraktiken, die Sie als selbstverständlich hinnehmen, anders sein können. Da wir alle im Kontext einer bestimmten Kultur aufwachsen und lernen, sehen wir den Großteil des so Gelernten einfach als Teil der natürlichen Weltordnung an. Da wir unsere Weltanschauung meistens als selbstverständlich ansehen, sind wir oft überrascht, wenn andere unsere Ansicht nicht teilen oder verstehen. Wir nehmen manchmal fälschlicherweise an, dass andere so denken und handeln wie wir. Aber wenn wir die richtigen Fragen stellen (*siehe Tipp Nr. 1 oben*), werden wir verstehen, wie sich die Unterschiede, die aus den Antworten zu erkennen sind, auf Denken und Handeln auswirken. Stellen Sie sich vor, Sie wären in einer anderen Kultur aufgewachsen. Wie sähe Ihre Einstellung aus bzgl. Geschlecht, Geschichte, Religion, Essgewohnheiten, Alter, Erziehung, Rasse, Arbeitsmoral, Bildung usw.? Es reicht nicht aus zu wissen, dass Präferenzen und Einstellungen anders sind. Sie müssen auch verstehen, wie sich diese Unterschiede auf das Geschäft auswirken. Lassen Sie Ihr Denken von unterschiedlichen Ansichten beeinflussen. Kaufen Sie sich mehrere internationale Zeitungen oder Zeitschriften und vergleichen Sie Artikel über dasselbe Thema. Sie werden sehr unterschiedliche Perspektiven sehen, die oft auf der Erfahrung und Kultur des Landes beruhen, aus dem die Zeitung bzw. Zeitschrift stammt. Versuchen Sie sich, in jemanden aus einer anderen Kultur mit vollkommen anderen Lebenserfahrungen als Ihren hineinzuversetzen. Denken Sie an wichtige Erfahrungen aus Ihrem Leben und überlegen Sie sich, wie diese Sie verändert oder beeinflusst haben. Überlegen Sie sich, was es bedeutet, als Moslem, Jude, Christ, Katholik, Hindu, Buddhist, Atheist oder Animist aufzuwachsen und wie Sie die Welt (oft unbewusst) mit ganz anderen Augen sehen würden. Stellen Sie viele Fragen und besprechen Sie die verschiedenen Geschäfts- und Managementpraktiken mit einheimischen Kollegen, denen Sie vertrauen. Hören Sie sich ihre Perspektiven genau an. Versuchen Sie kein vorschnelles Urteil über Ansichten, die sich von Ihnen unterscheiden, zu fassen. Hören Sie vor allem zu und akzeptieren Sie Unterschiede, bevor Sie wichtige Schritte unternehmen. Fragen Sie in jeder Situation, was die kulturellen Unterschiede sind, welche sich auf die jeweilige Situation auswirken und warum?

☐ **3. Sind Sie anfällig für Stereotypen? Erkennen Sie kulturelle Stereotypen und insbesondere Ihre eigenen an.** Sie müssen Ihr eigenes subtiles Klischeeverhalten verstehen. Die Forschungsergebnisse von Helen Astin zeigen, dass sowohl Männer als auch Frauen weibliche Manager sehr extrem einschätzen (sehr gut oder sehr schlecht), während Männer eher im Normalbereich beurteilt werden. Sind Sie der Meinung, dass die Iren mehr Alkohol trinken? Machen die Schweizer bessere Uhren? Sind die Deutschen bessere Ingenieure? Mangelt es den Holländern an Emotionen? Finden Sie Menschen, die Hundefleisch essen, widerwärtig? Halten Sie die Mexikaner für faul? Die meisten kulturellen Klischees sind falsch. Selbst wenn es oberflächliche Unterschiede gibt, sind die Varianzen innerhalb aller Kulturen wahrscheinlich gleich. Es gibt immer Menschen, die sich erheblich von der Norm ihres Landes unterscheiden. Sehen Sie Personen als Individuen, bevor Sie zu voreiligen Schlüssen basierend auf dem Heimatland oder der Kultur der Person kommen.

☐ **4. Ordnen Sie andere unnötig in Schubladen ein? Gerechter Umgang mit Menschen.** Versuchen Sie, die Menschen mehr als Individuen anstatt als Mitglieder einer Kultur oder Bürger eines Landes zu sehen. Vermeiden Sie Schubladendenken. Viele von uns teilen Menschen in zwei Gruppen ein: „Könner" oder „Nicht-Könner". Wir haben die Kategorie der Guten und der Schlechten. Die Kategorie „mag ich" und „mag ich nicht". Und wenn wir die Menschen einmal in Kategorien eingeteilt haben, gehen wir in der Regel nicht so gut mit den „Schlechten" um. Oft basieren die Kategorien auf: „ist wie ich" (die Guten) oder „ist nicht wie ich" (die Schlechten). Im Laufe der Zeit erhält die Kategorie „Könner/so wie ich" den Großteil Ihrer Aufmerksamkeit, mehr Feedback, anspruchsvollere Aufgaben, die besseren Entwicklungs- und Performancemöglichkeiten – unglücklicherweise wird dadurch Ihr stereotypes Denken immer wieder unter Beweis gestellt. Um diesen Teufelskreis zu durchbrechen, müssen Sie Verständnis zeigen, ohne zu urteilen. Seien Sie ehrlich mit sich selbst. Gibt es ein Land oder eine Kultur, das/die Sie nicht mögen oder das/die Ihnen unangenehm ist? Verurteilen Sie einzelne Bürger des Landes oder Mitglieder dieser Kultur, obwohl Sie nicht wirklich wissen, ob Ihr Vorurteil zutrifft? Das geht uns fast allen so. Versuchen Sie, Menschen in ihrer Persönlichkeit wahrzunehmen.

☐ **5. Sind Sie Unterschieden gegenüber skeptisch? Akzeptieren Sie, dass Vielfalt Vorteile bringen kann.** Verschiedenartigkeit in der Sichtweise, im Hintergrund, in der Ausbildung, Kultur und Erfahrung, im Glauben und in der Einstellung sind wichtige Faktoren, die alle zu einem erstklassigen Produkt in einem globalen Markt mit großer Diversität beitragen. Während des Zweiten Weltkriegs entdeckte das Militär, dass die kreativsten Gruppen mit Mitgliedern besetzt waren, die kaum etwas oder gar nichts gemeinsam hatten und nur wenig über das Thema wussten. Ihre lockere Vorgehensweise bot erfrischendere Lösungen. Sie waren nicht an ihre Vergangenheit gefesselt. Übertragen Sie eine aktuelle Aufgabe mit hohem Schwierigkeitsgrad einer Gruppe mit möglichst großer Diversität (vielleicht zusammengesetzt aus einem Historiker, einem Studenten, einem Theologen, einem Verkäufer, einem Klempner usw.) und sehen Sie, welche Einblicke diese Gruppe gewinnen kann. Finden Sie Probleme außerhalb Ihres Bereichs und sehen Sie, welchen Beitrag Sie leisten können. Testen Sie kulturelle Vielfalt; gehen Sie Probleme mit ganz unterschiedlichen Gruppen an, bringen Sie Menschen mit einer großen Bandbreite von Meinungen zusammen und finden Sie heraus, ob Sie umfassendere, kreativere Ergebnisse erhalten. Stellen Sie ein Team auf, dessen Mitglieder so vielfältig wie möglich sind, die zwar alle die notwendigen Fähigkeiten zur Erledigung der Arbeit mitbringen, die aber ansonsten unterschiedlich sind. Verbringen Sie mehr Zeit mit Kollegen und Mitarbeitern, die anders sind als Sie. Fragen Sie jeden Einzelnen nach seiner/ihrer Sichtweise. Inwiefern führen diese unterschiedlichen Hintergründe dazu, dass Probleme auch unterschiedlich gesehen werden?

☐ **6. Brauchen Sie mehr Kontakt? Sammeln Sie mehr Erfahrungen mit kultureller Vielfalt.** Sie haben noch wenig Erfahrung mit kultureller Vielfalt, wollen sie aber vertiefen?

– Phase eins: Sprechen Sie mit Menschen in Ihrer Firma, Ihrer Nachbarschaft oder Ihrer Kirchengemeinde, die von der Kultur her anders sind als Sie. Gehen Sie zusammen Essen. Zu einer Sportveranstaltung. Tauschen Sie Ansichten aus. Beherbergen Sie einen Austauschstudenten aus einem Land, in das Sie reisen oder in dem Sie arbeiten wollen.

– Phase zwei: Besuchen Sie Folklorefestivals in Ihrer Umgebung. Probieren Sie das Essen. Sehen Sie sich die Trachten und das Kunstgewerbe der Gruppen an. Befassen Sie sich mit der Geschichte dieser Menschen. Beobachten Sie Sitten und Bräuche. Sprechen Sie mit den Menschen.

– Phase drei: Machen Sie Kurzurlaub in einer Großstadt und verbringen Sie Ihre Zeit in einem ethnischen Viertel. San Diego und San Antonio sind mexikanisch beeinflusste Städte. San Francisco und New York haben je eine Chinatown. New York City hat über 140 markante kulturelle Stadtteile. Auch in Toronto sind verschiedene ethnische und kulturelle Stadtgebiete zu finden und in Quebec ist der französische Einfluss zu spüren.

– Phase vier: Reisen Sie in ein Land, in dem Sie zu einer Minderheit gehören und in dem die meisten Menschen Ihre Sprache nicht sprechen. Halten Sie sich von Touristenzentren fern und registrieren Sie, wie Sie sich fühlen.

☐ **7. Möchten Sie Unterschiede verstehen? Entwickeln Sie ein Verständnis für Kulturanthropologie.** Informieren Sie sich über fremde Kulturen. Suchen Sie in einem Buchladen oder in Ihrer Universitätsbuchhandlung nach ein paar Büchern über das Studium von Kulturen. Auf welche Weise unterscheiden sich diese Kulturen? Wie haben sie sich dazu entwickelt? Gibt es Ähnlichkeiten zwischen den meisten Kulturen? Welche Bedeutung hat Religion? Die Geographie? Die Geschichte? Die Wirtschaft? Natur- und Bodenschätze? Lesen Sie *The Lessons of History* von Will und Ariel Durant (1968). Dieses Buch beschreibt sehr deutlich, wie Länder und Kulturen entstanden sind.

☐ **8. Möchten Sie mehr lernen? Beteiligen Sie sich an einem Kurs über verschiedene Kulturen oder lernen Sie eine Fremdsprache.** Nehmen Sie an einem Kurs, Workshop oder Seminar zu einem Thema, das Sie interessiert, an der Thunderbird University in Arizona, der London School of Economics oder INSEAD in Frankreich teil. An diesen

Kursen nehmen Menschen aus aller Welt teil, und die Dozenten sind internationale Experten. Achten Sie besonders auf die Teilnehmer aus den Ländern, die für Sie interessant sind. Verbringen Sie so viel Zeit wie möglich mit ihnen. Versuchen Sie, sich an den gleichen Arbeitsgruppen und Arbeitskreisen zu beteiligen. Hören Sie zu. Stellen Sie Fragen. Bauen Sie Beziehungen auf, die Ihnen später, wenn Sie in die jeweiligen Länder reisen, helfen können. Eine der besten Methoden, eine Kultur zu verstehen, ist ihre Sprache und Geschichte zu lernen. Lernen Sie zu verstehen, wie die Sprache verwendet wird, und achten Sie besonders auf Slang mit unterschwelligen Bedeutungen.

☐ **9. Haben Sie das Bedürfnis nach Selbsterkenntnis? Führen Sie eine Selbstbewertung für den Dienst im Ausland durch.** Das Buch von Maxine Dalton (et. al.) *Success for the New Global Manager* (Kapitel 4) enthält eine Selbstbewertung. Diese umfasst Folgendes: Habe ich ausreichende Kernkompetenzen, um als Manager im Ausland tätig zu sein? Was muss ich lernen? Was ist mein Persönlichkeitstyp? Sie können die Ergebnisse mit anderen Personen vergleichen und einen Entwicklungsplan für den Dienst im Ausland aufstellen. Wenden Sie sich an ITAP International (www.itapintl.com) für ein weiteres Auswertungsinstrument, mit dessen Hilfe Sie verstehen können, in welchem Kontrast Ihre Weltanschauung mi denen anderer Kulturen steht. Und bei Tucker International (www.tuckerintl.com) finden Sie Informationen zur Entwicklung multikultureller Skills.

☐ **10. Benötigen Sie einen Bezugspunkt? Bauen Sie sich einen Rahmen zum Verständnis anderer Kulturen auf.** Ein ausgezeichnetes grundlegendes Buch zum Verständnis der Dimensionen, durch welche sich Kulturen unterscheiden, ist *Riding the Waves of Culture* von Fons Trompenaars. Diese Forschungsarbeit führte zu dem Schluss, dass Kulturen sich in sieben Hauptdimensionen unterscheiden. Kulturen können anhand jeder Dimension beschrieben und in Bezug auf wahrscheinliche Verhaltensweisen oder Wertvorstellungen für bestimmte Kompetenzen mit anderen Kulturen verglichen werden. Es folgen die Dimensionen mit je einer kurzen Definition:

- Universalistische vs. partikularistische Kulturen
  - In einer eher universalistischen Kultur (Kanada, USA) gelten die Regeln für alle, während sie in einer mehr partikularistischen Kultur (Russland, Südkorea) eher auf Beziehungen und speziellen Umständen beruhen.

GFA 166: MULTIKULTURELLE SENSIBILITÄT

- Individualistische vs. kollektivistische Kulturen
  - In einer eher individualistischen Kultur (Kanada, USA) ist der Einzelne in erster Linie für seine Handlungen verantwortlich. In einer mehr kollektivistischen Kultur (China, Japan) dagegen, ist die Gruppe wichtiger als der Einzelne.
- Neutrale vs. affektive Kulturen
  - In einer eher neutralen Kultur (Vereinigtes Königreich, Japan) wird Selbstkontrolle hoch geschätzt und Emotionen werden nicht gezeigt. In einer mehr affektiven Kultur (Italien, Frankreich) dagegen werden Emotionen meistens ungefiltert oder offen geäußert.
- Spezifische vs. diffuse Kulturen
  - In einer spezifischeren Kultur (Schweden, Schweiz) basieren Beziehungen auf einem bestimmten Zweck (z. B. Sie sind mein Finanzleiter) und persönliche Aspekte oder Beziehungen spielen nur selten in Geschäftsbeziehungen eine Rolle. In einer eher diffusen Kultur (Indonesien, Thailand) sind die Grenzen zwischen Privatem und Geschäftlichem oft unscharf und sehr wichtig.
- Askriptive vs. leistungsorientierte Kulturen
  - In einer eher askriptiven Kultur (Österreich, Nigeria) basiert der Status des Einzelnen oft auf dem Familienstatus oder Vermögen. In einer leistungsorientierten Kultur dagegen (USA, Australien) haben Fleiß und persönliche Leistungen mehr Gewicht.
- Selbstbestimmte Kulturen vs. außengeleitete Kulturen
  - In einer eher selbstbestimmten Kultur (die BRD vor der Wiedervereinigung oder das heutige Südkorea) wird vom Einzelnen erwartet, dass er aus eigenem Antrieb handelt. In einer mehr außengeleiteten Kultur (die DDR vor der Wiedervereinigung, das heutige Nordkorea) wird der Einzelne eher von externen Kräften beeinflusst und hat weniger persönliche Auswahlmöglichkeiten. Haben wir kein besseres Beispiel? Westliche Demokratien auf der einen Seite und China, der Mittlere Osten auf der anderen?
- Vergangenheits-, gegenwarts- und zukunftsorientierte Kulturen
  - Kulturen, die mehr auf die Vergangenheit ausgerichtet sind, legen einen hohen Wert auf Tradition und Protokoll (Russland). Kulturen, die auf die Gegenwart ausgerichtet sind, konzentrieren sich in erster Linie auf das Hier und Heute (Venezuela). Und zukunftsorientierte Kulturen konzentrieren sich in erster Linie auf die Zukunftsvision (USA).

Develop-in-Place-Aufgabenstellungen

- ☐ Stellen Sie ein multinationales Projektteam zusammen oder arbeiten Sie in einem solchen mit, um ein gemeinsames internationales Geschäftsproblem zu bewältigen.
- ☐ Stellen Sie ein Team mit Leuten von unterschiedlicher nationaler Herkunft zusammen, um eine schwierige Aufgabe zu bewältigen.
- ☐ Lösen Sie eine Konfliktsituation zwischen zwei Personen, Geschäftseinheiten, geografischen Standorten, Funktionen usw. in zwei verschiedenen Ländern.
- ☐ Belegen Sie ein Seminar mit Teilnehmern aus verschiedenen Ländern.
- ☐ Arbeiten Sie als Personalentwickler in einem Assessment Center mit Menschen aus verschiedenen Ländern.

The rapprochement of peoples is only possible when differences of culture and outlook are respected and appreciated rather than feared and condemned, when the common bond of human dignity is recognized as the essential bond for a peaceful world.
J. William Fulbright – Amerikanischer Politiker

Literaturempfehlungen.

Barak, M. E. M. (2005). *Managing diversity: Toward a globally inclusive workplace.* Thousand Oaks, CA: Sage.

Bennett, J. J. (2004). Becoming interculturally competent. In J. Wurzel (Ed.), *Towards multiculturalism: A reader in multicultural education* (2nd ed., pp. 62-77). Newton, MA: Intercultural Resource Corporation.

Dalton, M., Ernst, C., Deal, J., & Leslie, J. (2002). *Success for the new global manager: How to work across distances, countries, and cultures.* San Francisco: Jossey-Bass.

Deal, J. J., & Prince, D. W. (2003). *Developing cultural adaptability: How to work across differences.* Greensboro, NC: Center for Creative Leadership.

Halverson, C. B., & Tirmizi, S. A. (Eds.). (2008). *Effective multicultural teams: Theory and practice* (Series: Advances in group decision and negotiation, Vol. 3.). New York: Springer.

Hampden-Turner, C., & Trompenaars, F. (2000). *Building cross-cultural competence.* New Haven: Yale University Press.

Hofstede, G. J., Pedersen, P. B., & Hofstede, G. (2002). *Exploring culture: Exercises, stories, and synthetic cultures.* Yarmouth, ME: Intercultural Press.

Konopaske, R., & Ivancevich, J. M. (2004). *Global management and organizational behavior: Text, readings, cases, and exercises.* New York: McGraw-Hill/Irwin.

Landis, D., Bennett, J. M., & Bennett, M. J. (2004). *Handbook of intercultural training* (3rd ed.). Thousand Oaks, CA: Sage.

Lewis, R. D. (2006). *When cultures collide: Leading across cultures* (3rd ed.). Boston: Nicholas Brealey International.

McCall, M. W., Jr., & Hollenbeck, G. P. (2001). *Developing global executives: The lessons of international experience.* Boston: Harvard Business School Press.

Meredith, R. (2007). *The elephant and the dragon: The rise of India and China and what it means for all of us.* New York: W. W. Norton & Company.

Moran, R. T., Harris, P. R., & Moran, S. V. (2007). *Managing cultural differences: Global leadership strategies for the 21st century* (7th ed.). Burlington, MA: Butterworth-Heinemann.

Morrison, T., & Conaway, W. A. (2006). *Kiss, bow, or shake hands: The bestselling guide to doing business in more than 60 countries* (2nd ed.). Avon, MA: Adams Media.

Peterson, B. (2004). *Cultural intelligence: A guide to working with people from other cultures.* Yarmouth, ME: Intercultural Press.

Schmidt, W. V., Conaway, R. N., Easton, S. S., & Wardrope, W. J. (2007). *Communicating globally: Intercultural communication and international business.* Thousand Oaks, CA: Sage.

Thomas, D. C., & Inkson, K. (2004). *Cultural intelligence: People skills for global business.* San Francisco: Berrett-Koehler Publishers.

Tomalin, B., & Nicks, M. (2007). *The world's business cultures and how to unlock them: Special chapters on China, USA, Germany, UK, Russia, India, Brazil, France, Italy, and Japan.* London: Thorogood.

GLOBALE BETRACHTUNGSFELDER

167 Bescheidenheit

Einige Entsprechungen zu Leadership Architect®:
7,11,21,23,104,108,112,119

*Humility does not mean thinking less of yourself than of other people,
nor does it mean having a low opinion of your own gifts.
It means freedom from thinking about yourself at all.*
William Temple – Erzbischof von Canterbury

Schlecht ausgeprägt
- ☐ Ist laut, dominierend und sehr egozentrisch
- ☐ Tapferkeit wirkt gespielt
- ☐ Erniedrigt andere
- ☐ Steht unerwünschterweise immer im Mittelpunkt
- ☐ Honoriert die Leistungen anderer nicht
- ☐ Persönliche Anerkennung ist wichtiger als die Leistung der Gruppe
- ☐ Hört nicht zu

Gut ausgeprägt
- ☐ Erledigt die Dinge, ohne großes Aufsehen zu erregen
- ☐ Gibt Mängel und Fehler unumwunden zu
- ☐ Achtet darauf, dass andere sich wohl fühlen
- ☐ Ist authentisch
- ☐ Hilft anderen, in schwierigen Situationen das Gesicht zu wahren
- ☐ Maximiert die Beiträge aller
- ☐ Fordert alle Betroffenen dazu auf, Ihre Anschauungen zum Ausdruck zu bringen
- ☐ Ist bescheiden und zurückhaltend
- ☐ Respektiert die Ansichten anderer

Übertriebene Fähigkeit
- ☐ Zögert, Entscheidungen zu treffen
- ☐ Wartet zu lange mit dem Treffen von Entscheidungen
- ☐ Befasst sich nicht rechtzeitig mit Personalproblemen
- ☐ Hat keinen Einfluss auf andere von außerhalb ihrer Kultur
- ☐ Ist zu anspruchsvoll

Wählen Sie nachstehend eine bis drei Kompetenzen als Arbeitsgegenstand aus, um einen übertriebenen Einsatz dieser Fähigkeit zu kompensieren.
AUSGLEICHSKOMPETENZEN: 1,9,12,13,16,50,53,56,57

Mögliche Ursachen
- ☐ Egozentrisch
- ☐ Muss dominieren
- ☐ Übertriebener Ehrgeiz
- ☐ Arroganz
- ☐ Unsensibilität gegenüber anderen
- ☐ Ist sich seines persönlichen Eindrucks auf andere nicht bewusst

Der Plan
Mangelnde Bescheidenheit kann leicht zu Problemen in anderen Kulturen, aber auch im Allgemeinen führen. Bescheidenheit wird auch unter „Dimensionen der Kulturunterschiede" von Trompenaars behandelt: a.) Individualistische vs. kollektivistische Kulturen und b.) neutrale vs. affektive Kulturen. In manchen Kulturen (besonders in Asien oder Nordeuropa) gilt Bescheidenheit als positiv und manchmal sogar als Voraussetzung für gute Führungskräfte. In vielen Kulturen ist es extrem wichtig, das Gesicht zu wahren, und Führungskräfte müssen aufpassen, dass sie niemanden in der Öffentlichkeit in eine peinliche Situation bringen. Es ist außerdem wichtig, Fehler einzugestehen und als „Kapitän des Schiffes" die Verantwortung zu übernehmen, wenn etwas schief geht. In Kulturen, wo Bescheidenheit hoch geschätzt wird, versteht sich eine Führungskraft eher in der Rolle eines „dienenden Führers" anstatt eines „prominenten Führers", der ständig Schlagzeilen macht. Ein Mangel an Bescheidenheit kann dazu führen, dass wichtiger Input von anderen ignoriert und ein Kurs eingeschlagen wird, der aufgrund politischer Fehlkalkulationen zu Problemen führt. Mangelnde Bescheidenheit zeigt sich häufig und wird als Mangel an kultureller Sensibilität einhergehend mit einer enormen Überbetonung der eigenen, für richtig gehaltenen Ansichten beschrieben.

Tipps
- ☐ **1. Sind Sie arrogant? Bitten Sie um Feedback.** In vielen Kulturen ist Arroganz ein großes Hindernis für den Aufbau erfolgreicher Beziehungen. Viele Menschen mit einer überragenden Stärke oder vielen Erfolgen bekommen weniger Feedback. Sie glauben und signalisieren anderen, dass sie perfekt sind, bis die Beziehungen in Schwierigkeiten geraten. Wenn Sie als arrogant (nicht bescheiden) gelten, sollten Sie ein formales und betreutes 360° organisieren, bei dem die Feedback-Geber anonym bleiben dürfen. Die Auswertung wird Ihnen helfen, ein besseres Verständnis Ihres Verhaltens zu bekommen. Es ist unwahrscheinlich, dass Sie verwertbare Daten direkt von Mitarbeitern erhalten würden, da diese annehmen, Sie hören ihnen auch hier nicht zu, da es schon immer

schwierig gewesen ist, in irgendeiner Weise auf Sie Einfluss zu nehmen. Arrogante Menschen oder Personen mit mangelnder Bescheidenheit überschätzen sich gewöhnlich. Arrogante Menschen werden oft geringer eingeschätzt als sie es eigentlich sollten, da ihre Bewerter damit eine deutliche Aussage machen wollen. Wenn Sie als nicht bescheiden genug und geringschätzend gegenüber anderen bewertet werden, werden andere Sie auch so behandeln. Forschungsergebnisse haben gezeigt, dass erfolgreiche Menschen sich selbst besser kennen und sich selbst eher wie andere oder etwas darunter bewerten. Sie sollten darauf abzielen herauszufinden, wie andere Sie einschätzen und Ihre Ansichten auf den gleichen Nenner mit ihnen bringen.

☐ **2. Senden Sie die falschen Signale aus? Achten Sie auf Ihre Gestik und Mimik.** Menschen mit mangelnder Bescheidenheit wirken, sprechen und benehmen sich arrogant. Wenn Sie an Ihrer Bescheidenheit arbeiten wollen, müssen Sie um Rückmeldungen zu Ihrer Gestik und Mimik bitten. Alle arroganten Menschen haben eine Körpersprache, die von neutralen Parteien als arrogant beurteilt werden kann. Stirnrunzeln. Bestimmte Gesichtsausdrücke. Körperbewegungen, insbesondere Abwenden. Ungeduldiges Finger- oder Bleistiftklopfen. Falsches Lächeln. Verkniffene Lippen. Wegschauen. Finden Sie von einer Vertrauensperson heraus, was Sie tun und versuchen Sie, sich diese Körpersprache abzugewöhnen. Auch Gestik und Mimik sind kulturspezifisch. Was in einer Kultur als mangelnde produktive Bescheidenheit gilt, macht in einer anderen kaum oder gar keinen Unterschied. Mangelnde Bescheidenheit hindert Sie daran, sich in verschiedenen Kulturen sensibel zu verhalten.

☐ **3. Fallen Sie anderen ins Wort? Nehmen Sie sich Zeit, um zuzuhören und Fragen zu stellen.** Antworten. Lösungen. Schlussfolgerungen. Aussagen und Vorschriften. Ist Ihr Motto: Erst handeln, dann verstehen? Sie werden vielleicht als jemand gesehen, der zu schnellen Rückschlüssen und Lösungen neigt, bevor andere die Möglichkeit hatten, Ihnen ihr Problem vollständig zu beschreiben. Bescheidenheit bedeutet u.a., anderen eine faire Chance zu geben, etwas zum Thema zu sagen, sich zu beteiligen und etwas beizutragen. Lassen Sie andere gleich am Anfang reden. Lassen Sie die Leute ausreden, unterbrechen Sie nicht. Vollenden Sie nicht die Sätze anderer. Fragen Sie nach. Erklären Sie das Problem nochmals mit eigenen Worten, so dass jeder zufrieden ist. Treffen Sie dann eine Entscheidung. Machen Sie immer eine Pause von 15 Sekunden, bevor Sie etwas sagen, und stellen Sie noch zwei weitere klärende Fragen, um zu signalisieren, dass Sie zuhören und verstehen wollen. *Benötigen Sie weitere Hilfe?* – *Siehe Nr. 33 „Zuhören können" und Nr. 41 „Geduld".*

☐ **4. Machen Sie sich mit Ihrer Zielgruppe vertraut? Beobachten Sie, was Ihr Publikum braucht.** Wissen Sie, wie Menschen aussehen, die mit Ihrer mangelnden Bescheidenheit nicht zurechtkommen? Weichen sie vor Ihnen zurück? Schauen sie missbilligend? Werden sie rot? Fangen sie an zu stottern? Verschließen sie sich? Machen sie sich klein? Stehen sie vor der Tür und hoffen, dass sie nicht hereingebeten werden? Sie sollten sich intensiv bemühen, die Reaktionen anderer auf Sie und Ihren Stil zu beobachten. Besonders während der ersten drei Minuten einer wichtigen Verhandlung, bevor das eigentliche Programm beginnt, sollten Sie daran arbeiten, dass die Person oder Gruppe sich in ihrer Gegenwart wohl fühlt. Stellen Sie eine Frage, die nicht zum Thema gehört. Bieten Sie ein Getränk an. Erzählen Sie ihnen etwas Interessantes vom letzten Wochenende. Sensibilität gegenüber den Zuhörern. In jeder Situation gibt es mehrere Methoden, Nachrichten zu übermitteln und Aufgaben zu erledigen. Sie könnten die direkte Methode verwenden – Offenheit und sofortige Beurteilung. Sie könnten die Nachricht durch einen Mittelsmann überbringen lassen. Sie könnten bis zur nächsten Besprechung warten. Manche dieser Taktiken sind effektiver und akzeptabler als andere, je nach Kultur. Manche Leute geraten in Schwierigkeiten, weil sie sich in allen Situationen in allen Kulturen gleich verhalten. Sie nehmen sich nicht die Zeit, ihre Methoden an das jeweilige Ereignis und die Person oder Kultur anzupassen, um ihr Ergebnis zu erreichen. Menschen, die als einfühlsam betrachtet werden, arbeiten von außen – Publikum, Person, Gruppe, Firma – nach innen. Sie entscheiden, was zu der jeweiligen Kultur am besten passt und wählen danach Tempo, Stil, Ton, Zeitpunkt und Methode. Es sind die einseitig handelnden Personen, die wegen ihrer fehlenden Sensibilität in Schwierigkeiten geraten, weil sie ihre Aussagen und Handlungen nicht an das Publikum anpassen. *Benötigen Sie weitere Hilfe? – Siehe Nr. 36 „Andere motivieren", Nr. 45 „Persönliches Lernen" und Nr. 15 „Kundenorientierung".*

☐ **5. Setzen Sie sich selbst auf Kosten anderer in Szene? Vermitteln Sie Ihre Fähigkeiten, ohne andere zu erniedrigen.** Möchten Sie wirklich den meisten Menschen, mit denen Sie zusammenarbeiten, das Gefühl vermitteln, sie seien dumm, minderwertig und nicht intelligent, so dass sie ihr Gesicht verlieren? Die meisten wollen das zwar nicht, aber genau das tun Sie. Arrogante Menschen suchen Feedback, das aussagt, dass sie überlegen, intelligent und gebildet sind. Allerdings suchen sie sich ihre Bestätigung an der falschen Stelle. Wenn Sie Anerkennung für Ihre hervorragenden Leistungen suchen, bringen Sie bessere Leistungen. Unterstützen Sie andere darin, mehr zu leisten. Produzieren Sie gemeinsam greifbare Ergebnisse. Wenn Ihre Ergebnisse nicht an Ihr Selbstbild heranreichen, helfen Ihnen Ihre Worte und Ihr arrogantes Verhalten sicherlich auch nicht.

Versuchen Sie nicht, sich auf Kosten von Mitarbeitern zu profilieren. Nehmen Sie sich drei Kollegen zum Vorbild, die Sie für ausgezeichnet und talentiert halten, die jedoch bescheidener als Sie sind. Was machen sie und was nicht? Vergleichen Sie ihr Verhalten mit Ihrem eigenen.

☐ **6. Wollen Sie wirklich bei anderen ankommen? Seien Sie offen und zugänglich.** Erst wenn Sie wiederholt signalisieren, dass Sie ein offenes Ohr für andere haben, Interesse an ihrer Meinung zeigen, Dinge teilen, die Sie nicht teilen müssen, Ihre Mitmenschen dazu auffordern, mit Ihnen zu reden, und ihnen zuhören, wird diese Mühe belohnt. Sie müssen beharrlich dabei bleiben, Ablehnung hinnehmen und sich wahrscheinlich ein paar ärgerliche und beleidigende Bemerkungen anhören, um die Situation wieder ins Gleichgewicht zu bringen.

☐ **7. Werden Sie als unsensibel wahrgenommen? Finden Sie heraus, warum man Sie für unsensibel hält.** Unsensibilität ist ein sehr allgemeiner Ausdruck. Die Autoren haben 29 Gründe dafür gefunden, warum man diesen Eindruck von anderen haben kann. Versuchen Sie herauszufinden, warum Sie als unsensibel betrachtet werden. Oder sprechen Sie mit einem Mentor oder einem anderen Vertrauten, von dem Sie wissen, dass Sie eine ehrliche Rückmeldung bekommen. Eine direkte Rückmeldung von Ihren Mitarbeitern ist sehr unwahrscheinlich, und selbst wenn sie sich dazu überwinden ist anzunehmen, dass diese Informationen zu allgemein oder zu situationsbezogen sind, um aussagekräftig zu sein. Von allen Entwicklungsbedürfnissen ist dieses wahrscheinlich am schwierigsten zu definieren. Beschaffen Sie sich ein umfassendes, detailliertes Bild von sich selbst. Siehe Nr. 55 *„Selbsterkenntnis"*. Die gute Nachricht ist, dass die meisten Leute nur aufgrund einiger weniger Unsensibilitäts-Aspekte so negativ beurteilt werden. Es passiert häufig, dass manche Sie als unsensibel und nicht bescheiden genug betrachten und andere nicht. Dies erleichtert es Ihnen, etwas dagegen zu tun. Nur wenige sind tatsächlich auf 29 Arten unsensibel!

☐ **8. Verlieren Sie leicht die Nerven? Bewahren Sie Ihre Selbstbeherrschung.** Es kann sein, dass Ihnen der Kragen platzt und dass Sie in Stresssituationen ganz besonders herrschsüchtig sind oder noch mehr Druck ausüben. Vermeiden Sie scharfe und spontane Reaktionen. Unter Druck ziehen Sie voreilig Rückschlüsse, lehnen die Meinungen anderer kategorisch ab und benutzen eine provozierende Sprache oder Ähnliches. Ihre Mitarbeiter sehen Sie dann als verschlossen oder kampfbereit und nicht bescheiden genug an, während Sie als vernünftig betrachtet werden möchten. Schlimmer noch, sie könnten sogar glauben, dass Sie sie für dumm oder schlecht informiert halten und dafür sorgen, dass sie vor anderen das Gesicht verlieren. Wenn man Sie als intolerant oder unzugänglich sieht, werden sich die

Menschen, in ihrer Hast, mit Ihnen zu reden oder Ihnen das Argument in Kurzform zu unterbreiten, oft versprechen, weil sie annehmen, dass Sie sowieso nicht zuhören. Stellen Sie eine Frage, lassen Sie gegenteilige Meinungen zu, wiederholen Sie das Argument Ihrer Gesprächspartner und lassen Sie sie grundsätzlich ihr Gesicht wahren. *Benötigen Sie weitere Hilfe? – Siehe Nr. 11 „Selbstbeherrschung".*

☐ **9. Sind Sie stur oder starrsinnig? Öffnen Sie sich für unterschiedliche Sichtweisen.** Sie wirken stur, steif oder als ob Sie neue oder andere Ansichten ablehnen. Sie müssen lernen, Ihren Beurteilungs-/Abweisungsmechanismus abzuschalten und zuzuhören. Ihre erste Aufgabe besteht darin zu verstehen, Ihre nächste, der anderen Person zu vermitteln, dass Sie verstehen, indem Sie ihre Idee wiederholen oder neu formulieren. Ihre dritte Aufgabe kann darin bestehen, abzulehnen, und zwar mit einer ausführlicheren Begründung als bisher. Stellen Sie weitere Fragen – „Wie sind Sie darauf gekommen?" „Welche Alternative bevorzugen Sie, oder bleiben wir beim Alten?" Wenn Sie nicht zustimmen, geben Sie zuerst Ihre Gründe an. Bitten Sie anschließend um Kritik. Bringen Sie die unterschiedlichen Meinungen zurück auf das ursprüngliche Problem oder die Strategie: „Was wollen wir lösen? Welche Ursachen gibt es dafür? Welche Fragen sollten beantwortet werden? Welche objektiven Maßstäbe können wir anlegen, um Erfolg zu messen?" *Benötigen Sie weitere Hilfe? – Siehe Nr. 12 „Konfliktmanagement" und Nr. 33 „Zuhören können".*

☐ **10. Keine Zeit? Bauen Sie Beziehungen geduldig auf.** Oft wird mangelnde Bescheidenheit dadurch signalisiert, dass Sie nicht genügend Zeit einplanen, damit andere sich an Sie gewöhnen können. Viele unsensible Menschen sind sehr aktions- und ergebnisorientiert und werden von ihrem Zeitplan angetrieben. Sie haben keine Zeit zum Aufbau von Beziehungen. Ein Drittel der Menschen, die mit Ihnen zusammenarbeiten, bevorzugen den gleichen Stil wie Sie. „Nur die Tatsachen, bitte. Fangen wir gleich damit an." Zwei Drittel benötigen mehr Zeit zum Aufwärmen, bevor sie zur eigentlichen Arbeit übergehen. Gewöhnlich sind hier drei Minuten ausreichend. Wichtig ist, dass Sie die Diskussion nicht mit einem geschäftlichen Thema eröffnen. Wie war Ihr letztes Wochenende? Wie geht es den Kindern? Welche Universität hat Ihre Tochter sich ausgesucht? Haben Sie sich die Olympiade angesehen? Wie sind Sie mit Ihrem neuen Auto zufrieden? Lassen Sie Ihre Mitarbeiter sprechen und geben Sie ihnen die Zeit, sich aufzuwärmen. *Benötigen Sie weitere Hilfe? – Siehe Nr. 3 „Zugänglichkeit".*

☐ **11. Probleme beim Umgang mit anderen? Öffnen Sie sich für andere Menschen.** Wenn Sie international erfolgreich sein wollen, brauchen Sie mehr zwischenmenschliches Geschick und einen flexibleren Stil. Erst wenn Sie wiederholt signalisiert haben, dass Sie ein offenes Ohr für Ihre Mitmenschen haben, wenn Sie mit Augenkontakt zuhören, wenn Sie Interesse an ihrer Meinung zeigen und sie ausreden lassen; wenn Sie Dinge teilen, die Sie nicht teilen müssen und sich auch über persönliche Themen einfühlsam mit ihnen austauschen, wird diese Mühe belohnt und Sie werden als bescheidener betrachtet. *Benötigen Sie weitere Hilfe? – Siehe Nr. 3 „Zugänglichkeit" und Nr. 31 „Zwischenmenschliches Geschick".*

☐ **12. Sind Sie zu direktiv? Seien Sie ein Lehrer, kein Regisseur.** Sie sind vielleicht hochintelligent und haben starke Kompetenzen in Ihrem Bereich. Sie arbeiten vielleicht mit Leuten zusammen, die nicht so gut informiert oder so gebildet sind wie Sie. Sie sind vielleicht in einer Position, in der Sie im Wesentlichen diktieren, was zu tun ist, weil die anderen es nicht können oder Sie denken, dass sie es nicht können. Wechseln Sie in diesem Fall in die Rolle des Lehrers – teilen Sie Ihren Mitarbeitern mit, was Sie von der Sache halten; stellen Sie nicht einfach nur Lösungsvorschläge in den Raum. Sprechen Sie mit ihnen darüber, welche Fragen zu stellen sind, wie Sie Lösungen finden würden und welche Lösungen wahrscheinlich funktionieren würden. Und am wichtigsten – fordern Sie zum Nachdenken auf. Wenn Sie der Experte sind und Ihre Mitarbeiter nicht, helfen Sie Ihnen durch eine Beschreibung Ihres eigenen Denkprozesses. Seien Sie offen gegenüber der Tatsache, dass nicht informierte Menschen bei Studien über kreative Problemlösung gewöhnlich die innovativsten Lösungen zu bieten haben. Wenn sie sich einmal in das Problem vertieft haben, bringen sie eine neue Perspektive ins Spiel. Verwenden Sie diese Stärke. *Benötigen Sie weitere Hilfe? – Siehe Nr. 18 „Delegieren".*

☐ **13. Es ist Ihnen egal? Finden Sie heraus, warum sie bedeutsam ist.** So manche Führungskräfte mit ehrgeizigen Zielen glauben einfach nicht, dass der Eindruck, den die meisten Menschen von ihnen haben, wichtig ist. Sie sind überzeugt davon, dass die wichtigste Aufgabe darin besteht, Ergebnisse innerhalb der vorgegebenen Zeit und des Budgets zu erzielen. Sie sind sich sicher, gute Mitarbeiter können es verkraften und diejenigen mit übergroßer Sensibilität schaffen es sowieso nicht, und da lohnt sich der Zeitaufwand nicht. Studien haben ergeben, dass die meisten Führungskräfte im höheren Management nicht versagen, weil sie ihr Ziel nicht rechtzeitig erreichen. Sie versagen, weil sie auf dem Weg dorthin andere verletzen oder beleidigen und ihre Denkweisen nicht erneuern. Denken Sie an die letzten zehn Personen, die gezwungen wurden, Ihr Unternehmen zu verlassen. Warum wurden sie entlassen oder gebeten zu gehen? Was waren die wahren Gründe? Höchstwahrscheinlich lag das Problem bei den Beziehungen zu anderen und daran, dass immer wieder die gleichen Lösungen für neue Probleme gewählt wurden. Arrogante, unsensible Menschen ziehen keinen Nutzen aus den Meinungen anderer und „ rosten ein". Sie verlassen sich zu sehr auf sich selbst und auf die Vergangenheit. Wenn dies auf Sie zutrifft, müssen Sie unbedingt Ihre Prioritäten neu durchdenken.

- [ ] **14. Defensiv? Legen Sie Ihre Rüstung ab.** Eine Abwehrhaltung ist ein großes Hindernis für genaue und umfassende Selbsterkenntnis und Bescheidenheit. *Siehe Nr. 55 „Selbsterkenntnis".* In den Augen ihrer Umwelt überschätzen sich defensive Menschen. Wenn man von Ihnen annimmt, Sie würden Ihre Schwächen bestreiten oder verleugnen, werden Ihre Mitmenschen Sie unter Umständen angreifen, wenn sie endlich Gelegenheit bekommen, Ihnen Feedback zu geben. Es ist unvermeidlich, dass man Sie schlechter einschätzt als gerechtfertigt, weil man glaubt, die Botschaft muss lauter als üblich sein, damit sie Ihre Abwehr durchdringt. Ihre beste Chance, als defensiver Mensch ehrliches Feedback zu bekommen, ist ein organisiertes 360° einzufordern, bei dem die Feedback-Geber anonym bleiben, oder einen Mitarbeiter Ihrer Personalentwicklung zu bitten, Eindrücke über Sie einzuholen und diese mit Ihnen zusammen zu interpretieren. Wenn Sie direkt nach Feedback fragen, ist es unwahrscheinlich, dass Sie die Wahrheit zu hören bekommen, da Ihre Vergangenheit zeigt, dass Sie sich bei negativer Rückmeldung defensiv verhalten. Niemand gibt einer negativen Person gern Kritik und Feedback, selbst wenn diese wahrheitsgetreu und hilfreich ist. Es ist zu unangenehm.

    – Bleiben Sie ruhig. Ihre defensive Reaktion muss abgebaut werden, indem Sie lernen, negatives Feedback ruhig entgegenzunehmen. Schalten Sie um. Wenn Sie Feedback erhalten, ist es Ihre einzige Aufgabe, ganz genau zu verstehen, was die Personen Ihnen mitteilen wollen. Zu diesem Zeitpunkt müssen Sie noch nichts ablehnen oder akzeptieren. Das kommt später. Üben Sie vorher in Gedanken, wie Sie in Ruhe reagieren werden, wenn schwierige Feedback-Situationen auftauchen. Entwickeln Sie Methoden und Taktiken, mit denen Sie Ihre üblichen emotionalen Reaktionen stoppen oder verzögern können. Bewährt hat es sich zum Beispiel, wenn man langsam vorgeht, sich Notizen macht, klärende Fragen stellt und nach konkreten Beispielen fragt. Danken Sie Ihren Feedbackgebern für die Rückmeldung. Sie wissen, dass es nicht leicht für sie war.

    – Hören Sie auf das Feedback der anderen. Denken Sie daran, Ihre Mitmenschen sind der Meinung, dass Sie kein Feedback vertragen können, dass Sie von sich glauben, perfekt zu sein, dass Sie alle

Vorschläge abwehren und das Gegenteil anbringen, und dass Sie wahrscheinlich dem Überbringer des schlechten Feedbacks Schuldzuweisungen machen. Sie erwarten, dass die Interaktion für beide Parteien unangenehm sein wird. Um diesen Teufelskreis zu durchbrechen, werden Sie die Regeln des guten Zuhörens befolgen müssen. *Siehe Nr. 33 „Zuhören können".* Es mag unfair klingen, aber Sie sollten anfänglich jedes Feedback als zutreffend akzeptieren, auch wenn Sie wissen, dass es nicht stimmt. Am Anfang müssen Sie anderen dabei behilflich sein, ihre Ängste vor Ihrer Abwehrhaltung zu überwinden. Auf die wirklich wichtigen Punkte können Sie später noch einmal zurückkommen und sie beheben.

- **15. Sind Ihre sozialen Fähigkeiten schwach ausgeprägt? Erhöhen Sie Ihre soziale Intelligenz.** Zusammenfassend gesagt, ist mangelnde Bescheidenheit eine Art von Unfähigkeit, andere zu verstehen und effektiv mit ihnen zusammenzuarbeiten. Dies ist der häufigste Grund, warum Führungskräfte versagen, egal in welchem Land oder in welcher Region sie arbeiten. In Ländern, wo aggressive Verhaltensweisen (Mangel an Bescheidenheit) nicht geschätzt werden, versagen sie noch schneller. Ram Charan und Geoffrey Colvin haben die Gründe für das Versagen von CEOs untersucht und Ihre Ergebnisse in einem Artikel in der Zeitschrift *Fortune* vom 21. Juni 1999 präsentiert. Demnach war der Hauptgrund für das Versagen von leitenden Angestellten ein Mangel an Einfühlungsvermögen und Verständnis für andere. Mangelnde Bescheidenheit und Selbsterkenntnis sind die ersten Schritte zum Misserfolg.

Develop-in-Place-Aufgabenstellungen

- Managen Sie ein Projektteam, dessen Mitglieder älter und erfahrener sind als Sie selbst.
- Managen Sie eine Gruppe, zu der auch ehemalige Kollegen gehören, um eine Aufgabe zu erledigen.
- Gründen Sie eine Gruppe zur Unterstützung von Mitarbeiterinteressen.
- Arbeiten Sie ein Jahr oder länger für eine öffentliche Einrichtung.
- Managen Sie den Besuch eines internationalen VIP, der höher gestellt ist als Sie.

True merit, like a river, the deeper it is, the less noise it makes.
Edward Frederick Halifax – Britischer Politiker

Literaturempfehlungen

Byron, W. J. (2006). *The power of principles: Ethics for the new corporate culture.* New York: Orbis Books.

Donoghue, P. J., & Siegel, M. E. (2005). *Are you really listening? Keys to successful communication.* Notre Dame, IN: Sorin Books.

Dotlich, D. L., & Cairo, P. C. (2002). *Why CEOs fail: The 11 behaviors that can derail your climb to the top and how to manage them.* San Francisco: Jossey-Bass.

Fernandez, J. A. (2006). *China CEO: Voices of experience from 20 international business leaders.* Singapore: John Wiley & Sons.

Gallos, J. (2008). *Business leadership: A Jossey-Bass reader* (2nd ed.). San Francisco: Jossey-Bass.

Hofstede, G., & Hofstede, G. J. (2005). *Cultures and organizations: Software of the mind: Intercultural cooperation and its importance for survival* (2nd ed.). New York: McGraw-Hill.

Hyun, J. (2005). *Breaking the bamboo ceiling: Career strategies for Asians.* New York: HarperCollins.

Kouzes, J. M., & Posner, B. Z. (2007). *The leadership challenge* (4th ed.). San Francisco: Jossey-Bass.

Moran, R. T., Harris, P. R., & Moran, S. V. (2007). *Managing cultural differences: Global leadership strategies for the 21st century* (7th ed.). Burlington, MA: Butterworth-Heinemann.

Morrison, T., & Conaway, W. A. (2006). *Kiss, bow, or shake hands: The bestselling guide to doing business in more than 60 countries* (2nd ed.). Avon, MA: Adams Media.

Stanford-Blair, N., & Dickmann, M. H. (2005). *Leading coherently: Reflections from leaders around the world.* Thousand Oaks, CA: Sage.

Trompenaars, F., & Hampden-Turner, C. (2002). *21 Leaders for the 21st century: How innovative leaders manage in the digital age.* New York: McGraw-Hill.

Zenger, J. H., & Folkman, J. (2002). *The extraordinary leader: Turning good managers into great leaders.* New York: McGraw-Hill.

Anhang

Anhang A: Kompetenzverbindungen
Entwicklungsmöglichkeiten A-1
Karriereziele A-4

Anhang B: Entwicklungsaufwandsmatrix
Beschreibung B-1
Ebene des einzelnen Mitwirkenden B-2
Managerebene B-3
Ebene der höheren Führungskräfte B-4

Anhang C: Erstellen eines Entwicklungsplans
Universelle Wege zur Entwicklung beliebiger Kompetenzen C-1
Beispiel eines Entwicklungsplans bei schlecht ausgeprägter Kompetenz .. C-6
Beispiel eines Entwicklungsplans bei übertriebener Kompetenz C-8
Beispiel eines Entwicklungsplans bei Karrierehemmern-/stoppern C-10
Formulare für Entwicklungspläne C-12

Index D-1

Anhang A

Kompetenzverbindungen

Kompetenzverbindungen verdeutlichen, wie ein Entwicklungsbedürfnis oder ein Karriereziel einige wenige Schlüsselkompetenzen beinhalten kann. Wenn Sie beispielsweise andere nicht mit unangenehmen Dingen konfrontieren, müssen Sie weiterhin über die Fähigkeit „Ergebnisorientierung" (53) verfügen und dies durch Weiterentwicklung der Fähigkeiten „Konfliktmanagement" (12) und „Konfrontieren von Mitarbeitern" (13) kompensieren. Wenn Sie hingegen bestrebt sind, andere von der Annahme entwicklungsrelevanter Aufträge besser überzeugen zu können, muss bei ihnen die Kompetenz „Andere motivieren" (36) ausgeprägt sein und zudem durch die Kompetenzen „Mitarbeiter und andere weiterentwickeln" (19) und „Fähigkeit andere einzuschätzen" (56) ergänzt werden.

Entwicklungsmöglichkeiten

Studien haben gezeigt, dass die meisten Menschen ähnliche Entwicklungsbedürfnisse haben. Einige Fähigkeiten sind in der Bevölkerung weniger vorherrschend (siehe die nachstehende Aufstellung). Wenn Sie ein Bedürfnis erkannt haben, dessen Entwicklung für Erfolg in Ihrer Funktion entscheidend ist, sollten Sie sicherstellen, dass die erste Kompetenz bei Ihnen gut ausgeprägt ist, und dann an den anderen Kompetenzen arbeiten, um sie zu ergänzen.

WENN SIE AUS DIESEM GRUND EIN ENTWICKLUNGS-BEDÜRFNIS SEHEN ...	... WAHREN SIE SICH IHRE FÄHIGKEITEN IN DIESER KOMPETENZ:	... UND ARBEITEN SIE AN DER ENTWICKLUNG DIESER KOMPETENZEN:
Sie verstehen das Geschäft aus heutiger Sicht, haben jedoch ein weniger gutes Verständnis davon, wie Sie es anders, einzigartig und zukunftssicher machen können.	Geschäftssinn (5)	Kreativität (14) Innovationsmanagement (28) Perspektive (46) Strategische Agilität (58)
Sie kümmern sich um andere und können deswegen deren Stärken und Schwächen nicht klar erkennen.	Mitgefühl (10)	Rekrutierung und Teamzusammenstellung (25) Fähigkeit andere einzuschätzen (56)

WENN SIE AUS DIESEM GRUND EIN ENTWICKLUNGS-BEDÜRFNIS SEHEN ...	... WAHREN SIE SICH IHRE FÄHIGKEITEN IN DIESER KOMPETENZ:	... UND ARBEITEN SIE AN DER ENTWICKLUNG DIESER KOMPETENZEN:
Sie sind gut darin, Entscheidungen zu treffen, ohne deswegen jedoch andere korrekt einschätzen zu können.	Qualität der Entscheidungen (17)	Rekrutierung und Teamzusammenstellung (25) Fähigkeit andere einzuschätzen (56) Verständnis für andere (64)
Sie glauben an Vielfalt, kommen mit ihr jedoch nicht gut zurecht.	Umgang mit Verschiedenartigkeit (21)	Umgang mit Mehrdeutigkeit (2) Umgang mit paradoxen Situationen (40)
Sie können andere nicht gut einschätzen oder entwickeln.	Fairness gegenüber Mitarbeitern (23)	Mitarbeiter und andere weiterentwickeln (19) Fähigkeit andere einzuschätzen (56)
Sie setzen technische Argumente zum Angriff gegen das Neue und Andersartige ein – „Das funktioniert nicht."	Funktionale/fachliche Fertigkeiten (24)	Kreativität (14) Innovationsmanagement (28)
Sie verstehen, wie Organisationen funktionieren, wenn es nur auf geradlinige und klare Lösungen ankommt; mit Ungewissheit und Chaos haben Sie jedoch etwas mehr Schwierigkeiten.	Organisationsagilität (38)	Umgang mit Mehrdeutigkeit (2) Umgang mit paradoxen Situationen (40)
Sie lösen Probleme in einer engen Nische.	Fähigkeit Probleme zu lösen (51)	Umgang mit Mehrdeutigkeit (2) Kreativität (14) Umgang mit paradoxen Situationen (40) Perspektive (46)

WENN SIE AUS DIESEM GRUND EIN ENTWICKLUNGS-BEDÜRFNIS SEHEN ...	... WAHREN SIE SICH IHRE FÄHIGKEITEN IN DIESER KOMPETENZ:	... UND ARBEITEN SIE AN DER ENTWICKLUNG DIESER KOMPETENZEN:
Sie konfrontieren andere nicht mit unangenehmen Dingen.	Ergebnisorientierung (53)	Konfliktmanagement (12) Konfrontieren von Mitarbeitern (13)
Sie verfassen bequeme/ einfache Zielsetzungen.	Schriftliche Kommunikation (67)	Konfliktmanagement (12) Andere anleiten und führen (20) Leistung einfordern und messen (35) Ergebnisorientierung (53)

Karriereziele

Die meisten Menschen verfügen nicht über diese Fähigkeiten, streben jedoch deren Entwicklung an. Wenn Sie eine Fähigkeit erkannt haben, deren Entwicklung für Erfolg in Ihrer Funktion entscheidend ist, sollten Sie sich auf die Entwicklung der ersten Fähigkeit konzentrieren und dann an den anderen Kompetenzen arbeiten, um sie zu ergänzen.

WENN SIE DIESE FÄHIGKEIT ANSTREBEN ...	... MÜSSEN SIE DIESE KOMPETENZ BEHERRSCHEN:	... UND ARBEITEN SIE AN DER ENTWICKLUNG DIESER KOMPETENZEN:
Sie können Differenzen bei der Schaffung von Visionen und Strategien ausräumen.	Konfliktmanagement (12)	Innovationsmanagement (28) Strategische Agilität (58) Management von Visionen und Zielen (65)
Sie haben ein präzises und offenes Urteilsvermögen und können Aufgaben und Menschen richtig einschätzen.	Konfrontieren von Mitarbeitern (13)	Rekrutierung und Teamzusammenstellung (25) Leistung einfordern und messen (35) Fähigkeit andere einzuschätzen (56) Verständnis für andere (64)
Sie belohnen Fortschritte in angemessener Weise.	Mitarbeiter und andere weiterentwickeln (19)	Leistung einfordern und messen (35)
Sie geben direktes, unumwundenes Feedback.	Leistung einfordern und messen (35)	Konfrontieren von Mitarbeitern (13)
Sie können andere davon überzeugen, entwicklungsrelevante Aufträge anzunehmen.	Andere motivieren (36)	Mitarbeiter und andere weiterentwickeln (19) Fähigkeit andere einzuschätzen (56)
Sie können inmitten von Chaos und Ungewissheit klare Strategien erkennen.	Strategische Agilität (58)	Umgang mit Mehrdeutigkeit (2) Umgang mit paradoxen Situationen (40)

WENN SIE DIESE FÄHIGKEIT ANSTREBEN ...	... MÜSSEN SIE DIESE KOMPETENZ BEHERRSCHEN:	... UND ARBEITEN SIE AN DER ENTWICKLUNG DIESER KOMPETENZEN:
Sie setzen sich für die fortlaufende Verbesserung von Systemen ein.	Führen durch Systeme (59)	Kreativität (14) Innovationsmanagement (28) Workflow- und Qualitätssicherungssysteme (63)
Sie widmen sowohl dem Team als auch dem Einzelnen Ihre Aufmerksamkeit.	Effektive Teams aufbauen (60)	Delegieren (18) Mitarbeiter und andere weiterentwickeln (19) Andere anleiten und führen (20) Andere motivieren (36)
Sie führen die richtigen Leute zusammen, um die Aufgabe zu erledigen.	Verständnis für andere (64)	Rekrutierung und Teamzusammenstellung (25) Ergebnisorientierung (53) Fähigkeit andere einzuschätzen (56) Effektive Teams aufbauen (60)
Sie können Einheiten dazu inspirieren und motivieren, sich für die Vision stark zu machen.	Management von Visionen und Zielen (65)	Andere motivieren (36) Effektive Teams aufbauen (60)

ANHANG

A

Anhang B
Entwicklungsaufwandsmatrix

Drei Diagramme (für einzelne Mitwirkende, für Manager und für höhere Führungskräfte) zeigen anhand einer 5-Punkte-Skala, wie schwierig es für einen Durchschnittsbeschäftigten wäre, irgendeine der 67 Kompetenzen zu entwickeln. Diese Diagramme zeigen auch zu jeder Kompetenz die durchschnittliche, auf die Bevölkerung im Allgemeinen bezogene Kompetenzbewertung. Diese Angaben zeigen Ihnen, wo Sie stehen, damit Sie Ihren Entwicklungsplan, Ihre Abhilfemaßnahmen und Ihren Zeitplan entsprechend einstellen können.

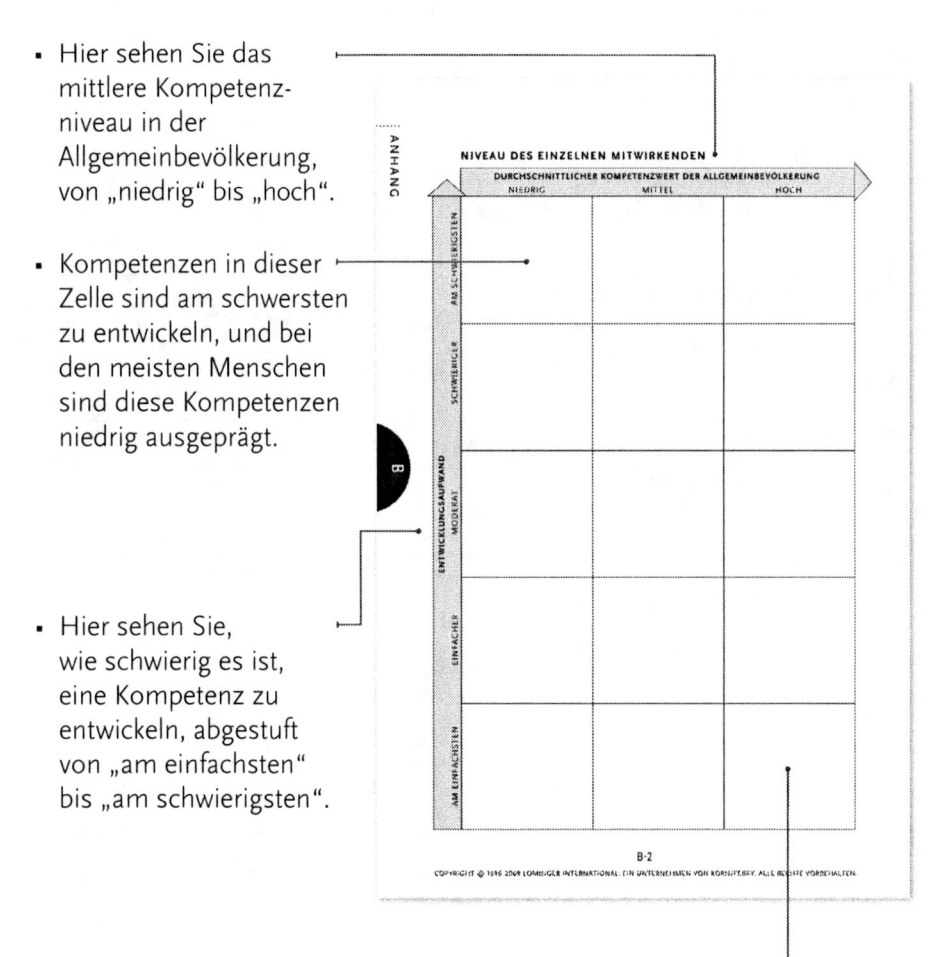

- Hier sehen Sie das mittlere Kompetenzniveau in der Allgemeinbevölkerung, von „niedrig" bis „hoch".

- Kompetenzen in dieser Zelle sind am schwersten zu entwickeln, und bei den meisten Menschen sind diese Kompetenzen niedrig ausgeprägt.

- Hier sehen Sie, wie schwierig es ist, eine Kompetenz zu entwickeln, abgestuft von „am einfachsten" bis „am schwierigsten".

- Kompetenzen in dieser Zelle sind am einfachsten zu entwickeln, und bei den meisten Menschen sind diese Kompetenzen hoch ausgeprägt.

ANHANG

EBENE DES EINZELNEN MITWIRKENDEN

DURCHSCHNITTLICHE BEWERTUNG DER KOMPETENZ IN DER ALLGEMEINBEVÖLKERUNG		
NIEDRIG	**MITTEL**	**HOCH**

ENTWICKLUNGSAUFWAND	NIEDRIG	MITTEL	HOCH
AM SCHWIERIGSTEN	12 Konfliktmanagement 28 Innovationsmanagement 45 Persönliches Lernen 48 Politisches Geschick 64 Verständnis für andere	34 Mut, zu führen	21 Umgang mit Verschiedenartigkeit
SCHWIERIGER	2 Umgang mit Mehrdeutigkeit 13 Konfrontieren von Mitarbeitern 37 Verhandeln 40 Umgang mit paradoxen Situationen 44 Offenheit 56 Fähigkeit andere einzuschätzen 58 Strategische Agilität 59 Führen durch Systeme 60 Effektive Teams aufbauen	11 Selbstbeherrschung 31 Zwischenmenschliches Geschick 66 Gleichgewicht von Beruf und Privatleben	10 Mitgefühl 38 Organisationsagilität
MODERAT	9 Direktives Führungsverhalten 19 Mitarbeiter und andere weiterentwickeln 25 Rekrutierung und Teamzusammenstellung 36 Andere motivieren 46 Perspektive 65 Management von Visionen und Zielen	5 Geschäftssinn 6 Karriere-Ambitionen 7 Kümmern um Mitarbeiter 14 Kreativität 41 Geduld 49 Präsentationsfähigkeiten 54 Persönliche Entwicklung 55 Selbsterkenntnis	3 Zugänglichkeit 4 Verhältnis zu Führungskräften 8 Umgang mit dem höheren Management 22 Ethik und Wertmaßstäbe 26 Humor 32 Schnelle Auffassungsgabe 51 Fähigkeit, Probleme zu lösen 52 Prozessmanagement 57 Eigenständigkeit
EINFACHER	18 Delegieren 20 Andere anleiten und führen	33 Zuhören können 35 Leistung einfordern und messen 39 Organisieren 42 Beziehung zu Kollegen 50 Setzen von Prioritäten 62 Zeitmanagement 63 Workflow- und Qualitätssicherungssysteme 67 Schriftliche Kommunikation	17 Qualität der Entscheidungen 23 Fairness gegenüber Mitarbeitern 29 Integrität und Vertrauen 30 Intellektuelle Leistungsstärke 53 Ergebnisorientierung 61 Fachliches Lernen
AM EINFACHSTEN		16 Treffen von fristgerechten Entscheidungen 27 Informieren 47 Planen	1 Handlungsorientierung 15 Kundenorientierung 24 Funktionale/fachliche Fertigkeiten 43 Beharrlichkeit

MANAGEREBENE

DURCHSCHNITTLICHE BEWERTUNG DER KOMPETENZ IN DER ALLGEMEINBEVÖLKERUNG

ENTWICKLUNGSAUFWAND	NIEDRIG	MITTEL	HOCH
AM SCHWIERIGSTEN	12 Konfliktmanagement 28 Innovationsmanagement 45 Persönliches Lernen 48 Politisches Geschick 64 Verständnis für andere	34 Mut, zu führen	21 Umgang mit Verschiedenartigkeit
SCHWIERIGER	2 Umgang mit Mehrdeutigkeit 13 Konfrontieren von Mitarbeitern 40 Umgang mit paradoxen Situationen 44 Offenheit 56 Fähigkeit andere einzuschätzen 58 Strategische Agilität 59 Führen durch Systeme 60 Effektive Teams aufbauen 66 Gleichgewicht von Beruf und Privatleben	11 Selbstbeherrschung 31 Zwischenmenschliches Geschick 37 Verhandeln	10 Mitgefühl 38 Organisationsagilität
MODERAT	14 Kreativität 19 Mitarbeiter und andere weiterentwickeln 36 Andere motivieren 46 Perspektive 55 Selbsterkenntnis 65 Management von Visionen und Zielen	6 Karriere-Ambitionen 7 Kümmern um Mitarbeiter 9 Direktives Führungsverhalten 25 Rekrutierung und Teamzusammenstellung 41 Geduld 49 Präsentationsfähigkeiten 52 Prozessmanagement 54 Persönliche Entwicklung	3 Zugänglichkeit 4 Verhältnis zu Führungskräften 5 Geschäftssinn 8 Umgang mit dem höheren Management 22 Ethik und Wertmaßstäbe 26 Humor 32 Schnelle Auffassungsgabe 51 Fähigkeit, Probleme zu lösen 57 Eigenständigkeit
EINFACHER	20 Andere anleiten und führen 63 Workflow- und Qualitätssicherungssysteme	17 Qualität der Entscheidungen 18 Delegieren 33 Zuhören können 35 Leistung einfordern und messen 42 Beziehung zu Kollegen 50 Setzen von Prioritäten 62 Zeitmanagement 67 Schriftliche Kommunikation	23 Fairness gegenüber Mitarbeitern 29 Integrität und Vertrauen 30 Intellektuelle Leistungsstärke 39 Organisieren 53 Ergebnisorientierung 61 Fachliches Lernen
AM EINFACHSTEN		16 Treffen von fristgerechten Entscheidungen 27 Informieren 47 Planen	1 Handlungsorientierung 15 Kundenorientierung 24 Funktionale/fachliche Fertigkeiten 43 Beharrlichkeit

EBENE DER HÖHEREN FÜHRUNGSKRÄFTE

		DURCHSCHNITTLICHE BEWERTUNG DER KOMPETENZ IN DER ALLGEMEINBEVÖLKERUNG		
		NIEDRIG	MITTEL	HOCH
ENTWICKLUNGSAUFWAND	AM SCHWIERIGSTEN	12 Konfliktmanagement 28 Innovationsmanagement 45 Persönliches Lernen 64 Verständnis für andere	34 Mut, zu führen 48 Politisches Geschick	21 Umgang mit Verschiedenartigkeit
	SCHWIERIGER	13 Konfrontieren von Mitarbeitern 40 Umgang mit paradoxen Situationen 44 Offenheit 56 Fähigkeit andere einzuschätzen 59 Führen durch Systeme 60 Effektive Teams aufbauen 66 Gleichgewicht von Beruf und Privatleben	2 Umgang mit Mehrdeutigkeit 10 Mitgefühl 11 Selbstbeherrschung 31 Zwischenmenschliches Geschick 37 Verhandeln 58 Strategische Agilität	38 Organisationsagilität
	MODERAT	14 Kreativität 19 Mitarbeiter und andere weiterentwickeln 25 Rekrutierung und Teamzusammenstellung 36 Andere motivieren 41 Geduld 55 Selbsterkenntnis 65 Management von Visionen und Zielen	7 Kümmern um Mitarbeiter 26 Humor 46 Perspektive 49 Präsentationsfähigkeiten 52 Prozessmanagement 54 Persönliche Entwicklung	3 Zugänglichkeit 4 Verhältnis zu Führungskräften 5 Geschäftssinn 6 Karriere-Ambitionen 8 Umgang mit dem höheren Management 9 Direktives Führungsverhalten 22 Ethik und Wertmaßstäbe 32 Schnelle Auffassungsgabe 51 Fähigkeit, Probleme zu lösen 57 Eigenständigkeit
	EINFACHER	35 Leistung einfordern und messen 20 Andere anleiten und führen 63 Workflow- und Qualitätssicherungssysteme	18 Delegieren 23 Fairness gegenüber Mitarbeitern 33 Zuhören können 42 Beziehung zu Kollegen 50 Setzen von Prioritäten 62 Zeitmanagement 67 Schriftliche Kommunikation	17 Qualität der Entscheidungen 29 Integrität und Vertrauen 30 Intellektuelle Leistungsstärke 39 Organisieren 53 Ergebnisorientierung 61 Fachliches Lernen
	AM EINFACHSTEN	27 Informieren	16 Treffen von fristgerechten Entscheidungen 47 Planen	1 Handlungsorientierung 15 Kundenorientierung 24 Funktionale/fachliche Fertigkeiten 43 Beharrlichkeit

Anhang C
Erstellen eines Entwicklungsplans

Universelle Wege zur Entwicklung beliebiger Kompetenzen

- **1. Treffen Sie Ihr Wahl umsichtig.** Finden Sie heraus, was für Leistung in Ihrem Aufgabengebiet oder für Erfolg in Ihrer Karriere unabdingbar ist. Dafür müssen Sie enorm viel Zeit und Energie investieren. Konzentrieren Sie sich daher immer auf Dinge, die aus Ihrer Sicht von Belang sind, aber auch von anderen Menschen für bedeutsam gehalten werden. Seien Sie realistisch in der Einschätzung dessen, was Sie vollbringen können. Sehen Sie in der Entwicklungsmatrix nach, wie schwierig es ist, die von Ihnen gewählten Kompetenzen zu entwickeln. Stellen Sie sicher, dass nicht alle in die Kategorie „am schwersten zu entwickeln" fallen. Wenn Sie Konfliktmanagement (12) entwickeln möchten, werden Sie feststellen, dass diese Kompetenz nicht nur am schwersten zu entwickeln ist, sondern dass auch die meisten Menschen in dieser Kompetenz schlecht abschneiden. Daran können Sie ablesen, dass die Entwicklung dieser Kompetenz eine große Herausforderung darstellt. Behalten Sie dies in Erinnerung, wenn Sie Ihren Aktionsplan aufstellen und Ihren Zeitrahmen festlegen. Es wird Sie mehr motivieren und in Ihrer Entwicklung bestärken, wenn Sie Erfolg verspüren und eine Verbesserung erkennen.

- **2. Spezifisch werden.** Bitten Sie um detaillierteres und verhaltensbezogenes Feedback zum Entwicklungsbedürfnis. Meistens ist ein Aspekt der Kompetenz einer Person schwach. Beispielsweise geht es fast nie um alle zwischenmenschlichen Beziehungen. Meist geht es um etwas Spezielles – zum Beispiel zwischenmenschliche Fähigkeiten gegenüber dem gehobenen Management, wenn Sie unter dem Druck stehen, zwei der sieben Mitglieder des Management-Komitees schwierige Fragen zu Themen beantworten zu müssen, die Ihnen sehr am Herzen liegen. Fragen Sie einige Leute, die Sie kennen und die Ihnen ehrliche Antworten geben werden, um Ihr Entwicklungsbedürfnis genauer definieren zu können. Akzeptieren Sie Ihr Entwicklungsbedürfnis. Gehen Sie nicht in die Defensive und versuchen Sie nicht, das Entwicklungsbedürfnis wegzurationalisieren. Sagen Sie, dass Sie sich über das Entwicklungsbedürfnis Gedanken machen, und bitten Sie um detailliertere Informationen, sodass Sie sich auf einen wirkungsvollen Wachstums- und Entwicklungsplan konzentrieren können. Bitten Sie sie um spezifische Beispiele. Wann? Wo? Mit wem? In welchem Umfeld? Unter welchen Bedingungen? Wie oft? Kann mir vielleicht jemand, den diese Leute kennen, helfen? Werden Sie so spezifisch wie Sie nur können. Hören Sie zu, ohne Gegenrede. Machen Sie sich Notizen. Danken Sie der Person für ihre Hilfe.

☐ **3. Erstellen Sie den Plan.** Wenn Sie das Entwicklungsbedürfnis als real akzeptiert haben und bereit sind, etwas diesbezüglich zu unternehmen, brauchen Sie drei Arten von Aktionsplänen. Sie müssen wissen, womit Sie aufhören sollen, womit Sie beginnen sollen und womit Sie wie bisher weiter machen sollen. Da Sie ein Entwicklungsbedürfnis in diesem Bereich haben (d. h., etwas nicht gut tun können), müssen Sie aufhören, bestimmte Dinge zu tun, die zu nichts führen. Stattdessen müssen Sie anfangen, einige Dinge zu tun, die Sie entweder nicht gern tun oder noch nie getan haben oder von denen Sie nicht einmal etwas wissen. Selbst wenn Sie etwas nicht gut tun können, machen Sie in diesem Bereich wahrscheinlich auch manche Dinge gut. Schicken Sie ein Formular oder eine Mail an mehrere Personen, die bereit sind, Ihnen bei der Arbeit an dieser Fähigkeit zu helfen. Sagen Sie ihnen, dass Sie dieses Entwicklungsbedürfnis erkannt und akzeptiert haben und etwas dafür tun wollen. Geben Sie zuerst das spezifische Entwicklungsbedürfnis an und fragen Sie dann nach den Dingen, mit denen Sie aufhören sollen, mit denen Sie beginnen sollen und mit denen Sie wie bisher weiter machen sollen.

☐ **4. Von anderen lernen.** Studien haben gezeigt, dass wir in den folgenden Situationen von anderen am besten lernen: (a) Wenn wir uns mehrere Vorbilder aussuchen, von denen jedes in einer bestimmten Sache besonders gut ist, anstatt das „Komplettpaket" in einer einzigen Person zu suchen. Denken Sie bei der Suche nach Vorbildern über ihre derzeitige Aufgabenstellung hinaus; und finden Sie auch einige Vorbilder für Dinge außerhalb des Beruflichen. Und (b) wenn wir zugleich in die Rolle des Schülers und des Lehrers schlüpfen. Beobachten Sie als Schüler anderer Menschen – es genügt nicht, ihr Handeln einfach nur zu bewundern oder abzulehnen. Reduzieren Sie das, was diese Leute tun oder nicht tun, auf eine Sammlung von Prinzipien oder Faustregeln, um diese dann in Ihr eigenes Verhalten zu integrieren. Lehrer zu sein, ist eine der besten Möglichkeiten, um etwas zu lernen, weil man gezwungen ist, alles genau durchzudenken und eine möglichst prägnante Erklärung zu liefern. (c) Nutzen Sie mehrere Lernmethoden gleichzeitig – Menschen interviewen, sie beobachten, ohne mit ihnen zu reden, entfernte Vorbilder in Büchern oder Filmen studieren, sich einen Tutor suchen oder eine Kontraststrategie anwenden. Manchmal ist es schwer, die Auswirkungen des eigenen Verhaltens zu sehen, da man dem Problem zu nahe steht. Suchen Sie sich zwei Personen: eine, die im betreffenden Bereich wesentlich besser ist als Sie und eine, die wesentlich schlechter ist. Ahmen Sie die erfolgreichen Fähigkeiten des guten Vorbilds nach. Legen Sie die Verhaltensweisen ab, die denen des schlechten Vorbilds ähneln. Oder suchen Sie sich einen Partner. Falls Sie eine andere Person finden, die das gleiche Entwicklungsbedürfnis hat, können Sie Lernergebnisse austauschen und sich gegenseitig unterstützen. Bringen Sie sich gegenseitig einige Vorgehensweisen bei. Dies ist eine der besten Arten, Ihr Lernen zu untermauern. Berichten Sie sich gegenseitig über Bücher, die Sie gefunden haben.

Kurse, an denen Sie teilgenommen haben. Vorbilder, die Sie beobachtet haben. Sie können sich gegenseitig Feedback zu Ihren Fortschritten geben.

- ☐ **5. Lesen Sie die „Bibel" für dieses Entwicklungsbedürfnis.** Über jede Fähigkeit oder Kompetenz wurden ein oder mehrere Bücher geschrieben: Wie kann ich erfolgreich verhandeln. Wie komme ich mit einer schlechten Führungskraft zurecht. Wie gewinne ich Freunde. Wie kann ich kreativer werden. Gehen Sie in eine große Buchhandlung und kaufen Sie sich mindestens zwei Bücher zum Thema Ihres Entwicklungsbedürfnisses. Nehmen Sie sich für jedes der Bücher eine Stunde Zeit, um es zu überfliegen. Lesen Sie einfach nur den ersten Satz jedes Abschnitts. Lesen Sie nicht, um zu lernen. Lesen Sie, um sich mit der Struktur des Buches vertraut zu machen. Suchen Sie sich ein Buch aus, das Ihnen am geeignetsten vorkommt, und lesen Sie es gründlich. Dieses Buch enthält möglicherweise Verweise auf andere Bücher oder Artikel zur betreffenden Fähigkeit. Beantworten Sie anhand der Lektüre die folgenden Fragen: Was hat die Forschung zu dieser Fähigkeit zu sagen? Über welche 10 praktischen Ratschläge sind sich alle Experten einig? Wie erlernt man diese Fähigkeit am besten?

- ☐ **6. Lernen Sie von Autobiographien und Biographien.** Versuchen Sie Bücher von bzw. über ein oder zwei bekannten Persönlichkeiten zu finden, deren Fähigkeit Sie erlernen möchten. Mutter Teresa zum Thema Mitgefühl. Harry Truman zum Thema Eigenständigkeit. Norman Schwarzkopf zum Thema Führungseigenschaften. Helen Keller zum Thema Beharrlichkeit. Versuchen Sie zu verstehen, wie diese Personen die Fähigkeit, die Sie erlernen wollen, in ihr Repertoire an Fähigkeiten einbauen. Gab es eine Zeit in ihrem Leben, wo diese Fähigkeit eine ihrer Schwächen war? Was war der Wendepunkt?

- ☐ **7. Nehmen Sie an einem Kurs teil.** Suchen Sie sich den bestmöglichen Kurs aus. Er kann in Ihrer Firma angeboten werden, wahrscheinlicher jedoch durch ein öffentliches Programm. Belegen Sie einen Kurs, der vom Verfasser eines Buches oder einer Reihe von Artikeln über diese Fähigkeit angeboten wird. Nehmen Sie sich genügend Zeit. Normalerweise braucht man drei bis fünf Tage, um sich Wissen über eine Fähigkeit oder Kompetenz anzueignen. Seminare von ein bis zwei Tagen Dauer reichen normalerweise nicht aus. Suchen Sie sich einen Kurs, indem Sie die Theorie lernen und die Fähigkeit ausgiebig üben können. Belegen Sie einen Kurs, in dem Sie auf Video aufgenommen werden (falls die jeweilige Fähigkeit zum Aufnehmen geeignet ist). Nehmen Sie sich Ihren detaillierten Entwicklungsplan mit und notieren Sie sich, was auf Ihr Entwicklungsbedürfnis zutrifft. Machen Sie sich nicht nur Notizen zum allgemeinen Kursinhalt. Wenn Sie beispielsweise an einem Kurs in richtigem Zuhören teilnehmen und eines ihrer Entwicklungsbedürfnisse richtiges Zuhören bei weitschweifigen Sprechern ist, machen Sie sich nur zu diesem einen Entwicklungsbedürfnis Notizen. Wenn es bei Ihrem Entwicklungsbedürfnis um eine Aufgabenstellung oder ein Projekt geht, schreiben Sie sich die Handlungsschritte auf, die Sie sofort umsetzen können. Konzentrieren Sie sich voll auf den Kurs. Führen Sie keine Telefongespräche. Nehmen Sie sich keine Arbeit mit. Besuchen Sie keine Sehenswürdigkeiten. Konzentrieren Sie sich nur auf den Kurs. Versuchen Sie der beste und fleißigste Kursteilnehmer zu sein. Selten reicht ein Kurs allein, um einen Lernbedarf zu decken. In diesem universellen Entwicklungsplan muss ein Kurs immer mit anderen Lösungen gepaart werden, v. a. mit herausfordernden Aufgaben, damit Sie im zu entwickelnden Bereich unter Druck arbeiten müssen.

☐ **8. Versuchen Sie einige herausfordernde Aufgaben, aber fangen Sie klein an.** Siebzig Prozent der Fähigkeiten werden am Arbeitsplatz entwickelt. Regen Sie im Gespräch über die Entwicklung dieser Fähigkeit andere an, sich Aufgaben und Aktivitäten auszudenken, die Sie ausprobieren können. Schreiben Sie fünf Aufgaben auf, zu deren Durchführung Sie sich verpflichten, wie z. B.: drei Gespräche anknüpfen; mit jemandem Frieden schließen, mit dem Sie Probleme hatten; einen Geschäftsplan für Ihre Geschäftseinheit aufstellen; einen Kauf verhandeln; eine Rede halten; etwas in Ordnung bringen. Sie können auch Aufgaben außerhalb der Arbeit probieren: jemandem das Lesen beibringen; ehrenamtlich arbeiten; an einer Studiengruppe teilnehmen; ein neues Hobby anfangen – was auch immer Ihnen ohne großes Risiko beim Üben der neuen Fähigkeit hilft. Schreiben Sie sich nach jeder Aufgabe die positiven und negativen Aspekte Ihrer Leistung auf und notieren Sie sich die Dinge, die Sie beim nächsten Mal besser oder anders machen möchten.

☐ **9. Verfolgen Sie Ihren Fortschritt.** Sie brauchen zusätzliche Motivation, um dies durchzuziehen. Sie müssen sich für Ihre Fortschritte belohnen können. Andere bemerken die kleineren Veränderungen am Anfang wahrscheinlich gar nicht. Setzen Sie Ziele und Vergleichsmaßstäbe für Ihren Fortschritt. Wenn Sie zum Beispiel an Ihrer Zugänglichkeit arbeiten, setzen Sie es sich zum Ziel, mit fünf neuen Personen pro Woche Gespräche anzuknüpfen. Führen Sie Protokoll. Stellen Sie ein Diagramm her. Feiern Sie kleine Fortschritte. Notieren Sie z. B. jedes Mal, wenn Sie andere nicht unterbrochen haben oder zwei Strategievorschläge gemacht haben, die von anderen aufgegriffen und diskutiert wurden, weil Sie dadurch Ihre kontinuierlichen Anstrengungen bestärken.

☐ **10. Lassen Sie sich regelmäßig Feedback geben.** Tun Sie sich mit einer Gruppe von Menschen zusammen, die Sie noch nicht lange kennen. Diese Menschen haben es noch nicht erlebt, dass Sie in dieser Fähigkeit längere Zeit nicht gut waren. Holen Sie sich Feedback von ihnen, wenn Sie ein Drittel Ihres Entwicklungsplans erreicht haben. Und holen Sie sich Feedback von der ursprünglichen Gruppe, die Ihnen geholfen hat, dieses Entwicklungsbedürfnis zu erkennen und zu akzeptieren. Die Bewertungen dieser Gruppe werden unter denen der ersten Gruppe liegen, da diese Menschen Ihre Vergangenheit in Bezug auf die Fähigkeit kennen. Verwenden Sie beide Gruppen, um Ihren Fortschritt zu verfolgen.

Auf den folgenden Seiten finden Sie eine Vorlage für einen Entwicklungsplan, in die Sie Ihr Entwicklungsbedürfnis und einen Aktionsplan eintragen können. Als Starthilfe finden Sie drei Beispiele (Schlecht ausgeprägt, Übertrieben und Karrierehemmer-/stopper). Weitere Einzelheiten hierzu finden Sie in der Einleitung zu diesem Buch.

ERLAUBNIS ZUM KOPIEREN DES ENTWICKLUNGSPLANS: *Hiermit wird bestätigt, dass Lominger International: Ein Unternehmen von Korn/Ferry Ihnen das Recht erteilt, Kopien der Vorlage „Mein Entwicklungsplan" auf den Seiten C-12 bis C-15 im Anhang von* FYI For Your Improvement™ *anzufertigen. Solche Kopien sind nur zur internen Verwendung in Ihrem Unternehmen zulässig. Sämtliche Kopien müssen den jeweils am unteren Seitenrand erscheinenden Copyright-Vermerk tragen.*

ANHANG

Beispiel (Schlecht ausgeprägt) – Mein Entwicklungsbedürfnis:

Kompetenz: 49 Präsentationsfähigkeiten
Faktor V: Positionierungskompetenzen im Unternehmen
Cluster L: Kommunikationsfähigkeiten

NAME DES LERNENDEN:
ABZUSCHLIESSEN BIS:

MEINE BESCHREIBUNG VON „VORHER" (Schlecht ausgeprägt, Übertrieben oder Ein Problem)	MÖGLICHE URSACHEN FÜR MICH
Präsentiert immer auf die gleiche Weise, ohne sich auf sein/ihr Publikum einzustellen. (Schlecht ausgeprägt)	Wird nervös und emotional. Langweiliger Präsentator.

MEINE ERKENNTNISSE AUS „DER PLAN"

Ich erkenne, dass es wichtig ist, mich auf mein Publikum einzustimmen, um gute Präsentationen halten und meine Ziele erreichen zu können.

C

ANHANG

ZITATE, DIE MICH INSPIRIEREN

„It usually takes me more than three weeks to prepare a good impromptu speech." – Mark Twain

MEIN AKTIONSPLAN
(Der Entwicklung zuträgliche Abhilfemaßnahmen, Ersatzkompetenzen, Ausgleichskompetenzen oder Workarounds)

49.3 – Das Publikum richtig einschätzen: Den Tonfall, das Tempo, den Stil und manchmal sogar die Botschaft verändern, um den Inhalt auf die verschiedenen Zuhörergruppen zuzuschneiden.

Ersatzkompetenz:
Präsentationsfähigkeiten (49) gehören nicht zu meinen Stärken, daher werde ich mich eines Bereichs bedienen, in dem meine Kompetenz gut ausgeprägt ist, und Zugänglichkeit (3) durch gutes Aufbauen von Beziehungen substituieren.

Umgehung durch andere Menschen:
Einen kompetenten Kollegen finden, der die Präsentation mit mir zusammen hält.

Develop-in-Place-Aufgabenstellung:
Die Strategie meiner Geschäftseinheit Personen vorstellen, die mein Geschäft nicht gut kennen.

MEINE BESCHREIBUNG VON „NACHHER"
(Gut ausgeprägt oder Kein Problem)

Agiert effektiv in einer Vielzahl von Präsentationssituationen: ob im Zwiegespräch, in kleinen oder großen Gruppen oder im Umgang mit Kollegen, Mitarbeitern und Führungskräften.

(Gut ausgeprägt)

MEINE LITERATUREMPFEHLUNGEN

The Exceptional Presenter: A Proven Formula to Open Up and Own the Room (2007) von T. J. Koegel.

Beispiel (Übermaß) – Mein Entwicklungsbedürfnis:

Kompetenz: 18 Delegieren
Faktor II: Ausführende Fähigkeiten
Cluster F: Arbeit an andere delegieren

NAME DES LERNENDEN:
ABZUSCHLIESSEN BIS:

MEINE BESCHREIBUNG VON „VORHER" (Schlecht ausgeprägt, Übertrieben oder Ein Problem)	MÖGLICHE URSACHEN FÜR MICH
Delegiert zu viel, ohne Zielvorstellungen oder Hilfestellungen zu geben. Stellt unrealistische Erwartungen an Mitarbeiter. (Übertrieben)	Delegiert, fasst aber nicht nach. Delegiert Aufgaben an Mitarbeiter ohne weitere Unterstützung. Sind Sie zu beschäftigt.

MEINE ERKENNTNISSE AUS „DER PLAN"

Ich kann die gesamte Arbeit nicht selbst erledigen, daher werden die Leistung und das Arbeitsklima in meiner Geschäftseinheit so lange darunter leiden, bis ich gelernt habe, Aufgaben zu delegieren.

ZITATE, DIE MICH INSPIRIEREN

„No man will make a great leader who wants to do it all himself or get all the credit for doing it." – Andrew Carnegie

MEIN AKTIONSPLAN
(Der Entwicklung zuträgliche Abhilfemaßnahmen, Ersatzkompetenzen, Ausgleichskompetenzen oder Workarounds)

18.2 – Erwartungen klar machen: Andere müssen wissen, was ich erwarte, und wie das Ergebnis aussehen soll.

18.6 – Einen realistischen Zeitrahmen vorgegeben: Meinen Mitarbeitern mehr Zeit geben, als ich selbst brauchen würde. Mich daran zurück erinnern, wie lange es bei mir gedauert hat, bis ich diese Aufgabe meistern konnte.

Ausgleichskompetenz: Ich neige zu übertriebenem „Delegieren" (18), daher werde ich die negativen Auswirkungen dieses Verhaltens durch die Kompetenz „Andere anleiten und führen" (20) kompensieren und die Arbeit in gut geplanter und organisierter Weise aufteilen.

Umgehung durch Selbsterkenntnis: Geben Sie Ihre Schwächen von vornherein zu.

MEINE BESCHREIBUNG VON „NACHHER"
(Gut ausgeprägt oder Kein Problem)

Delegiert sowohl Routineaufgaben als auch bedeutende Aufgaben und Entscheidungen klar und ohne Probleme.

(Gut ausgeprägt)

MEINE LITERATUREMPFEHLUNGEN

Delegating Work (2008) Harvard Business School Press.

ANHANG

Beispiel (Karrierehemmer und -stopper) – Mein Entwicklungsbedürfnis:

Karrierehemmer und -stopper: 117 Übertriebene Kontrolle
Faktor VII: Probleme im Umgang mit Menschen
Cluster X: Inspiriert nicht und baut kein Talent auf

NAME DES LERNENDEN:
ABZUSCHLIESSEN BIS:

MEINE BESCHREIBUNG VON „VORHER" (Schlecht ausgeprägt, Übertrieben oder Ein Problem)	MÖGLICHE URSACHEN FÜR MICH
Überträgt zu wenig Verantwortung auf andere. Erledigt zu viel der Arbeit selbst. Kann nicht gut delegieren. (Ein Problem)	Übermäßig handlungsorientiert. Kennt Arbeitsinhalte zu gut. Schlecht ausgeprägt: Mitarbeiter und andere weiterentwickeln (19). Übertriebener Einsatz funktionaler/ fachlicher Fähigkeiten (24).

MEINE ERKENNTNISSE AUS „DER PLAN"

Ich verlasse mich am liebsten auf mich selbst, um wichtige Dinge zu erledigen. Dadurch wende ich mich jedoch von anderen Prioritäten ab und nehme meinen Mitarbeitern die Chance, neue Fähigkeiten zu entwickeln. Ich erkenne, dass ich als Manager verantwortlich dafür bin, dass meine Mitarbeiter qualifiziert und motiviert genug sind, um die Arbeit zu erledigen.

ZITATE, DIE MICH INSPIRIEREN

„A good manager is best when people barely know that he exists. Not so good when people obey and acclaim him. Worse when they despise him." – Lao Tzu

MEIN AKTIONSPLAN
(Der Entwicklung zuträgliche Abhilfemaßnahmen, Ersatzkompetenzen, Ausgleichskompetenzen oder Workarounds)

117.1 – Das Kompetenzniveau meines Teams erhöhen.

Besser darin werden, Mitarbeiter weiterzuentwickeln 19.6 – Delegation zur Förderung von Entwicklung: Drei Aufgaben, die meiner eigenen Entwicklung nicht mehr zuträglich sind, an Mitarbeiter delegieren, die für eine neue Herausforderung bereit sind.

Ausgleichskompetenz: Den übertriebenen Einsatz von funktionalen/fachlichen Fertigkeiten (24) durch den Einsatz meiner Stärken im Innovationsmanagement (28) kompensieren.

Develop-in-Place-Aufgabenstellung: Etwas außerhalb meines Standorts „aus der Distanz heraus" managen.

MEINE BESCHREIBUNG VON „NACHHER"
(Gut ausgeprägt oder Kein Problem)

Delegiert und überträgt anderen Verantwortung.

Arbeitet daran, nicht alles selbst tun zu müssen.

(Kein Problem)

MEINE LITERATUREMPFEHLUNGEN

What to Do When You Become the Boss: How New Managers Become Successful Managers (2008) von B. Selden.

Mein Entwicklungsbedürfnis:

....
....
....

NAME DES LERNENDEN: ....
ABZUSCHLIESSEN BIS: ....

MEINE BESCHREIBUNG VON „VORHER" *(Schlecht ausgeprägt, Übertrieben oder Ein Problem)*	MÖGLICHE URSACHEN FÜR MICH

MEINE ERKENNTNISSE AUS „DER PLAN"

....

ZITATE, DIE MICH INSPIRIEREN

MEIN AKTIONSPLAN
(Der Entwicklung zuträgliche Abhilfemaßnahmen, Ersatzkompetenzen, Ausgleichskompetenzen oder Workarounds)

MEINE BESCHREIBUNG VON „NACHHER"
(Gut ausgeprägt oder Kein Problem)

MEINE LITERATUREMPFEHLUNGEN

ANHANG

Mein Entwicklungsbedürfnis:

....
....
....

NAME DES LERNENDEN: ....
ABZUSCHLIESSEN BIS: ....

MEINE BESCHREIBUNG VON „VORHER" *(Schlecht ausgeprägt, Übertrieben oder Ein Problem)*	MÖGLICHE URSACHEN FÜR MICH

MEINE ERKENNTNISSE AUS „DER PLAN"

ZITATE, DIE MICH INSPIRIEREN

MEIN AKTIONSPLAN
(Der Entwicklung zuträgliche Abhilfemaßnahmen, Ersatzkompetenzen, Ausgleichskompetenzen oder Workarounds)

MEINE BESCHREIBUNG VON „NACHHER"
(Gut ausgeprägt oder Kein Problem)

MEINE LITERATUREMPFEHLUNGEN

ANHANG

Index

In den Index wurden zentrale Entwicklungsthemen aufgenommen, um sie Managern oder Lernenden zur genaueren Betrachtung anzubieten. Die einzelnen Einträge verweisen den Lernenden oder Coach auf ein Kapitel und eine für das Thema relevante Abhilfenummer. Sieht der Lernende beispielsweise unter „Handlungsorientierung" nach, findet er Einträge mit Bezug zu „Organisationsfähigkeit, 1.8; Perfektionist, 1.2; und alles auf die lange Bank schieben, 1.1". Wenn es um das Thema „Organisationsfähigkeit" geht, kann der Lernende in Kapitel 1 unter Abhilfe Nr. 8 nachschlagen.

7 Globale Betrachtungsfelder
   Siehe Einführung

19 Karrierehemmer und -stopper
   Siehe Einführung

67 Kompetenzen
   Siehe Einführung

360°-Feedback
   Abwehrhaltung und, 108.1
   alle zwei Jahre, 19.3
   Arroganz und, 104.1
   Kompetenz-Auditing, 54.1
   Probleme diagnostizieren, 109.1
   Stärken und Schwächen bestimmen, 6.1
   Unsensibilität und, 112.1
   von denen, die man am besten kennt, 55.4
   zutreffender bei vertraulicher Mitteilung, 55.2

Abhängigkeit von einer bestimmten Stärke, 116
   Auftragsänderung, 116.1
   Austausch von Wissen, 116.7
   Siehe auch Funktionale/fachliche Fertigkeiten, 24
   Siehe auch Persönliche Entwicklung, 54

Abhängigkeit von Fürsprechern, 115
   einen Fürsprecher übertrieben nutzen, 115.6
   mehrere Fürsprecher gleichzeitig, 115.4
   Unabhängigkeit schaffen, 115.9
   weitermachen, 115.10
   Siehe auch Verhältnis zu Führungskräften, 4

Ablaufplan, 2.6, 14.4

Abwehrhaltung
   Blockade der Selbsterkenntnis, 55.10
   Feedback und, 45.10
   konstruktive Kritik, 11.5

Abwehrhaltung, 108
   360°-Feedback, 108.1
   Blind Spots, 108.7
   Gestik und Mimik, 108.10
   negatives Feedback und, 108.2-3
   sich neuen Ideen widersetzen, 108.6
   Siehe auch Persönliche Entwicklung, 54
   Siehe auch Persönliches Lernen, 45
   Siehe auch Zuhören können, 33

Aktionsplan, Strategien für
   Siehe Einführung
   entwickeln
   Ersatzkompetenzen
   kompensieren
   sich damit abfinden
   Workaround

Aktivitätsfalle, 50.3

Andere anleiten und führen, 20
   Einzelner Mitwirkender, 20.9
   Managementstil bewerten, 20.1-2, 20.5
   Menschen ermächtigen, 20.4
   Siehe auch Übertriebene Kontrolle, 117

andere ermächtigen, 20.4, 36.10

andere herausfordern
   delegieren, 19.6
   Entwicklungsplanung, 19.4, 19.7
   Erwartungen aufstellen, 13.2
   Nachschulung, 25.13

INDEX

Andere motivieren, 36
  Entwicklungsziele, 36.3
  ermächtigen, 36.10
  Top-Motivatoren, 36.2
  Siehe auch Unfähigkeit, ein Team aufzubauen, 110

anpassungsfähig. *Siehe* Umgang mit paradoxen Situationen, 40

Arbeiten über Grenzen hinweg, 53.6

Arbeiten vergeben
  andere davon überzeugen, Aufträge anzunehmen, 19.9
  delegieren, 19.6-7
  ermächtigen, 20.4
  Personen auf Aufgaben abstimmen, 56.5

arrogant, 104
  Besserwisser, 104.4
  Gestik und Mimik, 104.3
  kritisch, 104.7
  Richtlinie, 104.8
  unnahbar, 104.6
  Siehe auch Bescheidenheit, 167

Arroganz
  360°-Feedback, 167.1
  bei anderen Verunsicherung auslösen, 3.9
  Beiträge anderer klein reden, 45.9
  Blockade der Selbsterkenntnis, 55.9
  Gestik und Mimik, 167.2

Aufgaben, abschließen 2.10, 43.9

Aufträge zur Entwicklung
  Siehe Einführung

Auswahl
  Siehe Fähigkeit andere einzuschätzen, 56
  Siehe Rekrutierung und Teamzusammenstellung, 25

Befangenheit
  Entscheidungsfindung, 17.1
  Feedback erbeten, 23.4
  Klischees, 21.5
  Menschen in ihrer Unterschiedlichkeit studieren, 56.1
  Mitgefühl zeigen, 10.6
  Vorlieben bei Lösungen, 51.3

Beharrlichkeit, 43
  auf Widerstand treffen 43.2, 43.4
  Aufgaben abschließen, 43.9
  Herangehensweisen wechseln, 43.1

Belohnen von Mitarbeitern, 35.9

beschäftigt
  Aktivitätsfalle, 50.3
  Gleichgewicht von Beruf und Privatleben, 66.3
  sich Zeit für die eigene Entwicklung nehmen, 19.1
  sich Zeit zum Delegieren nehmen, 18.1

Bescheidenheit, 167
  andere erniedrigen, 167.5
  defensiv, 167.14
  Sensibilität gegenüber den Publikum, 167.4
  soziale Intelligenz, 167.15
  unsensibel, 167.7
  Siehe auch Arrogant, 104

bewerten
  für andere, 56.2, 56.7-8
  Gruppen, 64.5
  Hilfsmittel, 38.5
  Kollegen, 42.3

Beziehung zu Kollegen, 42
  Einflussnahme, 42.1
  kann Labyrinthe gut meistern, 42.4
  Konflikte, 42.9
  konkurrierend, 42.5

Beziehungen
  beschädigte, 13.8
  Gleichheit, 38.4
  Gruppe, 64.8
  Kollege, 103.7
  kooperative, 12.1
  Teams, 110.6
  Siehe auch Beziehung zu Kollegen, 42
  Siehe auch Verhältnis zu Führungskräften, 4

Beziehungen aufbauen
  erste drei Minuten, 31.3
  Unsensibilität, 112.5
  Verhandeln und, 37.1

Blind Spots
  Feedback, 55.7
  Schwächen, 54.9, 108.7

Blockierung des eigenen Lernens, 106
  Experiment, 106.5
  Herangehensweise, 106.1
  Horizonterweiterung, 106.10
  Komfortzone, 106.2
  von anderen lernen, 106.4
  Siehe auch Persönliches Lernen, 45

Brainstorming-Methoden, 14.7-8

Burnout, 1.6, 43.10, 53.10

Change Management, 65.3
  Kommt gut mit Änderungen zurecht, 101.9
  loslassen, 2.9
  organisatorisch, 65.3
  sich Veränderung widersetzen, 101.2
  sich Veränderungen anpassen, 13.5, 101.1
  Veränderungen vorantreiben, 28.11

Chaos, managen
  Einzelschritte, 2.1
  emotionale Reaktion, 40.9
  Geduld beim Definieren des Problems, 41.7
  Gelassenheit gegenüber Unbekanntem, 2.3
  Stress, 2.8

chronisch besorgt sein, 1.3, 16.10

coachen
  delegieren, 18.5
  eigene Stärken weitergeben, 117.7
  externer Coach, 60.11
  sich Zeit nehmen, 19.1

Conference Board, 5.3

debattieren. *Siehe* Verhandeln, 37

Defizite bei Schlüssel-Fähigkeiten, 113
  Experten beobachten, 113.7
  Feedback, 113.1-3
  Kompetenzen identifizieren, 113.9-10
  Siehe auch Funktionale/fachliche Fertigkeiten, 24

delegieren
  Entwicklung, 19.6
  ermächtigen, 39.5
  ohne Autorität, 117.6
  Planen, 62.5
  Teams aufbauen, 110.8
  von außen her managen, 59.6

Delegieren, 18
  alles bis ins Kleinste managen, 18.8
  für Entwicklung, 18.9
  Vorteile, 18.1
  was delegieren, 18.4
  Siehe auch Übertriebene Kontrolle, 117

Detailorientiertheit
  bei Präsentationen, 8.3, 8.5, 27.6, 49.7
  beim Delegieren, 18.3, 47.10
  Detail und Konzept ins Gleichgewicht bringen, 40.2
  detailorientierte Manager, 4.9
  Managen kreativer Menschen, 28.3
  Schreiben, 67.4
  Schwäche bei, 54.5

Direktives Führungsverhalten, 9
  Eindruck, 9.10
  Führung in Krisensituationen, 9.8
  Konfrontation, 9.6
  Mut, 9.1

Diskriminierung. *Siehe* Klischees

Druck
  aufbauen lassen, 11.11
  überbetonte Verhaltensweisen, 40.3
  Zeit, 16.8
  zu Ergebnissen kommen, 53.10

Effektive Teams aufbauen, 60
  gemeinsame Sache aufbauen, 60.1
  inspirierend, 60.3
  Rollen zuweisen, 60.9
  Talent nutzbar machen, 60.8
  virtuelle Teams, 60.13
  Siehe auch Unfähigkeit, ein Team aufzubauen, 110

ehrgeizig
  Siehe Gleichgewicht von Beruf und Privatleben, 66
  Siehe Karriere-Ambitionen, 6
  Siehe Übertriebener Ehrgeiz, 103

Ehrlichkeit
  beim Treffen von Entscheidungen, 17.1
  gegenüber weniger leistungsfähigen Mitarbeitern, 13.1
  sich selbst gegenüber, 20.1, 56.2

Eigenständigkeit, 57
  gegen den Strom schwimmen, 57.2
  Gegner, 57.3
  Konsequenzen, 57.10
  Regeln für die Beantwortung, 57.7
  Risiko, 57.8

INDEX

Eigenwerbung, 103.2

einarbeiten, 25.12

Einflussnahme
Entwicklung und, 19.8
Kollegen, 42.1
Siehe auch Andere motivieren, 36
Siehe auch Verhandeln, 37

Einzelner Mitwirkender, 20.9

emotionale Intelligenzk
Siehe Fähigkeit andere einzuschätzen, 56
Siehe Konfliktmanagement, 12
Siehe Verständnis für andere, 64
Siehe Zuhören können, 33
Siehe Zwischenmenschliches Geschick, 31

Emotionen
Auslöser, 4.6, 107.2
die Ansatzpunkte anderer kennen, 36.4
Entscheidungsfindung und, 30.1
Entspannungsübung, 11.10
kämpfen oder flüchten, 107.1
Konfliktsituationen, 12.5
mit Reaktionen umgehen, 9.4
sofortige Antworten, 40.9
Verzögerungstaktiken, 107.4
während des Feedbacks, 13.7

entgeistert, 16.7

Entschlusskraft
auffallen, 6.7
klein anfangen, 1.5
Komfortzone, 6.4

Entwicklung
am wenigsten entwicklungsdienliche Aufgabe, 6.9
einer TaskfForce dienen, 46.10
realistische Zeitrahmen, 13.3
Siehe auch Einführung; Anhang C
Siehe auch Mitarbeiter und andere weiterentwickeln, 19
Siehe auch Persönliche Entwicklung, 54

Entwicklungsbedürfnisse, bestimmen
Siehe Einführung
Fähigkeiten aufbauen
Störeinflüsse reduzieren

Entwicklungsplan. *Siehe Einführung*
Erstellen. *Siehe Anhang C*
Lernen Sie von Autobiographien und Biographien
aus einem Kurs lernen
Feedback erhalten
Fortschritt verfolgen
Plan erstellen
sich an Entwicklungsaufgaben versuchen
sich in das Entwicklungsbedürfnis einlesen
spezifisch werden
umsichtig auswählen
von anderen lernen

Erfolgsprofil
Defizite aufzählen, 6.5
differenzierende Kompetenzen, 56.4
entwickeln, was wichtig ist, 54.3
langfristige Sichtweise, 25.8, 111.4

Ergebnisorientierung, 53
Arbeiten über Grenzen hinweg, 53.6
kalkulierte Risiken, 53.7
Stress, 53.10
wichtige Ressourcen beschaffen, 53.4
Siehe auch Leistungsprobleme, 118

Ergebnisse
lernen aus Experimenten, 32.4
Ressourcen bekommen, 118.4
Risiken, 118.7
Ungeduld, 51.2

Ersatz für mangelnde Kompetenz
Siehe Einführung

Ethik
offenlegen, 44.8
Verhältnis zu Führungskräften, 4.2
Vertrauensregeln, 29.3
Whistleblowing, 29.8

Ethik und Wertmaßstäbe, 22
im Einklang mit der Organisation stehen, 22.5
Vergangenheitsbezogen, 22.8
zweierlei Maß, 22.6
Siehe auch Mängel bei Ethik und Werten, 109

experimentieren
  Lernzyklus, 32.4
  Persönliches Lernen, 106.5
  Risiken eingehen, 14.9
  Technologie, 61.7

Fachliches Lernen, 61
  auf dem Laufenden bleiben, 61.3
  Early Adopter, 61.9
  Experiment, 61.7
  wie ein Experte denken, 61.10

Fachwissen
  Siehe Fachliches Lernen, 61

Fähigkeit andere einzuschätzen, 56
  Anfangsurteil, 56.10
  differenzierende Kompetenzen, 56.4
  schwierige Entscheidungen treffen, 56.6
  Subjektivität, 56.1
  Siehe auch Unfähigkeit, Stellen effektiv zu besetzen, 111

Fähigkeit, Probleme zu lösen, 51
  andere um Input bitten, 51.5
  Herangehensweise, 51.8
  lähmendes Analysieren, 51.6
  Problem definieren, 51.1

Fähigkeiten zur Aufgabenbewältigung, 164
  Einstellung, 164.10
  Ermüdung, 164.2
  Kommunikation im Home Office, 164.9
  Notfallpläne, 164.7
  Siehe auch Beharrlichkeit, 43

Fairness gegenüber Mitarbeitern, 23
  Fairness-Standards, 23.7, 23.9
  Informationen preisgeben, 23.1
  Konflikte, 23.6
  Subjektivität, 23.4

Faktoren und Cluster. *Siehe Einführung*

Familie
  Abenteuer zur Horizonterweiterung, 46.7
  Freizeit, 66.6
  Gleichgewicht, 66.2

Feedback
  Abwehrhaltung und, 45.10, 55.10
  Arroganz und, 41.5
  beschädigte Beziehungen, 13.8
  Do-it-yourself-Interpretation, 55.8
  drei Arten von Feedback, 55.7
  drei Wege zu besserem Feedback, 55.6
  Entwicklungsplan und, 19.4
  Ergebnisse, 55.5
  erhalten
    abweisende Reaktion, 108.2
    anfänglich als zutreffend akzeptieren, 108.3
    Zuhören können, 33.7
  ersuchen
    als Weg zu mehr Verständnis, 55.1
    aus mehreren Quellen, 55.3
    Auswirkungen auf andere, 45.2
    Blind Spots, 54.9
    Perspektive, 4.5
    Realitätskontrolle, 103.4
    von denen, die man am besten kennt, 55.4
  Frauen und Minderheiten, 13.1, 21.7
  geben
    Ihre Verantwortung, 56.6
    kurz und prägnant, 34.3
    Werde-besser-oder-Du-gehst-Prozess, 13.4
    zögerlich, 13.1
  Kompetenz-Auditing, 54.1
  Nachdenken über, 108.4
  Planen, 47.9
  Richtlinien für effektives, 19.3, 35.7
  Siehe auch 360°-Feedback

Feedback von mehreren Bewertern
  360°-Feedback
    Abwehrhaltung und, 108.1
    Arroganz und, 104.1
    Kompetenz-Auditing, 54.1
    Mitarbeiter alle zwei Jahre, 19.3
    Probleme diagnostizieren, 109.1
    Stärken und Schwächen bestimmen, 6.1
    Unsensibilität und, 112.1
    von denen, die man am besten kennt, 55.4
    zutreffender bei vertraulicher Mitteilung, 55.2

INDEX

Fehler und Fehlschläge
  Eigenständigkeit, 57.5
  Experimente und Versuche, 32.9
  Fürsprecher und, 115.5
  Innovations, 28.7
  Lernhaltung gegenüber, 36.1, 60.4, 110.5
  Lernmöglichkeiten, 1.5
  offenlegen, 44.7
  philosophische Haltung gegenüber, 2.7
  politisch, 12.10
  sich Zeit nehmen zum Nachdenken, 30.2
  Verantwortung übernehmen, 29.5
  Worst-Case-Visualisierung, 8.2
  zu vorsichtig, 16.4

Fertigkeiten
  kategorisieren, 54.2
  Übertrieben, 40.3

Fertigkeiten aufbauen. *Siehe Einführung*

Fischgräten-Diagramm, 2.6, 14.4

flexibel
  in alten Angewohnheiten verhaftet sein, 118.8
  Methoden, 163.2
  Prozess, 48.10
  situationsabhängig, 40.1
  Ziele, 35.8
  Zwischenmenschliches, 31.1

Fragen, beantworten
  bei Präsentation, 49.5
  durchspielen, 8.3
  Regeln für die Beantwortung, 57.7
  sich vorbereiten, 8.6

Führen durch Systeme, 59
  delegieren, 59.6
  externe Technologien analysieren, 59.9
  kann Labyrinthe gut meistern, 59.3
  Vision vermitteln, 59.5

Führung
  eigenes Verhalten als Vorbild, 110.13
  Eigenständigkeit, 163.6
  Eindruck, 9.10
  Gegner, 9.3
  Herangehensweise, 162.10
  klare Standpunkte, 9.2
  Konfrontation und, 9.6
  Krise, 9.8
  mit Leidenschaft, 9.9
  Mut, 9.1
  soziale Intelligenz, 167.15
  Teamleiter, 60.12
  virtueller Teamleiter, 60.13
  Vorreiter bei Änderungen, 65.3

Funktionale/fachliche Fertigkeiten, 24
  auf dem Laufenden bleiben, 24.3
  Wesentliches begreifen, 24.5
  Wissen weitergeben, 24.10
  Siehe auch Abhängigkeit von einer bestimmten Stärke, 116
  Siehe auch Defizite bei Schlüssel-Fähigkeiten, 113

Fürsprecher/Berater
  selbe Person zu lange, 115.1
  übertrieben einsetzen, 115.6
  Unabhängigkeit von, 115.5, 115.9
  weitere Rollenmodelle, 115.4

Geduld, 41
  Auslöser der Ungeduld, 41.4
  nonverbale Signale, 41.2
  überstürzte Lösungen, 41.7
  Zuhören können, 41.1

Gegenseitigkeit, 64.8

Gegner, 57.3

Geschäftssinn, 5
  Besonderheiten lernen, 5.6
  Integrationspunkte, 5.9
  sich besser informieren, 5.1-4

Gestik und Mimik
  Abwehrhaltung und, 108.10
  andere einschätzen, 48.6
  Arroganz und, 104.3, 167.2
  erkennen, 9.4
  Zugänglichkeit, 3.5
  zuhören und, 33.8
  zwischenmenschliches Geschick, 31.6

Gleichgewicht
  Beruf und Privatleben, 66.2
  Denken und Handeln, 1.2, 17.5
  Widersprüche/Paradoxes, 40.2

Gleichgewicht von Beruf und Privatleben, 66
  Gleichgewicht definieren, 66.2
  Haltepunkte planen, 66.7
  in der Gegenwart bleiben, 66.3
  nein sagen, 66.5
  Siehe auch Übertriebener Ehrgeiz, 103

Globales geschäftliches Wissen, 161
  Eingeschränkter Sichtweise, 161.7
  globale Geschäfte verstehen, 161.6
  globale Trends, 161.2
  Lesen von Periodika, 161.1
  Siehe auch Geschäftssinn, 5

Gruppen
    faire Behandlung, 21.6, 21.8, 23.2, 23.4
    Kreativität, 14.6, 14.8
    Leistung, 21.4
    Siehe auch Verständnis für andere, 64

Handlungsorientierung, 1
    Organisationsfähigkeit, 1.8
    Perfektionist, 1.2
    schiebt alles auf die lange Bank, 1.1

Hartnäckigkeit. *Siehe* Beharrlichkeit, 43

Herangehensweisen wechseln, 43.1, 53.9

Hierarchie, 162.9

Humor, 26
    beleidigend, 26.2
    grundlegende Taktik, 26.8
    Sarkasmus, 26.4
    über sich selbst lachen können, 26.3

Informationen preisgeben
    Faustregeln, 29.4
    selektive Preisgabe, 23.1
    Vertraulichkeit, 29.3
    zu privat, 3.3

Informieren
    Inkonsequent, 165.5
    Rechtzeitigkeit, 16.9

Informieren, 27
    Grundsätze, 27.4
    im Übermaß informieren, 27.11
    Inkonsequent, 27.5
    selektiv, 27.7

Inkonsequent
    Ergebnisse, 53.8
    Haltungen/Handlungen, 109.3-4
    Informieren, 27.5

Inkrementalismus, 2.1

Innovations
    achten auf, 63.11
    durch Verschiedenartigkeit, 21.1
    Experimentieren Sie und lernen Sie daraus, 14.9
    Klima schaffen für, 60.4

Innovationsmanagement, 28
    kann Labyrinthe gut meistern, 28.9
    Kenntnis des Marktes, 28.1
    Kreativität, 28.2, 28.4
    Managen kreativer Menschen, 28.3
    vom Produkt zum Markt, 28.8

inspirierend sein, 36.1, 65.6

Integrität und Vertrauen, 29
    Auswirkungen eigener Handlungen, 29.10, 29.12
    Faustregeln für Informationspreisgabe, 29.4
    Faustregeln für Vertraulichkeit, 29.3
    Fehler zugeben, 29.5
    Siehe auch Vertrauen enttäuschen, 105

Intellektuelle Leistungsstärke, 30
    systembezogenes Denken, 30.7
    verbindungsbezogenes Denken, 30.2
    visualisieren, 30.9
    Siehe auch Arrogant, 104

Intelligenz, erkennen, 25.1
    Siehe auch Intellektuelle Leistungsstärke, 30

Interesse, zeigen, 7.8

international
    Dienstbeurteilungen, 166.9
    Lehrgänge, 166.8
    Siehe auch Globale Betrachtungsfelder, 161-167

International Organization for Standardization (ISO)
    Siehe Workflow- und Qualitätssicherungssysteme, 63

Interviews führen
    Intuition, 111.2
    Kompetenzen schärfen, 25.2
    langfristige Sichtweise, 111.4
    Training, 56.9

Intuition, 111.2

kann Labyrinthe gut meistern
    Innovationsmanagement, 28.9
    Kollegen, 42.4
    Organisationsagilität, 38.8, 38.10
    politisch geschickt, 119.6

Karriere-Ambitionen, 6
    Erfolgsprofil, 6.5
    Ersatzweg, 6.9
    sich zu billig verkaufen, 6.1
    Siehe auch Übertriebener Ehrgeiz, 103

Karrierehemmer und -stopper
    Siehe Einführung

Karriereknick. *Siehe Einführung*

Klatsch, 34.1, 119.7-8

Klischees
 Befangenheit, 21.5
 Gruppen, 10.6, 21.6, 64.3
 kulturell, 166.3

Komfortzone, 6.4, 51.4, 106.2

Kommunikationsfähigkeiten
 delegieren, 18.2
 Fähigkeiten schriftlich, 59.7, 67.3
 Fähigkeiten, 20.3
 Gleichheitsgrundsatz, 12.7
 Grundsätze, 27.4
 internationales Umfeld
  auf einen Dialog einlassen, 162.8
  Informieren, 165.2, 165.4
  Stil, 163.3,
  Technologie, 165.1
 sich an das Publikum anpassen, 106.3
 Siehe auch Management von Visionen und Zielen, 65
 Siehe auch Präsentationsfähigkeiten, 49
 Siehe auch Schriftliche Kommunikation, 67

Kompetenz. *Siehe Einführung*

Kompetenzdefizite neutralisieren.
 Siehe Einführung

Kompetenzen, differenzieren, 56.4

Kompetenzverbindungen. *Siehe Anhang A*

Konflikt
 Auslöser, 12.9
 gemeinsame Basis, 4.8, 12.4, 64.10
 Kollegen, 42.6, 42.9
 Konfrontation, 9.6, 29.6
 konfrontiert sein mit, 163.1
 politischer, 48.9
 Regeln für den Umgang mit, 9.7
 Schlichtung, 12.8
 schmälern, 23.6, 163.4
 Unklarheit und, 58.6
 unnötige erzeugen, 12.2
 vermeiden, 29.6, 43.2, 105.2, 105.5

Konfliktmanagement, 12
 emotionale Reaktionen, 12.5
 eskalierende Spannungen, 12.3
 Gleichheitsgrundsatz, 12.7

Konfrontieren von Mitarbeitern, 13
 auf Feedback eingehen, 13.8
 emotionale Reaktionen, 13.7
 negatives Feedback geben, 13.1

Konkurrierend
 mit Kollegen, 42.5, 42.7
 Wettbewerbsvorteil, 58.12

Konsensbildung
 andere einbeziehen, 36.10
 gemeinsame Überzeugungen, 65.2
 in Teams, 60.1, 60.6
 Kollegen beeinflussen, 42.1
 mit Gegnern, 65.7

Konsequenzen
 Eigenständigkeit, 57.10
 Entscheidungsfindung, 17.6
 negatives Feedback und, 56.6
 Offenheit, 119.5
 Verhalten und, 36.11
 zu Ende verfolgen, 35.9

kontinuierliche Verbesserung
 Siehe Workflow- und Qualitätssicherungssysteme, 63

Kontrolle der Impulsivität, 11.2

Kreativität, 14
 Methoden zur Vereinfachung des Prozesses, 14.8
 Problemlösungskompetenzen, 14.4
 Regeln für kreatives Denken, 14.3
 Strategien für kreatives Denken, 14.2

Kreativität, managen, 28.2, 28.4
 Siehe auch Innovationsmanagement, 28

Kritik, Umgang mit
 Abwehrhaltung, 11.5
 Defizite zugeben, 108.5
 Mut, 9.1
 verinnerlichen und analysieren, 108.4

Kultur
 Siehe Multikultureller Einfallsreichtum, 162
 Siehe Multikulturelles Geschick, 163

kulturelle Dimensionen, 166.10
 askriptiv/erfolgsorientiert
 individualistisch/kollektivistisch
 intern/extern gesteuert
 neutral/affektiv
 spezifisch/diffus
 universalistisch/partikularistisch
 Vergangenheit, Gegenwart, Zukunft

Kümmern um Mitarbeiter, 7
 Interesse zeigen, 7.8
 offenlegen und preisgeben, 7.2
 Zuhören können, 7.1
 Siehe auch Unsensibilität gegenüber anderen, 112

Kundenbeziehungen
　Erwartungen übersteigen, 63.2
　globale Kunden, 161.8
　negative Punkte aufzählen, 63.8
　positive Punkte aufzählen, 63.9
　Vorschläge einholen, 63.5
　zu viel versprechen, 29.2
　zuerst der Kunde, 63.3

Kundendienst. *Siehe*
　Kundenorientierung, 15

Kundenorientierung, 15
　Beschwerden, 15.2
　Erwartungen, 15.4
　in Kontakt bleiben, 15.1
　Wertschöpfungskette, 15.11

kurzsichtig, 21.9

lähmendes Analysieren, 1.3, 16.4, 17.3, 51.6

Lampenfieber, 49.6

Leidenschaft für die Arbeit
　identifizieren, 57.9
　verlieren, 1.6

Leistung am Arbeitsplatz
　aufsteigen, 103.1
　Ausgebrannt, 43.10
　Feedback, 13.1
　Leistungsmaßstäbe, 13.2
　letzte Chance, 13.9
　Nicht voll engagiert, 1.10
　Zeitrahmen für Entwicklung, 13.3

Leistung einfordern und messen, 35
　Fortschritt verfolgen, 35.6
　Ziele auf Personen abstimmen, 35.4
　Ziele setzen, 35.1
　Siehe auch Übertriebene Kontrolle, 117

Leistungsbeurteilung
　Diskrepanzen, 13.6

Leistungsprobleme, 118
　in alten Angewohnheiten
　　verhaftet sein, 118.8
　kalkulierte Risiken, 118.7
　schiebt alles auf die lange Bank, 118.2
　Stress, 118.10
　wichtige Ressourcen managen, 118.4
　Siehe auch Ergebnisorientierung, 53

lernen
　anspruchsvolle Arbeit, 19.7
　aus der Vergangenheit, 46.2
　Austausch von Wissen, 116.7
　Entwicklungsplan, 19.4
　Experiment, 14.9
　Fehler und Fehlschläge, 1.5, 2.7
　Herangehensweise, 51.8
　Horizonterweiterung, 106.10
　kreativ, 14.3
　nachdenken, 19.8
　Selbsterkenntnis, 56.2
　Techniken ändern, 45.6
　von anderen, 106.4
　von Experten, 5.10
　Wissen weitergeben, 24.10

Lernfähigkeit
　Siehe Fähigkeit, Probleme zu lösen, 51
　Siehe Perspektive, 46
　Siehe Schnelle Auffassungsgabe, 32
　Siehe Umgang mit Mehrdeutigkeit, 2

Loslösungsfähigkeiten, 62.10

Management aus großer Distanz
　Siehe Führen durch Systeme, 59

Management von außen her
　Siehe Führen durch Systeme, 59

Management von Visionen und Zielen, 65
　einen Strategieplan liefern, 65.2
　vermitteln, 65.1, 65.10
　Vorreiter bei Änderungen, 65.3
　Widerstand, 65.7

Management, Top-
　angespannt sein in seiner Gegenwart, 3.7
　Einflussnahme, 28.11
　Empfindlichkeiten, 12.10
　Managen nach oben, 103.7, 103.9
　Präsentationen vor, 48.3
　Rat erbitten vom, 8.7
　schwierigen Fragen vom, 8.6
　umgehen mit, 119.9
　Visionen des Managements
　　verkaufen, 40.4

INDEX

Managen
  andere entwickeln, 19.1
  delegieren, 18.1, 18.6
  Erwartungen vermitteln, 13.2
  Feedback geben, 13.3
  kämpfen, 53.5
  Kompetenzen im Umgang mit
    Menschen, 110.3
  Management von außen her, 59.5-6
  Management-Stil, 20.1, 20.5
  Sensibilität, 112.9
  Strategische Agilität, 58.3
  Übertriebene Kontrolle, 117.1
  Zuhören können, 7.1

Mangel an Selbstbeherrschung, 107
  emotionale Auslösepunkte, 107.2
  Kontrolle der Impulsivität, 107.3
  Umgang mit Emotionen, 107.1
  Umgang mit Kritik, 107.6
  Vergeltung, 107.8
  Siehe auch Selbstbeherrschung, 11

Mängel bei Ethik und Werten, 109
  inkonsistente Haltungen
    und Handlungen, 109.3-4
  Klarheit von Werten, 109.6
  Problem diagnostizieren, 109.1
  Vergangenheitsbezogen, 109.10
  Wertekollisionen, 109.7
  Siehe auch Ethik und Wertmaßstäbe, 22

Mangelhafte administrative Fähigkeiten, 102
  administrative Aufgaben, 102.9
  Unübersichtlichkeit, 102.5
  verspricht zu viel, 102.7
  Zeitmanagement, 102.2
  Siehe auch Organisieren, 39
  Siehe auch Planen, 47
  Siehe auch Zeitmanagement, 62

Mehrdeutigkeit. *Siehe* Umgang mit
  Mehrdeutigkeit, 2

Menschen entwickeln
  durch Zielsetzung motivieren, 36.3
  Erwartungen vermitteln, 13.2
  Siehe auch Mitarbeiter und andere
    weiterentwickeln, 19

Mentor
  beobachten, 44.4, 45.3
  coachen, 19.1, 19.5, 117.7
  Programm, 19.3
  suchen, 4.5, 6.2, 22.9, 40.7, 52.10, 103.5

Mission Statement, 65.1

Mitarbeiter
  einstellen, 25.3, 25.10, 111.6, 111.10
  Feedback, 13.1, 13.4, 34.3
  herausfordern, 19.7, 19.9, 36.1-3
  Leistung, 13.2-3, 13.9
  Übertriebene Kontrolle, 117.1-2
  zuhören, 7.1, 10.2, 41.1
  Siehe auch Kümmern um Mitarbeiter, 7
  Siehe auch Mitarbeiter und andere
    weiterentwickeln, 19

Mitarbeiter
  Fluktuation, 25.12
  im Übermaß informieren, 27.11
  Kommunikationsstandards, 13.2
  Mitteilungen mit gemischten
    Inhalten, 65.4
  Triebkräfte, 36.11
  Verschiedenartigkeit, 21.1
  Zeitrahmen für Verbesserung, 13.3
  Zusammenhang mit
    Kundenzufriedenheit, 15.11

Mitarbeiter und andere
  weiterentwickeln, 19
  delegieren, 19.6
  effektives Feedback, 19.3
  Entwicklungsplan, 19.4
  sie herausfordern, 19.7, 19.9
  Zeit investieren, 19.2

Mitgefühl, 10
  Grenzen setzen, 10.5
  Regeln für gutes Zuhören, 10.8
  unbefangen, 10.6
  Siehe auch Unsensibilität gegenüber
    anderen, 112

Mitgefühl, mangelndes, 7.4

Motivation
  Auftrag und Vision, 65.6
  delegieren, 18.1, 18.3
  Informieren, 27.2
  Innovationsklima, 60.4
  Prozess-Feedback, 35.7
  Top-Motivatoren, 110.7
  Vielfalt und, 21.1
  virtuelle Teams, 60.13
  Ziele setzen, 35.3
  Zuhören können, 110.3

Multikulturelle Sensibilität, 166
  die eigene Erfahrung ausweiten, 166.6
  Fragen stellen, 166.1
  Klischees, 166.3
  sieben wichtige kulturelle
    Dimensionen, 166.10
  Unterschiede erkennen, 166.2
  Siehe auch Umgang mit
    Verschiedenartigkeit, 21
  Siehe auch Verständnis für andere, 64
  Siehe auch Zugänglichkeit, 3

Multikultureller Einfallsreichtum, 162
  arbeiten über Grenzen hinweg, 162.6
  Umgang mit Hierarchie, 162.9
  Verhandeln um Ressourcen, 162.3
  Ziele klarstellen, 162.1
  Siehe auch Organisieren, 39
  Siehe auch Schnelle Auffassungsgabe, 32
  Siehe auch Umgang mit
    Verschiedenartigkeit, 21

Multikulturelles Geschick, 163
  an lokale Kultur anpassen, 163.9
  Eigenständigkeit, 163.6
  Flexibilität, 163.2
  kultursensibel, 163.3
  Siehe auch Eigenständigkeit, 57
  Siehe auch Konfliktmanagement, 12

Multitasking, 35.11

Mut
  Defizite zugeben, 108.5
  Eigenständigkeit, 115.7
  Führung, 9.1
  Gewissenskonflikt, 29.8
  Kritik begegnen, 9.1
  Mut, zu Führen, 34.7
  Whistleblowing, 27.8
  Siehe auch Eigenständigkeit, 57
  Siehe auch Mut, zu Führen, 34

Mut, zu Führen, 34
  direkt sein, 34.3
  Ereignis-/Personenperspektive, 34.8
  negativ agieren, 34.7

negativ agieren, 34.7

nein sagen, 62.9, 66.5

neugierig
  Mitarbeiter, 7.6
  neue Produkte, 28.10
  visionär, 58.3

Nicht gut organisiert
  enge Prioritäten setzen, 51.10
  Mangel an Vertrauen, 102.10
  Prioritäten sortieren, 102.3
  Treffen von fristgerechten
    Entscheidungen, 16.3
  Unübersichtlichkeit, 102.5

Nicht strategisch, 114
  bevorzugt Einfachheit, 114.7
  ist kein Visionär, 114.3
  lehnt Strategie ab, 114.2
  Taktisches delegieren, 114.5
  Siehe auch Strategische Agilität, 58

Offenheit, 44
  Aussagen zu Wertmaßstäben, 44.8
  Fehler und, 44.7
  Grenzen setzen, 44.10
  Stärken und Schwächen, 44.6

Offenheit, 119.5

Offenlegung
  eigenes Denken offenlegen, 7.2
  Grenzen, 44.10
  offenzulegende Bereiche, 104.6

Organisation
  Auftrag und Vision, 65.2
  Ausrichtung von Werten an der, 22.5
  Komplexität, 52.2
  mit der Arbeit vorankommen, 119.4
  politisch komplex, 48.4

Organisationsagilität, 38
  Gleichheit der Beziehungen, 38.4
  kann Labyrinthe gut meistern, 38.8, 38.10
  unpersönlicher Stil, 38.3
  Siehe auch Politische Fehltritte, 119
  Siehe auch Positionierungskompetenzen
    im Unternehmen, 165

Organisieren, 39
  delegieren, 39.5
  planen, 39.2
  Ziele setzen, 39.1
  Siehe auch Mangelhafte administrative
    Fähigkeiten, 102

Outsourcing
  Hintergrundprüfung, 25.11
  Trends, 46.1

Perfektionist
  delegieren, 18.10
  Handeln, 2.2
  kontrollierend, 11.6
  Kreativität und, 14.1
  lähmendes Analysieren, 51.6
  Mehrdeutigkeit vermeiden, 1.2
  realistische Ziele, 117.5
  Treffen von fristgerechten
    Entscheidungen, 50.5

Personen auf Aufgaben abstimmen
  delegieren, 18.7
  planen, 47.6
  Ziele, 35.4

Personen-/Ereignisperspektive, 34.8

persönliche Agenda
  Informationen offenlegen, 29.4
  Konflikte, 42.6
  Übertriebener Ehrgeiz, 103.3
  Vertrauensbruch, 29.10
  Vorteile erzielen, 105.6

Persönliche Entwicklung, 54
  Blind Spots, 54.9
  Feedback, 54.10
  Kompetenzen kategorisieren, 54.2
  ungeprüfte Bereiche, 54.8
  Siehe auch Blockierung
    des eigenen Lernens, 106

Persönliches Lernen, 45
  andere beobachten, 45.1
  Arroganz, 45.9
  Feedback ersuchen, 45.2
  Herangehensweise und Taktik, 45.4
  Technik ändern, 45.6
  Siehe auch Blockierung des eigenen
    Lernenes, 106

Perspektive
  Feedback ersuchen, 4.5
  Neulinge, 101.7
  strategisch, 58.4

Perspektive, 46
  maximale Wahrnehmung anstreben, 46.9
  Nichtfachleute fragen, 46.4
  Szenarios für die Zukunft entwerfen, 46.1

Planen
  Arbeit auslegen, 39.2
  Notfallplan, 52.8
  Zeitachse, 62.2

Planen, 47
  Aufgaben auslegen, 47.1
  Fortschritt überwachen, 47.8
  Mitarbeiter und Aufgaben aufeinander
    abstimmen, 47.6
  Ziele und Maßnahmen, 47.3
  Siehe auch Mangelhafte administrative
    Fähigkeiten, 102

Politik
  ehrgeizig, 103.2
  mit der Arbeit voran kommen, 48.4
  Organisationsagilität, 12.10, 28.9
  Politisches Geschick, 34.6, 48.2,
    48.6, 119.3

Politische Fehltritte, 119
  beleidigender Humor, 119.2
  Dinge unangebracht offenlegen, 119.7
  kann Labyrinthe gut meistern, 119.6
  Offenheit, 119.5
  Umgang mit höheren
    Führungskräften, 119.9
  Siehe auch Organisationsagilität, 38
  Siehe auch Politisches Geschick, 48

Politisches Geschick, 48
  Extreme vermeiden, 48.7
  Konflikte, 48.9
  sich an das Publikum anpassen, 48.2
  Vertrauen, 48.1
  Siehe auch Politische Fehltritte, 119

Positionierungskompetenzen im
  Unternehmen, 165
    informieren, 165.2-3, 165.6
    kann Labyrinthe gut meistern, 165.8
    Kommunikationsfähigkeiten, 165.2
    Kommunikationstechnik, 165.1
    regelmäßiger Kontakt mit
      Zentrale, 165.9
    Siehe auch Organisationsagilität, 38

Präsentationen
  gehobenes Management informieren, 48.3
  persönliche Präsenz, 9.10
  sich an das Publikum anpassen, 45.1
  sich die Räumlichkeiten ansehen, 8.4

Präsentationsfähigkeiten, 49
  Aufmerksamkeit fordern, 49.10
  Faustregeln für gutes Präsentieren, 49.7
  Fragen beantworten, 49.5
  Lampenfieber, 49.6
  Vorbereitung, 49.1-2

Problemdefinition
   Brainstorming, 14.7
   Fragen stellen, 2.5, 14.5
   Lösungen in den Mittelpunkt stellen, 32.10
   Muster suchen, 17.3
   Ungeduld, 41.7, 51.2
   visualisieren, 2.6
   voreilige Schlüsse ziehen, 107.9
   wo anfangen, 51.1

Probleme beim Umgang mit anderen, 112.7

Problemlösungskompetenzen, 14.4

Projektmanagement
   alles auf die lange Bank schieben, 16.2
   delegieren, 39.5
   Multitasking, 35.11
   Organisieren, 1.1
   Planen, 47.1-2
   Prüfpunkte aufstellen, 41.8
   Ressourcen, 35.13
   Ziele und Maßnahmen, 39.1

Prozess-Engineering. *Siehe* Workflow- und Qualitätssicherungssysteme, 63

Prozessmanagement, 52
   organisatorische Komplexität, 52.2
   Personen auf Aufgaben abstimmen, 52.7
   Prozess vergegenwärtigen, 52.8
   Ziele und Maßnahmen, 52.6

Publikum, sich daran anpassen
   Reaktionen beobachten, 106.3
   situationsabhängig, 48.2
   unbeweglicher Stil, 27.10
   Vorgehen bei der Ansprache, 112.3

Qualität der Entscheidungen, 17
   alternative Lösung, 17.6
   Denkfehler, 17.2
   Problem definieren, 17.3
   überstürzte Entscheidungen, 17.5

Rechenschaft. *Siehe* Eigenständigkeit, 57

reflexartige Reaktionen, 108.9

Reisetätigkeit, internationale
   Ausdauer, 164.3
   Ermüdung, 164.2
   Fliegen, 164.5
   Notfallpläne, 164.7

Rekrutierung und
   Teamzusammenstellung, 25
   Einarbeitung in Best Practices, 25.12
   Interview-Fähigkeiten, 25.2
   sich ergänzende Talente, 25.6
   Talent auf lange Sicht, 25.8
   Talent erspähen, 25.1
   Siehe auch Unfähigkeit, Stellen effektiv zu besetzen,111

Ressourcen
   begrenzte, 39.7
   international, 163.5
   Kostendaten, 35.13
   managen, 53.4
   planen, 47.1
   Verhandeln um, 39.3

Richtlinie, 104.8

Risiko
   delegieren, 18.10
   experimentieren, 14.9
   Führung, 9.1
   internationales Umfeld, 163.6-7
   Komfortzone ausbauen, 1.5, 40.6, 57.8
   Mut, 115.7
   Offenlegung, 44.2
   risikoarme Umgebung, 106.9
   Schüchternheit, 3.8
   Toleranz gegenüber Fehlern, 53.7
   vermeiden, 1.5, 51.9

Rollen
   Gruppe, 64.7
   identifizieren, 60.9

Sarkasmus, 26.4

schiebt alles auf die lange Bank
   Handeln, 1.1
   inkonsistente Ergebnisse, 43.3, 53.8
   Qualität der Entscheidungen, 16.2
   sich vor Entscheidungen drücken, 50.9

Schlichtung, 12.8

Schnelle Auffassungsgabe, 32
   Experiment, 32.4, 32.9
   nach wiederkehrenden Mustern suchen, 32.1, 32.3
   Problem definieren, 32.10
   Siehe auch Blockierung des eigenen Lernens, 106

Schriftliche Kommunikation, 67
    Gliederung, 67.1
    Schreiben/Sprechen, 67.9-10
    visuelle Argumente, 67.7
    Zielpublikum, 67.3

Schüchternheit
    den ersten Schritt machen, 31.8
    Offenheit, 112.7

Schwächen
    Blind Spots, 108.7
    Fehlen wichtiger Kompetenzen, 54.6
    kompensieren, 54.7
    Siehe auch Einführung

Selbstbeherrschung, 11
    Auslösepunkte, 11.1
    interner Druckmesser, 11.11
    Umgang mit Kritik, 11.5
    Ungeduld, 11.4
    Vergeltung, 11.7
    Siehe auch Mangel an
        Selbstbeherrschung, 107

Selbsterkenntnis, 55
    Abwehrhaltung, 55.10
    Arroganz, 55.9
    drei Arten von Feedback, 55.7
    Feedback ersuchen, 55.1, 55.3
    kontinuierliches Feedback, 55.6
    Siehe auch Abwehrhaltung, 108

Sensibilität
    Umgang mit höheren
        Führungskräften, 119.9
    Wichtigkeit von, 112.9

Setzen von Prioritäten
    die richtigen Schlachten schlagen, 43.6
    persönliche Vorlieben, 102.6
    Schwierigkeiten beim, 118.1
    Wesentliches, 53.1
    Zeitmanagement, 62.3
    zu viel versprechen, 102.7
    zukunftsorientiert, 65.9

Setzen von Prioritäten, 50
    aktiv werden, 50.5
    Optionen abwägen, 50.7
    Wesentliche gezielten Betrachten, 50.3
    Ziele aufzählen, 50.2
    Siehe auch Mangelhafte administrative
        Fähigkeiten, 102

sexuelle Belästigung, 22.8

sich um andere sorgen
    Verständnis, 10.1
    Zuhören können, 10.2-3, 33.2

Six Sigma. *Siehe* Workflow- und
    Qualitätssicherungssysteme, 63

soziale Intelligenz, 167.15

Stärken
    Freizeit, 66.4
    nutzbar machen, 54.4
    überbetont verwenden, 40.3, 54.5
    zu billig verkaufen, 6.1
    Siehe auch Einführung

Stärken und Schwächen
    Feedback, 4.5, 55.4-5
    offenlegen, 44.6
    persönliche beurteilen, 20.1
    Siehe auch Einführung

Strategie, Aufgabe, Werte vermitteln
    an Publikum anpassen, 65.5
    Umgang mit Gegnern, 65.7
    Verhalten anderer Verstehen, 36.11
    zusammenarbeiten, 58.13
    Siehe auch Management von
        Visionen und Zielen, 65

strategische Agilität, 58
    Komfortzone, 58.10
    Perspektive, 58.4
    spätere Konsequenzen antizipieren, 58.15
    strategische Sprache, 58.1
    Siehe auch Nicht strategisch, 114

Stress
    AT&T Stress-Studie, 66.1
    Emotionen, 107.1
    Entwicklung und, 19.7
    Haltung bewahren, 112.2
    internationales Umfeld, 164.8-9
    Leistung, 118.10
    managen, 2.8, 53.10
    Übung, 11.10
    Zeitdruck, 16.8

stur, 112.4

Systemverbesserung
    kontinuierliche Verbesserung, 63.6
    kreativer Prozess, 14.8, 28.4
    Kundenorientierung, 63.2, 63.8-9

Teams
  einstellen, 111.6
  Entwicklungsaufgaben, 111.9
  ermächtigen, 117.3
  gemischte Geschlechter, 21.4
  in übernommenen Teams aktiv
    werden, 111.5
  inspirierend, 110.5
  Kompetenzniveau erhöhen, 117.1
  kreativ, 14.6
  leistungsstarke Teams studieren, 111.8
  leistungsstarke, 110.4
  persönliche Interessen kennen, 7.3
  realistische Ziele, 117.5
  sich abmühender Manager, 53.5
  Spaß haben, 110.12
  Verschiedenartigkeit ihres
    Hintergrunds, 32.7
  Wertschätzung teilen, 29.11

Technologie
  zur Kommunikation, 165.1
  Siehe auch Fachliches Lernen, 61

Total Quality Management (TQM)
  Siehe Workflow- und
    Qualitätssicherungssysteme, 63

Treffen von fristgerechten
  Entscheidungen, 16
  informieren, 16.9
  Nicht gut organisiert, 16.3
  Schiebt alles auf die lange Bank, 16.2
  zögerlich entscheiden, 16.4

Trott
  Fürsprecher/Berater, 115.1
  Kundendienst, 15.6
  Repertoire erweitern, 106.6
  Team, 60.4

Über sich selbst lachen können, 26.3

überreagieren, 40.9

Übertriebene Kontrolle, 117
  Defizite bei der Kommunikation, 117.2
  Delegieren ohne Ermächtigung, 117.6
  Fortschrittskontrollen, 117.4
  Siehe auch Andere anleiten und
    führen, 20
  Siehe auch Delegieren, 18
  Siehe auch Leistung einfordern
    und messen, 35

übertriebene Stärke, kompensieren
  Siehe Einführung

Übertriebener Ehrgeiz, 103
  das Rampenlicht mit anderen teilen, 103.9
  der Position zuliebe nach
    oben managen, 103.7
  die eigene Agenda forcieren, 103.3
  zu sehr für sich selbst werben, 103.2
  Siehe auch Gleichgewicht von Beruf und
    Privatleben, 66
  Siehe auch Karriere-Ambitionen, 6

Umgang mit dem höheren Management, 8
  nervös, 8.1
  Schwierigkeiten bei Fragen, 8.6
  stilistische Unterschiede, 8.8

Umgang mit Mehrdeutigkeit, 2
  Aufgaben abschließen, 2.10
  Einzelschritte, 2.1
  Problemdefinition, 2.5

Umgang mit paradoxen Situationen, 40
  emotionale Reaktion, 40.9
  Gleichgewicht, 40.2-3
  schwierige Umstellungen, 40.5
  sich mühelos umstellen, 40.1
  Siehe auch Unfähigkeit zur Anpassung an
    Veränderungen, 101

Umgang mit Verschiedenartigkeit, 21
  als Teil der Geschäftsentwicklung, 21.1
  beschränkte Erfahrungen, 21.10
  Subjektivität, 21.5
  Siehe auch Multikulturelle Sensibilität, 166
  Siehe auch Unfähigkeit zur Anpassung
    an Veränderungen, 101

unbequeme Positionen vertreten
  das Geschäftskonzept erstellen, 9.2
  das Geschäftskonzept präsentieren, 43.5
  internationales Umfeld, 163.6
  Mut, 57.1

Unbeweglich
  Haltung zu Wertmaßstäben, 101.4
  Positionen, 37.2, 37.4
  Standpunkt, 112.4, 119.10
  Stil der Informationsweitergabe, 27.10

Unfähigkeit zur Anpassung an
Veränderungen, 101
  in Komfortzone gefangen sein, 101.6
  rigorose Haltungen, 101.4
  selektiver Widerstand, 101.5
  sich neuen Ideen widersetzen, 101.2
  Siehe auch Umgang mit
    Verschiedenartigkeit, 21
  Siehe auch Umgang mit paradoxen
    Situationen, 40

INDEX

Unfähigkeit, ein Team aufzubauen, 110
  Besonderheiten von Teams
    studieren, 110.4
  delegieren, 110.8
  führen, 110.13
  Nutzwert von Teams, 110.1
  Team-Bildung dauert länger, 110.2
  Team-Rollen zuweisen, 110.6
  Siehe auch Andere motivieren, 36
  Siehe auch Delegieren, 18
  Siehe auch Effektive Teams aufbauen, 60
  Siehe auch Mitarbeiter und andere
    weiterentwickeln, 19

Unfähigkeit, Stellen effektiv zu besetzen, 111
  Interview-Techniken, 111.2
  kurzsichtig, 111.4
  nein sagen, 111.10
  Verschiedenartigkeit, 111.7
  Siehe auch Fähigkeit andere
    einzuschätzen, 56
  Siehe auch Rekrutierung und
    Teamzusammenstellung, 25

Ungeduld
  Auslöser, 41.4
  ergebnisorientiert, 51.2
  überstürzte Lösungen, 41.7
  verspätet auf seine Kosten kommen, 11.4
  Zuhören können, 33.3

ungeprüfte Bereiche, 54.8

Ungewissheit
  Entgleiten der Kontrolle, 2.3, 2.9
  Reaktion auf Veränderungen, 40.9
  strategische Planung, 58.6
  Stress, 2.8

unnahbar, 104.6

Unsensibel
  Ansatzpunkte für Mitgefühl, 10.7
  kulturell, 163.3
  Stil, 31.2

Unsensibilität gegenüber anderen, 112
  Beziehungen aufbauen, 112.5
  Feedback, 112.1
  Selbstbeherrschung, 112.2
  stur, 112.4
  Vernachlässigung, 112.10
  Wichtigkeit von Sensibilität, 112.9
  Siehe auch Mitgefühl, 10
  Siehe auch Zugänglichkeit, 3

Unterschiede, auflösen
  häufige Ursache, 65.2
  Konflikte deeskalieren, 12.4
  Konflikte in der Organisation, 12.10
  kooperieren, 12.1
  Schlichtung, 12.8
  Selbstbeherrschung, 11.3

Verantwortung. Siehe Eigenständigkeit, 57

Vergangenheitsbezogen
  sich neuen Ideen widersetzen, 101.2
  sich wandelnde Werte, 22.8

Vergeltung, 11.7

Verhaltensweisen, kontraproduktive
  explosiv, 11.11
  Gestik und Mimik, 104.3
  Irritation, 4.6
  Mitteilungen mit gemischten
    Inhalten, 22.2
  Ungeduld, 7.1, 41.1

Verhältnis zu Führungskräften, 4
  emotionale Auslöser, 4.6
  entpersonalisieren, 4.3
  lösungsorientierte Gespräche, 4.9
  Siehe auch Abhängigkeit von
    Fürsprechern, 115

Verhandeln, 37
  emotionale Reaktionen, 37.6
  langsam anfangen, 37.1
  unbewegliche Positionen, 37.2, 37.4
  zähe Verhandlungen, 37.5

vermeiden
  Konflikt, 29.6, 43.2, 105.5
  Risiko, 51.9

Verschiedenartigkeit
  als Mehrwertfaktor, 166.5
  Entwicklung und, 19.5
  Klone einstellen, 111.7
  kulturelle Vielfalt ausbauen, 166.6

Verständnis für andere, 64
  acht Gruppenrollen, 64.7
  Gegenseitigkeit, 64.8
  Klischees, 64.3
  Unterschiede, 64.10

Vertrauen
  Siehe Integrität und Vertrauen, 29
  Siehe Vertrauen enttäuschen, 105

Vertrauen enttäuschen, 105
persönliche Agenda, 105.6
verspricht zu viel, 105.2
vertrauenswürdig, 105.10
zu Ende verfolgen, 105.1
Siehe auch Integrität und Vertrauen, 29

Vertrauensbildung, 1.4

vertrauenswürdig, 29.10, 29.12

virtuelles Team, 60.13
Siehe auch Führen durch Systeme, 59

voreilige Schlüsse ziehen, 11.9, 112.6

Vorschnelles Urteilen, 10.6

Werte. *Siehe* Ethik und Wertmaßstäbe, 22

Whistleblowing
Gewissenskonflikt, 29.8
Mut, 27.8
sich auf Einzelheiten beschränken, 4.2

Widerstand
gegen Auftrag und Vision, 65.7
gegen neue Ideen, 101.2, 108.6
selektiv, 101.5

Wissen weitergeben
beim Delegieren, 18.5
bessere Kommunikationsfähigkeiten, 33.6
statt autoritär zu sein, 41.7
zur Erweiterung des eigenen
  Horizonts, 24.10, 40.8, 61.9

Workaholic, 66.9

Workaround-Strategien
Siehe Einführung
  Umgehung durch andere Menschen
  Umgehung durch Selbsterkenntnis
  Umgehung durch Wechsel
  Umgehung von Aufgaben

Workflow- und
Qualitätssicherungssysteme, 63
achten auf, 63.11
Best Practices, 63.10
kundenorientiert, 63.2
Vorschläge einholen, 63.5

Work-Out-Methode, 63.10

Worten Taten folgen lassen
Auftrag und Vision, 65.4
die Vision anderer präsentieren, 40.4
inkonsequent, 22.1

zähe Verhandlungen, 31.10, 37.5

Zeitmanagement
Kunden und, 15.5
persönliches, 102.2
Präsentationen und, 49.8
Prioritäten setzen, 50.8

Zeitmanagement, 62
delegieren, 62.5
Siehe auch Mangelhafte administrative
Fähigkeiten, 102
planen, 62.2
Ziele setzen, 62.1

Ziele setzen
Arbeiten über Grenzen hinweg, 53.6
Flexibilität, 35.8
Fortschritt verfolgen, 35.6
für Unterstützung sorgen, 52.5
Gleichstellung, 35.4
Gradmesser für Erfolg, 35.2
Karriere, 35.10
Klarheit, 35.5, 162.1
Mitarbeiter motivieren, 35.3
Priorität, 50.2
realistische Erwartungen, 117.5
über seine Grenzen gehen, 36.3
Zeitmanagement, 62.1

zu viel versprechen, 66.1, 105.2

Zugänglichkeit, 3
Arroganz, 3.9
Gestik und Mimik, 3.5
Informationen preisgeben, 3.3
Siehe auch Unsensibilität
  gegenüber anderen, 112

Zuhören können
Führungskräfte, 7.1
Ungeduld, 41.1

Zuhören können, 33
Gesprächsführung übernehmen, 33.10
Grundlagen, 33.2
negatives Feedback und, 33.7
selektives Zuhören, 33.5
warum man nicht zuhört, 33.1
Siehe auch Abwehrhaltung, 108

Zuversicht, mit anderen teilen, 29.3

zweierlei Maß, 22.6

Zwischenmenschliches Geschick, 31
  Fertigkeiten, 31.7
  Gestik und Mimik, 31.6
  Offenheit, 31.5
  Publikum beobachten, 31.2
  Spannungen im
    Umgang miteinander, 31.10
  unterschiedliche Stile, 31.1
  Siehe auch Unsensibilität gegenüber
    anderen, 112